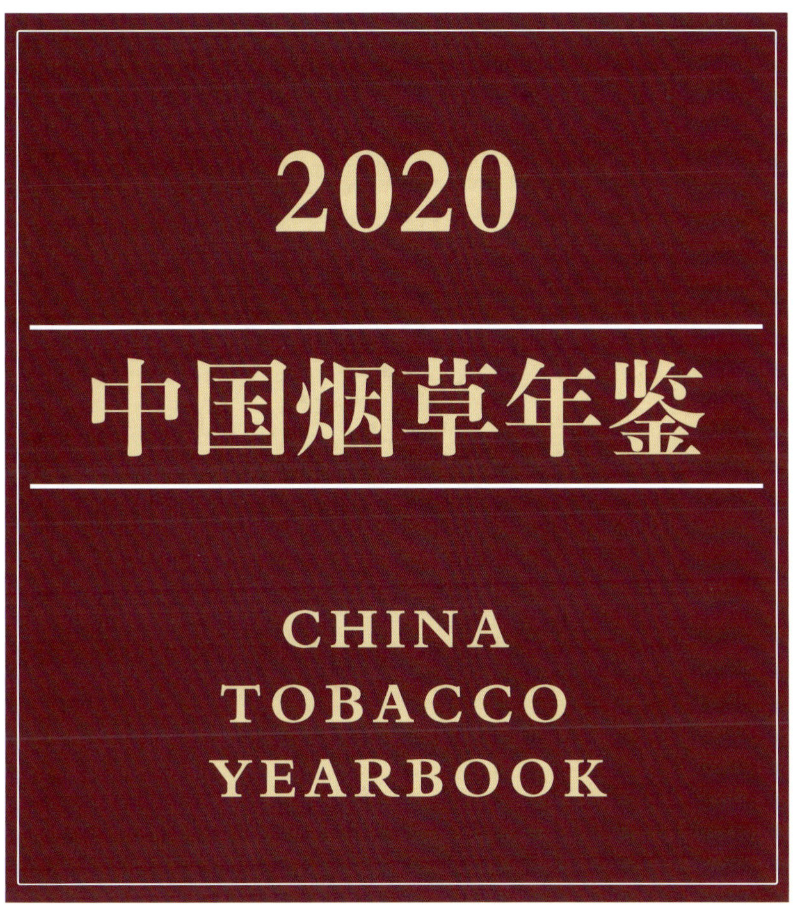

《中国烟草》杂志社有限公司　编

2019年7月10日，国家烟草专卖局党组书记、局长，中国烟草总公司总经理张建民（左一）在山西烟草调研期间考察山西昆明烟草有限责任公司

山昆公司 供稿

2019年11月13日，国家烟草专卖局党组书记、局长，中国烟草总公司总经理张建民（前排左二）在江苏中烟徐州卷烟厂调研

江苏中烟 李 佳 摄

2019年5月17日，国家烟草专卖局党组成员、副局长杨培森（中）在云南大理烟草物流园调研烟农增收产品加工情况

云南省局　邹文凤　摄

2019年1月22日，国家烟草专卖局党组成员、直属机关党委书记高林（前排右）在江苏中烟南京卷烟厂调研

江苏中烟　王晓伟　摄

2019年10月9日，国家烟草专卖局党组成员、副局长徐瑨（右二）在新疆烟草调研

新疆区局　齐嫣雯　摄

2019年5月25日，国家烟草专卖局党组成员、副局长段铁力（前排左二）在四川中烟长城雪茄烟厂调研

四川中烟　供稿

1 2019年1月17日，2019年全国烟草工作会议在北京召开。国家烟草专卖局党组书记、局长，中国烟草总公司总经理张建民出席会议并讲话

《中国烟草》杂志社
陈兴杰　摄

2 2019年1月28日，全国烟草行业落实全面从严治党主体责任工作会议在北京召开，会议以电视电话会议形式举行

《中国烟草》杂志社
陈兴杰　摄

1 2019年3月7日，2019年全国烟草行业财务审计工作会议在北京召开

《中国烟草》杂志社 周 茹 摄

2 2019年3月12日，2019年全国烟草专卖管理工作会议在北京召开

《中国烟草》杂志社 郑旭南 摄

3 2019年3月15日，2019年全国卷烟销售工作会议在北京召开

《中国烟草》杂志社 周 茹 摄

4 2019年3月19日，2019年全国烟草法规体改工作会议在北京召开

《中国烟草》杂志社 赵 男 摄

5 2019年3月20日，2019年全国烟草规范管理工作会议在北京召开

《中国烟草》杂志社 颉虎平 摄

6 2019年3月22日，2019年全国烟草行业网络安全和信息化工作会议在北京召开

《中国烟草》杂志社 颉虎平 摄

7 2019年3月29日，全国烟草行业2019年党的建设暨人事工作会议在北京召开

《中国烟草》杂志社 沙 鑫 摄

1 2019年3月26日，2019年全国烟草科技工作会议在北京召开
《中国烟草》杂志社
郑旭南 摄

2 2019年5月10日，2019年全国烟草行业多元化投资管理工作会议在北京召开
《中国烟草》杂志社
赵男 摄

3 2019年6月6日，全国烟草行业“不忘初心、牢记使命”主题教育工作会议在北京召开
《中国烟草》杂志社
陈兴杰 摄

4 2019年7月18日，2019年烟草行业各直属单位主要负责同志半年工作座谈会在北京召开

《中国烟草》杂志社 陈兴杰 摄

5 2019年6月18日，2019年全国烟草行业物流工作会在北京召开

《中国烟草》杂志社 郑旭南 摄

6 2019年11月14日，2019年全国烟草行业企业管理现场会在广西南宁召开

广西中烟 陶海游 摄

7 2019年12月9日，全国烟叶工作会议在北京召开

《中国烟草》杂志社 沙 鑫 摄

1 2019年9月27日，国家局、总公司机关举办“我亲爱的祖国”歌咏大会，庆祝中华人民共和国成立70周年

《中国烟草》杂志社 陈兴杰 摄

2 2019年10月21日，国家局、总公司机关举行升国旗仪式

《中国烟草》杂志社 陈兴杰 摄

3 2019年11月13日，北京烟草物流中心员工参观“伟大历程 辉煌成就——庆祝中华人民共和国成立70周年大型成就展”

北京市局 供稿

4 2019年9月19日，河北省局（公司）举行全省烟草商业系统庆祝中华人民共和国成立70周年文艺汇演

河北省局 供稿

5 2019年9月11日，天津市局（公司）举办“中国梦 金叶情”庆祝新中国成立70周年文艺汇演

天津市局 刘 泽 摄

6 2019年9月27日，河北唐山市局（公司）举办“礼赞新中国 奋进新时代”暨庆祝新中国成立70周年职工合唱比赛

河北唐山市局 董海博 摄

7 2019年8月20日，吉林白城市局（公司）举办“中国梦•劳动美——赞70年辉煌”演讲比赛

吉林白城市局 王 莹 摄

8 2019年10月10日，“我和我的祖国 筑梦辽烟”辽宁省烟草行业职工篮球赛举行决赛

辽宁省局 呼 伦 摄

9 2019年9月25日，江苏省局（公司）机关组织开展“同升国旗、同唱国歌”活动

江苏省局 张津铭 摄

庆祝中华人民共和国成立70周年

1 2019年9月30日，上海烟草集团举办“我和我的祖国”群众性主题宣传教育系列活动之快闪

上海烟草集团 供稿

2 2019年9月28日，浙江省局（公司）举行“壮丽七十年 奋斗新时代”全省烟草商业系统庆祝新中国成立70周年主题活动

浙江杭州市局 管放军 摄

3 2019年9月26日，江苏省局（公司）举行“我和我的祖国”全省烟草商业系统庆祝新中国成立70周年歌咏比赛

江苏省局 张津铭 摄

4 2019年9月18日，江苏泰州市局（公司）开展“红旗飘飘”快闪主题党日活动

江苏泰州市局 张洁 摄

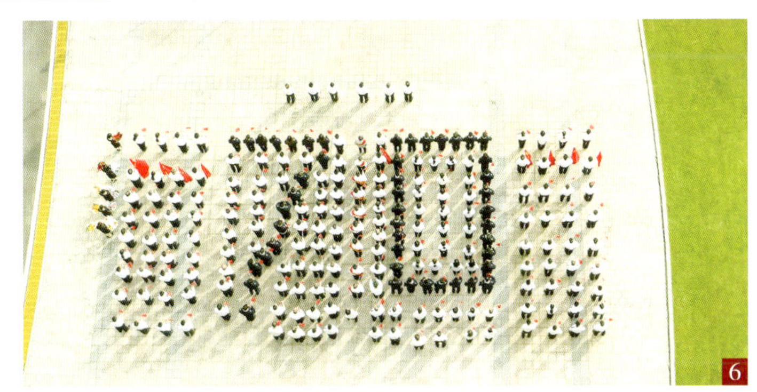

5 2019年7月1日，浙江中烟举行“喜迎新时代，唱响主旋律”合唱大会，庆祝中华人民共和国成立70周年

浙江中烟 严掌财 摄

6 2019年9月30日，浙江宁波市局（公司）举办庆祝中华人民共和国成立70周年升国旗仪式

浙江宁波镇海区局

陈 滨 摄

7 2019年10月1日，江西中烟开展“我与国旗同框”拍照活动

江西中烟 廖 鲁 摄

8 2019年6月20日，安徽宣城宣州区杨柳镇兴洋村在宣城现代功能农业科创园入口处隔年烟稻轮作田块开展彩稻画项目，庆祝中华人民共和国成立70周年

安徽马鞍山市局

盛 振 摄

庆祝中华人民共和国成立70周年

1 2019年9月29日，安徽中烟举办“攀登新时代”职工文艺汇演，庆祝中华人民共和国成立70周年

安徽中烟 朱要文 摄

2 2019年10月1日，江西中烟井冈山卷烟厂制丝车间开展“为祖国歌唱”活动

江西中烟井冈山卷烟厂 张嘉妮 摄

3 2019年9月12日，湖北省局（公司）举行“我和我的祖国——壮丽70年 奋斗新时代”职工合唱比赛及快闪活动

湖北省局 供稿

4 2019年9月25日，河南中烟黄金叶生产制造中心职工开展“为祖国献花送祝福”活动

河南中烟 魏尧村 摄

5 2019年10月16日，广东中烟举办“不忘初心·追梦前行”庆祝中华人民共和国成立70周年文艺汇演

广东中烟 供稿

6 2019年9月29日，广西区局（公司）机关组织开展“欢歌颂祖国 奋进新时代”庆祝中华人民共和国成立70周年歌咏会

广西区局 黄祥进 摄

7 2019年9月25日，重庆市局（公司）举行“我和我的祖国”全市烟草商业系统庆祝中华人民共和国成立70周年职工文艺汇演

重庆市局 涂金周 摄

8 2019年9月29日，广西贺州市局（公司）组织开展“不忘初心、牢记使命”主题音乐党课，庆祝中华人民共和国成立70周年

广西贺州市局 卓严杰 摄

9 2019年7月19日，重庆中烟组织员工拍摄《我的中国心》《我和我的祖国》音乐短片

重庆中烟 孙 健 摄

1 2019年9月27日，四川省局（公司）举办"红旗飘过70年"全省烟草商业系统"我和我的祖国"文艺汇演

四川省局 供稿

2 2019年9月17日，甘肃省局（公司）机关和兰州市局（公司）开展庆祝中华人民共和国成立70周年歌咏比赛

甘肃省局 路怀国 摄

3 2019年9月24日，青海省局（公司）举行"走进新时代 实现新发展 展现新作为"全省烟草系统庆祝中华人民共和国成立70周年和青海解放70周年文艺汇演

青海省局 供稿

4 2019年9月23日，大连市局（公司）举行庆祝中华人民共和国成立70周年暨大连烟草组建35周年合唱汇演

大连市局 孙家辉 摄

5 2019年10月1日，云南玉溪市局（公司）全体干部职工手持国旗唱响《我和我的祖国》，庆祝中华人民共和国成立70周年

云南玉溪市局　方连海　摄

6 2019年6月21日，云南省烟草烟叶公司代表队参加庆祝中华人民共和国成立70周年云南烟草商业系统“高质量发展杯”气排球联赛

云南省烟草烟叶公司

郭　斌　摄

7 2019年9月11日，云南香料烟有限责任公司开展“我和我的祖国”庆祝中华人民共和国成立70周年文艺汇演

云南香料烟公司　董　华　摄

8 2019年9月24日，陕西中烟澄城卷烟厂拍摄《我和我的祖国》快闪短片，庆祝中华人民共和国成立70周年

陕西中烟澄城卷烟厂

王红喜　摄

9 2019年9月28日，陕西省局（公司）举行庆祝中华人民共和国成立70周年文艺汇演

陕西省局　刘宏波　摄

庆祝中华人民共和国成立70周年

1 2019年9月10日，上海烟草集团为“庆祝中华人民共和国成立70周年”纪念章获得者发放纪念章

上海烟草集团 供稿

2 2019年9月24日，安徽省局（公司）为“庆祝中华人民共和国成立70周年”纪念章获得者发放纪念章

安徽省局 杜晓莹 摄

3 2019年9月，福建中烟为“庆祝中华人民共和国成立70周年”纪念章获得者发放纪念章

福建中烟 供稿

4 2019年9月24日，海南省局（公司）为“庆祝中华人民共和国成立70周年”纪念章获得者发放纪念章

海南三亚市局 周子捷 摄

5 2019年9月23日，四川中烟为“庆祝中华人民共和国成立70周年”纪念章获得者发放纪念章

四川中烟 供稿

1 2019年4月9日，中共国家烟草专卖局党校举行2019年春季学期开学典礼

《东方烟草报》社
逯延津 摄

2 2019年6月，北京市局（公司）组织处级以上干部到浙江嘉兴学院南湖干部学院进行党性教育专题培训

北京市局 供稿

3 2019年10月15日，天津市局（公司）举办机关科级干部党性教育培训班，到河南安阳红旗渠纪念馆接受革命传统教育

天津市局 刘 泽 摄

4 2019年3月18日，河北省局（公司）召开2019年度第一批巡察工作动员会暨全省烟叶收购站专项检查部署会

河北省局 供稿

1 2019年7月，河北省局（公司）组织机关党员干部到西柏坡开展革命传统教育专题培训活动

河北省局　苏维民　摄

2 2019年7月1日，内蒙古区局（公司）在乌兰察布举办自治区烟草行业“责任在心上”暨庆祝建党98周年文艺汇演

内蒙古区局　供稿

3 2019年7月9日，吉林长春净月区局（营销部）组织干部职工参观长春雷锋资料藏馆

吉林省局　供稿

4 2019年6月28日，云南中烟组织开展“七一”文化展演暨表彰大会，党员干部在会上重温入党誓词

云南中烟　供稿

5 2019年7月2日，浙江省局（公司）组织全体干部职工到贵州遵义接受革命传统教育

浙江省局 胥 远 摄

6 2019年6月28日，江苏省局（公司）组织机关党员干部到南京渡江胜利纪念馆开展迎七一“不忘初心、牢记使命”主题教育

江苏省局 张津铭 摄

7 2019年4月11日，上海杨浦区局（有限公司）与大连市局（公司）进行党建联建交流

上海杨浦区局 徐 烨 摄

8 2019年4月12日，上海烟草集团有限责任公司上海卷烟厂组织开展纪念五四运动100周年主题团日活动

上海烟草集团 供稿

1 2019年7月16日，浙江中烟领导班子成员及各部门主要负责人到嘉兴南湖革命纪念馆接受革命传统教育

浙江中烟　李　媛　摄

2 2019年6月，浙江中烟分批组织管理干部到义乌接受革命传统教育轮训

浙江中烟　陈开拓　摄

3 2019年11月15日，安徽皖南烟叶公司党组成员、机关各部门负责人到宣城宁国板桥革命根据地开展“重走红军路　重温革命史”革命传统教育暨主题党日活动

安徽省局　供稿

4 2019年6月20日，福建中烟党组理论学习中心组成员与龙岩烟草工业公司基层支部党员进行共学活动

福建中烟　供稿

5 2019年7月8日，湖南中烟常德卷烟厂开展庆祝建党98周年主题活动

湖南中烟　李　曼　摄

6 2019年7月31日，广东中烟梅州卷烟厂党员干部到湖南湘潭开展党性教育活动

广东中烟梅州卷烟厂　许金龙　摄

7 2019年8月，广西玉林市局（公司）党员干部到江西井冈山开展红色教育培训

广西玉林市局　李佳润　摄

8 2019年11月21日，广西河池市局（公司）党员干部到桂林全州红军长征湘江战役纪念馆开展党性教育培训

广西区局　供稿

9 2019年7月2日，青海省局（公司）党组理论学习中心组到果洛州班玛县红军沟开展学习教育

青海省局　供稿

全面从严治党

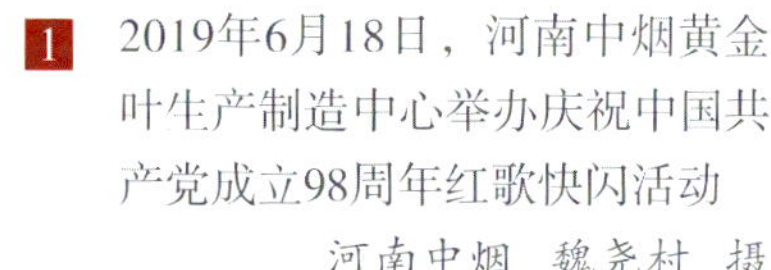

1 2019年6月18日，河南中烟黄金叶生产制造中心举办庆祝中国共产党成立98周年红歌快闪活动

河南中烟　魏尧村　摄

2 2019年6月，海南省局（公司）在中国烟草井冈山传统教育基地举办全省烟草商业系统党务干部暨中青年党员员工培训班

海南省局　周丽媛　摄

3 2019年9月26日，广西中烟真龙实业有限责任公司组织开展“我与国旗同框　我向祖国表白”主题党日活动

广西中烟　莫瑞兴　摄

4 2019年7月5日，新疆烟草进出口有限责任公司全体党员干部到乌鲁木齐烈士事迹陈列馆开展主题党日活动

新疆烟草进出口公司
侯浩宇　摄

5 2019年7月，陕西省局（公司）组织处级以上干部到铜川照金陈家坡会议旧址开展现场教学

陕西省局　刘宏波　摄

1 2019年11月29日，北京烟草举办烟草专卖执法技能竞赛

北京市局 供稿

2 2019年5月9日，河北省局（公司）机关干部职工参加省直机关健步走展示活动

河北省局 供稿

3 2019年1月31日，河北中烟举办“同心共筑荷花梦”新春联欢暨“荷花之星”表彰会

河北中烟 供稿

队伍建设

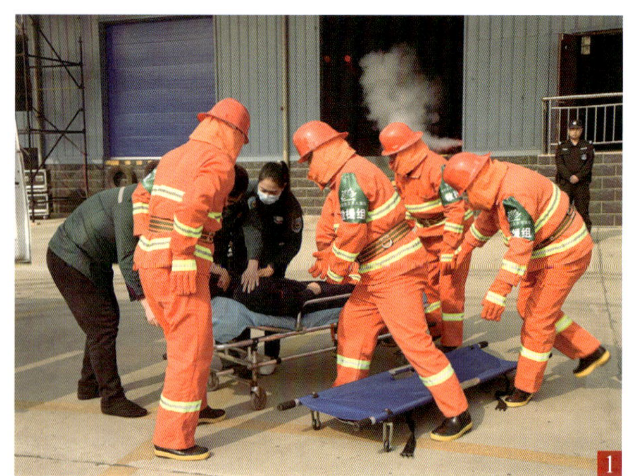

1 2019年11月，山西烟草举办首届“责任杯”物流岗位及消防技能竞赛

山西省局　供稿

2 2019年5月29日，上海烟草集团举办首届烟机设备维修技师论坛

上海烟草集团　供稿

3 2019年1月18日，浙江杭州淳安县局（分公司）“胖头鱼”QC小组在进行课题研究

浙江杭州淳安县局　洪晨宁　摄

4 2019年8月，安徽中烟“黄山杯”卷包设备操作技能竞赛在芜湖卷烟厂举办

安徽中烟　张明虎　摄

5 2019年6月13日，安徽中烟合肥卷烟厂举办“智能制造大家谈”分享会

安徽中烟合肥卷烟厂　冯海东　摄

6 2019年7月19日，安徽中烟滁州卷烟厂制丝车间开展青工劳动竞赛

安徽中烟滁州卷烟厂 张 明 摄

7 2019年9月2日，为期两个月的江西中烟第一届烟草检验职业技能竞赛赛前培训班结课

江西中烟 王 蕾 摄

8 2019年11月19日，福建省局（公司）专卖管理人员进行真假卷烟产品鉴别学习交流

福建省局 供稿

9 2019年7月26日，“中国梦·劳动美”第九届福建中烟劳动技能竞赛暨“七匹狼杯”第二届烟机设备操作职业技能竞赛在龙烟公司闭幕

福建中烟 供稿

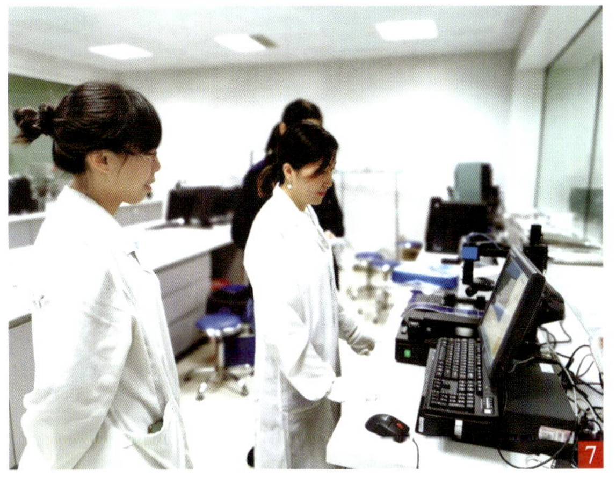

1 山东潍坊奎文区局（分公司）员工自主设计建设“1076”空间创新工作室，搭建经验分享交流平台（2019年）

山东潍坊奎文区局 王 平 摄

2 2019年4月，山东中烟滕州卷烟厂卷包车间乙工段第一班组被授予全国“工人先锋号”称号

山东中烟 供稿

3 2019年11月5日，河南许昌市局（公司）卷烟物流配送中心开展消防演练

河南许昌市局 张亚威 摄

4 2019年11月22日，河南中烟安阳卷烟厂职工获2019年中国技能大赛——第三届全国智能制造应用技术技能大赛二等奖

河南中烟 赵 锋 摄

1

2

3

4

5 2019年8月9日，第一届湖北烟草商业系统烟叶调制职业技能竞赛在恩施州利川市举办

湖北恩施宣恩县烟叶分公司 李双翔 摄

6 2019年5月28日，广东中烟召开2019年宣传工作会议，表彰2018年度优秀宣传工作者

广东中烟 黄小东 摄

7 2019年11月4日，广东中烟职业技能竞赛暨“双喜杯”第四届烟机设备修理职业技能竞赛在湛江卷烟厂举办

广东中烟湛江卷烟厂 柯衍彤 摄

8 2019年2月15日，广西南宁市局（公司）青年员工在创新基地——创客空间，为南宁烟草发展献计献策

广西南宁市局 黎 悦 摄

“信仰伴我成长”
第二届广西党史微视频大赛
1

2

劳模报告会
重庆市烟草专卖局（公司） 重庆市金融财贸轻纺工会
2019.10.23
3

4

19年四川省专卖知识技能竞赛
开幕式
2019年9月10日
2019年四川省专卖知识技
开幕式
2019年9月10日
5

1 2019年10月25日，广西中烟南宁卷烟厂卷包车间党支部作品获得广西党史微视频大赛优秀奖

广西中烟　方　茵　摄

2 2019年9月，海南省局（公司）举办全省系统骨干通讯员新闻宣传实战培训班

海南省局　甘菊萍　摄

3 2019年10月23日，重庆市局（公司）组织召开劳模报告会

重庆市局　涂金周　摄

4 2019年10月28日，重庆中烟举办第二届职业技能竞赛暨“天子杯”首届烟机设备操作职业技能竞赛

重庆中烟　孙　健　摄

5 2019年9月10日，四川省局（公司）第二届烟草专卖管理知识技能竞赛开幕

四川省局　供稿

6 2019年12月，贵州中烟毕节卷烟厂组织开展“讲标准、学标准、用标准”岗位技能竞赛

贵州中烟　供稿

7 2019年7月10日，云南省局（公司）和云南保山市局（公司）承办的2019年行业首届烟草栽培技能比武在云南保山举行

云南保山腾冲市局　赵黎颖　摄

8 2019年10月29日，陕西中烟澄城卷烟厂举办火灾应急演练暨心肺复苏培训

陕西中烟澄城卷烟厂　王红喜　摄

9 2019年11月，大连市局（公司）物流中心开展精益改善活动

大连市局　姜　军　摄

6

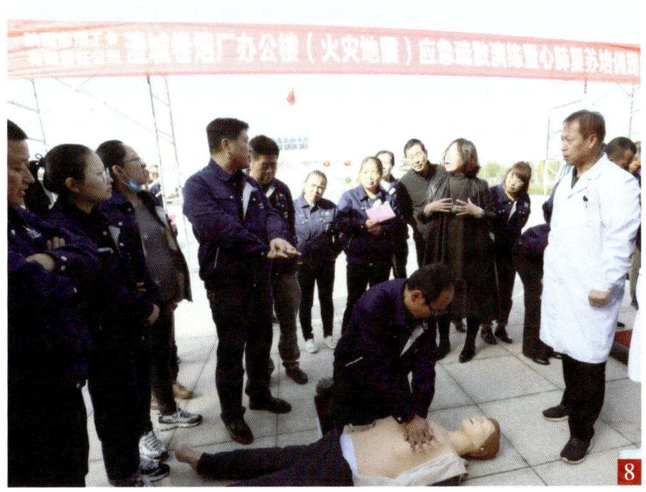

8

7

9

1 2019年4月3日，河北烟草工商系统举办第一届“荷花杯”乒乓球比赛

河北省局 供稿

2 河北保定市局（公司）卷烟物流配送中心展览室展示企业文化和科技创新成果（2019年）

河北省局 供稿

3 2019年11月26日，上海烟草集团有限责任公司上海卷烟厂党建文化队伍开展企业文化活动

上海烟草集团 供稿

4 2019年6月25日，江苏省局（公司）开展书香烟草建设活动，营造全员阅读氛围

江苏省局 王 丰 摄

5 2019年8月5日，江苏中烟举办工业系统篮球赛

江苏中烟 供稿

6 浙江宁波市局（公司）创新智慧党建模式，设立党建有声图书馆（2019年）

浙江宁波市局 李国栋 摄

7 2019年9月29日，浙江中烟杭州卷烟厂举办职工运动会

浙江中烟 唐克文 摄

8 2019年8月19日，安徽省局（公司）开展“成长文化日”活动

安徽省局 供稿

9 2019年10月30日，福建省局（公司）举办“文明闽烟·最美家庭”表彰暨先进事迹报告会

福建省局 供稿

1 2019年7月1日，山东中烟青岛卷烟厂举办“不忘初心、牢记使命”庆祝中国共产党建党98周年暨建厂100周年红歌大合唱活动

山东中烟 供稿

2 2019年4月12日，河南三门峡灵宝市局（分公司）举办转型升级杯自行车邀请赛

河南省局 供稿

3 2019年3月7日，湖北恩施州局（公司）机关在恩施市芭蕉乡枫香坡村举办“巾帼建新功，共筑烟草梦”“三八”国际劳动妇女节活动

湖北恩施州局 陈 成 摄

4 2019年4月29日，广东中烟广州卷烟厂举办千人广播体操健身活动

广东中烟广州卷烟厂 黎润辉 摄

5 广东中烟广州卷烟厂一线员工通过简报进行学习（2019年）

广东中烟 郭皓麟 摄

6 2019年3月8日，广西桂林市局（公司）组织开展花艺培训活动，庆祝“三八”国际劳动妇女节

广西区局 供稿

7 2019年9月27日，海南省局（公司）举办海南烟草商业系统“颂祖国 赞海南 作表率”主题诗歌散文吟诵比赛

海南省局 陈少阳 摄

8 2019年12月30日，贵州中烟遵义卷烟厂举办职工2020年迎新环厂跑活动

贵州中烟遵义卷烟厂 王维洪 摄

9 2019年5月13日，贵州中烟铜仁厂异地技改完成后，青年员工在企业文化宣誓墙上写下自己的工作信条

贵州中烟铜仁卷烟厂 任 超 摄

1 2019年9月，吉林长春市局（公司）第五党支部与长春卷烟厂卷包车间党支部开展面点大赛活动

吉林省局 供稿

2 2019年5月20日，陕西中烟举办第八届职工运动会及第六届中老年人运动会

陕西中烟旬阳卷烟厂 湛永红 摄

3 2019年8月26日，甘肃省局（公司）机关举办职工体操比赛

甘肃省局 路怀国 摄

4 2019年5月5日，大连市局（公司）组织干部职工参加第32届大连国际马拉松赛

大连市局 供稿

5 2019年7月12日，南纤公司举办“新时代 新青年 新使命”企业文化讲坛

南纤公司 供稿

再启新程，迈向高质量发展

——《中国烟草年鉴（2020）》卷首语

年鉴编辑部

一

2019年，我们站在新的历史交汇点上，致敬中华人民共和国70华诞。

岁月为证。新中国走过70年，创造了世所罕见的经济快速发展和社会长期稳定的人间奇迹。70年后，站上新时代的峰峦，中华民族重整行装，赓续千年梦想，走向伟大复兴，开启创造更大历史伟业的新征程。

70年与国同行、风雨同舟，中国烟草始终以奋进的姿态书写着历史画卷中同样多彩壮美的一页。

烟草，自明万历年间引入中国，到新中国成立前，烟叶种植与卷烟工业已遍布大江南北。然而，彼时的烟草经济几为外国资本垄断，丰厚利润被大量掠夺，民族工业只能在夹缝中生存。新中国成立，率先对卷烟工业进行社会主义改造，实现集中管理和计划经营，烟草业迎来“新生”，成为满足市场需求、增加财政积累的重要力量。

新中国烟草管理体制几经调整，伴随改革开放进程，国家专卖制度逐步建立、形成和巩固，烟草生产经营从分散管理走向集中统一。1981年决定实行国家专营，1982年中国烟草总公司正式成立，1983年确立国家专卖制度，1984年国家烟草专卖局正式设立，烟草行业步入统一规划管理时代，此后逐步构建中国特色的专卖专营组织架构。1991年《中华人民共和国烟草专卖法》及1997年《中华人民共和国烟草专卖法实施条例》的颁布将国家烟草专卖制度和管理体制以立法形式加以确立。以“维护消费者利益，保证国家财政收入”为己任，履行国家法定职责，烟草行业从此步入法治化轨道。

进入21世纪，国企改革向纵深推进，中国开放力度空前加大，专卖体制下的市场化改革迫在眉睫。工商分开、联合重组，大力发展中式卷烟，理顺资产管理体制，建立现代企业制度，实施“大品牌、大市场、大企业”战略，谋划高质量发展，积极探索符合行业自身特点的发展道路，改革发展不断跃上新水平。在“国家利益至上、消费者利益至上”行业共同价值观引领下，中国烟草长期保持持续健康发展。

70年砥砺奋进、春华秋实。1949—2019年，上缴工商税利总额超过13万亿元，中式卷烟牢牢占据国内99%以上市场，树立了“中国制造”的成功典范。“寓控于征”，既尊重市场客观需求，又严控产销计划严打非法制售，用质优放心的产品和服务维护消费者健康，满足消费者需求。烟草行业主动作为担当尽责，努力在促进经济发展、保证财政增收、稳定社会就业、助力脱贫攻坚、支持乡村振兴、发展民族工业、保障消费者利益等方面作出全方位贡献。这是对国家专卖制度的成功佐证，这是践行责任烟草的庄严承诺，凝聚起行业阔步迈向高质量发展的强大底气和精神力量。

二

一场伟大的历史之约，将中国共产党推上抉择中国道路命运的舞台，建立社会主义新中国，改革开放、劈波斩浪，引领中国特色社会主义进入新时代。

这是一场新的历史之约。站在更高的历史方位，站上波澜壮阔70年的新起点，承载更大的历史责任和挑战，中国正步履坚实行进在高质量发展的道路上，为了中华民族伟大复兴的中国梦实现的美好明天如约而至。

在历史前进的逻辑中前进，在时代发展的潮流中发展。党的十九大作出“我国经济已由高速增长阶段转向高质量发展阶段”的重大判断，中国烟草随即开启谱写高质量发展新篇章的探索。2018年8月，在烟草行业各直属单位主要负责同志座谈会上，新履职刚一个月的张建民局长向全行业发出全力推动高质量发展的动员令。深入调研、博采众议、研讨论证、反复修改，2019年2月，《关于建设现代化烟草经济体系推动烟草行业高质量发展的实施意见》正式印发，随后出台配套措施及专项规划，行业“1+6+2”高质量发展政策体系全面形成。

这是在党和国家大局中找准定位，展示烟草行业全方位贡献的高质量发展；这是以新发展理念为指引，接续奋斗行稳致远的高质量发展；这是构建现代化烟草经济体系，充分尊重市场规律的高质量发展；这是硬实力软实力并重，提升行业整体实力的内涵丰富的高质量发展。

这是中国烟草的新时代宣言。始终坚持党的领导，坚持烟草专卖制度，坚持“两个至上”行业共同价值观，履行法定职责，服务于保证国家财政收入和振兴民族工业的大局，维护消费者利益，稳就业助脱贫，展现全方位贡献。贯彻创新、协调、绿色、开放、共享的新发展理念，传承历史成功经验和做法，以功成不必在我、功成必定有我的气魄谋求行稳致远的可持续发展。推动行业质量变革、效率变革、动力变革，从现代经济发展的视角，深化专卖体制下的市场化取向改革，推进烟草经济体系的现代化。补短板、强弱项，以凤凰涅槃的精神完成自我革命和自我修炼，追求软硬实力同步提升的全方位高质量发展。

高质量发展政策体系深刻剖析了行业高质量发展的丰富内涵，全面擘画了完整清晰的发展路径，从战略和全局高度对行业高质量发展作出了系统性、整体性、前瞻性安排。既有从现在看未来的正向思维，谋实谋细；也有从未来看现在的逆向思维，谋远谋深。高质量发展蓝图绘就，为行业指明了前进的方向，回答了新时代中国烟草向何处去、怎么去的问题，开启了烟草行业高质量发展的新时代。

2019年，注定成为中国烟草发展史上具有里程碑意义的一年。这一年，致敬新中国70华诞，全行业勠力同心奔向高质量发展的新征程。

三

2019 年，总有一种声音令我们心潮澎湃，那是亿万中华儿女饱含深情唱给祖国母亲的赞歌响彻神州大地。

2019 年，总有一种力量催我们奋勇向前，那是 55 万行业干部职工奔跑在高质量发展道路上的铿锵足音。

蓝图变成触手可及的现实，靠奋斗。2019 年，全国烟草行业进一步提高政治站位，坚决做到“两个维护”，高擎习近平新时代中国特色社会主义思想火炬，不忘“两个至上”初心、牢记“责任烟草”使命，面对从“有没有”到“好不好”的时代拷问，全国烟草“一盘棋”，行业上下一条心，共同迈向高质量发展。现代化烟草经济“六大体系”加快建设，高质量发展“六个转向”扎实推进，“总量控制、稍紧平衡，增速合理、贵在持续”方针进一步落实落地。面对国际国内严峻复杂形势，烟草行业迎难而上、主动作为，经济运行稳中有进、持续向好，改革发展成效显著、亮点纷呈。

2019 年是烟草行业高质量发展政策体系全面形成并有效实施的开局之年；全行业顾大局、勇担当，为国家和地方经济社会发展及财政平衡提供强有力支撑；经济运行和市场状态达到近年来最好水平；行业治理能力显著增强。管党治党、供给侧结构性改革、全产业链一体化建设、专卖执法和规范管理、改革创新、助力打好三大攻坚战、人才队伍建设、控烟履约、软实力建设等各项重点工作不断取得新进展。

奋斗是生活最美的姿态。每一位烟草人的奋斗形成推动行业高质量发展的强大合力，每一位烟草员工都是展现行业整体实力和形象的亮丽名片。

奋斗是对祖国最深情的告白。实体经济是高质量发展的着力点，国有企业是党执政兴国的重要支柱和依靠力量。烟草行业用产业报国的行动给出了最响亮的回应：彰显国企担当贡献特殊力量！唯有奋斗，光阴不负，为了实现中国梦的美好明天。2019 年中国烟草人向国家和人民交上了一份沉甸甸的答卷，为国民经济和社会发展作出了全方位贡献。

2019 年，烟草行业实现工商税利总额 12056 亿元，同比增长 4.3%；上缴财政总额 11770 亿元，同比增长 17.7%，税利总额和上缴财政总额创历史最高水平；实现工业增加值 8474 亿元。全年查处案值 5 万元以上假私烟案件 10826 起，与有关部门联合发布《关于进一步保护未成年人免受电子烟侵害的通告》，整治“天价烟”行动再升级，有效维护专卖法的尊严，维护国家和人民利益。全国零售毛利保持近年来最好水平，综合毛利率稳步提升到 9.95%。助力打赢脱贫攻坚战，全年实现烟农种烟总收入 547 亿元，帮助烟农实现非烟产值近 90 亿元，帮扶贫困村 2156 个，帮扶 50.21 万贫困人口。烟基设施受益农田已累计超过 5000 万亩。稳定扩大全产业链上下游相关产业 2000 多万人的就业和生计……

一串串省略号是一串串奋斗的脚印，是一串串不能一一列举的成绩单等待被记录。历史将这项光荣的使命赋予了年鉴人。

时光易逝白驹过隙，只有被记录的才能成为有记忆的历史。

2019 年，我们见证，我们告别，我们努力留住明天的历史。

编 写 说 明

一、《中国烟草年鉴》全面反映中国烟草行业改革和发展情况以及所属各企业发展概貌的专业性、权威性行业综合年鉴。自1996年创刊以来，已先后编纂出版了1991—1995年、1981—1990年、1996—1997年、1998—1999年、2000年、2001年、2002年、2003年、2004年、2005年、2006年、2007年、2008年、2009年、2010年、2011—2012年、2013年、2014年、2015年、2016年、2017年、2018年、2019年共23卷。从2004年卷起，由《中国烟草》杂志社有限公司《中国烟草年鉴》编辑部具体负责编辑工作。

二、《中国烟草年鉴(2020)》设有特载，大事记，行业概览，国家烟草专卖局 中国烟草总公司组织机构，专卖管理与“两烟”经营，烟草工业，科研和教育培训，新闻舆论和文化建设，“不忘初心、牢记使命”主题教育，控烟履约，公益活动，重要政策法规与文件选登，先进人物与先进集体，附录共计14个栏目。本卷年鉴“栏目”下设“分目”“条目”。

三、本卷年鉴主要收录了2019年全国烟草行业发展的工作情况。各栏目内容充实，信息量大，反映了行业改革发展的历程，具有很强的权威性、延续性。为更直接展示行业工作与成就，2020年卷年鉴在正文中配图，采用四色印刷，表现形式多样；并以彩图配合相关栏目，生动、直观、全面地反映行业各方面发展情况，彩图涉及面广，内容丰富。

四、在总体结构上，本卷年鉴积极适应烟草行业改革发展和行业类年鉴编纂新要求，突出综述性条目和特色条目，加强对行业总体情况的反映，力求全面呈现烟草产业各发展环节的情况。

五、本卷年鉴中，“国家烟草专卖局”简称“国家局”，“中国烟草总公司”简称“总公司”；“××烟草专卖局(公司)”简称“××局(公司)”，“××中烟工业有限责任公司”简称“公司”或“××中烟”。

六、计量单位标准：卷烟计量单位1万箱=5亿支，1万件=1亿支，1箱=5万支；非法流通卷烟以万件、件为计量单位；面积单位：烟叶种植面积使用万亩、亩，其余均使用公制单位；烟叶计量单位1万吨=20万担。

七、专用名词：“低焦油卷烟”在未特别说明的情况下，特指焦油量8毫克/支及以下卷烟。“‘双十五’品牌”特指三类以上卷烟销量排名前15位的品牌和销售收入(含税)排名前15位的品牌。2019年销售收入(含税)排名前15位品牌为“中华”“利群”“云烟”“芙蓉王”“黄鹤楼”“南京”“双喜·红双喜”“玉溪”“黄金叶”“白沙”“黄山”“红塔山”“贵烟”“七匹狼”“泰山”;三类以上卷烟销量排名前15位品牌为“云烟”“双喜·红双喜”“利群”“红塔山”“南京”“白沙”“黄鹤楼”“黄金叶”“芙蓉王”“泰山”“七匹狼”“黄山”“玉溪”“中华”“贵烟”;鼓励培育品牌为“钻石”“真龙”“娇子”“红河”“红金龙”“兰州”“长白山”“好猫”“金圣”“苏烟”“龙凤呈祥”“延安”“中南海”“天子”“冬虫夏草”。

八、根据《国家烟草专卖局办公室关于调整卷烟产销量统计数据口径的通知》(国烟办综〔2018〕310号),将卷烟型雪茄产销量计入2019年卷烟产、销总量统计。卷烟型雪茄,指符合《雪茄烟》系列国家标准(GB/T 15269—2010)规定的产品技术要求且茄芯由烟丝构成的雪茄产品。行业概览栏目和烟草工业栏目所指雪茄烟均不含卷烟型雪茄。

九、本卷年鉴中的各种资料、数据,除任免文件、机构设立与调整、先进人物名单、先进人物简介和先进集体名单外,截止时间为2019年12月31日。

十、本卷年鉴三审人员为关宏梅、支树华、赵百东、任静、刘军、唐敏、刘峥;二审人员为余莉;一审编辑为周佳、王静、褚幸、鲁建敏、张帅;编务人员为樊璟祎。

编　者

2020年12月

国家局、总公司机关及行业各直属单位主要撰稿人员名单

石昌盛　国家局科技司
谢之晶　中国烟草机械集团有限责任公司
高　超　中国烟草机械集团有限责任公司
刘新鉴　中国烟草实业发展中心
王智誉　北京市烟草专卖局(公司)
高栓龙　天津市烟草专卖局(公司)
苏维民　河北省烟草专卖局(公司)
朱永胜　山西省烟草专卖局(公司)
班晓华　内蒙古自治区烟草专卖局(公司)
董春亮　辽宁省烟草专卖局(公司)
王兴谦　吉林省烟草专卖局(公司)
柳　涛　黑龙江省烟草专卖局(公司)
韩沅君　上海烟草集团有限责任公司
周　强　上海烟草集团有限责任公司
崔云辉　江苏省烟草专卖局(公司)
张庆娜　浙江省烟草专卖局(公司)
程国亚　安徽省烟草专卖局(公司)
傅积恩　福建省烟草专卖局(公司)
彭　欣　江西省烟草专卖局(公司)
蔡世龙　山东省烟草专卖局(公司)
范素娟　河南省烟草专卖局(公司)
李菲菲　湖北省烟草专卖局(公司)
张　仕　湖南省烟草专卖局(公司)
汤　锐　湖南省烟草专卖局(公司)
张　慧　广东省烟草专卖局(公司)
黄祥进　广西壮族自治区烟草专卖局(公司)
甘菊萍　海南省烟草专卖局(公司)
姚长清　重庆市烟草专卖局(公司)
张羽翔　四川省烟草专卖局(公司)
郭娟娟　贵州省烟草专卖局(公司)
王津军　云南省烟草专卖局(公司)
陆礼茂　西藏自治区烟草专卖局(公司)
陈　霏　陕西省烟草专卖局(公司)
毕耜栋　甘肃省烟草专卖局(公司)
马世亮　青海省烟草专卖局(公司)
潘　亮　宁夏回族自治区烟草专卖局(公司)
韩　敏　新疆维吾尔自治区烟草专卖局(公司)
贾效伟　大连市烟草专卖局(公司)
陈　兰　深圳市烟草专卖局(公司)
靳丹丹　河北中烟工业有限责任公司
徐　璐　江苏中烟工业有限责任公司
许亚军　浙江中烟工业有限责任公司
孙　群　安徽中烟工业有限责任公司
卢永梅　福建中烟工业有限责任公司
李　杨　江西中烟工业有限责任公司
王绍习　山东中烟工业有限责任公司
陈仕文　河南中烟工业有限责任公司
张小沛　湖北中烟工业有限责任公司

周腾浪　湖南中烟工业有限责任公司

何小凡　湖南中烟工业有限责任公司

安　婧　广东中烟工业有限责任公司

陶海游　广西中烟工业有限责任公司

范　森　重庆中烟工业有限责任公司

叶　晥　四川中烟工业有限责任公司

童　潇　四川中烟工业有限责任公司

高　雕　贵州中烟工业有限责任公司

王宏先　云南中烟工业有限责任公司

许　杨　陕西中烟工业有限责任公司

张敬一　中国烟草总公司郑州烟草研究院

何　为　中国烟草总公司合肥设计院

赵炳辉　中国烟草总公司职工进修学院

李　燕　上海新型烟草制品研究院

刘静静　南通醋酸纤维有限公司

李如音　昆明醋酸纤维有限公司

万　顷　珠海醋酸纤维有限公司

国家局、总公司机关各部门、各单位提供资料人员名单

汪为民　办公室(外事司)

姜泓海　办公室(外事司)

郑素平　办公室(外事司)

孙宇智　办公室(外事司)

朱　槿　办公室(外事司)

徐悦理　办公室(外事司)

唐嘉晨　办公室(外事司)

刘至酉　发展计划司

宋振春　专卖监督管理司

李沁怡　经济运行司

刘　辉　财务管理与监督司(审计司)

刘国帅　人事司

隋军德　人事司

林圣哲　直属机关党委

卢嘉琦　国家局党组党风廉政建设领导小组办公室

崔　萌　规范管理办公室

冯晨旭　董事会工作办公室

高　佳　中共国家烟草专卖局党校(国家烟草专卖局职工培训中心)

耿春磊　烟草经济研究所

陈海潮　离退休干部办公室

李　璐　机关服务中心(机关服务局)

黄　慧　烟草经济信息中心

王文静　中国烟草学会办事机构

张　勇　中国烟叶公司

张　潋　中国卷烟销售公司

卫　力　中国烟草投资管理公司

常　成　中国烟草国际有限公司

陈园媛　中烟商务物流有限责任公司

徐　瑾　中国双维投资有限公司

张　帅　《中国烟草》杂志社有限公司

目 录

特 载

大事记

行业概览

国家烟草专卖局
中国烟草总公司组织机构

专卖管理与“两烟”经营

烟草工业

卷烟生产

雪茄烟生产

烟草机械工业

卷烟辅助材料生产

烟叶加工

科研和教育培训

科研院所

教育培训

授权专利

新闻舆论和文化建设

“不忘初心、牢记使命”主题教育

控烟履约

公益活动

重要政策法规与文件选登

“庆祝中华人民共和国成立 70 周年”纪念章

先进人物和先进集体

先进人物名单

先进人物简介

先进集体名单

附 录

国际烟草

品牌名录

索 引

Contents

Feature

Memorabilia

Industry Overview

STMA and CNTC Organization

Monopoly Administration and Economic Operation of Leaf Tobacco and Cigarette

Industry Manufacture

Scientific Research, Education and Training

News, Press and Enterprise Culture

A Campaign on the Theme of "Staying True to Our Founding Mission"

FCTC Implementation

Public Welfare Activities

Selection of Significant Polices, Regulation and Documents

Medal of the 70th Anniversary of the Founding of the People's Republic of China

Outstanding Individual And Outstanding Group

Appendixes

Index

特　　载

□ 坚定不移贯彻新发展理念　凝心聚力推动行业高质量发展

——2020年全国烟草工作会议在北京召开

坚定不移贯彻新发展理念　凝心聚力推动行业高质量发展

——2020年全国烟草工作会议在北京召开

1月10日至11日，2020年全国烟草工作会议在北京召开。会议的主要任务是，以习近平新时代中国特色社会主义思想为指导，全面贯彻党的十九大和十九届二中、三中、四中全会精神及中央经济工作会议精神，传达学习贯彻国务院领导同志批示精神，落实全国工业和信息化工作会议要求，总结2019年烟草工作，分析行业面临的形势，部署2020年重点任务。工业和信息化部党组书记、部长苗圩出席会议并讲话，工业和信息化部党组成员、中央纪委国家监委驻工业和信息化部纪检监察组组长郭开朗到会指导。国家烟草专卖局党组书记、局长，中国烟草总公司总经理张建民作了题为《坚定不移贯彻新发展理念　凝心聚力推动烟草行业高质量发展》的工作报告，国家局党组成员、副局长杨培森作总结讲话，国家局党组成员、副局长徐瑾、段铁力出席会议。

苗圩在讲话中指出，过去一年，烟草行业迎难而上、主动作为，狠抓全面从严治党和高质量发展各项任务落实，党的领导和党的建设全面加强，工商税利和上缴财政总额创历史最高水平，经济运行和市场状态持续向好，市场监管和规范管理不断强化，烟叶产区精准脱贫成果进一步巩固，工作成效显著，亮点很多。

就2020年烟草行业工作，苗圩提出四点要求。一要以党的政治建设为统领，推动全面从严治党向纵深发展。始终把党的政治建设摆在首位，严守政治纪律，把党的政治建设贯穿行业政策制定、任务部署、工作推进中去，不折不扣推动党中央大政方针和决策部署在行业落地生根；不断巩固“不忘初心、牢记使命”主题教育成果，扎实做好主题教育总结和长期整改任务落实；深入推进党风廉政建设，深刻汲取赵洪顺严重违纪违法案件惨痛教训，持续修复净化行业政治生态。二要以新发展理念为指引，系统谋划改革发展前进方向。坚定不移推进高质量发展，在深化供给侧结构性改革上持续用力，确保实现量的合理增长和质的稳步提升；突出以改革创新破解发展难题，在坚持烟草专卖制度大方向不动摇的基础上，积极稳妥谋划落实改革创新各项举措，深入实施创新驱动发展战略；编制好“十四五”规划，把发展机遇研判准，把困难挑战分析透，切实增强规划编制的前瞻性、指导性和可操作性。三要以产业扶贫为主攻点，坚决打赢脱贫攻坚战。把打赢脱贫攻坚战作为重大政治任务，加大产业扶贫力度，确保政策落实到位，确保投入保障到位，确保队伍部署到位。四要以尽职履约为契机，展现负责任的行业形象。

张建民在工作报告中指出，2019年，全行业坚持以习近平新时代中国特色社会主义思想为指导，认真贯彻落实党中央、国务院重大决策部署及工业和信息化部党组要求，围绕全国烟草工作会议和烟草行业各直属单位主要负责同志半年工作座谈会确定的目标任务，一手抓高质量发展，一手抓高素质干部人才队伍建设，经济运行稳中有进、持续向好，改革发展取得显著成效。行业工作呈现许多新亮点。高质量发展政策体系全面形成并有效实施，为国家和地方经济发展及财政平衡提供强有力支撑，经济运行和市场状态达到近年来最好水平，行业治理能力显著增强。全行业真抓实干、积极进取，扛稳抓牢管党治党政治责任，供给侧结构性改革不断深化，全产业链一体化建设稳步实施，专卖执法和规范管理持续加强，改革创新系统推进，助力打好三大攻坚战成果显著，高素质专业化干部人才队伍建设全面加强，各项重点工作不断取得新进展。

张建民强调，一年多来得到做好烟草工作“四个必须加强”的有益启示：一是必须加强党的全面领导，坚持以习近平新时代中国特色社会主义思想为指导，坚决贯彻落实党中央、国务院重大决策部署，认真落实工业和信息化部党组工作要求，把新发展理念、供给侧结构性改革、稳中求进工作总基调、现代化经济体系建设、高质量发展等重大战略思想、战略安排全面落实到烟草工作实践中；二是必须加强战略谋划，自觉从党和国家工作大局中找准定位，主动融入地方经济社会发展，牢固树立全国烟草“一盘棋”思想，从系统论出发优化行业治理方式；三是必须加强精准施策，处理好内部与外部、当前与长远、局部与整体的关系，保持政策稳定性、协调性，以问题为导向制定新办法、落实新举措，激发企业创新动力和发展活力；四是必须加强风险管控，强化风险意识，善于化危为机，牢牢把握工作主动权，着力营造有利于行业持续健康发展的良好环境。要坚持好、发扬好，不断为行业改革发展探索新路径、注入新动力。

张建民指出，当前烟草行业面临的内外形势严峻复杂，必须保持清醒头脑，保持战略定力，准确把握行业发展的基本趋势，清醒认识行业面临的突出问题，切实找准行业工作着力点，努力做到“五个更加注重”，确保行业高质量发展蹄疾步稳向前推进。一要更加注重新发展理念，加快思维方式变革，加快发展方式转变，加快新旧动能接续转换。从整体上把握创新、协调、绿色、开放、共享发展的科学内涵，加强全局观念，把注意力集中到解决各种不平衡不充分的问题上来；把新发展理念真正融入实践，真正将新发展理念作为发展方向标、运行红绿灯、工作指挥棒；坚持从实际出发贯彻落实新发展理念，因地制宜、因势利导、精准施策；扎实推进新发展理念深学笃用，全面增强贯彻落实新发展理念的政治自觉、思想自觉、行动自觉。二要更加注重稳字当头，深刻认识在高基数、高平台上的“稳”实质上就是“进”。坚定不移贯彻“总量控制、稍紧平衡，增速合理、贵在持续”方针，确保经济运行在合理区间；把保持稳定良好的经济运行和市场状态摆在优先位置，科学稳健把握逆周期调节力度；继续巩固“稳”的基础，着力保持“好”的态势，在深化供给侧结构性改革上持续用力，确保行业经济实现量的合理增长和质的稳步提升。三要更加注重改革创新，敢于打破思维惯性和路径依赖，坚持用改革创新的办法，有效解决前进中遇到的矛盾和问题。更多运用市场化、法治化手段，着力固根基、扬优势、补短板、强弱项，不断为烟草专卖制度注入新的生机和活力；增强改革创新的系统性、整体性、协同性，加快推动传统烟草优化升级；尊重和发挥企业、基层、群众的首创精神，积极营造鼓励创新、表扬先进、允许试错、宽容失败的良好氛围。四要更加注重严格规范，坚持以更大的决心和勇气、更有力的举措和办法狠抓严格规范，着力为行业高质量发展营造更加健康的环境。按照“大规范”理念全面加强制度建设，形成系统完备、防治一体、运行有效的规范管理制度体系；注重日常规范与专项监管有机结合，形成行业规范监督的强大合力；强化问责追责，坚决根除有令不行、有禁不止的行为；教育引导广大干部职工自觉遵守法律法规，遵守职业操守，遵守道德规范，真正让严格规范成为内在要求、自觉行动。五要更加注重提升软实力。着眼于提高政策执行力，从党和国家工作大局中找准定位，做到在战略上判断准确、谋划科学、赢得主动；着眼于增强内部凝聚力，坚持和弘扬“国家利益至上、消费者利益至上”行业共同价值观，加快建设符合社会主义先进文化前进方向，具有时代特征、丰富内涵、鲜明特色的烟草文化；着眼于扩大外部影响力，高度重视广大烟农、零售户及各相关主体的利益和关切，全方位履行社会责任，全面树立和展现烟草行业良好形象。

张建民强调，2020 年，全行业要坚持以习近平新时代中国特色社会主义思想为指导，全面贯彻党的十九大和十九届二中、三中、四中全会精神，认真落实中央经济工作会议部署和工业和信息化部党组的要求，坚决贯彻党的基本理论、基本路线、基本方略，增强“四个意识”、坚定“四个自信”、做到“两个维护”，坚持稳中求进工作总基调，坚持新发展理念，坚持以供给侧结构性改革为主线，坚持发挥烟草专卖制度优势，坚持“总量控制、稍紧平衡，增速合理、贵在持续”方针，统筹推进稳运行、促改革、优结构、育品牌、强基础、防风险，保持经济运行在合理区间，加快建设现代化烟草经济体系，全力推动行业高质量发展，为全面建成小康社会和“十三五”规划圆满收官作出新的更大贡献。主要目标任务是：把保持稳定良好的经济运行和市场状态摆在优先位置，着力提升供给体系质量和效率，持续改善供需关系；优化烟叶种植布局，稳定核心烟区、核心烟农，着力化解供需结构性矛盾；以品牌培育引领结构升级，以结构升级支撑效益增长，促进要素资源合理流动和优化配置；处理好高基数与可持续、强自身与谋全局、保增长与防风险等重大关系，实现税利总额、工业增加值、商业增加值平稳增长。

张建民对2020年行业重点工作进行了安排部署。一要推动全面从严治党向纵深发展，实现行业政治生态根本好转。压紧压实履行职责使命的政治责任，始终把党的政治建设摆在首位，持续强化理论武装，持之以恒正风肃纪，坚定不移推进反腐败斗争，推进政治生态突出问题全面整改。二要抓好高质量发展政策体系落实落地，提升行业发展质量和效益。扎实推进全产业链一体化组织运行体系、卷烟品牌发展体系、烟草市场体系、供需动态平衡体系、行业创新体系、运行调控体系建设，加快推动行业发展质量变革、效率变革、动力变革。三要坚决助力打好三大攻坚战，展现行业担当尽责良好形象。树立底线思维，发扬斗争精神，坚决打好防范化解重大风险攻坚战；发挥行业体制优势、资金优势，坚决助力打好精准脱贫攻坚战；推广绿色生产措施，构建绿色制造体系，坚决助力打好污染防治攻坚战。四要严格市场监管和规范管理，形成规范与发展相互支撑、相互促进良好格局。严厉打击非法烟草贸易，着力抓好卷烟规范经营，加强重点领域关键环节规范管理，切实加强审计监督，全面推进法治烟草建设。五要加强基层建设和基础管理，筑牢行业高质量发展的坚实根基。关心关爱基层员工，加强基层组织和队伍建设，加强企业基础管理，密切与烟农、零售户关系，切实把基层建好、把基础打牢。六要深化专卖制度下的体制机制改革，切实把专卖制度优势转化为行业治理效能。深化行业治理结构改革、计划管理方式改革、工商交易方式改革、物流管理运行模式改革、烟叶流通体制改革、科技创新体制机制改革，认真落实“放管服”改革，积极稳妥推进行业退休人员社会化管理。七要打造高素质专业化干部人才队伍，营造干事创业良好氛围。加强领导班子建设，加大优秀年轻干部发现培养选拔力度，加强干部教育培训，强化干部激励约束，严格干部管理监督，做细做实思想政治工作，统筹推进各级各类专业化干部人才队伍建设。

杨培森在总结讲话中指出，工作报告是行业上下集思广益的结果，是集体智慧的结晶，很好地贯彻了中央要求，特别在形势分析上，在下一步工作着力点上，在任务目标上，在重大战略上，全行业一定要统一思想，统一目标，坚定不移沿着行业改革发展的正确方向和路径砥砺前行，持续用劲、久久为功。

就贯彻落实会议精神，杨培森提出三点要求。一要坚定信心，坚持行业发展正确方向和路径，努力谱写行业高质量发展新篇章。进一步增强烟草专卖制度自信，把专卖制度优势更好转化为行业治理效能；在坚持烟草专卖制度和烟草专卖治理体系基础上，扎实推进行业治理体系和治理能力现代化。进一步推进行业高质量发展，努力实现新起点上的新跨越；坚决按照“五个更加注重”要求，一以贯之抓好既定目标任务落实。进一步突出党建引领，持续深化全面从严治党；把全面从严治党贯穿始终，以党的建设引领行业改革发展。二要务实笃行，努力完成各项目标任务落实。推动思维变革抓落实，加快变革思维方式，坚定不移贯彻创新、协调、绿色、开放、共享的新发展理念；做好统筹协调抓落实，既考虑当前，又考虑今后一个时期，保证政策措施的稳定性、连续性、协调性，实事求是、科学合理地研究确定目标任务，处理好经济建设和社会责任的关系，处理好全面从严、规范有序和持续稳定发展的关系，处理好加强顶层谋划和夯实基层基础的关系；强化履职尽责抓落实，各级领导干部要发挥“头雁效应”和表率作用，切实传导责任和压力，形成一级抓一级、层层抓落实的工作格局。三要抓紧抓早，认真抓好当前各项工作。认真传达贯彻会议精神，保持行业上下步调一致；做好“两烟”生产经营工作，确保一季度经济运行良好开局；抓好安全稳定工作，科学防范安全风险，严守中央八项规定精神。

会议期间，围绕学习贯彻会议精神，做好今年工作，全力推动行业高质量发展，与会代表进行了认真讨论。

中组部、工业和信息化部、财政部、审计署有关部门负责人到会指导。国家局、总公司机关各部门各单位主要负责人，行业各直属单位主要负责人及办公室主任参加会议。

◇ 原载《东方烟草报》

（编辑：王　静）

大事记

2019 年中国烟草大事记

1月

1 月 7 日，国家烟草专卖局、中国烟草总公司召开机关各部门各单位主要负责人述职大会。国家烟草专卖局党组书记、局长，中国烟草总公司总经理张建民出席会议并讲话。国家局党组成员、副局长杨培森主持会议，国家局党组成员、直属机关党委书记高林，国家局党组成员、副局长徐瑢、段铁力出席会议。

1 月 8 日，国家局安全生产委员会会议在北京召开。段铁力出席会议。

1 月 17 日，2019 年全国烟草工作会议在北京召开。会议的主要任务是深入学习贯彻习近平新时代中国特色社会主义思想和党的十九大精神，认真贯彻落实中央经济工作会议精神，传达学习贯彻国务院领导同志重要批示，总结 2018 年烟草工作，分析行业形势，部署 2019 年重点任务。工业和信息化部党组书记、部长苗圩出席会议并讲话，工业和信息化部党组成员、中央纪委国家监委驻工业和信息化部纪检监察组组长郭开朗到会指导。张建民作工作报告，杨培森、高林、徐瑢、段铁力出席会议。

1 月 23 日，张建民在北京会见中宣部副部长孙志军。徐瑢一同会见。

1 月 28 日，全国烟草行业落实全面从严治党主体责任工作会议在北京召开。郭开朗、张建民出席会议并讲话，杨培森主持会议，高林作工作报告，徐瑢、段铁力出席会议。

1 月 30 日，国务院新闻办公室“国新发布”APP 转发《就奋力谱写烟草行业高质量发展新篇章　访国家烟草专卖局党组书记、局长，中国烟草总公司总经理张建民》一文。2019 年“国新发布”APP 共转发张建民访谈文章 9 篇。

2月

2 月 1 日，国家局党组印发《关于建设现代化烟草经济体系　推动烟草行业高质量发展的实施意见》，要求全面落实中央精神，紧密结合行业实际，确立战略思路，明确基本遵循和内涵要求，确定主要目标和主攻方向，部署重点任务、重大举措。

2 月 2 日，海关总署缉私局、国家烟草专卖局在新疆伊宁市召开打击走私烟草专卖品违法犯罪活动工作推进会。

2 月 15 日，张建民在北京会见吉林省委副书记、省长景俊海，副省长朱天舒。杨培森一同会见。

2 月 20 日至 3 月 15 日，国家局成立 5 个检查组对行业 19 家省级工业公司和 16 家省级商业公司开展样品烟专项检查工作。经国家局党组会审议后，形成《关于行业样品卷烟专项检查情况的通报》和反馈意见。

2 月 20—22 日，张建民在广东、深圳烟草调研。其间，广东省委副书记、省长马兴瑞会见张建民，副省长陈良贤参加会见；张建民会见广东省委副书记、深圳市委书记王伟中，深圳市委副书记、市长陈如桂。

2 月 21—22 日，《烟草控制框架公约》第八届缔约方大会总结会在深圳召开。国家烟草专卖局及其他单位与会代表就第八届缔约方大会相关议题、下阶段国内控烟履约工作进行研讨和交流。

2 月 26 日，张建民在北京会见中信集团副总经理，中信银行党委书记、董事长李庆萍。徐瑢一同会见。

2 月 26 日，全国烟草行业巡视巡察上下联动推进会暨国家局党组第三轮巡视工作动员会在北京召开。杨培森出席会议并作动员讲话。

3月

3月1日，张建民在北京会见湖北省委副书记、省长王晓东，省委常委、常务副省长黄楚平。杨培森一同会见。

3月1日，张建民在北京会见云南省委书记、省人大常委会主任陈豪，省委副书记、省长阮成发，副省长董华。杨培森、徐璟、段铁力一同会见。

3月3日、5日，全国政协十三届二次会议和十三届全国人大二次会议分别在人民大会堂举行。张建民以及11名来自烟草行业的代表委员参加全国两会。

3月6—8日，党的十九大以来国家局党组第三轮巡视3个巡视组陆续进驻6家行业直属单位，开展为期2个月左右的巡视工作。

3月7日，2019年全国烟草行业财务审计工作会议在北京召开。徐璟出席会议并讲话。

3月7日，国家局印发《关于贯彻落实“放管服”改革要求 推进审批服务便民化的通知》，对进一步推进行政审批便民化工作提出具体要求。

3月12日，2019年全国烟草专卖管理工作会议在北京召开。徐璟出席会议并讲话。

3月15日，2019年全国卷烟销售工作会议在北京召开。徐璟出席会议并讲话。

3月19日，2019年全国烟草法规体改工作会议在北京召开。徐璟出席会议并讲话。

3月20日，2019年全国烟草规范管理工作会议在北京召开。徐璟出席会议并讲话。

3月22日，2019年全国烟草行业网络安全和信息化工作会议在北京召开。段铁力出席会议并讲话。

3月26日，2019年全国烟草科技工作会议在北京召开。杨培森出席会议并讲话。

3月27日，张建民在北京会见来访的阿根廷胡胡伊省省长莫拉莱斯（Gerardo Morales）、阿根廷驻华大使盖铁戈（Diego Guelar）一行。

3月28日，张建民在北京会见甘肃省委常委、兰州市委书记李荣灿。段铁力一同会见。

3月29日，全国烟草行业2019年党的建设暨人事工作会议在北京召开。张建民出席会议并讲话，杨培森作总结讲话。

4月

4月9日，刘鹤副总理就行业高质量发展实施意见作出批示。

4月9日，张建民在北京会见中国工商银行党委副书记、行长谷澍。徐璟一同会见。

4月9日，张建民在北京会见来访的施伟策—摩迪国际集团首席执行官杰弗里·柯雷默（Jeffery Kramer）一行。徐璟一同会见。

4月9日，张建民在北京会见来访的帝国品牌有限公司首席执行官艾丽森·库珀（Alison Cooper）一行。徐璟一同会见。

4月9日，国家局党校举行2019年春季学期开学典礼。杨培森出席典礼并作动员讲话。

4月10—12日，张建民在山东烟草调研。其间，山东省委副书记、省长龚正会见张建民，副省长王书坚参加会见；张建民会见山东省委常委、青岛市委书记王清宪，青岛市委副书记、市长孟凡利。

4月10日，中国饭店协会发布2019年中国酒店集团规模TOP50排行榜。中维酒店集团首次被中国饭店协会纳入酒店集团名列，排名第43位。

4月12日，国家局办公室印发《关于做好烟草绿色防控重大专项2019年实施工作的通知》。

4月15日，“天价烟”问题专项检查和集中整治工作动员部署会议在北京召开。张建民出席会议并讲话，杨培森主持会议，徐瑄、段铁力出席会议。中央纪委国家监委驻工业和信息化部纪检监察组副组长李志宏到会指导。

4月15日，张建民在北京会见广东省副省长覃伟中。

4月16日，张建民主持召开国家局、总公司经济运行分析会。杨培森、徐瑄、段铁力出席会议。就下一步工作，会议强调要坚持“总量控制、稍紧平衡，增速合理、贵在持续”方针不动摇，牢牢把握经济工作主动权，打牢“稳”的基础、巩固“稳”的状态，确保全年经济运行稳中向好。

4月18日，国家烟草专卖局与中国财贸轻纺烟草工会在北京举行第十五次联席会议。张建民，中华全国总工会党组成员、副主席、书记处书记江广平出席会议并讲话。杨培森出席会议。

4月19日，2019年行业经济运行工作电视电话会议在北京召开。段铁力出席会议并讲话。

4月19日，国家局印发《关于贯彻落实在市场监管领域全面推行部门联合“双随机、一公开”监管的意见的通知》。

4月20—23日，李克强总理、韩正副总理、刘鹤副总理分别就行业有关专项清产核资工作结果汇报作出批示。

4月23日，2019年庆祝“五一”国际劳动节暨全国五一劳动奖和全国工人先锋号表彰大会在北京举行。烟草行业有2名个人获得“全国五一劳动奖章”，10个集体获评“全国工人先锋号”。

4月26日，张建民在北京会见来访的莫桑比克太特省省长保罗·阿瓦德（Paulo Auade）一行。段铁力一同会见。

4月29日，全国烟草行业第七届先进集体和劳动模范表彰大会在北京举行。大会表彰59个行业先进集体和118名行业劳动模范。工业和信息化部党组成员、副部长王江平，中华全国总工会书记处书记、党组成员许山松到会指导。张建民出席会议并讲话，杨培森宣读表彰决定，徐瑄主持会议，段铁力出席会议。

4—12月，国家局成立10个检查组分两个阶段对行业50家工商企业开展“天价烟”问题重点检查和督查指导，带动全行业自查自纠。

5月

5月9日，国家局、总公司召开机关青年干部座谈会。张建民出席座谈会并讲话，杨培森主持座谈会。

5月10日，2019年全国烟草行业多元化投资管理工作会议在北京召开。段铁力出席会议并讲话。

5月14日，国家局就定点帮扶工作举行新闻发布会。段铁力出席发布会并回答新闻媒体记者提问。经国务院扶贫开发领导小组考核，2018年国家局定点扶贫工作情况为“好”。

5月15—18日，张建民在福建烟草调研，强调坚持以党的政治建设为统领，充分发挥基层联系点示范引领作用，加快推动高质量发展。

5月21日，张建民在北京会见北京市西城区委副书记、区政府党组书记孙硕。

5月22日，国家局印发《烟草行业“十三五”规划实施中期评估报告》，总结“十三五”规划实施进展情况，分析存在的问题和挑战，合理调整部分预期指标，明确强化规划实施的主要措施。

5月24日，张建民在北京会见中国银行行长刘连舸。徐瑄一同会见。

5月24日，张建民在北京会见来访的越南烟草总公司董事长胡黎义一行。

5月28日，张建民在北京会见来访的益升华集团公司首席执行官保罗·福曼（Paul Forman）一行。

5月30日，张建民在北京会见黑龙江省副省长程志明。段铁力一同会见。

6月

6月5日，为期3年的行业第三批卷烟调香师培养在国家局卷烟调香人才培养基地完成，培养27名行业卷烟调香师，覆盖15家省级工业公司。

6月6日，全国烟草行业“不忘初心、牢记使命”主题教育工作会议在北京召开。会议以习近平新时代中国特色社会主义思想为指导，学习贯彻习近平总书记在“不忘初心、牢记使命”主题教育工作会议上的重要讲话及工作会议精神，认真贯彻《中共中央关于在全党开展“不忘初心、牢记使命”主题教育的意见》，部署安排行业主题教育工作。“不忘初心、牢记使命”主题教育中央第二十二指导组组长范小建，张建民出席会议并讲话。中央第二十二指导组副组长刘越，杨培森、徐瑄、段铁力出席会议。

6月12日，中烟国际（香港）有限公司在香港交易所挂牌上市。张建民出席上市仪式并致辞，徐瑄出席仪式。

6月12—13日，张建民在香港调研行业驻港企业，强调牢固树立大局意识，努力开创烟草行业高质量发展新局面。徐瑄一同调研。

6月14日，国家局印发《关于促进烟草行业高质量发展相关配套政策措施和专项规划的通知》，随文印发6份配套政策措施和2个专项规划，与《关于建设现代化烟草经济体系　推动烟草行业高质量发展的实施意见》共同构成行业“1+6+2”高质量发展政策体系。

6月18日，2019年全国烟草行业物流工作会在北京召开。徐瑄出席会议并讲话。

6月18日，张建民在北京会见阿里巴巴集团董事局主席马云一行。段铁力一同会见。

6月24日，公安部、国家烟草专卖局打击制售假烟网络工作领导小组办公室通报全国重点地区烟草打假打私专项行动开展情况。

6月27日，张建民在北京会见来访的津巴布韦财政和经济发展部部长恩库贝（M. Ncube）一行。徐瑄一同会见。

6月27日，张建民在北京会见云南省委常委、曲靖市委书记李文荣，曲靖市委副书记、市长李石松。段铁力一同会见。

6月28日，张建民在北京会见来访的印度烟草委员会执行董事兼董事会主席苏尼萨（K. Sunitha）一行。徐瑄一同会见。

6月28—30日，李克强总理、韩正副总理、刘鹤副总理分别就有关推进烟草工作任务情况汇报作出批示。

6月，全行业参加公安部“护网2019”攻防演习，共计3200余人参与防守工作，共阻断网络攻击9000余万次，目标系统抵御高危攻击71万次未被攻破。防守报告入选公安部演习防守方优秀报告。

7月

7月3日，2019年全国烟农增收工作现场会在云南大理召开。董华出席会议并致辞，杨培森出席会议并讲话。

7月4日，张建民在中国卷烟销售公司调研。徐瑄一同调研。

7月5日，红塔证券股份有限公司在上海证券交易所主板上市。董华出席上市仪式，徐瑄出席并致辞。

7月8日，张建民以《坚持以习近平新时代中国特色社会主义思想为指导　奋力谱写行业高质量发展新篇章》为题，为国家局、总公司机关党员干部讲授“不忘初心、牢记使命”主题教育专题党课。杨培森主持，徐瑄、段铁力出席。中央第二十二指导组成员沈群英、伍修琼到会指导。

7月9日，张建民在北京会见来访的日本烟草产业株式会社副社长岩井睦雄（Iwai Mutsuo）一行。徐瑄一同会见。

7月9日，国家局办公室印发《关于2018年定点扶贫工作整改情况的报告》，向中央和国家工委及国务院扶贫办报告烟草行业 2018 年定点扶贫工作整改情况及二季度扶贫工作情况。

7 月 10—11 日，张建民在山西烟草调研。山西省委常委、太原市委书记罗清宇，山西省副省长张复明一同在太原调研；山西省人大常委会副主任、忻州市委书记李俊明一同在忻州调研。其间，山西省委书记、省人大常委会主任骆惠宁，省委副书记、省长楼阳生会见张建民，张复明参加会见。

7 月 12 日，受张建民委托，杨培森代表国家局党组向中央纪委党风政风监督室汇报中央纪委国家监委主要负责同志批示落实情况及“天价烟”问题专项检查和集中整治任务完成情况，工作举措和成效受到充分肯定，要求烟草局报送工作经验材料，在中央媒体予以正面报道。

7 月 15 日，张建民在北京会见湖北省副省长曹广晶。段铁力一同会见。

7 月 16 日，国家局党组召开党组（扩大）会议，认真传达学习习近平总书记在中央和国家机关党的建设工作会议上的重要讲话，传达学习习近平总书记在中央政治局第十五次集体学习时的重要讲话，研究行业贯彻落实举措。张建民主持会议并讲话，杨培森、徐瑭、段铁力出席会议。

7 月 16 日，张建民主持召开国家局、总公司经济运行分析会。会议分析了上半年行业经济运行情况，并对下一步工作进行安排部署。杨培森、徐瑭、段铁力出席会议。

7 月 16 日，《烟草行业中长期科技发展规划（2021—2035 年）》编制完成并通过国家局党组会议审议。

7 月 18—19 日，2019 年烟草行业各直属单位主要负责同志半年工作座谈会在北京召开。会议主要任务是深入学习贯彻习近平新时代中国特色社会主义思想和党的十九大精神，认真贯彻落实党中央、国务院决策部署及工业和信息化部党组工作要求，传达学习贯彻国务院领导重要批示，总结上半年烟草工作，分析行业面临的形势，部署下半年重点工作。张建民出席会议并讲话，杨培森主持会议，徐瑭、段铁力出席会议。中央纪委国家监委驻工业和信息化部纪检监察组副局级纪检监察员胡国齐、审计署企业审计七局副局长朱文山到会指导。

7 月 19 日，烟草行业“不忘初心、牢记使命”主题教育工作座谈会在北京召开。张建民出席会议并讲话。范小建、胡国齐到会指导。杨培森主持会议，徐瑭、段铁力出席会议。

7 月 24—28 日，烟草行业第三十届优秀质量管理小组成果发布会在北京召开，94 个 QC 小组课题在会上进行成果发布交流。

7 月 29 日，国家局党组向工业和信息化部党组汇报 2019 年上半年主要工作情况和下半年工作安排，张建民代表国家局党组作汇报。苗圩对烟草行业上半年工作给予充分肯定，并对做好下半年工作提出具体要求。

7 月，制定出台《关于促进烟草行业高质量发展　建设科技创新体系的若干政策措施》，提出构建更加高效的科研体系、创新人才培养体系、创新服务体系，构建更富活力的开放创新机制、成果产业化机制、创新治理机制，加快形成以“三体系、三机制”为核心的特色鲜明、要素集聚、活力迸发的行业科技创新体系。

8 月

8 月 1—2 日，张建民在甘肃烟草调研。其间，甘肃省委书记、省人大常委会主任林铎，省委副书记、省长唐仁健会见张建民，省委常委、兰州市委书记李荣灿参加会见。张建民还与副省长李沛兴就甘肃烟草改革发展进行会谈。

8 月 2 日，刘鹤副总理就烟草行业发展情况汇报作出批示。

8 月 2—4 日，张建民在青海烟草调研。青海省副省长刘涛一同调研。其间，青海省委书记、省人大常委会主任王建军，省委副书记、省长刘宁分别会见张建民；张建民与省委常委、西宁市委书记王晓，省委常委、省委秘书长于丛乐，省人大常委会副主任、海东市委书记鸟成云进行会谈。

8月5—7日，张建民在吉林烟草调研。吉林省委常委、延边朝鲜族自治州党委书记姜治莹，朱天舒分别在延边、长春一同调研。其间，吉林省委书记、省人大常委会主任巴音朝鲁会见张建民，省委常委、省委秘书长张安顺，省委常委、常务副省长吴靖平，朱天舒参加会见。张建民与吉林省委副书记高广滨就吉林烟草产业发展进行会谈。

8月7—9日，张建民在黑龙江烟草调研。程志明一同调研。其间，黑龙江省委书记、省人大常委会主任张庆伟会见张建民，省委常委、省委秘书长张雨浦，程志明参加会见。

8月16日，由中央和国家机关工委主办的“不忘初心、牢记使命——中央和国家机关定点扶贫工作成果展”在北京开幕。段铁力参加开幕式。

8月19日，张建民在北京会见湖南省副省长陈飞。杨培森 同会见。

8月20—23日，全国政协办公厅、国家烟草专卖局定点扶贫地区基层干部（乡村教师）扶贫能力提升培训班在北京举办。

8月20日，张建民在北京会见财政部副部长余蔚平。徐瑾一同会见。

8月21日，国家局就促进烟农增收工作举行新闻发布会。发布会指出，烟草行业分3个阶段，一是设施综合利用促增收，二是科技创新促增收，三是自主品牌、共建渠道、产业融合促增收，推动烟农增收工作走出了一条多元产业发展新路径。

8月31日，国家局党组召开“不忘初心、牢记使命”专题民主生活会。张建民代表国家局党组做检视剖析，对照主题教育要求和赵洪顺等严重违纪违法案件剖析报告，查摆问题，剖析根源，提出整改措施，并作表态发言。杨培森、徐瑾、段铁力逐一发言。范小建和中央纪委常委、国家监委委员张春生分别代表中央指导组和中央纪委国家监委进行点评，充分肯定专题民主生活会的成效，并提出工作要求。刘越、郭开朗参会。

8—9月，开展2019年全国卷烟零售户满意度调查。调查结果显示，2019年全国卷烟零售户满意度88.23分，比上年提高0.93分，连续九年提升。

9月

9月2—6日，全国政协办公厅、工业和信息化部、国家烟草专卖局定点帮扶9个区（县）的2019年基层扶贫干部能力提升培训班在湖北省竹溪县举办。

9月3日，烟草行业第一批“不忘初心、牢记使命”主题教育总结会在北京召开。范小建出席并讲话。张建民对行业第一批主题教育开展情况作总结讲话。刘越、杨培森、徐瑾、段铁力出席会议。

9月5日，张建民在北京会见中国工商银行董事长陈四清。徐瑾一同会见。

9月9日，张建民在北京会见交通银行行长任德奇。徐瑾一同会见。

9月10日，烟草行业第二批“不忘初心、牢记使命”主题教育部署会议在北京召开，部署行业第二批主题教育。张建民和“不忘初心、牢记使命”主题教育中央第十一巡回督导组副组长李五四出席会议并讲话。杨培森、徐瑾、段铁力出席会议。

9月17日，全国烟草行业巡视巡察工作会议暨国家烟草专卖局党组第四轮巡视工作动员部署会在北京召开。张建民在动员讲话中强调，行业各级党组织要切实强化政治担当，全力抓好巡视巡察工作，用好用活巡视巡察利剑，为推动行业高质量发展提供坚强保障。杨培森主持会议。会议以电视电话会议形式召开。

9 月 18 日，张建民在北京会见浙江省副省长高兴夫。杨培森一同会见。

9 月 20—23 日，国家局党组第四轮巡视 4 个巡视组陆续进驻 12 家国家局机关二级公司（部门），采取“一拖三”的方式开展巡视工作。

9 月 27 日，全国民族团结进步表彰大会在北京举行。烟草行业 3 个集体获得国务院“全国民族团结进步模范集体”表彰，2 名个人获得“全国民族团结进步模范个人”表彰。

9 月 27 日，张建民在北京会见甘肃省委副书记、省长唐仁健，副省长李沛兴。杨培森一同会见。

9 月 27 日，国家局、总公司机关举行“我亲爱的祖国”歌咏大会，礼赞新中国，讴歌新时代。张建民出席，杨培森致辞，徐瑾、段铁力出席。

9 月 29 日，国家局部署开展侵害零售户利益问题集中整治。

10 月

10 月 9 日，国家局党组印发《中共国家烟草专卖局党组工作规则（试行）》，明确党组工作的职责、组织原则、决策与执行、监督与追责等，建立局党组议事内容目录，进一步规范和改进局党组工作。

10 月 9 日，国家局党校举行 2019 年秋季学期开学典礼。

10 月 10 日，张建民在北京会见来访的日本烟草国际公司总裁兼首席执行官埃迪·皮拉德（Eddy Pirard）一行。

10 月 12 日，国家局安排部署行业“互联网 + 监管”系统建设项目实施推广工作。

10 月 15 日，张建民在北京会见湖南省湘西自治州委副书记、州长龙晓华。

10 月 16 日，刘鹤副总理就烟草行业关于加强有关监管工作情况的报告作出批示。

10 月 18 日，张建民在北京会见云南省副省长董华。杨培森一同会见。

10 月 21 日，国家局、总公司机关举行升国旗仪式，庆祝中华人民共和国成立 70 周年。张建民、杨培森、徐瑾、段铁力参加。

10 月 26 日，张建民在湖北省十堰市调研国烟扶贫工作。湖北省副省长曹广晶，湖北省政协副主席、十堰市委书记张维国一同调研。

10 月 30 日，国家烟草专卖局、国家市场监督管理总局联合发布《关于进一步保护未成年人免受电子烟侵害的通告》，自印发之日起，敦促电子烟生产、销售企业或个人及时关闭电子烟互联网销售网站或客户端；敦促电商平台及时关闭电子烟店铺，并将电子烟产品及时下架；敦促电子烟生产、销售企业或个人撤回通过互联网发布的电子烟广告。

11 月

11 月 1 日，国家局、总公司召开机关党员干部大会，传达学习中国共产党第十九届中央委员会第四次全体会议精神，部署行业贯彻落实举措。张建民出席会议并讲话，杨培森、徐瑾、段铁力出席会议。

11 月 5 日，由国家局信息中心组织、云南中烟牵头、各试点中烟公司联合申报的“基于 CPS 的卷烟智能工厂试点项目”被工业和信息化部核定为“2019 年制造业与互联网融合发展试点示范项目”。

11 月 6—7 日，张建民在宁夏回族自治区吴忠市红寺堡区调研国烟扶贫工作。其间，宁夏回族自治区党委副书记、自治区政府主席咸辉会见张建民。

11月8日，烟草行业第二批“不忘初心、牢记使命”主题教育工作座谈会在北京召开。张建民出席会议并讲话。杨培森、徐䓨、段铁力出席会议。中央第十一巡回督导组成员张瑞君、伍修琼到会指导。

11月12日，国家局直属机关党委印发《国家局、总公司机关关于创建“让党中央放心、让人民群众满意的模范机关”的具体方案》，对国家局、总公司机关创建“让党中央放心、让人民群众满意的模范机关”作出安排部署。

11月12日，中国烟草总公司与中国建设银行在北京签署战略合作协议。张建民，中国建设银行党委书记、董事长田国立出席签约仪式并致辞。徐䓨和中国建设银行副行长章更生代表双方签署战略合作协议。

11月13日，刘鹤副总理就烟草行业关于进一步加强有关监管工作情况的报告作出批示。

11月13—14日，张建民在江苏烟草调研。其间，江苏省委书记、省人大常委会主任娄勤俭，省委副书记、省长吴政隆分别会见张建民，省委常委、省委秘书长郭元强，副省长马秋林参加会见。

11月14—15日，2019年全国烟草行业企业管理现场会在广西南宁召开。广西壮族自治区副主席费志荣到会致辞，段铁力出席会议并讲话。

11月15日，《人民日报》以《围绕主题主线，突出问题导向》为题，对国家局在第二批“不忘初心、牢记使命”主题教育中，将主题教育同实现高质量发展相结合，着重解决实际难题有关情况进行报道。

11月15日，“提升行业软实力”主题研讨座谈会在北京召开。张建民主持会议并讲话，强调要认真学习贯彻党的十九届四中全会精神，加强行业软实力建设，推动行业高质量发展。杨培森、徐䓨、段铁力出席会议。

11月15日，张建民在北京会见河北省委副书记、省长许勤，副省长葛海蛟。杨培森一同会见。

11月15日，张建民在北京会见财政部副部长余蔚平。徐䓨一同会见。

11月16日，烟草行业警示教育暨政治生态突出问题全面整改动员部署电视电话会议在北京召开。郭开朗、张建民，中央纪委国家监委第二监督检查室主任崔志成出席会议并讲话。杨培森、徐䓨、段铁力出席会议。

11月21日，中国烟草主办的首届2019国际雪茄博览会在深圳会展中心开幕。徐䓨出席开幕式。

11月22日，张建民在北京会见吉林省委常委、常务副省长吴靖平。段铁力一同会见。

11月24—25日，《人民日报》和中央广播电视总台央视《新闻联播》对国家烟草专卖局排查整治“天价烟”问题成效进行报道。报道指出，据中央纪委国家监委通报，烟草行业深入推进“天价烟”问题专项检查和集中整治，严肃查处领导干部利用烟草专营权谋取私利问题，立案111起，处理300人，通报曝光典型案例81起。

11月26日，行业高质量发展任务推进情况汇报会在北京召开。张建民主持会议并讲话，强调要深入学习贯彻党的十九届四中全会精神，以思维方式变革推动行业高质量发展。杨培森、徐䓨、段铁力出席会议。

11月26日，张建民在北京会见上海市委常委、副市长吴清。杨培森一同会见。

11月28日，国家局办公室印发《关于印发盒皮（烟标）和香精香料采购专项检查工作方案的通知》，要求在行业开展盒皮（烟标）和香精香料采购专项检查工作。

11月28日，国家局办公室印发《关于成立提升烟草企业核心竞争力领导小组的通知》，进一步加强对提升烟草企业核心竞争力工作的统一领导和统筹协调。

11月29日，李克强总理就烟草行业关于进一步加强有关监管工作情况的报告作出批示。

11 月 29 日，张建民主持召开国家局、总公司经济工作务虚会。杨培森、徐䃘、段铁力出席。

11 月 29 日，为期两年的行业第一批烟草生物技术高层次人才培养在深圳华大基因学院完成，共计培养生物技术高端人才 15 人，培养专业技术人才 136 人。

11 月 29 日，行业盒皮（烟标）和香精香料采购专项检查动员部署电视电话会议在北京举行。徐䃘出席会议并讲话。

12 月

12 月 1 日，烟草专卖零售许可证网上申请全国上线运行。

12 月 3 日，国家局党组印发《省级局（公司）和工业公司领导干部选拔任用工作实施办法等三项制度》，分类制定省级局（公司）和工业公司、国家局总公司机关、行业科研教育单位领导干部选拔任用工作实施办法。

12 月 6 日，国家烟草专卖局办公室、公安部办公厅联合印发《关于深化打击涉烟违法犯罪活动的通知》。

12 月 4—27 日，国家局牵头组织 6 个检查组，对行业 18 家省级工业公司开展盒皮（烟标）和香精香料采购专项检查。中烟实业同步对下属 8 家工业企业开展专项检查。

12 月 6 日，烟草行业全国人大代表和全国政协委员座谈会在北京召开。张建民主持会议并讲话，段铁力出席会议。

12 月 9 日，全国烟叶工作会议在北京召开。张建民、杨培森出席会议并讲话。

12 月 11 日，孙春兰副总理就烟草行业关于加强有关监管工作情况的报告作出批示。

12 月 13 日，国家局党组召开党组（扩大）会议，传达学习习近平总书记在中央经济工作会议上的重要讲话，传达学习李克强总理在会议上的重要讲话精神，研究部署行业贯彻落实措施。张建民主持会议并讲话，杨培森、徐䃘、段铁力出席会议。

12 月 13 日，张建民在北京会见来访的英美烟草集团首席执行官杰克・柏尔士（Jack Bowles）一行。徐䃘一同会见。

12 月 17 日，张建民在北京会见来访的菲莫国际集团公司首席执行官谭崇博（Andre Calantzopoulos）一行。徐䃘一同会见。

12 月 19 日，国家局印发《2019 年定点扶贫工作自评报告》，对全年扶贫工作进行总结回顾。2019 年国家局向 3 个定点扶贫地区（湖北省十堰市竹溪县、竹山县和宁夏回族自治区吴忠市红寺堡区）投入帮扶资金 9750 万元，引入帮扶资金 4154.9 万元，培训基层干部 1073 人（含烟草行业基层扶贫干部 881 人），培训技术人员 3900 人，购买贫困地区农产品 96.08 万元，帮助销售贫困地区农产品 5731.32 万元（含其他国定贫困县 710.46 万元），超额完成“中央单位定点扶贫责任书（2019 年度）”各项工作任务。

12 月 23 日，刘鹤副总理就烟草行业 2019 年全国烟草工作情况报告作出批示。

12 月 25 日，国家局党组召开党组（扩大）会议，听取党的十九大后国家局党组第四轮巡视工作情况汇报。张建民主持会议并讲话。杨培森、徐䃘、段铁力出席会议。胡国齐到会指导。

12 月 31 日，国家局印发《关于构建防治“天价烟”问题长效机制的意见》。

12 月底，按照中央统一部署，国家局全面完成 2019 年度退役士兵接收安置工作，被退役军人事务部评为“2019 年退役士兵安置工作卓有成效的中央企业”。

◎ 供稿：国家局办公室

［编辑：周　佳（1—6 月）　王　静（7—12 月）］

行业概览

□ 全国烟草行业发展概况
□ 发展计划与经济运行
□ 烟叶生产经营
□ 卷烟（雪茄烟）生产经营
□ 多元化经营
□ 专卖监督管理
□ 政策法规与体制改革
□ 财务与审计
……

全国烟草行业发展概况

【经济运行稳中有进、稳中向好】 **为国家和地方经济及社会发展作出全方位贡献**。2019年，全行业坚持从党和国家工作大局中找准定位，积极融入地方经济社会发展，主动作为，担当尽责，在保证财政增收、促进经济发展、稳定社会就业、助力脱贫攻坚、支持乡村振兴、发展民族工业、保障消费者利益等方面作出全方位贡献。全年实现工商税利总额12056亿元，比上年增加500亿元，增长4.3%；上缴财政总额11770亿元，比上年增加1770亿元，增长17.7%，工商税利总额和上缴财政总额创历史最高水平。实现工业增加值8474亿元，比上年增长7.75%。

经济运行和市场状态达到近年来最好水平。国家局党组坚持行业成功经验，适应形势发展变化，及时提出并认真落实“总量控制、稍紧平衡，增速合理、贵在持续”方针，准确把握产销节奏、供求关系，科学调控经济增速、税利增速预期，促使行业经济运行和市场状态持续向好。“两烟”库存降至近年来最低水平，卷烟结构创历史最高水平，零售毛利保持近年来最好水平。全国正常经营零售户数量稳步增加，零售综合毛利率9.95%，比上年提升0.86个百分点。

【高质量发展政策体系全面形成并有效实施】 2019年，国家局党组认真贯彻落实新发展理念，紧密结合行业实际，研究出台《关于建设现代化烟草经济体系推动烟草行业高质量发展的实施意见》，陆续制定关于全产业链一体化组织运行体系、供需动态平衡体系、科技创新体系、运行调控体系、企业核心竞争力、行业中长期干部人才队伍建设规划等配套政策措施和专项规划，实现政策总纲、配套措施、专项规划相互贯通、有机统一，全面形成“1+6+2”高质量发展政策体系，从战略和全局高度对行业高质量发展作出系统性、整体性、前瞻性安排。行业各单位结合自身实际，深入研究推动高质量发展的举措和办法，切实解决制约自身高质量发展的突出问题。全行业上下齐心、协调共进，全力抓好政策体系的落实落地，加快建设现代化烟草经济“六大体系”，扎实推进高质量发展“六个转向”，开创行业高质量发展新局面。

【扛稳抓牢管党治党政治责任】 2019年，烟草行业旗帜鲜明讲政治，认真落实新时代党的建设总要求、中央和国家机关党的建设工作会议精神，以党的政治建设为统领，全面加强党的领导，全力抓好习近平总书记重要讲话和重要指示批示精神的贯彻落实，着力推动党建工作的使命任务、重点工作、关键举措落实落地，努力建设让党中央放心、让人民群众满意的模范机关。按照中央统一部署并在中央第二十二指导组、第十一巡回督导组精心指导下，全行业把开展“不忘初心、牢记使命”主题教育作为一项重大政治任务，自上而下分两批扎实推进。坚持以学习贯彻习近平新时代中国特色社会主义思想为主线，认真贯彻守初心、担使命，找差距、抓落实的总要求，坚持把学习教育、调查研究、检视问题、整改落实贯通起来，列出问题清单，制定专项整治具体实施方案，明确责任单位、工作措施和进度时限，一项一项抓落实，较好地实现理论学习有收获、思想政治受洗礼、干事创业敢担当、为民服务解难题、清正廉洁作表率的具体目标。认真履行全面从严治党主体责任，制定贯彻落实加强党的政治建设、重大事项请示报告制度的具体措施，出台行业问责实施办法，以精准有效问责保障制度执行。深刻汲取赵洪顺等案件教训，组织开展政治生态突出问题全面整改，研究制定工作方案，组织行业2.5万余名党员干部参加警示教育大会，动员部署全面整改各项工作。认真落实中央八项规定精神，深化整治形式主义、官僚主义，制定22条具体举措着力解决形式主义突出问题为基层减负。深入推进党风廉政建设和反腐败斗争，着力削减存量、遏制增量，保持惩治腐败高压态势。组织开展党的十九大后行业第三、第四轮巡视，推进巡视巡察上下联动，对2521家基层烟站开展专项巡察。

【行业治理能力显著增强】 2019年，国家局党组高度重视战略谋划，始终坚持求真务实，突出强调守正创新，引领带动干事创业，牢牢把握工作主动权，科学决策能力、依法施政能力、战略管理能力、运行调控能力、风险应对能力显著增强。国家烟草专卖局与国家市场监督管理总局联合发布《关于进一步保护未成年人免受电子烟侵害的通告》，电子烟监管取得实质性重大突破；加强与国家卫健委和其他有关部门协调配合，控烟履约机制和政策保持稳定；行业正面宣传和媒体舆论引导明显改进；深入开展“天价烟”问题专项检查和集中整治，受到中央纪委国家监委和驻工业和信息化部纪检监察组充分肯定；切实增强风险意识和忧患意识，风险管控工作全面加强。

【现代烟草农业建设向纵深推进】 **有序推进烟叶生产基础设施建设。**国家局始终把烟基建设作为基础性、长期性、战略性工作，保持政策导向不变、力度不减，全年下达各类烟叶生产基础设施项目建设计划 13.47 万件，行业补贴资金概算 15.42 亿元。截至 2019 年底，行业累计投入烟基项目补贴资金 930.09 亿元，建设项目 525.36 万件，受益烟田面积超过 5000 万亩，烟区农民生产生活条件极大改善，烟区综合生产能力显著提高。

稳步推进水源工程援建工作。全年新增复函项目 6 件，复函金额 4.11 亿元；评审通过项目 3 件，核定援建资金 1.85 亿元。截至 2019 年底，行业累计复函援建项目 285 件、援建资金 236.66 亿元，拨付援建资金 188.12 亿元；开工建设项目 277 件，完工项目 156 件。援建项目在保障烟叶生产用水、助力抗旱救灾、改善烟区百姓生产生活条件等方面发挥重要作用，经济效益、社会效益和生态效益日益显现。

推进规模化种植。各产区因地制宜优化土地资源配置，重新梳理、划定烟叶生产核心区，积极推动“三变”改革落地，加快推进核心烟区土地长期稳定有序流转，促进好田好地种好烟，烟田布局“大集中、小连片”的特点日趋明显。2019 年，全国户均种植面积 14.4 亩，比上年增加 1.2 亩；百亩以上连片面积占比 68.1%，比上年提高 5.2 个百分点；500～1000 亩连片面积比上年提高 2.3 个百分点。

培育职业烟农。各产区加强种烟农户申请审核，主动调减零星分散种植农户，加快培育种植专业户、家庭农场等新型种植主体。2019 年，全国职业烟农达到 25 万户，比上年增加 5 万户，逐渐成为烟叶生产的“主力军”，烟叶生产长远稳定发展的队伍基础进一步夯实。

提升合作社专业服务水平。加强烟农专业合作社规范管理，推进合作社优化整合，拓展合作社服务项目，强化服务质量监督。2019 年，全国烟农专业合作社由 1376 个整合至 1305 个，烟农入社率 96.2%。育苗、植保、烘烤、分级环节专业化服务比例分别为 92.8%、61.3%、59.3%、92.7%，专业化植保、烘烤推广迅速，比上年分别提高 15.4 个、5.1 个百分点。

扎实推进绿色生产。助力打赢污染防治攻坚战，坚持“优质、特色、生态、安全、高效”方向，重点推进营养技术、植保技术、烘烤能源、资源利用“四个绿色化”。2019 年，有机肥工程化生产量 46.3 万吨，比上年增加 15.5 万吨。绿色防控技术推广力度进一步加大。推广新能源烤房 6.3 万座，其中生物质燃料烤房 6 万座，比上年增加 2.7 万座。推广增厚地膜 1074 万亩，地膜回收、资源化利用分别达到 989 万亩、479 万亩。

【服务脱贫攻坚大局，烟农增收工作取得新突破】 **多元产业促增收。**2019 年，烟草行业自觉肩负起乡村振兴和

福建烟草援建的龙岩市武平县云礤水库（2019 年）

福建省局　供稿

脱贫攻坚的政治责任，按照烟农增收“三步走”路径，7月在云南召开全国烟农增收工作现场会，在总结贵州设施综合利用促增收、安徽科技创新促增收的基础上，突出“品牌自主、渠道共建、产业融合”3个重点，坚持质量兴农、产业强农、品牌富农，探索出一条从产品到产业再到产业链的多元产业发展新路径。

各产区因地制宜引导烟农发展烟与粮、药、蔬、菌、果等多元产业组合，在稳定第一产业的同时，积极推动后续二、三产业发展，截至2019年底，全国产值上亿元的产业达到10个，5000万至1亿元的产业8个，产业融合新格局初步成形。通过产业带动，各地涌现“云香庄园”“黔彩”“天香皖南”等效益明显的省级母品牌，并且以母品牌为载体向周边辐射，带动形成一大批具有地方特色的地市子品牌，自主品牌价值新优势初步显现。各地充分发挥烟草行业的卷烟渠道优势开展多元产品营销，云南、四川等产区通过订单生产探索共用两烟物流和第三方物流渠道，增收产品销售新途径逐步建立。2019年实现非烟产值88.46亿元，建档立卡的3.53万户贫困户烟农中，2.81万户烟农顺利脱贫，为烟区打赢脱贫攻坚战作出积极贡献。

灾害风险保障机制稳收入。各产区坚持烟叶生产与多元增收产业协调发展，在极端气候增多、灾害频发的严峻形势下，始终把烟农利益放在心上，着力完善风险保障机制，全力组织烟农防灾减灾、抗灾救灾，最大限度地降低烟农灾害损失。2019年，行业共投保农户90.8万户，总保费8.1亿元，基本实现烟区全覆盖。其中，云南投入资金4.7亿元抗旱保生产，四川凉山州建立监测、预警、消雹一体化精准防雹体系，福建协调地方政府累计开展保险理赔金额8810万元，广西、江西、湖南、贵州、山东等产区全力抗击洪涝、冰雹等灾害。在烟叶生产遭受重大自然灾害的情况下，实现烟农种烟总收入547亿元、烟叶税107亿元，烟农户均收入5.9万元，比上年提高0.5万元，收入水平总体保持稳定。

【扶贫工作成效显著】 **靶向施策，助力脱贫攻坚**。2019年是国家局3个定点扶贫地区湖北省十堰市竹溪县、竹山县和宁夏回族自治区吴忠市红寺堡区脱贫“摘帽”的关键一年。国家局高度重视定点扶贫工作，国家烟草专卖局党组书记、局长，中国烟草总公司总经理张建民多次主持召开会议，研究审定国家局2019年定点扶贫地区工作计划，明确全年定点帮扶工作重点，要求进一步加大帮扶力度，确保定点扶贫地区如期脱贫“摘帽”。国家局领导多次深入一线检查调研，推动行业扶贫形成党建引领、整体推进、决战决胜态势，产业扶贫、定点扶贫、消费扶贫齐头并进，扶贫、扶志、扶智深度融合。2019年全行业派驻扶贫干部2.9万人，其中第一书记944人、驻村工作队2365人、结对帮扶干部2.6万人。安排扶贫捐赠预算21亿元，实施项目近3000个，重点投向产业增收、人居改善、基础设施等方面。烟叶产业进一步向贫困地区和贫困人口倾斜，135个国定贫困县种植烟叶，有效带动3.5万户贫困烟农增收。定点扶贫成效得到国务院扶贫办、中央和国家机关工委的充分肯定。

强化产业扶贫。按照党中央、国务院决策部署和要求，把定点扶贫工作作为一项重大的政治任务来抓。依托烟叶产业优势，加大产业扶持力度。将行业优势与地域优势相结合，将烟草帮扶与精准扶贫相结合，为定点扶贫地区脱贫“摘帽”、贫困群众脱贫致富奠定坚实基础。竹溪县和竹山县实现烟叶总产值1.27亿元、烟叶税收2508.07万元，带动808户3031名贫困烟农脱贫致富。竹山、竹溪两县烟叶公司积极探索烟田基础设施综合利用，竹山县利用闲置育苗大棚培育香菇、蛹虫草等经济作物，探索“烟田+黄豆、大蒜、油菜+中蜂养殖”，全年带动876户贫困户增收432万元。竹溪县利用闲置育苗大棚培育香菇、蔬菜、天麻等作物，全年产值360万元，带动552户贫困户增收；探索“烟叶+室外天麻+蜜蜂养殖+烟田套种”综合试点，全年带动111户贫困户增收725万元，切实利用烟草产业带动烟农脱贫、产业发展、地方增收。

国家局2011年在红寺堡区投建烟草扶贫企业弘德包装材料有限公司，总投资3.7亿元，主要经营卷烟包装材料印刷业务。自2014年11月投产以来，累计实现工业总产值10.68亿元、税利总额1.19亿元。2019年，实现税利总额1976.77万元，雇佣建档立卡贫困户66人，解决当地近300人就业问题，工业增加值和税收贡献居红寺堡区第一，为当地脱贫攻坚作出重要贡献。

加大扶贫资金投入。2019年，国家局继续加大对3个定点扶贫地区资金投入力度，在《中央单位定点扶贫责任书（2019年度）》承诺帮扶资金投入7000万元基础上增加2450万元，达到9450万元，其中对竹山县增加730万元，达到3230万元；竹溪县增加720万元，达到3220万元；红寺堡区增加1000万元，达到3000万元，比年初计划数分别增长29.2%、28.8%和50%。此外，国家局机关党委向三地区的深度贫困村拨付党建扶贫资金300万元，用于村两委建设及村集体经济发展；国家局、总公司机关有关部门和单位分别赴定点扶贫地区与结对村开展联学联建活动，进一步加强党建工作交流，协调解决村集体困难，切实利用政策优势和资源优势，将联学联建工作落到细处、做到实处。全年协助三地区引入帮扶资金4154.9万元，其中竹山县266万元、竹溪县3738.9万元、红寺堡区150万元。

创新消费扶贫帮扶方式。鼓励和引导行业各单位购买国家局3个定点扶贫地区及江西赣州兴国县、云南省、西藏自治区等其他贫困地区农产品，在国家局机关等地开展多场定点扶贫地区农产品现场展销活动，在竹溪县举办定点扶贫地区农产品2019年产销衔接会。全年行业采购贫困地区农产品金额5731.32万元（含其他国定贫困县710.46万元）；开展农产品现场展销活动，广大干部职工积极选购，国家局机关和北京市局（公司）帮助3个定点扶贫地区销售农产品39.8万元，复购和新增订单30余万元。

加强培训，扶贫扶智。2019年，国家局培训基层干部1073人，培训技术人员3900人。其中，举办两期扶贫地区扶贫干部培训班，培训国家局定点扶贫地区扶贫干部160名，以及竹溪村两委班子32人；举办6期行业扶贫干部、第一书记和驻村工作队员培训班，培训行业扶贫干部881名；举办乡村教师培训班，培训3个定点扶贫地区乡村教师60名；在竹山县、竹溪县及红寺堡区分别举办厨师、家政、蜜蜂繁育、肉牛养殖、电商等培训班，培训贫困户及致富带头人3840人。

2019年，国家局投入200万元用于竹溪县“双师教育”。截至2019年底建成智控指挥中心1个、直播教室1个、智慧云教室200个、教学点网校19个，成为竹溪县扶贫扶智、推进教育资源均等化的一项重要创新。

【专卖执法和规范管理持续加强】 2019年，国家局联合公安、海关等执法部门，以重大案件侦办为抓手，持续开展重点地区打假打私专项整治行动，不断加大制假走私源头打击力度，严厉打击制假售假和走私贩私网络，强化物流寄递环节涉烟违法犯罪的精准打击，针对非法经营加热卷烟组织专项打击，有效遏制网络自媒体领域涉烟问题高发态势。全年查处案值5万元以上假烟、走私烟案件1.08万起，查获假烟40.97万件、走私烟13.91万件，收缴制假烟机337台，查获非法烟丝烟叶2.61万吨，公安、司法机关依法拘留9178人，判刑5160人。

加强真烟异常流动治理，在治理违规经营大户、解决内外勾结问题上始终保持“零容忍”。严格规范样品卷烟管理，深入开展“天价烟”问题专项检查和集中整治，积极构建“天价烟”问题防治长效机制。组织开展盒皮（烟标）和香精香料采购专项检查，坚决查处以权谋私、谋利问题。严格落实审计整改，全面推进货币资金竞争性存放，规范“两烟”收入核算，配合国家税务总局重点税源企业随机抽查，开展行业资金专项检查。加强法治烟草建设，强化法律服务保障，开展规范性文件的合法性审查，有效防范制度性法律风险。

【系统推进改革创新】 *市场化取向改革*。2019年，烟草行业积极向国务院领导和有关部门汇报沟通，配合财政部、工业和信息化部等不断完善总公司及相关体制改革方案。深入推进市场化取向改革，探索推进行业生产经营管理一体化平台建设，加快落地“一禁止、三公开”制度，全面推广工商网上配货。

深化体制机制改革。推进中烟国际“一总部、一分部、一平台”建设工作，中烟国际（香港）公司成功在香港联交所挂牌上市。红塔证券在上海证券交易所主板上市。

“放管服”改革。深入推进“放管服”改革，制定审批服务便民化措施，积极推进行业一体化在线政务服务平台和“互联网+监管”系统建设，抓好“证照分离”改革全覆盖试点，推进实现许可证、准运证电子化，许可审批时限从15个工作日压缩到8个工作日。修订省级公司年度

工作考核办法，形成更加符合高质量发展要求的“4 + X”考核指标体系。做好行业职工家属区“三供一业”分离移交收尾工作，加快推进烟草企业厂办大集体改革。

科技创新。深入推进科技创新，制定出台关于促进烟草行业高质量发展建设科技创新体系的若干政策措施，提出构建以“三体系、三机制”为核心的特色鲜明、要素集聚、活力迸发的行业科技创新体系，编制烟草行业中长期科技发展规划，系统布局安排新一轮优先主题及重大专项。战略综合类、技术创新类、科学研究类、基础支撑类等创新平台布局基本形成。关键技术升级突破，形成创新品类、精准育种、绿色防控等技术体系。修订总公司科学技术奖励办法、科技计划项目管理办法，编制形成卷烟年度质量分析报告。“卷烟”术语修改单获国家标准委批准发布。

烟叶流通体制改革。稳步开展烟叶流通体制改革，加大专分散收和原收原调推广力度，全面推动重点品牌原料区域加工中心建设。研究制定烟叶减值准备制度，积极稳妥开展清产核资后续工作。

【全产业链一体化建设稳步实施】 着力推进大数据、云计算、人工智能等新技术与烟草产业深度融合，积极促进传统烟草优化升级。深入推进工业互联网平台建设，开展卷烟智能工厂试点验证，“基于 CPS 的卷烟智能工厂试点项目”入选工业和信息化部“2019 年制造业与互联网融合发展试点示范项目”。持续提升烟机制造企业竞争力，并从工业领域向农业、商业领域延伸，有效满足全产业链技术装备需求。研究行业现代物流发展规划，坚持绿色循环、精益高效、协调共享的工作要求，推动部分工商企业开展跨区域物流集散中心和配送中心试点。全力抓好丝束供应，全年供应国产丝束有效满足行业 93% 卷烟生产需求。规范做好香精香料、卷烟纸、包装箱等保障供应工作，加大多元化重点投资领域整合力度，落实高风险低收益项目清理退出工作，推动全资控股多元化企业提质增效、转型发展。

【政务公开工作质量稳步提升】 **政务公开工作获评优秀**。2019 年，国家局深入贯彻国务院推进政务公开的决策部署，围绕行业中心工作及群众关注关切，加强政策解读，深化重点领域信息公开，及时准确发布政府信息，政务公开工作质量稳步提升。国家局办公室、烟草经济信息中心等协调机关各部门主动公开政府信息，回复依申请公开申请，制定《国家烟草专卖局公众咨询留言回复办理管理办法》，起草发布《国家烟草专卖局 2019 年政府信息公开工作报告》《烟草行业 2019 年政府信息公开工作报告》。在国务院办公厅对 31 个省（自治区、直辖市）人民政府和 53 个国务院部门开展的 2019 年度政务公开评估工作中，国家局获评优秀。

做好重要政策措施解读。围绕专卖行政执法、助力脱贫攻坚、保护未成年人免受电子烟侵害等社会关注程度高、与民生关系密切的重要政策措施，主动做好规范性文件公开和政策解读；全方位展现行业在打假打私、“放管服”改革、维护消费者利益、助力脱贫攻坚、帮扶老少边穷地区烟叶生产、稳就业、绿色发展等方面所作贡献。

持续推进“互联网 + 政务服务”。按期完成行业一体化在线政务服务平台和“互联网 + 监管”系统的建设和对接任务，推动线上线下融合发展，提升网上履职能力和服务水平。

加强公开平台建设。推进政府网站升级改版，持续提升政府网站服务功能，加强与所属单位网站互联互通，确保行业各级政府网站安全、规范运行；加强政府网站内容建设和信息发布审核，确保信息权威、准确、及时。

【控烟履约依法有序推进】 2019 年 10 月 29 日，国家局与国家卫健委等八部门联合印发《关于进一步加强青少年控烟工作的通知》，国家局参与负责抓牢抓实青少年控烟工作和建立完善青少年控烟长效机制相关工作。10 月 30 日，国家局与市场监督管理总局联合印发《关于进一步保护未成年人免受电子烟侵害的通告》，各级烟草专卖行政主管部门加大对电子烟产品的市场监管力度，加强对通过互联网推广和销售电子烟行为的监测、劝阻和制止，对发现的各类违法行为依法查处或通报相关部门。在较短时间内，实现监管要求全面覆盖，互联网广告全面屏蔽，电子烟产品全网下架，电子烟广告全部撤除。

严厉打击烟草制品非法贸易，卷烟市场净化率保持在

96%以上，继续保持世界领先水平。继续做好《中华人民共和国境内卷烟包装标识的规定》政策宣贯和实施工作，加强烟草制品成分管制和信息披露，持续提高卷烟平均价格。加强控烟宣传教育，积极开展控烟宣传活动，宣传中国控烟履约工作成就和专卖管理制度对控烟履约的积极作用。严格执行《中华人民共和国烟草专卖法》《中华人民共和国广告法》《中华人民共和国慈善法》《互联网广告管理暂行办法》等法律法规。积极防止未成年人接触烟草，明确将中小学校周围列入不予发放烟草专卖零售许可证范围。支持中小学生禁烟，劝阻青少年吸烟。禁止在境内设立自动售烟机。禁止通过互联网非法销售烟草制品和电子烟。要求各类市场主体一律不得向未成年人销售电子烟。

【严格行业外事管理工作】 2019年，烟草行业持续加强因公出国（境）管理。全年国家局、总公司机关，行业党组管理干部限量管理出国（境）团组与上年度持平，适度安排计划单列团组出访，严控赴“热点国家”和世界著名旅游城市团组；接待来访团组27个。

【全面加强高素质专业化人才队伍建设】 2019年，行业认真贯彻落实新时代党的组织路线，制定实施行业中长期干部人才队伍建设规划，分类制定省级局（公司）和工业公司，国家局、总公司机关和行业科研教育单位领导干部选拔任用工作实施办法，研究修订行业直属单位领导班子和领导干部考核工作办法，建立健全干部交流锻炼常态机制，加大对交流干部的关心关怀力度。增强领导班子和干部队伍整体功能，不断优化领导班子年龄、知识、专业、经历结构，行业优秀年轻干部培养选拔迈出新步伐。大力发掘培养并充实行业专业技术人才队伍、技能人才队伍，制定12条人才工作具体措施，为行业汇聚贤才提供政策支持。制定印发《烟草行业教育培训体系建设纲要（2020—2022年）》，大力加强干部教育培训工作。全面从严管理监督干部，严格执行领导干部个人有关事项报告制度，严格执行“凡提必核”要求，开展行业直属单位选人用人专项检查发现问题整改及“三超两乱”等问题政治督促检查工作，坚决整治选人用人上的不正之风。

◇ 编辑整理：王　静

发展计划与经济运行

【制定行业发展规划】 2019年，国家局贯彻落实新发展理念和高质量发展要求，印发《中共国家烟草专卖局党组关于建设现代化烟草经济体系推动烟草行业高质量发展的实施意见》《国家烟草专卖局关于印发促进烟草行业高质量发展相关配套政策措施和专项规划的通知》，并随文印发6份配套政策措施和2个专项规划，共同构成行业“1+6+2”高质量发展政策体系。组织开展烟草行业“十三五”规划实施中期评估工作，启动“十四五”规划编制前期工作。探索运用信息化手段推动行全产业链一体化组织运行稳步实施。开展烟草行业对国民经济和社会发展贡献分析研究，完成《烟草行业对国民经济和社会发展贡献分析研究报告》（初稿）。制定国家局定点扶贫地区2019年工作计划。

【统筹平衡“两烟”管理】 2019年，国家局坚持以供给侧结构性改革为主线不动摇，贯彻落实“总量控制、稍紧平衡，增速合理、贵在持续”方针，统筹编制烟叶、卷烟、辅料、进出口等方面计划，协调处理控总量与调结构的关系，促进稳运行、优结构、育品牌、降库存、控成本、增税利等多元目标的综合平衡。

制定《关于2019年下半年卷烟产销总量及结构调控工作的建议方案》。坚持以销量决定产量，以去库存下限标定排产上限，确保完成全年去库存目标任务。严格控制调拨计划总量，优先安排低价位卷烟调拨，为保持合理增速、增加有效供给创造条件。2019年全国烟叶计划管理工作坚持以“控总量、守红线、降库存”为首要任务，推动烟叶供给布局优化调整和生产提质增效。利用“两种资源，两个市场”，统筹安排卷烟和烟叶进出口贸易计划。

【优化产能布局】 研究卷烟工业技术改造政策，将“化解结构性过剩产能”作为一项重点任务进行推进。推动加快传统过剩产能出清、推动创新产品集约改造、严控企业产能规模、严控新增设备产能，提出制定卷烟工厂产能核定办法、建立产能调剂流转平台等切实举措。在项目审批管理中进一步严格控制烟草制品生产企业技术改造项目的产能规模。切实贯彻落实中央“三去一降一补”总体要求。

【严格执行价格管理政策】 坚持“大品牌、大市场、大企业”战略，按照同档同价同差率管理思路，以鼓励创新为导向，营造公平有序的竞争环境。持续加强卷烟市场监测，提升数据挖掘、分析预测和服务决策能力。全国卷烟社会库存、卷烟综合毛利率、全部顺价和基本顺价规格等全面完成年初既定目标，并创2016年自主监测市场以来最好水平。

履行烟草专卖品价格审批职责，核准128个国产卷烟（雪茄烟）产品价格，审核68个进口卷烟、178个雪茄烟产品价格，完成各省级局新品引进和退出备案以及出口卷烟价格备案工作，科学制定烟叶、丝束、烟机新品价格及相关收费标准，通过完善价格管理引导品牌有序竞争，优化资源配置，促进供应链协调发展。

贯彻落实中央精神，印发《国家烟草专卖局关于坚决防止“天价烟”问题反弹的通知》，制定行业“天价烟”问题专项检查和集中整治工作方案，出台“天价烟”防治长效机制及相关配套制度，促进行业可持续发展。

【提升投资质量效益】 严格项目审批程序和标准，2019年批复（含委托审批）投资项目立项13个，总投资估算73亿元；批复（含稳妥审批）初步设计及项目调整17个，总投资概算125亿元。推动卷烟工业技术进步和融合创新，提升精益化加工、智能化控制、柔性化制造、数字化管理、绿色化生产水平。巩固“三去一降一补”成果，加大产能压缩化解力度，在项目审批中压缩卷烟产能20万箱、打叶复烤产能135万担、再造烟叶产能5000吨。开展审计整改，加强投资项目验收收尾，批复（含委托审批）项目验收收尾22个，转固92亿元。严格执行烟机设备购置“产能进一退一”政策，下达购置计划643台套，为行业提升工艺技术水平及新品发展提供装备支撑。贯彻落实深化“放管服”改革要求，加强投资项目事中事后监管，开展“双随机、一公开”投资工作检查。

【行业经济运行概况】 **经济运行平稳有序。**2019年，行业有序推进稳运行、优结构、育品牌、降库存、控成本、增税利各项工作，经济运行和市场状态均达到近年来最好水平。全年卷烟产销增长，实现销大于产456.65亿支（91.33万箱）。卷烟结构持续优化，行业平均单箱批发销售收入比上年增长3.87%，一、二、三类卷烟销量保持增长，占比提升。

重点品牌平稳增长。严格控制品牌规格总量，以年初的卷烟品牌规格总数为上限，实现品牌规格总数只减不增。2019年准产国产内销卷烟（含改造、整合等）75个，退出89个，净退出规格14个、品牌3个。

以技术创新为发力点，推动品牌结构优化升级。重点品牌集中度持续提升，行业29个重点品牌销量比上年增长2.19%，销量比重88.15%，比上年提高1.62个百分点。实现商业销售收入比上年增长4.53%。重点品牌年累计平均单箱销售收入比上年增长2.29%。

创新品类继续保持快速增长，全年创新品类卷烟销售3061.65亿支（612.33万箱），比上年增长28.23%。其中，销售细支烟2132.25亿支（426.45万箱）、销售中支烟496.25亿支（99.25万箱）、销售短支烟270.55亿支（54.11万箱）。

市场秩序持续向好。卷烟价格稳中有升，卷烟市场价格和零售价格均优于上年。社会库存同比、环比均减少，降至近年来的最低值。卷烟零售户毛利水平进一步提升，全国卷烟零售户综合毛利率9.95%。

税利总额稳步增长。2019年，行业实现工商税利总额12056亿元，比上年增加500亿元，增长4.3%，创历史最高水平，连续六年税利总额超万亿元。实现工业增加值8474亿元，比上年增长7.75%。

【提升企业管理系统化水平】 立足“全面加强精益管理，助推行业高质量发展”，组织召开行业企业管理现场会暨质量管理小组活动30周年庆祝大会，印发《关于促进烟草行业高质量发展，提升国有企业核心竞争力体系若干政策措施》，不断提升行业精益管理工作系统化水平。

降本增效和节能减排工作成绩显著。全年行业万元工业增加值能耗比上年减少4.6%，万支卷烟能耗比上年减少

2.9%，累计实现降本增效43.6亿元。QC小组课题成果7600余项，创造直接经济效益11.9亿元。开展质量管理体系转版工作，行业333家地市级局（公司）和19家省级工业公司全部完成体系转版并发布新版文件。完善对标指标体系和工作机制，开展卷烟工厂分层分类对标。深入开展管理诊断下基层工作，帮助基层企业找问题、出对策、促提升，累计查找管理问题1.48万个，制定整改措施1.38万项。物资采购工作更加公开透明，全年行业卷烟材料公开招标采购536.35亿元，公开招标比例99.57%，比上年提高1.22个百分点。

【安全生产】 **落实安全生产责任**。国家局党组高度重视行业安全生产工作，认真贯彻落实习近平总书记、李克强总理的重要指示精神和国务院安全生产工作部署，组织召开党组会、安委会和安全生产电视电话会议，指导行业科学、规范、有序开展安全生产工作。国家局机关各部门、行业各单位坚持“管行业必管安全、管业务必管安全、管生产经营必管安全”，落实安全生产“五同时”，加强各专业领域安全管理；强化目标导向，把一般死亡事故纳入省级公司工作业绩综合考核指标，严格目标管理和考核奖惩，加大安全监督考核力度和权重；各单位围绕中心、突出重点、多措并举，建立健全安全生产责任体系和责任落实保障机制，有效保障安全投入到位、教育培训到位、基础管理到位、应急救援到位。

严抓基础管理。在充分调研的基础上，组织制（修）订消防安全、交通安全、多元化企业安全管理等相关规定和意见，实现与国家法律法规和标准的有效对接，在制度保障上做到严密有效；深化安全生产标准化建设，编制《〈烟草企业安全生产标准化规范〉解读》，制定《烟草企业安全生产标准化规范考评标准》，选定工商试点企业，组织行业专家开展安全生产标准化评审，促进安全生产标准化有效运行。行业各单位认真开展新版规范贯标对标，上海烟草集团，河南、河北、贵州省局（公司），四川、福建中烟公司等单位强化企业示范带动、专业标杆引领、岗位标准落地，不断提升“安全管理规范化、现场作业标准化、排查治理常态化”水平；加大安全工程师培养和评聘力度，行业注册安全工程师评聘到位率80%以上，强化安全专业化队伍建设；推广应用《烟草行业生产安全事故应急预案优化范本》，加强应急管理体系建设和应急预案培训演练，提升应急保障能力。

强化全员安全素质。深入开展安全教育培训活动，行业举办安全理论、安全技术、应急管理等内容的培训班3期、培训500余人次；坚持理论与实践相结合，提升安全管理领导能力和专业素质；开展注册安全工程师、消防工程师考前培训和继续教育等培训班7期、培训近1000人次；筹建中国烟草网络学院安全分院，推进“互联网+安全培训”，拓展教育培训渠道。各单位高度重视从业人员安全素质建设，扎实开展任职资格培训、持证上岗培训、三级教育和“四新”教育。深入推进“安全生产月”“消防宣传月”等活动，搭建安全宣教平台，组织体感式培训、安全技能比武、安全知识竞赛，有效提升全员安全素质。湖北

2019年11月，山西省局（公司）举办首届“责任杯”物流岗位及消防技能竞赛，提升全员安全素质

山西省局　供稿

省局（公司）、湖南中烟等单位加强安全教育实训基地建设；山西、湖南省局（公司），安徽、山东中烟等单位开展以赛代训、以赛促学活动。江苏、云南、河南中烟等单位积极推进企业安全文化建设，被评为“全国安全文化建设示范企业”。聚焦安全管理重点难点，通过安全生产专业委员会平台，组织专题研讨和项目攻关，开展学术论文征集评选，形成优秀论文37篇，注重成果应用，解决安全管理难题。

治理安全事故隐患。深入开展安全生产大检查活动，全年组织27个检查组，对行业33家省级局（公司）、18家省级工业公司及其所属工商企业和多元化投资企业共计300余家单位进行安全检查，排查治理事故隐患和安全问题600余项。加强交通安全管理，推进交通安全精细管理和精准治理。加强重点领域安全管理，开展煤炭、醋纤企业防火防爆专项检查，推进危化品安全、消防安全专项整治。加强中华人民共和国成立70周年庆典和冬春季节等重点时段安全管理，开展“防风险、保平安、迎大庆”行动和冬春火灾防控行动。开展双重预防机制建设，强化风险分级管控和隐患排查治理，注重规律性研究，落实源头治本措施，提升风险管控水平和隐患治理成效。云南省局（公司）、江苏中烟等单位开展粉尘防爆指标测试和评定，落实粉尘防爆本质安全措施；甘肃省局（公司）制定实施《安全生产费用管理办法》，打通隐患整改绿色通道；珠纤公司等单位打造“一清单＋双机制”安全协同管理模型。

【董事会工作】 **贯彻政策体系，助推高质量发展**。贯彻落实行业“1＋6＋2”高质量发展政策体系和《国家烟草专卖局2019年工作要点》，配合有关部门完成行业高质量发展指标体系、提升烟草企业核心竞争力、深入推进市场化取向改革等配套政策研究制定和有关工作。完善公司治理，坚持党的领导，落实党组织在公司法人治理中的法定地位和制度安排。指导工业公司树立发展信心，坚持战略引领和问题导向，强弱项、补短板，在认真学习领会行业高质量发展政策体系的基础上，研究制定本公司高质量发展的具体规划和措施，实现企业运行状态持续向好、重点品牌稳步发展、管理水平持续提升，推动公司高质量发展。

关注运行状态，落实发展目标。研究制定《2019年董事会工作要点》，推动国家局党组各项决策部署在工业公司有效落实。准确把握行业调控方针，持续关注工业公司运行态势、重点品牌发展态势、市场营销和创新研发等工作，科学合理控制发展增速，各工业公司经济运行保持平稳有序、稳中向好的发展态势，各项指标均好于预期，主要表现为生产经营稳中提质，品牌发展稳中有进，市场状态稳中向好，管理水平稳中增效，企业效益稳中提升，顺利完成全年目标任务。

履行职责，开好董事会会议。履行工作职责，把好议题审核关，确保董事会各项决策符合国家法律法规、行业政策规定和国家局党组要求。会前认真学习全国烟草工作会议和半年工作座谈会议精神，深刻领会高质量发展要求，结合各公司发展形势，确定会议主要议题和重点关注的内容，明确会议审核要点。会中严格按照《公司章程》和《董事会议事规则》，对生产经营目标、投资、采购、资产、预算等议案进行认真审议和表决，全年审议议案751项，听取报告248项，形成决议665份。会后做好决议执行情况和重点事项的监督检查，同时深入掌握分析公司发展面临的问题和需要国家局、总公司帮助解决的事项，与有关部门沟通协调，发挥桥梁纽带作用。

开展调查研究，提升科学决策水平。按照“不忘初心、牢记使命”主题教育活动具体安排，结合部门工作实际，围绕董事会权责是否明晰、公司制度建设是否完善、董事会决策分类是否科学等内容，前往11家省级工业公司开展“进一步提高董事会科学决策水平”专题调研，与公司经理层和有关部门单位深入沟通，听取意见，形成调研报告并报国家局领导审阅，提出完善决策机制、程序、方法、措施等4个方面工作意见和2项需要国家局、总公司进一步明确的事项，指导工作实践，提高决策水平。

组织工作交流，加强干部队伍建设。组织10家省级工业公司在安徽合肥开展董事会工作集中调研，交流有关工作、开展专题研讨、听取意见建议。赴南纤公司了解法人治理结构和董事会运作及建设相关情况，就党建工作开展、谋划推动高质量发展、提高董事会科学决策水平等进行工作交流。加强部门领导班子和干部队伍建设，充实配备专职董事，通过统一招聘、行业和部门交流、选派挂职干部等多种方式，充实配备处室工作人员。

◈ 编辑整理：王　静

烟叶生产经营

【严控烟叶总量】 2019年，国家局继续加强烟叶总量宏观调控，在生产环节继续减少供给300万担，持续推进烟叶压库工作，巩固“三去一降一补”成果。各烟叶产区认真贯彻国家局决策部署，把坚守红线贯穿烟叶生产全过程，实现“被动控”到“主动控”的转变。围绕年度300万担工业压库目标，国家局分类下达各工业库存压缩指标，压实工业减库责任，引导工业企业利用烟叶调剂和工商“等量置换”等方式，优化库存烟叶结构。烟叶库存总量和水平在2018年的基础上再次实现“双下降”。

【现代烟草农业建设】 **规模化种植**。各产区因地制宜优化土地资源配置，重新梳理、划定烟叶生产核心区，推动资源变股权、资金变股金、农民变股民“三变”改革落地，推进核心烟区土地长期稳定有序流转，烟田布局“大集中、小连片”的特点日趋明显。全国户均种植面积14.4亩；百亩以上连片面积占比68.1%，比上年增加5.2个百分点；500～1000亩连片面积比上年增加2.3个百分点。

职业烟农培育。各产区加强种烟农户申请审核，主动调减零星分散种植农户，培育种植专业户、家庭农场等新型种植主体，全国职业烟农25万户，比上年增加5万户。

提升合作社专业服务水平。加强合作社规范管理，推进合作社优化整合，拓展合作社服务项目，强化服务质量监督。全国烟农专业合作社由1376个整合至1305个，烟农入社率96.2%。育苗、植保、烘烤、分级环节专业化服务比例分别为92.8%、61.3%、59.3%、92.7%，专业化植保、烘烤推广迅速，比上年分别增加15.4个百分点、5.1个百分点。

绿色生产。坚持“优质、特色、生态、安全、高效”方向，重点推进营养技术、植保技术、烘烤能源、资源利用“四个绿色化”。有机肥工程化生产量46.3万吨，比上年增加15.5万吨。推广新能源烤房6.3万座，其中生物质燃料烤房6万座，比上年增加2.7万座。推广增厚地膜1074万亩，地膜回收、资源化利用分别为989万亩、479万亩。

【烟叶生产结构优化】 **田间结构优化**。坚持供需两端共同发力，减少生产环节不适用烟叶产出，严把田间不适用鲜烟叶处理标准，推进采烤一体化和专业化烘烤，落实烟叶精准烘烤技术，抓好上部叶充分成熟一次性采收，不断提高生产环节有效产出。全国收购上等烟比例67.5%，达到历史最高水平。

基地单元优化调整。继续开展基地单元优化调整，在564个单元的基础上，集中清理96个建设不达标的基地单元。推进定向生产，工商双方以基地单元建设为载体，围绕工业企业品牌需求开展定制化生产，进一步满足工业企业对卷烟品牌原料的差异化需求。

提升工业烟叶利用水平。引导工业企业利用物理、化学、生物酶等方式，创新不适用烟叶利用技术，多途径提高烟叶可用性，优化烟叶使用结构。蒙昆公司利用生物酶技术开展不适用库存烟叶处理；贵州中烟联合湖南省局开展竖配方模块加工探索；云南中烟推广三段式分切技术，烟叶使用价值和利用率有效提高。

【烟叶流通体制改革】 **加大专分散收和原收原调推广力度**。围绕工业品牌原料需求，严抓合作社专业分级服务到位率，推行以收购线为单位的原烟产品质量考核，全年推广专分散收161.2万吨（3224万担），占比93.4%，烟叶交售纯度、包内纯度和批次均匀度进一步提升。深化工商协同互动，严格按照工商共同制定的新烟样品成包备货、按原包装原标识交货调运，实施原收原调比上年增加30.75万吨（615万担），云南丽江、贵州毕节等产区全收全调试点成效明显。

持续扩大重点品牌原料均质化加工规模和范围。坚持重点品牌原料加工需求导向，深化均质化加工质量意识，落实复烤加工五项关键技术，均质化加工服务能力全面提升。2019烤季均质化加工覆盖重点品牌数量由23个增加到27个，加工规模125万吨（2500万担），同比增加25万吨（500万担），其中8个重点品牌实现原料加工全覆盖。

云南大理市苍叶烟农专业合作社灯盏花种植基地，利用多元化产业助农增收（2019 年）

云南省局 供稿

开展烟叶质量追溯信息化体系试点建设。贵州烟叶质量追溯信息化体系试点工作进展较好，烟叶生产、收购、复烤相关数据通过省集成交互平台全省集中，并依托国家局数据中心和行业统一传输通道，实现与对口工业数据的实时共享，贯穿工业企业、商业企业、复烤企业的烟叶质量数据链初步搭建成型，为提高烟叶流通效率提供技术支撑。

【烟农增收】 ***产业融合***。行业按照烟农增收“三步走”战略，在总结贵州设施综合利用促增收、安徽科技创新促增收工作经验的基础上，2019 年在云南召开全国烟农增收工作现场会，突出“品牌自主、渠道共建、产业融合”3 个重点，坚持质量兴农、产业强农、品牌富农，探索从产品到产业再到产业链的多元产业发展新路径。

云南省局集聚烟叶生产资源要素优势，构建多元产业发展新格局，形成可供借鉴的烟农增收新模式。通过发展烟区产业综合体，逐步形成“烟叶 + 云菌、云药、云粮、云蔬、云油、云花、云果”等七大特色多元产业组合，其中全省烟后豌豆产业实现产值超 10 亿元；利用有机肥、废旧地膜加工、生物质燃料、烟蚜茧蜂繁放实现规模化、工厂化生产，建成生物质颗粒加工线 108 条，有机肥加工线 23 条，废旧地膜回收再利用加工线 12 条，年产值约 4 亿元；利用烤房群闲置场地建成农产品初级分拣线、冷链物流仓库、产品烘干区，利用物流园闲置仓库建成农产品加工包装车间，延伸产业链条，提升产品价值。

各产区因地制宜，引导烟农发展烟与粮、药、蔬、菌、果等多元产业组合，稳定第一产业，并推动后续二、三产业发展。2019 年实现多元产业增收 88.46 亿元，利润 32.5 亿元，户均净收入 3519 元；产值上亿元产业 6 个，产值 18.07 亿元，利润 7.63 亿元；5000 万元至 1 亿元产业 6 个，产值 4.28 亿元，利润 0.95 亿元；1000 万元至 5000 万元产业 28 个，产值 7.07 亿元，利润 2.62 亿元；500 万元至 1000 万元产业 26 个，产值 1.79 亿元，利润 0.47 亿元，产业融合新格局初步成形。通过产业带动，培育“云香庄园”“黔彩”“天香皖南”等一批效益明显的省级母品牌，并且以母品牌为载体向周边辐射，带动形成具有地方特色的地市子品牌，自主品牌价值新优势初步显现。各地充分发挥烟草行业的卷烟渠道优势开展多元产品营销，云南、四川等产区通过订单生产探索共用两烟物流和第三方物流渠道，增收产品销售新途径逐步建立。

烟农保障。面对 2019 年灾害频发的极端气候，各产区坚持烟农利益为主，着力完善风险保障机制，全力组织烟农防灾减灾、抗灾救灾，最大限度地降低烟农灾害损失。2019 年，行业投保农户 90.8 万户，总保费 8.1 亿元，保险覆盖面积占比 99.2%，比上年增加 1.2 个百分点，基本实现烟区全覆盖。其中，云南投入资金 4.7 亿元抗旱保生产；四川凉山建立监测、预警、消雹一体化精准防雹体系；福建烟草协调地方政府累计开展保险理赔金额 8810 万元；广西、江西、湖南、贵州、山东等产区全力抗击洪涝、冰雹等灾害，在烟叶生产遭受重大自然灾害的情况下，实现烟

农种烟总收入547亿元，户均收入5.9万元，比上年增加0.5万元，收入水平总体保持稳定。

【烟叶产业发展基础建设】 **烟叶生产基础设施建设**。国家局将烟叶生产基础设施建设作为行业落实中央决策部署、服务乡村振兴战略、助推烟区脱贫攻坚的重要举措，保持政策导向不变、力度不减，稳步推进烟叶生产基础设施建设。全年下达各类烟叶生产基础设施项目建设计划13.47万件，行业补贴资金概算15.42亿元。截至2019年底，行业累计投入烟基项目补贴资金930.09亿元，建设项目525.36万件，受益烟田面积超过5000万亩，烟区农民生产生活条件进一步改善，烟区综合生产能力显著提高。

水源工程援建。国家局全年新增复函援建项目6件，复函金额4.11亿元；评审通过项目3件，核定援建资金1.85亿元。截至2019年，行业累计复函援建项目285件、援建资金236.66亿元，拨付援建资金188.12亿元；开工建设项目277件，完工项目156件。援建项目在保障烟叶生产用水、助力抗旱救灾、改善烟区百姓生产生活条件等方面发挥重要作用，经济效益、社会效益和生态效益日益显现。

烟叶基层基础管理。推进站点整合，全年新建和改扩建站点122个，将3805个烟叶收购站点整合至3587个，站点基础设施条件持续改善。初步实现“2万担以上设收购站、1万担以上设收购点”站点整合阶段性目标。加强烟叶队伍建设，举办全国烟草行业第七届烟叶评级职业技能竞赛和第一届烟叶调制职业技能竞赛“双大赛”，组织全国烟草行业首届烟草栽培比武，开展烟叶生产重点技术、收购管理、打叶复烤等技术培训，累计培训1500余人次。加强烟站规范管理，组织对全国烟区开展烟站巡察，首次实现基层烟站巡察全覆盖，发现问题3551个，有效排除烟站管理隐患和风险，提高烟站规范管理水平和烟农满意度。

【打叶复烤】 全国有打叶复烤企业（含工业企业复烤车间）32家，生产加工点62个，打叶复烤生产线75条，分布在全国17个省（自治区、直辖市），年设计加工能力193万吨（3855万担）。其中，独立法人打叶复烤企业26家，生产点56个，生产线66条，年设计加工能力160万吨（3195万担），原烟仓库131.4万平方米，成品仓库148.04万平方米，原烟挑选车间42.49万平方米；卷烟工业企业所属打叶复烤车间6家，生产线9条，年设计加工能力33万吨（660万担）。

◇ 编辑整理：褚　幸

卷烟（雪茄烟）生产经营

【卷烟产销情况】 **卷烟结构平稳提升**。单箱结构持续优化，平均单箱批发销售收入比上年增长3.87%。一、二、三类卷烟销量保持增长，销量分别比上年增长9.49%、5.74%、10.12%，占卷烟总销量的比重提升。低价位卷烟销售3097亿支（619.4万箱）。

经济效益稳步增长。全行业实现税利12056亿元，比上年增加500亿元，增长4.3%；上缴财政总额11770亿元，比上年增加1770亿元，增长17.7%，工商税利总额和上缴财政总额创历史最高水平。实现工业增加值8474亿元，比上年增长7.75%。

【市场状态调控】 **加大市场调控力度**。2019年，行业坚决落实“总量控制、稍紧平衡，增速合理、贵在持续”方针，有序推进稳运行、优结构、育品牌、降库存、控成本、增税利各项工作。引导工商企业大力优化货源供应，加快调整库存结构，优化品牌培育策略，尊重市场需求，遵循消费规律，合理安排货源投放。坚持“以销定产”，通过对品牌的调控和引导，适时对存销比偏高的卷烟规格实施限产限调，卷烟价格一直保持稳中有升态势，市场调控质量和科学化水平进一步提高。持续加强分析预警，强化监管处置，规范卷烟经营行为。2019年中国卷烟销售公司累计对4家单位进行电话提醒，印发1次公文通报，对14家单位进行发函督办。

市场状态全面回升。据中国卷烟销售公司监测，全国卷烟零售价格指数99.48，比上年提升1.46个指数点，创2012年以来新高；卷烟工商库存、社会库存均进一步压缩，且库存结构进一步优化。全国卷烟零售户综合毛利率9.95%，比上年提升0.86个百分点。零售户信心显著增强。全国零售户满意度达到88.23分，比上年有较大提升，并连续九年上升；客户订足率、订足面比上年均提升10个百分点以上，零售户经营积极性和商业企业货源利用效率明显提升。

【品牌培育】 ***推进品牌管理规范化。***坚定实施“大品牌、大市场、大企业”发展战略，按照“136、345”品牌高质量发展目标，积极推进重点突出、集中度高的品牌发展体系建设，研究制定并印发《关于促进烟草行业高质量发展建设供需动态平衡体系若干政策措施》，品牌培育和管理的规范化水平进一步提高。严格控制品牌规格总量，以年初的卷烟品牌规格总数为上限，实现品牌规格总数只减不增。2019年准产国产内销卷烟（含改造、整合等）75个，退出89个，净退出品牌3个，规格14个。引导品牌结构优化升级，以技术创新为发力点，推动各类创新高端品牌规格销量上升，结构上移。积极发挥全国评烟委员会智囊团作用。

重点品牌集中度持续提升。行业30个重点品牌销量比上年增长2.19%，一至三类卷烟销量前15位品牌销量比上年增长3.95%。

创新品类保持快速增长。创新品类卷烟销量比上年增加674亿支（134.8万箱）。其中，细支烟实现销量比上年增长23.15%，中支烟比上年增长68.35%，短支烟比上年增长24.21%。

【雪茄烟产销情况】 全国烟草行业中，安徽中烟、山东中烟、湖北中烟、四川中烟等4家省级卷烟工业企业具备雪茄烟生产能力。2019年，安徽中烟生产雪茄烟1.11亿支，山东中烟生产雪茄烟1818万支，湖北中烟生产雪茄烟269.5万支，四川中烟生产雪茄烟1.25亿支。

国产雪茄烟加快发展步伐，不断补齐市场发展短板，推动国产雪茄烟市场和国产雪茄烟品牌不断发展繁荣。2019年雪茄烟销量比上年增长74.8%。其中，安徽中烟雪茄烟实现销售1.05亿支，增长29.37%；实现销售收入1.06亿元，增长32.34%；山东中烟实现商业销售1699万支，增长21.4%；湖北中烟实现销售226.5万支，实现商业销售额4124.1万元，增长66.7%；四川中烟实现销售收入1.64亿元。

【市场化取向改革】 组织省市两级销售部门全面清理和废除违反公平原则的制度和规定，各地累计梳理销售制度近4800条，推动商业企业初步建立市场开放制度清单，较好地解决制度“有没有”的问题。全面推行“一禁止、三公开”制度，健全完善选点投放规则，指导优化品牌进退规则，并将这些规则及时固化进省级卷烟销售平台。全面推广工商网上配货模式，制定出台《工商网配业务说明》，探索推进全国统一卷烟营销管理平台建设，加快推动工商交易方式变革和客户订货体系重塑。2019年，19家工业公司均启动工商网配工作，部分单位形成较大规模。进一步健全社会库存、市场价格动态监测机制，引导各单位加快探索建设零售户和消费者数据库，进一步巩固自下而上、消费驱动的销售业务模式。

【供给侧结构性改革】 贯彻新的重点品牌评价标准，明确将二类以上中高端卷烟作为培育重点，按时公布、动态管理重点品牌名单，指导工商企业持续做强做优做大品牌，在建设重点突出、集中度高的品牌发展体系方面迈出坚实一步。加强品牌发展研究，进一步引导和规范细支烟、短支烟、中支烟等创新品类培育。11月，在深圳举办首届国际雪茄博览会，试点上线中高端雪茄烟全国统一订货平台，推动创新品类和国产雪茄烟市场不断发展繁荣。供给侧结构性改革成效持续显现。

【卷烟销售网络建设】 ***现代终端建设持续深化。***探索推广零售终端管理系统，引导商业企业加快开展加盟终端和流通品牌建设，进一步加强和规范终端投入管理，行业零

2019 年 1 月 9 日，河南省洛阳市烟草专卖局（公司）卷烟配送人员冒雪送货

河南省局　供稿

售终端体系化建设取得新的进展。全国建成现代终端 76.4 万个，比上年增加 11.1 万个，占比 15% 左右。自律互助小组入组零售户占比 91.9%，在引导诚信经营、稳定市场状态、规范市场秩序、提升盈利等方面发挥积极作用。

农网发展短板加快补齐。响应乡村振兴战略，加强农村市场开发维护，引导终端建设投入适度向农网倾斜，着力提升农网客户服务质量，农网与城网现代终端建设的差距不断缩小，农村卷烟销量和结构增幅好于城市。2019 年全国农村市场卷烟销量增幅高于城市 1.07 个百分点，单箱结构增幅高于城市 0.66 个百分点；农网现代终端数量比上年增长 35.1%，增幅高于城网 9.8 个百分点。

【物流管理持续深化】 *系统谋划行业物流高质量发展*。梳理行业物流发展现状，研究推动行业物流高质量发展的思路和举措，全面启动行业物流发展规划制定工作，组建规划编制工作小组，形成规划编制工作思路，在全面梳理行业物流建设发展现状、整理分析行业物流数据资料基础上，完成规划初稿的起草工作。

精益物流。制定印发《烟草商业企业物流分层分类对标管理规范》，在行业内首次实现商业企业分层分类对标，实现单位分组、指标分类、多维评价。首次构建行业商业企业物流运行指数，有助于对商业企业物流运行整体情况进行趋势性判断。推动《烟草行业工业企业物流费用核算管理办法》（2013 版）修订工作。坚持卷烟运输运行数据统计分析和定期通报制度，督促工业企业不断优化仓储运输资源布局、组织调度、运输方式、运输线路。继续推进商业企业卷烟物流设备知识共享项目建设，推动商业企业贯彻落实国家局《关于加强商业企业卷烟物流设备管理的指导意见》，加强对全省物流设备管理工作的统一管理，提高设备有效利用率，促进设备维保水平有效提升。通过开展精益物流先进集体评选表彰活动、组织举办精益物流培训班、开展精益课题研究、促进课题研究成果转化等工作，引导工商企业夯实精益物流管理基础、提升精益物流工作层次，积极推行全过程改善和系统性改善，挖掘提质增效潜力。

2019 年，工商企业物流费用合计 242.46 亿元，比上年增幅明显回落。其中，工业企业物流费用 128.71 亿元，减少 1.27%；运输费用 54.87 亿元，减少 2.39 亿元；物流费用占销售收入比率 1.26%，减少 0.09 个百分点。商业企业物流费用占销售收入比率 0.83%，比上年下降 0.03 个百分点。卷烟物流费用占卷烟三项费用比率 16.71%，比上年减少 0.17 个百分点；库存周转次数、人均配送效率均比上年提高，行业物流运行管理水平持续提升。

绿色物流。继续巩固卷烟包装箱循环利用成果，超额完成 1450 万箱的年度目标任务。自 2013 年启动该项工作以来，连续六年超额完成年度目标任务。探索使用塑料周转箱，推广可循环周转箱、布袋等环保包装材料。继续推动卷烟配送环节应用新能源汽车，新能源汽车应用范围进一

步扩大。探索开展“公铁联运＋绿色物流”试点，降低运输成本，提高卷烟运输的时效性、安全性、环保性。继续扩大托盘联运规模，截至2019年底，行业累计完成托盘联运量1275.55万箱，比上年增加6.7%，超额完成1120万箱的年度目标任务。自2014年全面启动该项工作以来，连续五年超额完成年度目标任务。协助督导各单位开展纸滑托盘联运工作，举办培训班强化相关岗位培训和操作技能。2019年，滑托盘累计完成192.32万箱，比上年增长65%，滑托盘联运占托盘联运总量比率15.1%，比上年提高5.3个百分点。

智慧物流。制定印发《关于推进烟草行业智慧物流建设的指导意见》，明确行业智慧物流体系建设思路。完成《基于电子标签的片烟物流跟踪系统数据交换规范》标准项目，通过规范片烟物流基础数据采集标准、片烟物流跟踪打扫码数据采集标准，促进片烟物流数据在各系统间的高效协同。深入挖掘物流数据资源效用，提升行业物流信息协同能力。

探索推进跨区域物流集散中心建设。通过“工工合作、工商合作、企业内部资源整合利用”三种方式，推动工商企业开展集散中心试点，促进行业工商企业物流资源共享共用，优化区域性物流节点和储运资源布局，降低物流运行成本，提升物流资源配置效率。

◇ 编辑整理：鲁建敏　褚　幸

多元化经营

【多元化概况】 2019年，烟草行业各级多元化投资管理部门以党的政治建设为统领，围绕中心，服务大局，以助力建设烟草全产业链为主线，严格监督管理，积极整合优化，努力提质增效，各项重点工作有序推进。截至2019年底，行业多元化投资783亿元（不含总公司、双维公司投资），投资企业506家。其中，356家全资控股企业形成资产3522亿元，比上年增长15.4%；实现营业收入420亿元，增长9.7%；实现利润总额95亿元，增长5.6%。实现利润总额排名前三的单位是：云南中烟、上海烟草集团、福建省公司；利润增长金额排名前三的单位是：上海烟草集团、福建中烟、湖北中烟。

受经济环境和产业发展等因素影响，各重点产业呈现不同发展态势。一是配套材料产业经营效益稳步提升。62家行业全资控股企业实现利润9.3亿元，比上年增长24%；配套材料企业亏损面进一步减小，6家企业处于亏损状态，占总量的9.7%，比上年减少6个百分点。二是金融证券企业利润持续增长。行业全资控股的红塔银行、红塔证券、红塔创新等4家金融企业围绕服务主业作出积极探索，全年实现利润28.5亿元，比上年增长72.7%。三是卷烟零售企业经营业绩有所下滑。64家全资控股卷烟零售企业营业收入55.6亿元，比上年下降7.8%；实现利润2.8亿元，比上年下降15.1%。

【多元化发展格局】 **提升配套材料企业核心竞争力，加强自我保障能力建设**。2019年，销售国产醋纤丝束28.3万吨，占行业供给总量的93%。推动培育行业全资控股的配套龙头企业，发挥技术创新、质量提升等方面引领示范作用。山东中烟聚焦烟用香精香料发展，初步搭建集香原料提取精制、香原料板块开发、卷烟自主调香、精准调配等一体化的产业研究平台，建立以自主提取和调配开发为主的香原料数据库。上海烟草包装印刷有限公司搭建创新共同体框架，整合材料供应商、设备制造商、委外加工单位、专业机构和高校等多方技术资源，孵化协同创新成果。四川宽窄印务有限责任公司提升自主创新能力，取得国家高新技术企业认证，成为行业唯一免税烟标供应商。

探索有效途径，助力现代烟草农业建设。围绕服务现代烟草农业体系建设，云南、贵州、福建等省公司在烟草资源利用、烟农增收、产品开发上发挥多元化作用，实现烟农增收87.6亿元。红塔银行研发上线“香叶”助农平台，打造以烟农为核心用户、烟技员为辅助用户、烟草公司及红塔银行为支撑的智能平台，满足烟农烟叶业务办理、烟叶技术学习、数据采集、金融服务等应用需求。安徽中烟成立焦甜香生物科技有限公司，利用废弃烟叶开发烟草精油、浸膏作为香原料，改善卷烟产品质量。贵州省公司组织开展废弃烟梗烟末有机肥生物菌发酵技术研究，建立烤烟专用基质统一生产工艺流程和操作规范，研究生产第一代全生物降解地膜，设立科技成果转化基金，开展科技成果遴选工作。云南省公司加大探索创新力度，加强土地流转，促进烟叶生产发展转型升级，服务乡村振兴，取得明显成效。山东省公司利用酒店平台，建立“田园中维”

微商城，宣传推介合作社优质特色产品，开发推出“中维定制”“中维专属”系列产品。

坚持市场化发展路径，拓展金融平台服务功能。云南中烟合和集团持续推进行业金融平台建设，红塔证券IPO上市，成为行业控股的第一家A股证券类上市公司。推进保险、租赁、信托、基金等业务板块拓展，完善金融服务功能，截至2019年底，金融控股公司初见雏形。红塔银行打造“香金融”品牌，服务烟农、零售户、烟叶种植合作社、烟草职工。四川省公司诚至诚投资公司面向市场谋发展，谋划用好行业唯一的全资保险经纪牌照，与云南中烟、云南省公司和四川中烟等单位合作，全年经纪保费规模9000余万元。

云南祥云烟农专业合作社烟农在管理百合花种植烟农增收项目（2019年）
云南省局（公司）　供稿

非烟产品效益逐步显现，零售渠道掌控能力提升。行业各单位在完善零售终端业态，丰富商品品类，提升非烟产品经营效益，研究构建非烟商品零售管理平台等方面开展大量工作。大连市公司发展“金叶春天”便利加盟终端300家，成为大连市唯一覆盖全域的连锁便利店品牌。“新商通”平台建设包含110万种商品信息的云端商品库，平台累计交易1.71亿笔，交易额70亿元。“春天服务”平台共吸纳注册成员49万人。浙江省公司立足平台运营，推进主副业融合发展，重构品牌商、经销商、平台商、零售终端四方共享共赢的零售生态，加快“香溢购”非烟电商平台建设。全年线上交易额突破1.4亿元，非烟商品营业收入比上年增长23%。

福建省公司加快推进全省统一非烟电商平台建设，完善直营终端功能，非烟业务实现销售额5.85亿元，比上年增长30%，占海晟连锁销售额的47.5%。甘肃省公司拓宽非烟商品经营渠道，挖掘新的利润增长点，全年实现非烟商品销售收入1.56亿元，比上年增长29.5%，实现利润比上年增长21.6%。广东省公司推进“20支”全零售现代网络建设，全年新增直营店93家、加盟店105家，全年销售额突破1亿元大关。四川省公司直营店凸显“中高端烟酒茶”经营定位，线上新引入274个高频消费商品，微商城年流量突破100万人次，全年实现销售收入120万元，比上年增长近6倍。贵州省公司适应卷烟货源供应调整政策，“黔彩”自营终端主动融入全省卷烟网建体系。湖北省公司探索“扶贫产业+多元化产业”融合发展模式，推动扶贫产品进驻直营门店销售，十堰“金叶阳光”微商城累计入驻45家农特产品企业，6大类近200个产品累计实现收入434万元。

【酒店整合工作】 **提升行业酒店资产价值**。各单位进一步重视加强酒店工作，在促进酒店资产保值增值、服务主业发展、服务当地社会等方面做了大量工作，作出积极贡献。杭州中维香溢大酒店致力打造“数字智慧酒店”，推出入住全程无接触服务，获得酒店业界瞩目。安徽省公司所属3家酒店建立微商城联盟，打造多元化自有品牌“伴山来”，取得经济效益与社会效益双丰收。

推进整合工作。坚持自主自愿、互利共赢原则，推动江西省公司南昌锦峰大酒店、安徽省公司九子山宾馆加入整合行列，中维系酒店品牌达到42家。6家酒店完成品牌标准导入。4家酒店加入“维享会”，会员达到19万人，产生积分2330万分。"中维酒店集团"微信公众号粉丝超过6万人。着眼互利合作，发布"红塔中维联名信用卡"，打通红塔银行会员资源。

加强整合平台建设。按照集团化方向，云南中维酒店管理有限责任公司做实对云南中烟所属9家酒店的归口经营管理职责。通过运营指导、联合营销、品牌审计等措施进一步加强中维系酒店的品牌整合和管理整合。组织学习山东省公司所属酒店扭亏为盈先进经验，开展丰富多彩的业务交流。

【多元化监督管理】 **坚持完善监管体系**。以完善制度、优化流程、强化监管为重点，扎紧制度的笼子，进一步提升投资监管能力。上海烟草集团制定《对外投资项目论证管理办法》《国有资产基础管理达标工作方案》，完善决策流程，加强规范管理。湖南省公司全面梳理多元化管理制度，进一步严格管理权限，优化管理流程，明确岗位职责，构建多元化规范经营长效机制。云南省公司制定《多元化投资项目专家论证管理办法》，推进外部专家论证机制常态化，加强投资项目前期论证的科学性、严谨性。

推进多元化企业风险防控工作。以法律风险防控工作试点为突破口，逐步推动行业多元化企业开展风险防控工作。湖南中烟以构建全面风险防控体系为主线，将规范性目标纳入绩效目标管理，设置权重，把业务关键节点纳入制度管控的笼子。山东中烟将企业风险细分为决策类、经营类、红线类三大类，重点防范战略、投资、经营和廉洁风险，健全风险管理体系。山东省公司以加强酒店类生产经营风险防控为切入点，搭建2项一级法律风险、32项二级法律风险框架，形成88个风险点、209条法律风险行为表现的法律风险清单。浙江中烟以流程管理和流程再造为核心，开展全业态、全企业、全岗位、全业务流程管理与优化，提高全面风险防控的有效性。福建省公司研究制定多元化企业内控流程清单、风险控制矩阵、关键事项权责指引，将风险防控要求落实落细。

推进清理清退工作。开展全面摸底，确定行业多元化"僵尸"、特困企业名单，建立动态管理台账。按照"一企一策"要求，制定处置方案，明确扭亏思路。全年清退"僵尸企业"12家，18家特困企业实现扭亏。

深化多元化管理评价和精益管理。开展2019年度经营管理评价，开展行业宾馆酒店和烟标印刷企业对标工作。福建中烟充分发挥对标目标引领作用，以质量、成本、市场为重点，开展可控费用对标细化控制。云南中烟以提高管理效率、劳动效率、全要素生产效率为目标，全年完成250项精益管理课题，实现降本增效效益超过6900万元。山东省公司突出品牌建设，推广精益范围，创新精益模式，在2019年全国烟草行业企业管理现场会上，山东省公司中维酒店品牌建设作为多元化典型案例在会上交流。

【中国双维投资有限公司】 中国双维投资有限公司制定印发《2019年双维公司安全工作要点》，细化工作任务，确保安全生产责任到位。全年对上海庙矿业有限公司、双维伊士曼纤维有限公司开展两次现场安全检查及技术咨询工作。截至2019年底，上半年现场检查发现的268个问题，基本完成整改工作；下半年发现的问题继续督促整改。

多次赴上海庙投资企业开展调研，深入研究、分析企业生产经营中存在的问题、面临的困难以及解决问题的措施，形成专题调研报告，提出解决上海庙能源基地投资企业发展有关问题的建议。

在国家局和各股东的协调下，开展对外业务拓展，增加生产订单指标。持续落实就业扶贫工作，弘德包装材料有限公司全年招聘员工15人，其中10人为建档立卡贫困家庭成员。

与中信银行密切协作，保持阿尔金银行稳定发展。双维伊士曼纤维有限公司应对醋片进口关税和汇率波动带来的不利影响，经营情况保持良好态势。

◇ 编辑整理：周 佳

专卖监督管理

【保持联合打击高压态势，打私打假形势积极转变】

打假打私概况。2019年，行业各级烟草专卖管理部门借助扫黑除恶专项斗争有利时机，加强与公安、海关等执法机关协作，坚持断源头、打团伙、抓主犯、破网络，持续保持打假高压态势。全年查处案值5万元以上假私烟案件1.08万起，查获假烟40.97万件、走私烟13.91万件，收缴制假烟机337台，查获烟丝烟叶2.61万吨，公安、司法机关依法拘留9178人，判刑5160人，打私打假形势实现积极转变，为行业高质量发展发挥保驾护航作用。

重大案件督办。国家局加强重大案件督办，联合公安部、海关总署督办浙江衢州“1·1”、上海静安“1·24”、江西南昌“7·5”等一批具有重大影响的假私案件，在打击跨国走私假烟、打击新型烟草产品违法犯罪上取得新成效，先后督办部督案件69起，有效压制制假贩私活动空间，跨省协作配合进一步加强。广东、福建严打涉烟“保护伞”，云南、广西严打境外假烟走私入境。国家局调整重大案件奖励办法，组织15家单位开展案卷评审，基层办案积极性进一步提升。

突出问题治理。针对重点环节突出问题，专题部署开展新疆霍尔果斯、内蒙古满洲里边境口岸走私治理，开展打击非法经营加热卷烟专项行动，依法依规取消一批出口回流经销客户经营资格。

【开展重点问题专项治理，提升规范经营水平】 各级烟草专卖局深入开展“天价烟”专项检查和集中整治，查处整改隐藏在“天价烟”背后的违规经营问题。国家局印发《卷烟经营内部专卖管理监督工作指引（试行）》，以江西、甘肃两省为试点，探索构建对卷烟经营8个环节的闭环监管工作模式和集中整治长效机制，推进经营管理制度的完善和业务流程的规范。各单位进一步加大真烟异常流动治理力度，四川省局细化整改化解隐患，安徽省局精准施策主动治理，湖南省局设定红线压实责任。国家局先后移交“双80”案件线索8起，督促相关单位严肃查处问责。全行业依法取缔违法违规卖烟大户3732户，对问题相关责任人员进行问责，促进规范生产经营意识提升和工作落实。

【全面落实两部门通告精神，电子烟监管迈出实质一步】 国家烟草专卖局、国家市场监督管理总局联合发布的《关于进一步保护未成年人免受电子烟侵害的通告》（简称《通告》）印发后，国家局第一时间制定专项方案，专题召开各省级局主要负责人电视电话会议，成立两级专班，建立专报制度。浙江、北京、深圳等省（市）局迅速行动，积极争取有关政府、相关部门和媒体的支持，突破重点难点问题；各级局全面宣传通告精神，加强对重点电商平台和重点电子烟企业的敦促监测。在较短时间内，实现监管要求的全面覆盖，互联网广告的全面屏蔽，电子烟产品的全网下架。各地积极开展线下电子烟市场监管，加大对中小学校周边实体店铺的排查力度，及时清理违规经营电子烟产品；加强对烟草废弃物和烟叶非法流通的监管，严防

2019年12月10日，深圳罗湖区局联合深圳市场监督管理局罗湖分局对辖区中小学校、青少年宫周边卷烟零售户进行检查走访

深圳罗湖区局　钟　玮　摄

废弃物和烟叶用于非法生产烟碱。《通告》的发布实施和全面贯彻，明确烟草部门在电子烟监管中的主体地位，扭转电子烟无序发展态势，迈出电子烟监管的实质一步，树立负责任的良好行业形象。

【推进两个系统建设实施，“放管服”改革进一步深化】 各级烟草专卖局认真落实党中央国务院要求，坚持依法行政、依法监管，全面完成烟草行业一体化在线政务服务平台和“互联网+监管”系统的建设实施，为行业深化“放管服”改革提供基础支撑。国家局政务服务许可网上办理平台正式开通，全面实现许可证多平台入口、统一身份认证的网上申请；开展简化连锁便利店烟草经营手续审批改革试点，进一步优化营商环境、便利企业和群众办事。梳理编制42项监管事项和17项检查实施清单，实现监管数据的定期推送，推进“双随机、一公开”全面落地。“证照分离”改革、“两证”电子化稳步推进，全年办理许可申请200余万份、准运证104万份，许可审批时限从15个工作日压缩到8个工作日，行政服务的效率和水平明显提高。

【加强队伍和信息化建设，打牢专卖基础工作】 第一轮县级局局长集中轮训全面完成，烟草网络学院专卖分院运行管理机制初步建立，线下线上相结合的培训模式逐步形成。各级局围绕技能鉴定促进技能提升，北京市局推进执法规范化建设，四川、湖北省局创新技能竞赛模式，收到很好效果。认真开展侵害零售户利益问题专项整治，持续推进执法行为规范和作风转变。行业专卖信息化建设取得积极进展，各单位全面参与一体化在线政务服务平台和“互联网+监管”系统建设，北京、安徽、贵州等省（市）局认真落实试点要求，国家局系统建设进度质量在国务院各部门中位居前列。“两证”电子化建设启动并完成部署实施；广东湛江打击烟草走私情报中心建设积极推进，为烟草、海关联合缉私办案提供支撑。

◇ 编辑整理：王　静

政策法规与体制改革

【制度建设】 国家局制定《关于全面推行烟草专卖行政执法公示制度执法全过程记录制度重大执法决定法制审核制度的实施意见》，印发《关于贯彻落实在市场监管领域全面推行部门联合“双随机、一公开”监管的意见的通知》等一系列重要制度规范，巩固行业依法治理制度基础。国家局印发《关于全面推行行政规范性文件合法性审核机制的意见》，在全行业建立规范性文件合法性审核机制并加以落实。行业各级局审核行政规范性文件506件，提出审核意见865条。推动电子烟监管政策的制定。11月，国家烟草专卖局与国家市场监督管理总局联合印发《关于进一步保护未成年人免受电子烟侵害的通告》，行业各级局组织贯彻落实，为制定更加全面的监管政策法规创造条件。

【法制监督和政策支持】 **开展案卷评查和合同评查工作。**在行业各直属单位全面自评自查的基础上，国家局对行业11家直属单位进行抽查，并开展优秀行政处罚案卷评选，进一步促进行业各单位案卷制作水平和合同管理水平的提升。

做好执法资格管理监督工作。修订和完善《烟草专卖执法资格管理办法》，为跨行政区域执法活动提供政策支持，加强规范和监督。根据专卖管理工作的需要，及时审核补充广东、湖北、江西、四川、内蒙古、河北、山西等多个省级局的专卖执法检查证和徽章。

针对专卖执法中遇到的法律问题开展研究，提供政策支持。国家局法规司、专卖司联合对涉案烟机定价和涉案卷烟鉴别检验过程中存在的问题开展深入调研，并配合计划司制定印发《涉案烟草专用机械产品指导价格目录》，完善相关案件办理的政策依据。

【法律服务】 **加强经济合同的合规管理和专项业务法律服务保障。**行业法规工作部门在做好招投标项目文件和经济合同法律审核的基础上，制作200余个各类合同范本，提供给业务部门在交易中使用，有效规范经济活动、提升交易效率，增强在交易活动中的主导性。各级法规工作部门合作完成中烟国际（香港）有限公司上市、与菲莫国际新一轮合作框架协议谈判等重点工作项目法治服务保障工作。

2019 年 12 月 4 日，河北保定市局（公司）开展“12·4”法治宣传活动
河北保定市局　王英辉　摄

主动参与相关立法。针对《中华人民共和国基本医疗卫生与健康促进法》立法，以及深圳、重庆、成都、张家口、沈阳等地方控烟立法，相关单位法规工作部门积极沟通协调，主动反映烟草行业意见，取得明显成效。

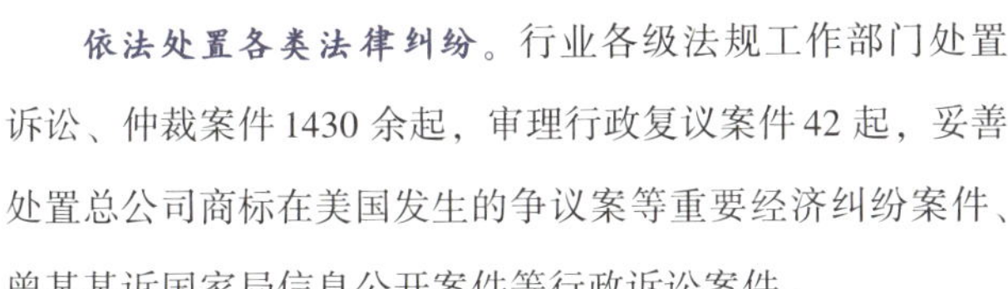

依法处置各类法律纠纷。行业各级法规工作部门处置诉讼、仲裁案件 1430 余起，审理行政复议案件 42 起，妥善处置总公司商标在美国发生的争议案等重要经济纠纷案件、曾某某诉国家局信息公开案件等行政诉讼案件。

【普法宣传】 在做好“3·15”“6·29”节点普法和全国“宪法宣传周”普法工作基础上，各级法规工作部门探索并推广“智慧普法”、精准普法和互动普法等新的普法途径与方式。山东、广东、云南、甘肃省局（公司）等单位积极推进普法讲师团建设。湖南省局（公司）、湖南中烟、成都市局（公司）等单位组织开展普法知识竞赛、普法辩论赛、普法模拟法庭等活动，增强法治宣传教育的实效。

【推进各项改革】 国家局配合有关部门对湖南、江苏、浙江、陕西、湖北、云南等地工商企业开展专题调研，推动总公司及烟草体制改革方案制定等。行业各直属单位做好职工家属区“三供一业”分离移交收尾工作，继续推进医疗、教育等公共服务机构剥离工作，完成四川省什邡市第四人民医院的整体移交地方。全面启动烟草企业厂办大集体改革工作，总公司制定印发《关于加快推进烟草企业厂办大集体改革工作的意见》和《烟草企业厂办大集体改革工作指引》，各相关单位按照“分类施策”“一厂一策”的原则，结合本单位实际制定改革的具体措施并有序推进。

【“放管服”改革】 国家局推进烟草行业“放管服”改革，持续提高行政效能。制定印发《关于贯彻落实“放管服”改革要求　推进审批服务便民化的通知》，全部取消烟草专卖行政审批事项的证明事项，组织开展“证照分离”改革全覆盖试点改革工作，并建立烟草行业“互联网＋监管”平台和烟草行业一体化在线政务服务平台。湖北省局（公司）推进行政审批从“最多跑一次”向“一次不用跑”转变；浙江省局（公司）建立“信息共享、数据融合、一网通办、一体政务”的“互联网＋政务服务”模式；江西省局（公司）推进许可证一网通办，稳步推进电子证照应用。

◇ 编辑整理：褚　幸

财务与审计

【落实行业税利目标】 落实行业年度税利目标任务，为财政增收持续作贡献。坚持“总量控制、稍紧平衡，增速合理、贵在持续”调控方针，结合行业“两烟”生产经营计划及结构提升要求，分解下达年度税利目标任务并适时跟踪调控；落实国家减税降费政策，制定符合行业实际的增值税减税应对方案；加强大额资金统筹，保障各项财政上缴资金及时入库。全年实现工商税利总额比上年增长4.3%，上缴财政总额比上年增长17.7%。

【贯彻国家财税部署】 落实专项清产核资要求，做实行业烟叶资产。协调财政部取得烟叶清产核资批复，布置落实相关工作，加快烟叶消化处置进度，积极化解烟叶过剩压力。合理安排扶贫捐赠预算，助力脱贫攻坚。把打赢脱贫攻坚战作为重大政治任务，在年度预算安排时给予重点支持，助力老少边穷地区经济社会发展，履行社会责任。全部清偿对民营企业欠款，落实国家优化营商环境要求。扎实开展“三供一业”分离移交，落实“剥离企业办社会职能”要求。审核申报中央财政补助，下拨总公司配套补助资金，布置开展资金清算。

【提高行业经济效益】 *合理配置财务资源，助力行业高质量发展*。全年安排45.64亿元资金投向重点企业、重点品牌、生产力布局优化及零售终端建设等重点领域，完善科技创新、打假打私资金扶持政策。强化重点成本费用管控，持续推进降本增效。工业企业销售成本率比上年下降1.2个百分点，国内市场营销费用比上年下降10%、样品烟费用比上年下降40%；工商企业三项费用率比上年下降0.5个百分点，“三公经费”比上年下降11.17%。行业实现利润总额比上年增长5.73%，利润增幅创近五年最好水平。

提升行业资金收益水平，落实去杠杆任务。继续推进行业内委托贷款置换银行贷款工作，调整货币资金收益考核政策，大幅降低财务成本。2019年，全行业资产负债率15.16%，比上年下降2.3个百分点，财务杠杆率整体保持在较优水平，行业货币资金收益比上年增长19.98%。

【提升规范管理水平】 抓好审计整改，推动审计成果利用。落实中组部、审计署关于经济责任审计整改要求，严肃问题整改，健全长效机制，组织全行业举一反三，自查自纠，促进严格规范。配合税务总局开展重点税源企业随机抽查工作，提高税法遵从度。组织全行业完成税收自查，及时补缴税款，提高各级企业依法纳税意识。巩固中央巡视整改成果，开展资金风险专项检查。落实每三年开展一次资金检查的整改要求，组织行业开展资金风险专项检查，总公司首次采用不事先通知、不经过省级公司、直接到基层单位的突击式“飞行检查”，对11家省级公司的96个基层单位进行抽查，查出问题，严格督促整改，对性质严重的问题线索移交廉政部门处理。狠抓会计信息质量，提升信息的时效性和有用性。建立会计信息函询制度，持续优化卷烟税利预测模型，建立烟叶税利预测系统，服务行业宏观调控决策。规范货币资金存放管理，防范资金廉政风险。修订行业银行账户和存款管理办法，出台指导意见推进各单位通过竞争性方式开展资金存放管理工作。

【优化资产结构】 研究制定烟叶减值准备制度，加强资产价值管理。在财政部的支持下，出台行业烟叶减值准备制度，通过计提烟叶减值准备，做实烟叶资产，增强行业可持续发展能力。积极配置优质资产，提升整体资产质量。2019年组织投资中国银行等国有大中型银行优先股、红塔证券次级债等金融项目，金融资产比例逐年增加，资产保值增值能力不断提升。落实“处僵治困”工作任务，推进非主业投资整合。全行业清退“僵尸企业”10家，完成扭亏特困企业13家；退出高风险、低收益项目，处置企业股权24项；处置利用闲置资产9067项，资产出租数量和租金收入保持稳定上升。

【推进内部审计监督】 *完善行业审计监督制度体系*。国家局、总公司召开两次内部审计委员会会议，修订完善行业内部审计工作规定，健全内部审计委员会运行机制。

推进审计全覆盖。全年行业开展经济责任审计955项，基本建设项目审计8349项，信息化投资项目审计163项，内部控制评审395项，各类专项审计1.78万项。提出审计意见建议3.37万条，增加行业经济效益18.19亿元。组织行业开展对包装成本、香精香料、新品研发、“天价烟”等专项审计和专题调研，不断拓展审计广度和深度。开展高质量发展实施意见和“三大攻坚战”落实情况跟踪审计。研究制定专项审计方案，组织各单位对高质量发展政策体系的学习、部署、落实情况开展审计自查，针对问题提出

审计意见建议。开展“三大攻坚战”落实情况专项审计，督促国家重大决策部署政策措施的落实。推进审计结果公开。印发21份经济责任审计意见，向行业通报审计结果，提升审计威慑力；国家局财务审计与监督司与纪检、人事部门沟通衔接，在问题线索移交、信息共享、成果共用方面协同配合，形成监督合力。

◇ 编辑整理：张　帅　褚　幸

烟草科技

【科技创新政策】　聚焦行业高质量发展要求，全面落实国家科技创新各项政策，2019年，国家局制定出台关于促进烟草行业高质量发展建设科技创新体系的若干政策措施，提出构建更加高效的科研体系、创新人才培养体系、创新服务体系，构建更富活力的开放创新机制、成果产业化机制、创新治理机制，形成以“三体系、三机制”为核心的特色鲜明、要素集聚、活力迸发的行业科技创新体系。

编制烟草行业中长期科技发展规划，以全局性视野对行业科技发展进行战略谋划和系统布局，聚焦打造中式卷烟发展新优势、现代烟草农业发展新优势等战略目标，明确未来15年科技创新重点任务，布局行业科技创新新一轮优先主题及重大专项。行业各单位积极做好科技创新战略谋划，河南省局（公司）出台“1+7”科技创新政策体系；云南、湖北等省局（公司），湖北、湖南、四川、安徽等中烟公司持续完善科技创新各项制度。

【关键技术突破】　**关键领域补短板，增强中式卷烟发展新动能**。以技术创新引领产品创新，加速品类创新，形成涵盖系统化设计、专用材料、特色工艺、专用装备的创新品类技术体系。突破卷烟产品叶组设计、三丝设计、辅材设计大数据模型算法，开发卷烟产品数字化设计与维护大数据1.0版并在行业试运行。突破精准辨香、智能仿香、数字创香技术关键，开发数字化调香系统并应用。开发“X”型和“Y”型截面高单旦、低吸阻细支卷烟专用丝束，全面替代进口产品。自主研制10000支/分钟、500包/分钟细支卷烟卷接包机组，填补细支卷烟国产高速机组空白。创新产品的品质风格、规模结构、降本增效和控焦降焦水平进一步提升，8毫克/支、6毫克/支卷烟销量创“十三五”以来最好水平。国产卷烟焦油量和危害性指数保持逐年稳定降低。

优势领域扬长板，增强现代烟草农业发展新动能。烟草基因技术保持国际领先，基因研究的优势、潜力、价值凸显。精准育种三大路径研究持续深化，育种效率实现质的飞跃。基因定向改良育种路径，绘制完成烟草基因功能元件全景图，将烟草基因功能研究从单基因上升到多基因立体互作；发现抑制烟草普通花叶病毒的新基因并获得国际专利授权；率先突破多性状聚合育种技术，在“K326”品种上同时精准改良3种病害抗性；从农业环节探索降焦减害新路径，低镉“云烟87”、抗白粉病“K326”、高蔗糖酯“红花大金元”品种成功培育，低NNN、低苯并芘等一批改良品种进入区域试验，多个抗病定向改良品种在全国12个省示范种植。

全基因组模块化育种路径，构建“K326”“红花大金元”育种模块库，模块数量和精度处于大作物同类研究前列。

规模化基因编辑育种路径，首创编辑素材高通量分子鉴定关键技术，获得香气、低害等特性素材1860份。

烟草“三虫三病”绿色防控技术取得新突破，为烟草农业绿色发展增势赋能。研发形成以烟蚜茧蜂、蠋蝽、瓢虫等天敌昆虫立体防治虫害、以生物菌剂替代化学药剂防治病害的技术体系。烟蚜茧蜂防治蚜虫连续三年植烟面积全覆盖，并有力服务大农业。攻克蠋蝽防治烟青虫工程化技术，成为继烟蚜茧蜂技术之后行业绿色防控又一项重要成果，联合国粮农组织专程考察并希望加强合作。

【科技创新体系】　**持续加强创新平台建设**。以产业发展需求和功能定位优化整合行业创新平台，战略综合类、技术创新类、科学研究类、基础支撑类等创新平台布局基本形成。认定数字化调香研究行业重点实验室、四川凉山州局（公司）烟叶技术中心等6家行业级烟叶生产技术中心。郑州院依托中国烟草科技信息中心成立烟草科学数据中心。行业各单位积极打造高水平协同创新平台，广东中烟、安徽皖南烟叶公司、湖南中烟分别与院士及其团队共建院士工作站或基地；河南、福建、河北等中烟公司，湖北、四川等省局（公司）加强与行业内外高校、科研院所合作，共建实验室、技术中心或工程研究中心。

持续加大创新人才培养引进力度。全行业推进实施三类人才计划，高水平创新人才加速集聚，新增学科带头人20名、重大专项首席专家13名，完成为期三年的第三批30名卷烟调香高端人才和为期两年的第一批16名生物技术高端人才系统性培养。湖南、贵州、广西等中烟公司，福建、江西、湖南等省局（公司）实施企业青年人才托举计划。云南、贵州省局（公司）分别有6人和4人入选省级人才计划，海口雪茄研究所聘任外籍专家1名，郑州院、贵州烟草科学研究院等聘请海外学者担任客座专家。

科技成果转化模式创新呈现新亮点。全行业积极探索市场化机制突出成果价值，迈出科技成果转化机制模式创新关键一步。贵州省局（公司）探索“科技+资本”运作模式，建设5个科技成果转化园，设立成果孵化基金并加大激励力度；云南省局（公司）探索商业化运作模式，成立三农公司实现绿色防控和土壤保育成果商品化，向大农业输出产品和服务；湖南中烟搭建市场化成果交易平台，举办首届优秀创新成果交易会并达成116项交易；云南中烟强化知识产权创造、管理、运用、保护，被国家知识产权局评为“2019年度国家知识产权示范企业”。

“智能+”模式创新取得积极进展。探索数据驱动型科研模式创新，推进数据资源整合和开放共享，与中科院计算机网络信息中心深度合作推进烟草科研大数据平台建设，构建5个科研大数据1.0版并向行业开放试运行。中国烟草科教网持续完善科技信息资源体系，年点击量300余万次。浙江、贵州、北京等省级局（公司）积极探索“互联网+”与产业深度融合，推进企业经营管理模式创新。

【产品质量安全】 履行质量监督职能，强化服务行业企业功能，高质量完成质量抽查任务，切实发挥质检对行业产品质量安全的保障作用。强化卷烟质量监控，监控大品牌大规格质量状况，全年抽查产品覆盖66%的在产卷烟品牌和80%的卷烟产量，产品合格率100%；监控关键环节安全性指标，涉及原辅材料产品中30余种关键成分，行业产品质量安全整体受控；监控焦油量和7种成分控制精度和趋势，助力降焦减害；分析质量发展状况和区域消费差异，编制形成卷烟年度质量分析报告。

持续深化烟叶质量监控，工商交接烟叶等级质量抽查覆盖烟叶生产计划的90.3%，合格率比上年提高1.8个百分点。服务专卖打假成效明显，全年完成324万余条卷烟和248台套烟机鉴别检验。国家烟草质量监督检验中心通过能力验证提供者的国家认可评审。

【标准化支撑】 坚持强制性国标守底线，推荐性国标、行标保基本，总公司标准满足行业共性需求。持续完善标准体系，全年发布国标4项，行业标准和总公司标准各13项，截至2019年底，现行有效的烟草类国家、行业、总公司标准853项。重点标准制（修）订精准发力，“卷烟”术语修改单获国家标准委修改发布，为相关监管工作提供重要标准依据。第三批14家商业标准化示范企业和部分国家级烟叶标准化生产示范区全部通过考评，标准示范成效明显。国际标准化工作扎实推进，参与16项烟草国际标准制定，4人担任国际标准化组织有

江苏中烟技术人员进行科研实验（2019年）

江苏中烟　供稿

关技术职务。

2019年，全行业获得省部级以上科技奖励成果63项，其中中国烟草总公司评选的科学技术奖26项、总公司标准创新贡献奖6项；获得国家知识产权局公开的专利5935件，比上年增长9.1%，其中发明专利2755件，增长17%。

【中国烟草学会工作】 **组织建设**。2019年，中国烟草学会（简称学会）组织召开学会第七届常务理事会十一次、十二次会议。2月，完成换届流程网上申报及材料上报；按照中国科协全国学会换届报批工作要求，报送大会召开相关材料，完成第八次会员代表大会的组织筹备工作；4月，召开学会七届常务理事会第十一次会议，审议通过第七届副理事长兼秘书长王建雪代表法定代表人签字事宜。7月，向民政部、中国科协提交推迟换届申请和相关说明材料及会议延期等报告。8月，召开七届七次理事会议，完成罢免、清理前任理事长任职工作并向中国科协、民政部报批。9月，顺利通过年检。

学术交流。国内学术交流：开展2019年度优秀论文评选，收到中国烟草学会各专业委员会、省级烟草学会、行业“三刊”等机构申报论文1326篇，覆盖不同专业领域13个，最终评选出优秀论文530篇，其中，一等奖105篇、二等奖161篇、三等奖264篇。推动学术交流工作创新，开发使用学术论文管理系统，并开发试用在线论文评审系统，2019年整个论文申报评选全流程通过该系统进行。

国际学术交流：1月，来自郑州院和云南玉溪市局（公司）2名科研人员作为科学委员会委员，代表中国烟草总公司出席在古巴哈瓦那召开的CORESTA 2019年第一次科学委员会会议；2月、6月，组织代表分别前往瑞士日内瓦、韩国首尔参加CORESTA 2019年第一、二次理事会会议；4月，组织8人代表团参加CORESTA 2019年在美国弗吉尼亚州里士满市召开的上半年分学组会议；10月，组织15人代表团参加在津巴布韦维多利亚瀑布城举行的CORESTA 2019年农学 & 植病学组联席会议，代表团就可持续发展、烟草植保、分子育种、低烟碱烟草等进行交流。

科普活动。2019年，学会继续加入中国科协“中国科技工作者之家”平台APP，构建网上科协。入驻中国科协官方科普平台“科普中国”微平台，开展线上科普，建立微信群。参与开展全国科普日活动，9月，组织各会员单位开展2019年全国科普日活动，并依托各专业委员会、省级烟草学会开展全国科普日、科技活动周活动。

◇ 编辑整理：周　佳

信息化建设

【信息化融合创新】 **信息化创新应用工作**。按照中央要求，统筹推进国家局机关和行业单位的信息化创新应用工作。国家局召开党组会、办公会专题研究，成立领导小组，按时完成国家局电子公文系统内部试点任务，位列部委87家内部试点单位前列。根据中央三年工作目标要求，编制印发烟草行业信息化创新应用工程实施意见；组织、指导各省级局制定方案并进行备案审核，编制、上报行业实施方案。各省级局在规定时间内完成任务。

行业电子政务体系建设。按照国务院统一部署，推进行业一体化在线政务服务平台和“互联网+监管”系统建设。北京、山西等省（市）局为行业实施推广发挥试点示范作用；上海烟草集团、广东省局等单位不断深化专卖政务应用，实现与省政府服务网的“一网通办”；浙江、四川省局以“互联网+政务服务”为核心，面向零售户、消费者、社会公众开展政务公开、网上服务和智能互动。

卷烟工业互联网平台建设试点。按照工业和信息化部统筹安排，2019年在曲靖卷烟厂先行试点的基础上，完成基于信息物理系统（CPS）的卷烟制造工业互联网平台在宁波、成都等6家卷烟厂的试点验证和上线试运行，总结试点成果编制形成通用技术要求，试点内容在中国工业互联网研究院参展，试点项目入选工业和信息化部“制造业与互联网融合发展试点示范项目”。起草卷烟二维码编码规范初稿，完成基于编码规范的卷烟二维码赋码、识别及中高速机组盒条件精准关联验证工作。

行业基础技术支撑体系构建。规范行业统一平台运行，印发《烟草行业统一平台运行管理办法》，为数据交换、应用集成、信息共享提供有力技术支撑，较好地实现统一平台从“用起来”向“管起来”过渡。组织完成行业办公自动化系统及省级前置机向行业统一平台的迁移改造工作，

2019 年 3 月 5 日，浙江嘉兴桐乡市局（分公司）专卖市场管理员为群众演示“浙里办 APP”烟草零售许可证办理流程，助力网上办证“一次不用跑”
浙江嘉兴桐乡市局 沈 骁 摄

确保系统运行稳定。持续开展行业云平台和大数据平台研究工作。

行业重点项目建设。国家局规范管理系统建设取得积极进展，完成与行业 58 家单位对接。行业扶贫系统建设稳步推进，为规范管理扶贫工作提供有效数据支持。烟叶质量追溯体系试点建设有序开展，助推物流跟踪与质量追溯、市场服务等工作。贵州省局牵头编制质量追溯体系建设基线模板及烟叶包装标签标识、烟叶数据元和主数据标准，会同江苏、湖北、云南等中烟公司，采用二维码、RFID 等技术，初步搭建贯穿工、商、复烤的烟叶质量数据链，提升烟叶流通效率。

“互联网 +”融合创新。湖北工商、安徽中烟等单位推行零售户微服务、政务服务网上办理等信息化手段。大连市局等单位积极探索打造卷烟销售新业态。职工进修学院发挥网络培训平台方便快捷、资源共享等优势，建立网信分院，实现人员培训工作信息化。

【数据增值服务】 **数据质量管控**。协助相关部门完成统计调查制度备案工作，强化统计制度执行，营造依法统计的工作氛围。完成行业“备货移库”项目建设，保障工商企业备货业务顺利开展，有效缓解行业会计统计数据不一致问题。各单位数据质量管控能力得到提升，首次实现全部工业企业全年“零”重报。统计工作得到国家统计局书面表扬。

统计数据服务。组织完成行业工业、商业增加值计算及发布工作，测算年底年初元旦、春节市场卷烟需求数量及结构，工业、商业增加值均被国家局列入省级公司工作业绩考核指标。开展行业大数据应用调研工作，为开展行业数据共享应用奠定基础。

网站政务服务。2019 年，国家局网站社会影响力提升，外网日均访问量 1.2 万人次，比上年增长 15%，在政府网站评比中首次进入国务院其他部委类前 15 名。印发行业直属单位网站绩效评估实施方案和推进行业新媒体健康有序发展的实施意见，推动行业网站集约化建设。

【网络安全防护保障】 **落实网络安全责任**。2019 年，国家局发布行业落实网络安全工作责任制意见，压实各级党组（党委）和网信部门监管责任。按照国家等级保护要求，组织行业对 4000 余个信息系统重新定级，将行业决策管理、专卖综合管理、卷烟烟叶电子商务平台等 3 个系统确定为行业关键基础设施并开展等保测评和风险评估工作。四川、贵州等中烟公司制定网络安全问责实施细则。

安全问题整改。组织开展行业数据及零售户、烟农、消费者等个人信息安全隐患排查整改工作。研究制定《烟草行业数据安全管理办法（试行）》，对托管在外运行系统制定“双控管理”措施。发布行业网络安全问题整改工作指南，指导各单位加强网络安全检查和问题整改加固。各单位排查整改高风险漏洞，积极解决弱口令、通用口令等“零容忍”问题。安徽省局对涉及个人信息的业务系统设置“个人隐私政策条款”。浙江中烟探索构建与企业发展战略和信息化建设协调一致的工控安全体系。福建中烟等单位网络安全管理工作得到地方主管部门通报表扬。

完善应急保障机制。组织参加公安部网络攻防演习，各单位以提升实战能力为目标，阻断攻击9000余万次、封堵攻击地址3万余个，取得目标系统未被攻破的好成绩，所编防守方报告入选公安部优秀案例报告。行业10余家单位参加当地公安机关组织的攻防演习，目标系统均未被攻破。组织海南省局、上海容灾中心开展行业容灾演练。完成庆祝中华人民共和国成立70周年等重要时期保障任务，全行业2019年未发生网络安全责任事故。

【基础规范管理】 **健全管理体系**。面对新形势新任务，国家局修订印发行业网信工作管理办法，明确行业网信办的管理职能及当前和今后一个时期行业网信工作要求，强化行业网信工作的归口管理和综合协调职能，突出项目管理、技术管理、数据安全管理等内容，增强适用性和可操作性。国家局将网络安全、数据造假纳入行业问责范围和省级公司工作业绩考核内容。

规范项目管理。坚持问题导向，规范项目全过程管理，编制信息化软件开发项目管理规程，制定招标文件、合同及廉洁合同协议范本。初步建立国家局机关软件开发项目成本评估模型，被中国软件行业协会评为“国家标准首批优秀实践单位”。圆满完成软件正版化专项检查，软件正版化工作得到国家版权局通报表扬。江苏省局印发信息化投资采购项目前置性审查办法；天津市局严格遵守“四项原则”，在签订项目合同的同时签订廉政合同及保密协议。

网信人才管理。2019年，首次组织举办行业网信领导干部培训班，为领导干部增强全局视野、拓展工作思路、提升履职能力创造条件。将网络安全、依法统计等列入国家局党校教学内容。国家网络安全宣传周期间，利用网络学院开展网络安全专题培训近10万人。

◇编辑整理：褚　幸

人事与劳资

【思想政治建设】 2019年，行业各级党组（党委）和广大党员、干部把学习贯彻习近平新时代中国特色社会主义思想作为根本任务，深入学习贯彻党的十九大和十九届二中、三中、四中全会精神，跟进学习习近平总书记最新重要讲话精神，增强“四个意识”、坚定“四个自信”、做到“两个维护”，以党的政治建设为统领，认真贯彻《中共中央关于加强党的政治建设的意见》，扎实开展“不忘初心、牢记使命”主题教育，推进“两学一做”学习教育常态化制度化，全面推进党的各项工作。以党组（党委）理论学习中心组学习为引领，以“三会一课”、主题党日为主要形式，以网络平台为载体，分层次、全覆盖抓好学习教育；以专题培训班、支部书记轮训、党员集中教育等为抓手，推动学习贯彻党的创新理论往深里走、往心里走、往实里走。全年举办理论培训班2600余个、培训近14万人次。广大党员、干部运用党的创新理论指导实践、推动工作的能力进一步增强。充分发挥中烟政研会参谋助手作用，开展课题研究，评选出优秀研究成果21项，不断推动课题研究成果推广运用，为推动思想政治工作提供智力支持。

【行业干部选拔任用和管理】 **优化领导班子结构**。增强领导班子整体功能，优化领导班子年龄、知识、专业、经历结构。2019年，行业调整配备直属单位领导干部91名、机关司级干部26名，其中交流任职35名。组织对42名干部进行试用期满考核，调整配备19名“70后”领导干部进班子。截至2019年底，行业30家工商单位中配备有“70后”领导干部，占比60%，行业优秀年轻干部培养选拔迈出新步伐。

健全干部选任制度。分类制定省级局（公司）和工业公司，国家局、总公司机关和行业科研教育单位领导干部选拔任用工作实施办法，分类修订行业和国家局、总公司机关考核工作办法。改进考察方式，探索试行家访，将干部考察触角从“工作圈”延伸到“生活圈”，贯通8小时内外全方位管理。规范前置核查，对有关人选提前审核把关，致力于防止“带病提拔”。把考察对象面谈作为必须环节，进一步了解考察对象政治立场、思想品质、见识见解等方面的情况，鉴别印证有关问题。注重对考察对象进行个人有关信息采集，对干部立体考察、透视甄别，全面了解干部的工作实绩和各方面表现，做实做细各环节，切实把好干部选出来用起来。

突出政治监督。组织开展“一报告两评议”工作，持续跟进反馈问题整改落实情况，持续拧紧从严管理监督干部螺丝。严格执行领导干部个人有关事项报告制度，组织完成全行业8700余名处级以上干部个人有关事项报告数据汇总。完成228名局党组管理干部查核结果处理工作和42名局党组管理干部查核验证工作，向中组部上报158名行业干部查核验证情况。开展行业直属单位选人用人专项检查，发现问题及时整改；开展“三超两乱”等问题整治督促检查工作，以用人环境的风清气正促进政治生态的“山清水秀”。

严格日常监督管理。强化日常监督，严格落实个人有关事项报告制度，按照“凡提必核”要求，全年行业查核局党组管理干部333人，发现违纪问题线索移交纪检监察部门13人；落实干部任职谈话和廉政谈话制度，对23名主要负责人进行任免谈话；行业各级人事部门抓早抓小，提醒860人次、函询159人次、诫勉208人次。加强巡视巡察，把干部担当作为情况列入选人用人专项检查，对8家单位开展专项检查。组织开展行业直属单位人事档案管理工作调研，对5家单位开展人事档案检查。

【行业人才队伍建设】 **人才选拔**。牢固树立人才是第一资源的观念，提高行业人才发展水平。实施“青年人才托举工程”，重点扶持、加快培养行业有较强创新能力和发展潜力的青年人才；加大高层次人才选拔培养，完成行业第三批20名学科带头人选拔认定工作，选拔推荐行业4名中国青年科技奖候选人。组织行业高级专业技术资格评审工作。

教育培训。加强专业技能培训，组织承办人力资源社会保障部专业技术人才知识更新工程高级研修项目，举办行业高级专业技术人才研修班，持续推动“互联网＋教育培训”，新一代网络培训平台上线运行。全年举办培训班3.1万余个，培训干部职工近28万人。

技能鉴定。实施行业特有职业（岗位）技能鉴定。统筹开展各级各类技能竞赛活动，组织举办行业第十七届职业技能竞赛暨第七届烟叶评级职业技能竞赛、第一届烟叶调制职业技能竞赛，进一步激发各类技能人才创新创造活力。

【行业人才制度建设】 **完善队伍建设战略规划**。制定印发《关于加强行业高素质专业化干部队伍和领导班子建设的意见》《行业中长期干部人才队伍建设规划》，为新时代行业干部、人才队伍建设作出战略谋划。

完善教育培训人才工作制度。出台《行业教育培训体系建设纲要（2020—2022年）》《关于深化行业职称制度改革的实施意见》，修订《行业工程系列高级专业技术资格评审办法》，建立健全管理制度。研究制定《行业金融人才引进办法》等。

2019年6月15日，广东中烟韶关卷烟厂技能竞赛参赛选手在教练员悉心指导下训练

广东中烟　供稿

【行业用工及收入分配管理】

围绕改善员工队伍结构，开展行业控员增效调研工作。按照中央统一部署，全面完成退役士兵接收安置工作，做好退休人员社会化管理准备工作。加强薪酬管理，修订省级公司负责人工作业绩考核办法和考核细则，精简考核指标，完善工资总额决定机制，调整企业年金方案，为建立

健全与行业高质量发展相适应的收入分配管理机制奠定基础。

【群团工作】 **行业群团工作**。坚持党建带群建，召开国家局与中国财贸轻纺烟草工会第十五次联席会；组织开展行业第七届“先进集体”和“劳动模范”表彰；围绕庆祝新中国成立70周年，举办“我和我的祖国”系列活动。创新活动形式，结合庆祝新中国成立70周年主题，广泛开展“参观考察看成就、座谈研讨发心声、主题征文抒情怀、人物专访谈感受、书画摄影绘美景、讲述改革传家风”系列活动。全行业及时为1000余名符合条件的人员发放“庆祝新中国成立70周年”纪念章。持续联合举办第六届“中华杯”书画大赛，报送参赛作品538件，获奖作品96件。

国家局机关群团工作。组织举办机关“我亲爱的祖国”歌咏大会、庆祝中华人民共和国成立70周年书画展等。开展纪念五四运动100周年主题活动和“我与祖国共奋进——国旗下的演讲”特别主题团日活动，组织机关青年干部开展“根在基层”青年调研实践活动。组织纪念“三八”国际劳动妇女节系列活动，参加中央和国家机关“巾帼绽放　逐梦前行”女职工风采展示活动，营造机关温暖大家庭良好氛围。

【离退休干部管理】 始终坚持阅读文件、情况通报、参加活动等政治待遇制度，做好重大节日的普遍慰问与生日祝寿、生病住院、生活困难的个性化慰问。组织健康讲座、年度体检、医疗报销等服务保障工作。2019年，为行业6名离休干部办理享受省部级标准报销医疗费待遇。回应老同志的关注关切，健全完善特困帮扶机制，制定多项惠老制度措施。针对老同志普遍关心的看病就医问题，积极争取地方医院开辟便捷通道，协调社区卫生力量开展上门服务。发挥活动中心、老年大学的主阵地作用，持续改善行业975个老年活动场所的硬件条件、提升软件服务。截至2019年底，行业34所自办老年大学基本形成覆盖广泛、灵活多样、特色鲜明、规范有序的办学格局。

围绕“增添正能量·共筑中国梦”的主题，组织老同志参与扶贫攻坚、社会治理、乡村振兴、生态保护、社会公益、文化传承等活动。

◇ 编辑整理：周　佳

党建工作

【学习贯彻习近平新时代中国特色社会主义思想】 **行业学习贯彻情况**。2019年，行业各级党组织和广大党员干部强化理论武装，推动学习贯彻习近平新时代中国特色社会主义思想往深里走、往心里走、往实里走。在全行业开展多形式、分层次、全覆盖的党建学习培训，全年举办党建类面授培训班2635个，13.96万人次参加。及时跟进学习党的十九届四中全会精神，印发学习宣传贯彻党的十九届四中全会精神通知。

国家局机关学习宣传贯彻情况。国家局机关把深入学习贯彻习近平新时代中国特色社会主义思想作为首要政治任务。深入学习贯彻党的十九大和十九届四中全会精神，及时学习贯彻习近平总书记重要讲话精神和党的重要会议及重要文件精神，及时配发各类学习资料，组织机关党员干部读原著、学原文、悟原理，着力提高学习教育的针对性和实效性。加强党员教育培训，选派机关司级干部、处级干部参加国家局党校学习；成立机关青年理论学习小组，召开机关青年干部座谈会，教育引导青年干部强化理论学习和实践锻炼。深化理想信念教育，抓好党史、新中国史的学习，运用多种形式开展形势政策教育，组织参观“方寸之间见使命”展览等。举办机关党支部委员培训班和党小组组长培训班，提升专兼职党务干部工作能力与业务水平。

【“不忘初心、牢记使命”主题教育】 **行业主题教育情况**。按照党中央统一部署，全行业分两批开展“不忘初心、牢记使命”主题教育。各级党组织加强领导、深学细悟、深入检视、精准整改，主题教育成效明显。通读精读《习近平关于“不忘初心、牢记使命”重要论述选编》《习近平关于“不忘初心、牢记使命”论述摘编》等学习书目，组织理论学习和集中研讨2.8万余次，学习贯彻习近平新时代中国特色社会主义思想取得新成效；参观新中国成立70周年成就展、开展革命传统教育等，马克思主义的信仰、中国特色社会主义的信念进一步坚定；深入学习习近平总书记关于担当作为的重要论述，把开展主题教育与推动行

处在广西东兴市北仑河沿线的广西烟草打私总队坚持党建引领，守土有责，守土尽责，严阵以待，时刻准备打击走私卷烟不法行为（2019 年）

广西区局　供稿

业高质量发展结合起来，担当作为、干事创业的精气神进一步提振；解决职工群众最关心、最直接、最现实的利益问题近 1.3 万个，办实事办好事 24.2 万件，宗旨意识和以人民为中心的发展思想进一步强化；深入开展警示教育，持之以恒抓作风建设，启动政治生态突出问题全面整改，忠诚干净、清正廉洁的政治本色进一步彰显；学习党史、新中国史，重温入党誓词等，守初心、担使命的思想自觉和行动自觉进一步增强。

国家局机关主题教育情况。国家局机关深入开展“不忘初心、牢记使命”主题教育，精心安排部署，制定具体方案，把学习教育、调查研究、检视问题、整改落实 4 项重点措施贯通起来，有机融合、统筹推进。组织举办机关处以上党员干部专题培训班，组织机关党小组组长示范培训和青年干部《习近平在正定》读书论坛，实现党员干部学习交流全覆盖；制定调查研究方案，国家局党组成员和机关各部门各单位党组织书记讲授主题教育专题党课；深入征求意见和建议，制定印发问题清单和专项整治具体实施方案。做好机关主题教育整改落实“回头看”工作。

【基层党组织建设】 **行业基层党建工作**。2019 年，国家局党组制定贯彻落实加强党的政治建设的 20 条具体措施，明确工作重点，提出具体要求。落实政治生态突出问题全面整改工作要求，制定印发开展政绩观专题教育等 3 项具体工作方案。以提升组织力为重点，组织行业 21 家单位开展党支部标准化规范化建设试点工作。开展“悟初心、守初心、践初心”微党课评比交流，增强党员教育管理的吸引力、感染力。落实党建工作责任，成立 15 个考评组，对行业 53 家直属单位开展党建工作述职评议考核，发挥考核的“指挥棒”作用。坚持党建带群建，召开国家局与中国财贸轻纺烟草工会第十五次联席会；组织开展行业第七届先进集体和劳动模范表彰；围绕庆祝新中国成立 70 周年主题，举办“我和我的祖国”系列活动。充分发挥中烟政研会参谋助手作用，开展课题研究，评选出优秀研究成果 21 项，不断推动课题研究成果推广应用，为推动思想政治工作提供智力支持。

国家局机关党内政治生活。国家局党组成员严格落实双重组织生活制度，坚持以普通党员身份参加所在支部的学习交流。机关各部门各单位党组织严格落实“三会一课”制度，推进党支部标准化规范化建设。开展党支部建设状况调研，夯实机关党建工作基础。

国家局机关组织建设和党员管理工作。国家局直属机关党委和机关纪委定期召开全委会议，研究部署机关党建、纪律检查重点工作和健全组织、党员发展、党员处分等有关事项。对中央专项巡视整改任务落实情况进行梳理汇总，抓好整改落实。做好党员发展工作。做好党费的收缴、管理和使用工作。开展党组织和党员信息补采和更正工作。支持贫困村脱贫攻坚和驻村第一书记开展工作，组织与定点扶贫县的贫困村开展联学联建，助力打赢扶贫攻坚战。

离退休干部党建工作。把准政治方向，组织行业离退休人员定期开展政治学习，引导离退休人员增强“四个意识”、坚定“四个自信”、做到“两个维护”。开展“不忘初心、牢记使命”主题教育，以专题辅导、座谈讨论、集中培训、送学上门等形式，促进离退休人员在真学真信中坚定理想信念。行业各单位通过重温入党誓词、聆听专题党课、观看优秀影片、参观教育基地等形式多样的党日活动，并充分借助信息化手段实现网上学习、线上交流，提高参与度。截至 2019 年底，行业离退休人员有党员 6.9 万人，设立党支部1113个。行业各单位坚持以提升组织力为重点，加强党支部标准化、规范化建设，按期组织换届改选，抓好书记委员培训，落实“三会一课”制度，推动党支部班子更坚强。

【管党治党主体责任】 召开行业落实全面从严治党主体责任工作会议，贯彻落实十九届中央纪委三次全会精神，部署行业全面从严治党、党风廉政建设工作。在压实主体责任上出实招、求实效。主体责任书突出“个性责任”，以目标责任制考核检验落实成效。国家局党组书记与机关27家部门单位、行业56家直属单位党组织主要负责人签订主体责任书，细化责任内容，内容涵盖巡视、审计、领导班子建设专题调研等发现问题的整改任务，突出“个性责任”，落实情况纳入年度考核目标责任。制定印发党组2019年度全面从严治党工作要点，列明重点任务33项，明确主责部门和配合部门。开展中央专项巡视整改第三次阶段性检查和“回头看”，查漏补缺，巩固深化整改成果。以问责倒逼责任担当，印发《烟草行业问责工作实施办法（试行）》，提高问责工作的政治性、精准性、实效性。对行业4家直属单位党组织和党员领导干部履行主体责任不力进行问责，并通报有关情况。

【廉洁风险防治】 坚决落实习近平总书记关于严肃整治领导干部利用名贵特产、特殊资源谋取私利问题的重要指示批示精神，按照中央纪委要求，深入开展“天价烟”问题专项检查和集中整治，组织10个检查组对行业直属单位开展重点检查和督促指导，实现国家局对行业直属单位、行业直属单位对所属系统“两个全覆盖”检查，查处问题111起、处理300人。全面清理行业干部职工投资入股关联企业，在2004年、2011年清理的基础上，结合审计署专项审计整改要求，开展调研摸底，召开座谈交流会议和动员部署会议，组织相关单位积极稳妥推进部门普通干部和离退休职工所持关联企业股份清理工作，实现“全面清理”的既定目标，规范行业干部职工廉洁从业行为。

【作风建设和纪律建设】 行业集中整治形式主义、官僚主义。研究制定工作方案，组织行业直属单位开展自查自纠，在深入调研和广泛征求意见的基础上，起草印发关于解决形式主义突出问题为基层减负的22条举措。持续精文减会，全年精简行业性会议11个，压减率31%，制定重点精简类文件140件，比上年下降40%。严肃查处8起形式主义、官僚主义典型问题。对处级及以下干部超标准乘坐交通工具追责问责情况开展督导，全行业追责问责504人次。坚决正风肃纪，严防“四风”反弹回潮，全行业查处违反中央八项规定精神典型问题23件，处理55人。制定印发《烟草行业贯通运用监督执纪“四种形态”实施办法（试行）》，并在《中国烟草》杂志宣讲解读。精准研判处置问题线索，国家局本级受理来信来访516件，核查问题线索19件，对24名司局级干部进行谈话或要求作出书面检查、书面说明。配合驻工业和信息化部纪检监察组、山西省纪委监委审查调查李泽华案件。

【政治巡视】 认真贯彻落实《关于中央部委、中央国家机关部门党组（党委）开展巡视工作的指导意见（试行）》，与中央巡视工作要求对标对表，结合行业实际，研究制定贯彻落实的具体措施。召开全国烟草行业巡视巡察上下联动推进会、巡视巡察工作会议，推动构建巡视巡察上下联动监督网。开展党的十九大后国家局党组第三、四轮常规巡视，对6家行业直属单位和12家国家局专业公司（部门）开展巡视。

持续改进巡视工作，组建巡视人才库，强化巡视业务培训，探索开展领导班子政治生态调研和领导干部政治“画像”，建立巡视中期汇报制度。做好巡视“后半篇文章”，探索建立党组和巡视工作领导小组听取被巡视单位整改情况汇报工作机制，加强对巡视整改的审核把关力度。针对巡视发现的共性问题，从制度规定上予以规范，充分发挥巡视治本功能。率先在烟叶生产经营领域、加强对烟站的巡察监督上形成上下联动，23家烟叶产区省级局（公司）对所属2521家烟站开展专项巡察，集中排查风险隐患，进一步规范烟站基础管理，着力解决基层“蝇贪微腐”问题，打通全面从严治党“最后一公里”。

◇ 编辑整理：周 佳

规范管理

【突出问题整改】 **组织开展盒皮（烟标）和香精香料采购专项检查**。深入调研，制定方案。国家局组织人员先后赴浙江、湖北、广东等工业公司进行调研，制定专项检查工作方案，并经国家局党组会研究通过。召开会议，进行部署。国家局召开18家省级工业公司、中烟实业分管领导和有关部门人员参加的电视电话会议，对专项检查工作进行部署，提出要求。严密组织，认真检查。2019年12月，国家局组织6个检查组，对行业18家省级工业公司进行专项检查，中烟实业按照检查方案组织对下属单位进行专项检查。检查组查阅采购项目卷宗1144项，制度规定1114个，发现突出问题619个，并要求被检查单位立行立改。

印发《烟草行业严禁领导干部违反规定干预和插手采购活动的若干规定》（简称《若干规定》）。为贯彻落实全面从严治党要求，加大对领导干部和“关键少数”的监督约束，国家局制定印发《若干规定》，明确领导干部违反规定干预和插手采购活动的具体情形，以及针对违规情形的记录报告措施和问责处理办法，形成对领导干部违规干预和插手采购行为的有力震慑。

组织编写《烟草行业领导干部涉及工程建设、物资采购等违法犯罪典型案例警示录》。2019年，在行业各级规范管理部门的参与支持下，汇集近十年来行业发生的56件涉及工程建设、物资采购等领域违法犯罪的典型案例，深刻剖析案件发生的主客观原因，提出有针对性的监管措施，以“身边人、身边事”警醒各级领导干部以案为鉴、严于律己。

严格落实不良行为供应商惩戒措施。建立烟草企业供应商“黑名单”制度，多次组织召开座谈会，广泛征求建立行业供应商“黑名单”制度的意见。对近年来涉及行业严重违法犯罪案件的供应商和涉案人员，在招标采购活动中严格措施，切实防范风险。将一家存在不当竞争行为、扰乱采购秩序的公司列入“黑名单”，禁止其在一年内参与行业非招标采购项目。

建立全行业统一的采购监管平台。有序推进规范管理信息化建设，督促行业各单位完成采购信息系统升级改造并线上运行。截至2019年底，完成行业58家单位采购管理信息系统纵向对接，基本功能运用和系统初验，为构建“线上巡查监管，线下督办检查”的规范管理新模式奠定坚实基础。

健全完善烟草企业采购管理制度。为适应国家有关法律法规的新要求，应对行业采购管理出现的新情况、新问题，促进行业采购工作高质量发展，2019年国家局对《烟草企业采购管理规定》（中烟办〔2012〕313号）适用情况进行调研，多次征求行业相关单位和机关各部门的意见，进一步明确各部门职能、优化采购流程、拓宽采购方式，提高工作效率。

【规范管理问题整改】 严格督办国家局党组党的十九大后第二轮、第三轮巡视发现的规范管理问题整改。向8家被巡视单位正式发函反馈问题20个，对3家直属单位进行约谈，分类指导深入整改。督办国家局审计发现的规范管理问题整改。向13家被审计单位发出整改函，并对整改工作进行跟踪督办，确保问题整改到位。加强信访举报件办理。针对6起举报件涉及的项目问题，国家局会同有关部门，督导被举报单位依法依规核查处理，有效防止国有资产流失和其他采购风险。进一步加强对不规范问题追责问责。2019年，行业各单位针对违规招标、未批准先实施、超合同付款、用检验报告代替验收报告等不规范问题，以记过、警告、扣罚绩效工资等方式处罚1311人次，有效维护制度权威。

【规范管理制度贯彻落实】 **巩固“应招尽招”“真招实招”成果**。2019年，行业各直属单位积极执行采购制度规定，对招标项目加强现场跟踪监督，创新采购形式，推进电子招标和网上采购，加大对招标代理机构、定点供应商的监督与管理。2019年，除国家局计划分配及从全资三产公司采购外，全行业实施采购项目4.78万项，采购金额922.39亿元，其中公开招标项目占85.6%，公开招标金额占96.31%。

不断深化办事公开民主管理。行业对“三项工作”事项、“三重一大”事项、生产经营与专卖管理事项等实行多维度、多载体、多层级信息公开。2019年，全行业公开信息102.45万条，较好地保障广大干部职工的知情权、参与权、表达权和监督权。

【规范管理队伍建设】 **注重学习培训**。2019年，国家局举办行业招标采购监督工作专题培训班，参训人员131名；在四川中烟进行规范管理知识专题讲座。

强化专业知识学习。国家局规范办定期梳理新增的招投标法律法规及其他规范性文件，上传到规范办网页组织学习。

开展先进经验交流。通过编发简报的形式，推广行业采购工作好的做法和经验。

◇ 编辑整理：周 佳

国家烟草专卖局
中国烟草总公司
组织机构

国家烟草专卖局
中国烟草总公司领导成员①

张建民

工业和信息化部党组成员、国家烟草专卖局党组书记、局长

中国烟草总公司总经理

杨培森

国家烟草专卖局党组成员、副局长、直属机关党委书记（2019 年 3 月—，之前任国家烟草专卖局党组成员、副局长）

高　林

国家烟草专卖局党组成员、直属机关党委书记（—2019 年 3 月）

徐　瑛

国家烟草专卖局党组成员、副局长

段铁力

国家烟草专卖局党组成员、副局长

国家局、总公司机关
各部门、各单位

办公室（外事司）

【主要职责】

1. 拟订并组织实施机关政务管理的制度和工作规范，协调机关政务工作；负责国家局召开会议的计划管理和组织筹备工作；负责督办工作；负责全国人大代表建议和全国政协委员提案办理工作；负责国家局、总公司机关总值班工作。

2. 负责起草国家局、总公司的重要文件、会议报告及领导讲话；组织、协调行业重大问题调研工作；组织、协调行业电子政务建设；负责编发行业重要信息；负责国家局、总公司新闻信息发布工作；组织、协调行业履行《烟草控制框架公约》有关工作。

3. 负责国家局、总公司机关公文核稿、收发传递和文件印制工作；指导行业公文处理工作；管理国家局党组、国家局、总公司印章；负责国家局、总公司机关各部门、各单位和行业各直属单位印章管理工作；指导、协调行业档案管理工作；承担国家局保密委员会的日常工作。

4. 负责烟草系统外事管理工作。

5. 负责行业信访、稳定和应急管理工作；负责国家局、总公司机关安全、保卫工作；指导行业社会治安综合治理工作。

6. 承办国家局、总公司交办的其他事项。

【负责人】②

主任（司长）：张修连（—2019 年 6 月，退休）

副主任(副司长)：张靖江（2019 年 6 月—，主持全面工作）（副厅级）

副主任（副司长）：徐　丹（—2019 年 6 月）、张　政、吴惠春、张　炜（2019 年 10 月—）

副巡视员：王　红、梅英明

【内设机构】 设综合调研处、秘书处（值班室）、文秘档案处、新闻联络处（行政审批协调处、政务公开处）、信访保卫处、外事处等 6 个内设处室。

发展计划司

【主要职责】

1. 拟订并组织实施行业发展战略、发展规划；拟订行业生产布局规划；编制行业投资规划，拟订并组织实施投资年度计划；拟订行业技术装备政策。

2. 拟订并组织实施烟草专卖品产供销、进出口的年度

---

① 2019 年 3 月，国家局党组印发《关于杨培森和高林同志职务任免的通知》（国烟党〔2019〕57 号），根据中共工业和信息化部直属机关委员会工信直党〔2019〕19 号通知：杨培森同志任中共国家烟草专卖局直属机关委员会委员、书记，免去高林同志中共国家烟草专卖局直属机关委员会书记、委员职务。

2019 年 3 月，国家局党组印发《关于高林同志免职退休的通知》（国烟党〔2019〕58 号），免去高林同志国家烟草专卖局党组成员、中共国家烟草专卖局党校校长职务，退休。

② 2019 年 6 月，国家局党组印发《关于张靖江和张修连同志职务任免的通知》（国烟党〔2019〕143 号），张靖江同志任办公室（外事司）副主任（副司长）（副厅级），主持办公室（外事司）全面工作。免去张修连同志办公室（外事司）主任（司长）职务，按照有关规定和原职级待遇办理退休手续。

2019 年 6 月，国家局党组印发《关于徐丹同志免职的通知》（国烟党〔2019〕159 号），免去徐丹同志办公室（外事司）副主任（副司长）职务，另有任用。

2019 年 10 月，国家局党组印发《关于张炜同志任职的通知》（国烟党〔2019〕229 号），张炜同志任办公室（外事司）副主任（副司长）。

计划。

3. 拟订烟草专卖品管理名录；核定全国烟草专卖品生产、经营企业的生产规模。

4. 审核烟草系统投资项目和外资投资项目；负责行业投资项目管理和招投标工作；编制烟草专用机械设备分配计划；负责国家局定点扶贫工作。

5. 拟订烟草专卖品价格政策，管理烟草专卖品价格；收集、整理、分析、发布烟草专卖品价格信息。

6. 承办国家局、总公司交办的其他事项。

【负责人】①

司　长：王志江（—2019年1月）

副司长：张全在（2019年1月—，主持全面工作）

副司长：袁　超、刘　融、黄覃梅（挂职）

【内设机构】　设综合处、计划处、投资处、价格处等4个内设处室。

专卖监督管理司

【主要职责】

1. 监督检查《中华人民共和国烟草专卖法》《中华人民共和国烟草专卖法实施条例》的执行情况。

2. 拟订烟草专卖管理监督制度，监督检查烟草专卖品的生产经营活动。

3. 组织、指导并承办违反烟草专卖法律法规案件的查处，查禁、关停计划外烟厂，保护合法经营；会同国家有关部门取缔非法烟厂和烟草专卖品自由交易市场，打击假冒和走私烟草专卖品等违法活动。

4. 拟订烟草专卖许可证、烟草专卖品准运证管理制度；参与拟订名晾晒烟名录和烟草专卖机械名录。

5. 指导专卖行政执法和专卖队伍建设工作。

6. 承办国家局、总公司交办的其他事项。

【负责人】②

司　长：王劲栋（—2019年10月）

副司长：陆　捷（2019年5月—，主持全面工作）（副厅级）

副司长：张全在（—2019年1月）、舒军龙、李宏光（挂职，—2019年1月）

巡视员：白　明

副巡视员：周　瑛

【内设机构】　设综合处、内部监督管理处、市场监督管理处、打假打私处、证件管理处等5个内设处室。

经济运行司

【主要职责】

1. 承担行业生产、经营的统一调度工作，协调产供销的衔接；负责行业生产、经营的综合分析和预测监控；拟订并组织实施行业经济运行调控政策和方案。

2. 参与拟订烟草专卖品产供销年度计划，拟订并组织实施卷烟季度、月度生产进度计划；负责行业经济运行考核工作。

3. 负责行业产品结构调整工作；拟订并组织实施卷烟品牌发展规划，指导行业品牌维护与培育工作，组织开展品牌定向整合；依法实施烟草制品商标管理工作；组织开展中外烟草企业间生产技术合作工作。

4. 承担烟草专卖品卷烟材料供应管理工作；承担省级公司之间烟草专用机械设备的有偿转让、无偿划转、租借等管理事项。

5. 指导行业企业管理工作；承担行业质量管理工作，负责推行ISO 9000系列标准；组织开展行业节能减排工作；指导行业安全生产工作，依法处理重大安全事故；协调行业抗灾救灾工作。

6. 承办国家局、总公司交办的其他事项。

【负责人】

司　长：徐维华

副司长：刘　艳、张一峰

副巡视员：孙姝军

【内设机构】　设综合处、生产经营管理处、企业管理处、安全处等4个内设处室。

---

① 2019年1月，国家局党组印发《关于张全在和王志江同志职务任免的通知》（国烟党〔2019〕15号），张全在同志任发展计划司副司长，主持发展计划司全面工作，免去其专卖监督管理司副司长职务；免去王志江同志发展计划司司长职务，另有任用。

② 2019年10月，国家局党组印发《关于陆捷和王劲栋同志职务任免的通知》（国烟党〔2019〕227号），陆捷同志任专卖监督管理司副司长（副厅级），主持专卖监督管理司全面工作，任职时间自2019年5月28日党组决定之日起计算。免去王劲栋同志专卖监督管理司司长职务。

政策法规与体制改革司

【主要职责】

1. 组织起草行业相关法律法规、规章草案和重大政策；审查行业生产经营管理的重要制度、重大经济合同和国家局、总公司机关各部门、各单位拟订的规范性文件；建立和完善专卖管理法规体系和行业管理法规体系。

2. 拟订并组织实施行业体制改革和企业组织结构调整规划和工作方案；指导企业和专业性公司改革工作；承办行业企业设立、分立、合并与撤销工作；指导建立现代企业制度。

3. 调查研究《中华人民共和国烟草专卖法》、《中华人民共和国烟草专卖法实施条例》、国家有关法律法规在行业的执行情况和改革中存在的问题；监督检查行业依法行政，组织实施行政执法责任制工作；承担烟草专卖执法徽章、检查证的申领和批准工作；负责行业普法依法治理工作。

4. 承担行业法律咨询工作，指导行业行政机关和企业法律顾问工作；组织推动行业法制建设工作；参与研究和审议行业对外经济技术合作的有关政策和制度；组织开展烟草专卖法规、政策方面的国际交流。

5. 指导、协调行业行政复议工作，承办相关行政复议、行政应诉工作。

6. 承办国家局、总公司交办的其他事项。

【负责人】①

司　长：王玉麟

巡视员：曹松林、张国宾（—2019 年 3 月，退休）

副司长：卢勇华（2019 年 6 月—）、张樑庆（2019 年 6 月—）

【内设机构】 设综合处、政策法规处（行政复议处）、体制改革处等 3 个内设处室。

财务管理与监督司（审计司）

【主要职责】

1. 研究提出行业有关经济政策建议；拟订并组织实施行业财务管理、资产经营管理、会计核算、审计监督的制度、办法。

2. 拟订并组织实施行业国有资产管理规定和国有资本保值增值考核办法、标准。

3. 管理监督行业财务资金；拟订行业税后利润分配政策及方案；编制并组织实施行业年度预算；组织行业所属企业上缴国有资本收益，编报行业国有资本经营预算。

4. 负责行业各类财务会计报告的汇总、审核和编报工作；监督检查行业会计信息质量；参与拟订行业财务会计、审计信息化建设发展规划。

5. 负责行业内部审计工作；拟订并组织实施行业内部审计工作规定、办法，拟订行业内部审计发展规划和年度审计项目计划。

6. 承办国家局、总公司交办的其他事项。

【负责人】

司　长：张孝堂（2019 年 10 月—，之前任副司长，主持全面工作）②

巡视员：韩敬文（—2019 年 6 月，退休）

副司长：罗明德（—2019 年 1 月）③、陈俊奎（2019 年 2 月—）④、严剑秋（2019 年 2 月—）⑤、刘艾生（2019 年 4 月—）⑥

副巡视员：龙　旭（—2019 年 2 月）

【内设机构】 设综合处、财务处、预算处、会计处、国有资产管理处、审计一处、审计二处、审计三处、机关财务处等 9 个内设处室。

---

① 2019 年 7 月，国家局党组印发《关于卢勇华和张樑庆同志职务任免的通知》（国烟党〔2019〕162 号），卢勇华同志任政策法规与体制改革司副司长，试用期一年，任职时间自 2019 年 6 月 17 日党组决定之日起计算；张樑庆同志任政策法规与体制改革司副司长，试用期一年，任职时间自 2019 年 6 月 17 日党组决定之日起计算。

② 2019 年 10 月，国家局党组印发《关于张孝堂同志任职的通知》（国烟党〔2019〕240 号），张孝堂同志任财务管理与监督司（审计司）司长，任职时间自 2019 年 10 月 12 日党组决定之日起计算。

③ 2019 年 1 月，国家局党组印发《关于罗明德同志免职的通知》（国烟党〔2019〕5 号），免去罗明德同志财务管理与监督司（审计司）副司长职务，另有任用。

④ 2019 年 3 月，国家局党组印发《关于陈俊奎同志任职的通知》（国烟党〔2019〕72 号），陈俊奎同志任财务管理与监督司（审计司）副司长，试用期一年，任职时间自 2019 年 2 月 28 日党组决定之日起计算。

⑤ 2019 年 4 月，国家局党组印发《严剑秋同志职务任免的通知》（国烟党〔2019〕126 号），严剑秋同志任财务管理与监督司（审计司）副司长，试用期一年，任职时间自 2019 年 2 月 28 日党组决定之日起计算。

⑥ 2019 年 5 月，国家局党组印发《关于刘艾生同志职务任免的通知》（国烟党〔2019〕132 号），刘艾生同志任财务管理与监督司（审计司）副司长，试用期一年，任职时间自 2019 年 4 月 28 日党组决定之日起计算。

科技司

【主要职责】

1. 承担烟草制品减害降焦工作；拟订行业科技发展政策及战略规划、年度计划；参与拟订行业技术装备政策，参与技术引进和技术改造论证工作；组织国内外科技交流与合作。

2. 承担国家局、总公司科技创新工作领导小组、科学技术委员会、全国烟草标准化技术委员会的日常工作；负责行业创新体系建设及创新能力考核工作；负责行业科技成果评价、推广、奖励；负责科技信息、科技统计及有关知识产权管理工作；研究提出科技经费预算建议。

3. 拟订并组织实施行业科技项目年度计划；组织管理行业重大科技项目；审核烟草新品种和烟草基因工程事项。

4. 负责行业产品质量评价和监督工作；负责行业质量技术监督检验机构建设、审查和认定工作；负责烟草专卖品、烟用材料和相关产品的质量技术监督及质量市场准入工作。

5. 负责行业标准化管理工作；编制并组织实施行业标准制订项目年度计划，管理行业用标准物质和标准样品的制作与发布；组织开展烟草专用仪器计量检定工作。

6. 承办国家局、总公司交办的其他事项。

【负责人】

司 长：张 虹

副司长：钱 航（2019 年 8 月—）① （副厅级）、王德平

副巡视员：刘刚毅

【内设机构】 设综合处、科技开发处、技术监督处、标准化处等 4 个内设处室。

人事司

【主要职责】

1. 拟订烟草系统人事、劳动工资、思想政治、教育培训工作相关政策和制度；指导烟草系统人事、用工、分配制度改革工作。

2. 负责国家局党组管理干部、机关各部门、各单位干部的管理工作；组织、指导、监督检查烟草系统各级领导班子建设工作；指导烟草系统人事档案管理工作。

3. 负责烟草系统机构编制、人才队伍建设工作；审核各级烟草专卖局的设立、分立、合并与撤销。

4. 负责烟草系统劳动、工资、保障工作；编制烟草系统教育培训规划，指导烟草系统教育培训工作。

5. 指导烟草系统党的建设、思想政治、企业文化建设工作；负责中国烟草职工思想政治工作研究会的日常工作。

6. 承办国家局、总公司交办的其他事项。

【负责人】

司 长：张天峰（正厅级）

副司长：俞进祥

行业工会办公室主任：白向群（2019 年 3 月—）②

副司长：刘 宇（2019 年 2 月—）③

副巡视员：刘 宁、王海巾

【内设机构】④ 设综合处（研究室）、系统党建处（烟草行业工会办公室）、系统干部处、机关干部处、干部监督处、编制工资处、教育培训处（人才工作处）、干部档案处等 8 个内设处室。

直属机关党委

【主要职责】

1. 负责组织国家局、总公司机关政治理论、科学知识学习，宣传和贯彻党的路线、方针、政策。

2. 负责国家局、总公司机关党风廉政建设和纪律检查的相关工作；负责国家局、总公司机关思想政治工作，组织协调精神文明建设工作。

3. 领导机关各部门、各单位党组织开展各项组织活动。

4. 负责各部门、各单位党组织和党员的管理，开展党员表彰奖励工作；负责各部门、各单位党组织换届选举的

---

① 2019 年 8 月，国家局党组印发《关于钱航同志任职的通知》（国烟党〔2019〕203 号），钱航同志任科技司副司长（副厅级）。

② 2019 年 3 月，国家局党组印发《关于白向群同志任职的同志》（国烟党〔2019〕61 号），白向群同志任烟草行业工会办公室主任。

③ 2019 年 3 月，国家局党组印发《关于刘宇同志职务任免的通知》（国烟党〔2019〕73 号），刘宇同志任人事司副司长，试用期一年，任职时间自 2019 年 2 月 28 日党组决定之日起计算。

④ 2019 年 7 月，国家局印发《关于调整人事司内设机构职责和人员编制的通知》（国烟人〔2019〕137 号），对人事司内设机构职责和人员编制进行调整。

指导工作，任免各部门、各单位党组织的负责人。

5. 指导国家局、总公司机关工会、共青团、妇女工作委员会工作。

6. 承办国家局、总公司交办的其他事项。

【负责人】

直属机关党委书记：高　林（—2019 年 3 月）、杨培森（2019 年 3 月—）①

直属机关党委常务副书记：李　安（2019 年 4 月—，之前任直属机关党委常务副书记、纪委书记）

直属机关委员会副书记、纪委书记：王文胜（2019 年 2 月—）②

【内设机构】　设办公室、纪律检查室 2 个内设处室。

国家局党组党风廉政建设领导小组办公室

【主要职责】

国家局党组党风廉政建设领导小组对全行业党风廉政建设和反腐败工作实行统一领导，研究决定行业党风廉政建设的重大事项。

国家局党组党风廉政建设领导小组下设办公室，主要职责：

1. 协助国家局党组落实全面从严治党主体责任，组织协调行业党风廉政建设和反腐败工作。

2. 依据《中国共产党问责条例》，对行业直属单位党组织和党的领导干部落实全面从严治党责任情况进行督促检查，按照规定的权限和程序进行问责。

3. 依据《中国共产党党内监督条例》，对行业直属单位党组织领导班子及其成员进行日常监督，对本级处理范围内的有关问题线索及时了解核实，提出处理建议。

4. 推进建立健全行业惩治和预防腐败体系，承担教育、制度、监督等党风廉政建设日常工作。

5. 依据《中国共产党巡视工作条例》以及国家局党组实施办法，组织开展对行业直属单位的巡视工作，指导行业巡察工作。

6. 按照有关规定，配合协助中央纪委驻工业和信息化部纪检组开展相关工作，对其交办的违纪问题线索及时处理，并反馈办理情况。

7. 承办国家局党组和领导小组交办的其他事项。

【负责人】

廉政办主任：刘　忠

廉政办副主任兼巡视组主任：甘　宁（2019 年 3 月—）③

廉政办副主任：张　炜（—2019 年 10 月）④

廉政办副巡视员：张小伍

巡视办巡视员：郁　毅

巡视组副组长：屈巍超

【领导小组办公室部门设置】　设综合调研处、监督检查一处、监督检查二处、巡视办等 4 个内设处室。

规范管理办公室

【主要职责】

1. 按照国家局党组有关行业规范管理的战略任务和工作部署，针对各个阶段的重点工作事项，制定计划，研究措施，推动落实；组织规范管理制度贯彻落实情况的督办督查。

2. 负责谋划、研究健全完善行业规范管理制度，深入调查研究，组织科学论证，及时提出工作建议，构建规范管理保障机制。

3. 组织烟草行业规范管理工作会议，负责指导协调烟草行业规范管理工作信息化建设。

4. 承办国家局、总公司交办的其他事项。

【负责人】

主　任：薛建平

---

① 2019 年 3 月，国家局党组印发《关于杨培森和高林同志职务任免的通知》（国烟党〔2019〕57 号），根据中共工业和信息化部直属机关委员会工信直党〔2019〕19 号通知：杨培森同志任中共国家烟草专卖局直属机关委员会委员、书记，免去高林同志中共国家烟草专卖局直属机关委员会书记、委员职务。

② 2019 年 4 月，国家局党组印发《关于王文胜、李安同志职务任免的通知》（国烟党〔2019〕116 号），根据中共工业和信息化部直属机关委员会工信直党〔2019〕36 号通知：王文胜同志任中共国家烟草专卖局直属机关委员会委员、副书记，直属机关纪律检查委员会委员、书记，任职试用期一年，行政级别自 2019 年 2 月 28 日党组决定之日起计算；免去李安同志中共国家烟草专卖局直属机关纪律检查委员会书记、委员职务。

③ 2019 年 3 月，国家局党组印发《关于甘宁同志任职的通知》（国烟党〔2019〕62 号），甘宁同志任党风廉政建设领导小组办公室副主任兼任国家局党组巡视工作领导小组办公室主任。

④ 2019 年 10 月，国家局党组印发《关于张炜同志免职的通知》（国烟党〔2019〕228 号），免去张炜同志的党风廉政建设领导小组办公室副主任职务。

副主任：胡炳辉、张翠平（2019 年 6 月—）①

副巡视员：郭秀云（—2019 年 10 月，退休）

【内设机构】 设综合处、业务一处、业务二处等 3 个内设处室。

董事会工作办公室

【主要职责】

1. 协调省级工业有限责任公司董事会的工作。

2. 负责国家局、总公司派任省级工业有限责任公司，南通醋酸纤维有限公司、昆明醋酸纤维有限公司和珠海醋酸纤维有限公司董事长、副董事长、董事的日常联络服务工作。

3. 承办国家局、总公司交办的其他事项。

【负责人】

董事会工作办公室主任：张本甫

省级工业公司董事长（部门正职）：张本甫、陈 晖（正厅级）、舒 明、高学林

南通、昆明、珠海醋酸纤维有限公司董事长（部门正职）：姚宗东

董事会工作办公室巡视员、董事：秦 剑

省级工业公司董事（部门副职）：黄翠萍、马伶燕、朱湘海、郭 勤、张弘毅、蔡 奕（2019 年 6 月—）②

董事会工作办公室副主任：刘晓杰

【内设机构】 设综合处、秘书处 2 个内设处室。

中共国家烟草专卖局党校（国家烟草专卖局职工培训中心）

【主要职责】 中共国家烟草专卖局党校（国家烟草专卖局职工培训中心）是国家局直属的事业单位。

1. 负责行业司、处级党员领导干部党校教育，承担有关素质能力培训工作；组织开展相关教学课题研究。

2. 承办国家局、总公司组织的会议及业务培训。

3. 负责教育、培训、会议等服务保障工作。

4. 承办国家局、总公司交办的其他事项。

【负责人】

党校校长：高 林（兼）（—2019 年 3 月）、杨培森（兼）（2019 年 3 月—）③

党校副校长、培训中心主任：程春节

党校副校长、培训中心副主任：曾晓三、王丹丹

【内设机构】 设办公室、教务处、总务处等 3 个内设处室。

烟草经济研究所

【主要职责】

烟草经济研究所是国家局直属的事业单位。

1. 研究行业改革发展的经济理论和行业经济政策、重大产业政策、发展战略。

2. 参与行业有关重大问题的调研工作。

3. 分析研究国际烟草经济与科技信息、国际烟草市场动态及有关国家烟草政策。

4. 分析研究国家经济体制改革和国民经济运行信息；承担行业软科学研究工作。

5. 承担《烟草控制框架公约》履约情况和我国烟草控制法律、法规、政策跟踪研究。

6. 承办国家局、总公司交办的其他事项。

【负责人】

副所长：李保江（主持全面工作）

副所长：段红斌

【内设机构】 设办公室、政策研究室、产业研究室、控烟履约研究室等 4 个内设处室。

离退休干部办公室

【主要职责】

1. 拟订烟草系统离退休干部工作有关制度、规定，指导系统离退休干部工作。

2. 组织开展离退休干部工作人员业务培训；负责离退

① 2019 年 7 月，国家局党组印发《关于张翠平同志职务任免的通知》（国烟党〔2019〕163 号），张翠平同志任规范管理办公室副主任，试用期一年，任职时间自 2019 年 6 月 17 日党组决定之日起计算。

② 2019 年 6 月，国家局党组印发《关于委派蔡奕同志任职的通知》（国烟党〔2019〕124 号），委派蔡奕同志为湖北、湖南、贵州、陕西中烟工业有限责任公司董事会董事，试用期一年，任职时间自 2019 年 6 月 4 日党组决定之日起计算。

③ 2019 年 3 月，国家局党组印发《关于杨培森同志任职的通知》（国烟党〔2019〕86 号），杨培森同志兼任中共国家烟草专卖局党校校长。

休干部统计工作。

3. 研究提出国家局、总公司机关离退休干部工作经费预算建议；负责机关离退休干部的服务管理工作；组织机关离退休干部的政治学习、文件传阅以及参加重大政治活动。

4. 承办国家局、总公司交办的其他事项。

【负责人】

主　任：付久海

巡视员：杨章锁（—2019 年 10 月，退休）、王建法（2019 年 11 月—）①

党委副书记兼纪委书记：国文彤（机关部门副职）

【内设机构】 设综合处、机关离退休干部处 2 个内设处室。

机关服务中心（机关服务局）

【主要职责】 机关服务中心（机关服务局）是国家局直属的事业单位。

1. 负责机关及广安门办公楼行政后勤管理工作，拟订并组织实施内部管理制度；负责内部聘用人员的人事、劳动工资管理工作；管理北京金叶园会议中心。

2. 负责机关及广安门办公楼固定资产的管理；负责机关办公用品的采购、保管和供应工作；负责机关及广安门职工食堂的管理及食品的采购供应工作。

3. 负责机关及广安门办公楼交通运输、机动车辆管理、使用及安全工作；负责机关及广安门职工的医疗、保健、计划生育工作；负责机关及广安门办公楼门前三包、绿化、美化工作。

4. 负责机关及广安门办公楼的基本建设、房地产、房改及相关物业管理工作。

5. 负责广安门办公楼的消防、安全保卫工作。

6. 承办国家局、总公司交办的其他事项。

【负责人】

主　任（局长）：綦振平

副主任（副局长）：李卫东

副巡视员：王　伟（2019 年 12 月—）②

【内设机构】 设办公室、综合服务处、财务处、生活福利处、基建房产处、广安门管理处等 6 个内设处室。

烟草经济信息中心

【主要职责】③ 烟草经济信息中心是国家局直属的事业单位，承担一定的行业管理职能，履行烟草行业网络安全和信息化领导小组办公室职能，加挂烟草行业网络安全和信息化领导小组办公室牌子。

1. 承担烟草行业网络安全和信息化领导小组日常工作，指导协调和监督管理行业网络安全和信息化工作。

2. 拟订并组织实施行业网络安全和信息化规划、管理制度、办法；负责网络安全和信息化技术应用和技术规范的顶层设计。

3. 拟订并组织实施行业网络安全和信息化规范、标准；审核行业直属单位网络安全和信息化规划、实施方案；负责网络安全和信息化行业推广项目的综合协调、技术审核、安全监管等工作。承担行业网络安全和信息化基础设施、基础应用平台、数据中心等技术支撑体系和服务体系的建设与运行管理工作。

4. 负责行业统计工作；负责行业信息资源共享和管理工作。

5. 负责行业网络通信系统、网络安全保障体系的建设管理和监督检查工作。

6. 负责行业信息系统运行维护管理工作；负责总公司上海容灾中心业务管理工作。

7. 负责国家局内、外网站的建设和管理；指导和协调行业直属单位网站的建设和管理。

8. 承担国家局机关网络安全和信息化项目建设、管理与运行维护工作，承办国家局机关网络安全和信息化软硬件设备购置与管理等工作。

9. 承办国家局、总公司交办的其他事项。

【负责人】

主　任：陈　彤

副主任：高一军、潘　红

---

① 2019 年 11 月，国家局党组印发《关于王建法同志任职的通知》（国烟党〔2019〕262 号），王建法同志任离退休干部办公室巡视员。

② 2019 年 12 月，国家局党组印发《关于王伟同志任职的通知》（国烟党〔2019〕288 号），王伟同志任机关服务中心（局）副巡视员。

③ 2019 年 5 月，国家局印发《关于调整烟草经济信息中心主要职责内设机构和人员编制的通知》（国烟人〔2019〕119 号），对烟草经济信息中心主要职责、内设机构和人员编制进行了调整。

总工程师：江 涛

副巡视员：张雪峰

【内设机构】 设综合处、信息统计分析处、系统运行处、网络通信安全处、运行维护管理处、网站管理处等6个内设处室。

中国烟草学会及其办事机构

【主要职责】 中国烟草学会是依法登记的全国非营利性、学术性社会团体，具有独立法人地位。

中国烟草学会办事机构在国家局、总公司领导下开展工作，接受民政部、中国科协的监督管理和业务指导，执行中国烟草学会理事会决议，处理日常事务。

1. 根据行业发展需要，组织行业科技工作者开展学术交流、科学普及和科技咨询活动，编印学术刊物。

2. 承担中国烟草学会的日常工作；负责协调上海中国烟草博物馆的业务工作。

3. 承办国家局、总公司交办的其他事项。

【负责人】

中国烟草学会副理事长：王建雪、张 虹、杨先杰、谢剑平、刘建福、杨 俊、王元英

中国烟草学会办事机构：

主要负责人：王献生

秘书长：王建雪（兼）

副秘书长：韩希昌（—2019年2月，退休）

副巡视员：哈君利

【中国烟草学会办事机构内设机构】 设办公室、学术部、编辑部等3个专业部门。

中国烟叶公司（水源工程建设办公室①）

【主要职责】 中国烟叶公司是国家局、总公司直属的专业性公司，承担一定的行业宏观管理职能。

1. 组织、指导、协调、管理全国烟叶工作。

2. 研究提出并组织实施现代烟草农业的政策和发展规划；参与拟订烟叶种植、收购、储备、调拨和进口计划；参与拟订烟叶收购、调拨价格及打叶复烤加工费用标准。

3. 指导全国烟叶生产、收购和复烤加工工作；参与拟订烟叶国家标准、生产技术标准和打叶复烤技术标准；核准烟叶收购基准样品，组织烟草新品种审定工作；组织全国烟叶购销交易。

4. 研究提出行业水源工程、基础设施建设总体规划、年度计划；监督和指导补贴资金和援建资金的使用与管理；指导烟叶基层建设和打叶复烤企业管理；参与拟订打叶复烤企业技术改造规划；参与组织烟叶信息化工作。

5. 参与进口烟叶工作，负责进口烟叶国内流通管理，负责烟叶中外技术交流与合作工作。

6. 承办国家局、总公司交办的其他事项。

【负责人】

总经理兼水源工程建设办公室主任：陈江华

副总经理：刘建利、王现军

总会计师：赵永红

水源工程建设办公室副主任：赵素芬、周义和（2019年2月—）②（部门副职）

副巡视员：卞 卡、刘 昉

【内设机构】 设办公室、综合计划部、生产管理部（技术推广部）、收购管理部、复烤企业管理部、财务部、经营部、水源工程建设办公室综合组、水源工程建设办公室基础组、水源工程建设办公室水源组等10个内设部门。

中国卷烟销售公司

【主要职责】 中国卷烟销售公司是国家局、总公司直属的专业性公司，承担一定的行业宏观管理职能。

1. 组织、指导、协调、管理全国卷烟销售工作，研究提出全国卷烟销售工作的政策和相关制度。

2. 指导全国卷烟销售网络建设和商业企业卷烟现代流通建设工作；拟订卷烟销售网络运行规范，参与拟订卷烟销售网络管理标准。

---

① 根据《国家烟草专卖局关于成立水源工程建设办公室的通知》（国烟人〔2012〕418号），成立水源工程建设办公室，按照非常设机构实行管理。根据《国家烟草专卖局关于中国烟叶公司增设水源工程建设办公室的通知》（国烟人〔2012〕316号），在中国烟叶公司内部增设水源工程建设办公室。

② 2019年3月，国家局党组印发《关于周义和同志职务任免的通知》（国烟党〔2019〕74号），周义和同志任水源工程建设办公室副主任（部门副职），试用期一年，任职时间自2019年2月28日党组决定之日起计算。

3. 组织实施全国卷烟市场需求预测工作，参与拟订卷烟销售计划；参与组织卷烟产销衔接和品牌定向整合工作，参与拟订卷烟品牌发展规划。

4. 组织、指导全国卷烟市场调查工作，采集、分析、发布卷烟市场信息；参与组织卷烟销售信息化工作，负责卷烟销售信息网络的管理与维护。

5. 组织、指导全国卷烟交易工作，拟订卷烟营销规则，监督、检查卷烟促销工作；参与拟订进口卷烟销售计划，拟订进口卷烟的国内销售管理办法；组织、协调中外合作国内生产卷烟品牌的市场销售工作；依法对公司的全资企业、参股企业行使出资人权利，经营和管理国有资产，承担保值增值的责任。

6. 承办国家局、总公司交办的其他事项。

【负责人】

总经理：李春滨

副总经理：连　飞、阮泽锋、崔　萍

副巡视员：李　健、李念庆

【内设机构】　设办公室、财务部、网建部、信息部、市场管理部、交易管理部等6个内设部门。

中国烟草投资管理公司

【主要职责】　中国烟草投资管理公司是国家局、总公司直属的专业性公司，承担一定的行业宏观管理职能。

1. 负责行业多元化投资经营工作的归口管理；参与编制行业多元化投资规划，参与审核多元化投资项目；参与审核多元化经营企业国有产权转让、国有资产无偿划转等事项。

2. 拟订行业多元化经营管理规定和企业退出机制，指导建立现代企业制度，完善公司治理结构；建立和完善行业多元化经营企业国有资本保值增值指标体系和目标考核制度。

3. 根据总公司的授权，对总公司直接投资及本公司投资的多元化企业行使出资人权利，履行出资人职责。

4. 负责行业战略性投资项目的规划、论证及组织实施工作。

5. 负责国产醋纤丝束经营，依法经营其他烟用材料；参与拟订醋纤丝束分配计划与价格。

6. 承办国家局、总公司交办的其他事项。

【负责人】

总经理：郝和国

副总经理：张建华、孙志强

总会计师：刘秋明

副巡视员：刘中华

【内设机构】　设办公室、企业管理部、行业指导管理部、事业发展部、财务管理部、经营部等6个内设部门。

中国烟草机械集团有限责任公司

【主要职责】　中国烟草机械集团有限责任公司是国家局、总公司直属的专业性公司，承担一定的行业宏观管理职能。

1. 参与拟订并组织实施烟草机械工业的发展规划、年度计划；参与拟订行业技术装备政策及烟草机械生产企业的生产布局、企业定点方案；拟订并组织实施行业设备管理制度，组织、协调行业生产设备的日常管理工作；负责推广新设备、新技术，发布淘汰设备目录。

2. 参与拟订国产烟草机械设备分配计划和价格政策；组织、协调全国烟草机械的购销管理工作；拟订并组织实施烟草机械产品生产经营业务的管理制度。

3. 负责行业设备大修理（翻修）的定点及布局工作，指导定点企业的生产经营和技术管理，拟订并组织实施设备大修理的年度计划；负责行业烟草机械零配件管理工作。

4. 负责烟草机械产品的技术管理工作；负责国内外烟草机械的技术交流、技术合作、对外技术谈判、技术培训和技术咨询服务工作；负责烟草机械引进技术的消化吸收和国产化工作；参与组织烟草机械新产品技术鉴定工作；拟订烟草机械产品的质量标准；参与拟订烟草机械设备进出口年度计划；参与组织烟草机械出口工作，负责组织货源和售后服务，参与组织国际市场开发工作。

5. 依法对控股企业行使出资人权利，经营和管理国有资产，承担保值增值的责任；按照国家局的授权，管理本公司及控股企业的人事、劳动工资及纪检监察工作。

6. 承办国家局、总公司交办的其他事项。

【负责人】①

党组书记、总经理：王建法（—2019 年 11 月）

党组成员、副总经理：沈云龙、曲　伟、龙　旭（2019 年 2 月—）、张维群（2019 年 2 月—）

党组成员、纪检组组长：吴　伟

副巡视员：凌卫民（—2019 年 6 月，退休）、范思齐（—2019 年 10 月，退休）

【内设机构】　设办公室、综合计划部、党建和人力资源部、生产管理部、市场部（营销中心）、财务资产部、技术合作部、设备管理部、审计部、监察室、智能化工作办公室等 11 个内设部门。

【所属企业】　控股上海烟草机械有限责任公司、常德烟草机械有限责任公司、许昌烟草机械有限责任公司、秦皇岛烟草机械有限责任公司、中烟机械技术中心有限责任公司、北京达特集成技术有限责任公司、中烟烟机零配件采购服务中心有限责任公司、中烟物流技术有限责任公司等 8 家企业，参股云南烟草机械有限责任公司。

中国烟草国际有限公司

【主要职责】　中国烟草国际有限公司是国家局、总公司直属的专业性公司，承担一定的行业宏观管理职能。

1. 按照集中统一对外原则，组织、指导、协调、管理中国烟草的国际业务；研究提出行业国际业务工作总体规划，拟订并组织实施开拓国际市场战略规划。

2. 统一经营和管理烟草类国营贸易业务，拟订相关规章制度，规范经营秩序；参与拟订烟草进出口产品的年度计划并负责组织实施；参与拟订烟草进出口产品价格；组织实施进口烟叶境外实体化运作。

3. 拟订行业境外企业的发展规划、生产布局；指导、协调、管理行业境外企业及境外卷烟销售网络的生产经营工作；参与拟订开拓国际市场的奖励政策，研究提出相关奖励方案。

4. 统一管理烟草行业境外投资及经贸合作；审查、评估行业境外投资项目和境外企业的设立、分立、合并与撤销，报国家局审批；协调解决对外贸易中的法律纠纷。

5. 依法对公司的全资企业、控股企业、参股企业行使出资人权利，经营和管理国有资产，承担保值增值的责任；根据国家局的授权，管理公司及境外投资控股企业和驻外机构的人事、劳动工资工作。

6. 承办国家局、总公司交办的其他事项。

【负责人】

董事会②

董事长：徐　瑛

董　事：邵　岩、王玉麟、万里明（—2019 年 4 月）、张天峰、陈江华、谭小燕、张宏实（—2019 年 4 月）、熊　斌、凌　毅、张全在（2019 年 4 月—）、徐维华（2019 年 4 月—）、张孝堂（2019 年 4 月—）

监　事：张书东（—2019 年 4 月）、甘　宁、曹松林、陈俊奎（2019 年 4 月—）

经理层

党组书记、总经理：邵　岩

党组成员、副总经理：谭小燕

党组成员、中烟香港公司总经理：张宏实

党组成员、副总经理：熊　斌

党组成员、纪检组组长：甘　宁（—2019 年 3 月）③、袁　健（2019 年 3 月—）④

党组成员、副总经理：凌　毅

【内设机构】　设公共事务部、企划投资部、国营贸易部、烟叶运营部、市场拓展部、财务管理部、法律事务部、党建和人力资源部、审计部、监察室等 10 个内设部门。

---

① 此处仅列中国烟草机械集团有限责任公司本部的领导成员。2019 年 3 月，国家局党组印发《关于龙旭等三名同志职务任免的通知》（国烟党〔2019〕71 号），龙旭同志任中共中国烟草机械集团有限责任公司党组成员、中国烟草机械集团有限责任公司副总经理，试用期一年，任职时间自 2019 年 2 月 28 日党组决定之日起计算。张维群同志任中共中国烟草机械集团有限责任公司党组成员、中国烟草机械集团有限责任公司副总经理，试用期一年，任职时间自 2019 年 2 月 28 日党组决定之日起计算。

2019 年 11 月，国家局党组印发《关于王建法同志免职的通知》（国烟党〔2019〕261 号），免去王建法同志中共中国烟草机械集团有限责任公司党组书记、中国烟草机械集团有限责任公司总经理职务。

② 2019 年 4 月，国家局印发《关于中国烟草国际有限公司董事和监事人选调整的通知》（国烟人〔2019〕91 号），委派张全在、徐维华、张孝堂同志为中国烟草国际有限公司董事；委派陈俊奎同志为中国烟草国际有限公司监事；万里明、张宏实同志不再担任中国烟草国际有限公司董事；张书东同志不再担任中国烟草国际有限公司监事。

③ 2019 年 3 月，国家局党组印发《关于甘宁同志免职的通知》（国烟党〔2019〕63 号），免去甘宁同志中国烟草国际有限公司党组成员、党组纪检组组长职务，另有任用。

④ 2019 年 3 月，国家局党组印发《关于袁健同志任职的通知》（国烟党〔2019〕104 号），袁健同志任中共中国烟草国际有限公司党组成员、党组纪检组组长，试用期一年，任职时间自 2019 年 3 月 15 日党组决定之日起计算。

【驻外机构】 公司在境内外直接或间接投资设立的全资、参股公司15家（含中烟国际所属公司的子公司），分别是：深圳烟草进出口有限公司、天利国际经贸有限公司（所在地：中国香港）、中烟国际集团有限公司（所在地：中国香港）、Tulley 国际有限公司（所在地：中国香港）、中烟国际（香港）有限公司（所在地：中国香港）、天泽烟草有限责任公司（所在地：津巴布韦哈拉雷）、迪拜瑞世达贸易有限责任公司（所在地：阿联酋迪拜）、中烟国际巴西有限公司（所在地：巴西南大河州）、中巴烟草出口股份有限公司（所在地：巴西南大河州）、中烟菲莫国际有限公司（所在地：瑞士洛桑）、中烟国际阿根廷有限责任公司（所在地：阿根廷萨尔塔省）、中烟国际（北美）股份有限公司（所在地：美国北卡罗来纳州）、中烟英美烟草国际有限公司（所在地：中国香港）、地平线国际合资有限公司（所在地：中国香港）、中烟国际中东公司（所在地：阿联酋杰贝阿里自贸区）。

中烟商务物流有限责任公司

【主要职责】 中烟商务物流有限责任公司是国家局、总公司直属的专业性公司，承担一定的行业宏观管理职能。

1. 拟订行业电子商务发展规划，负责烟草电子商务平台建设工作。

2. 制定行业现代物流建设规划，审核各省级工商企业现代物流建设规划并指导实施；物流投资建设项目政策咨询；组织、指导、协调、考评行业物流管理运行工作；拟定行业物流标准；行业物流技术研究、相关信息系统开发和组织实施工作。

3. 负责烟草电子商务平台、行业卷烟生产经营决策管理系统和物流信息系统的运行维护、安全管理和技术支持工作；负责有关数据汇总、分析，提供信息服务。

4. 承办国家局、总公司交办的其他事项。

【负责人】

总经理：张　文

巡视员：董传国、范建治

副总经理：陈道富（2019 年 2 月—）①

总工程师：王金亮

副巡视员：李卫国

【内设机构】 设办公室、综合管理部、交易部、物流规划建设部、物流管理运行部、技术部（物流信息化部）、财务部等 7 个内设部门。

【所属企业】 控股北京中烟信息技术有限公司、共同持股中烟新商盟商务物流控股有限公司、参股中烟物流技术有限责任公司。

中国烟草实业发展中心②

【主要职责】 中国烟草实业发展中心是国家局、总公司直属的专业性公司。

1. 指导、协调、管理所属企业的生产经营活动；指导所属企业安全生产工作。

2. 组织实施所属企业组织结构调整，指导企业改革。

3. 依法对所属企业的国有资产行使出资人权利，承担国有资本保值增值责任，管理监督所属企业财务资金，组织实施内部审计工作。

4. 管理所属企业人事、劳动工资工作，指导所属企业精神文明建设，负责所属企业纪检监察工作。

5. 承办国家局、总公司交办的其他事项。

【负责人】

党组书记、总经理：赵　琦

党组成员、副总经理：李东梅（副厅级）、刘　龙、孔庆峰

党组成员、纪检组组长：由　明

总会计师：严奉炎

副巡视员：陈玉秋

【内设机构】 设办公室（外事办公室）、党建和人力资源部、生产部、安全监督管理部、企业管理部、财务部、审计部（监事室）、法律与改革部、市场营销部、物资供应部、纪检监察部（巡察工作办公室）等 11 个内设部门。

【所属企业】 下设黑龙江烟草工业有限责任公司、红塔

① 2019 年 3 月，国家局党组印发《关于陈道富同志职务任免的通知》（国烟党〔2019〕75 号），陈道富同志任中烟商务物流有限责任公司副总经理，试用期一年，任职时间自 2019 年 2 月 28 日党组决定之日起计算。

② 中国烟草实业发展中心（简称中烟实业）成立于 1999 年 1 月。2004 年 11 月，根据国烟法〔2004〕734 号文件，国家局将原由省级局（公司）管理的兰州卷烟厂等 4 家卷烟生产企业调整为中烟实业管理，将原由省级公司持有的红塔辽宁烟草有限责任公司等 4 家卷烟工业企业的股权调整为中烟实业持有，调整后，中烟实业下设 8 家卷烟生产企业。

辽宁烟草有限责任公司、吉林烟草工业有限责任公司、甘肃烟草工业有限责任公司、内蒙古昆明卷烟有限责任公司、深圳烟草工业有限责任公司、山西昆明烟草有限责任公司、海南红塔卷烟有限责任公司等 8 家卷烟工业企业，以及吉林烟草进出口有限责任公司。

中国双维投资有限公司①

【主要职责】 中国双维投资有限公司是中国烟草总公司直属的全资子公司，负责组织实施中国烟草总公司确定的重大战略性投资项目，承担投资项目的经营管理职能。

1. 组织实施总公司非主业重大战略投资项目。

2. 参与总公司在金融领域战略投资。

3. 负责国家局、总公司交办的非主业战略投资项目研究论证及投后管理工作。

4. 参与总公司确定的行业多元化投资项目优质资产整合工作。

5. 承担控股企业和投资项目经营管理工作，落实安全生产及风险管控责任，确保国有资本保值增值。

6. 承办国家局、总公司交办的其他事项。

【负责人】

董事会②

董事长：徐 瑾

董 事：郝和国（—2019 年 12 月）、王志江（—2019 年 12 月）、万里明、张天峰、翟 旭、王玉麟、张全在（2019 年 12 月—）、张孝堂（2019 年 12 月—）

经理层

党组副书记、副总经理：万里明（主持全面工作）

党组成员、纪检组组长：成协科

党组成员、副总经理：肖淑英、翟 旭、徐晓新

副巡视员：王守仁（2019 年 4 月—）③

【内设机构】 设办公室、党建和人力资源部、法律部、投资管理部、企业管理部、财务管理部、监察审计部等 7 个内设部门。

【分支机构】 设中国双维投资有限公司银川分公司 1 个分支机构。

《中国烟草》杂志社有限公司

【主要职责】 《中国烟草》杂志社有限公司是中国烟草总公司的全资子公司，具有独立的企业法人资格。

1. 编辑、出版、发行国家局的机关刊物《中国烟草》杂志（半月刊）。

2. 建设、维护、管理中国烟草资讯网。

3. 在国家局办公室指导下负责《中国烟草年鉴》编纂、发行工作。

4. 编辑出版发行《新烟草》杂志（旬刊）。

5. 承办《烟草企业文化》杂志（月刊）编辑工作。

6. 管理和经营中烟广告公司。

7. 开展图书音像出版等相关业务。

8. 负责国有资本保值增值。

【负责人】

董事会④

董事长：关宏梅

董 事：关宏梅、赵百东、任 静、俞进祥、徐 丹（—2019 年 9 月）、张 政（2019 年 9 月—）

监 事：张书东（—2019 年 9 月）、陈俊奎（2019 年 9 月—）

经理层

总经理：关宏梅

总编辑：赵百东

副总经理：任 静

副巡视员：刘 军

【内设机构】 设总编室、编辑一部、编辑二部、记者部、美术摄影编辑部、网络部、《中国烟草年鉴》编辑部、《新烟草》编辑部（黑龙江新烟草杂志社）、《烟草企业文化》编辑部、综合办公室、广告部（中烟广告公司）、财务

---

① 2019 年 3 月，国家局印发《关于调整中国双维投资有限公司主要职责内设机构和人员编制的通知》（国烟人〔2019〕86 号），对中国双维投资有限公司主要职责、内设机构和人员编制进行了调整。在内设机构中增设党建和人力资源部，原监察室更名为监察审计部。

② 2019 年 12 月，国家局印发《关于中国双维投资有限公司董事人选调整的通知》（国烟人〔2019〕193 号），委派张全在、张孝堂同志为中国双维投资有限公司董事；郝和国、王志江同志不再担任中国双维投资有限公司董事。

③ 2019 年 5 月，国家局党组印发《关于王守仁同志职务任免的通知》（国烟党〔2019〕133 号），王守仁同志任中国双维投资有限公司副巡视员，任职时间自 2019 年 4 月 28 日党组决定之日起计算。

④ 2019 年 9 月，国家局印发《关于〈中国烟草〉杂志社有限公司董事、监事人选调整的通知》（国烟人〔2019〕158 号），委派张政同志为《中国烟草》杂志社有限公司董事；委派陈俊奎同志为《中国烟草》杂志社有限公司监事；徐丹同志不再担任《中国烟草》杂志社有限公司董事；张书东同志不再担任《中国烟草》杂志社有限公司监事。

部、发行部、市场部、考评部等 15 个内设部门。

◇编辑：周　佳

省级烟草专卖局（公司）

北京市烟草专卖局（公司）

【概　况】 北京市烟草专卖局、北京市烟草公司成立于 1986 年 1 月。1985 年 12 月 31 日，北京市经济委员会与中国烟草总公司共同签署《关于北京市烟草公司上划交接协议书》；同日，北京市政府办公厅下发京政办发〔1985〕148 号文件，决定北京市烟草专卖局、北京市烟草公司从 1986 年 1 月 1 日正式成立，北京市烟草公司上划中国烟草总公司，更名为中国烟草总公司北京市公司。2019 年，北京市局（公司）下辖东城、西城、朝阳、海淀、丰台、石景山、通州、顺义、延庆、怀柔、大兴、昌平、密云、门头沟、房山、平谷等 16 个区烟草专卖局（公司），北京市烟草专卖局铁路分局、北京市烟草专卖局公路分局、北京烟草营销中心、北京烟草物流中心，以及北京京烟卷烟零售连锁有限公司、金健恒通商贸有限公司和北京通大家园物业管理有限公司等 3 个全资子公司，北京黎马敦太平洋包装有限公司 1 个合资公司。市局（公司）机关设 11 个职能处室，7 个专业部门。截至 2019 年底，总资产 142.90 亿元，其中固定资产 13.91 亿元、流动资产 124.84 亿元，资产负债率 7.35%。从业人员 3140 人。

【领导成员】

党组书记、局长、总经理：秦前浩

巡视员：赵文智（2019 年 12 月—，之前任党组成员、副局长）①

党组成员、纪检组组长：周　宾

党组成员、副总经理：殷　刚

党组成员、副总经理：江　涛

总工程师：刘永波

副巡视员：刘进民

副巡视员：杨　捷（—2019 年 12 月，退休）

天津市烟草专卖局（公司）

【概　况】 天津市烟草专卖局、天津市烟草公司组建于 1985 年 10 月。1985 年 10 月 29 日，天津市政府与中国烟草总公司共同签署《关于天津市烟草行业上划交接协议书》，决定自协议书签订之日起上划中国烟草总公司，更名为中国烟草总公司天津市公司。2019 年，天津市局（公司）下辖天津市区第一、第二、第三烟草专卖局（分公司），东丽区、津南区、西青区、北辰区等 4 个区烟草专卖局（分公司），滨海新区烟草专卖局塘沽、汉沽、大港等 3 个烟草专卖分局（分公司），武清区、宝坻区、宁河区、静海区、蓟州区等 5 个区烟草专卖局（有限公司），以及天津市滨海新区烟草专卖局、天津烟草卷烟营销中心、天津烟草物流中心、天津市烟草专卖局公路分局 、天津市恒大实业公司、天津市津烟卷烟自营总店。市局（公司）机关设 11 个职能处室、6 个专业部门。截至 2019 年底，总资产 84.92 亿元，其中固定资产 4.64 亿元、流动资产 78.37 亿元，资产负债率 10.04%。从业人员 2043 人，其中劳务派遣人员 120 人。

【领导成员】

党组书记、局长、总经理：孙晓莹

巡视员：李加春（2019 年 9 月—，之前任党组成员、副总经理）②

党组成员、纪检组组长：宁书成

党组成员、副局长：徐小波

党组成员：周金超

总经济师：刘　群

副巡视员：赵洪义

副巡视员：张宏建（—2019 年 6 月，退休）

河北省烟草专卖局（公司）

【概　况】 河北省烟草专卖局成立于 1984 年 3 月，河北省烟草公司成立于 1982 年 11 月。1985 年 1 月，河北省政府与中国烟草总公司签署协议，决定河北省烟草公司自签字之日起上划中国烟草总公司，更名为中国烟草总公司河

---

① 2020 年 1 月，国家局党组印发《关于赵文智同志职务任免的通知》（国烟党〔2020〕6 号），赵文智同志任北京市烟草专卖局（公司）巡视员，免去其中共北京市烟草专卖局（公司）党组成员、北京市烟草专卖局副局长职务，任职时间自 2019 年 12 月 13 日党组决定之日起计算。

② 2019 年 9 月，国家局党组印发《关于李加春同志职务任免的通知》（国烟党〔2019〕217 号），李加春同志任天津市烟草专卖局（公司）巡视员，免去其中共天津市烟草专卖局（公司）党组成员、中国烟草总公司天津市公司副总经理职务，任职时间自 2019 年 9 月 3 日党组决定之日起计算。

北省公司。2003年6月，河北烟草实行工商分设。2019年，河北省局（公司）下辖石家庄、邯郸、保定、张家口、承德、唐山、廊坊、沧州、衡水、邢台、秦皇岛、河北雄安①等12个地市级烟草专卖局（公司）；155个县级烟草专卖局，155个县级卷烟营销机构（125个县级卷烟营销部、30个分公司）②，以及中维地产河北有限公司、河北平山温泉烟草培训中心、河北中维物业服务有限公司等3个多元化经营企业，22个派驻机构（分别为省公司派驻市公司的审计办公室和省局派驻市局的内部专卖管理监督办公室）。省局（公司）机关设14个职能处室、8个专业部门（含1个议事协调机构）。截至2019年底，总资产236.8亿元，其中固定资产11.19亿元、流动资产220.2亿元，资产负债率15.08%。从业人员9466人，其中劳务派遣人员691人。

【领导成员】

党组成员、副总经理：俞关勇（—2019年4月）（部门副职）

党组成员、副局长：戴　勇

党组成员、副总经理：王志涛

党组成员、副总经理：王　辉

党组成员、纪检组组长：支树华

副巡视员：贾立业

山西省烟草专卖局（公司）

【概　况】　山西省烟草专卖局成立于1983年7月，山西省烟草公司成立于1982年4月。1984年6月，山西省烟草公司上划中国烟草总公司，改制更名为中国烟草总公司山西省公司。2019年，山西省局（公司）下辖太原、大同、阳泉、长治、晋城、朔州、忻州、吕梁、晋中、临汾、运城等11个市级烟草专卖局（公司），116个县级烟草专卖局（营销部）③。省局（公司）机关设14个职能处室、8个专业部门。截至2019年底，总资产195.32亿元，其中固定资产19.01亿元、流动资产165.13亿元，资产负债率13.74%。从业人员7055人。

【领导成员】④

党组书记、局长、总经理：王文忠

党组成员、副总经理：周武庆

党组成员、副局长：杨新民（2019年2月—）

党组成员、纪检组组长：李捍红（2019年11月—）

副巡视员：赵新秋（2019年2月—）

内蒙古自治区烟草专卖局（公司）

【概　况】　内蒙古自治区烟草专卖局、内蒙古自治区烟草公司成立于1984年1月1日。1984年9月，内蒙古自治区烟草公司上划中国烟草总公司，更名为中国烟草总公司内蒙古自治区公司。2019年，内蒙古自治区局（公司）下辖呼和浩特、满洲里、呼伦贝尔、兴安、通辽、赤峰、锡林郭勒、二连浩特、乌兰察布、包头、鄂尔多斯、巴彦淖尔、乌海、阿拉善等14个地市级烟草专卖局（公司），98个县级烟草专卖局（营销部），5个直属分局，5个县级烟草专卖局（分公司），1个烟叶分公司以及内蒙古金叶投资有限责任公司⑤1个全资子公司。自治区局（公司）机关设14个职能处室、9个专业部门，以及内蒙古自治区烟草专卖局铁路分局。截至2019年底，总资产129.08亿元，其中固定资产10.29亿元、流动资产113.65亿元，资产负债率16.13%。从业人员5420人。

---

① 2019年7月，国家局、总公司印发《关于设立河北雄安烟草专卖局（公司）的批复》（国烟人〔2019〕135号），同意设立河北雄安烟草专卖局（公司），下辖安新县、容城县、雄县烟草专卖局（营销部）。

② 2019年11月，国家局印发《关于河北省张家口市所属宣化和崇礼两区烟草管理体制上划的批复》（国烟法〔2019〕175号），成立张家口市宣化区烟草专卖局（分公司）、崇礼区烟草专卖局（分公司）。

③ 2019年1月，国家局、总公司印发《关于调整长治市烟草专卖局（公司）所属部分机构的批复》（国烟人〔2019〕29号），撤销山西省长治市城区烟草专卖局（营销部）、郊区烟草专卖局（营销部），合并设立长治市潞州区烟草专卖局（营销部）；撤销山西省长治县烟草专卖局（营销部），设立长治市上党区烟草专卖局（营销部）；撤销山西省屯留县烟草专卖局（营销部），设立长治市屯留区烟草专卖局（营销部）；撤销山西省潞城市烟草专卖局（营销部），设立长治市潞城区烟草专卖局（营销部）。

2019年，太原市局（公司）恢复小店区、迎泽区、杏花岭区、尖草坪区、万柏林区、晋源区烟草专卖局（营销部）等6个城区烟草专卖局（营销部）的机构设置。

④ 2019年3月，国家局党组印发《关于杨新民和赵新秋同志任职的通知》（国烟党〔2019〕77号），杨新民同志任中共山西省烟草专卖局（公司）党组成员、山西省烟草专卖局副局长，试用期一年；赵新秋同志任山西省烟草专卖局（公司）副巡视员。杨新民、赵新秋同志的任职时间自2019年2月28日党组决定之日起计算。

2019年12月，国家局党组印发《关于李捍红同志任职的通知》（国烟党〔2019〕282号），李捍红同志任中共山西省烟草专卖局（公司）党组成员、党组纪检组组长，试用期一年，任职时间自2019年11月25日党组决定之日起计算。

⑤ 2019年9月，国家局、总公司印发《关于内蒙古自治区烟草商业系统多元化投资管理体制改革的批复》（国烟法〔2019〕162号），将内蒙古金叶投资有限责任公司调整为中国烟草总公司内蒙古自治区公司的全资子公司，负责内蒙古自治区烟草商业系统多元化企业及股权的经营管理。

【领导成员】①

党组书记、局长、总经理：杨　树（2019年2月—，之前任党组副书记、总经理，主持全面工作）

党组成员、纪检组组长：董建华

党组成员、副总经理：刘　永

党组成员、副总经理：牛其广（2019年2月—）

党组成员：王旭东（2019年2月—）［区局（公司）副职］

党组成员、副局长：董德富（2019年8月—）

辽宁省烟草专卖局（公司）

【概　况】　辽宁省烟草专卖局成立于1983年7月，辽宁省烟草公司成立于1983年5月。1984年9月2日，辽宁省政府与中国烟草总公司签署协议，决定辽宁省烟草公司自签字之日起上划中国烟草总公司，更名为中国烟草总公司辽宁省公司。2006年，完成母子公司体制改革。2019年，辽宁省局（公司）下辖沈阳、鞍山、抚顺、本溪、丹东、锦州、营口、阜新、辽阳、铁岭、朝阳、盘锦、葫芦岛等13个地市级烟草专卖局（公司），51个县级烟草专卖局（营销部），15个审计派驻办公室，13个内部专卖管理监督派驻办公室，以及中国烟草辽宁进出口公司、丹东辽东烟草发展有限责任公司。省局（公司）机关设14个职能处室、8个专业部门。截至2019年底，总资产154.93亿元，其中固定资产9.93亿元、流动资产131.64亿元，资产负债率7.96%。从业人员6626人。

【领导成员】

党组书记、局长、总经理：卓俭华

党组成员、副总经理：蒋全波

党组成员、副局长：刘　涛

党组成员、纪检组组长：张宝月

党组成员、副总经理：王韶波

党组成员、副总经理：吴云勇

副巡视员：朱炳文

吉林省烟草专卖局（公司）

【概　况】　吉林省烟草专卖局、吉林省烟草公司成立于1983年7月。1984年9月，吉林省政府与中国烟草总公司签署协议，决定吉林省烟草公司自签字之日起上划中国烟草总公司，更名为中国烟草总公司吉林省公司。2019年，吉林省局（公司）下辖长春、吉林、四平、辽源、通化、白城、白山、松原、延边等9个地市级烟草专卖局（公司）。省局（公司）机关设14个职能处室、8个专业部门，以及金叶烟草有限责任公司、顺达房地产开发有限公司、金叶嘉园物业服务有限责任公司3个直属公司。截至2019年底，总资产89.74亿元，其中固定资产17.98亿元、流动资产68.81亿元，资产负债率11.44%。从业人员5124人。

【领导成员】

党组书记、局长、总经理：杨　俊

党组成员、副局长：聂树忠

党组成员、副总经理：牛　千

党组成员、副总经理：吴家伟

党组成员、纪检组组长：王晓宇（2019年2月—）（机关部门副职）②

总经济师：庞晓龙

副巡视员：何　成（2019年1月—，之前任党组成员、副总经理）③

黑龙江省烟草专卖局（公司）

【概　况】　黑龙江省烟草专卖局成立于1983年4月，黑龙江省烟草公司成立于1982年7月。1984年4月，黑龙江省政府与中国烟草总公司签署协议，决定自1984年1月1日起，黑龙江省烟草公司上划中国烟草总公司，更名为中

---

①　2019年3月，国家局党组印发《关于杨树等三名同志任职的通知》（国烟党〔2019〕94号），杨树同志任中共内蒙古自治区烟草专卖局（公司）党组书记、内蒙古自治区烟草专卖局局长；牛其广同志任中共内蒙古自治区烟草专卖局（公司）党组成员、中国烟草总公司内蒙古自治区公司副总经理，试用期一年；王旭东同志任中共内蒙古自治区烟草专卖局（公司）党组成员［区局（公司）副职］，试用期一年。杨树、牛其广、王旭东同志任职时间自2019年2月28日党组决定之日起计算。

2019年8月，国家局党组印发《关于董德富同志任职的通知》（国烟党〔2019〕196号），董德富同志任中共内蒙古自治区烟草专卖局（公司）党组成员、内蒙古自治区烟草专卖局副局长，试用期一年。

②　2019年3月，国家局党组印发《关于王晓宇和车大光同志任职的通知》（国烟党〔2019〕93号），王晓宇同志任中共吉林省烟草专卖局（公司）党组成员、党组纪检组组长（机关部门副职），试用期一年，任职时间自2019年2月28日党组决定之日起计算。

③　2019年1月，国家局党组印发《关于何成和吕子军同志职务任免的通知》（国烟党〔2019〕26号），何成同志任吉林省烟草专卖局（公司）副巡视员，免去其中共吉林省烟草专卖局（公司）党组成员、中国烟草总公司吉林省公司副总经理职务。

国烟草总公司黑龙江省公司。2019 年，黑龙江省局（公司）下辖哈尔滨、齐齐哈尔、大庆、牡丹江、佳木斯、绥化、鸡西、双鸭山、伊春、七台河、鹤岗、黑河、大兴安岭、绥芬河等 14 个地市级烟草专卖局（公司），65 个县级烟草专卖局（分公司），黑龙江省烟草公司哈尔滨烟叶公司、黑龙江省烟草公司牡丹江烟叶公司、中国烟草黑龙江进出口有限责任公司、黑龙江烟叶复烤有限公司、黑龙江烟草投资管理有限公司和牡丹江烟草科学研究所。省局（公司）机关设 15 个职能处室、8 个专业部门和黑龙江省烟草专卖局铁路分局。截至 2019 年底，总资产 140. 86 亿元，其中固定资产 12. 84 亿元、流动资产 112. 45 亿元，资产负债率 17. 28%。从业人员 8413 人。

【领导成员】

党组副书记、副局长、副总经理：罗明德（主持全面工作）

党组成员、副局长：李　健

党组成员、纪检组组长：李捍红（—2019 年 12 月）

党组成员：马保军

党组成员、副总经理：耿金波

党组成员、副总经理：孙旭东

总农艺师：武常青

副巡视员：王永权（—2019 年 1 月，退休）

上海市烟草专卖局
上海烟草集团有限责任公司

【概　况】　上海市烟草专卖局成立于 1984 年 2 月。上海烟草集团有限责任公司（简称集团公司）的前身是上海烟草（集团）公司，于 1993 年 11 月由原上海市烟草公司及所属企业改制而成；2011 年 1 月，根据《国家烟草专卖局　中国烟草总公司关于上海烟草（集团）公司更名改制和完善公司法人治理结构的批复》，正式更名为上海烟草集团有限责任公司。2019 年，上海市烟草专卖局、上海烟草集团有限责任公司下辖黄浦①、静安、虹口、徐汇、杨浦、普陀、长宁、闵行、宝山、浦东新区、松江、青浦、嘉定、奉贤、金山、崇明等区烟草专卖局（有限公司），驻上海铁路专卖局（有限公司），上海烟草贸易中心有限公司、中国烟草上海进出口有限责任公司、上海海烟投资管理有限公司、上海卷烟厂、北京卷烟厂有限公司、天津卷烟厂、上海烟草储运公司、上海高扬国际烟草有限公司、上海海烟物流发展有限公司、上海烟草集团太仓海烟烟草薄片有限公司、上海烟草集团苏州中华园大饭店有限公司、上海王宝和大酒店有限公司，并控股上海烟草包装印刷有限公司，上海白玉兰烟草材料有限公司、上海牡丹香精香料有限公司等企业。市局、集团公司机关设 23 个处室（部门）。截至 2019 年底，总资产 2093. 73 亿元，其中固定资产 97. 55 亿元、流动资产 1183. 12 亿元，资产负债率 10. 2%。从业人员 1. 23 万人。

【领导机构】

董事会

董事长：施　超

副董事长：高学林

董　事：郭　勤、张弘毅、姜立功、陆　捷（—2019 年 6 月）、唐　煦（2019 年 7 月—）②、胡勤伟（职工董事）

监　事：杨桂选

班子成员

党组书记、局长、总经理：施　超

党组副书记、纪检组组长、工会主席：杨桂选

党组成员：曲志刚

党组成员、副局长：姜立功

党组成员、副总经理、中国烟草博物馆常务副馆长：唐　煦

党组成员、副总经理：陆　捷（—2019 年 6 月）

党组成员、副总经理：赵　斌

党组成员：朱洪武

党组成员、副总经理：徐　丹（2019 年 6 月—）（机关部门副职）③

---

① 2019 年 5 月，国家局、总公司印发《关于上海烟草集团黄浦烟草糖酒有限公司吸收合并上海烟草集团卢湾烟草糖酒有限公司的批复的通知》（国烟法〔2019〕22 号），上海烟草集团黄浦烟草糖酒有限公司吸收合并上海烟草集团卢湾烟草糖酒有限公司。

② 2019 年 7 月，国家局、总公司印发《关于委派上海烟草集团有限责任公司董事的通知》（国烟人〔2019〕136 号），委派唐煦同志为上海烟草集团有限责任公司董事。

③ 2019 年 6 月，国家局党组印发《关于徐丹和陆捷同志职务任免的通知》（国烟党〔2019〕158 号），徐丹同志任中共上海市烟草专卖局（集团公司）党组成员、上海烟草集团有限责任公司副总经理（机关部门副职）；免去陆捷同志中共上海市烟草专卖局（集团公司）党组成员、上海烟草集团有限责任公司副总经理职务，不再担任上海烟草集团有限责任公司董事会董事，另有任用。

总会计师：陈宣民

上海新型烟草制品研究院副院长：陈超英

上海新型烟草制品研究院副院长：丁逸敏

江苏省烟草专卖局（公司）

【概　况】 江苏省烟草专卖局成立于1983年7月，江苏省烟草公司组建于1982年11月。1984年11月26日，江苏省政府与中国烟草总公司签订协议，决定自协议签署之日起，江苏省烟草公司上划中国烟草总公司，更名为中国烟草总公司江苏省公司。2003年7月4日，江苏烟草实行工商分设。2019年，江苏省局（公司）下辖南京、苏州、无锡、常州、镇江、南通、扬州、泰州、盐城、淮安、宿迁、徐州、连云港等13个地市级烟草专卖局（公司）、1个多元化经营企业和70个县级烟草专卖局（分公司）①。省局（公司）机关设13个职能处室、6个专业部门。截至2019年底，总资产785.94亿元，其中固定资产25.91亿元、流动资产657.06亿元，资产负债率5.01%。从业人员1.03万人。

【领导成员】②

党组书记、局长、总经理：董秀明（—2019年1月）

党组书记、局长、总经理：刘根甫（2019年1月—）

党组成员、纪检组组长：朱亚涛

党组成员、副局长：刘培峰

党组成员、副总经理：董桂林

副巡视员：潘立慧

副巡视员：余慧强（2019年1月—，之前任总会计师）

浙江省烟草专卖局（公司）

【概　况】 浙江省烟草专卖局、浙江省烟草公司成立于1984年3月。1984年12月30日，浙江省计划经济委员会与中国烟草总公司签署协议，决定浙江省烟草公司自1985年1月1日起上划中国烟草总公司，更名为中国烟草总公司浙江省公司。2003年7月，浙江烟草实行工商分设。2008年底，完成母子公司体制改革。2019年，浙江省局（公司）下辖杭州、宁波、温州、嘉兴、湖州、绍兴、金华、衢州、丽水、台州、舟山等11个地市级烟草专卖局（公司）、64个县级烟草专卖局（分公司），以及浙江烟草投资管理有限责任公司、浙江烟草进出口有限公司（烟叶生产经营管理办公室）。省局（公司）机关设13个职能处室、6个专业部门。截至2019年底，总资产803.75亿元，其中固定资产29.67亿元、流动资产666.17亿元，资产负债率11.72%。从业人员1.0万人。

【领导成员】③

党组书记、局长、总经理：邱　萍

党组成员、副局长：李定晓（—2019年12月）

巡视员：包诚善（2019年2—9月，退休，之前任党组成员、副总经理）

党组成员、副总经理：林少华

党组成员、纪检组组长：关　军

党组成员、副总经理：陈修年（2019年6月—）

总经济师：陈　燕（2019年6月—）

副巡视员：郑敏强（2019年3—8月，退休）

安徽省烟草专卖局（公司）

【概　况】 安徽省烟草专卖局成立于1984年5月，安徽省烟草公司组建于1980年10月。1983年10月，安徽省政府与中国烟草总公司签署协议，安徽省烟草公司上划中国烟草总公司，更名为中国烟草总公司安徽省公司。2003年

---

① 根据江苏省局、江苏省公司《关于苏州市烟草专卖局（公司）下辖吴中（相城）区局（分公司）组织机构分开运作及市局（公司）机关部分职能调整的批复》（苏专人〔2018〕127号），苏州市烟草专卖局（公司）下辖吴中区局（分公司）、相城区局（分公司）不再合署、组织机构分开、独立运作。2019年2月正式独立运作。

② 2019年1月，国家局党组印发《关于刘根甫和董秀明同志职务任免的通知》（国烟党〔2019〕2号），刘根甫同志任中共江苏省烟草专卖局（公司）党组书记、江苏省烟草专卖局局长、中国烟草总公司江苏省公司总经理；免去董秀明同志中共江苏省烟草专卖局（公司）党组书记、江苏省烟草专卖局局长、中国烟草总公司江苏省公司总经理职务，另有任用。

2019年1月，国家局党组印发《关于余慧强同志职务任免的通知》（国烟党〔2019〕7号），余慧强同志任江苏省烟草专卖局（公司）副巡视员，免去其江苏省烟草专卖局（公司）总会计师职务。

③ 2019年3月，国家局党组印发《关于包诚善和郑敏强同志职务任免的通知》（国烟党〔2019〕79号），包诚善同志任浙江省烟草专卖局（公司）巡视员，免去其中共浙江省烟草专卖局（公司）党组成员、中国烟草总公司浙江省公司副总经理职务，任职时间自2019年2月28日党组决定之日起计算；郑敏强同志任浙江省烟草专卖局（公司）副巡视员，免去其中共宁波市烟草专卖局（公司）党组书记、宁波市烟草专卖局局长、浙江省烟草公司宁波市公司经理职务。

2019年7月，国家局党组印发《关于陈修年等三名同志任职的通知》（国烟党〔2019〕192号），陈修年同志任中共浙江省烟草专卖局（公司）党组成员、中国烟草总公司浙江省公司副总经理，试用期一年；陈燕同志任浙江省烟草专卖局（公司）总经济师，试用期一年。陈修年、陈燕同志的任职时间自2019年6月26日党组决定之日起计算。

4月，安徽烟草率先实行工商分设。2006年，完成母子公司体制改革。2019年，安徽省局（公司）下辖合肥、淮北、亳州、宿州、蚌埠、阜阳、淮南、滁州、六安、马鞍山、芜湖、宣城、铜陵、池州、安庆、黄山等16个地市级烟草专卖局（公司）、88个县级烟草专卖局、86个县级卷烟营销部，华环国际烟草有限公司及安徽皖南烟叶有限责任公司。省局（公司）机关设16个职能部门、8个专业部门。截至2019年底，总资产379.52亿元，其中固定资产33.84亿元、流动资产316.91亿元，资产负债率20.26%。从业人员1.06万人。

【领导成员】

党组书记、局长、总经理：问　武（—2019年11月）

党组副书记、副局长、副总经理：董秀明（2019年11月—，主持全面工作）（正厅级）①

党组成员、副总经理：董建江

党组成员、副局长：张靖江（—2019年6月）

党组成员、纪检组组长：李柏林

党组成员、副总经理：王道支

党组成员、副总经理：张丙利

总农艺师：邵伏文

副巡视员：时玉玲

副巡视员：程　辉（—2019年11月，退休）

福建省烟草专卖局（公司）

【概　况】　福建省烟草专卖局、福建省烟草公司组建于1984年1月1日。1984年12月31日，福建省政府与中国烟草总公司签订协议，决定自协议签署之日起，福建省烟草公司上划中国烟草总公司，更名为中国烟草总公司福建省公司。2003年11月，福建烟草实行工商分设。2006年，完成母子公司体制改革。2019年，福建省局（公司）下辖福州、厦门、宁德、莆田、泉州、漳州、龙岩、三明、南平等9个地市级烟草专卖局（公司），76个县级烟草专卖局（分公司），福建省三明金叶复烤有限公司、福建武夷烟叶有限公司，以及福建烟草海晟投资管理有限公司和中国烟草福建进出口有限责任公司。省局（公司）机关设14个职能处室、9个专业部门。截至2019年底，总资产518亿元，其中固定资产38亿元、流动资产330亿元，资产负债率12.48%。从业人员1.34万人，实行全员聘用制。

【领导成员】②

党组书记、局长、总经理：张永军（—2019年11月）

党组书记、局长、总经理：李民灯（2019年11月—）

党组成员、副局长：黄星光（—2019年1月，退休）

党组成员、副局长：孔祥统（2019年2月—，之前任党组成员、副总经理）

党组成员、副总经理：尤清河

党组成员、纪检组组长：纪任德

党组成员、副总经理：林师训（2019年2月—）

党组成员、副总经理：周志攀（2019年2月—）

总农艺师：陈顺辉

副巡视员：黄学良（2019年2月—）

副巡视员：陈小红（2019年2月—）

江西省烟草专卖局（公司）

【概　况】　江西省烟草专卖局、江西省烟草公司组建于1984年1月。1984年12月，江西省政府与中国烟草总公司签署协议，决定江西省烟草公司自签字之日起上划中国烟草总公司，更名为中国烟草总公司江西省公司。2004年，江西烟草实行工商分设。2006年，完成母子公司体制改革。2019年，江西省局（公司）下辖南昌、九江、上饶、抚州、宜春、吉安、赣州、景德镇、萍乡、新余、鹰潭等11个地市级烟草专卖局（公司），98个县级烟草专卖局（分

---

① 2019年1月，国家局党组印发《关于董秀明同志任职的通知》（国烟党〔2019〕3号），董秀明同志任中共安徽省烟草专卖局（公司）党组副书记、安徽省烟草专卖局副局长、中国烟草总公司安徽省公司副总经理（正厅级）。

2019年11月6日，国家局党组成员、副局长杨培森在安徽省局（公司）干部会议上口头宣布，董秀明同志主持安徽省局（公司）全面工作。

② 2019年11月，国家局党组印发《关于李民灯和张永军同志职务任免的通知》（国烟党〔2019〕267号），李民灯同志任中共福建省烟草专卖局（公司）党组书记、福建省烟草专卖局局长、中国烟草总公司福建省公司总经理，试用期一年，任职时间自2019年11月8日党组决定之日起计算；免去张永军同志中共福建省烟草专卖局（公司）党组书记、福建省烟草专卖局局长、中国烟草总公司福建省公司总经理职务。

2019年4月，国家局党组印发《关于孔祥统等五名同志职务任免的通知》（国烟党〔2019〕113号），孔祥统同志任福建省烟草专卖局副局长，免去其中国烟草总公司福建省公司副总经理职务；林师训、周志攀同志任中共福建省烟草专卖局（公司）党组成员、中国烟草总公司福建省公司副总经理，试用期一年；黄学良、陈小红同志任福建省烟草专卖局（公司）副巡视员。林师训、周志攀、黄学良、陈小红同志的任职时间自2019年2月28日党组决定之日起计算。

公司)①，以及江西省烟草专卖局铁路分局、中国烟草井冈山传统教育基地、江西省锦峰投资管理责任有限公司、江西赣南烟叶复烤有限责任公司、江西省烟草培训中心、江西省烟草科学研究所等6个所属单位。省局（公司）机关设15个职能处室、6个专业部门。截至2019年底，总资产235.38亿元，其中固定资产24.91亿元、流动资产191.89亿元，资产负债率13.25%。从业人员8238人。

【领导成员】②

党组书记、局长、总经理：周恩海（—2019年5月）

党组书记、局长、总经理：王劲栋（2019年5月—）

党组成员、副总经理：徐素珍

党组成员、副局长：胡义强

党组成员、副总经理：李 民

党组成员、纪检组组长：宁 伟（2019年2月—）（机关部门副职）

山东省烟草专卖局（公司）

【概 况】 山东省烟草专卖局成立于1983年10月，山东省烟草公司组建于1982年4月。1985年12月，山东省烟草公司正式上划中国烟草总公司，更名为中国烟草总公司山东省公司。2004年2月，山东烟草实行工商分设。2019年，山东省局（公司）下辖济南、青岛、淄博、枣庄、东营、烟台、潍坊、济宁、泰安、威海、日照、莱芜、临沂、德州、聊城、滨州、菏泽等17个地市级烟草专卖局（有限公司）、137个县级烟草专卖局（分公司、营销部），以及《东方烟草报》社有限公司、中国烟草山东进出口有限责任公司、中国烟草总公司青州中等专业学校、山东烟草投资管理有限公司、山东烟叶复烤有限公司、山东烟草研究院，17个专卖内管派驻机构，17个审计派驻办。省局（公司）设22个内设机构，1个铁路分局。截至2019年底，总资产394.65亿元，其中固定资产53.45亿元、流动资产277.34亿元，资产负债率16.91%。从业人员2.0万人。

【领导成员】

党组书记、局长、总经理：吴洪田

党组成员、副总经理：王卫平

党组成员、副局长：宋新忠

党组成员、纪检组组长：许 萍

党组成员、副总经理：徐立国

党组成员、副总经理：曹红祥

河南省烟草专卖局（公司）

【概 况】 河南省烟草专卖局成立于1983年7月，河南省烟草公司组建于1982年11月。1984年8月，河南省政府和中国烟草总公司签订协议，决定河南省烟草公司及所辖工商企业全部上划中国烟草总公司，更名为中国烟草总公司河南省公司。2004年1月，河南烟草实行工商分设。2006年，取消县级烟草公司法人资格，完成母子公司体制改革。2019年，河南省局（公司）下辖郑州、开封、洛阳、平顶山、安阳、鹤壁、新乡、焦作、濮阳、许昌、漯河、三门峡、南阳、商丘、信阳、周口、驻马店、济源等18个市级烟草专卖局（公司），134个县级烟草专卖局、135个县级烟草分公司，中国烟草河南进出口有限责任公司、河南烟草投资管理有限公司、天昌国际烟草有限公司和河南省烟草职工培训中心。省局（公司）机关设15个职能处室、9个专业部门。截至2019年底，总资产380.24亿元，其中固定资产41.18亿元、流动资产285.53亿元，资产负债率16.59%。从业人员2.12万人。

【领导成员】③

党组书记、局长、总经理：武卫东（—2019年6月）

---

① 2019年11月，国家局、总公司印发《关于调整上饶市烟草专卖局（公司）所属部分机构的批复》（国烟人〔2019〕176号），撤销上饶县烟草专卖局，设立上饶市广信区烟草专卖局；将上饶市烟草公司上饶县分公司名称变更为上饶市烟草公司广信分公司；上饶市广信区烟草专卖局和上饶市烟草公司广信分公司合署办公，负责辖区内的烟草专卖管理和卷烟营销工作。

② 2019年6月，国家局党组印发《关于王劲栋和周恩海同志职务任免的通知》（国烟党〔2019〕152号），王劲栋同志任中共江西省烟草专卖局（公司）党组书记、江西省烟草专卖局局长、中国烟草总公司江西省公司总经理，试用期一年，任职时间自2019年5月28日党组决定之日起计算；免去周恩海同志中共江西省烟草专卖局（公司）党组书记、江西省烟草专卖局局长、中国烟草总公司江西省公司总经理职务，另有任用。

2019年3月，国家局党组印发《关于宁伟同志任职的通知》（国烟党〔2019〕91号），宁伟同志任中共江西省烟草专卖局（公司）党组成员、党组纪检组组长（机关部门副职），试用期一年，任职时间自2019年2月28日党组决定之日起计算。

③ 2019年6月，国家局党组印发《关于周恩海和武卫东同志职务任免的通知》（国烟党〔2019〕151号），周恩海同志任中共河南省烟草专卖局（公司）党组书记、河南省烟草专卖局局长、中国烟草总公司河南省公司总经理；免去武卫东同志中共河南省烟草专卖局（公司）党组书记、河南省烟草专卖局局长、中国烟草总公司河南省公司总经理职务。

2019年3月，国家局党组印发《关于俞关勇同志任职的通知》（国烟党〔2019〕80号），俞关勇同志任中共河南省烟草专卖局（公司）党组成员、党组纪检组组长，试用期一年，任职时间自2019年2月28日党组决定之日起计算。

党组书记、局长、总经理：周恩海（2019 年 6 月—）

党组成员、副局长：卢俊良

党组成员、副总经理：赵建州

党组成员、副总经理：王泽宗

党组成员、副总经理：殷建立

党组成员、纪检组组长：俞关勇（2019 年 2 月—）

湖北省烟草专卖局（公司）

【概　况】 湖北省烟草专卖局成立于 1984 年 3 月，湖北省烟草公司成立于 1983 年 8 月。1984 年 11 月 12 日，湖北省政府与中国烟草总公司签署协议，决定湖北省烟草公司自协议书签订之日起上划中国烟草总公司，更名为中国烟草总公司湖北省公司。2003 年 8 月，湖北烟草实行工商分设。2006 年，完成母子公司体制改革。2019 年，湖北省局（公司）下辖武汉、黄冈、襄阳、荆州、十堰、孝感、恩施、宜昌、咸宁、随州、黄石、荆门、鄂州等 13 个地市级烟草专卖局（公司），仙桃、天门、潜江等 3 个直管市烟草专卖局（公司）和神农架林区烟草专卖局（公司），89 个县级局（营销部）、14 个烟叶分公司，以及湖北烟草金叶复烤有限责任公司、湖北省烟草专卖局教育培训中心、湖北烟草投资管理有限责任公司、中国烟草湖北进出口有限责任公司、湖北省烟草科学研究院（中国烟草白肋烟试验站）。省局（公司）机关设 15 个职能处室、7 个专业部门。截至 2019 年底，总资产 333.47 亿元，其中固定资产 36.52 亿元、流动资产 256.56 亿元，资产负债率 15.56%。从业人员 1.18 万人，其中聘用员工 2395 人。

【领导成员】

党组书记、局长、总经理：顾厚武

党组成员、副局长：徐述舟

党组成员、副总经理：夏汉林

党组成员、副总经理：梁　斌

党组成员、纪检组组长：董　辉（—2019 年 12 月，退休）

党组成员、副总经理：赵建成（2019 年 9 月—）①

总会计师：周玉平

湖南省烟草专卖局（公司）

【概　况】 湖南省烟草专卖局成立于 1983 年 10 月，湖南省烟草公司成立于 1983 年 7 月。1985 年 1 月，湖南省烟草公司正式上划中国烟草总公司，更名为中国烟草总公司湖南省公司。2003 年 5 月，湖南烟草实行工商分设。2019 年，湖南省局（公司）下辖长沙、株洲、湘潭、岳阳、衡阳、郴州、常德、益阳、娄底、邵阳、张家界、怀化、湘西、永州等 14 个市（州）烟草专卖局（公司）、90 个县级局（分公司）及湖南烟叶复烤有限公司和中共湖南省烟草专卖局党校（湖南省烟草职工培训中心）②。省局（公司）机关设 16 个职能处室、7 个专业部门和中国烟草湖南进出口有限责任公司 1 个专业公司。截至 2019 年底，总资产 442.14 亿元，其中固定资产 63.99 亿元、流动资产 297.74 亿元，资产负债率 7.32%。从业人员 1.23 万人。

【领导成员】

党组书记、局长、总经理：樊剑峰

党组成员、副局长：李民灯（—2019 年 11 月）

党组成员、副总经理：徐文军

党组成员、副总经理：谢建宏

党组成员、副总经理：黄国联

党组成员、纪检组组长：代　伟

总农艺师：陆中山

副巡视员：郑则豪

副巡视员：唐珊珊（2019 年 6 月—）③

广东省烟草专卖局（公司）

【概　况】 广东省烟草专卖局、广东省烟草公司成立于 1983 年。1985 年 11 月 20 日，广东省政府和中国烟草总公司签署协议，决定广东省烟草公司自协议签订之日起上划中国烟草总公司，更名为中国烟草总公司广东省公司。2003 年 5 月，广东烟草实行工商分设。2019 年，广东省局（公司）下辖广州、珠海、汕头、佛山、韶关、河源、梅

① 2019 年 9 月，国家局党组印发《关于赵建成同志任职的通知》（国烟党〔2019〕220 号），赵建成同志任中共湖北省烟草专卖局（公司）党组成员、中国烟草总公司湖北省公司副总经理，试用期一年，任职时间自 2019 年 9 月 3 日党组决定之日起计算。

② 2019 年 9 月，湖南省局党组印发《关于成立中共湖南省烟草专卖局党校的通知》（湘烟党〔2019〕59 号），成立中共湖南省烟草专卖局党校，与湖南省烟草职工培训中心合署办公。

③ 2019 年 7 月，国家局党组印发《关于唐珊珊同志任职的通知》（国烟党〔2019〕175 号），唐珊珊同志任湖南省烟草专卖局（公司）副巡视员，任职时间自 2019 年 6 月 26 日党组决定之日起计算。

州、惠州、汕尾、东莞、中山、江门、阳江、湛江、茂名、肇庆、清远、潮州、揭阳、云浮等20个地市级烟草专卖局（公司），广东梅州烟叶复烤有限公司、广东韶关烟叶复烤有限公司，89个县级烟草专卖局（分公司）①。省局（公司）机关设16个职能处室、8个专业部门，中国烟草广东进出口有限公司、广东粤烟投资管理有限公司、广州珠江城置业有限公司等3个专业公司。截至2019年底，总资产527.96亿元，其中固定资产27.16亿元、流动资产405.22亿元，资产负债率10.87%。从业人员1.4万人。

【领导成员】②

党组书记、局长、总经理：刘依平

巡视员：周伟兵（2019年6月—，之前任党组成员、纪检组组长）

党组成员、副局长：曾　政

党组成员、副总经理：周　亮

党组成员、副总经理：刘志斌

党组成员、副总经理：陈秉恒（2019年6月—）

副巡视员：傅　斌

广西壮族自治区烟草专卖局（公司）

【概　况】　广西壮族自治区烟草专卖局成立于1984年1月，广西壮族自治区烟草公司成立于1983年5月。1984年12月1日，广西壮族自治区人民政府与中国烟草总公司签署协议，决定自1985年1月1日起，广西壮族自治区烟草公司上划中国烟草总公司，更名为中国烟草总公司广西壮族自治区公司。2003年12月，广西烟草实行工商分设。2019年，广西壮族自治区局（公司）下辖南宁、柳州、桂林、梧州、北海、防城港、钦州、贵港、玉林、百色、贺州、河池、来宾、崇左等14个地市级烟草专卖局（公司），93个县级烟草专卖局（营销部），伊灵烟叶复烤有限责任公司和广西双维投资管理有限责任公司③。自治区局（公司）机关设16个职能处室、7个专业部门和1个临时机构。截至2019年底，总资产150.6亿元，其中固定资产18.44亿元、流动资产111.14亿元，资产负债率11.38%。从业人员7360人。

【领导成员】④

党组书记、局长、总经理：王　全

党组成员、副总经理：席亮文

巡视员：叶青峰（—2019年3月，退休）

党组成员、副总经理：霍文义

党组成员、副总经理：陈可忠

党组成员、纪检组组长：肖　春

党组成员、副局长：凌为民（2019年11月—）

总农艺师：李　波

副巡视员：宾能雄（—2019年6月，退休）

副巡视员：许　宁（2019年11月—）

副巡视员：王　勇（2019年11月—）

海南省烟草专卖局（公司）

【概　况】　海南省烟草专卖局、中国烟草总公司海南省公司成立于1988年6月。2019年，海南省局（公司）下辖海口、三亚、儋州、琼海等4个地市级烟草专卖局（公司），14个县级烟草专卖局（营销部），持有海南金沙岛卷烟销售有限责任公司30%的股份。省局（公司）机关设12个职能处室、6个专业部门、1个其他部门、1个分支机构。截至2019年底，总资产70.26亿元，其中固定资产2.94亿元、流动资产64.05亿元，资产负债率10.16%。从业人员1249人。

【领导成员】

党组书记、局长、总经理：金忠理

党组成员、副局长：闫玉岗

党组成员、纪检组组长：梁开朝

党组成员、副总经理：王　军

---

① 2019年12月，根据广东省局、广东省公司《关于调整广州市烟草专卖局（公司）所属部分机构的通知》（粤烟人〔2019〕40号），设立11个广州市烟草专卖局所属区局，与广东烟草广州市有限公司所属区分公司实行“一套机构、两块牌子”的管理体制。

② 2019年7月，国家局党组印发《关于周伟兵和陈秉恒同志职务任免的通知》（国烟党〔2019〕193号），周伟兵同志任广东省烟草专卖局（公司）巡视员，免去其中共广东省烟草专卖局（公司）党组成员、党组纪检组组长职务；陈秉恒同志任中共广东省烟草专卖局（公司）党组成员、中国烟草总公司广东省公司副总经理，免去其中共广州市烟草专卖局（公司）党组书记、广州市烟草专卖局局长、广东烟草广州市有限公司经理职务。周伟兵、陈秉恒同志的任职时间自2019年6月26日党组决定之日起计算。

③ 根据桂烟人〔2018〕64号，广西双维投资管理有限责任公司于2019年1月8日完成工商登记。

④ 2019年11月，国家局党组印发《关于凌为民等三名同志任职的通知》（国烟人〔2019〕259号），凌为民同志任中共广西壮族自治区烟草专卖局（公司）党组成员、广西壮族自治区烟草专卖局副局长，试用期一年；许宁、王勇同志任广西壮族自治区烟草专卖局（公司）副巡视员。凌为民、许宁、王勇同志的任职时间自2019年11月1日党组决定之日起计算。

党组成员、副总经理：王斌斌

总会计师：徐丽芬

重庆市烟草专卖局（公司）

【概　况】　重庆市烟草专卖局、重庆市烟草公司成立于1983年。1984年7月14日，重庆市政府与中国烟草总公司签署协议，决定自1985年1月1日起，重庆市烟草公司上划中国烟草总公司，更名为中国烟草总公司重庆市公司。2003年8月，重庆烟草实行工商分设，四川卷烟工业与重庆卷烟工业跨省组建川渝中烟工业公司。2019年，重庆市局（公司）下辖万州、涪陵、黔江、渝中、大渡口、江北、沙坪坝、九龙坡、南岸、北碚、万盛经济技术开发区、渝北、巴南、长寿、江津、合川、永川、南川、綦江、大足、璧山、铜梁、潼南、荣昌、梁平、城口、丰都、垫江、武隆、忠县、开州、云阳、奉节、巫山、巫溪、石柱、秀山、酉阳、彭水等39个区（县）烟草专卖局（分公司），重庆市烟草投资管理有限公司1个多元化经营企业，中国烟草总公司重庆市公司销售分公司、烟叶分公司、物流分公司等3个专业分公司，重庆烟叶复烤有限公司及重庆烟草科学研究所。市局（公司）设20个部门。截至2019年底，总资产205.51亿元，其中固定资产14.28亿元、流动资产176.2亿元，资产负债率22.27%。从业人员8493人。

【领导成员】①

党组书记、局长、总经理：王永平（—2019年11月）

党组书记、局长、总经理：李定晓（2019年11月—）

党组成员、副总经理：冉幕寿

党组成员、副总经理：刘庆岩

党组成员、副局长：刘　伟

党组成员、纪检组组长：刘静瑶（—2019年11月）

副巡视员：李纯林

副巡视员：刘　劲

四川省烟草专卖局（公司）

【概　况】　四川省烟草专卖局成立于1983年3月，四川省烟草公司成立于1982年10月。1984年7月9日，中国烟草总公司与四川省政府签署《关于四川省烟草公司上划交接协议书》，规定自签订之日起，全省烟草工商企业上划中国烟草总公司。2003年8月，四川烟草实行工商分设，四川卷烟工业与重庆卷烟工业跨省组建川渝中烟工业公司。2019年，四川省局（公司）下辖成都、自贡、攀枝花、泸州、德阳、绵阳、广元、遂宁、内江、乐山、南充、资阳、广安、达州、巴中、雅安、眉山、宜宾、凉山、阿坝、甘孜等21个市（州）烟草专卖局（公司），182个县级烟草专卖局，170个县级烟草分公司，以及中国烟草四川进出口有限责任公司、四川烟叶复烤有限责任公司、四川诚至诚烟草投资有限责任公司。截至2019年底，总资产528.70亿元，其中固定资产42.31亿元、流动资产415.81亿元，资产负债率12.98%。从业人员1.33万人。

【领导成员】

党组书记、局长、总经理：李恩华

党组成员、副总经理：陈　霖（—2019年12月，退休）

党组成员、副总经理：肖　瑞

党组成员、纪检组组长：唐　强

党组成员、副总经理：麻世强

党组成员、副总经理：耿宏斌

贵州省烟草专卖局（公司）

【概　况】　贵州省烟草专卖局成立于1983年9月，贵州省烟草公司成立于1981年11月。1985年11月13日，贵州省政府与中国烟草总公司签署协议，决定自1986年6月1日起，贵州省烟草公司上划中国烟草总公司，更名为中国烟草总公司贵州省公司。2004年1月，贵州烟草实行工商分设。2006年，取消县级公司法人资格，确立地市级公司市场经营主体地位，建立母子公司体制。2019年，贵州省局（公司）下辖贵阳、遵义、六盘水、安顺、毕节、铜仁、黔东南、黔南、黔西南、贵安等10个地市级烟草专卖局（公司），88个县级烟草专卖局、82个县级分公司②，中国烟草贵州进出口有限责任公司、贵州省烟草科学研究院、

---

① 2019年12月，国家局党组印发《关于李定晓和王永平同志职务任免的通知》（国烟党〔2019〕278号），李定晓同志任中共重庆市烟草专卖局（公司）党组书记、重庆市烟草专卖局局长、中国烟草总公司重庆市公司总经理，试用期一年，任职时间自2019年11月25日党组决定之日起计算；免去王永平同志中共重庆市烟草专卖局（公司）党组书记、重庆市烟草专卖局局长、中国烟草总公司重庆市公司总经理职务。

② 2019年6月，根据《贵州省毕节市烟草专卖局（公司）关于威宁县局（分公司）、赫章县局（分公司）机构设置的通知》（毕烟人〔2019〕88号），设立毕节市烟草公司威宁分公司和毕节市烟草公司赫章分公司。

贵州烟草投资管理有限公司、贵州烟叶复烤有限责任公司。省局（公司）机关设15个职能处室、9个专业部门。截至2019年底，总资产350.25亿元，其中固定资产45.07亿元、流动资产267.71亿元，资产负债率14.27%。从业人员1.85万人。

【领导成员】①

党组书记、局长、总经理：高体仁

党组成员、副局长：任　林

党组成员、纪检组组长：钟　勇（—2019年2月）

党组成员、副总经理：沈　宏

党组成员、副总经理：陈　熹（2019年2月—）

党组成员、纪检组组长：张光伟（2019年2月—）

云南省烟草专卖局（公司）

【概　况】　云南省烟草专卖局成立于1983年11月，云南省烟草公司成立于1982年4月。1985年1月，云南省人民政府与中国烟草总公司签署《关于云南省烟草公司上划交接协议书》，决定自1985年1月1日起，云南省烟草公司上划中国烟草总公司，更名为中国烟草总公司云南省公司。2003年10月，云南烟草实行工商分设。2019年，云南省局（公司）下辖昆明、玉溪、曲靖、红河、楚雄、大理、昭通、保山、文山、普洱、丽江、临沧、德宏、西双版纳、怒江、迪庆等16个地市级烟草专卖局（公司）、128个县级局（分公司），云南省烟草烟叶公司、中国烟草云南进出口有限公司、云南烟叶复烤有限责任公司、云南华叶投资有限责任公司、云南香料烟有限责任公司等5个直属企业和云南省烟草农业科学研究院、云南省烟草质量监督检测站2个直属事业单位。省局（公司）机关设15个职能处室，7个专业部门。截至2019年底，总资产1155亿元，其中固定资产63亿元、流动资产901亿元，资产负债率14.47%。从业人员1.78万人。

【领导成员】

党组书记、局长、总经理：李光林

党组成员、副局长：邓小刚

党组成员、纪检组组长：蔡振华

党组成员、副总经理：吴践志

党组成员、副总经理：包　毅

副巡视员：段应泽

副巡视员：杨世田

西藏自治区烟草专卖局（公司）

【概　况】　西藏自治区烟草专卖局、西藏自治区烟草公司成立于1998年1月。2001年1月，西藏自治区烟草公司正式上划中国烟草总公司，更名为中国烟草总公司西藏自治区公司。2019年，西藏自治区局（公司）下辖拉萨、日喀则、林芝、山南、昌都、阿里等6个地市级烟草专卖局（公司）。自治区局（公司）机关设15个职能处室、5个专业部门、1个临时机构。截至2019年底，总资产36.04亿元，其中固定资产3.76亿元、流动资产30.43亿元，资产负债率12.65%。从业人员763人。

【领导成员】

党委书记、局长、总经理：宋　俊

党委委员、副局长：旺　啦

党委委员、副总经理：乔建民

党委委员、副总经理：洛　桑

党委委员、副局长：白向群（—2019年3月）

党委委员、纪委书记：普　布

党委委员、副总经理：曾　涛

副巡视员：王永长

陕西省烟草专卖局（公司）

【概　况】　陕西省烟草专卖局成立于1984年9月，陕西省烟草公司成立于1984年7月，实行合署办公。1985年4月3日，陕西省人民政府与中国烟草总公司签署协议，决定自1985年1月1日起，陕西省烟草公司上划中国烟草总公司，更名为中国烟草总公司陕西省公司。2003年12月，陕西烟草实行工商分设。2007年实施母子公司体制改革。2019年，陕西省局（公司）下辖西安、咸阳、宝鸡、渭南、铜川、商洛、汉中、安康、延安、榆林、杨凌等11个地市级烟草专卖局（公司），106个县级烟草专卖局（分公

---

① 2019年3月，国家局印发《关于陈熹等三名同志职务任免的通知》（国烟党〔2019〕83号），陈熹同志任中共贵州省烟草专卖局（公司）党组成员、中国烟草总公司贵州省公司副总经理，试用期一年；张光伟同志任中共贵州省烟草专卖局（公司）党组成员、党组纪检组组长，试用期一年；免去钟勇同志中共贵州省烟草专卖局（公司）党组成员、党组纪检组组长职务，另有任用。陈熹、张光伟同志的任职时间自2019年2月28日党组决定之日起计算。

司)，以及陕西烟草投资管理有限公司、陕西烟草进出口有限责任公司、西安铁路烟草专卖分局。省局（公司）机关设15个职能处室、8个专业部门。截至2019年底，总资产194.7亿元，其中固定资产17.2亿元、流动资产128.1亿元，资产负债率14.76%。从业人员9872人。

【领导成员】

党组书记、局长、总经理：高兴智

党组成员、副局长：吉应城

党组成员、副总经理：梁培荣

党组成员、纪检组组长：赵启斌

党组成员、副总经理：董旭红

副巡视员：杨一端（—2019年2月，退休）

副巡视员：李树奎（2019年12月—)①

甘肃省烟草专卖局（公司）

【概　况】　甘肃省烟草专卖局、甘肃省烟草公司成立于1984年9月，实行合署办公。1985年5月15日，甘肃省经济委员会与中国烟草总公司签署协议，决定从协议签订之日起甘肃省烟草公司上划中国烟草总公司，更名为中国烟草总公司甘肃省公司。2006年，完成母子公司体制改革。2019年，甘肃省局（公司）下辖兰州、天水、定西、酒泉、武威、张掖、庆阳、平凉、陇南、白银、金昌、嘉峪关、临夏、甘南等14个地市级烟草专卖局（公司)，82个县级烟草专卖局（营销部）和1个县级烟草专卖局（公司)，甘肃省烟草专卖局铁路分局。省局（公司）机关设16个职能处室、6个专业部门。截至2019年底，总资产89.25亿元，其中固定资产8.52亿元、流动资产57.53亿元，资产负债率6.33%。从业人员3959人，实行全员聘用制。

【领导成员】

党组书记、局长、总经理：师增建

党组成员、副总经理：张　威

党组成员、副总经理：杨　洪

党组成员、副局长：蔺志宏

党组成员：田　成（—2019年7月）

党组成员、纪检组组长：文黎耕

副巡视员：杨　卫（—2019年1月，退休）

副巡视员：孙　军（2019年2月—)②

青海省烟草专卖局（公司）

【概　况】　青海省烟草专卖局、青海省烟草公司成立于1984年，1986年1月青海省烟草公司上划中国烟草总公司，更名为中国烟草总公司青海省公司。2004年理顺全省烟草专卖管理体制，2007年完成母子公司体制改革。2019年，青海省局（公司）下辖西宁、海东、海西、格尔木、海南、海北、黄南、玉树、果洛等9个地市级烟草专卖局（公司)，35个县级烟草专卖局，34个县级营销部。省局（公司）机关设12个职能处室、5个专业部门，以及青海烟草物流中心。截至2019年底，总资产37.34亿元，其中固定资产1.54亿元、流动资产34.89亿元，资产负债率17.05%。从业人员1.11万人。

【领导成员】

党组书记、局长、总经理：李德义

党组成员、副总经理：秦　刚

党组成员、副总经理：刘海宁

党组成员、纪检组组长：李祥红

宁夏回族自治区烟草专卖局（公司）

【概　况】　宁夏回族自治区烟草专卖局、宁夏回族自治区烟草公司经宁夏回族自治区人民政府批准于1983年10月成立。1986年1月，宁夏回族自治区烟草公司上划中国烟草总公司，更名为中国烟草总公司宁夏回族自治区公司。2019年，宁夏回族自治区局（公司）下辖银川、石嘴山、吴忠、固原、中卫等5个地市级烟草专卖局（公司)，22个县级烟草专卖局（分公司)，以及宁夏回族自治区公司物流中心。自治区局（公司）机关设12个职能部门、4个专业部门。截至2019年底，总资产31.31亿元，其中固定资产3.6亿元、流动资产25.42亿元，资产负债率6.3%。从业人员1183人，实行全员聘用制。

---

① 2019年12月，国家局党组印发《关于李树奎同志任职的通知》（国烟党〔2019〕291号)，李树奎同志任陕西省烟草专卖局（公司）副巡视员，任职时间自2019年12月13日党组决定之日起计算。

② 2019年4月，国家局党组印发《关于孙军同志任职的通知》（国烟党〔2019〕110号)，孙军同志任甘肃省烟草专卖局（公司）副巡视员，任职时间自2019年2月28日党组决定之日起计算。

【领导成员】

党组书记、局长、总经理：姜　凯

党组成员、副局长：李光荣

党组成员、副总经理：罗增平

党组成员、纪检组组长：李文辉

党组成员、副总经理：虎治富

副巡视员：李俊国（—2019 年 7 月，退休）

新疆维吾尔自治区烟草专卖局（公司）

【概　况】　新疆维吾尔自治区烟草专卖局、新疆维吾尔自治区烟草公司成立于 1986 年 1 月 1 日，同年，新疆维吾尔自治区烟草公司上划中国烟草总公司，更名为中国烟草总公司新疆维吾尔自治区公司，2017 年 12 月，调整为新疆维吾尔自治区烟草公司。2011 年，自治区局将各地、州、市烟草专卖局所属县级烟草专卖行政主管部门名称统一为“某某地、州、市某某县（市、区）烟草专卖局”，原县级卷烟经营机构主要任务是市场服务，不再具体从事卷烟的批发与零售及其他经营活动。2019 年，新疆维吾尔自治区局（公司）下辖乌鲁木齐、昌吉、博尔塔拉、伊犁、克拉玛依、塔城、阿勒泰、吐鲁番、哈密、巴音郭楞、阿克苏、喀什、和田等 13 个地市级烟草专卖局（公司），新疆维吾尔自治区烟草专卖局石河子市局、克孜勒苏柯尔克孜自治州烟草专卖局 2 个地（州、市）烟草专卖局①，93 个县级烟草专卖局，新疆烟草进出口有限责任公司、新疆烟草营销中心、新疆烟草物流中心。自治区局（公司）机关设 12 个职能处室、4 个专业部门。截至 2019 年底，总资产 85.39 亿元，其中固定资产 6.29 亿元、流动资产 73.69 亿元，资产负债率 12.11%。从业人员 2593 人。

【领导成员】②

党组书记、局长、总经理：邱永春

党组成员、副总经理：刘建昌

党组成员、副局长：曲卫东

党组成员、副总经理：孙　勇

党组成员、副总经理：木哈拉木·西日甫

党组成员、副总经理：白玉龙（2019 年 2 月—）

党组成员、纪检组组长：王录奎（2019 年 2 月—）

副巡视员：张　力

副巡视员：曲　浩（2019 年 2 月—）

副巡视员：张　景（2019 年 2 月—）

大连市烟草专卖局（公司）

【概　况】　大连市烟草专卖局、大连市烟草公司成立于 1984 年，1994 年大连市烟草公司上划中国烟草总公司，在烟草行业内计划单列，是国家局、总公司直接管理的省级烟草专卖局（公司）。2006 年 10 月，国家局印发《国家烟草专卖局关于大连市烟草公司建立母子公司体制改革的批复》（国烟法〔2006〕754 号），同意将大连市烟草公司的名称变更为中国烟草总公司大连市公司。2019 年，大连市局（公司）下辖中山、西岗、沙河口、甘井子、旅顺口、金州、普兰店、瓦房店、庄河、长海等 10 个区（市、县）烟草专卖局（分公司），大连烟草营销中心、大连烟草物流中心，大连东方大厦有限公司，大连春天物业管理有限公司。市局（公司）机关设 11 个职能处室、5 个专业部门。截至 2019 年底，总资产 65.37 亿元，其中固定资产 1.44 亿元、流动资产 60.2 亿元，资产负债率 7.99%。从业人员 650 人，实行全员聘用制。

【领导成员】

党组书记、局长、总经理：刘　宁

党组成员、副总经理：杨际明

党组成员、副局长：顾　建

党组成员、纪检组组长：刘义华

党组成员、副总经理：郭天龙

副巡视员：姜卫东

深圳市烟草专卖局（公司）

【概　况】　深圳市烟草专卖局（公司）全称为深圳市烟

---

① 喀什地区烟草专卖局与克孜勒苏柯尔克孜自治州烟草专卖局合署办公。新疆烟草兵团石河子有限公司是兵团国资公司下属企业，人、财、物属兵团国资公司，自治区公司仅对其经营管理工作进行指导。

② 2019 年 3 月，国家局党组印发《关于白玉龙等四名同志任职的通知》（国烟党〔2019〕84 号），白玉龙同志任中共新疆维吾尔自治区烟草专卖局（公司）党组成员、中国烟草总公司新疆维吾尔自治区公司副总经理，试用期一年；王录奎同志任中共新疆维吾尔自治区烟草专卖局（公司）党组成员、党组纪检组组长，试用期一年；曲浩、张景同志任新疆维吾尔自治区烟草专卖局（公司）副巡视员。白玉龙、王录奎、曲浩、张景同志的任职时间自 2019 年 2 月 28 日党组决定之日起计算。

草专卖局、中国烟草总公司深圳市公司，成立于1986年，于1995年4月正式上划国家烟草专卖局（总公司）垂直管理，享有省级烟草专卖管理权、经营权。2019年，深圳市烟草专卖局（公司）下辖福田、罗湖、盐田、南山、宝安、龙岗、龙华、坪山、光明、大鹏新区等10个区烟草专卖局（公司），中深烟草贸易中心1个直属公司，公路分局1个直属分局①，以及深圳烟草进出口有限公司。市局（公司）机关设11个职能处室、6个专业部门，2个其他部门。截至2019年底，总资产133.61亿元，其中固定资产4.62亿元、流动资产123.21亿元，资产负债率3.32%。从业人员1284人，实行全员聘用制。

【领导成员】②

党组书记、局长、总经理：张亚宾

党组成员、副局长：吴镇丰（—2019年10月，退休）

党组成员、副总经理：李新忠

党组成员、副总经理：赖远程（2019年12月—）

党组成员、纪检组组长：张红宇（2019年12月—）（机关部门副职）

副巡视员：洪美宣（2019年12月—，之前任党组成员、纪检组组长）

副巡视员：叶选强（2019年12月—）

◇ 编辑：王　静

省级中烟工业公司

河北中烟工业有限责任公司

【概　况】 河北中烟工业有限责任公司前身为河北烟草工商分设后于2003年6月成立的河北中烟工业公司。2010年12月，国家局、总公司批复同意河北中烟工业公司更名改制为河北中烟工业有限责任公司，并于2011年7月正式挂牌成立。公司下辖张家口卷烟厂有限责任公司、河北白沙烟草有限责任公司2个具有独立法人资格的卷烟生产厂。2019年，公司本部设24个部门和北方烟机配件有限公司1个专业公司。截至2019年底，公司总资产175.21亿元，其中固定资产23.5亿元、流动资产136.95亿元，资产负债率30.44%。从业人员4958人。

【领导机构】

董事会③

董事长：舒　明

董　事：籍　涛、师进辉、杨　军（—2019年2月）、杜为红（2019年2月—）、秦　剑、马伶燕、李　刚（职工董事）

监　事：王海峰

班子成员④

党组书记、总经理：籍　涛

党组成员、纪检组组长：王海峰

党组成员、副总经理：杜为红

党组成员、副总经理：陈昌鸿

党组成员、副总经理：胡自强（2019年9月—）

巡视员：师进辉（2019年9月—，之前任党组成员、副总经理）

总工程师：王玉林

副巡视员：狄东昇

江苏中烟工业有限责任公司

【概　况】 江苏中烟工业有限责任公司前身为江苏烟草工商分设后于2003年9月成立的江苏中烟工业公司。2006年12月，完成对省内卷烟工业企业的合并重组。2008年5月，经国家局、总公司批复同意，改制更名为江苏中烟工业有限责任公司，并于2009年9月成立董事会，12月举行

---

① 2019年1月，深圳市局印发《关于设立深圳市烟草专卖局公路分局的通知》（深烟人〔2019〕29号），设立深圳市烟草专卖局公路分局，在深圳市烟草专卖局授权范围内负责烟草专卖管理工作。

② 2019年12月，国家局党组印发《关于赖远程等四名同志职务任免的通知》（国烟党〔2019〕292号），赖远程同志任中共深圳市烟草专卖局（公司）党组成员、中国烟草总公司深圳市公司副总经理，试用期一年；张红宇同志任中共深圳市烟草专卖局（公司）党组成员、党组纪检组组长（机关部门副职），试用期一年；洪美宣同志任深圳市烟草专卖局副巡视员，免去其中共深圳市烟草专卖局（公司）党组成员、党组纪检组组长职务；叶选强同志任深圳市烟草专卖局副巡视员。赖远程、张红宇、叶选强同志的任职时间自2019年12月13日党组决定之日起计算。

③ 2019年2月，国家局、总公司印发《关于调整河北中烟工业有限责任公司董事的通知》（国烟人〔2019〕39号），委派杜为红同志为河北中烟工业有限责任公司董事；杨军同志不再担任河北中烟工业有限责任公司董事。

④ 2019年9月，国家局党组印发《关于师进辉和胡自强同志职务任免的通知》（国烟党〔2019〕218号），师进辉同志任河北中烟工业有限责任公司巡视员，免去其中共河北中烟工业有限责任公司党组成员、河北中烟工业有限责任公司副总经理职务；胡自强同志任中共河北中烟工业有限责任公司党组成员、河北中烟工业有限责任公司副总经理，试用期一年。师进辉、胡自强同志的任职时间自2019年9月3日党组决定之日起计算。

挂牌仪式。公司下设南京卷烟厂、徐州卷烟厂、淮阴卷烟厂等3个不具有法人资格的卷烟生产厂，以及南通烟滤嘴有限责任公司、江苏鑫源烟草薄片有限公司2个全资子公司。2019年，公司本部设23个部门。截至2019年底，公司总资产669.36亿元，其中固定资产89.93亿元、流动资产538.57亿元，资产负债率9.99%。从业人员4640人。

【领导机构】

董事会①

董事长：高学林

董　事：曾献兵、马　健（—2019年6月）、宣晓泉、王轩庭（2019年6月—）、郭　勤、张弘毅、招启柏

监　事：黄宝生

班子成员

党组书记、总经理：曾献兵

巡视员、工会主席：马　健（2019年5—8月，之前任党组成员、副总经理、工会主席，退休）②

党组成员、副总经理：宣晓泉

党组成员、副总经理：王轩庭

党组成员、副总经理：王海龙

党组成员、纪检组组长：黄宝生

党组成员、副总经理：朱卫星

浙江中烟工业有限责任公司

【概　况】　浙江中烟工业有限责任公司最初为浙江烟草工商分设后于2003年7月成立的浙江中烟工业公司。2007年11月，经国家局、总公司批准，改制更名为浙江中烟工业有限责任公司。公司下设杭州卷烟厂、宁波卷烟厂和浙江中烟投资管理有限公司，参股甘肃烟草工业有限责任公司和环球烟草有限责任公司、科伦印象有限责任公司。2019年，公司本部设16个部门。截至2019年底，公司总资产617.37亿元，其中固定资产66.41亿元、流动资产483.45亿元，资产负债率35.69%。从业人员3307人。

【领导机构】

董事会③

董事长：张本甫

董　事：许明忠、杨柳军、张思荣（2019年2月—）、孟伟刚（—2019年2月）、朱湘海、王良君（职工董事）

监　事：王德源

班子成员

党组书记、总经理：许明忠

党组成员、副总经理：杨柳军

党组成员、纪检组组长：王德源

党组成员、副总经理：娄晓平

党组成员、副总经理：张思荣

党组成员、副总经理：陶建英

党组成员、副总经理：张德春

巡视员：孟伟刚（—2019年1月，退休）

副巡视员：章志华（2019年6月—）④

总工程师：储国海

安徽中烟工业有限责任公司

【概　况】　安徽中烟工业有限责任公司最初为安徽烟草工商分设后于2003年4月成立的安徽中烟工业公司。2010年，经国家局、总公司批复同意，更名改制为安徽中烟工业有限责任公司。2011年6月15日，安徽中烟工业有限责任公司成立董事会。同年6月27日，正式挂牌成立。公司下设蚌埠卷烟厂、芜湖卷烟厂、合肥卷烟厂、阜阳卷烟厂、滁州卷烟厂等5个不具有法人资格的卷烟生产厂，安徽中烟再造烟叶科技有限责任公司、滁州红三环大酒店有限责任公司、安徽焦甜香生物科技有限公司⑤等3个全资子公司，中烟国际欧洲有限公司1家控股公司，华环国际烟草有限公司、双维伊士曼纤维有限公司2个参股公司。2019年，公司本部设18个部门（含合署办公部门）及1个市场营销中心、1个技术中心和1个物流中心。截至2019年底，公司总资产296.39亿元，其中固定资产49.33亿元、流动资产

---

① 2019年6月，国家局、总公司印发《关于江苏中烟工业有限责任公司董事会换届的通知》（国烟人〔2019〕127号），委派王轩庭为江苏中烟工业有限责任公司第四届董事会董事。

② 2019年7月，国家局党组印发《关于马健同志职务任免的通知》（国烟党〔2019〕157号），马健同志任江苏中烟工业有限责任公司巡视员，免去其中共江苏中烟工业有限责任公司党组成员、江苏中烟工业有限责任公司副总经理职务，任职时间自2019年5月28日党组决定之日起计算。

③ 2019年2月，国家局、总公司印发《关于浙江中烟工业有限责任公司董事会换届的通知》（国烟人〔2019〕33号），委派张思荣同志为浙江中烟工业有限责任公司第五届董事会董事。

④ 2019年7月，国家局党组印发《关于章志华同志任职的通知》（国烟党〔2019〕179号），章志华同志任浙江中烟工业有限责任公司副巡视员，任职时间自2019年6月26日党组决定之日起计算。

⑤ 安徽焦甜香生物科技有限公司由安徽中烟工业有限责任公司投资，于2019年4月在安徽宣城注册成立。

218.78 亿元，资产负债率 29.71%。在岗员工 5769 人。

【领导机构】

董事会

董事长：高学林

董　事：王志彬、郭　勤、张弘毅、张　力（—2019 年 2 月）、程华良、宁　敏、许新忠（职工董事）

监　事：齐义良

班子成员

党组书记、总经理：王志彬

党组成员、副总经理：张　力（—2019 年 1 月）

党组成员、副总经理：程华良

党组成员、副总经理：宁　敏

党组成员、副总经理：杜　进

党组成员、副总经理：王茂林

党组成员、纪检组组长：齐义良

总工程师：刘　云

副巡视员：孙　平（2019 年 6—9 月，退休）①

副巡视员：李国栋（2019 年 9 月—）②

福建中烟工业有限责任公司

【概　况】　福建中烟工业有限责任公司最初为福建烟草工商分设后于 2003 年 11 月成立的福建中烟工业公司。2010 年 12 月，经国家局、总公司批复同意更名改制为福建中烟工业有限责任公司，2011 年 7 月 8 日正式挂牌成立。公司下辖龙岩、厦门烟草工业有限责任公司 2 个具有独立法人资格的卷烟生产企业，福建省龙岩金叶复烤有限责任公司 1 个打叶复烤企业，福建金闽再造烟叶发展有限公司 1 个烟草薄片生产企业，以及福建鑫叶投资管理集团有限公司 1 个多元化经营企业。2019 年，公司本部设 22 个部门，分为 12 个职能部门和 10 个专业部门。截至 2019 年底，公司总资产 277.15 亿元，其中固定资产 39.90 亿元、流动资产 203.31 亿元，资产负债率 28.24%。从业人员 4704 人。

【领导机构】

董事会③

董事长：高学林

董　事：王志江（2019 年 2 月—）、李跃民（—2019 年 2 月）、林荣欣（2019 年 2 月—）、王建勇（—2019 年 2 月）、邱全胜、郭　勤、张弘毅、李海民

监　事：林建红

班子成员④

党组书记、总经理：王志江

党组成员、副总经理：邱全胜

党组成员、副总经理：伍达明

党组成员、副总经理：林荣欣

党组成员、纪检组组长：林建红

党组成员、副总经理：廖材河（2019 年 2 月—）

党组成员、副总经理：吴志文（2019 年 2 月—）

江西中烟工业有限责任公司

【概　况】　江西中烟工业有限责任公司最初为江西烟草工商分设后于 2004 年 10 月成立的江西中烟工业公司。2007 年 12 月，国家局、总公司批复同意江西中烟工业公司与所属南昌卷烟总厂合并重组为一个法人实体，企业名称为江西中烟工业公司。2009 年 10 月，江西中烟工业公司更名改制为江西中烟工业有限责任公司，下设南昌卷烟厂、赣州卷烟厂、广丰卷烟厂、井冈山卷烟厂等 4 个不具有法人资格的卷烟生产厂。2019 年，公司本部设 19 个部门。截至 2019 年底，公司总资产 167.75 亿元，其中固定资产 30.07 亿元、流动资产 121.16 亿元，资产负债率 24.81%。从业人员 4703 人。

【领导机构】

董事会⑤

董事长：舒　明

---

① 2019 年 7 月，国家局党组印发《关于孙平同志任职的通知》（国烟党〔2019〕178 号），孙平同志任安徽中烟工业有限责任副巡视员，任职时间自 2019 年 6 月 26 日党组决定之日起计算。

② 2019 年 9 月，国家局党组印发《关于李国栋同志任职的通知》（国烟党〔2019〕219 号），李国栋同志任安徽中烟工业有限责任公司副巡视员，任职时间自 2019 年 9 月 3 日党组决定之日起计算。

③ 2019 年 2 月，国家局、总公司印发《关于福建中烟工业有限责任公司董事会换届的通知》（国烟人〔2019〕41 号），委派王志江、林荣欣同志为福建中烟工业有限责任公司董事；李跃民、王建勇同志不再担任福建中烟工业有限责任公司董事。

④ 2019 年 5 月，国家局党组印发《关于廖材河和吴志文同志任职的通知》（国烟党〔2019〕131 号），廖材河、吴志文同志任中共福建中烟工业有限责任公司党组成员、福建中烟工业有限责任公司副总经理，试用期一年，任职时间自 2019 年 2 月 28 日党组决定之日起计算。

⑤ 2019 年 2 月，国家局、总公司印发《关于江西中烟工业有限责任公司董事会换届的通知》（国烟人〔2019〕34 号），委派温东奇、张胜健同志为江西中烟工业有限责任公司第四届董事会董事；委派秦日伦同志为江西中烟工业有限责任公司第四届监事；聘任刘沪明同志为江西中烟工业有限责任公司第四届董事会董事。

董　事：姚庆艳（—2019 年 2 月）、周恩海（—2019 年 2 月）、温东奇（2019 年 2 月—）、王迪汗、张胜健（2019 年 2 月—）、秦　剑、马伶燕、廖新尧（职工董事）（—2019 年 2 月）、刘沪明（职工董事）（2019 年 2 月—）

监　事：任用错（—2019 年 2 月）、秦日伦（2019 年 2 月—）

班子成员

党组书记、总经理：温东奇

党组成员、副总经理：王迪汗

党组成员、副总经理：张胜健

党组成员、副总经理：赵明强

党组成员、纪检组组长：秦日伦

党组成员、副总经理：罗丽珍

山东中烟工业有限责任公司

【概　况】 山东中烟工业有限责任公司最初为山东烟草工商分设后于 2004 年 2 月成立的山东中烟工业公司。2009 年 9 月，国家局、总公司批复同意山东中烟更名改制和建立董事会。2010 年 4 月 20 日，山东中烟工业有限责任公司挂牌成立，下设济南卷烟厂、青岛卷烟厂、青州卷烟厂、滕州卷烟厂等 4 个不具有法人资格的卷烟生产厂，以及将军烟草集团有限公司、颐中烟草（集团）有限公司、山东省烟草物资设备有限公司等 3 个全资子公司。2019 年，公司本部设 21 个部门和 3 个相对独立运行中心。截至 2019 年底，公司总资产 275.69 亿元，其中固定资产 39.11 亿元、流动资产 181.85 亿元，资产负债率 26.21%。从业人员 5217 人。

【领导机构】

董事会①

董事长：舒　明

董　事：韩　林（—2019 年 2 月）、王建勇（2019 年 2 月—）、王众声、鹿广瑞、秦　剑、马伶燕、郝光彦

监　事：卢卫铭

班子成员

党组书记、总经理：王建勇

党组成员、副总经理：王众声

党组成员、副总经理：鹿广瑞

党组成员、副总经理：丛亮滋

党组成员、副总经理：蒋海岩

党组成员、纪检组组长：卢卫铭

党组成员、副总经理：王现君

总会计师：李万灵

河南中烟工业有限责任公司

【概　况】 河南中烟工业有限责任公司前身为河南烟草工商分设后于 2003 年 10 月成立的河南中烟工业公司。2009 年 8 月，河南中烟工业公司改制更名为河南中烟工业有限责任公司。2011 年 8 月，河南中烟工业有限责任公司挂牌成立。公司下设黄金叶生产制造中心、许昌卷烟厂、安阳卷烟厂、南阳卷烟厂、驻马店卷烟厂、漯河卷烟厂、洛阳卷烟厂等 7 个不具有法人资格的卷烟生产厂，河南卷烟工业烟草薄片有限公司 1 个薄片生产企业，河南金瑞香精香料有限公司、河南金芒果印刷有限公司、许昌永昌印务有限公司、焦作金叶醋酸纤维有限公司等 4 个卷烟辅助材料生产企业，1 个行业级技术中心，1 个博士后科研工作站。2019 年，公司本部设 22 个部门。截至 2019 年底，公司总资产 381.87 亿元，其中固定资产 71 亿元、流动资产 280.52 亿元，资产负债率 30.07%。从业人员 9870 人。

【领导机构】

董事会

董事长：张本甫

董　事：杨志忠、吴明山、朱湘海、刘亚利（职工董事）

监　事：刘学鲁

班子成员

党组成员、副总经理：杨志忠

党组成员、副总经理：吴明山

党组成员、副总经理：付顺卿

党组成员、纪检组组长：刘学鲁

党组成员、副总经理：许廷选

党组成员、副总经理：李彦伟

① 2019 年 2 月，国家局、总公司印发《关于调整山东中烟工业有限责任公司董事的通知》（国烟人〔2019〕42 号），委派王建勇同志为山东中烟工业有限责任公司董事；韩林同志不再担任山东中烟工业有限责任公司董事。

湖北中烟工业有限责任公司

【概 况】 湖北中烟工业有限责任公司最初为湖北烟草工商分设后于2004年1月18日成立的湖北中烟工业公司。2006年，湖北中烟工业公司与武汉烟草（集团）有限公司、武汉卷烟厂实行双向合署办公，重组整合为一个法人实体。2007年11月28日，湖北中烟工业公司正式更名改制为湖北中烟工业有限责任公司。公司下设武汉卷烟厂、襄阳卷烟厂、三峡卷烟厂、广水卷烟厂、红安卷烟厂、恩施卷烟厂等6个不具有法人资格的卷烟生产厂，以及卷烟材料厂、湖北新业烟草薄片开发有限公司、红金龙（集团）有限公司、统一联邦国际有限公司、湖北宜昌金丝烟草有限公司、宜昌金叶工贸有限责任公司、襄阳市鸿琰实业有限责任公司等7个全资子公司，并控股湖北龙乡印刷包装股份有限公司。其中，湖北新业烟草薄片开发有限公司为2019年新增全资子公司。2019年，公司本部设职能部门13个，专业部门8个。截至2019年底，公司总资产571.48亿元，其中固定资产49.47亿元、流动资产427.54亿元，资产负债率31.76%。从业人员7086人。

【领导机构】

董事会

董事长：陈 晖

董 事：郜 强、黄翠萍、蔡 奕（2019年6月—）①、姚 萌、聂广军、谭文峰（职工董事）

监 事：马超纯

班子成员②

党组书记、总经理：郜 强

党组成员、副总经理：姚 萌

党组成员、副总经理：聂广军

党组成员、纪检组组长：马超纯

党组成员、副总经理：李 晖

党组成员、副总经理：谭文峰（2019年2月—）

党组成员、副总经理：万里鹏（2019年2月—）（机关部门副职）

总工程师：陈慧斌

副巡视员：侯 波（2019年9月—）

湖南中烟工业有限责任公司

【概 况】 湖南中烟工业有限责任公司前身为湖南烟草工商分设后于2003年成立的湖南中烟工业公司。2006年10月，湖南中烟工业公司与所属长沙卷烟厂、常德卷烟厂合并重组为一个企业法人；2007年11月，湖南中烟工业公司改制更名为湖南中烟工业有限责任公司。下设长沙卷烟厂、常德卷烟厂、郴州卷烟厂、零陵卷烟厂、四平卷烟厂、吴忠卷烟厂等6个不具有法人资格的卷烟生产厂，湖南中烟投资管理有限公司、湖南中烟物流有限责任公司2个全资子公司，控股浏阳天福打叶复烤有限责任公司、常德芙蓉烟叶复烤有限责任公司、湘西鹤盛原烟发展有限责任公司等3个复烤企业和湖南金叶烟草薄片有限责任公司1家薄片生产企业，并持有河北白沙烟草有限责任公司50%的股权。2019年，公司本部设19个部门，以及市场营销、技术、原料采购等3个中心。截至2019年底，公司总资产811.09亿元，其中固定资产78.92亿元、流动资产611.50亿元，资产负债率15.21%。从业人员9624人。

【领导机构】

董事会

董事长：陈 晖

董 事：刘 兴、栾永亮、黄翠萍、蔡 奕（2019年6月—）、王 芬（职工董事）

监 事：高青松

班子成员

党组成员、副总经理：刘 兴

党组成员、副总经理：栾永亮

党组成员、副总经理：刘建福

党组成员、副总经理：李 立

---

① 2019年6月，国家局、总公司印发《关于委派蔡奕同志任职的通知》（国烟人〔2019〕124号），委派蔡奕同志为湖北、湖南、贵州、陕西中烟工业有限责任公司董事会董事，试用期一年。任职时间自2019年6月4日党组决定之日起计算。

② 2019年4月，国家局党组印发《关于谭文峰和万里鹏同志任职的通知》（国烟党〔2019〕109号），谭文峰同志任湖北中烟工业有限责任公司党组成员、湖北中烟工业有限责任公司副总经理，试用期一年；万里鹏同志任湖北中烟工业有限责任公司党组成员、湖北中烟工业有限责任公司副总经理（机关部门副职），试用期一年。谭文峰、万里鹏同志的任职时间自2019年2月23日党组决定之日起计算。

2019年9月，国家局党组印发《关于侯波同志任职的通知》（国烟党〔2019〕221号），侯波同志任湖北中烟工业有限责任公司副巡视员。

党组成员、副总经理：刘　军

党组成员、副总经理：龚道国

党组成员、副总经理：金铁龙（2019年6月—）①

党组成员、纪检组组长：高青松

总工程师：钟科军

广东中烟工业有限责任公司

【概　况】　广东中烟工业有限责任公司前身是成立于2003年的广东中烟工业公司。2007年，改制更名为广东中烟工业有限责任公司，是全国烟草行业首家建立董事会的省级工业公司。公司下设广州卷烟厂、韶关卷烟厂、梅州卷烟厂、湛江卷烟厂等4个不具有法人资格的卷烟生产厂。2019年，公司本部设24个部门。截至2019年底，公司总资产419.23亿元，其中固定资产41.93亿元、流动资产307.85亿元，资产负债率16.96%。从业人员6037人。

【领导机构】

董事会②

董事长：舒　明

董　事：白云峰（2019年6月—）、唐　健（—2019年6月）、张穗强（—2019年10月）、区广安（—2019年10月）、袁汉辉（2019年10月—）、庄　红（2019年10月—）、陈　峰、陈仲良（—2019年10月）、郭志宏（2019年10月—）、秦　剑、马伶燕、王文祥（职工董事）

监　事：王国飞

班子成员

党组书记、总经理：唐　健（—2019年6月，退休）

党组书记、总经理：白云峰（2019年6月—）③

巡视员：张穗强（—2019年11月，退休）

党组成员、副总经理：区广安

党组成员、副总经理：袁汉辉

党组成员、纪检组组长：王国飞

党组成员、副总经理：张赤兵

党组成员、副总经理：庄　红（2019年2月—）④

党组成员：李　斌

党组成员：梁　强

总工程师：许　光

副巡视员：李显万

广西中烟工业有限责任公司

【概　况】　广西中烟工业有限责任公司前身为2003年广西烟草工商分设后成立的广西中烟工业公司。2008年9月26日，广西中烟工业公司完成公司制改造，更名为广西中烟工业有限责任公司。公司下设南宁卷烟厂、柳州卷烟厂2个不具有独立法人资格的卷烟生产厂，广西中烟天成投资管理有限责任公司、广西真龙物流有限责任公司2个全资子公司，以及广西真龙彩印包装有限公司、广西真龙实业有限责任公司等12个控股公司。2019年，公司本部设24个部门⑤。截至2019年底，公司总资产228.14亿元，其中固定资产35.64亿元、流动资产160.91亿元，资产负债率38.92%。从业人员2879人。

【领导机构】

董事会⑥

董事长：舒　明

董　事：周　涛（—2019年2月）、谢昆或（2019年2月—）、覃　荣、陈　峰、张穗强（—2019年12月）、袁汉辉（2019年12月—）、区广安、秦　剑、马伶燕、唐格莲（职工董事）

监　事：王　全（—2019年2月）、赵江波（2019年2月—）

---

① 2019年7月，国家局党组印发《关于金铁龙同志任职的通知》（国烟党〔2019〕177号），金铁龙同志任中共湖南中烟工业有限责任公司党组成员、湖南中烟工业有限责任公司副总经理，试用期一年，任职时间自2019年6月26日党组决定之日起计算。

② 2019年10月，国家局、总公司印发《关于广东中烟工业有限责任公司董事会换届的通知》（国烟人〔2019〕164号），委派白云峰、袁汉辉、庄红、郭志宏同志为广东中烟工业有限责任公司第五届董事会董事。

③ 2019年6月，国家局党组印发《关于白云峰和唐健同志职务任免的通知》（国烟党〔2019〕145号），白云峰同志任中共广东中烟工业有限责任公司党组书记、广东中烟工业有限责任公司总经理；委派白云峰同志为广东中烟工业有限责任公司董事会董事。免去唐健同志中共广东中烟工业有限责任公司党组书记、广东中烟工业有限责任公司总经理职务，不再担任广东中烟工业有限责任公司董事会董事。按照有关规定和原职级待遇办理退休手续。

④ 2019年3月，国家局党组印发《关于庄红同志任职的通知》（国烟党〔2019〕81号），庄红同志任中共广东中烟工业有限责任公司党组成员、广东中烟工业有限责任公司副总经理，试用期一年，任职时间自2019年2月28日党组决定之日起计算。

⑤ 2019年7月，国家局、总公司印发《关于设立广西中烟工业有限责任公司互联网研究中心的批复》（国烟人〔2019〕139号），同意单独设立互联网研究中心为公司的专业部门。

⑥ 2019年2月，国家局、总公司印发《关于广西中烟工业有限责任公司董事会换届的通知》（国烟人〔2019〕35号），委派谢昆或同志为广西中烟工业有限责任公司第四届董事会董事，委派赵江波同志为广西中烟工业有限责任公司监事。

班子成员

党组书记、总经理：谢昆或

党组成员、副总经理：覃　荣

党组成员、副总经理：陈　峰

党组成员、纪检组组长：赵江波

党组成员、副总经理：李　斌

党组成员、副总经理：郭志宏

党组成员、副总经理：王　珏

总会计师：陈仲良

副巡视员：陆建南

重庆中烟工业有限责任公司

【概　况】　重庆中烟工业有限责任公司于2015年11月10日挂牌成立。由原川渝中烟工业有限责任公司拆分组建，是中国烟草总公司全资子公司，直属国家烟草专卖局管理。公司下设重庆卷烟厂、涪陵卷烟厂、黔江卷烟厂等3个不具有法人资格的卷烟生产厂。2019年，公司本部设18个部门。截至2019年底，公司总资产147.47亿元，其中固定资产17.4亿元、流动资产120亿元，资产负债率29.9%。从业人员2788人。

【领导机构】

董事会①

董事长：张本甫

董　事：易从宽（—2019年2月）、张　力（2019年2月—）、朱湘海、程晓苏、张建华、魏　虹（职工董事）

监　事：陈　玟（2019年2月—）

班子成员

党组书记、总经理：张　力

党组成员、副总经理、工会主席：程晓苏

党组成员、副总经理：张建华

党组成员、副总经理：王　勇

党组成员、副总经理：雷樟泉

党组成员、纪检组组长：陈　玟

四川中烟工业有限责任公司

【概　况】　四川中烟工业有限责任公司成立于2015年11月8日，由原川渝中烟工业有限责任公司拆分组建，是中国烟草总公司的全资子公司，公司下设成都卷烟厂、什邡卷烟厂、绵阳卷烟厂、西昌卷烟厂等4个不具有法人资格的卷烟生产厂，以及长城雪茄烟厂、四川三联新材料有限公司、四川中烟投资有限责任公司。2019年，公司设12个职能部门和9个专业部门。截至2019年底，公司总资产265.69亿元，其中固定资产32.02亿元、流动资产216.77亿元，资产负债率40.82%。从业人员4725人。

【领导机构】

董事会②

董事长：张本甫

董　事：彭传新、朱湘海、崔建华、吴　钢（—2019年12月）、邓　权（2019年12月—）、郭爱萍（职工董事）

监　事：樊宣刚

班子成员

党组书记、总经理：彭传新

党组成员、副总经理：崔建华

党组成员、副总经理：邓　权

党组成员、副总经理：赵屹峰

党组成员、纪检组组长：樊宣刚

党组成员、副总经理：薛　飞

党组成员、副总经理：刘静瑶（2019年11月—）③

巡视员：吴　钢（2019年4—9月，之前任党组成员、副总经理，退休）④

副巡视员、工会主席：汤柱国

副巡视员：陆　伟（2019年12月—）⑤

---

①　2019年2月，国家局、总公司印发《关于重庆中烟工业有限责任公司董事会换届的通知》（国烟人〔2019〕37号），委派张力同志为重庆中烟工业有限责任公司第二届董事会董事；陈玟同志为重庆中烟工业有限责任公司监事。

②　2019年12月，国家局、总公司印发《关于委派四川中烟工业有限责任公司董事的通知》（国烟人〔2019〕202号），委派邓权同志为四川中烟工业有限责任公司董事会董事；吴钢同志不再担任四川中烟工业有限责任公司董事会董事。

③　2019年11月，国家局党组印发《关于刘静瑶同志任职的通知》（国烟党〔2019〕254号），刘静瑶同志任中共四川中烟工业有限责任公司党组成员、四川中烟有限责任公司副总经理。

④　2019年5月，国家局党组印发《关于吴钢同志职务任免的通知》（国烟党〔2019〕136号，吴钢同志任四川中烟工业有限责任公司巡视员，免去其中共四川中烟工业有限责任公司党组成员、四川中烟有限责任公司副总经理职务，任职时间自2019年4月28日党组决定之日起计算。

⑤　2019年12月，国家局党组印发《关于陆伟同志任职的通知》（国烟党〔2019〕295号），陆伟同志任四川中烟有限责任公司副巡视员，任职时间自2019年12月13日党组决定之日起计算。

贵州中烟工业有限责任公司

【概　况】 贵州中烟工业有限责任公司最初为贵州烟草工商分设后于2003年7月成立的贵州中烟工业公司。2008年7月，国家局、总公司批复同意贵州中烟工业公司改制更名为贵州中烟工业有限责任公司。公司下设贵州中烟工业有限责任公司贵阳卷烟厂、遵义卷烟厂、毕节卷烟厂、贵定卷烟厂、铜仁卷烟厂等5个不具有法人资格的卷烟生产厂和兴义烟叶储运站共6个二级单位，贵州福贵投资管理公司属多元化子公司，控股贵州黄果树金叶科技有限公司。2019年，公司本部设10个职能部门、10个专业部门。截至2019年底，公司总资产325.06亿元，其中固定资产57.62亿元、流动资产240.87亿元，资产负债率41.39%。从业人员7374人。

【领导机构】①

董事会

董事长：陈　晖

董　事：白云峰（—2019年6月）、田　成（2019年6月—）、杨　东、方　静、黄翠萍、蔡　奕（2019年6月—）、秦　宁（职工董事）

监　事：钟　勇（2019年4月—）

班子成员

党组书记、总经理：白云峰（—2019年5月）

党组书记、总经理：田　成（2019年5月—）

党组成员、副总经理：杨　东

党组成员、副总经理：方　静

党组成员、纪检组组长：钟　勇（2019年3月—）

党组成员、副总经理：关　培

党组成员、副总经理：胡世龙

总工程师：魏　鹰

云南中烟工业有限责任公司

【概　况】 云南中烟工业有限责任公司最初为2003年10月云南烟草工商分设后成立的云南中烟工业公司。2004年1月1日，云南中烟工业公司举行挂牌仪式。2010年12月28日，国家局、总公司批复同意云南中烟工业公司更名改制为云南中烟工业有限责任公司。2011年1月27日，云南中烟工业有限责任公司挂牌成立。公司集卷烟生产销售、烟草物资配套供应、科研以及多元化经营等为一体，是全国卷烟产销规模最大的省级中烟公司。公司拥有卷烟产量规模位居行业前两位的红塔烟草（集团）有限责任公司（下设玉溪卷烟厂、楚雄卷烟厂、大理卷烟厂、昭通卷烟厂等4个不具有法人资格的全资卷烟生产厂）和红云红河烟草（集团）有限责任公司（下设昆明卷烟厂、红河卷烟厂、曲靖卷烟厂、会泽卷烟厂、新疆卷烟厂、乌兰浩特卷烟厂等6个不具有法人资格的全资卷烟生产厂），以及营销中心、技术中心（云南烟草科学研究院）、云南合和（集团）股份有限公司、云南中烟物资（集团）有限责任公司、云南烟草国际有限公司、培训中心、云南中烟党校、云南中烟特有职业（工种）职业技能鉴定站、云南中烟新材料科技有限公司等多个直属单位，参控股云南烟草机械有限责任公司、云南中烟再造烟叶有限责任公司等多个境内企业。2019年，公司本部设18个内设机构。截至2019年底，公司总资产3957.65亿元，其中固定资产3355.69亿元、流动资产2320.77亿元，资产负债率41.41%。从业人员21254人。

【领导机构】

董事会②

董事长：陈卫东

副董事长：张本甫

董　事：陈卫东、张本甫、朱绍明（—2019年2月）、周　涛（2019年2月—）、谢昆或（—2019年2月）、陈哲平（2019年2月—）、王　勇、武　怡、朱湘海、赵　勇（职工董事）

---

① 2019年4月，国家局、总公司印发《关于调整贵州中烟工业有限责任公司监事的通知》（国烟人〔2019〕92号），委派钟勇同志为贵州中烟工业有限责任公司监事。

2019年6月，国家局党组印发《关于田成和白云峰同志职务任免的通知》（国烟党〔2019〕146号），田成同志任中共贵州中烟工业有限责任公司党组书记、贵州中烟工业有限责任公司总经理，试用期 年，任职时间自2019年5月28日党组决定之日起计算；委派田成同志为贵州中烟工业有限责任公司董事会董事。免去白云峰同志中共贵州中烟工业有限责任公司党组书记、贵州中烟工业有限责任公司总经理职务，不再担任贵州中烟工业有限责任公司董事会董事，另有任用。

2019年3月，国家局党组印发《关于钟勇同志任职的通知》（国烟党〔2019〕82号），钟勇同志任中共贵州中烟工业有限责任公司党组成员、党组纪检组组长。

② 2019年2月，国家局、总公司印发《关于调整云南中烟工业有限责任公司董事的通知》（国烟人〔2019〕43号），委派周涛、陈哲平同志为云南中烟工业有限责任公司董事会董事；朱绍明、谢昆或不再担任云南中烟工业有限责任公司董事会董事。

监　事：郑雄志

班子成员

党组书记：陈卫东

党组副书记、总经理：周　涛

党组成员、副总经理：武　怡

党组成员、副总经理：夏开元

党组成员、副总经理：王　勇

党组成员、副总经理：陈哲平

党组成员、纪检组组长：郑雄志

副巡视员：赵　勇

副巡视员：和国刚

陕西中烟工业有限责任公司

【概　况】　陕西中烟工业有限责任公司最初为陕西烟草工商分设后于2003年12月成立的陕西中烟工业公司。2009年9月，经国家局、总公司批复同意陕西中烟工业公司更名改制为陕西中烟工业有限责任公司。公司下设宝鸡卷烟厂、延安卷烟厂、汉中卷烟厂、澄城卷烟厂和旬阳卷烟厂等5个不具有法人资格的卷烟生产厂，以及具有独立法人资格的陕西中烟投资管理有限公司。2019年，公司本部设20个部门。截至2019年底，公司总资产201.79亿元，其中固定资产32.73亿元、流动资产150.06亿元，资产负债率29.42%。在岗人员5280人。

【领导机构】

董事会

董事长：陈　晖

董　事：严金虎、曹兴浪、赵德学、黄翠萍、蔡　奕（2019年6月—）、秦东生（2019年2月—）①、韩占奎（职工董事）（—2019年2月）

监　事：奚柏龙

班子成员

党组书记、总经理：严金虎

党组成员、副总经理：曹兴浪

党组成员、副总经理：赵德学

党组成员、副总经理：任　立

党组成员、副总经理：李　强

党组成员、纪检组组长：奚柏龙

副巡视员：马文卷

副巡视员：李宝新

其他直属单位

中国烟草总公司郑州烟草研究院

【主要职责】　综合性从事烟草科学研究与开发，是国际标准化组织烟草及烟草制品技术委员会（ISO/TC126）国内技术归口单位。主要从事烟草栽培调制及贮保、烟草基因、卷烟加工工艺和卷烟配方、烟草化学、烟用香精香料、卷烟减害降焦、再造烟叶等方面的应用基础和共性技术研究，卷烟厂和打叶复烤厂的工程设计、行业相关检测仪器的研制、开发等。学科范围覆盖从烟草基因到卷烟生产的全过程。

【负责人】

党组书记、副院长：宋亚强

党组副书记、院长：谢剑平

党组成员、副院长：张建勋

党组成员、副院长：罗登山

党组成员：胡清源

党组成员、纪检组组长：裴　丽

【内设机构】　设办公室（外事办公室）、科研开发处（烟草学会秘书处）、财务管理处（审计处）、人事处（研究生处）、党建工作处（机关党委合署办公）、纪检监察处（与党组纪检组合署办公）、后勤管理处等7个职能部门，烟草农业研究室（烟草行业生态环境与烟叶质量重点实验室）、烟草工艺研究室（烟草行业烟草工艺重点实验室）、烟草化学研究室（烟草行业烟草化学重点实验室）、烟草香料研究室（烟草行业烟草香料基础研究重点实验室）等4个科研部门，中国烟草科技信息中心、中国烟草标准化研究中心、国家烟草基因研究中心等3个行业中心，河南新桥烟草科技服务有限公司、郑州嘉德机电科技有限公司、郑州益盛烟草工程设计咨询有限公司等3个多元化经营企业。

---

① 2019年2月，国家局、总公司印发《关于陕西中烟工业有限责任公司董事会换届的通知》（国烟人〔2019〕38号），聘任秦东生同志为陕西中烟工业有限责任公司第四届董事会董事。

中国烟草总公司合肥设计院

【主要职责】 负责组织烟草行业固定资产重大投资工程项目的技术审查（咨询）以及行业直属单位审批权限内的重大工程项目的技术咨询。参与行业打叶复烤厂和烟用仓库投资项目的前期工作及总体规划、设计的投标，参与烟草行业工程建设项目施工图第三方审查和项目的相关咨询工作，以及行业工程建设项目设计规范、技术标准的编制、修订工作和实施、监督工作等。

【负责人】

党委书记、院　长：卢安宁（正厅级）

党委委员、副院长：陆　敏

党委委员、副院长兼纪委书记：葛　波

【内设机构】 设办公室、人事处、经营处、财务管理处（审计处）、技术审查处、设计处等6个内设处室。

中国烟草总公司职工进修学院

【主要职责】 承担行业高层次专业技术和职业技能人员培训、企业经营管理人员培训、培训项目研发设计与组织实施，行业特有职业技能鉴定与竞赛管理、行业网络学习平台管理，教材和师资等资源开发、建设和管理，黄淮产区的烟叶样品研究与管理，行业内外、国（境）内外教育培训合作与交流工作；承办国家局、总公司机关各部门、各单位组织的培训项目，协助国家局、总公司职能部门开展年度培训计划制订、培训项目招投标等工作；承担中国烟草学会教育专业委员会和安全生产专业委员会工作。

【负责人】①

党组书记、院长：王　宏

党组成员、副院长：杨保吉

国家烟草专卖局职业技能鉴定指导中心专职副主任：杨保吉（2019年9月—）（部门副职）

党组成员、副院长：刘学义

党组成员、副院长：李广才

党组成员、纪检组长：陈卫华

党组成员、副院长：粟卫军（2019年9月—）

副巡视员：王正波（2019年9月—）

【内设机构】② 设办公室（外事办公室），人事处（离退办）、党建工作处（机关党委、工会办公室）、财务管理处、纪检监察处（审计处、规范办）、安全管理处、烟草农业培训部（黄淮烟叶样品中心）、烟草工业培训部、综合培训部、网络培训部、教学保障中心、信息中心、后勤保障中心等13个处室，并设有博士后研发基地。职业技能鉴定指导中心设综合管理处、质量督导处、鉴定考核处、标准命题处等4个处室。

上海新型烟草制品研究院

【主要职责】 上海新型烟草制品研究院（简称上海院）成立于2015年6月。作为行业级研究机构，着力突破专利制约和技术瓶颈，发挥技术成果应用转化的“孵化器”作用。2016年5月，国家局批复同意设立上海新型烟草制品研究院有限公司，与上海院合署办公。2018年3月26日，国家局、总公司批复同意设立深圳新型烟草制品有限公司，由上海新型烟草制品研究院有限公司和深圳烟草工业有限责任公司共同出资设立。

【负责人】

院　长：施　超（兼）

副院长：陈超英

副院长：丁逸敏

南通醋酸纤维有限公司

【概　况】 南通醋酸纤维有限公司（简称南纤公司）成立于1987年3月，由中国烟草总公司与美国塞拉尼斯公司合资经营，是集化工、化纤、热电为一体的大型工业企业。南纤公司占地面积79.33万平方米，总投资9.03亿美元，其中中方投资占69.32%，美方占30.68%。南纤公司主要产品为烟用二醋酸纤维丝束（简称醋纤丝束）及其配套原料二醋酸纤维素片（简称醋片），其中，醋纤丝束销售到全

---

① 2019年9月，国家局党组印发《关于杨保吉等三名同志任职的通知》（国烟党〔2019〕223号），杨保吉同志任国家烟草专卖局职业技能鉴定指导中心专职副主任（部门副职），试用期一年；粟卫军同志任中共中国烟草总公司职工进修学院党组成员、中国烟草总公司职工进修学院副院长，试用期一年；王正波同志任中国烟草总公司职工进修学院副巡视员。杨保吉、粟卫军、王正波同志任职时间自2019年9月3日党组决定之日起计算。

② 国家烟草专卖局职业技能鉴定指导中心的业务指导由国家局人事司负责，日常管理工作由中国烟草总公司职工进修学院负责。

国约70个卷烟生产企业；醋片作为醋纤丝束的生产原料，除公司自用外，同时供应昆明和珠海两家醋酸纤维有限公司。截至2019年底，公司总资产51.68亿元，其中固定资产20.34亿元、流动资产26.39亿元，资产负债率12.5%。在岗员工941人。

【领导成员】 南纤公司实行董事会领导下的总经理负责制，主要领导成员有：

董事长：姚宗东

副董事长：萨韦博（Scott MC Dougald Sutton）（—2019年2月）

副董事长：李察森（Scott Anthony Richardson）（2019年2月—）

党委书记、总经理：孙桂泉

党委委员、副总经理：杨占平

党委委员、副总经理：茅　俊

党委委员、副总经理：张　杰

党委委员、副总经理：江建军

副总经理：王文庭（Wen Wang）

副总经理：彭为骏（Wei Jun Peng）

党委委员、工会主席：韩振武

昆明醋酸纤维有限公司

【概　况】 昆明醋酸纤维有限公司（简称昆纤公司）成立于1993年5月，由中国烟草总公司和美国塞拉尼斯公司共同投资兴建，占地面积19万平方米，总投资9171.3万美元，中方投资比例占70%，美方占30%。公司主要产品为烟用二醋酸纤维丝束，年生产能力3.5万吨。截至2019年底，公司总资产8.49亿元，其中，固定资产1.16亿元、流动资产7.11亿元，资产负债率7.84%。在岗员工353人。

【领导成员】 昆纤公司实行董事会领导下的总经理负责制，主要领导成员有：

董事长：姚宗东

副董事长：萨韦博（Scott MC Dougald Sutton）（—2019年2月）

副董事长：李察森（Scott Anthony Richardson）（2019年2月—）

总经理：汪若泉（Bill Wang）

党委书记、副总经理：温　明

党委委员、副总经理：夏　吕

党委委员、总会计师：陆晓红

副总经理：贺兰德（Hugo Hernandz）（—2019年11月）

副总经理：何伟业（Javier Martinez）（2019年11月—）

副总经理：艾德利（Detlev Alm）（—2019年12月）

副总经理：陈秋文（First Chen）（2019年12月—）

党委委员、工会主席：严　峰

珠海醋酸纤维有限公司

【概　况】 珠海醋酸纤维有限公司（简称珠纤公司）成立于1993年5月20日，由中国烟草总公司和美国塞拉尼斯公司合资兴建，总投资2.23亿美元，其中中方投资比例占70%、美方占30%。珠纤公司现位于珠海市高栏港经济区精细化工区，占地面积28万平方米。珠纤公司专业生产“华维”品牌烟用二醋酸纤维素丝束，年生产能力7.5万吨。截至2019年底，公司总资产23.31亿元，其中固定资产净值13.42亿元、流动资产8.20亿元，资产负债率42.44%。在岗员工392人。

【领导成员】 珠纤公司实行董事会领导下的总经理负责制，主要领导成员有：

董事长：姚宗东

副董事长：萨韦博（Scott MC Dougald Sutton）（—2019年2月）

副董事长：李察森（Scott Anthony Richardson）（2019年2月—）

党委书记、总经理：王　军

党委委员、副总经理：刘　强

党委委员、副总经理：赵树春

党委委员、总会计师：武晓虹

副总经理：罗莫斯（Enrique Ramos）

副总经理：叶志全（Marcus Yip）

党委委员、工会主席、副总经理（兼任）、纪委书记：吴超平

◇ 编辑：褚　幸

烟草行业组织机构图

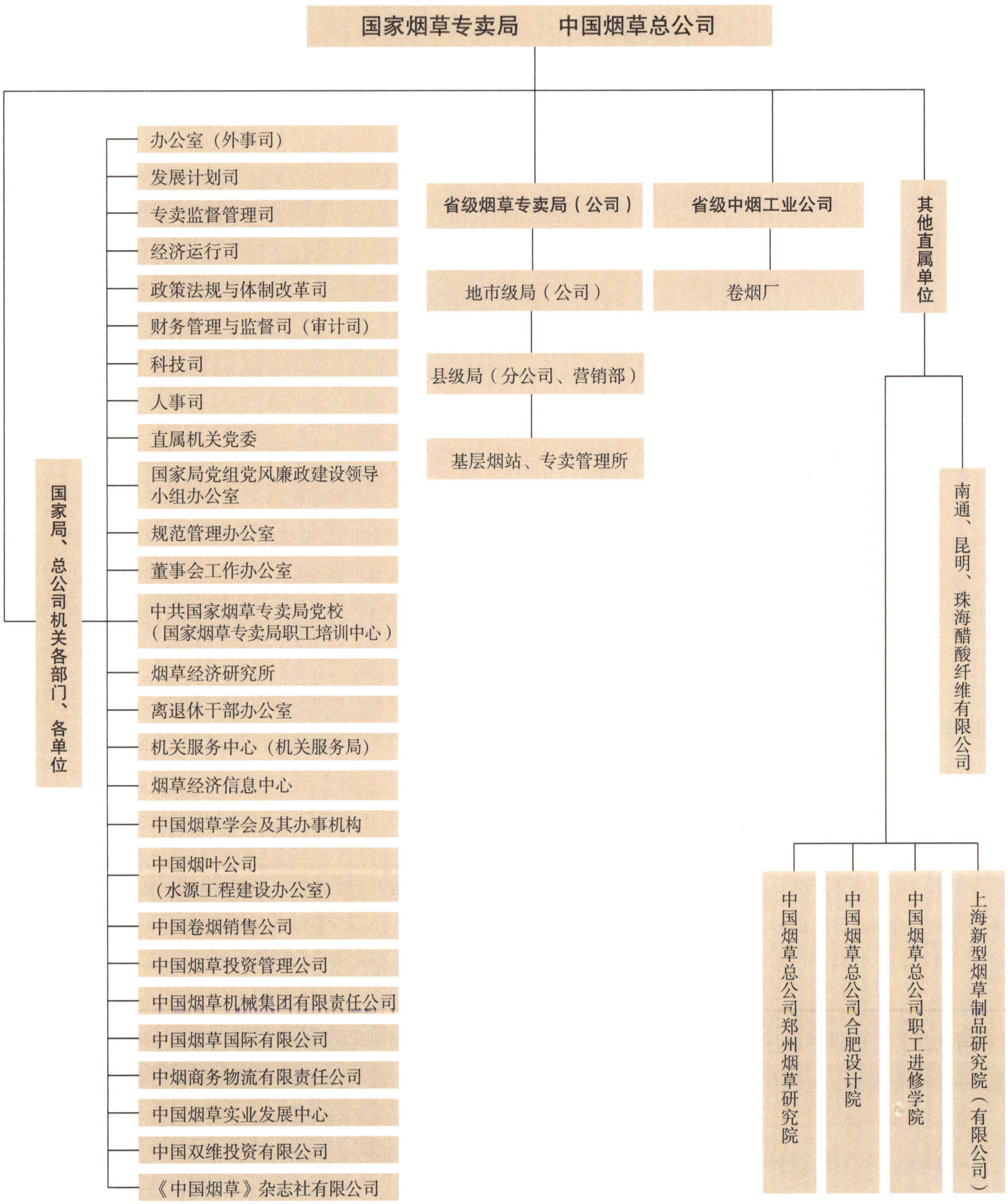

国家烟草专卖局　中国烟草总公司

- 国家局、总公司机关各部门、各单位
  - 办公室（外事司）
  - 发展计划司
  - 专卖监督管理司
  - 经济运行司
  - 政策法规与体制改革司
  - 财务管理与监督司（审计司）
  - 科技司
  - 人事司
  - 直属机关党委
  - 国家局党组党风廉政建设领导小组办公室
  - 规范管理办公室
  - 董事会工作办公室
  - 中共国家烟草专卖局党校（国家烟草专卖局职工培训中心）
  - 烟草经济研究所
  - 离退休干部办公室
  - 机关服务中心（机关服务局）
  - 烟草经济信息中心
  - 中国烟草学会及其办事机构
  - 中国烟叶公司（水源工程建设办公室）
  - 中国卷烟销售公司
  - 中国烟草投资管理公司
  - 中国烟草机械集团有限责任公司
  - 中国烟草国际有限公司
  - 中烟商务物流有限责任公司
  - 中国烟草实业发展中心
  - 中国双维投资有限公司
  - 《中国烟草》杂志社有限公司
- 省级烟草专卖局（公司）
  - 地市级局（公司）
    - 县级局（分公司、营销部）
      - 基层烟站、专卖管理所
- 省级中烟工业公司
  - 卷烟厂
- 其他直属单位
  - 南通、昆明、珠海醋酸纤维有限公司
  - 中国烟草总公司郑州烟草研究院
  - 中国烟草总公司合肥设计院
  - 中国烟草总公司职工进修学院
  - 上海新型烟草制品研究院（有限公司）

“2019年，各级烟草专卖管理部门紧紧围绕高质量发展目标任务，依法履行监管职责，努力提升治理能力，切实维护经营秩序，加强与公安、海关等执法部门协作，坚持断源头、打团伙、抓主犯、破网络，持续保持高压态势，为行业持续健康发展作出积极贡献。”

1 2019年9月，吉林长春市局（公司）销毁2019年度涉案烟草专卖品

吉林省局 供稿

2 浙江温州市局（公司）成立浙江省第一家实体化运作的涉烟情报研判中心，深化“云”上监管探索（2019年）

浙江温州市局 夏 俊 摄

3 2019年10月25日，浙江金华武义县局（分公司）与县公安局联合侦办“6·26”互联网销售加热不燃烧卷烟网络案件

浙江省局 供稿

4 2019年10月31日，浙江衢州市公安局、衢州市局（公司）召开案值2.1亿元的“1·1”特大跨国制售假烟网络案新闻发布会

浙江省局 供稿

1 2019年9月27日，浙江舟山嵊泗县局（分公司）联合相关部门对辖区物流快递企业开展专项整治

浙江舟山嵊泗县局　陈正杰　摄

2 2019年5月15日，安徽省政法烟草联席会议领导小组在芜湖召开全省卷烟打假工作现场会

安徽省局　供稿

3 2019年11月29日，河南省局（公司）与国家邮政局邮政业安全中心签订联合打击寄递环节假冒卷烟合作协议

河南省局　供稿

4 2019年5月27日，广东省局（公司）与广东省公安厅联合召开2019年广东省打击涉烟违法犯罪工作电视电话会议

广东省局　供稿

5 2019年3月14日，海南省局（公司）召开海南省烟草行业“海南无假货”品牌建设行动暨“3·15”销毁假烟活动现场会

海南省局　陈少阳　摄

6 2019年5月21日，四川省公安、邮政、市场监管、烟草联合召开2018年全省打击物流寄递涉烟违法犯罪专项行动总结表扬暨2019年专项行动动员部署电视电话会议

四川省局　供稿

7 2019年1月29日，云南省公安厅、云南省局（公司）与老挝南塔省公安厅举行中国·勐腊——老挝·南塔经侦警务执法合作工作会谈

云南省局　供稿

8 2019年5月26日，深圳宝安区局（公司）联合宝安区沙井派出所查获一批非法卷烟

深圳宝安区局　杨志明　摄

1 2019年11月5日，北京市烟草专卖局、北京市市场监督管理局联合召开落实《关于进一步保护未成年人免受电子烟侵害的通告》互联网企业集中约谈会

北京市局　供稿

2 2019年8月，河北省局（公司）召开会议，研讨采购文件修订工作

河北省局　供稿

3 2019年12月6日，吉林省局（公司）组织各地市州局（公司）对中小学校周边卷烟零售户清理整顿开展“回头看”工作

吉林省局　供稿

4 2019年6月17日，江西赣州章贡区局（分公司）专卖管理人员进行卷烟市场检查

江西省局　供稿

5 2019年3月15日，河南郑州市局（公司）所属各单位以“新消费我做主”为宣传主题，开展烟草专卖法律法规宣传活动

河南省局　供稿

6 2019年3月15日，广西南宁马山县局（营销部）开展“3·15”国际消费者权益日宣传活动

广西南宁马山县局　梁丽梅　摄

7 2019年3月15日，广西贺州市局（公司）、城区局（营销部）联合开展以“信用让消费者更放心”为主题的烟草专卖法律法规宣传活动

广西贺州城区局　毛　岗　摄

1 2019年3月17日，云南红河屏边县局（分公司）开展"3·15"国际消费者权益日宣传活动

云南红河屏边县局　罗树元　摄

2 2019年3月15日，陕西西安新城区局（分公司）开展"3·15"国际消费者权益日宣传活动

陕西西安市局　陈永慧　摄

3 2019年12月21日，宁夏银川市局（公司）联合公安部门开展卷烟市场专项检查

宁夏区局　供稿

> 2019年，各烟叶产区以推进供给侧结构性改革为主线，在转变发展方式、优化供给结构、推动流通体制改革、促进烟农增收、夯实基层基础、发展非烟产业等重点领域持续发力，烟叶生产总体保持平稳发展的良好态势。

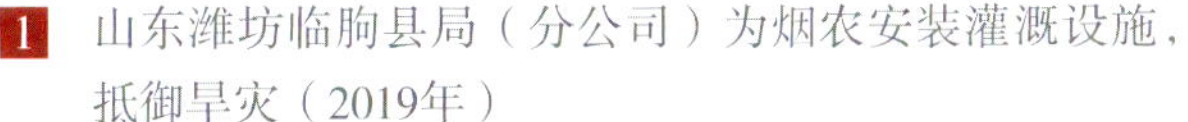

1 山东潍坊临朐县局（分公司）为烟农安装灌溉设施，抵御旱灾（2019年）

山东潍坊临朐县局　李　伟　摄

2 2019年4月25日，河南三门峡灵宝市烟农进行小苗井窖式移栽

河南省局　供稿

3 2019年4月12日，湖北恩施舞阳坝街道办事处阳鹊坝村烟农进行烟叶移栽

湖北恩施州恩施市烟叶分公司　黄　玲　摄

4 2019年3月5日，湖北恩施宣恩县椒园镇锣圈岩村育苗工场工人进行育苗（2019年）

湖北恩施宣恩县烟叶分公司　李双翔　摄

1 2019年5月27日，四川凉山会理县益门镇小梁村防雹点在准备防雹作业

四川省局 供稿

2 2019年11月12日，重庆市黔江区董纯烟叶合作社进行烟叶分级

重庆市局 涂金周 摄

3 贵州遵义桐梓县九坝收购线现场（2019年）

贵州遵义市局 俞 涛 摄

4 贵州黔东南镇远县局（分公司）引导烟农利用闲时种植蘑菇等项目助农增收（2019年）

贵州黔东南镇远县局 李宏洋 摄

5 2019年7月16日，贵州黔南贵定县烟农对烟叶进行分类绑杆

贵州省局 供稿

6 云南红河弥勒市局（分公司）采取“合作社+农户+市场”产销一体模式，引导烟农利用烟后空闲土地发展白萝卜种植加工业（2019年）

云南省局 供稿

1 云南保山腾冲市烟叶生产实行工场化育苗管理（2019年）

云南保山腾冲市局　孙加利　摄

2 2019年4月29日，云南文山州烟区烟农进行覆膜培土

云南文山州局　金国龙　摄

3 云南文山丘北县烟区在烟叶生产过程中充分运用机械化作业和滴灌技术实现减工降本（2019年）

云南文山州局　浦绍阳　摄

4 云南德宏陇川县生切烟丝调制现场（2019年）

云南香料烟公司　杨锦云　摄

5 云南德宏烟区整地理墒现场（2019年）

云南香料烟公司　邵维雄　摄

6 2019年10月30日，海南省局（公司）在儋州光村镇组织召开海南雪茄烟叶交易衔接会

海南儋州市局　周媛媛　摄

7 2019年11月21日，国产雪茄烟叶在2019国际雪茄博览会展出

海口雪茄研究所　向小华　摄

8 2019年3月21日，Hail & Cotton公司技术人员考察海南雪茄烟叶

海口雪茄研究所　夏长剑　摄

9 2019年3月21日，海南省局（公司）雪茄烟生产人员与Hail & Cotton公司技术人员交流烟叶发酵情况

海口雪茄研究所　向小华　摄

10 海南建恒哈瓦那雪茄有限公司光村基地雪茄烟田（2019年）

海南省局　供稿

1 2019年5月，河北保定蠡县县局（营销部）开展"卷烟防霉进客户"活动，指导零售户做好卷烟防霉度夏工作

河北保定市局 魏 尧 摄

2 河北承德市局（公司）客户经理入户指导零售户进行扫码销售（2019年）

河北承德市局 韩 贺 摄

3 上海烟草集团有限责任公司上海卷烟厂探索"智慧物流"（2019年）

上海烟草集团 供稿

4 浙江宁波市局（公司）客户经理使用"钉钉"移动工作平台服务零售户（2019年）

浙江宁波慈溪市局 赵浙东 摄

5 浙江温州市局（公司）在省内率先推广双屏一体机和安卓版“香溢通”，推进“互联网+销售”落地（2019年）

浙江温州市局 夏 俊 摄

6 浙江台州市局（公司）借助“香溢坊”自律互助小组宣传“三化四香一钉”（2019年）

浙江省局 供稿

7 2019年1月1日，江西南昌市局（公司）配送中心分拣人员开展“春供”分拣作业

江西省局 供稿

8 2019年11月，山东烟台长岛县局（营销部）为岛屿零售户配送卷烟

山东烟台长岛县局 葛书鸿 摄

1 山东潍坊市局（公司）“小管家”QC小组的“降低卷烟机械致残率”成果促进物流环节降本增效（2019年）

山东潍坊市局　张在德　摄

2 2019年3月3日，河南许昌建安区局（分公司）客户经理指导零售户操作“金叶通”客户端管理系统

河南许昌建安区局　张志勇　摄

3 2019年6月27日，湖北恩施利川市局（营销部）客户经理走访辖区卷烟零售户

湖北恩施州恩施市烟叶分公司　黄　玲　摄

4 2019年6月18日，卷烟零售户参加湖南中烟“趣味之旅”活动

湖南中烟　李　曼　摄

5 2019年7月4日，重庆烟草物流分公司开展"战高温斗酷暑"主题活动

重庆市局 涂金周 摄

6 2019年7月16日，重庆市涪陵区局（分公司）客户经理对零售户进行经营指导

重庆市局 涂金周 摄

7 四川省局（公司）物流车队整装出发（2019年）

四川省局 供稿

8 2019年12月10日，贵州铜仁市局（公司）物流工作人员进行中转烟装车

贵州铜仁市局 雷 杨 摄

1 2019年3月15日，云南保山龙陵县局（分公司）工作人员到零售户店中开展卷烟销售知识上门培训活动
云南保山龙陵县局 徐 康 摄

2 2019年5月17日，云南中烟与昆明铁路局举行“公转铁”卷烟班列开行仪式，降低卷烟物流运输成本
云南中烟 供稿

3 2019年7月16日，陕西西安市局（公司）QC小组开展卷烟零售户终端数据采集器的研发攻关研讨
陕西西安市局 陈永慧 摄

4 2019年11月28日，大连市局（公司）开展“互学互鉴 共同提升”主题终端建设拉练活动
大连市局 王如辉 摄

专卖管理与“两烟”经营

□ 北京市烟草专卖局（公司）

· 2019年北京市烟草专卖商业主要情况统计

□ 天津市烟草专卖局（公司）

· 2019年天津市烟草专卖商业主要情况统计

□ 河北省烟草专卖局（公司）

· 2019年河北省烟草专卖商业主要情况统计

……

北京市烟草专卖局（公司）

【专卖管理】　**案件查处**。2019年，北京市烟草专卖局继续坚持“以打为主”工作方针，以打击加热不燃烧卷烟为抓手，聚焦重点领域和关键环节，以点带面，着力提高打假打私工作质量。巩固完善“政府领导、部门联合、多方参与、密切协作”打假打私体系，按照“建机制、堵源头、打团伙、管市场”总体要求，不断完善跨部门、跨区域协作机制，积极推进与北京海关，北京市公安局网安总队、法制总队、环食药旅总队等单位和部门的执法协作。组织对加热不燃烧卷烟、物流寄递环节、中小学校周边售烟点集中整治，治理成效明显。全年查办各类涉烟违法案件3683起，其中，案值5万元以上案件380起，查获非法卷烟1.34万件，查获加热不燃烧卷烟305万支；破获网络案件20起，其中国标案件15起；公安、司法机关依法刑拘88人，判刑57人。全市实现互联网售烟电子证据认定、查办向未成年人售烟案件、取消零售户从业资格的重要突破。

市场监管。继续全面开展“双随机、一公开”市场检查，全市年度抽查对象有效户数共计3.48万户，年度计划检查户数5512户，年度检查比例15.86%。坚持和深化APCD工作法，提升模型分析的有效性和命中率，不断提升监管的精准性和科学性，市场净化率96.74%。全面推行行政执法三项制度，组织开展行政执法公示和执法全过程记录自查；牵头行业“互联网+监管”系统建设，完成试点单位工作任务；开展电子烟监管，约谈互联网企业和电子烟销售企业，电子烟监管成效显著。

行政许可。继续深化“放管服”改革，落实推进国家局、北京市政府政务服务改革要求，许可证办理材料精简62%，办理时限压减75%。按照市政府要求，全面梳理烟草专卖行政许可事项标准化梳理，基本实现烟草专卖许可标准化并在“首都之窗”进行公示，全市16个区烟草专卖许可窗口进驻政府政务服务大厅，有序实现烟草专卖零售许可“一口受理”、标准统一。推动“互联网+政务”建设，全面实现烟草专卖许可事项“网上申请”“一网通办”，推进与中国邮政速递物流股份有限公司北京市分公司的合作，全市12个区可以实现邮寄送达烟草专卖行政许可文书，申请人申请办理烟草专卖零售许可基本实现“只用跑一次”，甚至“一次都不用跑”。圆满完成国家局电子准运证试点任务，稳步推进中小学校周边持证卷烟零售户清理退出，全年清退相关零售户2056户。全市烟草专卖零售许可证数量持续提升，截至2019年底全市有零售许可证3.53万个。

2019年11月29日，北京烟草举办“学规范　用规范”专卖管理人员大练兵、大比武活动

北京市局　张　杨　摄

基础管理。以专卖行政执法规范课题推广落地为主线，提升全市专卖执法人员的依法行政能力和规范执法水平，全面夯实专卖基础管理工作。制定《北京烟草开展学规范用规范大练兵大比武活动　进一步推动打击出战果的实施方案》，组织开展专卖行政执法规范全员轮训、全员考试，专卖执法技能竞赛预赛，十大精品案例评选，专卖执法技能竞赛决赛及十大精品案例发布。制定专卖信息化建设三年规划，加速提升专卖信息化建设水平。

【卷烟（雪茄烟）经营】 **卷烟销售**。2019年，北京市销量居前三位的卷烟品牌为“红塔山”“中南海”“云烟”，销量分别为74.98亿支（15万箱）、45.81亿支（9.16万箱）、21.51亿支（4.3万箱）。

雪茄烟销售。2019年，北京市烟草商业系统销售雪茄烟2841.44万支，比上年增长93.59%；实现销售收入7699.05万元，比上年增长49.37%。依托雪茄烟二维码项目，升级销售系统，实现雪茄烟规范经营的痕迹化管理。

重点品牌培育。2019年销售重点品牌卷烟359.24亿支（71.85万箱），比上年增长0.46%。建立量化的品牌规格评价体系，从品牌和规格两个层面入手，将品牌评价指标形成灵活的指标标签，运用数据模型客观评价市场状态，为品牌进退和培育维护提供决策依据。全面分析卷烟发展趋势，重新定义卷烟品类，对创新型卷烟进行数据分析，识别经营风险，明确发展方向。

新品培育。坚持市场导向，科学培育新品。规范培育原则，实行精准化投放策略，通过建立分层分类投放模型，基本实现“一品一策”。同时，尊重市场规则，动态调整，通过进一步完善供给布局，优化客户资源配置，提高新品培育的有效性。

【现代卷烟零售终端建设】 2019年，北京市建成现代卷烟零售终端2357户，占终端总数的7.09%，其中“云POS”1324户，“中烟新商盟”终端385户，网上配货（不含京烟零售连锁店）648户。

2019年，北京市有卷烟零售户自律互助小组1658个，入组零售户2.31万户，在提升零售户盈利、调整市场状态等方面发挥积极作用。坚持“应招尽招”“真招实招”的工作原则，在完成招标、供应商选定、合同签订、管理细则编制的基础上，推动各区局（公司）开展选点审核、现场勘验、安装验收等工作，强化客户使用指导，2019年累计帮扶2236户零售户完成店面形象提升。

深化聚类投放，以推进单规格聚类投放工作为重要抓手，持续深化卷烟货源投放由公平向科学转变，实施精准投放的销售管理模式，努力提升卷烟投放水平。开展客户分层分类标签化管理，借助分层分类信息化系统，构建新型的客户分类方法，突出终端建设维度在科学划分客户类别中的重要作用，确保客户类别准确反映客户的终端现状与销售能力。

【特事辑要】 2019年1月24—25日，北京市局（公司）召开2019年全市烟草工作会议。

2月2日，国家局党组成员、副局长段铁力在北京烟草调研。

6月25日，北京市政协副主席林抚生在北京烟草调研指导。

7月10日，北京市烟草专卖局、北京市公安局联合召开2019年卷烟打假打私电视电话会议。

7月11日，北京市烟草专卖局、北京海关缉私局召开座谈会。

8月28—29日，全面质量管理推进暨中国质量协会成立40周年纪念大会在北京召开，北京烟草“蓝海”QC小组获评“全国优秀质量管理小组”。

9月26日，北京烟草举行庆祝中华人民共和国成立70周年“与共和国同梦　与新时代同行”职工文艺汇演。

11月5日，北京市烟草专卖局与北京市市场监督管理局联合召开落实《关于进一步保护未成年人免受电子烟侵害的通告》互联网企业集中约谈会。

2019年北京市烟草专卖商业主要情况统计

区局（公司）名称	东城区烟草专卖局（公司）	西城区烟草专卖局（公司）	朝阳区烟草专卖局（公司）	海淀区烟草专卖局（公司）	丰台区烟草专卖局（公司）
主要负责人/法定代表人（含党政领导）	李　梅	孟庆伟	郑思贤	张秀武	曹　盛
所属县级单位	—	—	—	—	—
总资产（万元）	31939	33683	154833	117105	85341
资产负债率（%）	10.68	14.32	8.92	6.98	7.84

续表

区局（公司）名称		东城区烟草专卖局（公司）	西城区烟草专卖局（公司）	朝阳区烟草专卖局（公司）	海淀区烟草专卖局（公司）	丰台区烟草专卖局（公司）
从业人员（人）		86	99	171	146	121
所属业务机构	营销机构	1个营销网建科	1个营销网建科	1个营销网建科	1个营销网建科	1个营销网建科
	物流配送机构	—	—	—	—	—
	专卖稽查机构	1个专卖稽查支队	1个专卖稽查支队	1个专卖稽查支队	1个专卖稽查支队	1个专卖稽查支队
	烟叶机构	—	—	—	—	—
烟农户数（户）		—	—	—	—	—
实现烟农总收入（万元）		—	—	—	—	—
零售户数（户）		1262	1432	4799	3138	2624
零售户销售毛利率（%）		12. 15	11. 88	12. 19	11. 93	11. 83

区局（公司）名称		石景山区烟草专卖局（公司）	通州区烟草专卖局（公司）	顺义区烟草专卖局（公司）	延庆区烟草专卖局（公司）	怀柔区烟草专卖局（公司）
主要负责人/法定代表人（含党政领导）		魏学忠	夏建瓴	刘向宇	王献军	韦　琪
所属县级单位		—	—	—	—	—
总资产（万元）		16658	50790	40211	8227	13570
资产负债率（%）		9. 15	4. 79	4. 63	10. 16	4. 54
从业人员（人）		60	101	106	67	80
所属业务机构	营销机构	1个营销网建科	1个营销网建科	1个营销网建科	1个营销网建科	1个营销网建科
	物流配送机构	—	—	1个配送仓储科	1个配送仓储科	1个配送仓储科
	专卖稽查机构	1个专卖稽查支队	1个专卖稽查支队	1个专卖稽查支队	1个专卖稽查支队	1个专卖稽查支队
	烟叶机构	—	—	—	—	—
烟农户数（户）		—	—	—	—	—
实现烟农总收入（万元）		—	—	—	—	—
零售户数（户）		653	3029	3162	1120	1356
零售户销售毛利率（%）		12. 56	10. 75	10. 71	9. 91	10. 61

区局（公司）名称	大兴区烟草专卖局（公司）	昌平区烟草专卖局（公司）	密云区烟草专卖局（公司）	门头沟区烟草专卖局（公司）	房山区烟草专卖局（公司）	平谷区烟草专卖局（公司）
主要负责人/法定代表人（含党政领导）	陈江华	史红军	李　强	罗斌科（—2019年12月） 许　鹏（2019年12月—，副局长、副经理，主持工作）	姚琴声	刘晓凡
所属县级单位	—	—	—	—	—	—
总资产（万元）	40685	44681	15600	4844	34703	11066
资产负债率（%）	9. 37	5. 08	7. 34	10. 21	3. 85	8. 21
从业人员（人）	122	110	77	54	100	71

续表

区局（公司）名称		大兴区烟草专卖局（公司）	昌平区烟草专卖局（公司）	密云区烟草专卖局（公司）	门头沟区烟草专卖局（公司）	房山区烟草专卖局（公司）	平谷区烟草专卖局（公司）
所属业务机构	营销机构	1个营销网建科	1个营销网建科	1个营销网建科	1个营销网建科	1个营销网建科	1个营销网建科
	物流配送机构	1个配送仓储科	1个配送仓储科	1个配送仓储科	1个配送仓储科	1个配送仓储科	1个配送仓储科
	专卖稽查机构	1个专卖稽查支队	1个专卖稽查支队	1个专卖稽查支队	1个专卖稽查支队	1个专卖稽查支队	1个专卖稽查支队
	烟叶机构	—	—	—	—	—	—
烟农户数（户）		—	—	—	—	—	—
实现烟农总收入（万元）		—	—	—	—	—	—
零售户数（户）		2895	3412	1767	615	2511	1503
零售户销售毛利率（%）		12.54	10.75	9.92	11.23	10.59	10.06

◇ 撰稿：王智誉；编辑：王　静

天津市烟草专卖局（公司）

【专卖管理】　**打假破网**。天津市烟草专卖局始终保持打假打私高压态势，强化京津冀专卖管理协作机制，深入推进多部门联合打击物流寄递环节涉烟违法犯罪工作，加大新型烟草制品监管力度，开展市场清理整顿专项行动。全年查处涉烟违法案件1262起，破获9起包括“7·28”跨省非法经营走私卷烟网络案件在内的国家局级网络案件，查获非法卷烟0.96万件，涉案金额4602万元，公安、司法机关依法惩处违法犯罪分子50余人。

专卖内管。制定印发内管工作暂行规定等制度，严格内管基础工作考核制度，进一步落实内部专卖监管责任。加大大户治理力度，坚持真烟案件追根溯源，对1455户次涉案卷烟零售户实施货源调控，其中减供1155户次、停供300户次。加强事前事中监管，严格预警处理评查，加强和改进环节控制，严格按规定对外流隐患突出的品规实施投放调控，有效遏制卷烟外流势头，全年卷烟非法流出数量行业排名比2018年下降4位。

市场监管。深入推进“互联网+监管”模式，充分运用APCD工作法与“双随机、一公开”监管模式，增强数据分析能力，提高市场监管效率，2019年，全市平均市场净化率95.65%。持续深化“放管服”改革，完成烟草专卖零售许可管理系统的升级改造，实现与天津市市场监督管理委员会电子证照系统互联互通，为申请人提供“一站式”服务，打造网上申请、网上受理、网上反馈的综合管理平台。做好“8890”便民服务专线工作，全年接到“8890”

2019年5月29日，天津市区第二烟草专卖局（分公司）客户经理发放法治宣传资料

天津市区二局　刘丽丽　摄

派单 3171 份，办结率 100%。

【法治烟草建设】 天津市烟草专卖局建立“党建＋法规”工作机制，持续加强普法讲师团建设，充分运用新媒体技术开展“指尖”普法，创设“零普零”普法新模式。构建制度管理体系，开展“制度建设年”活动，编制印发《天津烟草行业制度汇编》《制度文件正面清单》，形成用制度管权、按制度办事、靠制度管人的工作机制。搭建合同管理系统，开发轻微案件“快处”模块，信息化融合不断升级。开展行政许可评查，实现法治监督评查事项全领域覆盖。

【卷烟（雪茄烟）经营】 **品牌培育**。修订品牌引退管理规则，开展新品试销评测和品牌评价，升级选点品规投放操作系统，清退不适品规，科学引进新品，完善品类布局。建立工商策略协同沟通机制，发掘优势品牌潜力，制定《天津烟草品牌培育活动管理办法》等，提高重点品牌集中度，加快推动“细短中”等创新产品发展，卷烟结构继续稳步上移。

重点品牌销售。全年销售重点品牌卷烟 240.05 亿支（48.01 万箱），比上年增长 3.1%；“细短中”等创新产品累计销售 46.7 亿支（9.34 万箱），比上年增长 27.13%；单箱销售收入 3.07 万元，比上年增长 3.51%。中高端雪茄烟实现销售收入 612.34 万元。

销售平台建设。优化完善卷烟销售平台系统建设，拓展终端订货功能，依托“互联网＋”，推广手机订货应用，订货效率显著提升。丰富客户经理移动办公平台功能，整合终端建设、信息采集、品牌培育等工作流程，为客户提供“一站式”服务平台支撑。加强与银联商务、金融机构深度合作，推进聚合二维码支付及移动支付，逐步形成全商品扫码、全店铺管理、多方式结算为核心的新零售经营模式。帮助零售户建立消费者会员体系，掌握零售进销存数据及消费者基础数据信息资源，打造以消费者为中心的工商零消价值链。

现代卷烟零售终端建设。推动零售终端转型升级，推进“12322”工程，建设现代卷烟零售终端 6111 户，占客户总数的 20.34%。推广终端“云 POS”系统，终端“云 POS”应用客户 2218 户。全市有卷烟零售户自律互助小组 1935 个。优化客户培训方式，建立“线上＋线下”双线快捷服务通道，大力推广“烟商贷”服务，累计为 1000 余家零售户提供资金支持，授信额度 1.2 亿元。

物流建设。优化卷烟入（出）库作业动线，开展 C 类烟分拣线改造，进一步提高仓储、分拣作业效率。加强与天津中邮物流有限责任公司业务合作，送货业务外包在全市一级配送单位全面推开。“T＋1”送货模式顺利运行，送货响应时间由 45.96 小时缩短至 24 小时。

【信息化融合】 深入推进信息化融合，完善网络安全保障体系，制定《天津烟草行业信息化融合发展体系建设规划》。加强网络安全管理，参加由公安部和天津市委网信办组织的网络安全攻防演习，有效防范各类网络攻击，提高全市行业网络安全意识和保障能力。推动信息化与业务工作深度融合，采购管理系统、预算报销系统、资金监管系统及移动办公平台等重点项目如期完成。

【自主创新】 全面优化创新服务，深入推进质量管理小组建设，制定《天津市烟草专卖局质量管理小组活动管理办法》《新版质量管理小组活动评审采分要点（问题解决型）》《新版质量管理小组活动评审采分要点（创新型）》，构建“天津烟草企管知识服务平台”，推进优秀自主创新成果推广应用，制定《天津烟草行业自主创新重点项目推广计划》。天津市局（公司）综合计划处获评中国质量协会 2019 年度“全国质量信得过班组”，“小微案件快速处理程序的研究”课题获得全国烟草行业第三十届优秀质量管理小组成果发布会三等奖，23 个项目课题组获评天津市质量协会“市级优秀质量管理小组”。

【特事辑要】 2019 年 1 月 29—30 日，天津市局（公司）召开全市烟草工作会议。

9 月 11 日，天津市局（公司）举行“中国梦　金叶情”庆祝中华人民共和国成立 70 周年文艺汇演。

2019 年天津市烟草专卖商业主要情况统计

区局（公司）名称		天津市区第一烟草专卖局（分公司）	天津市区第二烟草专卖局（分公司）	天津市区第三烟草专卖局（分公司）	东丽区烟草专卖局（分公司）	津南区烟草专卖局（分公司）
主要负责人/法定代表人（含党政领导）		孙晓莹	孙晓莹	孙晓莹	孙晓莹	孙晓莹
所属县级单位		—	—	—	—	—
总资产（万元）		1544	1795	1639	984	800
资产负债率（%）		—	—	—	—	—
从业人员（人）		86	90	88	66	66
所属业务机构	营销机构	1 个营销网建科	1 个营销网建科	1 个营销网建科	1 个营销网建科	1 个营销网建科
	物流配送机构	—	—	—	—	—
	专卖稽查机构	2 个稽查大队	2 个稽查大队	2 个稽查大队	1 个稽查大队	1 个稽查大队
	烟叶机构	—	—	—	—	—
烟农户数（户）		—	—	—	—	—
实现烟农总收入（万元）		—	—	—	—	—
零售户数（户）		2507	2760	2672	1633	1931
零售户销售毛利率（%）		10.19	10.19	10.19	10.19	10.19

区局（公司）名称		西青区烟草专卖局（分公司）	北辰区烟草专卖局（分公司）	滨海新区烟草专卖局塘沽分局、塘沽分公司	滨海新区烟草专卖局汉沽分局、汉沽分公司	滨海新区烟草专卖局大港分局、大港分公司
主要负责人/法定代表人（含党政领导）		孙晓莹	孙晓莹	孙晓莹	孙晓莹	孙晓莹
所属县级单位		—	—	—	—	—
总资产（万元）		1003	896	1509	416	850
资产负债率（%）		—	—	—	—	—
从业人员（人）		67	66	127	55	74
所属业务机构	营销机构	1 个营销网建科	1 个营销网建科	1 个营销网建科	1 个营销网建科	1 个营销网建科
	物流配送机构	—	—	1 个送货中心	1 个送货中心	1 个送货中心
	专卖稽查机构	1 个稽查大队	1 个稽查大队	2 个稽查大队	1 个稽查大队	1 个稽查大队
	烟叶机构	—	—	—	—	—
烟农户数（户）		—	—	—	—	—
实现烟农总收入（万元）			—	—	—	—
零售户数（户）		1877	1835	2847	777	1244
零售户销售毛利率（%）		10.19	10.19	10.19	10.19	10.19

区局（公司）名称	武清区烟草专卖局（有限公司）	宝坻区烟草专卖局（有限公司）	宁河区烟草专卖局（有限公司）	静海区烟草专卖局（有限公司）	蓟州区烟草专卖局（有限公司）	天津市烟草专卖局公路分局
主要负责人/法定代表人（含党政领导）	唐有鋆	刘欣凯	杨如顺	吴宝旺	白　岩	王振军
所属县级单位	—	—	—	—	—	—
总资产（万元）	8017	6787	3213	5239	7529	—
资产负债率（%）	22.28	24.53	28.35	22.36	19.38	—

续表

区局（公司）名称		武清区烟草专卖局（有限公司）	宝坻区烟草专卖局（有限公司）	宁河区烟草专卖局（有限公司）	静海区烟草专卖局（有限公司）	蓟州区烟草专卖局（有限公司）	天津市烟草专卖局公路分局
从业人员（人）		121	101	75	83	109	38
所属业务机构	营销机构	1个营销网建科	1个营销网建科	1个营销网建科	1个营销网建科	1个营销网建科	—
	物流配送机构	1个送货中心	1个送货中心	1个送货中心	1个送货中心	1个送货中心	—
	专卖稽查机构	1个稽查大队	1个稽查大队	1个稽查大队	1个稽查大队	1个稽查大队	3个稽查大队
	烟叶机构	—	—	—	—	—	—
烟农户数（户）		—	—	—	—	—	—
实现烟农总收入（万元）		—	—	—	—	—	—
零售户数（户）		2563	2124	1490	1994	2175	—
零售户销售毛利率（%）		10.19	10.19	10.19	10.19	10.19	—

◇ 撰稿：高栓龙；编辑：王　静

河北省烟草专卖局（公司）

【专卖管理】　*打假打私*。2019年，河北省烟草专卖局与省公检法、海关等职能部门密切配合，发挥协作机制作用，提高打假打私的精准化、科学化水平。全年查处各类涉烟违法案件1.42万起，其中，案值5万元以上假私烟案件114起；查获各类非法卷烟1.67万件，其中，假烟2054件、走私烟1700件；查获非法烟叶烟丝78吨，收缴制假烟机11台。侦破国标网络案件71起，公安、司法机关依法刑拘379人，逮捕317人，判刑205人，其中判实刑115人。沧州市局加强情报分析研判，锁定境外主犯1名、境内网络成员80余人，经过两个多月奋战，抓获涉案犯罪嫌疑人17人，侦破“11·26”跨国走私卷烟案件，此案被公安部、国家局列为督办案件。

市场监管。科学精准开展市场监管工作，建立健全以“双随机、一公开”监管为手段、以信用监管为基础、以APCD重点监管为辅助的新型监管机制，开展物流寄递、互联网涉烟违法行为等专项治理工作，集中清理中小学校周边卷烟零售店，开展侵害零售户利益问题专项整治。“双随机、一公开”监管工作模块覆盖省、市、县三级724个专卖管理部门、2187名执法人员、25万个执法对象，进一步增强市场检查针对性。

2019年3月15日，河北石家庄市局（公司）组织开展“3·15”国际消费者权益日宣传活动

河北石家庄市局　张国华　摄

洛实国家烟草专卖局、国家市场监督管理总局联合发布的《关于进一步保护未成年人免受电子烟侵害的通告》（简称《通告》）精神，对接市场监管部门，借助信息监管系统对相关企业和商户开展网上检索。专卖执法人员对零售市场开展拉网式排查，

送达《通告》3万余份，在卷烟销售柜台加贴“禁止向未成年人出售电子烟”警示语2.7万余条，将《通告》精神向广大零售户和公众宣传解释到位。

“放管服”改革。全省开展零售许可“互联网+网上办理”试点工作，畅通网上办理渠道，形成“一网通办”，实现申请人办理许可“一次不用跑”。精简工作环节，压缩办结时限，全年办理许可申请8万余份，许可审批从15个工作日压缩到8个工作日。进一步加大许可督查力度，实现零售许可行为“数据端”核查，推动许可管理质量和服务水平同步提升。

内部监管。印发《河北省卷烟经营内部专卖管理监督实施办法（试行）》，细化流程、统一标准，探索对卷烟经营8个环节的闭环监管模式。以“天价烟”集中整治、违法违规大户治理和卷烟非法流通治理为抓手，出台《河北省烟草专卖局（公司）卷烟违规经营责任追究规定》，加强卷烟经营全链条管理，全年督办卷烟外流大要案3起，查处内部生产经营不规范问题30起，依法取缔违法违规大户126户。以邢台市局（公司）为试点，将全省“12313”打假举报与“96876”客户服务热线整合管理，制定配套工作制度、职责、流程，搭建全省统一的举报投诉管理服务平台，提升全省举报投诉服务工作质量。

【卷烟经营】 **卷烟销售**。2019年，河北省销量居前三位的卷烟品牌为“钻石”“红塔山”“云烟”，销量分别为396.51亿支（79.3万箱）、109.96亿支（21.99万箱）、96.6亿支（19.32万箱）。

雪茄烟销售。2019年，河北省销售雪茄烟1.66亿支，比上年增长51.63%；实现销售收入1.16亿元，比上年增长43.14%。进一步优化雪茄烟产品布局，引入“长城（132醇味）”“黄鹤楼（雪之韵6号）”“泰山（3G沉香）”“黄山松（回味迎客松）”“泰山（中海御叶）”“长城（大号铝管5支）”等6个雪茄烟新品。截至2019年底，全省共有在销雪茄烟品牌8个、在销规格39个，初步形成价格梯度合理、品类丰富的产品架构。不断提高市场份额，在做好省会城市市场培育的基础上，逐步拓展雪茄烟产品覆盖范围。市公司雪茄烟在销规格平均16个，省会城市石家庄在销25个。加强品牌文化传播和市场推广，在直营体验店和一些高档商业综合体、高档社区等现代终端建立雪茄烟专柜等，播放雪茄烟文化传播视频，发挥零售终端品牌培育的功能作用，促进雪茄烟文化传播和品牌销售。

品牌培育。贯彻“大品牌、大市场、大企业”战略，编制《全省系统品牌发展五年规划》，重新修订《卷烟品牌引入退出管理办法》，做到“宜进则进、应退尽退”，使整体品类布局更加科学合理。2019年，全省引入新品卷烟规格39个（不含改版升级13个），退出卷烟规格58个，推动品牌新旧动能转换。支持重点品牌培育。全年销售重点品牌（含“人民大会堂”，华北、东北地区视同为重点品牌）卷烟1074.87亿支（214.97万箱），比上年增长3.49%；重点品牌卷烟实现销售收入556.6亿元，比上年增长5.22%；重点品牌卷烟单箱销售收入比上年提高1.68%。培育创新产品，全年销售细支烟117.54亿支（23.51万箱），比上年增长23.31%；销售中支烟19.11亿支（3.82万箱），比上年增长97.94%；销售短支烟14.08亿支（2.82万箱），比上年增长9.54%。

零售终端建设。以客户盈利提升为关键，在完善制度、发挥作用等方面持续发力，进一步加大现代卷烟零售终端建设投入力度。截至2019年底，河北省有自律互助小组1.65万个，入组零售户占比100%。零售户盈利水平普遍达到10%以上。在全国卷烟零售户满意度调查中，省级市场总体满意度由2018年的全国第24名上升为第八名，得分增长幅度居全国第一名。

现代物流建设。推进秦皇岛市公司物流技改，推广唐山市公司物流主线细标一体分拣技改模式；以物流基础工作大调研为切入，重新修订河北烟草商业企业物流制度、标准及服务规范；以物流精益管理为抓手，提升物流运行质量。石家庄市公司被评为“全国烟草行业精益物流现场管理先进集体”。2019年，全省单箱物流费用、单箱仓储费用、单箱分拣费用、单箱配送费用、单箱管理费用分别位列全行业第8名、第3名、第13名、第20名、第5名。

【烟叶生产】 **烟叶种植**。2019年，河北省烟叶种植涉及6个县、20个乡、64个行政村、423户烟农（不含邯郸肥乡区、保定定州市的有关数据）。全年实现烟农总收入9008万元。

烟农专业合作社建设。以降低烟农种植成本、提高烟农收入为目标，推动烟农专业合作社建设。全年吸纳成员261

户，扶持合作社组建育苗、机耕、移栽、植保、烘烤、分级、运输等专业队，依托育苗工场、烘烤工场和配套农机具，按照统一作业流程、统一作业标准、统一操作工序的要求，进行规范化运行、专业化服务，推进烟叶生产机械化进程，减轻烟农劳动强度，提高生产效率，推动烟叶生产方式转型升级。

先进适用技术示范推广。全省烟叶产区继续开展新品种、新技术试验示范，引进“云烟87”“云烟89”“CF228”“CC27”等新品种进行品比试验。推进烤房设备升级换代示范工作，进一步提高烟叶质量。加大烟叶先进适用技术推广力度，组织规范化种植，为烟叶优质生产奠定基础。通过租赁土地、完善设施配套、烟田转租和帮助烟农调换地块等形式，实现烟叶种植轮作；统一安排，利用闲置育苗棚培育烟蚜茧蜂防治蚜虫；继续按照烟农自愿的原则，推广膜下滴灌；因地制宜，推行水肥一体化工作。

烟叶产区扶贫脱贫。将产业扶贫作为精准扶贫的重要举措、新阶段扶贫开发的重点，各级烟叶公司依托产业优势，谋划构建帮扶模式，实施“烟叶产业＋扶贫”政策，打造可持续扶贫脱贫机制，多措并举助力烟区扶贫脱贫攻坚。引导扶持贫困户种植烟叶，优先提供土地和烟用生产资料，优先流转贫困户土地，优先雇用贫困户到烟田打工。免费提供烟叶生产设施，引导贫困户开展多元化经营；组织技术人员对种烟贫困户实行“一对一”定点帮扶，进一步提高贫困户自身技术。2019年带动贫困人口增收700万元，户均增收5830元。

【企业管理】 **降本增效**。发挥管理融合作用，体系转版融合企业标准化建设，降本增效融合对标指标提升，管理诊断融合专业绩效达成，推进企业管理由“分工”走向“集合”。2019年，全省累计实现降本增效1552万元，超额完成国家局下达的目标任务。在国家局公布的14个对标指标中，全省烟草商业系统有8个指标优于行业平均值，9个指标的行业排名得到提升。全省单箱人工费用居行业第二名，单箱卷烟管理费用指标水平居行业第四名，总资产贡献率指标水平居行业第五名，单箱卷烟经营费用指标水平居行业第五名。

创新驱动。落实技术创新管理机制，加大创新奖励力度，激发全员创新热情。2019年，全省各单位开展以“小、实、活、新”为特点的群众性创新活动，石家庄、邢台市局（公司）QC成果获得烟草行业第三十届优秀质量管理小组成果发布会二等奖，1名个人获评河北省质量协会“2019年合并生质量管理小组活动优秀推进者”。全省结题获奖的优秀QC小组活动成果34项，科技创新项目11项，参与科技创新活动的员工1438人。

【规范管理】 **落实“三个保障机制”**。以防范工程、物资和服务采购领域的廉洁风险为着眼点，以推动落实“三个保障机制”为落脚点，通过强化落实采购项目初审、复审、终审的“三关三审”机制以及对“六个关键环节”的全程监管，“应招尽招”“真招实招”得到有效落实。2019年，全省烟草商业系统实施采购项目567项，其中公开招标534项，占比94.18%，公开招标“量和质”得到全面提升。

推进采购项目进入公共资源交易中心。坚持“应进必进、统一规范、公开透明、服务高效”原则，实现全省烟草商业系统各单位与各级政府公共资源交易中心的成功对接，推进147个采购项目进入各级政府交易中心进行公开招标，项目金额2.99亿元，进一步促进采购活动的公开公平公正。在2019年全国烟草行业规范管理工作会议上，河北省局（公司）围绕“推进招标采购项目进入公共资源交易中心”作经验交流。

【特事辑要】 2019年2月18—19日，河北省烟草商业系统工作会议在石家庄市召开。

5月8日，河北烟草工商企业联合召开河北烟草高质量发展战略合作大会暨荷花创牌60周年启动大会。

5月9日，河北省局（公司）驻石家庄市行唐县南件村扶贫工作队，被河北省委组织部、河北省扶贫开发办公室评为“先进工作队”，并通报表彰。

9月19日，河北省局（公司）举行全省烟草商业系统“守初心、担使命、共筑中国梦”暨庆祝中华人民共和国成立70周年文艺汇演。

11月4—5日，国家局党组成员、副局长徐𤩽在河北烟草调研。

12月30日，河北雄安烟草专卖局（公司）举行揭牌仪式。

2019 年河北省烟草专卖商业主要情况统计

地市级局（公司）名称		石家庄市烟草专卖局（公司）	邯郸市烟草专卖局（公司）	保定市烟草专卖局（公司）	张家口市烟草专卖局（公司）
主要负责人/法定代表人（含党政领导）		贾立业	范造来	王春怀	陆　军
所属县级单位[1]		藁城区、鹿泉区、栾城区、新华区、桥西区、裕华区、长安区等 7 个县级烟草专卖局（分公司），辛集市、晋州市、灵寿县、行唐县、平山县、正定县、高邑县、赵县、元氏县、赞皇县、新乐市、无极县、深泽县、井陉县等 14 个县级烟草专卖局（营销部）	邯山区、丛台区、复兴区、永年区等 4 个县级烟草专卖局（分公司），大名县、魏县、曲周县、邱县、鸡泽县、广平县、成安县、临漳县、磁县、涉县、馆陶县、峰峰矿区、武安市等 13 个县级烟草专卖局（营销部）	满城区、清苑区、徐水区、莲池区、竞秀区等 5 个县级烟草专卖局（分公司），涿州市、博野县、望都县、定兴县、阜平县、高碑店市、高阳县、涞水县、涞源县、蠡县、曲阳县、顺平县、安国市、易县、唐县等 15 个县级烟草专卖局（营销部）[2]	宣化区、崇礼区、万全区等 3 个县级烟草专卖局（分公司）[3]，沽源县、尚义县、张北县、康保县、怀安县、怀来县、赤城县、涿鹿县、蔚县、阳原县等 10 个县级烟草专卖局（营销部）
总资产（万元）		270969	151846	231635	102662
资产负债率（%）		17. 97	25. 89	30. 37	21. 14
从业人员（人）		1041	1144	1312	576
所属业务机构	营销机构	1 个营销中心	1 个营销中心	1 个营销中心	1 个营销中心
	物流配送机构	1 个物流配送中心	1 个物流配送中心	1 个物流配送中心	1 个物流配送中心
	专卖稽查机构	1 个稽查支队、21 个稽查大队	1 个稽查支队、17 个稽查大队	1 个稽查支队、20 个稽查大队	1 个稽查支队、12 个稽查大队
	烟叶机构	1 个烟叶管理科、2 个烟叶公司	—	1 个烟叶管理科、3 个烟叶收购站	1 个烟叶管理科
烟农户数（户）		88	—	33	302
实现烟农总收入（万元）		1821	—	647	6540
零售户数（户）		33586	33956	33141	16918
零售户销售毛利率（%）		13. 35	12. 30	13. 95	11. 50

地市级局（公司）名称	承德市烟草专卖局（公司）	唐山市烟草专卖局（公司）	廊坊市烟草专卖局（公司）	沧州市烟草专卖局（公司）
主要负责人/法定代表人（含党政领导）	徐　立	王友安	马宝平	毛建民
所属县级单位[1]	平泉市烟草专卖局（分公司），丰宁满族自治县、滦平县、承德县、围场满族蒙古族自治县、隆化县、兴隆县、宽城满族自治县等 7 个县级烟草专卖局（营销部）	滦州市、路南区、路北区、开平区、古冶区等 5 个县级烟草专卖局（分公司），丰润区、丰南区、滦南县、乐亭县、迁安市、迁西县、遵化市、玉田县、曹妃甸区等 9 个县级烟草专卖局（营销部）	安次区、广阳区、三河市、大厂回族自治县、香河县、永清县、固安县、霸州市、文安县、大城县等 10 个县级烟草专卖局（营销部）	任丘市、泊头市、黄骅市、河间市、沧县、肃宁县、孟村回族自治县、东光县、海兴县、献县、青县、吴桥县、盐山县、南皮县等 14 个县级烟草专卖局（营销部）
总资产（万元）	61518	191990	133346	155856

续表

<table>
<tr><th colspan="2">地市级局（公司）名称</th><th>承德市烟草专卖局（公司）</th><th>唐山市烟草专卖局（公司）</th><th>廊坊市烟草专卖局（公司）</th><th>沧州市烟草专卖局（公司）</th></tr>
<tr><td colspan="2">资产负债率（%）</td><td>15.62</td><td>8.51</td><td>16.00</td><td>27.69</td></tr>
<tr><td colspan="2">从业人员（人）</td><td>576</td><td>888</td><td>607</td><td>1055</td></tr>
<tr><td rowspan="4">所属业务机构</td><td>营销机构</td><td>1 个营销中心</td><td>1 个营销中心</td><td>1 个营销中心、
1 个电访中心</td><td>1 个营销中心</td></tr>
<tr><td>物流配送机构</td><td>1 个物流配送中心</td><td>1 个物流配送中心</td><td>1 个物流配送中心</td><td>1 个物流配送中心</td></tr>
<tr><td>专卖稽查机构</td><td>1 个稽查支队、
9 个稽查大队</td><td>1 个稽查支队、
14 个稽查大队</td><td>1 个稽查支队、
10 个稽查大队</td><td>1 个稽查支队、
15 个稽查大队</td></tr>
<tr><td>烟叶机构</td><td>—</td><td>—</td><td>—</td><td>—</td></tr>
<tr><td colspan="2">烟农户数（户）</td><td>—</td><td>—</td><td>—</td><td>—</td></tr>
<tr><td colspan="2">实现烟农总收入（万元）</td><td>—</td><td>—</td><td>—</td><td>—</td></tr>
<tr><td colspan="2">零售户数（户）</td><td>12377</td><td>27510</td><td>15036</td><td>23983</td></tr>
<tr><td colspan="2">零售户销售毛利率（%）</td><td>10.00</td><td>13.46</td><td>10.00</td><td>13.00</td></tr>
</table>

<table>
<tr><th colspan="2">地市级局（公司）名称</th><th>衡水市烟草专卖局（公司）</th><th>邢台市烟草专卖局（公司）</th><th>秦皇岛市烟草专卖局（公司）</th><th>河北雄安烟草专卖局（公司）[4]</th></tr>
<tr><td colspan="2">主要负责人/法定代表人（含党政领导）</td><td>付英乐</td><td>王　文</td><td>裴世勇</td><td>王春怀
（2019 年 11 月—）[5]</td></tr>
<tr><td colspan="2">所属县级单位[1]</td><td>冀州区烟草专卖局（分公司），桃城区、枣强县、武邑县、深州市、武强县、饶阳县、安平县、故城县、景县、阜城县等 10 个县级烟草专卖局（营销部）</td><td>邢台县、沙河市、内丘县、临城县、隆尧县、柏乡县、宁晋县、巨鹿县、平乡县、广宗县、南和县、任县、南宫市、新河县、威县、清河县、临西县等 17 个县级烟草专卖局（营销部）</td><td>抚宁区、海港区、山海关区、北戴河区等 4 个县级烟草专卖局（分公司），昌黎县、卢龙县、青龙满族自治县等 3 个县级烟草专卖局（营销部）</td><td>安新县、容城县、雄县等 3 个县级烟草专卖局（营销部）</td></tr>
<tr><td colspan="2">总资产（万元）</td><td>59503</td><td>127754</td><td>86945</td><td>13404</td></tr>
<tr><td colspan="2">资产负债率（%）</td><td>22.07</td><td>33.30</td><td>18.85</td><td>40.31</td></tr>
<tr><td colspan="2">从业人员（人）</td><td>731</td><td>1066</td><td>403</td><td>178</td></tr>
<tr><td rowspan="4">所属业务机构</td><td>营销机构</td><td>1 个营销中心、
1 个电访中心</td><td>1 个营销中心、
1 个电访中心</td><td>1 个营销中心</td><td>1 个计划营销科</td></tr>
<tr><td>物流配送机构</td><td>1 个物流配送中心</td><td>1 个物流配送中心、
3 个中转站</td><td>1 个物流配送中心</td><td>—</td></tr>
<tr><td>专卖稽查机构</td><td>1 个稽查支队、
11 个稽查大队</td><td>1 个稽查支队、
18 个稽查大队</td><td>1 个稽查支队、
7 个稽查大队</td><td>1 个稽查支队、
3 个稽查大队</td></tr>
<tr><td>烟叶机构</td><td>—</td><td>—</td><td>—</td><td>—</td></tr>
<tr><td colspan="2">烟农户数（户）</td><td>—</td><td>—</td><td>—</td><td>—</td></tr>
<tr><td colspan="2">实现烟农总收入（万元）</td><td>—</td><td>—</td><td>—</td><td>—</td></tr>
<tr><td colspan="2">零售户数（户）</td><td>12845</td><td>21420</td><td>11008</td><td>4352</td></tr>
<tr><td colspan="2">零售户销售毛利率（%）</td><td>13.00</td><td>13.00</td><td>14.00</td><td>13.50</td></tr>
</table>

注：1. 统计表没有标注未上划的 2 个县级单位，分别为邯郸市局（公司）下辖的肥乡县烟草专卖局（公司），保定市局（公司）下辖的定州卷烟经理部。

2. 2019 年 7 月，原属保定市局（公司）的安新县、容城县、雄县等 3 个县局（营销部）划归河北雄安烟草专卖局（公司）。

3. 2019 年 11 月，国家局印发《关于河北省张家口市所属宣化和崇礼两区烟草管理体制上划的批复》（国烟法〔2019〕175 号），设立张家口市宣化区、崇礼区烟草专卖局（分公司）。

4. 2019 年 7 月，国家局、总公司印发《关于设立河北雄安烟草专卖局（公司）的批复》（国烟人〔2019〕135 号），同意设立河北雄安烟草专卖局（公司）。

5. 保定市局（公司）党组书记、局长（经理）王春怀兼任河北雄安烟草专卖局（公司）党组书记、局长（经理）。

◇ 撰稿：苏维民；编辑：王　静

山西省烟草专卖局（公司）

【专卖管理】 打假打私。2019 年，山西省烟草专卖局出台专卖管理工作高质量发展三年规划，出台《晋冀蒙烟草专卖联合打击涉烟违法犯罪活动工作协作机制》，形成区域专卖联动、联防、联打工作格局。抓住省政府支持的有利时机，与省公安厅网安总队、技侦总队分别出台《山西省联合打击互联网涉烟违法犯罪工作机制》《山西省公安厅技术侦察总队与省烟草专卖局专卖监督管理处联合打击寄递渠道涉烟违法犯罪情报共享合作机制》，加大与公安多警种联合办案力度。开展打击互联网涉烟违法犯罪专项行动和清理整顿卷烟市场专项行动，各市局完成省局下达的打网络硬任务。2019 年，全省查处假烟案件 2010 起，走私烟案件 351 起，其中案值 5 万元以上假私烟案件 49 起。查处假烟 2990.34 件，案值 1946.79 万元；查处走私烟 380.36 件，案值 256.78 万元。向公安机关移送案件 65 起，公安、司法机关依法拘留 120 人，逮捕 82 人，判刑 85 人。破获符合国家局标准的网络案件 24 起，其中大同、晋中、忻州、临汾市局破获部督案件 4 起，实现重大突破。

重大案件。2019 年，破获公安部集中打击食药环犯罪“昆仑”行动首批督办案件 2 起，公安部、国家局督办案件 2 起。其中，大同市局“1·5”非法经营烟草专卖品案件，涉及山西、上海、辽宁等省（自治区、直辖市），查获走私加热不燃烧卷烟 0.44 万支，涉案金额 5000 余万元，锁定 11 名犯罪嫌疑人，其中 9 人被公安、司法机关依法实施逮捕或判刑，2 人被网上追逃。晋中市局“4·9”非法经营假冒卷烟案件，涉及山西、福建、广西等 27 个省（自治区、直辖市），查获假冒卷烟 4.22 件，涉案金额 3600 万元，锁定 6 名犯罪嫌疑人，其中 2 人被公安、司法机关依法逮捕，1 人被直诉，3 人被网上追逃。忻州市局“9·23”非法生产烟草专卖品案件，涉及山西、内蒙古、河南等省（自治区、直辖市），查获制假设备 10 台，制假原辅材料 21.04 吨，涉案金额 3700 余万元，公安、司法机关依法逮捕犯罪嫌疑人 21 人。临汾市局“12·13”特大制售假烟网络案件，涉及山西、福建、河南等省，查获制假设备 6 台，制假原辅材料 24.6 吨，假烟 2300 件，45 名犯罪嫌疑人被公安、司法机关依法判刑。

市场监管。2019 年，山西省各级烟草专卖局完善“打击严厉、管理到位、疏导及时、服务周到”市场监管体系，全面推广应用“互联网 + 监管”系统，推行“双随机、一公开”监管，不断提升监管效能，严格执行“一户一码”管理，依法严管违法卖烟大户，加强对加热不燃烧卷烟的监管打击，加大对电子烟等相关产品的监管力度。山西省局坚持季度市场监管督查，实地抽查零售户 1.28 万户，约占全省零售户总数的 11%，各市局市场净化率全部达到 97% 以上。

证件管理。山西省局作为国家局确定的试点单位，率先上线并规范应用“烟草行业一体化在线政务服务平台”，实现网上申请办理烟草专卖零售许可证，形成试点经验，发挥试点作用。制定印发《山西省烟草专卖局关于烟草制品零售点合理布局的指导意见》，组织开展许可证管理专项检查，对存在的问题限期整改，进一步规范提升行政许可管理和服务能力。截至 2019 年底，全省有持证零售户 12.8 万户，其中城市持证零售户 6.68 万户、农村持证零售户 6.13 万户。

2019 年 3 月 15 日，山西省局（公司）机关第三党支部开展“3·15”国际消费者权益日宣传主题党日活动

山西省局　供稿

内部监管。山西省局印发《真烟非法流通案件调查处理工作制度》《关于开展全省系统规范卷烟经营专项检查的工作方案》，组织开展“天价烟”回头看专项检查，切实加强日常监管，组织开展废弃烟草专卖品专项检查、卷烟经营网上异地监管，真烟非法流通持续保持在低位可控状态，未发生国家局督办的真烟非法流通案件。

【卷烟（雪茄烟）经营】 **品牌培育**。组织开展2018年度在销品规诊断分析和2018年度工商互评情况诊断分析，制定印发《关于优化卷烟品牌规格布局的指导意见》《关于成立卷烟品牌管理委员会的通知》，确定质量效益型、规模效益型和成长效益型3个品牌集群，精准开展品牌布局优化和引入退出管理，真正做到布局规划有依据、品牌引入有章法、退出管理有规矩。2019年清退卷烟品牌规格35个、引进54个。全年协助召开3次新品研究会，组织开展3次新品引入以及1次在销品规测评工作。抓好低价位卷烟衔接，引进“红金龙（硬新版）”“钻石（鸿运）”“宏声（软特）”“雄狮（红）”等五类卷烟落地销售，缓解全省低价位卷烟品规资源不足的状况。2019年，山西省销售重点品牌卷烟559.77亿支（111.95万箱），比上年增长4.81%。

全年销售雪茄烟464.54万支，比上年增长19.07%。

卷烟销售网络建设。2019年，山西省有卷烟零售户自律互助小组8218个，入组零售户10.7万户，有效提升零售户自律意识和盈利水平。全面深化市场化取向改革，坚决落实执行“一禁止、三公开”，完成省级卷烟销售平台选点投放、品牌引退、信息公开等功能调整升级。建立健全销售制度体系，结合“天价烟”治理和样品烟管理要求，修订完善货源投放、客户分档、货款结算等管理制度。

【现代烟草农业建设】 2019年，山西省有种烟农户637户，实现烟农总收入7409.09万元，比上年增加1065.21万元；户均收入11.63万元，比上年增加0.99万元。在山西省烟草种植面积中，机械化耕地面积1.9万亩，起垄1.9万亩，移栽1.9万亩，覆膜1.9万亩，施肥1.9万亩，湿润育苗技术推广1.0万亩，轮作1.57万亩，沤制有机肥1.6万亩，小苗深栽0.63万亩，开展烟田废弃地膜捡拾1.78万亩。

【精益管理】 **管理创新**。建立内部审计中心，出台审计整改管理办法，实施审计整改全过程跟踪、规范化操作，发挥审计监督服务保障作用。创新质检工作机制，出台相关管理制度，设立大同、临汾卷烟鉴别检验小组，全年质量监督、鉴别检验各类样品4.6万批次，出具检验报告8034份。建立省局三级例会工作督办机制、检视督导考评机制、工作业绩和工作质量“双百分”考核机制，确保省局党组重大决策部署贯彻落实到位。

财务管理。持续加强成本控制，实现降本增效521万元，完成国家局下达任务的124.05%。三项费用率4.51%，在连续三年下降的基础上，比上年减少0.44个百分点，较行业平均水平低1.53个百分点。组织开展资产盘点清查，出租资产134项，取得租赁收入847.84万元；处置无效资产1372项，取得处置收益498.98万元。修订财务开支管理办法，出台对外捐赠管理办法，进一步规范财务开支流程、权限和标准及对外捐赠管理；修订银行账户和银行存款管理办法，引入银行竞争性磋商机制，将原有按年结息转变为按月、按季结息，通过认购优先股对资金进行长期布局，增加货币资金净收益。

物流管理。借助山西昆明烟草有限责任公司技术力量开展物流设备工商联修，全年节省维修费、工时费300余万元。系统解决异型烟分拣难题，分拣效率比上年提高2.58%。全面建立分层分类对标新模式，提升物流综合管理运行效能，单箱配送费用77.63元、单箱可控费用31.93元，持续排名行业第一。

质量管理。在全国烟草行业第三十届优秀质量管理小组成果发布会上，运城市公司物流配送中心“执行者”QC小组成果“分拣线静电消除装置的研制”获得一等奖，该公司QC成果连续两年获得一等奖；晋城市公司物流配送中心“镖子”QC小组“提高卷烟塑封膜回收率”和太原市公司物流配送中心“精细严”QC小组“异型烟烟姿调整装置的研制”2项成果获得二等奖。

规范管理。建立健全采购管理体系，修订全省系统采购管理实施办法等采购核心制度，制定车辆采购管理和库内供应商比质比价等配套制度，全面推行采购管理信息化，探索建立小零散物品电商采购模式，持续推进采购管理规范运行、降本增效。

【特事辑要】 2019 年 1 月 25 日，山西省局（公司）在太原召开 2019 年全省烟草工作会议。

11 月 2—3 日，山西省烟草系统首届"责任杯"物流岗位及消防技能竞赛在运城市公司举办。

2019 年山西省烟草专卖商业主要情况统计

地市级局（公司）名称		太原市烟草专卖局（公司）	大同市烟草专卖局（公司）	阳泉市烟草专卖局（公司）	长治市烟草专卖局（公司）	晋城市烟草专卖局（公司）
主要负责人/法定代表人（含党政领导）		李建民	张跃斌	乔继光	李振芳	张春荣
所属县级单位		小店区、迎泽区、杏花岭区、尖草坪区、万柏林区、晋源区、清徐县、古交市、阳曲县、娄烦县等 10 个县级烟草专卖局（营销部）[1]	平城区、云冈区、云州区、新荣区、阳高县、天镇县、浑源县、灵丘县、广灵县、左云县等 10 个县级烟草专卖局（营销部）	平定县、盂县 2 个县级烟草专卖局（营销部）	潞州区、上党区、潞城区、屯留区、长子县、壶关县、平顺县、黎城县、武乡县、襄垣县、沁县、沁源县等 12 个县级烟草专卖局（营销部）[2]	城区、泽州县、高平市、阳城县、沁水县、陵川县等 6 个县级烟草专卖局（营销部）
总资产（万元）		207775	134671	40399	103090	67955
资产负债率（%）		18.16	21.77	14.17	18.87	15.93
从业人员（人）		741	650	225	695	371
所属业务机构	营销机构	1 个营销中心	1 个营销中心	1 个营销中心	1 个营销中心	1 个营销中心
	物流配送机构	1 个物流配送中心	1 个物流配送中心、1 个配送中转站	1 个物流配送中心	1 个物流配送中心、5 个配送中转站	1 个物流配送中心、4 个配送中转站
	专卖稽查机构	1 个稽查支队、17 个稽查大队	1 个稽查支队、10 个稽查大队	1 个稽查支队、3 个稽查大队	1 个稽查支队、13 个稽查大队	1 个稽查支队、6 个稽查大队
	烟叶机构	—	—	—	—	—
烟农户数（户）		—	—	—	189	—
实现烟农总收入（万元）		—	—	—	1294	—
零售户数（户）		14505	10793	5708	12638	8207
零售户销售毛利率（%）		12.95	13.09	13.04	12.65	11.79

地市级局（公司）名称	朔州市烟草专卖局（公司）	忻州市烟草专卖局（公司）	吕梁市烟草专卖局（公司）	晋中市烟草专卖局（公司）	临汾市烟草专卖局（公司）	运城市烟草专卖局（公司）
主要负责人/法定代表人（含党政领导）	任守军	曲 涛	张竞华	义晋瑞	姚 宏（—2019 年 7 月） 李 明（2019 年 7 月—）	杨新民（—2019 年 5 月） 陈晓勇（2019 年 5 月—）
所属县级单位	朔城区、平鲁区、山阴县、怀仁市、应县、右玉县等 6 个县级烟草专卖局（营销部）	忻府区、原平市、代县、繁峙县、定襄县、五台县、宁武县、神池县、岢岚县、五寨县、保德县、静乐县、偏关县、河曲县等 14 个县级烟草专卖局（营销部）	离石区、汾阳市、孝义市、交城县、文水县、交口县、石楼县、柳林县、中阳县、方山县、临县、兴县、岚县等 13 个县级烟草专卖局（营销部）	榆次区、太谷县、祁县、平遥县、介休市、灵石县、榆社县、左权县、和顺县、昔阳县、寿阳县等 11 个县级烟草专卖局（营销部）	尧都区、侯马市、曲沃县、翼城县、襄汾县、洪洞县、霍州市、古县、吉县、安泽县、浮山县、乡宁县、蒲县、大宁县、永和县、隰县、汾西县等 17 个县级烟草专卖局（营销部）	盐湖区、临猗县、永济市、万荣县、河津市、新绛县、稷山县、铝厂厂区、绛县、闻喜县、夏县、垣曲县、平陆县、芮城县、风陵渡区等 15 个县级烟草专卖局（营销部）

续表

地市级局（公司）名称		朔州市烟草专卖局（公司）	忻州市烟草专卖局（公司）	吕梁市烟草专卖局（公司）	晋中市烟草专卖局（公司）	临汾市烟草专卖局（公司）	运城市烟草专卖局（公司）
总资产（万元）		42499	107686	102759	119116	138342	133763
资产负债率（%）		12.26	34.95	19.92	28.74	27.08	25.02
从业人员（人）		338	655	805	655	790	947
所属业务机构	营销机构	1个营销中心	1个营销中心	1个营销中心	1个营销中心	1个营销中心	1个营销中心
	物流配送机构	1个物流配送中心	1个物流配送中心、4个配送中转站	1个物流中心、8个配送中转站	1个物流中心、3个中转站	1个物流配送中心、1个配送中转站	1个物流配送中心、3个配送中转站
	专卖稽查机构	1个稽查支队、6个稽查大队	1个稽查支队、14个稽查大队	1个稽查支队、13个稽查大队	1个稽查支队、11个稽查大队	1个稽查支队、17个稽查大队	1个稽查支队、15个稽查大队
	烟叶机构	—	—	—	—	—	—
烟农户数（户）		—	—	—	—	248	200
实现烟农总收入（万元）		—	—	—	—	2023	4092
零售户数（户）		6554	11075	14295	13886	15220	15150
零售户销售毛利率（%）		12.23	12.01	12.12	11.98	12.33	12.71

注：1. 1996年1月，太原市局（公司）成立小店区、迎泽区、杏花岭区、尖草坪区、万柏林区烟草专卖局（营销部）。1998年9月，按照太原市新的行政区划，组建晋源区烟草专卖局（营销部）。

随着行业全面推进以城市为重点的卷烟销售网络建设，为进一步提高网建工作整体水平，加快实现卷烟商业向现代流通转变，构建完善的卷烟销售网络，2003年7月，按照国烟办〔2003〕75号文件，《全国36个重点城市卷烟销售网络建设联动工作方案》的要求，太原市区（公司）党组决定撤销前述6个城区烟草专卖局（营销部），成立太原市烟草专卖局稽查中心，山西省太原市烟草公司营销中心，山西省太原市烟草公司物流中心。

2015年11月，鉴于市场化取向改革的需要，太原市局（公司）党组会议研究，经省局（公司）党组批复，撤销太原市烟草专卖局稽查中心，成立太原市烟草专卖局（公司）城南中心、太原市烟草专卖局（公司）城北中心、太原市烟草专卖局（公司）城西中心，分别承担行政区域内的市场监管、证件管理、一般案件处理、卷烟营销、客服服务等职能；成立太原市烟草专卖局稽查支队承担打假破网、大案要案的查处职能、协助开展全市市场监管工作。

随着行业高质量发展的要求不断提高，3个城区中心运行不畅的情况逐渐显现，2019年，太原市局（公司）撤销3个城区中心的机构设置，恢复6个城区烟草专卖局（营销部）的机构设置，使经济运行更加流畅、市场监管更加合理，以符合山西烟草高质量发展的规划和要求。

2. 2019年1月，国家局、总公司印发《关于调整长治市烟草专卖局（公司）所属部分机构的批复》（国烟人〔2019〕29号），撤销山西省长治市城区烟草专卖局（营销部）、郊区烟草专卖局（营销部），合并设立长治市潞州区烟草专卖局（营销部）；撤销山西省长治县烟草专卖局（营销部），设立长治市上党区烟草专卖局（营销部）；撤销山西省屯留县烟草专卖局（营销部），设立长治市屯留区烟草专卖局（营销部）；撤销山西省潞城市烟草专卖局（营销部），设立长治市潞城区烟草专卖局（营销部）。

◇ 撰稿：朱永胜；编辑：王　静

内蒙古自治区烟草专卖局（公司）

【专卖管理】　**案件查处**。2019年，内蒙古自治区烟草专卖局聚焦履行专卖管理职能，建立“大专卖”市场管理格局，加强与自治区公安、海关、市场监管、边防、邮政、交通、铁路等部门沟通协作，打造“外部环境”工程，构筑“北疆防线”。完善与周边省区域联合执法打私打假协作机制，实现东北、华北、西北全覆盖，做到联防联控联管联动。全年查处各类涉烟违法案件1.34万起，破获制售假烟网络案件20起，公安、司法机关依法逮捕81人，判刑37人。

市场监管。推广兴安盟局规范卷烟市场经营秩序等经验，探索“政府主导、部门配合、联管联治、共建共享共赢”合作新路径。推广赤峰市局在边界地区、交通枢纽设立专卖管理所（客户服务站）经验，全自治区设立23个，解决专卖管理、客户服务的“最后一公里”问题。落实“放管服”改革要求，开展“双随机、一公开”监管，推动烟草行业一体化在线政务服务平台和“互联网＋监管”系统建设，全自治区涉烟案件侦办质量更高，市场净化率97.2%。

内管监督。加大查处违规经营案件、真烟异常流动治理力度。全年发生真烟案件比上年下降18.36%。执行真烟异常流动约谈制度，全年约谈4家单位。

【卷烟（雪茄烟）经营】 **卷烟（雪茄烟）销售**。2019年，内蒙古自治区销量居前三位的卷烟品牌为“云烟”“红塔山”“南京”，销量分别为131.65亿支（26.33万箱）、48.8亿支（9.76万箱）、41.15亿支（8.23万箱）。

全年销售雪茄烟1.63亿支，比上年增长61.4%。

品牌培育。实施大品牌、大市场、大企业发展战略，以《全区烟草行业品牌管理办法》《2019年全区品牌经营规划》2项制度为抓手，成立品牌管理工作领导小组，明确销售、计划等部门工作职责和品牌规划重点，对在销品牌实行目录管理，全自治区品牌引入及品牌退出的规则体系公开透明。在品牌培育中坚持市场导向并突出重点，严格品牌培育流程，加强市场研究，深化工商协同，持续提升品牌培育效果。2019年，重点品牌销量比上年增长2.87%。自治区产卷烟品牌市场份额比上年提升1.41%。“冬虫夏草”品牌进入全国性鼓励品牌行列。

销售改革创新。树立市场需求理念，深入推进供给侧结构性改革，供需动态平衡体系建设初见成效。按照“优先订货、鼓励订货、风险订货、限制订货、预警订货”5个维度，统一发布订货指导意见，从供给侧的货源采购源头提高供需匹配度。统筹推进卷烟销售战线系统创新工作，创新支撑体系建设初见成效。组成政策研究组作为全自治区销售领域创新的头部牵引，制定《全区自有零售连锁品牌建设方案》，在构建“金字塔型”终端生态格局体系、销售队伍转型路线等未来销售创新的主要领域进行探索，初步完成方案编写，经可行性论证研究后将进入重点推进阶段。

市场化取向改革。树立以消费者为中心的理念，推进市场化取向改革，销售运行调控体系建设初见成效。以企业化思维和市场化思维，以“面向市场面向客户面向消费者”新视角，推动销售领域体系“废改立”，依托省级销售平台系统升级，统一部署实施“一禁止三公开”工作，实现各经营主体按同一尺度对外开展信息公开工作。印发《全区烟草行业卷烟品牌培育暨货源投放监测评估管理办法》，全面提升运行调控工作质量。

【烟叶生产】 2019年，全自治区有11个乡镇、30个村种烟，烟农530户。通过抓“控总量、优结构、转方式、促增收”工作，烟叶收购等级合格率81.09%，工商交接等级合格率71.5%，全面实现原收原调，烟叶等级质量和纯度受到肯定。烟农户均收入比上年增长20.5%。

【管理创新】 **基础管理**。卷烟物流配送有新突破。内蒙古自治区地域辽阔，卷烟物流战线长而分散、成本费用高，内蒙古区局（公司）制定《“2+3”区域物流建设规划》，构建打破行政区划的物流中转配送体系，物流费用比上年下降1.81%。精益管理有新成效。深入对标贯标，全年有38个项目立项、评定成果16项。QC小组活动取得行业级成果1项、自治区级成果5项、企业级成果54项，创造可计算经济效益384.87万元。在内蒙古自治区财贸轻纺农牧林水工会成功申报2个职工创新工作室。制定《信息化工作“互联网+”行动计划》，信息化保障能力、支撑水平得到较大提升。

安全生产。深入推进“七五”普法宣传，开展“安全生产月”活动，推广安全风险分级管控和隐患排查治理双重预防机制。主动公开事项7.22万项，规范权力运行。开展审计项目249项，审计发现问题并提出建议

2019年1月22—23日，内蒙古区局（公司）召开2019年全区烟草工作会议，表彰全自治区烟草行业践行“责任文化”先进单位及工作标兵

内蒙古区局　供稿

539 条，自主研发全自治区烟草行业商业企业物资采购审计风险模块，实现审计关口前移。自治区局（公司）被评为“全区内部审计先进集体”。全自治区烟草行业做到“五个未发生”，即未发生一般以上安全生产事故，未发生群体性上访事件，未发生失泄密事件，未发生质量检测检验结论诉讼或复议案件，未发生行政许可复议、诉讼案件。

【特事辑要】 2019 年 1 月 22—23 日，内蒙古自治区烟草工作会议在呼和浩特召开。

2019 年内蒙古自治区烟草专卖商业主要情况统计

地市级局（公司）名称		呼和浩特市烟草专卖局（公司）	满洲里市烟草专卖局（公司）	呼伦贝尔市烟草专卖局（公司）	兴安盟烟草专卖局（公司）	通辽市烟草专卖局（公司）
主要负责人/法定代表人（含党政领导）		董德富（—2019 年 8 月）王福贵（2019 年 8 月—）	乔立中（—2019 年 6 月）梁　磊（2019 年 5 月—）	王文兵（—2019 年 5 月）赵海涛（2019 年 6—8 月）王鹏宇（2019 年 8 月—）	郝文亮（—2019 年 6 月）孙宏宁（2019 年 6 月—）	王明欣[1]
所属县级单位		土默特左旗、托克托县、和林格尔县、清水河县、武川县、新城区、赛罕区、回民区、玉泉区等 9 个县级烟草专卖局（营销部）	扎赉诺尔区烟草专卖局（营销部）	海拉尔区、扎兰屯市、牙克石市、阿荣旗、莫力达瓦达斡尔族自治旗、大杨树、鄂伦春自治旗、根河市、额尔古纳市、新巴尔虎左旗、新巴尔虎右旗、鄂温克族自治旗、陈巴尔虎旗等 13 个县级烟草专卖局（营销部）	科尔沁右翼前旗、科尔沁右翼中旗、突泉县、阿尔山市、扎赉特旗、乌兰浩特市等 6 个县级烟草专卖局（营销部）	科尔沁区、科尔沁左翼后旗、科尔沁左翼中旗、开鲁县、库伦旗、奈曼旗、扎鲁特旗、霍林郭勒市等 8 个县级烟草专卖局（营销部）
总资产（万元）		178027	10614	45056	36567	62938
资产负债率（%）		20.47	16.73	18.55	24.08	12.60
从业人员（人）		702	72	567	254	463
所属业务机构	营销机构	1 个营销中心	1 个营销中心	1 个营销中心	1 个营销中心	1 个营销中心
	物流配送机构	1 个物流配送中心、3 个中转站	1 个物流配送中心	2 个物流配送中心	1 个物流配送中心	1 个物流配送中心
	专卖稽查机构	1 个专卖监督管理科（专卖稽查支队）、3 个专卖稽查大队	1 个专卖监督管理科	1 个专卖监督管理科	1 个专卖监督管理科（专卖稽查支队）、6 个专卖监督管理股（专卖稽查大队）	1 个专卖监督管理科（专卖稽查支队）
	烟叶机构	—	—	—	—	—
烟农户数（户）		—	—	—	—	—
实现烟农总收入（万元）		—	—	—	—	—
零售户数（户）		12454	1127	9194	7105	12791
零售户销售毛利率（%）		15.03	15.00	15.85	14.49	16.00

地市级局（公司）名称		赤峰市烟草专卖局（公司）	锡林郭勒盟烟草专卖局（公司）	二连浩特市烟草专卖局（公司）	乌兰察布市烟草专卖局（公司）	包头市烟草专卖局（公司）
主要负责人/法定代表人（含党政领导）		刘凤君	孙宏宇（—2019年6月） 王文兵（2019年5月—）	高志明（—2019年6月） 张健英（2019年6—8月） 董英钊（2019年10月—）	王 强	牛其广（—2019年8月） 赵海涛（2019年8月—）
所属县级单位		红山区、松山区、阿鲁科尔沁旗、巴林左旗、巴林右旗、林西县、克什克腾旗等7个烟草专卖局（营销部），翁牛特旗、喀喇沁旗、宁城县、元宝山区、敖汉旗等5个烟草专卖局（分公司），松山区烟叶分公司	锡林浩特市、阿巴嘎旗、苏尼特左旗、苏尼特右旗、镶黄旗、多伦县、太仆寺旗、正蓝旗、西乌珠穆沁旗、东乌珠穆沁旗、乌拉盖管理区等11个县级烟草专卖局（营销部）	—	集宁区、察哈尔右翼前旗、察哈尔右翼中旗、察哈尔右翼后旗、化德县、卓资县、凉城县、商都县、四子王旗、丰镇市、兴和县等11个县级烟草专卖局（营销部）	土默特右旗、固阳县、达尔罕茂明安联合旗、白云鄂博矿区、石拐区、东河区、九原区、青山区、昆都仑区等9个县级烟草专卖局（营销部）
总资产（万元）		95243	19223	6781	70755	181305
资产负债率（%）		26.75	21.84	33.51	12.19	19.80
从业人员（人）		793	294	35	421	429
所属业务机构	营销机构	1个营销中心	1个营销中心	1个营销中心	1个营销中心	1个营销中心
	物流配送机构	1个物流配送中心	1个物流配送中心	1个物流配送中心	1个物流配送中心	1个物流配送中心
	专卖稽查机构	1个专卖监督管理科（专卖稽查支队）、3个专卖监督管理股（专卖稽查大队）、8个基层专卖管理所	1个专卖监督管理科（专卖稽查支队）、2个专卖监督管理股（专卖稽查大队）	1个专卖监督管理科	1个专卖监督管理科（专卖稽查支队）	1个专卖监督管理科（专卖稽查支队）、2个专卖监督管理股（专卖稽查大队）
	烟叶机构	1个烟叶科、1个县级烟叶分公司、5个烟叶收购站、2个烟叶收购点	—	—	—	—
烟农户数（户）		530	—	—	—	—
实现烟农总收入（万元）		4022	—	—	—	—
零售户数（户）		15785	4320	468	7866	9513
零售户销售毛利率（%）		15.01	15.08	15.54	16.00	15.12

地市级局（公司）名称	鄂尔多斯市烟草专卖局（公司）	巴彦淖尔市烟草专卖局（公司）	乌海市烟草专卖局（公司）	阿拉善盟烟草专卖局（公司）
主要负责人/法定代表人（含党政领导）	张若宇	齐翠敏	杜秀亭	孟凡超（—2019年6月） 王鹏宇（2019年5—8月） 张健英（2019年8月—）

续表

地市级局（公司）名称		鄂尔多斯市烟草专卖局（公司）	巴彦淖尔市烟草专卖局（公司）	乌海市烟草专卖局（公司）	阿拉善盟烟草专卖局（公司）
所属县级单位		东胜区、康巴什区、达拉特旗、准格尔旗、伊金霍洛旗、杭锦旗、乌审旗、鄂托克旗、鄂托克前旗等9个县烟草专卖局（营销部），乌兰木伦、棋盘井经济开发区、上海庙经济开发区等3个直属分局，准格尔经济开发区直属分局（营销部）	临河区、乌拉特前旗、乌拉特中旗、乌拉特后旗、五原县、杭锦后旗、磴口县等7个县级烟草专卖局（营销部）	海勃湾区、乌达区、海南区等3个县级烟草专卖局（营销部）	阿拉善左旗、阿拉善右旗、额济纳旗等3个烟草专卖局（营销部），乌斯太烟草专卖分局，东风场区烟草专卖分局（卷烟批发部）
总资产（万元）		151245	59862	34450	10404
资产负债率（%）		17.23	21.22	10.60	2.94
从业人员（人）		461人	320	113	114
所属业务机构	营销机构	1个营销中心	1个营销中心	1个营销中心	1个营销中心
	物流配送机构	1个物流配送中心	1个物流配送中心	1个物流配送中心	1个物流配送中心
	专卖稽查机构	1个专卖监督管理科（专卖稽查支队）、2个专卖监督管理股（专卖稽查大队）	1个专卖监督管理科（专卖稽查支队）、2个专卖监督管理股（专卖稽查大队）	1个专卖监督管理科（专卖稽查支队）、3个专卖监督管理股（专卖稽查大队）	1个专卖监督管理科（专卖稽查支队）、4个专卖监督管理股（专卖稽查大队）
	烟叶机构	—	—	—	—
烟农户数（户）		—	—	—	—
实现烟农总收入（万元）		—	—	—	—
零售户数（户）		9671	6588	1828	1315
零售户销售毛利率（%）		15.00	13.70	14.39	15.43

注：1.2019年4月，通辽市局（公司）营业执照法定代表人由王明新变更为王明欣。

◇ 撰稿：班晓华；编辑：王　静

辽宁省烟草专卖局（公司）

【专卖管理】　**案件查处**。2019年，辽宁省烟草专卖局查处各类涉烟违法案件1.2万起，其中案值5万元以上案件661起，比上年增长40.64%。涉案金额1.67亿元，比上年增长30.49%。查扣各类非法卷烟2.63万件，比上年增长28.3%，其中查扣非渠道卷烟1.41万件，假烟0.21万件，走私烟1万件。查扣烟丝烟叶392.33吨。全年破获符合公安部、国家局标准网络案件34起，省局标准网络案件9起，其中4起案件被公安部、国家局列为督办案件。公安、司法机关依法逮捕138人，拘留110人，判刑59人。

卷烟市场监管。实行网格化监管，全省划分市场监管网格4537个，为开展“双随机、一公开”工作和实现精准监管奠定坚实基础。构建新型监管机制，基本建成以“双随机、一公开”监管为基本手段、以信用监管为基础、以APCD重点监管为补充的新型监管机制。继续开展违规大户治理，执行“一户一档一策”要求，采取严格紧俏品规供应、减供、限供等措施，提升监管效能。加强重点领域和重点对象治理，部署开展全省特殊卷烟经营场所全面排查和治理工作，指导各市局逐一登记造册，结合摸排情况，提升市场管控力。全面推进行业“互联网+监管”系统上线实施，印发《贯彻落实国家局一体化在线政务服务平台和“互联网+监管”相关工作的实施方案》。开展全省市场核查，按照“双随机”原则，关注重点区域、兼顾各类业态，对全省各地卷烟市场开展两次市场核查，平均核查净化率98.22%，比上年提升2.04个百分点。

证件管理。2019年，全省持证卷烟零售户超过13万户，其中农网零售户6.22万户，全省零售许可证审批与发放过程中无一例举报投诉、行政复议和行政诉讼，证照一致率100%。审批服务更加高效便捷，开通“辽宁金叶”微信公众号在线办证功能，形成“一次不用跑”的许可办理新局面。许可办理更加规范有序，推行服务承诺制，制定全省《烟草专卖零售许可证办理服务承诺》，在各级许可办理大厅和稽查所等对外服务窗口展示宣传。推行“四减四办”，协调辽宁省市场监督管理局共享电子工商执照数据，新办申请只需携带身份证件，避免群众“多跑路”，实现“减材料、减次数”“马上办、一次办”；稽查所设置“微信办证二维码”展示栏，提供帮助服务，实现偏远地区许可申请“就近办”；印发《深入推进“放管服”改革　贯彻落实“精简便民”工作要求的通知》，新办申请受理至订货配送总体时限控制在15个工作日内，专卖管理部门许可事项办理控制在4个工作日以内。后续监管更加全面严格，印发《启用和完善不予发放烟草专卖零售许可证的行政许可相对人名单库的通知》，引导零售户守法诚信经营。依法采取注销、收回、取消经营资格等措施，对有效期限届满未延续、停止经营业务不办理停业手续、违法违规等情形的零售户进行清理，全年清理1.29万户。开展侵害零售户利益问题专项整治，通过发放调查问卷及实地走访等形式，对9213家零售户进行全面回访核查。

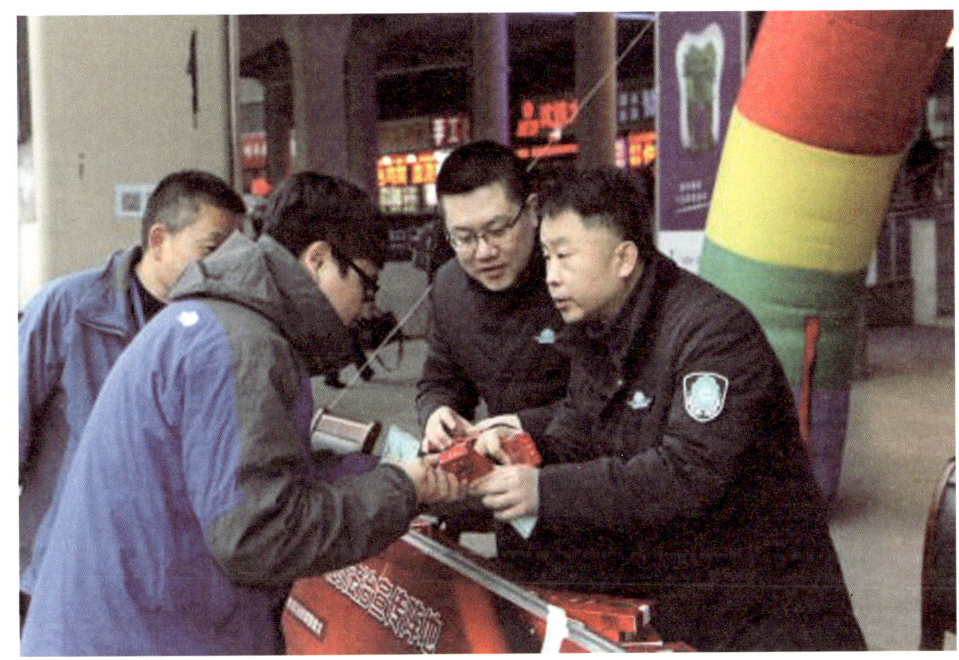

2019年3月15日，辽宁沈阳市局（公司）在沈阳北站开展“3·15”国际消费者权益日宣传活动

辽宁沈阳市局　杨　勇　摄

专卖信息化建设。持续推进专卖管理信息系统建设工作，组织成立全省行业专卖管理信息系统项目建设小组，设计辽宁个性化报表查询功能24项，保障各项专卖数据统计的及时性、准确性，打造更加先进实用的市场监管平台，实现网格信息展示、区县交叉互检、市管员胜任能力评价等功能，为APCD工作法和“双随机、一公开”落地提供信息支撑。

【卷烟（雪茄烟）经营】　**卷烟销售**。2019年，辽宁省销量居前三位的卷烟品牌为“七匹狼”“红塔山”“人民大会堂”，销量分别为66.25亿支（13.25万箱）、58.55亿支（11.71万箱）、58.5亿支（11.7万箱）。

雪茄烟销售。2019年，辽宁省烟草商业系统销售雪茄烟1.15亿支，比上年增长59.73%；实现销售收入7790万元，比上年增长46.77%。全年全省烟草商业系统经营雪茄烟共9个品牌47个规格，新引入“黄鹤楼（雪之韵2号）”“泰山（中海御叶）”2个规格。

品牌培育。2019年，辽宁省局（公司）制定品牌发展规划，严格品牌引入退出管理，明确未来五年全省品牌建设目标、内容和具体措施，进一步完善品牌进退规则。2019年，全省在销卷烟规格299个，比上年减少17个。提高重点品牌集中度，全年销售重点品牌卷烟547.55亿支（109.51万箱），比上年增长4.02%；累计销售“人民大会堂”品牌卷烟61.2亿支（12.24万箱），比上年增长 24.16%。

现代卷烟零售终端建设。制定印发《2019 年全省行业现代卷烟零售终端建设方案》《2019 年“辽叶 e 家”流通品牌授权管理规范》，明确建设内容和标准，规范流通品牌授权管理，加快终端建设步伐。2019 年，全省建成“辽叶 e 家”现代终端示范店 464 户。全面升级销售信息化平台。组织各单位开通微信公众号，统一上线微信订货平台和客户经理移动销售平台，统一推广应用终端系统，不断完善前台应用及后台数据分析功能。2019 年，实现扫码现代终端零售户 1.54 万户，占全省零售户总数的 11.36%，现代终端占比实现历史新高。

市场化取向改革。深入基层开展“走一遍”“查一遍”活动，与市场化取向改革“回头看”活动紧密结合，深入查找任务推进、完成质量、制度落地等方面的短板和问题。严格规范经营，推动销售监管全面升级。规范客户分档及货源投放规则，健全管理制度，量化管理标准，并将规则全部固化到销售平台，货源投放更加规范。创新开展“总公司—省公司—市公司”三级销售监管体系建设，全面收集地市监管系统需求，建立事前预判、事中分析、事后预警机制。

卷烟物流建设。推进工商共享物流资源。与安徽中烟、河北中烟、四川中烟、重庆中烟合作，利用辽宁鞍山市公司物流中心富余库容资源，设立东北地区首家区域集散中心，也是全国第一家“4 + 1”工商合作区域集散中心。探索物流信息化建设。制定《全省行业智慧物流建设方案》，提出“全面感知、数据驱动、移动互联、智慧管控”的智慧物流建设目标，为推进智慧物流建设做好准备工作。

【烟叶产销】 **烟叶种植与收购**。2019 年，辽宁省收购烤烟上等烟比例 61.25%，在国家局组织的烟叶收购等级质量检查中，烤烟质量等级平均合格率 80.79%。实现烟农种烟总收入 3.03 亿元。

烟叶生产基础设施建设。2019 年，全省实施烟叶生产基础设施建设项目 878 项，投入行业补贴资金 1711.22 万元。全省 50 亩以上集中连片烟田地 255 块，生产量 0.53 万吨（10.69 万担）。全省实现机械耕地 7.79 万亩、机械起垄 7.74 万亩、机械覆膜 7.57 万亩、机械培土 1.476 万亩、机械施肥 4.89 万亩。

烟叶科技创新。以解决烟叶生产实际问题为目的，依托辽宁烟叶先进技术推广委员会进行课题攻关。2019 年，全省立课题 10 项，课题涵盖育苗、移栽、病害防治、组织创新和等级质量等领域，以适用技术推广促进烟叶质量提升，以创新发展理念推动全省烟叶持续发展。以实施国家局绿色防控重大专项为引领，推行绿色生态生产方式。全省建立绿色防控综合示范区 20 个，示范区面积 1.2 万亩，按照国家局烟草绿色防控重大专项“三虫三病”防治技术要求，全面推广烟蚜茧蜂防治蚜虫工作，试点开展蠋蝽防治烟青虫、斜纹夜蛾技术，不断扩大生物防治的范围。

稳控烟叶规模。2019 年，通过细化过程管控措施，严把合同签订、烟苗供应、烟叶移栽、面积核实等重要关口，规范合同签订程序，精准供应烟苗和物资，GPS 实测种植面积，将种植面积和收购量落实到地块。辽宁省局（公司）烟叶、内管、专卖等部门组成联合检查组，对大田移栽和烟叶收购环节开展专项检查，确保稳控规模工作监督到位。

【交流与合作】 2019 年，中国烟草辽宁进出口公司实现“两烟”销售收入 1.79 亿元，实现税利 1.18 亿元。

2019 年，中国烟草辽宁进出口公司继续加强卷烟出口业务，全年出口“人民大会堂”品牌卷烟 1815 万支，并首次实现“人民大会堂（硬红细支）”对外出口；优化市场空间和客户布局，稳定南洋重点客户核心地位，推动并实现部分等级烟叶进入日本烟草工厂，增加迪拜 EUROLEAF 为直销客户。

【特事辑要】 2019 年 1 月 24—25 日，辽宁省局（公司）在沈阳召开全省烟草工作会议。

10 月 10 日，“我和我的祖国・筑梦辽烟”辽宁省烟草行业职工篮球赛决赛在沈阳举行。

11 月 11 日，“不忘初心、牢记使命”主题教育中央第十一巡回督导组到辽宁丹东市局（公司）进行实地督导并召开座谈会，深入了解“不忘初心、牢记使命”主题教育开展情况。

2019 年辽宁省烟草专卖商业主要情况统计

地市级局（公司）名称		沈阳市烟草专卖局（公司）	鞍山市烟草专卖局（公司）	抚顺市烟草专卖局（公司）	本溪市烟草专卖局（公司）
主要负责人/法定代表人（含党政领导）		胡志伟	兰艳丰	刘　林	姜明春
所属县级单位		和平区、沈河区、大东区、皇姑区、铁西区、沈北新区、于洪区、浑南区、苏家屯区、辽中区、新民市、康平县、法库县等 13 个县级烟草专卖局（营销部）	海城市、台安县、岫岩满族自治县等 3 个县级烟草专卖局（营销部）	清原满族自治县、新宾满族自治县、抚顺县等 3 个县级烟草专卖局（营销部）	本溪满族自治县、桓仁满族自治县、南芬区等 3 个县级烟草专卖局（营销部）
总资产（万元）		395112	108979	59788	44111
资产负债率（%）		8.55	9.75	7.63	8.82
从业人员（人）		1268	376	346	271
所属业务机构	营销机构	1 个营销中心	1 个营销中心	1 个营销中心	1 个营销中心
	物流配送机构	1 个卷烟物流配送中心	1 个卷烟物流配送中心	1 个卷烟物流配送中心	1 个卷烟物流配送中心
	专卖稽查机构	1 个稽查支队、16 个稽查大队	1 个稽查支队、7 个稽查大队	1 个稽查支队、13 个稽查大队	1 个稽查支队、6 个稽查大队
	烟叶机构	—	—	—	—
烟农户数（户）		—	—	—	—
实现烟农总收入（万元）		—	—	—	—
零售户数（户）		27685	12305	7567	5521
零售户销售毛利率（%）		13.00	12.00	13.00	12.00

地市级局（公司）名称		丹东市烟草专卖局（公司）	锦州市烟草专卖局（公司）	营口市烟草专卖局（公司）	阜新市烟草专卖局（公司）
主要负责人/法定代表人（含党政领导）		苏广昌	赵静波	王　琳	张　明
所属县级单位		东港市、凤城市、宽甸满族自治县等 3 个县级烟草专卖局（营销部）	凌海市、北镇市、黑山县、义县等 4 个县级烟草专卖局（营销部）	盖州市、大石桥市、老边区、鲅鱼圈区等 4 个县级烟草专卖局（营销部）	阜新蒙古族自治县、彰武县 2 个县级烟草专卖局（营销部）
总资产（万元）		106887	83374	86196	44413
资产负债率（%）		23.66	5.74	8.73	21.48
从业人员（人）		462	379	303	646
所属业务机构	营销机构	1 个营销中心	1 个营销中心	1 个营销中心	1 个营销中心
	物流配送机构	1 个卷烟物流配送中心	1 个卷烟物流配送中心	1 个卷烟物流配送中心	1 个卷烟物流配送中心
	专卖稽查机构	1 个稽查支队、10 个稽查大队	1 个稽查支队、12 个稽查大队	1 个稽查支队、6 个稽查大队	1 个稽查支队、6 个稽查大队
	烟叶机构	10 个烟叶站	—	—	4 个烟叶站

续表

地市级局（公司）名称	丹东市烟草专卖局（公司）	锦州市烟草专卖局（公司）	营口市烟草专卖局（公司）	阜新市烟草专卖局（公司）
烟农户数（户）	1472	—	—	207
实现烟农总收入（万元）	13814	—	—	2486
零售户数（户）	9464	11600	9690	6586
零售户销售毛利率（%）	13.00	12.00	13.00	13.54

地市级局（公司）名称		辽阳市烟草专卖局（公司）	铁岭市烟草专卖局（公司）	朝阳市烟草专卖局（公司）	盘锦市烟草专卖局（公司）	葫芦岛市烟草专卖局（公司）
主要负责人/法定代表人（含党政领导）		汤海洋	汪　清	王龙宪	姜守信	曹志良
所属县级单位		灯塔市、辽阳县2个县级烟草专卖局（营销部）	开原市、调兵山市、昌图县、西丰县等4个县级烟草专卖局（营销部）	北票市、凌源市、朝阳县、建平县、喀喇沁左翼蒙古族自治县等5个县级烟草专卖局（营销部）	大洼区、盘山县2个县级烟草专卖局（营销部）	兴城市、绥中县、建昌县等3个县级烟草专卖局（营销部）
总资产（万元）		54097	51780	54650	46922	71576
资产负债率（%）		4.24	15.72	13.64	7.26	14.39
从业人员（人）		277	613	554	209	354
所属业务机构	营销机构	1个营销中心	1个营销中心	1个营销中心	1个营销中心	1个营销中心
	物流配送机构	1个卷烟物流配送中心	1个卷烟物流配送中心	1个卷烟物流配送中心	1个卷烟物流配送中心	1个卷烟物流配送中心
	专卖稽查机构	1个稽查支队、8个稽查大队	1个稽查支队、8个稽查大队	1个稽查支队、7个稽查大队	1个稽查支队、4个稽查大队	1个稽查支队、9个稽查大队
	烟叶机构	—	9个烟叶站	4个烟叶站	—	—
烟农户数（户）		—	593	585	—	—
实现烟农总收入（万元）		—	7320	6654	—	—
零售户数（户）		6800	11183	12442	5100	9408
零售户销售毛利率（%）		12.30	12.83	13.00	12.00	12.00

◎ 撰稿：董春亮；编辑：王　静

吉林省烟草专卖局（公司）

【专卖管理】 **案件查处**。2019年，吉林省烟草专卖局查处各类涉烟违法案件1837起，其中，案值5万元以上案件198起。查获各类非法卷烟4296件，破获较大规模网络案件16起，公安、司法机关依法抓捕犯罪嫌疑人53人，逮捕45人，刑拘45人。

吉林省局组成调研组先后对全省5个市、州烟草专卖局和10个县级局进行实地调研，通过走访卷烟零售户、办证大厅、边境口岸，召开一线专卖管理人员座谈会等方式，梳理问题、征求意见，共同探讨解决措施，梳理出专卖领域重点问题。印发《关于进一步深入推进“放管服”改革指导意见》《关于深入推进县级局卷烟打假打私工作指导意见》《关于进一步加强全省烟草专卖管理队伍建设指导意见》，细化专卖领域政策落实的步骤和方法，全面提升专卖工作质量。

集中力量打击互联网涉烟违法犯罪。巩固和深化与吉林省公安、海关、交通、邮政等部门建立的联合协作机制，推动打假打私工作向纵深发展。吉林省各市、州烟草专卖局充分发挥打假破网主体作用，加强线索排查、沟通协调和抓捕追刑力度，破获多起典型网络案件。

部分重大案件。延边州局侦破的非法生产烟丝案，公安、司法机关依法抓获犯罪嫌疑人14人，其中，逮捕3人，取保候审11人，网上追逃4人。查获成品烟丝、烟叶100余吨，烟草专用机械14台，案值近1000万元。

通化市通化县局侦破的“4·4”网络案件，公安、司法机关依法抓获犯罪嫌疑人6人，其中逮捕6人、网上追逃1人，涉案总金额540万元，被公安部列为“部督案件”。

吉林市局侦破的“8·20”利用微信销售加热卷烟网络案件，涉及全国多个省（自治区、直辖市），公安、司法机关依法抓获犯罪嫌疑人6人，其中逮捕4人、取保候审2人，涉案总金额140余万元，被公安部列为“云端战役”案件。

行政许可改革。落实“放管服”改革和“最多跑一次”改革的要求，加强与相关部门的沟通协作，理顺工作流程和衔接机制，努力做到既能放得开，又能管得住，还能服务好。各市（州）、县级局全面落实吉林省局《关于进一步深入推进“放管服”改革指导意见》，提高工作效率，强化便民服务措施，实现准运证2日办结、零售许可证8日内核发办结。通化市局研究实施的8日订货模式，大大缩短零售户入网订货时间，打通零售户快速盈利通道，赢得广大商户好评。

市场监管。吉林省局以“管出公平、管出效率、管出活力”为目标，持续加大市场监管力度。在信用监管基础上，以“双随机、一公开”监管为主，APCD重点监管为补充的新型监管机制运转良好。集中组织开展中小学校周边零售户专项整治和电子烟及烟油等配套生产企业专项排查，取缔中小学校周边商户647户，劝阻20户商户停止销售电子烟，维护卷烟市场秩序，履行社会责任。

【卷烟经营】 **卷烟销售**。2019年，吉林省销量居前三位的卷烟品牌为“长白山”“南京”“红塔山”，销量分别为136.25亿支（27.25万箱）、50.29亿支（10.06万箱）、34.38亿支（6.88万箱）。全年销售重点品牌卷烟388.95亿支（77.79万箱），比上年增长0.27%；销售“细中短”等创新产品127.15亿支（25.43万箱），比上年增长19.73%。全省卷烟单箱收入比上年增长2.61%。全年整合退市47个卷烟规格。

雪茄烟销售。坚持市场导向、高端引领、循序渐进、满足消费的工作思路，按照“中档起步、高档突破”原则，全省雪茄烟市场基本形成以中高端为主体、价格梯次化分布、品规相对集中的市场格局。全年经营雪茄烟4个品牌57个规格，合计销售5854万支，比上年增长25.08%；实现销售收入（含税）3730万元，比上年增长19.63%。

市场化取向改革。吉林省烟草专卖局（公司）健全并强化制度体系建设，完成《客户经理工作手册》《零售客户经营指导手册》2本专业培训教材编审和印发，提升销售人员业务能力。完善投放规则，保障零售户自主选择权和货源分配的公平公正。规范应用大户治理模块，建立健全“省、市、县”三级监督响应机制，提高卷烟经营管控水平。

网络建设。印发《现代卷烟零售终端准入、退出管理办法》《现代卷烟零售终端指标评价管理办法》《现代卷烟零售终端形象建设管理办法》，规范销售网络，终端制度建设实现由“建”到“用”的转变，销售网络实现提质升级。全省现代终端占比18.5%。有自律互助小组4541个，入组零售户占比62%。

【企业管理】 **精益管理**。坚持将提质、降本、增效作为推动高质量发展的重要抓手，因地制宜多措并举，挖掘降本增效潜力空间。坚持“一查三去一补一考”降本增效工作思路和月调度、季通报、年考核工作机制，抓好重点领域降本增效，全年实现降本增效1580万元，超额完成国家局下达的年度目标任务。全省烟草商业系统推广应用绩效考评信息化系统，在吉林市局（公司）和四平市局（公司）成功试点的基础上向全省其他地区全面推广，截至2019年底，吉林烟草商业“GDC”信息化考评体系基本建立。实施精益课题攻关，解决制约企业生产经营难点问题，涌现出一批高质量精益课题成果。吉林市局（公司）“寄递涉烟线索管理‘鹰眼系统’”课题获得烟草行业第三十届优秀质量管理小组成果发布会二等奖。推进对标工作，坚持对标通报，查原因补短板提升指标。2019年烟草行业14项对标指标中，吉林烟草商业有 2 项指标比上年实现提升，指标提升率 85.71%。

规范投资采购。推进投资、采购制度建设。修订完善《吉林省烟草商业系统投资项目管理办法》《中国烟草总公司吉林省公司采购项目决策与实施流程（试行）》《采购管理工作细则》，优化采购程序；探索采购方式改革，启动电商平台公开招标工作。严格投资采购项目过程监管。项目过程管理、统招分签管理、验收管理做到有序可依，确保项目操作的规范高效。根据行业严格规范要求，组织开展长春市局（公司）物流分拣线升级改造和省局机关采购项目进行前期调研论证。发挥“三项工作”管委会办公室职能，实现科学民主决策。

【卷烟物流建设】 2019 年，吉林烟草商业系统单箱物流费用 225.56 元/箱，比上年降低 5.98%；人均配送效率 960.84 箱/人，比上年提升 3.39%；卷烟物流平均费用率 1.07%，比上年减少 0.12 个百分点。全省以《烟草行业商业企业物流非法人实体化运行管理规范》为指导，以精益物流为主线，强化基础管理，落实财务单独核算，从业人员、物流配送车辆持续减少，卷烟物流从业人员 944 人，比上年减少 31 人；物流车辆 321 辆，比上年减少 12 辆。以对标管理为重点，探索物流预算、核算和定额管理，试点开展分层分类对标，提高全省烟草商业物流对标的针对性和准确性。库存周转次数 14.99 次，比上年提升 15.57%；送货响应时间由 30.39 小时降至 28.23 小时。物流人均劳动效率、库存周转率、单箱物流费用等关键指标得以全面改善。

通化市局（公司）提炼物流团队口号及物流十二条行为准则，在全省率先开展物流文化建设，自主研究改造笼车把手和刹车装置获吉林省专利局专利。吉林市局（公司）构建“14658”精益物流体系，将物流管理制度化、体系化，其物流配送中心获评“全国烟草行业第七届先进集体”。

【烟叶生产】 **烟叶种植**。2019 年，吉林省收购烟叶上等烟比例 41.71%，比上年提高 2.3 个百分点。全省烟叶等级合格率 80.95%，等级纯度 96.1%。贫困县烟田专项补贴面积 2 万亩，补贴烟农 961 户，补贴资金 802.34 万元。

现代烟草农业。全省 100 亩以上连片烟田 77 块，20 亩以上的职业烟农 1162 户，其中种植面积在 40 至 60 亩的重点培育职业烟农 269 户。全省机械化整地、起垄、施肥、刨坑、覆膜率达到 100%。

基础设施建设。2019 年，吉林省烟叶生产基础设施项目计划建设 156 件（专用农机 156 台套）。行业补贴资金 246.77 万元。

2019 年 7 月 12 日，吉林通化柳河县烟叶生产管理部罗通山烟站管理部考核小组在烟田考核烟叶生产工作

吉林省局 供稿

【技术创新】 2019 年，完成“吉林省推广烟蚜茧蜂防治蚜虫技术的应用研究”“吉林省散叶式烘烤技术开发研究”“吉林省晒黄烟生产技术工艺应用研究”“吉林省烟叶基础设施综合利用技术开发项目”等 4 个科技项目的鉴定结题。完善《吉林省烤烟生产企业标准体系》62 个原标准的制（修）订；实施“吉林省烟草绿色防控重大专项”项目推广工作。规范科技项目管理，组织修订《吉林省烟草商业科技经费管理实施细则》《吉林省烟草商业科技项目管理实施细则》。获得国家实用新型专利授权 1 件。

【特事辑要】 2019年7月17日，《吉林省志（1986—2000）·烟草志》通过吉林省地方志编纂委员会终审。

8月5—7日，国家烟草专卖局党组书记、局长，中国烟草总公司总经理张建民在吉林烟草调研。

11月12日，吉林省委常委、延边州委书记姜治莹在吉林省局（公司）调研。

2019年吉林省烟草专卖商业主要情况统计

地市级局（公司）名称		长春市烟草专卖局（公司）	吉林市烟草专卖局（公司）	四平市烟草专卖局（公司）	辽源市烟草专卖局（公司）	通化市烟草专卖局（公司）
主要负责人/法定代表人（含党政领导）		车大光（2019年2月—）	吴晓旭	车大光（—2019年4月）李光甲（2019年4月—）	黄继坤	王崙
所属县级单位		榆树市、德惠市、农安县、九台区、双阳区等5个县级烟草专卖局（分公司），二道区、南关区、朝阳区、宽城区、绿园区、净月区、高新区、经济技术开发区、汽车产业开发区等9个区烟草专卖局（营销部），1个柳河烟叶生产管理部，1个物流配送中心	永吉县、桦甸市、舒兰市、磐石市、蛟河市等5个县级烟草专卖局（分公司），船营区、昌邑区、丰满区、龙潭区等4个区烟草专卖局，1个物流配送中心	公主岭市、梨树县、伊通满族自治县、双辽市等4个县级烟草专卖局（分公司），1个物流配送中心	东丰县、东辽县2个县级烟草专卖局（分公司），1个物流配送中心	梅河口市、柳河县、集安市、辉南县、通化县等5个县级烟草专卖局（分公司），1个物流配送中心
总资产（万元）		235433	90151	63561	29583	52428
资产负债率（%）		12.80	5.95	19.24	12.93	10.07
从业人员（人）		1459	641	430	218	366
所属业务机构	营销机构	1个营销中心	1个营销中心	1个营销中心	1个营销中心	1个营销中心
	物流配送机构	1个物流配送中心、4个物流中转站	1个物流配送中心、4个对接点	1个物流配送中心、4个中转站	1个物流配送中心	1个物流配送中心、3个中转站
	专卖稽查机构	1个稽查支队、5个稽查大队	1个稽查支队、12个稽查大队	6个稽查大队、21个稽查中队	1个稽查支队、5个稽查大队	1个稽查大队、3个稽查大队
	烟叶机构	18个烟叶站	—	—	—	—
烟农户数（户）		592	—	—	—	—
实现烟农总收入（万元）		7405	—	—	—	—
零售户数（户）		25116	19721	14407	4584	9984
零售户销售毛利率（%）		10.10	14.26	14.03	10.00	10.29

地市级局（公司）名称	白城市烟草专卖局（公司）	白山市烟草专卖局（公司）	松原市烟草专卖局（公司）	延边朝鲜族自治州烟草专卖局（公司）
主要负责人/法定代表人（含党政领导）	单加杰（—2019年9月）张伟（2019年10月—）	郭辉	任大胜	于文龙

续表

地市级局（公司）名称		白城市烟草专卖局（公司）	白山市烟草专卖局（公司）	松原市烟草专卖局（公司）	延边朝鲜族自治州烟草专卖局（公司）
所属县级单位		镇赉县、通榆县、大安市、洮南市等4个县级烟草专卖局（分公司），1个物流配送中心	抚松县、靖宇县、长白朝鲜族自治县、临江市等4个县级烟草专卖局（分公司），1个江源区烟草专卖局（营销部），1个物流配送中心	前郭尔罗斯蒙古族自治县、扶余市局、长岭县局、乾安县局等4个县级烟草专卖局（分公司），1个物流配送中心	敦化市、珲春市、和龙市、龙井市、图们市、汪清县、安图县等7个县级烟草专卖局（分公司），1个物流配送中心
总资产（万元）		49912	28920	50833	61605
资产负债率（%）		8.46	14.42	16.71	11.98
从业人员（人）		532	291	396	588
所属业务机构	营销机构	1个营销中心	1个营销中心	1个营销中心	1个营销中心、1个品牌发展部、1个渠道发展部、1个采购供应部、1个综合管理部、1个市场部
	物流配送机构	1个物流配送中心、2个物流中转站	1个物流配送中心、4个物流中转站	1个物流配送中心、3个物流中转站	1个物流配送中心、5个中转站
	专卖稽查机构	1个稽查支队、8个稽查大队	1个稽查支队、6个稽查大队	1个稽查支队、9个稽查大队	1个稽查支队、10个稽查大队
	烟叶机构	1个烟叶经营管理科、1个洮北烟叶管理办公室、9个烟叶工作站	—	—	1个烟叶经营管理科、9个烟叶收购站
烟农户数（户）		392	—	—	645
实现烟农总收入（万元）		6429	—	—	6310
零售户数（户）		9967	4646	11022	7958
零售户销售毛利率（%）		9.00	9.67	9.00	10.00

◇ 撰稿：王兴谦；编辑：王　静

黑龙江省烟草专卖局（公司）

【专卖管理】　**案件查处**。2019年，黑龙江省烟草专卖局共查处各类涉烟案件1.02万起，捣毁加工藏匿窝点272处，收缴非法卷烟4635件，案值累计4554万元，其中，捣毁烟叶烟丝地下黑加工厂6处，查获非法烟叶烟丝368吨，收缴制假烟机设备45台套，案值1018万元。破获省标（含）以上重大网络案件46起，其中，公安部、国家局督办案件6起，符合公安部、国家局标准网络案件14起。公安、司法机关依法刑拘138人，判刑66人。

重大案件。哈尔滨市局“1·11”非法销售烟草制品网络案件。2019年1月11日，哈尔滨市局联合哈尔滨市公安局经侦支队，在绥芬河、牡丹江东宁、哈尔滨等三地同时行动，破获一起跨境非法经营加热烟草制品网络案件。捣毁藏匿加热卷烟窝点8处，公安、司法机关依法判刑6人，涉案金额5000万元。

市场监管。发挥多部门联合执法机制作用，开展专项行动。黑龙江省烟草专卖局联合省公安厅、哈尔滨海关开展“国门2019”专项行动，打击制售假烟及走私烟草专卖品违法活动，得到公安部、国家局的通报表扬。加强与黑龙江省公安、邮政、交通等部门开展联合执法和日常监管，全面实施物流寄递企业的网格化管理。开展“打非一号”“净域三号”专项行动，取得突破性成果。与内蒙古、吉林、辽宁、大连等省级局签订协作机制，初步建立“区域联防联控工作体系”。全面实施全省卷烟零售市场净化考核评价，全省卷烟市场净化率连续三年保持在98%以上。

强化国务院“放管服”改革工作和新许可证管理办法及实施细则的执行，落实负面清单制度、简化申办流程、优化行政服务、强化后续监管，许可管理不断加强。2019年，全省新发放零售许可证1.97万户，变更2341户，延续1.78万户。

内部专卖管理监督。以行业专项检查和集中整治为契机，开展严肃自查及落实整改，充分发挥内部监管作用，不断加强制度建设、遏制真烟异常流动、查处违规经营案件、落实追责问责。2019年，全省各级局累计开展真烟外流案件调查267起，查获非法流通卷烟1600余件。

【卷烟（雪茄烟）经营】 **卷烟经营**。2019年，黑龙江省销量居前三位的卷烟品牌为“林海灵芝”“红塔山”“云烟”，销量分别为78.35亿支（15.67万箱）、56.1亿支（11.22万箱）、54.2亿支（10.84万箱）。一、二类卷烟销量占比比上年提高，卷烟销售结构更趋合理。

雪茄烟经营。黑龙江烟草商业开拓雪茄烟市场，创新雪茄烟特色经营模式，强化工商协同，开展“烟客驿站”雪茄烟直营店品鉴宣传；针对雪茄烟和红酒开展专业品鉴宣传、跨界销售；应用互联网建设虚拟网络“雪茄吧”，打造现代国产“雪茄吧”；对中心城区具备条件、配合度良好的直营店面、核心零售店面开展雪茄烟陈列展示、一店一品牌等活动。强化终端建设，加强对雪茄烟市场的经营指导，以点带面实施重点突破，向消费者展示雪茄烟形象。全省各单位创新销售方式，完善货源供应，保证服务质量，培育国产中高端雪茄烟产品，取得较好市场反应，全省雪茄烟销量及销售额比上年实现增长。

品牌培育及市场开拓。黑龙江烟草商业坚持“大品牌、大市场、大企业”品牌发展战略，把结构提升作为主攻方向，突出做好“增一类、优二类、减三类、稳四类”工作。以市场为导向，满足消费需求，坚持“优胜劣汰”“有进有退”的品牌引入退出机制，全年重点品牌卷烟累计实现销量378.45亿支（75.69万箱），其中高端卷烟销量14.65亿支（2.93万箱），比上年增长3.24%。重点品牌平均单箱结构比上年增加734元。创新型产品“细、中、短”卷烟增长强劲，深入挖掘创新型产品在提升结构上的内驱力，全省创新型产品销量175.9亿支（35.18万箱），比上年增长9.4%，其中一、二类细支烟销量增幅较大。创新型产品销量占比较上年提升2.73个百分点。重新布局与工业企业的战略合作，加大与有影响力、有发展潜力的工业公司合作力度。通过优化品牌布局，形成各价位段主导规格、护卫规格、潜力规格阶梯发展的前瞻布局，推动单箱结构持续提升。

网建工作。以智慧终端建设为契机，深化终端管理信息系统应用，以新技术应用带动传统零售终端向现代零售终端转型，推广全渠道订货、全商品扫码、全方式支付、全店铺管理的终端经营模式，及时调整优化终端布局，发挥直营终端、新现代终端、加盟终端、旅游终端的示范引领作用。全省共建成加盟终端198户、新现代终端7942户。结合实际情况，探索运用新的销售方式和移动支付，使用大数据等新的销售工具，取得良好效果。全省共有卷烟零售户自律互助小组8611个。为进一步深化工商零合作，黑龙江省局（公司）将每年6月的第一个周六设立为“零售客户节”，2019年6月2日，举办全省第二届卷烟零售客户

2019年12月31日，黑龙江鸡西市局（公司）送货员在密山口岸为喀秋莎商店配送卷烟

黑龙江省局 供稿

节，零售户代表3530人、全国工业企业代表121人、全省商业系统人员代表1459人共同参与，搭建工业企业与零售户面对面深入交流的平台。

【烟叶产销】 **烟叶企业概况**。黑龙江省局（公司）下设哈尔滨烟叶公司和牡丹江烟叶公司，承担全省烟叶收购、加工与销售工作。

哈尔滨烟叶公司成立于2001年12月，2006年12月由黑龙江烟叶公司改制而成。下辖11家烟叶分公司和双城直属烟叶经营站。截至2019年底，公司拥有总资产14.29亿元，其中固定资产0.86亿元、流动资产13.23亿元，资产负债率56.49%。从业人员856人。

牡丹江烟叶公司成立于2001年12月，2006年12月改制为中国烟草总公司黑龙江省公司的全资子公司。下辖8个烟叶分公司和2个烟叶生产经营站。截至2019年底，公司拥有总资产19.13亿元，其中固定资产1.31亿元、流动资产17.7亿元，资产负债率61.64%。从业人员592人。

烟叶种植与收购。严控种植规模、坚守收购红线。2019年，黑龙江省收购烤烟上等烟比例34.43%，国家局收购检查等级合格率80.6%。稳步推进现代烟草农业建设，耕地、起垄机械化作业率和测土施肥率100%，植保专业化服务覆盖率60%，烟蚜茧蜂绿色防控和有机肥增施工作实现全覆盖，烟叶质量安全得到保障。全年实现烟农总收入4.99亿元（含生产投入补贴）。

【交流与合作】 中国烟草黑龙江进出口有限责任公司成立于1992年5月。主要经营烟草及其制品的进出口贸易、烟草行业机械设备、原材料和技术的进出口及代理业务。截至2019年底，公司拥有总资产12.42亿元，其中固定资产358万元、流动资产12.29亿元，资产负债率165%。从业人员36人。

2019年，公司与黑龙江省内烟叶公司沟通协作、合理配方，提高烟叶收购水平，保证加工质量、等级合格率，确保新烟不产生积压，陈烟逐步得到消化，顺利实现烟叶出口销售。开拓美国、柬埔寨、越南、菲律宾、日本等新兴市场，巩固中东、东南亚、俄罗斯、欧洲等传统市场，进一步发展同盐仓集团股份有限公司、联一国际公司、联合烟草有限公司、普瑞铭国际烟草公司、环球烟叶公司合作关系，并挖掘日烟国际、英美烟草等潜力客户，开发恒丰贸易（香港）有限公司、德国CNT烟草集团等新兴客户。进一步加大进口卷烟品牌布局和市场推广，以“555（双冰）”和“555（冰炫）”为代表的潮流创新产品市场培育成效显著。同时，持续加强对各地市公司和零售户的服务力度，强化以降本增效为目标的内部管理，促进“两烟经营”协调发展。

2019年，出口烟叶销售7856吨，销售进口卷烟8954万支，实现销售收入2.2亿元。

【特事辑要】 2019年1月24日，黑龙江省局（公司）在哈尔滨召开全省烟草工作会议。

8月7—9日，国家烟草专卖局党组书记、局长，中国烟草总公司总经理张建民在黑龙江烟草调研。

2019年黑龙江省烟草专卖商业主要情况统计

地市级局（公司）名称	哈尔滨市烟草专卖局（公司）	齐齐哈尔市烟草专卖局（公司）	绥化市烟草专卖局（公司）	大庆市烟草专卖局（公司）	佳木斯市烟草专卖局（公司）
主要负责人/法定代表人（含党政领导）	贺志勤（2019年6月—）[1]	和发皓	李殿民	于晓晨	王志国
所属县级单位	呼兰区、阿城区、双城区、五常市、尚志市、巴彦县、宾县、依兰县、延寿县、木兰县、通河县、方正县等12个县级烟草专卖局（分公司）	讷河市、克山县、克东县、拜泉县、依安县、富裕县、甘南县、龙江县、泰来县等9个县级烟草专卖局（分公司）	肇东市、安达市、海伦市、庆安县、望奎县、兰西县、青冈县、明水县、绥棱县等9个县级烟草专卖局（分公司）	肇源县、肇州县、杜尔伯特蒙古族自治县、林甸县等4个县级烟草专卖局（分公司）	富锦市、同江市、抚远市、桦南县、桦川县、汤原县等6个县级烟草专卖局（分公司）

续表

地市级局（公司）名称		哈尔滨市烟草专卖局（公司）	齐齐哈尔市烟草专卖局（公司）	绥化市烟草专卖局（公司）	大庆市烟草专卖局（公司）	佳木斯市烟草专卖局（公司）
总资产（万元）		394512	112797	73598	93814	57242
资产负债率（%）		18.82	20.08	28.35	8.70	24.18
从业人员（人）		1728	507	667	371	458
所属业务机构	营销机构	1个营销中心	1个营销中心	1个营销中心	1个营销中心	1个营销中心
	物流配送机构	1个物流配送中心、12个物流中转站	1个配送中心	1个配送中心	1个物流配送中心	1个配送中心
	专卖稽查机构	1个稽查支队、21个稽查大队	1个稽查支队、15个稽查大队	1个稽查支队、3个稽查大队	1个稽查支队、9个稽查大队	1个稽查支队、2个稽查大队、1个铁路稽查大队、1个直属分局（营销部）
	烟叶机构	—	—	—	—	—
烟农户数（户）		—	—	—	—	—
实现烟农总收入（万元）		—	—	—	—	—
零售户数（户）		41527	17190	20468	11144	10649
零售户销售毛利率（%）		11.80	13.10	11.30	10.90	12.20

地市级局（公司）名称		牡丹江市烟草专卖局（公司）	鸡西市烟草专卖局（公司）	双鸭山市烟草专卖局（公司）	黑河市烟草专卖局（公司）	鹤岗市烟草专卖局（公司）
主要负责人/法定代表人（含党政领导）		单文林	顾宏伟	纪　扬	张宝忠	王　强
所属县级单位		海林市、宁安市、穆棱市、东宁市、林口县等5个县级烟草专卖局（分公司）	鸡东县、密山市、虎林市3个县级烟草专卖局（分公司）	集贤县、友谊县、宝清县、饶河县等4个县级烟草专卖局（分公司）	北安市、五大连池市、嫩江县、逊克县、孙吴县等5个县级烟草专卖局（分公司）	萝北县、绥滨县2个县级烟草专卖局（分公司）
总资产（万元）		50832	44384	38508	30218	27836
资产负债率（%）		17.43	17.89	29.25	21.76	22.92
从业人员（人）		381	287	277	292	168
所属业务机构	营销机构	1个营销中心	1个营销中心	1个营销中心、1个电访中心	1个营销中心、1个电访中心	1个营销中心
	物流配送机构	1个配送中心	1个配送中心	1个配送中心	1个物流配送中心、5个物流中转站	1个配送中心
	专卖稽查机构	1个稽查支队、4个稽查大队	1个稽查支队、6个稽查大队	1个稽查支队、8个稽查大队、1个直属分局	1个稽查支队、3个稽查大队	6个稽查大队、1个农林分局
	烟叶机构	—	—	—	—	—
烟农户数（户）		—	—	—	—	—
实现烟农总收入（万元）		—	—	—	—	—
零售户数（户）		8800	6983	6221	7006	4183
零售户销售毛利率（%）		11.00	10.47	28.77	13.40	13.00

地市级局（公司）名称		伊春市烟草专卖局（公司）	七台河市烟草专卖局（公司）	大兴安岭地区烟草专卖局（公司）	绥芬河市烟草专卖局（公司）
主要负责人/法定代表人（含党政领导）		金　涛	孙承华	李芳远	任大力
所属县级单位		铁力市、嘉荫县2个县级烟草专卖局（分公司）	勃利县烟草专卖局（分公司）	漠河市、塔河县、呼玛县等3个县级烟草专卖局（分公司）	—
总资产（万元）		27783	21804	4846	4074
资产负债率（%）		21.94	14.74	28.81	30.37
从业人员（人）		150	143	114	41
所属业务机构	营销机构	1个营销中心	1个营销中心	1个营销中心	1个营销中心
	物流配送机构	1个配送中心	1个物流中心	1个物流配送中心	1个卷烟配送部
	专卖稽查机构	1个稽查支队、8个稽查大队	1个稽查支队、2个稽查大队	1个稽查支队、2个稽查大队	1个稽查支队
	烟叶机构	—	—	—	—
烟农户数（户）		—	—	—	—
实现烟农总收入（万元）		—	—	—	—
零售户数（户）		3578	3600	1580	637
零售户销售毛利率（%）		14.00	13.21	12.28	13.50

注：1. 2019年1—5月，哈尔滨市烟草专卖局（公司）未正式任命主要负责人。

◇ 撰稿：柳　涛；编辑：王　静

上海市烟草专卖局、上海烟草集团有限责任公司[①]

【专卖管理】　**案件查处**。2019年，上海市烟草专卖局查获各类违法卷烟1.49万件，总案值1.44亿元。其中，查获各类假烟6624.77件，涉案金额6912.51万元；查获各类走私烟1479.32件，涉案金额1366.97万元。抓获涉烟犯罪嫌疑人455名，公安、司法机关依法刑拘66人，判刑35人，查获违法车辆73辆。破获符合国家局标准以上网络案件35起，其中8起为部级督办案件。

大案要案。上海宝山“3·5”运销假烟、走私烟部督案中涉案卷烟运输由陆运、空运、专车运输等3种方式组成，最终采取统一指挥、跨区域、跨部门的方式进行全面收网。上海黄浦“9·20”跨境转运走私普通货物部督案是一起由中国提供线索，经保税区转口出境，他国最终破获的新型合作案件。

市场监管。2019年，上海市局持续探索市场综合监管体系提质升级，以公平、规范为目标，着力构建“以信用监管为基础，以‘双随机、一公开’监管为基本手段、以APCD重点监管为补充、以市场巡查为辅助”的上海专卖市场监管新体系，确立基于神经网络算法的APCD2.0分析模型，持续改进市场监管模式，提高配套信息系统及移动终端的应用质量，提升综合监管效能，营造更加公平规范的烟草市场秩序。同时，推进“互联网+监管”，落实电子烟排摸、新型烟草制品专项监管等工作，切实履行烟草专卖社会责任，维护国家利益与消费者利益。

证件管理。2019年，上海市局按照“放管服”改革和行业行政许可管理改革相关要求，持续完善“一网通办”、推进数据对接应用、升级服务平台，进一步简化“许可准入”、强化“后续监管”、优化“政务服务”，着力破解群众办事堵点，提升服务形象，为申请人和持证户营造更加良好的烟草营商环境。其中，烟草政务服务事项全部纳入上海市政府“一网通办”平台，做到“数据同源”“内容准确”；做好沟通协调，实现EMS物流快递平台对接，推广线上申请、邮寄送达和办理过程“零往返”，进一步提升申请人办理体验；实现电子身份证、电子营业执照在线调取和

① 上海烟草集团有限责任公司工业情况详见《烟草工业》栏目。

上海市局专卖政府服务窗口全面启用“随申码”（2019 年）
上海黄浦区局 钱晓莹 摄

抓手，坚持深化市场化取向改革，坚持深化规范经营。在销售业务上，继续推进工商网配、商零网配和全市销售一体化运行模式；在品牌培育上，组织开展创新品牌活动，丰富培育方法；在终端建设上，形成上海市场终端建设三年规划，深化直营终端、加盟终端、现代终端等终端分类建设新内涵。

境外和海外市场新拓展。加快“一带一路”沿线市场布局，开发俄罗斯、塔吉克斯坦、沙特等免税市场，拓展新增 17 个国家的有税市场中资企业直供，扩点推进印度尼西亚等境外和海外市场落地生产。

电子许可证在线归集，以及“随申办”上海“一网通办”移动终端“掌上约、网上办”，为申请人提供更加便捷周到的办理服务；建立线上线下全覆盖的“好差评”工作机制，烟草政务服务满意度在上海各委办局排名处于靠前水平。截至 2019 年底，上海市有烟草专卖零售许可持证户 4.64 万户，比上年增长 12.5%。全年零售许可网办比例 74.69%，平均网上办结时间 2.96 日，政务服务持续优化，管理运行质量稳步提升。

【卷烟经营】 **卷烟销售**。2019 年，上海市销量居前三位的品牌为“红双喜”“中华”“利群”，销量分别为 135.12 亿支（27.02 万箱）、54.14 亿支（10.83 万箱）、37.51 亿支（7.50 万箱）。

精准销售再升级。构建“总量控制，结构调整，精准投放”三位一体的体系化精准销售模式，不断优化市场布局、持续丰富培育方式、切实维护品牌状态。“中华（软）”“中华（硬）”继续保持全面顺价，“中华”新三包——“中华（金中支）”“中华（双中支）”“中华（金短支）”在中支和短支品类中确立领先地位。“牡丹”“大前门”等新品规模持续突破，逐步形成竞争优势。

“两个全面”再深化。以全面对标学习大连网建现场会经验、全面构建现代卷烟销售新体系“两个全面”活动为

【特事辑要】 2019 年 3 月 7 日，上海烟草召开青年工作委员会成立大会。

4 月 16 日，上海烟草召开第二批赴大连挂职工作动员会，5 名商业公司干部带着专卖、销售等课题赴大连进行挂职锻炼。

4 月 20 日，纪念“牡丹”品牌创牌 100 周年暨五四运动 100 周年系列活动正式启动。此次活动以“一花一世纪”为主题，以“爱国与复兴”为主线，展现“牡丹”品牌百年光辉历程和民族工业百年复兴史。

7 月 8 日，上海烟草集团有限责任公司新展示厅正式启用。

9 月 4 日，国家局党组成员、副局长杨培森在“两学一做”学习教育基层联系点上海烟草集团有限责任公司上海卷烟厂调研基层党建工作。

9 月 10 日，上海烟草举行“庆祝中华人民共和国成立 70 周年”纪念章颁发仪式。

9 月 30 日，上海烟草开展“我和我的祖国”群众性主题宣传教育系列活动之升国旗仪式和《我和我的祖国》快闪活动。

10 月 23 日，国家局党组成员、副局长段铁力在上海烟草调研。

12 月 5 日，上海烟草召开 2019 年商业单位“提素质、

强队伍、促发展”岗位练兵和技能比武活动总结会。全年举办11项集团级技能竞赛，17家所属商业单位3342人次参加岗位培训和练兵比武，岗位覆盖面78.1%，销售、专卖条线员工参与率83.8%。

12月，上海烟草集团有限责任公司获评“全国‘七五’普法中期先进集体”。

2019年上海市烟草专卖商业主要情况统计

区局（公司）名称		上海市黄浦区烟草专卖局（有限公司）[1]	上海市虹口区烟草专卖局（有限公司）	上海市静安区烟草专卖局（有限公司）	上海市徐汇区烟草专卖局（有限公司）	上海市杨浦区烟草专卖局（有限公司）
主要负责人/法定代表人（含党政领导）		黎辉婷	单国荣	胡伟坚	仲玉顺（—2019年1月） 刘正渝（2019年1月—）	傅军海（—2019年1月） 仲玉顺（2019年1月—）
所属县级单位		—	—	—	—	—
总资产（万元）		180144	48272	44929	19574	22165
资产负债率（%）		8.81	27.70	21.79	10.84	10.16
从业人员（人）		520	305	225	116	150
所属业务机构	营销机构	1个营销部	1个营销部	1个营销部	1个营销部	1个营销部
	物流配送机构	—	—	—	—	—
	专卖稽查机构	1个稽查支队	1个稽查支队	1个稽查支队	1个稽查支队	1个稽查支队
	烟叶机构	—	—	—	—	—
烟农户数（户）		—	—	—	—	—
实现烟农总收入（万元）		—	—	—	—	—
零售户数（户）		1454	1291	1091	791	1147
零售户销售毛利率（%）		17.19	18.92	15.82	15.80	15.61

区局（公司）名称		上海市普陀区烟草专卖局（有限公司）	上海市长宁区烟草专卖局（有限公司）	上海市闵行区烟草专卖局（有限公司）	上海市宝山区烟草专卖局（有限公司）
主要负责人/法定代表人（含党政领导）		朱小岗	刘晓晴	张　定（—2019年9月） 包华杰（2019年9月—）	王　平
所属县级单位		—	—	—	—
总资产（万元）		24173	16854	49014	37009
资产负债率（%）		19.57	16.22	17.66	11.02
从业人员（人）		144	98	254	188
所属业务机构	营销机构	1个营销部	1个营销部	1个营销部	1个营销部
	物流配送机构	—	—	—	—
	专卖稽查机构	1个稽查支队	1个稽查支队	1个稽查支队	1个稽查支队
	烟叶机构	—	—	—	—
烟农户数（户）		—	—	—	—
实现烟农总收入（万元）		—	—	—	—
零售户数（户）		934	603	2683	2779
零售户销售毛利率（%）		15.70	15.78	14.50	14.76

区局（公司）名称		上海市浦东新区烟草专卖局（有限公司）	上海市松江区烟草专卖局（有限公司）	上海市青浦区烟草专卖局（有限公司）	上海市嘉定区烟草专卖局（有限公司）
主要负责人/法定代表人（含党政领导）		高文博	徐豪渊	包华杰（—2019年9月）冯永铿（2019年9月—）	王卫东
所属县级单位		—	—	—	—
总资产（万元）		71735	42846	25698	35111
资产负债率（%）		13.59	15.55	22.48	14.87
从业人员（人）		422	215	216	317
所属业务机构	营销机构	1个营销部、3个分公司	1个营销部	1个营销部	1个营销部
	物流配送机构	—	—	—	—
	专卖稽查机构	1个稽查支队、3个专卖管理署	1个稽查支队	1个稽查支队	1个稽查支队
	烟叶机构	—	—	—	—
烟农户数（户）		—	—	—	—
实现烟农总收入（万元）		—	—	—	—
零售户数（户）		8951	2846	3283	3426
零售户销售毛利率（%）		15.30	14.79	18.08	15.31

区局（公司）名称		上海市奉贤区烟草专卖局（有限公司）	上海市金山区烟草专卖局（有限公司）	上海市崇明区烟草专卖局（有限公司）	上海市烟草专卖局驻上海铁路专卖局（有限公司）
主要负责人/法定代表人（含党政领导）		张　锐	苗　慰	刘彦博	沈祖明（—2019年11月）徐庆毅（2019年11月—）
所属县级单位		—	—	—	—
总资产（万元）		41053	35739	23413	4620
资产负债率（%）		13.94	7.26	20.69	6.85
从业人员（人）		367	165	166	27
所属业务机构	营销机构	1个营销部	1个营销部	1个营销部	1个营销部
	物流配送机构	—	—	—	—
	专卖稽查机构	1个稽查支队	1个稽查支队	1个稽查支队、1个专卖管理所	1个稽查队
	烟叶机构	—	—	—	—
烟农户数（户）		—	—	—	—
实现烟农总收入（万元）		—	—	—	—
零售户数（户）		3111	3770	3133	67
零售户销售毛利率（%）		15.49	15.39	14.70	15.91

注：1. 2019年5月，国家局、总公司印发《关于上海烟草集团黄浦烟草糖酒有限公司吸收合并上海烟草集团卢湾烟草糖酒有限公司的批复的通知》（国烟法〔2019〕22号），上海烟草集团黄浦烟草糖酒有限公司吸收合并上海烟草集团卢湾烟草糖酒有限公司，即上海市黄浦区烟草专卖局（一公司）与上海市黄浦区烟草专卖局（二公司）合并为上海市黄浦区烟草专卖局（有限公司）。

◇ 撰稿：韩沅君　周　强；编辑：王　静

江苏省烟草专卖局（公司）

【专卖管理】 **案件查处**。2019年，江苏省烟草专卖局始终保持打假打私高压态势，发挥协作机制作用，坚持“断源头、打团伙、抓主犯、破网络”，打击卷烟制假售假、走私贩私活动。全年查处各类涉烟违法案件2.1万起，比上年增长12.9%；查获各类违法卷烟5.54万件，其中假烟1.81万件、走私烟0.21万件，案值5.71亿元。接受涉烟案件鉴别检验委托近2万批次。江苏省局全年发布大要案件嘉奖176个，交办督办重大涉烟违法线索26起，直接组织查办案值1000万元以上特大案件2起，配合省外单位协查案件16起，商请省外协查65次。上报符合国家局标准网络案件95起，居全国第四位。公安、司法机关依法拘留617人，逮捕246人，判刑429人。

大案要案。江苏省“打假打私专项行动”、连云港东海“3·19”加热卷烟特大网络案件、南京浦口“12·15”等23起重大网络案件受到国家局通报表彰。防范卷烟制假活动向江苏省转移，打掉无锡“5·9”案件特大地下制假窝点，开创江苏省内打击卷烟全链条制假的先河，公安部、国家局给予充分肯定。扬州江都“12·6”加热卷烟案件宣判，一次集中判刑32人，创江苏省卷烟网络案件一次判刑人数新高。

市场监管。江苏省各级专卖管理部门突出监管重点，改进监管方式，推动监管责任落地落实。严密监管违法违规大户，全省有3827个违法大户列入动态监管名录，取缔违法违规大户经营资格373户，责令停业整顿2334户，降档降级4227户。贯彻《关于进一步保护未成年人免受电子烟侵害的通告》精神，落实宣传、排摸、明示、劝阻等措施，第一时间约谈苏宁集团，全国第一家关闭电子烟网店、下架电子烟产品。加强对加热卷烟监管，全省查处加热卷烟案件39起，查获加热卷烟149万支。加大重点区域环节时段监管力度，苏州蠡口重点区域清理整治成果得到持续巩固，全省在道路运输、物流寄递重点环节查处案件7497起，查获卷烟1.78万件，在重点时段组织开展“百日会战”“利剑3号”“利剑4号”等市场集中整治行动。加快转变市场监管方式，“双随机、一公开”监管不断优化，APCD重点监管持续深入，信用监管探索初见成效，异地、交叉、隐身、错时检查广泛运用。

“放管服”改革。江苏省局印发《关于深化烟草专卖管理“放管服”改革指导意见》，各市局积极落实，有序推动，激发市场主体活力，增加就业机会，促进卷烟市场规范，提高办事效率，许可证办结时限由法定20个工作日压缩至5个工作日，推动“四减一增”，提升群众满意度。截至2019年底，全省持证卷烟零售户比8月底改革之前增加2.97万户。

2019年6月27日，江苏省南京市江宁区局（分公司）组织开展“6·29”主题普法活动

江苏南京江宁区局 王如飚 摄

专卖内管。江苏省各级烟草管理部门落实规范经营监管责任，履行内部监管职责，不断加大专卖内管力度，规范经营水平明显提升。江苏省局党组高度重视内管队伍建设，省、市两级局内管部门与专卖管理部门机构分设、职责明确、专

业运行。围绕卷烟经营8个环节，排查出20个风险节点，开展全方位监督。全省筛选预警分析24.27万个，核查市场动态信息1.45万条、举报投诉信息346条，开具提醒函、建议书475份，整改通知单49份，跟踪验证整改效果32份。突出督导检查，协同相关部门开展“天价烟”集中整治、“零售户经营能力与档级匹配情况”专项检查等，先后2次检查省内卷烟、薄片、滤棒生产企业的生产和废弃烟草专卖品处置情况。以落实《内管工作指引》为抓手，加强非法流通分析和督导检查，江苏省局向省外发出核查函10份，向省内单位发出提醒函27份，开展现场督导8次。修订完善《进一步加强内部专卖管理监督工作的实施方案》等内管制度流程45项，进一步确立内管长效机制。

【卷烟经营】 **卷烟销售**。2019年，江苏省销量居前三位的卷烟品牌为“南京”“苏烟”“利群”，销量分别为454.65亿支（90.93万箱）、159.1亿支（31.82万箱）、79.25亿支（15.85万箱）。

全年销售重点品牌卷烟1247.5亿支（249.5万箱），比上年增长1.49%；销售“细短中”等创新产品192.7亿支（38.54万箱），比上年增长39.89%。单箱销售收入比上年增长4.68%。截至2019年底，江苏省卷烟零售户综合毛利率10.35%，比年初提高1.58个百分点，为“提税顺价”以来最好水平。

市场化取向改革。针对卷烟品规偏多、偏散问题，修订《品牌管理办法》《卷烟品牌发展规划》，建立“共育品规”“自选品规”目录，省内在销国产卷烟品规由年初的402个精简到267个。推广跨行结算、全渠道支付、办理免息银行卡等增值服务，解决零售户最急需解决的问题。

现代终端建设。打造“金丝利零售”商业自有流通品牌，推进直营店建设，南京直营店正式投入运营；自主开发和推广零售终端信息管理系统，与浙江香溢融媒科技有限公司合作在部分零售终端部署智能终端设备；与苏宁集团开展战略合作，打造江苏烟草合作终端，不断完善现代零售终端体系。全省有零售户自律互助小组2.43万个，入组零售户占比由2019年初的34.58%提升到年底的97.94%。

【改革创新】 优化物流生产力布局。学习贯彻国务院办公厅《关于进一步推进物流降本增效促进实体经济发展的意见》和国家局党组关于优化物流生产力布局、推动跨区域物流中心建设的重大部署，抓住江苏省物流建设需要全面技改升级的历史机遇期、重要“窗口期”，经过调查研究、大数据运算、专家论证和广泛讨论，确定建设南京、苏州、盐城、徐州等4个区域物流中心，减少技改投资，优化资源配置，提升运行质效。落实“互联网+”发展战略。加强信息化与卷烟销售、现代物流、专卖管理等业务和政务管理的深度融合，启动“互联网架构云平台”项目。加强法治烟草建设。开展江苏省局规范性文件清理审核工作，发布有效制度文件333件，废止188件，促进企业依法治理、按制度办事。

【特事辑要】 2019年5月15—17日，国家局党组成员、副局长徐瑩在江苏烟草调研。

10月24—25日，国家局党组成员、副局长段铁力在江苏烟草调研。

11月13—14日，国家烟草专卖局党组书记、局长，中国烟草总公司总经理张建民在江苏烟草调研。

2019年江苏省烟草专卖商业主要情况统计

地市级局（公司）名称	南京市烟草专卖局（公司）	苏州市烟草专卖局（公司）[1]	无锡市烟草专卖局（公司）	常州市烟草专卖局（公司）
主要负责人/法定代表人（含党政领导）	张一兵（—2019年6月，牵头负责） 张加成（2019年6月—）	潘立慧（—2019年7月） 张一兵（2019年7月—）	廉 文	唐 卿

续表

地市级局（公司）名称		南京市烟草专卖局（公司）	苏州市烟草专卖局（公司）	无锡市烟草专卖局（公司）	常州市烟草专卖局（公司）
所属县级单位		浦口区、六合区、江宁区、溧水区、高淳区等5个县级烟草专卖局（分公司），以及第一、第二、第三、第四分局（分公司）	吴中区、相城区、吴江区、昆山市、太仓市、常熟市、张家港市等7个县级烟草专卖局（分公司）	江阴市、宜兴市、锡山区等3个县级烟草专卖局（分公司）	武进区、金坛区、溧阳市等3个县级烟草专卖局（分公司）
总资产（万元）		965587	913056	675133	394355
资产负债率（%）		7.41	9.82	8.18	9.07
从业人员（人）		1106	1200	749	603
所属业务机构	营销机构	1个营销中心	1个营销中心	1个营销中心	1个营销中心
	物流配送机构	1个物流配送中心、2个物流中转站/对接点	1个物流配送中心、3个物流中转站/对接点	1个物流配送中心、2个物流中转站/对接点	1个物流配送中心、2个物流中转站/对接点
	专卖稽查机构	1个稽查支队、1个特侦大队、9个稽查大队	1个稽查支队、8个稽查大队	1个稽查支队、4个稽查大队	1个稽查支队、7个稽查大队
	烟叶机构	—	—	—	—
烟农户数（户）		—	—	—	—
实现烟农总收入（万元）		—	—	—	—
零售户数（户）		21707	36070	24000	19932
零售户销售毛利率（%）		10.26	10.00	10.65	11.61

地市级局（公司）名称		镇江市烟草专卖局（公司）	南通市烟草专卖局（公司）	扬州市烟草专卖局（公司）	泰州市烟草专卖局（公司）
主要负责人/法定代表人（含党政领导）		李一匡	高　翔	周强华	徐　春（—2019年7月） 刘　磊（2019年7月—）
所属县级单位		句容市、丹阳市、丹徒区、扬中市等4个县级烟草专卖局（分公司）	如东县、海安市[2]、如皋市、海门市、启东市、通州区等6个县级烟草专卖局（分公司）	宝应县、高邮市、江都区、邗江区、仪征市等5个县级烟草专卖局（分公司）	靖江市、泰兴市、姜堰区、兴化市等4个县级烟草专卖局（分公司）
总资产（万元）		286231	527126	339512	329687
资产负债率（%）		8.63	10.79	7.15	7.31
从业人员（人）		535	853	760	730
所属业务机构	营销机构	1个营销中心	1个营销中心	1个营销中心	1个营销中心
	物流配送机构	1个物流配送中心	1个物流配送中心、6个物流中转站/对接点	1个物流配送中心、2个物流中转站/对接点	1个物流配送中心、3个物流中转站/对接点
	专卖稽查机构	1个稽查支队、5个稽查大队	1个稽查支队、9个稽查大队	1个稽查支队、7个稽查大队	1个稽查支队、7个稽查大队
	烟叶机构	—	—	—	—
烟农户数（户）		—	—	—	—
实现烟农总收入（万元）		—	—	—	—
零售户数（户）		15506	32710	21843	25796
零售户销售毛利率（%）		10.71	11.00	12.14	13.47

地市级局（公司）名称		盐城市烟草专卖局（公司）	淮安市烟草专卖局（公司）	宿迁市烟草专卖局（公司）	徐州市烟草专卖局（公司）	连云港市烟草专卖局（公司）
主要负责人/法定代表人（含党政领导）		赵宏贵	李建强	刘　磊（—2019年7月） 徐　春（2019年7月—）	李前效	张礼伯
所属县级单位		响水县、滨海县、阜宁县、射阳县、建湖县、大丰区、东台市等7个县级烟草专卖局（分公司）	淮安区、淮阴区、涟水县、洪泽区、金湖县、盱眙县等6个县级烟草专卖局（分公司）	沭阳县、泗阳县、泗洪县、宿豫区等4个县级烟草专卖局（分公司）	丰县、沛县、铜山区、睢宁县、邳州市、新沂市、贾汪区等7个县级烟草专卖局（分公司），1个直属分局（分公司）	东海县、赣榆区、灌云县、灌南县等4个县级烟草专卖局（分公司）
总资产（万元）		355388	208870	143510	308364	165157
资产负债率（%）		8.70	16.81	14.95	7.21	17.84
从业人员（人）		955	661	623	1202	599
所属业务机构	营销机构	1个营销中心	1个营销中心	1个营销中心	1个营销中心	1个营销中心
	物流配送机构	1个物流配送中心、2个物流中转站/对接点	1个物流配送中心、2个物流中转站/对接点	1个物流配送中心、3个物流中转站/对接点	1个物流配送中心、3个物流中转站/对接点	1个物流配送中心、4个物流中转站/对接点
	专卖稽查机构	1个稽查支队、8个稽查大队	1个稽查支队、7个稽查大队	1个稽查支队、7个稽查大队	1个稽查支队、13个稽查大队	1个稽查支队、7个稽查大队
	烟叶机构	—	—	—	—	—
烟农户数（户）		—	—	—	—	—
实现烟农总收入（万元）		—	—	—	—	—
零售户数（户）		35211	23015	24677	50308	21966
零售户销售毛利率（%）		13.88	13.57	12.21	11.74	11.00

注：1. 根据江苏省局（公司）《关于苏州市烟草专卖局（公司）下辖吴中（相城）区局（分公司）组织机构分开运作及市局（公司）机关部分职能调整的批复》（苏专人〔2018〕127号）文件，苏州市局（公司）下辖吴中区局（分公司）、相城区局（分公司）不再合署，组织机构分开、独立运作。

2. 根据国家局、总公司《关于调整南通市烟草专卖局（公司）所属部分机构的批复》（国烟人〔2018〕156号）文件，海安县烟草专卖局更名为海安市烟草专卖局，与南通市烟草公司海安分公司合署办公。

◇ 撰稿：崔云辉；编辑：王　静

浙江省烟草专卖局（公司）

【专卖管理】　**案件查处**。2019年，浙江省烟草专卖局查处各类涉烟违法案件2.05万起。查获各类非法卷烟5.58万件，比上年增长16.73%，其中，非法流通卷烟3.44万件，比上年增长19.86%；假冒卷烟1.58万件，比上年增长15.33%；走私烟5554件，比上年增长3.5%。破获符合公安部、国家局标准的网络案件82起，其中，移动互联网案件78起、部督案件12起。向公安机关移送案件306起，公安、司法机关依法刑拘265人，逮捕288人，判刑363人。

全省侦办加热不燃烧卷烟案件50起，采取刑事强制措施277人，查获加热不燃烧卷烟520万支，涉案金额11.63亿元。打掉运假专车94辆，查获假私烟6397件；查获寄递包裹1.2万个，寄递卷烟2716件。杭州、宁波市局将打击售假团伙与清理台州温岭、临海“两籍”终端相结合，破获“1·3”“6·27”等案件；金华、温州市局突出源头打击，破获“5·4”“10·5”等案件；衢州市局破获“1·1”全国最大跨国制售假烟网络案件，获国家局通报表彰。

浙江台州市局深化应用“153”工作法和“五眼”，提升专卖监管数字化、智能化水平（2019年）

浙江省局 供稿

市场监管。全省专卖管理人员坚持履职尽责，创新监管，维护市场秩序。部署开展“蓝天2号”专项行动，全面排查重点籍售假零售户，查处重点籍案件2536起，清理580户，遏制终端售假。根据国家烟草专卖局、国家市场监督管理总局《关于进一步保护未成年人免受电子烟侵害的通告》要求，协调阿里巴巴集团下架并关闭电子烟类目商品50万件；全面开展市场排查，联合浙江省市场监督管理局清理37户，为全国电子烟监管提供浙江经验。按照国家局“互联网+监管”新要求，全面落实“双随机、一公开”监管，检查人员打破所队界限，检查对象打破辖区界限，检查任务当日发布，检查结果向社会公开，确保“阳光监管”，杜绝“任性执法”。

行政许可改革。持续提升数据对接质量，全面实现“一网通办、一证通办、一事通办”，全年受理网上申请12.85万件，网上办证率90.4%。逐步开展证件电子化，对接国家局一体化在线政务平台，推进电子签章、电子证照新领域工作，推广应用电子准运证，不断提升许可服务水平。持续清理学校周边环境，全面开展中小学校周边卷烟零售户清理工作，全省清理2440户，其中劝退1914户、届满未予延续526户，中小学校周边商户排查覆盖面、宣传到位率100%。

【卷烟（雪茄烟）经营】 **卷烟销售**。2019年，浙江省卷烟批发销量平稳增长，销量居全国第六名。销量居前三位的卷烟品牌分别为“利群”“双喜·红双喜”“中华”，销量分别为427.53亿支（85.51万箱）、113.4亿支（22.68万箱）、88.55亿支（17.71万箱）。

雪茄烟销售。雪茄烟培育坚持以国产、高端、手工为方向，通过雪茄烟特色终端建设，加强雪茄烟文化宣传，国产雪茄烟销量和销售结构逐步提高。

品牌培育。定制品牌、合作开发品牌保持快速、稳健发展，“云烟”云端系列增长50%以上，“玉溪（创客）”增长30%以上，“土楼”1575系列增长20%以上。细支、中支、短支卷烟等创新品类销量持续增长，占总销量的6%，成为可持续发展新的发力点。

终端建设。截至2019年底，全省建成“香溢合作店”近2000户、现代终端6.76万户、终端VI改造超过5万户，配备双屏机7000余台；“香溢购”实现全面覆盖；“香溢通”零售户占比超过23%；有“香溢坊”自律互助小组1.7万个；“香溢家”会员突破820万个。

物流建设。2019年，浙江省局（公司）举办全省精益物流现场会，形成“数据驱动精益物流”工作模式。通过资源整合、精益管理，全省物流费用率0.66%，人均配送效率1097箱/人，分别居行业第三名和第八名。全面完成全省新一轮物流项目建设任务，“互联网+物流”系统全面推广应用，业务流程更加实时可控，作业调度更加智能有序，精准聚焦市场需求，销售物流无缝对接。分区分级实施设备技改，补齐异型烟产能短板，异型烟分拣产能提高33.49%，有力支撑业务需求。

【合作与交流】 **进出口公司概况**。浙江烟草进出口有限公司是中国烟草总公司浙江省公司的全资子公司。截至2019年底，公司总资产7878万元，其中固定资产413万元、流动资产7413万元，资产负债率7%。全年公司实现销售收入1.22亿元。实现利润1542万元。

烟叶出口。紧盯市场变化，深化合作，出口烟叶呈现稳中有升良好势头。一是巩固国际市场，合理安排发运。衔接国外客户需求，改进优化出口发运方式，将“一次收购、集中加工、集中发运”调整为“一次收购、分期加工、分批发运”的出口方式，加快发运进度，满足客户需求。二是提高出口价格，挖掘出口效益。准确把握出口烟叶供需关系现状，不断挖掘市场潜力，积极与客户沟通说明，根据不同出口等级的价格情况以及客户的接受能力，采取差别化价格调整策略，适度提高低等级烟叶出口价格，同步调整对产区的采购价格，稳定产区种烟积极性。三是深化工商合作，推进代理出口。利用在出口烟叶方面的专业经验与优势，为工业企业提供代理服务，保质保量完成薄片代理出口业务。2019 年，实现烟叶（薄片）出口 680 吨、金额 233.89 万美元。

卷烟（雪茄烟）进口。2019 年，进口卷烟（雪茄烟）到货共计 15 个批次、2.30 亿支，其中中烟英美“State Express 555（SE555）”7415 万支，南洋兄弟“双喜”9030 万支，日本烟草“七星（MEVIUS）”1710 万支、“骆驼”200 万支，韩国烟草“爱喜（ESSE）”2595 万支，英美烟草“健牌（KENT）”2000 万支；进口雪茄烟 0.16 万支。

【特事辑要】 2019 年 3 月 27 日，日本烟草产业株式会社执行董事兼中国事业部部长小口彻（Oguchi Toru）一行到浙江省局（公司）访问交流。

6 月 25—26 日，印度烟草委员会主席苏尼萨（K. Sunitha, I. A. S.）一行到浙江省局（公司）访问交流。

2019 年浙江省烟草专卖商业主要情况统计

地市级局（公司）名称		杭州市烟草专卖局（公司）	宁波市烟草专卖局（公司）	温州市烟草专卖局（公司）	嘉兴市烟草专卖局（公司）	湖州市烟草专卖局（公司）	绍兴市烟草专卖局（公司）
主要负责人/法定代表人（含党政领导）		陈兴煜	郑敏强（—2019 年 6 月） 蒋仲泉（2019 年 6 月—）	蒋仲泉（—2019 年 8 月） 朱建辉（2019 年 8 月—）	陈月华（—2019 年 8 月） 陶文宇（2019 年 8 月—）	龚一正	邵作民
所属县级单位		萧山区、余杭区、富阳区、临安区、桐庐县、建德市、淳安县等 7 个县级烟草专卖局（分公司）	余姚市、慈溪市、奉化区、宁海县、象山县、鄞州区、镇海区、北仑区等 8 个县级烟草专卖局（分公司）	乐清市、瑞安市、苍南县、平阳县、永嘉县、泰顺县、文成县、洞头区等 8 个县级烟草专卖局（分公司）	嘉善县、平湖市、海宁市、海盐县、桐乡市等 5 个县级烟草专卖局（分公司）	长兴县、安吉县、德清县等 3 个县级烟草专卖局（分公司）	诸暨市、上虞区、嵊州市、新昌县等 4 个县级烟草专卖局（分公司）
总资产（万元）		907342	694369	623506	368567	244177	384277
资产负债率（%）		18.20	12.82	18.78	16.72	15.95	20.12
从业人员（人）		1202	1321	1385	820	675	842
所属业务机构	营销机构	1 个营销中心	1 个营销中心	1 个营销中心、29 个区域市场部	1 个营销中心	1 个营销中心、12 个区域市场部	1 个营销中心
	物流配送机构	1 个配送中心、5 个中转站/对接点	1 个配送中心、4 个中转站/对接点	1 个配送中心、1 个物流中转站	1 个配送中心	1 个配送中心、1 个物流中转站	1 个配送中心、2 个中转站
	专卖稽查机构	1 个稽查支队、10 个稽查大队	1 个稽查支队、10 个稽查大队	1 个稽查支队、11 个稽查大队	1 个稽查支队、2 个稽查大队	1 个稽查支队、2 个稽查大队	1 个稽查支队、6 个稽查大队
	烟叶机构	—	—	—	1 个烟叶科	—	2 个烟叶科、7 个烟叶收购站
烟农户数（户）		—	—	—	523	—	554
实现烟农总收入（万元）		—	—	—	193	—	318
零售户数（户）		38887	42898	43000	25828	20886	28092
零售户销售毛利率（%）		12.47	12.59	12.37	12.25	12.32	12.69

地市级局（公司）名称		金华市烟草专卖局（公司）	衢州市烟草专卖局（公司）	丽水市烟草专卖局（公司）	台州市烟草专卖局（公司）	舟山市烟草专卖局（公司）
主要负责人/法定代表人（含党政领导）		方录生	朱建辉（—2019 年 8 月） 周　博（2019 年 8 月—）	沈伏恒	陈修年（—2019 年 8 月） 林勇刚（2019 年 8 月—）	林勇刚（—2019 年 8 月） 徐永祥（2019 年 8 月—）
所属县级单位		义乌市、东阳市、永康市、兰溪市、浦江县、武义县、磐安县等 7 个县级烟草专卖局（分公司）	江山市、龙游县、常山县、开化县等 4 个县级烟草专卖局（分公司）	青田县、缙云县、云和县、景宁畲族自治县、遂昌县、松阳县、龙泉市、庆元县等 8 个县级烟草专卖局（分公司）	玉环市、温岭市、黄岩区、临海市、天台县、仙居县、三门县等 7 个县级烟草专卖局（分公司）	普陀区、岱山县、嵊泗县等 3 个县级烟草专卖局（分公司）
总资产（万元）		400247	141464	115577	496081	101910
资产负债率（%）		22.51	14.14	23.24	23.50	19.58
从业人员（人）		1048	543	679	986	334
所属业务机构	营销机构	1 个营销中心	1 个营销中心、13 个区域市场部	1 个营销中心	1 个营销中心	1 个营销中心
	物流配送机构	1 个配送中心、6 个中转站/对接点	1 个配送中心、1 个送货部、6 个送货组	1 个配送中心、6 个中转站/对接点	1 个配送中心	1 个配送中心
	专卖稽查机构	1 个稽查支队、10 个稽查大队	1 个稽查支队、6 个稽查大队	1 个稽查支队、10 个稽查大队	1 个稽查支队、9 个稽查大队	1 个稽查支队、2 个稽查大队
	烟叶机构	—	—	1 个烟叶科（与业务科合署办公）	—	—
烟农户数（户）		—	—	27	—	—
实现烟农总收入（万元）		—	—	27	—	—
零售户数（户）		33166	15170	14848	37407	7064
零售户销售毛利率（%）		12.93	11.72	11.89	12.13	13.59

◇ 撰稿：张庆娜；编辑：王　静

安徽省烟草专卖局（公司）

【专卖管理】 **案件查处**。2019 年，安徽省烟草专卖局查处各类涉烟违法案件 2.92 万起，涉案金额 1.94 亿元，其中案值 5 万元以上案件 387 起。查获各类非法卷烟 1.43 万件，比上年增长 17.22%，其中非法流通卷烟 1.04 万件，增长 53%；假冒卷烟 3746 件，减少 26.43%；走私烟 105 件，减少 40%。查获非法烟叶烟丝 484.6 吨，比上年增长 198.3%。破获符合公安部、国家局标准网络案件 44 起，省局标准网络案件 64 起，其中 4 起案件被公安部、国家局挂牌督办。

打假打私重大突破。2019 年，安徽省局打假打私工作具体表现为“三个过亿元、两个空前”。查处生产环节案件案值超过 1 亿元。安徽滁州、亳州、宿州等市局查处非法生产烟丝、非法经营烟机等生产环节涉烟案件，涉案烟草专卖品价值合计超过 1 亿元。查处新型烟草制品案件涉案金额过 1 亿元。池州市局破获“2·13”非法经营加热不燃烧烟草制品案，公安、司法机关依法逮捕 13 人，涉案金额 1.2 亿元。查处互联网涉烟案件涉案金额过亿元。坚持“互联网 +”思维，聚焦小线索，经营大要案。宣城宁国市局破获“8·23”非法经营案，公安、司法机关依法逮捕 13 人，查扣假烟 320 余件，涉案金额超过 4 亿元，该案件被《人民日报》、中央广播电视总台央视新闻频道等权威媒体专题报道，30 余家主流媒体转载，是安徽省近年来社会影响较大的涉烟案件之一。

源头打假力度空前加大。亳州、宿州、蚌埠、滁州、宣城等地烟草专卖管理人员向制假贩假源头地区出击，抓获上游犯罪分子；亳州、宣城等地还端掉源头地区制假窝点，查获案值数百万元的假烟现货，实现安徽省烟草打假打私工作"打出去、打上游"的新突破。涉烟案件追刑力度空前加大。通过与公安、司法机关加强沟通协作，全方位形成严打涉烟犯罪工作合力，公安、司法机关依法追究刑事责任218人，比上年增长近四成，为近年来追究刑事责任人数最多的一年。

内部监管。编制全省内管工作高质量发展规划，提出建立规范与市场协同支持的新型驱动模式，打造一个行业标杆型的规范经营示范基地的发展目标。围绕治理工作重点，强化部门协同、精准分析施策，通过大幅度提高外流卷烟数量在内管基础考核中的扣减分数权重，向治理主体传导压力。落实《卷烟经营内部专卖管理监督工作指引》，全面建立工作标准。总结大户治理工作开展情况及治理经验，通过监督抽查、预警监测等手段，及时发现不规范经营线索。通过数据前期介入分析，优化检查模式、减少检查频次，先后组织开展对全省涉烟企业的专项检查。坚持精准突破，新建多维度考核评价体系，挖掘工作潜力，提升监管效率。完善烟草专用机械设备销毁流程，填补安徽烟草报废烟机销毁标准化管理的空白。

【卷烟（雪茄烟）经营】 **卷烟销售**。2019年，安徽省销量居前三位的卷烟品牌为"黄山""利群""中华"，销量分别为534.43亿支（106.89万箱）、61.17亿支（12.23万箱）、37.7亿支（7.54万箱）。

品牌培育。坚持市场导向，按照"1+4+N"的市场格局，持续扩大"黄山"品牌竞争力，支持大品牌、大企业发展，大品牌价值稳步提升，同时进一步发挥特色品牌的补充地位。创新型产品发展态势良好，全年全省销售细支烟52.69亿支（10.54万箱），比上年增长27.92%；销售短支烟5.65亿支（1.13万箱），比上年增长15.98%。

品规管理。初步建立"三维九力"品牌评价体系，从市场竞争、终端动能、消费影响等3个维度，将若干一级、二级指标相结合，定性、定量相结合，静态、动态相结合，综合评价品规的市场状态和竞争态势。初步建立卷烟品规准入、退出管理办法，根据销量规模大小，明确安徽省在销品规上限管理，明确工业企业在销规格上限管理，加强对品类上限管理要求，进一步界定各品类主销、护卫、潜力规格的梯次和数量，加强对新品引入、退出条件的管理。

终端建设。修订《零售终端建设投入管理办法》，初步构建以"直营终端为引领、加盟终端为驱动、合作终端为补充、星级终端为主体、普通终端为基础、特色终端为细分"的"5+1"零售终端建设体系，探索终端管理标准化、流程化、体系化。制定零售终端评价标准，从形象展示力、资源支撑力、卷烟经营力、示范影响力、规范自律力等5个维度，量化49个评价指标，探索终端管理数据化、精细化、一体化。

雪茄烟销售。2019年，安徽省烟草商业系统销售雪茄烟2.53亿支，实现销售收入2.32亿元。

安徽省局（公司）选取124户雪茄烟专业终端，同4家雪茄烟生产企业及深圳烟草进出口有限公司开展分销业务流程优化试点工作。对"雪茄购"统一订货平台进行改造升级，实现国家局准销品规均可通过平台在全国各烟草商业企业准入销售。

物流建设。2019年，全省实施工商托盘联运45.88万箱，回收烟箱608.92万只。单箱物流费用279.81元/箱，比上年增长3.02%。持续提升异型烟分拣效率。组织课题研究，下达异型烟分拣效率目标任务，指导研发"异细分流、合单包装"的分拣包装系统；严格控制标准，组织外出考察和现场论证，对工艺布局和设备选型提出意见建议；探索整件出库取代销量配货出库方法，缩短备货时间。截至2019年底，安徽省异型烟分拣平均效率突破3000条/小时。推进绿色循环发展。鼓励基层单位以租赁方式尝试使用新能源车，全年全省9家单位应用新能源车20辆；推进纸塑周转箱应用试点；跟踪托盘联运、纸箱回收任务完成进度，及时协调促进；扩大塑料烟箱循环利用范围，全年循环烟箱92.02万只。

【烟叶产销】 **烟叶种植**。2019年，安徽省烟叶种植户均规模居全国第一名。收购烟叶上等烟比例71.38%。烟农户均收入比上年增长14.8%，实现烟叶销售收入8.05亿元。

安徽皖南烟叶有限责任公司。安徽皖南烟叶有限责任公司位于安徽省宣城市，成立于2004年12月31日，是全国烟草行业唯一跨地区股份制专业化烟叶生产企业。截至2019年底，公司总资产15.53亿元，其中固定资产1.16亿元、流动资产 13.8 亿元，资产负债率 9.21%。在岗员工 415 人，实行全员聘用制，其中本科以上学历 144 人，高级职称 6 人，技师以上职业技能资格 27 人。

坚持以“做精主业”为统领，以构建现代生产经营新模式为目标，以信息化和机械化为突破口，以订单生产为抓手，健全完善绿色生产体系，持续提升烟叶生产运行质量。全面落实田间养烟等绿色生产技术，推广育苗、营养、烘烤、分级等大服务，完善专业化服务体系。2019 年，落实种植面积 11.54 万亩，收购上等烟比例 71.14%，比上年提高 4.79 个百分点，新型种植模式比例 85%，探索打造订单生产、全程绿色生产、全程机械化、智慧农业、职业烟农等“五位一体”的样板区，辐射带动皖南烟区整体实现高质量发展。

紧抓研发、推广、生产等 5 个关键环节，初步探索多元发展的基本路径和方法。构建以宣城市现代功能农业科创园为主体的创新平台，有针对性地开展特色品种选育、功能食品研发、烟草新功能开发、农业资源高效利用等领域研究项目。根据产业发展规划和科创园创新项目方向，确立“烟＋水稻”“烟＋瓜果”“烟＋稻鸭”“烟＋蓝莓”“烟＋食用菌”“烟＋中药材”等多种特色产业组合方式，并对农户进行产业组合的指导。开发玉木耳、瓜蒌、甜玉米、稻田虾、茶叶等新产品，全年生产优质稻谷 1650 吨、瓜果 309.40 吨。市场销售额大幅提升，开拓上海海烟物流发展有限公司、全而廉超市等行业内外集团客户 20 家。

烟叶质量控制。启动烟叶生产方式转型升级项目研究，落实优化结构关键技术，烟叶等级结构进一步合理，实现产销平衡，国家局检查烟叶收购等级合格率 80.20%，打叶复烤均质化加工综合指标排在前列，烟叶购销质量和复烤加工质量得到客户认可。加大重点生产技术落实力度，以精准营养、烘烤大服务为抓手，推广精准施肥、烤房温湿度自动检测、绿色高效专业化植保等关键技术，烟叶株型和田间长势进一步提升，降低农户劳动生产强度。以烟蚜茧蜂防治蚜虫技术为代表的病虫害生物防治技术稳步推广，进一步完善绿色防控体系化建设，绿色防控示范区建设成效明显，无人机精准飞防 6.92 万亩，比上年增长 52.46%，烟蚜茧蜂防治技术推广，连续四年实现全覆盖，节约生产成本 17.1 元/亩。

【技术创新】 调优创新制度和创新项目运作方式，持续推动创新活动向重质量、重结果转型。全省烟草商业系统创新工作室、创新骨干联盟蓬勃开展，建成各类群众性创新平台 28 个，皖南烟叶公司获批行业认定烟叶技术中心，成为行业认定的 12 个地市公司烟叶生产技术中心之一。2019 年，开展质量管理小组课题攻关 330 项，取得各类成果 296 项。其中，马鞍山市公司“风暴”QC 小组“垛烟入仓精准定位技术开发”课题获得烟草行业第三十届全国优秀质量管理小组成果发布会商业企业二等奖，1 个 QC 故事获得第三届全国 QC 小组故事演讲比赛总决赛一等奖，11 项 QC 成果获得 2019 年安徽省质量管理小组成果发布会一等奖，2 名个人分别获评烟草行业质量管理小组活动 30 周年“优秀推进者”“优秀人物”。马鞍山市政府高度评价马鞍山市公司 AAAA 标准化良好行为企业建设，并专项奖励 15 万元。获得授权发明专利 2 件、实用新型专利 7 件、计算机软件著作权 8 件。

安徽省宣城市广德县誓节镇红应村烟农对安徽皖南烟叶有限责任公司开发的“三心二益”水稻赞不绝口（2019 年）

皖南烟叶公司　张　萍　摄

【特事辑要】 2019 年 1 月 24 日，安徽省局（公司）在合肥召开全省烟草工作会议。

8 月 19 日，安徽省局（公司）

举办2019年“成长文化日”活动。

11月6—7日，安徽省局（公司）主办的2019年行业离退休干部工作部门负责人座谈会暨老年文化建设现场会在合肥召开。

2019年安徽省烟草专卖商业主要情况统计

地市级局（公司）名称		合肥市烟草专卖局（公司）	淮北市烟草专卖局（公司）	亳州市烟草专卖局（公司）	宿州市烟草专卖局（公司）
主要负责人/法定代表人（含党政领导）		梁跃华	张　浩	金大林	吴修军
所属县级单位		肥东县、肥西县、长丰县、庐江县、巢湖市、包河区、瑶海区、蜀山区、庐阳区等9个县级烟草专卖局（营销部）	濉溪县局（营销部），1个直属分局（营销部）	涡阳县、利辛县、蒙城县等3个烟草专卖局（营销部），1个直属分局（营销部）	灵璧县、泗县、砀山县、萧县等4个县级烟草专卖局（营销部），1个直属分局（营销部）
总资产（万元）		405069	67734	66470	120634
资产负债率（%）		9.20	6.67	15.11	10.80
从业人员（人）		1242	288	762	824
所属业务机构	营销机构	1个营销中心、9个区域营销部	1个营销中心、2个县级局营销部	1个营销中心、18个市场部	1个营销中心、5个区域市场部
	物流配送机构	1个物流中心、2个物流中转站	1个物流中心、1个物流中转站	1个物流中心、3个物流中转站	1个物流中心、4个物流中转站
	专卖稽查机构	1个稽查支队、9个稽查大队	3个稽查大队	1个稽查支队、4个稽查大队	1个稽查支队、5个稽查大队
	烟叶机构	—	—	—	—
烟农户数（户）		—	—	—	—
实现烟农总收入（万元）		—	—	—	—
零售户数（户）		32732	8313	18514	22989
零售户销售毛利率（%）		11.16	12.85	13.00	13.00

地市级局（公司）名称	蚌埠市烟草专卖局（公司）	阜阳市烟草专卖局（公司）	淮南市烟草专卖局（公司）	滁州市烟草专卖局（公司）
主要负责人/法定代表人（含党政领导）	江　南	胡志刚	王天山	孙志强
所属县级单位	怀远县、固镇县、五河县等3个县级烟草专卖局（营销部），1个直属分局（营销部）	临泉县、阜南县、太和县、颍上县、界首市等5个县级烟草专卖局（营销部），1个直属分局（营销部）	寿县、凤台县2个县级烟草专卖局（营销部），田家庵大通区（山南新区）、谢家集八公山区、潘集区等3个直属分局（营销部），毛集区1个直属分局	来安县、全椒县、天长市、定远县、凤阳县、明光市等6个县级烟草专卖局（营销部），1个直属分局（营销部）
总资产（万元）	96776	173908	135449	132761
资产负债率（%）	12.41	8.21	4.89	12.39
从业人员（人）	472	959	494	714

续表

地市级局（公司）名称		蚌埠市烟草专卖局（公司）	阜阳市烟草专卖局（公司）	淮南市烟草专卖局（公司）	滁州市烟草专卖局（公司）
所属业务机构	营销机构	1个营销中心、1个订单部	1个营销中心	1个营销中心、5个区域市场部	1个营销中心、7个营销部
	物流配送机构	1个物流中心	1个物流中心、3个物流中转站	1个物流中心、2个物流中转站	1个物流中心、4个物流中转站
	专卖稽查机构	1个稽查支队、4个稽查大队	6个稽查大队	1个稽查支队、6个稽查大队	1个稽查支队、7个稽查大队
	烟叶机构	—	—	—	—
烟农户数（户）		—	—	—	—
实现烟农总收入（万元）		—	—	—	—
零售户数（户）		13297	25353	12627	15999
零售户销售毛利率（%）		13.50	9.95	11.00	11.20

地市级局（公司）名称		六安市烟草专卖局（公司）	马鞍山市烟草专卖局（公司）	芜湖市烟草专卖局（公司）	宣城市烟草专卖局（公司）
主要负责人/法定代表人（含党政领导）		岳　文	施书林	胡家木	耿利永
所属县级单位		霍邱县、舒城县、金寨县、霍山县、叶集区等5个县级烟草专卖局（营销部），1个直属分局（营销部）	含山县、和县、当涂县等3个县级烟草专卖局（营销部），1个直属分局（营销部）	繁昌县、芜湖县、南陵县、无为县等4个县级烟草专卖局（营销部），1个直属分局（营销部）、江北分局（营销部）	宣州区、郎溪县、广德市、宁国市、泾县、绩溪县、旌德县等7个县级烟草专卖局（营销部）
总资产（万元）		158376	127813	174211	140923
资产负债率（%）		9.33	6.75	5.66	11.59
从业人员（人）		650	413	534	516
所属业务机构	营销机构	1个营销中心	1个营销中心	1个营销中心、6个区域市场部	1个营销中心、7个县级营销部
	物流配送机构	1个物流中心、4个物流中转站	1个物流中心	1个物流中心、1个物流中转站	1个物流中心
	专卖稽查机构	1个稽查支队、5个稽查大队	1个稽查支队、4个稽查大队	1个稽查支队、7个稽查大队	1个稽查支队、8个稽查大队
	烟叶机构	—	—	—	—
烟农户数（户）		—	—	—	—
实现烟农总收入（万元）		—	—	—	—
零售户数（户）		21028	10743	12690	13474
零售户销售毛利率（%）		10.81	11.20	10.30	10.20

地市级局（公司）名称		铜陵市烟草专卖局（公司）	池州市烟草专卖局（公司）	安庆市烟草专卖局（公司）	黄山市烟草专卖局（公司）
主要负责人/法定代表人（含党政领导）		王凯	胡守华	王　鸿	刘新华
所属县级单位		枞阳县烟草专卖局（营销部）、铜官区烟草专卖局和义安区烟草专卖局	东至县、石台县、青阳县、贵池区等4个县级烟草专卖局（营销部）	宜城区、桐城市、怀宁县、潜山市[1]、岳西县、太湖县、望江县、宿松县等8个县级烟草专卖局（营销部）	歙县、休宁县、祁门县、黟县、黄山区等5个县级烟草专卖局（营销部），屯溪区、徽州区2个直属分局（营销部）
总资产（万元）		87447	79786	163305	89217
资产负债率（%）		10.61	7.92	6.60	8.52
从业人员（人）		253	528	728	352
所属业务机构	营销机构	1个营销中心、1个县级营销部	1个营销中心、4个区域营销部	1个营销中心、8个区域市场部	1个营销中心
	物流配送机构	1个物流中心、1个物流中转站	1个物流中心、1个物流中转站	1个物流中心、4个物流中转站	1个物流中心
	专卖稽查机构	1个稽查支队、3个稽查大队	1个稽查支队、4个稽查大队	1个稽查支队、8个稽查大队	1个稽查支队、7个稽查队（管理所）、2个驻点管理所、1个寄递打假机动队
	烟叶机构	—	1	—	—
烟农户数（户）		—	197	—	—
实现烟农总收入（万元）		—	3468	—	—
零售户数（户）		7326	7860	23006	8931
零售户销售毛利率（%）		10.00	11.92	10.00	14.50

注：1. 2019年3月，国家局、总公司印发《关于调整安庆市烟草专卖局（公司）所属部分机构的批复》（国烟人〔2019〕88号），撤销潜山县烟草专卖局（营销部），设立潜山市烟草专卖局（营销部）。

◇ 撰稿：程国亚；编辑：王　静

福建省烟草专卖局（公司）

【专卖管理】　**案件查处**。2019年，福建省烟草专卖局查处各类涉烟违法案件1.21万起，比上年下降3.87%，其中非法流通卷烟案件7967起。查获假冒卷烟1.60万件，比上年下降58.26%；查获大型制假烟机72台，比上年下降45.45%；查获非法烟叶烟丝750.50吨，比上年下降3.53%；查获走私烟1017件，比上年下降10.97%；查获非法流通卷烟7569件，比上年增长52.24%。查处符合公安部、国家局标准的网络案件66起。公安、司法机关依法拘留536人，逮捕561人，判刑582人，其中判处实刑367人。

联合打假打私。争取省委省政府政策支持，将卷烟打假纳入省级层面扫黑除恶专项斗争，深化全省卷烟打假打私联席会议制度建设。继续与云霄县政府签订卷烟打假综合治理协议，推动落实政府主导的卷烟打假责任制。

市场监管。加强专卖管理信息化建设，落实行业一体化在线政务服务平台和“互联网+监管”系统建设要求，提高数字化监管能力。加快实施政务服务“一网通办”，许可审批时限压缩到8个工作日以内。落实县级局市场监管责任，强化大户治理，全年取缔非法大户177户，有效遏制真烟异常流动。落实国家烟草专卖局、国家市场监督管理总局《关于进一步保护未成年人免受电子烟侵害的通告》精神，联合各地市场监督管理部门开展电子烟市场监管，约谈相关企业169家、关闭网站16家、撤销广告250个。

【卷烟（雪茄烟）经营】 **卷烟销售**。2019年，福建省烟草商业系统销售重点品牌卷烟758.35亿支（151.67万箱）。本地区销量居前三位的品牌为“七匹狼”“利群”“中华”，销量分别为515亿支（103万箱）、36.45亿支（7.29万箱）、35.97亿支（7.19万箱）。

品牌培育。聚焦省产重点培育品牌规格“七匹狼（古田金中支）”“七匹狼（乘风启航）”“七匹狼（锋芒）”，推广应用“细分三阶—五因素应用—五要素调控”的品牌培育模式。其中，“七匹狼（古田金中支）”销量比上年增加109.52个百分点。

市场化取向改革。实施卷烟货源信息公开、投放规则公开、投放结果公开，完善品牌管理、工商交易、货源投放、终端销售等规则。依托一体化销售平台，对8个业务流程、34个监督环节制定改革备案清单和审批清单，逐步完善“事前审批—事中预警—事后监管”三级监管机制，初步实现对重点项目和业务流程可视化、痕迹化、可追溯、可控制的动态监控。

【烟叶生产】 **种植与收购**。2019年，福建省烟农户数3.64万户。实现烟农种烟收入（不含补贴）22.09亿元，烟农户均收入（不含补贴）6.07万元，比上年增加3400元。在国家局组织的烟叶收购检查中，烟叶工商交接等级合格率70.05%，烟叶收购等级合格率79.04%。

烟叶生产基础设施建设。开展优质烟叶生产资源保护规划工作。联合省农业农村厅、省自然资源厅印发《关于做好永久烟田建设工作的通知》，启动133.5万亩永久烟田规划工作；优化烟田布局，标记和调整“三类风险田”10万亩。调查并完成密集烤房登记，明确重点保护烤房5.5万座目标。2019年，烟田基础设施预算投入资金6829万元，建设项目6674个。国家局复函援建水源项目39个，其中完工项目36个，在建项目3个；拨付援建资金1.94亿元。

技术推广。出台重点技术指导意见和检查考核办法，加大技术落实力度。烟叶中棵型长相明显，营养土移栽第一年实现全面推广，中耕培土比例达到90%，有效缓解2019年雨水偏多、土壤板结问题。加强新品种选育推广、绿色防控、“翠碧一号”关键生产技术和上下部烟叶深化应用等科学技术攻关，实现烟蚜茧蜂防治蚜虫、烟用地膜回收利用、有机肥施用率均达到100%。持续深化区域加工中心、区域仓储中心建设，与7家工业企业建立区域加工中心，加工量5.53万吨（110.58万担）。

烟农服务。面对严重洪涝灾害，着力抗灾救灾，全省烟农保险理赔8987万元。加强烟农专业合作社规范化管理，制定烟农合作社管理指导意见、农机资产监管指导意见、财务管理办法和会计实务操作手册，优化烟农专业化服务，促进烟叶生产减工降本增效。实现烟农多元化增收总额2.95亿元。

2019年4月26日，福建省三明市明溪县局（分公司）党员干部与受灾烟农进行烟田断叶清理

福建省局 供稿

【科技创新】 2019年，福建省烟草商业系统获得省部级科技奖励3项。其中，参与的“打叶复烤均质化加工技术研究”项目获得总公司科学技术进步奖三等奖，参与的“烟草主要病虫害发生规律及监测预警技术”项目获得神农中华农业科技奖科学研究类成果二等奖，与中烟商务物流有限公司联合申报的“基于滑托盘为载体的工商企业卷烟整托盘联运

研究及应用”项目获得中国物流与采购联合会科学技术进步奖三等奖。

主持或参与的“卷烟联运滑托盘应用规范”“打叶复烤细支卷烟原料加工工艺指南行业标准”2项标准被国家局列为行业标准。主持或参与国家局在研科技项目6项，其中，“基于清甜蜜甜风格的‘翠碧一号’特色优质烟叶关键生产技术研究与应用”被列入国家局重点项目，“‘利群’品牌导向的工商协同‘跨产区、区域化’打叶复烤示范线关键技术研究”和“细支卷烟‘专属性、定制化’打叶复烤特色工艺研究与应用”项目被列入国家局打叶复烤重大专项重点项目，“基于绿色缓释农药的地老虎精准防控技术研究与应用”项目被列入国家局绿色防控重大专项重点项目。

【物流管理】 推进工商物流一体化，全年纸滑托盘联运113.48万箱，其中纸滑托盘联运量105.69万箱，卷烟包装箱返还比例100.02%，工业卷烟越库直送分拣作业量6.98万箱，减少库存资金占用约2600万元。推进两烟物流一体化，出台《“两烟”物流三方协同机制》，搭建市公司、复烤企业、物流公司人员调度、资源共享、业务协同的工作机制，充分发挥“两烟”物流一体化优势。

【交流与合作】 中国烟草福建进出口有限责任公司前身是成立于1985年1月1日的中国烟草进出口公司福建分公司。1991年更名为中国烟草福建进出口公司，同年公司由福州迁址到厦门。2001年11月，改制更名为中国烟草福建进出口有限责任公司，股东分别是中国烟草进出口（集团）公司、福建省烟草公司、福建中烟工业公司、龙岩卷烟厂、厦门卷烟厂。2006年12月，改制为一人有限责任公司，成为中国烟草总公司福建省公司的全资子公司。公司经营范围涵盖烟叶出口和卷烟进口2项，其中烟叶、烟梗出口销售到中国香港、印度尼西亚、柬埔寨、越南、菲律宾、埃及、阿联酋、德国、俄罗斯、荷兰等地区或国家，并负责为福建、天津、内蒙古三省（自治区、直辖市）提供包括“555”“七星（Mevius）”“健牌（KENT）”“爱喜（ESSE）”等品牌在内的进口卷烟和“博格”品牌雪茄烟。截至2019年底，总资产5.55亿元，其中，固定资产6144万元、流动资产2.66亿元，资产负债率21.38%。从业人员47人。

【特事辑要】 2019年1月11日，国家局党组成员、副局长杨培森在福建烟草调研。

1月23日，福建省局（公司）在福州召开2019年全省烟草商业系统工作会议。

5月15—18日，国家烟草专卖局党组书记、局长，中国烟草总公司总经理张建民在福建烟草调研。

9月5日，福建省烟草商业系统“庆祝中华人民共和国成立70周年暨福建省烟草专卖局（公司）成立35周年合唱比赛”在福州举行。

10月29—30日，国家局党组成员、副局长段铁力在福建烟草调研。

12月5—6日，国家局党组成员、副局长杨培森在福建烟草调研。

2019年福建省烟草专卖商业主要情况统计

地市级局（公司）名称	福州市烟草专卖局（公司）	厦门市烟草专卖局（公司）	宁德市烟草专卖局（公司）	莆田市烟草专卖局（公司）	泉州市烟草专卖局（公司）
主要负责人/法定代表人（含党政领导）	黄学良	黄端启	林茂新	林师训（—2019年5月）江　晟（2019年5月—）	游文忠
所属县级单位	城北、城南、长乐、福清、闽侯、连江、平潭、罗源、闽清、永泰等10个县级烟草专卖局（分公司）	思明区、湖里区、集美区、第一分局等4个县级烟草专卖局（分公司）	蕉城区、福安市、福鼎市、霞浦县、古田县、屏南县、寿宁县、周宁县、柘荣县等9个县级烟草专卖局（分公司）	仙游县、城厢区、涵江区、秀屿区等4个县级烟草专卖局（分公司）	安溪县、永春县、惠安县、德化县、晋江市、石狮市、南安市、鲤城区、洛江区、丰泽区、泉港区等11个县级烟草专卖局（分公司）

续表

地市级局（公司）名称		福州市烟草专卖局（公司）	厦门市烟草专卖局（公司）	宁德市烟草专卖局（公司）	莆田市烟草专卖局（公司）	泉州市烟草专卖局（公司）
总资产（万元）		389667	278615	156886	167212	527957
资产负债率（%）		14.23	12.12	14.65	10.72	9.76
从业人员（人）		1293	462	676	543	1457
所属业务机构	营销机构	1个营销中心、10个客户服务中心	1个营销中心、4个客户服务中心	1个营销中心、9个客户服务中心	1个卷烟营销中心、4个客户服务中心	1个卷烟营销中心、11个客户服务中心
	物流配送机构	1个物流中心、1个中转站、5个对接点	1个物流中心、1个对接点	1个物流中心、5个对接点	1个物流中心	1个物流中心、3个中转站、2个对接点
	专卖稽查机构	1个稽查支队、11个稽查大队	1个稽查支队、8个稽查大队	1个稽查支队、9个稽查大队	1个稽查支队、5个稽查大队	1个稽查支队、13个稽查大队
	烟叶机构	—	—	—	—	—
烟农户数（户）		—	—	—	—	—
实现烟农总收入（万元）[1]		—	—	—	—	—
零售户数（户）		29800	20482	15038	13764	43902
零售户销售毛利率（%）		14.80	13.35	13.00	12.20	14.00

地市级局（公司）名称		漳州市烟草专卖局（公司）	龙岩市烟草专卖局（公司）	三明市烟草专卖局（公司）	南平市烟草专卖局（公司）
主要负责人/法定代表人（含党政领导）		罗万达	周志攀（—2019年5月） 黄永辉（2019年5月—）	白万明	张清明
所属县级单位		城区、龙海市、漳浦县、云霄县、东山县、诏安县、南靖县、平和县、华安县、长泰县等10个县级烟草专卖局（分公司）	新罗区、永定区、上杭县、武平县、长汀县、连城县、漳平市等7个县级烟草专卖局（分公司）	城区、永安市、沙县、大田县、尤溪县、将乐县、泰宁县、建宁县、宁化县、清流县、明溪县等11个县级烟草专卖局（分公司）	延平区、建阳区、武夷山市、邵武市、建瓯市、光泽县、顺昌县、浦城县、松溪县、政和县等10个县级烟草专卖局（分公司）
总资产（万元）		304300	265190	389863	247120
资产负债率（%）		14.23	10.44	11.37	15.76
从业人员（人）		957	1875	2018	1967
所属业务机构	营销机构	1个卷烟营销中心、10个客户服务中心	1个卷烟营销中心、7个客户服务中心	1个营销中心、11个客户服务中心	1个营销中心、10个客户服务中心
	物流配送机构	1个物流中心、3个中转站、1个对接点	1个物流中心、2个中转站、4个对接点	1个物流中心、3个中转站、3个对接点	1个物流中心、5个中转站、2个对接点
	专卖稽查机构	1个稽查支队、10个稽查大队	1个稽查支队、7个稽查大队	1个稽查支队、12个稽查大队	1个稽查支队、10个稽查大队
	烟叶机构	—	1个烟叶生产部、1个烟叶购销部、48个烟叶收购站、3个烟叶收购点、4个烟叶中心仓库、1个烟科分所（烟叶生产技术中心）、5个试验站	1个烟叶生产部、1个烟叶购销部、1个田间试验场、87个烟草站（点）、1个烟科分所（烟叶生产技术中心）、3个烟叶技术试验推广站	1个烟科分所（烟叶生产技术中心）、1个烟叶生产部（烟田基础设施建设办公室）、1个烟叶购销部、61个烟叶站、3个试验站

续表

地市级局（公司）名称	漳州市烟草专卖局（公司）	龙岩市烟草专卖局（公司）	三明市烟草专卖局（公司）	南平市烟草专卖局（公司）
烟农户数（户）	—	11583	16675	8149
实现烟农总收入（万元）	—	62080	107253	63407
零售户数（户）	33205	15435	12718	13780
零售户销售毛利率（%）	13.10	11.20	11.20	11.00

注：1. 实现烟农总收入含补贴。

◇撰稿：傅积恩；编辑：褚　幸

江西省烟草专卖局（公司）

【专卖管理】　**案件查处**。2019 年，江西省烟草专卖局联合公安机关持续开展“雷霆 3 号”打假打私专项行动，组织开展元旦、春节，“五一”、端午及中秋、国庆等节日市场集中整治。全年全省共查处各类涉烟违法案件 2.12 万起，查获案值 5 万元以上大要案 1349 起。全省查获各类非法卷烟 2.78 万件，查获重点品牌卷烟 8546 件，烟叶、烟丝 210 吨，查获滤棒 139 万支，制假烟机 3 台。全省移送公安机关案件 1259 起，公安、司法机关依法拘留 526 人，逮捕 201 人，判刑 257 人，其中实刑 183 人、缓刑 74 人。全省破获符合国家标准的网络案 36 起、省局标准的网络案 29 起，申办部督案件 5 起；南昌“7·5”非法经营加热不燃烧卷烟网络案件和赣州“3·3”特大制售假烟网络案件 2 起案件获得国家局通报表彰，入选“全国 2019 年 8 起重大精品案件”。

市场监管。确定 2019 年为“打击违法大户年”，围绕“找准、打到、萎缩、转行”打击方针，落实“底数清晰、进出有据、打击有力、监管到位”工作措施，制定出台《关于落实专项治理打击违法大户年实施意见》，明确大户治理成效 3 个递进层面的评价标准。首次对违法大户治理进行“一市一策”专项考核。全省全年打击违法大户 1548 户次，查获案值 5 万元以上案件 208 起，依法拘留 12 人，停业整顿 529 户，取缔注销 523 户。

许可证管理。修订《烟草制品零售点合理布局规定》，推动烟草专卖零售许可合理布局规定的全面优化。落实国家局《关于组织开展中小学周边卷烟零售店清理整顿工作的通知》要求，组织开展为期 2 个月的全省零售许可证不规范使用情况及中小学周边零售户摸底清理工作。梳理有证无照、证照不符等许可证不规范使用 3.45 万户，中小学周边零售户 325 户。

【卷烟（雪茄烟）经营】　**卷烟经营**。2019 年，江西省烟草商业系统按照高质量发展的根本要求，坚持稳中求进工作总基调，深入贯彻落实“总量控制、稍紧平衡，增速合理、贵在持续”的方针，实施“大品牌、大市场、大企业”发展战略，深入推进供给侧结构性改革，推进卷烟销售转型升级，卷烟销售态势稳中有进、持续向好。全年重点品牌销售比上年增长 1.98%。对销售管理制度体系文件进行梳理和完善，重新出台 10 余项管理制度和工作方案。建立省级销售监管常态化机制，充分发挥平台监管功能，实现以监管促改革、促规范、促效率的目的。推广“一禁止、三公开”制度，做到货源信息公开、投放规则公开、投放结果公开。

雪茄烟经营。2019 年，江西省销售雪茄烟比上年增长 70.66%。

【企业管理】　**推进体系转版**。江西省烟草商业系统 13 家直属单位开展质量体系转版，其中有 9 家完成转版，优化流程 1263 个，流程优化改进率 79.68%。九江市局（公司）建立高质量目标管理体系，形成目标制定分解、措施配套、组织实施、协同配合和评估反馈的管理闭环。

完善“赛马”平台。从销售、财务、专卖、烟叶等 4 个方面分别构建“赛马”平台，由市级局（公司）、县级局（分公司）2 个层级支撑，构建卷烟销售、专卖管理、财务管理、烟叶管理指标体系和评价体系。将销售、专卖、烟叶、财务等系统整合成一个可实时查询信息的平台，将百舸争流“赛马”平台呈现在省局（公司）网站首页。2019 年，该平台获评江西省系统 2017—2018 年管理创新贡献一等奖。

开展管理诊断活动。完善对标平台，2019 年江西省系统15项对标指标有8项指标比上年改进。开展管理诊断活动，对照高质量发展找问题171个，制定措施324项，管理诊断下基层找管理问题301个，提出整改建议333项。赣州市局（公司）探索“三个聚焦、四种意识、五阶推进”诊断模式，呈现“专、准、精、高”特点。

降本增效。通过源头管控与过程管控相结合，推进降本增效工作深入开展。全年完成降本增效1521万元，圆满完成国家局下达的目标任务。加强机构编制管理，2019年精减人员229人，实现控员增效。

【烟农增收】 **烟叶主业增收**。2019年，江西省在遭遇严重厄尔尼诺自然灾害的情况下，实现亩产值、烟叶收购均价、烟农户均收入“三增长”。其中，烟叶亩产值2930元，比上年增加50元，增长1.7%；收购均价比上年增长13.4%；烟农户均收入7.96万元，比上年增加1.68万元，增长26.8%。

多元经营项目。2019年，全省开展项目151个，其中100万～500万元项目13个，500万～1000万元项目3个，1000万～5000万元项目5个。主要集中在特色瓜果蔬菜种植、食用菌栽培、优质稻种植、中药材种植、甜叶菊种植、光伏发电等方面。

资产综合利用。2019年，全省育苗大棚综合利用14.09万平方米，实现总产值867.08万元，净收入81.89万元；烤房综合利用4810座，实现总产值1605.03万元，净收入226.5万元；开展利用农机1905台，实现总产值1015.84万元，净收入93.68万元；开展基本烟田综合利用12.96万亩，实现总产值1.42亿元，净收入0.43亿元。

【技术创新】 **平台建设**。以科技创新项目的形式，开展创新工作管理信息平台建设。信息平台主要分课题申报、项目管理、人才管理、项目检索等模块，并集成至省局（公司）办公平台试运行。

技术推广。通过开展现场培训和集中督导等方式，推广烟蚜茧蜂防治蚜虫技术。2019年，全省绿色防控示范区面积1.46万亩，辐射区面积7.35万亩，推广蠋蝽防治烟青虫/斜纹夜蛾技术1000亩。烟蚜茧蜂防治蚜虫技术在烟叶上100%覆盖，在大农业作物上的推广与全省植烟面积持平。

【特事辑要】 2019年1月10日，江西省烟叶工作座谈会在南昌市召开。

1月24日，2019年江西省烟草专卖局（公司）工作会议在南昌市召开。

5月10日，江西省局（公司）召开全省烟草商业系统创新大会。

10月30—31日，国家局党组成员、副局长段铁力在江西烟草调研。

2019年江西省烟草专卖商业主要情况统计

地市级局（公司）名称	南昌市烟草专卖局（公司）	九江市烟草专卖局（公司）	上饶市烟草专卖局（公司）	抚州市烟草专卖局（公司）
主要负责人/法定代表人（含党政领导）	旷　麟	王　健	林建伟（2019年1月—）	肖红武
所属县级单位	南昌县、进贤县、安义县、新建区、东湖区、西湖区、青山湖区、青云谱区等8个县级烟草专卖局（分公司）	九江城区、柴桑区、瑞昌市、武宁县、修水县、湖口县、都昌县、彭泽县、庐山市、庐山、永修县、德安县、共青城市等13个县级烟草专卖局（分公司）	信州区、广信区[1]、广丰区、玉山县、铅山县、横峰县、弋阳县、鄱阳县、余干县、万年县、德兴市、婺源县等12个县级烟草专卖局（分公司）	临川区、东乡区、崇仁县、乐安县、宜黄县、南丰县、南城县、黎川县、金溪县、广昌县、资溪县等11个县级烟草专卖局（分公司）
总资产（万元）	235344	184620	210980	152290
资产负债率（%）	9.99	22.13	17.61	24.55
从业人员（人）	841	699	872	834

续表

地市级局（公司）名称		南昌市烟草专卖局（公司）	九江市烟草专卖局（公司）	上饶市烟草专卖局（公司）	抚州市烟草专卖局（公司）
所属业务机构	营销机构	1个营销中心	1个营销中心	1个营销中心	1个营销中心
	物流配送机构	1个物流中心	1个物流中心	1个物流中心	1个物流中心
	专卖稽查机构	1个稽查支队、11个稽查大队	1个稽查支队、13个稽查大队、1个机动大队、1个情报大队	1个稽查支队、13个稽查大队	1个稽查支队、11个稽查大队
	烟叶机构	—	—	—	21个烟叶工作站
烟农户数（户）		—	—	—	1225
实现烟农总收入（万元）		—	—	—	11522
零售户数（户）		16351	18956	24142	13141
零售户销售毛利率（%）		10.10	13.00	8.50	7.81

地市级局（公司）名称		宜春市烟草专卖局（公司）	吉安市烟草专卖局（公司）	赣州市烟草专卖局（公司）	景德镇市烟草专卖局（公司）
主要负责人/法定代表人（含党政领导）		朱辉明	揭东轲	刘　辉	熊晓雯
所属县级单位		袁州区、丰城市、樟树市、高安市、万载县、上高县、宜丰县、奉新县、靖安县、铜鼓县等10个县级烟草专卖局（分公司）	吉州区、青原区、吉安县、吉水县、峡江县、新干县、永丰县、泰和县、遂川县、万安县、安福县、永新县、井冈山市等13个县级烟草专卖局（分公司）	章贡区、赣县区、南康区、信丰县、大余县、上犹县、崇义县、安远县、龙南县、定南县、全南县、宁都县、于都县、兴国县、瑞金市、会昌县、寻乌县、石城县等18个县级烟草专卖局（分公司）	城区、乐平市、浮梁县等3个县级烟草专卖局（分公司）
总资产（万元）		173950	156866	262957	73772
资产负债率（%）		17.75	22.55	20.11	19.25
从业人员（人）		827	942	1504	281
所属业务机构	营销机构	1个营销中心	1个营销中心	1个营销中心、1个订单部、18个营销部	1个营销中心
	物流配送机构	1个物流中心	1个物流配送中心	1个物流中心	1个物流中心
	专卖稽查机构	1个稽查支队、10个稽查大队	1个稽查支队、13个稽查大队	1个稽查支队、18个稽查大队、2个直属大队	1个稽查支队、3个稽查大队
	烟叶机构	3个烟叶工作站	5个中心烟站、11个烟叶收购站	13个中心烟站、50个烟叶站	—
烟农户数（户）		232	1539	3291	—
实现烟农总收入（万元）		3749	8466	26340	—
零售户数（户）		19121	18006	38700	6812
零售户销售毛利率（%）		11.21	7.98	7.12	10.25

地市级局（公司）名称		萍乡市烟草专卖局（公司）	新余市烟草专卖局（公司）	鹰潭市烟草专卖局（公司）	江西省烟草专卖局铁路分局
主要负责人/法定代表人（含党政领导）		熊体科（主持全面工作）	余　坚	何福荣	钟海峰（主持全面工作）
所属县级单位		安源区、湘东区、芦溪县、上栗县、莲花县等5个县级烟草专卖局（分公司）	分宜县、渝水区2个县级烟草专卖局（分公司）	贵溪市、月湖区、余江区等3个县级烟草专卖局（分公司）	—
总资产（万元）		69422	49732	49923	1811
资产负债率（%）		18.25	0.22	0.16	1.73
从业人员（人）		334	223	207	34
所属业务机构	营销机构	1个营销中心、5个区域市场部	1个营销中心	1个营销中心	1个经营部
	物流配送机构	1个物流中心	1个物流中心	1个物流中心	—
	专卖稽查机构	1个稽查支队、6个稽查大队	1个稽查支队、1个稽查大队	1个稽查支队、4个稽查大队	1个专卖（法规）科
	烟叶机构	—	—	—	—
烟农户数（户）		—	—	—	—
实现烟农总收入（万元）		—	—	—	—
零售户数（户）		7563	4360	4016	96
零售户销售毛利率（%）		11.49	11.42	9.70	17.71

注：1. 根据《国家局　总公司关于调整上饶市烟草专卖局（公司）所属部分机构的批复》（国烟人〔2019〕176号）文件，撤销江西省上饶县烟草专卖局，设立上饶市广信区烟草专卖局，将上饶市烟草公司上饶县分公司名称变更为上饶市烟草公司广信分公司，上饶市广信区烟草专卖局和上饶市烟草公司广信分公司合署办公。

◇ 撰稿：彭　欣；编辑：张　帅　褚　幸

山东省烟草专卖局（公司）

【专卖管理】　**案件查处**。2019年，山东省烟草专卖局着力构建专卖管理高质量监管体系，进一步规范烟草市场秩序。全省查处各类涉烟违法案件3.86万起，查获非法卷烟2.19万件，总案值1.81亿元，比上年分别增长2.08%、6.14%、14.87%。公安、司法机关依法拘留1015人，逮捕401人，判刑488人。破获符合国家局、公安部标准的制售假烟走私烟网络案件86起，其中5起被列为部级督办案件。

大案要案。临沂“2·13”非法生产经营烟丝案件，涉及生产、运输、销售、储存等多个环节，涉案金额1800余万元。省公安、烟草部门密切配合，捣毁非法生产烟丝窝点1处，查获非法烟丝9吨及一批切丝机、炒丝桶、烟叶粉碎机、真空包装机等制假设备。公安、司法机关依法刑拘20人，逮捕5人。

青岛“2·21”非法走私卷烟案件，涉及山东、黑龙江、河北等10余个省（自治区、直辖市），涉案金额超过1亿元，公安、司法机关依法刑拘25人，逮捕16人，判刑20人。12月，该案件被公安部、国家局打击制售假烟网络工作领导小组办公室列为督办案件。

青岛“5·28”非法经营加热不燃烧卷烟案件，涉及山东、黑龙江、湖南、上海、北京等多个省（自治区、直辖市），涉案金额2000余万元，公安、司法机关依法刑拘10人，逮捕8人，判刑10人。

“齐鲁利剑”（2019）专项行动。山东省委政法委牵头组织省法院、检察院、公安厅、市场监管局等13家单位，共同开展全省烟草市场治理“齐鲁利剑”（2019）专项行动，重点打击利用互联网非法经营烟草专卖品、物流寄递环节涉烟违法犯罪、加热不燃烧新型卷烟走贩私以及向未成年人出售电子烟行为。山东省局与省公安厅共同制定《联合打击互联网涉烟违法犯罪工作机制》，夯实打击利用互联网非法经营烟草专卖品违法犯罪活动的制度基础。加强新型烟草制品监管，协调山东省公安厅、应急管理厅、市场监管局等部门，对注册经营范围含尼古丁（烟碱）的17家企业进行实地调查；山东省打私办牵头召开卷烟打私工作协调会，研究部署打击加热不燃烧卷烟走贩私工作。加大电子烟市场监管力度，协调省市场监管局、通信管理局等部门，全面摸排省内电子烟生产经营企业（商户）情况。

2019年4月25日，山东省潍坊市临朐县局（分公司）烟技员与合作社育苗队员进行剪叶锻苗

山东潍坊临朐县局　李　伟　摄

卷烟市场监管。推进“互联网+专卖管理”，在临沂建立全省涉烟案件大数据中心，整合涉烟违法违规信息，集中开展涉烟案件大数据分析研判，精准筛选情报线索并实现全省共享。依托行业专卖管理信息系统，在东营试点开展数字化专卖体系建设，推进日常监管、案件查办、许可管理、基础管理等工作的流程化、标准化。制定印发《关于贯彻落实在市场监管领域全面推行部门联合“双随机、一公开”监管工作的通知》，通过行业“互联网+监管”系统及时公开检查信息并推送至有关部门，纳入社会信用体系。

执法规范化建设。在总结淄博、青岛胶州试点经验的基础上，全面推行烟草专卖行政执法公示制度、执法全过程记录制度、重大执法决定法制审核制度。制定印发《山东省烟草制品零售点合理布局指导意见》，规范零售许可证办理条件和标准。启用和完善不予发放烟草专卖零售许可证的行政许可相对人名单库，推进信用监管要求在烟草行业落地实施。优化执法服务，全面部署应用行业一体化在线政务服务平台工作，实现烟草专卖许可证办理“零跑腿”。

【卷烟（雪茄烟）经营】

卷烟（雪茄烟）销售。2019年，山东省烟草商业系统一、二类烟销量比上年分别增长2.8%、4.27%，重点品牌卷烟销量占比达到85.76%，比上年增加2.58个百分点。一类细支烟销量比上年增长28.39%，占一类烟销量的30%。

建立雪茄烟品牌规格引入退出机制，省内市场在销国产雪茄烟规格64个，销量比上年增长28.81%，销售额比上年增长26.46%。

推进终端建设工作。明确终端建设标准、目标和管理要求，推动形成品牌店、精品店、标准店、普通店纺锤形终端生态体系。全省建立涵盖直营终端和加盟终端的品牌店4554家，精品店59963家，标准店15万家，终端形象得到整体提升。

加强精准投放和电子结算。根据卷烟品规的市场状态和订单状态，制定差异化的投放策略和投放限量，全面提升货源投放效率和水平，零售户毛利率稳定在13%左右。推广微信订货、实时跨行结算，全省网上订货率97.89%，比上年增长9.79个百分点；电子结算率99.56%，电子结算成功率99.97%，分别较年初增长0.32个和0.09个百分点；发展微信订货户24.5万户；20.7万户实现跨行实时结算。

推广应用云POS店铺管理系统。统一全省店铺管理系统，印发云POS店铺管理系统推广应用工作方案，打造“全商品扫码、全店铺管理、多方式支付”现代终端经营新模式。全省推广云POS用户10.32万户。

【烟叶生产】

烟叶种植。坚持“主攻中棵烟、实现均质化、突破上等烟”质量目标，完善以“提前集中移栽、减氮增密、水肥一体”为核心的生产技术体系。全省统一流转烟田8.4万亩，调整不适宜片区3.5万亩，烟田轮作21.97万亩。落实“三大一小一集中”技术要求，移栽完成比上年提前2天，移栽时间集中到9天以内。完善以水造井窖法移栽为核心的旱作栽培技术措施，组织产区建立烟田抗旱工作机制，制定烟田供水补贴政策，逐地块制定用水配套方案，开展输水送水专业化服务。深入实施烟叶生产标准化管理，中棵烟生产水平不断提升。大力发展20~50亩的种植户和100亩左右的农场，严控200亩以上种植户，20~200亩种植面积占总面积的83%。

2019年，山东省烟农户数7072户，建立烟农合作互助小组472个，入组烟农2515户，其中新增烟农386户。实现烟农种烟总收入（含补贴）11.7亿元，比上年增加2.7亿元；户均收入（不含补贴）14.3万元。全省投入烟农保费补贴457万元，为5633户烟农、21.8万亩烟田购买烟叶种植保险，受灾赔付2854万元。山东省局（公司）投入资金628万元，对全省绝产烟农进行救助，努力减少烟农损失、稳定烟农收入。

现代烟草农业建设。坚持现代农业发展方向，开展机械升级改造，研究推广育苗智能化管理系统、双行凹垄起垄机、水造法井窖打孔器等设备。开展箱式烘烤模式示范，促进农机、农艺融合，探索烟叶收购、调拨和复烤加工一体化新模式取得阶段性成果。开展节水灌溉17.5万亩，推广微生物肥料、矿质肥料等新型肥料7.6万亩，示范植物纤维全降解地膜1150亩，推广环保节能炉94台套。全面推进烟叶标准化管理，建立基层烟站党建、生产经营和综合管理标准体系。重新梳理中棵烟培育农业标准，制定15项作业指导书；把标准转化为22首歌谣，将15个标准绘制成漫画，编纂成烟农操作手册；落实标准化逐级实操培训宣贯，通过机械、设备固化标准，确保标准流程落地。

多元化促农增收。示范开展产业综合体、现代烟草农业示范园1.2万亩，搭建多元增收创新平台。多元化利用育苗大棚2153个、密集烤房3242座、轮作烟田14万亩，示范旱稻、华大小米等特色作物，推广“烤烟+油菜”一年两熟模式1000亩，打造丹参、食用菌等5个产值100万元以上产业项目，注册品牌13个，实现总产值2.2亿元。

【交流与合作】 **卷烟进出口业务**。丰富出口卷烟产品线，2019年出口新开发传统规格卷烟5款、手工雪茄烟1款，形成涵盖普通卷烟、雪茄烟等在内的“TS”产品体系。新增尼日利亚、孟加拉国等有税市场，中国香港西九龙高铁站免税店、中国免税品（集团）有限责任公司等免税市场。“泰山”系列新产品国际市场覆盖面进一步扩大。

2019年，销售进口卷烟2.75亿支，比上年增加0.11亿支。其中“555”卷烟销量居全国第六名，月度平均上柜率5.2%。

烟叶类产品进出口业务。推动降等降级库存烟叶销售，2019年降等降级烟叶完成签约数占比65.8%。出口烟叶8134吨，比上年增长67.47%；出口烟梗2312吨，比上年下降44.29%；出口薄片103吨，比上年增长101.96%。进口烟叶5226吨，比上年下降2.35%。

辅料、烟机设备等进出口业务。进口丝束1082吨，比上年增长55.24%。出口滤棒5.9亿支，比上年下降16.63%。出口卷烟纸44.06吨，比上年下降86.67%；进口卷烟纸85.53吨，比上年增长82.52%。实现烟机进出口额5050.56万元，比上年增长23.6%。

【管理创新】 2019年，山东省烟草商业系统发布QC小组成果25项，其中获得烟草行业第三十届优秀质量管理小组成果一等奖1项、二等奖2项，获得优秀质量管理小组成果引进应用奖1项。强化全面预算管理，推进省市县三级定额标准库和资产配置标准建设，严控成本费用，国有资本保值增值率112.69%。规范投资采购，构建“两维四层”招标采购立体监督体系，全年投资计划调减0.86亿元，采购金额比计划节约0.64亿元，公开招标率93.9%。以落实审计整改为重点，突出经济责任审计，开展落实上级重大决策部署情况跟踪审计，全年开展各类审计项目3639项，揭露问题2782项，提出建议2494条。

【特事辑要】 2019年4月10—12日，国家烟草专卖局党组书记、局长，中国烟草总公司总经理张建民在山东烟草调研。

4月12日，国家烟草专卖局党组书记、局长，中国烟草总公司总经理张建民在东方烟草报社调研。

7月22—23日，国家局党组成员、副局长段铁力在山东烟草调研经济运行工作，并在山东烟草基层联系点调研党建工作。

11月7日，山东烟草高质量发展座谈会在青岛召开。

11月20—22日，山东省局（公司）在泰安、临沂召开全系统管理创新现场会。

2019年山东省烟草专卖商业主要情况统计

地市级局（公司）名称		济南市烟草专卖局（有限公司）	青岛市烟草专卖局（有限公司）	淄博市烟草专卖局（有限公司）	枣庄市烟草专卖局（有限公司）
主要负责人/法定代表人（含党政领导）		宋洪润	刘太良	谢 云（—2019年9月） 王永利（2019年9月—）	张建军
所属县级单位		市中区、历下区、天桥区、槐荫区、历城区、章丘区、长清区、平阴县、济阳区[1]、商河县等10个县级烟草专卖局（营销部）	市北区、黄岛区、胶州市、平度市等4个县级烟草专卖局（分公司），市南区、李沧区、崂山区、城阳区、即墨区、莱西市等6个县级烟草专卖局（营销部）	张店区、周村区、临淄区、桓台县、高青县等5个县级烟草专卖局（营销部），博山区、淄川区、沂源县等3个县级烟草专卖局（分公司）	滕州市、市中区、薛城区、山亭区、峄城区、台儿庄区等6个县级烟草专卖局（营销部）
总资产（万元）		272014	392960	131048	103539
资产负债率（%）		23.14	18.17	33.31	21.39
从业人员（人）		1113	1113	935	928
所属业务机构	营销机构	1个营销中心	1个营销中心、1个电访中心	1个卷烟营销科	1个卷烟营销科
	物流配送机构	1个配送中心	1个配送中心、5个配送站	1个配送中心	1个配送中心、2个物流中转站
	专卖稽查机构	1个稽查支队、10个稽查大队、64个稽查中队	1个稽查支队、10个稽查大队	1个稽查支队、8个稽查大队	1个稽查支队、6个稽查大队
	烟叶机构	—	5个烟叶收购站、1个烟叶收购点	3个烟叶收购站	—
烟农户数（户）		—	110	221	—
实现烟农总收入（万元）		—	2602	2154	—
零售户数（户）		25845	31730	15689	13719
零售户销售毛利率（%）		13.70	13.85	13.63	14.29

地市级局（公司）名称	东营市烟草专卖局（有限公司）	烟台市烟草专卖局（有限公司）	潍坊市烟草专卖局（有限公司）	济宁市烟草专卖局（有限公司）
主要负责人/法定代表人（含党政领导）	姜自谦（—2019年9月） 鲁建平（2019年9月—）	于纪刚	杨忠武	邵 健
所属县级单位	东营区、河口区、垦利区、广饶县、利津县等5个县级烟草专卖局（营销部）	芝罘区、莱山区、福山区、牟平区、蓬莱市、龙口市、招远市、莱州市、莱阳市、栖霞市、海阳市、长岛县等12个县级烟草专卖局（营销部），开发区、驻烟台港2个县级烟草专卖局	诸城市、安丘市、昌乐县、临朐县、高密市、青州市等6个县级烟草专卖局（分公司），奎文区、寒亭区、潍城区、昌邑市、寿光市、坊子区等6个县级烟草专卖局（营销部）	兖州区烟草专卖局（分公司），任城区、曲阜市、泗水县、邹城市、微山县、鱼台县、金乡县、嘉祥县、汶上县、梁山县等10个县级烟草专卖局（营销部）
总资产（万元）	67179	236603	224296	181109
资产负债率（%）	19.76	14.23	36.88	13.05
从业人员（人）	574	1263	2414	1125

续表

地市级局（公司）名称		东营市烟草专卖局（有限公司）	烟台市烟草专卖局（有限公司）	潍坊市烟草专卖局（有限公司）	济宁市烟草专卖局（有限公司）
所属业务机构	营销机构	1个卷烟营销科	1个网建市场科、1个卷烟销售科	1个卷烟销售科、1个网建市场科	1个卷烟销售科、1个网建市场科
	物流配送机构	1个卷烟物流配送中心	1个配送中心、7个物流中转站	1个配送中心	1个配送分公司
	专卖稽查机构	1个稽查支队、5个稽查大队	1个稽查支队、13个稽查大队	1个稽查支队、12个稽查大队	1个稽查支队
	烟叶机构	—	—	33个烟叶收购站、2个实验站	—
烟农户数（户）		—	—	1913	—
实现烟农总收入（万元）		—	—	36550	—
零售户数（户）		8290	25627	29853	27676
零售户销售毛利率（%）		13.70	13.61	14.06	13.83

地市级局（公司）名称		泰安市烟草专卖局（有限公司）	威海市烟草专卖局（有限公司）	日照市烟草专卖局（有限公司）	莱芜市烟草专卖局（有限公司）
主要负责人/法定代表人（含党政领导）		方士浩	邓基刚（—2019年9月） 王金泰（2019年9月—）（临时负责）	王暖春	渠庆忠（—2019年9月） 任　勇（2019年9月—）
所属县级单位		泰山区、岱岳区、新泰市、肥城市、宁阳县、东平县等6个县级烟草专卖局（营销部）	市区、荣成市、乳山市等3个县级烟草专卖局（营销部）和文登区烟草专卖局（分公司）	东港区、岚山区、莒县、五莲县、开发区等5个县级烟草专卖局（分公司）	莱城区烟草专卖局（分公司）和钢城区烟草专卖局（营销部）
总资产（万元）		100284	99123	83329	27752
资产负债率（%）		23.85	16.01	17.02	28.46
从业人员（人）		854	486	809	351
所属业务机构	营销机构	—	1个卷烟营销科	1个卷烟营销科	1个卷烟营销科
	物流配送机构	1个配送中心	1个配送中心、2个物流中转站	1个配送中心	1个配送中心
	专卖稽查机构	1个稽查支队、6个稽查大队	4个稽查大队	1个稽查支队、5个稽查大队	1个稽查支队、2个稽查大队
	烟叶机构	—	—	18个烟叶收购站、1个实验站	2个烟叶收购站
烟农户数（户）		—	—	1392	205
实现烟农总收入（万元）		—	—	16521	2396
零售户数（户）		18869	12062	11836	4784
零售户销售毛利率（%）		14.02	14.00	13.90	13.44

地市级局（公司）名称		临沂市烟草专卖局（有限公司）	德州市烟草专卖局（有限公司）	聊城市烟草专卖局（有限公司）	滨州市烟草专卖局（有限公司）	菏泽市烟草专卖局（有限公司）
主要负责人/法定代表人（含党政领导）		王建军	丛建军	王建民	巩红卫	邓　伟
所属县级单位		兰山区、罗庄区、河东区等3个县级烟草专卖局（营销部），郯城县、兰陵县、莒南县、沂水县、蒙阴县、平邑县、费县、沂南县、临沭县等9个县级烟草专卖局（分公司）	德城区、禹城市、乐陵市、宁津县、齐河县、临邑县、平原县、武城县、夏津县、庆云县等10个县级烟草专卖局（营销部）和陵城区烟草专卖局（分公司）	东昌府区、临清市、冠县、莘县、阳谷县、东阿县、茌平县、高唐县等8个县级烟草专卖局（营销部）	沾化区、邹平市2个县级烟草专卖局（分公司），滨城区、惠民县、阳信县、无棣县、博兴县等5个县级烟草专卖局（营销部）	牡丹区、定陶区、曹县、成武县、单县、巨野县、郓城县、鄄城县、东明县等9个县级烟草专卖局（营销部）
总资产（万元）		256294	102874	88105	69478	157763
资产负债率（%）		25.25	25.74	25.78	17.86	34.00
从业人员（人）		2504	721	716	704	1350
所属业务机构	营销机构	1个卷烟销售科、1个网建市场科、1个订单采集部	1个卷烟营销科	1个卷烟营销科、1个电访中心	1个卷烟营销科	1个卷烟销售科、1个网建市场科
	物流配送机构	1个物流分公司、5个配送中转站	1个配送中心	1个配送中心	1个配送中心、2个物流中转站	1个配送中心、7个中转站
	专卖稽查机构	1个稽查支队、12个稽查大队	1个稽查支队、11个稽查大队	1个稽查支队、8个稽查大队	1个稽查支队、7个稽查大队	1个稽查支队、9个稽查大队
	烟叶机构	44个烟叶收购站、1个烟叶收购点、1个实验站	—	—	—	—
烟农户数（户）		3231	—	—	—	—
实现烟农总收入（万元）		49800	—	—	—	—
零售户数（户）		37191	19247	20030	14690	34311
零售户销售毛利率（%）		13.56	14.25	14.71	13.70	14.12

注：1. 根据国家局、总公司《关于调整济南市局（公司）所属部分机构的批复》（国烟人〔2018〕208号），撤销济阳县烟草专卖局，设立济阳区烟草专卖局。济南市济阳区烟草专卖局和山东省济南烟草有限公司济阳营销部合署办公，负责辖区内的烟草专卖管理和卷烟营销工作。

◇ 撰稿：蔡世龙；编辑：褚　幸

河南省烟草专卖局（公司）

【专卖管理】 **卷烟打假打私**。2019年，河南省烟草专卖局持续深化“政府主导、部门联合、多方参与、密切协作”的打假打私综合治理机制，建立与高速交警、铁路（高铁）、机场等部门协作机制。借力扫黑除恶专项斗争，深化“重点地区”“毗邻地区”“省际边界”三道打假防线建设，明确47个防制假反弹村、230个防制假转移村、20个一类交通节点、245个二三类节点，构建“打、防、拦”“三位一体”的卷烟打假新体系。加强涉烟情报研判中心建设，开展卷烟打假“围歼”专项行动，重点地区卷烟打假联合集中行动，元旦、春节期间“两清一打”专项行动，评选“全省十大涉烟犯罪典型案件”，与省公安厅联合开展“深度经营线索、争办重大案件”活动，规模性制假得到有效遏制。

查处假私卷烟案件5822起，查获假私烟5480件；捣毁制假窝点126个，收缴制假设备89台。查处符合公安部、国家局标准的网络案件65起，其中部督案件15起，案值1000万元以上大案11起。公安、司法机关依法刑拘1016人，逮捕621人，判刑559人。河南省局3起特大案件被国家局通报表彰，36起重大案件获国家局专项奖励。

大案要案。开封“4·16”互联网销售假冒卷烟网络案件，涉及安徽、甘肃、广东、贵州、海南、河北、河南、黑龙江、湖北、湖南、吉林、江苏、江西等20余个省（自治区、直辖市），涉案金额2079万元。公安、司法机关依法刑拘12人，逮捕5人。

商丘“4·17”非法经营案件，涉及广东、广西、浙江、江苏、河南、山东等29个省（自治区、直辖市）及缅甸、越南，捣毁假私烟仓储窝点6处，涉案金额21亿元，其中查获非法卷烟256件，案值165万余元。公安、司法机关依法刑拘39人，逮捕10人。

郑州“4·26”非法经营加热不燃烧卷烟网络案件，是境外走私、国内销售的跨国网络案件，涉及河南、广东、湖南、福建、广西、四川等17个省（自治区、直辖市）及俄罗斯，涉案金额2886万元。公安、司法机关依法刑拘15人，逮捕14人，网上追逃2人。

平顶山“7·15”制售假冒卷烟网络案件，查获制假烟机2台套、假冒卷烟473件、烟丝8530千克、滤嘴棒612箱、盘纸169盘、卷烟纸199盘，涉案金额2亿余元。

漯河“10·2”制售假冒卷烟网络案件，捣毁制假窝点7处，查获仿YJ14－23烟机4套（8台）、假冒卷烟200余件，涉案金额3100余万元。公安、司法机关依法抓获制假人员31人。

市场监管。印发《河南省卷烟市场日常监管工作规范（试行）》，推动“双随机、一公开”、信用监管、APCD工作法落地。与国家邮政局邮政业安全中心联合成立打击寄递环节涉烟违法犯罪实验室，精准研判涉烟包裹信息，有效封堵寄递涉烟监管“漏点”。开展“利剑2019—新型烟草制品专项治理”行动，加强对电子烟生产企业和电商平台的监管，查获物流寄递涉烟违法包裹9768个，非法卷烟案值1336万元。持续开展违法违规卖烟大户治理攻坚战，查处违法违规大户2028户，停业整顿3339户次，取缔574户。

依法行政。落实“放管服”改革要求，修订《零售许可证管理规定》，放宽准入门槛，压缩办理时限，新办零售许可证67041户。修订《零售许可证后续监管规定》，加强督导检查，清理中小学周边零售点1808户。按照“能入则入、应进则进”原则，推进89家县级烟草局零售许可事项进驻地方行政服务大厅。2019年，依法审批生产经营类许可证215件、准运证49097份，新办专卖零售许可证67041份、注销52159户。

制定《河南省烟草专卖局行政规范性文件合法性审核办法》，审核经济合同57份、采购文件46份，防范源头性、制度性法律风险。印发《河南省烟草专卖行政执法公示办法》《河南省烟草专卖行政执法全过程记录办法》《河南省烟草专卖重大行政执法决定法制审核办法》，规范烟草专卖执法行为。加强规范性和制度性文件管理，公布707个现行有效制度文件清单。

【卷烟（雪茄烟）经营】 **品牌培育**。控制在销品牌规格数量，国产卷烟规格由405个减少到281个。2019年，行业重点品牌销量占比79.72%，比上年增加1.43个百分点；细支烟、短支烟、中支烟等创新品类实现销量199.8亿支（39.96万箱）。省产卷烟销量占比59.8%，省产一、二类烟销量分别比上年增长10.65%、9.57%。

网络建设。建立和完善现代零售终端标准，建成零售终端示范店41983户、占比13.48%。推广“T＋O”配送模式，加强区域物流规划课题研究，全省卷烟配送线路比上

2019年8月，河南三门峡灵宝市朱阳镇借用洒水车浇烟抗旱

河南省局　供稿

年减少26条，送货车辆减少23台，送货人员减少128人。单箱物流费用245.27元/箱，比上年下降0.48%。

【烟叶生产】 **烟叶种植**。加强“河南浓香”烟叶品牌标准体系建设，推进“上六片”等高端原料定制化生产，推广土壤保育、绿色防控、成熟采收等特色技术，提升烟叶生产水平。做好烟叶“去青去杂”，集中调研观摩烟叶质量，烟叶“大深厚”等突出问题得到改善，国家局检查收购等级合格率80.8%，工商交接等级合格率66.3%，均高于行业平均水平。变革生产方式，推进燃煤烤房改造，在许昌、平顶山、三门峡市分别开展全程机械化作业、采烤一体化、专分散收和原收原调试点，规范生产、收购、调拨工作。

支农惠农。2019年，河南省烟草商业系统投入烟叶生产基础设施建设资金0.59亿元，其中国家局补贴资金0.09亿元，省内烟草行业配套资金0.5亿元；建成河南省内烟叶生产基础设施建设项目2585件。完成烟草行业水源工程援建项目竣工验收1件。国家局累计批复河南水源工程援建项目8件，完工8件；投入援建资金10.52亿元，投入运行援建项目6件，保障8.72万亩烟田灌溉用水。

建立烟农增收示范基地，延伸产业加工链，推动品牌经营发展，实现多元增收总产值3.93亿元、净收入1.28亿元。其中，以育苗大棚、烤房、农机具为重点，提高利用效率和经营效益，实现产值0.81亿元、净收入0.2亿元；开展基本烟田闲置利用61.62万亩，种植粮食、蔬菜、瓜果等作物，实现产值2.8亿元、净收入0.96亿元；延伸产业实现销售收入0.27亿元、净收入0.06亿元；其他项目实现净收入0.05亿元。全面实施烟叶政策性保险，全省参保烟田面积55.27万亩，全省行业补贴烟农保费1491.6万元，理赔资金2663万元。

2019年，实现烟农总收入25.61亿元；亩均收入比上年增加29元；户均收入9.14万元，比上年增加7400元。帮扶贫困烟农脱贫2263户、6747人。

【管理创新】 开展“赛马”活动，聚焦财务、专卖、内管、销售、烟叶五大领域，构建78项“赛马”指标体系，促进重点领域、重点工作加快发展。推进精益管理，完成质量管理体系转版升级，建立体系标准文件5098个。健全落实“四个一”对标机制，15项指标同比提升，平均指标提升率达到4.84%。加大审计监督力度，开展审计管理达标创优，完善“1+N”审计模式，建立移送机制，审计问题整改率由86%提升到97.3%。

【交流与合作】 中国烟草河南进出口有限责任公司成立于1985年7月，2006年12月完成股权划转，调整为中国烟草总公司河南省公司的全资子公司，投资参股企业有天昌国际烟草有限公司、许昌京昌包装有限公司和郑州市商业银行。截至2019年底，中国烟草河南进出口有限责任公司总资产3.19亿元，其中固定资产121万元、流动资产1.84亿元，资产负债率15.56%。从业人员21人。

2019年，中国烟草河南进出口有限责任公司出口烟叶及烟叶副产品0.60万吨（12.06万担），出口实现1414万美元。进口卷烟1.88亿支，比上年增长15.4%。

【特事辑要】 2019年8月12日，河南省局（公司）与郑州海关缉私局联合召开烟草打私工作座谈会。

9月5日，河南省局（公司）与河南省农业科学院、河南农业大学召开座谈会。

10月15日，河南省副省长刘伟在三门峡市调研烟草业转型升级工作。

11月13日，河南省局（公司）与西南大学、郑州烟草研究院举行“共建烟叶智能燃烤工程技术中心”签约仪式。

12月11日，国家局党组成员、副局长段铁力在河南烟草调研。

2019年河南省烟草专卖商业主要情况统计

地市级局（公司）名称	郑州市烟草专卖局（公司）	开封市烟草专卖局（公司）	洛阳市烟草专卖局（公司）	平顶山市烟草专卖局（公司）	安阳市烟草专卖局（公司）
主要负责人/法定代表人（含党政领导）	蒋中民	胡晓洲	苏永士	张五庆（—2019年1月） 焦文明（2019年1月—）	王院生

续表

地市级局（公司）名称		郑州市烟草专卖局（公司）	开封市烟草专卖局（公司）	洛阳市烟草专卖局（公司）	平顶山市烟草专卖局（公司）	安阳市烟草专卖局（公司）
所属县级单位		登封市、新密市、荥阳市、巩义市、新郑市、中牟县、上街区、北城区、南城区、西城区、航空港区等11个县级烟草专卖局（分公司）	兰考县、通许县、杞县、尉氏县、城区、祥符区等6个县级烟草专卖局（分公司）	偃师市、孟津县、新安县、宜阳县、伊川县、汝阳县、嵩县、洛宁县、栾川县、城区、吉利区等11个县级烟草专卖局（分公司）	郏县、叶县、宝丰县、鲁山县、汝州市、舞钢市、石龙区、市区等8个县级烟草专卖局（分公司）	安阳县、汤阴县、内黄县、滑县、林州市、城区等6个县级烟草专卖局（分公司）
总资产（万元）		386015	125378	207332	142433	146039
资产负债率（%）		15.97	27.89	24.48	42.95	14.34
从业人员（人）		1236	697	1685	2071	574
所属业务机构	营销机构	1个营销中心	1个营销中心	1个营销中心	1个营销中心	1个营销中心
	物流配送机构	1个物流配送中心、2个配送中转站	1个物流配送中心	1个物流配送中心、4个物流中转站	1个物流配送中心、3个配送中转站	1个物流公司、2个配送中转站
	专卖稽查机构	1个稽查支队、11个稽查大队	1个稽查支队、6个稽查大队	1个稽查支队、11个稽查大队	1个稽查支队、8个稽查大队	1个稽查支队、6个稽查大队
	烟叶机构	1个烟叶收购站（点）	—	1个烟叶营销中心、46个烟叶收购（点）	1个烟叶营销中心、33个烟叶收购站（点）	—
烟农户数（户）		70	—	5563	2654	—
实现烟农总收入（万元）		790	—	45262	34289	—
零售户数（户）		32210	17456	21898	14807	18375
零售户销售毛利率（%）		12.00	10.55	12.31	9.59	11.60

地市级局（公司）名称	鹤壁市烟草专卖局（公司）	新乡市烟草专卖局（公司）	焦作市烟草专卖局（公司）	濮阳市烟草专卖局（公司）	许昌市烟草专卖局（公司）
主要负责人/法定代表人（含党政领导）	乔中兴	张芦敏	王孝亭	张　军	王宏超
所属县级单位	浚县、淇县、城区等3个县级烟草专卖局（分公司）	新乡县、原阳县、延津县、封丘县、长垣市[1]、卫辉市、辉县市、获嘉县、城区等9个县级烟草专卖局（分公司）	修武县、武陟县、温县、孟州市、沁阳市、博爱县、城区等7个县级烟草专卖局（分公司）	濮阳县、清丰县、南乐县、台前县、范县、城区等6个县级烟草专卖局（分公司）	魏都区、建安区、禹州市、襄城县、长葛市、鄢陵县等6个县级烟草专卖局（分公司）
总资产（万元）	36344	140078	75253	82497	165745
资产负债率（%）	14.59	18.04	23.97	20.07	33.49
从业人员（人）	217	551	525	599	1543

续表

地市级局（公司）名称		鹤壁市烟草专卖局（公司）	新乡市烟草专卖局（公司）	焦作市烟草专卖局（公司）	濮阳市烟草专卖局（公司）	许昌市烟草专卖局（公司）
所属业务机构	营销机构	1 个营销中心	1 个营销中心	1 个营销中心	1 个营销中心	1 个营销中心
	物流配送机构	1 个物流配送中心	1 个物流配送中心、2 个配送中转站	1 个物流配送中心	1 个物流配送中心	1 个物流配送中心
	专卖稽查机构	1 个稽查支队、3 个稽查大队	1 个稽查支队、9 个稽查大队	1 个稽查支队、7 个稽查大队	1 个稽查支队、6 个稽查大队	1 个稽查支队、6 个稽查大队
	烟叶机构	—	—	—	—	1 个烟叶营销中心、31 个烟叶收购站（点）
烟农户数（户）		—	—	—	—	2632
实现烟农总收入（万元）		—	—	—	—	44110
零售户数（户）		5311	18586	10878	11639	16598
零售户销售毛利率（%）		18. 34	11. 00	11. 00	12. 40	11. 92

地市级局（公司）名称		漯河市烟草专卖局（公司）	三门峡市烟草专卖局（公司）	南阳市烟草专卖局（公司）	商丘市烟草专卖局（公司）
主要负责人/法定代表人（含党政领导）		苏　展	张敬榜	宋守晔	陈保军
所属县级单位		临颍县、舞阳县、城区等 3 个县级烟草专卖局（分公司）和 1 个城区烟叶分公司	卢氏县、灵宝市、陕州区、渑池县、义马市、城区等 6 个县级烟草专卖局（分公司）	镇平县、内乡县、西峡县、淅川县、邓州市、唐河县、新野县、社旗县、方城县、桐柏县、南召县、油田、城区等 13 个县级烟草专卖局（分公司）	梁园区、睢阳区、永城市、夏邑县、虞城县、宁陵县、民权县、睢县、柘城县等 9 个县级烟草专卖局（分公司）
总资产（万元）		59810	135828	225615	176102
资产负债率（%）		37. 00	18. 58	22. 57	22. 53
从业人员（人）		1023	1208	2451	1458
所属业务机构	营销机构	1 个营销中心	1 个营销中心	1 个营销中心	1 个营销中心
	物流配送机构	1 个物流配送中心	1 个物流配送中心、3 个配送中转站	1 个物流配送中心、4 个配送中转站	1 个物流配送中心、3 个配送中转站
	专卖稽查机构	1 个稽查支队	1 个稽查支队、6 个稽查大队	1 个稽查支队、13 个稽查大队	1 个稽查支队、9 个稽查大队
	烟叶机构	1 个烟叶营销中心、13 个烟叶收购站（点）	1 个烟叶营销中心、46 个烟叶收购站（点）	1 个烟叶营销中心、43 个烟叶收购站（点）	5 个烟叶收购点
烟农户数（户）		622	10834	2830	145
实现烟农总收入（万元）		9562	58843	33992	3999
零售户数（户）		7388	8471	36595	24696
零售户销售毛利率（%）		9. 60	10. 00	10. 00	14. 83

地市级局（公司）名称		信阳市烟草专卖局（公司）	周口市烟草专卖局（公司）	驻马店市烟草专卖局（公司）	济源市烟草专卖局（公司）
主要负责人/法定代表人（含党政领导）		张建平（—2019 年 12 月）	郑　杰（—2019 年 3 月） 林　睿（2019 年 3 月—）	高保昌	尚贺伟
所属县级单位		浉河区、平桥区、罗山县、息县、淮滨县、潢川县、光山县、商城县、新县、固始县等 10 个县级烟草专卖局（分公司）	淮阳县、商水县、项城市、郸城县、太康县、西华县、扶沟县、沈丘县、鹿邑县、城区等 10 个县级烟草专卖局（分公司）	遂平县、西平县、上蔡县、汝南县、平舆县、新蔡县、正阳县、确山县、泌阳县、驿城区等 10 个县级烟草专卖局（分公司）	—
总资产（万元）		161789	118560	135088	19678
资产负债率（%）		22.13	29.51	22.04	19.33
从业人员（人）		1157	1466	1539	215
所属业务机构	营销机构	1 个营销中心	1 个营销中心	1 个营销中心	1 个营销中心
	物流配送机构	1 个物流配送中心、2 个配送中心站	1 个物流配送中心、4 个配送中转站	1 个物流配送中心、2 个配送中转站	1 个物流配送中心
	专卖稽查机构	1 个稽查支队、10 个稽查大队	1 个稽查支队、10 个稽查大队	1 个稽查支队、10 个稽查大队	1 个稽查支队
	烟叶机构	3 个烟叶收购站（点）	5 个烟叶收购站（点）	1 个烟叶营销中心、14 个烟叶收购站（点）	4 个烟叶收购站（点）
烟农户数（户）		243	185	1623	585
实现烟农总收入（万元）		2653	3599	16207	2775
零售户数（户）		22832	25804	21513	2899
零售户销售毛利率（%）		10.00	10.50	10.10	8.90

注：1. 2019 年 12 月，国家局、总公司印发《关于调整新乡市烟草专卖局（公司）所属部分机构的批复》（国烟人〔2019〕199 号），同意将长垣县烟草专卖局、新乡市烟草公司长垣县分公司更名为长垣市烟草专卖局、新乡市烟草公司长垣分公司。

◇ 撰稿：范素娟；编辑：褚　幸

湖北省烟草专卖局（公司）

【专卖管理】　**打假打私**。2019 年，湖北省烟草专卖局查处各类涉烟违法案件 2.95 万起，比上年下降 10.27%，其中假冒卷烟案件 9463 万起、走私烟案件 401 起、非法流通卷烟案件 1.97 万起。查获非法卷烟 2.39 亿支，比上年下降 0.55%，其中假冒卷烟 4090 万支、走私烟 1428 万支、非法流通卷烟 1.84 亿支。涉烟违法案件案（标）值 2.01 亿元。捣毁非法卷烟窝点 990 个，打击涉烟违法犯罪分子 408 人，公安、司法机关依法判刑 142 人，拘留 266 人。全年查处重大涉烟违法网络案件 126 起，其中符合公安部、国家局标准的 31 起，符合省公安厅、省局标准的 95 起。办理公安部、国家局督办案件 6 起。全省查获制假原料 170 吨、烟机设备 32 台（套），查获烟机数量居全国第五名、查获假私烟数量居全国第 13 名、查获烟丝烟叶数量居全国第 15 名。

打假协作机制建设。湖北省政府 2 次召开全省卷烟打假市场整顿专题会议。湖北省局与 12 家省直属单位健全完善卷烟打假市场整顿联合执法协作机制，加入全省打击知识产权和制售假冒伪劣商品工作领导小组，与省市场监管局、省知识产权局建立健全联席会议、检查督办、政策研究、信息交流制度，与省邮管局召开联席会议强化打击快递物流涉烟违法活动，与省市场监管局、省邮政管理局挂牌成立联合执法室，与省公安厅网安总队、省通信管理局沟通建立联合打击互联网涉烟犯罪工作机制。针对查缉道路运输省界收费站屏障消失的新挑战，寻找新的联管方式，在原有 7 个烟草、高警联合执法室的基础上，与缉毒、治安部门合作，在咸宁赤壁市赵李桥挂牌湖北省第一个烟草检查站。

2019 年 9 月 26 日，湖北烟草大数据武汉情报中心在武汉市局揭牌
湖北省局　供稿

卷烟零售市场监管。加大卷烟零售市场明察暗访检查考核力度，全面实行“双随机、一公开”检查和 APCD 工作法，持续完善“灰名单”“黑名单”经营户监管机制，全省卷烟零售市场净化率较年初提升 2.46 个百分点。开展中小学周边零售户专项清理，全省清理持证户 699 户、无证户 499 户。以“立足武汉、服务全省”为目标，挂牌成立湖北烟草大数据武汉情报中心，累计分析数据 340 万条，推送各类涉案情报和分析研判报告 2300 余次，向全国 59 个地市推送有效涉烟情报 1076 例，助力一线查获非法卷烟 987.76 万支，导查涉烟刑事案件 53 起。

内部专卖管理监督。以十堰市局为试点，在全省烟草商业系统深入推进规范卷烟经营风险防控体系建设，梳理国家局、省局层面卷烟经营规范性文件 63 个，修订完善省、市 2 个层面管理制度 37 项，防范化解专卖类、物流类等系统漏洞 29 项，基本实现销售、物流、专卖、财务等业务全流程规范管控。加大对违法违规经营户的惩治力度，全年累计查处违法违规经营户 758 户，其中取消经营资格 244 户、占比 32.19%，停业整顿 395 户、占比 52.11%，采取查处监管措施 119 户、占比 15.7%。全面开展规范卷烟经营专项督导，以“零容忍”态度整治真烟异常流动现象，全省真烟外流量比上年减少 1242 万支，降幅 40.92%，流出量在全国排名比上年下降 4 个位次。着力打造废弃烟草专卖品监管闭环，销毁报废烟草专用机械设备 189 台（套），销毁烟叶废弃物 1.39 万吨，处置合规率 100%。

行政许可管理。落实“放管服”改革要求，全面推行准运证“2 日核发”、零售证承诺“5 日许可”、其他行政审批事项“8 日办结”，大力推进“一次办”“就近办”“网上办”。“证照分离”改革、“两证”电子化稳步推进，全省审签烟草专卖品准运证 9 万份；新办零售许可证近 3 万套，延续许可证 2 万套，办理停业和恢复营业申请 3793 份；办理生产经营类许可证 28 套。

【卷烟（雪茄烟）经营】 **卷烟市场调控**。坚持“总量控制、稍紧平衡、增速合理、贵在持续”的调控方针，运行省市县三级运行监测评价机制，实行月度销量预测吻合度考核，推动卷烟市场状态不断向好。2019 年后三季度全省销量离散系数较一季度回落 0.5、均衡性全国排名较一季度提升 11 个位次，4 月之后全省销量预测吻合度均保持在 99% 以上。全省卷烟社会库存周期比上年下降 0.8 天，整条零售价格到位率 97.3%、比上年提升 3.03 个百分点，客户满意度得分全国排第 21 名、比上年提升 9 个位次。

传统雪茄烟销售。开展雪茄烟专卖店、专柜、专区建设，开展订货平台试点工作，推动雪茄烟发展。国产雪茄销量比上年增长 37.7%，销售额比上年增长 33.18%，国产中高端雪茄销售额居全国第一名。

【烟叶生产】 **推进“2232”烟叶高质量发展战略工程实施**。湖北省局（公司）提出，2019 年要全力实施“2232”特色优质、生态安全湖北烟叶高质量发展工程，即紧盯“双百万目标”（百万亩以上优质生态烟田、百万担以上优质特色烤烟），建设“两支队伍”（专业化烟技员队伍、职业化烟农队伍），重点构建“三大体系”（供给体系、产业体系、保障体系），塑造“两个品牌”（“清江源”“金神农”优质特色烤烟品牌）。以“2232”烟叶高质量发展战略工程为统领，推动烟叶生产变革转型。抓好“两支队伍”建设，以“田间赛＋全员赛＋精英赛”方式推进烟叶战线比武练兵，针对职业烟农培育印发指导意见、组织开展内训师培训。优化烟叶供给体系，加强工商联合质量管控，探索构建“中棵烟＋高油分”烟叶生产技术体系。优化烟叶生产布局，推动烟叶计划资源合理配置，全省烤烟万担乡比上年增加4个、千亩村比上年增加21个。推进烟叶生产基础设施建设，各产区相继出台设施设备调剂使用办法，将闲置烟用设施向资源紧缺烟区转移，提升设施设备使用效率。全省共获复函援建水源工程项目11个，其中竣工和完工项目7个，在解决当地烟区生产、生活用水方面发挥社会、经济和生态效益。规范基层岗位设置，推进基层站点整合，全省站点数量由195个整合为99个，平均收购规模1.06万担，其中烤烟单站点平均收购规模提升至1.21万担，比上年提高5000担以上，达到全国平均水平。

烟农增收工作。在全省开展烟区产业综合体试点建设，打造自主品牌，加强渠道共建，推进产业融合。全省建成10条有机肥加工线，年产量3万吨，年产值6138万元；4条生物质颗粒燃料加工线，年产量3400吨，年产值350万元；1条废旧地膜回收再利用加工线，年产量200吨，年产值100万元。多元增收产业注册自主特色品牌10个，产值5000万元以上品牌1个，十堰市以“金叶阳光”品牌为母品牌，衍生出4个品牌17个品规系列产品。2019年，全省通过多元经营实现总产值4.33亿元，净收入1.71亿元；烟农实现售烟收入14.91亿元，比上年增加0.47亿元，烟农户均售烟收入比上年增加1.68万元。

【交流与合作】 **湖北进出口有限责任公司概况**。中国烟草湖北进出口有限责任公司为中国烟草总公司湖北省公司的全资子公司。公司业务范围包括烟叶出口、卷烟进口两项主营业务以及卷烟零售、进口设备、仪器、红酒等拓展业务。截至2019年底，公司总资产2.81亿元，其中固定资产0.23亿元、流动资产2.41亿元，资产负债率128.79%。

烟叶出口。坚持“以销定购、顺价销售、不留库存”的备货“三原则”，以及与客户“先合同后备货、先定方案再加工、先认定质量再发运”的“三先”合作机制，将出口备货计划、产区和客户的需求紧密结合，探索“定制化”供给方式，充分利用好计划资源。转变出口经营方式，将出口重点由产区备货出口转向代理工业出口，出口资源由省内拓展到省外。全年签订烟叶类出口合同1.5万吨，出口烟叶1.49万吨，比上年增长26.59%，出口规模在全国口岸公司中居第四名；烟叶类产品出口到19个国家和地区。

进口卷烟经营。完善进口卷烟品牌发展评价体系，提升进口烟市场服务质量，加大进口卷烟品牌培育力度，进口卷烟购进销售1.72亿支，比上年增长24.53%，年末库存0.4亿支，比上年下降5.41%。

【“改革创新攻坚年”工作】 将2019年作为全省烟草商业系统“改革创新攻坚年”，推进创新攻坚工作。全面落实中央和行业高质量发展要求，以国家局“1＋6＋2”高质量发展政策体系为遵循，谋划高质量发展规划，通过深入调研论证、广泛开展研讨、集聚众智众力，完成高质量发展总体布局，正式出台全省烟草商业系统“1218”高质量发展规划体系。规范卷烟经营风险防控管理体系初步建立。“四大项目”攻关成效明显，业务数据清理、整合、应用工作扎实开展；烤烟上部烟质量大幅提升，工业可用性明显增强，湖北中烟调拨上部烟比例由2018年的12%提升至18%；16家市级局（公司）、63个县级局（营销部）完成基层“两员”职能调整；“知音物流”品牌体系基本建立，品牌标准初步形成，品牌原型稳步构建。管理、技术、技能3条通道全面打通，聘任专业技术人员85人、专业技能人员1256人。全省行业直营终端平台建设深入推进，8家多元化企业125家直营门店信息管理系统全面覆盖、全部上线。

【特事辑要】 2019年3月6日，湖北省政府组织召开全省支持烟草行业发展暨卷烟打假市场整顿工作电视电话会议。

3月21日，湖北省局（公司）召开全省系统“改革创新攻坚年”工作启动电视电话会议。

5月27—31日，《人民日报》、新华网、《中国扶贫》、《中国烟草》、《东方烟草报》等25家中央及行业媒体在湖北十堰采访国烟扶贫工作。

6月10—12日，国家局党组成员、副局长杨培森在湖北十堰调研国烟扶贫及挂点单位党建工作。

10月24—25日，中央财经委员会办公室、国家发展改革委、财政部、国家局联合调研组一行在湖北调研，并在湖北省局（公司）召开调研座谈会。

10 月 26 日，国家烟草专卖局党组书记、局长，中国烟草总公司总经理张建民在湖北十堰调研国烟扶贫工作。

12 月 4 日，湖北省副省长曹广晶在荆州调研卷烟打假市场整顿工作。

2019 年湖北省烟草专卖商业主要情况统计

地市级局（公司）名称		武汉市烟草专卖局（公司）	黄冈市烟草专卖局（公司）	襄阳市烟草专卖局（公司）	荆州市烟草专卖局（公司）
主要负责人/法定代表人（含党政领导）		唐剑放	张俊初	龚春竹	胡宜旺
所属县级单位		江岸区、江汉区、硚口区、汉阳区、武昌区、青山区、洪山区、蔡甸区、江夏区、黄陂区、新洲区、东西湖区、汉南区等 13 个区烟草专卖局（营销部）	黄州区、团风县、红安县、麻城市、罗田县、英山县、浠水县、蕲春县、武穴市、黄梅县等 10 个县级烟草专卖局（营销部）和龙感湖分局（公司）	老河口市、枣阳市、宜城市、樊城区、襄城区、襄州区、谷城县、保康县、南漳县等 9 个县级烟草专卖局（营销部）和南漳县、保康县 2 个烟叶分公司	荆州区、沙市区、江陵县、松滋市、公安县、石首市、监利县、洪湖市等 8 个县级烟草专卖局（营销部）
总资产（万元）		544133	136611	156785	132562
资产负债率（%）		27.57	38.67	57.57	37.90
从业人员（人）		1240	847	1102	911
所属业务机构	营销机构	1 个营销中心	1 个营销中心、1 个电访中心	1 个营销中心	1 个营销中心
	物流配送机构	1 个物流配送中心	1 个配送中心、8 个中转站	1 个配送中心	1 个配送中心
	专卖稽查机构	1 个稽查支队、16 个稽查大队	1 个稽查支队、11 个稽查大队	1 个稽查支队、1 个口子稽查大队	1 个稽查支队、10 个稽查大队
	烟叶机构	—	—	10 个烟叶收购站	—
烟农户数（户）		—	—	2357	—
实现烟农总收入（万元）		—	—	14085	—
零售户数（户）		34232	26061	15935	16806
零售户销售毛利率（%）		15.85	14.31	15.62	15.37

地市级局（公司）名称	十堰市烟草专卖局（公司）	孝感市烟草专卖局（公司）	恩施土家族苗族自治州烟草专卖局（公司）	宜昌市烟草专卖局（公司）
主要负责人/法定代表人（含党政领导）	王洪斌	史广礼	谭志平	赵传良
所属县级单位	城区、郧阳区、竹溪县、丹江口市、房县、竹山县、郧西县等 7 个县级烟草专卖局（营销部）和竹山县、竹溪县、房县、郧西县等 4 个烟叶分公司	孝南区、孝昌县、大悟县、云梦县、安陆市、应城市、汉川市等 7 个县级烟草专卖局（营销部）	恩施市、利川市、建始县、巴东县、宣恩县、咸丰县、来凤县、鹤峰县等 8 个县级烟草专卖局（营销部）和 8 个烟叶分公司	城区、夷陵区、枝江市、宜都市、当阳市、远安县、秭归县、兴山县、长阳土家族自治县、五峰土家族自治县等 10 个县级烟草专卖局（营销部）

续表

地市级局（公司）名称		十堰市烟草专卖局（公司）	孝感市烟草专卖局（公司）	恩施土家族苗族自治州烟草专卖局（公司）	宜昌市烟草专卖局（公司）
总资产（万元）		122435	120933	264693	130009
资产负债率（%）		48. 33	34. 81	52. 75	37. 53
从业人员（人）		802	766	2268	999
所属业务机构	营销机构	1个营销中心	1个营销中心	1个营销中心	1个营销中心、1个电访中心
	物流配送机构	1个配送中心	1个配送中心	1个物流中心	1个配送中心、9个中转站
	专卖稽查机构	1个稽查支队、7个稽查大队	1个稽查支队、8个稽查大队	1个稽查支队、1个省级口子大队、8个稽查大队、1个物流监管大队、3个口子中队	1个稽查支队、10个稽查大队
	烟叶机构	17个烟叶收购站	—	59个烟叶收购站	11个烟叶工作站、10个烟叶收购点
烟农户数（户）		2672	—	17441	3344
实现烟农总收入（万元）		26620	—	113259	17726
零售户数（户）		13249	14140	12118	15872
零售户销售毛利率（%）		14. 96	16. 12	16. 26	15. 88

地市级局（公司）名称		咸宁市烟草专卖局（公司）	随州市烟草专卖局（公司）	黄石市烟草专卖局（公司）	荆门市烟草专卖局（公司）
主要负责人/法定代表人（含党政领导）		陈　劲	魏晓敏（—2019年3月） 曾春来（2019年3月—）	李斌红	李远宏
所属县级单位		咸安区、嘉鱼县、赤壁市、通城县、崇阳县、通山县等6个县级烟草专卖局（营销部）	随县、广水市、曾都区等3个县级烟草专卖局（营销部）	大冶市、阳新县2个县级烟草专卖局（营销部）和1个直属分局（营销部）	钟祥市、京山市、沙洋县、城区等4个县级烟草专卖局（营销部）
总资产（万元）		59133	58419	78193	71090
资产负债率（%）		34. 78	56. 44	29. 49	39. 53
从业人员（人）		481	316	376	396
所属业务机构	营销机构	1个营销中心	1个营销中心	1个营销中心	1个营销中心
	物流配送机构	1个配送中心	1个配送中心	1个配送中心	1个配送中心
	专卖稽查机构	1个稽查支队、6个稽查大队	1个稽查支队、4个稽查大队	1个稽查支队、1个铁路执法室	1个稽查支队、4个稽查大队
	烟叶机构	—	—	—	—
烟农户数（户）		—	—	—	—
实现烟农总收入（万元）		—	—	—	—
零售户数（户）		9223	6639	9031	8549
零售户销售毛利率（%）		15. 80	14. 88	14. 42	14. 39

地市级局（公司）名称		鄂州市烟草专卖局（公司）	仙桃市烟草专卖局（公司）	天门市烟草专卖局（公司）	潜江市烟草专卖局（公司）	神农架林区烟草专卖局（公司）
主要负责人/法定代表人（含党政领导）		涂　凯（—2019年9月） 刘　斌（2019年9月—）	罗建勋	汪　鹏（—2019年5月） 余衍林（2019年5月—）	叶景军（—2019年3月） 魏晓敏（2019年3月—）	陆　芳（—2019年12月） 张尚学（2019年12月—）
所属县级单位		—	—	—	—	—
总资产（万元）		35279	36226	34241	28838	4719
资产负债率（%）		36.98	24.54	39.98	39.78	19.38
从业人员（人）		168	180	168	131	33
所属业务机构	营销机构	1个营销中心、1个电访中心	1个营销中心	1个营销中心	1个营销中心	1个营销中心
	物流配送机构	1个配送中心	1个配送中心	1个配送中心	1个配送中心、1个物流中转站	1个配送部、1个配送站
	专卖稽查机构	1个稽查支队	1个稽查大队	1个稽查大队	1个稽查大队	1个稽查大队
	烟叶机构	—	—	—	—	—
烟农户数（户）		—	—	—	—	40
实现烟农总收入（万元）		—	—	—	—	250
零售户数（户）		4246	4164	3256	2786	503
零售户销售毛利率（%）		15.02	16.22	14.98	15.36	16.41

◇ 撰稿：李菲菲；编辑：张　帅　褚　幸

湖南省烟草专卖局（公司）

【专卖管理】　**案件查处**。2019年，湖南省烟草专卖局查处各类涉烟违法案件1.68万起，其中假冒卷烟案件6404起，案值5万元以上真烟案件2048起，案值5万元以上假冒卷烟案件296起。查获各类非法卷烟7.51万件，其中真烟5.9万件、假冒卷烟1.42万件、走私烟0.19万件。查获非法烟叶烟丝540吨。取缔违法违规大户1015户，其中取消经营资格698户、劝退歇业317户。对违法违规大户行政罚款2088户，停业整顿95户。

大案要案。破获符合公安部、国家局标准的网络案件51起，符合省局标准的网络案10起，破获公安部、国家局督办的网络案件2起，公安、司法机关依法刑拘276人，逮捕265人，判刑214人。

常德市局“1·16”案，精准打击广东制假源头，捣毁制假、藏假窝点6个，查获各类假烟724件，查获卷烟包装机、膜包机、打码机等制假设备及大量原辅料，案值超过1000万元。

3月，湖南省局专卖处（稽查总队）组织查获衡阳常宁团伙非法经营真烟案，现场查获真烟544件，涉案金额742万元，一举捣毁盘踞衡阳的湘南地区第二大地下真烟经销网络。

5月，郴州汝城县捣毁1个大型制假窝点，查获假烟166件、烟丝17.03吨、卷烟纸8.6吨、滤棒384.6万支、烟机设备5台，现场抓获涉案人员12人，案值超过1000万元。

【卷烟（雪茄烟）经营】　**卷烟销售**。全省单箱销售均价3.26万元，比上年增加1686元，增长5.45%，增幅居全国第三名；销售收入比上年增长5.45%，增幅居全国第五名。全省销售细支烟47.05亿支（9.41万箱），短支烟17.85亿支（3.57万箱），中支烟7.45亿支（1.49万箱）。

雪茄烟销售。湖南省烟草商业系统雪茄烟销量比上年增长51.57%，国产雪茄烟销量增长，进口雪茄烟销售比上年下降22.84%。累计销售中高端雪茄烟比上年增长8.91%。

2019年6月21—24日，第十七届全国烟草行业职业技能竞赛暨第一届烟叶调制职业技能竞赛在湖南郴州市举办，图为鲜烟叶部位成熟度判定实操现场

湖南省局　供稿

【烟叶产销】　**烟叶收购与复烤加工**。2019年，湖南省烟叶工作紧扣“守红线、稳规模，彰特色、提质量，严规范、促增收”总要求，率先在全国落实烟叶收购磅组管理模式，收购质量稳中有升，行业烟叶收购检查、工商交接检查平均等级合格率81.23%、68.34%，均居全国前列，并在全国烟叶工作会上作经验交流。推进打叶复烤企业技术升级，广东、贵州、山东等3家工业企业区域加工中心和河南中烟原料定制化加工基地挂牌成立，被国家局列为10个重点品牌的均质化加工单位之一，完成均质化加工烟叶142万担（7.1万吨）。

现代烟草农业建设。全省规模化种植、机械化作业、专业化服务水平提升，20～50亩的适度规模烟农占比37.2%，比上年提高5.4个百分点；户均规模比上年提高5.8亩，机械化作业面积比上年增加1.6万亩；专业化育苗、机耕、植保、烘烤比例分别达到100%、84%、85%、92%。绿色生产方式加快形成，有机肥施用比上年每亩增加10千克，回收再利用地膜10万亩，推广新能源烤房1029座；推广生物防治108万亩，建设绿色防控示范区9.5万亩，新增3.6万亩，在大农业作物上推广烟蚜茧蜂115万亩，新增7.5万亩。

烟叶基础设施建设。全年安排新建烟基项目计划2.47万个，投入补贴资金2.66亿元。截至2019年底，累计完成项目建设计划90%，投入补贴资金2.3亿元。继续加大行业援建水源工程监管力度，规范援建资金拨付使用管理，新竣工项目3个，完工项目1个，拨付援建资金2.84亿元。开展生物质能源烤房试点、实用性烟草农机研发和烟基项目管理信息化。推广“物联网＋烘烤”8000座，通过手机APP和“湖南烟叶烘烤管理平台”，实时收集、上传和分析烘烤数据，实现烟叶烘烤精准化、智能化。创建湖南烟草烘烤以及两场设施在线服务公众号。

产业扶贫。挖掘烟叶主业稳收潜力，拓宽辅业增收渠道，实现烟农种烟户均收入10.4万元，比上年增加1.84万元，实现辅业产值7.8亿元。依托烟农专业合作社推进烟叶产业综合体建设，郴州、永州2个产区的烟叶产业综合体列入中国烟叶公司烟叶技改项目，全省新增3家“国家农民专业合作社示范社”。全年行业投入保费补贴比上年增加2095万元，实际理赔9328万元，烟叶风险保障体系不断健全。依托产业优势，加大扶贫助收力度，针对贫困烟农制定精准帮扶方案，压实结对帮扶责任，落实产业扶贫政策，1937户贫困烟农全部实现脱贫。2019年在贫困种烟县建设烟基项目1.8万个，行业投入补贴资金1.86亿元。累计为贫困地区援建水源工程项目16个，投入援建资金15.98亿元。截至2019年底，全省25个烟区贫困县全部脱贫摘帽。

【合作与交流】　截至2019年底，中国烟草湖南进出口有限责任公司总资产2.74亿元，其中固定资产65万元、流动资产2.74亿元，资产负债率12.12%。2019年，公司出口目的地以东南亚为主扩大到中东、北非、西欧和南美。2019年，实现主营业务收入2.06亿元，实现利润

4117万元，出口实现2442万美元。其中，出口烟叶6996吨，实现销售收入1.28亿元；进口卷烟1.4亿支，实现销售收入7653万元；非烟业务出口实现617万美元，实现利润127万元。

【管理创新】 全年开展精益课题156个、QC小组活动277个。在烟草行业第三十届优秀质量管理小组成果发布会中分别获得一等奖1个、二等奖2个、三等奖1个。向湖南省质量协会推荐8个优秀成果参加湖南省优秀质量管理小组、全国优秀质量管理小组评选，1个成果获评“全国优秀质量管理小组”，7个成果获评“湖南省优秀质量管理小组”。怀化洪江区局（分公司）海峰QC小组被中国质量协会评为“2019年全国优秀质量管理小组”。

【技术创新】 全年取得省部级成果12项、省部级奖励7项，授权专利61件、计算机软件著作权22项，审定新品种1个，1家技术中心通过行业认定；开拓奖励评审新渠道，首次获得农业农村部“农牧渔业丰收奖”1项、“湖南省企业管理创新成果奖”3项；科技成果转化机制进一步齐全，梳理全省烟草商业系统科技成果164项，举办首届“科技创新论坛”；重点领域创新稳步推进，牵头推进南岭生态区绿色防控重大专项，建设示范区9.48万亩、辐射区53.67万亩；标准建设能力持续提升，制（修）订企业标准1714项，发布省地方标准2项、企业标准1092项；烟叶质量管控持续强化，执行“质量安全月报”制度；实施“人才+项目”科技人才培养模式，征集挂牌创新课题17项，1名科研员被评为行业劳动模范，1名科研员在CORESTA世界烟草大会发表墙报论文。

【特事辑要】 2019年1月31日，湖南省副省长陈飞看望慰问湖南烟草系统干部职工，并主持召开“两烟”工作座谈会。

6月14日，国家局党组成员、副局长段铁力在湖南烟草调研。

9月9日，中共湖南省烟草专卖局党校正式揭牌成立。

10月31日，湖南省委常委、常务副省长谢建辉考察长株潭烟草物流园并主持召开座谈会。

11月20日，湖南省委常委、省委宣传部部长张宏森深入湖南省局对口扶贫村湘西州永顺县石堤镇团结村，走访慰问贫困户，调研指导脱贫攻坚工作。

12月17日，湖南省政府在长沙组织召开全省烟叶工作会议。副省长陈飞出席会议并讲话。

2019年湖南省烟草专卖商业主要情况统计

地市级局（公司）名称	长沙市烟草专卖局（公司）	株洲市烟草专卖局（公司）	湘潭市烟草专卖局（公司）	衡阳市烟草专卖局（公司）	邵阳市烟草专卖局（公司）
主要负责人/法定代表人（含党政领导）	吴奇林	陈新田	蔡国强	秦江顺	王 昆
所属县级单位	长沙县、望城区、浏阳市、宁乡市等4个县级烟草专卖局（分公司）	渌口区[1]、醴陵市、攸县、茶陵县、炎陵县等5个县级烟草专卖局（分公司）	湘潭县、湘乡市、韶山市等3个县级烟草专卖局（分公司）	衡南县、耒阳市、常宁市、衡阳县、祁东县、衡东县、衡山县、南岳区等8个县级烟草专卖局（分公司）	邵东市[2]、新邵县、隆回县、邵阳县、武冈市、新宁县、绥宁县、城步苗族自治县、洞口县等9个县级烟草专卖局（分公司）
总资产（万元）	493990	207525	132893	252384	188349
资产负债率（%）	6.84	10.71	9.44	7.79	9.29
从业人员（人）	2037	427	275	758	751

续表

地市级局（公司）名称		长沙市烟草专卖局（公司）	株洲市烟草专卖局（公司）	湘潭市烟草专卖局（公司）	衡阳市烟草专卖局（公司）	邵阳市烟草专卖局（公司）
所属业务机构	营销机构	1个营销中心、1个服务中心	1个营销中心	1个营销中心、3个客户服务分部	1个营销中心	1个营销中心
	物流配送机构	1个湖南省长株潭烟草物流有限责任公司	1个物流中心、2个中转站	1个物流配送中心	1个配送中心、4个中转站	1个配送中心
	专卖稽查机构	1个稽查支队、11个稽查大队	1个稽查支队、9个稽查大队	1个稽查支队、5个稽查大队	1个稽查支队、13个稽查大队	1个稽查支队、14个稽查大队
	烟叶机构	1个烟叶生产经营部（烟基办）、1个烟叶生产技术中心、2个烟叶生产经营分部、8个烟叶站	1个烟叶生产经营部（烟基办）、1个烟叶生产经营分部、2个烟叶站	—	6个烟叶站	1个生产经营部、4个烟叶站
烟农户数（户）		2721	595	—	1672	1458
实现烟农总收入（万元）		29100	9062	—	22605	10643
零售户数（户）		36432	18755	12193	27619	27372
零售户销售毛利率（%）		12.09	12.30	12.35	11.93	12.50

地市级局（公司）名称		岳阳市烟草专卖局（公司）	常德市烟草专卖局（公司）	张家界市烟草专卖局（公司）	益阳市烟草专卖局（公司）	郴州市烟草专卖局（公司）
主要负责人/法定代表人（含党政领导）		吴胜波	颜　玫	李雄伟	李晓洋	高志强
所属县级单位		岳阳县、华容县、平江县、临湘市、湘阴县、汨罗市等6个县级烟草专卖局（分公司）	桃源县、临澧县、石门县、安乡县、汉寿县、澧县、津市市等7个县级烟草专卖局（分公司）	慈利县、桑植县、武陵源区等3个县级烟草专卖局（分公司）	桃江县、沅江市、安化县、南县等4个县级烟草专卖局（分公司）	桂阳县、嘉禾县、宜章县、永兴县、临武县、安仁县、桂东县、汝城县、资兴市等9个县级烟草专卖局（分公司）
总资产（万元）		210393	217541	92559	157394	307884
资产负债率（%）		15.04	5.20	18.90	6.77	14.86
从业人员（人）		549	659	394	464	1537
所属业务机构	营销机构	1个营销中心	1个营销中心、7个营销分部	1个营销中心	1个营销中心	1个营销中心
	物流配送机构	1个配送中心	1个物流配送中心、3个物流中转站	1个配送中心	1个配送中心、2个物流中转站	1个配送中心
	专卖稽查机构	1个稽查支队、13个稽查大队	1个稽查支队、10个稽查大队、10个烟草工作站	1个稽查支队、5个稽查大队	1个稽查支队、7个稽查大队	1个稽查支队、9个稽查大队
	烟叶机构	—	1个烟叶生产经营部、3个烟叶生产经营分部、3个烟叶站	4个标准化工作站	—	22个烟叶站

续表

地市级局（公司）名称	岳阳市烟草专卖局（公司）	常德市烟草专卖局（公司）	张家界市烟草专卖局（公司）	益阳市烟草专卖局（公司）	郴州市烟草专卖局（公司）
烟农户数（户）	—	1696	1972	—	17202
实现烟农总收入（万元）	—	20860	19387	—	201412
零售户数（户）	26516	23065	6880	19437	16557
零售户销售毛利率（%）	12.12	11.58	12.20	12.04	11.96

地市级局（公司）名称		永州市烟草专卖局（公司）	怀化市烟草专卖局（公司）	娄底市烟草专卖局（公司）	湘西土家族苗族自治州烟草专卖局（公司）
主要负责人/法定代表人（含党政领导）		幸 勤	向宝铸	肖 曦	瞿红兵
所属县级单位		零陵区、祁阳县、东安县、双牌县、宁远县、蓝山县、新田县、江华瑶族自治县、江永县、道县等10个县级烟草专卖局（分公司）	沅陵县、辰溪县、溆浦县、麻阳苗族自治县、新晃侗族自治县、芷江侗族自治县、洪江市、洪江区、会同县、靖州苗族侗族自治县、通道侗族自治县等11个县级烟草专卖局（分公司）	新化县、冷水江市、涟源市、双峰县等4个县级烟草专卖局（分公司）	龙山县、永顺县、花垣县、凤凰县、古丈县、保靖县、泸溪县等7个县级烟草专卖局（分公司）
总资产（万元）		204169	120424	133799	175362
资产负债率（%）		8.26	14.09	10.09	23.46
从业人员（人）		1376	569	374	717
所属业务机构	营销机构	1个营销中心	1个营销中心	1个营销中心、5个客户服务分部	1个营销中心、7个客户服务分部
	物流配送机构	1个配送中心、6个中转站	1个配送中心、6个中转站	1个物流配送中心	1个配送中心、5个中转站
	专卖稽查机构	1个稽查支队、13个稽查大队	1个稽查支队、11个稽查大队	1个稽查支队、6个稽查大队	1个稽查支队、10个稽查大队
	烟叶机构	16个标准化烟草工作站、1个烟叶生产经营分部	1个烟叶生产经营部、3个烟叶生产经营分部、5个收购点	—	1个烟叶生产经营部（烟基办）、1个烟叶生产技术中心、7个烟叶生产经营分部、14个烟叶生产收购站
烟农户数（户）		8145	432	—	4437
实现烟农总收入（万元）		90893	3610	—	39980
零售户数（户）		23208	19162	17249	11755
零售户销售毛利率（%）		11.90	12.12	12.36	12.10

注：1. 2019年11月11日，国家局、总公司印发《关于调整株洲市烟草专卖局（公司）所属部分机构的批复》（国烟人〔2019〕179号），同意撤销株洲县烟草专卖局，设立株洲市渌口区烟草专卖局，将株洲市烟草公司株洲县分公司更名为株洲市烟草公司渌口区分公司，株洲市渌口区烟草专卖局和株洲市渌口区分公司合署办公。

2. 2019年12月12日，国家局、总公司印发《关于调整邵阳市烟草专卖局（公司）所属部分机构的批复》（国烟人〔2019〕198号），同意撤销邵东县烟草专卖局，设立邵东市烟草专卖局，将邵阳市烟草公司邵东县分公司更名为邵阳市烟草公司邵东市分公司，邵东市烟草专卖局和邵阳市烟草公司邵东市分公司合署办公。

◇ 撰稿：汤 锐；编辑：张 帅 褚 幸

广东省烟草专卖局（公司）

【专卖管理】 2019年，广东省烟草专卖局依法查处涉烟违法案件2.36万起，查获假冒卷烟12.44万件、走私烟3.06万件；查获大型制假烟机205台，非法烟丝烟叶1805.74吨，假冒卷烟商标标识9586.86万张。查处符合公安部、国家局标准网络案件148起。公安、司法机关依法刑拘2011人，逮捕1529人，判刑772人，查获大型制假烟机和假冒卷烟数量居全行业第一名，查获走私烟数量居全行业第二名。全年为国家挽回税收流失约80亿元，为维护全省经济社会稳定健康发展作出贡献。

【卷烟（雪茄烟）经营】 **卷烟（雪茄烟）销售**。2019年，广东省销量居前三位的卷烟品牌为“双喜·红双喜”“芙蓉王” “利群”，销量分别为966.37亿支（193.27万箱）、157.4亿支（31.48万箱）、82.02亿支（16.4万箱）。

2019年，广东省烟草商业系统销售细支烟58.85亿支（11.77万箱），比上年增长37.44%。销售国产雪茄烟（含国产卷烟型雪茄烟）1.67亿支，比上年增长12.98%。

市场调控。强化各单位销售进度跟踪调控，落实均衡投放销售策略，分片区开展以市场状态、品牌发展、货源组织为主题的调研活动，初步构建省市两级定期分析销售数据机制。

品牌培育。制定品牌进退规则，修订完善品牌管理办法，执行市场化进退机制，国产卷烟（不含雪茄烟）准入品规总数精减为287个。30个重点品牌中，25个品牌累计销量比上年增长，26个品牌累计销售收入比上年增长，22个品牌结构比上年提升，其中省产“双喜” 一、二类主销规格状态较上年明显回升。

网络建设。截至2019年底，广东省建成106家20支直营店，实现全省各县市区全覆盖，吸收加盟店50家。制定《20支全零售连锁网络建设实施意见》及相关配套制度、工作指引，形成20支网络建设制度体系。2019年，全省共有自律互助小组2.1万个，小组成员占零售户总数的92.78%。逐步推进基层销售队伍职能转型、零售户培训探索、客户经理移动办公、客户投诉平台建设等工作。

【烟叶产销】 **烟叶生产基础设施建设**。2019年，广东省建设烟叶生产基础设施建设项目1245个，行业概算补贴资金1313.09万元。新建烤房87座，缓解部分产区密集烤房局部短缺的压力；购置生物质燃烧机515台，推动烤房设备改造升级；配置农机具271台（套）和移动育苗设施157棚，提升烟叶生产机械化、集约化水平。

烟叶绿色生产。坚持绿色发展理念，落实良好农业操作规范（GAP），推广清洁化生产，加强面源污染防治。全面推广0.01毫米地膜，地膜回收利用面积12.34万亩，占覆膜面积的91.14%，比上年提高31.5个百分点；累计推广生物质燃烧机633台。推广病虫害绿色防控技术，突出健康栽培源头控制，全面推行育苗设施消毒和移栽前病毒病检测筛查技术，及时消灭病虫源。建立绿色防控综合示范区

2019年10月25日，广东福建两省四市第八次边界卷烟打假联席会议在广东潮州召开

广东省局 供稿

1.6 万亩和辐射区 7.2 万亩。

烟农增收。全省烟农实现售烟收入 5.85 亿元，亩均收入（含生产扶持补贴）比上年增加 322 元。开展烟叶基础设施综合利用、基本烟田利用、烟叶延伸产业等多元增收项目，拓宽增收渠道。多元化经营实现总产值 1.25 亿元，亩均净收入比上年增加 110 元。抓好风险防控，全省完成烟叶种植保险 4606 户、14.03 万亩，占比分别为 84.83%、88.63%，投保农户和面积比上年分别增加 3682 户、11.46 万亩，其中梅州产区农户投保率 100%。全省烟叶受灾 2576 户、6.14 万亩，保险赔付资金 468.89 万元。

【企业管理】 推进分层分类对标管理，逐步形成全面对标的常态化工作机制。开展管理诊断工作，制定改进措施 837 项，对 25 项诊断需求进行现场会诊。全面完成体系转版工作，修订完善企业标准 3683 项，优化流程 1231 个。推进采购管理信息系统建设和应用，采购项目均纳入系统统一管理。提升财务管理水平，财务分析系统全面投入使用，20 个地市建设完成第三方主动支付平台，广东省局（公司）“无纸化移动审批”项目落地实施。工作计划管理不断加强，重点工作督办有效开展，档案保密软硬件管理水平持续提升，广东省局（公司）获国家局和广东省保密局年度检查“优秀”评定。

落实依法管理，全省系统各单位开展重大决策法律把关 1346 次、采购法律监督 1847 宗、合同合法性审查 4817 宗、规章制度合法性审查 758 件、规范性文件备案审查 140 件。完善安全管理制度，安全标准化二级达标全面实施转版，建成安全管理信息平台，创新推动安全信息化管理，全省系统首家省级“安全文化建设示范单位”在惠州市局（公司）创建，2019 年未发生重大安全责任事故。

加强学术交流，2019 年征集到专卖管理、烟草农业、烟草工业、经济管理等 10 个专业的学术论文 849 篇，其中获得中国烟草学会 2019 年优秀论文一等奖 2 篇、二等奖 12 篇、三等奖 32 篇。

开展科技研发，绿色防控与土壤保育两项科技重大专项工作加速实施，全省系统获得省科学技术三等奖 1 项，参与烟草行业重大科技项目 2 项，完成 9 项科技项目研发任务。持续推进管理创新，QC 小组活动成果获得各类奖项 17 个，东莞市局（公司）优信 QC 小组获评“2019 年全国优秀质量管理小组”。

【交流与合作】 2019 年，进口卷烟（雪茄烟）4.99 亿支，比上年增长 12%，出口卷烟 2700 万支；进口丝束 1300 吨；进口铜版纸 590 吨。烟机方面，出口柬埔寨卷包设备 2 套，出口试机材料 3 批，进口包装机 1 台、切丝机 2 套，完成进口广西中烟卷烟机 1 套、包装机组 4 台及江西中烟制丝设备 1 套的谈判及合同签订。烟叶进口到货 67 个批次、3.04 万吨，比上年增长 10%；出口装运 73 个批次、片烟（含薄片）2368 吨；烟丝出口 421 吨。

广东省“555”卷烟销量比上年增长 21%。广东专属产品“555（西关）”卷烟在广州、佛山、中山、东莞等四市上市。引进“大卫杜夫（Davidoff）”系列雪茄烟投放广州、湛江地区。

发运出口烟叶 2656 吨，实现出口创汇 1551 万美元。其中，3 月首批 96 吨烟叶销往约旦，实现出口创汇 27 万美元；出口梅州复烤企业复烤烟叶近 260 吨到约旦，实现出口创汇 88 万美元；出口广东金科再造烟叶有限公司生产的薄片 57.6 吨到立陶宛。签订出口广东中烟库存烟叶备货合同 3551 吨，出口库存烟叶 498 吨，实现出口创汇 105 万美元。与美国联一国际公司达成广东烟叶长期合作共识。

聚焦品牌发展需求，配合广东中烟为两家境外投资企业抓好基地建设、研发新产品，为巩固广东卷烟在海外市场的占有率提供服务保障工作。

【特事辑要】 2019 年 1 月 22—23 日，广东烟草商业系统 2019 年工作会议在广州市召开。

2 月 20—21 日，国家烟草专卖局党组书记、局长，中国烟草总公司总经理张建民在广东烟草调研。

5 月 27 日，广东省公安厅、广东省烟草专卖局联合组织召开 2019 年全省打击涉烟违法犯罪电视电话会议。

10 月 18 日，广东省公安厅、广东省烟草专卖局联合组织召开 2019 年广东省打击涉烟违法犯罪“粤鹰”专项行动推进会。

2019 年广东省烟草专卖商业主要情况统计

地市级局（公司）名称		广州市烟草专卖局（有限公司）	中山市烟草专卖局（有限责任公司）	珠海市烟草专卖局（有限公司）	东莞市烟草专卖局（有限公司）
主要负责人/法定代表人（含党政领导）		陈秉恒（—2019 年 8 月） 张辉明（2019 年 8 月—）	刁百尧（—2019 年 1 月） 杨东升（2019 年 1 月—）	罗春华	钟荣林
所属县级单位		越秀区、荔湾区、海珠区、白云区、天河区、黄埔区、番禺区、南沙区、花都区、从化区、增城区等 11 个区烟草专卖分局	—	横琴新区、斗门区 2 个县级烟草专卖局（分公司）	第一、第二、第三、第四、第五、第六、第七分局
总资产（万元）		464128	101227	62560	210910
资产负债率（%）		17.60	28.54	21.31	22.89
从业人员（人）[2]		1201	297	238	871
所属业务机构	营销机构	1 个营销管理中心、11 个区分局卷烟营销部	1 个营销管理中心、4 个管理中心卷烟营销组	1 个营销管理中心、3 个区域营销部	1 个营销管理中心、7 个卷烟营销部
	物流配送机构	1 个物流配送中心	1 个物流配送中心	1 个物流配送中心	1 个物流配送中心、2 个物流暂存点
	专卖稽查机构	1 个稽查支队、13 个稽查大队	1 个稽查支队、4 个稽查大队	1 个稽查支队、6 个稽查大队	1 个稽查支队、7 个稽查大队
	烟叶机构	—	—	—	—
烟农户数（户）		—	—	—	—
实现烟农总收入（万元）		—	—	—	—
零售户数（户）		45683	15543	10698	42129
零售户销售毛利率（%）		13.81	14.00	14.65	10.80

地市级局（公司）名称	佛山市烟草专卖局（有限责任公司）	肇庆市烟草专卖局（有限责任公司）	江门市烟草专卖局（有限公司）	惠州市烟草专卖局（有限责任公司）
主要负责人/法定代表人（含党政领导）	范　波（—2019 年 6 月） 翁　飞（2019 年 6 月—）	谷　涛	李程坚	赖科东
所属县级单位	南海区、顺德区、三水区、高明区等 4 个县级烟草专卖局（分公司），1 个直属分局	高要区、四会市、怀集县、广宁县、德庆县、封开县等 6 个县级烟草专卖局（分公司），1 个直属分局	新会区、鹤山市、台山市、开平市、恩平市等 5 个县级烟草专卖局（分公司），1 个直属分局	博罗县、惠东县、惠阳区、龙门县、大亚湾区等 5 个县级烟草专卖局（分公司）
总资产（万元）	165185	66593	107618	146231
资产负债率（%）	28.31	22.90	24.06	25.37
从业人员（人）[2]	738	577	712	625

续表

地市级局（公司）名称		佛山市烟草专卖局（有限责任公司）	肇庆市烟草专卖局（有限责任公司）	江门市烟草专卖局（有限公司）	惠州市烟草专卖局（有限责任公司）
所属业务机构	营销机构	1个营销管理中心、4个区局（分公司）营销部、1个直属分局营销部	1个营销管理中心、7个营销部	1个营销中心、6个营销部	1个营销管理中心
	物流配送机构	1个物流配送中心	1个物流配送中心、3个对接站点、1个中转站	1个物流中心、1个物流分中心、2个中转站	1个物流配送中心
	专卖稽查机构	1个稽查支队、6个稽查大队	1个稽查支队、7个稽查大队、17个稽查中队	1个稽查支队、6个稽查大队	1个稽查支队、5个稽查大队
	烟叶机构	—	—	—	—
烟农户数（户）		—	—	—	—
实现烟农总收入（万元）		—	—	—	—
零售户数（户）		30000	16295	19996	22126
零售户销售毛利率（%）		10.00	10.50	11.74	13.51

地市级局（公司）名称		茂名市烟草专卖局（有限责任公司）	阳江市烟草专卖局（有限责任公司）	云浮市烟草专卖局（有限责任公司）	湛江市烟草专卖局（有限公司）
主要负责人/法定代表人（含党政领导）		梁树桥	翁　飞（—2019年6月） 杨　静（2019年6月—）	马德龙（—2019年8月） 查志威（2019年8月—）	陈胜希
所属县级单位		信宜市、高州市、化州市、电白区等4个县级烟草专卖局（分公司），1个直属分局	阳春市、阳东区、阳西县等3个县级烟草专卖局（分公司）	罗定市、新兴县、郁南县、云安区等4个县级烟草专卖局（分公司），1个直属分局	徐闻县、遂溪县、吴川市、雷州市、廉江市等5个县级烟草专卖局（分公司）
总资产（万元）		76195	35462	35378	74221
资产负债率（%）		33.56	21.90	26.05	27.07
从业人员（人）[2]		644	402	388	609
所属业务机构	营销机构	1个营销管理中心	1个营销中心	1个营销管理中心、5个区域营销部	1个营销管理中心、6个营销部
	物流配送机构	1个物流配送中心	1个物流配送中心	1个物流配送中心、3个物流对接点	1个物流配送中心、5个物流对接点
	专卖稽查机构	1个稽查支队、5个稽查大队	1个稽查支队、8个稽查大队	1个稽查支队、6个稽查大队	1个稽查支队、9个稽查大队
	烟叶机构	—	—	—	—
烟农户数（户）		—	—	—	—
实现烟农总收入（万元）		—	—	—	—
零售户数（户）		15748	10108	9883	18253
零售户销售毛利率（%）		13.08	11.78	13.03	9.50

地市级局（公司）名称		汕头市烟草专卖局（有限责任公司）	潮州市烟草专卖局（有限责任公司）	汕尾市烟草专卖局（有限公司）	揭阳市烟草专卖局（有限公司）
主要负责人/法定代表人（含党政领导）		朱伟优	许暖镇	庄　智	赖少洪
所属县级单位		澄海区、潮阳区、龙湖区等3个县级烟草专卖局（分公司）；南澳县1个县级烟草专卖局（公司）[1]	潮安区、饶平县2个县级烟草专卖局（分公司）	陆丰市、海丰县、陆河县等3个县级烟草专卖局（分公司），1个直属分公司	普宁市、揭东区、揭西县、惠来县等4个县级烟草专卖局（分公司）
总资产（万元）		125172	56407	70848	116279
资产负债率（%）		26.33	31.46	23.60	15.14
从业人员（人）[2]		717	424	520	777
所属业务机构	营销机构	1个营销管理中心	1个营销管理中心、3个营销部	1个营销中心、4个区域营销部	1个营销管理中心、5个营销部
	物流配送机构	1个物流配送中心	1个物流配送中心	1个物流中心	1个物流配送中心
	专卖稽查机构	1个稽查支队、7个稽查大队	1个专卖稽查支队、4个专卖稽查大队	1个稽查支队、4个稽查大队	1个稽查支队、6个稽查大队
	烟叶机构	—	—	—	—
烟农户数（户）		—	—	—	—
实现烟农总收入（万元）		—	—	—	—
零售户数（户）		16446	7003	11904	17830
零售户销售毛利率（%）		12.00	11.67	10.54	12.47

地市级局（公司）名称		韶关市烟草专卖局（有限公司）	梅州市烟草专卖局（有限公司）	河源市烟草专卖局（有限责任公司）	清远市烟草专卖局（有限公司）
主要负责人/法定代表人（含党政领导）		罗福命	管伟华	杨熙广（—2019年7月） 黄　涛（2019年7月—）	方文青
所属县级单位		南雄市、始兴县、曲江区、乐昌市、乳源瑶族自治县、仁化县、翁源县、新丰县等8个县级烟草专卖局（分公司）	梅县区、兴宁市、五华县、大埔县、蕉岭县、平远县、丰顺县等7个县级烟草专卖局（分公司），1个直属分局	东源县、龙川县、紫金县、连平县、和平县等5个县级烟草专卖局（分公司）	清新区、英德市、佛冈县、阳山县、连南瑶族自治县、连山壮族瑶族自治县、连州市等7个县级烟草专卖局（分公司），1个直属分局
总资产（万元）		128534	114465	61627	83498
资产负债率（%）		40.38	38.72	15.16	10.97
从业人员（人）[2]		1233	1126	525	752
所属业务机构	营销机构	1个营销中心、9个营销部	1个营销管理中心、8个营销部	1个营销中心、1个区域营销部、5个县局（分公司）营销部	1个营销中心、1个电访中心
	物流配送机构	1个物流中心、8个物流对接点、1个物流配送组	1个物流配送中心、3个中转站、3个对接点、2个送货组	1个物流中心、2个送货组、4个中转站	1个物流中心、3个对接点
	专卖稽查机构	1个稽查支队、9个稽查大队	1个稽查支队、8个稽查大队	1个稽查支队、8个稽查大队	1个稽查支队、8个稽查大队
	烟叶机构	9个烟叶工作站、16个烟叶工作点	5个烟叶工作站、6个烟叶仓库、19个烟叶工作点	—	1个烟叶工作站

续表

地市级局（公司）名称	韶关市烟草专卖局（有限公司）	梅州市烟草专卖局（有限公司）	河源市烟草专卖局（有限责任公司）	清远市烟草专卖局（有限公司）
烟农户数（户）	3442	1820	—	168
实现烟农总收入（万元）	38564	21227	—	1885
零售户数（户）	11298	15756	13887	13198
零售户销售毛利率（%）	12.82	12.86	10.20	12.85

注：1. 2019 年，汕头市南澳县局（公司）尚未体制上划，汕头市局（有限公司）总资产、资产负债率、从业人员数据不含南澳县局（公司）。

2. 从业人员数量中，肇庆市局（公司）含离退养人员 11 人，借用人员 13 人；茂名市局（公司）含 11 名离岗退养人员；河源市局（公司）含借用人员 91 人。

◇ 撰稿：张　慧；编辑：鲁建敏　褚　幸

广西壮族自治区烟草专卖局（公司）

【专卖管理】　**案件查处**。2019 年，广西壮族自治区烟草专卖局查处各类涉烟违法案件 1.24 万起，涉案金额 100 万元以上的案件 235 起，其中符合公安部、国家局标准的网络案件 72 起，部督案件 5 起。查获各类非法卷烟 15.07 万件，其中假冒卷烟 1.94 万件，比上年下降 49.21%；走私烟 12.48 万件（含走私假烟 7.56 万件），比上年增长 64.3%，占全国查获走私烟总量的 50% 以上，走私烟查获数量连续五年居全国第一名。公安、司法机关依法刑事拘留 482 人，逮捕 467 人，判刑 188 人。

打假打私。深化大协同工作格局，在自治区人民政府的统一领导下，加强与自治区公安、海关、边境管理、海警等部门密切协作，研究出台全自治区卷烟打私指导意见，重点深化沿海、沿边烟草打私统一指挥、信息互通、成果共享机制，推动各市烟草、公安部门共建涉烟情报研判室。

坚持源头治理，将巩固提升防城港市东兴北仑河沿线打私成果放在突出位置，协调地方政府组织烟草及相关执法部门开展打私专项行动。强化防城港市东兴北仑河沿线及港口区边境巡逻、定点值守、河道打击和窝点清理，发挥烟草打私"桥头堡"作用。2019 年，防城港市东兴北仑河沿线及港口区查扣走私卷烟 8.47 万件，占全自治区查获走私烟总量的 67.8%；公安、司法机关依法抓获涉私人员 443 人，查扣涉私车辆 1220 辆、涉私船舶 332 艘。开展"深度经营线索，争办重大案件"活动，突出"打团伙、断网络、端窝点、破大案、抓主犯"，侦办防城港"3·25"等一批特大卷烟走私网络案和桂林"11·25"等一批制售假烟重大网络案件。其中，桂林"11·25"、钦州"8·30"、防城港"10·20"、来宾"7·31"、贵港"1·24"等 5 起案件被列为部督案件，北海"1·5"、桂林"11·25"案受到公安部、国家局通报表扬。

市场监管。坚持 APCD 重点检查和"双随机"抽查相结合进行市场检查，全年重点检查零售户 7.16 万户次，"双随机"抽查 23.76 万户次。截至 2019 年底，全自治区有自律互助小组 1.42 万个，小组成员占零售户总数的 94.56%。在元旦、春节、清明、"五一"、中秋、国庆期间等关键时期，由地方政府牵头组织开展卷烟市场清理整顿，打击各类涉烟违法经营行为，全自治区错时检查 6.3 万户次，查获市场环节案件 7970 起，查扣非法卷烟 7800 件。打击卷烟非法寄递行为，先后破获防城港"3·22"、南宁"4·1"、百色"8·2"、玉林"3·20"等一批符合公安部、国家局标准的"互联网＋寄递"网络案件，有 8 家寄递企业被邮政管理部门停业整顿或罚款，1 家被取缔，全自治区查获非法寄递卷烟 5744.14 件。强化散支烟（白皮烟）治理，柳州、贵港、南宁、来宾等地相继破获 5 起非法生产销售散支烟（白皮烟）国标网络案件，查处制售散支烟窝点案件 48 起，查扣散支烟 5982.89 件。全面加强电子烟监管，深入开展电子烟专项检查，重点查处中小学周边向未成年人销售电子烟行为。

规范管理。加强内管长效机制建设，在原有内管工作机制的基础上，运用基于风险和评估的方法，融入卷烟经营合规价值观理念，构建起卷烟经营内部合规管理标准化体系框架，在贵港市局进行试点并在全自治区推广。加强真烟异常流动治理力度，深化部门协作，落实督办机制，强化分类指导，真烟异常流动得到有效遏制。自治区局对连续 2 个季度真烟外流全自治区排名前三位的单位进行挂牌督办，指导督促真烟外流严重的有关单位强化治理，组织建立真烟非法流通信息共享机制，为科学投放货源、防控易外流品牌提供参考依据。2019 年，全自治区案值 5 万元以上真烟非法流通案件比上年下降 20.69%，查获非法流通真烟数量比上年下降 11.48%。履行属地监管职责，加强对工业企业和复烤企业废弃烟草专卖品处理等环节的监管，全年参与监督工业企业销毁烟草专卖品 397 次，监督销毁烟粉、残次烟叶等烟草专卖品 3843.16 吨；监督销毁报废烟草专用设备 106 台（套）；监督复烤企业销毁废弃烟草专卖品 2945.5 吨。严肃执纪问责。针对个别单位发生的违规补货、违规处理破损烟等不规范经营问题，及时移交纪检部门，责令作出相关处理，起到警示作用。

政务服务。推进国家局、自治区局“互联网+政务服务”项目建设，零售许可网上申请、网上审批、网上公示，实现群众办证“一次也不用跑”。落实“放管服”工作要求，简化申办手续，压缩办证流程，新办零售许可证办结时限由 15 个工作日压缩至 8 个工作日。强化后续监管，持续加强“僵尸证”等证件处理和中小学周边违规办证问题整改，截至 2019 年底，全自治区歇业、证件注销和收回 1.95 万户，累计清理中小学周边违规办证卷烟零售户 1216 户。

【卷烟（雪茄烟）经营】 **销售概况**。2019 年，广西区销量居前三位的卷烟品牌为“真龙”“双喜”“红塔山”，销量分别为 353.58 亿支（70.72 万箱）、51.42 亿支（10.28 万箱）、49.7 亿支（9.94 万箱）。全年销售卷烟型雪茄烟 2039.61 箱。实现卷烟单箱销售收入 2.94 万元，比上年增长 5.38%。零售户卷烟销售毛利率 14.38%。

品牌培育。科学规划布局、合理配置资源，提升重点品牌价值。制定品牌发展体系高质量发展实施方案，修订完善《卷烟品牌（规格）引入与退出管理办法》。整合品牌，针对部分价类品规过多过散的问题，组织开展在销三类烟品牌（规格）的整合替代工作，平均每个地市公司精减经营品规 10 个以上。依托自律互助小组和“互联网+”平台，丰富卷烟销售“工具库”。推动资源向重点品牌和优势企业集中，促进重点品牌稳健发展，重点品牌卷烟销量占总销量比重为 92.42%。其中，防城港、北海、柳州等地重点品牌销量占比超过 95%。坚持市场导向，注重分类指导，制定“真龙”品牌培育方案，补短板、强弱项、促提升，“真龙”品牌培育的质量和成效得到提升。

现代零售终端建设。重新修订完善普通终端、现代终端、整店终端、直营终端建设与评价标准。坚持全面提升与重点突破相结合，实施分类指导，从店面形象、卷烟经营、品牌培育、店铺管理等方面为零售终端赋能，不断完善零售终端体系。截至 2019 年底，全自治区累计建成现代终端 4.34 万个，占卷烟零售户总数比重 19.53%。以“走一遍”“查一遍”“考一遍”“讲一遍”为主要内容，省级、市级、县级三级联动，深入市场一线，全面检查网络建设各项工作质量，查找问题，补齐短板，累计走访县级市场 110 个、乡级市场 1396 个、村屯市场 6020 个，走访零售户 1.56 万户。

现代物流建设。制定《建立完善现代物流体系 促进物流高质量发展实施方案》，明确物流高质量发展思路和重点措施。强化物流对标与评价，月度发布数据、季度开展分析，18 项行业物流对标指标中有 11 项比上年提升或持

2019 年 2 月 24 日，广西百色乐业县局（营销部）党支部全体党员到新化镇磨里村烟区开展主题党日活动，帮助烟农移栽烤烟

广西百色乐业县局 潘振乐 摄

平。撤并中转站4个，减少配送车辆18辆、减少物流用工35人。单箱物流费用246.3元，与上年持平；物流费用率0.96%，比上年减少0.07个百分点；人均配送效率1030箱/人，比上年提升2.7%。

【烟叶生产管理】 **防灾救灾**。2019年3—4月，百色市靖西、隆林等烟区遭受冰雹灾害，开展防雹作业51轮（次）、发射消雹弹300余枚，降低灾害损失。5月27—29日，百色市靖西、德保烟区遭受百年不遇洪涝灾害，5.83万亩烟田受灾，产量损失近0.5万吨（10万担）。自治区局（公司）协调保险公司核灾理赔，获得理赔金额2814万元。同时，启动烟叶生产重大洪涝灾害专项救助资金，救助金额1813万元。

保障烟农增收。全自治区烟农5534户，户均收入6.83万元，784户烟农顺利脱贫。通过烟稻轮作、种植特色水稻、育苗大棚种植瓜菜、烤房培育食用菌等方式，初步培育出靖西“绣球情”糯米、南丹巴定“富硒稻”、钟山“富硒紫米”等地方特色产品，实现烟农增收总产值1.56亿元。

【特事辑要】 2019年7月26日，“广西企业家活动日”在南宁举行，中国烟草总公司广西壮族自治区公司获评“广西企业100强”“广西服务业企业50强”，分别居第十名和第四名。

11月8日，自治区局（公司）出台“1+7”高质量发展系列实施方案，全面落实行业高质量发展工作要求，部署广西烟草商业推进高质量发展工作。

11月14—15日，2019年全国烟草行业企业管理现场会在南宁召开。自治区副主席费志荣，国家局党组成员、副局长段铁力出席会议并讲话。其间，段铁力到南宁市局（公司）调研。

2019年广西壮族自治区烟草专卖商业主要情况统计

地市级局（公司）名称		南宁市烟草专卖局（公司）	柳州市烟草专卖局（公司）	桂林市烟草专卖局（公司）	梧州市烟草专卖局（公司）	北海市烟草专卖局（公司）
主要负责人/法定代表人（含党政领导）		孙中标（—2019年4月）林华丽（2019年4月—）	韦毓云	夏孟秋	何珠勇（—2019年12月）兰小洲（2019年12月—）	陈卫红
所属县级单位		青秀区、兴宁区、江南区、西乡塘区、良庆区、邕宁区、武鸣区、宾阳县、横县、隆安县、上林县、马山县等12个县级烟草专卖局（营销部）	城区、柳江区[1]、柳城县、鹿寨县、融安县、融水苗族自治县、三江侗族自治县等7个县级烟草专卖局（营销部）	城区、临桂区[2]、灵川县、永福县、兴安县、全州县、灌阳县、阳朔县、荔浦市[3]、平乐县、资源县、恭城瑶族自治县、龙胜各族自治县等13个县级烟草专卖局（营销部）	城区、苍梧县、岑溪市、藤县、蒙山县等5个县级烟草专卖局（营销部）	城区、合浦县2个县级烟草专卖局（营销部）
总资产（万元）		204521	100254	140829	45200	46834
资产负债率（%）		23.67	11.66	12.65	11.89	12.24
从业人员（人）		896	506	722	397	249
所属业务机构	营销机构	1个营销中心	1个营销中心	1个营销中心	1个营销中心	1个营销中心
	物流配送机构	1个物流中心、5个中转站	1个物流中心、4个中转站	1个物流中心、9个中转站	1个物流中心、3个中转站	1个物流中心
	专卖稽查机构	1个稽查支队、15个稽查大队	1个稽查支队、4个稽查大队	1个稽查支队、16个稽查大队	1个稽查支队、5个稽查大队	1个分局、1个稽查支队、4个稽查大队
	烟叶机构	—	—	—	—	—

续表

地市级局（公司）名称	南宁市烟草专卖局（公司）	柳州市烟草专卖局（公司）	桂林市烟草专卖局（公司）	梧州市烟草专卖局（公司）	北海市烟草专卖局（公司）
烟农户数（户）	—	—	—	—	—
实现烟农总收入（万元）	—	—	—	—	—
零售户数（户）	32891	18949	26138	13139	8776
零售户销售毛利率（%）	14.55	14.31	14.32	14.38	14.51

地市级局（公司）名称		防城港市烟草专卖局（公司）	钦州市烟草专卖局（公司）	贵港市烟草专卖局（公司）	玉林市烟草专卖局（公司）	百色市烟草专卖局（公司）
主要负责人/法定代表人（含党政领导）		何奇枢	黎　云	郑　刚（—2019 年 12 月）谭广滨（2019 年 12 月—）	林光耀（—2019 年 5 月）李祥清（2019 年 5 月—）（主持工作）	范东升
所属县级单位		城区、上思县、东兴市等 3 个县级烟草专卖局	城区、灵山县、浦北县等 3 个县级烟草专卖局（营销部）	城区、桂平市、平南县等 3 个县级烟草专卖局（营销部）	城区、北流市、容县、陆川县、兴业县、博白县等 6 个县级烟草专卖局（营销部）	城区、田阳县、田东县、平果县、德保县、靖西市、那坡县、西林县、凌云县、乐业县、田林县、隆林各族自治县等 12 个县级烟草专卖局（营销部）
总资产（万元）		24083	44027	53520	65767	98549
资产负债率（%）		12.83	16.57	15.16	19.43	12.12
从业人员（人）		176	372	450	569	1054
所属业务机构	营销机构	1 个营销中心	1 个营销中心	1 个营销中心	1 个营销中心	1 个营销中心
	物流配送机构	1 个物流中心、1 个中转站	1 个物流中心、3 个中转站	1 个物流中心、2 个中转站	1 个物流中心、7 个中转站	1 个物流中心、12 个中转站
	专卖稽查机构	1 个稽查支队、2 个稽查大队	1 个稽查支队、4 个稽查大队	1 个稽查支队、5 个稽查大队	1 个稽查支队、8 个稽查大队	1 个稽查支队、14 个稽查大队
	烟叶机构	—	—	—	—	1 个烟叶科、1 个烟叶科研所、9 个烟叶站
烟农户数（户）		—	—	—	—	4451
实现烟农总收入（万元）		—	—	—	—	25148
零售户数（户）		5305	14767	17159	19569	20982
零售户销售毛利率（%）		14.56	14.35	14.16	14.39	14.38

地市级局（公司）名称	贺州市烟草专卖局（公司）	河池市烟草专卖局（公司）	来宾市烟草专卖局（公司）	崇左市烟草专卖局（公司）
主要负责人/法定代表人（含党政领导）	王五权（—2019 年 12 月）王新钧（2019 年 12 月—）	谢绍彬	宾彬超	覃忠达

续表

地市级局（公司）名称		贺州市烟草专卖局（公司）	河池市烟草专卖局（公司）	来宾市烟草专卖局（公司）	崇左市烟草专卖局（公司）
所属县级单位		城区、钟山县、富川瑶族自治县、昭平县等4个县级烟草专卖局（营销部）	金城江区、宜州区[4]、罗城仫佬族自治县、环江毛南族自治县、南丹县、天峨县、东兰县、巴马瑶族自治县、凤山县、都安瑶族自治县、大化瑶族自治县等11个县级烟草专卖局（营销部）	城区、忻城县、合山市、象州县、武宣县、金秀瑶族自治县等6个县级烟草专卖局（营销部）	江州区、扶绥县、宁明县、大新县、龙州县、天等县、凭祥市等7个县级烟草专卖局（营销部）
总资产（万元）		43485	68620	34412	35259
资产负债率（%）		18.14	11.90	15.24	19.75
从业人员（人）		441	639	350	354
所属业务机构	营销机构	1个营销中心	1个营销中心	1个营销中心	1个营销中心
	物流配送机构	1个物流中心、2个中转部	1个物流中心、11个中转站	1个物流中心、5个中转站	1个物流中心、4个中转站
	专卖稽查机构	1个稽查支队、5个稽查大队	1个稽查支队、13个稽查大队	1个稽查支队、1个稽查大队	1个稽查支队、8个稽查大队
	烟叶机构	1个烟叶科、8个烟叶站	1个烟叶科、5个烟叶站	—	—
烟农户数（户）		786	297	—	—
实现烟农总收入（万元）		8701	4844	—	—
零售户数（户）		10300	18671	11125	9960
零售户销售毛利率（%）		14.30	14.15	14.50	14.46

注：1. 根据《国家烟草专卖局　中国烟草总公司关于柳江县烟草专卖局更名的批复》（国烟人〔2017〕133号），同意将柳江县烟草专卖局更名为柳州市柳江区烟草专卖局。

2. 根据《国家烟草专卖局　中国烟草总公司关于调整桂林市烟草专卖局（公司）所属部分机构的批复》（国烟人〔2016〕68号），撤销广西壮族自治区临桂县烟草专卖局。设立桂林市临桂区烟草专卖局，桂林市临桂区烟草专卖局与广西壮族自治区烟草公司桂林市公司临桂营销部合署办公，负责辖区内的烟草专卖管理和卷烟营销工作。

3. 根据《国家烟草专卖局　中国烟草总公司关于调整桂林市烟草专卖局（公司）所属部分机构的批复》（国烟人〔2019〕30号），撤销广西壮族自治区荔浦县烟草专卖局，设立荔浦市烟草专卖局。荔浦市烟草专卖局和广西壮族自治区烟草公司桂林市公司荔浦营销部合署办公，负责辖区内的烟草专卖管理和卷烟营销工作。

4. 根据《国家烟草专卖局　中国烟草总公司关于河池市烟草专卖局（公司）所属部分机构更名的批复》（国烟人〔2017〕273号），同意将宜州市烟草专卖局更名为河池市宜州区烟草专卖局，广西壮族自治区烟草公司河池市公司宜州营销部名称不变。

◇撰稿：黄祥进；编辑：鲁建敏　褚　幸

海南省烟草专卖局（公司）

【专卖管理】　*打假打私*。2019年，海南省烟草专卖局坚持打假打私打非“三打”并重，始终保持高压态势，破获假私烟案件案值1.29亿元；控制真烟异常流动成效居全国第三名。与海南省公安厅联合开展“利剑”打假集群战役，总涉案金额6600余万元，该行动为首次与省公安厅联合组织全省性集群战役行动，并联合召开新闻发布会，曝光违法行为，有力地震慑涉烟违法犯罪分子。

全年查处各类违法涉烟案件2296起，其中，符合公安部、国家局标准案件8起，部督案件3起；案值5万元以上假烟案件47起。查获非法卷烟3118.11件。公安、司法机关依法刑事拘留76人，逮捕64人，判刑13人。案值超过

1000万元案件2起，其中，海口“6·12”案件案值1700万元，屯昌“1·30”案件案值3300余万元，屯昌县局连续两年破获案值超过1000万元的部督案件。

市场监管。推进联合打假打私机制建设，与省公安厅联合印发《海南省烟草专卖局 海南省公安厅联合打击互联网涉烟违法犯罪工作备忘录》，成立海口美兰、三亚凤凰国际机场以及海口秀英港烟草公安联合检查站，运用“双随机、一公开”监管模式、APCD工作法、“网格化”管理等方式开展市场监管，打击各类涉烟违法犯罪活动。开展新一轮中小学周边零售户售烟行为清理整治行动，会同市场监管部门取缔530户，说服劝退7户，停止供货4户，清理比例100%。

行政服务。贯彻落实“放管服”改革要求，实施专卖许可“不见面”审批，压缩办证时限；落实“12345”热线电话管理，提升服务水平。2019年，全省新办零售许可证1.72万个，净增8062户。

内部专卖管理监督。治理真烟异常流动，重拳整治违法违规卖烟大户，坚守规范经营“生命线”。2019年，全省查处真烟异常流动案件945起，查获异常流动真烟596.15件，其中，5万支或案值5万元以上的案件29起。

【卷烟（雪茄烟）经营】 **卷烟销售**。2019年，海南省销量居前三位的卷烟品牌为“红塔山”“芙蓉王”“云烟”，销量分别为48.68亿支（9.74万箱）、37.28亿支（7.46万箱）、20.07亿支（4.01万箱）。

重点品牌卷烟销量比上年增长0.59%。其中，“中华”“芙蓉王”“红塔山”“云烟”“白沙”“利群”“双喜·红双喜”“黄鹤楼”“玉溪”“黄山”等10个重点品牌销售176.95亿支（35.39万箱），比上年下降0.38%。销售“三沙”等海南自有品牌卷烟14.42亿支（2.88万箱），比上年增长19.2%，其中，销售“三沙”13.71亿支（2.74万箱），比上年增长19.65%。

雪茄烟销售。探索雪茄烟培育模式创新，从培育模式、终端运营和商标征集等环节加大力度，推动雪茄烟持续健康发展。探索创新雪茄烟培育模式，设立雪茄烟专门机构和专员岗位，专注于货源组织、市场调控和品牌培育等工作。支持雪茄烟专业终端发展，优化雪茄烟货源投放策略，引导雪茄烟专业化运营。做好雪茄烟商标征集准备工作，初步商定“凯旋1823”“JOAH”“蓝海”“海角”及对应的设计图形作为海南省雪茄烟品牌名称及形象标识（logo），启动印制雪茄烟烟盒、烟标样品及商标注册等工作。

海口“6·12”案件查获的涉案卷烟

海南海口市局 赵鹏飞 摄

2019年，海南省销售雪茄烟2465.37万支，比上年增长33.51%；实现销售收入0.29亿元，比上年增长46.83%。

市场化取向改革。全面推进市场化取向改革。密切关注市场状态，实施订单与策略分离举措，统一货源投放周期，健全信息公开机制，规范货源投放策略调整、客户档位调整、选点投放策略制定等操作流程，销售规则执行力明显增强，客户自主订货权得到更好保障，市场状态保持稳中向好。持续改进货源投放管理，将货源供应与状态评价紧密结合，更加注重均衡投放，更加注重社会库存，更加重视价格变化，力求做到市场需求基本满足、零售价格保持稳定、社会库存基本合理、卷烟供销均衡协调，不断提升货源投放质量。监管机制日趋健全，依托省级卷烟销售平台，建立省市两级监督管理联动机制，加大违规经营处置力度。

网络建设。把网络建设作为战略任务，学习借鉴先进经验，持续推进网络建设各项工作并取得阶段性成效。全面加强现代零售终端建设，建成现代零售终端3353户。开展“走一遍”“查一遍”“考一遍”“讲一遍”主题活动，推动改革质量提升。全省有卷烟零售户诚信互助小组3652个。

现代物流建设。琼北地区卷烟仓储分拣一体化项目实施后，物流规模化效应凸显。2019年，单箱物流费用指标排名从2011年的行业第30名上升至第12名，单箱管理费用从第14名上升至第一名，物流费用率从第18名上升至第六名，人均配送效率位居行业前六名。2019年，琼北地区卷烟仓储分拣一体化项目获得烟草行业精益物流改善项目集体奖。“甩箱式”物流配送在全省系统试点单位全面运行，实现“一箱到底”，提高装卸和中转配送效率。

【交流与合作】 2019年，海南省进口卷烟有“555”“爱喜（ESSE）”“阿里山”“红双喜”等9个品牌18个规格，进口雪茄烟有“大卫杜夫（Davidoff）”“高希霸（COHIBA）”“罗密欧（Romeo Y Julieta）”等7个品牌24个规格。

全省烟草商业系统销售进口卷烟6258.74万支，比上年增长1.66%；实现销售收入（含税）5692.46万元，比上年增长15.48%。销售进口雪茄烟0.74万支，比上年增长2.13倍；实现销售收入（含税）92.24万元，比上年增长2.77倍。

【管理创新】 **精益管理**。全面开展质量管理体系转版升级，发布新版体系文件563个，统筹推进标准化、对标、QC管理和诊断基层行活动，推动海南烟草从粗放式管理向精益化管理转变。组织召开全省烟草商业系统第三届优秀质量管理小组成果发布会，评选出优秀QC小组成果二等奖5个、三等奖6个。其中，海口市局“提升移动流利式装卸车适应性”课题获得烟草行业第三十届优秀质量管理小组成果三等奖。

降本增效。强化预算刚性管理，严格控制重点费用；组织开展资产清查，规范国有资产管理，确保国有资本保值增值。

【特事辑要】 2019年1月25日，海南省局（公司）召开2019年全省烟草工作会议。

9月30日，海南省局（公司）举行升国旗唱国歌仪式，庆祝中华人民共和国成立70周年。

12月16日，海南省政协主席毛万春在海南省局（公司）调研。

2019年海南省烟草专卖商业主要情况统计

地市级局（公司）名称	海口市烟草专卖局（公司）	三亚市烟草专卖局（公司）	琼海市烟草专卖局（公司）	儋州市烟草专卖局（公司）
主要负责人/法定代表人（含党政领导）	李　云	陈益峰	李　敏	崔宇慧
所属县级单位	澄迈县、文昌市、定安县、临高县等4个县级烟草专卖局（营销部）	乐东县、陵水县、保亭县、五指山市等4个县级烟草专卖局（营销部）	万宁市、屯昌县、琼中县等3个县级烟草专卖局（营销部）	东方市、昌江县、白沙县等3个县级烟草专卖局（营销部）
总资产（万元）	117459	43081	44856	27646
资产负债率（%）	12.44	16.39	14.52	16.25
从业人员（人）	402	257	222	199

续表

地市级局（公司）名称		海口市烟草专卖局（公司）	三亚市烟草专卖局（公司）	琼海市烟草专卖局（公司）	儋州市烟草专卖局（公司）
所属业务机构	营销机构	1个营销中心	1个营销中心	1个营销中心	1个营销中心
	物流配送机构	1个物流中心、1个卷烟物流中转站、2个卷烟物流对接点	1个物流中心、2个卷烟物流中转站、2个卷烟物流对接点	1个物流中心、2个卷烟物流中转站	1个物流中心、2个卷烟物流中转站
	专卖稽查机构	1个稽查支队、11个稽查大队	1个稽查支队、10个稽查大队	1个稽查支队、6个稽查大队	1个稽查支队、7个稽查大队
	烟叶机构	—	—	—	1个烟叶科
烟农户数（户）		—	—	—	100
实现烟农总收入（万元）		—	—	—	650
零售户数（户）		28008	14262	11522	11265
零售户销售毛利率（%）		11.15	13.41	13.02	13.07

◇ 撰稿：甘菊萍；编辑：鲁建敏　褚　幸

重庆市烟草专卖局（公司）

【专卖管理】　案件查处。2019年，重庆市烟草专卖局保持高压态势，深入开展打假打私工作。查处各类涉烟违法案件8426起，其中5万元以上大要案件452起；查获各类非法卷烟1.09万件，实物案值1.18亿元。全年办结网络案件30起，其中国家局级17起、市一级4起、市二级9起，涉案金额8420万元。公安、司法机关依法刑拘93人，逮捕57人，直诉38人，刑事打击人数比上年增长20%。

市场监管。打造机动稽查整体联动新模式，轮流抽调稽查骨干组建“百人团”，全年机动稽查队查获非法卷烟3837件，占全市查获总量的35.1%。组织两轮次全覆盖检查，检查零售户5460户，查处违法违规零售户293户，占比5.4%。落实“控制大户、发展中户、扶持小户”方针，严格控制大户数量及销量占比。截至2019年底，重庆市大户占比0.48%，比上年减少1.22个百分点；大户销量占比3.16%，比上年减少13.62个百分点。

行政许可。压缩办证时限，准运证核发时限缩减至2个工作日，其余行政许可事项办结时限均缩减至8个工作日。开展异常经营零售户清理整治专项工作、“一人多证”零售户清理排查工作。截至2019年底，清理虚拟证零售户、空壳证零售户、受大户控制的零售户、擅自停歇业零售户等异常零售户1636户，累计注销许可证1.13万个、收回3286个，责令暂停零售户116户、取消经营资格40户、调整级档103户；清理“一人多证”零售户4896户，全部纳入重点监管范围。

【卷烟经营】　重点品牌销售。2019年，重庆市烟草商业系统有在销卷烟品牌58个、规格306个，其中细支烟品牌规格77个。

销量居前三位的品牌为“龙凤呈祥”“云烟”“玉溪”。其中，销售“龙凤呈祥”205.55亿支（41.11万箱），比上年增长0.93%；“云烟”61.72亿支（12.34万箱），比上年下降1.46%；“玉溪”38.21亿支（7.64万箱），比上年增长0.59%。销量居前十位的品牌实现销量447.62亿支（89.52万箱），比上年下降0.02%。销售全国重点品牌卷烟524.84亿支（104.97万箱），比上年增长2.59%；实现销售收入比上年增长5.53%。

品牌培育。构建“6稳定、6发展、3跨越、N补充”工业企业格局，突出“30个主导品规、18个护卫品规、18个潜力品规”品规培育重点，严格规范品规进退，加强重点品牌的培育力度。形成各价位段主导规格、护卫规格、潜力规格梯次化发展的品牌布局，提升品牌资源配置效率，逐步建成重点突出、集中度高的品牌发展体系。

销售管理。转变货源投放模式，将原有“销售分公司—区县分公司—零售户”的二级投放模式，改为一级投放。全市39家区县单位收缩划分为主城、渝西、涪万黔3个片区，按片区制定投放策略，由销售分公司直接投放到零售户。统一分档规则，优化分档维度指标，由省级卷烟营销平台自动计算并实行“排序法”分档，做到同区域、同档位的客户享受同样的投放策略。

【雪茄烟销售】 2019年，重庆市烟草商业系统在销雪茄烟品牌8个、规格20个。加大中高档雪茄烟引入和置换力度，引入“黄山松（回味迎客松）”“长城（132醇味）”“长城（红色132）”等中高档雪茄烟产品；稳定在销雪茄烟品牌规格销量。

【新型终端建设】 持续推进《重庆市烟草商业系统2019—2021年新型现代终端建设实施方案》，细化现代终端建设标准，提升现代终端建设水平。截至2019年底，重庆市有现代终端6384户，其中直营终端63户，现代终端的品牌培育、规范经营等作用得到进一步发挥；有自律互助小组6391个，小组在稳定市场秩序、保障客户盈利方面发挥积极作用。

【烟叶生产】 **烟叶基础设施建设**。2019年，重庆市烟田基础设施项目计划总概算7011.27万元，主要包括生物质燃烧机3282套、生物质颗粒生产线3处、烟叶调制设施修复5731座、育苗设施修复163处。完成水源工程援建资金划拨2.75亿元。

现代烟草农业建设。国家局和工业企业主推技术得到较好落实。烤烟移栽周期比上年减少7天，亩植株数1145株，比上年增加50株；“中棵烟”推广面积占比90%；上部叶4～6片充分成熟后一次性采收占比72%。大力推行绿色生产技术，烟田施农家肥150千克/亩；烟蚜茧蜂防治蚜虫技术实现烟田全覆盖，建成绿色防控核心展示区20个、示范区31个。2019年，烤烟上等烟比例64.9%，比上年增加2.6个百分点。烟农亩均收入3144元，比上年增加46元；户均收入10.39万元，比上年增加0.89万元。

多元化促农增收。2019年，重庆市有烟田3.3万亩、育苗棚90座、烤房26座、烟用农机278台套。烟农实现多元产业净增收4132万元，户均超过4000元。

【企业管理】 **降本增效**。下达45家直属单位年度降本增效任务，实现降本增效1873万元。落实《打赢蓝天保卫战三年行动计划》，扎实开展节能减排活动，持续推进卷烟纸箱循环利用、托盘联运试点等工作，总能耗比上年下降18.24%。

2019年7月4日，重庆丰都县局（分公司）举行2019年烟草绿色防控宣传周启动会

重庆丰都县局 钟 鲲 摄

管理创新。2019年，重庆市烟草商业系统完成精益课题68个，组建QC小组31个，完成QC课题29个。其中，1个QC小组成果获得烟草行业第三十届优秀质量管理小组成果二等奖，5个QC小组成果被评为“重庆市优秀质量管理小组活动成果”。征集各类管理改善建议991条，采纳并落实259条。

按照“突出重点、上下联动、一体推进”的方法，优化流程、制度、记录，加强培训指导，重庆市烟草商业系统修订制度1313个，废止977个，优化流程

2413 个，优化改进率 45%。

【特事辑要】 2019 年 6 月 17 日，重庆市局（公司）与蒙昆公司签署科技创新战略合作框架协议。

8 月 29 日，重庆市局（公司）与新华社中国经济信息社签署五年框架合作协议。

11 月 16—18 日，重庆市局（公司）“深植行动者文化 推动文化建设向文化管理进步”案例，在中外企业文化 2019 合肥峰会上被中国企业文化研究会评为“新中国 70 年企业文化建设典范案例”。

12 月 4 日，重庆市局（公司）与中烟机械集团签订战略合作协议。

2019 年重庆市烟草专卖商业主要情况统计

地市级局（公司）名称		万州区烟草专卖局（分公司）	黔江区烟草专卖局（分公司）	涪陵区烟草专卖局（分公司）	渝中区烟草专卖局（分公司）	大渡口区烟草专卖局（分公司）
主要负责人/法定代表人（含党政领导）		李　明	王　平	陶云辉	李兴奇	赵　飞
所属县级单位		—	—	—	—	—
总资产（万元）		13734	13228	11337	4912	2564
资产负债率（%）		—	—	—	—	—
从业人员（人）		267	292	174	73	43
所属业务机构	营销机构	1 个客户服务部、6 个区域客户服务部	1 个营销中心、4 个区域市场部	1 个客户服务部、5 个区域客户服务部	1 个区域客户服务部、2 个区域市场部	1 个客户服务部
	物流配送机构	—	—	—	—	—
	专卖稽查机构	1 个稽查支队、9 个稽查大队	1 个稽查支队、4 个稽查大队	1 个稽查支队、5 个稽查大队	1 个稽查支队、4 个稽查大队	1 个稽查支队、2 个稽查大队
	烟叶机构	2 个烟叶工作站、1 个烟叶仓储中心	3 个烟叶收购站	1 个烟叶科、1 个烟叶工作站	—	—
烟农户数（户）		1198	807	130	—	—
实现烟农总收入（万元）		4394	10374	2475	—	—
零售户数（户）		6140	1980	4330	1890	1235
零售户销售毛利率（%）		8.00	8.15	8.00	9.00	10.00

地市级局（公司）名称	江北区烟草专卖局（分公司）	沙坪坝区烟草专卖局（分公司）	九龙坡区烟草专卖局（分公司）	南岸区烟草专卖局（分公司）	北碚区烟草专卖局（分公司）
主要负责人/法定代表人（含党政领导）	程念民	邱先勋	楚　鹰	谢小波	郭　敏
所属县级单位	—	—	—	—	—
总资产（万元）	8355	9330	8831	7339	4704
资产负债率（%）	—	—	—	—	—
从业人员（人）	74	82	93	91	77

续表

地市级局（公司）名称		江北区烟草专卖局（分公司）	沙坪坝区烟草专卖局（分公司）	九龙坡区烟草专卖局（分公司）	南岸区烟草专卖局（分公司）	北碚区烟草专卖局（分公司）
所属业务机构	营销机构	1个客户服务部	1个客户服务部、2个区域市场部	1个客户服务部、4个片区区域客户服务部	1个客户服务部	1个客户服务部
	物流配送机构	—	—	—	—	—
	专卖稽查机构	5个稽查大队	1个稽查支队、5个稽查大队	1个稽查支队、4个稽查大队	5个稽查大队	4个稽查队
	烟叶机构	—	—	—	—	—
烟农户数（户）		—	—	—	—	—
实现烟农总收入（万元）		—	—	—	—	—
零售户数（户）		2621	3966	4707	3213	3017
零售户销售毛利率（%）		10.00	7.00	9.98	10.00	8.80

地市级局（公司）名称		万盛经济技术开发区烟草专卖局（分公司）	渝北区烟草专卖局（分公司）	巴南区烟草专卖局（分公司）	长寿区烟草专卖局（分公司）	江津区烟草专卖局（分公司）
主要负责人/法定代表人（含党政领导）		何明川	戴　翔	张琼华	杨万长	王宏勇
所属县级单位		—	—	—	—	—
总资产（万元）		1661	12881	9467	3358	5523
资产负债率（%）		—	—	—	—	—
从业人员（人）		44	134	76	91	112
所属业务机构	营销机构	1个客户服务部	1个客户服务部、5个区域市场部	3个区域客户服务部	1个客户服务部、2个基层队部	1个客户服务部、7个市场区域客户服务部
	物流配送机构	—	—	—	—	—
	专卖稽查机构	2个稽查大队	1个稽查支队、6个稽查大队	1个稽查支队、4个稽查大队	1个稽查支队、4个稽查大队	8个稽查大队
	烟叶机构	—	—	—	—	—
烟农户数（户）		—	—	—	—	—
实现烟农总收入（万元）		—	—	—	—	—
零售户数（户）		1362	7003	4125	2963	4158
零售户销售毛利率（%）		8.60	9.00	16.10	10.00	7.80

地市级局（公司）名称	合川区烟草专卖局（分公司）	永川区烟草专卖局（分公司）	南川区烟草专卖局（分公司）	綦江区烟草专卖局（分公司）	大足区烟草专卖局（分公司）
主要负责人/法定代表人（含党政领导）	高　态	杨智中	张文平	鄢世伦	孙文东

续表

地市级局（公司）名称		合川区烟草专卖局（分公司）	永川区烟草专卖局（分公司）	南川区烟草专卖局（分公司）	綦江区烟草专卖局（分公司）	大足区烟草专卖局（分公司）
所属县级单位		—	—	—	—	—
总资产（万元）		5211	5066	3341	4280	3913
资产负债率（%）		—	—	—	—	—
从业人员（人）		109	100	146	78	94
所属业务机构	营销机构	1个客户服务部、8个区域客户服务部	1个客户服务部、5个区域市场部	5个区域客户服务部	1个客户服务部、4个区域客服部	1个营销中心、3个区域市场部
	物流配送机构	—	—	—	—	—
	专卖稽查机构	1个稽查支队、6个稽查大队	1个稽查支队、6个稽查大队	5个稽查大队	1个稽查支队、5个稽查大队	2个稽查支队、3个稽查大队
	烟叶机构	—	—	1个烟叶工作站	—	—
烟农户数（户）		—	—	131	—	—
实现烟农总收入（万元）		—	—	2617	—	—
零售户数（户）		4265	4312	2794	3231	3468
零售户销售毛利率（%）		7.80	8.20	10.60	9.95	7.50

地市级局（公司）名称		璧山区烟草专卖局（分公司）	铜梁区烟草专卖局（分公司）	潼南区烟草专卖局（分公司）	荣昌区烟草专卖局（分公司）	开州区烟草专卖局（分公司）
主要负责人/法定代表人（含党政领导）		罗晓庆（—2019年4月） 刘　涛（2019年4月—）	王东生（—2019年4月） 何　杨（2019年4月—）	张光伟（—2019年1月） 龚洪磊（2019年1月—）	江　山（—2019年1月） 何　欢（2019年1月—）	柏红燕
所属县级单位		—	—	—	—	—
总资产（万元）		3696	2949	2907	3788	4076
资产负债率（%）		—	—	—	—	—
从业人员（人）		70	71	63	70	89
所属业务机构	营销机构	4个区域客户服务部	1个客户服务部、3个片区区域客户服务部	1个客户服务部	1个客户服务部	5个区域客户服务部
	物流配送机构	—	—	—	—	—
	专卖稽查机构	1个稽查大队、3个稽查中队	1个稽查支队、2个稽查大队	1个稽查支队、3个稽查大队	3个稽查大队	1个稽查支队、6个稽查大队
	烟叶机构	—	—	—	—	—
烟农户数（户）		—	—	—	—	—
实现烟农总收入（万元）		—	—	—	—	—
零售户数（户）		2610	3081	2512	3013	3769
零售户销售毛利率（%）		9.21	8.00	8.00	10.00	8.00

地市级局（公司）名称		梁平区烟草专卖局（分公司）	武隆区烟草专卖局（分公司）	城口县烟草专卖局（分公司）	丰都县烟草专卖局（分公司）	垫江县烟草专卖局（分公司）
主要负责人/法定代表人（含党政领导）		雷　放	袁力平	夏刚东	张斗奎	杨　军
所属县级单位		—	—	—	—	—
总资产（万元）		2625	21901	1020	14931	2756
资产负债率（%）		—	—	—	—	—
从业人员（人）		83	275	31	198	76
所属业务机构	营销机构	1个客户服务部	1个客户服务部、2个片区客户服务部	2个区域客户服务部	3个区域客户服务部	1个客户服务部、3个区域客户服务部
	物流配送机构	—	—	—	—	—
	专卖稽查机构	1个稽查支队、4个稽查大队	1个稽查支队、2个稽查大队	1个稽查大队	1个稽查大队	1个稽查大队
	烟叶机构	—	4个烟叶工作站	—	2个烟叶工作站	—
烟农户数（户）		—	1229	—	699	—
实现烟农总收入（万元）		—	13539	—	7047	—
零售户数（户）		2771	2049	1132	2906	2626
零售户销售毛利率（%）		6.50	13.81	10.00	8.05	8.00

地市级局（公司）名称		忠县烟草专卖局（分公司）	云阳县烟草专卖局（分公司）	奉节县烟草专卖局（分公司）	巫山县烟草专卖局（分公司）	巫溪县烟草专卖局（分公司）
主要负责人/法定代表人（含党政领导）		许安定	秦　宝	陈伦飞	向永光	谭　波
所属县级单位		—	—	—	—	—
总资产（万元）		3569	3120	19383	16146	21929
资产负债率（%）		—	—	—	—	—
从业人员（人）		75	81	224	291	178
所属业务机构	营销机构	1个客户服务部、5个区域客户服务部	5个区域客户服务部	1个营销本部、3个区域市场部	1个客户服务部	1个客户服务部
	物流配送机构		—	—	—	—
	专卖稽查机构	1个稽查大队、4个稽查中队	1个稽查大队、4个稽查中队	1个稽查大队、3个稽查中队	1个稽查大队、2个市场稽查大队	1个稽查支队、3个稽查中队
	烟叶机构	—	—	1个烟叶科、3个烟叶工作站	4个烟叶工作站、13个烟叶收购点	2个烟叶收购站
烟农户数（户）		—	—	1889	2103	767
实现烟农总收入（万元）		—	—	12254	17500	9656
零售户数（户）		2460	3245	2640	2054	1986
零售户销售毛利率（%）		9.00	9.50	9.00	9.00	6.80

地市级局（公司）名称		石柱土家族自治县烟草专卖局（分公司）	秀山土家族苗族自治县烟草专卖局（分公司）	酉阳土家族苗族自治县烟草专卖局（分公司）	彭水苗族土家族自治县烟草专卖局（分公司）
主要负责人/法定代表人（含党政领导）		徐小洪	吴 静	肖 鹏	吴树成（—2019年1月） 窦远奎（2019年1月—）
所属县级单位		—	—	—	—
总资产（万元）		8756	5152	22298	43881
资产负债率（%）		—	—	—	—
从业人员（人）		187	90	292	396
所属业务机构	营销机构	1个客户服务部、3个区域市场部	1个客户服务部、4个区域客户服务部	1个客户服务部、5个区域客户服务部	1个区域客户服务部
	物流配送机构	—	—	—	—
	专卖稽查机构	1个稽查大队、3个稽查中队	1个稽查大队、4个稽查中队	1个稽查支队、5个稽查大队	4个稽查中队
	烟叶机构	2个烟叶收购站	—	1个烟叶科、4个烟叶工作站	6个烟叶工作站
烟农户数（户）		788	—	1309	1993
实现烟农总收入（万元）		10102	—	17500	25388
零售户数（户）		1969	2257	2304	2408
零售户销售毛利率（%）		9.60	10.05	9.60	11.00

◇撰稿：姚长清；编辑：褚 幸

四川省烟草专卖局（公司）

【专卖管理】 **案件查处**。2019年，四川省烟草专卖局破获“假私非”烟案件2.94万起，查获“假私非”烟4.44万件。与省公安厅网安总队新建互联网涉烟联合打击机制，全年破获案值100万元以上假烟网络案件75起，侦办部督案件2起，厅督案件16起。全年公安、司法机关依法刑拘461人，逮捕236人，判刑290人。开展五部门打击物流寄递涉烟违法专项行动，破获物流寄递案件4191起，查获涉案卷烟7563件。推进违法违规大户整治工作，查处大户“双五万”案件598起，依法取缔违法大户94户。

情报导侦。探索“云+端”情报研判体系，全省有6个地市级局试行公安烟草合署研判。搭建“产学研”互动平台，成功申报省科技厅创新项目，实现专卖科研项目零的突破。全年勘验电子数据1380万条，协助侦办案值100万元以上涉烟网络案件30起，涉案金额3.07亿元。构建全省烟叶案件信息数据库，推进烟叶产区联防联控，查获非法烟叶烟丝456.58吨。

政务服务。加快推动“两个平台”落地，打通与国务院、国家局“政务一体化”平台的外网受理通道，全面实现许可证网上办理。优化行政许可服务，持续提升审批服务效率，行政许可办结时限缩减至8个工作日以内。同时，建立健全不予发放烟草专卖零售许可证相对人名单库。树立责任烟草形象，主动对接省政府政务平台，及时公开权力清单、服务事项及办事指南。创新推进罚没款在线解缴平台试运行，多措并举实现网上解缴罚款。开展中小学周围卷烟零售户专项整治，清理零售户4471户，清理率99.4%。

【卷烟（雪茄烟）经营】 **卷烟品牌培育**。2019年，四川省销售重点品牌卷烟1019亿支（203.74万箱），实现销售收入817.07亿元。全年销售川烟355.44亿支（71.09万箱），清退在销卷烟规格70个。本地区销量居前三位的卷

四川省凉山州会东县优质烟叶核心示范区（2019 年）

四川省局　供稿

进一步整合为 64 家，有入社烟农 5.93 万户，烟农入社率 96%。合作社育苗、植保、烘烤、分级四大环节专业化服务比例分别达到 98.3%、90.7%、75.33%、90.63%，其中专业化植保、烘烤比上年提高 66 个和 61 个百分点。全省户均种烟规模 18.05 亩，其中宜宾市户均规模超过 58 亩。规模化种植为机械化作业创造条件，全省烟叶机械化作业累计面积 210.16 万亩，比上年增加 22.7 万亩。

烟叶质量全程追溯。建立健全烟叶质量追溯管理体系，实现收购、仓储、调拨、复烤等 4 个环节“一体化管理”，推行省、市、县三级质量监管巡查制、质量结果反馈制、质量问题追溯制、质量事故追责制。搭建烟叶质量追溯信息化监管平台，在凉山州会理县开展烟叶全流程质量追溯体系信息化试点，邀请湖北中烟参与，建立“三个标准、一个数据库、两个应用”的四川烟叶全流程质量追溯管理体系，实现收购、仓储、调拨、复烤等数据的互联互通。试点的会理县 51 个烟叶收购站点升溢率比上年增加 0.1 个百分点，收购质量高于凉山州平均水平。

烟品牌为“娇子”“云烟”“玉溪”，销量分别为 230.85 亿支（46.17 万箱）、213 亿支（42.6 万箱）、107.61 亿支（21.52 万箱）。

市场开拓。稳步推进面向消费者的现代卷烟销售体系，搭建“前端”采集数据，“后端”分析运用的双向信息输出、数据共享的基本架构，“业务数据化、数据业务化”的体系轮廓基本清晰。铺设终端二维码 20 余万户，3255 台双屏收银机科学布设到位，红码管家 APP 启用率持续提升，微信服务号功能基本完善，前端数据入口覆盖比较全面。全年双屏收银机收集的交易记录累计超过 700 余万笔，到店扫码累计超过 150 万次以上，参与人数 122 万人；烟包扫码累计 49 万余次，扫码人数超过 13 万人。卷烟零售户盈利水平超过 10%。

雪茄烟销售。2019 年，四川省销售雪茄烟 13.27 亿支。实现销售收入 8.58 亿元。

【烟叶生产】　**烟叶生产基础设施建设**。2019 年，四川省有 16 件水源工程援建项目取得国家局复函，援建资金 15.78 亿元，其中 15 件项目开工建设，在建项目平均进度 76%。全年全省建设各类烟叶生产基础设施建设项目 1.07 万件，烟草行业补贴资金 0.9 亿元。截至 2019 年底，四川省自 2005 年启动烟基建设以来的项目数据全面上线，在全国烟草行业率先实现烟基全业务板块信息化。

现代烟草农业建设。全年全省烟农专业合作社由 88 家

【促农增收】　2019 年，全省有种烟农户 6.01 万户，实现烟农总收入 53.35 亿元，其中户均售烟收入 5.98 万元。坚持“以烟为主”的多元化经营发展原则，充分利用闲置设施设备，开展多元化经营项目，利用育苗棚种植蔬菜、水果、花卉、药材、食用菌，利用烤房养殖七星瓢虫、光伏发电、粮食烘干发酵，利用基本烟田种植青储饲料、酿酒专用粮、蔬菜等多元化经营项目日趋成熟，“两场一机一田”综合利用率不断提升。全年实现烟农多元化经营增收 11 亿元以上，净收入 4 亿元以上。

截至 2019 年底，全省创建 10 个烟农增收品牌，其中凉山“大凉山”品牌、宜宾“土鲜森”品牌培育取得一定成

效。凉山州会东县成功申报建设“四川省现代农业园区”，会理县开展烟区产业综合体建设，积极探索“烟叶+多元产业”协调发展、融合发展的新模式。

【交流与合作】　中国烟草四川进出口有限责任公司成立于1993年5月27日，2007年完成体制改革后，成为中国烟草总公司四川省公司的下属全资子公司，经营性质为国有独资外贸企业。截至2019年底，公司拥有总资产4.24亿元，其中，流动资产3.91亿元、固定资产0.12亿元，资产负债率17.84%。

2019年，公司主动应对国际市场风险增多、国内经济下行压力加大的复杂形势，始终坚持稳中求进工作总基调，着力“打牢发展基础、防范经营风险、优化资源配置、提升发展质量”，两烟业务保持稳健良性的发展态势，高质量发展呈现良好开局。全年出口烟叶2.06万吨，进口卷烟4.71亿支。出口实现4988.77万美元，实现税利2.63亿元。

【改革发展】　制定印发《关于全面建设“烟草强省”推动四川烟草高质量发展的实施意见》，明确四川烟草商业系统高质量发展指导思想、基本原则和主要目标，从卷烟销售物流、烟草农业、专卖监管、企业管理、创新能力、人力资源、保障体系等方面制定发展措施，努力建设党的领导更加有力、资源配置更加优化、结构效益持续提高、体制机制更加健全、创新能力显著增强、队伍活力充分激发的千亿级企业，打造高质量发展的烟草强省。

【管理创新】　2019年，省公司形成QC成果213个，提出合理化建议641条，取得直接经济效益1678万元。集中发布优秀成果25个，其中凉山州公司的“烟叶精准收购预约系统的研发”获得烟草行业第三十届优秀质量管理小组成果发布会三等奖，内江市公司的“提高物流寄递环节涉烟信息出案率”获得2019年烟草行业优秀质量管理小组成果引进应用奖。

【特事辑要】　2019年3月4日，四川省委常委、省直机关工委书记曲木史哈在四川省凉山州普格县甲甲沟村调研四川省局（公司）精准扶贫工作。

5月15—16日，邀请新华社、中新社、人民网等8家行业内外主流媒体赴资阳市乐至县宝林镇，现场采访烟草行业结对帮扶的万斤沟村扶贫成果。

5月21日，四川省局、省公安厅、省市场监督管理局、省邮政管理局在省公安厅联合召开2018年全省打击物流寄递涉烟违法犯罪专项行动总结表扬暨2019年全省打击物流寄递涉烟违法犯罪专项行动动员部署电视电话会议。

6月15日，四川省委书记彭清华批示，充分肯定四川烟草与省慈善总会共同实施的凉山州“一村一幼”教育扶贫项目取得实效。

9月17—19日，国家局党组成员、副局长徐蕾在四川烟草调研，先后到雅安、凉山州局（公司）指导“不忘初心、牢记使命”主题教育工作。

12月25日，中央广播电视总台《新闻联播》以《“娃娃书记”肖晗：奋斗的青春在扶贫》为题，报道凉山州局（公司）派驻昭觉县洒拉地坡乡姐把哪打村第一书记肖晗的扶贫事迹，这是中央电视台一年内第3次报道肖晗扶贫事迹。

2019年四川省烟草专卖商业主要情况统计

地市级局（公司）名称	成都市烟草专卖局（公司）	自贡市烟草专卖局（公司）	攀枝花市烟草专卖局（公司）	泸州市烟草专卖局（公司）
主要负责人/法定代表人（含党政领导）	周德文	秦高华	杨　宇	徐忠良 （2019年9月—， 之前任局长、经理、 法定代表人） 党组书记：邓明智 （—2019年9月）

续表

地市级局（公司）名称		成都市烟草专卖局（公司）	自贡市烟草专卖局（公司）	攀枝花市烟草专卖局（公司）	泸州市烟草专卖局（公司）
所属县级单位		青羊区、金牛区、武侯区、高新区、成华区、锦江区等6个烟草专卖局，一分公司（青羊、金牛区局）、二分公司（武侯区局、高新区分局）、三分公司（成华、锦江区局）等3个分公司，以及龙泉驿区、青白江区、新都区、温江区、双流区、郫都区、简阳市、都江堰市、彭州市、邛崃市、崇州市、金堂县、大邑县、蒲江县、新津县等15个县级烟草专卖局（分公司）	富顺县、荣县烟草专卖局（分公司），自流井区烟草专卖局（直属分公司），以及贡井区、大安区、沿滩区等3个县级烟草专卖局	米易县、盐边县、东区、西区、仁和区等5个县级烟草专卖局（分公司）[1]	古蔺县、叙永县、合江县、泸县、江阳区、龙马潭区、纳溪区等7个县级烟草专卖局（分公司）
总资产（万元）		1015649	80983	85255	151008
资产负债率（%）		19.55	17.28	12.51	20.05
从业人员（人）		1849	273	616	977
所属业务机构	营销机构	1个营销中心	1个营销中心	1个营销中心	1个营销中心、24个区域市场部
	物流配送机构	1个物流中心	1个物流中心	1个物流中心	1个物流中心、2个物流中转站
	专卖稽查机构	1个稽查支队、24个稽查大队	1个稽查支队、6个稽查大队	1个稽查支队、6个稽查大队	1个稽查支队、7个稽查大队
	烟叶机构	—	—	31个烟叶收购站	16个烟叶收购站
烟农户数（户）		—	—	3891	2366
实现烟农总收入（万元）		—	—	241927	21917
零售户数（户）		44444	7581	4365	11412
零售户销售毛利率（%）		12.13	11.28	12.78	11.73

地市级局（公司）名称	德阳市烟草专卖局（公司）	绵阳市烟草专卖局（公司）	广元市烟草专卖局（公司）	遂宁市烟草专卖局（公司）
主要负责人/法定代表人（含党政领导）	刘兴红	王　斌	何成伟	袁　成（2019年9月—，之前任局长、经理、法定代表人） 党组书记：田志丹（—2019年9月）

续表

地市级局（公司）名称		德阳市烟草专卖局（公司）	绵阳市烟草专卖局（公司）	广元市烟草专卖局（公司）	遂宁市烟草专卖局（公司）
所属县级单位		中江县、罗江区、广汉市、什邡市、绵竹市、旌阳区等6个县级烟草专卖局（分公司）	涪城（游仙）区、江油市、三台县、安州区、梓潼县、盐亭县、北川羌族自治县、平武县等8个县级烟草专卖局（分公司）	利州区、昭化区、朝天区、剑阁县、旺苍县、苍溪县、青川县等7个县级烟草专卖局（分公司）	船山区、射洪市[2]、蓬溪县、大英县、安居区等5个县级烟草专卖局（分公司）
总资产（万元）		130615	181114	81473	65359
资产负债率（%）		14.11	22.29	9.40	15.61
从业人员（人）		484	583	651	349
所属业务机构	营销机构	1个营销中心	1个营销中心	1个营销中心	1个营销中心、5个区域市场部
	物流配送机构	1个物流中心	1个物流公司、1个物流中转站	1个物流中心、2个物流中转站	1个物流中心
	专卖稽查机构	1个稽查支队、7个稽查大队	1个稽查支队、10个稽查大队	1个稽查支队、7个稽查大队	1个稽查支队、5个稽查大队
	烟叶机构	1个烟叶中心	—	1个烟叶中心、4个烟叶工作站	—
烟农户数（户）		258	—	1260	—
实现烟农总收入（万元）		630	—	9819	—
零售户数（户）		13450	16522	9338	7513
零售户销售毛利率（%）		11.23	10.45	10.78	11.40

地市级局（公司）名称	内江市烟草专卖局（公司）	乐山市烟草专卖局（公司）	南充市烟草专卖局（公司）	宜宾市烟草专卖局（公司）
主要负责人/法定代表人（含党政领导）	张　斌（2019年9月—，之前任局长、经理、法定代表人）党组书记：薄冀川（—2019年8月）	尹　柯（2019年1月—，之前任局长、经理、法定代表人）党组书记：窦忠实（—2019年1月）	孙泽芝	罗柱石
所属县级单位	市中区、东兴区、隆昌市、资中县、威远县等5个县级烟草专卖局（分公司）	市中区、峨眉山市、夹江县、井研县、沙湾区、五通桥区、沐川县、犍为县、马边彝族自治县、峨边彝族自治县、金口河区等11个县级烟草专卖局（分公司）	顺庆区、阆中市、南部县、西充县、仪陇县、营山县、蓬安县等7个县级烟草专卖局（分公司），以及高坪区、嘉陵区2个县级烟草专卖局	翠屏区、南溪区、叙州区、江安县、长宁县、高县、筠连县、珙县、兴文县、屏山县等10个县级烟草专卖局（分公司）
总资产（万元）	86893	119275	134428	132995

续表

地市级局（公司）名称		内江市烟草专卖局（公司）	乐山市烟草专卖局（公司）	南充市烟草专卖局（公司）	宜宾市烟草专卖局（公司）
资产负债率（%）		24.06	18.81	27.90	25.52
从业人员（人）		394	378	597	662
所属业务机构	营销机构	1个营销中心	1个营销中心、11个区域市场部	1个营销中心	1个营销中心、14个区域市场部
	物流配送机构	1个物流中心	1个物流中心、3个物流中转站	1个物流中心、2个物流中转站	1个物流中心、3个物流中转站
	专卖稽查机构	1个稽查支队、5个稽查大队	1个稽查支队、11个稽查大队	1个稽查支队、9个稽查大队	1个稽查支队、10个稽查大队
	烟叶机构	—	—	—	1个烟叶中心、8个烟叶站
烟农户数（户）		—	—	—	871
实现烟农总收入（万元）		—	—	—	15138
零售户数（户）		8283	10246	16744	11579
零售户销售毛利率（%）		10.94	10.69	10.50	11.59

地市级局（公司）名称		广安市烟草专卖局（公司）	达州市烟草专卖局（公司）	巴中市烟草专卖局（公司）	雅安市烟草专卖局（公司）
主要负责人/法定代表人（含党政领导）		刘丹云（—2019年3月） 梁　辉（2019年4月—）	蒲　适	熊良政（—2019年3月） 张长江（2019年3月—）	何梦皓
所属县级单位		广安区、岳池县、武胜县、邻水县、华蓥市、前锋区等6个县级烟草专卖局（分公司）	通川区、达川区、宣汉县、开江县、万源市、大竹县、渠县等7个县级烟草专卖局（分公司）	巴州区、恩阳区、通江县、平昌县、南江县等5个县级烟草专卖局（分公司）	雨城区、名山区、荥经县、汉源县、石棉县、天全县、芦山县等7个县级烟草专卖局（分公司）和宝兴县烟草专卖局
总资产（万元）		65013	97055	55565	58690
资产负债率（%）		22.54	22.11	26.37	12.96
从业人员（人）		328	556	310	269
所属业务机构	营销机构	1个营销中心、6个区域市场部	1个营销中心、7个区域市场部	1个营销中心	1个营销中心
	物流配送机构	1个物流中心、2个物流中转站	1个物流中心、2个物流中转站	1个物流中心	1个物流中心
	专卖稽查机构	1个稽查支队、6个稽查大队	1个稽查支队、7个稽查大队	1个稽查支队、5个稽查大队	1个稽查支队、8个稽查大队
	烟叶机构	—	2个烟叶收购站	—	—
烟农户数（户）		—	1435	—	—
实现烟农总收入（万元）		—	700	—	—
零售户数（户）		10204	14517	8699	4159
零售户销售毛利率（%）		10.78	11.24	10.30	10.58

地市级局（公司）名称		眉山市烟草专卖局（公司）	资阳市烟草专卖局（公司）	凉山彝族自治州烟草专卖局（公司）	阿坝藏族羌族自治州烟草专卖局（公司）	甘孜藏族自治州烟草专卖局（公司）
主要负责人/法定代表人（含党政领导）		四朗彭措	易　伟	郭明全	陈隽逸	局长、经理、法定代表人：陈志学 党组书记：青志勇
所属县级单位		东坡区、彭山区、仁寿县、洪雅县、青神县、丹棱县等6个县级烟草专卖局（分公司）	雁江区、安岳县、乐至县等3个县级烟草专卖局（分公司）	西昌市、会理县、会东县、德昌县、盐源县、冕宁县、普格县、宁南县、越西县、喜德县、甘洛县、昭觉县、布拖县、美姑县、金阳县、雷波县、木里县等17个县级烟草专卖局（分公司）	汶川县、茂县、松潘、九寨沟县、理县、小金县、马尔康市、黑水县、金川县、红原县、阿坝县、若尔盖县、壤塘县等13个县级烟草专卖局（分公司）	康定市、泸定县、丹巴县、九龙县、理塘县、雅江县、巴塘县、乡城县、稻城县、得荣县、炉霍县、道孚县、色达县、甘孜县、新龙县、石渠县、德格县、白玉县等18个县级烟草专卖局（分公司）
总资产（万元）		105956	57274	742188	46532	30880
资产负债率（%）		23.49	19.27	30.67	21.58	5.45
从业人员（人）		331	295	2469	215	236
所属业务机构	营销机构	1个营销中心	1个营销中心	1个营销中心	1个营销中心	1个营销中心
	物流配送机构	1个物流中心	1个物流中心、1个物流中转站	1个配送中心、13个物流中转站	1个物流中心	1个物流中心
	专卖稽查机构	1个稽查支队、6个稽查大队	1个稽查支队、3个稽查大队	1个稽查支队、18个稽查大队	1个稽查支队、13个稽查大队	1个稽查支队、21个稽查大队
	烟叶机构	—	—	30个烟叶收购站	—	—
烟农户数（户）		—	—	51396	—	—
实现烟农总收入（万元）		—	—	408198	—	—
零售户数（户）		7616	7513	12793	3669	2765
零售户销售毛利率（%）		10.45	10.99	12.76	12.66	13.74

注：1. 2019年，攀枝花市东区局、西区局和直属分公司进行整合，分设攀枝花市东区烟草专卖局（分公司）和攀枝花市西区烟草专卖局（分公司）。

2. 2019年8月，四川省人民政府印发《关于同意撤销射洪县设立县级射洪市的批复》（川府函〔2019〕154号），经报国务院批准，同意撤销射洪县，设立县级射洪市。撤销射洪县设立县级射洪市的时间以《民政部关于同意四川省撤销射洪县设立县级射洪市的批复》为准，即2019年7月12日。

◇ 撰稿：张羽翔；编辑：周　佳

贵州省烟草专卖局（公司）

【专卖管理】　**案件查办**。2019年，贵州省烟草专卖局深入推进卷烟打假打私体系建设，与省公安、交通、邮政、民航、铁路等部门协作，在不同层级组织开展法律研究、执法论证、个案分析等活动，共同对互联网、物流寄递和道路运输等领域涉烟违法犯罪行为实施严厉打击。全年破获各类涉烟违法案件6820起，其中，案值5万元以上案件834起。公安、司法机关依法刑拘110人，逮捕163人，判刑91人。查获非法烟叶、烟丝0.19万吨，异常流动真品卷烟6241.73件，假私卷烟3333.35件。

黔南“10·11”非法制售假烟案件（部督），打掉一个涉及29个省（自治区、直辖市），集产、供、销于一体的特大涉烟违法犯罪团伙，查获假烟831.19件，案值1405.16万元，涉案金额1.3亿元，公安、司法机关依法逮捕5人。

烟叶流通秩序维护。开展“黔锋八号”打击非法经营烟叶专项行动，严厉打击烟叶原料非法交易、囤积、制丝和运输行为。全年全省查获非法烟叶、烟丝比上年增加69.24吨，查办违法烟叶网络案件比上年增加10起。六盘水“5·24”互联网非法经营烟叶案件（部督），打掉一个集收购、运输和销售环节为一体的非法经营烟叶团伙，查获非法烟叶22.54吨，案值100.26万元，涉案金额4033.26万元，公安、司法机关依法逮捕4人。

市场监管。完成行业“互联网+监管”建设试点任务，监管方式向“双随机、一公开”全面转变。加强真品卷烟异常流动防控，严查非法真品卷烟运输、分销和零售环节，严打“二次批发、左右价格、扰乱市场”的违法违规行为。全年查办异常流动真品卷烟案件4338起。

许可管理。全年办理国发批发企业许可事项13项，国发生产企业许可事项5项，省发批发企业许可事项30项。新办烟草专卖零售许可证4.15万个，截至2019年底，全省有持证卷烟零售户21.25万户。建立信息完整、辨识度高、动态管理能力强的零售户电子档案和标准统一、要求一致、尺度明确的服务体系。完成“互联网+政务服务”平台一期建设，实现烟草专卖零售许可管理系统与省政府“一云一网一平台”的系统对接、办件汇聚和数据共享等，建成烟草专卖行政审批互联网申办平台。推进中小学周边卷烟零售点清理，开展日常清理和专项治理。

【卷烟（雪茄烟）经营】 **品牌培育**。重点品牌有序发展，加大与“1+5+X”工业企业协同力度，推动重点品牌较快发展，全年销售重点品牌卷烟546.3亿支（109.26万箱）。特色品类较快增长，重点品规、特色卷烟规模持续扩大，并保持较快增速，细支烟销量35.1亿支（7.02万箱），中支烟销量6.8亿支（1.36万箱），短支烟销量6.6亿支（1.32万箱）。品规数量持续优化，全年引入新品31个，截至2019年底，贵州省在销国产卷烟数量288个，比上年减少50个。

卷烟市场化取向改革。召开深化卷烟市场化取向改革推进会，在全省推广“1466”卷烟销售新生态价值体系，初步实现业务运行标准化，基本形成省、市、县一体运行、上下联动的销售工作格局。进一步固化规则，强化监管，出台县级分公司卷烟销售工作标准，推进“1466”体系向县级卷烟销售部延伸，以智慧平台建设为抓手，完善“一键预测”平台功能，上线零售终端测评模块。

卷烟销售网建。召开以“卷烟新零售”为主题的全省现场推进会，探索打造“黔彩”新零售终端，形成以三个层级、五个星级、两种类型为核心的“352”零售终端体系。2019年，全省卷烟零售户综合毛利率11%，户均年盈利额突破3万元，比上年增长9%；全省网上订货率94.01%，比上年提高0.51个百分点；城镇客户网上结算比例68.05%，比上年提高27.45个百分点；高质量自动信息采集点5074个，年度目标完成率126.85%。

雪茄烟销售。2019年，全省销售雪茄烟8673.18万支，比上年增长58.42%，其中，国产雪茄烟销量8672.98万支，国外雪茄烟销量0.2万支。实现销售收入6740.89万元，比上年增长44.91%。全年引入新品雪茄烟18个，退出雪茄烟品规5个。

【烟叶生产】 **生产技术推广**。坚持市场导向，组织卷烟工业企业、烟叶基地单元、技术依托单位共同制定烟叶基地单元生产技术方案。按工业需求选择品种，加大后备品种筛选力度，全省形成以“云烟87”“K326”为主，“云烟85”“云烟116”为辅的品种布局。加强节令管控，严格按节令组织烟叶生产，全省4月30日前完成移栽99.9%，9月10日前完成采收95.5%，10月10日前完成收购97.8%，移栽、采烤、收购时间较往年缩短10天左右，有效减轻春旱、伏旱、秋风秋雨等气候灾害对烟叶产质量的不利影响。

坚持绿色生产，深翻炕冬、深沟高垄、壮苗移栽、精准施肥、成熟采烤覆盖率100%。施用有机肥13.1万吨、绿肥压青70.5万亩，推广烟蚜茧蜂防控165万亩、蠋蝽防控12.1万亩、性诱剂112.9万亩。印发《贵州省主推（示范）技术推广计划》，全省100%推广0.01毫米地膜，地膜回收率100%；构建“点、房、地、人”烟叶采烤综合体，推广专业化烘烤90.5%；分片区制定特殊气候条件下烟叶采烤技术方案，采烤损失率降至7.9%；推广上6片充分成熟一次性采烤89.6万亩，采烤一体化与上六片一次性成熟采烤同步推广41.9万亩，烟夹烘烤推广2145套；推广生物质能烤房9500座、空气能热泵烤房467座。

现代烟草农业建设。以优化烟区布局为重点，加强规模化种植、集约化经营、专业化服务，推进现代烟草农业转型升级。在特色香型烟叶产业带建设以千亩村、万担乡、单元区、重点县为主的核心烟区、重点烟区，开展400万亩基本烟田规划，落实10万担以上重点县17个、万担乡128个、千亩村461个。创新生产组织方式，培育新型经营主体，烟田土地流转比例67%，连片种植82%，户均规模24.6亩；50亩以上新型经营主体5369户、种植面积38.3万亩，累计认定职业烟农2.49万户，种烟面积58.7万亩。规范烟农专业合作社建设，推进重点环节专业化服务、机械化作业，全省重点环节专业化服务覆盖率平均达到84%、机械化作业率65.7%。在贵阳、遵义、毕节、黔西南等市（州）试点开展烟叶产业综合体建设，为烟叶产业高质量发展探索新路径。

2019年9月，贵州省遵义市桐梓县烟农将烟叶运输到收购线进行销售
贵州遵义市局 成 勇 摄

烟叶收购。以产情预判、不适用烟叶处理、预约调度、专分散收流程执行、“一样三点”对样收购和廉洁风险为管控重点，全面推行烟叶精准收购管理模式和原收原调，实现烟叶收购总量、结构、质量和进度精准管控，收购烟叶20.15万吨（402.9万担），上等烟比例72.05%，均价1435.47元/担，国家局收购检查等级合格率81.08%，等级纯度92.14%烟叶质量得到市场认同。

烟叶销售。坚持市场需求导向，推进烟叶供给侧结构性改革，加强与贵州、湖南中烟等工业企业开展上部烟叶可用性研究、山地生态烟叶开发研究等技术合作。全年实现烟叶销售收入107亿元。

【助农增收】 在抓好烟叶主业稳增收的同时，发挥烟草行业优势，做实烟农专业合作社，有机肥、食用菌、特色种植养殖产业化发展和合作社社会化服务“四个一亿”增收工程推进。培育有机稻米、中药材、花卉等特色产业，实现烟农收入“一年一台阶、年年有增长”。2019年，实现烟农总收入73.4亿元，其中，多元化经营收入8.5亿元。烟农户均总收入首次突破10万元大关，达到10.9万元。

【技术创新】 **技术研发**。全年开展科技项目277项，开展各类创新创效项目2099项，获得省部级科技奖励成果6项、省公司科技奖励成果16项。累计获得国家授权专利176件，其中发明专利14件；获计算机软件著作权26项；发表论文293篇，其中SCI论文6篇；出版专著3部。

烟叶种植。转化推广烤烟井窖式移栽高效促苗技术，建立带水、带肥和带药的“三带”移栽模式，形成机械化、标准化和专业化的作业制度，为全省落实烤烟生产“三基本”要求奠定基础。研发春旱烟区雨水高效集蓄技术，在黔西南地区应用节水成效显著，解决贵州省西部春旱烟区适时移栽用水的难题。

绿色防控。开发主要病虫害监测预警技术。研制免疫诱抗剂绿色生物农药，解决烟叶绿色发展关键难点。蠋蝽规模化繁育关键瓶颈取得突破，全省示范12.09万亩。

信息化创新。创建柔性智能分拣系统，实现异型烟和标准烟混合智能分拣，构建全省互联网烟草产业平台和数据中心，实现烟草农业数据全采集、业务全覆盖。加快推动科技创新成果转化，开创性建立烟叶科技成果转化园5个，14项科技成果入园示范验证展示，3项成果推荐进入孵化应用。

【交流与合作】 2019年，省公司销售片烟1.86万吨，均价4409美元/吨，比上年增长8.4%。出口烟叶2.31万吨，实现税利7704万元。进口卷烟3120万支，进口金额84.48万美元，实现毛利约245万元。

【特事辑要】 2019年5月22—24日，国家局党组成员、副局长段铁力在贵州烟草调研。

5月17日，贵州省副省长吴强在贵阳市开阳县调研烟叶生产工作。

8月14日，贵州省副省长吴强在贵阳市调研卷烟物流工作。

2019年贵州省烟草专卖商业主要情况统计

地市级局（公司）名称		贵阳市烟草专卖局（公司）	遵义市烟草专卖局（公司）	六盘水市烟草专卖局（公司）	安顺市烟草专卖局（公司）	毕节市烟草专卖局（公司）
主要负责人/法定代表人（含党政领导）		陈 勇（—2019年1月） 谢 宏（2019年1—6月，临时负责） 杨双剑（2019年6月—）	朱忠彬（2019年5月—，之前主持工作）	蒋诗栋（—2019年12月） 张林峰（2019年12月—）	付生华	彭 宇（2019年5月—，之前主持工作）
所属县级单位		清镇市、开阳县、息烽县、修文县等4个县级烟草专卖局（分公司）；南明区、云岩区、观山湖区、白云区、乌当区、花溪区等6个县级烟草专卖局	务川仡佬族苗族自治县、湄潭县、播州区、仁怀市、习水县、道真仡佬族苗族自治县、余庆县、桐梓县、正安县、绥阳县、凤冈县、赤水市、汇川区、红花岗区等14个县级烟草专卖局（分公司）	盘州市、水城县、六枝特区、钟山区等4个县级烟草专卖局（分公司）	西秀区、紫云苗族布依族自治县、镇宁布依族苗族自治县、平坝区、普定县、关岭布依族苗族自治县等6个县级烟草专卖局（分公司）	七星关区、大方县、黔西县、金沙县、织金县、纳雍县、威宁彝族回族苗族自治县、赫章县等8个县级烟草专卖局（分公司）[1]
总资产（万元）		356430	595357	135911	120120	470250
资产负债率（%）		13.73	19.77	12.98	13.13	26.75
从业人员（人）		1272	3301	927	825	3241
所属业务机构	营销机构	1个卷烟营销中心	1个卷烟营销中心	1个卷烟营销中心	1个卷烟营销中心	1个卷烟营销中心
	物流配送机构	1个物流中心、4个服务站	1个物流中心、4个物流中转站	1个物流中心、1个物流中转站	1个配送中心	1个物流中心、6个物流中转站
	专卖稽查机构	1个稽查支队、11个稽查大队	1个稽查支队、14个稽查大队	1个稽查支队、4个稽查大队	1个稽查支队、6个稽查大队	1个稽查支队、8个稽查大队
	烟叶机构	6个烟叶站	41个烟叶站	6个烟叶站	4个烟叶站	27个收购站
烟农户数（户）		2413	14400	3881	926	24594
实现烟农总收入（万元）		14100	169100	43900	12300	197000
零售户数（户）		28712	31985	18137	16160	31501
零售户销售毛利率（%）		13.24	13.90	13.81	14.60	13.04

地市级局（公司）名称		铜仁市烟草专卖局（公司）	黔东南苗族侗族自治州烟草专卖局（公司）	黔南布依族苗族自治州烟草专卖局（公司）	黔西南布依族苗族自治州烟草专卖局（公司）	贵安新区烟草专卖局（公司）
主要负责人/法定代表人（含党政领导）		杨双剑（—2019年6月）叶江平（2019年7月—）	蒋　聪（2019年6月—，之前主持工作）	莫天前	罗　斐（2019年5月—，之前临时负责）	朱　峻
所属县级单位		德江县、沿河土家族苗族自治县、思南县、石阡县、印江土家族苗族自治县、江口县、松桃苗族自治县、玉屏侗族自治县、万山区、碧江区等10个县级烟草专卖局（分公司）	岑巩县、镇远县、施秉县、麻江县、丹寨县、黄平县、天柱县、锦屏县、黎平县、三穗县、榕江县、从江县、剑河县、雷山县、台江县和凯里市等16个县级烟草专卖局（分公司）	都匀市、福泉市、瓮安县、长顺县、独山县、惠水县、平塘县、贵定县、龙里县、荔波县、罗甸县、三都水族自治县等12个县级烟草专卖局（分公司）	兴义市、兴仁市、普安县、安龙县、贞丰县、晴隆县、册亨县、望谟县等8个县级烟草专卖局（分公司）	—
总资产（万元）		163495	144648	156158	243629	19106
资产负债率（%）		18.61	11.15	20.66	12.77	30.64
从业人员（人）		1678	1229	1519	1279	50
所属业务机构	营销机构	1个卷烟营销中心	1个卷烟营销中心	1个卷烟营销中心	1个卷烟营销中心	1个营销中心
	物流配送机构	1个物流中心、3个物流中转站	1个物流中心、1个直送站、3个区域中转站	1个物流中心、1个物流中心送货部、5个物流中转站	1个物流中心、4个中转站	—
	专卖稽查机构	1个稽查支队、10个稽查大队	1个稽查支队、16个稽查大队	1个稽查支队、12个稽查大队	1稽查支队、8个稽查大队	1个稽查支队
	烟叶机构	1个烟叶经营中心、19个烟叶站	1个烟叶生产经营中心	20个收购站	1个烟叶生产经营中心、30个烟叶站	—
烟农户数（户）		2983	3590	3322	10859	—
实现烟农总收入（万元）		46393	43938	25602	100900	—
零售户数（户）		16600	22183	20263	16267	1099
零售户销售毛利率（%）		14.82	11.00	13.50	14.77	15.00

注：1. 根据《贵州省毕节市烟草专卖局（公司）关于威宁县局（分公司）、赫章县局（分公司）机构设置的通知》（毕烟人〔2019〕88号），设立毕节市烟草公司威宁分公司和毕节市烟草公司赫章分公司。

◇ 撰稿：李　聪；编辑：周　佳

云南省烟草专卖局（公司）

【专卖管理】 *打假打私*。2019年，云南省烟草专卖局始终保持打假打私高压态势，依法严厉打击各类涉烟违法行为。全年全省查处各类涉烟违法案件1.9万起，其中，案值5万元以上大要案件2517起，网络案件49起。查获涉案卷烟5.9万件、非法烟叶烟丝1.7万吨、各类制假烟机设备126台，捣毁制假窝点20个。公安、司法机关依法刑拘259人，批捕265人，判刑192人。全年夺回卷烟市场空间2.94万箱。

与省公安、海关等部门密切协作，侦办一批典型案件。其中，西双版纳“1·10”“1·29”，临沧“1·24”、文山“3·9”等案件实现多警种合成作战；玉溪“1·21”案件捣毁制假窝点4个，抓获59人，案值超过3000万元；普洱

“6·12”案件成功运用大数据分析进行打处；临沧“10·16”、保山“5·29”案件成功打击跨境犯罪团伙；红河“10·11”案件对非法经营烟叶案件实现全链条打击。

市场监管。落实“双随机、一公开”工作要求，全年云南省局发布“双随机”任务520次，随机抽取检查人员3655人次，随机抽取检查卷烟零售户5.96万户。落实APCD市场监管工作法，全年发起各级APCD任务10.18万次，完成率100%，通过市场检查立案处理7152起，成案率7.03%。

保障体系建设。“涉烟打假打私和两烟市场监管工作”首次纳入云南省平安建设（综治工作）考核体系。突出边境协作管控，开展边境一线涉烟打假打私调研，云南省局、省公安厅及有关州（市）开展国际警务合作。加强打假打私基础设施建设，投入资金支持红河州建设河口新街边防检查站，扩展涉烟稽查点，推进与省公安厅联合建设打击涉烟违法犯罪大数据智能化分析指挥系统项目，提升运用大数据分析研判侦破案件的能力。

内部专卖管理。开展“依法严管违法违规卖烟大户”专项行动。全年全省取缔违法违规经营大户经营资格186户，列为重点监管对象2.8万户次，查处大户违法违规经营卷烟5万支或价值5万元以上案件41起。强化烟叶合同监管，严控烟叶种植规模，重点跟踪监管20亩以上的烟叶种植大户，取消烟叶种植合同1.84万份，处理违规收购烟叶问题183个。

【卷烟（雪茄烟）经营】 **卷烟（雪茄烟）销售**。2019年，云南省销售重点品牌卷烟856.04亿支（171.21万箱），比上年增长0.32%。全省销量居前三位的品牌依次为“云烟”“红河”“红塔山”，合计销售卷烟731.25亿支（146.25万箱）。实现重点品牌卷烟销售收入570.81亿元。销售省外卷烟85亿支（17万箱），省际销售比重由上年的6.4%提高至9.6%。

2019年，全省销售雪茄烟1.9亿支，比上年增长232.34%。

“云香印象”终端建设。2019年，全省建设“云香印象”现代终端4427个、体验终端871个、旅游终端274个，在卷烟品牌培育和维护、消费引导、稳定价格上发挥示范引领作用。

卷烟物流管理。物流快速响应市场，卷烟订单当日和次日送达率83.44%，零售户到货准时率91.86%。工商双方密切配合，回收卷烟包装箱595.25万只，超额完成任务计划12.3万只。在所属8个地市级、州公司推广使用软塑料周转箱，配送卷烟148.95亿支（29.79万箱）。全省单箱物流费用225.33元，物流费用率0.78%。

【烟叶生产】 **烟叶生产基础设施建设**。2019年，云南省投入烟叶生产基础设施建设行业补贴资金5.09亿元，建设烟叶生产基础设施项目4.86万件，受益基本烟田10.79万亩，设施化基本烟田增加到1686万亩。

云南省楚雄州南华县“玉溪”卷烟品牌烟叶原料工场烟叶长势良好（2019年）
云南省局 供稿

抗旱保生产。积极应对持续性干旱影响，动员一切力量和资源全力抗旱，投入抗旱保生产人力31.7万人次，烟草投入资金3.6亿元，整合政府资金1.1亿元，调度拉水车辆28.1万辆次，广泛组织发动群众抓好烤烟抗旱工作。立足科学抗旱，落实膜下小苗移栽434.5万亩，高效节水灌溉26.1万亩，推动实现最佳节令移栽。

稳定烟区。推动土地流

转，稳定烟区、优化生产力布局，启动全省烟区规划重大专项课题。规划建设1500万亩左右基本烟田，年种植600万亩左右。出台贷款贴息、设施投入等扶持政策，全年全省流转种烟土地136万亩，其中玉溪、大理分别在抚仙湖、洱海加大土地流转力度成为烟区生态保护与产业发展携手并进的典范。

烟农增收。2019年，全省实现烟农售烟总收入241.4亿元，实现烟叶税金53.1亿元。培育出“云香庄园”“润色天香”等自主品牌，打通卷烟物流网、电商APP、微信公众号等线上线下销售渠道，形成千万级及以上产业14个，全年实现多元化增收31.58亿元。7月，举办全国烟农增收工作现场会，展现云南“产业融合、品牌自主、渠道共建”的烟农增收产业模式。

绿色生产。印发《关于切实做好烟叶生产整体水平提升工作的通知》，加快绿色生产技术落地。2019年，全省实施有机肥工程化生产11.5万吨，推广0.01毫米地膜500万亩，回收468.5万亩，资源化利用329.8万亩，烟蚜茧蜂防治烟蚜技术100%覆盖，生物质燃料颗粒产能17.7万吨，推广新能源烤房4万余座。

【技术创新】 2019年，从战略层面谋划云南省烟草商业科技创新体制机制改革。昆明市公司、大理州公司烟叶生产技术中心通过国家局第四批行业级烟叶生产技术中心认定，国家农业信息化工程技术研究中心暨国家农业智能装备工程技术研究中心云南烟草创新基地建设积极推进，新建澄江世界烟草品种园，曲靖智能烘烤研究中心筹建完成，进一步提升创新平台支撑能力。新增行业学科带头人2人、“云岭学者”1人，入选云南省万人、千人计划3人，通过云南省技术带头人及创新人才认定2人，拥有省部级高端创新人才20余人。

启动实施云南雪茄烟叶试种开发重大科技专项，玉溪、普洱、临沧等6个州（市）开展10批次试种研究，成功开发出一批优质雪茄烟叶。烟叶智能分级设备研发顺利推进，4种定型样机进入测试应用阶段。结合基因靶向筛选技术，获得2个遗传稳定的硃砂烟品系。主导国家标准编制3项，参与行业标准编制5项，获得省部级科技奖励4项，获专利授权102件。建成绿色防控示范区183个，示范面积80.5万亩，建立土壤保育示范区20个，示范面积5.4万亩。

【对外交流与合作】 **经营情况**。2019年，中国烟草云南进出口有限公司向国际主要经销商联一国际公司、环球烟叶公司、菲莫国际管理公司等30家用户签订烟叶及副产品销售合同181份，发运数量7.83万吨。全年实现进出口总值2.92亿美元，比上年增长11%。

烟叶出口。倡导合作共赢、共生发展的理念，充分利用“烟叶可持续发展计划”（STP项目）取得重大进展的良好时机，增强客户与云南烟草建立长期合作伙伴关系的信心，实现烤烟出口7.57万吨（151.3万担）。

深化STP项目实施。总结“烟叶可持续发展计划”项目（STP项目）前三年试点工作经验，从“组织管理、烟叶生产、环境保护、人”4个维度推进对标工作，全面提升组织实施水平。农艺生产管理方面，进一步扩大试点范围，安排昆明石林、曲靖陆良、保山腾冲、文山砚山等4个整县试点，玉溪红塔区高仓、红河弥勒市西三、普洱宁洱县德安等3个烤烟整乡试点，保山昌宁县卡斯、鸡飞、勐统和德宏陇川县章凤等4个烟站香料烟试点。加工厂管理方面，5个试点复烤厂按计划开展自评。信息化配套方面，全面推进农艺、加工厂管理板块的信息化建设工作，初步实现国际客户所关注的从农户信息至成品烟箱全链条的正向可跟踪，反向可追溯。

进口贸易。2019年，进口销售卷烟7440万支。进一步理顺招标采购流程，全年采购科研仪器95台套，货值人民币2020万元，代理进口包衣粉剂、零配件到货13.8万美元。探索实验室检测样品进口业务，为下一步拓展进口业务奠定基础。

人民币结算业务。在中烟国际（香港）公司的支持下，以东南亚市场为突破口，探索开展人民币结算业务，全年进出口公司人民币结算金额超过4.54亿元。

【特事辑要】 2019年1月23日，云南省局（公司）与行业18家卷烟工业企业驻云南代表及美国环球烟叶公司、联一国际公司、英美烟草公司等公司驻云南代表举行工商座谈。

3月1日，云南省委、省政府在北京与国家局举行工作会谈。云南省委书记陈豪、省长阮成发，国家烟草专卖局党组书记、局长，中国烟草总公司总经理张建民出席会议。双方就云南烟草改革发展交换意见。

5月15—17日，国家局党组成员、副局长杨培森在云南调研抗旱保苗及帮助烟农增收等工作。

7月2—3日，2019年全国烟农增收工作现场会在云南大理召开。国家局党组成员、副局长杨培森出席会议并讲话。云南省副省长董华出席会议并致辞。

7月4—5日，国家局党组成员、副局长杨培森在云南烟草商业专题调研烟农增收和优化烟叶结构工作。

10月9—11日，国家局党组成员、副局长段铁力在云南烟草调研。

10月14日，云南省政府印发《云南省支持烟草产业高质量发展若干政策措施》，高位推动烟草产业高质量发展。

10月30日，新华社党组成员、副社长严文斌在玉溪市澄江县实地调研抚仙湖保护治理、高原特色现代农业建设等情况。

11月5日，云南省定点扶贫工作推进会在昆明召开。云南省委副书记王予波出席会议并讲话。会议充分肯定云南烟草工商企业帮扶阿昌族、布朗族脱贫工作，并作专题表彰。

2019年云南省烟草专卖商业主要情况统计[1]

地市级局（公司）名称		昆明市烟草专卖局（公司）	玉溪市烟草专卖局（公司）	曲靖市烟草专卖局（公司）	红河哈尼族彝族自治州烟草专卖局（公司）
主要负责人/法定代表人（含党政领导）		包　毅（—2019年2月） 田泽华（2019年2月—）	田泽华（—2019年3月） 蒲天燕（2019年3月—）	吴立著（—2019年12月） 樊在斗（2019年12月—）	邓云龙
所属县级单位		呈贡区、安宁市、五华区、盘龙区、西山区、官渡区、东川区、晋宁区、富民县、宜良县、嵩明县、石林彝族自治县、禄劝彝族苗族自治县、寻甸回族彝族自治县等14个县级烟草专卖局（分公司）	红塔区、江川区、澄江县、通海县、华宁县、易门县、峨山彝族自治县、新平彝族傣族自治县、元江哈尼族彝族傣族自治县等9个县级烟草专卖局（分公司）	麒麟区、宣威市、沾益区、马龙区、陆良县、师宗县、罗平县、富源县、会泽县等9个县级烟草专卖局（分公司）	蒙自市、个旧市、开远市、弥勒市、建水县、石屏县、泸西县、元阳县、红河县、绿春县、屏边苗族自治县、河口瑶族自治县、金平苗族瑶族傣族自治县等13个县级烟草专卖局（分公司）
总资产（万元）		1138305	779989	1408035	726220
资产负债率（%）		16.55	10.13	16.31	12.52
从业人员（人）		1702	968	2689	1223
所属业务机构	营销机构	1个营销中心、14个区域市场部	1个营销中心、9个区域市场部	1个营销中心、9个区域市场部	1个营销中心、13个区域市场部
	物流配送机构	1个物流中心、4个物流中转站	1个物流中心、9个物流中转站	1个物流分公司、9个物流中转站	1个物流分公司、4个物流中转站
	专卖稽查机构	1个稽查支队、14个稽查大队	1个稽查支队、9个稽查大队	1个稽查支队、9个稽查大队	1个稽查支队、13个稽查大队
	烟叶机构	53个烟叶收购站	50个烟叶收购站	90个烟叶收购站	38个烟叶收购站
烟农户数（户）		48926	63349	146700	45969
实现烟农总收入（万元）		220830	247155	513700	215024
零售户数（户）		31054	11157	21783	14269
零售户销售毛利率（%）		11.00	14.58	9.00	11.66

地市级局（公司）名称		楚雄彝族自治州烟草专卖局（公司）	大理白族自治州烟草专卖局（公司）	昭通市烟草专卖局（公司）	保山市烟草专卖局（公司）
主要负责人/法定代表人（含党政领导）		晏　飞	樊在斗（—2019年12月） 杨龙祥（2019年12月—）	任志斌（—2019年3月） 刘永军（2019年3月—）	杨　轩
所属县级单位		楚雄市、双柏县、牟定县、南华县、姚安县、大姚县、永仁县、元谋县、武定县、禄丰县等10个县级烟草专卖局（分公司）	大理市、宾川县、祥云县、弥渡县、南涧彝族自治县、巍山彝族回族自治县、漾濞彝族自治县、永平县、云龙县、洱源县、剑川县、鹤庆县等12个县级烟草专卖局（分公司）	昭阳区、鲁甸县、巧家县、镇雄县、彝良县、威信县、大关县、盐津县、永善县、绥江县、水富市等11个县级烟草专卖局（分公司）	隆阳区、施甸县、腾冲市、龙陵县、昌宁县等5个县级烟草专卖局（分公司）
总资产（万元）		683339	538990	364930	456295
资产负债率（%）		15.99	15.11	23.84	20.84
从业人员（人）		1233	1200	1704	899
所属业务机构	营销机构	1个营销中心	1个营销中心、12个区域市场部	1个营销中心、11个区域市场部	1个营销中心、5个营销分中心
	物流配送机构	1个物流分公司	1个物流分公司、12个物流中转站	1个物流中心、11个物流中转站	1个物流分公司、5个物流中转站
	专卖稽查机构	1个稽查支队、10个稽查大队	1个稽查支队、12个稽查大队	1个稽查支队、11个稽查大队	1个稽查支队、5个稽查大队
	烟叶机构	79个烟叶收购站	76个烟叶收购站	43个烟叶收购站	40个烟叶收购站
烟农户数（户）		69883	64088	17381	34762
实现烟农总收入（万元）		237600	221847	89219	176725
零售户数（户）		11500	13699	16987	9988
零售户销售毛利率（%）		10.00	11.47	12.38	11.50

地市级局（公司）名称	文山壮族苗族自治州烟草专卖局（公司）	普洱市烟草专卖局（公司）	丽江市烟草专卖局（公司）	临沧市烟草专卖局（公司）
主要负责人/法定代表人（含党政领导）	何文炜	徐元飞	廖世勇（—2019年2月） 陈茂建（2019年2月—）	曹敬东
所属县级单位	文山市、砚山县、西畴县、麻栗坡县、马关县、丘北县、广南县、富宁县等8个县级烟草专卖局（分公司）	景东彝族自治县、镇沅彝族哈尼族拉祜族自治县、墨江哈尼族自治县、景谷傣族彝族自治县、宁洱哈尼族彝族自治县、江城哈尼族彝族自治县、澜沧拉祜族自治县、孟连傣族拉祜族佤族自治县、西盟佤族自治县、思茅区等10个县级烟草专卖局（分公司）	玉龙纳西族自治县、永胜县、华坪县、宁蒗彝族自治县、古城区等5个县级烟草专卖局（分公司）	临翔区、凤庆县、永德县、云县、镇康县、耿马傣族佤族自治县、沧源佤族自治县、双江拉祜族佤族布朗族傣族自治县等8个县级烟草专卖局（分公司）

续表

地市级局（公司）名称		文山壮族苗族自治州烟草专卖局（公司）	普洱市烟草专卖局（公司）	丽江市烟草专卖局（公司）	临沧市烟草专卖局（公司）
总资产（万元）		433341	376491	241499	245594
资产负债率（%）		15.85	17.63	24.67	29.27
从业人员（人）		989	778	457	710
所属业务机构	营销机构	1个营销中心、8个区域市场部	1个营销中心、10个区域市场部	1个营销中心、5个区域市场部	1个营销中心、8个区域市场部
	物流配送机构	1个配送中心、4个物流中转站	1个物流分公司	1个物流分公司、3个物流中转站	1个物流分公司、8个物流中转站
	专卖稽查机构	32个稽查支队、8个稽查大队	1个稽查支队、10个稽查大队	1个稽查支队、5个稽查大队	1个稽查支队、8个稽查大队
	烟叶机构	43个烟叶收购站	53个烟叶收购站	24个烟叶收购站	32个烟叶收购站
烟农户数（户）		16619	32439	21862	28690
实现烟农总收入（万元）		133906	143559	81687	102260
零售户数（户）		15909	12827	8840	8450
零售户销售毛利率（%）		12.73	13.00	13.80	12.00

地市级局（公司）名称		德宏傣族景颇族自治州烟草专卖局（公司）	西双版纳傣族自治州烟草专卖局（公司）	怒江傈僳族自治州烟草专卖局（公司）	迪庆藏族自治州烟草专卖局（公司）
主要负责人/法定代表人（含党政领导）		王　兵（—2019年9月） 王黎亚（2019年9月—）	张国鲲	王纪文（—2019年5月） 王　磊（2019年5月—）	肖　玛
所属县级单位		芒市、瑞丽市、陇川县、盈江县、梁河县等5个县级烟草专卖局（分公司）	景洪市、勐海县、勐腊县等3个县级烟草专卖局（分公司）	福贡县、兰坪白族普米族自治县、贡山独龙族怒族自治县等3个县级烟草专卖局（分公司）和1个州局直属分局	德钦县、维西傈僳族自治县、香格里拉市等3个县级烟草专卖局（分公司）
总资产（万元）		59434	69527	18567	21304
资产负债率（%）		16.68	12.17	22.13	17.26
从业人员（人）		189	168	96	137
所属业务机构	营销机构	1个营销中心、5个区域市场部	1个营销中心	1个营销中心	1个营销中心
	物流配送机构	1个物流分公司、4个物流中转站	1个物流分公司	1个物流分公司	1个物流分公司
	专卖稽查机构	1个稽查支队、5个稽查大队	1个稽查支队、3个稽查大队	1个稽查支队、4个稽查大队	1个稽查支队、3个稽查大队
	烟叶机构	—	—	—	—

续表

地市级局（公司）名称	德宏傣族景颇族自治州烟草专卖局（公司）	西双版纳傣族自治州烟草专卖局（公司）	怒江傈僳族自治州烟草专卖局（公司）	迪庆藏族自治州烟草专卖局（公司）
烟农户数（户）	—	—	—	—
实现烟农总收入（万元）	—	—	—	—
零售户数（户）	7239	8634	2257	2519
零售户销售毛利率（%）	10.00	13.80	15.57	12.23

注：1. 烟叶相关情况不含云南香料烟有限责任公司数据。

◇撰稿：王津军；编辑：周　佳

西藏自治区烟草专卖局（公司）

【专卖管理】　2019年，西藏自治区烟草专卖局加强与自治区公安、市场监管、海关、邮政等部门协作，组织开展“百日会战”“中小学周边零售店清理整顿”“新型烟草制品监管”等专项行动。全年查处各类涉烟违法案件302起，比上年下降16.57%，其中案值5万元以上案件25起。查获涉案非法卷烟341.82万支，涉案金额467.54万元，其中，非渠道卷烟245.97万支，涉案金额353.98万元；假冒卷烟93.96万支，涉案金额109.93万元；走私烟1.76万支，涉案金额3.31万元。上缴罚没款53.45万元。全自治区市场净化率93.63%，比上年提高0.75个百分点。

2019年8月，烟草专卖管理人员在高速检查站检查过往车辆
西藏山南市局　嘎玛益西　摄

【卷烟（雪茄烟）经营】　**销售情况**。2019年，全自治区销量居前三位的卷烟品牌为“云烟”“中华”“白沙”，销量分别为19.66亿支（3.93万箱）、3.97亿支（0.79万箱）、3.66亿支（0.73万箱）。

全年全自治区销售雪茄烟231.34箱，比上年增长110.7%。市场主要培育3个雪茄烟品牌，分别为四川中烟“长城”和“狮牌”、安徽中烟“王冠”。雪茄烟市场以四川中烟品牌为主。

品牌培育。落实“大品牌、大市场、大企业”发展战略，建立品牌属性跟踪和生命周期管理，调整和优化货源供应策略，初步呈现新品助推、特色带动、品类上移的品牌发展格局。全年引入新品规格35个，退出50个。销售重点品牌卷烟53.05亿支（10.61万箱），比上年增长2.9%；销售低焦油品牌卷烟12.45亿支（2.49万箱），比上年增长25.81%；销售细支烟7.95亿支（1.58万箱），比上年增长24.73%；销售短支烟1.3亿支（0.26万箱），比上年增长34.6%；销售中支烟1.2亿支（0.24万箱），比上年增长110.7%。短支烟、中支烟成为消费增长新的驱动力。

网络建设。深化网建基础工作，推进“四网合一”，全自治区网上订货客户8528户，比上年提高10.61个百分点；电子结算客户1.32万户，比上年提高 2.32 个百分点，其中跨行结算 1216 户。电子结算资金交易比重 95.01%。2019 年客户满意度调查 84.7 分，比上年提高 1.49 分。深入推进卷烟市场取向化改革，统一运用省级卷烟销售平台，实现订单采集集约化、业务流程标准化、销售过程监控化整体推进。

【和谐稳定】 深化爱国主义教育，增进“五个认同”，树牢“三个离不开”的思想，凝聚“藏汉一家亲，团结一家人”的共识。2019 年，自治区局（公司）机关被评为“全国民族团结进步模范集体”。加速推进脱贫攻坚，截至 2019 年底，累计拨付行业定点扶贫资金 3.6 亿元，撬动社会资金 1.99 亿元，行业扶贫项目完工 10 个，在建项目 4 个，带动 7678 户、2.79 万名建档立卡贫困户脱贫，帮扶的扎囊、贡嘎、班戈、仲巴等 4 县全部脱贫“摘帽”。在全自治区脱贫攻坚成效考核评估中，自治区局（公司）综合评价为“优秀”，连续五年获评自治区“强基惠民优秀组织单位”，18 人被评为“先进驻村工作队员”。

【企业管理】 强化对标管理，所属地市级局（公司）14 项对标指标有 7 项同比提升。全面启动质量管理体系转版升级，深入开展“管理诊断基层行”活动，查找管理问题 113 个，制定相应整改措施。加强方针目标管理，鼓励基层创新实干，1 项 QC 成果获得烟草行业第三十届优秀质量管理小组成果发布会三等奖，实现西藏烟草 QC 成果发布零的突破。

严格资金监管，深化降本增效，实现货币资金收益 7003 万元，降本增效 102 万元。加强网络安全管理，加快信息化项目建设，进一步提升信息化支撑高质量发展的能力。在国家局科技司和四川省局的支持下，组建烟草质检站并通过验收，进入试运行阶段，结束西藏烟草不能独立开展质检业务的历史。

【特事辑要】 2019 年 1 月 25 日，西藏自治区局（公司）在拉萨市召开自治区烟草工作会。

2019 年西藏自治区烟草专卖商业主要情况统计

地市级局（公司）名称		拉萨市烟草专卖局（公司）	山南市烟草专卖局（公司）	日喀则市烟草专卖局（公司）	林芝市烟草专卖局（公司）	昌都市烟草专卖局（公司）	阿里地区烟草专卖局（公司）
主要负责人/法定代表人（含党政领导）		曾　涛	拉　果	张开友	索朗次仁	刘海青	旺　扎
所属县级单位		—	—	—	—	—	—
总资产（万元）		76264	10208	19231	12900	16217	5747
资产负债率（%）		7.80	25.77	37.19	3.18	1.70	106.87
从业人员（人）		225	97	108	91	87	46
所属业务机构	营销机构	1 个营销中心、1 个县级营销网点	1 个营销中心、5 个县级营销网点	1 个营销中心、4 个县级营销网点	1 个营销中心、3 个县级营销网点	1 个营销中心、5 个县级营销网点	1 个营销中心、3 个县级营销网点
	物流配送机构	1 个物流中心	1 个物流中心	1 个物流中心	1 个物流中心	1 个物流中心	1 个物流中心
	专卖稽查机构	1 个稽查支队	2 个稽查大队	4 个稽查大队	1 个稽查支队	4 个稽查大队	1 个稽查支队
	烟叶机构	—	—	—	—	—	—
烟农户数（户）		—	—	—	—	—	—
实现烟农总收入（万元）		—	—	—	—	—	—
零售户数（户）		4618	1647	2941	1344	1293	668
零售户销售毛利率（%）		14.00	13.70	14.12	13.50	12.00	14.30

◇ 撰稿：陆礼茂；编辑：周　佳

陕西省烟草专卖局（公司）

【专卖管理】 **卷烟打假**。2019 年，陕西省烟草专卖局坚持把卷烟打假打私放在突出位置。应对新型涉烟违法活动挑战，加强大数据实战应用，推动陕西物流寄递涉烟信息采集研判系统建设。夯实打假打私目标责任，推动网络案件侦办由“数量型”向“质量型”转变。2019 年，全省查处假冒、走私卷烟案件 7465 起，查获非法卷烟 2000.18 万支。破获符合国家局标准的网络案件 23 起，符合省局标准的网络案件 2 起。公安、司法机关依法逮捕 121 人，判刑 69 人。西安“1·29”“3·6”，咸阳“8·27”，渭南“12·13”等 4 起案件被公安部、国家局列为督办案件。

西安“1·29”案件。该案打掉以乌克兰为发货源头，销售范围覆盖北京、广东、陕西等全国 19 个省（自治区、直辖市）37 地市的加热卷烟网络，查获加热卷烟实物 18.4 万支，实物货值 18.4 万元，涉案金额 8768 万余元。公安、司法机关刑拘 7 人、逮捕 4 人，网上追逃 2 人，判刑 2 人。

市场监管。健全完善“三纵三横”市场监管格局，建立覆盖全省的“三纵线七横线”监管网络。进一步推进“双随机、一公开”和 APCD 工作法的有机结合，对全省卷烟零售户进行分类，确定重点监管对象。陕西省局与省公安厅、省邮政管理局，西安海关联合开展治理打击物流寄递和新型烟草制品违法犯罪“百日专项”行动。专项行动期间，全省共查处涉烟案件 5690 起，查获非法卷烟 763.19 万支，新型烟草制品 774 条。加强电子烟专项监管，持续开展治理违法违规卖烟大户专项行动，有 2103 户大户被列入重点监管对象。2019 年，全省查处违法涉烟各类案件 21910 起，其中查处非法真烟案件 14445 起；查获非法卷烟 9937.47 万支，其中非法真烟 7937.29 万支。

证件管理。2019 年，陕西省局印发《关于贯彻落实“放管服”改革要求推进审批服务便民化的通知》，全面实行烟草专卖零售许可证“511”办理模式，解决卷烟零售户办证堵点问题。印发《关于烟草专卖零售许可证办理进入政府政务服务大厅有关事项的通知》，推进行政许可标准化建设，截至 2019 年底，全省进驻政府政务服务大厅单位 93 家，占比 86.92%。开展行业一体化在线政务服务平台试点应用，全年全省网上申办零售许可事项 1678 项。加强许可后续监管，开展中小学校周边卷烟零售户清理整顿工作，清理、劝退持证卷烟零售户 167 户。与市场监管部门建立无证经营户清理联合协作机制，取缔无证卷烟经营户 361 户。截至 2019 年底，全省有持证卷烟零售户 14.71 万户。

2019 年 3 月 15 日，陕西西安新城区局（公司）在西安火车站前向消费者讲解真假烟鉴别知识

陕西西安市局 陈永慧 摄

【卷烟（雪茄烟）经营】 **品牌管理**。持续精减卷烟品牌规格，强化品牌培育成效，降低企业管理成本。截至 2019 年底，全省在销品规有 227 个。本地区销量居前三位的卷烟品牌为“好猫”“延安”“芙蓉王”，销量分别为 271.08 亿支（54.22 万箱）、93.92 亿支（18.78 万箱）、47.48 亿支（9.5 万箱）。

2019 年，陕西省销售 8 毫克/支低焦油卷烟 128.35 亿支（25.67 万箱），比上年增长 16.75%；销售细支烟 93.03 亿支（18.61 万箱），比上年增长 23.13%。销售雪茄烟（含卷烟型雪茄烟）1.45 亿支，比上年增长 44.41%。

卷烟经营方式。数据采集管理更加精细，增强信息采集样本点选取控制和误差校验机制，采集数据的误差率控制在 1.8% 以内。与江苏、安徽、湖北、陕西等 10 家卷烟工业企业实现工商网上配货，全年平均商业库存周转率 1.85，比上年提高 6%。全面应用单品单客户综合系数（PCMC）和单品客户类别综合系数（PGMC）2 种货源供应的新算法，卷烟供需匹配的精准度不断提高。

卷烟销售网络建设。2019 年，陕西省公司制定《现代卷烟零售终端建设指导意见》《终端建设投入管理办法》《新现代终端建设工作规范》等制度，初步形成终端建设制度体系。创新新零售模式，上线新版“丝路通”零售终端管理平台，与 3 家银行开展零售终端聚合支付业务的合作业务，全面打通零售环节互联网支付渠道。全年全省建成“丝路情”直营终端智慧门店 3 家、新现代终端 601 家、合作终端 190 家，对 9000 家普通终端进行经营提升。开展“新乐访”移动办公平台优化升级与推广，提高客户经理服务客户的及时性和针对性。全年全省“新乐访”移动办公平台的访问使用率在 99% 以上。

【交流与合作】 2019 年，陕西烟草进出口有限公司出口烟叶 0.39 万吨（7.8 万担）、丝束 415 吨，销售进口卷烟 1.07 亿支（0.21 万箱）。实现进出口总值 1051 万美元，实现销售收入 1.09 亿元。实现税利 4229 万元，其中利润 1800 万元。

公司抓住“一带一路”建设重大机遇，先后与上海烟草集团、安徽中烟、陕西中烟、甘肃烟草工业累计签订国内不适用烟叶出口购销协议 2.5 万吨。加强国际市场新客户开发力度，先后与阿联酋优质烟草公司、菲律宾普登斯烟厂、巴基斯坦国家烟草工业（私人）公司、巴基斯坦猎鹰卷烟工业等 4 家企业建立合作关系，开辟新的国际市场。引进“555（经典）”和“大华（硬开元）”等新品卷烟并落地销售。与中烟英美烟草国际有限公司和古巴烟草有限公司开展座谈交流，就升级营销协作等工作达成共识。

【烟叶供给侧结构性改革】 2019 年，省局（公司）先后形成生产布局、市场布局、烟叶纯度等 11 个配套实施意见，共同构成“1 + 11”烟叶生产经营全流程管理体系，明确全省烟叶供给侧结构性改革线路图。各烟叶产区公司全面梳理完善烟叶生产收购调拨各项管理制度，形成全流程管理体系的市级公司版和县级公司版。在安康市召开全省烟叶生产经营全流程管理体系现场会。将烟叶质量结构和工业配方使用作为重要指标，在市县级公司开展烟叶工作专项考核。制定《围绕建设现代化烟草经济体系战略目标　推动陕西烟草商业高质量发展的实施方案》，提出全面推进烟草农业现代化的工作路径，形成“以烟叶供给侧结构性改革为主线、以烟叶生产经营全流程管理体系抓手、以烟草农业现代化建设为路径、以实现高质量发展为目标”的整套政策体系。

【促农增收】 2019 年，陕西省实现烟农种烟收入（不含

2019 年 9 月，陕西省咸阳市旬邑县马栏镇烟农在采摘烟叶途中

陕西咸阳市局　魏　锋　摄

补贴）8.0亿元，烟农户均收入（不含补贴）7.3万元，比上年增加1.2万元。

2019年，省局（公司）坚持把促进烟农增收作为稳定烟叶产业、稳定烟叶产区、稳定烟农队伍的根本途径，统筹主业增收和多元产业增收工作，加快形成烟叶生产与多元产业二元增收新格局。全省烟农专业合作社建成有机肥厂等企业4个、生物质颗粒生产线2条。同时，依托建成的烟田基础设施，为当地大农业和特色产业开展配套服务，全省育苗、烘烤、农机三类设施利用分别达到23.77平方米、1477座和12033台套，设施综合利用率进一步提高。推进多元化增收，注册“鹿池”“润民”等多元化增收产品品牌7个。全年全省烟农实现多元化增收产业总产值5.3亿元，净收入1.8亿元。

【企业改革发展规划】 2019年，陕西省局（公司）在国家局高质量发展“1+6+2”政策体系基础上，提出陕西烟草商业“1+7+2”高质量发展措施体系，即紧紧围绕建设现代化烟草经济体系这一战略目标，全面建设烟草农业现代化、卷烟销售现代化、烟草物流现代化，建立健全促进高质量发展的指标评价体系、创新驱动体系、市场监管体系、队伍保障体系，编制中长期科技发展规划和人才培养规划。

【物流建设】 **绿色物流**。制定《陕西烟草商业系统绿色物流建设指导意见》，以统筹规划、分类推进、重点突破为原则，明确绿色物流建设的具体目标，提出绿色建设、绿色包装、绿色运输和绿色运营四大任务和试点、推广、提升3个步骤。在渭南、西安和宝鸡市公司开展绿色运输试点工作，租赁使用58辆新能源送货车开展终端送货，单车运行费用比燃油车下降50%，占全省物流车辆数的14.39%，单车运行费用比燃油车下降50%。完成卷烟包装箱循环利用和托盘联运工作任务。2019年，累计向卷烟工业企业返还卷烟包装箱428.57万只，总体返还比例102.15%。

智慧物流。2019年，参与编制《关于推进烟草行业智慧物流建设的指导意见》，开展陕西烟草商业系统物流信息管控平台L6系统应用情况和数据质量专项检查，强化L6系统应用功能。召开L6系统应用情况座谈会，解决物流信息应用问题31个。

精益物流。举办全省精益物流管理培训班和“工商物流一体化建设”学术交流会议，强化精益工具应用能力。编制《陕西烟草商业企业精益物流评价工作细则》，从动力、深度和均衡性3个维度来强化推动精益物流建设。2019年，全省卷烟单箱配送费用比上年减少1.25元，物流从业人员比上年减少28人，配送车辆比上年减少38辆。

【特事辑要】 2019年3月18日至6月27日，陕西省局（公司）开展烟叶收购站专项巡察工作。

4月16日至6月26日，陕西省局（公司）开展“天价烟”问题专项检查和集中整治。

6月27日，陕西省局（公司）机关举办庆祝建党98周年集体活动。

9月10—28日，陕西省局（公司）举办庆祝中华人民共和国成立70周年系列活动。

12月4日，陕西省局（公司）举办宪法宣誓活动，表彰全省烟草商业系统“十佳法治人物”。

12月13日，陕西省局（公司）召开全省烟草商业系统警示教育暨政治生态突出问题全面整改动员部署电视电话会议，启动政治生态突出问题全面整改工作。

2019年陕西省烟草专卖商业主要情况统计

地市级局（公司）名称	西安市烟草专卖局（公司）	咸阳市烟草专卖局（公司）	宝鸡市烟草专卖局（公司）	渭南市烟草专卖局（公司）	铜川市烟草专卖局（公司）
主要负责人/法定代表人（含党政领导）	张爱峰	王云彪	沈　宏	赵军辉（—2019年3月） 耿　欣（2019年3月—）	李文哲（—2019年12月） 董海潮（2019年12月—）

续表

地市级局（公司）名称		西安市烟草专卖局（公司）	咸阳市烟草专卖局（公司）	宝鸡市烟草专卖局（公司）	渭南市烟草专卖局（公司）	铜川市烟草专卖局（公司）
所属县级单位		阎良区、临潼区、长安区、高陵区、鄠邑区、新城区、碑林区、莲湖区、灞桥区、未央区、雁塔区、蓝田县、周至县等13个县级烟草专卖局（分公司）以及1个高新分局（营销部）	秦都区、渭城区、兴平市、彬州市、长武县、淳化县、永寿县、旬邑县、礼泉县、乾县、武功县、三原县、泾阳县等13个县级烟草专卖局（分公司）	陇县、千阳县、扶风县、麟游县、凤县、岐山县、太白县、凤翔县、眉县、陈仓区金台区、渭滨区[1]等12个县级烟草专卖局（分公司）	华州区、韩城市、华阴市、合阳县、澄城县、大荔县、蒲城县、白水县、富平县、潼关县等10个县级烟草专卖局（分公司），以及1个直属分局（城区分公司）	耀州区、城区、宜君县等3个县级烟草专卖局（分公司）
总资产（万元）		428681	110694	94074	78792	21625
资产负债率（%）		11.65	7.52	7.46	18.78	11.09
从业人员（人）		1395	818	757	907	210
所属业务机构	营销机构	1个营销中心	1个营销中心	1个营销中心、1个电访中心	1个营销中心、1个电访中心	1个营销中心
	物流配送机构	1个物流分公司	1个物流分公司	1个物流分公司	1个配送分公司	1个物流分公司
	专卖稽查机构	1个专卖稽查支队、3个专卖稽查大队	1个专卖稽查支队、13个专卖稽查大队	1个专卖稽查支队、11个专卖稽查大队	1个专卖稽查支队、11个专卖稽查大队	1个专卖稽查支队、3个专卖稽查大队
	烟叶机构	—	1个烟叶分公司、5个收购站（点）、1个烟叶总库	1个烟叶分公司、1个烟叶中心库	—	—
烟农户数（户）		—	277	1132	—	—
实现烟农总收入（万元）		—	2098	7333	—	—
零售户数（户）		37152	16702	11190	16932	2882
零售户销售毛利率（%）		11.87	11.85	10.00	12.06	12.33

地市级局（公司）名称	商洛市烟草专卖局（公司）	汉中市烟草专卖局（公司）	安康市烟草专卖局（公司）	延安市烟草专卖局（公司）	榆林市烟草专卖局（公司）	杨凌示范区烟草专卖局（公司）
主要负责人/法定代表人（含党政领导）	洪　炜	许　刚	雷学锋	王进录（　2019年3月） 王　林（2019年3月—）	韦　卫	王绥延
所属县级单位	洛南县、丹凤县、商南县、山阳县、镇安县、柞水县等6个县级烟草专卖局（分公司），以及1个商州分局（分公司）	汉台区、南郑区、城固县、洋县、西乡县、勉县、宁强县、略阳县、镇巴县、留坝县、佛坪县等11个县级烟草专卖局（分公司）	汉滨区、汉阴县、石泉县、宁陕县、紫阳县、岚皋县、平利县、镇坪县、旬阳县、白河县等10个县级烟草专卖局（分公司）	吴起县、志丹县、安塞区、宝塔区、子长县、延川县、延长县、甘泉县、富县、洛川县、宜川县、黄陵县、黄龙县等13个县级烟草专卖局（分公司）	神木市、绥德县、榆阳区、府谷县、定边县、靖边县、横山区、米脂县、子洲县、清涧县、佳县、吴堡县、神府煤田等13个县级烟草专卖局（分公司）	—

续表

地市级局（公司）名称		商洛市烟草专卖局（公司）	汉中市烟草专卖局（公司）	安康市烟草专卖局（公司）	延安市烟草专卖局（公司）	榆林市烟草专卖局（公司）	杨凌示范区烟草专卖局（公司）
总资产（万元）		82894	95433	120000	68051	147171	6635
资产负债率（%）		11.11	19.71	20.67	31.91	25.08	11.04
从业人员（人）		744	736	901	910	664	45
所属业务机构	营销机构	1个卷烟营销中心	1个卷烟营销中心	1个卷烟营销中心	1个卷烟营销中心	1个卷烟营销中心	1个卷烟营销中心
	物流配送机构	1个物流分公司	1个物流分公司	1个物流分公司	1个物流分公司	1个物流分公司、5个物流中转站	1个物流中心
	专卖稽查机构	1个专卖稽查支队、7个专卖稽查大队	1个专卖稽查支队、11个专卖稽查大队	1个专卖稽查支队、10个专卖稽查大队	1个专卖稽查支队、13个专卖稽查大队	1个专卖稽查支队、13个专卖稽查大队	1个专卖稽查支队
	烟叶机构	1个烟叶分公司、1个烟叶技术中心、1个烟叶总库、1个烟叶集中库	15个烟叶站（点）	1个烟叶分公司、1个烟叶生产技术中心、1个烟叶总库、5个烟技部、35个烟叶站(点)	1个烟叶分公司、6个烟叶收购站（点）	—	—
烟农户数（户）		3843	1626	3394	756	—	—
实现烟农总收入（万元）		29397	11020	25200	5205	—	—
零售户数（户）		8406	15493	11884	10055	13986	742
零售户销售毛利率（%）		10.23	9.94	12.00	10.10	9.43	11.50

1.2019年9月，国家局、总公司印发《关于调整宝鸡市烟草专卖局（公司）所属部分机构的批复》（国烟人〔2019〕161号），同意新设立渭滨区、金台区烟草专卖局（分公司）。

◇撰稿：陈　霏；编辑：周　佳

甘肃省烟草专卖局（公司）

【专卖管理】　**打假打私**。2019年，甘肃省烟草专卖局以省政府开展的打击“食品、药品、农资、环境、烟草”五个领域违法犯罪行为专项行动为契机，深化联合打假工作机制。加强与省公安、交通、邮政等部门的协调联系，加大对物流寄递渠道和互联网、自媒体等重点环节、重点领域涉烟违法违规行为打击力度，切断非法卷烟的新型流通渠道。打造覆盖全省的涉烟情报分析平台，发挥省局打假打私指挥中心枢纽作用和各单位情报信息研判小组支点作用。

2019年，全省查处各类假私卷烟案件4411起，查获假私卷烟450件，破获案值100万元以上网络案件22起。公安、司法机关依法刑拘53人、批捕69人、判刑40人。涉案金额1000万元以上案件有7起，其中，兰州“3·30”走私雪茄烟网络案件和平凉“9·17”非法经营网络案件涉案金额均超过1亿元。白银“1·29”非法制售卷烟假冒商标案捣毁印刷工厂1家、制假窝点2处、成品仓库3处，是近年来甘肃省破获最大的一起非法制售原辅材料案件。

市场监管。坚持以信息化监管平台为依托，探索“线上+线下”相结合的市场监管方式，深化应用市场监管系统分析模型，推进传统监管向智慧监管转变。构建智慧监管“线上”平台，内部实现专卖、销售、内管等相关数据的互通互联，外部探索与省公安、市场监管、通信、邮政等相关数据的集成整合。优化升级专卖管理综合信息系统，实现一线专卖管理人员完成市场检查、案件查办全流程办理，全自动记录存档。加强“线下”重点环节监管，密切关注加热不燃烧烟草制品动态，敦促互联网电子烟店铺关闭和产品下架。

2019 年，全省查处真烟非法流通案件 6320 起，查获非法卷烟 5410 件。查处违法违规卖烟大户 116 户，依法取缔 24 户。市场管控率 94.16%。

内部专卖管理监督。突出市级公司经营和规范 2 个主体责任，坚持一案双查，对触碰专卖制度底线的违规经营问题彻查到底。全年未发生被国家局通报、督查、约谈、追责的不规范经营案件。开展《卷烟经营内部专卖管理监督工作指引（试行）》试点运行工作，以及“天价烟”问题专项检查和集中整治。对废弃烟草专卖品处置、烟叶种植合同签订、大田移栽情况、烟叶收购等进行 6 次专项监督检查。

“放管服”改革。开展行政审批事项清理，构建行政许可标准化体系，实现省市县三级局“同一事项、同一标准、同一材料、同一流程、同一时限”。基本实现零售许可申请“零材料”和申请人“零跑腿”，烟草零售许可新办事项压缩至 5 个工作日内办结。完成中小学校周边卷烟零售店清理整顿 982 户。

2019 年，行业一体化政务服务平台上线运行，省局专卖管理综合信息系统和网上办理平台与甘肃政务服务网、政务信息资源网完成对接，“一窗通办、一网通办、集成服务”工作格局基本形成。截至 2019 年底，全省有 4 个市级局和 72 个县级局进驻当地政府政务服务中心，进驻率 86.74%。

【卷烟（雪茄烟）经营】 **品牌培育**。2019 年，研究出台适应行业高质量发展的品牌培育规划，建立健全卷烟销售规则、品牌竞争机制、新品引入规则和品牌评价体系，实施品牌规格调控，促进品牌适度竞争、优胜劣汰，持续提高重点品牌和主导规格的集中度。2019 年，本地区销量居前三位的卷烟品牌为“兰州”“红塔山”“延安”，销量分别为 255.46 亿支（51.09 万箱）、38.34 亿支（7.67 万箱）、29.35 亿支（5.87 万箱）。全年销售雪茄烟 0.74 亿支，比上年增长 44.94%。

甘肃兰州新区局（营销部）政务服务窗口工作人员解答办证人员疑问

甘肃兰州市局　朵小亮　摄

销售网络建设。加强“互联网 + 新零售”的探索实践，打造“‘微商盟’订货平台、‘新商通’零售终端管理平台、‘陇之情’消费者服务平台”三大平台。进一步完善终端建设评价标准，确保现代终端标准过硬、质量过关。推进卷烟零售户全商品扫码、全店铺管理、多方式结算的业务模式。

截至 2019 年底，全省建成现代卷烟零售终端客户 2.76 万户，比重 23.2%；建成加盟终端客户 600 户，比重 0.5%；全商品扫码、全店铺管理、多方式结算客户 700 户，占现代终端的 2.5%。“新商通”使用客户、“微商盟”开通客户、“陇之情”注册会员分别达到 2.4 万户、8.8 万户和 20 万人。

市场化取向改革。坚持以市场需求为导向，进一步深化省级销售平台应用，推进数据集中和资源整合，建立省级销售监管常态化机制，加快推广工商网上配货模式。尊重和维护消费者、零售户、工业企业的权益，加快推动卷烟经营方式的转型。发挥省级卷烟销售平台的约束作用，最大限度减少人为因素干扰。开展市场化取向改革落实情况“回头看”，推动改革工作进一步落地见效。

客户服务。落实“135”工作法应用规范和客户经理工作规范等服务标准。2019 年，全省卷烟零售户满意度得分 90.75 分。以区（县）为单位有序开展客户经理服务片区轮换，轮换比例 50%。坚持公平投放货源，加强客户经营指导，卷烟零售户卷烟销售毛利率达到 12% 以上。

精益物流管理。承担行业精益物流重点研究，探索实践“互联网 + 烟草物流”新模式，落实物流非法人实体化运行管理细则，加强物流标准化建设，开展精益物流研究课题评选活动，推动精益管理与物流业务深度融合。采用低能耗、低排放运输工具和节能型绿色仓储设施，2019 年，包装箱返还和托盘联运分别完成全年任务的 201% 和 120.8%。

【烟叶生产】 **烟叶种植**。甘肃省局（公司）将计划资源向市场需求旺盛、风格特色突出、自然条件相对较好的区域转移，向有能力、诚信度高的烟农、家庭农场、职业烟农倾斜，提高户均种植规模和烟叶集中度。2019 年，全省发展烟叶种植万担乡 2 个，千亩村 4 个，800～1000 亩的种烟村 3 个，20 亩以上（含 20 亩）的家庭农场和职业烟农 520 户，种植面积 1.1 万亩。全面推进烟叶种植保险，实现烟叶种植保险制度全覆盖，为烟叶生产提供基础保障。培育职业烟农，重点提升育苗、机耕、植保、烘烤、分级等 5 个环节的专业化服务覆盖率，打造“种植在户、服务在社、专业合作”为核心的烟叶生产组织方式。2019 年，烟叶收购等级合格率 80.7%；实现烟农总收入（含产前投入补贴）6290.31 万元，烟农户均收入 3.42 万元。

现代烟草农业建设。加强新技术、新品种的试验与推广，2019 年，全省开展烤烟新品种筛选试验 460 亩，水肥一体化试验 130 亩、土壤保育有机无机肥料试验 80 亩，推广小苗膜下早栽技术 1.1 万亩。推行绿色生态防控技术，全省示范推广黄色诱虫板 1.7 万亩，烟蚜茧蜂绿色物理防控技术 4000 亩，性诱剂物理防控 60 亩。

提升机械化作业率，降低种烟劳动强度，在实现 100% 机械化耕地的基础上，机械化起垄、覆膜环节作业率分别达到 61.8%、45.2%。鼓励农户积极引进小农机，开展机械化剪苗和中耕作业，作业率分别达到 43.4% 和 3%。推广烟叶精益化生产管理 2.3 万亩，比上年增加 1.3 万亩。精益管理减工降本亩均 60.2 元。

发挥烟叶合作社专业服务、技术推广和组织烟农三大功能，全省烟叶合作社服务范围覆盖育苗、植保、分级等多个环节，合作社专业化育苗面积 1.2 万亩，植保面积 1.26 万亩。

促进烟农增收。利用建成的育苗工场和密集式烤房群发展种植蔬菜、药用菊花、食用菌等附加值高的经济作物，充分挖掘设施综合利用潜力，组织烟农就近开展劳务输出。2019 年，全省烟农通过开展多元化经营实现产值 1963 万元，实现净收入 1184 万元。

【管理创新】 推广数据标准体系信息系统，发挥信息化在简化程序、优化流程、降低成本等方面的作用。加快信息化项目建设，落实网络安全工作责任制，在公安部和省公安厅网络攻防演习中，阻断网络攻击 370 余万次、高危地址 1300 余个、高危攻击 8300 余次，形成演习防守成果 28 个。开展“管理诊断基层行”活动，全年查找管理问题 433 个，制定整改措施 584 项。

【特事辑要】 2019 年 3 月 20 日，甘肃省副省长李沛兴在甘肃烟草调研。

8 月 1—2 日，国家烟草专卖局党组书记、局长，中国烟草总公司总经理张建民在甘肃烟草调研。

2019年甘肃省烟草专卖商业主要情况统计

地市级局（公司）名称		兰州市烟草专卖局（公司）	天水市烟草专卖局（公司）	定西市烟草专卖局（公司）	酒泉市烟草专卖局（公司）	武威市烟草专卖局（公司）
主要负责人/法定代表人（含党政领导）		向　阳	孙　军（—2019年9月） 许祥波（2019年9月—）	张　毅	王进立	谢　东
所属县级单位		兰州新区、城关区、七里河区、安宁区、西固区、红古区、永登县、榆中县、皋兰县等9个县级烟草专卖局（营销部）	秦州区、麦积区、张家川回族自治县、清水县、甘谷县、秦安县、武山县等7个县级烟草专卖局（营销部）	安定区、临洮县、陇西县、岷县、通渭县、渭源县、漳县等7个县级烟草专卖局（营销部）	敦煌市烟草专卖局（公司），瓜州县、玉门市、肃州区、金塔县等4个县级烟草专卖局（营销部）	凉州区、民勤县、古浪县、天祝藏族自治县等4个县级烟草专卖局（营销部）
总资产（万元）		182716	58079	41928	37632	32029
资产负债率（%）		4.36	4.75	8.56	2.61	9.61
从业人员（人）		596	379	307	214	220
所属业务机构	营销机构	1个营销中心	1个营销中心	1个营销中心	1个营销中心	1个营销中心
	物流配送机构	1个物流配送中心	1个物流配送中心	1个物流配送中心	1个物流配送中心	1个物流配送中心
	专卖稽查机构	1个稽查支队、2个稽查大队	1个稽查支队、7个稽查大队	1个稽查支队、7个稽查大队	1个稽查支队、5个稽查大队	1个稽查支队、4个稽查大队
	烟叶机构	—	—	—	—	—
烟农户数（户）		—	—	—	—	—
实现烟农总收入（万元）		—	—	—	—	—
零售户数（户）		17436	14689	12363	6410	7432
零售户销售毛利率（%）		15.09	13.00	14.60	14.94	14.56

地市级局（公司）名称		张掖市烟草专卖局（公司）	庆阳市烟草专卖局（公司）	平凉市烟草专卖局（公司）	陇南市烟草专卖局（公司）	白银市烟草专卖局（公司）
主要负责人/法定代表人（含党政领导）		朵守红	魏小敏	王来云	牛　军	苏斌成
所属县级单位		甘州区、高台县、临泽县、山丹县、民乐县等5个县级烟草专卖局（营销部）	西峰区、合水县、华池县、环县、宁县、庆城县、镇原县、正宁县等8个县级烟草专卖局（营销部）	崆峒区、泾川县、灵台县、崇信县、华亭市、庄浪县、静宁县等7个县级烟草专卖局（营销部）	成县、徽县、两当县、西和县、礼县、文县、宕昌县、康县、武都区等9个县级烟草专卖局（营销部）	白银区、平川区、靖远县、景泰县、会宁县等5个县级烟草专卖局（营销部）
总资产（万元）		26344	62013	34909	49561	37548
资产负债率（%）		3.20	15.13	5.84	5.89	5.63
从业人员（人）		182	434	300	388	250
所属业务机构	营销机构	1个营销中心	1个营销中心	1个营销中心	1个营销中心	1个营销中心
	物流配送机构	1个仓储配送中心	1个物流配送中心	1个物流配送中心	1个物流配送中心	1个物流配送中心
	专卖稽查机构	1个稽查支队、5个稽查大队	1个稽查支队、8个稽查大队	1个稽查支队、7个稽查大队	1个稽查支队、9个稽查大队	1个稽查支队、5个稽查大队
	烟叶机构	—	3个烟叶收购站	—	3个烟叶收购站	—

续表

地市级局（公司）名称	张掖市烟草专卖局（公司）	庆阳市烟草专卖局（公司）	平凉市烟草专卖局（公司）	陇南市烟草专卖局（公司）	白银市烟草专卖局（公司）
烟农户数（户）	—	1364	—	474	—
实现烟农总收入（万元）	—	3457	—	2833	—
零售户数（户）	6384	10184	9800	11735	8816
零售户销售毛利率（%）	14.69	14.63	14.37	15.05	14.70

地市级局（公司）名称		金昌市烟草专卖局（公司）	嘉峪关市烟草专卖局（公司）	临夏回族自治州烟草专卖局（公司）	甘南藏族自治州烟草专卖局（公司）
主要负责人/法定代表人（含党政领导）		高鹏程	田富昌	金　明	李红地
所属县级单位		永昌县烟草专卖局（营销部）	—	临夏市、永靖县、临夏县、和政县、康乐县、广河县、东乡族自治县、积石山保安族东乡族撒拉族自治县等8个县级烟草专卖局（营销部）	舟曲县、临潭县、卓尼县、夏河县、迭部县、碌曲县、玛曲县、合作市等8个县级烟草专卖局（营销部）
总资产（万元）		15819	15195	25575	9676
资产负债率（%）		6.04	9.73	3.50	9.89
从业人员（人）		90	59	216	181
所属业务机构	营销机构	1个营销中心	1个营销中心	1个营销中心	1个营销中心
	物流配送机构	1个物流配送中心	—	1个物流配送中心	1个物流配送中心
	专卖稽查机构	1个稽查支队、1个稽查大队	1个稽查支队	1个稽查支队、8个稽查大队	1个稽查支队、3个稽查大队
	烟叶机构	—	—	—	—
烟农户数（户）		—	—	—	—
实现烟农总收入（万元）		—	—	—	—
零售户数（户）		2319	1522	7265	3839
零售户销售毛利率（%）		12.40	14.20	13.84	13.57

注：1. 2019年1月，国家局印发《关于调整平凉市局（公司）所属部分机构的批复》，撤销华亭县局，设立华亭市局，且华亭市局与华亭营销部合署办公。

◇ 撰稿：毕耜栋；编辑：周　佳

青海省烟草专卖局（公司）

【专卖管理】 ***卷烟打假打私***。2019年，青海省烟草专卖局健全完善卷烟打假制度体系，加强情报分析研判，以打网络为重点，联合侦办为抓手，开展“春雷”“铁拳”“利剑”等市场清理整顿专项行动。全年全省共查处各类涉烟违法案件327起，查获非法卷烟1017.09件，其中查获假烟194.19件，查获非法流通真烟820.17件，查获走私烟2.73件。破获符合国家局标准网络案件2起，符合省局标准网络案件7起。公安、司法机关依法刑拘11人，逮捕7人，判刑7人。

联合机制建设。加强内联外协，青海省局与陕西、甘肃烟草及青海省公安厅、西宁海关等单位建立联合执法协作机制。海东、海西、海北、海南、果洛等市州局也与当地公安、交通等部门建立联合机制，与市场监督管理部门开展，推进非法经营新型烟草制品专项治理、保护未成年人

免受电子烟侵害排查、中小学周边卷烟零售店清理等工作。

2019 年，青海省局稽查总队联合省公安厅经侦总队统筹部署，西宁、海东、格尔木市局深度参与，查办 1 起自省局组建以来现货案值最高、捣毁窝点最多的国家局三级重大假烟网络案件，涉案金额 2000 余万元；联合浙江省局和天津市局破获 1 起涉及新型烟草制品非法经营案件，案值 1000 余万元。

内部专卖管理监督。紧盯订单采集、货款结算、物流配送等关键环节，进一步完善内管工作制度，强化重点环节监管，加大对重点品牌、易外流品牌等核查力度。省局直接办理案件 1 起，督办案件 9 起，对内部不规范经营行为诫勉谈话 5 人、约谈 1 人，对 6 名处级干部和 1 家单位党组进行问责。全年未发生被国家局追责的卷烟外流案件。

【卷烟（雪茄烟）经营】 **强化品牌培育**。印发年度重点培育品牌（规格）目录，完善品牌引入退出管理机制，在销品牌规格比上年增加 14 个。加强重点品牌和“青海湖”专销品牌培育，全年销售重点品牌卷烟 103.1 亿支（20.63 万箱），实现销售额 65.43 亿元。销售细支烟、短支烟等创新产品 14.25 亿支（2.85 万箱）。销售低焦油（8 毫克/支及以下）品牌卷烟 34.46 亿支（6.89 万箱）。销售“青海湖”专销品牌卷烟 0.6 亿支（0.12 万箱）。

2019 年，全省在销行业重点品牌卷烟 30 个。卷烟销量比上年增长 10% 以上的品牌有“贵烟”“泰山”“黄山”等，销量比上年下降 10% 以上的品牌有“白沙”“双喜·红双喜”“红河”等。

零售终端建设。印发《全省卷烟零售终端建设实施意见》，推进终端建设，提升新零售系统使用率，强化加盟终端管理，开展终端建设情况评价，稳步推进合作终端建设。西宁、海西、格尔木、黄南等市（州）公司以优势互补、资源互用、创新共建为原则，与中国石油天然气集团公司、中国石油化工集团有限公司等企业开展终端合作新模式探索。全年新建直营终端 3 个，加盟终端 31 个，现代终端 208 个，合作终端 27 个，旅游终端 3 个。

销售和物流基础。印发《卷烟营销市场化取向改革工作实施意见》，确定 10 项主要举措推进市场化取向销售业务模式运行。组织开展“卷烟营销在基层”活动，进一步夯实销售基础。解决物流配送管理瓶颈，完成物流中心体制机制创新改革论证工作。优化整合中转干线，推动全省物流配送由行政区域向经济区域转变。异型烟技改项目进入试运行阶段，实现异型烟打码到条、分拣到户，为市场监管提供有力支撑。截至 2019 年底，全省卷烟零售户综合毛利率 11.14%。

雪茄烟销售。2019 年，全省国产雪茄烟销量为 115 万支，比上年下降 28.6%。实现国产雪茄烟销售额 161 万元，比上年增长 3.79%。

【高质量特色发展】 2019 年，青海省局（公司）党组把高质量特色发展作为解决青海烟草发展问题的关键，紧密结合全省烟草商业系统实际，组织调研论证和架构设计。印发《全省烟草系统高质量特色发展实施方案》（简称《实施方案》），全面统一思想认识，确定以《实施方案》为总纲、6 个子方案和 1 个专项规划为配套的“1+6+1”体系框架，明确“2+1+7”特色发展格局的目标，为化解发展面临的困难和风险，保证青海烟草长远可持续发展找准方向和路径。

2019 年 11 月，青海烟草举行“坚守高原终不悔、艰苦奋斗我来讲”巡回报告团座谈会

青海省局　供稿

【基础管理】 **财务审计管理**。持续强化财务管理监督职能，扎实开展资金风险专项检查。制定《会计基础工作规范操作指南》，完善《银行账户和存款管理办法》，会计基础和货币资金管理更加规范。印发《固定资产及无形资产管理办法》，加强资产归口管理。推行“1+N”审计模式，有序推进经济责任、工程项目、日常审计监督，开展审计自查整改“回头看”、行业“两项审计”问题自查自纠及工会经费、党费管理专项审计。

精益管理。总结提炼“1451”管理诊断工作法，推进对标管理和体系转版升级工作，14项对标指标中12项指标优于上年同期，指标提升率85.71%。全年完成降本增效目标55.53万元，完成国家局下达任务的111%。

网络信息建设。加快推进电子政务体系建设，完成青海烟草外部网站群建设，实施“商零配送无纸化交接服务”科技创新项目研发及运行。开展网络攻防和应急演练，确保青海烟草网络、系统安全稳定运行。

“放管服”改革。做好“互联网+政务服务”工作，全力落实“双随机、一公开”，全面推进行政许可标准化建设，健全行政许可管理相对人黑名单制度，零售许可证办理时限压缩至8个工作日以内。推进一体化政务服务平台建设，截至2019年底，全省烟草批发企业许可证、零售许可证、准运证全面实现电子化。

【特事辑要】 2019年8月2—4日，国家烟草专卖局党组书记、局长，中国烟草总公司总经理张建民在青海烟草调研，青海省副省长刘涛一同调研。

8月22日，青海省副省长刘涛在青海烟草调研指导工作。

2019年青海省烟草专卖商业主要情况统计

地市级局（公司）名称		西宁市烟草专卖局（公司）	海东市烟草专卖局（公司）	海西蒙古族藏族自治州烟草专卖局（公司）	格尔木市烟草专卖局（公司）	海北藏族自治州烟草专卖局（公司）
主要负责人/法定代表人（含党政领导）		李安益	王青萍	徐　凯	李　伟	杨立群
所属县级单位		湟中县、大通回族土族自治县、湟源县等3个县级烟草专卖局（营销部）	平安区、互助土族自治县、循化撒拉族自治县、化隆回族自治县、民和回族土族自治县、乐都区等6个县级烟草专卖局（营销部）	都兰县、乌兰县、天峻县、茫崖市、大柴旦行委等5个县级烟草专卖局（营销部）[1]	—	刚察县、祁连县、门源回族自治县等3个县级烟草专卖局（营销部）和海晏县1个县级烟草专卖局
总资产（万元）		40504	15775	7444	6169	3844
资产负债率（%）		14.31	9.27	8.24	5.93	8.53
从业人员（人）		224	171	80	54	73
所属业务机构	营销机构	1个营销中心	1个营销中心	1个营销中心	1个营销中心	1个营销中心
	物流配送机构	—	6个物流中转站	3个物流中转站	1个物流中转站	3个物流中转站
	专卖稽查机构	1个稽查支队、8个稽查大队	1个稽查支队、7个稽查大队	1个稽查支队、5个稽查大队	1个稽查支队	1个稽查支队、3个稽查大队
	烟叶机构	—	—	—	—	—
烟农户数（户）		—	—	—	—	—
实现烟农总收入（万元）		—	—	—	—	—
零售户数（户）		11508	5822	1663	1143	1184
零售户销售毛利率（%）		10.12	10.40	11.58	11.43	12.26

地市级局（公司）名称		海南藏族自治州烟草专卖局（公司）	黄南藏族自治州烟草专卖局（公司）	玉树藏族自治州烟草专卖局（公司）	果洛藏族自治州烟草专卖局（公司）
主要负责人/法定代表人（含党政领导）		陈永忠	李　铎	孟云雁（—2019年8月） 贺　斌（2019年8月—）	肖　鹏（—2019年8月） 祁永年（2019年8月—）
所属县级单位		共和县、贵德县、兴海县、贵南县、同德县等5个县级烟草专卖局（营销部）	泽库县、河南蒙古族自治县、同仁县、尖扎县等4个县级烟草专卖局（营销部）	称多县、杂多县、治多县、囊谦县、曲麻莱县等5个县级烟草专卖局（营销部）	久治县、达日县2个县级烟草专卖局（营销部）
总资产（万元）		4239	4306	9094	2973.00
资产负债率（%）		12.90	6.26	2.88	4.44
从业人员（人）		69	68	83	43
所属业务机构	营销机构	1个营销中心	1个营销中心	1个营销中心	1个营销中心
	物流配送机构	2个物流中转站	4个物流中转站	6个物流中转站	1个物流中转站
	专卖稽查机构	1个稽查支队、5个稽查大队	1个稽查支队、4个稽查大队	1个稽查支队、5个稽查大队	1个稽查支队、2个稽查大队
	烟叶机构	—	—	—	—
烟农户数（户）		—	—	—	—
实现烟农总收入（万元）		—	—	—	—
零售户数（户）		1691	836	654	427
零售户销售毛利率（%）		10.78	11.95	10.93	11.94

注：1.2019年9月，国家局印发国烟人〔2019〕159号文件，撤销茫崖和冷湖行委烟草专卖局，设立茫崖市烟草专卖局，茫崖市局和茫崖营销部合署办公。

◇ 撰稿：马世亮；编辑：周　佳

宁夏回族自治区烟草专卖局（公司）

【专卖管理】　**案件查处**。2019年，宁夏回族自治区烟草专卖局协同自治区公安、邮政、海关等部门召开3次联席会议，制定《打击互联网涉烟违法犯罪工作机制》《重大涉烟违法案件管理办法》《联合打击走私烟草专卖品协作机制》。开展物流寄递行业督导检查、“净网2019”、“雷霆—2号”等卷烟市场治理专项行动，始终保持联合打假打私高压态势。全年依法查处各类涉烟违法案件3618起，查获涉案卷烟1396件。查获符合国家局标准的网络案件3起，公安、司法机关依法刑拘59人，逮捕15人。

净化卷烟市场。落实卷烟市场监管“145”工作规范，应用卷烟市场检查APCD工作法，推进“双随机、一公开”“互联网+监管”工作，搭建运用市场分析模型831个，提升模型运行和市场检查效果，卷烟市场净化率始终保持在98%以上。强化对中小学校周边等涉烟领域的清理整顿，清理劝退中小学校周边卷烟经营户130户。

推进“互联网+政务服务”。完成与国家局、宁夏回族自治区政务服务平台对接，卷烟零售许可证在全自治区所有县级局实现无差别、同标准网上办理。优化服务流程，缩减审批时限，“网上办”“掌上办”智能化办证环境基本形成。截至2019年底，全自治区有11个县级局许可证办理业务进驻当地政务大厅，许可证5日办结率达到98%以上。

治理真烟非法流通。突出标准管理、源头监管、终端管控，突出加强“真烟异常流动和违规卖烟大户”治理，全年查处真烟非法流通案件1920起，比上年增长44.25%；查获涉案真烟1123件，比上年增长111.92%。

【卷烟（雪茄烟）经营】　**经营概况**。2019年，自治区烟草商业系统坚持“总量控制、稍紧平衡，增速合理、贵在持续”方针，突出市场状态“风向标”，完善信息采集机制，以终端库存、社会价格为依据开展销售策略调节；把握市场均衡“调控度”，围绕销量结构、各地市和区域客户间的均衡发展，进行定向调控、相机调控，抓好月度销售节奏和季度调控策略的有效监控、执行，保持卷烟销售平稳发展。本地区销量居前三位的卷烟品牌依次为“兰州”“白沙”“云烟”，销量分别为18.77亿支（3.75万箱）、14.59亿支（2.92万箱）、11.86亿支（2.37万箱）。全年销售手工雪茄烟规格8个。

2019 年 12 月，宁夏银川市局（公司）联合银川市公安、市场监管部门开展卷烟市场专项检查

宁夏银川市局　供稿

品牌培育。坚持“大品牌、大市场、大企业”发展战略，严格品牌规格配额总数上限管理，引入新品卷烟规格 10 个、退出 8 个，并将品类配额及品类宽度固化进省级卷烟营销平台，注重各类别结构梯次化上移。完善品牌培育机制，改进新品选户方式，将品牌导入期由半年延长至一年。

终端建设。坚持城乡一体、分类建设、分级服务的终端梯次化发展模式，构建涵盖加盟终端、现代终端、合作终端、普通终端的终端体系建设内容，形成全自治区统一的终端分级标准。推进以零包主导陈列改造为引领、“云 POS”和微信订货平台为突破的终端资源管理、开发和利用。截至 2019 年底，全自治区建成现代零售终端 7391 户，微信订货客户比重 72%；户均毛利额 3744 元，比上年增长 4.64%；客户满意度 93.04 分，连续八年位列行业第一名。

市场化取向改革。组织开展“回头看”活动，从思想转变、制度建立、规则执行、平台应用等方面找准存在问题，制定整改措施，进一步严格落实改革规定动作，推动卷烟业务模式稳健运行。在货源组织上，坚持“订单驱动、滚动配货、实时合同”模式，落实存销比管理要求，分级实施库存监控；在货源供应上，坚持“公平、公正、公开”原则，做到所有货源投放均有规则可依、按规则操作；在监督管理上，建立省级销售平台监管常态化机制，以监管促改革、促规范、促效率，深化卷烟销售市场化取向改革。

【管理创新】　**高质量发展**。研究出台《宁夏烟草系统高质量发展实施方案》，确定发展思路，明确建设任务，配套印发 37 条评价指标，从战略和全局高度，为推动宁夏烟草质量变革、效率变革、动力变革做好顶层设计。坚持层级管理和专业化分工，开展“十三五”规划中期评估，搞清楚制约高质量发展的问题症结，弄明白与实现高质量发展之间的差距原因，统筹兼顾做好打基础、固根本、利长远的事。

企业管理。坚持把降本增效作为推动高质量发展的重要抓手，紧盯重点环节加大工作力度，层级定目标、深挖潜，超额完成国家局下达的降本增效目标任务。持续优化定额标准体系，完成质量管理体系转版升级，将对标工作延伸拓展至县级局（分公司），开展“管理诊断基层行”活动，深化企业管理长效机制建设。

精益物流。紧抓减费增效关键节点，修订物流标准化体系，深化信息系统和成本费用管控，开展线路优化、流程再造、全员设备维保、现场网格化管理等精益物流活动，试点配送业务外包、电动送货车租赁，保持物流配送安全、稳定、绿色运行。全自治区人均分拣量比上年增加 124 箱，单车配送量比上年提高 43%，人均配送量比上年提高 21%；物流配送车辆比上年减少 20 辆。

创新研究。修订自治区局（公司）《科技创新成果奖励办法》，全年发布优秀 QC 成果 11 个，开展自治区级创新项目研究 7 个，征集优秀流程优化案例 10 个、优秀“一点课”20 篇。银川市公司 1 个 QC 小组成果获得中国烟草行业第三十届优秀质量管理小组成果发布会一等奖，取得历史性突破。

【特事辑要】　2019 年 1 月 25 日，宁夏区烟草专卖局（公司）召开 2019 年全自治区烟草商业系统工作会议。

4 月 23 日，宁夏区烟草专卖局（公司）举办“扛起共产党人的责任”党员集中公诺活动。

6月12日，国家局党组成员、副局长杨培森在宁夏回族自治区吴忠市红寺堡区调研。

8月21日，宁夏区烟草专卖局（公司）召开全自治区烟草商业系统各直属单位主要负责同志座谈会。

11月6—7日，国家烟草专卖局党组书记、局长，中国烟草总公司总经理张建民在宁夏回族自治区吴忠市红寺堡区调研。

2019年宁夏回族自治区烟草专卖商业主要情况统计

地市级局（公司）名称		银川市烟草专卖局（公司）	石嘴山市烟草专卖局（公司）	吴忠市烟草专卖局（公司）	固原市烟草专卖局（公司）	中卫市烟草专卖局（公司）
主要负责人/法定代表人（含党政领导）		金　伟	邹振军	张元锁	段金良	杨万龙
所属县级单位		永宁县、灵武市、贺兰县、兴庆区、金凤区、西夏区等6个县级烟草专卖局（分公司）	平罗县、惠农区、大武口区等3个县级烟草专卖局（分公司）	青铜峡市、盐池县、同心县、利通区、红寺堡区等5个县级烟草专卖局（分公司）	西吉县、彭阳县、隆德县、泾源县、原州区等5个县级烟草专卖局（分公司）	中宁县、海原县、沙坡头区等3个县级烟草专卖局（分公司）
总资产（万元）		93851	31487	36526	23094	23082
资产负债率（%）		4.84	4.45	5.45	14.32	7.00
从业人员（人）		355	149	229	209	159
所属业务机构	营销机构	1个卷烟营销中心	1个卷烟营销中心	1个卷烟营销中心	1个卷烟营销中心	1个卷烟营销中心
	物流配送机构	1个物流配送中心	1个物流配送中心	1个物流配送中心	1个物流配送中心	1个物流配送中心
	专卖稽查机构	1个稽查支队、6个稽查大队	1个稽查支队、3个稽查大队	1个稽查支队、5个稽查大队	1个稽查支队、6个稽查大队	1个稽查支队、4个稽查大队
	烟叶机构	—	—	—	—	—
烟农户数（户）		—	—	—	—	—
实现烟农总收入（万元）		—	—	—	—	—
零售户数（户）		11232	3445	5263	5252	4536
零售户销售毛利率（%）		15.12	15.07	15.56	14.75	14.68

◇撰稿：潘　亮；编辑：周　佳

新疆维吾尔自治区烟草专卖局（公司）

【专卖管理】　*打私打假*。2019年，新疆维吾尔自治区烟草专卖局与乌鲁木齐海关缉私局签订《关于建立打击走私烟草专卖品合作机制框架协议》。在与自治区海关、公安、邮政、网安、铁路等单位和部门建立协作机制的基础上，不断完善工作制度，推动多主体主动履职的“大协同格局”建设，并全力建设以霍尔果斯口岸为轴心，一线封堵、沿线拦截、面源控制、全自治区联动的综合治理工作体系。2019年，全自治区查处各类涉烟违法案件3896起，其中，案值5万元以上案件159起；查获各类非法卷烟4505.67件，案值6632.84万元，涉案金额1.76亿元。

“1·22”走私加热不燃烧新型烟草制品特大案件。成立“1·22”工作专班，对该案件进行侦办，打击走私团伙8个，刑事立案13起，公安、司法机关依法抓获犯罪嫌疑人70余人，追究刑事责任43人，现场查扣烟草制品300件，案值总计5096万元。

新疆“8·1”特大卷烟制假网络案件。该案是乌鲁木齐市局侦破的一起涉及地域广、案值金额大、组织严密的团伙性涉烟违法网络案件，侦办过程横跨4个省市，历时4个月，公安、司法机关依法抓获犯罪嫌疑人10人，查获涉案卷烟732.34件，激光打码机3台，案值780余万元。

新疆“7·18”特大雪茄烟走私网络案件。该案是乌鲁木齐市局侦破的重大走私雪茄烟案件，办理过程横跨7个省市，公安、司法机关依法抓获犯罪嫌疑人12人，查获涉案雪茄烟4.6万余支，案值约3000万元。

市场监管。完善以“双随机、一公开”监管为基本手段，以重点监管为重要补充，以信用监管为基础的新型市场监管模式，通过推行市场管理员片区责任制，深化市场管理员网格化管理。与自治区市场监督管理局联合开展电子烟监管专项行动，完善落实《关于进一步保护未成年人免受电子烟侵害的通告》合作机制，形成电子烟监管强大合力。通过建立守法诚信、违法失信市场主体认定标准，明确对依法诚信主体的激励和对违法失信主体的惩戒措施，形成让守信者受益、失信者受限的奖惩机制。

【卷烟（雪茄烟）经营】 **品牌培育及市场发展**。加大品牌精简力度，2019年全自治区在销卷烟规格总数从年初187个精简到165个，有效提高品牌集中度和货源供给效率。持续优化品牌布局，探索研究客户、区县和地市“三级联动”品牌优化工作机制，促进区域市场优化品牌宽度，减少低效规格，盘活零售户资金。提高品牌培育实效，结合市场实际找准价区增补空间，加强新品后期跟踪维护，提升新品培育实效。

市场化取向改革。提升信息采集质量，将采集数据对接至省级销售平台。提升市场响应能力，及时调整产品投放策略，满足区域市场消费需求，保持“市场供求基本满足、零售户有所选择、零售价格相对稳定、市场运行规范有序”的良好状态。提升精准投放能力，优化客户分档指标，缩短分档周期，提升档位划分科学性。提高规范经营能力，修订客户分档、货源投放、信息公开等6个工作规范。

零售终端建设。以建设现代终端为核心，提升渠道掌控力，形成“直营终端、加盟终端、现代终端、合作终端、普通终端”五位一体、逐级引领的零售终端架构体系。推进新零售终端信息系统、零售户服务平台、消费者服务平台与省级卷烟销售平台、V6销售业务系统的有效对接，构建工商零消一体化的信息共享平台。召开全自治区网络建设现场会，推广乌鲁木齐新零售系统试点经验，加快推动现代终端向“全商品扫码、全店铺管理、全方式支付”的数字门店转型。试点探索建设新疆烟草“丝路香韵”流通品牌，通过梯次化布局、标准化设计、智能化系统、菜单化服务，输出流通品牌、形象标识、管理系统、业务模式，提升流通品牌的消费公信力和品牌效应。

雪茄烟品牌培育。在乌鲁木齐市公司专营店设雪茄烟专柜，工商协同开展培训，逐步提升零售户和消费者对雪茄烟品牌的认知度。2019年，全自治区有在销雪茄烟品牌6个，32个规格。销售雪茄烟621.4箱。

【交流与合作】 2019年，新疆烟草进出口有限责任公司拥有总资产5402.2万元，其中，固定资产65.67万元、流动资产5202.72万元，资产负债率13.64%。实现税利5698.81万元，其中利润751.03万元。

2019年，公司先后到甘肃、广西、青海、银川等省公司卷烟销售部门进行走访，协调代理进口卷烟销售工作。会同中烟英美公司对自治区公司，乌鲁木齐、伊犁、博州等地市级局（公司）进行调研，了解“555”品牌卷烟销售状况。衔接卷烟工业企业，寻找新的业务增长点，着重关注广

2019年6月28日，新疆吐鲁番市局（公司）开展“感党恩　守初心　担使命”庆“七一”主题活动

新疆吐鲁番市局　李　纬　摄

西、甘肃、江西等3个省卷烟工业企业库存烟叶，在进出口公司、工业企业、外商企业之间寻求三方合作方式。

【基础管理】 ***规范管理***。开展"天价烟""样品烟""基层减负年""政治生态突出问题"等专项治理，完成对4家地市级局（公司）党组的常规巡察，并延伸巡察12家县级局，发现和整改问题70项，追责问责17人次，推动修订完善制度98项。拓宽内部审计功能，建立"底稿制＋清单制＋主审责任制"工作机制，全年完成全自治区烟草商业系统11家单位经济责任审计及工会财务收支审计，发现审计问题49项，提出审计建议38条，移交审计问题2项。

精益管理。2019年，全自治区烟草工商一体化物流配送中心正式投入使用，设计仓储能力40亿支（8万箱），年分拣能力45亿支（9万箱）。"1＋3"地区（乌鲁木齐＋塔城、昌吉、吐鲁番）分拣作业项目取得阶段性进展。完成对伊犁、巴州、阿克苏、喀什公司的物流技改项目终验，人均分拣效率由原来的100万支/小时提升至300万支/小时。

【特事辑要】 2019年1月25日，新疆维吾尔自治区局（公司）在乌鲁木齐市召开自治区烟草工作会议。

2月14日，新疆维吾尔自治区副主席赵冲久在新疆烟草调研指导工作。

9月18日，新疆维吾尔自治区局（公司）在乌鲁木齐召开自治区卷烟营销网络建设现场会。

10月9—11日，国家局党组成员、副局长徐瑆在新疆烟草调研。

2019年新疆维吾尔自治区烟草专卖商业主要情况统计

地市级局（公司）名称	乌鲁木齐市烟草专卖局（公司）	昌吉回族自治州烟草专卖局（公司）	新疆维吾尔自治区石河子市烟草专卖局、新疆烟草兵团石河子有限公司	博尔塔拉蒙古自治州烟草专卖局（公司）	伊犁哈萨克自治州烟草专卖局（公司）
主要负责人/法定代表人（含党政领导）	秘秀峰	商志刚	党委书记、董事长、总经理：李　栋（—2019年7月）；党委副书记、副总经理：王秀娟（2019年7—12月，主持工作）；党委书记、董事长：王志勇（2019年12月—）；局长：林　岳（—2019年1月）邵　岩（2019年1月—）	李　方	郜生权
所属县级单位	—	昌吉市、五家渠市、阜康市、呼图壁县、玛纳斯县、吉木萨尔县、奇台县、木垒哈萨克自治县等8个县级烟草专卖局	—	博乐市、阿拉山口市、精河县、温泉县、双河市等5个县级烟草专卖局	伊宁市、伊宁县、霍城县、察布查尔锡伯自治县、巩留县、新源县、特克斯县、昭苏县、尼勒克县、霍尔果斯市、可克达拉市等11个县级烟草专卖局
总资产（万元）	56608	14357	17949	10898	33552
资产负债率（%）	35.24	44.61	17.34	79.86	86.84
从业人员（人）	448	243	129	86	215

续表

地市级局（公司）名称		乌鲁木齐市烟草专卖局（公司）	昌吉回族自治州烟草专卖局（公司）	新疆维吾尔自治区石河子市烟草专卖局、新疆烟草兵团石河子有限公司	博尔塔拉蒙古自治州烟草专卖局（公司）	伊犁哈萨克自治州烟草专卖局（公司）
所属业务机构	营销机构	1个营销管理中心	1个营销中心	1个营销管理中心	1个营销中心	1个营销中心
	物流配送机构	1个物流配送中心	1个物流配送中心	1个物流配送中心	1个物流配送中心	1个物流配送中心、5个物流中转站
	专卖稽查机构	1个稽查支队	1个稽查支队、8个稽查大队	1个稽查支队	1个稽查支队	1个稽查支队、3个稽查大队、1个莫合烟稽查支队
	烟叶机构	—	—	—	—	—
烟农户数（户）		—	—	—	—	—
实现烟农总收入（万元）		—	—	—	—	—
零售户数（户）		13027	8678	3071	2691	8664
零售户销售毛利率（%）		16.05	15.68	15.23	14.97	15.22

地市级局（公司）名称		克拉玛依市烟草专卖局（公司）	塔城地区烟草专卖局（公司）	阿勒泰地区烟草专卖局（公司）	吐鲁番市烟草专卖局（公司）	哈密市烟草专卖局（公司）
主要负责人/法定代表人（含党政领导）		曾广宇	谭　军	张新兵	姜朝斌	王　勇（—2019年1月） 董正森（2019年1月—）
所属县级单位		克拉玛依区、白碱滩区、乌尔禾区、独山子区等4个县级烟草专卖局	塔城市、额敏县、沙湾县、乌苏市、奎屯市、托里县、裕民县、和布克赛尔蒙古自治县等8个县级烟草专卖局	阿勒泰市、北屯市、布尔津县、福海县、富蕴县、吉木乃县、哈巴河县、青河县等8个县级烟草专卖局	高昌区、托克逊县、鄯善县等3个县级烟草专卖局	伊州区、巴里坤哈萨克自治县、伊吾县等3个县级烟草专卖局
总资产（万元）		8925	17360	12143	3284	8803
资产负债率（%）		79.11	70.85	79.30	13.45	68.61
从业人员（人）		77	189	138	104	114
所属业务机构	营销机构	1个营销中心	1个营销中心	1个营销中心	1个营销中心	1个营销中心
	物流配送机构	1个物流配送中心	1个配送中心	1个物流配送中心	1个物流配送中心	1个物流配送中心
	专卖稽查机构	1个稽查支队	1个稽查支队、8个稽查大队	1个稽查支队	1个稽查支队、3个稽查大队	1个稽查支队、3个稽查大队
	烟叶机构	—	—	—	—	—
烟农户数（户）		—	—	—	—	—
实现烟农总收入（万元）		—	—	—	—	—
零售户数（户）		2110	7012	3856	3523	3927
零售户销售毛利率（%）		15.56	15.44	15.81	15.29	15.17

地市级局（公司）名称	巴音郭楞蒙古自治州烟草专卖局（公司）	阿克苏地区烟草专卖局（公司）	喀什地区烟草专卖局（公司）	和田地区烟草专卖局（公司）
主要负责人/法定代表人（含党政领导）	白玉龙（—2019年4月） 王　霞（2019年4月—）	包　利	岳　坤	梅方柏（—2019年12月） 王　春（2019年12月—）

续表

地市级局（公司）名称		巴音郭楞蒙古自治州烟草专卖局（公司）	阿克苏地区烟草专卖局（公司）	喀什地区烟草专卖局（公司）	和田地区烟草专卖局（公司）
所属县级单位		库尔勒市、铁门关市、焉耆回族自治县、博湖县、和静县、和硕县、轮台县、尉犁县、若羌县、且末县等10个县级烟草专卖局	库车县、沙雅县、新和县、拜城县、阿瓦提县、温宿县、乌什县、柯坪县、阿克苏市、阿拉尔市等10个县级烟草专卖局	喀什市、英吉沙县、莎车县、泽普县、叶城县、岳普湖县、伽师县、麦盖提县、疏勒县、疏附县、巴楚县、图木舒克市、乌恰县、阿图什市、阿克陶县等15个县级烟草专卖局	皮山县、墨玉县、和田市、洛浦县、策勒县、于田县、民丰县、昆玉市等8个县级烟草专卖局
总资产（万元）		21663	20580	27999	13145
资产负债率（%）		47.60	62.75	76.93	91.05
从业人员（人）		200	237	224	128
所属业务机构	营销机构	1个营销中心	1个营销中心	1个营销中心	1个营销中心
	物流配送机构	1个物流配送中心	1个物流配送中心	1个物流配送中心	1个物流配送中心
	专卖稽查机构	1个稽查支队	1个稽查支队	1个稽查支队	1个稽查支队
	烟叶机构	—	—	—	—
烟农户数（户）		—	—	—	—
实现烟农总收入（万元）		—	—	—	—
零售户数（户）		9133	8683	8821	4516
零售户销售毛利率（%）		15.41	15.58	15.26	15.22

◇ 撰稿：韩　敏；编辑：周　佳

大连市烟草专卖局（公司）

【专卖管理】　**案件查办**。2019年，大连市烟草专卖局健全“政府领导、部门联合、多方参与、密切协作”打假打私体系，与内蒙古自治区局、黑龙江省局、吉林省局、辽宁省局建立东北五省（市、自治区）全面加强区域联合执法协作机制；与市邮政管理局签订《关于建立物流寄递环节打击涉烟违法犯罪协作机制的意见》，确保打假打私全覆盖；织密联合监管“防控网”，与市公安、海关、海警、邮政管理等部门开展联合执法办案，其中赴异地办案21次。全年查处各类涉烟违法案件418起，其中，案值1万元以上案件121起，追刑案件10起。符合国家局标准的网络案件2起，符合市局标准的网络案件4起。查获非法卷烟845.17件，案值652.12万元。

内部专卖管理监督。对重点客户进行分类管理，加强对异常客户信息预警排查，跟进卷烟异常流动案件调查。整顿规范客户货款结算，专项整治相同ID订货和同一设备代订货问题，坚决遏制真烟异常流动。分级制定《卷烟经营内部专卖管理监督工作细则》。加强内部日常监管和检查抽查力度，全年开展内管专项集中检查1次，抽查卷烟打扫码12次，检查送货线路96条、送货人员118人次，抽查自营店78户次，走访调查销量异常客户3279户次、疑似相同微信ID订货客户58户次。

市场监管。对辖区完成清退注销违法违规大户开展“回头看”工作，全年走访清退市场户209户次，检查卷烟销售大户194户次，严防大户问题“死灰复燃”。开展“百日会战”专项整治行动，试点推动市场监管网格与社区治理体系融合，全面启动“互联网+监管”系统应用。完成行业一体化在线政务服务平台试点任务，推进实施简化品牌连锁便利店烟草经营审批手续试点工作。整合政务服务资源，烟草专卖许可证网上办理平台、微信办理平台上线运行，并融入全市“一网通办”政府服务平台，线上办证率69%。截至2019年底，大连市有持证卷烟零售户2.71万户。

【卷烟（雪茄烟）经营】　**卷烟品牌培育**。实施“大品牌、大市场、大企业”发展战略，制定全年品牌布局规划，调整品类划分依据，优化品类配额方法，精简品牌规格数量，截至2019年底，各价位段主导、护卫和潜力规格梯次发展品牌格局逐步形成。邀请行业专家、零售户、消费者开展卷烟新品三级测评，提高新品引入成功率。坚持用数据驱动品牌培育，运用“一面四率”数据指标评判品牌市场状态。发展“细短中”创新品类，推动消费结构持续上移。2019 年，本地区销量居前三位的卷烟品牌为“红塔山”“长白山”“南京”，销量分别为 18.49 亿支（3.7 万箱）、13.59 亿支（2.72 万箱）、12.73 亿支（2.55 万箱）。

卷烟销售网络建设。推进“4S”（Smoking、Show、Sale、Survey）直营终端建设，2019 年，新建成“金叶春天便利”直营终端 2 家。持续提升加盟终端建设管理质量，累计建成加盟终端 300 余家，运行优质率保持 100%。坚持扩容提质两手抓，实施多维评价分级管理，累计建成新现代终端 3328 家。规范证件价签摆放，规范卷烟商品陈列，夯实终端网络建设基础，累计建成“双规范”普通终端 9420 家。组织大连商场、联华快客、苏宁小店等合作终端座谈交流，拓宽合作领域，丰富合作方式。优化农网终端布局，完成农网示范街、示范村和示范区建设。

“金叶春天便利”流通品牌建设。2019 年 5 月，“金叶春天”通过国家商标注册。修订《大连烟草加盟终端建设指引》，完善准入条件、形象设计、系统运行等标准，提升“金叶春天便利”流通品牌建设质量。开展“全付通”满减活动，优化“新商通”零售终端管理平台功能，统一标准实行全商品扫码、全店铺管理、多方式支付，提高终端信息采集精准度。举办首届金叶春天便利加盟店年会，开展运维技能提升培训，开设终端经营管理大讲堂。组织 300 户“金叶春天便利”店主到四川中烟、湖南中烟、浙江中烟学习卷烟品牌文化、现代制造工艺和先进经营管理方法，增强流通品牌软实力。组织加盟客户签署合作协议，强化流通品牌法务管理，防范品牌运营法律风险和失信行为发生。

雪茄烟经营。坚持中式雪茄烟发展方向，着力培育国产中高端雪茄烟，有序清退卷烟型低效雪茄烟。2019 年，实现雪茄烟销量 2754.92 万支，比上年增长 119%。

【法治烟草建设】 面向公众开展“6·29”烟草专卖法颁布纪念日、“12·4”全国法制宣传日等普法宣传教育系列活动。成立普法讲师团，创新采用“预约式”“菜单式”“网+式”等普法新模式，面向全市烟草商业系统员工进行普法授课 30 余场次。组织行政执法服务基层专项调研，举办大连烟草大讲堂民法知识专题讲座。发布现行有效制度文件正面清单，扩充 5 家知名律师事务所供应商库，编制烟草专卖法律汇编 60 册。开展卷烟真伪咨询鉴别服务，全年接待消费者真假烟咨询 155 件，鉴别卷烟 5.2 万支；举办真假烟识别培训 11 场次，参加人员 260 余人次。

【销售服务信息化】 持续深化“微商盟”移动订货平台、“新商通”零售终端管理平台和“春天服务”新零售销售平台应用，丰富组合支付、盈利查询、微信小程序订货等功能。搭建现代终端运行管理平台，监控终端数据运行质量；挖掘终端扫码数据价值，采用大数据、人工智能等技术，构建终端运行质量智能评价模型和品牌状态判定模型。截至 2019 年底，全市超过 81% 的零售户绑定“微商盟”移动订货平台，75% 的客户以微信订货为主。全年“新商通”零售终端管理平台完成交易 1.51 亿笔，实现交易额 63.33 亿元，采集卷烟消费数据 7115 万条。

2019 年 12 月 22 日，大连市局（公司）举办首届“金叶春天便利”加盟店年会

大连市局　孙家辉　摄

【物流管理创新】 着力打造智慧物流，引入视觉检测技术，通过立体成像、平面识别、条码扫面，在行业内率先实现卷烟入库无人自动识别。释放精益物流管理效能，立足“以送订访”模式，聚焦交叉、迂回线路，调整市区客户订货周期，优化卷烟配送网络。持续推动绿色物流建设，购置 10 台充电

桩、10 辆新能源车并正式投入使用，主城区新能源车占比 39%。

【特事辑要】 2019 年 3 月 15 日，国家版权局为大连市局（公司）“新商通”零售终端管理系统和“春天服务”新零售销售平台颁发软件著作权登记证书。

5 月 14 日，国家知识产权局正式签发“金叶春天”注册商标。

7 月 29 日，大连市局（公司）首家“金叶春天便利”青华超市加盟终端在庄河市挂牌营业，标志着大连烟草流通品牌建设迈出关键一步。

9 月 5 日，大连市副市长张志宏在大连市局（公司）调研烟草工作。

12 月 22 日，大连市局（公司）以“相约春天 携手共赢”为主题，举办首届金叶春天便利加盟店年会。大连市副市长张志宏出席并讲话。

2019 年大连市烟草专卖商业主要情况统计

区局（公司）名称		中山区烟草专卖局（分公司）	西岗区烟草专卖局（分公司）	沙河口区烟草专卖局（分公司）	甘井子区烟草专卖局（分公司）	旅顺口区烟草专卖局（分公司）
主要负责人/法定代表人（含党政领导）		李建波（—2019 年 7 月） 曲新德（2019 年 7 月—）	温景全（—2019 年 7 月） 杜 萍（2019 年 7 月—）	冉 仪	唐功杰（—2019 年 7 月） 蔺 雁（2019 年 7 月—）	王仁君
所属县级单位		—	—	—	—	—
总资产（万元）		—	—	—	—	—
资产负债率（%）		—	—	—	—	—
从业人员（人）		24	22	28	49	41
所属业务机构	营销机构	1 个销售管理科	1 个销售管理科	1 个销售管理科	1 个销售管理科	1 个销售管理科、2 个市场部
	物流配送机构	—	—	—	—	—
	专卖稽查机构	1 个专卖监督管理科（专卖稽查支队）	1 个专卖监督管理科（专卖稽查支队）	1 个专卖监督管理科（专卖稽查支队）	1 个专卖监督管理科（专卖稽查支队）	1 个专卖监督管理科（专卖稽查支队）
	烟叶机构	—	—	—	—	—
烟农户数（户）		—	—	—	—	—
实现烟农总收入（万元）		—	—	—	—	—
零售户数（户）		1307	913	1752	4450	1653
零售户销售毛利率（%）[1]		—	—	—	—	—

区局（公司）名称	金州区烟草专卖局（分公司）	普兰店区烟草专卖局（分公司）	瓦房店市烟草专卖局（分公司）	庄河市烟草专卖局（分公司）	长海县烟草专卖局（分公司）
主要负责人/法定代表人（含党政领导）	王发令（—2019 年 7 月） 高 瑞（2019 年 7 月—）	董广明	薛云丽	张 宏	曲新德（—2019 年 7 月） 刘明帅（2019 年 7 月—）
所属县级单位	—	—	—	—	—
总资产（万元）	—	—	—	—	—
资产负债率（%）	—	—	—	—	—
从业人员（人）	67	69	75	69	14

续表

区局（公司）名称		金州区烟草专卖局（分公司）	普兰店区烟草专卖局（分公司）	瓦房店市烟草专卖局（分公司）	庄河市烟草专卖局（分公司）	长海县烟草专卖局（分公司）
所属业务机构	营销机构	1个销售管理科、4个市场部	1个销售管理科、5个市场部	1个销售管理科、5个市场部	1个销售管理科、5个市场部	1个销售管理科
	物流配送机构	—	—	—	—	—
	专卖稽查机构	1个专卖监督管理科（专卖稽查支队）	1个专卖监督管理科（专卖稽查支队）	1个专卖监督管理科（专卖稽查支队）	1个专卖监督管理科（专卖稽查支队）	1个专卖监督管理科（专卖稽查支队）
	烟叶机构	—	—	—	—	—
烟农户数（户）		—	—	—	—	—
实现烟农总收入（万元）		—	—	—	—	—
零售户数（户）		5617	3508	3618	3717	538
零售户销售毛利率（%）[1]		—	—	—	—	—

注：1. 因大连市公司与合作的市场调查公司于2019年终止合作，故无法准确估算2019年各分公司零售户销售毛利率。

◇ 撰稿：贯效伟；编辑：周 佳

深圳市烟草专卖局（公司）

【专卖管理】 *打假打私*。2019年，深圳市烟草专卖局与市公安经侦局共同成立的打击制售假冒卷烟违法犯罪情报研判中心正式挂牌，截至2019年底，储存各类信息近10万条，向各单位反馈线索91条，查获违法卷烟372.24件，案值455.79万元，抓获涉案嫌疑人15人。加强与各执法部门协作配合，强化区域协作，与东莞、惠州签署《关于跨区联动打击涉烟违法犯罪活动的协议》，保持深莞惠联动监管高压态势，多次开展情报传递和联合办案。全年开展“春雷一号”“云枭二号”2次专项整治行动，并配合广东省局参与“DS系列2019”“粤鹰”专项行动，构建起“大广东”打假打私防线。

全年查处各类涉烟违法案件1468件，案值1.28亿元，其中案值100万元以上案件33件。查获非法卷烟1.49万件，其中假烟9060件，走私烟及出口回流卷烟4612件。公安、司法机关依法拘留324人，逮捕232人。

重大案件。南山“1·28”非法销售加热卷烟案。该案嫌疑人通过互联网发布售烟信息，销售区域面向全国，以物流快递发货、第三方支付的方式完成交易。专案组经过近3个月的侦查，在现场查获5654条加热卷烟，货值100.44万元，抓获涉案人员3人。截至2019年底，该案是

2019年3月，深圳市龙岗区局联合市公安机关、网格部门成功破获一起运销假烟案

深圳市龙岗区局 肖太锾 摄

深圳市查获加热卷烟烟支数量最大的案件。

龙岗"3·5"非法运输中转分销案。该案嫌疑人从粤东地区运输非法卷烟到深圳物流场站再通过快递、小货车进行分销，影响范围广大。通过侦查，专案组捣毁龙岗街道某物流场站和坪地街道某仓库的2个窝点，查获184件卷烟和17万支成品散装烟支，货值196.59万元，抓获嫌疑人4人。

内部专卖管理监督。加大对物流送货、销售规则执行、货源投放及大户治理的监管力度。全年深圳市局外流卷烟411.70万支，比上年下降22.42%。及时筛选和调查处理6.23万笔国标预警与27项过程预警，下发调查函5份。

市场监管工作。市场监管工作模式有效融合，不断推进以"双随机、一公开"监管、APCD重点监管和专卖网格化管理"三合一"的市场监管新模式。推动烟草行业"互联网+监管"系统的应用，完成系统部署、信息维护、数据对接等工作，实现监管检查结果和行政处罚结果推送到国办平台，接受社会监督。

证件管理工作。对《深圳市烟草专卖零售许可负面清单》进行修订，制定并发布《深圳市烟草专卖零售不予许可情形》，进一步规范许可审批行为。在全市范围内集中组织开展针对中小学校、青少年宫周边卷烟零售店的集中清理整顿行动，有效强化行政许可后续监管。研究解决雪茄烟零售户证照问题，防范监管风险。截至2019年底，全市有持证卷烟零售户4.99万户，入网户4.83万户。

【卷烟（雪茄烟）经营】 **品牌培育**。制定《2019年深圳烟草品规发展规划》，全面优化品规布局，全年全市在销国产卷烟品牌60个，进口品牌12个；在销卷烟总规格505个，其中国产在销卷烟规格（雪茄烟除外）329个。全市引进国产新品卷烟（雪茄烟除外）43个，退出63个。销售全国重点品牌卷烟259.95亿支（51.99万箱），比上年增长0.8%。纳入"311"品牌培育（各区公司培育3个重点品牌规格、客户经理小组协同培育1个重点品牌规格、客户经理单兵培育1个重点品牌规格）的品牌规格有141个，品牌培育覆盖90%的工业企业。

本地区销量居前三位的卷烟品牌依次为"双喜（含'双喜·好日子'）""芙蓉王""中华"，销量分别为107.04亿支（21.4万箱）、39.01亿支（7.8万箱）、14.94亿支（2.99万箱）。

现代零售终端建设。做好"深圳特专"现代卷烟零售终端体系质量建设，优化建设过程管理，严格执行评价进退标准，有序开展现代终端质量评估、维护工作。全年清退不合格"深圳特专"645户，新建优质商户1061户，总数保持在全市客户数的15%左右，实现终端进退良性循环。

现代卷烟物流建设。创新无人值守备件库管理，提升备件管理水平；研究异型烟分拣，提高异型烟分拣效率；"一种异型件烟与标准件烟共线入库系统""一种标准烟贴标与核对工作台"获得国家专利授权；《异型烟入库系统的设计与应用》在中文核心期刊《烟草科技》上发表；"件烟入库系统异标合一功能的开发"技术攻关项目获得全国烟草行业第三十届优秀质量管理小组成果发布会二等奖。全年对系统进行各类有效运维500余次（项），使用备件700余个（件），保障设备有效作业率稳定在99%以上、卷烟破损率少于0.001%。

2019年，物流中心累计完成卷烟入库55.4万箱，比上年增长4%；累计完成卷烟出库54.8万箱，比上年增长2%，全年卷烟入库准确率、扫码率均为100%。累计完成条烟分拣1.37亿条，比上年增加113万条，卷烟分拣破损率小于0.01‰，卷烟分拣差错率小于0.01‰，订单差错率小于0.1‰。

【管理创新】 结合跨行结算新模式优化卷烟变价流程，执行卷烟按时变价，全年有41个规格的卷烟进行调价。2019年，全市卷烟零售户满意度85.95分，比2018年提高1.55分。

物流中心的"异标件烟混合入库系统的开发"获得全国烟草行业第三十届优秀质量管理小组成果发布会商业企业二等奖；南山区局（公司）"点个赞"小组的"设计办公设备小程序码说明书"和福田区局（公司）"素心无尘"小组的"创建党建共建新模式"分别获得深圳市优秀质量管理小组（QC小组）活动成果铜奖和优秀奖。

龙华区局（公司）推进直营终端升级改造工作，依托"青年创客"打造深圳烟草首家一方盒ABOX智慧门店，探索新形象、新技术、新体验、新产品、新模式等新零售要素在烟草零售终端建设中的具体应用，在11月举行的2019年国际雪茄博览会（深圳）上，深圳烟草一方盒ABOX智慧门店作为展会参观内容之一，行业内外50余家单位现场进行交流指导。

【特事辑要】 2019年2月19日，深圳市烟草专卖局公路分局举行成立揭牌仪式。

2月20—22日，国家烟草专卖局党组书记、局长，中国烟草总公司总经理张建民在广东、深圳烟草调研。

2月21—22日，由外交部、国家卫生健康委员会、工业和信息化部、财政部、国家市场监督管理总局、国家烟草专卖局等组成的调研组实地调研深圳烟草控烟履约工作。

11月20—22日，2019国际雪茄博览会（深圳）在深圳召开。

2019年深圳市烟草专卖商业主要情况统计[1]

区局（公司）名称		福田区烟草专卖局（公司）	罗湖区烟草专卖局（公司）	南山区烟草专卖局（公司）	盐田区烟草专卖局（公司）	宝安区烟草专卖局（公司）
主要负责人/法定代表人（含党政领导）		张　玲	刘志平	童　彬	纪振辉（—2019年8月） 朱小兵（2019年9月—）	陈东文
所属县级单位		—	—	—	—	—
总资产（万元）		31988	32430	24700	23141	49044
资产负债率（%）		8.94	9.48	7.02	8.06	8.49
从业人员（人）		93	92	92	64	147
所属业务机构	营销机构	1个业务科	1个业务科	1个业务科	1个业务科	1个业务科
	物流配送机构	—	—	—	—	—
	专卖稽查机构	1个专卖科	1个专卖科	1个专卖科	1个专卖科	1个专卖科
	烟叶机构	—	—	—	—	—
烟农户数（户）		—	—	—	—	—
实现烟农总收入（万元）		—	—	—	—	—
零售户数（户）		3848	3318	2816	3629	10321
零售户销售毛利率（%）		13.73	16.62	17.88	13.54	13.91

区局（公司）名称		龙岗区烟草专卖局（公司）	光明区烟草专卖局（公司）	坪山区烟草专卖局（公司）	龙华区烟草专卖局（公司）	大鹏新区烟草专卖局（公司）	深圳中深烟草贸易中心
主要负责人/法定代表人（含党政领导）		赖远彪	杨正中	周建辉	赖远程（—2019年12月）	李　昶（—2019年3月） 李庆忠（2019年3月—）	刘思雄
所属县级单位		—	—	—	—	—	—
总资产（万元）		43197	5638	5136	10541	2287	21671
资产负债率（%）		6.72	19.31	21.70	24.57	41.75	1.98
从业人员（人）		131	73	56	104	51	25
所属业务机构	营销机构	1个业务科	1个业务科	1个业务科	1个业务科	1个业务科	1个业务科
	物流配送机构	—	—	—	—	—	—
	专卖稽查机构	1个专卖科	1个专卖科	1个专卖科	1个专卖科	1个专卖科	—
	烟叶机构	—	—	—	—	—	—
烟农户数（户）		—	—	—	—	—	—
实现烟农总收入（万元）		—	—	—	—	—	—
零售户数（户）		9356	3370	3490	6496	2090	—
零售户销售毛利率（%）		10.00	17.82	11.32	12.81	10.40	—

注：1. 2019年1月29日，深圳市局根据国家局批复（国烟人〔2018〕222号）印发文件（深烟人〔2019〕29号），设立深圳市烟草专卖局公路分局，在深圳市局授权范围内负责烟草专卖管理工作。

◇撰稿：陈　兰；编辑：周　佳

1 上海烟草集团有限责任公司上海卷烟厂完成质量追溯系统搭建工作（2019年）

上海烟草集团　供稿

2 上海烟草集团有限责任公司上海卷烟厂完成首次自主实施滤棒发射机规格改造工作（2019年）

上海烟草集团　供稿

3 上海烟草集团有限责任公司上海卷烟厂持续提升“烟宝在线”APP服务水平，为工厂智能制造奠定基础（2019年）

上海烟草集团　供稿

1 2019年10月17日，全新改版的“利群（新二代）”在杭州卷烟厂卷包车间B7#卷烟机组下线，杭州卷烟厂首个圆周缩小改版卷烟产品投入批量生产

浙江中烟　唐克文　摄

2 广东中烟广州卷烟厂设备管理信息系统构建“智慧工厂”，设备管理提升项目组对工作方案进行分解落实（2019年）

广东中烟广州卷烟厂　蔡晓阳　摄

3 2019年6月14日，广西中烟南宁卷烟厂技术人员调试首台国产高速细支ZJ116A卷烟设备

广西中烟　陶海游　摄

1 2019年11月4日，2019年中国烟草学会卷烟流通专业委员会学术交流会在河北石家庄举行

河北中烟　王　嵩　摄

2 上海烟草集团储运公司持续进行养护技术研究，初步完成烟叶原料质量评价体系框架搭建（2019年）

上海烟草集团　供稿

3 2019年9月2日，安徽中烟召开高质量发展课题研究成果汇报会

安徽中烟　孙　群　摄

1　2019年7月12日，河南许昌市局（公司）在襄城县开展绿色防控现场技术培训

河南许昌市局　姚　健　摄

2　2019年5月7日，湖南中烟与北京工商大学孙宝国院士专家工作站举行签约仪式

湖南中烟　供稿

3　广东中烟技术中心检测分析创新平台积极开展成品卷烟基础研究（2019年）

广东中烟　黄嘉荣　摄

4 2019年11月20日，广西中烟“连幅图案包装产品分拣排列装置设计”获得2019年中国创新方法大赛全国总决赛一等奖

广西中烟 班崔仁 摄

5 2019年9月27日，南纤公司召开第八次创新大会暨停车检修六期对接动员大会

南纤公司 供稿

6 2019年8月22日，2019年全国烟草绿色防控重大专项蠋蝽繁育及技术推广座谈交流会在贵州六盘水市召开期间，工作人员介绍烟草绿色防控技术

贵州六盘水市局 阳家祥 摄

1 烟草行业绿色防控重大专项成果在2019年全国烟草绿色防控重大专项蠋蝽繁育及技术推广座谈交流会上展出

贵州六盘水市局 阳家祥 摄

2 2019年3月28日，江苏中烟、南纤公司战略合作框架协议签约暨“南京细支烟丝束专线”揭牌仪式在江苏南通举行

南纤公司 供稿

1 2019年1月17日，帝国品牌高级代表团到北京烟草物流中心参观交流

北京市局　供稿

2 2019年11月13日，中巴烟草出口公司访问团在华环公司参观考察

安徽省局　供稿

3 2019年9月20日，安徽中烟参展2019世界制造业大会

安徽中烟　孙　群　摄

4 2019年5月7日，匈牙利BBMC Global公司首席执行官 Laszlo Krisar（右二）一行在中国烟草山东进出口公司访问交流

中国烟草山东进出口公司　王　翔　摄

1 2019年9月26日，广东中烟“集知”QC小组获日本东京第44届国际质量管理小组大会金奖

广东中烟 席剑岚 摄

2 在2019年11月21日开幕的首届2019国际雪茄博览会上，海南省局（公司）参会人员与CAC国际烟草公司进行交流

海口雪茄研究所 向小华 摄

3 2019年3月23日，Hail & Cotton公司技术人员在海南省局（公司）进行雪茄烟叶生产技术交流

海口雪茄研究所 向小华 摄

4 2019年7月31日，联一国际公司全球总裁、首席执行官Pieter Sikkel（左二）考察红河烟叶生产及STP项目

云南省局 邓楚瑜 摄

5 2019年11月6日，菲莫国际技术人员到云南香料烟公司验货定样

云南香料烟公司 董 华 摄

云南红塔银行
YUNNAN HONGTA BANK

烟草工业

卷烟生产

境内卷烟生产

河北中烟工业有限责任公司

【主要产品与品牌建设】 2019 年，河北中烟工业有限责任公司生产的自有卷烟品牌有“钻石”和“新石家庄”，在产规格 35 个，其中，“钻石”在产规格 34 个、“新石家庄”在产规格 1 个。合作生产卷烟品牌“白沙”“利群”“雄狮”“红金龙”“南京”等 5 个，全部由各中烟公司回购。生产出口卷烟“荷花（软）”708 箱。

2019 年，河北中烟围绕行业高质量发展战略目标，以全国市场培育“荷花”系列和省内市场培育“钻石”品牌普一类、二类重点规格为工作重心，加快推进自有品牌转型升级。“钻石（一九零二中支）”和“钻石（玫瑰二代）”成功上市，为“钻石”品牌提供新的规模和结构增长点。

【“钻石（荷花）”系列卷烟】 2019 年，河北中烟将企业文化与品牌文化相融合，构建“11156”“荷花”品牌发展新模式。承办“2019 年中国烟草学会卷烟流通专业委员会学术交流会暨荷花品牌高质量发展研讨会”。搭建销售决策平台，以大数据技术为支撑，精准预测市场需求、精准调控市场状态，进一步完善“荷花三级精准调控体系”。

2019 年，出口卷烟“荷花（软）”成功进入日本、韩国、越南等 8 个国家和地区市场。

【技术创新】 2019 年，河北中烟围绕“荷花梦”战略目标，按照建设高质量发展“六大体系”要求，以产品研发维护、质量保障、技术研究和创新体系建设为抓手，加强对外合作、强化技术支撑，完善创新机制，提高创新水平。

持续推进产品研发，开发“钻石（玫瑰二代）”“钻石（一九零二中支）”和出口卷烟“荷花（软）”等 5 款新品。增强技术研究，开展基于模块化配方技术的“荷花”原料适用性研究，进一步拓宽原料使用范围；推进国家局立项“烟草及烟草制品水分的测定核磁法”标准项目和自主立项“基于自适应神经网络模糊推理系统的加香控制系统的研发和应用”“生物酶在卷烟中的应用研究”等工艺项目研究；完善卷烟调香基础数据库，开展特色化、功能性、风格化专属香原料的开发与应用研究；完成国家局 2019 年度卷烟烟气标样制作工作。与郑州烟草研究院建立“‘荷花’品牌先进制造工艺联合实验室”和科技创新资源共享平台。

【原料保障】 立足“荷花”品牌发展规划，扎实推进“1251”原料保障工程，科学制定原料保障中长期采购储备规划，精准采购适用烟叶、调剂调入优质烟叶、调出不适用烟叶等多措并举，库存烟叶质量普查持续推进，烟叶库存资源实现动态管理，库存总量和结构优化工作成效显著。基地产区布局进一步优化，8 个国家局烟叶基地单元、2 个自建烟叶基地单元的供应格局逐步形成，原料供应能力得到有效提升。烟叶资源向技术优、能力强的加工区域集中，云南陆良、重庆万州、山东诸城等三大复烤企业为加工中心的“3＋N”复烤加工布局逐步形成。

2019 年 11 月 4 日，河北烟草高质量发展战略合作大会暨荷花创牌 60 周年启动大会在河北石家庄召开

河北中烟 供稿

全收全调工作持续推进，调拨节点研究成效明显，调入烟叶等级与产品需求间的匹配程度更加科学合理。管理与业务职能分离，监督与采购环节分设，“3+2”质量管理和“四关六步”精选控制有效实施，烟叶生产、收购、质检、选叶、复烤、加工等关键工序指标体系管控水平持续提升，原料质量管控成效更加显著。

【管理创新】 河北中烟通过搭机制、建平台、激发全员创新活动，通过管理课题培训会、课题展示会、交流会等多种方式，持续提升管理创新的“保障力”和“撬动力”，全年组织课题培训8次，参培人员1000余人次。修订完善《创新管理办法》，从创新课题提出、审查、实施、过程跟踪、验收评价，到总结奖励，建立起系统化创新课题管理流程，全年河北中烟总部申报管理创新课题29项，3家所属卷烟企业借鉴引进创新成果16项。立项申报课题371项，实现经济效益2000余万元，其中2项成果分别获得烟草行业第三十届优秀质量管理小组成果一等奖和二等奖。

【生产质量保障体系建设】 2019年，为保障《“荷花”系列产品生产质量保障体系》落地实施，对质量保障体系建设进行问题查摆和分析解决：实施“荷花”系列“三个月滚动产销计划”；增加成品醇化期特殊时段条款；“荷花”系列烟用物资增加卷烟厂安全储备量和供应商上游材料储备；加大烟用材料供应商质量处罚力度；烟用材料质量检验环节修改检验标准、明确处置方式、落实检验处置环节等责任，确保“荷花”系列产品质量保障体系有效实施。

【产品制造体系建设】 以河北中烟“荷花梦”战略为指引，组织开展智能先进、以质取胜的产品制造体系建设。产品制造体系包含智能制造、品质保障、产品布局优化、技改装备提升、货源保障等5个部分。统筹优化全部生产要素，通过实物链、价值链、信息链有机集成，形成过程智造力、产品质控力、装备保障力、布局协同、货源保障协同的“三力两协同”“五位一体”产品制造体系。

【特事辑要】 2019年8月9日，首批出口卷烟“荷花（软）”在河北白沙烟草有限责任公司成功下线，正式出口国际免税市场。

11月4日，“2019年中国烟草学会卷烟流通专业委员会学术交流会暨荷花品牌高质量发展研讨会”在石家庄召开。国家局党组成员、副局长徐瑾出席会议并讲话。

11月5日，“‘荷花’品牌先进制造工艺联合实验室”签约暨揭牌仪式在郑州院举行。

所属卷烟生产企业

张家口卷烟厂有限责任公司

【主要产品】 2019年，张家口卷烟厂有限责任公司（简称张烟公司）生产的自有卷烟品牌为“钻石”“新石家庄”。合作生产卷烟品牌为“利群”“雄狮”“红金龙”“南京”。

【品牌建设】 张烟公司在“荷花梦”战略引领下，实施“荷花”系列产品生产质量保障体系建设，加强“钻石（一品荷花）”“钻石（细支荷花）”“钻石（荷花绿水青山）”生产加工质量控制，以“荷花”系列质量管理成果带动“钻石”品质实现全面提升。“钻石（玫瑰二代）”“钻石（冰雪大好河山）”等新产品受到消费者青睐。成功承办河北中烟第二季度质量管理现场会，以质量管理为中心，从体制机制、流程衔接、制度保障等方面查找与高质量发展不相适应的问题，提升自有品牌产品竞争力。

【技术创新】 张烟公司立足发展现状，瞄准提质增效、节能降耗目标，开展各类课题管理和研究工作。全年开展精益六西格玛课题13项，开展QC课题45项，创新课题立项195项，结题191项。拥有全国注册六西格玛黑带人员10人。

【特事辑要】 2019年6月27日，河北中烟研创中心（张烟基地）举行揭牌仪式。

9月27日，在张烟公司纪念建厂80周年大会上，张家口市人民政府、河北烟草工商三方共同签署“荷花草原生态发展基金合作框架协议”。

河北白沙烟草有限责任公司

【主要产品】 2019年，河北白沙烟草有限责任公司（简称河北白沙）主要生产“钻石”“白沙”系列产品，其中，“白沙”为合作生产品牌。

【技术创新】　河北白沙以专项攻关为突破点，运用六西格玛、精益生产、质量诊断等技术方法，搭建层次清晰的创新体系，技术创新能力持续增强。持续推进“创新工作室”建设，4个省级创新工作室和1个市级创新工作室全年开展创新项目110项，创造经济效益790.6万元。

2019年，获得国家实用新型专利授权13件，软件著作权12项；获得河北中烟创新成果二等奖2项；获得河北省质量协会QC成果特等奖2项，一等奖6项；获得河北省省级企业管理现代化创新成果一等奖1项；获得2019年河北省工业互联网创新发展重点培育项目1项；获评2019年“全国质量信得过班组”2个。培训课件《YB95包装机条透大面烫封不良的分析与排除》入选“中国烟草网络学院师资库”。

【特事辑要】　2019年2月18日，河北白沙保定卷烟厂制丝线带料试车启动仪式在新厂区制丝车间现场举行。

11月4日，国家局党组成员、副局长徐瑩在河北白沙调研。

2019年河北中烟工业有限责任公司所属卷烟企业/生产厂情况统计

<table>
<tr><th colspan="2" rowspan="2"></th><th rowspan="2">张家口卷烟厂有限责任公司</th><th rowspan="2">河北白沙烟草有限责任公司</th><th>所属生产厂</th></tr>
<tr><th>保定卷烟厂</th></tr>
<tr><td colspan="2">法人资格</td><td>独立法人</td><td>独立法人</td><td>非独立法人</td></tr>
<tr><td colspan="2">主要负责人/法定代表人（含党政领导）</td><td>董事长：籍　涛
党委书记、总经理：
胡自强（2019年10月—，
之前任党委副书记、总经理）
党委书记：李松卯
（—2019年10月）</td><td>董事长：籍　涛
法定代表人、党委书记、总经理：王玉立</td><td>党委副书记、厂长：马立志
党委书记：张永开
纪委书记：周志刚</td></tr>
<tr><td colspan="2">成立时间</td><td>其前身为张家口卷烟厂，
成立时间1939年</td><td>其前身为石家庄卷烟厂，
成立时间1948年</td><td>1902年</td></tr>
<tr><td colspan="2">从业人员（人）</td><td>2313</td><td>1503</td><td>929</td></tr>
<tr><td colspan="2">卷烟生产能力（亿支）</td><td>400</td><td>250</td><td>150</td></tr>
<tr><td rowspan="2">卷烟品牌</td><td>自有品牌</td><td>钻石、新石家庄</td><td>钻石</td><td>钻石</td></tr>
<tr><td>合作生产品牌</td><td>利群、雄狮、红金龙、南京</td><td>白沙</td><td>白沙</td></tr>
</table>

◇ 撰稿：靳丹丹；编辑：周　佳

上海烟草集团有限责任公司

【主要产品与品牌建设】　**主要产品**。2019年，上海烟草集团有限责任公司（简称集团公司）所属卷烟生产企业有上海烟草集团有限责任公司上海卷烟厂、上海烟草集团北京卷烟厂有限公司①、上海烟草集团有限责任公司天津卷烟厂、上海高扬国际烟草有限公司。生产的自有卷烟品牌有“熊猫”“中华”“中南海”“红双喜”“牡丹”“恒大”“凤凰”“大前门”等。

“中华”品牌全年生产719.05亿支（143.81万箱），比上年增长6.0%；实现工业销量691.65亿支（138.33万箱），比上年增长0.5%。加强“中南海”“红双喜”市场分析，丰富主体规格。生产“中南海”137.16亿支（27.43万箱），比上年减少1.9%；实现工业销量139.74亿支（27.95万箱），比上年减少0.03%。生产（不含合作生产）“红双喜”169.82亿支（33.96万箱），比上年下降21.81%；实现工业销量324.73亿支（64.95万箱），比上年减少0.19%。生产“熊猫”0.36亿支（0.07万箱），比上年下降65.69%；实现工业销量0.53亿支（0.11万箱），比上年下降52.43%。全年生产出口烟50.5亿支（10.1万箱）。

合作生产。与安徽中烟合作生产“红双喜”83.5亿支

① 根据《上海烟草集团有限责任公司关于上海烟草集团北京卷烟厂更名改制有关事项的批复》（沪烟法〔2019〕284号）要求，2019年9月16日，上海烟草集团北京卷烟厂有限公司正式挂牌，由上海烟草集团北京卷烟厂正式更名改制为上海烟草集团北京卷烟厂有限公司，系上海烟草集团有限责任公司的全资子公司，实施公司制运作。

(16.7万箱)、"大前门"30亿支(6万箱);与山东中烟合作生产"红双喜"32.5亿支(6.5万箱)、"大前门"7.5亿支(1.5万箱);与河南中烟合作生产"红双喜"37.5亿支(7.5万箱)、"大前门"12.5亿支(2.5万箱)。

品牌建设。"中华(软)""中华(硬)"继续保持全面顺价,"中华"新三包——"中华(金中支)""中华(双中支)""中华(金短支)"在中支和短支品类中确立领先地位。"牡丹""大前门"等新品规模持续突破,逐步形成竞争优势。

【管理创新】 *质量控制*。围绕产品质量关键要素、重点环节,不断健全质量体系标准,优化同质化评价框架,建立质量信息追溯平台,完善产品内外在质量反馈分析与协同管理机制。

降本增效。提高会计核算及时性、精准性,构建集团公司"合并级日税利"监控模型及配套机制,提高对经济运行的控制能力与响应速度,确保集团公司经济运行稳态受控。持续开展"补短板、强弱项"专项工作,增强成本控制力,全年集团公司降本增效1.54亿元,超额完成国家局下达的任务。

【浦东科技创新园区正式投用】 2019年,集团公司贯彻国家局"速度快、水平高、质量优、投资省、廉洁好"总要求,完成浦东科技创新园区北区工厂运行投产和南区技术中心搬迁入驻。11月28日,集团公司在浦东科技创新园区举行升旗仪式,庆祝第9个"文化活动日",并举行"守初心逐梦起航·担使命再攀高峰"企业文化集中展示活动暨浦东科技创新园区技改先进表彰大会,浦东科技创新园区正式投入使用。围绕人员、成本、费用"三个基本不变",调整优化生产布局,完善产学研用创新机制和合作模式,加快"规模+柔性"生产方式和"生产+研发"制造模式的创新升级。深化信息技术与生产制造的融合应用,持续探索智能制造与智慧园区建设,进一步提升制造能级、工艺质量、品牌价值。

【原料保障】 2019年,集团公司采购烟叶8.92万吨(178.3万担),其中,国内烤烟8.85万吨(176.9万担)、进口烟叶1.45万吨(29万担)。进一步优化调整烟叶库存结构,推进高端烟叶的定向生产和供应,试点库存烟叶、新烟出口,探索多渠道去库存方式,保障供应质量。动态调整烟叶基地单元布局,坚持"烟叶一生管理",确保烟叶质量的精益管控。持续推广"深度清洁+隔离养护"模式,不断提升烟叶养护技术水平。

【技术创新】 *技术中心概况*。上海烟草集团有限责任公司技术中心下设综合管理部、科技管理科、产品研究室、原料研究室、工艺材料研究室、调香研究室、烟草化学研究室、标准化研究室、工艺质量科、理化实验室等10个科室和北京、天津2个工作站,形成"十科两站"的组织架构。与上海烟草集团太仓海烟烟草薄片有限公司、上海白玉兰烟草材料有限公司、上海烟草包装印刷有限公司、上海烟草集团有限责任公司上海烟草储运公司、上海牡丹香精香料有限公司分别共同组建烟草薄片研究室、滤棒技术研究室、包装设计印刷研究室、烟叶储存养护研究室、香精香料研究室等5个联合研究室。截至2019年底,员工196人,其中本科及以上学历180人,中级以上职称138人,占总人数的70.4%。

科研成果。2019年,集团公司承接历年转接项目101项,新立项目98项,年度科技项目199项;主持的"多维液相色谱在烟草和烟气复杂体系分析中的应用研究"项目获得中国烟草总公司科学技术进步奖二等奖,参与的"基于烟用香原料特性的数字化调香技术平台研究"项目获得中国烟草总公司科学技术进步奖一等奖;获得授权专利62件;发表核心期刊论文23篇,SCI、EI论文6篇,国外发表或国际会议宣读论文13篇。

创新成果。持续推进技术创新及产品研发工作,在创新产品核心研发技术、产品设计与维护大数据、细支卷烟升级创新等关键领域取得重要技术突破。完成"中华""牡丹""红双喜""大前门"等品牌20余款产品和膨胀烟丝、梗丝转线浦东科技创新园区的技术维护工作。有序推进"中华(细支)""中华(金细支)""牡丹(飞马)""牡丹(蓝中支)"等4款内销产品和"中南海(6mg免税)""中南海(ROCK LIGHTS日本)""中南海(ROCK MENTHOL日本)""中南海(ROCK ORIGINAL日本)"等4款外销产品的设计开发工作,并为后续产品大样验证及上市做好准备。

【交流与合作】 *中国烟草上海进出口有限责任公司概况*。中国烟草上海进出口有限责任公司(简称进出口公司)

为上海烟草集团有限责任公司全资子公司，注册资本5846万元。截至2019年底，进出口公司实收资本5846万元。全年实现进出口贸易总额3.41亿美元，实现出口创汇2.99亿美元，实现利润7.81亿元人民币。实现集团公司品牌卷烟境外销售60.16亿支，比上年增长4.77%，其中，“中华”37.1亿支、“熊猫”2.15亿支、“红双喜”6.49亿支、“中南海”7.71亿支、“金鹿”4.54亿支、“牡丹”0.76亿支、“凤凰”1.43亿支，实现出口创汇2.85亿美元；境外落地生产销售卷烟8.47亿支。

2019年5月30日，上海烟草对22位首届“上海烟草工匠”进行颁奖
上海烟草集团　供稿

推进“一带一路”直供。2019年，新增俄罗斯、塔吉克斯坦、沙特等免税市场，开展印度尼西亚、马来西亚、伊朗、阿塞拜疆、缅甸等“一带一路”沿线国家调研，截至2019年底，集团公司卷烟拓展伊朗、马来西亚、印度尼西亚等国家的中资企业直供市场。推动境外和海外落地生产扩点，推进印度尼西亚等境外和海外市场合作生产。

加大品牌培育力度。2019年，在境外和海外免税市场推出“中华（金短支）”，年销量245万支；2018年底推出的“牡丹（青柠）”进一步扩大境外和海外免税市场覆盖，2019年销量2807万支。境内关外及海外所有的重点机场聘请集团公司产品专职宣传推广人员（BA），截至2019年底超过150人；发布境外和海外市场“中华”品牌VI手册，统一“中华”品牌形象；在上海浦东机场、北京大兴机场、重庆江北机场设立“中华”品牌全球统一的形象专柜，之后将在境内关外其他重点机场及口岸逐步推广。

搭建信息平台。进一步发展同全球大型免税运营商的合作关系，收集运营商的零售终端资料和集团公司品牌销售信息，建立完善信息化平台。截至2019年底，90%的境外和海外重点机场和口岸能够按照要求反馈数据信息；每月平均收到约650条零售数据。

完善经销商评价平台。形成全面综合的“经销商+市场”评价标准，将全球市场中精选的50个有税和免税重点市场列入试行考核评价，包括美国、日本、韩国、菲律宾、印度尼西亚、澳大利亚、智利、秘鲁、格鲁吉亚、尼日利亚、伊朗、中国香港特区、中国台湾地区及中国境内关外等重点市场。对优秀的境外和海外经销商及其经营的市场予以激励。

【特事辑要】　2019年5月29日，上海烟草集团有限责任公司举办首届烟机设备维修技师论坛，首创“三地三厂”烟机维修技术技能交流平台，助推高素质技能队伍建设。

5月30日，首届“上海烟草工匠”颁奖会在中华会场举行，对22位“上海烟草工匠”进行颁奖，展示他们在各自工作岗位上勤学苦练、精益求精、钻研创造、勇于突破的先进事迹。

8月29日至9月1日，上海烟草集团有限责任公司首届烟机设备操作职业技能竞赛在天津卷烟厂举行，这是集团公司首次举办的烟机操作类省级二类竞赛。

9月16日，上海烟草集团北京卷烟厂有限公司正式成立。

10月8日，上海海烟物流发展有限公司柳捷获评2019

年度“上海工匠”。

所属卷烟生产企业/生产厂

上海烟草集团有限责任公司上海卷烟厂

【卷烟生产】 2019年，上海烟草集团有限责任公司上海卷烟厂主要生产的卷烟品牌有“熊猫”“中华”“红双喜”“牡丹”“大前门”。

【技术攻关】 坚持创新驱动发展，加强顶层规划和资源统筹，持续优化创新机制，培育创新成果和知识产权，不断提高技术攻关和技术创新能力。2019年，创新项目立项实施69项，参与年度项目成果验收52项（管理创新18项、技术创新34项）；开展QC项目168项，其中，4项获评“2019年上海市优秀质量管理小组成果”、1项获得烟草行业第三十届优秀质量管理小组成果发布会三等奖；申报专利12件，其中发明专利11件。

【技术改造】 推进各项技术改造项目，在稳定常规品牌生产的同时，为新品开发和浦东科技创新园区投产提供有力支撑。开展“中华（金短支）”新置包装机型调试，实现两款产品从手包到机包的转型生产；实施“中华（双中支）”包装机设备改造，使车速从第一组120包/分钟提升到第二组180包/分钟、第三组250包/分钟。2019年11月28日，上海卷烟厂D区工房，即浦东科技创新园区（北区）正式投产，在制丝方面，完成4条叶丝线、1条梗丝线和2条1140膨胀烟丝线的调试并投入常态化生产；在卷包方面，完成48台套卷包设备的年度搬迁任务，其中，42台套设备结合相应牌号的落地投入正式生产。

【智能制造】 牵头策划并形成智能制造专题工作推进计划，组建专题小组，以“2+4”分课题结构，从技术和应用两个方面，明确规划方向；按照“需求引领、创新驱动、统筹规划、协同实施”原则，初步编制完成工厂智能制造规划及其框架；成立信息技术和智能装备专题组，通过讨论形成15项主攻任务，推动工厂智能制造全过程生产实时应用能力、全链路质量追溯能力、全方位质量管理能力、全生命周期设备管理能力及全覆盖的服务和保障能力等“五大能力”全面提升。

【质量管理】 紧盯卓越质量目标不放松，完善生产质量管理体系，建立并推行搬迁设备质量验收与性能测试，专项审视质量缺陷较多产品，试验研究不同储存时间下成品烟支的吸味差异，加强技术和管理防差错，不断夯实管理

2019年5月24日，上海烟草集团有限责任公司上海卷烟厂举行D区工房“中华（软）”正式切换生产暨办公入驻仪式

上海烟草集团　供稿

基础，提高卷烟内外在质量水平。通过探索先进的检测技术手段和质量管控模式，促进创新技术应用；通过管理机制的稳态运行、信息化系统的深度应用和设备保养模式的完善改进，加快技术成果转化，不断提升核心技术竞争力，深入推动质量管理向“生产+研发”转型。

上海烟草集团北京卷烟厂有限公司

【卷烟生产】 2019年，上海烟草集团北京卷烟厂有限公司主要生产的卷烟品牌有“中南海”“牡丹”“红双喜”。

【公司制改革】 2004年1月1日，根据2003年11月3日上海烟草（集团）公司与北京卷烟厂签订的战略性联合重组协议书，北京卷烟厂正式纳入上海烟草（集团）公司管理。根据国家局批复和联合重组协议，北京卷烟厂的全部产权无偿转让给上海烟草（集团）公司，北京卷烟厂作为上海烟草（集团）公司的全资子公司，具有独立法人资格。2009年8月26日，更名为上海烟草集团北京卷烟厂。2019年9月16日，上海烟草集团北京卷烟厂有限公司正式挂牌，系上海烟草集团有限责任公司的全资子公司，实施公司制运作。召开一届一次董事会，审议通过公司章程、基本制度和人事任命等议案。印发“三会”会议议事内容、工作组织实施方案（试行），按照“规范运作、精简高效”原则，实现党委会、总经理办公会有序切换。建立董事会日常运作模式，制定《董事会工作制度》《监事工作制度》，夯实公司治理基础。

【技术创新】 2019年，“中南海”ROCK系列、“中南海（出口6mg）”上市，3个规格产品同时在日本市场投放，“中南海（出口大神兽）”“中南海（出口超细支清净香）”“中南海（清净香）”等产品完成研发；开展“‘中南海（1mg）’细支混合型产品”“‘中南海’出口烤烟型产品”“‘中南海（出口黑耀1mg）’升级改造”“‘中南海（出口22mm京韵3mg）’升级改造”“‘中南海（出口9mg）’”等项目的研发工作；发布国家标准《近红外光谱定性分析通则》；行业标准修订项目《卷烟　主流烟气中氨的测定　浸渍处理剑桥滤片捕集－离子色谱法》《卷烟主流烟气中氰化氢的测定连续流动法》《烟草及烟草制品水溶性糖的测定连续流动法》通过国家局组织的验收评审。发表SCI源学术论文2篇，核心期刊学术论文3篇，CORESTA会议交流论文1篇；3篇论文获得中国烟草学会优秀论文二等奖；申请专利70件，其中发明专利11件；申请注册“帝都”“大神兽”“ROCK”等系列商标30件。

【精益管理】 确定“11233”年度精益工作目标；健全改善与班组建设联动的小团队管理平台，将小团队评价要素纳入五十强班组评价标准，开展小团队现场KPI管理培训，并配发KPI推行手册；形成TPM全面推广计划，完成TPM基准书编制，形成设备质效系统模型，完成示范区PM5审计，完成AM推行手册下发和PM推行手册编写；召开第二届改善大会，征集改善案例76个；搭建OA精益工作台，启动精益微课程库开发；开展精益绩效评价及季度例会推进；修订精益激励办法并开展“京烟之星”换礼活动；培养TPM－TTT讲师25名，JM－TTT讲师2名；2项微课程分别获得集团公司精益授课大赛二等奖、三等奖，4项精益成果分别获得中国质量协会精益成果发布会示范级及专业级技术成果。

上海烟草集团有限责任公司天津卷烟厂

【卷烟生产】 2019年，上海烟草集团有限责任公司天津卷烟厂生产“恒大”“红双喜”“牡丹”“凤凰”等4个卷烟品牌15个规格产品。

【品牌建设】 持续推进“恒大”品牌建设，2019年是天津卷烟厂建厂100周年，也是“恒大”品牌创牌70周年，天津卷烟厂聚力文化挖掘，彰显百年底蕴，开展一系列以“百年津烟”为主题的宣传活动。历时6年编写的“津烟历史文化丛书”（共8册）编制完成。

【信息化建设】 完善数字化系统建设与集成，培养员工数字化能力，形成数字化习惯，在既定需求有效实现的基础上，试点深化、积极探索、搭建机制，打造“数据驱动、人机协同”的数字化独特能力，并按照行业、集团公司部署，着力深化网络安全建设。持续培养全员数字化的习惯与素养，持续深化数字化的应用能力，持续拓展数字化的应用场景。初步建立信息化需求评审机制，以及建设、运行情况月度汇报机制。逐步启动辅料保质期到期前提醒、辅料先进先出自动排序、动力设备离线巡检管理、目标指标统计、虫情数据统计等功能的开发调试。

【精益管理】 确定“在研课题/项目验收评审、未来课题/项目管理总体优化”“两步走”推进策略，完成在研课题及到期关键项目的验收评审工作，形成新版课题/项目全过程管理方案。围绕“同岗位认可、全范围应用”的关键特征，发布操作法全流程管理机制，形成6项典型改善成果。全年员工提出精益提案4888项，实施成果4256项，733人参与精益活动。获评中国质量协会“全面质量管理推进40周年杰出推进单位”。

上海高扬国际烟草有限公司

【住所变更】 经上海烟草集团有限责任公司研究决定，在吸收合并前期工作不变的前提下，上海高扬国际烟草有限公司（简称上海高扬公司）不注销，迁址变更住所到集团公司在浦东康桥的生产研发基地——浦东科技创新园区，为上海烟草下一步规划和持续发展做准备。上海高扬公司于2019年9月5日完成住所变更的工商登记手续。

【场地归还】 上海高扬公司与上海外高桥保税区联合发展有限公司于2019年5月31日达成场地归还和整治协议，并于同日完成场地交接手续，正式撤离外高桥保税区。

上海烟草集团有限责任公司上海烟草储运公司

【生产经营】 2019年，上海烟草集团有限责任公司上海烟草储运公司完成卷烟吞吐2205.9亿支（441.17万箱），烟叶吞吐25.7万吨，辅料吞吐4.21万吨，汽车运输895.46万吨千米。全年柴油油耗7.23升/百吨千米，综合能耗1270.04吨标准煤。市内外卷烟配送订单执行率100%。

【物流运营】 坚持服务精准销售，全力保障卷烟市场供应。完成2019年元旦、春节任务和2020年提前备货移库集中发运，2019年元旦、春节发运总量214.5亿支（42.9万箱），比上年增长13%。探索推广托盘联运，开展多次长途运输防护试验，探索建立适应上海烟草的卷烟托盘联运作业模式，发往天津卷烟托盘联运214车次，合计卷烟约2.3万箱。落实卷烟破损调换专项工作，提升客户满意度。持续深化“工商网配”业务，对8个省份、115个商业点，累计发运5050门点次、约62.4万箱卷烟，稳步提升物流配送精准度。

【质量管理】 坚持服务精益设计，不断提升养护技术水平。推广充氮低氧机械调控技术，完成内外5个库区8.29万吨（165.8万担）烟叶的杀虫任务。持续养护技术研究，初步完成烟叶原料质量评价体系的框架搭建，实现气体浓度、温湿度、烟包箱温度等三大类养护数据的自动化采集。以同质化管理为目标，推动清洁仓间深化延伸，建立外租原料仓库管理评标准清单，形成《烟叶仓储资源管理评审细则》，初步形成一套可复制可操作可推广的原料外租库管理方法；在外仓试点推广清洁仓间养护模式，切实提升原料养护的整体水平。

上海海烟物流发展有限公司

【生产经营】 2019年，上海海烟物流发展有限公司实现主营业务收入74.55亿元，比上年增长5.32%；实现税利15.89亿元，比上年增长6.02%。

【卷烟经营】 卷烟销售工作以“归核、瘦身”为切入点，以“合作终端”课题为抓手，进一步发挥与连锁大客户“1+4”协同的海烟特色提升网建质量，即一个战略协同和四大战术协同，有序推进“两个全面”工作。

【非烟经营】 围绕“有效发挥服务连锁集团特色，实现卷烟、非烟物流协同动能转换，打造一体化现代商业平台体系”重点工作目标，通过建立“海尚Go”非烟平台，全力推进非烟供应链服务平台建设，品牌开源，渠道挖潜，把服务主业核心理念做深做实。

2019 年上海烟草集团有限责任公司所属卷烟生产企业/生产厂情况统计

	上海烟草集团有限责任公司上海卷烟厂	上海烟草集团北京卷烟厂有限公司	上海烟草集团有限责任公司天津卷烟厂	上海高扬国际烟草有限公司	上海烟草集团有限责任公司上海烟草储运公司	上海海烟物流发展有限公司
法人资格	非独立法人	独立法人	非独立法人	独立法人	非独立法人	独立法人
主要负责人/法定代表人（含党政领导）	党委书记、厂长：朱洪武	集团公司党组成员、北京卷烟厂有限公司党委书记、董事长：曲志刚（2019 年 11 月—，之前任北京卷烟厂党委副书记、厂长） 党委副书记、总经理：蔡继东	党委书记：唐　涛 厂长：贯忠利（2018 年 8 月—）	总经理：周　栋	党委委员、总经理：刘正渝（—2018 年 12 月） 党委书记、总经理：陆　焱（2018 年 12 月—）	党委委员、总经理：管振毅 党委书记、副总经理：王玉丽
成立时间	1925 年	1970 年	1919 年	1992 年	1986 年	2002 年
从业人员（人）	2093	813	753	—	391	544
卷烟生产能力(亿支)	900	400	350	—	—	—
卷烟品牌	熊猫、中华、牡丹、红双喜、大前门	中南海、牡丹、红双喜	恒大、红双喜、牡丹、凤凰	—	—	—

◇ 撰稿：韩沅君　周　强；编辑：王　静

江苏中烟工业有限责任公司

【主要产品与品牌建设】 **打造品牌发展动能**。2019 年，江苏中烟工业有限责任公司紧扣双品牌“各有侧重、错位发展”要求，针对“炫赫门”品牌化发展战略、“苏烟”品牌中支破局方向，开展概念提炼、品牌画像、市场测试等工作。推进“苏烟（灵韵细支）”“苏烟（彩中）”“南京（炫赫门炫彩）”等新产品开发上市，不断完善品系建设。坚持以消费者和零售户为中心，探索搭建多维度、多层级新品测试平台，采用线上线下相结合的方式，拓宽产品测试覆盖面，提升测试结果的准确性、针对性和有效性。

健全品牌培育机制。推动建立江苏烟草工商共育品牌机制，以“苏烟（彩中）”“南京（炫赫门炫彩）”为试点，打造工商共育品牌典范。建立工作细化到环节、责任分配到岗位、模板搭建到全程的新品培育体系，实现新品培育一体化运作。建立健全苏产高价位卷烟长效管理机制，提升“南京（软九五）”“南京（细支九五）”货源组织能力和市场培育能力，增加有效供给，匹配市场需求，平抑市场价格。实施“南京（雨花石）”竞争性销售策略。

构建并持续完善“创意一代、储备一代、开发上市一代”产品研发模式，完成 16 款出口卷烟产品研发，其中 8 款成功上市。2019 年，江苏中烟自产卷烟市场反馈率 0.004ppm，合作生产卷烟市场反馈率 0.02ppm。

合作生产。2019 年，江苏中烟合作生产卷烟 497.7 亿支（99.54 万箱），比上年增加 40.2 亿支（8.04 万箱）。其中，与黑龙江烟草工业有限责任公司合作生产“南京（金砂）”“南京（红）”“南京（紫树）”；与吉林烟草工业有限责任公司合作生产“南京（红）”“南京（金砂）”；与山东中烟合作生产“南京（红）”；与江西中烟合作生产“南京（红）”“南京（紫树）”“南京（硬林）”；与广西中烟合作生产“南京（佳品）”“南京（红）”“南京（紫晶）”；与陕西中烟合作生产“南京（佳品）”“南京（红）”“南京（红华西）”；与河北中烟合作生产“南京（红）”；与云南中烟合作生产“苏烟（彩中）”。

【原辅材料保障】 **优化原料布局**。编制《原料供应保障高质量发展工作规划》。紧抓行业推动全国烟区再布局机

2019 年 9 月，技术人员对江苏中烟原料基地云南丽江烟叶基地成熟采烤阶段烟叶农艺性状进行跟踪

江苏中烟　范幸龙　摄

遇，持续优化烟叶种植布局，新增烟叶基地单元 5 个，调整优化烟叶基地单元 1 个。围绕品牌发展需求，科学谋划烟叶采购策略，提升烟叶采购水平。

强化烟叶质量管控水平。持续完善烟叶质量管理机制，压实各级管理监督职责，全年烟叶等级质量巡检比例 91.8%，烟叶等级质检平均合格率 55.47%。整合烟叶复烤加工资源布局，完成湖南、贵州烟叶区域集中加工目标任务，集中加工量达到总量的 78.4%。推进“一厂一策”管理，提升细支烟复烤加工工艺技术，深化远程监打信息化平台建设，烟叶加工均质化达到行业优秀指标要求。优化原料虫情综合防治管理流程，推进充氮降氧气调杀虫技术研究与应用，烟叶仓储养护水平持续提升。

提升物资采购规范水平。按照“应招尽招、真招实招”原则，完成 2020—2021 年度烟用材料和烟机零配件公开招标工作，全面推进烟用物资网上交易和国产烟机零配件寄售制工作。开展规范管理和盒皮（烟标）、香精香料采购专项自查与迎检，并推进整改，梳理细化采购目录，强化规范采购信息化管理，从严落实“黑名单”制度，推进正负面清单管理。

【技术创新】　持续加大新工艺、新材料、新技术集成创新力度，完成 1 款再造梗丝研发，再造梗丝在 2 个产品主导规格中应用稳定；完成“苏烟”专用高档再造烟叶产品“JS806”升级改造，配套完成功能香基模块设计 3 个、再造烟叶保润剂 1 个。2019 年，江苏中烟自产卷烟焦油加权平均值为 9.1 毫克/支。全年新增授权专利 59 件，其中发明专利 8 件；新增软件著作权 15 项；在各类期刊发表论文 54 篇，其中核心期刊发表论文 13 篇。参与完成的“基于烟用香原料特性的数字化调香技术平台研究”项目获得 2019 年度中国烟草总公司科学技术进步奖一等奖。承担或参与国家局重大专项 12 项，行业标准项目研究 10 项。

【技改工程建设】　2019 年，“南京”专线和再造梗丝验证线申请总体竣工验收，“苏烟”专线完成结算审计初审，淮阴卷烟厂特色细支专线进场施工，原料、成品仓库项目有序推进。

【交流与合作】　**拓展国际业务**。紧跟国家“一带一路”倡议，巩固东南亚、西亚、中亚重点市场，新开辟阿塞拜疆、柬埔寨、阿曼、孟加拉国、缅甸等市场，截至 2019 年底，卷烟出口国家（地区）27 个。所罗门项目及产品落地销售取得突破。“苏烟（优加）”首批在韩国上市。

加强出口卷烟规范管理。修订《出口卷烟业务管理程序》，促进出口业务程序规范、职责明确、环节完善、流程合理。严防出口卷烟回流现象发生，约谈经销客户，对不合规的经销客户进行处罚，加强经销客户规范管理。

强化技术交流与合作。赴日本、韩国开展细支烟生产专项调研，学习借鉴先进经验。围绕满足配方个性化需求、强化对阿根廷及巴西烟叶质量过程控制，与美国联一国际公司深化技术交流。与德国汉高公司开展胶黏剂技术交流，与德国 HAUNI 公司就数字化方案和设备服务进行课题探讨。

【全产业链一体化建设】　编制公司“两化”融合发展规划（“两化”指工业化、信息化），系统完善顶层设计。编制生产执行系统建设方案，规划江苏中烟和所属生产厂两级横向业务在线高效协同，生产制造纵向实时全过程管控，卷烟工厂网络化、数字化并向智能化转型发展的模式，搭建卷烟工厂统一、集中的智能制造应用平台，为推动智能制造应用场景提供基础性支撑。

编制《智能制造建设规划方案（2020—2025年）》，并推进实施。推动卷烟厂利用大数据开展烟叶消耗建模分析，为实现物料消耗统一标准的信息化管控积累基础数据。利用设备信息系统完善设备购置、产能调配及技改项目管理，新增设备功能性选项管理，提高设备外挂设施的规范性管理，细化设备淘汰、报废管理，提升设备全生命周期管理的制度化、程序化和规范化水平。对标（GB 17167—2006）《用能单位能源计量器具配备和管理通则》，完善三级能源计量管理系统信息化实现方案。

开展“智能设备管理”“基于大数据平台的卷包设备预测性维护系统”“制丝线主机设备关键参数智能优化”等研究，以及局部智能制造试验，推动研究成果在生产实际中的应用。

【管理创新】 **夯实管理基础**。强化业务、财务融合，深化定额预算管理，开展货币资金竞争性存放，推进解决国有资产管理历史遗留问题。完善产品全生命周期质量管理，市场投诉量比上年下降44.2%。优化设备产能布局，推进备品备件标准化管理，异常备件占用金额下降64.12%。巩固安全管理“三化”建设成效，推进双重预防机制建设，完成安全环保工作总体控制指标。

优化组织模式。持续推进生产组织模式优化，徐州卷烟厂在实现三班两运转的基础上不断完善提升，南京、淮阴卷烟厂完成切换准备工作，南通烟滤嘴公司有序开展各项准备工作。市场营销中心非法人实体建设持续深化，技术中心、原料供应部非法人实体建设实质性推进。

深化降本增效。2019年，实现降本增效2.16亿元。持续开展群众性创新活动，徐州卷烟厂的“降低高速卷烟机组MAX供胶系统失效频次”、南京卷烟厂的“SD512切丝机电控柜新型移动装置的研发”2个QC成果分别获得烟草行业第三十届优秀质量管理小组成果发布会一等奖和三等奖。

【特事辑要】 2019年1月11日，国家局党组成员、直属机关党委书记高林在江苏烟草调研。

3月28日，江苏中烟与南通醋酸纤维有限公司举行“南京细支烟丝束专线”签约揭牌仪式，建立“南京”品牌细支卷烟丝束生产专线，构建常态化的“专线”战略模式和运作机制。

5月15—17日，国家局党组成员、副局长徐璒在江苏烟草调研。

10月，江苏中烟以开展“学习先进模范”“我和祖国共成长”“争做时代新人”等10项活动庆祝中华人民共和国成立70周年。

10—12月，江苏中烟先后编制印发《关于深化时代企业建设推动高质量发展指导意见》《高质量发展推进方案》《发展评价指标体系》，以及人才队伍、品牌发展、原料供应、物流保障、“两化”融合、科级创新等6个专项规划方案，“1265”高质量发展推进支撑体系逐步构建形成。

10月31日，江苏中烟首箱具备烟叶田间管理到工业入库全生命周期信息的烟叶成品片烟正式下线。

11月13—14日，国家烟草专卖局党组书记、局长，中国烟草总公司总经理张建民在江苏烟草调研。

2019年江苏中烟工业有限责任公司所属卷烟生产厂情况统计

	江苏中烟工业有限责任公司 南京卷烟厂	江苏中烟工业有限责任公司 徐州卷烟厂	江苏中烟工业有限责任公司 淮阴卷烟厂
法人资格	非独立法人	非独立法人	非独立法人
主要负责人（含党政领导）	党委书记、厂长：戴　戈 （—2019年9月） 党委副书记、工会主席：张建军 （2019年9月—，临时负责）	党委书记、厂长：招启柏	党委书记、厂长：施　彬
成立时间	1948年	1939年	1945年
从业人员（人）	1095	1122	1169
卷烟生产能力(亿支)	421	512	414
卷烟品牌	苏烟、南京	苏烟、南京、一品梅、红杉树	南京、华西村、罗曼蒂克

◇ 撰稿：徐　璐；编辑：周　佳

浙江中烟工业有限责任公司

【主要产品与品牌建设】 **主要产品**。2019 年，浙江中烟工业有限责任公司生产“利群”“大红鹰”“雄狮”“摩登”等 4 个卷烟品牌、96 个规格，其中，“利群”有 76 个规格，“大红鹰”有 1 个规格，“雄狮”有 4 个规格，“摩登”有 15 个规格。

全年生产“利群”1537 亿支（307.58 万箱），生产“雄狮”137.8 亿支（27.56 万箱）。境内生产“摩登”34.65 亿支（6.94 万箱），境外生产“摩登”52.64 亿支。

2019 年，在国内市场销售“利群”“大红鹰”“雄狮”等 3 个卷烟品牌、32 个规格，在国际市场销售“摩登”“利群”2 个卷烟品牌、91 个规格。全年实现境外卷烟销量（自产出口）47.81 亿支。

品牌发展。围绕着眼消费、创新驱动、布局协调，完成品牌发展体系总体框架构建并积极实践。聚焦“利群”品牌发展目标，以“增量提结构”为主线，加快调整“利群”品牌结构布局，努力打造可以不断升级的高结构大品牌，推进“利群”品牌向高质量发展迈进。“利群”单箱批发销售额增加额首次突破 1000 元，批发市值达到 1342.68 亿元。

新品培育。坚持以“一地一策、一品一策”为指导精准施策，以互联网线上线下相结合进行新品推广。2019 年，“利群（夜西湖）”“利群（楼外楼）”“利群（新二代）”“利群（江南韵）”等 4 个规格新产品进入行业新产品销量前 30 名。

合作生产。2019 年，浙江中烟与四川中烟合作生产“利群”“大红鹰”“雄狮”163.2 亿支（32.64 万箱）；与贵州中烟、陕西中烟、安徽中烟、河北中烟、河南中烟、重庆中烟合作生产“利群”“雄狮”，产量分别为 125 亿支（25 万箱）、90 亿支（18 万箱）、65 亿支（13 万箱）、45 亿支（9 万箱）、30 亿支（6 万箱）、25 亿支（5 万箱）；与江西中烟、甘肃烟草工业有限责任公司合作生产“利群”，产量分别为 110 亿支（22 万箱）、65 亿支（13 万箱）；与广西中烟合作生产“利群”“大红鹰”100 亿支（20 万箱）。

【全产业链一体化建设】 2019 年，浙江中烟以智慧运营体系建设为抓手，重点围绕一体化管理、运维保障、安全防范等能力提升，推进信息化“高度一体化”建设。

在一体化管理方面，主要开展“聚焦一个优秀企业、破解管理瓶颈难题、加快公司信息化‘高度一体化’建设进程”专题调研，厘清浙江中烟一体化建设制度机制、项目建设、运行维护、创新应用、人才队伍等方面现状和问题，形成 5 个方面对策和 18 项改进措施。推进健全完善网信工作专家库，组建信息化专业技术委员会，实施互联网采购适合电商平台采购的零星设备与耗材。

在信息化应用方面，启动大数据云平台建设，探索云平台的分布式微服务架构，推进复合高度、互联网销售等平台，开展基于钉钉的移动平台试点探索工作等。

在安全保障方面，开展网络安全突出隐患风险的专项整治，推进应用级异地备份系统建设，通过启动互访白名单、严格堡垒机使用技术手段，加强管控，加固防护，提升安全管控能力。

【技术创新】 **新品研发**。2019 年，完成设计开发卷烟新

浙江中烟卷烟品牌“利群”生产场景（2019 年）

浙江中烟　供稿

产品6项，其中境内1项、境外5项。完成产品设计更改42项，其中境内5项，涉及产品规格19个；境外37项，涉及产品规格73个。

技术成果。全年推进实施技术项目129项，其中，参与总公司项目6项、省级项目2项、当年新立项项目16项（参与总公司项目3项）。全年累计获得科技成果14项，其中省部级（行业）科学技术进步奖2项、省部级（行业）标准创新贡献奖2项、省级公司科学技术进步奖10项。科技成果验收60项，其中通过总公司验收成果、省级政府验收成果各2项。浙江中烟推广应用各类创新成果，累计取得经济效益6000余万元。

知识产权。全年申请专利129件，其中发明专利70件，实用新型专利58件，外观专利1件。获得专利授权72件，其中发明专利26件。截至2019年底，累计申请专利1505件，其中发明专利711件；累计获得专利授权1015件，其中发明专利381件。全年申请著作权35项，正式登记26项，累计获得著作权授权208项。

【交流与合作】 以“利群”品牌树形象，“摩登”品牌做销量为定位拓展国际市场，努力提升“利群”拓展国外有税市场比重，做大“摩登”品牌规模。全年境外生产企业生产卷烟52.64亿支，比上年增长9.89%。境外销售卷烟98.1亿支，比上年增长17.06%，其中，销售“摩登”84.6亿支，“利群”13.49亿支。有税市场“利群”销售占比比上年增加3.61个百分点。

【特事辑要】 2019年5月24日，浙江省委常委、杭州市委书记周江勇在浙江中烟杭州卷烟厂调研。

7月3日，浙江省委副书记、宁波市委书记郑栅洁在浙江中烟宁波卷烟厂调研。

9月16日，浙江中烟举行“我爱祖国、同唱国歌”升旗仪式。

2019年浙江中烟工业有限责任公司所属卷烟生产厂情况统计

	浙江中烟工业有限责任公司杭州卷烟厂	浙江中烟工业有限责任公司宁波卷烟厂
法人资格	非独立法人	非独立法人
主要负责人（含党政领导）	党委书记：张立新（—2019年3月） 张国坚（2019年3—12月）、 周小忠（2019年12月—） 厂长：周小忠	党委书记：王良君（—2019年12月）、 虞文进（2019年12月—） 厂长：虞文进
成立时间	1949年	1925年
从业人员（人）	1171	1011
卷烟生产能力（亿支）	500	500
卷烟品牌	利群、大红鹰、雄狮、摩登	利群、大红鹰、雄狮、摩登

◇ 撰稿：许亚军；编辑：周　佳

安徽中烟工业有限责任公司

【主要产品与品牌建设】 **品牌发展思路**。2019年，安徽中烟工业有限责任公司积蓄发展动能，聚焦“黄山”品牌培育。持续优化市场布局，“黄山（徽商）”系列布局全国33个省级市场的257个地市级市场，“黄山（红方印细支）”“黄山（记忆）”布局超过300个地市；“黄山（高山流水中支）”“黄山（小红方印中支）”新品上市，为品牌发展增添新动能。

全年高端新品“黄山（徽商）”系列实现销量8.2亿支（1.64万箱），“黄山（徽商新视界细支）”实现销量6.65亿支（0.13万箱），“黄山（徽商新概念细支）”实现销量5.5亿支（1.11万箱）。

合作生产。全年合作生产卷烟181亿支（36.2万箱），比上年增长31.64%。其中，合作生产上海烟草集团“红双喜”品牌83.5亿支（16.7万箱），“大前门”品牌30亿支（6万箱）；合作生产浙江中烟“利群”品牌57.5亿支（11.5万箱），“雄狮”品牌7.5亿支（1.5万箱）；合作生产重庆中烟“天子”品牌2.5亿支（0.5万箱）。

【全产业链一体化建设】 **整合协同实现新突破**。加快重点项目建设，ERP升级改造、数据中心和物流管控平台建设等重点信息化项目均顺利推进。针对多系统产销存数据口径不一致等现状，开展“产销数据整合”课题攻关，截至2019年底，实现在所属3家卷烟厂全面运行，数据一致性、权威性和共享性大为提升。探索打造“互联网 + 业财”模式，开展“商旅通”平台建设，截至2019年底，完成项目的招标采购。物流管控平台在主体功能运行良好的基础上，先后完成与烟草行业卷烟生产经营决策管理系统、ERP等系统对接，基于大物流管理的数据整合基本完成，为全供应链数据管理奠定数据基础。

工业互联网平台和卷烟智能工厂建设。2019年，在合肥卷烟厂开展行业信息物理系统（CPS）试点验证工作，截至2019年底，平台软硬件框架初步成形。完成《烟草行业卷烟制造工业互联网平台通用技术要求》标准研制，并负责接口集成等成果编写及申报，试点验证内容稳步推进。开展技改信息化项目建设，9个工业控制系统、自动化物流系统、MES系统主要功能模块等先后上线运行。

【原料保障】 **烟叶基地建设**。2019年度，安徽中烟在全国烟叶产区共建烟叶基地单元22个，其中20个分布在云南、贵州、四川、湖南、福建、皖南等6个重点产区。开展烟叶基地单元建设工作，调查产区生态、土壤等植烟环境条件，提出“黄山”品牌原料需求目标，研讨生产技术方案。深入生产一线，掌握烟叶生产、烘烤情况，预测当年度烟叶收购量、等级结构等数据资料。与福建龙岩、云南丽江、云南德宏等产区公司进行技术合作，开展5个安徽中烟立项的科技研发和软科学项目；与湖南省局（公司）合作，在郴州和张家界2个烟叶产区开展高端卷烟原料定制化开发工作。

烟叶采购。树立“大原料”意识，组建采购工作小组，以省级大产区或采购片区作为单位，共同对所属产区烟叶采购质量、结构、数量等事项负责。收集各产区烟叶产量、质量信息、调拨规定，加强烟叶市场形势的分析，做到“一地一策”，精准施策。开拓国际和国内2个采购市场，在国内市场，开展新烟采购计划等工作；在国际市场，寻求不适用烟叶等量置换和出口销售。

打叶复烤。进一步提高烟叶复烤质量的均质性、稳定性和成品单等级规模，在委托加工的9家打叶复烤企业全面推广烟叶均质化加工。推广分切分类加工，因地制宜改进分切设施设备，研究分切分类加工工艺实现路径和管控措施。开展远程监管平台课题研究，调研打叶复烤企业信息化建设水平。开展“聚力区域加工中心建设，助推高质量原料保障”精益改善项目，以福建省三明金叶复烤有限公司为合作试点单位，安徽工商企业聚力开展打叶复烤区域加工中心建设。

【技术创新】 **产品研发**。聚焦“黄山”产品精准研发，设计开发3款不同价位卷烟新品。优化提升9款卷烟老产品，降低烟丝含签率。提升“都宝”品牌产品结构，储备开发4款“都宝”短中细产品。面向境外市场，设计开发18款卷烟产品和13个烟丝规格。

技术保障。推进产品配方人员深入烟叶产区工作机制，实施精准采购，全年上等烟叶采购比例82%。完成福建、湖南等重点等级原料的分类分切优质叶尖1万余担，提高中部上等烟比例12.8%；重点跟踪监督安徽、贵州、福建、四川等4个省打叶复烤加工质量，强化打叶复烤技术标准执行力。开展原料贮存环境条件对烟叶醇化质量影响等研究，探索采用三段式微调控技术养护技术应用；制定《原料分

2019年7月25日，安徽中烟召开2019年半年工作会暨经济运行工作会议
安徽中烟　供稿

类贮存技术标准》，提升原料贮存环境条件同质化水平。

技术服务。全程跟踪“黄山”品牌专线调试，实现全部产品转线生产。开展“黄山”品牌专线整线工艺测试和细支烟专项工艺测试，分别提出改进优化建议 22 项和 15 项。指导所属材料生产厂滤棒、接装纸、胶粘剂等质量改进与提升，实现内置胶囊五角星形空管棒、菱形空管棒在产品中应用。

【合作与交流】 **概况**。2019 年，安徽中烟境外市场实现卷烟销量 100.34 亿支（20.07 万箱），比上年下降 1.8%，其中“都宝”品牌实现销量93.9 亿支（18.78 万箱），比上年下降 1.43%。

协调服务及管理 CTIEC 项目。召开中烟国际欧洲有限公司（CTIEC）二届四次股东会暨一届十次董事会，协助其采取措施加强管理管控。成立销售工作领导小组，对现有客户进行全面的风险评估，拓展低风险新业务。深化全面管控，先后印发《关于对 CTIEC 生产经营加强管控的几点意见》《关于对 CTIEC 管理指导的暂行办法》等文件，新增相关报告报表，形成《CTIEC 管控工作及业务支持简报》，适时向 CTIEC 反馈建议。全力促进 CTIEC 业务发展，联系蒙古国、乌克兰等市场烟丝业务，开展泰国市场等新业务。

与 STG 公司雪茄烟合作。与斯堪的纳维亚烟草集团（STG）持续推进“王冠（赛悦）”（Cirello）联合品牌项目。同时，就全叶卷雪茄烟合作展开多轮沟通，在合作品牌、合作模式、技改支持和国内销售支持等方面交换意见，进一步细化内容。

菲莫合作联合品牌项目。联合品牌所在的俄罗斯、乌克兰、塞尔维亚市场合法卷烟市场容量持续萎缩，卷烟税率进一步提高，品牌竞争加剧。俄罗斯市场“DUBLISS－MPM”品牌联合项目初见成效，实现品牌培育质和量的双重提升。“DUBLISS－MPM”4 个标准装规格产品于 2019 年 6 月在俄罗斯市场全面上市，品牌销量和市场占有率均得到提升。下半年“DUBLISS－MPM”包装升级，增强“DUBLISS”品牌的可视度和独立性。通过让利促销确保“DUBLISS－NEXT”超细支系列保持市场领先。全年销售卷烟 8.09 亿支（16.22 万箱），较上年增长 22.32%。

一般贸易市场。中国台湾地区市场全年实现销量 4.38 亿支（0.88 万箱）。蒙古国市场实现销量 1.58 亿支（0.32 万箱）。“黄山”品牌免税市场实现销量 0.71 亿支（0.14 万箱）。

【特事辑要】 2019 年 3 月 4 日，安徽省副省长何树山在安徽烟草调研，调研安徽中烟合肥卷烟厂。

7 月 25 日，安徽中烟召开 2019 年半年工作会暨经济运行工作会议。

8 月 27—30 日，安徽中烟“黄山杯”卷包设备操作技能竞赛在芜湖卷烟厂举办。

9 月 30 日，安徽中烟举行升国旗仪式，庆祝中华人民共和国成立 70 周年。

11 月 25 日，安徽省副省长何树山在安徽中烟调研。

12 月 5 日，安徽烟草工商企业与重庆中烟工业有限责任公司高质量发展座谈会在合肥召开。

2019 年安徽中烟工业有限责任公司所属卷烟生产厂情况统计

		安徽中烟工业有限责任公司蚌埠卷烟厂	安徽中烟工业有限责任公司芜湖卷烟厂	安徽中烟工业有限责任公司合肥卷烟厂	安徽中烟工业有限责任公司阜阳卷烟厂	安徽中烟工业有限责任公司滁州卷烟厂
法人资格		非独立法人	非独立法人	非独立法人	非独立法人	非独立法人
主要负责人（含党政领导）		党委书记、厂长：王茂林（—2019 年 2 月）赵　立（2019 年 2 月—）	党委书记、厂长：黄　剑	党委书记、厂长：刘　云（—2019 年 2 月）王冬梅（2019 年 2 月—）	党委书记、厂长：王子郁	党委书记、厂长：林　河
成立时间		1942 年	1949 年	1949 年	1948 年	1949 年
从业人员（人）		1014	940	951	731	783
卷烟生产能力(亿支)		400	400	413	200	200
卷烟品牌	自有品牌	黄山、红三环	黄山、都宝	黄山	黄山、红三环	黄山、红三环
	合作生产品牌	—	利群、雄狮、天子	—	红双喜、大前门	—

◇ 撰稿：孙　群；编辑：周　佳

福建中烟工业有限责任公司

【主要产品与品牌建设】 **主要产品**。2019 年，福建中烟工业有限责任公司生产的卷烟品牌有“七匹狼”“金桥”“古田”“石狮”“土楼”等，其中“七匹狼”被列为全国重点卷烟品牌。许可生产“万宝路”“长寿”品牌卷烟。

2019 年，“七匹狼”实现销量 824.12 亿支（164.82 万箱），比上年增长 9.21%，其中省内实现销量 523.6 亿支（104.72 万箱），比上年增长 4.95%；省外实现销量 300.52 亿支（60.1 万箱），比上年增长 17.51%。实现“七匹狼”商业批发销售收入 416.53 亿元，比上年增长 7.93%。

品牌发展思路。建立以“七匹狼”品牌为主体的品牌发展体系，推动品牌向高质量发展。完成品牌架构体系设计，完善品牌价值文化体系，制定品牌手册。提炼“海纳百川、敢拼会赢”的价值主张，确定“海丝扬帆、激扬青春、红色传承、家国情怀”为主体的价值体系。将“土楼”“古田”品牌整合进“七匹狼”品牌。聚焦中支产品，推出“七匹狼（纯境）”“七匹狼（英伦奶香）”等新产品。

市场拓展。整合优化“七匹狼”品牌境外市场销售渠道，创新“直达销售”的经营模式，推动东南亚地区市场稳步增长。

2019 年，福建中烟境外市场实现销量 3.54 亿支（0.71 万箱），其中“金桥”系列 2.74 亿支（0.55 万箱），“七匹狼”系列 4586 万支（917 箱），“妙香”3421 万支（684.2 箱）。一般贸易出口 3.24 亿支（0.65 万箱），境外合作项目加工生产卷烟 3000 万支（600 箱）。

【技术创新】 **技术中心概况**。福建中烟工业有限责任公司技术中心成立于 2006 年。2011 年 1 月，获得国家局行业级技术中心认定，同年 11 月获得国家级技术中心认定。2013 年 8 月，博士后科研工作站获批准设立，同年 9 月技术中心搬迁至厦门市集美区杏林湾科教园区。技术中心按非法人实体化运作，实行扁平化管理和开放式运行，下设 15 个职能部门及博士后工作站。有员工 167 人，其中，博士研究生学历 8 人，硕士研究生学历 40 人，高级职称 56 人，中级职称 88 人。2019 年，技术中心在国家企业技术中心评价中取得“良好”成绩。截至 2019 年底，拥有授权专利 1117 件，其中发明专利 376 件。

自主创新。加大技术创新投入和激励力度，推进香精香料自主调香及生物技术等核心技术攻关，探索基于市场需求导向的产品研发变革，大幅缩短产品上市周期。2019 年，公司卷烟焦油量加权平均值 10.07 毫克/支，一、二类烟焦油量加权平均值 10.15 毫克/支。

科研项目。全年开展各类科技研究项目 183 项，取得科技成果 57 项。推荐申报 1 个国家局项目，参与国家局科技项目 7 项、标准项目 9 项。福建中烟独立开展的科技项目获得福建省科技进步奖三等奖、厦门市科技进步奖二等奖各 1 项，牵头开展的科技项目获得中国商业联合会、中国物流与采购联合会科技进步奖三等奖、中国烟草总公司科学技术进步奖三等奖各 1 项，参与的科技项目获得中国烟草总公司科学技术进步奖一等奖 2 项、二等奖 1 项、三等奖 2 项。主持制（修）订行业标准 3 项，参与制（修）订行业标准 7 项。

新品研发。2019 年，完成“七匹狼（纯境）”“七匹狼（英伦奶香）”“七匹狼（金砖时代）”等产品的改造工作。

智能制造建设。坚持“创新驱动、数据赋能”的信息化发展理念，完成行业智能卷烟工厂建设试点初验工作。2019 年，基础制造云平台和工业互联网平台上线试运行，推进基于 CPS 的智能制造试点验证。实现生产前仿真、生产中仿真、生产后仿真、设备运行全生命周期仿真服务、产品全生命周期仿真服务。

【企业管理】 福建中烟坚持问题导向，开展顶层设计、优化产能、产品创新、市场布局等课题研究，形成高质量发展规划方案，明确高质量发展总体目标，配套制定行动方案和攻坚行动计划。推动烟用材料采购机制改革，将原料与烟用材料的采购职能分设。深化精益管理、预算管理，全年实现降本增效 7849 万元，财务费用比上年减少 4400 万元。设立克组特殊贡献奖，制定容错纠错实施办法，实施青年人才“百人计划”，遴选出一批优秀青年人才。首次选拔聘任技能领域拔尖人才，全年聘任 4 名高级工程师、4 名首席技师。

【原辅材料保障】 提高原料有效供给，在采购规模、产区布局、原料利用等方面下功夫，缓解原料供给矛盾。加大库存烟叶应用研究，应用功能模块配方技术，拓宽原料使用范围，提高原料使用价值。跨区域跨等级模块配打加工技术研究与应用取得突破。强化烟用材料招标采购管理，提高烟用材料周转效率。

【交流与合作】 **技术合作**。福建中烟与郑州烟草研究院签署战略合作框架协议。继续与国家烟草质量监督检验中心、厦门大学、福州大学等科研院所及高校开展项目合作。与郑州烟草研究院、福建省烟草公司龙岩市公司、福州大学厦门工艺美术学院等共建合作共研平台。

组建合资公司。2019 年 3 月，经国家局同意，福建中烟作为牵头单位，与益升华有限责任公司就成立滤嘴棒合资公司进行商务谈判。11 月 27 日，合资公司各投资方达成一致，在厦门签署合资合同及公司章程。12 月 2 日，项目获国家局批复同意。12 月 16 日，中烟益升华（厦门）滤嘴棒有限责任公司正式注册成立。该合资公司中方股东持有 51% 股份、外方股东益升华有限责任公司持有 49% 股份。中方股东包括：福建中烟工业有限责任公司（持有 21% 股份）、上海海烟投资管理有限公司（持有 10% 股份）、湖南中烟投资管理有限公司（持有 10% 股份）、广西中烟天成投资管理有限责任公司（持有 10% 股份）。公司设立在厦门，从事特殊及新型滤棒的生产。

【特事辑要】 2019 年 5 月 15—18 日，国家烟草专卖局党组书记、局长，中国烟草总公司总经理张建民在福建烟草调研。其间，张建民到龙岩烟草工业有限责任公司和厦门烟草工业有限责任公司进行调研。

11 月 27 日，福建中烟与益升华有限责任公司及上海海烟投资管理有限公司、湖南中烟投资管理有限公司、广西中烟天成投资管理有限责任公司，就联合组建中烟益升华（厦门）滤嘴棒有限责任公司在厦门举行合资签约仪式。

所属卷烟生产企业

龙岩烟草工业有限责任公司

【技术创新】 2019 年，龙岩烟草工业有限责任公司牵头开展行业精益管理课题——“生产过程全要素管控模式探索项目”研究。推进创新成果应用，牵头编写《工业控制网络安全基线技术规范》行业标准，填补行业空白。“基于 RFID 纸滑托盘在卷烟工商联运中的应用”获得中国物流与采购联合会科技进步奖三等奖，“原料养护生态杀虫与清洁仓间建设”在行业精益物流重点课题研究成果评选中获得一等奖。全年获得授权专利 39 件，其中发明专利 13 件。

【企业管理】 **管理创新**。开展行业智能工厂建设试点工作，持续推进厂级物联网和数据采集平台建设。牵头江苏中烟淮阴卷烟厂等 9 家卷烟厂开展“生产过程全要素管控模式探索项目”研究。建立创新奖励管理机制，激发员工创新积极性。

优化产能。制定设备布局及工艺提升方案。优化高级排程系统（APS）与订单跟踪系统（OES），提升自动排产准确率以及生产衔接水平。完成品牌整合以及“七匹狼（蓝钻）”“七匹狼（英伦奶香）”2 种规格的投产。中细支卷烟关键制造技术研究取得阶段性成果。完成卷包车间四班转三班模式切换。加强原料管理，构建烟用批次追溯机制，加大四段式气调养护规模、三级质量管理力度。加强对标管理，承办行业卷烟工厂对标工作研讨会，协助编制《卷烟工厂分类对标指标口径（2019 版）》。

厦门烟草工业有限责任公司

【技术创新】 2019 年，厦门烟草工业有限责任公司开展

厦门烟草工业有限责任公司职工自主改造中支卷烟设备（2019 年）
厦门烟草工业有限责任公司 供稿

差异化产品工艺保障技术、中细支烟在线打孔、“四段式”烟叶养护技术等关键技术研究与应用。“工业生产传热传质工序减排降耗关键技术与装备”获得福建省科学技术进步奖三等奖。

【企业管理】 **提升产品保障能力**。改造宽版中支设备，将产能提升到200万支/台班。自主改造高速机、切丝机、卷烟机长度规格改造、中细支装封机等。保障新产品中支烟“七匹狼（纯境）”投产。建立烟虫治理绩效管理方法，完善虫情预报警机制。

管理创新。应用人脸识别、移动办公等新技术新工具，自主开发“智慧考勤”“PC维修”等小程序投入运行。持续开展精益管理，全年员工提出合理化建议4916条，企业创新活跃度达到80.06%。

2019年福建中烟工业有限责任公司所属卷烟企业情况统计

		龙岩烟草工业有限责任公司	厦门烟草工业有限责任公司
法人资格		独立法人	独立法人
主要负责人/法定代表人（含党政领导）		党委书记、董事长：廖材河（—2019年7月） 姜志强（2019年7月， 之前任党委副书记、总经理） 副总经理：钱继春（2019年11月—， 主持生产经营日常工作）	党委书记、董事长：吴志文（—2019年7月） 邱晓卫（2019年7月—， 之前任党委副书记、总经理） 副总经理：罗旺春（2019年11月—， 主持生产经营日常工作）
成立时间		1951年	1948年
从业人员（人）		1713	1393
卷烟生产能力（亿支）		766	600
卷烟品牌	自有品牌	七匹狼、石狮、古田、土楼	七匹狼、石狮、金桥
	许可生产品牌	万宝路	长寿
	来牌加工品牌	妙香	—

◇撰稿：卢永梅；编辑：周 佳

江西中烟工业有限责任公司

【主要产品】 **自有品牌**。2019年，江西中烟生产自有卷烟品牌有“金圣”“庐山”。生产“金圣”334.6亿支（66.92万箱）、“庐山”93.06亿支（18.61万箱）。

合作生产品牌。2019年，合作生产浙江中烟“利群”110亿支（22万箱），江苏中烟“南京”75亿支（15万箱），广东中烟“双喜”25亿支（5万箱）。

【“金圣”品牌培育】 **品牌发展新动能**。江西中烟坚持把加快“金圣”品牌发展作为推动公司高质量发展的核心与关键。坚持把加快培育新动能作为实现“金圣”品牌可持续发展的重要抓手，做好一类中支烟新品“金圣（滕王阁·长天）”和“金圣（圣地中国红中支）”上市培育工作，继续拓展高端细支烟“金圣（智圣出山·国味）”的市场空间，有效弥补价类短板。2019年，上述3款产品实现销售增量超过5亿支（1万箱），占“金圣”一二类烟增量的35.6%。全年创新产品实现销量54.25亿支（10.85万箱），占“金圣”总销量的16.2%。

品牌销售情况。2019年，“金圣”品牌实现销量335.15亿支（67.03万箱），比上年增长11.35%。实现单箱批发收入3.27万元，比上年增长1.95%。全年“金圣”在省内市场实现销量241.7亿支（48.34万箱），比上年增长7.48%；省外市场实现销量93.5亿支（18.7万箱），比上年增长22.8%。省内形成5个“金圣”超5万箱的市级市场、11个超万箱的区县市场；省外形成6个超万箱、7个超5000箱的省级市场。

境内外市场拓展。全年出口卷烟9462万支，有“金圣（瓷）”“金圣（瓷·细支）”“金圣（瓷9+1）”“金圣（瓷沉香·细支）”“金圣（瓷·中支）”“金圣（华天下·沉香细支）”“金圣（华天下·檀香细支）”等7个规格，其中“金圣（瓷·细支）”出口5835万支。截至2019年底，出口卷烟产品在境外超过100家免税门店上架销售。

【“金圣”新品研发】 坚持“稳三类、扩二类，攻一类、树高端”的工作思路，围绕“阁瓷红”体系的建设，瞄准市场短板，将一、二类烟的研发作为工作的重中之重。完成“金圣（圣地中国红中支）”“金圣（青瓷）”“金圣（炫彩）”“金圣（瓷·中支）”“金圣（瓷·沉香细支）”等5款新品的研发，其中“金圣（圣地中国红中支）”“金圣（瓷·中支）”“金圣（瓷·沉香细支）”完成上市。完成储备“金圣”中支、常规以及普一类等4款新品的配方设计和包装设计。

【原辅材料保障】 **原料保障**。江西中烟烟叶产区集中在云南、湖南、湖北和江西等4个省。建有国家级烟叶基地单元10个，其中云南7个、湖南2个、江西1个。推行烟叶外观等级质量预检复检“两级控制”模式，开展精准采购，湖南、云南两地上等烟比例86.5%，实际采购量100%满足产品研发的计划需求。推行标准化选叶和均质化加工，提高片烟加工质量，在线水分抽检合格率100%，综合加工出片率64.7%。

辅料采购。全年采购烟用物资22.79亿元，其中专卖品卷烟材料实际采购金额5.7亿元，非专卖品卷烟材料实际采购金额16.6亿元，零配件采购入库金额4909万元。开展醋纤滤棒、卷烟纸、商标纸及封签等烟用材料采购项目公开招标。烟机零配件方面，完成包装机刀具、彩膜定位装置配件、卷烟机专用配件项目等采购项目公开招标。

【技术创新】 **技术中心**。江西中烟工业有限责任公司技术中心成立于2007年1月，是行业级技术中心、省级企业技术中心和省级工程技术研究中心，拥有博士后科研工作站。技术中心设有“五部一室一站”，在岗员工75人，其中，高级专业技术人才9人（正高级1人）、中级专业技术人才41人；博士研究生学历2人，硕士研究生学历31人。

材料创新技术研究。在行业内首创压纹定位框架纸，并在“金圣（圣地中国红中支）”上运用。重点在突出产品的个性化风格特征、提升技术创新水平等方面开展研究及应用。

特色香原料研究。对筛选出来的天然植物原料开展提取及制备工艺优化研究，开发出JXGC－1、DSSL－2、PGBR－1、MLD－2（美拉德反应香料）等9款自主香原料，并制定相关质量标准。

原料提质研究。通过分切提质验证夯实模块打叶基础，进一步减少不适用烟数量。提升配方适用的模块占比和均质化加工水平，探索性实施跨产地打叶配方模块设计，进一步提高江西烟叶卷烟配方适用模块的占比。利用湖南烟叶复烤有限公司郴州复烤厂、江西赣南烟叶复烤有限责任公司的配方高架库、原烟分切分离、在线近红外检测设备等工艺设备有利条件，提升配方模块均质化加工、精细化加工水平。

【技术改造】 2019年，江西中烟广丰卷烟厂易地技改项目基本完成设备的安装，并实现制丝设备全线带料联动试车。南昌卷烟厂制丝工艺创新提质就地技改项目完成后勤服务用房及连廊土建装饰工程等项目的招标，并完成桩基试桩。井冈山卷烟厂易地技改项目完成展示厅的布展施工和所有项目的结算审计。赣州卷烟厂二期片烟醇化库建设项目完成结算审计和财务决算审计。

【特事辑要】 2019年1月25日，江西中烟召开2019年工作会议。

2019年1月1日，江西中烟一年一度的“零点行动”正式拉开帷幕
江西中烟　王迪晨　摄

10月1日，江西中烟举行庆祝中华人民共和国成立70周年“同升国旗、同唱国歌”升旗仪式。

10月28日，江西省委常委、副省长吴晓军在江西中烟广丰卷烟厂易地技改现场调研。

10月30日，国家局党组成员、副局长段铁力在江西烟草调研。

2019年江西中烟工业有限责任公司所属卷烟生产厂情况统计

		江西中烟工业有限责任公司南昌卷烟厂	江西中烟工业有限责任公司赣州卷烟厂	江西中烟工业有限责任公司广丰卷烟厂	江西中烟工业有限责任公司井冈山卷烟厂
法人资格		非独立法人	非独立法人	非独立法人	非独立法人
主要负责人（含党政领导）		党委副书记、厂长：罗　飚 党委书记、副厂长：李铁军	党委副书记、厂长：何善懋 党委书记：黄　平	党委副书记、厂长：毛小东 党委书记：徐辉广	党委副书记、厂长：华　刚 党委书记：刘　曜
成立时间		1950年	2013年	1988年	1982年
从业人员（人）		1522	1074	1133	520
卷烟生产能力(亿支)		270	300	100	150
卷烟品牌	自有品牌	金圣	金圣、庐山	金圣、庐山	金圣
	合作生产品牌	南京、利群	双喜	—	利群

◇撰稿：李　杨；编辑：周　佳

山东中烟工业有限责任公司

【主要产品】 *自有品牌*。2019年，山东中烟工业有限责任公司生产的卷烟品牌主要有“泰山”“哈德门”。“泰山”实现工业调拨（不含出口）880.28亿支（176.06万箱），比上年增长8.72%，其中省内699.49亿支（139.9万箱）；“泰山”细支卷烟85.33亿支（17.07万箱），比上年增长44.03%。出口“泰山”2.48亿支（0.5万箱）。

合作生产品牌。合作生产上海烟草集团“红双喜”品牌32.5亿支（6.5万箱）、“大前门”品牌7.5亿支（1.5万箱），湖南中烟“白沙”品牌20亿支（4万箱），湖北中烟“红金龙”品牌5亿支（1万箱），江苏中烟“南京”品牌65亿支（13万箱），云南中烟“玉溪”品牌1.5亿支（0.3万箱）、“红塔山”品牌3.5亿支（0.7万箱）。

【品牌建设】 *转变经营观念*。确立“重在状态、重在提升、重在持续”指导思想，坚持状态优先、需求导向，紧盯商业存销比和投放策略订足面、订足率等关键指标，建立市场状态监控体系，把控调拨节奏，精准投放策略，建立以动销促进批发、以批发带动调拨的可持续工作模式。市场状态持续向好，商业存销比连续10个月保持行业前三名，年末位列行业第一名。

加强品牌培育。聚焦一二类卷烟市场份额、一二类卷烟骨干规格，按照“以细支烟为突破口，培育新产品增长点，挖掘老产品潜力”思路，确定一二类卷烟11个规格。“泰山（儒风细支）”“泰山（望岳）”“泰山（心悦）”等重点规格稳步增长，“泰山（白将细支）”“泰山（金将中支）”上市表现良好。“泰山”品牌商业销量连续五年实现增长，继续位列行业“双十五”品牌，全年实现商业销量884.4亿支（176.88万箱），比上年增长7.34%；实现商业销售额393.92亿元，比上年增长8%；实现单箱销售额2.23万元，比上年增长0.62%。

统筹市场拓展。省内紧盯“提结构、增份额”，加强工商协同，开展细支烟和一二类烟提升、终端维护、特色市场开发、重点群体推广等，参与零售终端建设。2019年，鲁产卷烟省内市场份额为53.95%，比上年提高0.5个百分点，其中，一二类卷烟市场份额分别为19.6%、17%，比上年各提高0.7个、2.1个百分点。省外紧盯“增销量、扩规模”，优化市场布局，强化重点市场建设；开展示范户陈列，引导终端维护向订单采集转变。

【技术创新】 *技术中心概况*。山东中烟工业有限责任公司技术中心成立于2006年10月，2007年通过国家发展改革委、科技部、财政部、海关总署、税务总局等五部委联合组织的国家认定企业技术中心的认定。2015 年 8 月，通过中国合格评定国家认可委员会的认可评审。2019 年，有在岗员工 132 人，其中博士研究生学历 2 人，硕士研究生学历 18 人，大学以上学历 87 人。高级职称 31 人，中级职称 89 人。2019 年，取得行业科技项目成果 2 项；公司级科技项目成果 14 项。

机制建设。编制公司科技创新五年规划。推进国家级技术中心为主体、2 个行业工程中心为两翼、4 家卷烟厂科技委为助推的“一体两翼四助推”全员创新体系建设。加强产学研合作，与研究机构、高等院校合作开展项目 8 项，围绕行业科技前沿热点，举办科技创新泰山大讲堂讲座 3 次。搭建开放式测试平台，初步建立消费者专家库。

产品研发。推行卷烟产品研发项目化，加强创新成果应用融合。全年完成 4 款新产品开发、1 款产品改造上市，启动 19 款产品研发储备。“泰山（金将中支）”的“稻花香”风格、“泰山（常胜将军）”的国际烤烟型风格得到市场认可。新型卷烟材料研发方面，推进功能滤棒升级、精品（异型）包装等技术研究。

技术攻关。推进项目研究，全年有行业项目立项 15 项，主持行业重大专项 6 项，参与行业重大专项 9 项，有公司在研项目 97 项。山东优质烟叶开发应用、模块化配方打叶试点、特色功能薄片开发有序推进，烟叶使用水平不断提升。功能滤棒设计技术取得阶段性成果。卷烟调香水平有效提升，参与的数字化调香项目获中国烟草总公司科学技术进步奖一等奖。全年新增授权专利 30 件，截至 2019 年底，累计拥有有效专利 403 件。

质量监督与技术保障。制（修）订技术标准、技术文件 151 个。注重产品维护，持续强化质量监督，行业抽检合格率 100%，百元以上规格感官质量实测平均值提升 0.1 分，卷烟焦油加权平均值比上年降低 0.5 毫克/支，重点规格卷烟感官质量波动收窄 25%。

【原辅材料保障】 **原料采购**。山东烟叶定向栽培技术研究与应用项目进展顺利，购销模式由传统方式向“整县＋整站”全收全调转变。坚持主动参与、深度介入，加强基地单元建设，强化基地烟叶质量跟踪评价，跟进落实配套技术，基地烟叶主导种植品种符合率达到 97.8%。推进模块化配方打叶、均质化精细加工，探索原料区域加工中心建设，年度采购的国产烤烟全部纳入均质化加工。开展“清洁仓间”活动，加强仓储烟叶提质养护。

烟用物资管理。全年组织实施烟用材料、设备改造、备品备件集中采购 6 次，降低采购成本 1760 余万元。前移质量管控关口，更加注重上机适用性，烟用材料、备品备件入库检验合格率 100%，烟用材料质量监督检验合格率 100%。严格采购计划审核，采购需求与生产计划符合率保持 100%。深化即时供应，推进烟用物资寄售管理和联合库存管理。优化优质国产醋纤丝束供给模式，与南通醋酸纤维有限公司联合建设“泰山”品牌丝束专线。

【交流与合作】 **境外市场拓展**。面对中东主销区域持续动荡的情况，通过参加中东世界烟草展、德国国际烟草展、加大与各界商会联系等方式，努力拓展其他有税市场；推进“一带一路”市场拓展，加大非洲地区拓展力度，新拓展尼日利亚、孟加拉国等市场，境外市场覆盖面持续扩大。免税市场覆盖面进一步扩大，在原有免税市场基础上，新增深圳免税集团、中国免税集团。“泰山（TS）”品牌在免税市场影响力不断提升，韩国免税市场销量突破 3710 件。通过境外旗舰店建设、免税专柜建设等方式，提升境外渠道建设水平。连续五年在澳大利亚组织品牌路演活动，提升“泰山（TS）”品牌影响力。

产品结构优化。在主销市场动荡背景下，销售结构连续 6 年提升，实现阶段性扭亏为盈目标。通过丰富产品线、优化境外产品布局，形成“泰山（TS）”产品体系，可根据市场需求投放混合型、烤烟型、薄荷型烟草产品，基本满足高、中、低档市场和消费者需求。全年研发 8 款卷烟产品。

【管理创新】 **工艺质量管理**。规范自检自控系统配置标准，完善在线质量控制系统，提高过程质量和产品质量稳定性，卷烟产品质量抽检合格率 100%，过程西格玛水平 4.24。开展群众性质量活动，组织工艺质量改善，完成六西格玛项目、QC 成果、质量信得过班组及工艺质量改善项目等 500 余项。

设备管理。统一调配设备资源，提高设备保障能力。统一设备自检自控标准，开展设备工艺性能点检，实施设备精益管理，提升工艺质量保障水平。开展能源管理高质量发展专项调研、能源环境管理专项评价，推进能源管理和技术节能，万支卷烟综合能耗比上年下降 2.54%，全年节约能源费用256万元。

技术改造。明晰各厂功能定位，优化生产力布局，严控非生产性投资项目。青州卷烟厂“十三五”技术改造项目建设方案通过国家局专家论证，新型卷烟材料研发制造中心主体结构基本完成，青岛卷烟厂制丝线改造、雪茄烟加工制造中心建设等重点项目扎实推进。

2019年，山东中烟滕州卷烟厂卷包车间乙工段第一班组获评全国“工人先锋号”

山东中烟　供稿

【特事辑要】　2019年4月10—12日，国家烟草专卖局党组书记、局长，中国烟草总公司总经理张建民在山东烟草调研。

4月23日，山东中烟滕州卷烟厂卷包车间乙工段第一班组获评“全国工人先锋号”。

7月22—23日，国家局党组成员、副局长段铁力在基层联系点山东中烟济南卷烟厂调研基层党建工作。

8月5日，塞尔维亚驻华大使米兰·巴切维奇一行在山东中烟考察，参观济南卷烟厂。

2019年山东中烟工业有限责任公司所属卷烟生产厂情况统计

		山东中烟工业有限责任公司济南卷烟厂	山东中烟工业有限责任公司青岛卷烟厂	山东中烟工业有限责任公司青州卷烟厂	山东中烟工业有限责任公司滕州卷烟厂
法人资格		非独立法人	非独立法人	非独立法人	非独立法人
主要负责人（含党政领导）		党委书记、副厂长：赵善强 党委副书记、厂长：孟庆华	党委书记、副厂长：张　彤 党委副书记、厂长：刘所锋	党委书记、副厂长：李继东 党委副书记、厂长：王海滨（—2019年11月）	党委书记、副厂长：李继鹏 党委副书记、厂长：徐　伟
成立时间		1928年	1919年	1948年	1951年
从业人员（人）		1442	1356	1034	576
卷烟生产能力(亿支)		662	773	250	150
卷烟品牌	自有品牌	泰山、哈德门	泰山、哈德门	泰山、哈德门	泰山、哈德门
	合作生产品牌	红金龙	红双喜、大前门	南京、白沙	玉溪、红塔山

◇撰稿：王绍习；编辑：周　佳

河南中烟工业有限责任公司

【主要产品与品牌建设】　**主要产品**。2019年，河南中烟工业有限责任公司生产的内销卷烟品牌主要有“黄金叶”“红旗渠”“散花”。“黄金叶”实现销量1005.65亿支（201.13万箱），比上年增长2.45%。“红旗渠”实现销量430.6亿支（86.12万箱）。

品牌培育。聚焦“千亿工程”，强力推动“黄金叶”品牌崛起。优化完善“两个布局”，分类实施市场布局、一二类烟发展、细支烟发展等重点攻坚，做好新品培育及老产品优化升级；强化“6+N”重点产品体系运行管控，成立专项运作小组，实施二类烟及新品专项运作，深化策略提报执行监督考核，“黄金叶”品牌保持进位发展的冲劲和势能。

2019年，“黄金叶（天叶）”“黄金叶（天香细支）”分别实现销量19.8亿支（3.96万箱）、19.45亿支（3.89万箱），“黄金叶（乐途）”“黄金叶（爱尚）”“黄金叶（小目标）”“黄金叶（黄金眼）”等4款产品合计实现销量225.3亿支（45.06万箱）。新品“黄金叶（天香）”“黄金叶（商鼎）”“黄金叶（黄金细支）”表现出较强的市场竞争力。全年“黄金叶”销量、销售额、一二类烟销量分别实现1005.65亿支（201.13万箱）、635.04亿元、310.15亿支（62.03万箱），分别比上年增长2.45%、4.22%、11.32%。

新品开发。持续构建“6+N”重点产品体系，加快新品研发上市进度，调优品牌布局。强化产品创新，顺应个性化、多样化和不断升级的消费需求，推出“黄金叶（天香）”“黄金叶（商鼎）”“黄金叶（黄金细支）”等新品。

品质维护。推进产品维护向数字化、全要素、全过程转变，提高产品维护的系统性、高效性和科学性。深化标准体系和管控体系建设，开展短支烟核心技术及质量控制体系构建。完成“黄金叶（爱尚）”“黄金叶（炫尚）”“黄金叶（小目标）”“黄金叶（乐途）”“黄金叶（浓香细支）”“黄金叶（大M）”“黄金叶（小黄金）”等7款产品提质优化工作。

合作生产。合作生产浙江中烟卷烟品牌“利群”27亿支（5.4万箱）、“雄狮”3亿支（0.6万箱），上海烟草集团“红双喜”37.5亿支（7.5万箱）、“大前门”12.5亿支（2.5万箱），湖南中烟“白沙”40亿支（8万箱）。

【技术创新】 **技术中心概况**。河南中烟工业有限责任公司技术中心成立于2007年3月，为行业级技术中心。下设烟气分析、超净分析、常规分析、理化分析、香精香料分析、卷烟及烟用材料物理指标检测等标准实验室，拥有先进大型仪器设备80余台（套）。截至2019年底，员工175人，平均年龄38岁，其中博士研究生学历7人，硕士研究生学历55人；中高级以上专业技术资格123人，其中高级职称46人；1名国务院特殊津贴专家、1名行业学科带头人、5名国家卷烟感观（官）质量评吸委员会委员、1名标准化委员会委员、1名中国烟草品种审定委员会委员、2名国家烟叶等级质量检验委员会委员。

科技管理。编写《河南中烟工业有限责任公司科技创新发展规划》；全面梳理科技创新规章制度，发布新版《科技项目管理办法》，规范科技项目申报流程，确保项目立项质量，强化科研诚信要求，进一步激发科技创新活力。全年验收科技成果31项，开展省级科技成果评价8项，评选出公司级科学技术进步奖15项、标准研究奖4项。

科研成果。发表科技论文205篇，获得专利授权403件，其中发明专利57件。取得项目成果39项，获得省部级科技奖励7项，其中河南省科技进步二等奖1项、三等奖1项，行业科学技术二等奖1项、三等奖4项，“细支卷烟专用丝束开发及生产线技术升级研究”“关联动态系统的关键技术及应用”2个项目获得省部级二等奖，“适用于细支卷烟的烟片结构及调控技术研究”“打叶复烤均质化加工技术研究”“提高细支卷烟质量稳定性的关键工艺技术研究”“梗叶在线光学无损检测与分离技术装备开发”“烟梗内在成分与烟气成分特征研究”等5个项目获得省部级三等奖。

【交流与合作】 着力提升品牌集中度，2019年，向马尔代夫、缅甸、印度、印度尼西亚、智利、菲律宾、巴基斯坦、中国香港特别行政区、中国澳门特别行政区等9个国家和特区销售卷烟16.6亿支，出口实现1627.1万美元；向缅甸、印度尼西亚、越南等国销售烟叶652吨，出口实现245万美元。

【企业管理】 **精益质量管控**。深化PFMEA、SPC、SOPS精益技术和六西格玛管理方法在生产中的应用，健全质量管理制度和检验标准，推进SPC技术与MES信息化系统融合，激发基层质量创新活力，关键工艺参数和质量指标CPK均达到1.33以上。在行业市场监督抽查中，公司卷烟产品质量合格率100%，包装与卷制质量满分率50%。8月，河南中烟获评中国质量协会“全面质量管理推进40周年杰出推进单位”。

规模化异地供丝。从烟丝计划、组织排产、过程管理、联合调度、应急管理等方面健全工作流程，建立 8 项制度、12 项生产操作流程，并依托金叶制造平台实现自动化管控。组织实施异地供丝输出输入端标准化改造，建立烟丝库智能供丝、自动装箱、自动装卸车、自动上丝等自动控制系统，形成许昌卷烟厂向洛阳卷烟厂标准化异地供丝模式，累计配送烟丝 1970 万千克。

集约化生产组织模式。持续优化生产力布局，促进生产计划资源优化配置，不断提高集约化、柔性化生产保供水平。采取“三月联排、双月滚动、四周细排”和“一次安排、有效调整”计划排产方式，依托金叶制造平台推进公司层面生产计划智能辅助排产应用，试点探索并复制推广卷烟厂层面生产计划智能辅助排产，提高计划安排精准性和有效性。

绿色物流。持续推进卷烟包装箱循环利用，完善建立简化烟箱循环利用模式，全年循环利用 132 万箱，节约 4237 万元；拓展烟叶片烟包装箱循环利用，全年循环利用 2.17 万套，节约 187 万元；创新推进托盘修旧利废工作，组织开展“修旧利废在精益原料仓储中的应用”精益改善劳动竞赛项目，全年修旧利废托盘 1.02 万个，节约 320 万元。推广片烟堆垛方式创新成果，优化提高近 1.5 万吨（30 万担）库容，全年节约仓储租赁费用 365 万元。

【原料保障】 **烟叶定制生产**。行业内首次提出全收、全调、全用的“三全”基地建设理念，2019 年，在福建邵武、贵州大方、河南灵宝等 3 个烟叶基地单元内，系统推进烟叶定制生产，试点打造“三全”基地。全年共调拨“三全”基地烟叶 0.69 万吨（13.8 万担），等级结构符合度 100%，与“黄金叶”品牌适配率 98.8%，比上年增加 6.5 个百分点。

均质化加工。围绕品牌重点规格模块加工工艺需求，依托“一专线四中心”推行工业二次分级和“三检两控”批次管理等控制措施，提高批次间和批次内加工质量的均匀性，全面提升均质化加工水平。集中加工占比接近 80%，AB 类选后符合度均值 88.32%，比上年提升 3%，达标率 100%；烟碱变异系数平均值 2.99，水分变异系数平均值 1.8，2 项关键指标均达到行业均质化优秀指标。

烟叶去库存。制定《关于烟叶去库存专项工作的实施意见》，控“进口”的同时，着力畅“出口”、促消化，多渠道挖潜消化库存。开展省内选下不适用低次烟叶让售出口 0.24 万吨（4.87 万担）；与福建中烟调剂调出库存烟叶 0.2 万吨（4.03 万担）；与进出口“等量置换”0.25 万吨（5 万担）。截至 2019 年底，库存烤烟片烟比上年减少 2.3 万吨（46 万担）；可用 35.14 个月，比上年下降 3.6 个月，库存水平趋于合理。

【特事辑要】 2019 年 1 月 29 日，河南中烟召开 2019 年工作会议。

4 月 28 日，在中国共产党河南省第十届委员会第九次全体（扩大）会议上，河南中烟 2018 年脱贫攻坚工作受到河南省脱贫攻坚领导小组通报表彰。

7 月 5 日，河南省副省长刘伟在河南中烟黄金叶生产制造中心调研双重预防体系建设工作。

12 月 13 日，河南省委常委、郑州市委书记徐立毅在河南中烟黄金叶生产制造中心调研企业生产经营情况。

河南中烟南阳卷烟厂技改后的新制丝线（2019 年）

河南中烟　陈　滨　摄

2019 年河南中烟工业有限责任公司所属卷烟生产厂情况统计

		河南中烟工业有限责任公司黄金叶生产制造中心	河南中烟工业有限责任公司许昌卷烟厂	河南中烟工业有限责任公司安阳卷烟厂	河南中烟工业有限责任公司南阳卷烟厂	河南中烟工业有限责任公司驻马店卷烟厂	河南中烟工业有限责任公司漯河卷烟厂	河南中烟工业有限责任公司洛阳卷烟厂
法人资格		非独立法人	非独立法人	非独立法人	非独立法人	非独立法人	非独立法人	非独立法人
主要负责人（含党政领导）		总经理：陈春喜 党委书记： 郑国兴	厂长：刘金福 党委书记： 曾显峰	厂长：范国民 党委书记： 陈清棠	厂长：李松峰 党委书记： 杨玉良	厂长：董建兴 党委书记： 常明升	厂长：吕　飞 党委书记： 赵群发	厂长：齐建华 党委书记： 黄光富
成立时间		2014 年	1949 年	1945 年	1950 年	1949 年	1949 年	1981 年
从业人员(人)		2315	1532	1266	959	766	759	871
卷烟生产能力（亿支）		730	390	250	216	150	229	150
卷烟品牌	自有品牌	黄金叶、红旗渠	黄金叶	黄金叶、红旗渠、发时达	黄金叶、红旗渠	红旗渠、散花	红旗渠、散花	黄金叶、红旗渠
	合作生产品牌	—	—	—	红双喜、大前门	—	利群、雄狮、白沙	—

◇ 撰稿：陈仕文；编辑：周　佳

湖北中烟工业有限责任公司

【主要产品与品牌建设】 2019 年，湖北中烟生产的内销卷烟品牌主要有“黄鹤楼”“红金龙”。全年自产“黄鹤楼”945.05 亿支（189.01 万箱），与省外卷烟工业企业合作生产“黄鹤楼”50.25 亿支（10.05 万箱）；自产“红金龙”321.8 亿支（64.36 万箱），合作生产“红金龙”76.25 亿支（15.25 万箱）。全年境外实现卷烟销量 33.57 亿支，其中一般贸易出口 9.32 亿支、境外生产销售 24.25 亿支。“RGD”实现境外销量 25.69 亿支，“黄鹤楼”实现境外销量 7.6 亿支。

【生产保障】 **“控、出”结合降库存**。2019 年，烟叶工作实施源头控制计划，加大减值出口力度，烟叶库存水平持续下降，渐趋合理水平。加大零配件调剂共享和呆滞库存清理，零配件库存周转率 144%；3～5 年呆滞库存占比 23%。

精益采购提质量。2019 年度，烟叶平均接收质量等级合格率 66.1%，质量符合率达到 95.6%。国家局烟叶工商交接质量监督检查合格率 69%，居全国第三名。片烟烟碱 CV 值 <5% 模块达到 100%，比上年提高 0.9 个百分点；水分 CV 值 <2.5% 模块占比 99.1%，比上年提高 1.9 个百分点；同一材料同一质量问题发生率为零。质量反馈比上年下降 168 次，降幅 52%。

管理创新促效益。2019 年，围绕烟叶“一生管理”，开展重大专项子课题 14 项，开展实施国家局标准项目 1 项。开展“中棵烟 + 高油分”项目研究及应用并取得初步成效。

推进烟用物资采购协同，打造利益共同体。创新招标方式和资质认证，加大质量创新能力评价权重。推介使用新材料、新技术、新工艺。优化“N + X”计划编制，推进消耗定额管理，实施精准采购，按时保质保量完成 293 万箱卷烟配套烟用物资的采购管理，降本 3124 万元，实现材料零报废。

创新采购模式，夯实制度、平台、运行 3 个保障，全年共计节约资金 30%。寻源周期由以前的 45～60 天优化到 20 天左右，内部商城实现全省资源共享，可直接下单采购，质量问题反馈信息减少，工作效率提升。

【全产业链一体化建设】 **深化“两化”融合**。持续深化推进“两化”融合管理体系建设，建立由《两化融合策划管理办法》等36项企业标准组成的全省统一、高度融合的“两化”融合标准体系，明确“战略主导转观念，深度融合建体系，优势能力强支撑，协同创新提绩效”的“两化”融合方针，形成以“战略—优势—新型能力—信息化规划—项目实施”为主线的具有湖北中烟特色的“两化”融合建设方法。全面开展“两化”融合评估与诊断、新型能力策划，以构建信息化环境下的新型能力为核心，赋能公司高质量发展，支撑“双一流”企业建设。

推进智能制造。加强全产业链信息化顶层设计，制定《湖北中烟信息化高质量发展规划》《湖北中烟智能企业规划》，确定“数字化、智能化、智慧化”三步走的总体路径和目标。推进智能制造，以面向智能化的传统制造升级重大专项为契机，完成智能制造信息化专项规划；推进武汉卷烟厂智能工厂试点工作。

夯实工业云平台。推进工业互联网云平台建设，完成湖北中烟云平台总体架构设计，形成由云管理平台、云服务目录、云计算业务支撑、云计算资源池、云计算平台安全、云计算运营运维以及应用迁移7个部分组成的“一个中心、五个统一”多级云管理架构；夯实云平台基础设施，推进下属生产厂网络升级改造、生产区域无线覆盖、虚拟化基础平台搭建。

以数字化支撑“互联网+”全域创新。推进统计业务流程标准化，制定统计数据生产、加工、使用及质量控制标准业务流程文件60份；推进数据指标标准化，形成统一指标业务分类、编码标准、数据来源、业务口径的数据指标标准化字典，录入规范数据指标1918个；深化数据服务平台，持续接入各业务数据源，构建企业统一数据资源库。

【技术创新】 **优化创新机制**。贯彻落实《中共湖北中烟工业有限责任公司党组关于深入实施创新优先战略的若干意见》，大力推进制度化、标准化，制定出台36项制度、办法和规划，在“1+8”创新平台构建、科技项目分类分级管理、项目成员角色分类、科研人员能力积分制评价模式、科技人才梯队培养、成果验收量化评价、科研诚信等方面，取得较大进展和突破。

丰富创新技术。创新技术始终坚持目标导向和问题导向，8个重大专项先后启动。全年新增重大专项子课题77项，结题验收20项且全部转化应用；完成省部级鉴定成果5项，其中国家局鉴定成果3项，省科技厅鉴定成果2项；获得中国烟草总公司科技进步奖三等奖2项，湖北省科技进步奖三等奖2项。申报专利459件，其中发明专利199件；获得专利授权238件，其中发明专利43件。发表SCI论文4篇，核心期刊论文14篇。同时，以“黄鹤楼”“金牌”标准体系建设重大专项为主线，全年完成产品技术标准制（修）订项目96项。

【企业管理】 2019年，湖北中烟围绕“管理上水平年”各项任务，推进国内一流、国际一流现代化企业建设目标。强化战略管理，贯彻落实行业“1+6+2”高质量发展政策体系，完善并形成公司高质量发展“1+5+9+N”规划框架体系。加强标准管理，推进标准化重大专项实施，全年完成标准制（修）订311项。全面推进精益管理，襄阳卷烟厂卷包车间自强QC小组的“条烟美容器自动排烟装置的研制”获得烟草行业第三十届优秀质量小组成果发布会一等奖，广水卷烟厂卷包车间超越QC小组被评为“全国优秀质量管理小组”，黄鹤楼科技园的“国有企业基于定量化价

2019年7月，湖北中烟襄阳卷烟厂卷包车间自强QC小组的“条烟美容器自动排烟装置的研制”获得烟草行业第三十届优秀质量管理小组成果发布会一等奖，小组代表（前排左二）在北京领奖

湖北中烟　梁　俊　摄

值评估的岗位优化管理”获得第二十六届全国企业管理现代化创新成果二等奖。推进卷烟设计优化、资金保值增值、采购成本降低、生产消耗降低等7个专项工程，全年累计实现降本增效1.59亿元。

【特事辑要】 2019年3月21日，湖北省委副书记、省长王晓东在湖北中烟调研。

9月，中共中央、国务院、中央军委颁发“庆祝中华人民共和国成立70周年”纪念章，湖北中烟7人获得纪念章。

10月24—25日，中央财经委员会办公室、国家发展改革委、财政部、国家局联合调研组在湖北开展烟草企业改革发展调研。

11月，湖北中烟获评湖北省“第二届湖北改革奖（企业奖）”。

2019年湖北中烟工业有限责任公司所属卷烟生产厂情况统计

	湖北中烟工业有限责任公司武汉卷烟厂	湖北中烟工业有限责任公司襄阳卷烟厂	湖北中烟工业有限责任公司三峡卷烟厂	湖北中烟工业有限责任公司广水卷烟厂	湖北中烟工业有限责任公司红安卷烟厂	湖北中烟工业有限责任公司恩施卷烟厂
法人资格	非独立法人	非独立法人	非独立法人	非独立法人	非独立法人	非独立法人
主要负责人（含党政领导）	党委书记：谭文峰（—2019年8月）邓家云（2019年8月—）厂长：刘致华（—2019年6月）王 军（2019年8月—）	党委书记：杨林波 副厂长：朱 巍（主持生产经营工作）	党委书记：戚新平（—2019年8月）孙德平（2019年8月—）厂长：孙德平	党委书记、厂长：张志生	党委书记：张小平 厂长：王闰光（2019年3月—；之前为副厂长，主持生产经营工作）	党委书记：何中柱 厂长：王 军（2019年3—8月；之前为副厂长，主持生产经营工作）副厂长：邹名扬（2019年8月—，主持生产经营工作）
成立时间	1916年	1944年	1998年	1970年	1980年	2009年
从业人员（人）	1648	1289	788	479	719	714
卷烟生产能力（亿支）	933	350	150	148	136	250
卷烟品牌	黄鹤楼	黄鹤楼、红金龙	黄鹤楼、红金龙	黄鹤楼、红金龙	黄鹤楼、红金龙	黄鹤楼、红金龙

◇ 撰稿：张小沛；编辑：张 帅 褚 幸

湖南中烟工业有限责任公司

【卷烟生产与品牌建设】 **主要产品**。2019年，湖南中烟工业有限责任公司内销卷烟品牌主要有“白沙”“芙蓉王”“芙蓉”和“相思鸟”。全年自产“白沙”775.52亿支（155.04万箱），“芙蓉王”945.38亿支（189.08万箱）。许可生产“万宝路”11.50亿支（2.30万箱）。

合作生产。与省外卷烟工业企业合作生产291.05亿支（58.21万箱），比上年下降21.34%。其中，与河北中烟合作生产卷烟品牌“白沙”134亿支（26.80万箱），与山东中烟合作生产卷烟品牌“白沙”20亿支（4万箱），与河南中烟合作生产卷烟品牌“白沙”40亿支（8万箱），与陕西中烟合作生产卷烟品牌“白沙”30亿支（6万箱），与重庆中烟合作生产卷烟品牌“白沙”67.05亿支（13.41万箱）。

全年万支卷烟综合能耗3千克标准煤，万元产值综合能耗5.73千克标准煤。烟叶、滤棒、盘纸平均消耗分别为6.64千克/万支、2511.62支/万支、601.04米/万支，水、电平均消耗分别为0.13吨/万支、8.45千瓦时/万支。

品牌建设。2019年1月，湖南中烟“白沙（硬和天下双中支）”上市；4月，“芙蓉王（硬中支）”上市，“白沙（硬红运当头中支）上市”；9月，“白沙（软珍品）”上市。

【工业物联网系统建设】 2019年，湖南中烟以常德卷烟厂和郴州卷烟厂技改建设为契机，以“支持一个湖南中烟、支撑柔性制造、支撑精益生产”为目标，基于物联网架构，启动常德卷烟厂、郴州卷烟厂的生产数据的统一数据采集和平台管理建设，实现对工厂物联网平台的统一管理和监控。

【技术创新】 **科研成果**。2019年，湖南中烟开展科技项目222项，取得科技成果19项，省部级科技奖励7项。申请专利295件，获得授权专利203件。在行业2019年确立的52项科研项目计划中，湖南中烟主持或参与承担的项目14项；在行业2019年科技奖励的34个候选项目中，湖南中烟获得一等奖1个、二等奖1个、三等奖2个。

盘磨梗丝推广应用。2019年，湖南中烟技术中心完成影响盘磨梗丝质量的一系列关键参数的研究，行业首条盘磨梗丝生产线全年生产质量稳定，生产并使用盘磨梗丝187.80吨，节约成本300.46万元。

烟草农业研究。2019年，湖南中烟聚焦“分子育种”和“提升基地保障能力”两大主题。持续优化育种工厂技术体系，贯通育种工厂全价值流程，完成“核心库”200个基因纯合体素材的筛选以及180个以上编辑素材的表型鉴定，启动“重要库”编辑素材的创制，获得覆盖3499个基因的T0代编辑素材，实现规模化、低成本、高效地创制基因编辑素材。参与选育的HN2146和玫瑰香2个烤烟新品种通过国家局组织的农业评审。筛选出4个抗青枯病较强，生态适应性和工业可用性较好的烤烟新品种。

【交流与合作】 2019年，湖南中烟根据Harmony品牌手册，在各市场推进Harmony品牌成为独立品牌。在巴西市场的“Harmony”包装上去掉“Luxor”商标，成为独立品牌；在阿根廷和韩国市场，“Harmony”成为主品牌，原联合品牌成为副品牌。中菲合作新增澳大利亚有税市场，12月初，“Harmony”品牌与当地品牌“Choice”品牌联合并在澳大利亚上市。

【管理创新】 2019年，湖南中烟实施公开招标、企业网购和集中采购，通过品类梳理，整合打包，统一技术标准、统一需求、统一价格，去掉中间商，实施“统谈分签分结”模式，发挥规模采购优势，其中全息图采购项目每年可实现直接降本5000万元。持续开展节约挖潜活动，实现节约挖潜2.10亿元。持续优化ERP系统，重组业务流程，分类分级明确授权，加强战略计划预算联动，使公司运营透明高效，有效防范系统性风险。

2019年6月27日，湖南中烟常德卷烟厂易地技改预处理工艺物料调试项目正式启动

湖南中烟 饶 科 摄

【特事辑要】 2019年4月22日，“清华大学—湖南中烟工业有限责任公司智慧企业数字化技术联合研究中心”成立仪式在清华大学举行。

4月24日，多米尼加共和国总统府行政部长何塞·拉蒙·佩拉尔塔一行在湖南中烟调研。

5月7日，“湖南中烟工业有限责任公司—中国工程院孙宝国院士专家工作站”签约仪式在北京工商大学举行。

6月12日，国家局党组成员、副局长杨培森在宁夏回族自治区吴忠市红寺堡区及烟草行业扶贫企业宁夏弘德包装材料有限公司调研。

11 月 7 日，国家烟草专卖局党组书记、局长，中国烟草总公司总经理张建民在烟草行业扶贫企业宁夏弘德包装材料有限公司调研。

11 月 26 日，湖南省委书记、省人大常委会主任杜家毫在常德卷烟厂易地技改项目现场调研。

11 月 28 日，宁夏回族自治区党委书记陈润儿在吴忠卷烟厂调研。

12 月 2 日，湖南省委副书记乌兰在常德卷烟厂调研。

12 月 18 日，湖南省人民政府副省长陈飞主持召开湖南中烟常德卷烟厂易地技改项目协调会。

2019 年湖南中烟工业有限责任公司所属卷烟生产厂情况统计

企业名称		湖南中烟工业有限责任公司长沙卷烟厂	湖南中烟工业有限责任公司常德卷烟厂	湖南中烟工业有限责任公司郴州卷烟厂	湖南中烟工业有限责任公司零陵卷烟厂	湖南中烟工业有限责任公司吴忠卷烟厂	湖南中烟工业有限责任公司四平卷烟厂
法人资格		非独立法人	非独立法人	非独立法人	非独立法人	非独立法人	非独立法人
主要负责人（含党政领导）		党委书记、厂长：刘　军（—2019 年 1 月）金铁龙（2019 年 1 月—）	党委书记、厂长：向晓芳（2019 年 4 月—）龚道国（—2019 年 1 月）	党委书记、厂长：孟令军	党委书记、厂长：陈国联	党委书记：李朝辉 厂长：郭三明	党委书记、厂长：孙贤军（—2019 年 6 月）刘少军（2019 年 9 月—）
成立时间		1947 年	1951 年	1939 年	1976 年	1970 年	1948 年
从业人员（人）		2224	2916	1286	884	403	596
卷烟生产能力（亿支）		980	1000	265	250	120	150
卷烟品牌	自有品牌	白沙、芙蓉王	芙蓉王	芙蓉王、白沙、相思鸟	芙蓉王、白沙、芙蓉	白沙	白沙
	合作生产品牌	白沙	—	—	—	—	—
	委托加工品牌	万宝路	—	—	—	—	—

◇ 撰稿：何小凡　周腾浪；编辑：张　帅　褚　幸

广东中烟工业有限责任公司

【主要产品与品牌建设】　***主要产品***。2019 年，广东中烟工业有限责任公司生产的内销卷烟有“双喜”“椰树”“红玫”等 3 个品牌 42 个规格。

卷烟合作生产。全年与省外工业企业合作生产“双喜”190.35 亿支（38.07 万箱）。其中，与广西中烟合作生产 65 亿支（13 万箱），与陕西中烟合作生产 35 亿支（7 万箱），与江西中烟合作生产 25 亿支（5 万箱），与深圳烟草工业有限责任公司合作生产 17.5 亿支（3.5 万箱），与重庆中烟合作生产 25 亿支（5 万箱），与四川中烟合作生产 22.85 亿支（4.57 万箱）。

品牌发展。围绕“稳销量、提结构、育新品、强管理”销售工作主线，以做实品牌基础为目标，推动品牌培育工作，市场状态持续向好。2019 年，“双喜”品牌实现商业销量 1288.03 亿支（257.61 箱），比上年减少 89.44 亿支（17.89 万箱）；实现商业销售收入 661.72 亿元，比上年减少 6.3 亿元；实现单箱销售收入 2.57 万元，比上年增加 1439 元。其中，一类烟实现商业销量 72.39 亿支（14.48 万箱），比上年增加 6.42 亿支（1.28 万箱）；二类烟实现商业销量 220.29 亿支（44.06 万箱），比上年增加 22.98 亿支（4.6 万箱）。

新品研发。调整新品研发方向，聚焦工艺设计，加快技术手段集成应用。开展“双喜（春天中支）”和“双喜

(春天细支)”等产品研发工作。储备“双喜（1906二代细支)”等产品。

老产品维护。优化“双喜（新版花悦）”和“双喜（经典)”产品内质，提升“双喜（软红五叶神)”“双喜（硬红五叶神)”“双喜（软经典1906)”“双喜（硬经典1906)”等重点规格的品质，不断做精做优现有产品配方维护，推动老产品焕发新活力。

市场发展。创新销售理念，做精做优消费培育。增强品牌培育主动权。加强市场状态分析，打造精准销售平台，构建面向市场的现代销售模式。坚持全国一盘棋，加快市场开拓步伐。完善品牌发展规划，努力构建具有竞争力的产品新格局。树立“双喜”品牌新形象。深化工商协同，做精省内市场。强化重点规格调控，打牢市场根基。

【智能工厂建设】 编制智能工厂信息化建设推进方案，对智能化工厂整体技术框架进行顶层设计，明确各项目建设目标、实施内容以及推进策略。一方面强化底层数据采集，部署实施卷包数据采集平台，构建基于CPS工业互联网平台，实现工业数据自底向上的纵向整合；另一方面强化工艺质量控制，引入批次管理新理念，完善生产全过程管控和质量追溯，实现从原辅料采购到成品出库全链条的横向协同。

【原辅材料保障】 深入推进“三精一强”，持续做好“两个延伸”。以优化加工理化指标及养护提升为抓手，将高质量发展目标向前延伸至烟田指导和管理，向后延伸至原料全使用周期的质量跟踪及监测，精采购、精加工、精仓储、强安全，推进原料保障向原料战略支撑转变。

烟用材料公开招标金额占比99.45%。加强源头管控，聚焦工艺过程控制，细化质量标准，强化供应商绩效管理。全面推进网上交易工作，推进辅料质量监督管理，坚持规范运作，强化降本增效，持续保持辅料质量稳定与提高，加强物资采购对生产保障的支撑作用。不断完善材料采购管理的制度建设，启动烟用物资采购管理平台建设。巩固物资采购专项检查成果，提升规范管理水平。

【技术创新】 **技术中心概况**。广东中烟工业有限责任公司技术中心成立于2005年，承担企业科技管理、产品开发、工艺技术管理、基础研究、检测监督、综合管理等职能，2008年被认定为国家企业技术中心。截至2019年底，员工128人，其中博士研究生学历10人，硕士研究生学历65人，高级职称49人、中级职称72人。2019年，技术中心申报广东省院士专家（企业）工作站，并通过评审，产学研创新平台进一步优化。技术中心在研项目106项，其中广东中烟项目99项，主持或参与国家局项目7项，研究内容涉及卷烟材料、卷烟工艺、再造烟叶等多个研究领域。全年申报专利140件（含发明47件），截至2019年底，有效专利967件，其中发明专利342件。

技术成果转化。围绕产品质量提升，持续加强工艺、原料、香精香料等核心技术领域攻关，加强技术协同攻关，促进关键技术突破。围绕各卷烟厂共性优化目标，逐一制定优化措施，构建有效反馈机制，及时提供工艺技术支持。制定“五叶神”人工精挑选烟叶工艺方案，提升产品质量。做精、做细新产品开发工作。深入推进“配方前移”和烟叶精挑选工作。进行烟用沟槽滤棒纤维素纸系列试验研究，可实现生产效率提升30%。香精香料自主研发方面，针对传统卷烟重点调配加料板块和香韵板块。不断丰富产品研发香料库。加强对“三纸一棒”的技术应用研究，探索实践辅材与产品的最佳匹配方案，实现辅材的量身定做。

【交流与合作】 与中烟英美烟草国际有限公司就“双喜”品牌在亚洲太平洋区域重点国际市场拓展进行深入交流与合作，“双喜”品牌在国际市场发展势头良好。充分发挥境外企业资源优势，推动境外产销合作。威尼顿集团有限公司（简称威尼顿公司）为广西中烟、金叶卷烟厂（澳门）有限公司（简称澳门金叶）等企业提供卷烟、烟丝等代加工服务。

【境外企业管理】 持续加强卷烟出口基地建设，推进境外企业和国际市场发展，加强境外企业管理，规范企业运营，优化成本管控，提升产品品质，大力推动创新。威尼顿公司夯实本土市场，加大东南亚市场开拓力度，保持行业境外企业排头兵位置。澳门金叶借助粤港澳大湾区优势，利用境内技术平台优势，强化市场研究，加大研发力度，以全球免税市场为重心，加强品牌的培育力度，打造精品企业。

2019 年 7 月 23 日，广东中烟质量管理小组课题分别获得全国烟草行业第三十届优秀质量管理小组成果一等奖和二等奖

广东中烟　供稿

【企业管理】　以全力打造精益工程为载体，全面推动企业系统化进步。深化和推动企业内部管理机制变革，优化组织架构和流程再造，持续提高组织运行效率和资源配置效率。以企业管理为抓手，夯实基础性工作，对涉及企业发展的主要环节及影响工作效率的流程，进行调查研究，提出整改措施和改革方案。启动构建“以产品为中心”的目标管理体系和绩效考核机制，激发全员干事创业的活力。加强企业精细化管理，强管理、稳增长、提结构、降成本。QC 课题成果取得经济效益 2294.43 万元。推进质量管理体系转版，全面梳理业务流程，深化全员流程化管理思维与风险管控意识。

【特事辑要】　2019 年 1 月 25 日，广东中烟召开全年工作会议。

2 月 20—21 日，国家烟草专卖局党组书记、局长，中国烟草总公司总经理张建民在广东烟草调研。

2 月，2019 年广东省产业发展年会暨“改革开放 40 周年·广东制造扬帆再起航”峰会在广州召开，广东中烟梅州卷烟厂获评“2018 改革开放 40 周年制造业功勋企业”。

3 月 25 日，广东中烟召开推进高质量发展实施方案编制工作会。

8 月 30 日，广东中烟召开年中工作座谈会。

11 月 14 日，广东中烟召开首次月度工艺质量专题分析会。

12 月 9 日，广东中烟梅州卷烟厂联合工房及配套工程技术改造项目获评国家优质工程奖。

12 月 19 日，广东中烟获得院士专家工作站授牌，标志着广东中烟院士专家工作站正式成立。

2019 年广东中烟工业有限责任公司所属生产厂情况统计

	广东中烟工业有限责任公司广州卷烟厂	广东中烟工业有限责任公司韶关卷烟厂	广东中烟工业有限责任公司梅州卷烟厂	广东中烟工业有限责任公司湛江卷烟厂
法人资格	非独立法人	非独立法人	非独立法人	非独立法人
主要负责人（含党政领导）	党委书记、厂长：王文祥	党委书记、厂长：何锦章	党委书记、厂长：饶智华	党委书记、厂长：崔要强
成立时间	2012 年	1950 年	1939 年	1978 年
从业人员（人）	1945	722	724	582
卷烟生产能力（亿支）	750	250	225	180
卷烟品牌	双喜	双喜	双喜	双喜、红玫、椰树

◇ 撰稿：安　婧；编辑：鲁建敏　褚　辛

广西中烟工业有限责任公司

【主要产品与品牌建设】 **自有品牌生产**。2019年，广西中烟工业有限公司生产“真龙”（含出口）445.51亿支（89.10万箱），比上年增长22.10%；实现工业销量（含出口）452.22亿支（90.44万箱），比上年增长18.13%。

品牌建设。有序推进“真龙（海韵）”“真龙（起源）”“真龙（鸿韵）”“真龙（状元）”“真龙（祥云）”“真龙（凌云）”等在销产品提质和“真龙（刘三姐）”系列产品改造；完成“真龙（中支凌云）”新产品研发及上市。优化“真龙”品牌布局，突出“大配方、大工艺、大品类”理念，形成“巴马系”做高端引领、“海韵系”形成高端规模、“起源系”做卡位布局、“凌云系”支持发展、“刘三姐系”为特色化的发展布局。继续强化以二维码平台和微信服务号为核心，以大数据集成与分析、智能终端系统、二维码物料、在线调研系统、客户关系管理等平台为支撑的“真龙”网络销售平台。

卷烟合作生产。合作生产卷烟总量232.5亿支（46.5万箱）。其中，合作生产江苏中烟“南京”67.5亿支（13.5万箱），浙江中烟“利群”76亿支（15.2万箱）、“大红鹰”24亿支（4.8万箱），广东中烟“双喜”65亿支（13万箱）。与重庆中烟合作生产“真龙”4.98亿支（0.996万箱）。

卷烟销售模式创新。持续推进“互联网+”创新成果与卷烟销售工作各领域深度融合。以二维码、公众号、小程序、大数据等技术，建立近100个连接消费者、服务零售户、聚合生态伙伴的功能模块；通过在卷烟生产和流通的关键节点，采集卷烟小盒二维码、条盒二维码、件烟条码和零售户订单信息，并建立关联关系，解决卷烟产品追溯到包的难题。

【全产业链一体化建设】 持续推进信息化与烟草产业融合创新工作，完成生产制造执行系统（MES）、批次化管理平台、智能质量管控及改进协同平台、生产设备资源管理信息系统和数据中心等工业应用的部署，优化升级企业资源管理系统（ERP），提升卷烟工厂智能化水平。广西中烟信息中心和南宁卷烟厂共同申报的“南宁卷烟厂互联网+智能工厂建设”项目被认定为第一批数字广西建设标杆引领重点示范项目，并被列入广西大数据与工业深度融合重点示范项目名单。

加强移动互联、大数据、智能分析在工业互联网领域的应用，实现以二维码为纽带、以重要数据为载体的贯穿产品全过程的价值链。通过全链路流通码关联，利用互联网、物联网及大数据技术，建立从供应商到生产制造再到消费者的全产业链信息互通网络。截至2019年底，广西中烟二维码应用已实现90%以上原辅材料、100%生产过程的全流程追踪。

【技术创新】 2019年，广西中烟开展科技计划项目177项，其中承担或参与行业重点项目5项、省部级项目43项、产学研项目100项。依托广西特有的植物资源，稳步推进自主调香技术研究与应用，其中“ZLKJ－02”“中烟Ⅰ号”“中烟Ⅱ号”“GXZS－1501”“龙珠1号”“龙麦香Ⅰ号”“龙润Ⅰ号”“龙莲香01”等多个研发成果实现在“真龙”系列产品中的转化应用。

“光伏发电—空气能热泵—密集烤房三位一体烘烤设备创新研究与应用”获得2019年度广西科学技术进步奖三等奖，《YQ 5—2019烟用胶粘剂安全卫生要求》《常规分析用吸烟机通用技术条件》2项牵头承担的行业标准获得发布实施。《烤烟精细化密集烘烤过程控制技术规程》通过审定并成为广西地方标准，“烤烟养分高效利用的根际生态调控与根系优化耦合技术研究与示范”等3个广西科技计划项目登记成为广西科学技术成果。“连幅图案包装产品分拣排列装置设计”“基于TRIZ有效解决包装机铝箔纸涂油装置涂油可靠性差的问题”项目分别获得2019年中国创新方法大赛一等奖、优秀奖。

全年获得授权专利33件，其中发明专利13件。截至2019年底，广西中烟累计获授权专利402件，其中发明专利128件。

【交流与合作】 立足东盟市场，持续发挥广西—东盟自由贸易区优惠政策和地缘经济优势，推进“真龙”品牌国

2019 年 11 月 14—15 日，全国烟草行业企业管理现场会在广西南宁召开，图为与会代表在广西中烟参观“互联网 +”体验区

广西中烟　陶海游　摄

际化。进一步拓展中亚、中东、非洲地区销售渠道，研发引入适合当地市场的产品。依托与柬埔寨威尼顿（集团）有限公司的境外生产合作项目，把柬埔寨作为立足东南亚的主要阵地，辐射周边东南亚国家；以迪拜为核心，向中东、非洲地区市场拓展。联合中烟国际中东公司，促成“真龙”品牌在阿联酋落地生产，实现中东地区市场有效开拓。2019 年，卷烟出口量 4.97 亿支，比上年增长 44.29%；出口实现 1233.52 万美元；境外生产实现销售 2 亿支。

【企业管理】 推进绩效管理。制定《先行先试部门（单位）绩效管理实施方案》，明确关键绩效指标、发展与创新目标以及激励措施。加强成本管理。将成本管控目标由追求成本费用的绝对下降转向追求投入产出效率的持续改进，以品牌增效为降本增效的核心，推动降本增效工作与生产经营的深度融合。全年实现降本增效 1.36 亿元，超额完成国家局下达的目标任务。加强管理创新。充分利用 PDCA 系统、精益创新工场等工具，确保各项重点工作落实。

【生产保障】 ***原料保障***。强化区域加工，优化烟叶分选加工工作流程和细则，强化分选加工过程管理。全年分选损耗率 0.51%，选后抽检合格率约 90%，打叶复烤损耗率 1.87%。加强烟叶基地建设。按照“早反馈、提需求，早学习、树信心，早发动、定方案，早移栽、精管理”工作模式，全生产过程跟踪，抓好广西、重庆烟区“K326”品种的试验示范，完成广西“K326”品种试种和工业验证。加强科研攻关。申报、实施“基于土壤碳氮调节技术提升广西烟叶品质”等 25 个科研项目，推广大垄、高垄膜下深栽等先进移栽技术，有效增加田间耐熟性。

生产技术保障。引进行业首台 10000 支/分钟国产高速细支卷接机组，并正式投产。卷接、包装设备有效作业率分别提高 0.95 个、1.08 个百分点，完成四组设备现场自主深度维修，实现降本增效约 1400 万元。完成柳州卷烟厂新旧制丝线切换。全面实现“两班制”生产模式。推进南宁卷烟厂膨胀烟丝生产工艺改进与测试，关键工艺参数平均达标率 99%。

【特事辑要】 2019 年 3 月 1 日，广西中烟南宁卷烟厂卷包车间细支甲班被中华全国妇女联合会评为“巾帼文明岗”。

6 月 26 日，广西中烟与云南中烟签订滇桂工业深化战略合作协议。

11 月 13 日，国家局党组成员、副局长段铁力在广西中烟南宁卷烟厂调研。

11 月 14—15 日，2019 年全国烟草行业企业管理现场会在广西南宁召开。国家局党组成员、副局长段铁力出席会议并讲话。

11 月 19 日，广西壮族自治区常务副主席秦如培一行在广西中烟调研。

2019 年广西中烟工业有限责任公司所属卷烟生产厂情况统计

		广西中烟工业有限责任公司南宁卷烟厂	广西中烟工业有限责任公司柳州卷烟厂
法人资格		非独立法人	非独立法人
主要负责人（含党政领导）		党委书记、厂长：卢　健	党委书记、厂长：訾东明 (2019 年 12 月—)
成立时间		1975 年筹建，1978 年正式生产	1946 年
从业人员（人）		900	854
卷烟生产能力（亿支）		400	478
卷烟品牌	自有品牌	真龙	真龙、甲天下
	合作生产品牌	利群、大红鹰	双喜、南京

◇撰稿：陶海游；编辑：褚　幸

重庆中烟工业有限责任公司

【主要产品与品牌建设】　***主要产品***。2019 年，重庆中烟工业有限责任公司生产的自有卷烟品牌有"天子""龙凤呈祥""宏声"。

"天子"品牌全年实现商业销量 101.5 亿支（20.3 万箱），比上年增长 38.9%，增幅在行业重点品牌中居第二名。其中，"天子（金）"实现销量 61.5 亿支（12.3 万箱），比上年增长 22%；"天子（千里江山细支）"实现销量 8.5 亿支（1.7 万箱），比上年增长 10%；中支产品实现销量 17.6 亿支（3.52 万箱），跻身行业中支烟前十强（居第七名），"天子（中支）"实现销量跨上 15 亿支（3 万箱）台阶，在行业一类中支烟中居第四名。

产品研发推广。举行重庆中烟"天子"品牌新形象暨战略新品发布会，新 LOGO、新传播语、战略新品亮相，"天子"品牌朝"两步走、翻两番、跻身行业两个前十位"发展目标迈出关键一步。以战略新品支撑"天子"品牌新形象，推出"天子（中国心）""天子（金如意）""天子（C 位）"等 3 款新产品。

合作生产。2019 年，重庆中烟合作生产湖南中烟"白沙"67 亿支（13.4 万箱），湖北中烟"黄鹤楼"17.75 亿支（3.55 万箱）、"红金龙"7.25 亿支（1.45 万箱），广东中烟"双喜"25 亿支（5 万箱），浙江中烟"利群"22.5 亿支（4.5 万箱）、"雄狮"2.5 亿支（0.5 万箱），安徽中烟"黄山"10 亿支（2 万箱），云南中烟"红塔山"10 亿支（2 万箱），广西中烟"真龙"5 亿支（1 万箱）。首次作为输出方，与安徽中烟合作生产"天子"2.5 亿支（0.5 万箱）。

2019 年 8 月 8 日，重庆中烟"天子"品牌新形象暨战略新品发布会在重庆举行

重庆中烟　孙　健　摄

【原料保障】　***原料布局***。优化产区布局，合理安排计划资源。为

确保“天子”品牌发展原料需求，烟叶原料计划资源向优质区域集中。2019 年，采购云南烟叶计划由 1.15 万吨（22.9 万担）增加到 1.25 万吨（24.9 万担）。同时，减少其他烟区计划采购量，2019 年采购重庆烟叶由 1.32 万吨（26.3 万担）减少到 0.75 万吨（15 万担）。

烟叶基地建设。2019 年，重庆中烟拥有国家级烟叶基地单元 6 个。调拨上等烟比例 58.91%，中等烟比例 41.09%，中部烟比例 58.71%。特色品种“K326”调拨 0.91 万吨（18.2 万担）。根据品牌配方需求，工业调剂云南优质烟叶（片烟）0.3 万吨（6.08 万担）。

重庆中烟针对烟叶原料保障现状，结合原料需求，拟订“十四五”烟叶原料保障规划，为烟叶原料保障工作明确方向。重点固化云南曲靖罗平、文山广南，广东南雄等核心优质烟叶基地单元，进一步巩固“天子”品牌原料保障。加强与重庆烟草科学研究所技术合作，从品种培育、土壤改良、绿色防控、成熟烘烤等角度，针对性地开展课题研究，形成适用于重庆烟叶生产的关键技术，通过对“K326”“云烟 116”“云烟 119”“CF8704”等 12 个品种的试验种植，初步培育筛选出适合重庆产区种植的烟叶品种，进一步巩固武陵山区“K326”烟叶种植带。

均质化加工。初步构建打叶复烤区域加工中心，先后构建云南陆良、重庆彭水、陕西咸阳、四川凉山德昌、广东韶关、湖南郴州等加工中心，开展打叶复烤特色工艺试验验证和模块配方加工，逐步提升复烤加工片烟均质化水平，保持片烟内在和外在质量的一致性和稳定性，烟叶均质化加工取得初步成效，配方打叶、模块加工比例提高到 70% 以上。推行核心原料“精选精打”，提升等级纯度，提高工业可用性，增强质量稳定性。

【技术创新】 **关键技术研究应用**。完成国家局重点项目“龙涎香原料的合成技术研究”的鉴定准备工作，推进“增香保润关键技术研究与应用”等公司级项目，新立项“分子印迹 - 磁性固相萃取技术及应用研究”等工艺技术类、烟草化学类项目 31 个。开发全国首款非对称 C 型空芯滤棒并实现应用。推进细支卷烟质量系统性研究、中支卷烟质量控制技术应用研究等项目研究，在制丝、卷包工艺参数、卷包材料、包装胶水等多方面取得新进展，为稳定提升细支烟、中支烟质量提供保障。重庆地产烟叶酶处理技术开发、特色天然植物提取物及烟草提取物开发和北方烟保润技术开发取得大量试验成果和重大突破。在《烟草科技》等核心期刊发表科技论文 9 篇，获得授权专利 50 件，其中，发明专利 1 件、实用新型专利 36 件、外观设计专利 13 件。

创新平台建设。修订完善《科技项目管理办法》《科学技术奖励管理办法》等文件，进一步规范科技创新活动，提升员工创新主动性和积极性。推进博士后工作站建设，通过面向高校和科研院所、人才招聘平台推进人才引进，加强在站博士后日常管理，完成 1 名博士后出站考核、相关出站手续办理。加强重点实验室建设，完成重庆市重点实验室相关材料报送、网络信息维护，以及开放课题和部分委外项目管理工作。进一步优化完善 PDM 系统，搭建实验室信息管理系统（LIMS），实现从样品管理、检测数据自动采集、检验报告生成到仪器设备、试剂耗材和体系文件管理，优化实验室管理，提升服务品质和效率。

过程质量管控。2019 年，重庆中烟开展以“质量提升——我们必须做到!”为主题的质量提升专项行动，强化质量“红线”意识和“工匠精神”，强调严之又严、慎之又慎，从自身找差距、从源头抓预防、从过程纠偏差，持续提升质量管理能力与水平。2019 年，国家局市场监督抽检重庆中烟产品 5 牌次，合格率 100%，其中 1 牌次包装卷制得分 100 分。收到重庆、四川、广西、贵州等省（自治区、直辖市）二级站产品质量专项监测结果反馈 73 牌次，监测结果均合格。卷烟材料抽检卷烟纸、接装纸、铝箔、滤棒样品 15 个，合格率 100%；抽检样品香精香料 32 个，合格率 100%。

【企业管理】 2019 年，重庆中烟在组织优化上，按照专业化管理思路，重新调整综合计划部、生产制造中心、物资供应中心职能配置，新设立生产管理部、原料部、投资管理部，将法律与改革部、离退休人员管理办公室合并到办公室、人力资源部，规范各卷烟厂内设机构及职能分布。在流程优化上，开展管理诊断活动，进一步优化管控程序、理顺管理关系，推动研发、销售、生产和物资保障一体化运行、高效率协同，全年新增流程及标准 19 项、修订 200 项。在体系建设上，开展管理评审和持续改进工作，新版质量管理体系通过认证审核。制定实施《“数字化重庆中烟”建设规划》，做好财务管理、审计监督、专卖内管、监督规范等工作，抓好样品卷烟延伸检查和“天价烟”、盒皮（烟标）及香精香料采购专项治理。

【交流与合作】 2019年，重庆中烟在前期国际业务拓展基础上，进一步明确卷烟出口思路及重点目标市场，撰写全面的出口可行性报告，在出口产品选择、价格制定、政策法规、市场情况等方面理清工作思路，完成2020年拟出口产品规格的开发、包装设计和报价，以及年度免税出口计划申报等工作，实现产品出口零突破。

【特事辑要】 2019年1月30日，重庆市副市长李殿勋在重庆中烟调研。

8月8日，重庆中烟“天子”品牌新形象暨战略新品发布会在重庆举行。

12月24日，国家局党组成员、副局长杨培森在重庆中烟调研。

2019年重庆中烟工业有限责任公司所属卷烟生产厂情况统计

		重庆中烟工业有限责任公司 重庆卷烟厂	重庆中烟工业有限责任公司 涪陵卷烟厂	重庆中烟工业有限责任公司 黔江卷烟厂
法人资格		非独立法人	非独立法人	非独立法人
主要负责人（含党政领导）		厂长：刘大富 党委书记：张云义（—2019年9月） 党委书记、副厂长： 冯祥国（2019年9月—）	厂长、党委副书记：陈 瑜 党委书记：李朝海	党委书记、厂长：李大学
成立时间		1938年	1964年	1976年
从业人员（人）		845	677	729
卷烟生产能力（亿支）		250	200	175
卷烟品牌	自有品牌	天子、龙凤呈祥、宏声	天子、龙凤呈祥、宏声	龙凤呈祥、宏声
	合作生产品牌	红塔山、白沙、红金龙、 黄鹤楼、真龙、黄山	利群、雄狮	双喜

◇撰稿：范 淼；编辑：王 静

四川中烟工业有限责任公司

【主要产品与品牌建设】 *主要产品*。2019年，四川中烟工业有限责任公司生产的自有卷烟品牌包括“娇子”“天下秀”“五牛”“长城”“狮牌”等5个品牌，51个规格。

品牌培育。抓市场布局与策略投放。在四川省内基地市场分批导入“娇子（宽窄）”系列产品，在省外聚焦“娇子（宽窄）”系列“五一”工程市场，提升“娇子（宽窄）”系列的市场覆盖面。优化川烟重点品规投放策略，初步形成“投放监管、状态评估、调拨管控”的品牌精准培育闭环运作模式。抢抓“元春、中秋国庆”等关键时间节点销售工作，在四川省内市场重点推广婚庆等办事用烟活动。持续开展“宽窄”文化宣贯活动，推进“1236”终端建设工程，狠抓川烟优势陈列和货源保障到位。

2019年，“娇子”品牌实现销量比上年增长10.2%，单箱销售结构比上年增长2700元。“娇子（宽窄）”系列实现销量比上年增长74.76%。培育和维护川烟品牌主导规格，提高品规集中度，做大做强主导规格，有序退出不适销和盈利能力弱的品规。截至2019年底，川产卷烟准产规格比上年减少4个。

新品开发。四川中烟把握市场需求变化趋势，创新产品配方设计，系统集成叶组配方、自主核心香基模块开发、特色工艺等方面的科技创新成果在产品开发中转化应用，将产品风格特征突出等作为新产品开发设计的风格特色主线。2019年，上市“娇子（宽窄如意细支）”“娇子（软宽窄成）”“娇子（软宽窄平安）”等3款新产品。

四川中烟成都卷烟厂保湿包包装设备投入生产（2019 年）

四川中烟　供稿

设基本完成；推进特色叶丝加工应用技术研究；牵头组织开展中式雪茄烟品类构建工作。推行香精香料事业部实体化运作，逐步建立香精香料研发、生产、供应及品控一体化管理模式；取得四川省政府对“四川省院士（专家）工作站”的认定及授牌，博士后工作站新引入 4 名博士进站，成立四川中烟中式雪茄发酵重点实验室，推进行业重点实验室申报；换版《科研项目管理办法》，简化项目过程管理，印发《科研物资与服务采购管理办法》。

卷烟合作生产。2019 年，四川中烟合作生产浙江中烟卷烟品牌 163.2 亿支（32.64 万箱）、云南中烟卷烟品牌 52.7 亿支（10.54 万箱）、湖北中烟卷烟品牌 47.5 亿支（9.5 万箱）、广东中烟卷烟品牌 22.85 亿支（4.57 万箱）。

【全产业链一体化建设】　践行四川中烟高质量发展行动纲要和品质革命攻坚计划，持续深化“互联网 + 销售平台”“智能 +”服务运营的体系化建设，规划实施供应链批次管理、烟叶智能仓储平台和生产指挥系统改造，网络化和智能化的融合创新能力进一步提升。落实强化企业治理工作要求，稳步推进综合管理、智能报销、知识管理、督办工作管理等项目实施，数字化的服务支撑能力进一步提升。围绕智能工厂建设统筹推进画蓝图、强基础、补短板、抓标准、建应用等各项工作，在大数据综合分析应用、MES 及集控系统改造、工业控制系统安全加固、批次管理深化应用等方面进行实践探索，为卷烟生产“数字化转型”打下基础。

【技术创新】　2019 年，四川中烟以品类构建重大专项为统领，构建原料、配方、工艺、香精香料、材料等五大技术支撑体系。完成特色烟叶品种的大田示范、品种示范栽种和示范区烟叶调拨等工作；调配开发出特色品类功能模块、特色香韵香基及功能性香基，自主研发的“KZ 系列”薄片在各品牌卷烟中得到规模化应用；烟梗发酵中试线建

【交流与合作】　四川中烟全年出口实现 547.7 万美元，比上年增长 4.2%，出口卷烟、雪茄烟等 1.03 亿支，比上年增长 16.8%。继续增进与中国免税品（集团）有限责任公司、日上免税行（上海）有限公司和珠海市免税企业集团有限公司的合作，并新增中国出国人员服务总公司免税渠道，全年“宽窄”系列进入中国免税品（集团）有限责任公司机场免税店、边境店、邮轮及码头免税店等 78 家门店。在境外免税市场，持续巩固与环球免税店（DFS）、杜福睿（DUFRY）、迪拜机场免税店（DDF）、泰国王权免税店（KING POWER）等合作，产品销售区域扩展到东南亚、中东、东欧、北美等的 20 多个国家和地区。

【特事辑要】　2019 年 1 月 19 日，四川省委常委、省烟草发展工作领导小组组长曲木史哈在四川中烟调研。

1 月 20 日，四川省政协副主席、凉山彝族自治州委书记林书成在四川中烟调研。

5 月 24—25 日，国家局党组成员、副局长段铁力在四川烟草调研，并到四川中烟长城雪茄烟厂指导工作。

9 月 17—19 日，国家局党组成员、副局长徐瑾在基层联系点四川省凉山彝族自治州烟草专卖局（公司）和四川中烟西昌卷烟厂调研。

11 月 8 日，四川中烟开展“2019 四川中烟推进高质量发展品牌行动”。

2019 年四川中烟工业有限责任公司所属卷烟生产厂情况统计

		四川中烟工业有限责任公司成都卷烟厂	四川中烟工业有限责任公司什邡卷烟厂	四川中烟工业有限责任公司绵阳卷烟厂	四川中烟工业有限责任公司西昌卷烟厂
法人资格		非独立法人	非独立法人	非独立法人	非独立法人
主要负责人（含党政领导）		党委副书记、厂长：姜　鸥 党委书记：郭爱萍 （2019 年 5 月—）	党委副书记、厂长：刘　柳 党委书记、副厂长：刘谋志	党委书记、厂长：余　强	党委书记： 薛　飞（—2019 年 3 月） 于　翔（2019 年 11 月—） 厂长： 张　楠（—2019 年 11 月） 于　翔（2019 年 11 月—）
成立时间		1952 年	1918 年	1952 年	1985 年
从业人员（人）		1347	1061	671	588
卷烟生产能力(亿支)		350	270	225	175
卷烟品牌	自有品牌	娇子	娇子、天下秀、五牛	娇子	娇子、天下秀、五牛
	合作生产品牌	—	黄鹤楼、红金龙、云烟	利群、红塔山、雄狮、大红鹰	双喜、红塔山、红梅

◇撰稿：叶　晥　童　潇；编辑：王　静

贵州中烟工业有限责任公司

【主要产品与品牌建设】 **主要产品**。2019 年，贵州中烟工业有限责任公司生产的自有卷烟品牌有“贵烟”“黄果树”“遵义”，合作生产的卷烟品牌有“利群”“雄狮”。

贵州省内外市场和国际市场销量持续稳定增长，所有贵州省外市场“贵烟”品牌销量和销量份额均保持增长。全年自有内销品牌工业销量比上年增长 7.61%，其中，省内销量增长 3.52%、省外销量增长 13.36%、国际市场销量增长 37.66%。

“贵烟”品牌商业销量突破百万大箱，比上年增长 11.8%，增幅居行业“双十五”品牌第一名，增量居“双十五”品牌第二名。“贵烟（跨越）”实现商业销量 86.71 亿支（17.34 万箱），居行业一类细支烟单规格第一名。出口卷烟实现收入 1.12 亿元，比上年增加 0.21 亿元，增长 23.78%。

全年完成产值 397.84 亿元，比上年增长 9.35%，是“十三五”以来的最大增幅。实现工业增加值 329.68 亿元，比上年增长 9.03%。税利创新高，实现税利 294.9 亿元，比上年增长 6.12%。单箱结构创新高，单箱销售收入比上年增加 1040 元，单箱批发收入比上年增加 787 元。

合作生产。2019 年，贵州中烟合作生产浙江中烟“利群”112.5 亿支（22.5 万箱）、“雄狮”12.5 亿支（2.5 万箱）。

【技术创新】 **产品研发**。2019 年，贵州中烟完成短支烟、细支烟、中支烟和混合型卷烟等多款不同类型卷烟研发储备，中支烟“贵烟（行者梦）”“贵烟（红中支）”上市，混合型卷烟“GTM”在 2019 年德国多特蒙德国际烟草制品及烟具展览会展出。中支烟滤棒等新香型、新材料、新工艺不断加强研究应用。

科研项目。稳步提升科技减害水平，卷烟主流烟气 7 种成分释放量控制水平位居行业前列。建立完善鼓励创新、宽容失败的容错纠错机制，不断激发科技创新活力。全年申请专利 161 件，获得授权 59 件，其中发明专利 4 件。发布企业技术标准 127 项。科技创新平台不断完善，产学研用一体化持续推进，13 个科研合作平台有序运行。

工艺创新。建立“贵烟制造能力”评价体系技术标准，推进运行库存尾料烟叶处理长效机制，新增一系列烟用材料标准和运用技术，进一步提升产品质量安全。贵州中烟遵义、贵定和铜仁卷烟厂易地技改设备写实和工艺验证基本完成，完成产品生产转移。

【交流与合作】 2019 年，贵州中烟大力开拓国际市场，出口卷烟 3.15 亿支（0.63 万箱），其中“贵烟（国酒香）”系列占比 32%。出口实现收入 1.12 亿元，比上年增长 23.78%，结构明显提升。新增越南免税市场、南非免税市场 2 个出口市场。9 月 20—22 日，贵州中烟携“贵烟（国酒香）”等传统明星产品、混合型卷烟新品等参加 2019 年德国多特蒙德国际烟草制品及烟具展览会。

【易地技改】 2019 年，贵州中烟遵义、贵定和铜仁卷烟厂易地技改项目完成，生产全部转移至新厂。贵定、铜仁卷烟厂易地技改项目完成消防工程、联合工房、生产管理用房等单体竣工验收，遵义卷烟厂易地技改项目完成消防工程检测。贵定卷烟厂 9.5 万平方米烟叶仓库项目投入使用，建安工程基本结算完毕。兴义烟叶储运站 9.5 万平方米烟叶仓库项目消防工程和主要单体完成验收，各子项结算工作同步推进。金叶薄片项目正式生产，截至 2019 年底进行竣工结算工作。“三厂一站”项目投资控制良好，5 个项目节余投资约 12 亿元。贵定卷烟厂易地技改项目获得由贵州省住房和城乡建设厅组织评选的“2019 年度贵州省‘黄果树杯’优质工程奖”。

【管理创新】 2019 年，贵州中烟继续实施“精造工程”，进一步健全完善评审评价、问题解决和全方位质量保障机制，发现问题 600 余个，下达整改任务 70 项，修订完善各项企业标准 57 个，不断提升标准质量和执行效果。强化精造课题研究，形成切合实际、行之有效的问题解决机制。破解“预混柜布料均匀性”“切片机分片厚度极差达标率”等难题。强化卷烟生产“大工艺”理念，切实加强质量管控，引导员工牢固树立“现场连着市场”思想，将追求精致打造成质量情怀，把消费者关注的指标纳入考核体系，建立更加严苛的产品质量检测体系，烟支外观缺陷检验项从原来的 70 余项增加到 300 余项，产品在国家各级市场抽检中继续保持 100% 合格率。生产计划完成率 100%，持续提升设备保障能力，主要材料消耗再创新低。

【原辅材料保障】 2019 年，贵州中烟稳步提升优质原料获取能力，核心优质产区调拨结构明显优化，年度采购烟叶国家局抽检合格率 69.8%，高于全国平均等级合格率 5.7 个百分点，居行业工业企业第二名。原烟全周期质量过程管控逐步成熟，持续提升原料均质化加工质量，烟碱和水分 CV 值继续保持行业先进水平。以原料体制机制改革为重要抓手，组建仓储管理专业部门，持续加强库存烟叶养护管理，片烟表层含水率超 14% 的烟垛比例从 30.8% 降至 5.5%，虫情防控效果明显。持续强化技能练兵、大力开展烟叶评级、烟叶养护等类别的技能比武，持续提升原料一线员工技能水平和工作能力。

2019 年 12 月 14 日，贵州中烟兴义烟叶储运站在新库区组织开展“技能提升保安全、精准操作促精造”平衡重式叉车操作技能比武活动

贵州中烟　供稿

【特事辑要】 2019 年 2 月 24 日，贵州省委副书记、省长谌贻琴在贵州中烟铜仁卷烟厂调研春节后复工复产情况。

5 月 20 日，贵州中烟第一款中支烟“贵烟（行者梦）”在贵阳卷烟厂试生产成功。

5 月 22 日，国家局党组成员、副局长段铁力在贵州中烟贵阳卷烟厂调研生产情况。

5 月 30 日，在贵州省税务局主办的“读懂政府工作报告，学懂减税降费政策”——大企业“新心通”知识竞赛中，贵州中烟代表贵阳市参赛，获得第一名。

7月9日，贵州省委副书记、省长谌贻琴在贵州中烟贵阳卷烟厂调研企业发展情况。

8月14日，贵州省副省长吴强在贵州中烟贵阳卷烟厂调研生产情况。

9月20—22日，贵州中烟携“贵烟（国酒香）”等传统明星产品、混合型卷烟新品等参加2019年德国多特蒙德国际烟草制品及烟具展览会。

11月6日，贵州省委常委龙长春在贵州中烟贵定卷烟厂调研共青团基层组织综合改革试点工作。

12月，贵州中烟贵定卷烟厂易地技改项目被贵州省住房和城乡建设厅评为“2019年度贵州省‘黄果树杯’优质工程奖”。

2019年贵州中烟工业有限责任公司所属卷烟生产厂情况统计

		贵州中烟工业有限责任公司贵阳卷烟厂	贵州中烟工业有限责任公司遵义卷烟厂	贵州中烟工业有限责任公司毕节卷烟厂	贵州中烟工业有限责任公司贵定卷烟厂	贵州中烟工业有限责任公司铜仁卷烟厂
法人资格		非独立法人	非独立法人	非独立法人	非独立法人	非独立法人
主要负责人（含党政领导）		党委书记、厂长：王光举	党委书记、厂长：马　亚	党委书记、厂长：赵科文	党委书记、厂长：谭天兵	党委书记、厂长：李　柏
成立时间		1940年	1978年	1974年	1951年	1977年
从业人员（人）		1887	1153	1079	765	483
卷烟生产能力（亿支）		500	350	300	150	100
卷烟品牌	自有品牌	贵烟、黄果树	贵烟、黄果树、遵义	贵烟、黄果树、遵义	贵烟、黄果树、遵义	黄果树、遵义
	合作生产品牌	—	—	利群、雄狮	—	—

◇ 撰稿：高　雕；编辑：王　静

云南中烟工业有限责任公司

【主要产品与品牌建设】 ***主要产品***。2019年，云南中烟工业有限责任公司所属卷烟生产企业有红塔烟草（集团）有限责任公司（简称红塔集团）和红云红河烟草（集团）有限责任公司（简称红云红河集团），在产内销卷烟“玉溪”“红塔山”“红梅”“云烟”“红河”“钓鱼台”“茶花”“红山茶”“雪莲”“呼伦贝尔”“威斯”等11个品牌，105个规格。其中，红塔集团3个品牌，38个规格；红云红河集团7个品牌，66个规格；国际合作1个品牌，1个规格。

2019年，“云烟”“玉溪”“红塔山”“红河”四大品牌实现商业销量4248.67亿支（849.73万箱），比上年下降1.97%。其中，“云烟”品牌实现商业销量1819亿支（363.8万箱），比上年增长0.12%，居全国卷烟品牌销量第一名；实现销售收入1162.96亿元，比上年增长2.12%。“玉溪”品牌实现商业销量722.8亿支（144.56万箱），比上年增长2.69%；实现销售收入755.18亿元，比上年增长3.31%。“红塔山”品牌实现商业销量1280.7亿支（256.14万箱），比上年下降3.86%；实现销售收入480.89亿元，比上年下降2.33%。“红河”品牌实现商业销量426.2亿支（85.24万箱），比上年下降11.46%。

“云烟（软大重九）”实现商业销量13.66亿支（2.73万箱），比上年下降9.8%。全年云南中烟上市销售的新产品7个，累计实现商业销量12.24亿支（2.45万箱）。

品牌发展规划。2019年，云南中烟拟定《云产品牌高质量发展规划》，以推动“云烟（大重九）”独立化运作为标志，对云产品牌发展战略作出从“4+X”到“1+4+X”的调整。初步构建以“云烟（大重九）”为引领，四大品牌为核心，其他品牌为补充的“1+4+X”品牌体系，推动云产卷烟品牌竞争实力稳步提升。配套制定《“大重九”品牌独立化运作方案》，明确“云烟（大重九）”的战略定位和实现独立化运作的战略路径，为“云烟（大重九）”品牌的独立发展提供坚强保障。

进一步明晰品牌管理的权责关系，理清业务流通各环节的职能接口，印发《品牌管理机制改革方案》，强化云南中烟在品牌销售、新品研发及储备、老产品改造及提质维护、新品上市及老产品退市等工作中的统领作用。全年完成6个新产品的审查和申报，其中2个新产品和1个改造产品获得国家局准产批复。

品牌培育。做实品牌培育规划。在“1+4+X”品牌发展战略构架的牵引下，以“一省一策”为抓手，通过与商业公司深度对接，从工商协同、品牌培育等方面入手，共同推动云南卷烟品牌高质量发展。

针对终端、消费者、商业渠道3个重点对象，围绕不同阶段的重点培育规格，灵活有序开展活动。开展红塔大酒店卷烟特色零售终端店面品牌形象展示，在江苏南京、重庆建成特色终端，在普洱市孟连县建成旅游终端。探索数据驱动精准销售。加快数据中台建设和可视化进程，加速平台功能优化升级，加强存量数据分析和输出，通过产品调研、一键反馈两大入口，持续快速收集用户反馈数据，全年形成5期重点品规用户画像报告、3期产品质量反馈报告及6个主题案例分析。与18家商业公司达成合作意向，通过与浙江、辽宁、广东商业的大数据连接共享合作，为共创行业“互联网+”数字化模式奠定基础；通过“滇浙合作”梳理出5种可复制推广的合作场景，加速工商互联的落地出效；通过“滇桂合作”“滇+X合作”，与四川、辽宁、广东、江苏、广西、河北、山东等商业公司不断推进平台合作、数据合作探索进程，形成工商互联网合作“多点开花”局面。

持续推进跨界合作，维护中国石油、中国石化、新南站、昆明机场、花之城等体验店，推动与部分企业的跨界合作逐步布局全国市场，拓宽与红塔银行及合和集团旗下各酒店的跨界合作范围。与江西抚州市公司联合打造“梦回牡丹亭”版“玉溪（软阿诗玛）”，与山东烟台市公司联合打造“树莓味”“云烟（细支珍品）”，与湖北武汉、襄阳市公司联合打造“小青柑”口味版“玉溪（中支阿诗玛）”，以及与福建福州市公司联合打造“茶香和复合花香”“云烟（神秘花园）”，依托区域精准销售规格，定向突破关键市场，形成以点带面的辐射效果。

特色品类销售。2019年，围绕“细支烟‘细中见大’、中支烟‘力争上游’、短支烟‘短中见长’”的目标，云南中烟创新产品实现商业销量309.36亿支（61.87万箱），比上年增长46.6%。其中，云产细支烟有20个在销规格，实现销量222.3亿支（44.46万箱），增长38.65%；云产中支烟有17个在销规格，实现销量58.45亿支（11.69万箱）；云产短支烟有5个在销规格，实现销量11.22亿支（2.24万箱）。

新品销售。2019年，云产卷烟自有品牌推出7个新品，累计实现商业销量12.25亿支（2.45万箱），其中，“红塔山（细支传奇）”实现销量5.2亿支（1.04万箱）、“玉溪（细支108）”实现销量1.4亿支（0.28万箱）、“云烟（黑金刚印象）”实现销量1.35亿支（0.27万箱）、“玉溪（双中支翡翠）”实现销量0.65亿支（0.13万箱）。

市场化取向改革。结合商业公司上线需求意向，制定《2019年工商网配推进计划》并实时跟进；针对已实现工商网配系统对接的商业公司，根据实际需求，加快提升网配工作的深度与广度；逐步扩大云产卷烟网配规格范围，优化网配组合；推进浙江工商网配新模式运用，在总结杭州分公司网配经验的基础上，将浙江网配新模式推广到浙江宁波、嘉兴、绍兴、台州等地市公司，确保订单业务的顺畅执行。2019年，云南中烟累计实现与183家交易主体单位进行网上配货业务，网配订单量2624.7亿支（524.94万箱）。

持续优化滚动需求预测。在总结前期经验的基础上，对滚动预测体系不断完善，将“分周滚动预测”优化为“分日滚动预测”，强化供应链前端支撑。全年开展48期滚动需求预测。

卷烟合作生产。2019年，云南中烟与8个合作方合作生产云南中烟品牌卷烟601.89亿支（120.38万箱），比上年下降15.2%。其中，“玉溪”6.65亿支（1.33万箱）、“红塔山”221.13亿支（44.23万箱）、“红梅”68.56亿支（13.71万箱）、“云烟”269.58亿支（53.92万箱）、“红河”35.97亿支（7.19万箱）。

【全产业链一体化建设】 **工业互联网平台建设**。依托信息物理系统（CPS）行业试点，红云红河集团搭建具有企业专有云、大数据、物联网、移动应用、安全保障的工业互联网云平台，形成涵盖应用层（SAAS）、平台层（PAAS）、基础设施层（IAAS）和边缘层（连接）完整的技术架构体系。试点过程中形成卷烟制造企业工业互联网平台的相关标准，打造应用生态体系的连接、开发、部署和运营工具。通过试点项目，形成“平台级服务+示范性应用”的烟草制造业卷烟智能工厂建设模式，提供可推广、可复制的卷烟制造企业工业互联网平台和数采、建模、仿真的工具及标准，有效推动“工厂数字化、业务模型化、制造虚拟化”的卷烟制造业数字化转型，助力烟草行业推动供给侧结构性改革实现高质量发展。

卷烟智能工厂试点。在昆明卷烟厂和曲靖卷烟厂推进基于CPS的卷烟智能工厂试点工作。在卷烟工厂现有信息化、自动化的基础上，通过“数采、建模、仿真”，实时映射生产过程、设备运行、质量跟踪，将卷烟制造的工艺、设备、流程、原料、人员、环境等生产要求纳入工业机理模型库，实现数字孪生与实时生产管控、质量控制、设备、能耗和物料监测同步，做到设备级、系统级和产业级仿真，从全要素、全流程、全业务角度对生产进行诊断、预测和预警，降低生产不确定性因素，推动提质增效降本。在此基础上，以红云红河集团为牵头单位，组织浙江、四川、福建、安徽等中烟工业公司，研究卷烟制造工业互联网平台建设工作中的总体技术架构、数据采集、接口、数据建模、系统仿真、安全等通用性、基础性“瓶颈”问题，持续丰富、完善和优化卷烟制造工业互联网平台的相关标准，为烟草行业践行“两个强国”战略推动卷烟制造业数字化转型提供开拓性和基础性的研究参考。按照《工业和信息化部办公厅关于组织开展2019年制造业与互联网融合发展试点示范工作的通知》要求，云南中烟作为牵头单位联合浙江、安徽、福建、四川等5家中烟工业公司向工业和信息化部申报开展制造业与互联网融合发展试点示范项目，进行智能制造的试点示范推广应用建设。

探索全产业链技术路径。云南中烟联合云南省局（公司）共同以打通原料供应链和产品供应链信息流为突破、以产品全生命周期追溯为主线，在红云红河集团的烟草工业互联网平台上整合工、商现有信息系统和设备的数据，初步实现特定产品、特定区域、重点业务环节的烟草“农、工、商、零、消”全产业链的数据汇集，验证全产业链数字孪生的实现路径和成果展厅展示，探索烟草工业互联网、农业物联网和消费互联网融会贯通的技术方案。通过全产业链数字孪生的技术路径探索，验证基于烟草工业互联网平台实现种植、复烤、生产、物流、销售等环节数据采集、数据建模、运行仿真的可行性，为云南烟草产业数字化转型探索大平台共享、大数据慧治、大系统共治的顶层架构，推进全面感知、互联互通、资源共享的技术支撑平台建设奠定基础。

【技术创新】 **技术中心概况**。云南中烟工业有限责任公司技术中心于2014年3月18日成立，由原云南中烟工业有限责任公司科技开发部、云南中烟工业有限责任公司原料部、云南烟草科学研究院、红塔集团技术中心和红云红河集团技术中心合并组建而成。拥有行业重点实验室2个，行业标准重点研究室2个，云南省重点实验室1个，院士工作站1个，归口统筹企业博士后科研工作站3个。

科研项目。2019年，云南中烟承担国家级、省部级、地厅级在研科技项目194项，承担或参与烟草行业标准项目17项。获得省部级科学技术进步奖14项，其中一等奖1项、二等奖5项、三等奖8项。

技术创新成果。香精香料研发及应用方面，完成11种香料提取工艺研究，形成技术储备；开发制备高原鸡舌植物提取物香料等，并在“云烟（中支金腰带）”“云烟（细支祥瑞）”“云烟（小金龙）”“云烟（神秘花园）”“云烟（软珍品）”等规格产品中加以应用。特色功能材料研发方面，依托云南特色天然植物资源优势，结合微生物固体发酵、封闭式半碳化及特色制粒相关技术，开发具有较好孔隙结构和特色香韵的功能性滤嘴材料，并形成技术储备。开展储液微容器研究，完成储液微容器高阻隔材料筛选确定、制程调整、设备修改及连续打样。开发具有良好载香效果的新型缓释材料，确定1类对烟用香精具有较好兼容性的载体材料；开展具有高比表面积、高度多孔性结构的吸附/缓释材料研究，获得2种结构稳定且表现出不同极性的天然有机气凝胶。工艺设备及技术优化改进方面，完成红塔集团玉溪卷烟厂高端高档生产线设计、改造、调试及工艺优化，并具备生产能力。开展人工智能人机协同工作研究，研发具有自主知识产权的两套小盒推进式二次成型柔性包装设备，实现“天圆地方”烟支包装的量产。前沿技术研究方面，持续开展基因编辑工厂化育种（实验室和温室阶段）和编辑素材筛选研究，建立基因编辑创制与筛选数字化管理模式，首创基因编辑素材高通量筛选技术方法，筛选获得重点关注素材1030余份，其中纯合体无标签高关注素材24份。

【交流与合作】 **云南烟草国际有限公司概况**。云南烟草国际有限公司（简称云烟国际）成立于2006年，是云南中烟的全资子公司。2014年7月，云南中烟调整拓展国际市场管理体制，云烟国际从“管理经营型”主导向“经营实体型”主体转变，按照“产销分离”原则，主要负责统一运作云南中烟国际市场营销；云南中烟卷烟品牌国际市场培育、开发、销售、分销渠道管理、参与国际市场产品的开发与维护；云南中烟的境外品牌运营、国际市场供应链管理、云南中烟的境外投资、国际市场兼并收购、国际合作等业务。截至2019年底，拥有总资产32.14亿元，境内从业人员78人，驻境外工作人员18人。

境外实体化运作。云南中烟及其下属企业有8家参控股境外营销公司，其中云烟国际全资控股天成（太平洋）有限公司（简称天成公司）、红塔瑞士有限责任公司（简称红塔瑞士）；天成公司控股云南烟草国际（缅甸）服务有限公司、钓鱼台（香港）烟草有限公司、金成烟草有限公司，红塔瑞士控股红塔瑞士罗马尼亚公司；1家参股的国际合资公司，即与帝国品牌公司合资运营的地平线国际合资有限公司；1家行业内参股营销公司，即中烟国际中东公司。3家有资产关系的境外生产企业，其中香港红塔国际烟草有限公司、老挝寮中红塔好运烟草有限公司为控股，中烟国际欧洲有限公司为参股；2家参股的烟叶公司，中烟国际阿根廷有限公司、中烟国际巴西有限公司；4个境外许可生产项目，缅甸环球项目、印度尼西亚ROCK项目、阿根廷项目、纳米比亚项目。

卷烟境外销售。2019年，云南中烟实现境外卷烟销量230.69亿支，比上年增长1.07%，继续保持行业境外卷烟销量第一位。云南中烟卷烟产品成功进入加拿大有税市场，成为云南中烟拓展发达国家市场的里程碑。严格经销商管理，严控卷烟回流，卷烟回流比上年下降35.58%。

跨国烟草公司合作。2019年，与帝国品牌公司合资运营的地平线公司运行良好，国际市场“翡翠”“地平线”2个品牌实现销量31.55亿支，比上年增长14.7%，产品在俄罗斯、乌克兰、西班牙、德国、安道尔等13个国家和地区销售，成为云南中烟境外市场销量贡献中的重要增长点。

供应链管理。持续优化境外生产点布局、完善境外工厂授权生产机制、建设境外工厂质量管控机制，首次组织对境外卷烟生产厂装备、工艺技术、原辅料质量、产品质量等内容进行质量管控评价；推动不适用烟叶在境外工厂使用，支撑国际市场的高质量发展。

【原料保障】 **原料库存总量控制**。2019年，签订工业调剂库存片烟协议4万吨（80万担），完成工业调剂2.75万吨（55万担）。调减再造烟叶调拨计划约4300吨，总库存降低约5000吨；完成9个再造烟叶提质改造产品的推广应用，全年累计使用再造烟叶约1万吨，加权平均使用比例由8.8%提高至9.3%。

原料库存结构优化。采购区域向重点产区倾斜，国内核心产区和重点产区计划占比85%；省内烟叶计划为30.28万吨（605.5万担），占比80.5%。加强库存低可用烟叶提质改造，组配回烤模块等级23个，定向提质改造复烤片烟约94.05万担。提升省外烟叶使用比例，2019年省外烟叶耗用6万吨（120万担），比上年提升18%。

原料研究。参加国家局烟草科研大数据重大专项“烟草近红外大数据构建与应用”研究，完成建模样品的数据采集、建模，以及模型在西南样品中心、昆明复烤厂和红河复烤厂的转移实验，阶段性成果（初期模型）推广至红塔集团和红云红河集团下属质检部门试验、试用。持续在昆明、玉溪、楚雄、红河开展特色烤烟新品种筛选试验研究，完成4个区域10个国内外品种的小区比较试验和烟叶风格质量评价，筛选出“CC27”“CC700”“PVH2324”“云烟205”等4个品种进行小面积种植试验。持续推进“2260”高端特色烟叶开发项目，完成20万亩特色烟叶的品种布局、生产管理和烟叶风格质量系统评价，以及“红花大金元”“K326”“NC102”总计3万吨（60万担）优质特色烟叶调拨。完成“朱砂烟”遗传机理研究，建立采烤前判定方法，并开展育苗和示范种植。推进新型梗丝研究与应用，实现新型微波膨胀梗丝在“云烟（红）”卷烟产品中的应用。推进“烟纤卡纸”产品研发及应用，完成“烟纤卡纸”产品工艺技术验证和市场测试。

【辅料保障】 **云南中烟物资（集团）有限责任公司概况**。云南中烟物资（集团）有限责任公司（简称物资集团）

成立于2006年，由云南中烟物资配套公司改制而成，是云南中烟的全资子公司。主要从事全省烟草工业生产所需的卷烟材料、烟机零配件以及仓储运输的经营业务，履行全省卷烟材料、烟机设备和零配件以及非烟用物资行政管理职能。代管云南烟草机械有限责任公司，参股上海中臣烟草机械配件有限责任公司。截至2019年底，公司总资产24.8亿元，其中固定资产0.57亿元、流动资产23.77亿元，资产负债率17.22%。从业人员316人。

物资采供。加强对13类卷烟材料的管控，提高采购计划和生产计划的匹配性。做好丝束保障供给，完成云南中烟丝束专线建设，推进专线丝束在一类烟中全面使用。开展烟机零配件库存现状调研，加强库存管控，减少资金占压，截至2019年底，烟机零配件库存资金占设备固定资产原值比1.49%，库存资金周转率60.37%。创新构建“统一管理、统一流程、统一标准、统一使用”的高质量物资保障体系，推进配套的组织机构、业务流程、信息系统、制度机制等保障基础建设。

物资管理。深化招标采购管理，强化招标结果执行，全年卷烟材料、香精香料、烟机零配件和非烟用物资公开招标采购比例分别为99.42%、100%、100%和99.56%。强化供应源头管理，发布《烟用材料供应商管理指南》行业标准，加强供应商能力评价和动态评价，完善质量信用记录和不良行为记录，把好烟用材料质量安全关。

数字化物资转型。以信息平台建设为依托，加快数字化物资转型，上线运行烟用物资采购供应链协同平台，扩大优化非生产性物资“互联网+采购”平台。完善网上商城建设，建立网上采购供应商库，覆盖非烟用物资和宣传促销物料采购需求，全年发起询价项目540个，下达订单505个，金额9825万元，完成采购订单支付金额5135万元。

设备管理。延伸设备价值管理体系，完成滤棒成型和切丝机检维修管理基准编制，扩大检维修基准覆盖面。推进净效率管理，改善设备运行指标，加强维持费用管控，截至2019年底，设备净效率86.39%，高速、超高速卷包设备台时产量12.38箱/小时，设备维持费用74.17元/箱。开展“云产卷烟品牌发展与设备配置”课题研究，推动设备管理精准施策。

卷烟中心库。发挥卷烟中心库集中配货职能，加强计划调度、库区规划、梯次作业及安全检查，优化业务流程和现场管理，提升保障能力和服务质量。全年卷烟发运量268万箱，比上年增长38%；卷烟吞吐量536万箱，比上年增长38%。

【企业管理】 开展重点流程、成本费用、产品质量等3项专题诊断，查找出问题122项。上线试运行PDCA管理信息系统，实施“问题导向、全员改善”主题活动，各单位召开专题座谈会550余场，查找出问题近5000项。制定《管理创新专项评价细则》，开展管理创新课题评审，全年实现降本增效约16亿元。开展“两项审计”自查自纠和整改落实，完成首次企业年度工作报告填报工作，开展全面清理全系统干部职工投资入股关联企业工作，清退资金1.26亿元。完善烟用物资采购管理体制，配合开展行业盒皮（商标）和香精香料专项检查。在行业内率先开展卷烟物流“多式联运”并覆盖京津冀和西藏地区，国务院新闻办公室报道红云红河集团片烟物流跟踪系统。公司获评“烟草行业全国‘七五’普法中期先进集体”。实施烟草工业互联网推动转型升级重点项目建设，推进专有云平台、物流系统、生产指挥调度平台等项目，正式上线烟用物资采购供应链协同平台，“基于CPS的卷烟智能工厂试点项目”入选工业和信息化部“2019年制造业与互联网融合发展试点示范项目”。

【特事辑要】 2019年1月15日，云南中烟党组书记、董事长陈卫东会见来访的地平线合资公司总经理安思礼及帝国品牌俄罗斯、西班牙、乌克兰等国家和地区的公司经理一行。

1月23日，云南中烟召开2019年工作会议。

2月13日，内蒙古自治区政协党组书记、主席李秀领在乌兰浩特卷烟厂调研。

3月5日，内蒙古自治区政府副主席包钢率领内蒙古自治区安全生产大检查第四督查组在乌兰浩特卷烟厂检查安全生产工作。

3月15日，云南省副省长董华在红塔集团调研。

3月28日，云南省人大常委会副主任、省总工会主席王树芬在云南中烟调研。

4月2日，云南省委常委、昆明市委书记程连元在红云红河集团主持召开会议，与挂钩联系服务的重点企业负责人进行座谈。

4月4日，云南省副省长董华在云南中烟调研。

4月29日，在云南省庆祝“五一”国际劳动节暨表彰大会上，云南中烟“全国五一劳动奖章”获得者曲靖卷烟厂吕忠、“云南省五一劳动奖状”获评单位曲靖卷烟厂、“云南省工人先锋号”获评集体昭通卷烟厂卷包车间、“云南省五一劳动奖章”获得者云南烟草机械有限责任公司韩国栋、“云南省第二批云岭工匠”获得者玉溪卷烟厂吕小波获得表彰。

4月29日，在全国烟草行业第七届先进集体和劳动模范表彰大会上，红塔集团玉溪卷烟厂、红云红河集团曲靖卷烟厂获评行业“先进集体”，玉溪卷烟厂杨存龙、王国琦，红云红河集团会泽卷烟厂吕发庆，云南中烟营销中心陈勇，云南烟草国际有限公司段明祥获评行业“劳动模范”。

5月7日，内蒙古自治区党委常委、组织部部长杨伟东在乌兰浩特卷烟厂调研。

5月16日，云南中烟与曲靖市人民政府签订对口帮扶曲靖市精准脱贫攻坚合作协议，约定云南中烟分两年向曲靖市捐赠共计4亿元资金，对口帮扶会泽县和宣威市，确保实现2019年宣威市脱贫“摘帽”、2020年会泽县脱贫“摘帽”的脱贫攻坚目标。

6月11日，国家烟草专卖局党组书记、局长，中国烟草总公司总经理张建民在香港红塔国际烟草有限公司调研。

7月5日，国家局党组成员、副局长杨培森在云南中烟调研。

7月5日，红塔证券股份有限公司在上海证券交易所主板上市。云南省副省长董华出席上市仪式，国家局党组成员、副局长徐蕴出席上市仪式并致辞。

7月6日，云南中烟与中国太平洋保险（集团）股份有限公司签订战略合作协议。

7月17—18日，云南省副省长董华一行在会泽卷烟厂调研，并到曲靖卷烟厂调研智能制造试点工作。

8月7日，云南中烟召开2019年半年工作座谈会。

8月14日，共青团中央书记处书记李柯勇一行在乌兰浩特卷烟厂调研基层团组织建设工作。

8月15—18日，国家局党组成员、副局长杨培森在老挝寮中红塔好运烟草有限公司调研。

9月28日，云南中烟卷烟产品在加拿大多伦多举行上市发布推介会，专门针对加拿大市场定向开发的“云烟”“玉溪”“红塔山”“Ashima”等4款卷烟产品正式登陆加拿大市场。云南中烟成为中国烟草首家在加拿大市场合法投放产品并销售的工业企业，填补中国烟草在加拿大市场的空白。

10月9—11日，国家局党组成员、副局长段铁力在云南烟草调研。

10月12日，云南省副省长董华在云南烟草调研工业互联网推动转型升级重点项目和多元化工作。

11月5日，内蒙古自治区党委书记石泰峰在乌兰浩特卷烟厂调研。

11月12日，云南省委副书记王予波在红塔集团调研。

12月17日，由中国烟草标准化研究中心主办、云南中烟承办的全国烟草标准化技术委员会第四届企业分技术委员会标准审定暨第五次工作会议在昆明召开。

所属卷烟生产企业

红塔烟草（集团）有限责任公司

【主要产品与品牌建设】 2019年，红塔集团上市新品“玉溪（双中支翡翠）”“玉溪（华叶）新版”“玉溪（细支108）”“玉溪（硬金）”“红塔山（细支传奇）新版”和次新品“玉溪（中支华叶）”“玉溪（中支阿诗玛）”“玉溪（中支和谐）”“红塔山（硬传奇）”“红塔山（新时代）”，合计实现商业销量87.4亿支（17.48万箱），其中“玉溪（双中支翡翠）”自2019年1月上市以来销售6575万支（1315箱）。全年红塔集团“细中短”等新品类卷烟合计实现商业销量96.6亿支（19.32万箱），比上年增长32.54%。

【生产管理】 2019年，红塔集团优化调整省内四厂产能、品规布局，各厂在用卷包设备实现互调，真正做到设备为生产服务；合理布局各厂在产品规，平衡生产任务压力，并将一类烟和细支、中支、软包硬化等规格集中单一工厂生产，全年计划生产满足率100%；推进MES系统工艺质量模块的运用，开展省内四厂卷烟生产全流程、全方位、全要素现场工艺评价和核心产品品质系统性优化，均质提

2019 年 8 月 28 日，红塔集团玉溪卷烟厂高端高档卷烟制造专线准产启动

云南中烟　供稿

升产品质量，全年被抽检卷烟产品合格率 100%，抽检样品包装标识质量得分 100 分，包装与卷制质量平均分 99.47 分；开展卷烟成品物流业务流程再造，强化承运商考核管理，创新“分离式存储”“集中式发货”仓储管理模式，全年卷烟运输准时发货率 99.67%、准时到货率 99.74%；推进烟机配件寄售，在确保满足生产的同时，降低烟机配件采购成本和库存资金占用。

【技术创新】　2019 年，红塔集团科技项目获得云南中烟科学技术进步奖特等奖、一等奖、二等奖各 1 项，三等奖 3 项，以及云南省科学技术进步奖二等奖 1 项、专利奖二等奖 1 项。获国家知识产权局授权专利 351 件，其中发明专利 17 件、实用新型专利 333 件、外观设计专利 1 件；获计算机软件著作权登记 35 项；被国家知识产权局确定为“2019 年度国家知识产权示范企业”。2019 年 7 月，红塔集团通过云南省知识产权局复审，继续保持“云南省知识产权优势企业”；在中国市场营销国际学术年会暨中国创造论坛首次公布的中国企业专利 500 强榜单中居第 465 名。

【技术改造】　玉溪卷烟厂高端高档卷烟制造专线改造项目和大理卷烟厂打叶复烤锅炉及配套技改项目建成投产。集团安防消防中心建设项目和昭通卷烟厂制丝生产工艺调整配套改造项目通过竣工验收；玉溪卷烟厂就地技改造前期项目——卷包二车间及制丝二车间技改项目启动实施；玉溪卷烟厂复烤一车间易地搬迁技改及新建烟叶存储仓库建设项目进入结（决）算评审及整体竣工验收阶段；玉溪卷烟厂复烤二车间原地技改项目初步设计报国家局审批。

【原辅材料保障】　2019 年，红塔集团持续优化烟叶原料资源配置，完成省内外烟叶工商交接 16.85 万吨（337.04 万担），等级合格率 78.1%。采购进口烤片 0.9 万吨（17.95 万担）。工业调剂（调出）烤片 2.22 万吨（44.42 万担）和长烟梗 0.34 万吨（6.83 万担）。采购薄片 0.9 万吨（17.95 万担），销售薄片原料 1.05 万吨（20.99 万担）。从源头抓好成本控制，全年节约烟叶采购资金 5565 万元。

物资采购持续加强公开招标、中标执行、成本控制、供应商质量保障能力、国产烟机配件寄售和严格规范管理，完成多个系统优化提升物资采购信息化管理水平，探索非生产性物资网上采购模式，优质高效确保卷烟生产经营。全年物资采购金额 59.71 亿元，其中，卷烟材料 54.23 亿元、复烤及仓储物资 1.1 亿元、烟机配件 1.14 亿元、非烟物资 3.24 亿元。公开招标率：卷烟材料 99.44%、香精香料 100%、复烤及仓储物资 100%、烟机配件 99.98%、非烟物资 98.85%。废旧物资处置规范率 100%，实现销售收入 1842.29 万元。卷烟材料产品质量综合评价得分 98.5 分。

红云红河烟草（集团）有限责任公司

【主要产品与品牌建设】　2019 年，红云红河集团（含省外生产厂）生产“云烟”“红河”“小熊猫”“钓鱼台”“红山茶”“茶花”“雪莲”“呼伦贝尔”“紫气东来”“冬虫夏草”“大青山”等 11 个卷烟品牌，103 个规格，国际合作生产“威斯”品牌 1 个规格，国内合作生产“苏烟”品牌 1 个规格，互动加工“玉溪”品牌 1 个规格、“红塔山”品牌 4 个规格、“红梅”品牌 1 个规格。

全年“云烟（大重九）”实现商业销量17.9亿支（3.58万箱）；二类烟结构短板问题得到针对性破解，全年二类“云烟”实现商业销量217.75亿支（43.55万箱），二类“红河”实现商业销量54.85亿支（10.97万箱），分别比上年增长39.29%、31.82%。“云烟（细支云龙）”“云烟（小熊猫家园）”“云烟（黑金刚印象）”等规格引领实现细支烟乘势而上、中支烟发展突破的目标，全年创新产品实现商业销量206.85亿支（41.37万箱），比上年增长59.9%。

【生产管控】 聚焦品牌生产管理责任主体的定位，立足生产端“做好产品、做精品质”。强化生产组织，紧盯要素保障，科学平衡计划，提高生产集中度，确保生产组织高效顺畅。优化产能布局，提高对个性化、多样化需求的适应性，创新产品生产已形成细支烟215亿支（43万箱）、中支烟100亿支（20万箱）年产能。开展精益改善活动，1个QC成果获得行业一等奖，2个QC小组获评“全国优秀质量管理小组”。管好用好设备，设备综合净效率86.67%，制丝生产线故障停机率0.05%。围绕4个专项、3个专题、35项措施，推进“云烟（大重九）”质量改造提升，开展“云烟（大重九）”专属加工工艺技术体系研究，加大对工艺纪律执行的问责考核力度，严格产品质量过程管控，系统提升均质化制造水平，全年产品质量出口商检、行检、抽检合格率100%，“云烟（软珍品）”“红河（小熊猫世纪风）”在国家局抽检中包装与卷制评价获得满分。健全物流体系，着眼生产和市场供给，提高精准供给水平，全年成品卷烟准时发货率99.9%、准时到货率99.43%。

【技术创新】 深化技术创新，加大专利研发和课题研究力度，88件专利获得授权，7个课题获云南中烟表彰，1人获评“云南中烟学科带头人”。推进“两化”融合，继续探索个性化定制、工业大数据的企业化应用，加紧推进行业智能制造试点工作，集团“工业云平台建设及昆烟智能制造项目”通过验收，“基于CPS的卷烟智能工厂试点项目”入选工业和信息化部“2019年制造业与互联网融合发展试点示范项目”，集团作为主要参与拟定单位的《基于电子标签的片烟物流跟踪系统数据交换规范》行业标准发布实施；加快烟草工业互联网平台推动转型升级重点项目建设，实现一、二、三产业融通的全流程业务数据展示，成为云南烟草工商物联网平台应用的长期展示窗口。推进技改建设，昆明卷烟厂新建烟叶仓储设施及打叶复烤易地技改项目、昆明卷烟工商物流一体化项目建设有序推进，红河卷烟厂易地技改项目开始制丝设备安装，曲靖卷烟厂打叶复烤易地技改及新建烟叶仓库项目开工建设，会泽卷烟厂就地技改项目进行结（决）算和相关整改，新疆卷烟厂易地技改项目筹备总体验收。

2019年8月28—30日，红云红河集团举办2019年烟机设备电气修理职业技能竞赛

云南中烟红云红河集团　王　妍　摄

【原辅材料保障】 以品牌需求为导向，全面统筹基地建设、烟叶采购，推动采购区域向重点产区倾斜，国内烟叶调拨入库12.54万吨（250.7万担），进口烟叶采购入库0.44万吨（8.7万担）。配合做好低可用性烟叶提质改造，加强在线产品配方维护力度，加大省外烟叶使用比例，推进库存烟叶工业调剂，持续提高原料综合利用水平。

强化物资保障，健全卷烟材料安全库存管理机制，推进采购由分散化、零星化向规模化、集中化转变，加大供应商之间的价格、质量、服务竞争，实现规范和效率的有机统一。全年采购卷烟材料70.9亿元，比上年节约采购资金0.24亿元，公开招标金额占比100%；采购烟机零配件1.59亿元，公开招标金额占比100%，烟机零配件库存占设备固定资产原值比重1.85%；采购非烟用物资2.79亿元，公开招标金额占比100%。

2019年云南中烟工业有限责任公司所属卷烟生产企业/生产厂情况统计

		红塔烟草（集团）有限责任公司	所属生产厂			
			玉溪卷烟厂	楚雄卷烟厂	大理卷烟厂	昭通卷烟厂
法人资格		独立法人	非独立法人	非独立法人	非独立法人	非独立法人
主要负责人/法定代表人（含党政领导）		党委书记、董事长：王　勇 党委副书记、总经理：李　恒	厂长：马云参 党委书记：胡　霈	厂长：彭黎明 党委书记：范　斌	厂长：袁国旺 党委书记：吕　坚	厂长：张志勇 党委书记：刘向虹
成立时间		1956年	1956年	1974年	1950年	1970年
从业人员（人）		8719（集团本部和省内四厂）	2929	1599	1236	1929
卷烟生产能力(亿支)		2050	1100	300	250	400
卷烟品牌	自有品牌	玉溪、红塔山、红梅、阿诗玛、马宝、新兴、GEM	玉溪、红塔山、红梅、阿诗玛、马宝、新兴、GEM	玉溪、红塔山、红梅	玉溪、红塔山、红梅	玉溪、红塔山、红梅
	合作生产品牌	—	—	—	—	—
	委托加工品牌	—	—	—	—	云烟

		红云红河烟草(集团)有限责任公司	所属生产厂					
			昆明卷烟厂	红河卷烟厂	曲靖卷烟厂	会泽卷烟厂	新疆卷烟厂	乌兰浩特卷烟厂
法人资格		独立法人	非独立法人	非独立法人	非独立法人	非独立法人	非独立法人	非独立法人
主要负责人/法定代表人（含党政领导）		党委书记、董事长：武　怡 总经理：杨煜文	厂长：刘　豪 党委书记：夏家全	厂长：许永明 党委书记：张　涛	厂长：张云飞 党委书记：马　珍	厂长：邓林昆 党委书记：周应奎	厂长：程振西（—2019年8月） 朱福桢（2019年8月—） 党委书记：白九重（—2019年6月） 朱福桢（2019年8月—）	厂长：王力家 党委书记：吴　岗
成立时间		2008年	始建于1922年	始建于1985年	始建于1966年	始建于1973年	始建于1960年	始建于1981年
从业人员（人）		10345	3780	1368	2476	657	752	878
卷烟生产能力(亿支)		2637	901	531	558	149	339	159
卷烟品牌	自有品牌	云烟、红河、小熊猫、钓鱼台、红山茶、茶花、雪莲、呼伦贝尔	云烟、茶花、雪莲、钓鱼台	红河、云烟、钓鱼台	云烟、红河、钓鱼台	红河、云烟、小熊猫	云烟、红河、雪莲	云烟、红河、呼伦贝尔、红山茶
	合作生产品牌	苏烟	—	—	苏烟	—	—	—
	互动加工品牌	玉溪、红塔山、红梅	—	红塔山	—	—	红梅、红塔山、玉溪	红塔山

◇撰稿：王宏先　彭　林　杨裕萍；编辑：王　静

陕西中烟工业有限责任公司

【主要产品与品牌建设】 **主要产品**。2019 年，陕西中烟工业有限责任公司生产的自有卷烟品牌有“好猫”“延安”2 个品牌，32 个规格。经国家局批准，“猴王”品牌最后一个规格“猴王（金）”划转为“好猫（金猴王）”。“好猫”实现销量比上年增长 73.45%，其中省外销量增长 101%。“延安”实现销量比上年增长 6.5%，其中省外销量增长 12.75%。

全年三类以上卷烟实现销量占比 86.9%，比上年提高 31.36 个百分点。一、二类卷烟分别实现销量 24.1 亿支（4.82 万箱）、205.05 亿支（41.01 万箱），分别比上年增长 17.01%、21.79%。实现单箱销售收入比上年增加 1028 元。全年省外市场实现商业销量 191.6 亿支（38.32 万箱），比上年增长 12.45%，其中三类以上卷烟实现销量 65.6 亿支（13.12 万箱），比上年增长 32.58%。

合作生产。2019 年，陕西中烟合作生产浙江中烟“利群”85 亿支（17 万箱）、“雄狮”5 亿支（1 万箱），湖南中烟“白沙”30 亿支（6 万箱），广东中烟“双喜”35 亿支（7 万箱），江苏中烟“南京”50 亿支（10 万箱），湖北中烟“黄鹤楼”10 亿支（2 万箱）。

品牌培育。实施“五个 10”基地市场建设工作。以“好猫”“延安”品牌培育为主线，突出“延安（红韵）”“好猫（细支长乐）”2 个重点品规，狠抓“五个 10”基地市场建设标准，即打造 10 条陕烟一条街、建设 10 家品牌体验店、建设 10 户战略联盟户、开展 10 场会议销售、培养 10 家集团客户，全面完成“基地市场建设”销量、订购、份额提升目标。

销售方式创新转型。创新销售模式，探索异业合作，先后与中国联通、陕西中国石油昆仑好客便利店等企业共同开展驻店买赠、扫码中话费等活动，累计受众 30 万人。探索与商业公司合作线上销售模式，与陕西西安、江苏苏州市公司网络销售平台完成对接，实现 2 家商业公司与陕西中烟线上会员互通。组织在全国市场开展“最美终端”创意陈列大赛活动，鼓励全体销售人员创新产品终端陈列方式，加强产品终端展示宣传力度，活动累计开展创意陈列 2.8 万户次，借助终端展示扩大品牌影响力。

【全产业链一体化建设】 **智能工厂建设**。做实做细生产网与办公网互联接口建设，严格访问控制，进一步提升生产网安全系数。搭建工厂信息系统容灾备份平台，实现重要信息数据实时异地备份，组织实施工厂网络安全设施（设备）提升工程，进一步夯实网络安全基础，为智能工厂建设提供安全保障。密切关注行业基于信息物理系统（CPS）的卷烟制造工业互联网平台建设试点情况，探索、研究智能制造在企业的应用。确定宝鸡卷烟厂为试点，借鉴行业先进企业在智能制造方面的做法和经验，编制印发工厂智能制造三年规划。

推进虚拟现实技术在烟机设备中的应用。利用虚拟现实技术手段，组织试点卷烟生产厂卷包车间搭建烟草设备技术可视化及维修作业指导（ETMP）信息化管理平台，采用 3D 动画模拟演示的方法，卷包设备大型零部件的拆卸效率提高 30% 以上，卷包设备零部件查询时间缩短约 50%。完成卷接机蜘蛛手后盖板、连接板及行星齿轮的 3D 拆卸过程在虚拟空间下的搭建和交互工作，方便操作工在模拟环境下快速完成拆卸。

【技术创新】 **创新驱动技术研发**。2019 年，陕西中烟深化与科研院所的技术交流合作，加快技术人才培养，持续提升自主创新能力。制定创新驱动高质量发展“1355”具体举措，推进 38 个科研项目研究，加快科研基础数据库建设。开展产品质量安全专项监督检测，严格落实产品质量安全。开展烟叶基地单元生产技术标准研究、提高陕西烟叶工业适配性等专题研究；以“三纸一棒”为重点，在彰显产品风格特色的同时降低材料成本，完成“好猫（细支天赋）”手工条盒结构改进等课题研究。加强烟叶配方、香精香料配方优化、膨胀烟丝、梗丝和造纸法薄片的应用研究，降低原料成本。2019 年，申请专利 77 件，取得专利授权 42 件，其中发明专利 1 件。

加强产品维护。实施项目负责制，强化配方预研，统筹烟叶使用；紧盯市场，通过市场调研、专题质量分析等方式，及时收集反馈信息。严格烟叶原料使用，按照产品类别对库存原料实施功能分类，明确使用规则，按产品价类统筹使用，专人审核把关，严控叶组设计成本，改进一类烟叶组配方下达方式，主导规格产品叶组配方调整频次比上年大幅下降，确保叶组配方稳定。

技术攻关。坚持自主分离和筛选，微生物菌种累计达到2389株，具有烟草增香潜质菌种296株；开展功能性香料板块及单体香原料的效果评价和筛选，入库香料品种总数388个。按照“多地区、多等级、小比例”原则，推进配方结构和原料使用研究，坚持按价区分类统筹使用原料，编制原料使用规则，提高原料利用效率。

2019年3月5日，SAVANA公司、帝王烟草公司〔Empire Tobacco Company（Pvt）Ltd.〕到陕西中烟进行考察与合作交流

陕西中烟宝鸡卷烟厂　徐宝军　摄

【交流与合作】 **提升境外实体管理运营水平**。2019年，陕西中烟境外实体化运作继续以生产经营水平实现质的飞跃为目标，强化对境外控股企业蒙古烟草有限责任公司的管理和扶持力度，扶持重心聚焦夯实基础、扶持品牌、原料配给。对境外企业加强基础工作指导，排定工作推进表，定期核对。加大内部管理监督力度，督促完成19个内部管理文件的修订。支持新品牌研发和老品牌改造，完成2款新品规卷烟的研发。按需完成配套原辅料的供给，2019年累计发运烟丝198.9吨，金额835.38万元，配套辅料金额198.51万元。

非洲品牌合作项目有序落地。2019年陕西中烟非洲许可生产“好猫”品牌合作项目取得实质性进展。双方实现高层级会商，建立产品提升机制，由叶组配方师对津巴布韦大草原烟草公司（SAVANA Tobacco Company，简称SAVANA公司）提供的原料进行分析，实施实验室调配—品吸—调整—调配循环流程，使配方最终达到设计标准。建立生产设备准备机制。在网络沟通机制的基础上，随时根据设计生产要求调整设备，完成SAVANA公司设备彻底检查、维修调试和机组调整维护，并根据产品要求重新设计制作花胶辊。建立原辅料供应机制。通过建立原料供应商—SAVANA公司—陕西中烟和供应商—陕西中烟—SAVANA公司两条原料采购线，同时实现原料的比价优质采购和产品品质控制目标。2019年10月、11月和12月，陕西中烟分别派出中试、生产和销售等3个项目组赴津巴布韦开展现场工作。中试项目组现场优化方案，调配中试叶组配方，优化制丝工艺，确定流程规范，调整设备，传授调试技术，完成中试生产。生产项目组进一步细致流程，严格操作，在有限时间内完成165件“好猫（金合欢梦幻）”卷烟的生产，并正式投放市场。销售团组深入市场调研，对合作方销售团队开展全面系统销售知识培训，协助编制完成销售执行方案。

【特事辑要】 2019年1月25日，2019年陕西省烟草工业系统工作会议在西安召开。

3月4日，陕西中烟—SAVANA非洲合作项目签约仪式在西安举行。

4月29日，在全国烟草行业第七届先进集体和劳动模范表彰大会上，陕西中烟市场营销中心获评“全国烟草行业先进集体”。

7月9日，中央“不忘初心、牢记使命”主题教育第二十二指导组在陕西中烟调研。

11月27日，陕西省副省长徐启方在陕西中烟调研。

11月28日，陕西省政协主席韩勇在陕西中烟旬阳卷烟厂调研。

2019 年陕西中烟工业有限责任公司所属卷烟生产厂情况统计

		陕西中烟工业有限责任公司宝鸡卷烟厂	陕西中烟工业有限责任公司延安卷烟厂	陕西中烟工业有限责任公司汉中卷烟厂	陕西中烟工业有限责任公司澄城卷烟厂	陕西中烟工业有限责任公司旬阳卷烟厂
法人资格		非独立法人	非独立法人	非独立法人	非独立法人	非独立法人
主要负责人（含党政领导）		党委书记：张国亮 厂长：蒋东凯	党委书记：韩占奎 厂长：秦　宏	党委书记：丁　毅 厂长：付　斌	党委书记：舒　奇 厂长：白　丰 （—2019 年 6 月） 刘振宇（2019 年 6 月—）	党委书记：金新伟 厂长：仝智强 （—2019 年 6 月） 副厂长：栗丰斌 （2019 年 6 月—，主持行政工作）
成立时间		1949 年	1970 年	1975 年	1976 年	1976 年
从业人员（人）		2482	1202	1045	877	860
卷烟生产能力(亿支)		400	250	250	60	100
卷烟品牌	自有品牌	延安、好猫	好猫、延安	好猫、延安	延安	好猫、延安
	合作生产品牌	双喜	南京	利群、雄狮、白沙、黄鹤楼	—	—

◇ 撰稿：许　杨；编辑：王　静

中国烟草实业发展中心

【主要产品与品牌建设】 **主要产品**。2019 年，中国烟草实业发展中心（简称中烟实业）所属企业主要生产“兰州”“长白山”“人民大会堂”“冬虫夏草”“大青山”“哈尔滨”“林海灵芝”“龙烟”“紫气东来”“三沙”“宝岛”等自有品牌。其中，“兰州”“长白山”被列为重点卷烟品牌；“人民大会堂”在东北和华北 9 个省级市场视同行业鼓励培育品牌进行考核；12 月经国家局批复，“冬虫夏草”品牌视同重点品牌。合作生产的卷烟品牌主要有“云烟”“红塔山”“南京”“双喜”“红梅”“利群”“红河”“红金龙”“玉溪”“黄鹤楼”。

自有品牌商业销量比上年增长 5.11%；单箱销售额比上年增长 3.36%；实现税利比上年增长 12.74%。

重点卷烟品牌建设。“兰州”卷烟发展态势平稳，全年“兰州”实现商业销量 404.73 亿支（80.95 万箱），比上年增长 0.69%；商业单箱销售额比上年增长 1.56%。

“长白山”卷烟坚持低焦发展方向，全年实现商业销量 390.74 亿支（78.15 万箱），比上年增长 4.17%；商业单箱销售额比上年增长 3.38%。“长白山”卷烟在吉林省内市场销售份额 30.04%，比上年增加 3 个百分点。

创新产品。细支烟、中支烟等创新产品商业销量比上年增长 32.28%，占自有品牌销量的 26.43%，高于行业平均占比水平 13.6 个百分点。“长白山（777）”细支烟实现销量 87.76 亿支（17.55 万箱），居行业细支烟商业销量第五位；“长白山（迎春中支）”实现销量 44.53 亿支（8.91 万箱）。“冬虫夏草（和润）”细支烟实现销量 18.07 亿支（3.61 万箱）。“人民大会堂（硬红细支）”实现销量 41.82 亿支（8.36 万箱）。“三沙（细支）”实现销量 4.29 亿支（0.86 万箱）。“兰州”品牌细支烟实现销量 21.24 亿支（4.25 万箱）；“兰州（黑中支）”1 月上市，全年实现销量 3.51 亿支（0.7 万箱）。“哈尔滨（老巴夺）”中支烟实现销量 69.72 亿支（13.94 万箱），居行业中支烟销量第二名。

【科技创新】 2019 年，中烟实业所属企业自有品牌卷烟盒标焦油含量加权平均值 8.54 毫克/支，低于行业平均水平，其中甘肃烟草工业有限责任公司自有品牌卷烟实测焦油含量加权平均值为 7.92 毫克/支。全年投入研发资金 2.63 亿元，获得授权发明专利 8 件，2 个 QC 小组成果获得烟草行业第三十届优秀质量管理小组成果三等奖，吉林烟草工业有限责任公司参与的“烟梗内在成分与烟气成分特征研究”项目获得2019年度中国烟草总公司科学技术进步奖三等奖。

【降本增效】 中烟实业分析解决重点问题，组织管理诊断交流2次。推进体系转版，8家所属企业通过新版体系认证。开展分类对标，实施预算定额管控，有效控制重点费用，中烟实业所属企业销售收入成本率比上年减少1.9个百分点。累计使用循环利用包装箱包装生产卷烟155.74万箱，完成托盘联运37.26万箱。

【特事辑要】 2019年1月22日，中烟实业工作会议在北京召开。

3月28日，甘肃省委常委、省委政法委书记胡焯在甘肃烟草工业有限责任公司调研脱贫攻坚帮扶工作。

5月22日，黑龙江省委书记张庆伟在黑龙江烟草工业有限责任公司哈尔滨卷烟厂现场调研国有企业改革发展工作。

7月10日，国家烟草专卖局党组书记、局长，中国烟草总公司总经理张建民在山西昆明烟草有限责任公司调研，山西省委常委、太原市委书记罗清宇，山西省副省长张复明一同调研。

8月1—2日，国家烟草专卖局党组书记、局长，中国烟草总公司总经理张建民在甘肃烟草工业有限责任公司调研。

8月5日，国家烟草专卖局党组书记、局长，中国烟草总公司总经理张建民一行在吉林烟草工业有限责任公司延吉卷烟厂调研。

8月7日，国家烟草专卖局党组书记、局长，中国烟草总公司总经理张建民在黑龙江烟草工业有限责任公司哈尔滨卷烟厂调研，黑龙江省副省长程志明一同调研。

11月20日，吉林省副省长安立佳一行在吉林烟草工业有限责任公司延吉卷烟厂调研。

12月3日，辽宁省委常委、沈阳市委书记张雷在红塔辽宁烟草有限责任公司调研。

12月23日，内蒙古昆明卷烟有限责任公司“生物酶处理烟叶工艺技术研究与装备研制”项目通过国家局组织的鉴定。

所属企业

黑龙江烟草工业有限责任公司

【主要产品与品牌建设】 **品牌建设**。2019年，黑龙江烟草工业有限责任公司（简称黑龙江烟草工业）重点提升产品研发能力，推进“哈尔滨（老巴夺）”产品的规模化、系列化；借助龙江冰雪特色与黑龙江省旅游产业和文化产业融合，设计完成高结构产品“龙烟（冰雪）”。

卷烟合作生产。合作生产江苏中烟卷烟150亿支（30万箱），其中“南京（红）”108.05亿支（21.61万箱），“南京（紫树）”22.5亿支（4.5万箱），“南京（金砂）”19.45亿支（3.89万箱）。合作生产湖北中烟卷烟30亿支（6万箱），其中“黄鹤楼（硬金砂）”6亿支（1.2万箱），“红金龙（软精品）”21.5亿支（4.3万箱），“红金龙（软蓝九州）”2.5亿支（0.5万箱）。合作生产云南中烟卷烟30亿支（6万箱），其中“红河（软甲）”20亿支（4万箱），“云烟（紫）”10亿支（2万箱）。

【技术创新】 完成2款具备自主知识产权的烟具研发，储备5款不同风格口含烟。“‘龙烟’系列卷烟自主调香及应用技术研究”项目在中烟实业科技项目评审中获得三等奖，2个QC小组成果获得中烟实业第十五届优秀质量管理小组成果三等奖，5个QC小组成果获得黑龙江省优秀质量管理小组成果奖二等奖，8个QC小组被评为“哈尔滨市优秀质量管理小组”。

【企业管理】 进行公司本部及哈尔滨卷烟厂一体化智能机房建设，完成统一门户网站搭建，升级采购管理平台及协同办公系统。完成“互联网+销售”和“互联网+物流”两个系统的立项工作。制定“基于流程的综合管理体系建设”三年规划，列入公司年度重点工作。企业自定降本增效目标任务3000万元，全年降本增效实现7307万元，超额完成年初企业自定的目标。

红塔辽宁烟草有限责任公司

【主要产品与品牌建设】 2019年，红塔辽宁烟草有限责任公司（简称红塔辽宁）自有品牌“人民大会堂”实现销量94.6亿支（18.91万箱），比上年增长38.53%，其中主销规格“人民大会堂（硬红细支）”实现销量42.76亿支（8.55万箱）。辽宁市场“人民大会堂”实现销量58.5亿支（11.7万箱）。省内新增鞍山、朝阳2个万箱市场，构成省内城市中轴带的品牌辐射布局；省外新增浙江、海南、四川等市场，拓展省外市场布局。

【原辅材料保障】 采购原料1.71万吨（34.05万担），其中进口烟叶0.07万吨（1.35万担）、薄片0.03万吨（0.6万担）、辽宁烟叶0.29万吨（5.8万担）、工业调剂烟叶0.16万吨（3.2万担）、工业调剂烟梗0.23万吨（4.6万担）、联营调剂烟叶0.93万吨（18.5万担）。

【技术创新】 2019年，红塔辽宁完成“人民大会堂”系列5个“一类”新品研发和6个老产品提质维护。加快推动技术创新团队项目，在产品研发、工艺创新、能源环境、卷包设备、信息化技术等5个领域推进科技项目成果转化，其中，“膨胀烟丝、晒烟薄片在‘人民大会堂（硬红）’中的应用”项目每年可降低叶组成本2500万元；“复切式制梗丝工艺”项目每年可节约成本1000万元。全年完成制丝工艺优化试验55次，并通过优化制丝工艺设计。

【企业管理】 2019年，完成368个流程和303个管理标准的搭建和修订，有序推进安全体系转版工作。对标指标整体提升率达到75%，卷接、包装设备运行效率比上年分别增长4.45%、5.34%。实现降本增效2.2亿元。

吉林烟草工业有限责任公司

【主要产品与品牌建设】 2019年，吉林烟草工业有限责任公司（简称吉林烟草工业）“长白山”品牌销量居全国31个重点品牌第22名，增速居全国第14名，实现商业销量390.5亿支（78.1万箱），比上年增长4.13%。“长白山”一、二类烟实现销量99.5亿支（19.9万箱），比上年增长13.71%，其中一类烟实现销量6.5亿支（1.3万箱）。“长白山”省内市场实现销量136亿支（27.2万箱），比上年增长11.02%，占“长白山”品牌总销量的34.83%；省外市场实现销量254.5亿支（50.9万箱），比上年增长0.7%，占“长白山”品牌总销量的65.17%。

细支烟“长白山（777）”实现销量88亿支（17.6万箱），比上年增长13.55%。改造后的细支烟“长白山（迎春蓝尚）”实现销量2.5亿支（0.5万箱）。中支烟“长白山（迎春）”实现销量44.5亿支（8.9万箱）。

2019年，合作生产卷烟60亿支（12万箱），全部为江苏中烟卷烟品牌“南京”。

【技术创新】 9月，中支烟“长白山（圣境）”一类烟正式上市销售，“长白山（人参雅润天成）”“长白山（人参）”提拔式中支等多款一类烟新品进行市场测试。开展“‘长白山’细支卷烟烟片结构调控技术研究”“‘长白山’细支卷烟核心加工工艺研究”重大专项和分项研究，开展“特色香片（香丝）的开发及在‘长白山’卷烟中的应用”等多个对外合作科技项目研发。获得国家授权专利8件，其中发明专利2件。制定发布卷接包、制丝工艺技术标准91项。有序推进设备引进和技术改造，全年新增3台套中支、1台套细支和1台套双中支卷包机组。完成打叶复烤项目联合工房土建及装饰等配套工程，并具备初验条件。

【企业管理】 2019年，吉林烟草工业梳理14个系统564个业务流程，形成298个公司级管理标准，与工厂对接192个标准。全年实现降本增效4698万元，超额完成中烟实业下达的目标任务。

【原料保障】 调入原烟0.87万吨（17.5万担），调入江苏中烟联营产品片烟0.38万吨（7.72万担），调入薄片0.12万吨（2.4万担）。根据“长白山”品牌需求，签订进口烟叶合同0.22万吨（4.32万担）。对外调剂烟叶0.09万吨（1.88万担），对外调剂、出口不适用烟叶0.43万吨（8.62万担）。

甘肃烟草工业有限责任公司

【主要产品与品牌建设】 2019年，甘肃烟草工业有限责任公司（简称甘肃烟草工业）“兰州”品牌一类烟实现商业销量40.5亿支（8.1万箱），比上年增长6.58%；二类烟实现商业销量120亿支（24万箱），比上年增长3.14%。其中“兰州（硬珍品）”实现销量120亿支（24万箱），在全国二类烟单规格销量中居第四名；“兰州（黑中支）”全年实现工业销量4.55亿支（0.91万箱）。

合作生产浙江中烟卷烟品牌“利群”65亿支（13万箱），其中“利群（长嘴）”20亿支（4万箱），“利群（新版）”45亿支（9万箱）。

【技术创新】 2019年，“兰州（中支飞天梦）”上市，“兰州（中支桥）”进入报批阶段。与郑州烟草研究院、高校的科研院所等建立科技创新平台3个。全年科技项目立项2项、在研7项、结题4项，获得中烟实业第十五届优秀质量管理小组成果三等奖1项。制定《“兰州”品牌未来3—5年烟叶需求计划》，消化不适用烟叶0.19万吨（3.8万担）。参与制定2项行业级技术标准，生产工艺调试、卷烟指标优化等新技术、新工艺得到研究应用。

【管理创新】 16个精益六西格玛课题项目累计产生经济效益1889.84万元，其中8个课题获评“中国质量协会质量技术奖优秀项目”。32项对标指标同比进步24项，占比75%。全年实现降本增效9933万元。企业万支卷烟综合能耗比上年下降6.8%，万元工业增加值综合能耗比上年下降8.61%。

【原料保障】 多措并举减少烟叶库存0.81万吨（16.26万担）；推进云南0.45万吨（9万担）烟叶均质化加工试点工作。探索烟叶采购人员配置模式改革，举办首届“飞天杯”烟叶评级竞赛，物资保障团队建设取得新成效。

内蒙古昆明卷烟有限责任公司

【主要产品与品牌建设】 2019年，内蒙古昆明卷烟有限责任公司（简称蒙昆公司）卷烟品牌发展态势向好。“冬虫夏草”系列实现销量22.85亿支（4.57万箱），比上年增长5.34%；健全品类构建，新增“冬虫夏草（和润中支）”“冬虫夏草（双中支）”“冬虫夏草（天润）”3个规格。“云烟（苁蓉）”系列实现销量83.35亿支（16.67万箱），比上年增长0.41%。“大青山”系列实现销量29.4亿支（5.88万箱）。蒙昆公司卷烟品牌省级市场覆盖率90.91%，地级市场覆盖率71.47%。

【技术创新】 组织开展“生物酶切技术在烟叶中的应用”项目研究，并通过行业认可，为行业处理不适用库存烟叶、当年新烟叶的使用提供解决方案。1个科研项目在中烟实业科技项目评审中获得三等奖。申请专利49件，涉及生物技术、生物处理工艺设备技术等方面。

【企业管理】 完成质量管理体系、环境管理体系、职业健康安全管理体系、能源管理体系等换版工作。进行精益自主改善147项，获得直接经济效益63万元。实现降本增效金额1.5亿元，超额完成中烟实业下达的降本增效任务。

【原料保障】 开展调拨、仓储、人工发酵、生产投料等任务，调拨原烟1.55万吨（31.06万担），人工发酵烟叶0.30万吨（6.07万担），生产投送料0.89万吨（17.87万担）。

深圳烟草工业有限责任公司

【主要产品与品牌建设】 2019年，深圳烟草工业有限责任公司（简称深圳烟草工业）在产自有卷烟品牌“双喜（好日子）”，出口品牌“好日子”“特美思”。合作生产广东中烟卷烟品牌“双喜”。

全年“双喜（好日子）”实现销量160.5亿支（32.1万箱），比上年增长3.4%，其中一类烟实现销量33亿支（6.6万箱），比上年增长32.1%。新品“双喜（硬晶彩好日子）”实现销量超万箱。合作生产广东中烟卷烟品牌“双喜”17.5亿支（3.5万箱），比上年减少36.4%。

【全产业链一体化建设】 推进ERP、MES系统升级与数据中心建设。新ERP系统完成5个功能模块的上线，实现与OA系统、数据中心、新MES系统、CRM系统、新考勤系统相关基础数据和业务数据的互联互通。新MES系统与新ERP系统、数据中心、OA系统、制丝中控系统和物流系统实现高度集成。数据中心项目完成主数据管理平台、数据集成交换平台的全部工作并开始上线试运行。

【技术创新】 落实年度产品改造与开发计划，中支烟“双喜（好日子城市之光）”“双喜（万象好日子）”“双喜（硬盛世好日子）（改版）”先后上市。3个科研项目在中烟实业科技项目评审中分别获得一等奖、二等奖、三等奖。2个标准项目获得国家局立项，5个项目获得中烟实业立项。全年共申请专利17件，其中发明专利9件、实用新型专利8件，发明专利申请量首次超过实用新型专利申请量。

【管理创新】 围绕精益质量和精益设备，制定5个方面的精益管理重点工作计划，细化24项工作措施。全年超额完成中烟实业下达的3500万元降本增效目标。落实年度对标指标提升工作，32项可比指标中达到或超过行业平均水平的15项，全员劳动实物生产率、万支综合能耗及二类烟单箱滤棒成本等3项指标达到行业先进水平；位于中烟实业所属企业先进水平的指标有11项。强化目标管理工作，制定管理目标206项，其中关键目标105项。

【原料保障】 2019年，采购国内烟叶1.52万吨（30.4万担），进口烟叶0.07万吨（1.4万担）、烟草薄片0.03万吨（0.6万担）。其中采购云南烟叶0.55万吨（11万担），占国产烟叶采购量的36.2%。

山西昆明烟草有限责任公司

【主要产品与品牌建设】 2019年，山西昆明烟草有限责任公司（简称山昆公司）主要生产品牌4个，其中1个自有品牌为“紫气东来”，3个合作生产品牌分别为“云烟”“红河”“红塔山”。全年合作生产卷烟150.86亿支（30.17万箱），其中“云烟”128.69亿支（25.74万箱），“红河”15.97亿支（3.19万箱），“红塔山”6.2亿支（1.24万箱）。

【全产业链一体化建设】 建设完成制丝集控系统、卷包数采系统、动力能管系统、立库物流系统等生产信息系统，管理信息系统完成ERP系统、MES系统、主数据系统和集成交换平台的建设，基本具备搭建“工业互联网”“智能工厂”的基础。

【易地技改】 截至2019年底，易地技改项目合同单项验收全部完成。山昆公司联合工房及动力中心项目获得中国建筑业工程质量最高奖——中国建设工程鲁班奖，联合工房及动力中心机电安装工程获得中国安装工程优质奖“中国安装之星”；山昆公司“十二五”易地技改项目获得2019年度河南省优秀勘察设计创新奖一等奖和山西省优秀工程勘察设计项目优秀建筑设计奖。

【质量管理】 开展产品质量“零缺陷、无瑕疵”精益制造专项活动。开展精益课题14个，实施精益改善73项，全年实现降本增效6463万元。成立工艺改进、设备保障、检测仪器校验、制丝卷包攻关等10个改进小组，自查自纠实施整改。全年内部成品抽检合格率100%，质量优秀机组达标239台班次，二级站抽检平均得分99.41分，合格率100%。国家局抽检“紫气东来（祥瑞）”总得分96.6分，合格率100%。

【技术创新】 2019年，“基于信息化制丝全流程智能防错技术研究与应用”项目在中烟实业科技项目评审中获得二等奖，“功能型卷烟纸研究及应用”获得中烟实业科技项

2019年12月10日，山昆公司联合工房及动力中心项目获得中国建筑业工程质量最高奖——中国建设工程鲁班奖

山昆公司 刘 磊 摄

目立项。在国际期刊《微纳米方法》（*Small Methods*）发表SCI论文《设计前驱体合成空心半球碳负载碳化钼纳米颗粒：有效的非贵金属脱氢催化剂》。“研制纸箱翻转喂料装置”“降低机器人翻箱倒料系统批均故障次数”QC小组成果获得中烟实业第十五届优秀质量管理小组成果三等奖。

【企业管理】 全年调入原料1.18万吨（23.64万担）。回收分拣卷烟包装箱93.91万个，重新投入生产61.97万个，节约采购成本246.92万元，完成全年任务的100.84%；完成托盘联运4.25万箱，完成全年任务的106.21%。

海南红塔卷烟有限责任公司

【主要产品与品牌建设】 2019年，海南红塔卷烟有限责任公司（简称海南红塔）自有品牌“三沙”实现销量15.99亿支（3.19万箱），比上年增长27%。高端中式浓香型“三沙（中支）”卷烟于5月在海南省内上市，全年省内实现销量550万支（100箱）。新增11个地级市场，自有品牌省外市场稳步拓展。

合作生产卷烟102.65亿支（20.53万箱），全部为云南中烟的卷烟品牌。其中，合作生产“红塔山”57.51亿支（11.50万箱），“红梅”25.43亿支（5.09万箱），“云烟”19.70亿支（3.94万箱），“玉溪（软境界）”137万支（27.4箱）。

【技术创新】 沉香液提炼工艺成果项目“沉香提取物在卷烟纸中的应用研究”在中烟实业科技项目评审中获得三等奖，“海南优质雪茄原料质量风格评价及配方开发研究”通过中烟实业科技项目立项。开展“真空回潮”“卷接包机组中支规格改造”“件烟输送连廊”等60余项技术创新改造及相关维护项目，其中技术创新项目“一种有效改变变频器环境温度的调节装置”获得国家实用新型专利授权。

【管理创新】 深化精益质量管理，公司制丝质量σ水平达到4.11，卷包生产过程烟支物理特性质量σ水平达到4.15，比上年增加0.04。卷烟产品上级部门抽检合格率均为100%。加强全面预算管理，销售成本率比上年减少1.81个百分点，业务招待费、车辆运行费分别比上年下降71.5%、4.9%。实现降本增效5343万元，超额完成中烟实业下达的目标任务。循环利用纸箱73.21万个，比上年增长19.55%，完成年度任务的162.7%，节约成本546万元。

参与海南烟草“琼北地区卷烟仓储分拣一体化”项目建设，获得烟草行业精益物流改善项目集体奖；QC小组成果“移动式气动加胶装置的研制”获得中烟实业第十五届优秀质量管理小组成果二等奖、海南省第十五届质量管理（QC）小组活动成果一等奖，“减少压缩空气含水量”在第三十九届中南六省（区）质量管理论坛中获得一等奖，同时获得海南省第十五届质量管理（QC）小组活动成果一等奖。

吉林烟草进出口有限责任公司

【生产经营】 因朝鲜受联合国制裁，对朝出口业务暂停。

2019年中国烟草实业发展中心所属卷烟生产企业/生产厂情况统计

	黑龙江烟草工业有限责任公司	所属生产厂			
		哈尔滨卷烟厂	海林卷烟厂	穆棱卷烟厂	绥化卷烟厂
法人资格	独立法人	非独立法人	非独立法人	非独立法人	非独立法人
主要负责人/法定代表人（含党政领导）	董事长：孔庆峰 党委副书记、总经理：马保军 党委书记：李维新（—2019年10月）	厂长：谢东升	党委书记、厂长：宋延彬	党委副书记、副厂长：唐雪冰	党委书记、厂长：阮　见
成立时间	2007年	1902年	1970年	1977年	1970年

续表

		黑龙江烟草工业有限责任公司	所属生产厂			
			哈尔滨卷烟厂	海林卷烟厂	穆棱卷烟厂	绥化卷烟厂
从业人员（人）		3668	1383	718	457	614
卷烟生产能力（亿支）		500	290	80	70	60
卷烟品牌	自有品牌	哈尔滨、林海灵芝、龙烟	哈尔滨、林海灵芝、龙烟	林海灵芝、哈尔滨	—	—
	合作生产品牌	南京、黄鹤楼、红金龙、红河、云烟	黄鹤楼、红金龙、南京、红河、云烟	—	—	红河

		红塔辽宁烟草有限责任公司	所属生产厂		吉林烟草工业有限责任公司	所属生产厂	
			沈阳卷烟厂	营口卷烟厂		延吉卷烟厂	长春卷烟厂
法人资格		独立法人	非独立法人	非独立法人	独立法人	非独立法人	非独立法人
主要负责人/法定代表人（含党政领导）		董事长：陈玉秋 党组书记、 总经理：慈　东	厂长：李　军 （—2019 年 12 月） 党委书记：裴禄军	厂长：高延迪 （—2019 年 12 月） 党委书记：刘韶军	董事长：陈玉秋 党组书记、 总经理：吕子军	厂长：金光泽 党委书记：杨国栋 （—2019 年 9 月）	厂长：张玉良 党委书记：张利军
成立时间		2003 年	1908 年	1909 年	2006 年	1975 年	1933 年
从业人员（人）		1639	616	735	3142	1503	1318
卷烟生产能力（亿支）		381	186	195	611	358	253
卷烟品牌	自有品牌	人民大会堂	人民大会堂	人民大会堂	长白山	长白山	长白山
	合作生产品牌	玉溪、红塔山、云烟、红梅	红塔山、红梅	玉溪、红塔山、云烟	南京	—	南京

		甘肃烟草工业有限责任公司	所属生产厂		内蒙古昆明卷烟有限责任公司	深圳烟草工业有限责任公司
			兰州卷烟厂	天水卷烟厂		
法人资格		独立法人	非独立法人	非独立法人	独立法人	独立法人
主要负责人/法定代表人（含党政领导）		董事长：李东梅 党组书记、 总经理：田　成 （—2019 年 6 月） 蔺翻红 （2019 年 9 月—）	厂长：廖国太 党委书记：牟怀斌	厂长：王乐平	董事长：刘　龙 党委书记、 总经理：王旭东	董事长：李东梅 党委书记、 总经理：梁　强
成立时间		1936 年	1936 年	1970 年	2003 年	1988 年
从业人员（人）		1794	826	636	1206	623
卷烟生产能力（亿支）		917	504	413	250	234
卷烟品牌	自有品牌	兰州	兰州	兰州	冬虫夏草、云烟（苁蓉）、大青山	双喜（好日子）
	合作生产品牌	利群	利群	—	—	双喜

		山西昆明烟草有限责任公司	海南红塔卷烟有限责任公司	吉林烟草进出口有限责任公司
法人资格		独立法人	独立法人	独立法人
主要负责人/法定代表人（含党政领导）		董事长：刘　龙 总经理：陈景云 党委书记：刘根栓	董事长：孔庆峰 党委书记、总经理：梁生龙	总经理：鲍立泰
成立时间		1928 年	1978 年	1999 年
从业人员（人）		974	557	16
卷烟生产能力（亿支）		247	150	—
卷烟品牌	自有品牌	紫气东来	三沙、宝岛	—
	合作生产品牌	红云、红河、红塔山	玉溪、红塔山、红梅、云烟	—

◇撰稿：刘新鉴；编辑：褚　幸

境外卷烟生产

威尼顿集团有限公司

【概　况】　威尼顿集团有限公司位于柬埔寨首都金边市，成立于 1993 年 7 月，由原广州卷烟一厂（现划归广东中烟工业有限责任公司）与柬埔寨的亚细安国际有限公司于 1993 年 7 月 15 日合资在柬埔寨金边市设立，其中原广州卷烟一厂占 60% 股份，柬埔寨亚细安国际有限公司占 40% 股份。经过增资及股权转让，现有股权关系中，广东中烟工业有限责任公司占 80% 股份，亚细安国际有限公司占 20% 股份。公司业务主要是烟草制品的生产制造，经营卷烟产品生产、加工出口和销售。公司设“八部一室”：生产制造部、计划保障部、设备安保部、财务管理部、综合管理部、采购拓展部、营销企划部、产品技术部、秘书室，有控股子企业 1 家，为威尼顿集团印务有限公司。截至 2019 年底，公司总资产 5.99 亿元人民币，其中固定资产 1.42 亿元人民币、流动资产 4.18 亿元人民币，资产负债率 32.2%。公司占地面积 25 万平方米，年产能 75 亿支，制丝生产线综合能力 4500 千克/小时。有员工 835 人。公司秉承“立足柬埔寨，辐射东南亚”的发展思路，一方面深耕本土，不断夯实柬埔寨卷烟市场基础，做好“品牌本地化、营销本地化、原料本地化、人才本地化”，把威尼顿公司建设成为柬埔寨卷烟产销规模最大的烟草企业；另一方面逐步向周边国际市场拓展，致力于“打造成中国烟草在东南亚的卷烟产品生产和销售基地”。公司董事长：区广安，总经理：谢乐机。

【品牌战略与产品介绍】　**品牌战略**。威尼顿公司的品牌发展战略是深耕本土市场，坚持推动品牌本土化，大力提升产品结构。经过多年探索与努力，构建布局合理、特点鲜明，涵盖高、中、低各档次的卷烟品牌架构。

主要产品。公司生产的卷烟品牌主要有“吴哥”“利是”“椰树”“金宝”“皇冠”等，主销地为柬埔寨，2019 年在柬埔寨的市场占有率超过 40%。

“吴哥”品牌定位高端市场，致力于将其打造成柬埔寨国烟。主要产品有“吴哥（硬经典）”“吴哥（硬精品）”，以及超高端的“吴哥（硬沉香）”“吴哥（硬沉香细支）”“吴哥（罐装）”。“利是”品牌定位中端市场，通过持续优化卷烟配方，提高品质，发展成为柬埔寨最畅销的中档烟品牌，形成以“利是（硬白）”为核心，“利是”薄荷系列、“利是”爆珠系列、“利是”细支系列、“利是”圆角系列为延伸的产品体系。“椰树”品牌为广东中烟授权经营的品牌，定位于中低端市场，以其优良的品质、高性价比，在柬埔寨南方市场逐步发展壮大。“金宝”“皇冠”定位于低端市场，是基础性品牌，拥有 8 个产品规格，主要在柬埔寨农村市场销售。

新品研发。公司加强对市场反馈问题的分析评估、优化工艺，开展重点规格的升级改造和质量优化，2019 年研发上市“吴哥（硬沉香细支）”“金宝（硬薄荷）”“利是（蓝莓细支爆珠）”“利是（圆角蓝）”等一系列新产品，进一步丰富产品线，优化产品布局。

金叶卷烟厂（澳门）有限公司

【概　况】　金叶卷烟厂（澳门）有限公司位于中国澳门特别行政区，成立于1992年，初始投资2476万港元，由原广州卷烟二厂（现划归广东中烟工业有限责任公司）、中国烟草总公司广东省公司、香港永发烟草有限公司、澳门南粤（集团）有限公司共同出资组建，分别占股份的27%、20%、28%、25%。1993年，香港永发烟草有限公司将14%的股份转让给金叶（香港）烟草国际有限公司，股东变为5家。2001年，香港永发烟草有限公司、澳门南粤（集团）有限公司分别出售金叶卷烟厂（澳门）有限公司14%、25%共计39%的股份，由原广州卷烟二厂、中国烟草总公司广东省公司、金叶（香港）烟草国际有限公司分别收购28%、6%、5%。经过两次股东变更，公司股东为广东中烟工业有限责任公司、中国烟草总公司广东省公司、金叶（香港）烟草国际有限公司，投资8501万港元，分别占股份的55%、26%、19%。公司设财务部、营销部、生产部等3个部门。截至2019年底，公司总资产3.64亿元人民币，其中固定资产净值0.31亿元人民币、流动资产3.29亿元人民币，资产负债率5.72%。公司厂房占地面积4980平方米，有员工69人。拥有2台Protos卷接机和3台GD包装机。年卷烟生产能力30亿支。公司产品主要市场为中国境内免税店、中国香港特别行政区、中国澳门特别行政区和中东、非洲、太平洋岛屿地区，以及巴拿马、秘鲁、美国等国家。公司董事长：区广安；总经理：朱业开。

【品牌战略与产品介绍】　**品牌战略**。公司授权许可生产经营“双喜”品牌，以“稳销量、提结构、降成本、促宣传”为工作核心，在保证产品销量稳定的同时，配合研发中高档产品，丰富产品线，提高竞争力。加大“双喜”品牌宣传力度，开展渠道建设，不断提高“双喜”品牌知名度，扩大受众面。持续加强自主品牌“MU”系列市场开拓。

主要产品。2019年，公司生产经营中烟英美烟草国际有限公司授权的“双喜”品牌11个规格。生产经营广东中烟授权的“五叶神”品牌7个规格。公司自主品牌有“MU”6个规格和“吉利”2个规格。

新品研发。借助广东中烟研发平台，洞察市场对细支烟、罐装烟的需求，推进“双喜”系列研发、上市工作。2019年推出新品“双喜（老双喜细支罐装）”“双喜（经典罐装）”。

中烟国际欧洲有限公司

【概　况】　中烟国际欧洲有限公司，英文名称S.C. CHINA TOBACCO INTERNATIONAL EUROPE COMPANY S.R.L.，简称“CTIEC”，公司注册地为罗马尼亚伊尔霍夫县（ILFOV）班德里蒙（PANTELIMON），经营范围主要为卷烟生产及销售，是中国烟草在欧洲的唯一生产基地。

1997年4月，陕西省烟草公司、原宝鸡卷烟厂（现划归陕西中烟工业有限责任公司）、原中国烟草进出口（集团）公司（现中国烟草国际有限公司）与西安丰佳科技实业发展有限公司（现为丰佳国际集团）共同出资注册成立罗马尼亚宝丰烟草公司。主要卷烟产品为“金丝猴”（GOLDEN MONKEY）和“双马”（DOUBLE HORSE）。2003年，中国烟草进出口（集团）公司（现中国烟草国际有限公司）退出，丰佳国际通过收购其股权后股份提高到50%。

2005年7月，中国烟草决定扩大对罗马尼亚的投资规模，对罗马尼亚宝丰烟草公司进行重组，安徽中烟工业有限责任公司前身安徽中烟工业公司负责牵头实施落实，同年年底重组准备工作启动。2006年4月21日，重组工作获中国商务部批准。2007年8月，原公司更名为中烟国际欧洲有限公司。2008年7月，中国商务部〔2008〕562号文件批复同意。2009年9月，公司接收第二轮增资，总额1500万美元，并完成第二轮变更的全部商业登记程序，注册资本为3000万美元，其中安徽中烟股权占比60.5%、红塔集团25%、陕西中烟12%，外方丰佳国际集团LEMNKING占比2.5%。

2012年，中烟国际欧洲有限公司接受第三轮增资，增资总额975万美元，2015年6月完成全部商业登记程序。股权结构中，安徽中烟占61.58%、红塔集团占25.45%、陕西中烟占12.21%、丰佳国际占0.76%。第四轮增资于2018年12月到位，尚未在罗马尼亚工商部门进行注册资本更新。2019

年3月，CTIEC一届十次股东会暨二届四次董事会在陕西西安召开，对董事会人选进行调整。

公司设“一厂五部”：工厂、销售部、采购部、财务部、综合行政部、产品研发部。截至2019年底，公司总资产3704万美元，其中固定资产1440万美元、流动资产2264万美元，资产负债率61.91%。有员工185人，其中中方员工23人。工厂占地面积3.9万平方米，拥有1条3000千克/小时叶丝线、1条1000千克/小时梗丝线、1条1000千克/小时白肋烟处理线、5台卷烟机和7台包装机。年卷烟生产能力50亿支。公司董事长：王志彬；监事会主席：赵西纯；总经理：赵冬清（—2019年3月）、傅文忠（2019年3月—）。

【生产经营】 2019年，公司销售卷烟10.25亿支，其中，自有品牌在罗马尼亚本土市场销售1.14亿支，在罗马尼亚境外销售3.62亿支；销售委托加工卷烟5.49亿支。销售烟丝161吨。

实现销售收入7742万美元，上缴税金6751万美元。

【品牌战略与产品介绍】 **主要产品**。公司自有卷烟品牌包括“都宝”品牌系列和“金丝猴（GOLDEN MONKEY）”品牌。其中，主导品牌“都宝”根据不同区域市场，在保持统一品牌标识的前提下，采取不同的品牌表现形式：在罗马尼亚本土及欧洲周边、中东非洲市场有“D&B”“DUBAO”“DUBLISS”子品牌，在中国台湾地区及东南亚市场有“D&B”“Derby”子品牌。

品牌战略。公司坚持“立足本土、拓展周边、辐射中东非洲”的生产经营思路和“以我为主、深度培育、做实市场”的品牌发展战略，通过品牌转换、联合、整合，将“都宝”品牌真正打造为中东欧、独联体以及中东北非国家具有较大影响力和较强竞争力、局部区域市场处于领导者地位的中国烟草国际化品牌，同时为开拓华人烤烟市场，开发一款烤烟型产品自主品牌。

“都宝”品牌作为中国烟草海外市场拓展的首推品牌之一，其市场定位为中端、中高端价位。其中，“DUBAO”作为“都宝”系列的中低端子品牌，竞争品牌为MORE、LUCKY STRIKE等三大公司中低端品牌；“D&B”作为“都宝”中端子品牌，竞争品牌为WINSTON、PALL MORE、CHESTERFIELD等三大公司中端品牌；“DUBLISS”作为“都宝”中高端品牌，通过提升品牌档次和形象，将之打造成“PARLIAMENT”“MARLBORO”“KENT”等全球知名品牌的同台竞技者。“金丝猴（GOLDEN MONKEY）”作为本土低端过渡性品牌，通过“低价位、高品质、广结网”的销售策略，打造分销渠道，提升企业影响力；后期逐步向“DUBAO”中低端产品过渡。

产品研发。开发非洲市场和东南亚市场在内的多款产品，开发蒙古市场多款烟丝产品，储备细支烟和低档卷烟产品；进行面向华人的高档烤烟产品开发；对罗马尼亚境内市场产品以及部分烟丝产品配方进行维护。通过消化库存烟丝、主动配方维护和增加梗丝掺配比例等手段，有效实现降本增效。

蒙古烟草有限责任公司

【概　况】 蒙古烟草有限责任公司位于蒙古国首都乌兰巴托市，成立于2001年，主要从事其自有品牌和陕西中烟授权品牌在蒙生产，以及在当地和周边国家的销售。公司由陕西中烟工业有限责任公司及其他3家股东共同投资设立，中方资本占51%，含陕西中烟工业有限责任公司41%、中国烟草总公司陕西省公司10%；外方资本49%，含蒙古阿哈穆德音乎其公司30%、蒙古新大陆公司19%。公司设经理办公室、财务、生产车间、销售、安保、后勤等6个部门。截至2019年底，公司总资产3176.38万美元，其中固定资产491.87万美元、流动资产998.39万美元，资产负债率25.55%。公司占地面积8742平方米，有员工137人，其中中方管理及技术人员10人。拥有卷接包设备5台套。年卷烟生产能力20亿支，年产销卷烟10亿支，占蒙古31%卷烟市场份额，居蒙古烟草行业第一名。公司董事长：李强；总经理：田虎明（—2019年3月）、邵云（2019年3月—）。

【生产经营】 2019年，公司实现销售收入2262.27万美元。实现税利1501.26万美元，其中利润43.94万美元。

【主要产品与发展战略】 2019年，公司卷烟品牌有“红鹰”系列，“都宝（DUBLISS）”系列，“金叶丛”“蒙古包”“好猫”“延安”“猴王”等。其中，主导品牌“红鹰”系列卷烟市场销量连续多年居蒙古卷烟市场第一名。与安徽中烟的合作品牌“都宝（DUBLISS）”销量逐年上涨，成为蒙古卷烟市场中端产品的重要品牌之一。

公司品牌发展思路为“提升产品结构、丰富产品档次、全方位拓展卷烟市场”，开发中高档卷烟，确立“都宝”中高端卷烟品牌、“红鹰”中低档卷烟品牌的品牌发展思路，与中烟国际欧洲公司联合品牌开发，联合研发的3款中支中档卷烟于2020年初上市。

平壤白山烟草有限责任公司

【概　况】　平壤白山烟草有限责任公司位于朝鲜平壤市龙城区，成立于2008年4月23日，是由吉林烟草工业有限公司与朝鲜烟草进出口商社合资组建的卷烟生产企业，投资总额为400万欧元，其中，中方以设备折价出资，股份占51%；朝方以土地、厂房等配套设施折价出资，股份占49%。截至2019年底，公司总资产1900.5万美元，其中固定资产902.4万美元、流动资产998.1万美元，资产负债率64.7%。公司占地面积6674平方米，拥有8台MK9卷烟机组、5台MK95卷烟机组、7台ZB43A硬盒机组、5台SASIB软包机组、1台ZJ17卷接机组、1台ZB45硬盒机组。年卷烟生产能力100亿支。公司董事长：朴光石；社长：朴永浩。

【生产经营】　根据商务部《关于执行联合国安理会第2375号决议，做好关闭境外涉朝合资合作企业相关工作的通知》，2017年11月28日，中方人员撤离。2019年无经营统计数据。

大同江烟草有限公司

【概　况】　大同江烟草有限公司位于朝鲜平壤市乐浪区，成立于2000年，是由吉林烟草工业有限责任公司与朝鲜双林贸易会社合资组建的卷烟生产企业，投资总额150.5万美元，其中中方占50.8%，朝方占49.2%。截至2019年底，公司总资产457.3万美元，其中固定资产129.1万美元、流动资产328.2万美元，资产负债率32.4%。公司占地面积5100平方米，拥有2台YJ14卷烟机组、4台MK95卷烟机组、3台ZB41硬盒机组、1台YB22软包机组。年卷烟生产能力19亿支。公司董事长：朴光石；社长：吴永哲。

【生产经营】　根据商务部《关于执行联合国安理会第2375号决议，做好关闭境外涉朝合资合作企业相关工作的通知》，2017年11月28日，中方人员撤离。2019年无经营统计上报数据。

罗先新兴烟草会社

【概　况】　罗先新兴烟草会社于朝鲜罗先特别市，成立于2001年，是吉林烟草工业有限责任公司在朝鲜独资设立的卷烟生产企业，注册资本313万欧元。截至2019年底，公司总资产376.5万美元，其中固定资产229.1万美元、流动资产147.5万美元，资产负债率-6.2%。公司占地面积8400平方米，拥有1台PASSIM70卷烟机组、4台MK95卷烟机组、1台ZB43A硬盒包装机组、1台FK硬盒包装机组、3台SASIB软盒包装机组、2台YB22A软盒包装机组。年卷烟生产能力20亿支。公司董事长：朴光石；社长：金明孙。

【生产经营】　根据中国烟草实业发展中心《关于吉林烟草工业有限责任公司作好关闭境外涉朝企业相关工作的通知》，2017年12月28日，中方人员撤离。2019年无生产经营活动，设备设施封存。

老挝寮中红塔好运烟草有限公司

【概　况】　1992年，老挝寮中好运烟草有限公司在老挝万象市成立。2008年7月28日，公司资产重组更名为老挝寮中红塔好运烟草有限公司，红塔集团控股61%，海南省烟草公司持股30%，老挝因得·沙伯服装厂持股6%，老挝D.D建筑有限公司持股3%。2012年12月，海南省烟草公司将所持30%股份转让给红塔集团，红塔集团股权增至

91%，沙湾万里进出口有限公司（原老挝因得・沙伯服装厂）、老挝道沙湾有限公司（原老挝 D. D 建筑有限公司）持股比例不变。截至2019年底，公司总资产1.01亿美元，其中固定资产3725.54万美元、流动资产6023.25万美元，资产负债率20.2%。公司占地面积31万平方米，是云南中烟规模设施最齐全、面积最大的境外生产企业。有员工664人，其中中方员工82人。生产制造部下设动力、复烤、制丝、卷接包、滤棒、烟叶提取物等6个车间，拥有1套烟叶提取物设备、1条梗叶混合制丝线、1条4500千克/小时打叶复烤线、8台套卷接包机组、3台滤棒成型机。年卷烟生产能力80亿支。公司董事长：王勇；总经理：马旭。

【生产经营】 2019年，公司销售卷烟58.14亿支，比上年增长5.06%。实现卷烟销售收入9552.45万美元，比上年增长31.82%，其中，在老挝有税市场实现销售收入5167.29万美元，增长47.11%；免税市场实现销售收入671.34万美元，增长55.83%；其他国家市场实现销售收入3713.82万美元，增长12.43%。全年实现利润总额1371.7万美元，实现净利润969.51万美元。

【主要产品与发展战略】 2019年，公司生产品牌有"玉溪""红塔山""阿诗玛""红梅""云烟"等烤烟型卷烟，以及"GEM"系列等混合型卷烟。"玉溪""红塔山""阿诗玛"在老挝有税、免税市场及海外市场销售，"红塔山"主要销往越南、柬埔寨、新加坡、马来西亚，"阿诗玛"主要销往新加坡和中东地区，"红梅"主要销往新加坡、马来西亚、印度尼西亚、菲律宾。"GEM"主要在老挝有税市场销售，少量在免税市场销售，结构定位为中低端产品，在老挝市场的占有率超过45%；结合细支烟生产设备的投入使用，公司开拓老挝免税及东南亚市场，"GEM（新丝路）""GEM（红花）""GEM（JN 蓝冰爆珠）""GEM（JN 蓝莓爆珠）"等系列产品的销售稳步增长。

2019年，公司销售"玉溪"0.14亿支、"红塔山"11.77亿支、"阿诗玛"2.36亿支、"红梅"0.68亿支、"GEM"36.39亿支、"云烟"2.53亿支、"MARBLE"3.02亿支、"红河"0.3亿支、"恭贺新禧"0.9亿支。销售代加工品牌卷烟0.02亿支；销售"BRASS"0.04亿支。

香港红塔国际烟草有限公司

【概　况】 1992年，楚雄卷烟厂在香港创建控股企业雄伟（国际）烟草有限公司。1998年，国家烟草专卖局批准将雄伟（国际）烟草有限公司的资产划转红塔集团，同年12月9日，雄伟（国际）烟草有限公司更名为香港红塔国际烟草有限公司，红塔集团控股70%，新加坡仁恒国际投资有限公司持股30%。2007年，红塔集团将15%的股权划转云南中烟工业有限责任公司，公司注册资本增至1.29亿港元。2011年，云南中烟将15%的股权划转云南烟草国际有限公司，公司股权结构变为：红塔集团控股55%，新加坡仁恒国际投资有限公司持股30%，云南烟草国际有限公司持股15%。香港红塔公司是云南烟草最早在境外设立的卷烟企业和持有香港特别行政区卷烟生产许可证的3家公司之一。截至2019年底，公司总资产4.21亿港元，其中固定资产净值1.23亿港元、流动资产2.98亿港元，资产负债率10.81%。公司厂房面积7947平方米，设行政人力资源部、财务部、业务部、技术部、制造部等5个部门，有员工121人。拥有卷接包机组5台套、KDF2滤嘴棒成型机2台。年卷烟生产能力57亿支。公司董事长：王勇；总经理：张进武。

【生产经营】 2019年，公司销售卷烟35.19亿支，比上年下降4.89%。实现销售收入3.43亿港元，比上年下降5.77%。实现利润总额3267万港元，比上年增长3.95%。

【主要产品与品牌建设】 2019年，公司主要生产烤烟型卷烟"玉溪""红塔山""阿诗玛""云烟"等品牌，混合型卷烟"MARBLE""ASHIMA""BRASS"等品牌，代加工"中国梦""大唐""L. J. HELMSMAN"等卷烟品牌。

全年销售"玉溪"1.33亿支、"红塔山"6.88亿支、"阿诗玛"1.94亿支、"BRASS"1.1亿支、"ESTON"0.14亿支、"MARBLE"15.94亿支、"红梅"3.81亿支、"云烟"0.63亿支、"红河"2.32亿支、"金象"0.13亿支，销售代加工品牌卷烟0.97亿支。

环球烟草有限责任公司

【概　况】　环球烟草有限责任公司位于阿联酋富查伊拉自由区，成立于2013年12月1日，是浙江中烟与瓦达尼亚贸易有限责任公司合资经营的卷烟生产企业。公司总投资500万美元，其中，瓦达尼亚持股60%，浙江中烟持股40%。截至2019年底，公司总资产2223.72万美元，其中固定资产568.44万美元、流动资产1655.28万美元，资产负债率29.35%。公司占地面积1万平方米，设生产部、财务部、人力部和质管部等部门，从业人员总数约130人。2019年，公司基于阿联酋投资环境变化和阿曼的税政策、经营成本、租金等方面优势考虑，拟迁址阿曼，并与其股东方独资建立的制丝生产线对接，实现卷烟全过程生产。公司董事长：Badar Rashid Murad Albalooshi（瓦达尼亚委派）；副董事长：白国汛（浙江中烟委派）；总经理：Abhijit Pal（瓦达尼亚委派）。

【生产经营】　2019年，公司销售“摩登”品牌普通、超细、细支、Queen Size等规格卷烟51.06亿支；代加工外方品牌卷烟7.41亿支。

【主要产品与发展战略】　2019年，公司的品牌战略和发展思路是巩固和拓展现在市场，开发新市场。全年完成新产品研发9个规格：“摩登（普通蓝－TM）”“摩登（普通红－TM）”“摩登（超细支－light）”“摩登（QS－RC－BLUE－乌克兰）”“摩登（中东－EU－Qeshm）”“摩登（细支－Qeshm）”“摩登（超细银－Qeshm）”“摩登（超细支－Qeshm）”“摩登（超细白－Qeshm）”。

科伦印象有限责任公司

【概　况】　科伦印象有限责任公司位于印度尼西亚东爪哇省徐图利祖县，成立于2016年6月29日，是浙江中烟与印度尼西亚的韦查耶和平有限责任公司和塞班国际有限责任公司三方合资卷烟生产企业。注册资本7572.57万元，其中浙江中烟持股15%、塞班国际公司持股50%，韦查耶公司持股35%。截至2019年底，公司总资产1464.34万美元，其中固定资产1263.31万美元、流动资产201.03万美元，资产负债率47.41%。公司占地面积1.25万平方米，设总经理室、采购部、生产部、财务部、保障部、信息部、仓库等部门。有员工50人，其中中方员工5人。年卷烟生产能力20亿支。公司董事长：林乃轩；总经理：刘文敬。

【生产经营】　2019年，公司销售卷烟2.38亿支，其中“摩登（MODERN）”品牌2.35亿支。实现卷烟销售收入437.39万美元。

【主要产品与发展战略】　公司立足印度尼西亚有税市场，致力于将“摩登（MODERN）”打造成中式混合型卷烟代表品牌。“摩登（MODERN）”品牌卷烟销售区域覆盖印度尼西亚雅加达、巴厘岛、泗水、棉兰等主要城市，辐射至东南亚周边其他国家及地区。

2019年，公司开发“摩登（蓝莓爆珠）”“摩登（马来西亚黑）”“摩登（烤烟）”“摩登（丁香烟）”等4个规格新产品。

◇ 编辑：王　静

雪茄烟生产

2019年全国雪茄烟产销概况

2019年，全国烟草行业中，安徽中烟、山东中烟、湖北中烟、四川中烟等4家省级卷烟工业公司具备雪茄烟生产能力。国产雪茄烟加快发展步伐，不断补齐市场发展短板，销量比上年增长74.8%。

“2019国际雪茄博览会”在深圳召开，这是中国烟草行业主办的首个以雪茄烟为主题的国际博览会，致力于打造一个权威、专业、开放、具有国际影响力的雪茄烟交流合作平台，以中外雪茄烟及周边产品展示、雪茄烟文化及雪茄烟生活体验、雪茄烟产业链交流合作为主要内容，来自包括中国、多米尼加、古巴、瑞士、匈牙利等13个国家和地区的80余家雪茄烟和配套企业参展。多米尼加共和国作为主宾国参加博览会。

为进一步深化雪茄烟销售模式创新，探索建立中国烟草行业中高端雪茄烟特色分销模式，着力解决雪茄烟流通环节不畅等问题，更好发挥正规渠道作用，试点上线中高端雪茄烟全国统一订货平台，推动国产雪茄烟市场和国产雪茄烟品牌不断发展繁荣。

安徽中烟工业有限责任公司

【蚌埠卷烟厂雪茄烟生产部概况】 安徽中烟工业有限责任公司雪茄烟生产主要由安徽中烟蚌埠卷烟厂雪茄烟生产部承担。安徽中烟蚌埠卷烟厂雪茄烟生产部前身为蒙城雪茄烟厂，位于安徽省蒙城县。2001年10月，经国家局批准在蒙城卷烟厂原厂址成立雪茄烟生产部，隶属于蚌埠卷烟厂管理，不具有法人资格，更名为蚌埠卷烟厂雪茄烟生产部。2005年4月，更名为安徽黄山卷烟总厂蚌埠卷烟厂雪茄烟生产部。2006年5月，更名为安徽中烟工业公司蚌埠卷烟厂雪茄烟生产部。2011年7月，更名为安徽中烟工业有限责任公司蚌埠卷烟厂雪茄烟生产部。

2019年，月平均从业人数460人，其中，在岗固定工74人，其余人员为季节性外包工。生产部设备年产能2.4亿支。

【雪茄烟产销】 2019年，生产雪茄烟1.11亿支，比上年增长36.01%；雪茄烟实现销售1.05亿支，比上年增长29.37%；实现销售收入1.06亿元，比上年增长32.34%。全年上缴税金4229.43万元，比上年增长16.75%。

【主要产品与品牌建设】 **主要产品**。2019年，在产的雪茄烟有“王冠”“黄山松”2个品牌36个系列规格，包括半叶卷雪茄烟12个产品、全叶卷雪茄烟15个产品、微型系列雪茄烟9个产品。其中，全叶卷雪茄烟为高端产品，半叶卷雪茄烟及微型雪茄烟为中低档产品。

产品研发改造。2019年，研发“王冠（茄道天香）”“王冠（国红祁香）”“王冠（假日·黄金海岸）”“王冠（国粹境界）”“王冠（国粹宗师）”等5款全叶卷新品和“王冠（假日风情）”“王冠（城市印象）”2款半叶卷新品。完成“王冠（塑10支）”“王冠（原味9号）”2款老产品改造升级。

城市定制产品。开展城市定制、合作生产，销售各类雪茄烟41.5万支。其中，与浙江绍兴市公司合作生产全叶卷“王冠（国粹风度—绍兴十景）”、全叶卷“王冠（经典铝2支—绍兴十景）”；与山东青岛市公司合作生产全叶卷“王冠（塑2支—炫彩青岛）”；与辽宁省公司合作生产全叶卷“王冠（塑2支—大帅府）”；与大连市公司合作生产半叶卷“王冠（奶香10支—大连印象）”；与贵州贵阳市公司合作生产全叶卷“王冠（经典8号—顺意天成）”“王冠（经典8号—青岩往事）”。

【合作交流】 与斯堪的纳维亚烟草集团（STG）联合开发的半叶卷产品“王冠（赛悦）”，2019年实现销量79.3万支。

山东中烟工业有限责任公司

【雪茄制造中心概况】 山东中烟工业有限责任公司雪茄烟研发管理由雪茄制造中心负责，具体生产由济南卷烟厂雪茄烟生产车间承担，制丝车间负责烟叶预处理。山东中烟工业有限责任公司雪茄制造中心前身为始建于1999年12月的将军烟草集团有限公司技术中心雪茄烟实验室。2004年5月，国家局正式批准将军烟草集团有限公司济南卷烟厂生产雪茄烟，济南卷烟厂成立雪茄烟生产工段。2008年12月，山东中烟工业公司济南雪茄烟制造中心正式成立。2010年，山东中烟工业公司更名改制为山东中烟工业有限责任公司后，中心更名为山东中烟工业有限责任公司济南雪茄烟制造中心。2011年3月，山东中烟设立山东中烟工业有限责任公司雪茄烟制造中心筹备办公室。2012年5月，山东中烟工业有限责任公司雪茄烟制造中心成立，负责雪茄烟生产、产品研发、品牌建设、市场营销等工作。2017年7月，更名为雪茄制造中心，主要承担雪茄烟产品研发、市场销售、综合管理等工作任务。

【济南卷烟厂概况】 山东中烟工业有限责任公司济南卷烟厂的前身是始建于1928年的东裕隆烟草公司。1959年，正式称济南卷烟厂。2006 年，山东烟草工业实施管理体制改革后，济南卷烟厂上划为山东中烟工业公司直属非法人卷烟生产厂。济南卷烟厂具备生产烤烟型、混合型、雪茄型等多类型卷烟技术能力。截至 2019 年底，雪茄烟生产区域面积 5000 余平方米。拥有 1 台套 100 千克/小时打叶干燥设备和 1 条 500 千克/小时雪茄烟打叶处理线，卷制设备 22 台套、包装设备 10 台套。具备年产手工全叶卷雪茄烟 120 万支、机制雪茄烟 2200 万支的生产能力。有雪茄烟生产、管理相关员工 206 人。

【雪茄烟产销】 2019 年，生产雪茄烟 1818 万支，比上年增长 35.7%。其中，手工雪茄烟 108.4 万支、机制雪茄烟 1709.6 万支，分别比上年增长 65.1%、34.2%。实现工业调拨 1729.5 万支，比上年增长 23.9%，其中，手工雪茄烟调拨 98.4 万支，比上年增长 63.1%；机制雪茄烟调拨 1631 万支，比上年增长 22.1%。实现商业批发 1699 万支，比上年增长 21.4%。实现工业调拨销售收入 3940 万元，比上年增长 41.8%；商业批发销售收入 5678 万元，比上年增长 31.2%。中高端雪茄烟销量及市场份额居行业第二位。“将军（战神）”单品批发 60.3 万支，继续保持单支批发价 20 元以上雪茄烟销量全国第一名。

【主要产品与品牌建设】 *主要产品*。2019 年，修订完成《泰山雪茄高质量发展战略规划（2019—2021）》，确立“泰山”“将军”2 个雪茄烟品牌，手工、机制雪茄烟 2 个品类，“巅峰”“战神”“阔佬”“3G”四大系列 19 款品规的品牌架构。

产品市场布局。重点打造青岛、济南、潍坊、菏泽等 4 个省内和 8 个省外规模市场。以海南市场为战略支点，利用广深市场份额高、湖南市场增幅大、江西市场态势好、福建市场增量高趋势，着力打造南海沿线板块市场。实现“泰山”雪茄烟在越南和韩国等免税渠道市场上市。

以“雪茄遇到 +”为主题开展推广活动。基于全国性活动主场化、品鉴性活动高频化等市场特点策划形成模块化执行方案，全年召开品鉴会 52 场次，邀请渠道及经销商 3200 余人次。

【协办 2019 国际雪茄博览会（深圳）】 成立筹备领导小组及推进办，下设 8 个联络小组，各级组织密切协作，完成各项工作任务。会上，分别与大卫杜夫集团、多米尼加 EPC 雪茄集团签订战略合作备忘录。承办的雪茄烟周边产业及媒体分论坛、雪茄烟卷制展示及趣味比赛、最佳陈列比赛，协办的雪茄烟与茶品鉴会、雪茄烟产业发展主论坛、“中多友谊之夜”等重要活动均达到预期效果。雪茄烟与机车生活场景获“最佳陈列特别奖”，“泰山（巅峰 5 号）”获得年度国产雪茄烟盲评榜“香气优美大奖”，雪茄烟卷制师庄铭慧获得雪茄烟卷制比赛第一名。

【技术创新】 *产品研发*。以高端引领和结构提升为产品研发切入点，完成高端机制雪茄烟“将军（战神荣耀）”、高端卷烟型雪茄烟“泰山（中海御叶）”产品开发设计并获准产准价批复；完成 1 款卷烟型雪茄烟“泰山（中海御叶中支）”、1 款手工雪茄烟“将军（战神 super）”产

2019 年 11 月 21 日，山东中烟雪茄烟卷制师在 2019 国际雪茄博览会（深圳）卷制比赛中获第一名

山东中烟　供稿

品配方设计。完成雪茄烟智能养护箱研制课题申报，有序推进多用途智能雪茄烟养护设施等创新项目。通过召集策划公司、材料厂家座谈交流，以及开展商标设计专题调研等方式，广泛征集新产品商标创意设计作品。签署《商标有偿转让协议》，完成“中海御叶”商标有偿转让相关工作。

工艺质量管理。雪茄烟生产工艺采用分级管理模式，山东中烟雪茄制造中心技术组负责制定雪茄烟产品及工艺技术标准。济南卷烟厂工艺技术处制定自检、专检规程等过程控制类工艺技术文件。生产车间按照相关技术及管理标准组织生产，工艺技术处负责对技术标准执行情况进行监督考核，并协调解决生产过程中技术问题。修订印发“泰山（中海御叶）”“将军（战神荣耀）”新产品工艺标准，制定印发5款定制产品工艺标准；开展进口、海南原料发酵、中式雪茄烟中高档原料开发与应用等重点工艺技术研究。在海南五指山烟叶基地开展烟叶发酵实验，为产品研发和工艺提升提供参考依据。加强质量监督和产品抽检，抽查产品出厂及市场质量，开展质量检验45次，形成季度质量检验报告4份。

【原辅材料保障】　通过烟叶消化和采购调整等手段，雪茄烟原料库存持续优化，库存状况日趋合理，总量约3万担，可保证近几年产品开发使用。制定雪茄烟产品商标材料供应保障措施，加强产销协调和原料库存管理，保证生产及市场销售需求。

【综合管理夯实基础】　2019年，修订完善《样品烟管理规定》，建立台账，有效管控样品烟。制定雪茄制造中心绩效考核方案，加强销售方案审核，规范市场销售运作。制定中心差旅费用管理暂行办法，强化费用核销管控。推进雪茄烟运营平台项目，提升中心业务及管理效率。举办角色认知与管理工作流程专题培训，提升团队建设。

湖北中烟工业有限责任公司

【三峡卷烟厂概况】　湖北中烟工业有限责任公司雪茄烟生产主要由湖北中烟三峡卷烟厂承担。湖北中烟三峡卷烟厂前身为成立于1899年的茂大卷叶烟制造所，位于湖北省宜昌市。2004年，历经三峡、当阳两厂改革合并，三峡卷烟厂成为湖北中烟工业有限责任公司所属生产厂。

截至2019年底，三峡卷烟厂拥有8套卷接包生产设备和40余台套雪茄烟专业生产设备。主要生产“黄鹤楼”“茂大”“三峡”等雪茄烟品牌系列，具备年产叶束式雪茄烟500万支、半机制雪茄烟1500万支、机制雪茄烟1.5亿支的生产能力。在册职工788人。

【雪茄烟产销】　2019年，生产雪茄烟269.5万支，实现销售226.5万支，其中中高端雪茄烟销售181万支，排名行业第一。实现商业销售额4124.1万元，比上年增长66.7%。“黄鹤楼（逍遥国际版）”叶束式手卷雪茄烟等3款产品进入中国香港特别行政区市场，实现行业高端手工雪茄烟出口较大突破。

【主要产品与品牌建设】　**品牌发展思路**。坚持“高端引领、中端突破、规模支撑”的雪茄烟发展策略，推进实施公司雪茄烟“1234”发展思路，以市场需求为导向，强化创新驱动，着力将“黄鹤楼”品牌打造为“品牌价值高、盈利能力强”的中式高端雪茄烟领军品牌。构建特色品类“雪雅香”，包含“雪之梦”“雪之韵”“雪之景”三大产品系列，涵盖高端手卷、中端半机制和卷烟型雪茄烟三大类型。

新品研发。2019年，开发、改造产品7个，创意产品12个，“黄鹤楼（雪之梦5号）”“黄鹤楼（雪之韵2号）”“黄鹤楼（雪之韵6号）”“黄鹤楼（雪之景7号）”等4款新品获国家局准产及价格批复。

品牌培育。突出中高端雪茄烟培育，完善产品布局，“黄鹤楼（雪之梦2号）”“黄鹤楼（公爵）”“黄鹤楼（雪之梦8号）”位居行业高端雪茄烟同价位产品销量第一，引领国产雪茄烟高端形象。参展2019国际雪茄博览会（深圳），启动3个国际合作项目。

特色销售。整合产业链条，借智借力、合作共赢，激发市场活力。持续开展定制销售、跨界销售，培育专业终端成为“黄鹤楼”雪茄烟展销、宣传的窗口和阵地，联合汽车、高尔夫等品牌，开展“黄鹤楼·逍遥游”活动240余场，传播“黄鹤楼”雪茄烟品牌文化。

【技术创新】 **课题研究**。启动雪茄烟创新发展重大专项，成立市场销售、原料技术、工艺技术、产品研发、装备技术、精益生产、质量管控等7个分项研究组，确定重点工作任务26项，计划用3年左右的时间（2019—2021年）在雪茄烟发展上取得突破。

原料应用。创新雪茄烟原料发酵方式，加强国产雪茄烟原料研究应用，首次推出国内100%国产原料配方的“黄鹤楼”雪茄烟——“黄鹤楼（海之源1号）”“黄鹤楼（海之源2号）”，风格特征明显。

【易地技改项目】 2016年12月13日，国家局正式批准三峡卷烟厂易地搬迁技术改造项目建设。项目建设用地面积约24.67万平方米，项目规划总投入12.4亿元，按照技改完成后企业卷烟、雪茄烟产能规模为159.1亿支，其中雪茄烟9.1亿支。按照湖北中烟高质量发展规划，三峡卷烟厂致力于打造成为“国内一流中式雪茄烟和卷烟制造企业”。

2019年，项目建设稳步推进，企业完成“1+8+24+N”重大投资管理制度体系建设，总公司同意原料库建设项目投资调增，原料库和易地技改项目初步设计第三方审查和全过程跟审、专卖设备选型基本完成。

四川中烟工业有限责任公司

【长城雪茄烟厂概况】 四川中烟工业有限责任公司雪茄烟生产主要由四川中烟长城雪茄烟厂承担。四川中烟长城雪茄烟厂成立于2007年9月，其前身是诞生于1918年的益川工业社。2009年实施易地技术改造，总投资12亿元，占地面积30万平方米，2011年4月建成投产，2015年11月更名为四川中烟工业有限责任公司长城雪茄烟厂。截至2019年底，有职工400人。产品涵盖手工、机制全系列的传统雪茄烟、卷烟型雪茄烟和雪茄型卷烟，拥有“长城”“狮牌”“工字”等3个品牌，具备机制标准雪茄烟设备产能4亿支，雪茄型卷烟设备（中高速）产能44亿支，出口地涵盖欧洲、南美洲等的11个国家和地区，是亚洲最大的雪茄烟厂、中国雪茄烟的领军企业。

【雪茄烟产销】 2019年，生产雪茄烟1.25亿支，实现销售收入1.64亿元，实现税利0.32亿元。

【主要产品与品牌建设】 **主导规格**。手工雪茄烟“长城（盛世5号）”销量突破100万支，继续保持国产手工雪茄烟销量第一名。

市场格局。通过“地毯式”的市场扫盲工作和产品上柜工作，四川市场在总销规模占雪茄烟全国份额74%的情况下，继续保持高增长态势，总销量比上年增长51%，手工雪茄烟比上年增长98.3%。北京、上海、广州、深圳及沿海地区等高结构市场手工雪茄烟持续提升，窗口市场的引领效应凸显。

品牌传播。2019年，开展“百店万人话长城”等主题活动270场次，“浩月长春”四大国手全国巡展12场次，累计参与人数超过1万人，按月推进的专题品鉴和新品发布活动持续提升品牌市场热度。协办“第五届‘中国雪茄之乡全球推介之旅’”活动和2019国际雪茄博览会（深圳）。持续加强“长城茄园”微信订阅号、中国雪茄博物馆微信服务号、“雪茄长城”微博号等新媒体平台建设，通过主题活动、线上线下互动等方式传播雪茄烟文化，提升品牌知名度。

【技术创新】 **产品研发**。加强研发创新，进一步完善产品结构。开发完成国内雪茄烟最高价位产品“长城（GL1号）”，国际合作产品“长城（揽胜1号）”、入门级手工雪茄烟“狮牌（加勒比阳光）”，并获得国家局批复。完成国际出口产品“长城（VF）”“长城（25支132荣耀）”“长城（骑士1号）”等产品的开发和储备；对“长城（传奇3号）”“长城（132原味）”“长城（醇雅奶香）”等产品进行品质提升或改造。

品类构建。围绕中式雪茄烟“醇甜香”品类构建需要，开展基础研究，进一步夯实核心技术实力。初步确定“醇甜香”品类构建的基本研究方向和内容，组织完成“醇甜香”品类构建相关子项目的立项评审及项目规定研究工作。

斗丝研制。基于品类定位，推进斗丝研制，打造“C草”新品类。2019年，烟斗丝产品取得“中式风格烟斗丝制作工艺方法”国家发明专利1件及“一种烟斗型抽吸装置以及电子烟斗”“一种加热烟斗丝的加热装置以及烟斗”国家实用新型专利2件。与中国标准化研究院共同开展的公司级科技项目完成前期申报。

【交流与合作】 首次实现高端手工雪茄烟“长城（国礼1号）”2500支进入中国香港特别行政区市场和定制版“长城（奇迹澳门）”1万支进入中国澳门特别行政区市场。在稳定2款高端毛氏机制雪茄烟的市场基础上，新增投放1款中高端毛氏雪茄烟新品，截至2019年底为阿联酋市场唯一在销中国雪茄烟品牌。同时，“长城（醇雅薄荷）”作为卷烟型雪茄烟首次实现出口。全年实现雪茄烟出口781万支，比上年增长382%。持续推进国际交流合作，协调组织与西班牙塔巴克莱拉公司、荷兰阿吉奥公司雪茄烟国际合作年会4次，推动合作相关工作，并分别签订《联合品牌产品协议》《2020年度技术合作协议书》。

四川中烟长城雪茄烟厂烟斗工作室制作的烟斗（2019年）
四川中烟长城雪茄烟厂　邹远洋　摄

◇编辑：王　静

烟草机械工业

烟机工业概况

烟机工业稳中有进。2019年，烟草行业深入推进高质量发展，经济运行稳中有进、持续向好，改革发展取得显著成效。国产烟机工业紧随行业发展步伐，研发、制造和服务体系进一步丰富完善，国产烟机工业体系竞争力逐渐增强。进一步发挥烟机工业对烟草行业的全产业链支撑保障作用。

做精烟机产品。10月，ZJ119卷接机组在常德顺利通过烟机公司组织的项目验收。ZJ119卷接机组代表国产卷接设备最高技术水平、最高生产制造水平，整体技术及性能指标达到高速卷接机组国际先进水平，实现中国烟机自主研发大型产品的重大突破。

“细支卷烟升级创新”重大专项中，“装备升级”国产10000支/500包细支卷接包生产线成功推出。ZJ116B和ZB416A的正式推出，完善细支卷接包产品系列，实现国产细支卷接包设备中高速全覆盖。

2019年，“500米/分钟细支滤棒成型机组研制”“滚筒气流式烘丝机深化研究与应用”“细支卷烟制丝关键设备研发及应用”等9个项目通过烟机公司组织的验收。

交流与合作。持续做好对外技术合作工作。组织与德国FOCKE公司进行包装设备合作探讨；与意大利G. D公司进行包装设备和新型烟草制品装备技术交流；与德国HAUNI公司进行智能制造、制丝新设备的合作探讨。实现多个合作项目的落地：许昌烟草机械有限责任公司与荷兰ITM公司进行多元复合滤棒成型设备合作谈判，实现国际先进高速复合滤棒成型机组的国产落地；秦皇岛烟草机械有限责任公司与意大利GARBUIO公司签订EVO切丝机合作生产协议。

拓展烟机市场。2019年，中国烟草机械集团有限责任公司各控股企业出口整机设备34台套，涉及11个国家和地区，合同金额2394万美元，实现销售收入1.49亿元。

中国烟草机械集团有限责任公司

【概　况】 中国烟草机械集团有限责任公司（简称集团公司）组建于1999年，由中国烟草总公司、上海烟草集团有限责任公司和中国烟草总公司云南省公司、山东省公司、河南省公司共同出资组建，是烟草行业内第一家按现代企业制度框架组建的专业化集团公司。后经股权变更，集团公司由中国烟草总公司控股，上海烟草集团及云南中烟、山东中烟、河南中烟等4个工业公司参股。2008年，经中国烟草总公司批准，集团公司新增湖南中烟、湖北中烟、江苏中烟、安徽中烟、广东中烟等5个股东。增资扩股后，中国烟草总公司股权比例占67%，上海烟草集团占5%，云南中烟、河南中烟、山东中烟、湖南中烟、湖北中烟、江苏中烟、安徽中烟、广东中烟分别占3.5%。集团公司是中国烟机工业核心企业，对全国烟草专用机械的生产经营担负一定的行业管理职能。2011年，中国烟草总公司对集团公司增加投资10亿元，总公司所占股权比例增至74.69%，上海烟草集团股权比例占3.87%，云南中烟、河南中烟、山东中烟、湖南中烟、湖北中烟、江苏中烟、安徽中烟、广东中烟分别占2.68%。

集团公司下设8家控股企业，包括上海烟草机械有限责任公司、常德烟草机械有限责任公司、许昌烟草机械有限责任公司、秦皇岛烟草机械有限责任公司等4个烟机生产企业，北京达特集成技术有限责任公司、中烟烟机零配件采购服务中心有限责任公司2个专业公司，以及设在上海专门从事烟机产品开发的中烟机械技术中心有限责任公司、中烟物流技术有限责任公司。同时，集团公司持有云南烟草机械有限责任公司30%的股份。集团公司本部设12个部室。

截至2019年底，集团公司总资产146.21亿元，负债48.35亿元，所有者权益97.86亿元。

【领导机构】

董事会

董事长：王建法

副董事长：陆　捷

董　事：曲　伟、夏开元、王众声、许廷选、刘建福、陈慧斌、王轩庭、杜　进、张赤兵、齐　琳（职工董事）

监事会

主　席：罗明德

监　事：曹松林、陈俊奎（职工董事）

班子成员

党组书记、总经理：王建法（—2019年11月）

党组成员、副总经理：沈云龙

党组成员、副总经理：曲　伟

党组成员、纪检组组长：吴　伟

党组成员、副总经理：龙　旭（2019年2月—）

党组成员、副总经理：张维群（2019年2月—）

享受公司副职待遇：付　嘉、郭冬青

副巡视员：凌卫民（—2019年6月，退休）

副巡视员：范思齐（—2019年10月，退休）

【生产经营】　集团公司生产卷接包设备、滤棒成型及辅联设备680台，其中成套设备167套，单机250台；实现销售662台，其中成套设备176套，单机206台。生产制丝、打叶复烤及二氧化碳膨胀烟丝生产线设备525台，其中成线5条，单机295台；实现销售609台，其中成线4条，单机348台。

【精益管理】　集团公司落实关于推进精益管理和管理诊断工作的部署安排，组织对江苏中烟和湖北中烟实地调研，学习行业先进管理经验，制定印发集团公司《企业管理诊断工作实施方案》，明确控股企业管理诊断工作目标、推进机构、工作步骤、计划安排和工作要求。制定印发集团公司《精益管理工作创优评价办法》，制定控股企业精益管理工作评价表和关键指标评价表，明确评价原则、评价内容、工作程序和工作要求。梳理上海烟机公司管理再造和精益改善做法，形成上海烟机公司管理创新材料，在集团公司半年工作会上进行经验介绍。组织编制《烟机企业生产管理实务》，内容涵盖生产管理全过程，有效指导企业进一步规范生产管理行为，优化生产组织流程，提高资源配置和生产制造效率，主动适应“非均衡市场条件下的准均衡生产”要求。

质量管理。组织开展对上海烟机公司ZB418型包装机组和许昌烟机公司ZL29型滤棒成型机组的质量行检，并分别提出管理体系和实物质量改进建议。5月，在山东青州组织开展2018年度烟机工业QC小组活动成果的预审；9月，在河南许昌开展成果发布，评出一等奖成果3个、二等奖成果8个、三等奖成果8个。组织集团公司提升用户满意度专题研讨，针对薄弱项提出具体改进措施。组织对各企业2019年度用户满意度调查，汇总调查结果和并初步形成分析报告。

安全生产。贯彻落实《2019年烟草行业安全生产工作要点》《行业安全检查工作通报》等行业安全生产工作要求，制定印发集团公司《2019年安全生产工作要点》，提出12项工作要求和工作内容。组织安全生产检查组，对控股企业开展两次以现场检查为主的安全生产检查，发现问题隐患62项，并持续跟进督查隐患问题整改工作。2019年，集团公司8个控股企业未发生安全生产事故、火灾事故、交通事故、环境污染事故及治安事件，企业生产经营健康安全有序。

所属企业

上海烟草机械有限责任公司

【概　况】　上海烟草机械有限责任公司（简称上海烟机）前身为始建于1952年的上海烟草公司机械厂。1959年更名为上海轻工业机械制造厂；1970年更名为上海烟草工业机械厂，是中国第一家烟草机械专业生产企业；1999年成为中烟机械集团公司控股企业；2002年改制更名为上海烟草机械有限责任公司。下辖上海烟草机械新场铸造有限责任公司、上海中臣烟草机械配件有限责任公司、上海中臣烟草数控技术有限公司、上海英国莫林斯烟草机械零备件寄售站有限公司以及上海烟机综合生活服务部等5个企业。截至2019年底，上海烟机总资产35.92亿元，其中固定资产8.95亿元、流动资产24.86亿元，资产负债率34.57%。从业人员1012人。上海烟机党委书记、董事长：郭宏斌；总经理：韩　芸。

【生产经营】　2019年，上海烟机实现工业总产值17.16亿元，工业增加值8.45亿元；实现销售收入17.13亿元，出口实现销售收入0.3亿元。公司三项费用率17.91%，比上年下降9.1%。万元产值综合能耗22.55千克标准煤。

【主要产品】　主要产品：ZB25B（C）型软盒硬条包装机组、ZB45B型硬盒硬条包装机组、ZB47型硬盒硬条包装机组、ZB28型软盒硬条包装机组、ZB48型硬盒硬条包装机组、ZB48A硬盒硬条包装机组、ZB416型硬盒硬条包装机组、ZB418型双铝包包装机组。

【技术创新】　ZB416A型细支烟包装机组样机交付广西中烟南宁卷烟厂试用，达到500包/分钟稳定运行，并在2019年度行业企业管理现场会上展示。新型条盒装填机、小盒侧开包装机（2.0版）、双铝包提速等一批科技项目取得实质性成果。

启动智能烟机和智能服务研究。以智能系统开发（3.0版）为抓手，加快提升产品智能化水平，同步推进设备建模及在线监测系统、全视觉系统、多电控融合等设计工作。开发设备运营管理平台，完成基础模块、一机一档信息交互、设备运行状态实时展示、操作培训可视化等功能的实现。

探索智能制造技术。试点由机床、三坐标测量仪、智能货架、协作机器人等组成智能制造单元，实现设备间通讯、控制及机器人精准柔性定位等关键技术突破，达到零件从运输、上下料到加工、清洗风干、检测等全过程自主生产。智能制造试验单元已实现少人值守，效率提升，并交付车间使用。

常德烟草机械有限责任公司

【概　况】　常德烟草机械有限责任公司（简称常德烟机）成立于1969年，1999年完成公司制改造，是中国最早从事烟草机械产品研发和生产制造的企业之一，下辖常德烟机配件经销服务有限责任公司、常德金叶机械有限责任公司、常德旺达物业服务有限责任公司。截至2019年底，常德烟机总资产25.62亿元，其中固定资产4.33亿元、流动资产20.60亿元，资产负债率16.92%。从业人员1156人。常德烟机董事长、总经理：周诗伟；党委书记：秦继玉。

【生产经营】　2019年，常德烟机生产烟草机械整机141台套，其中烟机整机105台套，烟机大修36台套；销售烟草机械整机151台套，其中烟机整机116台套，烟机大修35台套。实现工业总产值15.69亿元（现价，不含税，下同）、工业增加值6.71亿元、产品销售收入13.86亿元、出口实现销售收入6158万元。公司三项费用率19.01%，比上年增加0.02个百分点。万元产值综合能耗10.70千克标准煤。

【主要产品】　ZJ17型卷接机组、ZJ17E型卷接机组、ZJ118型卷接机组、ZJ112型卷接机组、ZJ112A型卷接机组、ZJ116 型卷接机组、ZJ116A 型卷接机组、YF13 型卷烟储存输送系统、YF14 型卷烟储存输送系统、YF171A 型滤棒储存输送装置、FY113 型废烟支处理机、ZL26A 型纤维滤棒成型机组、YF27B 型滤棒气力输送装置、YF27C 型滤棒气力输送装置、YF27D 型滤棒气力输送装置、YF26 型滤棒接收装置、YF26C 型滤棒接收装置、YF26D 型滤棒接收装置、YF26F 型滤棒接收装置、TJ91 型茄衣成型机、TJ91A 型茄衣成型机。

【技术创新】 ZJ119 型（12000 支/分钟）卷接机组研制项目在常德通过集团公司验收；ZJ116B 型（10000 支/分钟）细支烟高速卷接机组样机通过广西中烟南宁卷烟厂用户交验，并在 2019 年全国烟草行业企业管理现场会上作为成果展示；实验室用卷接机组外观设计风格及详细方案通过技术分中心组织的评审；锂电池卷绕一体机研发项目的样机调试进展顺利。ZJ17、ZJ118 型卷接机组智能化升级稳步推进，卷接设备智能管理系统启动 iTOS 可视化机台终端交互界面开发，完成 iTOS 机台终端双机双屏优化设计和对系统烟机 PC 终端和烟厂 PC 终端的测试。

2019 年，常德烟机被中国质量协会质量保证中心评为“管理体系优秀实践企业”。组织申报的“机械制造型企业基于精益理念的全员设备管理”项目，获得第二十六届全国企业管理现代化创新成果二等奖。全年申请专利 26 件，其中发明专利 19 件、实用新型专利 7 件；获得专利授权 10 件，其中发明专利 3 件。申请 iTOS 商标注册 2 项，其中通过注册 1 项、公示阶段 1 项。

【企业管理】 强化设备维护管理服务品牌建设，3 月，《ZJ118 设备维护保养手册》发行，并在联合立项用户处推广使用。探索客户培训新模式，举办公司内外各机型烟机设备技术培训班 19 期，为 63 家卷烟企业实施培训。启动安徽设备搬迁项目，累计搬迁设备 18 条线，并与湖南中烟常德卷烟厂签订 50 条整线设备搬迁合同。

全年规范实施招标项目，节约概算资金 2214.66 万元。实现降本增效 2415 万元，其中精益成本课题改善降低成本 1035 万元，外协采购等降低成本 1380 万元。

许昌烟草机械有限责任公司

【概　况】 许昌烟草机械有限责任公司（简称许昌烟机）位于河南省许昌市，于 1958 年经国家经济委员会批准创建，1965 年划归中国烟草工业公司管理，1969 年划归国家轻工部管理，1987 年划归中国烟草总公司管理，1999 年划归中国烟草机械集团有限责任公司，2002 年成功改制，更名为许昌烟草机械有限责任公司。下设许昌富思特烟机配件有限公司 1 个全资子公司。截至 2019 年底，许昌烟机总资产 14.12 亿元，其中固定资产净值 3.96 亿元、流动资产 9.02 亿元，资产负债率 27.41%。从业人员 1104 人，其中在岗人员 1080 人。许昌烟机董事长：沈云龙（—2019 年 8 月）、张维群（2019 年 8 月—）；党委书记：张维群；总经理：张维群（—2019 年 7 月）、吴永胜（2019 年 7 月—）。

【生产经营】 2019 年，许昌烟机生产烟机产品 289 台，销售烟机产品 227 台。实现工业总产值 9.29 亿元，工业增加值 3.09 亿元；实现销售收入 8.02 亿元，出口实现销售收入 5634 万元。公司三项费用率 24.62%，比上年减少 0.22 个百分点。万元产值综合能耗 13.88 千克标准煤。

【主要产品】 2019 年，许昌烟机主要产品为三大类：（1）滤棒成型类产品：ZL28 型纤维滤棒成型机组，ZL29 型纤维滤棒成型机组，ZL26C 型纤维滤棒成型机组，ZL26D 型纤维滤棒成型机组，ZL27 型纤维滤棒成型机组，ZL22D 型纤维滤棒成型机组，YL43 型复合滤棒成型机组，YL43A 型复合滤棒成型机组，ZL41 型复合滤棒成型机组；（2）辅联物流类产品：ZF12B 型卷烟储存输送系统，ZF19 型卷烟储存输送系统，YF17 型卷烟储存输送装置，YF17A 型卷烟储存输送装置，ZF25 型滤棒自动发射与接收系统，ZF25A 型滤棒自动发射与接收系统，YF71 型盘纸自动更换机，YF73 型盘纸自动更换机，YF72 型卷接机组物料站，YF712/713 型包装机组物料站，YF611 型条盒储存输送系统，YF611A 型条盒储存输送系统，YF172 型滤棒固化储存输送装置，FY114 型废烟处理机，FY115 型废烟支处理机，YP19 型装封箱机，YJ35D 型装盘机，YJ36 型装盘机，YJ37 型装盘机，YJ39 型装机盘，YB111 型卸盘机，YB19 型卸盘机；（3）卷接类产品：ZJ19B、ZJ15、ZJ114 型卷接机组。

【技术创新】 2019 年，许昌烟机通过工业和信息化部“信息化和工业化融合管理体系”认证，获得“两化融合管理体系评定证书”。

5月，“500米/分钟细支滤棒成型机研制”项目在玉溪卷烟厂通过集团公司验收；11月，ZL29自主电控系统样机完成用户交验；12月，高速特种滤棒成型机项目通过公司内部验收；完成分格式装卸盘机试制样机的内部验收；完成多元线性复合滤棒成型项目合作备忘录及国际贸易合同签订工作；按计划推进与河南省局（公司）合作的异型烟分拣包装关键技术研究项目的安装调试工作；持续推进“滤棒成型机组进口件国产化”工作，ZL29机组件191种，完成国产化BOM设计签发153种，进口件品种国产化达到80%。

完善质量改进创新，推动28项质量改进项目立项实施；持续开展QC小组活动，有7项QC小组成果获奖，其中获得烟草行业第三十届优秀质量管理小组成果三等奖1项，2018年度烟机工业QC小组活动成果一等奖1项、二等奖2项，河南省QC小组活动成果一等奖2项。

全年申请受理专利7件，其中实用新型专利7件。获得实用新型专利授权4件，分别为“烟垛推移系统”“一种用于滤棒气力输送管道的自动切换系统”“一种棒状物料直角转弯提升输送机构”“一种超短棒料装盘机构”。

【企业管理】 加强管理创新效能建设，实施12项公司级管理创新项目、40个精益改善课题，征集34项群众性职工创新成果。落实安全主体责任，组织开展各类检查20余次，对发现的67项问题进行整改落实，实现隐患排查治理全过程闭环管理。实现质量管理与质量检验职责的融合，装配车间实施“自检自控+专检+巡检监控”的“三级控制”质量检验模式，强化质量主体责任，修订发布《采购产品质量检验工作细则》，实现质量信息处理过程信息化管控。2019年，许昌烟机被人力资源和社会保障部、中华全国总工会等部门联合评为“全国模范劳动关系和谐企业”。

秦皇岛烟草机械有限责任公司

【概　况】 秦皇岛烟草机械有限责任公司（简称秦皇岛烟机）前身为中国轻工业机械总公司秦皇岛轻工业机械厂，1989年4月划归中国烟草总公司管理，更名为中国烟草总公司秦皇岛烟草工业机械厂，2002年3月改制为秦皇岛烟草机械有限责任公司。公司下设二级单位2个，分别为秦皇岛弘和机械有限责任公司、秦皇岛金叶物流有限责任公司。截至2019年底，秦皇岛烟机总资产14.03亿元，其中固定资产2.69亿元、流动资产10.35亿元，资产负债率26.32%。从业员工1030人。秦皇岛烟机党委书记：郭冬青（—2019年1月）、王小飞（2019年1月—，代行党委书记、董事长职责，主持公司全面工作）；董事长：郭冬青（—2019年1月）；总经理：王小飞。

【生产经营】 2019年，秦皇岛烟机生产、销售烟机整机525台套；实现工业总产值6.51亿元，工业增加值2.4亿元。实现产品销售收入6.86亿元，其中出口实现销售收入2万元。公司三项费用率26.29%。万元产值综合能耗23.45千克标准煤。

【主要产品】 SH2系列滚筒－气流式烘丝机、SQ36系列模块化曲（直）刃水平滚刀式切丝机、SQ71型旋转式柔性切丝机、设备控制系统、SJ2系列加香机和SJ1系列加料机、SH66系列滚筒薄板式烘丝机、WQ91型转辊式加温加湿机、KG型烟梗复烤机、KG型烟叶复烤机等。

【技术创新】 实施企业创新驱动发展战略，全面开展制丝、打叶复烤工艺与设备和智能化技术研究，推进研发项目的实施。2019年，完成集团级项目“细支烟制丝关键设备研发及应用”“滚筒气流式烘丝机深化研究与应用”等7个项目的结题验收工作；完成“恒流量智能控制建模研究”等13个公司级项目的结题工作。申请专利60件，其中发明专利23件。获得授权专利23件，其中发明专利3件。

【企业管理】 拓展智能化市场，贮柜物料的智能视觉检测技术进入试验测试阶段，智能烟机产品和智能化服务稳步推进。根据企业转型发展需要，将企业未来业务划分为五大领域板块，包括制丝线、打叶复烤线、二氧化碳膨胀烟丝线三大传统烟机业务领域和自动化领域、智能化领域、非烟业务领域等。探索信息化与生产制造、规范管理、工艺设计等方面的融合，打造以自动排程为核心的生产模式。编制完成《APS－MES项目实施方案》，加速信息化和工业化深度融合。

中烟机械技术中心有限责任公司

【概　况】 中烟机械技术中心有限责任公司（简称技术

中心）成立于1999年，2012年经中国烟草总公司批复同意进行股权改制，成为中国烟草机械集团有限责任公司的全资子公司，主要负责烟草机械研发与设计。截至2019年底，技术中心总资产2.85亿元，其中固定资产0.60亿元、流动资产2.22亿元，资产负债率2.28%。在岗员工75人。技术中心党总支书记、总经理：陈　黎；执行董事：曲　伟。

【生产经营】　2019年，技术中心实现营业收入4783.24万元，其中技术研发收入3200.94万元、技术使用费收入1479.24万元、技术合作与服务收入86.80万元。三项费用率25.03%，比上年减少10.14个百分点。

【技术创新】　2019年，技术中心围绕国家局重大科研专项和集团公司重点科研项目，继续开展课题研究和产品研发。其中，“烟梗回潮技术研究及设备研制”项目实现烟梗丝状化效果的进一步提高，“炭加热卷烟试验设备研制”项目完成在上海新型烟草制品研究院、湖北中烟的相关设备研制和试验，“包装机烟库系统分析及研究”项目完成对ZB28和ZB48型包装机的烟库仿真分析，“特种滤棒成型模块设计”等一系列特殊滤棒设计和试验工作基本完成，“ZL29型滤棒成型机组自主电控系统研发”“ODM总线通讯接口技术研究”项目通过河南中烟许昌卷烟厂的设备交验，“超薄压梗工艺与设备研制”等3个项目在吉林烟草工业延吉卷烟厂通过集团公司组织的项目验收。

在烟机基础技术研究领域，“试验线切丝机研制”“烟梗分级技术研究及设备研制”“实验室用卷接机组研制”“包装机模块化设计及应用研究”“独立伺服驱动在包装机上的应用研究”“同轴芯滤棒成型技术及设备研究”等项目完成大量设计开发工作。“统一电控平台深化应用技术规范2.0”“ZB28型软盒硬条包装机组伺服系统研究”等课题的研究成果，进一步拓展和深化统一电控平台的应用，并逐渐成为集团公司电气设计的标准和发展趋势。“超高速包装机物料站研制”项目完成样机装配调试，并达成初步市场意向。

2019年，技术中心组织完成课题入库评审14项，集团公司立项申报项目8个，技术中心立项评审项目2个。全年组织申报专利10件，获得授权专利7件，其中发明专利2件。公开发表论文2篇。获得中国烟草学会2019年度优秀论文奖4篇。

北京达特集成技术有限责任公司

【概　况】　北京达特集成技术有限责任公司（简称北京达特公司）成立于1998年，原名为北京达特膨胀烟丝成套设备工程有限责任公司。2002年，更名为北京达特烟草成套设备技术开发有限责任公司。2013年，更名为北京达特集成技术有限责任公司。达特公司由中国烟草机械集团有限责任公司、五洲工程设计研究院、秦皇岛烟草机械有限责任公司共同投资组建，注册资本5000万元。达特公司集科、工、贸于一体，实施机、光、电、控一体化的成套设备工程，并承揽烟草物流设计（咨询）与集成业务、烟草农业机械集成业务。截至2019年底，达特公司拥有总资产3.75亿元，其中固定资产193.20万元、流动资产3.72亿元，资产负债率68.28%。从业人员102人。达特公司董事长：凌卫民（—2019年1月）、郭冬青（2019年1月—）；总经理：李建梅；党支部书记：尉培旭（—2019年3月）、郭冬青（2019年4月—）。

【生产经营】　持续保证2019年烤房改造装烟器具的供应，计划供应烟夹烤房16305座，计划补贴金额3.19亿元，公司实际供应烟夹烤房1.63万座，合同金额3.19亿元。2019年度生物质燃料烤房（含自控装置）计划数量19057座，受益烟田面积26.51万亩，行业投入概算资金1.51亿元，公司实际供应生物质颗粒燃烧机（外置式）1.52万台套，合同金额1.21亿元。

2019年，达特公司实现营业收入4.29亿元，实现税利7037.91万元。

【技术创新】　2019年，北京达特公司完成小颗粒发射药连续光泽烘干集成技术研究项目方案专家评审、单机设备及工艺方案安全评审，光泽烘干一体机等单机设备的技术方案研讨。结合智能烟机与智能服务体系建设要求，将三维可视化技术向广度和深度拓展，并推进应用方向的研究。完成可视化APP立项、技术评估、平台策划与搭建及单机模块开发等工作。2019年，公司科技项目25项，其中续研项目17项，新增项目8项。获得授权实用新型专利2件，发明专利1件。

中烟烟机零配件采购服务中心有限责任公司

【概　况】　中烟烟机零配件采购服务中心有限责任公司（简称零配件中心）前身为成立于1995年的北京特思达机电技术开发有限责任公司，最初由中国烟草机械集团有限责任公司控股，上海、常德、许昌、秦皇岛烟机公司共同出资组建。2012年9月26日，北京特思达公司经转股、更名、增资、变更经营范围，由中国烟草机械集团有限责任公司独资组建并更名为中烟烟机零配件采购服务中心有限责任公司，担负行业烟机零配件集中采购与服务职责。公司下设3个部门。截至2019年底，零配件中心拥有总资产4.29亿元，其中固定资产161.04万元、流动资产4.21亿元，资产负债率32.18%。从业人员26人。零配件中心董事长、总经理：付　嘉。

【生产经营】　2019年，零配件中心参与江苏中烟南京卷烟厂与意大利G.D公司开展的超高速细支卷接机组进口件专项签约寄售的项目，第一期圆满完成，第二期有序开展。在保证行业用户日常订单供应的同时，重点跟踪设备维保、规格改造项目的订单，形成“大额订单项目管理组”工作机制。

拓展集中采购服务范围，零配件中心发挥主渠道作用，为行业雪茄烟生产企业提供配件供应服务。2019年零配件中心与荷兰ATD MACHINER B.V公司授权在中国的设备独家代理商深圳金恒汇有限公司签订《服务合作协议》，授权零配件中心为雪茄烟配件中国独家经销商。

中烟物流技术有限责任公司

【概　况】　2017年9月，国家局、总公司印发《于设立中烟物流技术有限责任公司的批复》，同意中国烟草机械集团有限责任公司、中烟商务物流有限责任公司共同投资设立中烟物流技术有限责任公司，公司注册资本为人民币5000万元，其中，中国烟草机械集团有限责任公司占70%，中烟商务物流有限责任公司占30%。公司于2017年11月30日正式成立。截至2019年底，公司总资产1.25亿元，其中固定资产195.16万元、流动资产1.22亿元，资产负债率64.15%。从业人员158人。公司董事长：曲　伟（2019年12月—）；党支部书记、总经理：姜新荣。

【生产经营】　2019年，公司中标项目8个，分别为郑州市卷烟配送中心（工商一体化）项目、山东德州异型烟项目、山东东营异型烟改造项目、保定卷烟厂成品库辅料库项目、深圳物流异地新建项目、黑龙江鸡西物流异地新建项目、重庆创新课题项目、广东潮州物流异地新建项目，签订销售合同金额（含中标金额）2.89亿元。实现营业总收入5200.67万元，实现税利195.50万元。三项费用率33.86%。

【主要产品】　公司自主设计研发条烟分拣设备5套：新立式分拣机（FJ15000）、循环分拣机（FJ25000）、高速分拣机（FJ30000）、超高速分拣机（FJ100000）、异型烟分拣系统及三标合一（标准烟、细支烟、异型烟）分拣合单包装系统（YX5000），具有设备占地面积小、投资少、运行成本低等优势。自主设计研发的单机设备主要为：标准烟开箱机（ES0301000000）、细支烟开箱机（ES0302000000）、补货小车（ES04030000000）、发射机（ES1602000000）、S型缓存（ES0602000000－000）、五拨卧式机（ES1702000000）。

【技术创新】　进一步强化技术创新，不断优化升级“三标合一”分拣技术，着手研究二代分拣机，在机械手视觉识别系统及倍速链系统研发应用方面取得重大进展。“三标合一”技术采用四轴并联机械手，实现所有异型烟品牌的分拣，实现“标准烟、细支烟、异型烟”三标共线合单与包装，填补行业卷烟分拣“三标合一”的空白。机械手视觉系统实现对异型烟来烟品牌、姿态进行分析，对任意角度条烟进行准确抓取，有效提升分拣效率。倍速链系统采用多工位缓存，托盘上下环形循环方式运行，托盘作为独立载体输送异型烟垛，解决传统模式中工位不足导致异标合一效率低下的问题，异标合单综合效率超过15000条/小时。

2019年，公司依托项目推进研发工作，积极申报“烟草异型烟条烟分拣控制系统”“特异型烟快速分拣控制系统”等多个发明专利及软件著作权，申报发明专利、实用新型专利30余件。截至2019年底，获得授权实用新型专利5件，外观设计专利2件，软件著作权13项；发表论文2篇。

云南烟草机械有限责任公司

【概　况】　云南烟草机械有限责任公司（简称云南烟机）由云南中烟工业有限责任公司与中国烟草机械集团有限责任公司共同出资，在原云南烟草机械厂基础上，于2008年6月23日正式注册成立。云南烟机经营范围涵盖烟用包装、卷接、储存、输送机械生产销售及大修理，烟机技术改造、零配件设计生产销售，烟用农业机械设计生产销售。截至2019年底，云南烟机拥有总资产6.67亿元，其中固定资产3410万元、流动资产6.19亿元，资产负债率53.98%。从业人员336人。云南烟机董事长：金亦斌；副总经理（全面负责行政工作）：李宏彬（2019年7月—）；党委书记：杨建东。

【生产经营】　2019年，云南烟机实现工业总产值5.94亿元，工业增加值1.6亿元。实现产品销售收入5.5亿元。其中烟机修理及改造收入2.3亿元，烟机零配件销售收入4253万元，上海配套件收入384万元，烟用农机销售收入2.74亿元。实现税利8681万元。三项费用率10.37%。万元产值综合能耗1.75千克标准煤，万元增加值能耗6.5千克标准煤。

【技术创新】　以推动企业高质量发展为根本，加快学习积累和消化吸收卷烟机、成型机、电气开发与机电一体化的专业技术知识。加大技术创新力度，“烤房用生物质燃烧设备”“一种生物质供热一体化烟叶烤房”“一种双层烘烤烟夹”“一种自动随垄除草机”获实用新型专利授权，“一种电动井窖式烟苗移栽机”获发明专利授权。QC小组活动成果“包装机空载运转试机平台的研制”“解决YB25中央传动润滑不良”获得云南中烟第十六次优秀QC小组成果三等奖。

烟草专用机械持证生产企业名单

序号	企业名称	企业地址
1	上海烟草机械有限责任公司	上海市浦东新区云间路2555号
2	常德烟草机械有限责任公司	湖南省常德市长庚路99号
3	许昌烟草机械有限责任公司	河南省许昌市永昌路6号
4	秦皇岛烟草机械有限责任公司	河北省秦皇岛市经济技术开发区龙海道67号
5	天津华一有限责任公司	天津红桥区丁字沽三号路8号
6	昆明船舶设备集团有限公司	云南省昆明市人民东路3号
7	颐中（青岛）烟草机械有限公司	山东省青岛市崂山区株洲路88号
8	贵州平水机械有限责任公司	贵州省安顺市平坝区210信箱
9	北京长征高科技有限公司	北京市经济技术开发区地盛北街1号25号楼
10	张家口市通用机械有限责任公司	河北省张家口市桥西区新村南路14号
11	杭州萧山烟草机械设备有限公司	浙江省杭州市萧山区临浦镇通一村（后沈）
12	沈阳飞机工业（集团）有限公司	辽宁省沈阳市皇姑区陵北街1号
13	武汉船用机械有限责任公司	湖北省武汉市青山区武东街9号
14	昆明风动新技术集团发展有限公司	云南省昆明市高新区科泰路
15	中国船舶工业总公司七一五研究所宜昌分部	湖北省宜昌市绿萝路43号
16	巩义市建设机械制造有限公司	河南省巩义市城东君庄寿工业区
17	云南烟草机械有限责任公司	云南省昆明市高新技术开发区科医路43号
18	昆明烟机集团二机有限公司	云南省昆明市东郊金马寺
19	昆明烟机集团三机有限公司	云南省昆明市经济技术开发区信息产业基地拓翔路235/237号
20	宝应仁恒实业有限公司	江苏省扬州市宝应县苏中北路18号
21	江苏恒森烟草机械有限公司	江苏省无锡市锡山区羊尖镇机械装备产业园胶阳路
22	宁波轻工机械制造有限公司	浙江省宁波市镇海区骆驼工业区南一西路78号

续表

序号	企业名称	企业地址
23	智思控股集团有限公司	江苏省常州市武进区高新技术产业开发区凤鸣路18号
24	北京达特集成技术有限责任公司	北京市经济技术开发区地盛北街1号25号楼
25	东方机器制造（昆明）有限公司	云南省昆明市经济技术开发区昌宏路88号
26	南京大树智能科技股份有限公司	江苏省南京市江宁区经济技术开发区挹淮街8号
27	机科发展科技股份有限公司	北京市海淀区首体南路2号
28	扬州市天宝自动化工程有限公司	江苏省扬州市宝应县柳堡镇仁里工业园区
29	合肥安大电子检测技术有限公司	安徽省合肥市高新技术开发区天达路2号安大科技园电子楼
30	云南紫金科贸有限公司	云南省昆明市金星广场A幢3楼
31	上海兰宝坤大智能技术有限公司	上海市奉贤区金汇镇金碧路228号6幢1层
32	开封东方机械有限公司	河南省通许县北工业园区丽星路中段
33	深圳市格雷柏智能装备股份有限公司	深圳市福田区天安数码城创新科技广场B1710
34	郑州竹林智研机械设备制造有限公司	河南省巩义市竹林镇镇北街
35	湖南傲派自动化设备有限公司	湖南省湘潭市湘潭县易俗河镇梧桐路以西（湘潭天易示范区傲派工业园）
36	北京航天雷特机电工程有限公司	北京市丰台区科学城恒富中街2号1号楼6498室
37	常德瑞华制造有限公司	湖南省常德市武陵工业新区2号路518号
38	南京焦耳科技有限责任公司	江苏省南京市高新区南京软件园（西区）团结路99号孵鹰大厦A座404－405室
39	河南施普盈科技有限公司	河南省许昌市许由路与学院路交叉口许昌汉诺威自动化有限公司大门口东侧
40	张家口市东力机械制造有限责任公司	河北省张家口市张家口高新技术产业开发区富强路24号
41	上海坤大信息技术有限公司	上海市闵行区联航路1588号
42	南京文采科技有限责任公司	江苏省南京市建邺区嘉陵江东街18号3号楼2层
43	安徽飞翔烟机配套有限公司	安徽省安庆市桐城市范岗镇红旗路41号
44	天津斯巴克斯机电有限公司	天津市北辰区天津北辰经济技术开发区科技园华泰道8号

注：天津斯巴克斯机电有限公司为新增烟草专用机械持证生产企业。

◇撰稿：谢之晶　高　超；编辑：褚　幸

卷烟辅助材料生产

南通醋酸纤维有限公司

【生产经营】 2019年，南通醋酸纤维有限公司（简称南纤公司）围绕“12345”战略发展思路，完成各项生产经营任务。其中，生产丝束10.28万吨，销售丝束10.55万吨；生产醋片17.51万吨，销售醋片7.67万吨。2019年实现利润28.95亿元。

【辅料生产供应】 南纤公司确保辅料生产供应，辅料主要为醋纤丝束油剂，用于醋纤丝束生产润滑、集束、防静电。醋纤丝束油剂以白油、乳化剂为主要原料，根据醋纤丝束的生产特点和要求配制。2019年，生产油剂1776吨，除自用外，还向昆明、珠海2家醋酸纤维有限公司销售油剂446吨。

【创新管理】 **协同创新**。牵头创办杂志《华维安全》，组织编写三纤公司66个经典案例等，牵头组织危化品管理暨工艺安全防爆检查评估等综合及专项安全活动。支持分享特种规格丝束生产技术和经验，协助联合攻关昆纤公司纺丝断头率偏高问题，协助建立三纤公司统一的丝束原辅材料标准、产品质量标准、质量数据统计标准和产品质量检测标准。推进《三纤公司信息化中长期战略规划》的落地，推动协同化、数字化、集成化管理平台建设。办好“华维”品牌丝束技术交流会、“华维”大讲堂、三纤公司企业文化建设年会等活动，制作文化展示片和品牌宣传片，

2019 年 5 月 28 日，三纤公司“华维”品牌丝束技术交流会在江苏南通召开
南纤公司　供稿

提升“华维”品牌形象。设立 32 个国际一流评价指标。

技术成果。推进丝束生产线升级，完成 5 种规格超高单旦丝束的开发和小批量生产。“细支卷烟专用丝束开发及生产线技术升级研究”项目获得中国烟草总公司科学技术进步奖二等奖。完成 2 台纺丝机的柔性化改造，中支烟丝束产能提升至 1 万吨/年。推进多品种木浆的开发布局，不断优化共混生产工艺，提升醋片生产柔性化优势；完成国产棉浆与挪威软木浆全周期试生产研究，“一主多辅”木浆供应模式取得进展。加强核心零部件和关键技术攻关，推进喷丝帽国产化开发，取得实质进展；自主创新，完成 2 台锅炉烟囱有色烟羽脱除工程，投运后节能减排效果明显。全年获得专利授权 11 件，其中国内发明专利 4 件，国外发明专利 2 件，实用新型专利 5 件。

【品牌建设】　**实施质量提升专题活动**。组织召开 2 次丝束质量提升专题会议，制定 110 余项改进课题，着力提高工艺、设备、操作的可靠性、稳定性。2019 年，丝束行业抽检合格率 100%，丝束吸阻稳定性、飞花、滤棒硬度等指标用户满意度在同行中领先。

拓展丝束市场。推进中支烟用丝束开发及国产特规丝束替代进口丝束，全年开发 4 种新规格丝束。4.8/22000 和 7.5/16000 中细支丝束在“中华”品牌滤棒上使用，成功替代进口滤棒。

深化品牌合作。聚焦行业“大品牌、大市场、大企业”战略，推进“市场化、基地化、精益化”供应模式，完成“南京”细支烟和“泰山”卷烟专用丝束专线挂牌。

持续改进用户服务。通过现场解决丝束应用技术问题、协助改进滤棒成型工艺、推进国产丝束替代进口丝束等有效服务举措，为用户创造价值。通过开展管家式个性服务，推进 52 项合作课题，联合走访用户 189 次开展组织交流与培训，将合作内容延伸至前端的卷烟设计开发。全年未发生用户重大产品和服务质量抱怨或投诉，是上海烟草集团丝束供应商中唯一被评为“三星”（最高级）供应商的企业。2019 年，丝束用户满意度和忠诚度指数分别为 94.79 和 97.66。

【企业管理】　**安全环保**。全年未发生一般及以上事故，20 万工时严重伤害指数为零。三废 100% 达标排放，总量受控，被工业和信息化部认定为第四批“绿色工厂”。

推进“双重预防”机制建设。针对作业安全、工艺安全、设备安全等领域，组织全员做好风险单元划分、危险源辨识、风险评估、管控措施制定。分别引入 JHA、LEC、HAZOP、FMEA 的风险分析工具与评估方法，分析评估风险，针对每条风险危害从技术、管理、人员培训及应急等 4 个方面制定管控措施，并形成分级管控清单。

开展专项评估。针对公司停车大修 9 个重点项目施工方案组织安全专题研讨，对重点和高风险项目安全风险进行再辨识。深化电仪控制系统关键回路风险再识别、“三高”（高温、高压、高危介质）管道泄漏风险排查及重大风险隐患整改，确保现有压力管道和关键电仪设备设施的本质安全。

落实监督管理。锅炉烟气、废水等各污染物排放量均优于公司绩效指标，锅炉烟气排污量实现大幅下降；危险废物处置及时率和月均库存量均创近五年来最佳水平；推动厂外污水市政管网改造，解决厂外污水井溢流问题，有力保障六期项目按期投入运行。

精益管理。提产销。采取客户需求与生产计划衔接、优化机台生产模式等举措，减少产能损失 775 吨；提升纺丝速度、降低废丝率、实施柔性化生产，增产 951 吨；丝束认购计划和分配计划继续保持国内第一名。特规丝束产销继续保持增长，其中，细支烟丝束产量 1.1 万吨，比上年增长 15.7%；销量 9662 吨，比上年增长 6.70%。中支烟丝束产量1460吨，比上年增长105.3%；销量1487吨，比上年增长226.6%。

控成本。通过降低大宗原辅料采购成本、开展节能降耗项目、推进大数据深化运用等举措全面控制生产成本，丝束单位生产成本下降5.2%，醋片单位生产成本下降6.74%。落实节能举措，全年实现节能率3%，节约标准煤1.2万吨，节约成本1238万元。

降费用。以“实测法”准确反映锅炉污染物减排实绩降低环保税额约100万元；通过修旧利废、自主维修、备件国产化等措施，节约维修费用922万元；争取固定资产进项税一次性抵扣、研发费75%加计扣除等优惠政策，节省费用809万元。

强管理。严格控制备品备件占用资金，比上年减少3.95%，达到历史最好水平；运用TPM改进设备管理，完成63个TPM改善课题，醋片设备OEE（设备综合效率）为93.71%，丝束设备OEE为94.09%，关键设备故障率0.07‰，保持历史最好水平；深入推进精益管理，实施包括9个六西格玛项目和51个QC项目在内的2019年精益“项目池”，取得财务收益1780万元。

【工程建设】　2019年，稳步推进南纤公司六期工程。安全方面，严格遵循“三服从”原则，全年实现安全无事故、无事件。质量方面，严格把好设备设计制造、施工方案审查和安装现场检查关口，严格控制变更管理，设备到场验收合格率100%，管道安装焊接质量100%合格，系统对接一次性成功完成。进度方面，按期交付公用工程装置，按期完成六期建设装置与现有生产装置的系统对接、醋片装置安装和单机调试。费用方面，严格做好项目招投标管理和进度款的审核、支付，截至2019年底，建设费用占批复额度的90.8%，项目总费用控制在初步设计批复范围内。

【特事辑要】　2019年3月28日，南纤公司举行与江苏中烟战略合作框架协议签约暨“南京细支烟丝束专线”揭牌仪式。

3月29日，南纤公司召开2018年度先进表彰大会，对88个先进集体、项目、个人进行表彰。

4月30日，江苏省科技发展战略研究院向社会发布“2018江苏省百强创新型企业”名单，南纤公司名列其中，排第22位。

5月28日，南纤公司承办三纤公司“华维”品牌丝束技术交流会。

9月19日，“醋纤丝束泰山专用线”在南纤公司挂牌。

◇ 撰稿：刘静静；编辑：周　佳

昆明醋酸纤维有限公司

【生产经营】　2019年，昆明醋酸纤维有限公司（简称昆纤公司）生产丝束3.53万吨，销售丝束3.54万吨，实现利润3.75亿元。

【安全环保】　2019年，昆纤公司安全事故为零，三废排放100%达标且优标排放。全年无职业健康安全损失工作时间158万小时，人员无伤害连续工作天数732天，各类环保污染物均达标排放，安全环保绩效良好。

公司围绕“防泄漏、防火灾、防爆炸、防人身伤害”四防的工作核心，制定、完善多项规章制度，涵盖安全管理全过程。持续抓好双重预防机制建设，全面开展作业活动、工艺系统和设备设施的风险分析，细化落实岗位的安全责任，有效实施《风险分级管控制度》等规范，运用管理和技术双重手段，风险分级管控和隐患排查治理实现“全覆盖”。开展危化品管理和防火防爆专项评估检查，危化品“灰犀牛”风险得到有效防控，确保公司生产经营安全稳定。持续提高全员安全技能，开展风险辨识、应急演练等安全培训，全面提高员工在安全工作中应知应会水平。

【协同创新】　以“华维”品牌为纽带，在“技术共享、产品同质、管理同步”上取得新的进展。参与、实施、牵头三纤协同重点项目，与南纤公司、珠纤公司围绕协同创新机制，形成管理、技术、文化等全方位协同，在公司的人力资源管理、E化工作流程、工艺技术改进等方面成绩凸现。董事会主导的人力资源3P项目在公司顺利落地，在公司组织架构、人员编制、薪酬等6个方面进行优化，整合资源、激发员工活力，促进各项工作开展。

【客户服务】　致力于云南市场，始终关注客户对产品和服务的认可度、满意度、忠诚度，在产品质量、中支烟丝束开发、服务质量和专线建设上取得进展。全年各规格产品在客户端上机适应性、吸阻稳定性、消耗等表现得到客户进一步肯定，客户异常反馈次数从上年的4次下降为0次；为云南中烟开发生产5.8Y26000规格中支烟丝束，进行5.3Y28000规格中支烟丝束生产的技术准备；持续开展与客户的深入交流和提供技术支持，密切配合云南中烟技术中心产品开展丝束质量评价，参与广西、贵州中烟等编制和修订企业标准；“云烟”“玉溪”丝束专线正式落户昆纤公司，在供需协调、协同创新、产品研发等方面深化融合，努力实现发展共促、技术共研、成果共享，助力“云烟”“玉溪”和“华维”品牌携手做大做强。

【搬迁技改】 公司搬迁选址确定在昆明国家级经济技术开发区。截至2019年底，公司完成项目建设用地规划合规性调整和二次场地平整，具备招拍挂的条件；完成项目可研报告编制，完成立项必备的能源、水保、环境和职业健康等专业评估工作；搬迁技改工程投资费用评估报告报送昆明市政府；配合云南烟草现址开发的费用测算工作。进一步增强工作主动性和创造性，坚持以高起点、高标准、高要求，依托、依靠云南烟草，与地方政府和相关部门沟通协调，全力推进搬迁技改工作取得新进展。

2019年12月18日，云南中烟与昆纤公司战略合作框架协议签约暨“云烟”“玉溪”丝束专线揭牌活动在昆纤公司举行

昆纤公司　供稿

【特事辑要】 2019年12月18日，云南中烟公司与昆纤公司战略合作框架协议签约暨“云烟”“玉溪”丝束专线揭牌活动在昆纤公司举行。

◇撰稿：李如音；编辑：周　佳

珠海醋酸纤维有限公司

【生产经营】 2019年，珠海醋酸纤维有限公司（简称珠纤公司）生产丝束7.09万吨，销售丝束7.17万吨，实现利润7.73亿元。产品销往全国15个省（自治区、直辖市），市场占有率24%。

【技术创新】 2019年，珠纤公司进一步挖掘水吸收丙酮系统的节能潜力，通过优化蒸馏塔进料加热器和吸收液回流冷却器，丙酮区吨丝汽耗由3.71吨/吨下降到3.20吨/吨。开展“四改三”高效能纺丝机改造，进一步提高生产柔性化水平，生产高总旦规格丝束的机台产能较改造前提高50%。

公司全年实施创新项目54项，参与创新项目人数255人次，创新指数3.38。截至2019年底，公司拥有在保护期内的授权专利16件，其中发明专利9件、实用新型专利7件。

【品牌营销】 2019年，珠纤公司响应客户需求，不断优化丝束指标参数并开发新丝束品种。先后开发6.0Y54000、7.3Y36000、5.8Y22000等10个新品丝束规格。全年客服与销售人员累计走访用户193厂次，与广东、湖北等用户举办技术交流及产品使用培训30场次。积极推动“市场化、基地化、精益化”供应模式，分别与湖南中烟、福建中烟建立战略合作伙伴关系，并于9月10日设立“白沙”和“七匹

珠纤公司生产车间（2019 年）

珠纤公司　供稿

位，隐患排查和治理更加有效，实现全年安全环保零事故、废水零排放。全员践行“零缺陷”管理理念，深入推进卓越绩效管理模式，员工质量意识进一步增强，以工作质量提升推动产品质量提高取得新成效。协同创新在产品“均质化”方面有新起色，特规丝生产技术标准等进一步统一，创新成为珠纤员工的自觉行动，促进产品质量提升、工作效率提高、节能减排和运营效益等工作。

狼”2 条丝束品牌生产专线。2019 年，公司顾客服务契合度 94. 8 分，处于行业一流水平。截至 2019 年底，珠纤产品覆盖“双喜”“黄鹤楼”“芙蓉王”“利群”等 14 个重点品牌，重点卷烟品牌覆盖率超过 90%。

【企业管理】　2019 年，珠纤公司安全生产责任制落实到

【搬迁扩建】　2019 年，珠纤公司搬迁扩建项目完成节能专项验收、水土保持备案、规划验收、项目结算、决算审计工作。项目生产装置运行状况、生产能力、产品质量、原材料消耗、能源消耗等均达到或优于设计指标。

◇ 撰稿：万　顷；编辑：周　佳

其他卷烟辅助材料生产企业名单

辅料生产企业名称	出资人（烟草企业）	总资产（万元）	总产值（万元）	总利润（万元）	主要经营项目
中烟摩迪（江门）纸业有限公司	中国烟草总公司参股	68485	39443	3571	主要经营卷烟纸、成型纸、其他用于烟草制造业的各种纸类制品的加工、生产和销售，并提供与此相关的服务
张家口钻石工贸有限公司	张家口卷烟厂有限责任公司子公司	651	1808	180	主要经营纸箱出租、卷烟零售
石家庄荷花卷烟材料有限责任公司	河北白沙烟草有限责任公司子公司	3577	3252	318	主要经营内衬纸生产、销售；循环利用塑料包装箱整理、销售；日用百货销售等
上海烟草包装印刷有限公司	上海烟草集团有限责任公司控股	209712	90603	15126	主要经营出版物印刷、包装印刷、其他印刷，从事印刷科技专业领域内的技术咨询、技术服务等
上海白玉兰烟草材料有限公司	上海海烟投资管理有限公司全资	40830	46418	291	主要负责滤棒的研发、制造
上海烟草集团太仓海烟烟草薄片有限公司	上海烟草集团有限责任公司控股	35755	14337	2284	主要经营烟草薄片委托加工、烟叶购进、烟草薄片生产销售，以及与烟草薄片生产相关的技术咨询服务，烟草薄片仓储、香料销售

续表

辅料生产企业名称	出资人（烟草企业）	总资产（万元）	总产值（万元）	总利润（万元）	主要经营项目
上海牡丹香精香料有限公司	上海烟草集团有限责任公司控股	19684	24186	5535	主要负责烟用香精香料的研制、开发、生产、销售、运输及其相关领域内的咨询服务
南通烟滤嘴有限责任公司	江苏中烟工业有限责任公司全资	208042	147632	35077	主要负责烟滤嘴的加工、销售
浙江三润新科技发展有限公司	浙江中烟投资管理有限公司全资	38397	—	3456	主要经营烟标包装用纸的批发，电子烟雾化器、香精香料、植物提取物的生产、销售；香精香料、植物萃取、生物化工产品技术的技术开发
宁波三润投资实业有限公司	浙江中烟投资管理有限公司全资	38991	—	5198	主要经营烟卡卡纸、包装材料的批发
宁波大红鹰投资有限公司	浙江中烟投资管理有限公司全资	34343	—	1143	主要经营铝箔纸的制造、加工；实业投资；计算机和软件开发；卷烟、雪茄烟的零售；烟具零售；广告服务等
龙游塔恩纸业有限公司	浙江中烟投资管理有限公司参股	22570	14908	518	主要经营生产销售水松原纸和水松纸等
湖州新天外绿包印刷有限公司	浙江中烟投资管理有限公司参股	37818	31449	1159	主要经营卷烟包装印刷及其他印刷；从事货物与技术的进出口业务
浙江伟博包装印刷品有限公司	浙江中烟投资管理有限公司参股	16820	17000	2328	主要经营卷烟包装印刷、包装装潢印刷及进出口业务
浙江利群环保纸业有限公司	浙江中烟工业有限责任公司参股	33004	27546	7585	主要经营造纸法烟草薄片的技术研发、生产及自产产品的销售
厦门鑫恒晟印务有限公司	福建鑫叶投资管理集团有限公司全资	16885	23981	6059	主要经营包装装潢及烟草制品商标的印刷业务等
福建三华彩印有限公司	福建鑫叶投资管理集团有限公司控股	112915	167175	6456	主要经营商标、广告等印刷品，兼营装潢设计
厦门五福印务有限公司	福建鑫叶投资管理集团有限公司参股	221639	20295	5780	主要经营卷烟商标印刷等
福建省石狮市富兴包装材料有限公司	福建鑫叶投资管理集团有限公司参股	15264	12989	3008	主要负责水松纸、铝箔纸、卡纸等卷烟辅料的经营与管理
山东鲁烟莱州印务有限公司	将军烟草集团有限公司全资	32842	30062	5585	主要经营包装装潢印刷品印刷
山东将军开元纸业有限公司	将军烟草集团有限公司全资	9649	6784	560	主要经营瓦楞纸、纸箱、铝箔纸、卡纸及包装制品的生产、销售等
山东将军烟草新材料科技有限公司	将军烟草集团有限公司全资	31748	10991	3770	主要经营滤棒加工，醋纤滤棒生产销售，进出口业务，烟用辅助材料销售，烟叶库智能管理系统，房屋租赁等

续表

辅料生产企业名称	出资人（烟草企业）	总资产（万元）	总产值（万元）	总利润（万元）	主要经营项目
将军集团济南包装材料分公司	将军烟草集团有限公司直属	11394	12332	640	主要经营纸张、纸制品、塑料制品、烟用辅助材料的批发零售，卷烟纸分切销售、塑化烟箱租赁、包装装潢印刷品印刷
济南泉永印务有限公司	将军烟草集团有限公司控股	26811	21314	2018	主要经营印制卷烟商标、包装箱（盒）及其他纸质包装物、本册制造
将军集团临清纸业分公司	将军烟草集团有限公司直属	10505	4265	1017	主要经营包装装潢印刷品印刷，批发、零售纸张、纸制品，烟用辅助材料、烟用配件、机械零部件、机械设备及配件，房屋租赁
颐中烟草（集团）有限公司卷烟材料分公司	颐中烟草（集团）有限公司直属	5352	7680	3762	主要经营卷烟辅助材料制造
颐中烟草（集团）有限公司烟台分公司	颐中烟草（集团）有限公司全资	4803	2043	-70	主要加工、制造、销售：丝束成型助剂、添加剂、化工助剂
颐中（青岛）实业有限公司	颐中烟草（集团）有限公司全资	28719	25444	800	主要经营铝箔纸、卷烟辅料及下脚料、包装物制造、加工；香精香料生产、销售
颐中（潍坊）实业有限公司	颐中烟草（集团）有限公司全资	15469	9920	94	主要经营卷烟配套的原辅材料（烟草专卖品除外），加工销售
颐中（滕州）实业有限公司	颐中烟草（集团）有限公司全资	1726	1518	53	主要经营烟用嘴棒、铝箔复合、乳胶、水松纸、薄片加工
青州新华包装制品有限公司	颐中烟草（集团）有限公司全资	10910	13169	389	主要负责卷烟商标、水松纸等卷烟辅料的生产与经营
烟台颐中包装有限公司	颐中烟草（集团）有限公司全资	2470	3272	29	主要经营纸箱的制造；纸箱、纸板、包装物料的批发
青岛嘉泽包装有限公司	颐中烟草（集团）有限公司参股	47282	69573	5008	主要经营烟用接装纸、内衬纸、拆封拉线、BOPP 薄膜、卡纸、烟标、礼品盒、过滤棒及其他包装材料、胶粘剂（不含危险品）
青岛黎马敦包装有限公司	颐中烟草（集团）有限公司参股	54557	64265	7994	主要生产和销售包装制品
河南金瑞香精香料有限公司	河南中烟工业有限责任公司全资	18819	21435	2719	主要生产、销售烟用香精香料
河南金芒果印刷有限公司	河南中烟工业有限责任公司控股	16006	13406	1423	主要从事烟标生产、销售
许昌永昌印务有限公司	河南中烟工业有限责任公司控股	18046	21189	1328	主要从事烟标生产、销售
焦作金叶醋酸纤维有限公司	河南中烟工业有限责任公司控股	27925	15410	1112	主要生产、销售烟用醋酸纤维丝束

续表

辅料生产企业名称	出资人（烟草企业）	总资产（万元）	总产值（万元）	总利润（万元）	主要经营项目
驻马店发时达工贸有限公司	河南中烟工业有限责任公司控股	8878	10912	293	主要生产、销售接装纸、内衬纸等，加工烟用滤棒
郑州黄金叶实业总公司	隶属河南中烟工业有限责任公司、集体企业	50335	25902	150	主要生产、销售烟标装潢、框架纸等，加工烟用滤棒
河南新郑金芒果实业总公司	隶属河南中烟工业有限责任公司、集体企业	17158	19560	346	主要生产、销售接装纸、框架纸等，加工烟用滤棒
安阳红旗渠集团	隶属河南中烟工业有限责任公司、集体企业	23358	30074	459	主要生产、销售烟标装潢、框架纸等，加工烟用滤棒
南阳双龙实业公司	隶属河南中烟工业有限责任公司、集体企业	17500	25405	2394	主要生产、销售烟标装潢、框架纸等，加工烟用滤棒
漯河沙河实业有限公司	隶属河南中烟工业有限责任公司、集体企业	14185	15047	551	主要生产、销售烟标装潢、框架纸等，加工烟用滤棒
许昌帝豪实业公司	隶属河南中烟工业有限责任公司、集体企业	20380	27856	850	主要生产、销售接装纸、内衬纸、框架纸、烟箱等，加工烟用滤棒
洛阳烟草服务中心	隶属河南中烟工业有限责任公司、集体企业	17200	11145	713	主要生产、销售烟标装潢、框架纸等，加工烟用滤棒
常德金鹏印务有限公司	湖南中烟投资管理有限公司控股	93435	106178	20053	主要生产出版物印刷品、包装装潢印刷品等
宁夏弘德包装材料有限公司	湖南中烟工业有限责任公司控股	45602	22801	795	主要经营设计、生产、销售包装印刷产品
湖南永怡印刷包装有限公司	湖南中烟投资管理有限公司控股	4043	9483	－1094	主要经营包装装潢、其他印刷品印刷、加工及产品销售
湖南九子龙印务有限公司	湖南中烟投资管理有限公司参股	5913	8940	341	主要研制开发、印制烟标及其他印刷品；生产纸箱制品等
常德市芙蓉实业发展有限责任公司	湖南中烟投资管理有限公司全资	43373	36440	1375	主要经营卷烟原辅材料及包装物品的生产加工
常德芙蓉大亚化纤有限公司	湖南中烟投资管理有限公司控股	20072	22122	4743	主要经营丙纤滤棒生产销售、加工；烟草专用机械购进；烟用丙纤丝束生产销售
四平芙蓉纸品有限责任公司	湖南中烟投资管理有限公司全资	3876	5596	665	主要经营纸制品生产、销售等
湖南兴泰包装材料有限公司	湖南中烟投资管理有限公司全资	4276	13259	164	主要经营包装材料制造、包装装潢印刷、其他印刷品的生产销售等
郴州永旺包装材料有限公司	湖南中烟投资管理有限公司全资	3042	16975	792	主要经营纸箱、铝箔纸、水松纸等材料的生产与销售

续表

辅料生产企业名称	出资人（烟草企业）	总资产（万元）	总产值（万元）	总利润（万元）	主要经营项目
湖南和鑫包装材料有限公司	湖南中烟投资管理有限公司控股	12138	3964	965	主要负责加工、生产、销售各类薄膜、纸制品和其他包装材料及制品（不含食品包装）等
广西真龙实业有限责任公司	广西中烟天成投资管理有限公司全资	34670	21587	1701	主要经营接装纸、铝箔纸、卡纸等烟用辅料的研发、生产、销售及CNAS实验室认可的项目检测服务等
广西真龙彩印包装有限公司	广西中烟天成投资管理有限责任公司控股	66825	71113	11521	主要经营制版印刷等
广西真龙天瑞彩印包装有限公司	广西真龙彩印包装有限公司全资	25564	19796	3755	主要经营内部资料性出版物印刷、包装装潢印刷、其他印刷品印刷等
四川三联新材料有限公司	四川中烟工业有限责任公司控股	248600	108866	36985	主要经营生物质材料制造、纳米材料制造，生产、经营滤咀棒及有关配套产品的设计、生产、销售
陕西省卷烟材料厂	陕西中烟投资管理有限公司全资	25940	12813	59	主要生产经营烟用滤棒、烟箱、内衬纸等卷烟辅料等
宝鸡好猫实业（集团）有限公司	陕西中烟工业有限责任公司全资	47812	26204	82	主要生产经营烟用印刷品、烟用滤棒等
宁波大安化学工业有限公司	陕西中烟投资管理有限责任公司参股	129846	120772	24736	主要生产经营乙醋酐、二醋片等
西安惠大化学工业有限公司	陕西中烟投资管理有限责任公司参股	42178	60314	9220	主要生产经营烟用丝束等
陕西金叶科教集团股份有限公司	陕西中烟投资管理有限责任公司参股	250000	76000	2600	主要经营包装印刷品生产
宁夏弘德包装材料有限公司	陕西中烟投资管理有限责任公司参股	45602	16557	795	主要经营烟用包装印刷品生产销售等
贵州西牛王印务有限公司	贵州福贵投资管理有限公司参股	40589	21137	2222	主要经营烟标印刷、商标设计与制作、新包装产品开发等
贵阳黄果树纸业有限公司	贵州福贵投资管理有限公司控股	4845	9624	472	主要经营包装纸箱、箱板原纸、瓦楞纸等材料的回收与销售

◇ 编辑：周　佳

烟叶加工

打叶复烤

2019年，行业26家独立法人打叶复烤企业委托加工烟叶中，加工省外烟叶，占比11.55%，加工省内烟叶，占比88.45%。省内烟叶流动率提升至45%左右。近年来，省际间流动水平维持在12%左右。

2018烤季，打叶复烤企业与工业企业（含进出口企业，不含商业企业委托加工、工业所属复烤车间为本企业加工和打叶复烤企业自营烟叶加工）间的加工对子共计311个，较上一烤季减少25个，客户对于加工点进行集中调配，减少加工点数量。卷烟工业企业平均加工点数量为11.96个，较上年减少1.08个。8家工业企业的加工点数量少于10个，15家工业企业在10~20个之间，1家工业企业大于20个。

丹东辽东烟草发展有限责任公司

【概　况】　丹东辽东烟草发展有限责任公司位于辽宁省凤城市，成立于1996年7月9日，隶属于中国烟草总公司辽宁省公司管理。公司拥有年储存烟叶1.5万吨（30万担）的物流中心1个，年打叶复烤能力3万吨（60万担）的现代化生产线1条。从业人员137人。

公司法定代表人：车世平

【生产经营】　2019年，公司复烤加工原烟1.05万吨（20.97万担），产出成品片烟0.69万吨（13.8万担）。实现主营业务收入3522.71万元。

【基础管理】　2019年，公司合理安排加工计划，整个加工周期主要质量指标均达到行业相关标准和客户的要求。其中，成品含水率11.48%，一类杂物率为零；上等烟叶片率79.48%、中等烟叶片率76.85%、叶中含梗率1.48%，设备有效作业率97.6%。客户满意度99.02%。

延边友利打叶复烤有限责任公司

【概　况】　延边友利打叶复烤有限责任公司位于吉林省延吉市。公司于2003年9月正式投入生产运营，隶属于吉林烟草工业有限责任公司，注册资金6054万元，有6000千克/小时整套打叶复烤设备，年生产能力3万吨（60万担）。从业人员395人，其中，合同工210人、季节工185人。

公司总经理、法定代表人：董秀吉

【生产经营】　2019年，公司复烤加工烟叶1.1万吨（21.92万担），比上年下降11.36%；产出片烟0.81万吨（16.2万担），比上年下降4.07%。实现加工收入5360.89万元，比上年下降3.35%。实现税利741.37万元，比上年下降6.67%。

黑龙江烟叶复烤有限公司

【概　况】　黑龙江烟叶复烤有限公司位于黑龙江省哈尔滨市，2012年6月经国家烟草专卖局、中国烟草总公司批准成立，2012年11月正式挂牌，是由中国烟草总公司黑龙江省公司、红塔烟草（集团）有限责任公司、湖南中烟工业有限责任公司、湖北中烟工业有限责任公司、广东中烟工业有限责任公司等5家烟草工商企业投资经营的打叶复烤企业，由黑龙江省烟草专卖局（公司）控股管理，实行董事会领导下的总经理负责制，下设勃利、绥化、林口等3家打叶复烤厂。注册资本6.59亿元，拥有3条12000千克/小时打叶复烤生产线，年复烤加工能力13.5万吨（270万担）。截至2019年底，公司总资产2.92亿元，其中，固定资产0.49亿元、流动资产2.22亿元，资产负债率14.84%。从业人员548人。

公司总经理、法定代表人：马彦领

【生产经营】　2019年，公司加工原烟1.97万吨（39.52万担），产出成品片烟1.34万吨（26.8万担）。实现销售收入0.84亿元。亏损1.1亿元。

华环国际烟草有限公司

【概　况】　华环国际烟草有限公司成立于1994年5月，隶属于安徽省烟草专卖局（公司），位于安徽省滁州市凤阳县，2011年合并重组涡阳烟叶复烤厂，由中国烟草总公司安徽省公司、上海烟草集团有限责任公司、安徽中烟工业有限责任公司共同投资。2014年吸收合并蚌埠烟叶储运公司，正式形成3家股东单位共同经营管理的股份制企业，公司注册资本12.91亿元。公司下辖华环生产加工中心、涡阳烟叶复烤厂和蚌埠储运分公司3个非独立法人分支机构。公司拥有2条12000千克/小时的打叶复烤生产线，年设计生产能力6万吨（120万担），拥有仓库面积20.4万平方米，其中成品仓库16.3万平方米，原料仓库4.1万平方米，可储存成品烟叶7.5万吨（150万担）、原料烟叶2万吨（40万担）。截至2019年底，公司总资产16.11亿万元，其中，固定资产7.2亿元、流动资产8.69亿元，资产负债率2.93%。从业人员2543人，其中外包性用工2084人。

公司党委书记、董事长、总经理：王新胜

【生产经营】　2019年，公司打叶复烤烟叶5.06万吨（101.12万担）。实现主营业务收入3.08亿元。实现税利2108.49万元。亏损2368.58万元。

【烟叶加工】　加快“两个中心”升级步伐，主要经济和质量指标稳中有升。仓储中心进一步扩容升级，完成3.5万平方米仓库标准化改造，成品仓库面积达到15万平方米。实现上烟门台库20%清洁仓间达标，正式启用安徽中烟原料库，逐步打造安徽中烟外仓示范库，成立仓储养护研究室。全年原料零霉变，虫情指标比上年下降78%，实现无高温货垛目标。加工中心进一步提质提效，突出工业选叶，建成运行12500千克/小时环形辊道智能分选线，基本形成环形辊道智能分选、动静结合分选、常规静态分选、特等烟叶分选四种分选模式，选叶能力进一步提高。突出技术升级，开展10个批次综合均质化调控技术研究试验，11个批次工序均质化试验，形成关键工序过程控制标准。建立片烟混配加工技术方法及工艺流程，混配加工装备和技术进一步完善。突出信息化建设，构建数字智能化复烤体系，物流仓储管理、生产执行、外包业务用工管理等3个系统上线试运行。

福建武夷烟叶有限公司

【概　况】　福建武夷烟叶有限公司位于福建省南平邵武市，成立于2000年12月。有中国烟草总公司福建省公司、福建省烟草公司南平市公司、浙江中烟工业有限责任公司、上海烟草集团有限责任公司、江苏中烟工业有限责任公司、红塔烟草（集团）有限责任公司、安徽中烟工业有限责任公司、山东中烟工业有限责任公司、四川中烟工业有限责任公司、重庆中烟工业有限责任公司等10家股东，隶属于福建省烟草专卖局（公司）管理。公司占地面积34.2万平方米，年复烤加工能力3万吨（60万担）。截至2019年底，公司总资产12.46亿元，其中，固定资产4.49亿元、流动资产7.43亿元，资产负债率2.19%。从业人员1200人（含季节性人员）。

公司董事长：孔祥统（—2019年7月）、周志攀（2019年7月—）；总经理：杨连意；法定代表人：张清明

【生产经营】　2019年，公司复烤加工烟叶3.59万吨（71.75万担），产出片烟2.41万吨（48.2万担）。实现销售收入1.72亿元，其中加工收入1.08亿元。实现税利3119万元，其中利润418万元。

福建省龙岩金叶复烤有限责任公司

【概　况】　福建省龙岩金叶复烤有限责任公司位于福建省龙岩市永定区，2003年4月，由原龙岩卷烟厂打叶复烤分厂改制而来，隶属于福建中烟工业有限责任公司。公司有福建中烟工业有限责任公司、龙岩烟草工业有限责任公司、厦门烟草工业有限责任公司、福建省烟草公司龙岩市公司、上海烟草集团有限责任公司、湖北中烟工业有限责任公司、广东中烟工业有限责任公司等7家股东。拥有2条12000千克/小时打叶复烤生产线。截至2019年底，公司总资产11.95亿元，其中固定资产5.05亿元。从业人员379人。

公司党委书记、总经理：姜林忠

【生产经营】　2019年，公司打叶复烤加工烟叶2.38万吨（47.68万担）。实现营业总收入1.43亿元，其中加工收入1.35亿元。上缴税金1661万元。亏损4108万元。

【企业管理】　制定企业高质量发展规划，提升加工服务保障能力。2019年，南区新建选叶工房及配套设施改造项目投入试生产。开展在线均质化工艺研究应用，提升均质化加工能力，优化库容调配，完善柔性化订单化加工组织

2019年12月5日，国家局检查组到龙烟复烤公司开展打叶复烤均质化加工检查

福建省龙岩金叶复烤有限责任公司　供稿

模式。构建精益运营体系，创新激励机制，深化降本增效，优化企业流程管理。创新工艺质量管理，完善在线质量控制，烟碱变异系数2.6%，质量比上年提升5.88%；水分变异系数1.39%，质量比上年提升13.13%。

福建省三明金叶复烤有限公司

【概　况】　福建省三明金叶复烤有限公司位于福建省三明市，成立于1998年10月。有中国烟草总公司福建省公司、福建省烟草公司三明市公司、湖北中烟工业有限责任公司、上海烟草集团有限责任公司、江苏中烟工业有限责任公司、福建中烟工业有限责任公司、贵州中烟工业有限责任公司、红云红河烟草（集团）有限责任公司、湖南中烟工业有限责任公司、四川中烟工业有限责任公司、重庆中烟工业有限责任公司等11家股东，隶属于福建省烟草专卖局（公司）管理，注册资本9.13亿元。公司占地面积25.3万平方米，有1条处理能力12000千克/小时的国产打叶复烤生产线，年复烤加工能力3万吨（60万担）。截至2019年底，公司总资产9.41亿元，其中，固定资产4.80亿元、流动资产3.87亿元，资产负债率3.6%。从业人员910人。

公司董事长：孔祥统（—2019年8月）、周志攀（2019年8月—）；总经理：赖禄祥；法定代表人：白万明

【生产经营】　2019年，公司复烤加工烟叶3.37万吨（67.42万担），产出成品片烟2.25万吨（45万担）。实现销售收入1.38亿元，其中加工收入0.99亿元。实现税利235万元。亏损2064万元。

【质量提升】　烟叶加工质量持续提升，成品烟碱变异系数均值2.32%，含水率变异系数均值1.76%，打后中片率均值38.42%，烟叶自然出片率69.6%。

【技术创新】　牵头开展的“细支卷烟‘专属性、定制化’打叶复烤特色工艺研究与应用”技术升级重大专项于2019年5月获中国烟草总公司批准立项。

江西赣南烟叶复烤有限责任公司

【概　况】　江西赣南烟叶复烤有限责任公司位于江西省赣州市，成立于2009年11月，是由中国烟草总公司江西省公司发起，赣州、抚州、吉安市烟草公司及江西中烟工业有限责任公司、红塔烟草（集团）有限责任公司、原川渝中烟工业有限责任公司、山东中烟工业有限责任公司、湖南中烟工业有限责任公司、浙江中烟工业有限责任公司、广东中烟工业有限责任公司和上海烟草集团有限责任公司等12家省内外烟草工商企业共同投资兴建的国有股份制企

业，注册资本8.51亿元，占地面积26.67万平方米。截至2019年底，公司总资产8.98亿元。从业人员112人。

公司党委书记、总经理：韩爱平（—2019年1月）、廖为发（2019年1月—，主持全面工作）

【生产经营】 2019年，公司复烤加工原烟0.98吨（19.62万担），产出片烟0.64万吨（12.8万担）。实现营业收入7915万元。实现税金666万元。

山东烟叶复烤有限公司

【概　况】 山东烟叶复烤有限公司位于山东省济南市，成立于2011年1月，由中国烟草总公司山东省公司与上海烟草集团有限责任公司共同投资组建，隶属于中国烟草总公司山东省公司。公司下辖山东烟叶复烤有限公司诸城复烤厂、沂水复烤厂、潍坊复烤厂、临沂办事处和山东瑞博斯烟草有限公司1个全资子公司，拥有4条打叶复烤生产线和1条造纸法再造烟叶生产线，年设计复烤加工能力7.5万吨（150万担），年薄片生产能力6500吨。截至2019年底，公司总资产9.25亿元，其中，固定资产3.41亿元、流动资产4.81亿元，资产负债率12.08%。从业人员1052人。

公司分党组副书记、董事长、总经理、法定代表人：孙德育（—2019年5月）；分党组书记、董事长、法定代表人：徐立国（2019年7月—，之前任公司分党组书记）

【生产经营】 2019年，公司复烤加工原烟5.16万吨（103.18万担），生产造纸法再造烟叶0.37万吨（7.4万担）。月度平均代存成品289万担，销售残次废弃烟叶碎片2855吨。实现营业总收入4.63亿元。实现税利5261万元。

【技术创新】 以打叶复烤技术升级重大专项为引领，开展打叶复烤“五级”强度试验，初步构建沂蒙丘陵生态区烟叶原料打叶复烤特性数据库。推广应用五项关键技术，先后组织实施优化平库多等级组配投料模式、应用批次管理技术建立烟叶加工特性数据库、烟叶片型优化等技术研究，均质化加工控制水平进一步提高，被确定为“中华”“利群”等5个重点品牌原料均质化加工单位。

2019年，复烤公司承担省公司及以上科研项目8项，参与省级以上科研项目6项，自主立项4项，获中国烟草总公司科学技术进步奖三等奖1项，省公司科学技术进步奖二等奖1项，省公司专利奖6项；获得发明专利授权4件；计算机软件著作权1项。

天昌国际烟草有限公司

【概　况】 天昌国际烟草有限公司位于河南省许昌市。

天昌复烤厂正在运行中的第一复烤车间（2019年）
天昌国际烟草有限公司　杨洲洋　摄

2011年9月，天昌国际烟草有限公司吸收合并三门峡金红烟草有限责任公司、宝丰金叶烟草有限责任公司、南阳金业烟草有限责任公司，重组整合为新的天昌国际烟草有限公司，隶属于河南省烟草专卖局（公司）管理。公司投资总额27.4亿元，注册资本22.48亿元，有中国烟草总公司河南省公司、河南中烟工业有限责任公司、上海烟草集团有限责任公司、浙江中烟工业有限责任公司、湖北中烟工业有限责任公司、中国烟草河南进出口有限责任公司、江苏中烟工业有限责任公司、贵州中烟工业有限责任公司、红云红河烟草（集团）有限责任公司、安徽中烟工业有限责任公司、吉林烟草工业有限责任公司、红塔烟草（集团）有限责任公司、天利国际经贸有限公司、四川中烟工业有限责任公司、广东中烟工业有限责任公司、重庆中烟工业有限责任公司等16家股东。公司下辖天昌复烤厂、三门峡复烤厂、宝丰复烤厂、南阳复烤厂等4家打叶复烤生产厂，拥有5条打叶复烤生产线，年设计复烤加工能力10.5万吨（210万担）。

公司党委书记：林　睿（—2019年3月）；总经理：赵遂生

【生产经营】 2019年，公司复烤加工烟叶8.17万吨（163.4万担），产出片烟5.42万吨（108.4万担）。实现加工及经营收入5.46亿元。实现税利6971万元，其中利润512万元。

【技术改造】 2019年，宝丰复烤厂技术改造项目工程全部完工，项目完成单项验收和工程结算。南阳复烤厂技术改造项目完成成品库、生产管理用房及厂区绿化、照明等工程。天昌复烤厂易地技术改造项目联合工房处于主体施工阶段，其他土建工程完成图纸设计。

湖北烟草金叶复烤有限责任公司

【概　况】 湖北烟草金叶复烤有限责任公司位于湖北省恩施州经济开发区。2009年12月，恩施金叶有限责任公司、襄樊金叶有限责任公司重组整合为湖北烟草金叶复烤有限责任公司；湖北烟草金叶复烤有限责任公司是中国烟草总公司湖北省公司控股管理的子公司，公司下设非独立法人的湖北烟草金叶复烤有限责任公司恩施复烤厂、湖北烟草金叶复烤有限责任公司襄樊复烤厂。2010年1月，公司正式挂牌成立。公司有中国烟草总公司湖北省公司、湖北中烟工业有限责任公司、湖南中烟工业有限责任公司、浙江中烟工业有限责任公司、红云红河烟草（集团）有限责任公司、红塔烟草（集团）有限责任公司、山东中烟工业有限责任公司、四川中烟工业有限责任公司、广西中烟工业有限责任公司、安徽中烟工业有限责任公司等10家股东，注册资本11.74亿元。公司下辖恩施复烤厂、襄阳复烤厂2个打叶复烤生产厂。拥有12000千克/小时打叶复烤生产线1条，9000千克/小时打叶复烤生产线1条，年设计复烤加工能力5.25万吨（105万担）。截至2019年底，公司总资产14.29亿元，资产负债率15.19%。从业人员418人。

公司党组书记、总经理、法定代表人：程瑞武；董事长：梁　斌

【生产经营】 2019年，公司复烤加工烟叶5.35万吨（107.08万担），产出成品片烟3.66万吨（73.18万担）。实现加工收入2.77亿元。实现税利1.03万亿元，其中利润6093万元。

【技术改造】 2019年9月，恩施复烤厂仓储区建设项目全面建成；10月整体投入使用，试生产工作有序进行。襄阳复烤厂易地技改项目扎实推进，4月接受国家局工程审计专家组项目竣工结决算审计报告审查，通过国家局整体竣工验收。

湖南烟叶复烤有限公司

【概　况】 湖南烟叶复烤有限公司位于湖南省郴州市，

于2011年9月29日注册登记，同年10月正式运作。公司实行“一个法人，两点生产加工”的经营模式，下辖郴州、永州2家复烤厂，有3条打叶复烤生产线，年设计加工能力9万吨（180万担）。公司有19家股东，注册资本22.88亿元，其中，中国烟草总公司湖南省公司占股本比例51.983%，湖南中烟工业有限责任公司、广东中烟工业有限责任公司、上海烟草集团有限责任公司等18家卷烟工业企业股东占股本比例48.017%，由中国烟草总公司湖南省公司控股管理。截至2019年底，公司总资产28.02亿元。从业人员630人。

公司党组书记、总经理、法定代表人：曹　健

【生产经营】　2019年，公司完成投料加工5.43万吨（108.59万担），产出片烟3.56万吨（71.13万担）。实现营业收入3.8亿元。实现税利8868万元，其中税金5606万元，利润3262万元。

【技术改造】　2019年，公司启动6栋4.5万平方米新原烟仓库项目建设。郴州复烤厂商业主导打叶复烤示范线建设4个子项目完成立项并有序开展；原烟预测预报完成湖南省53个区（县）、301个烟叶样品理化指标的采集、检测和分析；均质化加工子项目完成“打叶框栏”“打叶参数”“复烤参数”等加工特性试验，采集数据3000余条；智能化控制子项目完成打叶在线检测反馈系统、复烤先进控制系统的部署调试；申报专利9件。

【技术创新】　推进“创新发展年”活动，与贵州中烟联合开展单产地“竖配方”模块化加工研究，在烟叶可应用性、适配率方面取得突破性进展。全年开展技术创新项目4项、精益课题7项、QC攻关16项，其中2项QC成果获得湖南省烟草商业系统二等奖、三等奖。获得国家实用新型专利2件。获得中国烟草学会论文评比三等奖2篇，省烟草学会二等奖1篇、三等奖6篇。

常德芙蓉烟叶复烤有限责任公司

【概　况】　常德芙蓉烟叶复烤有限责任公司成立于2005年12月7日，隶属于湖南中烟工业有限责任公司管理。由湖南中烟工业有限责任公司，湖南省烟草公司常德、张家界市公司共同出资组建，注册资本3721万元。公司占地面积约15.70万平方米，拥有12000千克/小时打叶分风线、1500千克/小时叶尖处理线、3000千克/小时叶基处理线、9600千克/小时复烤线、9600千克/小时打包线、16000千克/小时铺叶摆把线，年复烤加工能力3万吨（60万担）。截至2019年底，公司总资产7.39亿元。从业人员189人。

公司党总支书记、总经理、法定代表人：侯　军

【生产经营】　2019年，公司完成原烟加工2.15万吨（43.01万担），烟叶预混加工1.73万吨（34.50万担）。实现销售收入1.68亿元。实现税利4256.84万元，其中利润2482.3万元（含土地返还款428.25万元）。

【技术改造】　2019年，公司自主更新编写“CNAS认可实验室”《质量手册》和《程序文件》，通过中国认可委评审专家的现场评审和文件评审，实现行业首个电机驱动齿轮齿条代替液压驱动改造，彻底从源头杜绝液压油泄露的风险。自主研发的“一种主油缸活塞杆防油装置”获得国家实用新型专利证书，是公司第一次获得国家专利。

湘西鹤盛原烟发展有限责任公司

【概　况】　湘西鹤盛原烟发展有限责任公司位于湖南省湘西州吉首市，成立于1999年。由湖南中烟工业有限责任公司和湖南省烟草公司湘西土家族苗族自治州公司共同出资组建，注册资本9000万元，隶属于湖南中烟工业有限责任公司管理。公司占地面积11.2万平方米，拥有12000

千克/小时打叶线1条、9600千克/小时烤片线1条、3600千克/小时烤梗线1条、12000千克/小时真空回潮机1台、12000千克/小时打包线1条，年设计复烤加工能力3万吨（60万担）。截至2019年底，公司总资产8.39亿元。在岗员工1210人。

公司党支部书记、总经理、法定代表人：张其龙

【生产经营】 2019年，公司复烤加工烟叶2.27万吨（45.35万担），产出片烟1.61万吨（32.14万担）。实现销售收入1.23亿元。实现利润2724万元。上缴税金2341万元。

【技术改造】 2019年，公司易地技改项目支付资金2.22亿元，累计完成投资3.60亿元；签订合同43份，完成技改项目所有采购工作；联合工房、办公楼、倒班宿舍等单体建筑完成，厂区电缆沟、边坡格构、围墙基础开挖等施工完成；10月29日，组织各设备厂家进行设备安装、沟通协调会议，设备进场开始安装，截至2019年底，预处理段完成切断机、压包机、真空回潮机、润叶机、风选除杂机、翻箱喂料机等大部件设备安装；打叶段完成打叶器、落料器、风机等设备安装；完成烤片段烤片机、烤梗机、碎片烤机机械部分安装；完成打包段片烟、烟梗、碎片打包机主体等安装；完成光电剔杂机机械部分安装。

【技术研究】 2019年，协同湖南中烟技术中心开展“烯虫酯烟叶仓储防虫推广应用”“基于细支卷烟加工需求的模块化配方技术研究”“基于制丝协同的大模块配方技术研究”等项目工作。开展行业标准化项目“烟叶含水率检验 微波法”“烤烟中非烟物质控制技术规程”等工作。

浏阳天福打叶复烤有限责任公司

【概 况】 浏阳天福打叶复烤有限责任公司位于湖南省长沙浏阳市，成立于2004年12月，隶属于湖南中烟工业有限责任公司管理。由湖南中烟，湖南省烟草公司长沙、衡阳市公司共同出资组建，注册资本1.6亿元，总占地面积12.61万平方米。拥有12000千克/小时分类加工打叶复烤生产线1条，6000千克/小时人机结合精选线1条，年复烤加工能力3万吨（60万担）。截至2019年底，公司总资产5.02亿元。从业人员168人。

公司总经理、法定代表人：李昌平

【生产经营】 2019年，公司复烤加工烟叶2.05万吨（40.91万担），产出片烟1.37万吨（27.42万担）。实现加工收入1.02亿元。实现税利2079.7万元，其中税金1670.46万元。

【技术改造】 2019年，公司投资1580万元用于技术改造，其中投资1500万元将原车间南侧烤片段设备移至车间北侧，并对相关设备进行检修改造。投资80万元对在用燃气锅炉进行低氮改造，改造后氮氧化物排放浓度低于50毫克/立方米。

广东韶关烟叶复烤有限公司

【概 况】 广东韶关烟叶复烤有限公司位于广东省韶关市，成立于1992年，2003年改制为有限公司，由中国烟草总公司广东省公司、广东中烟工业有限责任公司和深圳烟草工业有限责任公司共同出资组建。公司占地面积9万余平方米，拥有1条6000千克/小时打叶复烤生产线，年复烤加工能力1.5万吨（30万担）。截至2019年底，公司总资产5.35亿元。从业人员146人。

公司党委书记、总经理、法定代表人：骆伟强（2019年1月—）

【生产经营】 2019年，公司复烤加工烟叶1.78万吨（35.56万担），产出片烟1.12万吨（22.3万担）。实现营

业收入1.15亿元。实现加工收入9974.32万元。实现税利378.07万元，其中利润101.19万元。

【技术改造】 公司“十二五”打叶复烤技术改造项目于2016年10月12日正式动工，2017年9月8日主体项目投入试运行。根据行业发展形势需要，公司对项目新建仓库和旧车间改造等部分内容进行调整，调整报告于2018年1月获国家局批复，项目总投资由3.44亿元调整至3.39亿元。截至2019年底，累计完成投资2.5亿元，其中完成技改一期工程的联合工房、锅炉房、室外配套工程建设，完成消防、防雷等专项工程验收。二期工程原烟库建设及精选车间配套改造项目于2019年1月动工，截至2019年底，该项目处于施工阶段。

广东梅州烟叶复烤有限公司

【概　况】 广东梅州烟叶复烤有限公司位于广东省梅州市梅县区，成立于1999年12月，隶属于中国烟草总公司广东省公司，由中国烟草总公司广东省公司、广东中烟工业有限责任公司和深圳烟草工业有限责任公司共同投资组建。公司占地面积5.71万平方米，拥有4.9万平方米的烟叶仓库，主要生产设备为6000千克/小时的打叶复烤生产线，年加工能力1.5万吨（30万担）。截至2019年底，总资产3.73亿元，资产负债率5.28%。从业人员198人（含离退休人员）。

公司主要负责人、法定代表人：肖大强

【生产经营】 2019年，公司复烤加工烟叶1.53万吨(30.55万担)，产出片烟1.01万吨（20.12万担）。实现营业总收入1.21亿元。实现加工收入8714万元。实现税利1418.02万元。亏损197.65万元。

【技术改造】 2019年，公司“十二五”打叶复烤技术改造项目进入收尾阶段，实施项目最后2个标段，即联合工房基础设施改造（二期）和质量检测设备及生产线在线设备采购，其中质量检测设备及生产线在线设备采购项目于2019年底实施完成并通过竣工验收。截至2019年底，技改项目进入收官阶段，公司筹划项目整体验收的前期准备工作。

【技术创新】 2019年，公开发表5个QC课题成果，累计产生直接经济效益36.5万元，其中，“降低打叶段落料器故障时间”课题获得梅州市2019年度优秀QC成果二等奖、广东省第三十九次质量管理小组代表会银奖、广东省系统第五届优秀质量管理小组成果发布三等奖。全年获得实用新型专利授权3件。按计划有序推进省局（公司）立项科技项目“打叶复烤质量协同管理系统研究与应用”2019年阶段性工作，在省局（公司）项目中期评审中得到“良好”等次。启用原烟智能收储系统，配备新型密度调节装置和先进手持近红外检测仪，进一步做精做特复烤加工。

广西伊灵烟叶复烤有限责任公司

【概　况】 广西伊灵烟叶复烤有限责任公司是广西唯一一家打叶复烤企业，隶属于中国烟草总公司广西壮族自治区公司管理。公司于2000年筹建，2002年6月正式投产。2003年6月，中国烟草总公司广西壮族自治区烟草公司、南宁卷烟厂、柳州卷烟厂、百色市烟草公司、贺州市烟草公司等5个股东单位共同出资改制成立广西伊灵烟叶复烤有限责任公司，2007年10月新增河池市烟草公司、桂林市烟草公司2个股东单位，2016年7月15日河池市烟草公司以货币方式向广西伊灵烟叶复烤有限责任公司缴纳出资100万元，注册资本变更为4.26亿元。公司经营业务范围包括烟叶打叶复烤加工和纸箱加工，占地面积25.07万平方米，拥有1条6000千克/小时打叶复烤生产线和1条纸箱生产线，年打叶复烤加工设计能力1.5万吨（30万担），年纸箱加工能力300万个。截至2019年底，公司总资产5.29亿元。从业人员683人。

公司党委书记、总经理、法定代表人：卢洪元；董事长：李　波

【生产经营】　2019年，公司挑选烟叶0.49万吨（9.87万担），复烤加工烟叶1.21万吨（24.18万担），产出片烟0.78万吨（15.65万担）。烟箱加工147.91万个。实现销售收入6534万元，其中打叶复烤收入5082万元，纸箱加工收入1452万元。实现税利2003万元，其中，税金1041万元，利润962万元。

【企业管理】　2019年，公司全面推进对标工作，抓好指标分解和管控责任落实，行业17项对标指标中公司有13项达标，达标率76.47%，其中达到先进指标的有11项。持续深化降本增效，2019年实现降本增效38万元，比目标任务增加28万元。拓展增收渠道，按照废弃烟有偿处理办法，严格废弃烟出库处理管理，涉烟废弃物处理收入约106万元，在非烤季停产期间，将公司闲置的仓库对外出租，增加企业租金收入13万元。

【技术改造】　完成燃煤锅炉更新改造，用2台4吨燃气锅炉替代原有15吨燃煤锅炉，有效解决燃煤锅炉排污问题，节省劳动用工成本。

四川烟叶复烤有限责任公司

【概　况】　四川烟叶复烤有限责任公司成立于2011年12月，实行“一个法人、多点加工”的组织模式和现代企业股份制管理模式，本部设在四川成都市。2019年，公司率先完成去产能工作，下辖复烤厂由5家调减至4家，分别是会理、德昌、会东、宜宾等4家复烤厂，设计加工产能9.75万吨（195万担），主要加工方式为模块配方打叶，工艺技术采用柔打细分、低温慢烤和均质化加工，每年9月至次年6月为生产烤季。公司有14家股东，其中卷烟工业企业股东12家，分别为：云南中烟、浙江中烟、江苏中烟、湖北中烟、四川中烟、上海烟草集团、广东中烟、重庆中烟、湖南中烟、安徽中烟、山东中烟、中国烟草实业发展中心，四川省内烟草商业企业股东2家，分别为：中国烟草总公司四川省公司、中国烟草四川进出口有限责任公司。公司由中国烟草总公司四川省公司控股管理。截至2019年底，公司总资产35亿元。从业人员508人。

公司总经理、法定代表人：步　克

【生产经营】　2019年，公司加工烟叶9.6万吨（192万担），产出片烟5.93万吨（118.6万担）。实现加工收入5.19亿元。实现税利1.81亿元，其中，税金5882.56万元，利润1.22亿元。

【产能调整】　公司主动作为，提前完成国家局去产能任务，压缩产能4.5万吨（90万担），设计加工产能由14.25万吨（285万担）调减至9.75万吨（195万担）。同时，关闭泸州复烤厂生产线，将泸州厂转型为仓储中心，加工布局从“五厂六线”变为“四厂四线一中心”，产能布局更加匹配全省烟叶种植区域规划。

【技术改造】　推进“十二五”技改项目建设，会东复烤厂技改主体工程完成80%建设内容，30%的生产设备进场待安装；配套仓储中心库房达交付标准。结合产能布局调整，优化完善会理、德昌两厂项目初步设计内容。推进打叶复烤技术升级重大专项工作，开展会理、德昌平库均质化加工模式建设，完成近红外检测、翻箱喂料、离线摆把等均质化加工技术升级以及预混贮柜、打叶线改造；完成会理、宜宾复烤厂片烟装箱密度偏差率检测控制系统升级和德昌复烤厂烤片机水分自动控制系统研发。

贵州烟叶复烤有限责任公司

【概　况】　贵州烟叶复烤有限责任公司位于贵州省贵阳

市，于2010年1月12日挂牌成立，隶属于中国烟草总公司贵州省公司控股并管理。下辖毕节、遵义、铜仁、湄潭、黔西南、贵阳、黔南等7家打叶复烤厂。公司由贵州省烟草公司、上海烟草集团、湖南中烟、江苏中烟、浙江中烟、广东中烟、贵州中烟、安徽中烟、湖北中烟、山东中烟、福建中烟、红塔集团、红云红河集团、河南中烟、广西中烟、陕西中烟、甘肃烟草工业有限责任公司、江西中烟、河北中烟等19家单位出资组建，注册资本46.76亿元。公司拥有12000千克/小时打叶复烤生产线7条及1个黔南烟叶仓储中心，年复烤加工能力32万吨（640万担），烟叶仓储能力2.25万吨（45万担）。截至2019年底，公司总资产56.21亿元。从业人员1007人。

公司党委书记、总经理：杨秀祥

【生产经营】　2019年，公司加工烟叶20.09万吨（401.78万担），结算片烟13.29吨（0.66万担），烟叶挑选12.98万吨（259.64万担）。实现营业收入8.97亿元。实现税利2.76亿元，其中利润1.73亿元。

重庆烟叶复烤有限公司

【概　况】　重庆烟叶复烤有限公司位于重庆市巴南区，成立于2013年，注册资本9.81亿元，股东有中国烟草总公司重庆市公司（持股88.22%），重庆中烟工业有限责任公司（持股5.51%），湖南中烟工业有限责任公司（持股3.19%），江苏中烟工业有限责任公司（持股3.08%）。公司下辖重庆烟叶复烤有限公司万州复烤厂（原重庆万兴烟叶有限责任公司）和重庆烟叶复烤有限公司彭水复烤厂（原重庆金益烟草有限责任公司）。截至2019年底，公司总资产9.99亿元，资产负债率2.15%。从业人员290人。

公司法定代表人：黄玉平

【生产经营】　2019年，公司加工原烟3.9万吨（78.05万担），出片率65.88%。实现营业收入1.55亿元。实现税利574万元。亏损2001万元。

【易地技改】　2019年，公司易地技改项目初步设计获国家局批复同意，制定了项目整体工作推进计划。

云南省烟草烟叶公司

【概　况】　云南省烟草烟叶公司位于云南省昆明市，成立于1982年，是中国烟草总公司云南省公司的全资子公司，是集烟叶购进、加工、销售、仓储及技术研发为一体的综合性烟草企业。公司注册资本1.92亿元，总占地面积69.21万平方米，其中公司本部占地面积39.27万平方米。拥有1条12000千克/小时和2条6000千克/小时的打叶复

云南省烟草烟叶公司打叶复烤生产现场（2019年）

云南省烟草烟叶公司　供稿

烤生产线，年加工生产量10万吨（200万担）左右，新建的烟叶醇化中心占地面积29.94万平方米，一期完成建筑面积6.25万平方米的仓库建设，可存储烟叶6.5万吨（130万担）。截至2019年底，公司总资产75.95亿元。从业人员481人。

公司党委书记、经理、法定代表人：符泽博（2019年2月—）

【生产经营】　2019年，公司购进和调入烟叶14.4万吨（288.08万担），复烤加工烟叶12.78万吨（255.65万担），产出片烟8.32万吨（166.39万担），烟叶销售11.94万吨（238.87万担）。实现主营业务收入80.43亿元。实现税利10.46亿元，其中，税金2.83亿，利润7.63亿元。

【技术改造】　2019年10月，公司“清洁能源锅炉技改”项目通过整体竣工验收。

云南烟叶复烤有限责任公司

【概　况】　云南烟叶复烤有限责任公司位于云南省昆明市，成立于2009年12月，由8家打叶复烤企业重组整合后组建，2010年1月1日正式运行，是全国第一家重组整合的股份制打叶复烤企业。公司实行董事会领导下的总经理负责制，共19家股东单位，注册资本52.75亿元，中国烟草总公司云南省公司是最大的股东，股权比例50.74%。公司下辖10家复烤厂，分布在云南省7个州（市），拥有10条打叶复烤生产线，年设计加工能力28.5万吨（570万担），年均加工烟叶45万吨（900万担），为26家工商企业客户和13家州（市）烟草公司提供烟叶收储加工服务。从业人员1218人。

公司党委书记、总经理、法定代表人：廖世勇（2019年7月—，之前任党委书记）；总经理、法定代表人：王树荣（—2019年7月）

【生产经营】　2019年，公司收储烟叶57.48万吨（1149.54万担），分选烟叶43.6万吨（871.97万担），复烤加工烟叶39.24万吨（784.85万担），综合出片率65.65%，产品得率94.10%。实现税利11.27亿元。

【客户服务】　公司主动聚焦客户的关注点和需求，10家复烤厂均被列为均质化试点单位。落实云南省局（公司）2019年度烟叶流转计划，提升均质化生产水平，公司成品片烟烟碱变异系数平均为3.58%，比上一年下降0.05个百分点；水分变异系数平均为2.05%，比上一年下降0.04个百分点。均质化生产水平保持稳中有升的良好趋势。

【技术创新】　秉承“创新引领发展、科技引领未来”的战略思维，向云南省局（公司）申报获批复科技项目4项，向国家局申报重大专项科技项目获批复1项，全年获授权专利10件。申报QC优秀课题，获得云南省局（公司）一等奖、二等奖、三等奖各1项，其中2个QC课题同时获得云南省质量协会授予的“云南省优质质量管理”小组。参与修订行业标准制7项。

红河烟叶复烤有限公司

【概　况】　红河烟叶复烤有限公司位于红河州弥勒市，成立于2003年8月8日，由云南省烟草公司红河州公司和红河卷烟厂共同出资组建。公司注册资本2亿元，云南省烟草公司红河州公司持有51%的股份，红河卷烟厂持有49%的股份。2008年，红河卷烟厂持有股权划转红云红河烟草（集团）有限责任公司。2018年，公司股权调整为红云红河集团持有60%的股份，云南省烟草公司红河州公司持有40%的股份。公司占地面积约71.11万平方米，拥有12000千克/小时打叶复烤生产线2条，年复烤加工能力6万吨（120万担），主要为红云红河集团提供原烟收购、复烤加工服务。截至2019年底，公司总资产17.35亿元，其中，固定资产2.91亿元、流动资产14.29亿元，资产负债率1.81%。从业人员122人。

公司董事长：阙劲松（—2019 年 4 月）、倪乐峰（2019 年 4 月—）；总经理：李云贵（—2019 年 4 月）、牛华斌（2019 年 4 月—）

【生产经营】 2019 年，公司复烤加工烟叶 5.29 万吨（105.79 万担），产出片烟 4.06 万吨（81.27 万担）。实现主营业务收入 2.09 亿元。实现税利 1.9 亿元，其中利润 1.12 亿元。

曲靖天福烟叶复烤有限责任公司

【概　况】 曲靖天福烟叶复烤有限责任公司位于曲靖市，成立于 2003 年 11 月，由曲靖卷烟厂、曲靖市烟草专卖局（公司）共同出资组建。2008 年，公司股权划转红云红河烟草（集团）有限责任公司和云南中烟工业有限责任公司。公司注册资本 2.46 亿元，红云红河集团持有 95% 的股份，云南中烟持有 5% 的股份。公司占地面积约 8 万平方米，拥有 12000 千克/小时打叶复烤生产线 2 条，年复烤加工能力 6 万吨（120 万担）。截至 2019 年底，公司总资产 3.66 亿元，其中固定资产 0.29 亿元、流动资产 3.29 亿元，资产负债率 67.27%。从业人员 215 人。

曲靖天福烟叶复烤有限责任公司生产车间（2019 年）
曲靖天福烟叶复烤有限责任公司　邓　勇　摄

公司董事长：徐剑峰；总经理：彭　江

【生产经营】 2019 年，公司复烤加工烟叶 3.66 万吨（73.12 万担），产出片烟 2.3 万吨（45.91 万担）。全年实现主营业务收入 1.68 亿元。实现税利 0.5 亿元，其中利润 0.3 亿元。

咸阳烟叶复烤有限责任公司

【概　况】 咸阳烟叶复烤有限责任公司位于陕西省咸阳市，始建于 1976 年，1986 年上划陕西省烟草专卖局，1995 年并入宝鸡卷烟厂。2003 年划归咸阳市烟草专卖局（公司）管理。2006 年 12 月 18 日，由咸阳市烟草公司、宝鸡市烟草公司、商洛市烟草公司、汉中市烟草公司、延安市烟草公司、安康市烟草公司、湖南中烟工业有限责任公司、原川渝中烟工业有限责任公司等 8 家卷烟工商企业联手，对原咸阳烤烟复烤厂进行改制，成立咸阳烟叶复烤有限责任公司，注册资本 9000 万元。2008 年，公司增资扩股，新增陕西省烟草公司和陕西中烟工业有限责任公司 2 个股东，湖南中烟工业有限责任公司、咸阳市烟草公司和原川渝中烟工业有限责任公司分别增资，新增股本 7000 万元，总注册资本达到 1.6 亿元。2009 年投资 1.28 亿元的打叶复烤生产线技改项目顺利投产，生产能力和加工质量大幅提升。2014 年 12 月，按照陕西省公司《关于对咸阳烟叶复烤有限责任公司增加投资的通知》（中烟陕财〔2014〕84 号）精神，陕西省公司增加投资 1.14 亿元，咸阳复烤公司总资本达到 2.74 亿元。公司占地面积 14.58 万平方米，有 9000 千克/小时打叶复烤生产线 1 条，年烟叶加工能力 3 万吨

2019 年 11 月 10 日，2019 烤季复烤加工正式拉开序幕
咸阳烟叶复烤有限责任公司　辛　鑫　摄

(60 万担)。截至 2019 年底，公司总资产 3.72 亿元，资产负债率 6.24%。

公司党总支书记、董事长：王云彪；党总支副书记、总经理：张　云（2019 年 11 月—）

【生产经营】　2019 年，公司加工原烟 2.68 万吨（53.7 万担），产出成品 1.77 万吨（35.4 万担）。实现销售收入 9640 万元。实现税利 2756 万元，其中利润 1200 万元。

再造烟叶生产

上海烟草集团太仓海烟烟草薄片有限公司

【概　况】　上海烟草集团太仓海烟烟草薄片有限公司成立于 2004 年 1 月，2007 年 7 月开始试生产。公司由原上海烟草集团有限责任公司、广东省金叶烟草薄片技术开发有限公司共同出资组建，注册资本 3.9 亿元。2015 年 12 月，公司完成投资方变更和工商登记注册手续，成为上海烟草集团有限责任公司全资子公司。公司占地面积 14.85 万平方米，年生产能力为 1 万吨造纸法烟草薄片。从业人员 183 人。

公司党总支书记、总经理、法定代表人：郭　亮

【生产经营】　2019 年，公司生产薄片产品 4192.92 吨，全部为上海烟草集团有限责任公司生产。其中，生产薄片“Z”1741.68 吨，薄片“S”1614.42 吨，纸质薄片 518.58 吨，原味薄片 318.24 吨。实现营业收入 1.83 亿元。实现税利 3759.18 万元。

江苏鑫源烟草薄片有限公司

【概　况】　江苏鑫源烟草薄片有限公司位于淮安市清江浦区，成立于 2011 年 10 月，为江苏中烟工业有限责任公司全资子公司。公司拥有 2000 千克/小时再造烟叶生产线、1500 千克/小时再造梗丝验证生产线。截至 2019 年底，公司总资产 11.35 亿元，其中，固定资产 5.84 亿元、流动资产 4.79 亿元，资产负债率 29.34%。从业人员 243 人。

公司党委书记、总经理：金殿明；董事长：王轩庭

【生产经营】　2019 年，公司生产再造烟叶 4244.11 吨，销售薄片 4185.53 吨；生产再造梗丝 965.95 吨，销售再造梗丝 836.69 吨。实现销售收入 2.64 亿元。实现税利 7932.54 万元，其中税金 5304.19 万元。

【技术提升】　再造烟叶生产线运行状态持续优化，生产线单日产量比上年提高 11%，单吨产品综合能耗、水耗均实现下降，产品得率保持较高水平。再造梗丝生产线经过

一年多时间的试运行，运行状态趋于平稳，重点工序水分达标率稳定可控，回填加料精度、加香精度达标率 100%，成品抽检合格率 100%。

安徽中烟再造烟叶科技有限责任公司

【概　况】　安徽中烟再造烟叶科技有限责任公司位于安徽省蚌埠市，于 2011 年 4 月 8 日注册成立，注册资本 1 亿元，是安徽中烟工业有限责任公司的全资子公司。公司占地面积 13.33 万平方米，拥有瑞典 ANDRITZ 公司生产的 YANKEE1 台，荷兰 Alfa Laval 公司生产的 Decanter Centrifuge 2 台以及上海高新纸机等众多先进生产设备，设计加工生产能力 10000 吨/年。截至 2019 年底，公司总资产 4.50 亿元，其中，固定资产 2.31 亿元、流动资产 1.89 亿元，资产负债率 4.2%。从业人员 166 人（含委派人员 10 人）。

公司董事长：刘　云（—2019 年 2 月）、宁　敏（2019 年 2 月—）；党委书记、总经理：张玲珑

【生产经营】　2019 年，公司生产再造烟叶 3737.24 吨，销售量 3802.8 吨。实现销售收入 1.02 亿元。实现税利 1615.7 万元，其中利润 457.25 万元。

福建金闽再造烟叶发展有限公司

【概　况】　福建金闽再造烟叶发展有限公司位于福建省福州市罗源县，成立于 2003 年 3 月，注册资金 1.76 亿元，由福建中烟工业有限责任公司、厦门烟草工业有限责任公司、龙岩烟草工业有限责任公司共同投资，隶属于福建中烟工业有限责任公司管理。公司占地面积 17.12 万平方米。二期“七匹狼”专用再造烟叶生产线投资 3.35 亿元，设计产能 1 万吨（20 万担）。截至 2019 年底，公司总资产 5.8 亿元。从业人员 332 人。

公司党委副书记、副总经理：陈泉根（主持工作）

【生产经营】　2019 年，公司生产再造烟叶 4365.11 吨，销售再造烟叶 4686.48 吨。实现销售收入 2.42 亿元。上缴税金 612.41 万元。实现利润 251.39 万元。

【企业管理】　2019 年，通过职业健康安全管理体系 ISO45001、质量、环境管理体系标准认证、知识产权管理体系。实施精益现场改善 138 项，日常运营改进 26 项，合理化建议 244 项。开展关键核心技术课题研究。全年获得专利授权 14 件，其中发明专利 3 件，获得福建省高新技术企业培育证书。

山东瑞博斯烟草有限公司

【概　况】　山东瑞博斯烟草有限公司位于山东省临沂市沂水县，成立于 2002 年 6 月，是国家烟草专卖局批准成立的造纸法再造烟叶生产企业，为山东烟叶复烤有限公司的全资子公司。公司注册资金 6378.5 万元，占地面积 18.11 万平方米，经营范围为烟草薄片委托加工、生产销售、生产技术服务、烟草专用机械购进、烟叶购进、仓储等。公司建有 1 条造纸法再造烟叶生产线，年生产加工能力 6500 吨，供热站、空压站、变电站、供水站、污水处理站等配套公用设施完善。截至 2019 年底，公司总资产 1.24 亿元，资产负债率 20.19%。从业人员 163 人。

公司党委副书记、总经理、法定代表人：迟建国（—2019 年 9 月）；党委书记、总经理、法定代表人：邢振雷（2019 年 9 月—）

【生产经营】　2019 年，公司生产再造烟叶 3650.24 吨，销售再造烟叶 3879.08 吨。实现营业总收入 8381.37 万元。亏损 1131 万元。

河南卷烟工业烟草薄片有限公司

【概　况】　河南卷烟工业烟草薄片有限公司位于河南省许昌市，成立于 2006 年 7 月，是河南中烟工业有限责任公司全资子公司。有幅宽 2640 毫米烟草薄片长网纸机、卧式

螺旋沉降式离心机、滚筒式薄片烘干机、高浓磨浆机、预压式打包机、流浆箱等主要设备，年生产能力1.5万吨。截至2019年底，公司总资产5.52亿元。从业人员286人。

公司党委书记、董事长、法定代表人：武超伟

【生产经营】 2019年，公司生产再造烟叶7617吨，再造烟叶成丝4546吨，销售再造烟叶3606吨，再造烟叶成丝4603吨。实现销售收入2.97亿元。实现税利8537万元，其中利润5543万元。

【技术创新】 公司开发出“X－1”产品，对TS－0002、TS－0006产品提质升级，提质后产品感官评价得分分别提高1.2分、1.5分，产品研发成效显著。开展不适用烟叶应用研究，提高其在原料配方中的使用比例，全年盘活不适用烟叶约0.4万吨（8万担）；开展超临界提取及分子蒸馏等技术研究4项，完成新型助剂PVA应用等技术研究及在线改造3项，初步形成浸取液大分子调控技术方案。膜净化技术应用转化有效推进，膜净化系统运行稳定性持续提升。制定《薄片公司加热卷烟专用再造烟叶产业化工作方案》，初步确定新型烟草试验线工艺技术路线。持续推进与郑州烟草研究院、郑州轻工业大学、天津科技大学等科研院所交流合作，组织科技项目申报。全年申报发明专利17件、实用新型专利7件，获得发明专利授权4件、实用新型专利授权1件，发表论文15篇；参与制定的行业标准《再造烟叶涂布率的测定烘箱法》《再造烟叶热水可溶物含量的测定索氏提取法》获国家局发布。

湖北新业烟草薄片开发有限公司

【概　况】 湖北新业烟草薄片开发有限公司位于湖北省武汉市，成立于2001年11月，隶属于湖北中烟工业有限责任公司直属管理。有原料投料系统、梗末萃取设备、高低浓磨浆设备、离心分离设备、蒸汽双效浓缩等设备，年生产能力1万吨。截至2019年底，公司总资产7.53亿元，其中，固定资产0.37亿元，流动资产6.98亿元。从业人员270人。

公司党委书记、法定代表人：熊　斌

【生产经营】 2019年，公司生产再造烟叶7190.17吨，销售量5461.68吨。实现销售收入3.67亿元。实现税利1.5亿元，其中利润1.18亿元。

【技术改造】 公司完成重组烟叶裹衣产品自主印纹装备开发及技术改造；烘箱回头辊清理装置改造；成品布料匀料装置改造；除尘器自动测温检测切断装置改造；薄片原料机械调控养护装置改造；网络设备及网络服务升级技术改造；多功能膜处理实验装置购置；烟丝宽度测量仪、烟丝振动分选筛购置；检测仪器购置；15吨锅炉低氮改造。

湖南金叶烟草薄片有限责任公司

【概　况】 湖南金叶烟草薄片有限责任公司位于湖南省衡阳市祁东县，2004年4月20日注册成立，隶属于湖南中烟工业有限责任公司，注册资本7250万元，其中，湖南中烟工业有限责任公司占90%股份，广东省金叶科技开发有限公司占10%股份。公司占地面积11.05万平方米，拥有1条年设计生产能力1万吨再造烟叶生产线。截至2019年底，公司总资产2.55亿元。从业人员297人。

公司总经理、法定代表人：王江涛

【生产经营】 2019年，公司生产再造烟叶2145.06吨，实现销量2400吨。产品得率69.27%。实现主营业务收入9317.2万元。实现税利1077万元，其中，税金774万元，利润303万元。

◇ 编辑：周　佳

科研和
教育培训

- □ 科研院所
- □ 教育培训
- □ 授权专利

科研院所①

2019 年全国烟草行业主要科研机构（排名不分先后）：

中国烟草总公司郑州烟草研究院

中国烟草总公司合肥设计院

上海新型烟草制品研究院

中国烟草科技信息中心

中国烟草标准化研究中心

国家烟草基因研究中心

云南省烟草农业科学研究院（中国烟草育种研究〈南方〉中心）

中国烟草总公司黑龙江省公司牡丹江烟草科学研究所（中国烟草东北农业试验站、中国烟草进出口烟叶检测站）

福建省烟草专卖局烟草科学研究所（中国烟草东南农业试验站）

湖北省烟草科学研究院（中国烟草白肋烟试验站）

贵州省烟草科学研究院（中国烟草西南农业试验站）

湖南省烟草科学研究所（中国烟草中南农业试验站）

中国烟草总公司青州烟草研究所（中国农业科学院烟草研究所、中国烟草遗传育种研究〈北方〉中心）

国家烟草栽培生理生化研究基地

广东省烟草南雄科学研究所

江西省烟草科学研究所

河南省烟草科学研究所

山东烟草研究院

中国烟草总公司重庆市公司烟草科学研究所

陕西省烟草科学研究所

中国烟草总公司海南省公司海口雪茄研究所

四川省烟草科学研究所

中国烟草总公司郑州烟草研究院

【概　况】 中国烟草总公司郑州烟草研究院（简称郑州院）位于河南省郑州市，始建于1958 年，主要从事烟草栽培调制及贮保、烟草基因、卷烟加工工艺和卷烟配方、烟草化学、烟用香精香料、卷烟减害降焦、再造烟叶等方面的应用基础和共性技术研究，卷烟厂和烟叶复烤厂的工程设计、行业相关检测仪器的研制、开发等。学科范围覆盖从烟草基因到卷烟生产的全过程。郑州院是国际标准化组织烟草及烟草制品技术委员会（ISO/TC 126）国内技术归口单位，是国际烟草科学研究合作中心（CORESTA）的分会员单位。2019 年，有在职员工 325 人，其中各类专业技术人员 283 人，包括中国工程院院士 1 人，国家级有突出贡献专家 1 人，总公司科技杰出贡献奖获得者 1 人，行业科技领军人才 1 人，享受国务院政府特殊津贴专家 7 人，行业学科带头人 12 人，研究员 41 人，具有硕士和博士研究生学历 212 人。

党组书记、副院长：宋亚强；党组副书记、院长：谢剑平

【科技奖励】 2019 年，郑州院有 16 个项目获得省部级奖励，其中，作为主要技术力量承担的“卷烟工艺规范”项目获得总公司第六届标准创新贡献奖一等奖；“基于烟用香原料特性的数字化调香技术平台研究”项目获得总公司科学技术进步奖一等奖；“加热非燃烧烟草传热过程调控关键技术研究”项目获得总公司科学技术进步奖二等奖；“基于卷烟材料的烟气成分调控技术开发及应用”项目获得河南省科学技术进步奖二等奖。

【行业科技重大专项】 **“烟草科研大数据”重大专项**。在 3 个先导性项目中，“烟草科研大数据资源体系与数据标准体系研究”通过验收，为专项开展打下基础。专项第二批项目全面展开，重点构建的产品数字化设计与维护、烟草科技知识图谱、烟叶质量大数据、烟叶育种大数据、卷烟产品真伪鉴别大数据等 5 个平台基本具备上线试用的条件。组织酝酿第三批项目申请，“烟草科技人才大数据平台研究与构建”等项目陆续展开，重大专项进入全面推进实施的关键时期。

① 科研院所中云南省烟草农业科学研究院（中国烟草育种研究〈南方〉中心）、中国烟草总公司黑龙江省公司牡丹江烟草科学研究所（中国烟草东北农业试验站、中国烟草进出口烟叶检测站）、福建省烟草专卖局烟草科学研究所（中国烟草东南农业试验站）、湖北省烟草科学研究院（中国烟草白肋烟试验站）、贵州省烟草科学研究院（中国烟草西南农业试验站）、湖南省烟草科学研究所（中国烟草中南农业试验站）、中国烟草总公司青州烟草研究所（中国农业科学院烟草研究所、中国烟草遗传育种研究〈北方〉中心）等单位实行“两块牌子、一套机构”管理模式。

“细支卷烟升级创新”重大专项。“细支卷烟专用梗丝创新工艺研究与应用”等6个项目通过国家局鉴定；“细支卷烟专用丝束开发及生产线技术升级研究”等3个项目获得总公司科学技术进步奖。专项整体进入结题总结阶段。

“打叶复烤技术升级”重大专项。截至2019年底，先期布局的“打叶复烤质量追溯”“烟片直接复烤技术研究”2个项目取得阶段性成果，四类示范线建设进展顺利。

“烟草基因组计划”重大专项。继续推进第二个五年计划，挖掘、鉴定一批能够有效调控烟草烟碱、绿原酸、黄酮醇、苯酚等品质、低害相关代谢物的基因，获得5份烟气苯酚含量下降15%以上的株系，为行业功能基因研究提供检测服务超过1万次，成功开发植物代谢组数据自动化解析平台。

【合作与交流】 **院企合作。**与陕西、云南、湖北、河南中烟，上海烟草集团、内蒙古昆明卷烟有限责任公司等企业签订或达成全面战略合作协议，有效满足工业企业对科技成果的系统化需求。与河北中烟共建“荷花”品牌先进制造工艺联合实验室，与湖南中烟共建烟草基因功能研究与利用联合实验室，与甘肃烟草工业有限责任公司共建卷烟设计数字化联合实验室和烟草工艺协同创新联合实验室。参与河南烟草转型升级，深入参与产品研发和维护、烟叶品质提升和基地建设等工作。

中标武汉卷烟厂新建膨胀烟丝工房EPC总承包项目。开拓香精香料市场，为上海烟草集团、云南中烟、江苏中烟等企业提供多种特色天然香料和功能性香精产品。开发形成显著降低梗丝和再造烟叶不良感官特征的品质提升技术与产品，截至2019年底，应用于四川中烟和云南中烟在产卷烟。

针对新版《卷烟工艺规范》，在行业开展宣传贯彻活动，基本实现对生产、工艺、设备、质检及操作人员的全覆盖。与广东中烟、浙江中烟等单位签订人才联合培养协议，20余位企业技术骨干到郑州院进行短期培训，提高科研能力和水平。

学术交流。全年举办院级学术活动90次，部门学术活动253次。农业领域举行大数据与烟叶高质量发展学术年会，工艺领域分别围绕卷烟制造数字化转型和新型烟草制品高质量发展开展夏至、冬至学术论坛；香料领域首次主办“金秋·化学+”发展论坛；质检中心举办第13届烟草检测技术国际研讨会。特别是第十八届全国分析与应用裂解学术会议，对于提升学科影响力，深化与社会各界的合作具有重要意义。

【授权专利与科研成果】 全年有31个项目通过院学委会验收。申请专利155件，获得授权144件；获得软件著作权10项。出版著作14部，在CORESTA、TSRC等国际会议发表论文34篇。在各类期刊发表论文137篇，其中SCI收录53篇，影响因子5.0以上11篇，是SCI收录最多的一年，也是影响因子5.0以上最多的一年。

【特事辑要】 2019年8月16—18日，举办第十八届全国分析与应用裂解学术会议。本届会议是郑州院承办的一次重要的全国性学术会议，也是该会议首次开设烟草分析与应用裂解专题会场。

中国烟草总公司合肥设计院

【概　况】 中国烟草总公司合肥设计院（简称合肥设计院）成立于1990年6月，位于安徽省合肥市，是国家局、总公司直属管理的烟草行业专业设计院，具有国家住房和城乡建设部批准的“轻纺行业（食品发酵烟草工程）专业甲级”“建筑行业（建筑工程）乙级”“轻型钢结构工程设计专项乙级”设计资质。合肥设计院的主要职责是受国家局、总公司委托负责组织烟草行业固定资产重大投资工程项目的技术审查（咨询）以及行业直属单位审批权限内的重大工程项目的技术咨询；参与行业打叶复烤厂和烟用仓库投资项目的前期工作及总体规划、设计的投标；参与烟草行业工程建设项目施工图第三方审查和项目的相关咨询工作，以及行业工程建设项目设计规范、技术标准的编制、修订工作和实施、监督工作等。合肥设计院下设6个职能部门，办公室、人事处、经营处、财务管理处（审计处）、技术审查处、设计处。2019年，有在职员工68人，其中，具有副高及以上职称34人，中级职称27人，并有47人次取得一级注册建筑师、一级注册结构工程师、注册公用设备工程师、注册造价工程师等各类注册执业资格。

党委书记、院长：卢安宁

【技术咨询与项目设计】 2019 年，合肥设计院完成国家局委托技术审查项目 7 项，省级局公司委托项目 2 项，审查投资额 38 亿元。在完成国家局及行业其他直属单位委托技术审查（咨询）工作的同时，合肥设计院以片区负责和项目跟踪为抓手，拓展行业工程项目设计和第三方审查市场份额，全年通过参加公开招投标、竞争性谈判和单一来源洽谈签订各类设计、第三方审查、咨询合同 30 项。红塔烟草（集团）有限责任公司大理卷烟厂就地技术改造项目卷烟生产联合工房和福建武夷烟叶有限公司易地技改项目联合工房工程分获安徽省优秀工程勘察设计行业奖“工业工程设计”一等奖和三等奖。

【技术创新】 制（修）订一系列技术管理文件，印发《合肥设计院技术管理制度汇编》。开展技术交流，分层次、多形式开展技术培训，组织专业技术人员学习应用新技术、新工艺、新设备、新材料。持续加大新业务拓展力度，打破自身局限，拓宽服务范围，在全过程工程咨询、EPC 工程总承包、BIM（建筑信息模型）技术应用上重点发力、实现突破。编写完成全过程工程咨询工作手册，中标三峡卷烟厂技改项目设计咨询项目，宁波卷烟厂易地技改二期工程获得第十届“创新杯”建筑信息模型（BIM）应用大赛工业建筑类 BIM 应用第三名。

【技术服务】 2019 年，承担《烟叶工作站设计规范》修订工作并通过行业标委会专家评审。配合做好行业工程建设领域基础工作，协助贵州省局（公司）编制《贵州烟草专卖局（公司）2019—2023 年固定资产投资规划》，获得 2019 年度安徽省优秀工程咨询成果奖二等奖。

【人才队伍建设】 持续加大在岗职工的教育培训力度和注册考试、职称申报的鼓励扶持力度，全年有 2 人通过国家一级注册建筑师执业资格考试，1 人通过注册公用设备工程师（给水排水）执业资格考试，1 人通过注册造价工程师执业资格考试，1 人通过行业正高级工程师专业技术资格评审。制定《合肥设计院 2020—2025 年人才引进和培养规划》。全年引进 9 名紧缺注册高素质技术和管理人才。

上海新型烟草制品研究院

【概　况】 上海新型烟草制品研究院（简称上海院）成立于 2015 年 6 月。2016 年 5 月，国家局批复同意设立上海新型烟草制品研究院有限公司，与上海院合署办公。

院　长：施　超（兼）

中国烟草科技信息中心

【概　况】 中国烟草科技信息中心（简称科技信息中心）是国家局 1986 年 4 月批准建立的行业科技信息事业机构，时称全国烟草科技情报站，1989 年 3 月更名为全国烟草科技情报中心，1994 年更名为中国烟草科技信息中心至今。主要业务由国家局科技司领导和指导，部分业务与行政管理工作由中国烟草总公司郑州烟草研究院领导。主要职责是承担国内外烟草科技、经济等信息的搜集、研究、加工、报道、交流以及信息资源建设工作；承担《烟草科技》期刊的编辑出版工作；承担软科学研究、情报调研、科技评估评价、科技政策研究、烟草知识产权研究、科技查新以及信息咨询服务和创新体系建设咨询服务等工作；承担中国烟草科教网的建设、维护与对外服务，承担国家局科技业务管理系统开发与维护；承担行业烟草科研大数据重大专项以及烟草科学数据中心的研究、开发、建设、维护与服务等工作。科技信息中心下设《烟草科技》编辑部、信息资源部、情报研究部、知识产权研究室、网络系统部和综合部等 6 个二级部门。2019 年，有在册职工 26 人，其中，高级职称 17 人（正高级职称 3 人），中级职称 6 人，初级职称 3 人；具有博士研究生学历 5 人，硕士研究生学历 8 人。

主　任：郑新章

【烟草科研大数据重大专项】 **先导性项目顺利进展。** 2019 年，完成“烟草科研大数据资源体系与数据标准体系研究”项目并通过院学委会验收。该项目完成“烟草科研大数据资源体系”“烟草科研大数据标准体系”构建工作，其中，资源体系包含有烟草农业、烟草工业和烟草商业三大部分、四级类目；标准体系包含4项基础标准、14项技术标准、50项业务标准和2个管理办法。

“烟草科研大数据总体架构和异构资源智能调度关键技术研究”“烟草科研数据融合与关联挖掘关键技术研究”2个项目取得阶段性进展。

第二批项目快速推进。2019年，总公司下达第二批烟草科研大数据重大专项项目计划，包括五类应用大数据项目（6项）和关键技术研究项目（2项）。科技信息中心作为第二项目负责人承担3个项目，并深度参与其他多个项目。“烟草科技知识图谱构建及应用研究”项目进展顺利，系统平台2.0版开始试用。其他项目均进展较为顺利，取得阶段性成果。

【《烟草科技》期刊】 2019年，《烟草科技》继续紧紧围绕国家局科技重大专项和重点科研领域组稿，全年收到新稿件571篇，编辑出版发行中文期刊12期，发表各类学术论文185篇。

期刊评价指标继续保持高位。根据《中国学术期刊影响因子年报》数据，在29种轻工业（除纺织、食品）期刊中《烟草科技》影响力指数（CI）排名继续保持第一，位于Q1区。其中，复合总被引排名第一，复合影响因子排名第三，期刊综合影响因子排名第二，12种技术研究类影响因子排名第一。

期刊学术影响力保持平稳。继续是英国《科学文摘》、荷兰《文摘与引文数据库》以及中文核心期刊（第五次）、中国科技核心期刊、中国科学引文数据库（CSCD）核心库来源期刊、中国核心学术期刊、中国学术期刊文摘数据库收录期刊。

新媒体出版不断突破。继续为中国知网、万方数据、重庆维普、百度学术、COAJ平台、超星域出版等提供即时数据，加入“中文精品学术期刊双语数据库”。

【信息资源建设】 **烟草科技文献数据库群持续扩容。**全年新加工发布各类文献5.78万篇，全文新增4.85万篇，均再创历年新高。截至2019年底，中国烟草科教网文献类数据库资源总量达到73.24万篇，全文达到50.73万篇，比上年分别增长8.6%和10.5%。

烟草技术类专利信息资源建设平稳增长。全年采集、入库、标引烟草技术类中国专利1.7万件，更新中国专利法律状态40万件次。采集、入库、标引烟草技术类国外专利4380件，涵盖33个国家或专利组织。

中国烟草科教网及其各类业务系统日常维护等工作顺利完成。完成中国烟草科教网、郑州院网站、国家局科技业务管理系统、烟草科技网站和在线投稿等系统的日常维护。科教网2019年访问量大幅度提高300万次以上，影响力进一步增强。

【科研项目与科技产出成果】 **纵向科研项目。**“烟草科研大数据资源体系与数据标准体系研究”项目按时完成并通过院学委会验收。其他承担或参与项目正常开展中。院长基金项目“烟草行业创新型企业建设研究”顺利完成并通过院验收。

横向合作科技项目。“专利分析评价体系的研究与应用”等与烟草工商企业合作项目顺利完成并通过验收。

科研成果。全年发表科技论文11篇，其中SCI论文1篇，中文核心论文4篇。出版专著5部，译著1部。获得授权发明专利4件，实用新型专利10件，登记计算机软件著作权10项。

【情报研究和知识产权研究】 情报研究工作方面，参与行业中长期科技发展规划编制工作；参与行业有关科技创新政策措施的调研、研究与制定工作；完成2018年度中国烟草技术类专利统计分析报告；撰写山东、贵州、福建中烟创新能力评价分析报告，指导企业提升创新能力水平；开展烟草综合利用、雪茄烟技术进展研究并撰写报告，跟踪国外尼古丁替代物研究进展并撰写报告。

为科技司提供国内烟草行业公开、授权烟草技术类专利月报12期、季报4期；为《中国烟草年鉴》提供烟草行业授权专利数据并完成相关专利数据的审核、校对工作。

【对外服务工作】 新增福建中烟、河北中烟、湖北省局、贵州中烟、四川中烟和内蒙古昆明卷烟有限责任公司等服务对象，完成企业调研、培训和信息资料的整理以及部分企业查新、专题资料查询和专题调研等工作。以《烟草科技》理事会为依托，打造面向工商企业的高质量综合服务平台，新增副理事长单位2家。对工商企业提供科技论文撰写、信息资源检索与有效利用等专题培训服务。

中国烟草标准化研究中心

【概　况】 中国烟草标准化研究中心（简称标准化中心）位于河南省郑州市，成立于1995年1月，是国家局批准建立的行业标准化、计量专业机构，隶属于郑州烟草研究院，业务上受国家局科技司和郑州烟草研究院领导、国家市场监督管理总局、国家标准化管理委员会指导。主要职责是负责全国烟草标准化技术委员会秘书处的日常工作，专门从事烟草标准化的研究及推广，为行业提供标准体系框架，引导行业科学地制（修）订标准；作为ISO/TC126烟草及烟草制品技术委员会及其分技术委员会的国内技术对口单位和SC2烟叶分技术委员会的副主席和联合秘书处承担单位，负责配合国家局科技司组织行业参与国际标准化活动，承担国际标准投票，开展国际标准新工作项目提案，跟踪研究烟草相关国际标准化发展趋势和工作动态；作为烟草行业计量技术归口单位，承担烟草行业专用计量器具的技术审核、计量标准（基准）建立和量值溯源以及重要标准物质的研制。标准化中心下设标准化管理室、国际标准化室、标准化推广室和计量室4个部门。2019年，有在职员工23人，其中，研究员和正高级工程师8人，高级工程师10人，工程师4人。

主　任：范　黎

【标准化研究工作】 持续发挥标准体系规划、标准物质研制以及计量检定规程制定的传统优势。牵头开展国家局标准项目《烟草行业卷烟标准样品体系 构成与要求》5项研究，均完成标准草案或通过标物中心审定。与多家企业合作开展“烟草检测设备计量性能期间核查研究”。

以行业需求为导向，加强研究，促进合作。以烟用胶粘剂的安全性筛查为切入点，与企业合作开展“烟用胶粘剂物性因子剖析、溯源及应用”研究；结合胶粘剂的性能指标，对行业普遍关注的上机适用性开展前期研究，为下一步研究工作扩展至其他烟用材料打下基础。在前期完成的“烟用纸张微生物状况分析研究”的基础上，与企业合作开展“烟草及烟草口触材料微生物风险分析及控制研究”。结合雪茄烟特殊原料、特殊工艺、特殊环境方面的微生物管控需要，与企业合作开展“手工雪茄烟加工过程微生物风险分析及卫生控制研究”。同时，拟将微生物的研究及时向支撑品牌发展、聚焦提质降害的有益菌方向调整，拓宽标准化中心微生物研究的领域。

【计量工作】 国家市场监督管理总局审核批准标准化中心申报的“烟用恒温干燥箱检定装置”，国家局批准该装置作为行业最高计量标准用于计量检定工作。依托《卷烟和滤棒物理性能综合测试台检定装置》等9个行业最高计量标准，对7300余件相关专用计量器具开展计量检定或校准。

完成计量技术服务和计量方式转型升级，开展行业在线计量调研，完成《卷烟加工过程在线计量器具计量管理情况调研报告》，据此申报并获批2项行业标准项目，并拟扩充其他在线计量器具；以实验室大气环境远程实时监测、远程诊断调研为契机，研究远程计量的技术可行性，为提升标准化中心服务企业的能力，以及未来行业计量工作模式的转变进行探索。

【标准化示范推广工作】 配合国家局科技司完成第三批烟草行业商业标准化示范企业的复评工作，参与复评工作方案的制定，主持或配合全部14家示范企业的现场评审。与湖北省局（公司）加强合作，开展整省推进商业标准化工作的技术服务。配合国家局科技司开展部分国家级烟叶标准化生产示范区工作实效考评，参与考评工作方案的制定，参与6个国家级烟叶标准化示范区的考评。牵头开展《烟叶生产标准化工作规程》行业标准修订。

【标准化技术委员会工作】 完成全国烟草标准化技术委员会（简称全标委）、卷烟、企业、烟用材料、卷烟标样分标委秘书处以及安评委办公室的有关工作。配合国家局科技司，组织召开全标委工作会议1次，完成第六届中国烟草总公司标准创新贡献奖的申奖、形式审查、网评和会议评审；配合国家局科技司完成2019年度标准制修订项目立项形式审查、前置性审查、专家评审；组织召开卷烟、烟用材料、企业分标委及安评委工作会议各1次，审定相关标准；主办烟草行业烟叶生产标准化工作实效培训班和烟草标准化技术骨干业务培训班，培训相关技术人员和标准化骨干共计217人；完成国家标准委安排的行业标准备案数据核查清理、全标委2019年度考核自评以及烟草国际标准转化、烟草类中国标准外文版调研工作。

配合国家标准委发布国家标准4项；配合国家局科技司审查发布行业标准6项，中国烟草总公司企业标准13项，结题行业标准预研项目10项，审定通过2019年度烟叶基准样品。

2019年，“中国烟草标准化信息工作平台”在行业内网上线运行，使用该平台开展行业标准项目申报的受理、标准项目合同的签订、中国烟草总公司标准创新贡献奖的申报和评审、国际标准项目网络投票及企业评议。

【国际标准化工作】 继续承担ISO/TC126/SC2副主席及联合秘书处的工作，加强与ISO/TC126及土耳其标准局（TSE）秘书处的联系与沟通；编制4期《国际标准化动态》，为行业提供信息咨询服务。获得ISO 20193《烟草及烟草制品　烟丝宽度的测定》国际标准项目的修订权，将把中国方法作为资料性附录写入标准中；配合行业争取到国家烟草质量监督检验中心的研究员、郑州院高级工程师为ISO标准联合负责人；新增6人为ISO注册专家并参与5项ISO/TC126标准的制（修）订研究工作；2019年发布的15项ISO标准中，中国派出专家参与其中的12项。承担ISO技术机构情况。全年组织行业企业及专家完成38项国际标准项目的投票工作，投票率维持在100%。派员执行2次ISO/TC126境外会议任务；完成ISO 3402：1999《烟草及烟草制品　调节和测试大气》关于“强制气流”的实验工作，并在ISO/TC126大会上与国外专家分享中国的相关研究成果。

【科研成果】 2019年，标准化中心牵头获得郑州院青年科技进步三等奖2项，参与获得省部级三等奖1项。在《烟草科技》等期刊发表论文7篇，SCI最高影响因子5.48。获得授权实用新型专利2件；正式发布标准2项；牵头开展的在研项目8项。

国家烟草基因研究中心

【概　况】 国家烟草基因研究中心（简称基因研究中心）成立于2010年12月，隶属于中国烟草总公司郑州烟草研究院，业务上接受国家局科技司指导和管理。根据国家局的总体部署和烟草基因组计划重大专项的整体安排，基因研究中心主要负责开展烟草基因组研究工作。基因研究中心下设烟草生物信息学实验室、烟草分子生物学实验室、烟草代谢组学实验室、综合室等4个部门。2019年，有在职员工26人，其中，高级职称13人；具有博士研究生学历18人，硕士研究生学历7人。

主　任：罗登山（兼）

【科研项目】 2019年，承担各类科研项目32项，均完成了项目合同规定的年度研究任务，包括：针对影响烟气苯酚、巴豆醛含量相关基因位点挖掘，采集获得600份高世代MAGIC群体材料的基因型信息；针对低烟气苯酚释放量品种定向改良，完成“云烟87”纯合突变体材料和双突变材料13个家系、“红花大金元”30个纯合高代家系的种植、烘烤、烟叶蛋白质含量分析及烟气酚类物质含量检测，开展“K326”77个快中子诱变突变体家系的初步筛选和海南加代工作，获得关键基因编辑突变体5份；针对烟草育种需求，收集整理种质资源、审定品种、表型等烟草育种相关数据3万余条，制定相应数据规范，开展烟草育种大数据平台搭建、功能设计、数据录入、程序开发等工作，完成烟草育种大数据平台1.0版的开发；利用多基因编辑体系创制重金属镉积累基因NtPCS1和HMA2等5个基因同时突变的遗传材料；建立基于GFP的烟草叶片原生质体分选方法，研究确定适合烟草多酚检测的原生质体数量；研究发现NtHQT1和NtMYB59基因能够有效调控烟叶中绿原酸含量，3个miRNA能够有效调控烟碱合成途径中的靶标基因。

【科研平台服务】 烟草生物信息学平台绘制栽培烟草基因组图谱“近完成图”，新版图谱质量核心指标contig N50达到4.88 Mb，较第一版提升100倍以上；不断充实中国烟草基因组数据库，数据库主要分析工具访问量10万余次。

烟草基因芯片平台以烟草模块化育种分子鉴定和品种定向改良为主要目标，开发中密度烟草全基因组55K SNP芯片，成功应用于以“红花大金元”和“K326”为底盘品种的烟草全基因组分子模块库高世代材料基因型检测分析中，共计完成8064份材料的基因分型。利用高密度430K

SNP芯片，应用于云南省烟草农业科学研究院、中国烟草总公司青州烟草研究所相关烟草功能基因定位研究，大幅提升烟草黑胫病主效抗性基因 qBS－17 精细定位效率，准确鉴定普通烟草中携带野生烟草 TSWV 抗性的导入基因片段。

烟草代谢组学平台不断优化、完善非靶向分析方法，脂质组学分析鉴定的化合物由之前的100～150个提高到300～500个；开发针对复杂植物样本 UPLC－HRMS 的代谢组数据自动化解析平台，并在国际植物学研究领域权威期刊《Plant Biotechnology Journal》（影响因子6.84）发表；为行业内外多家单位提供技术咨询和检测服务，累计检测样品2700余份，有效支撑10余个行业内外科研项目的顺利开展。

【交流合作】 **首次实现技术服务合同额千万级突破。** 2019年，基因研究中心共签订技术开发、技术服务合同10项，合同额1150万元。这是中心成立以来技术服务合同额首次突破1000万元大关。

成功与工业企业共建实验室推进长期稳定合作。 与湖南中烟达成共建“湖南中烟—郑州烟草研究院烟草基因功能研究与利用联合实验室”的合作协议，双方将深入开展重要性状分子调控机理基础研究和烟草育种关键技术体系开发应用，致力于培育一批“优质、特色、低害、高效”的烟草新品种。

【科研成果】 2019年，发表各类学术论文27篇，其中，SCI论文13篇、核心期刊论文8篇、被ISTP收录的会议论文5篇、其他论文1篇。全年发表的SCI论文平均影响因子为3.94，论文质量是基因研究中心成立以来的最高水平。全年申请发明专利21件；获得专利授权17件，其中，发明专利10件（包括基因专利6件），实用新型专利7件。

【基因研究】 在烟叶黄酮醇/芸香苷方面，挖掘多个与黄酮醇/芸香苷合成调控密切相关的转录因子，通过遗传材料创制，在实验室条件下实现黄酮醇含量从降低75%到升高至4倍的梯度变化，芸香苷含量从降低60%到升高至3.9倍的梯度变化。在烟碱合成方面，筛选到数十个可能参与烟碱代谢的新基因和miRNA，其中NTP1可能是一个新的烟碱转运蛋白，该基因异源表达至酵母后能够显著提高酵母对尼古丁的耐受性。在苯酚前体物绿原酸方面，初步揭示绿原酸合成关键基因 NtHQT1 功能，过表达该基因能够提高绿原酸含量17.9%～38.7%；研究发现 NtMYB59 转录因子与绿原酸的合成呈正相关，NtMYB59 过表达植株旺长期烟叶绿原酸含量提高25.7%，RNAi植株旺长期烟叶绿原酸含量降低56.3%。在烟草低温诱导早花方面，获得4个候选基因的RNAi转基因烟草和2个候选基因的基因编辑材料，其中2个基因与低温早花的关系得到初步验证。

云南省烟草农业科学研究院［中国烟草育种研究（南方）中心］

【概 况】 云南省烟草农业科学研究院位于云南省昆明市，前身是成立于1955年的云南省烟草科学研究所，2009年3月更名为云南省烟草农业科学研究院，是云南省烟草专卖局（公司）的直属科研机构；中国烟草育种研究（南方）中心（简称南方中心）成立于1995年，与云南省烟草农业科学研究院实行合署办公。2012年，云南省烟草农业科学研究院由玉溪市搬迁至昆明市。拥有博士后科研工作站、国家烟草基因工程研究中心、烟草行业烟草生物技术育种重点实验室、云南省烟草农业工程技术中心、中美烟草分子育种联合实验室、烟草种质资源库和世界烟草品种园等创新平台，形成以新品种培育为优势、基因组学研究为引领、烟叶安全性检测为保障，土壤保育、绿色防控、提质增效烘烤等技术研究为重点的科研体系。南方中心下设8个部门。2019年，有在职员工109人，其中，享受国务院政府特殊津贴专家1人，行业学科带头人4人；正高级职称14人，副高级职称39人；具有博士研究生学历39人，硕士研究生学历42人。

党委书记、院长、主任：顾华国

【技术创新】 **新品种选育。** 2019年，在全国十大主栽烟草品种中，自育“云烟”系列品种占7个，种植面积超过980万亩。自育烤烟品种“云烟210”通过全国农业评审，推荐自育品种“云烟122”、与北卡合作选育品种“NC－YATAS27”参加全国区试，在全国9个省（市）烟区开展

7个引进品种的田间筛选鉴定，巩固烟草品种选育领先优势。

绿色烟叶生产技术。围绕“绿色防控、提质增效烘烤、植烟土壤保育”等重大专项，持续推进绿色烟叶生产技术集成创新，在节本增效、绿色植保等方面取得新突破。建立集物理、化学和生物三大性状为一体的植烟土壤质量评价体系，构建完成由13个点组成的植烟土壤质量监控平台。围绕“三虫三病”六项靶标16项重点任务，全面开展绿色防控技术研发和集成，推广“互联网+烟草植保”印象金叶手机APP应用平台。制定发布5项清洁烘烤技术标准。

烟叶安全性检测。全年完成样品检测1.17万个，出具数据2.61万个，出具检测报告112份，检测数据准确率100%。

【科研攻关】 成功克隆来自花烟草（*N. alata*）的*N'au*基因，初步研究其在抗病毒育种中的价值，成功获得美国专利授权。建立基因编辑高效筛选系统，构建一种新的Cas9－PF基因编辑系统。持续推进模块化育种，开展全基因组模块鉴定与评价；构建全世界规模最大的烟草导入系群体。

【技术服务】 建设手机APP、门户网站Web端、微信公众号“三位一体”的烟草农业技术推广信息平台，推进成果转化线上线下结合。分品种、分烟区编制印发技术挂图39套、6.4万张，技术小册子5大类、4.7万册。为云南省13个州（市）12家卷烟工业企业64个烟叶基地单元提供技术依托服务，因地制宜制定生产技术方案。

【科研成果】 2019年，开展科研项目71项，其中国家自然科学基金项目9项，国家局项目5项，云南省科技厅项目4项，云南省公司项目39项，中国烟叶公司技改项目3项，云南省质监局地方标准项目3项，参与项目8项。获省部级科技成果奖励5项，获得专利授权34件。发表SCI论文22篇，核心期刊论文46篇，CORESTA会议论文4篇。

【科研平台建设】 新建温室近2000平方米，购置一批高端先进科研仪器设备。以高标准规划为引领，以“中式卷烟、云南烟叶、云系种芯”为主题，成功建设澄江世界烟草品种园试验基地。

【国际合作与交流】 加快中美烟草分子育种联合实验室建设，合作选育出3个优质新品系。有序有力推进2019年中美联合实验室国际学术交流，派遣1人赴美国北卡罗来纳大学开展为期3个月的合作研究，2人参加CORESTA国际学术会议交流并作学术报告。

中国烟草总公司黑龙江省公司牡丹江烟草科学研究所（中国烟草东北农业试验站、中国烟草进出口烟叶检测站）

【概　况】 中国烟草总公司黑龙江省公司牡丹江烟草科学研究所（简称牡丹江烟草科学研究所）位于黑龙江省哈尔滨市，始建于1985年，隶属于黑龙江省烟草专卖局（公司）。始建名称为黑龙江省烟草科学研究所，原位于黑龙江省牡丹江市。1995年，经国家烟草专卖局批准在黑龙江省烟草科学研究所的基础上成立中国烟草东北农业试验站；1998年，成立中国烟草进出口烟叶检测站。2008年1月，名称变更为中国烟草总公司黑龙江省公司牡丹江烟草科学研究所。2016年，经黑龙江省烟草专卖局批准搬迁到哈尔滨市哈药路17号。主要承担烤烟新品种选育、生物技术研究、烤烟栽培技术研究与推广、植物营养与肥料、病虫害防治技术、烘烤技术研究及全国进出口烟叶及其制品的转基因检测和监测工作。牡丹江烟草科学研究所下设6个科研科室和2个行政后勤服务科室。2019年，有在职员工26人，其中，享受国务院政府特殊津贴专家1人；高级职称18人（正高级职称2人），中级职称4人。

党委书记、所长：刘永中（—2019年12月）

【科研工作】 **科研项目**。全年承担各类科研课题17项，主持黑龙江省局课题12项，黑龙江烟草工业有限责任公司项目2项，其他课题3项。烤烟品种“LJ0520”通过全国农业评审。

品种选育。开展海南冬季繁种和材料加代工作，获得抗角斑病育种材料20份，“龙江911”定向改良材料（抗

TMV）22份。品系比较试验筛选出5个品系进入全省烤烟品种区域试验；试验示范抗角斑病的0206－21、0110－142和抗靶斑病的LJ0520，推荐1212－31参加2020年全国区试。

品种改良。完成“龙江911”“龙江925”等几个主栽品种的PVY抗性编辑，获得的后代材料田间抗性显著。利用回交技术对“龙江911”进行TMV抗性改良，获得多份外观质量与“龙江911”相似的抗TMV后代材料。

绿色防控。继续开展“弱毒疫苗”防治烟草主要病毒病研发工作，对弱毒疫苗进行改良和示范验证，同时开展影响疫苗防效稳定性因素试验，为疫苗的研发应用奠定基础；筛选对烟草野火病防效较好的生物源农药，有效控制野火病角斑病、靶斑病的流行，防效率70%。

特色烟叶开发。启动“提升龙江特色烟叶可用性专项研究”重大专项，对黑龙江省生态区的土壤气候条件、生产技术与管理水平、烟叶质量与产出水平的评价进行细化完善，为全省烟叶核心产区、重点产区、优化产区的确定以及不同风格特色目标的定位提供科学的依据。

【技术服务】 开展调查研究，提出加大科技创新力度、提高技术到位率、强化专业化服务、提高中部上等烟比例、满足工业企业需求、提高强化基地烟叶生产高质量发展能力的工作思路。强化烟叶基地单元指导，指导上海烟草集团烟叶基地项目及黑龙江省局项目的研究工作，撰写“范家基地单元提质降杂集成烘烤技术研究与示范”项目实施方案及“提高河南中烟所需主等级产出水平的栽培技术研究与示范”项目实施方案。加强技术培训，在宁安、海林、勃利等烟叶产区开展标准化生产、绿色防控、烘烤等技术培训，培训人员达1200人次。强化病虫害防治，制定病虫害防治方案，发布6期病虫防治简报，进行远程诊断120余次。完成烟叶土壤样品检测，化验土壤样品2158个、烟叶样品1024个，为产区测土施肥、生产考核提供参考依据。

【转基因检测】 完成烟草转基因检测样品100个。

福建省烟草专卖局烟草科学研究所（中国烟草东南农业试验站）

【概　况】 福建省烟草专卖局烟草科学研究所位于福建省福州市。1997年5月，在福建省三明市成立福建省烟草专卖局烟草农业科学研究所，2002年初迁到福州，与中国烟草东南农业试验站（简称东南站）实行“一套班子，两块牌子”管理，隶属福建省烟草专卖局（公司），2004年全面异地搬迁至福州市，2016年11月更名为福建省烟草专卖局烟草科学研究所。福建省烟草专卖局烟草科学研究所在福州市晋安区宦溪镇设科研基地，在龙岩、南平、三明3个主产烟区设分所（烟叶生产技术中心），形成以省烟科所为龙头，龙岩、三明、南平3个分所和9个产烟县烟叶生产技术实验推广站组成的“139”烟草农业科研体系。东南站下设6个研究室和福建省烟草病虫害预测预报及综合防治二级站。2019年，有在职员工13人，其中，行业学科带头人1人；研究员2人，高级农艺师5人，农艺师5人；具有博士研究生学历2人，硕士研究生学历8人。

所　长：李春英

【科研工作】 **科研项目**。主持或参加“翠碧一号特色优质烟叶关键生产技术”“烟田土壤碳氮平衡调控技术”“防治烤房霉烂病技术规程”等6个国家局重点科研项目研究，主持或参加“福建上下部烟叶深化应用研究”等11项省局重点科研项目研究。

特色品种选育。自主育成新品系“FJ1604”通过全国烤烟品种农业评审，“FJ1805”新品系参加2019年全国烤烟品种区试，8个新品系参加2019年福建省烤烟品种区试。完成全国品种区试、全国外引品种试验在福建区试点试验和福建省烤烟品种区试工作。完成国家局烟草基因组计划重大专项“烟草青枯病抗性基因定位及翠碧一号新品系培育”“中国烟草种质资源平台建设——青枯病抗性鉴定”田间试验。“烟草高密度基因芯片研制和品质与抗性重要功能基因发掘”科研项目通过省局验收。稳步开展特色新品系“0970A”和“1602”示范种植。

烟草绿色防控技术研究与推广。完善绿色防控体系，推进冬翻晒白、苗棚熏蒸等基础保障措施的落实，持续推进烟蚜茧蜂控虫防病、蠋蝽猎杀夜蛾类幼虫、性诱剂诱杀斜纹夜蛾雄成虫、高效药械及助效剂提升农药利用率等成熟技术转化应用，加大纳米农药减量高效施用、噬菌体防治青枯病、土壤微生物群落调节控病等新技术研发力度。做好绿色防控技术推广，全年福建省建立绿色防控核心示范区 5.5 万亩，辐射区 27.5 万亩，绿色防控覆盖面积占植烟面积约 50%。组织召开武夷丘陵生态区绿色防控技术研讨交流会。

土壤保育与栽培技术研究。做好国家局重点项目“基于清甜蜜甜风格的翠碧一号特色优质烟叶关键生产技术研究与应用”研究。参加“基于烟田土壤碳氮平衡的有机碳作用机制及调控技术研究”项目研究，负责福建烟叶和土壤的取样以及长期定位施肥条件下有机质组分变化研究。开展福建上下部烟叶深化应用研究，建立上下部烟叶质量提升关键生产技术。继续开展镁营养对烤烟生产影响相关研究。继续探索长期定位施肥对福建烤烟生产的影响，完成 6 个定位监测点的年度田间试验和样品采集分析，完成 5 个监测点大气干湿沉降样品的采集。启动新一轮土壤保育重点技术深化研究与应用项目研究。开展烟区土壤与烟叶养分状况普查工作。

清甜蜜甜香型烟叶调制技术研究。做好提高工业原料适用性调制相关试验研究。开展不同部位烟叶采收成熟度量化研究、不同风机转速以及不同烘烤工艺对烟叶质量的影响研究。做好“鲜烟成熟度智能化检测技术研究”项目相关工作。

烟叶仓储醇化技术研究。福建原烟颜色变化影响因素及调控技术研究通过省局鉴定。开展福建片烟醇化特性及醇化调控技术相关研究，研究结果为卷烟工业企业制定个性化仓储醇化保管措施提供科学依据。制定福建片烟醇化保管与养护管理技术规范，在福建省三明金叶复烤有限公司、福建武夷烟叶有限公司等单位推广应用并获显著成效。

【技术服务】 立足科研服务生产，逐步完善提升烤烟生产技术，制定《2020 年福建省烤烟生产重点技术指导意见》。做好病虫害预测预报，全年印发《病虫预报信息》9 期，提高病虫害防治效率。承担江苏、福建、浙江中烟等卷烟工业企业在福建烟区烟叶基地单元的技术服务工作。根据各卷烟工业企业对烟叶质量要求和质量反馈意见，提出质量改进意见，协助产区制定生产技术方案和质量改进意见，为烟叶产区开展技术培训和技术指导工作。针对 2019 年阴雨天气多，烟叶含水量大、烟叶较薄的特点，提出采用湿度高温变黄、提早排湿的烘烤技术措施，在烟叶烘烤季节，深入烟区对烟技员及烟农进行针对性烘烤指导。全年为烟叶产区提供烤烟生产技术培训 20 余场次，累计培训产区烟技员、烟农 2000 人次以上。

【科研成果】 全年获得授权发明专利 2 件和实用新型专利 1 件；发表学术论文 6 篇；2 个科研项目通过福建省局科技成果鉴定或验收。合作研究项目“烟草主要病虫害发生规律及监测预警技术”获得 2018—2019 年度神农中华农业科技奖科学研究类成果二等奖。新品系“FJ1604”通过全国烤烟品种农业评审。

湖北省烟草科学研究院（中国烟草白肋烟试验站）

【概　况】 湖北省烟草科学研究院（中国烟草白肋烟试验站）是全国唯一的白肋烟农业科研单位，其前身为成立于 1986 年的湖北省鄂西烟草科研所，1991 年 5 月组建湖北省白肋烟研究所，1997 年 6 月更名为湖北省烟草科研所；1997 年 7 月，国家局决定在湖北省建立中国烟草白肋烟试验站，并与湖北省烟草科研所合署办公，隶属湖北省烟草专卖局（公司）；2002 年 8 月，湖北省烟草科研所由湖北省恩施市搬迁到武汉市；2013 年 7 月更名为湖北省烟草科学研究院。承担雪茄烟、全国白肋烟和全省烤烟及其他晾晒烟的农业技术等方面的科学研究，承担国家局、湖北省烟草专卖局（公司）下达的科研任务，承担全省烟叶和土壤样品的重点指标的化验检测任务，负责全国白肋烟和全省烟草良种繁殖、包衣加工、计划调拨与经营，负责湖北省烟叶生产新技术推广的咨询、培训等科技服务工作，指导湖北省烟区病虫害预测预报及综合防治和先进实用烟叶生产技术推广。湖北省烟草科学研究院下设 4 个研发中心、4 个研发服务部门和 2 个综合管理部门。2019 年，有在职员工 30 人，其中，行业学科带头人 2；研究员 4 人，副研究员 3 人，高级农艺师 13 人，高级工程师 1 人；具有博士研究生学历 7 人，硕士研究生学历 15 人。

院　长：杨春雷

【科研项目】 2019 年，承担国家局、省局项目和工作任务 28 项。“上部烟质量提升”项目攻关取得重要进展，上部烟在卷烟工业企业的可用性明显增强，湖北中烟调拨比例由2018年的12%提升至2019年的18%。中高档雪茄烟叶原料开发取得较好进展，开发的雪茄烟叶具有典型的雪茄烟风格特征，燃烧性好，配伍性好，口感甜润，烟叶质量得到国内主要雪茄烟工业企业的高度认可。

【平台建设】 继续完善产学研紧密结合的科技创新体系，构建科技创新平台。与四川中烟签订战略合作框架协议，共同成立“雪茄烟联合研究室”。成立“湖北省雪茄烟叶研究所”，打造国内领先的雪茄烟原料研发团队。

【良种繁育】 充分发挥湖北省烟草科研院“良、繁、加、推”一体化体系，完成“云烟87”“鄂烟1号”“鄂烟211”“鄂烟1号LC”“鄂烟3号”等品种8万余袋包衣种的加工、调拨，满足产区生产需要，种子质量100%达到国家标准。

【技术服务】 及时为烟叶产区提供技术培训和技术服务。结合“上部烟质量提升”重大攻关项目，分别在湖北恩施、十堰、襄阳、宜昌等地开展降碱剂施用、合理打顶留叶技术、上部叶4~6片一次采烤技术、中温中湿变黄慢定色烘烤工艺等技术培训，培训人员1500余人次。到湖北利川、宣恩等地现场技术指导30余次，电话及网络咨询100余次，组织发放病虫情报10余期。

土壤保育技术推广方面，100%覆盖湖北省烟区。绿色防控技术推广方面，围绕“弱化或消减病原菌、提高烟株抗性、优化植烟环境”的防控目标，研制出以“生物多样性（万寿菊间作）+拮抗菌联用”为主推技术、以科学预防、精准施药为配套技术、以品种改良为储备技术的烟草黑胫病、青枯病绿色防控技术体系，在病害发生区进行大面积推广。

【科研成果】 获得总公司科学技术进步奖三等奖1项，湖北省政府技术发明二等奖1项，2018—2019年度神农中华农业科技奖科学研究类成果二等奖1项；烤烟新品系“HB202”和白肋烟新品系“1046”“B0851”通过全国农业评审；国家局重点项目通过鉴定1项，通过验收2项，省局重点项目通过省部级成果评价1项，通过省局鉴定或验收4项；制定省局标准规程5项；获得实用新型专利授权4件、发明专利1件，软件著作权2项；在国内外核心期刊上发表论文26篇；“集群式密集烤房污染物控制优化研究”论文在2019年CORESTA会议上宣读。

贵州省烟草科学研究院
（中国烟草西南农业试验站）

【概　况】 贵州省烟草科学研究院于1999年在贵阳市成立，与中国烟草西南农业试验站合署办公，隶属于贵州省烟草专卖局（公司）。主要从事烟草农业科技知识创新，以应用研究为主，强化基础研究，引领贵州烟草农业发展。贵州省烟草科学研究院总部在贵阳，在福泉、平坝设有2个基地，下设6个科研团队、3个业务部门和6个管理后勤部门。2019年，有在职员工123人，其中科研人员76人，高级职称39人，中级职称54人；具有博士研究生学历21人，硕士研究生学历54人。

党委书记、院长：王　丰［2019年6月—，之前任党委副书记、副院长（主持工作）］

【技术创新】 2019年，贵州省烟草科学研究院开展科研项目研究97项（含结题项目20项），其中主持地厅级及以上项目60项。

新品系“贵烟8号”“贵烟5号”进入全国品种审定，5个新品系进入全国区试；新品系“GZ36”“GZ21”“GZ14”号在贵州省开展示范，品种“GZ36”连续两年表现优秀，市场需求显现。抗病毒病“云烟87”和抗白粉病“云烟87”“K326”“贵烟2号”等4个定向改良新材料新材料通过国家局田间鉴评。完成生物降解膜产品配方设计，建立可提高产量和等级结构的增密优化结构种植方法。

研发贵州省不同生态区水溶肥区域配方，消除连作障碍型生物有机肥实现自主化生产，生产成本由4000余元/吨降至2106元/吨；通过原料替代和工序精简，酒糟和油枯有机肥生产成本分别下降14%和10.9%；贵州省建立11个土壤保育示范区，示范效果良好。发嘧菌酯新剂型1种、展润助剂及高粘附助剂各1种，在贵州省建成绿色防控示范区36个，示范面积24.4万亩。

研发出生物质内置一体式燃烧机1套，适合贵州实际的生物质颗粒燃料配方产品2个，优化完善贵州清甜、蜜甜两大香型烟叶“442”10个关键稳温点烘烤工艺，在产区应用效果明显。

初步开发本源香特色卷烟产品1个、消毒产品3个、纤维素板4款。与产区协同建成5个烟叶科技成果转化园，选取14项科技成果进入科技转化园进行展示；与贵州烟草投资管理有限公司共同建立科技孵化中心，遴选出烟草苗期病毒病检测试纸条、性诱剂、水溶肥等3项产品进行孵化。

【科研成果】 2019年，获得省部级成果3项，地厅级成果奖励5项。其中，获得总公司科学技术进步奖三等奖2项，农业农村部科学研究类二等奖1项；获得贵州省局（公司）科学技术进步奖一等奖2项、二等奖3项。发表论文43篇（SCI论文7篇），获专利授权16件，软件著作权1项，出版学术专著1部。

【技术服务】 自主研发的苗期病毒检测试纸、烟青虫、棉铃虫、斜纹夜蛾高效诱芯和复合诱芯、水溶根施肥等新技术在贵州省推广应用效果良好。其中，苗期病毒检测试纸条推广使用2.15万条（32.25万亩）；高效诱芯和复合诱芯18.8万粒（40万亩）；水溶根施肥推广30余万亩。生产销售烤烟用种126.7万包，可供种植204.3万亩，实现收入838万元，实现利润473万元。完成检测各类样品（烟样、土样、植株、肥料样）5350个。为上海、江苏、湖南、安徽中烟等4家卷烟工业企业、21个烟叶基地单元提供技术服务，发布工作简报86份。

【合作交流】 与北卡罗来纳州立大学、加拿大圭尔夫大学、浙江大学等20余家国内外知名大学和科研院所建立交流合作关系。与贵州省科学技术协会、贵州省烟草学会共同举办贵州省科学技术协会第57期学术讲坛，与贵州省烟草学会共同举办第一期“科咖讲习汇”，邀请知名专家进行技术讲座。邀请相关卷烟工业企业、烟叶产区公司相关人员开展品种试验田间观摩、成果转化园现场观摩、基地试验示范展示观摩。参加行业国际会议交流，1篇论文入选2019年CORESTA大会墙报论文。

湖南省烟草科学研究所（中国烟草中南农业试验站）

【概　况】 湖南省烟草科学研究所位于湖南省长沙市，成立于2013年12月。中国烟草中南农业试验站是国家局批准成立的5个烟草农业试验站之一，于2000年7月正式授牌成立。2015年8月湖南省烟草科学研究所与中国烟草中南农业试验站合署办公。湖南省烟草科学研究所下设长沙、永州、郴州、湘西、衡阳、湖南农大、湖南中烟技术中心农业所等7个试验基地，试验田面积1100余亩。各试验基地设品种、农艺、植保研究室和技术推广部。2019年，有在职员工12人，其中，高级职称9人，中级职称3人。

所　长：周志成

【技术创新与服务】 **技术成果。**主持或参与国家局重大专项和重点项目8项，主持省公司重点项目17项、标准项目1项。

江苏中烟烟草技术中心人员专心实验中（2019年）

江苏中烟　供稿

特色彰显关键技术研究。完成2651份烟草种质资源的种植、采样及基因组简化测序、分析工作，系统梳理中国烟草种质资源的遗传进化关系，开展“三点三品种”烟叶风格特征物质筛选及代谢规律试验，初步明确湖南烟叶风格特色形成的物质基础，解析烟叶在成熟和烘烤过程中的物质变化规律及基因调控机制。

绿色防控关键技术研究。进一步优化本地烟蚜茧蜂、异色瓢虫、蠋蝽等天敌昆虫本地规模化繁育及释放技术，形成以“柞蚕蛹代替粘虫”饲养的湖南扩繁模式，建立具有地区特色的天敌昆虫资源库，研发对天敌昆虫有引诱效应的药芯；建立防治青枯病/黑胫病和赤星病/野火病生防菌群技术，形成防治“根茎类”和“叶斑类”2种生防制剂，田间防治效果达到50%以上。

基因组精准育种。完成工厂化育种部分纯合编辑株系的农业评价和工业评价，开展以“K326”为底盘品种的“BC4F2”模块构建及抗病性鉴定，配制优质抗病组合20余个，获得多个高糖酯定向改良优良株系；南繁完成高代育种材料、“K326”EMS突变体、航空育种材料460余份株系的优中选优工作，新配组合500余份。

土壤保育关键技术研究。初步建立湘西植烟土壤微生物数据库，构建湖南烟—稻轮作区“稻草还田—饼肥配施”和山地烟区“绿肥翻压—饼肥配施”为核心的2种提质增效技术模式；筛选出磷高效、低效品种3个，鉴定出判定磷效率的重要生理指标，检测到与磷转运和代谢相关的重要候选基因。

技术推广。推广新品种“湘烟3号”“湘烟5号”5.53万亩、推广新品系“HN2146”1000亩，开展新品系“HN2146”配套栽培、烘烤技术研究；推进烟草绿色防控重大专项实施，湖南省10个烟区建立绿色防控示范区40个、9.38万亩，辐射区89.4万亩，烟蚜茧蜂防治蚜虫推广覆盖全省烟田112.9万亩（100%覆盖），大农业推广122.5万亩，释放蠋蝽防治烟青虫/斜纹夜蛾5000亩。示范区综合防治效果达到65%以上。

【科研成果】 2019年，获得发明专利授权3件、实用新型专利7件、外观设计专利1件；在各类科技期刊发表科研论文26篇，其中SCI论文6篇；出版专著1部，发布省地方标准1项，1个品种通过全国审定，2个品系通过全国农业评审；获得农业农村部全国农牧渔业丰收奖二等奖、总公司科学技术进步奖三等奖、湖南省局（公司）科学技术进步一等奖、二等奖各1项。

中国烟草总公司青州烟草研究所［中国农业科学院烟草研究所、中国烟草遗传育种研究（北方）中心］

【概　况】 中国烟草总公司青州烟草研究所与中国农业科学院烟草研究所合署办公，中国农业科学院烟草研究所始建于1958年，1959年4月增名“山东省烟草研究所”，1987年经国家科委批准增挂“中国烟草总公司青州烟草研究所”（简称青州所）牌子，受中国农业科学院、中国烟草总公司和山东省政府领导，主要开展烟草农业科学研究和成果转化工作。中国烟草遗传育种研究（北方）中心成立于1999年，为非独立法人科研事业机构，依托单位为中国农业科学院烟草研究所。青州所下设4个职能部门、8个研究室（中心）、1个青州科技服务中心、1个《中国烟草科学》编辑部、1个实体公司（青岛农特生物科技有限责任公司）；建有19个国内创新平台和3个国际合作平台；设有青岛中烟种子有限责任公司、上海烟草集团有限责任公司原料研究一室等科技成果转化平台。

2019年，有在职员工188人，其中，享受国务院政府特殊津贴专家12人，农业农村部和山东省突出贡献专家3人，行业学科带头人2人，中国农业科学院“农科英才”3人，中国农业科学院创新团队首席科学家7人；专业技术人员171人，45岁以下专业技术人员121人；正高级职称31人，副高级职称62人，中级职称72人；具有博士研究生学历74人，硕士研究生学历67人，在读博士研究生21人、硕士研究生117人，外国留学生6人，在站博士后10人。

党委副书记、所长：王元英；党委书记、副所长：许发辉（—2019年3月）、崔泽民（2019年3月—）

【科研立项】 2019年，承担中国农业科学院科技创新工程专项和中央级公益性科研院所基本科研业务费专项，重点实施总公司绿色防控重大专项、基因组计划重大专项及其他行业相关课题。全年累计新增各类纵向项目 45 项，其中，总公司重大专项项目 3 项、山东省农业技术重大创新项目 1 项、国家自然科学基金 7 项（面上项目 2 项）、山东省自然科学基金 9 项。新增各类省级公司、工业公司合作项目 76 项。

【技术创新】 围绕国家重大需求和行业关注的重大科学问题，在植物生长发育调控、烟草病害流行与控制、植烟土壤维护与修复、烟草有益功能成分合成等领域取得 4 项理论突破；在烟草全基因组模块化育种技术、烟草主要病虫害绿色防控技术、烟草化学肥料减施增效技术、烟草有益功能成分综合利用技术等方面取得 4 项技术突破。在全国建设绿色防控综合示范区 584 个，面积 172.31 万亩，辐射全国 54.66% 的植烟面积，主推 6 项技术。在三大烟区集成示范推广烟草化肥减施技术 25 万亩，肥料利用率平均提高 15%。育成抗赤星病“红花大金元”、玫瑰香特征香韵新品系、高蔗糖酯改良“K326”等烤烟新品种（系）通过田间鉴评。

【技术平台】 “中国烟草种质资源平台”“烟草行业烟草基因资源利用重点实验室”“烟草行业烟草病虫害监测与综合治理重点实验室”等行业创新平台运行良好，与四川省烟草公司凉山州公司共建的“院企联创烟叶技术中心”获得行业级烟叶生产技术中心认定。中国农业科学院烟草研究所获得全国名特优新农产品营养品质评价鉴定机构、全国农产品质量安全科普示范基地、全国生态环保优质农业投入品（烟草和特种作物）评价技术中心、全国名特优新农产品（烟草和香辛料）全程质量控制中心等资质。

【成果转化】 在全国主要烟区共建农业科技示范园区 26 个，推广良种 3 个，推广实用新技术 11 项，开展各级各类培训 290 场次，培训各层次人员 28 万人次。与地市级以上烟草公司洽谈合作 34 次，广泛探索成果转化新模式。

【国际合作】 新建中美合成生物学联合实验室和中英生物资源高值利用联合实验室 2 个国际合作平台。柔性引进美国弗吉尼亚大学生物学教授迈克尔·蒂姆科（Michael P. Timko），开展植物功能基因组和烟草次生代谢调控研究。

【科研成果】 2019 年，发表学术论文 139 篇，其中 SCI 论文数量 70 篇，Top5 SCI 论文 11 篇；获得省部级科技成果奖励 3 项；通过审定烤烟新品种 2 个；获发明专利授权 15 件、实用新型专利 9 件，软件著作权 10 项；出版著作 10 部；制定国家标准 29 项。新收集烟草种质资源 187 份，新编目珍贵药烟资源 136 份。

国家烟草栽培生理生化研究基地

【概　况】 国家烟草栽培生理生化研究基地（简称烟草基地）于 1997 年 11 月依托河南农业大学烟草学院组建，为河南农业大学正处级单位，受国家局科技司和河南农业大学双重领导，是从事烟草生产理论和技术创新研究，开展技术推广和技术服务，培养高层次人才的科学研究机构。依托烟草基地，2005 年国家局批准设立烟草行业烟草栽培重点实验室。烟草基地立足于整合全校与烟草专业相关的科研力量和平台资源，组建烟草栽培生理、烟草遗传育种、烟草调制分级、烟草品质生态、烟草化学与调香工程、烟草加工工程与工艺、烟草生物技术、现代烟草农业工程技术 8 个学术团队。2019 年，有从事烟草教学和科研工作的教师 79 人，其中，享受国务院特殊津贴专家 1 人，行业学科带头人 2 人，河南省管优秀专家 1 人，河南省学术技术带头人 2 人，河南省高层次拔尖人才 2 人，国家科学技术奖评审专家 1 人，校级教学名师 3 人，教授 15 人，副教授（含高级实验师）28 人，博士生导师 10 人，硕士生导师 31 人。具有博士学位的教师 61 人。此外，在国内外、行业内外聘请名誉教授、兼职教授、兼职硕士生导师 20 余人。

主　任：赵铭钦

【技术创新】 依托国家局重点项目深入研究土壤碳氮调节理论和技术，初步揭示基于不同碳源增碳培肥的增香提质机理；主持承担四川省、湖北省和海南省烟草公司雪茄烟科技项目，深入开展中式雪茄栽培、调制、发酵理论和技术研究，取得重要阶段性成果；广泛开展优质上部叶标准体系构建、烟草肥水高效利用、优质高抗品种选育、精准智能烘烤、烟农增收、新型香料制备、生物产香技术等课题研究，完成年度研究计划和考核指标，取得多项创新性成果。

【学科建设与人才培养】 **学科建设。**烟草专业成功获批河南省2019年一流本科专业建设点，卷烟调香学、烟草生态学、卷烟工艺学被评为“河南省一流课程”。不断加强教学质量工程建设。“烟草品质生态”教学团队荣获校级教学团队立项建设，《烟草生态学》课程获批校级专业核心示范课程立项建设，《烟草历史与文化》课程获批校级在线开放课程立项建设，5项教改项目获批校级教学改革研究与实践项目立项，2个项目获批国家级“大学生创新创业训练计划”立项，3个项目获批省级“大学生创新创业训练计划”立项。

人才培养。持续实施教师人才质量提升工程。全年招聘博士8人，其中青年英才4人。选派6名教师赴国内外高校进修访学。2人被认定为河南省高层次拔尖人才，1人获评省级“文明教师”，1人获评“河南省高等学校青年骨干教师”，1人获评“河南农业大学道德模范”，1人获评“河南农业大学优秀教师”。

召开学科建设工作推进会，进一步明确“大项目、大成果、大平台、高水平论文”即“三大一高”建设目标，依据行动计划对各学科团队进行年度考核，并对优秀学科团队和学科建设突出贡献个人进行表彰。

【服务行业和战略合作】 与河南省局、河南中烟共同举办第五届大河金叶论坛。“河南省香精香料与调香工程技术研究中心新郑分中心”揭牌成立；分别与四川省局、海南省局、四川中烟长城雪茄烟厂、湖北中烟三峡卷烟厂、吉林省蛟河市烟叶公司、海南省建恒哈瓦那雪茄烟有限公司签订战略合作协议，助力雪茄烟产业高质量发展；持续做好与江西省局、贵州毕节市局等战略合作与人才培养，培养在职硕士研究生10余名。

【重点实验室建设】 主持承担国家局重点项目“基于烟田土壤碳氮平衡的有机碳作用机制及调控技术研究”，并取得阶段性成果。主持承担行业单位科技项目20余项，围绕烟叶优质、高效、生态、低害开展理论和技术研究。发表SCI收录论文21篇，其中影响因子大于5的有3篇。

【学术交流与国际合作】 加强与美国弗吉尼亚理工大学、美国肯塔基大学、北卡罗来纳州立大学、英国莱斯特大学、英美烟草集团、法国烟草研究所联系。与江西、海南、四川等省烟草公司以及湖北、河南、四川等省级中烟公司开展战略合作。组织召开第五届大河金叶论坛、有机烟叶发展论坛、河南省生物炭工程技术研究中心科技年会，邀请中国科学院院士，加拿大农业部渥太华研究中心教授等专家进行学术交流与技术讲座。派出10余位专家教授参加CORESTA大会等国际学术会议和国内高层论坛，增强与国内外、行业内外的学术交流。

【科研成果】 2019年，获得省级科学技术进步奖二等奖1项，厅局级科学技术进步奖二等奖2项、三等奖2项。新增国家自然科学基金1项，省科技厅科技攻关项目3项，省教育厅重点项目2项，烟草行业重点重大项目20项。以第一作者或通讯作者发表学术论文103篇，其中SCI论文33篇，影响因子5.0以上SCI论文3篇。申请专利19件，其中获得专利授权5件；出版专著3部。

广东省烟草南雄科学研究所

【概　况】 广东省烟草南雄科学研究所（简称南雄烟科所）位于广东省南雄市，前身是成立于1963年的广东省南雄烟草试验站，1987年改名为广东省南雄烟草研究所，2002年更名为广东省烟草南雄科学研究所。2012年12月，广东省烟草专卖局（公司）成立广东烟草粤北烟叶生产技术中心，与广东省烟草南雄科学研究所合署办公。2019年12月，广东烟草粤北烟叶生产技术中心更名为广东烟草烟叶生产技术中心。主要职责是围绕广东烟叶生产发展需求，开展烟草品种选育、栽培、调制、植保、现代烟草农业建设等科技项目的研究和成果转化工作；结合烟叶生产实际，组织开展烟叶生产先进适用技术的引进、吸收、消化和推广应用工作；负责全省烟草良种繁育与病虫害预测预报工作；负责全省烟叶产区烟叶质量评价、烟叶产品安全性指标的内控标准制定和检验工作；开展烟叶生产科技服务和相关技术培训工作；承担行业科研单位及广东省局安排布置的科研、试验示范项目，参与区域性科技项目研究，做好相关横向项目的协同攻关工作。南雄烟科所下设5个部门。2019年，有在职员工24人，其中，高级农艺师6人，中级农艺师4人；具有博士研究生学历2人，硕士研究生学历4人。

所　长：李茂军

【技术创新】　2019年，承担国家局科技项目3项，广东省局科技项目16项，广东中烟科技项目4项、深圳烟草工业有限责任公司科技项目1项。按照各科技项目研究目标及2019年度实施方案的要求，全面部署落实各科技项目试验示范工作，在新品种选育、土壤保育、绿色防控、新能源密集烤房等方面取得一定的成果。

【技术服务】　完成广东省烟叶生产各关键阶段的技术培训工作；在烟叶生产期间，派出技术员驻点技术指导，及时解决生产中存在的技术问题；做好全省病虫害预测预报、产质量调查及烟叶产品安全性监测等工作；完成广东省烤烟良种繁育、加工及供种工作；示范、推广壮苗素、土壤保育、绿色防控、水肥一体机、生物质新能源烤房等新成果和新技术。

【科研成果】　2019年，6个项目通过结题验收；获得发明专利授权2件，实用新型专利授权4件；获得计算机软件著作权2项；在国内正式刊物发表学术论文4篇。

江西省烟草科学研究所

【概　况】　江西省烟草科学研究所（简称江西烟科所）成立于1994年，原名为江西省烟叶科学研究所，2017年8月，更名为江西省烟草科学研究所，是江西省烟草专卖局（公司）直属科研机构。江西省烟草科学研究所是江西省烟草科学研究的龙头单位，负责烟草技术研究，组织、协调和指导全省烟叶三级技术体系，组织全省烟叶科技协作，开展烟叶生产技术指导。拥有实验室面积1400平方米，实验室配置多种分析仪器设备，具备烟草育种、栽培营养、生理生化、烘烤调制、质量评价和植物保护等科研条件。2019年，有在职员工18人，其中，高级农艺师5人，农艺师7人，工程师2人。

所　长：何宽信

【技术创新】　顺利完成全国烤烟品种区域对比试验任务并在国家局检查中获评优秀；筛选出“PVH2233”等综合表现较好的新品种（系）；利用分子生物学实验技术平台并结合田间试验结果，摸清“CC67”品种特性及其生产配套关键技术。优化两段式湿润育苗营养土配方，构建合理株型与群体结构的栽培措施，在江西省成功开展6000亩自主设计配方的专用基追肥示范和烟叶定向生产示范。筛选出对青枯病防效较好的生防药剂和对土壤pH值具有较好调节作用的土壤调理剂，集成示范推广“一波一器一蜂一纸一制剂”为核心的绿色防控技术，完成国家局下达的推广任务。明确不同部位烟叶采收标准，优化密集烘烤前期操作要点，完善倚靠式散叶装烟烘烤配套技术开展示范。同时，在植烟密度、养分供应、采收成熟度和烘烤操作等方面提出改善上部烟叶质量和提高中部烟叶比例的技术措施。

【技术服务】　举办江西优质特色烤烟生产关键技术培训班，并受邀赴产区开展基层培训，累计培训1100人次。派员驻点指导试验开展和当地烟叶生产，做好基地单元技术服务工作。适时提出烟叶生产技术建议，谋划毗邻福建产区烟叶综合示范区建设。加强与吉安市公司合作谋划提升峡江烟叶质量水平预备研究。

【开放合作】　与中国农业科学院烟草研究所、玉溪中烟种子公司、上海烟草集团等单位合作，在烟草育种和栽培管理等方面加强技术研究。派员参加国家局及有关单位举办的“烟草分子育种技术培训与交流会”等6个会议及培训，提升科研人员专业技能，开拓科研视野。

【科研成果】 2019 年，发表科技论文 7 篇，其中 SCI 论文 2 篇。获得实用新型专利授权 8 件。发布 QC 成果 1 项。参与制定 GB/T 23223－2019 烟用农药田间药效试验方法国家标准，编写《中国烟草病害图鉴》。

河南省烟草科学研究所

【概 况】 河南省烟草科学研究所（简称河南烟科所）位于河南省郑州市，于 2014 年 12 月 10 日成立，为河南省烟草专卖局（公司）的专业部门。主要职责是承担国家局和省局（公司）下达的烟草农业科研任务；负责全省系统科技创新、管理创新等重点科研项目攻关，重点开展烟草新品种选育、栽培与耕作、植物保护、烘烤调制、资源环境等烟草农业科学技术研究；负责全省烤烟良种试验示范；提供烟草农业新品种、新技术、新工艺、新方法技术示范、推广及培训服务；承担本系统技术中心的业务指导；完成省局（公司）领导交办的其他工作。河南烟科所下设烟草育种、烟草植保、烟草栽培、调制与分级、烟草管理创新 5 个研究室和 1 个综合室。2019 年，有在职员工 11 人。具有中高级技术职称人员 10 人，其中研究员 2 人，高级农艺师 1 人，高级经济师 1 人；具有博士研究生学历 2 人，硕士研究生学历 4 人。

所 长：黄元炯

【科研工作】 开展技术调研，对烟叶主产区病虫害发生情况进行调查取样及病原鉴定，形成调研报告 1 份，主要针对主要产区的发生类别和病原鉴定结果，总结主产区 2019 年病虫害发生的类别、变化趋势及造成的经济损失，分析的问题并提出建议。组织 2020 年度烟叶生产技术方案制定，形成 9 家地市烟叶生产技术方案和 22 个烟叶基地单元技术方案初稿，制定印发《河南省 2020 年度烟叶生产技术工作要点》。

【技术创新】 组织实施“全国烤烟品种河南区域试验”项目，在许昌市（建安区）、三门峡市（陕州区）安排区域试验和生产试验，通过综合分析，选出最优品系，推荐参加全国品种审定。开展“河南浓香型优质烤烟品种筛选与配套技术研究应用”项目研究，针对“浓香型特色优质烤烟品种的筛选与评价”“浓香型优质烤烟品种特色挖掘与配套技术”“浓香型优质烤烟品种配套技术集成与示范推广”等 3 个专题开展研究。推进“基于普通密集烤房的生物质清洁能源供热及除尘减排技术的研究”项目，进行生物质燃料供热设备各类参数的计算与设计方法、外置式生物质成型颗粒燃料燃烧机的研发等 10 项研究，在许昌主持召开项目现场观摩会议，探索生物质清洁能源应用于烟叶烘烤、废弃的生物质资源产业化生产和燃煤供热设备环保改造的研究。

【服务行业】 **技术培训**。举办浓香型烤烟良种良法配套关键技术培训班，对各烟叶产区技术负责人、技术骨干等 50 余人进行培训。围绕制定 2020 年各产区烟叶生产技术方案和 22 个烟叶基地单元技术方案，对 9 个烟叶产区市公司技术中心、烟叶生产科负责人进行培训。

技术交流。与三门峡、洛阳、许昌等地市技术中心、生产科建立稳定技术、业务交流机制；配合洛阳市公司开展《洛阳优质烟叶生产技术研究》专著编写和相关技术标准编制；联合许昌市公司申报“上六片”烟叶生产技术专利 2 件，整合全省烟草科技创新和技术推广服务资源，针对性地开展技术指导和服务。

技术服务。邀请有关专家，为南阳市基层烟农、基层烟叶生产技术人员授课，针对烟叶“种、管、采、烤、分、售”过程中遇到的疑难问题和关键技术操作，同参训人员进行研讨互动。

【科研成果】 获得河南省科学技术进步三等奖 1 项，出版技术类专著 2 部，获得发明专利授权 8 件。

山东烟草研究院

【概 况】 山东烟草研究院（简称研究院）成立于 2011

年2月25日，隶属于山东省烟草专卖局（公司），主要从事烟草农业、卷烟营销、电子商务与现代物流、经济运行、现代企业管理和信息技术等方面的研究开发。研究院下设办公室、人力资源部、财审部、科研管理部等4个职能部门和现代烟草农业、经济与管理、信息技术等3个研究中心；拥有信息技术实验室、近红外光谱技术研究实验室、烟草农业实验室等3个专业实验室，其中，信息技术实验室获得ISO 27001信息安全管理体系认证。2019年，有在职员工26人，其中，高级职称3人，中级职称13人；具有博士研究生学历2人，硕士研究生学历11人。

分党组书记、院长：马宏伟

【技术创新】 **规范项目研发过程管控。**建立项目立项内部预审机制，严格把关项目立项必要性、研发内容针对性、研发方法科学性和成本核算精准性，提高项目立项质量；探索试行项目研发定期调度机制，及时把握科研项目进度，聚焦解决存在的难点问题，重点对延期结题和即将到期的在研项目进行分析督导，推动项目研发思想观念和工作理念逐渐向高质量发展要求转变。承担和参与承担新立科研项目10项，在研项目45项。

推进烤烟品种试验。以“NC55”为主对照、“中烟100”为副对照，在诸城等6个试验点组织开展“云烟116”“CF232”“CF227”“CF234”品种对比试验，“中川208”“中烟300”“云烟301”烤烟品种生产试验，为丰富山东省烤烟后备品种，提供详实的数据支撑。

开展数据分类分级研究。梳理山东省烟草商业系统数据资源，形成全系统统一的数据资产清单，深入研究数据资源分类分级方法，起草构建《山东烟草数据分类分级指引》标准。

开展工商双方共同面向消费者销售模式研究。以消费者信息采集和研究应用为基点，探索构建“工、商、零、销”数据流畅通的“卷烟销售一体化平台”，打通“工、商、零、销”4个供应链环节，提高销售精细化水平。

协助开展卷烟物流分类分层对标管理体系研究。从物流成本、效率、服务及安全4个维度，建立覆盖物流仓储、分拣、配送、综合管理4个环节，包含企业级、部门级、基层班组级和岗位级的“四维度、四环节、四层级”对标指标体系。

【技术服务】 协助山东省公司完成《烟草绿色防控科普手册》《2019年山东烟叶质量安全工作方案》，建立完善绿色防控技术推广体系和农药管控措施。开展山东省烟叶质量检测工作，组织开展2019年烟叶样品感官质量评价评吸会；深入山东省107个烟叶站（点）实地采集烟叶样品1002个，完成近红外光谱扫描和常规化学成分检测任务。开展信息系统检测服务及相关资质申请工作，对山东省公司采购管理系统、移动办公APP、面向消费者销售平台、卷烟订单全流程管控系统等进行系统功能、性能测试，从关键业务压力与负载测试、资源占用率、系统处理能力等方面进行系统测评；申请信息安全等级保护测评机构资质，并向山东省信息安全等保办提报申请材料；协助山东省公司起草网络安全工作表彰奖励评选标准、数据安全管理办法、个人信息安全保护办法，保障全系统网络安全和数据安全。

【成果转化】 **绿色防控技术推广。**继续保持烟蚜茧蜂防治蚜虫技术100%全覆盖，在大农业推广26.5万亩；山东省示范推广赤眼蜂防治棉铃虫技术6000亩，瓢虫防治烟蚜技术3000亩，在烟粉虱发生较重的烟田开展丽蚜小蜂示范2.5万亩，示范推广蠋蝽防治烟青虫技术7500亩，同时支援东三省蠋蝽成虫3000亩。

烟叶烘烤精准管控技术推广。在临沂、潍坊、日照市公司进行烟叶烘烤精准管控技术示范推广，试点烤房154座，试点烘烤411炉次。实现管理人员对烤房状态的实时远程可视化监控，保障烘烤工艺严格执行。实时采集烘烤全过程数据，建立山东烟叶烘烤数据库，为烘烤工艺的持续改进提供数据基础。

【科研成果】 2019年，获得总公司科学技术进步奖二等奖1项；省局（公司）科学技术进步奖6项，其中，一等奖2项、二等奖1项、三等奖3项，精益课题一等奖1项，专利奖1项；获得行业统计论文三等奖1项；获得省烟草学会优秀论文一等奖1项、二等奖2项、三等奖1项、优秀奖1项。获得软件著作权授权2项。

中国烟草总公司重庆市公司烟草科学研究所

【概　况】　中国烟草总公司重庆市公司烟草科学研究所（简称重庆烟科所）成立于2011年6月9日，位于重庆市，由西南大学和重庆市局（公司）共同设立，属校企双方共建非法人单位，主要负责开展烟草科研、试验示范、烟叶生产技术培训与推广等工作，着力于提升重庆烟叶科技水平和科研能力。重庆烟科所下设3个业务管理部门和6个科研部门。在巫山县设立渝东北区域技术中心，彭水县设立渝东南区域技术中心，同时作为科技试验工作站。2019年，有在职员工57人（行业内人员26人），其中，正高级职称12人，副高职称20人，中级职称5人。

名誉所长：李加纳；所长：陈中玉

【技术创新】　**科研项目**。2019年，有在研项目15项，新立项目6项，其中国家局重点项目2项，市局（公司）科技计划项目4项。同时，完成2项国家局重点项目，其中1项顺利通过国家局成果验收。

品种研究。完善自育新品种“CF8704”农业评审报告和选育报告，有序推进新品种审定。聚焦育种目标，有针对性地引进抗病育种材料20余份，在自育组合中筛选获得高香气品系3个。在巫山、彭水种植各世代材料和稳定品系近200份，杂交亲本104个，配制组合39个，筛选出有潜力的株系63个，接近育种目标的株系7个。对黑胫病和青枯病兼抗的3个材料开展田间验证试验。

栽培技术。与河北中烟合作开展基于“荷花”品系需求的重庆烟叶原料定向生产技术体系研究。通过联合技术攻关，经河北中烟技术中心组织的评吸，重庆示范区烟叶质量完全满足“荷花”品系的配方需求。制定《2019年栽培技术研究实施方案》，对150份烟叶样品进行工业感官评价，根据评价结果对生产和示范方案进行优化。

土壤与营养。在彭水和巫山试验站分别建成1个土壤养分长期定位监测池。在烟叶育苗过程中，推广应用基质拌菌技术，提高育苗质量。继续开展酸化土壤改良、烟田土壤质量提升、烟株营养均衡供应等技术的研发与应用。

绿色防控。组织起草《2019年全市病虫害绿色防控工作方案和技术方案》。开展渝东南和渝东北绿色防控技术模式效果验证研究。推进捕食螨防控烟粉虱技术和以微生态调控为主的根茎病害防控技术的大面积应用。邀请专家和技术骨干，对烟叶产地区县人员开展集中培训，就烟草绿色防控的新思路、新方法、新技术、新产品进行系统讲解。

【技术服务】　牵头起草《2019年全市烟叶生产技术实施方案》，并组织对重庆各产烟区县的生产技术方案进行评审。科技推广人员定期深入基层调研，收集烟叶生产过程中存在的难点问题，为烟叶生产把好脉，及时组织专家赴现场解决。对制约烟叶生产技术瓶颈，及时提出调整肥料配方，优化施肥技术和增加土壤碳氮比等合理化建议。丰富“渝金香”烟叶品牌内涵及主要改善措施，并得到采纳应用，起到良好效果。全年针对烟叶产区关注的土壤保育、绿色防控和烟叶烘烤等技术举办培训5期，累积参训人数1300余人次。

【科研成果】　2019年，获授权专利2件，其中，发明专利1件；公开发表论文8篇，其中SCI1篇；被国内外期刊接收研究论文4篇。国家局重点项目“山地烟田分类治理与降酸提质关键技术研究与应用”通过省部级成果鉴定，并获得总公司科学技术进步奖三等奖。5个项目成果通过重庆市科委组织的成果鉴定。在重庆市局（公司）组织的2016—2019年全市行业成果评选中，4个项目获得科技项目类成果一等奖，1个项目获得二等奖，4件专利和1项软件著作权获得专利类成果一等奖，2项企业标准获得标准类成果一等奖，13篇科技论文包揽全部的一等奖、二等奖。

陕西省烟草科学研究所

【概　况】　陕西省烟草科学研究所（简称陕西烟草所）原名为陕西省烟草研究所，成立于1992年8月。2017年，正式更名为陕西省烟草科学研究所，隶属于陕西省烟草专卖局（公司）。主要职责是承担烟草农业和经济课题研究，开展关键技术攻关。2019 年，有在职员工 10 人，其中，研究员 1 人，高级农艺师 4 人，高级经济师 2 人，农艺师 1 人，技术员 2 人。

所　长：张振平（—2019 年 3 月）、艾绥龙（2019 年 12 月—）

【技术创新】　**品种研究**。“秦烟 201”通过国审，“9B02”“CH01”进入全国区试。选育出“CH02”“9A05”等一批有苗头的优良品系，完成 166 份材料的筛选和 42 份稳定品系的黑胫病鉴定，新育成 23 个高代品系。探索利用毒素胁迫早代抗病筛选、基因辅助育种、花药培养育种。

栽培研究。通过基础数据的总结分析，对陕西烟区植烟土壤与烟叶质量关系进行细化研究，对烟田施用有机肥的机制机理进行研究，开展生物有机肥与化肥不同配比、化肥减量长期定位和生物免疫制剂作用效果研究，起草编写蚯蚓粪生产规程 3 份。

植保研究。锁定各烟区主要靶标并制定技术规程，实现烟蚜茧蜂防治蚜虫烟田全覆盖，防治蚜虫化学杀虫剂零施用。

经济研究。构建陕西烟草商业高质量发展评价指标体系；厘清烟草行业与烟农合作社的关系，制定陕西省烟农专业合作社经营管理效率测量指标体系。

【技术服务】　为陕西、河南、甘肃、山西等烟区提供烤烟种子 14.5 万亩，在陕西省推广“云烟 121”“9B02”“9A05”“中川 208”等烤烟新品种 3000 余亩；通过自制有机肥系列技术集成，指导产区建成有机肥生产基地 2 个，生产烟草专用有机肥 2190 吨；开展技术服务，指导产区修订技术方案，指导抗灾救灾工作。

【科研成果】　2019 年，在核心期刊发表科技论文 17 篇，其中，SCI 收录 2 篇，经济类权威刊物收录 1 篇。

中国烟草总公司海南省公司海口雪茄研究所

【概　况】　中国烟草总公司海南省公司海口雪茄研究所（简称雪茄烟研究所）位于海南省海口市。2015 年 7 月，国家局、总公司批复成立海南雪茄研究所，2017 年 12 月，更名为中国烟草总公司海南省公司海口雪茄研究所。主要职责为承担雪茄烟叶的科学技术研究及成果转化推广，承担雪茄产品研发和市场研究，组织开展科研项目攻关，为持续改善雪茄烟叶和雪茄烟产品的品质安全提供技术保障，为雪茄烟产业发展提供科技支撑。2019 年，有在职员工 18 人，其中，加拿大籍专家 1 人，海南省高层次人才 7 人，正高级职称 5 人，副高级职称 8 人，具有博士研究生学历 8 人（博士生导师 2 人）。

所　长：刘好宝（—2019 年 8 月）、李方友（2019 年 8 月—）

【技术创新】　引进收集种质资源数 82 份，对资源进行田间性状调查和编目入库，初步建成雪茄研究所种质资源特性、图像数据库和实物库。探索完善集约化育苗方式，初步明确适宜海南的雪茄烟育苗技术、种植措施，明确茄衣的产出率更高、外观质量更优的栽培技术及晾制方法。对海南 6 个雪茄烟种植地的病虫害进行普查，对主要害虫的发生规律进行系统调查，防治效果初见成效。以科研合作和技术服务项目为载体，利用感官评价和化学检测为手段，在海南 3 个不同地区，就工业企业对海南雪茄烟的 8 个备选品种进行细致筛选和验证。

【技术服务】　以五指山市生态科技特派员项目为依托，开展集约化育苗试验示范工作。构建微信平台“茄医”，发布 2 期《海南雪茄烟病虫信息》，对海南雪茄烟病虫害进行预测预报。配合海南省内种植企业进行雪茄烟专业定向招生工作，累计培训烟农 70 余名，开设专题授课和培训 2 次。

【交流合作】　先后到四川中烟长城雪茄烟厂、湖北中烟三峡卷烟厂、山东中烟等工业企业进行学习交流。与河南农业大学、湖北中烟签订战略合作框架协议。组织承办“海南雪茄烟田间考察及技术交流研讨会”。邀请西班牙菲律宾烟草总公司专家和行业学科带头人就雪茄烟关键核心技术及制约瓶颈进行专题研讨。参加 2019 年国际雪茄博览会（深圳）。

【科研成果】 2019 年，承担国家局项目 1 项（第二主持单位），四川中烟科技项目 1 项，完成海南省科技厅项目 1 项。在研海南省局（公司）科技项目 8 项。收集、引进种质资源 240 余份，筛选出优良茄衣资源 3 份、优良茄芯资源 5 份。基本弄清海南田间主要病虫害防治手段、雪茄烟外包皮烟叶生长发育遮荫技术要点、晾制发酵技术要点并形成相关报告。发表学术论文 21 篇，其中，中文期刊 9 篇，外文期刊 12 篇，以雪茄烟研究所员工为第一作者/通讯作者发表论文 5 篇。

四川省烟草科学研究所

【概　况】 四川省烟草科学研究所（简称四川烟科所）位于四川省成都市，前身是 2009 年 7 月在四川省西昌市成立的四川省烟草技术中心，2015 年 4 月迁至成都市，2016 年 10 月更名为四川省烟草科学研究所。主要承担四川省烟草商业系统科技创新项目攻关，重点开展烟草农业科学技术研究；提供烟草农业新品种、新技术、新工艺、新方法技术示范、推广及培训服务；承担各产区烟叶技术中心的业务指导任务。四川烟科所设有技术研究部、综合管理部 2 个部门。2019 年，有在职员工 14 人，其中研究员 1 人，高级农艺师 6 人，农艺师 2 人，工程师 1 人；博士后 1 人，具有硕士研究生学历 11 人。

党支部书记、所长：肖　勇（—2019 年 12 月）、屈建康（2019 年 12 月—）

【技术创新】 **品种选育。**新收集烤烟品种材料 8 份、雪茄烟材料 16 份，进一步丰富烟草种质资源库。自主选育新品系“SC3267”通过全国烤烟品种区试进入生产试验，“SC3262”进入全国第二轮烤烟品种区试。“A601”“SC852”等 7 个新品系在四川省开展生产示范，新品系“YKS9”成为四川中烟“宽窄花园”主栽品种。

绿色防控。明确攀西地区根结线虫病、青枯病、黑胫病发病区与不发病区土壤的微生物种群结构特征。分离出能够较好控制黑胫病、青枯病的哈茨木霉 TMN－1 菌株；筛选出能够调控青枯病的菌株 3 株；进一步优化组配“苗强壮”“根茎康”2 种复合微生物菌剂产品。

土壤保育。比较分析电热和水热炭化条件下生物炭制备工艺；明确施用生物炭可提高土壤大量养分元素有效含量，显著提高土壤 pH 值以及土壤微生物多样性；探明添加不同温度烧制生物炭产品的最佳使用比例。

烟草多用途开发。试制出西柏烷二萜植物源杀菌农药剂型；筛选出适宜烟籽生产用烟草品种材料 5 份，初步研制出烟籽生产的高效种植模式；完成烟籽油及其乳膏的制备并开展测试。

【技术服务】 充分发挥专业优势，指导基层实验室规划建设，助推四川省行业实验分析网络体系构建。深入烟区开展调研，系统了解生产状况和存在的问题，组织各专业科研人员到基层开展技术指导 300 余人次，有效促进科研与生产的结合，推动科研成果转化。

【成果转化】 培育的特色新品系“09－011”，在广元生产示范 1000 亩，烟叶质量特色得到四川中烟认可。优化漂浮育苗盘，在四川省推广应用 11 万亩，基质成本下降 60%，漂盘材料成本下降 50%。研制的新配方育苗肥在凉山州烟区全面推广，育成烟苗成苗素质高，采购价下降 30%。研制的速效提苗肥、速效追肥和水溶肥，在凉山烟区示范效果明显，亩节约成本 27 元。针对普格烟区施肥现状和有机肥资源，研制羊粪有机肥示范应用 3000 亩，亩产值增加 253 元，得到烟农普遍认可。

【交流合作】 邀请多领域专家学者 20 余人次开展学术讲座，交流科研动态。先后派出 12 人次参加各类技术培训和学术论坛，扩大视野，了解科技前沿。多次走访调研对口卷烟工业企业，了解需求，找准技术改进突破口。

【科研成果】 2019 年，获得总公司科学技术进步奖三等奖 1 项；四川省局（公司）科学技术进步奖一等奖 3 项，二等奖 1 项。获发明专利授权 3 件，实用新型专利 1 件；发表学术论文 13 篇，参与出版著作 1 部。

◇ 撰稿：石昌盛；编辑：周　佳

表 1　国家级工业企业技术中心

序　号	名　称	认定时间
1	上海烟草集团有限责任公司技术中心	1995 年
2	红塔烟草（集团）有限责任公司技术中心	1997 年
3	湖北中烟工业有限责任公司技术中心	2003 年
4	湖南中烟工业有限责任公司技术中心	2004 年
5	红云红河烟草（烟草）有限责任公司技术中心	2004 年
6	山东中烟工业有限责任公司技术中心	2007 年
7	广东中烟工业有限责任公司技术中心	2008 年
8	福建中烟工业有限责任公司技术中心	2011 年

表 2　行业工业企业技术中心

序　号	名　称	
1	卷烟工业企业	上海烟草集团有限责任公司技术中心
2		云南中烟工业有限责任公司技术中心
3		湖北中烟工业有限责任公司技术中心
4		湖南中烟工业有限责任公司技术中心
5		广东中烟工业有限责任公司技术中心
6		山东中烟工业有限责任公司技术中心
7		福建中烟工业有限责任公司技术中心
8		浙江中烟工业有限责任公司技术中心
9		安徽中烟工业有限责任公司技术中心
10		江西中烟工业有限责任公司技术中心
11		广西中烟工业有限责任公司技术中心
12		河南中烟工业有限责任公司技术中心
13	非卷烟工业企业	南通醋酸纤维有限公司技术中心
14		南通烟滤嘴有限责任公司技术中心
15		中国烟草机械集团有限责任公司技术中心
16		上海烟草包装印刷有限公司技术中心

表 3　行业烟叶生产技术中心

序　号	名　称
1	湖北省烟草公司恩施州公司烟叶生产技术中心
2	云南省烟草公司玉溪市公司烟叶生产技术中心
3	贵州省烟草公司遵义市公司烟叶生产技术中心

续表

序号	名称
4	云南省烟草公司曲靖市公司烟叶生产技术中心
5	山东潍坊烟草有限公司烟叶生产技术中心
6	贵州省烟草公司毕节市公司烟叶生产技术中心
7	山东临沂烟草有限公司烟叶生产技术中心
8	福建省烟草公司三明市公司烟叶生产技术中心
9	四川省烟草公司凉山州公司烟叶生产技术中心
10	云南省烟草公司昆明市公司烟叶生产技术中心
11	安徽皖南烟叶有限责任公司烟叶生产技术中心
12	湖南省烟草公司永州市公司烟叶生产技术中心
13	福建省烟草公司南平市公司烟叶生产技术中心
14	云南省烟草公司大理州公司烟叶生产技术中心

表4 省级烟草农业科研机构

序号	名称	隶属单位	备注
1	云南省烟草农业科学研究院	云南省烟草专卖局（公司）	同时挂牌：中国烟草育种（南方）中心
2	中国烟草总公司黑龙江省公司牡丹江烟草科学研究所	黑龙江省烟草专卖局（公司）	同时挂牌：中国烟草东北农业试验站、中国烟草进出口烟叶检测站
3	福建省烟草专卖局烟草科学研究所	福建省烟草专卖局（公司）	同时挂牌：中国烟草东南农业试验站
4	湖北省烟草科学研究院	湖北省烟草专卖局（公司）	同时挂牌：中国烟草白肋烟试验站
5	贵州省烟草科学研究院	贵州省烟草专卖局（公司）	同时挂牌：中国烟草西南农业试验站
6	湖南省烟草科学研究所	湖南省烟草专卖局（公司）	同时挂牌：中国烟草中南农业试验站
7	中国烟草总公司青州烟草研究所	中国农业科学院	同时挂牌：中国农业科学院烟草研究所、中国烟草遗传育种研究（北方）中心
8	广东省烟草南雄科学研究所	广东省烟草专卖局（公司）	
9	江西省烟草科学研究所	江西省烟草专卖局（公司）	
10	河南省烟草科学研究所	河南省烟草专卖局（公司）	
11	山东烟草研究院	山东省烟草专卖局（公司）	
12	重庆烟草科学研究所	重庆市烟草专卖局（公司）	
13	陕西省烟草科学研究所	陕西省烟草专卖局（公司）	
14	中国烟草总公司海南省公司海口雪茄研究所	海南省烟草专卖局（公司）	
15	四川省烟草科学研究所	四川省烟草专卖局（公司）	

表5 行业重点实验室

序 号	名 称	依托单位
1	烟草行业烟草化学重点实验室	中国烟草总公司郑州烟草研究院
2	烟草行业烟草工艺重点实验室	
3	烟草行业烟草香料基础研究重点实验室	
4	烟草行业卷烟烟气重点实验室	上海烟草集团有限责任公司
5	烟草行业烟草栽培重点实验室	河南农业大学
6	烟草行业卷烟功能材料重点实验室	湖南中烟工业有限责任公司
7	烟草行业卷烟调香技术重点实验室	云南中烟工业有限责任公司
8	烟草行业卷烟工艺与装备研究重点实验室	云南中烟工业有限责任公司 中烟机械技术中心有限责任公司
9	烟草行业工业生物技术重点实验室	郑州轻工业大学
10	烟草行业烟草病虫害监测与综合治理重点实验室	中国烟草总公司青州烟草研究所
11	烟草行业烟草基因资源利用重点实验室	
12	烟草行业烟草生物技术育种重点实验室	云南省烟草农业科学研究院
13	烟草行业烟草分子遗传重点实验室	贵州省烟草科学研究院
14	烟草行业烟用植物应用研究重点实验室	湖北中烟工业有限责任公司
15	烟草行业燃烧热解研究重点实验室	安徽中烟工业有限责任公司
16	烟草行业纤维过滤材料重点实验室	南通醋酸纤维有限公司
17	烟草行业再造烟叶技术研究重点实验室	广东中烟工业有限责任公司 广东省金叶科技开发有限公司
18	烟草行业烟草加工形态研究重点实验室	河南中烟工业有限责任公司 中国烟草总公司郑州烟草研究院
19	烟草行业生态环境与烟叶质量重点实验室	中国烟草总公司郑州烟草研究院 中国农业科学院农业资源与农业区划研究所
20	烟草行业黄淮烟区烟草病虫害绿色防控重点实验室	河南省农业科学院烟草研究所 河南省农业科学院植物保护研究所
21	烟草行业山地烤烟品质与生态重点实验室	贵州省烟草科学研究院
22	烟草行业数字化调香研究重点实验室	湖南中烟工业有限责任公司

表6 行业工程研究中心

序 号	名 称	依托单位
1	国家烟草基因工程研究中心	云南省烟草农业科学研究院
2	烟草行业新型烟草制品装备工程研究中心	颐中烟草（集团）有限公司
3	烟草行业病虫害生物防治工程研究中心	云南省烟草公司玉溪市公司
4	烟草行业特种滤棒工程研究中心	四川三联新材料有限公司

续表

序　号	名　称	依托单位
5	烟草行业微生物有机肥工程研究中心	贵州省烟草公司遵义市公司
6	烟草行业生物炭基肥工程研究中心	贵州省烟草公司毕节市公司
7	烟草行业烟用爆珠工程研究中心	将军烟草集团有限公司

表 7　博士后科研工作站

序　号	名　称	建站时间
1	上海烟草集团有限责任公司博士后科研工作站	2002 年
2	广西中烟工业有限责任公司博士后科研工作站	2004 年
3	广东中烟工业有限责任公司博士后科研工作站	2006 年
4	湖南中烟工业有限责任公司博士后科研工作站	2007 年
5	河南中烟工业有限责任公司博士后科研工作站	2008 年
6	浙江中烟工业有限责任公司博士后科研工作站	2008 年
7	湖北中烟工业有限责任公司博士后科研工作站	2008 年
8	云南烟草科学研究院博士后科研工作站	2010 年
9	中烟机械技术中心有限责任公司博士后科研工作站	2010 年
10	安徽中烟工业有限责任公司博士后科研工作站	2013 年
11	云南省烟草农业科学研究院博士后科研工作站	2013 年
12	四川中烟工业有限责任公司博士后科研工作站	2013 年
13	江西中烟工业有限责任公司博士后科研工作站	2013 年
14	福建中烟工业有限责任公司博士后科研工作站	2013 年
15	贵州中烟工业有限责任公司博士后科研工作站	2013 年
16	云南中烟工业有限责任公司博士后科研工作站	2014 年
17	中国烟草总公司郑州烟草研究院博士后科研工作站	2015 年
18	重庆中烟工业有限责任公司博士后科研工作站	2016 年

表 8　院士工作站

序号	建设单位	院士姓名、所在单位
1	贵州省烟草科学研究院	武维华
2	云南烟草科学研究院	孙汉董（中国科学院植物研究所）
3	四川中烟工业有限责任公司	陈　坚（江南大学）
4	安徽皖南烟叶有限责任公司	赵春江（北京市农林科学院）
5	湖南中烟工业有限责任公司	孙宝国（北京工商大学）
6	广东中烟工业有限责任公司	陈克复（华南理工大学）

◇ 撰稿：石昌盛；编辑：周　佳

教育培训

中共国家烟草专卖局党校（国家烟草专卖局职工培训中心）

【概　况】　中共国家烟草专卖局党校（国家烟草专卖局职工培训中心）［简称党校（培训中心）］成立于1991年12月，为国家局直属事业单位。承担着烟草行业局、处两级党员领导干部及国家局机关科级干部的教育培训工作，受中央党校、中央国家机关分校业务指导，是烟草行业中高级领导干部理论学习、党性锻炼、知识扩充和能力提升的重要基地。自1992年、2000年开始，分别设立处级、司局级党员领导干部进修班，连续对行业处级、司局级党员领导干部进行党校教育。2001年3月，设立国家局、总公司科级干部培训班，联合国家局人事司持续举办17期机关青年干部短期培训。2011—2012年，连续举办4期青年干部培训班，对行业司局级后备干部进行系统轮训。2017年5月，被确立为中央党校中央国家机关分校第五片区牵头负责单位。全年主要开设司局级党员领导干部基本理论进修班，青年领导干部培训班，处级党员领导干部基本理论进修班，处级党员领导干部专题研究班，国家局、总公司机关科级干部培训班等五类班次。2019年，党校（培训中心）有教职工25人，其中教学管理人员13人，高级职称2人，中级职称12人。

党校校长：高　林（兼）（—2019年3月）、杨培森（兼）（2019年3月—）；党校副校长、培训中心主任：程春节

【教育培训】　**紧扣中心谋划发展。**贯彻落实《中国共产党党校（行政学院）工作条例》《烟草行业教育培训体系建设纲要（2020—2022年）》，受邀参加全国党校（院）校长会议、中央党校条例研讨班及修订分校规定调研，力争国家局党校作为中央党校分校定位设置；与国家局人事司共同组成调研组，赴行业5家直属单位培训机构和中央党校、中央和国家机关分校以及3家部委党校调研，初步探索提出建设行业党校办学治校新模式，推动促成线上线下教育培训工作链条，充分发挥行业党校主渠道主阵地作用。

完成教育培训任务。举办行业司局级培训班2期、处级培训班2期、机关科级干部培训班1期，培训学员373人，其中，司局级干部53人、处级干部291人、科级干部29人，累计培训学时59周。

教学质量继续稳居前列。突出主课主业，把习近平新时代中国特色社会主义思想和党的十九届四中全会精神作为教学重点，开设学习专题，精选优秀师资，面授率100%。组织赴井冈山行业传统教育基地、古田干部学院进行党性锻炼，拓展瑞金、兴国等现场教学点，体验式教学日益丰富。组织行业特色课教学，国家局党组成员带头到党校讲专题党课4次，国家局机关以及行业有关负责人受邀到党校作专题讲座11次，行业特色党校进一步彰显。教学质量、教学规范得到中央党校、中央和国家机关分校进一步肯定。

【教研成果】　组织学员开展行业重大现实问题专题研讨，形成研究成果33个。出刊校刊《学习与交流》10期，刊发20篇理论文章；人民论坛网全文刊发《增强纪检监察监督效力的实践探索》，并获得2019年中国烟草学会优秀论文一等奖；理论文章《提高新时代国家局党校工作科学化制度化规范化水平》《坚持党校姓党　践行出新使命》分别被《烟草企业文化》《党校工作通讯》收录。党校年轻干部理论学习小组撰写《让党的旗帜在党校上空高高飘扬》，积极发挥党校智力资源，贡献党校智慧。

◇撰稿：高　佳；编辑：周　佳

中国烟草总公司职工进修学院

【概　况】　中国烟草总公司职工进修学院（简称进修学院）前身是河南省烟草工业学校，成立于1985年。1992年，更名为中国烟草总公司郑州中等专业学校，2001年改制更名为中国烟草总公司职工技术培训中心，2009年更名为中国烟草总公司职工进修学院。2011年，国家烟草专卖局职业技能鉴定指导中心设立在学院。2014年，中国烟草学会教育培训专业委员会、安全生产专业委员会在学院设立办事机构。2015年，中国烟草网络学院在学院正式运行。2017年，中国烟草总公司黄淮烟叶样品中心在学院建成揭牌。进修学院承担行业高层次专业技术和职业技能人员培训、行业远程教育培训、黄淮烟叶样品研究与管理、行业职业技能鉴定以及行业职业技能竞赛管理、教育培训理论研究与资源开发建设等多项职责。

2019年，进修学院有在职在编教职工98人，其中，具

有硕士研究生以上学历 49 人（含博士研究生学历 11 人），本科以上学历 95 人，高级专业技术资格 35 人，高级企业培训师资格 34 人。

进修学院党组书记、院长：王　宏

【教育培训】 2019 年，进修学院举办各类培训班 258 期，培训 2.38 万人次。网络培训注册学员 37.6 万人，课程总数 7627 门，人均学习时长 75 学时。实施行业职业技能鉴定 400 批次，鉴定总量 3.3 万人次，获证 1.8 万人次，其中，高技能人才鉴定 1.28 万人次，获证 6317 人次；组织二级以上证书复核 1604 人次，合格 1550 人次。指导行业各单位开展省级二类竞赛 19 届次，承办国家级二类竞赛 1 届次、省级二类竞赛 7 届次。审定教材 17 种，出版新教材 2 种，为行业提供教材 57 种 14.1 万册。

【教研鉴定成果】 全年开展教研活动 100 余次，研发培训项目 128 个，新课题研究 6 项，发表论文 13 篇，获得实用新型专利授权 2 件、软件著作权 7 项，参与行业标准建设 4 项、科研项目 1 项。强化鉴定基础工作，开发修订职业标准 5 个、题库 7 个，新增试题 3.1 万道、试卷 140 套。

◇ 撰稿：赵炳辉；编辑：周　佳

各省级公司所属部分教育培训机构情况

名　称	成立时间	隶属单位	2019 年主要工作
河北平山温泉烟草培训中心	1998 年 11 月	河北省烟草专卖局（公司）	举办各类培训班 60 期，完成 1127 人次的专卖、营销、物流技能鉴定的集训任务
安徽烟草职工培训中心	2000 年 11 月	安徽省烟草专卖局（公司）	举办各类培训 104 期，培训学员 1.2 万人次，其中举办科级干部轮训班 4 期，培训学员 472 人次，高级管理人员研修班 2 期，培训学员 190 人次
山西烟草教育培训中心	2005 年 10 月	山西省烟草专卖局（公司）	组织各类培训班 38 期，培训学员 2243 人次，累计 1576 课时；组织进行消防安全培训及应急疏散演练，强化学员安全意识
内蒙古自治区局（公司）教育培训中心	2017 年 9 月	内蒙古自治区烟草专卖局（公司）	主办培训班 5 期，培训 352 人次；组织参加“2019 年全国烟草工作会议精神”学习，共 3810 人参加
吉林省烟草专卖局（公司）教育培训中心	2019 年	吉林省烟草专卖局（公司）	举办各类培训班 22 期，培训 1276 次；为党建、专卖、物流等岗位组织其他专业性培训
黑龙江烟草专卖局（公司）教育培训中心	2011 年	黑龙江省烟草专卖局（公司）	举办各类培训班 44 期，培训学员 4687 人次
安徽烟草职工培训中心	2000 年 11 月	安徽省烟草专卖局（公司）	举办各类培训 104 期，培训学员 1.24 万人次
中国烟草总公司福建省公司厦门职工教育培训中心	2001 年	福建省烟草专卖局（公司）	举办各类培训 40 场，培训学员 1962 人次
山东烟草职工培训中心	2001 年 10 月	山东省烟草专卖局（公司）	举办各类培训班 258 个班次，培训学员 2.18 万人次
中国烟草总公司青州中等专业学校	1983 年 12 月	山东省烟草专卖局（公司）	与商洛市局（公司）、汉中市局（公司）合作办学，培养烟草种植专业高中起点普通中专学历学生 61 人
河南省烟草职工培训中心	2009 年	河南省烟草专卖局（公司）	举办培训班 188 期，培训人员 1.67 万人次；举办职业技能鉴定前培训班，承办河南中烟、陕西、深圳等省局（公司）新进大学生、复转军人岗前培训；举办第五届烟叶评级职业技能竞赛、烟叶调制职业技能选拔竞赛和第一届“黄金叶杯”烟机设备操作职业技能竞赛
湖南省烟草职工培训中心	2002 年	湖南省烟草专卖局（公司）	举办各类培训班 148 期，培训学员 1.25 万人次
湖北省烟草专卖局教育培训中心	2009 年	湖北省烟草专卖局（公司）	组织 24 名处级干部参加湖北省委党校进修班；组织 6 人参加国家局党校学习；组织举办全省烟草商业系统科级干部培训班，培训科级干部 356 人；组织“不忘初心、牢记使命”等网络专题学习；举办培训班（含网络）1076 个，培训 5.7 万人次

续表

名　称	成立时间	隶属单位	2019 年主要工作
广东省烟草专卖局（公司）教育培训中心	1989 年	广东省烟草专卖局（公司）	开展沉浸式党建理论学习，参与行业网络课程竞赛和行业教材、题库、课程开发项目工作；举办各类培训班 2504 期，培训学员 11.92 万人次
广西烟草商业系统教育培训中心	2010 年 8 月	广西壮族自治区烟草专卖局（公司）	举办培训班 83 期，培训学员 4415 人次，培训学时合计 278 天
四川省烟草专卖局教育培训中心	2008 年	四川省烟草专卖局（公司）	举办各类培训班 1021 期，培训学员 6.05 万人次
贵州烟草商业教育培训中心	2011 年 11 月	贵州省烟草专卖局（公司）	举办各类培训班 48 期，培训学员 6040 人次，培训学时合计 311 天
西藏自治区教育培训中心	2017 年	西藏自治区烟草专卖局（公司）	举办各类培训班 13 期，培训学员 266 人次
浙江烟草工业教育培训中心	2011 年 11 月	浙江中烟工业有限责任公司	完成浙江省党性教育轮训、干部能力建设、内训师资培养等综合培训；举办各类培训班 204 期，脱产培训学员 3294 人次
河南中烟教育培训中心（技能鉴定站）	2015 年	河南中烟工业有限责任公司	完成河南中烟党性教育轮训、技术技能竞赛、内训师资培养等综合培训；举办各类培训班 951 期，培训学员 7860 人，累计 5.58 万人次
湖北中烟工业有限责任公司教育培训中心（职业技能鉴定站）	2016 年	湖北中烟工业有限责任公司	完成省级党性教育轮训、各级干部培训、法律法规培训等各类培训，举办培训班 194 期，培训 10918 人次
广东中烟工业有限责任公司员工教育培训中心	2014 年 9 月	广东中烟工业有限责任公司	举办各类内部培训班 1400 期，培训 4.8 万人次；组织公司级兼职培训师试讲评审工作
广西烟草工业教育培训中心	2011 年	广西中烟工业有限责任公司	完成党员党性教育轮训、干部能力建设、内训师资培养等综合培训；举办各类培训班 275 期，培训学员 1.78 万人次
云南中烟工业有限责任公司培训中心	1983 年	云南中烟工业有限责任公司	6 月，成立云南中烟党校，与培训中心合署办公；组织举办各类培训班 94 期，培训 5243 人次；举办会议 14 场，考试 14 场

◇ 编辑：周　佳

授权专利

【授权专利概况】　2019 年，中国烟草行业获得国家知识产权局授权的烟草技术类专利共计 3816 件，比上年下降 3.2%。其中，发明专利 636 件、实用新型专利 2834 件、外观设计专利 346 件，分别占总数的 16.7%、74.3%、9%。发明专利比上年下降 27.1%，实用新型和外观设计专利分别比上年增长 3.8% 和 2.4%。

【专利权人分类统计】　按专利权人分类统计，2019 年，卷烟工业企业、各级烟草专卖局（公司）、卷烟材料厂或公司的授权专利数量居前三位，分别占授权专利总数的 66.3%、18.3% 和 8.0%。卷烟工业企业、科研单位、各级烟草专卖局（公司）的授权发明专利数量居前三位，分别占授权发明专利总数的 65.7%、16.8% 和 9.3%。

表 1　2019 年国内烟草行业不同类型专利权人授权专利统计　　单位：件

序　号	专利权人类型	专利总数	发明专利	实用新型	外观设计
1	卷烟工业企业	2531	418	1832	281
2	各级烟草专卖局（公司）	698	59	614	25
3	卷烟材料厂或公司	307	42	252	13
4	科研单位	236	107	115	14

续表

序　号	专利权人类型	专利总数	发明专利	实用新型	外观设计
5	其他	112	24	55	33
6	烟草机械公司	70	13	57	0
7	复烤加工厂或公司	39	4	35	0
8	烟机厂或公司	6	2	4	0
9	烟叶公司	4	0	4	0
10	进出口公司	1	0	1	0
11	卷烟销售公司	1	0	1	0

【专利权人授权专利统计】 2019 年，云南中烟工业有限责任公司、河南中烟工业有限责任公司、湖北中烟工业有限责任公司的授权专利数量居前三位，分别占授权专利总数的 21.7%、10.6%和 8.1%。云南中烟工业有限责任公司、中国烟草总公司郑州烟草研究院、河南中烟工业有限责任公司的授权发明专利数量居前三位，分别占授权发明专利总数的 20.1%、12.9%和 9.0%。在国内烟草行业授权发明专利总数前十名中，授权发明专利所占比例较高的单位分别是：中国烟草总公司郑州烟草研究院，占 64.6%；浙江中烟工业有限责任公司，占 35.1%；福建中烟工业有限责任公司，占 30.9%。

表 2　2019 年授权专利总数前十名的国内烟草行业专利权人　　单位：件

序　号	专利权人	专利总数	发明专利	实用新型	外观设计
1	云南中烟工业有限责任公司	828	128	556	144
2	河南中烟工业有限责任公司	403	57	340	6
3	湖北中烟工业有限责任公司	311	53	199	59
4	湖南中烟工业有限责任公司	199	21	168	10
5	中国烟草总公司贵州省公司	173	14	158	1
6	中国烟草总公司山东省公司	156	5	145	6
7	中国烟草总公司云南省公司	130	28	100	2
8	中国烟草总公司郑州烟草研究院	127	82	45	0
9	福建中烟工业有限责任公司	123	38	77	8
10	上海烟草集团有限责任公司	104	22	66	16

表 3　2019 年授权发明专利总数前十名的国内烟草行业专利授权人　　单位：件

序　号	专利权人	专利总数	发明专利	发明占比（%）
1	云南中烟工业有限责任公司	828	128	15.5
2	中国烟草总公司郑州烟草研究院	127	82	64.6
3	河南中烟工业有限责任公司	403	57	14.1
4	湖北中烟工业有限责任公司	311	53	17.0
5	福建中烟工业有限责任公司	123	38	30.9
6	云南省烟草专卖局（公司）	130	28	21.5
7	上海烟草集团有限责任公司	104	22	21.2
8	湖南中烟工业有限责任公司	199	21	10.6
9	安徽中烟工业有限责任公司	87	20	23.0
	浙江中烟工业有限责任公司	57	20	35.1
10	山东中烟工业有限责任公司	94	19	20.2

◇ 国家局科技司供稿；编辑：周　佳

新闻舆论和文化建设

- □ 行业新闻舆论管理
- □ 主要报刊
- □ 网络媒体
- □ 新媒体建设
- □ 志鉴编纂
- □ 博物馆、展馆建设

……

行业新闻舆论管理

【行业媒体完成年度重点报道工作】 国家局办公室组织《中国烟草》杂志、《东方烟草报》、行业网站等行业媒体学习中央有关新闻宣传工作的文件、指示精神，组织实施庆祝中华人民共和国成立70周年宣传报道，开展烟草行业先进典型人物系列报道。每季度印发行业媒体宣传报道要点，促进媒体围绕国家局党组中心工作开展宣传报道；协调各行业媒体完成年度重点报道工作，全年围绕重点报道选题发稿968篇。

【完善新闻宣传机制】 通过日常管理和组织培训等方式，进一步完善行业新闻发布机制，注重新闻发布、政策解读和舆情回应有机结合。组织行业媒体参观走访社会新媒体平台企业，探索创新方式方法，推动行业媒体在创新内容载体、拓展传播渠道、增强传播效果等方面改革创新，指导部分基层单位尝试政务新媒体运作。充分利用行业主要媒体的短视频平台发布行业内部创作的微视频作品，扩大社会传播效果。

【做好对外宣传报道】 2019年，国家局办公室组织举办3次专题新闻发布会，邀请《人民日报》、新华社、中央广播电视总台等中央媒体参加，主动向社会发布行业打假打私、定点扶贫、烟农增收、稳定就业等新闻信息，协调国家局领导参加新闻发布会进行发布和解答记者提问。配合国家市场监督管理总局、国家烟草专卖局《关于进一步保护未成年人免受电子烟侵害的通告》（简称《通告》）发布和贯彻实施，协调中央权威媒体进行预热、发布、跟踪的系列报道，为《通告》营造有利舆论环境，有力助推电子烟监管有关工作进程；组织中央和地方媒体赴江苏、福建、广东、广西、湖北、云南等地开展专题采访，《人民日报》、新华社等多家中央媒体累计报道72篇，省级媒体报道300多篇，中国政府网转载烟草新闻24条，在国务院新闻办公室新闻发布信息平台“国新发布”APP刊载文章38篇。

主要报刊

【《中国烟草》杂志】 **概况**。《中国烟草》杂志的前身为《中国烟草工作》，创刊于1985年。1997年1月起更名为《中国烟草》。1999年起由月刊改为半月刊，2001年分为综合版和经济版。2003年按照中央宣传部门的决定，《中国烟草》杂志实行“管办分离”的管理体制。刊物由国家烟草专卖局主管，《中国烟草》杂志社有限公司主办。刊物以“坚持正确导向、服务烟草行业、探索改革思路、贴近职工生活”为办刊宗旨，坚持正确舆论导向，围绕中心、服务大局，坚持“三贴近”原则，全面、准确、及时、深入地宣传阐释国家局党组的工作方针和决策部署，充分发挥“喉舌、窗口、园地”作用，为行业高质量发展营造良好舆论氛围。2019年《中国烟草》杂志征订量7.54万份，比上年增长9%，在烟草行业内实现发行全覆盖。同时，通过烟草行业的组织和资金力量，积极做好为地方党委政府领导和有关部门赠阅《中国烟草》杂志工作。此外，《中国烟草》杂志通过扩大发行面和发行渠道，将烟草行业声音传播到各地政府机关、零售户自律组织等范围，提高烟草行业影响力。

聚焦国家大事。2019年是中华人民共和国成立70周年，围绕这一重要的时间节点，《中国烟草》第19期以《新生　探索　崛起　奋进——新中国的烟草事业》特刊的形式，全面回顾行业70年发展的跨度、高度、深度和温度。从第12期开始，设立“壮丽70年　奋斗新时代”专栏，对民族卷烟品牌、行业烟叶生产、科技创新等70年发展历程进行系统的梳理盘点。第20期“专题”栏目专题报道“大庆之年作贡献”，并在“关注”栏目对行业获得“庆祝中华人民共和国成立70周年”纪念章的3名在职人员作报道。

2019年3月全国“两会”在北京召开，《中国烟草》刊发张建民局长署名文章《统一思想　强化担当　全力推动烟草行业高质量发展》，对参加全国“两会”的12位来自烟草行业的代表委员进行采访，展现他们的为民情怀和良好风貌。

聚焦高质量发展。围绕行业高质量发展内涵和方向，杂志社记者撰写一批反映行业高质量发展的深度报道。2019年1月和7月，全国烟草工作会议、行业各直属单位主要负责人半年工作座谈会分别在北京召开，全行业密切关注。《中国烟草》第3期“专题”栏目以《谱写高质量发展新篇章》为题，以专访、通讯、言论等多种方式，对会议现场、新提法、“七个坚持”经验总结、重点工作部署、发展形势分析等进行深入分析解读；在第15期集中对行业各直属单位主要负责人半年工作座谈会进行报道后，

《中国烟草》又围绕座谈会提出的“认真抓好行业高质量发展目标任务的贯彻落实”“推动行业软实力不断提升”等课题，在后续刊物中组织深入报道，推进座谈会精神的落实。张建民局长在国家局、总公司一季度经济运行分析会上提出“总量控制、稍紧平衡，增速合理、贵在持续”方针后，《中国烟草》第13期“专题”栏目从宏观、微观和一线多个角度进行深度解读，有力助推行业经济运行工作高质量开展。

聚焦主题教育。《中国烟草》创新方式对“不忘初心、牢记使命”主题教育进行全面报道。第12期“高层”栏目刊发张建民局长在行业“不忘初心、牢记使命”主题教育工作会议上的讲话，向全行业发出动员令；“学习”栏目连续刊发国家局党组理论学习中心组就学习领会主题教育精神的交流文章；新设“初心”栏目，刊发烟草工商企业“一把手”的署名学习文章。第16期“专题”栏目聚焦行业第一批主题教育，对行业开展主题教育的情况进行报道。第18期“高层”栏目，对行业第一批主题教育总结会和第二批主题教育部署会议，分别刊发张建民局长专访和讲话。

聚焦行业先进典型。2019年《中国烟草》加强“人物”“领创者”“金叶工匠”等栏目的选题，从各角度、各层面记录行业员工奋发进取、勇于探索的精神面貌和工作状态。第2期“人物”栏目，对天津卷烟厂首席技师洪强进行报道，第10期“专题”栏目关注行业第七届先进集体和劳动模范表彰大会，对张建民局长进行专访，同时走近行业获奖的先进集体、劳动模范，述说其优秀事迹，为行业发展汇聚正能量。新设“榜样的力量”栏目，深入报道新中国烟草事业的奋进者、开拓者、奉献者事迹，先后对总公司首任经理李益三，行业科技泰斗朱尊权、袁行思，醋纤丝束国产化推动者陈元勤，烟叶专家冯国桢等14个行业典型人物进行报道，展现他们为烟草事业无私奉献的风采，讴歌他们为国家建设甘于牺牲的情怀。

聚焦讲好烟草故事。2019年1至9月，“国新发布”APP采用《中国烟草》中有关领导访谈、政策解读等文章23篇，其中张建民局长专访6篇、政策解读17篇。对此，段铁力副局长批示：“很好。继续做好工作，加强正面宣传力度。”杂志社记者参加国家局每季度的行业媒体见面会，参加由国家局办公室组织的《人民日报》、新华网、中央广播电视总台、《法制日报》等组成的媒体采访团，先后走访江苏、福建、广东、广西、湖北、云南等地，通过行业内外媒体的宣传报道，传播行业好声音，提升行业软实力。

【《中国烟草学报》】 **概况**。《中国烟草学报》（简称《学报》）创刊于1992年，由中国烟草学会主办，面向国内外公开发行，主要刊登烟草工业、农业、经济等方向学术论文、研究报告，以及反映烟草科研进展、学术动态的综述类论文。2019年，《学报》严格执行三审制度，注重学术道德建设，重点刊发原创性、前瞻性学术论文，加大约（组）稿力度，专题报告和综述类论文比重进一步增加。

《学报》影响力进一步扩大。2019年，《学报》收稿428篇，刊发论文105篇，图片报道12个版面。根据中国知网《中国学术期刊影响因子统计年报》显示，《学报》影响因子为1.376，比上年的1.100有较大提高，被引频次2237次，基金论文比78%，影响力指数（CI）1137.183，比上年提高10.92%，学科排名在TS3/TS9轻工业（除纺织食品类）学科位列第二名。

与科研单位交流进一步加强，《学报》约（组）稿质量提高。2019年，《学报》逐步加大与行业科研院所和工业技术中心沟通联系，先后派员前往云南、贵州、河南等科研和企事业单位进行约（组）稿工作，征集科研人员对《学报》工作的意见和建议，对科技人论文写作规范进行指导。发表专题报告4篇、综述6篇。

信息化建设进一步加强，XML排版生产流程管理系统（期刊端）建设有序推进。为适应期刊数字化发展趋势，实施数字出版全流程优化改造，建立生产流程在线系统平台，打通编辑、排版、校对、作者等各个环节，以单篇出版编校流程为主，实现全流程在线作业，以降低重复劳动，减少制约环节，缩短用稿周期，提高编印效率，2019年编辑部引进XML排版生产流程管理系统（期刊端）。加强编辑人员在职学习，派员参加全国宣传干部学院“第七期全国行业报、科技期刊负责人培训班”，经考核合格取得资格证书。通过老编辑传帮带和经常性业务交流等形式，促进年轻编辑尽快适应岗位需求，保证刊物质量的稳定性。

利用微信平台，“烟草三刊”资源共享稳步推进。“烟草三刊”（《中国烟草学报》《烟草科技》《中国烟草科学》）微信公众号建立4年来，不断更新平台内容，实现学术论文全文共享，吸引众多的作者和读者，关注人数达到5054人，月新增关注200余人，全年阅读量7.43万人次，影响力不断扩大。《学报》编辑部通过重点文章推荐、开展有奖问答等多种形式的报道，有针对性、有计划地提升新媒体的关注度，彰显期刊影响力。

【《烟草科技》】 **概况**。《烟草科技》是国家烟草专卖局主管、郑州烟草研究主办、中国烟草科技信息中心编辑出版的综合性烟草科学研究和技术开发类学术刊物，主要刊登烟草工业、农业及科技管理等方面的学术论文、研究报告、研究简报，以及反映国内外烟草科研进展、学术动态的综述等，国内外公开发行，是国家烟草专卖局指定的国际学术交流刊物。

2019年，《烟草科技》继续围绕国家局科技重大专项和重点科研领域组稿，收到新稿件571篇，编辑出版发行中文期刊12期，发表各类学术论文185篇。

期刊评价指标保持高位。根据《中国学术期刊影响因子年报》数据，在29种轻工业（除纺织、食品）期刊中《烟草科技》影响力指数（CI）排名继续保持第一位，位于Q1区。其中，复合总被引排名第一位，复合影响因子排名第三位，期刊综合影响因子排名第二位，12种技术研究类影响因子排名第一位。

期刊学术影响力保持平稳。继续是英国《科学文摘》、荷兰《文摘与引文数据库》以及中文核心期刊（第五次）、中国科技核心期刊、中国科学引文数据库（CSCD）核心库来源期刊、中国核心学术期刊、中国学术期刊文摘数据库收录期刊。

新媒体出版不断突破。继续为中国知网、万方数据、重庆维普、百度学术、COAJ平台、超星域出版等提供即时数据，加入“中文精品学术期刊双语数据库”。

【《新烟草》杂志】 《新烟草》杂志于1986年创刊，由中国烟草总公司主管，黑龙江省烟草公司和《中国烟草》杂志社有限公司主办。2013年7月由半月刊变更为旬刊，其中包括《新烟草》（零售户版）2期，《新烟草》（现代烟草农业版）1期。2019年，《新烟草》（零售户版）发行量19.8万份，比上年增长2%；《新烟草》（现代烟草农业版）征订量3.88万份，比上年增长9%。

2019年，《新烟草》（零售户版）密切与行业工商企业的合作，通过专题策划、冠名、征文、特稿等形式提供精准服务。“旺铺看点”“老板侃台”等版块，面向零售户的“经营我最棒”征文、“我的初心”征文活动，在行业内外产生较好反响，成为媒企合作的样本。5月，由中国卷烟销售公司指导、杂志社和中信银行股份有限公司主办的“烟草零售服务之星”大家评活动正式启动。此次活动是行业主管部门指导，官方媒体引导，发动卷烟零售户及终端服务人员，自下而上、积极参与、主动推荐、自觉看齐的大家评活动。活动开展以来，得到行业商业企业的高度认可和广泛参与。

《新烟草》（现代烟草农业版）坚持精准把握报道的时度效，立足于讲好“三农”好故事、宣传行业正能量、传播好声音，并以其特有的“泥土香”“田土味”“乡土情”赢得烟叶产区生产技术员、烟农读者的喜爱。在做好本职宣传报道的同时，《新烟草》（现代烟草农业版）积极为国家局相关部门及客户做好宣传服务。2019年，《新烟草》（现代烟草农业版）与中国烟叶公司继续开展合作，开辟“民心工程”专栏，每期固定篇幅报道烟叶生产基础设施建设及水源援建项目建设中的新亮点。

【《东方烟草报》】 **概况**。《东方烟草报》创刊于1992年，是由山东省烟草专卖局主管，中国烟草总公司山东省公司主办，《东方烟草报》社有限公司出版发行，面向全国公开发行的烟草主流媒体。该报为周七报，包括正报及《金周刊》《中国烟机》《中烟物流》《爱晚亭》《现代卷烟营销》《山东视窗》《山东中烟报》等专刊。2019年，《东方烟草报》发行量23.6万份，覆盖全国县级以上党政机关；《金周刊》发行量137万份，理事会单位数量达到263家。报社在岗员工117人。2019年，在全国报刊编校技能大赛中获得省级一等奖、二等奖各1个，帮助山东代表队获全国三等奖。

围绕行业发展提升舆论引导能力。努力提高政治站位，认真落实意识形态工作责任制，在做好全国烟草工作会、行业落实全面从严治党工作会等重要会议报道基础上，贯彻会议精神，抓好重点报道，新闻宣传水平、舆论引导能力进一步提升。通过开设“保持打假打私高压态势 净化烟草市场秩序环境”“助力打赢精准脱贫攻坚战”等栏目，出版“2018 年涉烟大要案件”“云南烟草促农增收”特刊，在新华社“半月谈网”、《福建日报》、国新发布平台发表卷烟打假一线报道、对口帮扶工作纪实、国家局领导访谈等 14 篇文章，刊发湖北十堰国烟扶贫等基层一线的扶贫故事和“壮丽 70 年 奋进新时代”专题，全面反映行业对国家社会作出的突出贡献，营造良好舆论氛围。做好行业党建宣传。在正报开设专栏，全方位报道行业“不忘初心、牢记使命”主题教育进展、做法及成效。继续做好“党员论坛”“劳动者风采”等栏目报道，开设党的十九届四中全会专栏，宣传行业党建工作及行业先进典型，营造行业党建的浓厚氛围。聚焦高质量发展，在正报推出《高质量发展“市场”维度的思考》《从元春市场看品牌适度竞争发展态势》等一批有深度、受关注的报道。

精准定位各类专刊。围绕办刊定位，探索专题报道一体化管理模式，全方位报道行业各领域推动高质量发展的生动实践，取得良好宣传效果。《金周刊》发挥零售终端宣传优势，针对烟草品牌网络宣传舆情，及时完善品牌宣传机制，推出《民族烟草品牌风云 70 载》系列策划和“行进赣烟”“扶贫路上”等多个专栏、专版，全方位持续展示烟草扶贫工作亮点、提振零售户经营信心。

加速推进新媒体建设。2019 年，《东方烟草报》新媒体建设继续呈现良好发展势头。宣传方面，东方烟草网、新闻客户端、微信公众号等新媒体平台获互联网信息服务许可证，实现持证规范运营；加强产品创新，开设今日头条、西瓜视频、抖音媒体号，充分运用新媒体语言，以文图、纪录短视频、H5 等形式，生动展示行业打假打私，国烟扶贫、促农增收、稳就业等工作；持续开展“报社微信服务号”项目建设，组织做好报社举办的第三届微视频专题展播、行业“我和我的祖国”微视频专题展播、第四届行业微视频评选、行业职工书画展等活动，多角度展现行业工作亮点和员工良好精神风貌；围绕社会热点，组织话题，提升用户参与度和舆论引导能力，进一步维护、展现烟草行业负责任的良好形象。报社微信矩阵关注总量 100 余万人，逐渐成为行业新闻宣传、舆论引导、品牌文化传播的重要阵地。

加强舆情监测及防控。及时梳理、排查行业媒体报道中可能涉及的敏感内容，进行技术处理；规范报道选题、内容和形式，落实国家局新闻稿件送审新流程，尽可能规避宣传风险，确保新媒体报道的时、度、效。进一步提高舆情监测报告时效、改进报告内容。2019 年，向国家局上报舆情 4 万余条，制作上报各类舆情报告 458 个，并协助国家局办公室做好重大舆情的排查、处置工作，获充分肯定。根据合作单位需求增加定制化内容，进一步增加报告含金量、提升合作满意度，得到行业广泛认可。

【《烟草企业文化》】 《烟草企业文化》由中国烟草职工思想政治工作研究会、《中国烟草》杂志社有限公司主办，《中国烟草》杂志社有限公司编辑出版的内刊，面向烟草行业各直属单位发送，是中国烟草思想政治工作研究会的会刊。

2019 年，《烟草企业文化》在人事司的指导下，围绕中心、服务大局的能力进一步增强。在“特别报道”栏目中全面反映行业开展“不忘初心、牢记使命”主题教育的情况；根据张建民局长对行业党建人事工作的新要求，组织“全面推进党的建设 开创组织工作新局面”“榜样的力量”等专题报道，取得良好效果。

网络媒体

【国家局行业网站】 **概况**。2019 年以来，在国家局党组坚强领导下，在行业各单位的大力支持配合下，行业网站各项工作取得新进展、新成效。行业网站社会影响力不断攀升，外网日均访问量 1.2 万人次，比上年增长 15%，在政府网站评比中首次进入国务院其他部委类前 15 名。

行业网站政务服务水平持续提升。按照国办要求做好政务公开工作。国家局政府网站进一步规范政务公开流程，拓宽公开范围，增强政务公开的时效性。行业各单位采取多种方式加大政务公开力度，积极开展政务信息资源整合工作，按照“互联网＋政务服务”要求，建设专卖零售许可证网上办理平台，推动政务服务线上线下融合发展。

每季度开展网站及政务新媒体监测抽查。国办秘书局印发“政府网站与政务新媒体检查指标和监管工作年度考核指标”以后，国家局从二季度开始，按照“两个指标”要求补充完善行业网站监测内容，并将政务新媒体纳入监测抽查范围，进一步提高行业网站及政务新媒体的健康度。

稳步推进网站集约化建设。在国务院选定的10个试点省（自治区、直辖市）中，贵州省局政务网站按照省政府要求迁移到贵州省政府集约化平台，其他单位积极与当地政府进行一体化政务服务平台对接整合。国家局一体化政务服务平台建设有序推进，完成与全国一体化在线政务服务平台的对接。

持续加强行业网站新闻舆论工作。国家局内外网站增设“时政要闻”栏目，对党和国家的大事要事及时转载报道；改进“行业要闻”栏目布局，突出围绕国家局党组中心工作进行宣传报道。行业各单位网站也进一步加大对行业大事要事和本单位重点工作的报道力度，上下联动，齐心协力讲好烟草故事。

围绕中心做好新闻宣传报道。网站新闻栏目紧紧围绕党中央决策部署和国家局党组工作要求，坚持正确舆论导向，牢牢把握宣传主动权，为行业高质量发展营造良好舆论氛围。

改进国家局外网新闻稿件采编方式。从8月开始，国家局政府网站实行新闻稿件报送“推荐制”，要求各单位报送国家局的新闻稿件，必须先在本单位外网首要位置刊登。国家局政府网站新闻栏目突出对行业在保证财政税收、促进经济发展、积极打私打假、稳定社会就业、助力脱贫攻坚等方面的报道，发挥全行业新闻宣传上下同心圆的效力，加大全行业共同讲好烟草故事的力度。

持续做好行业网站内容安全保障。按照国办有关要求，行业各单位分别开展网站“严重错误”自查整改和规范使用国徽情况检查，保证规范使用国徽。2019年，行业网站建设管理成效得到较大提升。5月，中国软件评测中心发布《第十七届部委政府网站绩效评估报告》，在38家国务院其他部门序列中，国家局政府网站列第15名，首次进入前15名榜单。段铁力副局长对此作出批示：“望再接再厉，进一步提升网站服务能力和水平。”

【中国烟草资讯网】 **配合国家局办公室做好政务信息公开工作**。做好烟草政务新媒体内容发布工作。在“中国烟草资讯”微信公众号和移动客户端上及时发布烟草行业权威信息，并按照烟草行业政务新媒体有关规范，精心编辑、严格把关，不断提高内容质量，营造积极向上的网络舆论氛围；做好政务信息报送工作。及时向国家局办公室新闻联络处报送拟发布至“国新发布”APP的杂志文章。

结合新媒体特点不断创新宣传方式。推出杂志“扫码阅读”功能。为满足广大读者的移动阅读需求，在《中国烟草》《新烟草》杂志上推出“扫码阅读”功能。读者通过手机、平板电脑等移动设备扫描杂志封面的二维码后，可阅读杂志移动版。同时，将杂志移动版与“中国烟草资讯”微信公众号和资讯网后台管理系统对接，实现新闻内容的“一次编辑、多端发布”。

结合新媒体特点开展新闻宣传。根据杂志社宣传重点，结合杂志社一网一微一端特点，精心策划、严格编审，利用文字、图片、视频、H5等不同信息形态开展新闻宣传工作。全年制作“围绕高质量发展要求 做好专卖监管各项工作”“弘扬劳模精神　凝聚奋斗力量”“打赢脱贫攻坚战　烟草在行动”“‘不忘初心、牢记使命’主题教育”“壮丽70年　奋斗新时代”等11个网络专题、5个宣传网页。

配合经营部门创新宣传方式。配合广告部开展“第一届全国烟农增收创富大赛”网上投票活动和“烟草零售服务之星大家评”微信公众号展示活动。“烟农增收创富大赛”网上投票活动历时半个月，有180个候选集体和个人参与（包括42个合作社和138名烟农），参与投票人次和访问量达到历史新高（投票人次58万，访问量2700余万）。同时，杂志社广告部、市场部、新烟草编辑部、广西中烟技术团队联合开展“烟农优品”栏目建设，进一步开拓刊网融合、媒企融合新渠道。

进行行业内外新媒体学习交流。在社领导带领下向山东省局、苏州市局、广西中烟等学习交流新媒体宣传方式和技术先进经验。到字节跳动公司和快手总部参观交流，了解“今日头条”“抖音”“快手”等新媒体平台的基本情况，以及其与政府国企等机构的合作情况、宣传案例等，不断拓宽视野，提升宣传能力。

加强网络和信息安全管理，顺利完成多次重保工作。做好网络系统安全值班和管理工作。2019年以来，国家局加大网络安全管理和检查力度，特别是在全国“两会”、行业网络安全攻防演练、中华人民共和国成立70周年大庆等期间，杂志社采取多种方式提升全员网络安全和保密意识，加强网络安全制度落实和检查，中国烟草资讯网也按照要求加强网络系统安全运行值班，及时监测和修复安全漏洞。

加强信息安全和保密制度学习落实。严格执行保密规定，上网信息施行“三级审核制”，认真学习有关法律法规和工作要求，不断增强政治敏锐性和法律意识。

新媒体建设

为贯彻落实《关于推进政务新媒体健康有序发展的意见》，国家局开展广泛调研工作。在行业外，深入了解国资委、卫健委、共青团中央等部门新媒体账号运行情况，认真学习研究江苏、浙江、广东等省政府印发的政务新媒体实施意见，先后调研头条、抖音、快手等新媒体平台公司，与腾讯和新浪公司政务微信、政务微博部门进行交流。在行业内，赴福建烟草工商企业调研多家新媒体运营管理较好的单位，与新媒体主管主办部门及相关业务部门等进行座谈。在此基础上，研究制定《关于推进烟草行业新媒体健康有序发展的实施意见》，明确行业新媒体的发展目标、工作要求以及开设备案、功能建设、组织保障等方面流程规范，为行业新媒体建设与管理提供基本遵循。

志鉴编纂

行业志鉴编纂

【《中国烟草年鉴》】　《中国烟草年鉴》是全面反映中国烟草行业改革和发展情况以及所属各企业发展概貌的专业性、权威性行业综合年鉴。《中国烟草年鉴》自1996年创刊以来，先后编纂出版1991—1995年、1981—1990年、1996—1997年、1998—1999年、2000年、2001年、2002年、2003年、2004年、2005年、2006年、2007年、2008年、2009年、2010年、2011—2012年、2013年、2014年、2015年、2016年、2017年、2018年、2019年卷等23卷。从《中国烟草年鉴》2004年卷起，由《中国烟草》杂志社有限公司《中国烟草年鉴》编辑部具体负责编辑工作。

《中国烟草年鉴（2019）》设有特载，大事记，行业概览，国家烟草专卖局 中国烟草总公司组织机构，专卖管理与“两烟”经营，烟草工业，科研和教育培训，新闻舆论和文化建设，公益活动，重要政策法规与文件选登，附录共计11个栏目。2019卷年鉴“栏目”下设“分目”“条目”。

《中国烟草年鉴（2019）》主要收录2018年全国烟草行业发展的主要工作情况。各栏目内容充实，信息量大，反映行业改革发展的历程，具有很强的权威性、延续性。为更直接展示行业各单位的工作与成就，《中国烟草年鉴（2019）》在正文中配图，采用四色印刷，表现形式多样；并以彩图配合相关栏目，生动、直观、全面地反映行业各方面发展情况，彩图涉及面广，内容丰富。

《中国烟草年鉴（2019）》在总体结构上，积极适应烟草行业改革发展和行业类年鉴编纂新要求，突出综述性条目和特色条目，加强对行业总体情况的反映，力求全面呈现烟草产业各发展环节的情况，精简常规性内容。

2020年，由中国经济出版社正式出版。

省级公司志鉴编纂

【《吉林省志·烟草志》】　2019年，进行并完成《吉林省志·烟草志》复审稿报送、复审稿修改；终审稿报送、终审稿修改工作。2019年7月由抽选的全国专家组成终审验收组，对8篇90万字《吉林省志·烟草志》终审稿进行终审验收。终审会上，专家组成员对志稿给予高度评价，认为《吉林省志·烟草志》稿资料翔实，记述准确，语言简洁流畅，文风朴实，行文符合志书编纂规范要求，吉林省《烟草志》稿是一部质量较好的终审稿。

【《江西省志·烟草志》】　2012年4月，江西省局（公司）与江西中烟联合成立《江西省志·烟草志（1991—2010）》编纂委员会，开始志书编纂工作。2019年12月31日，江西省方志编委会组织验收。全书9章55节，88万余字，采用照片、图、表339张；于2020年12月至2021年1月付印成册。

【《云南烟草年鉴》】 由云南省烟草专卖局（公司）主办，经国家出版行政管理部门批准公开发行的省级行业年鉴。年鉴客观、全面、真实、系统地记录云南烟草商业系统发展的历史进程，旨在为社会各界全面了解、研究云南烟草提供基础材料和基本线索。从2008年开始编纂，已编辑出版11卷。

《云南烟草年鉴》2018卷年鉴主要以条目形式反映2018年云南烟草商业系统各方面的工作情况，内容包括特载、专文、大事记、总述、云南省烟草专卖局（公司）机关、直属单位、附录等7个部类，总体规模为正文760千字，彩页28页。

【《安徽省烟草专卖局（公司）年鉴》】 由安徽省局（公司）于2006年启动编纂工作，分年度编写。是系统记述安徽烟草商业系统专卖管理、卷烟销售、烟叶生产与经营、企业管理与改革、精神文明建设等方面的文献资料。2019年启动并组织人员集中编纂安徽省局（公司）2018年年鉴资料，设概况、专题特载、领导与机构、重要报告、重要文件、党建与主营业务、管理与服务等栏目，约73万字，并进入最后出版流程。

【《安徽中烟工业有限责任公司年鉴》】 由安徽中烟工业有限责任公司于2009年启动编纂工作，目前已完成2008年至2015年7卷，除2009年启动编纂的第一卷为内部资料外，目前已出版的其余6卷均为公开出版发行。其中《安徽中烟工业有限责任公司年鉴（2015）》卷于2019年11月成书出版，出版编号ISBN 978－7－5650－3627－9，由合肥工业大学出版社公开出版。2016—2018年年鉴已编纂完成，进入印刷出版流程。每卷发行600册，每卷约60万字。《安徽中烟工业有限责任公司年鉴》是系统记述安徽卷烟工业发展状况的资料性文献，对认识和研究安徽卷烟工业具有较强的针对性与实用性，为读者认识、了解和研究安徽卷烟工业提供较为全面的资料。

【《山东省烟草专卖局　中国烟草总公司山东省公司年鉴》】 《山东省局（公司）年鉴》现为两年一鉴，由山东省局（公司）组织编纂，是一部全面反映省局（公司）全系统改革和发展情况及所属各单位发展概貌的专业性年鉴。《山东省局（公司）年鉴》（2017—2018卷）主要收录2017—2018年省局（公司）系统发生的大事要闻，直观、全面、真实反映全系统各方面发展情况。本卷年鉴分设9个栏目：特载、行业概览、人事变化、直属单位、统计资料、大事记、公益事业、先进集体与先进个人、附录。

【《山东中烟年鉴》】 于2011年启动编纂工作，截至2019年底完成2011—2014年4卷纸质年鉴，2015—2017年一度停滞，于2018年重启，2015—2017年三年内容合编一卷，2018年起恢复逐年编纂，采取业务外包方式，由全资多元化企业负责编纂。采用分类编辑法。主体内容分为栏目、分目、条目3个层次，条目为年鉴内容的基本单位。一般设领导讲话、大事记、公司综述、公司部门、公司中心、卷烟工厂、集团公司、先模人物、附录等栏目。条目由各卷烟厂、各集团公司及公司各部门、中心负责撰写。

【《湖南烟草工业年鉴》】 湖南中烟年鉴编写工作于2008年11月启动，围绕“打造精品年鉴”工作目标，采取条目体结构编纂。《湖南烟草工业年鉴》由公司卷和企业卷组成，每套7卷，公司卷为《湖南烟草工业年鉴》，企业卷分别为《湖南烟草工业年鉴—长沙卷烟厂卷》《湖南烟草工业年鉴—常德卷烟厂卷》《湖南烟草工业年鉴—郴州卷烟厂卷》《湖南烟草工业年鉴—零陵卷烟厂卷》《湖南烟草工业年鉴—四平卷烟厂卷》《湖南烟草工业年鉴—吴忠卷烟厂卷》，为内部交流资料。以2007年为编撰上限，一年一卷，逐年编写。

公司卷创刊号为2008年卷。从2014年卷起升级改版，采用“和＋”体撰写，随文配图，内文升级四色印刷，并统一规范各企业卷年鉴封面、版式设计，开通线上投稿专栏，2014—2017年卷每卷约23万字、180张图片。截至2019年底，先后编辑出版《湖南烟草工业年鉴》77卷，其中公司卷11卷，长沙卷烟年鉴12卷，常德卷烟厂10卷，郴州卷烟厂12卷，零陵卷烟厂10卷，四平卷烟厂10卷，吴忠卷烟厂12卷。

【《云南中烟年鉴》】 是由云南中烟工业有限责任公司组织编纂，全面反映云南中烟重要改革发展情况，以及所属单位发展概貌的专业性、权威性年鉴。以全面、客观、系统地记述云南中烟年度的基本情况和各项工作发展现状，充分反映云南中烟年度基本面貌和发展进程为任务，旨在为行业内部人士及社会各界全面了解、研究云南烟草工业提供基础材料和基本线索。云南中烟从2012年开始启动年鉴编纂工作，成立年鉴编纂委员会，编辑部设在公司办公室。截至2019年底，公开出版发行8卷（反映2011—2018年内容，一年一卷，每卷发行400册，每卷80万字左右）。

【《红塔集团年鉴》】 自2009年创刊至2019年，11年公开出版发行纸质和电子书13卷，其中2013年下半年和2014年上半年，补编2007卷、2008卷，至此《红塔集团年鉴》与《红塔集团志》（1956—2005）形成一套完整的宝贵历史资料丛书。年鉴编纂紧扣党的方针政策、烟草行业改革发展要求，内容按分类法编排，以条目为记载单元，全面系统反映红塔集团发展进程，年度工作重点和企业特点突出。2019卷设17个类目，收录二次文选9篇、大事记63件、条目628条、图片（图）152幅、统计表50个，全书版面字数50万字。

【《红云红河集团年鉴》】 自红云红河集团成立（2008年11月8日）开始编纂，以内部资料委外印制方式至今形成10卷（2009—2018年一年一卷），每卷编印600册，以满足集团本部各中心、部室及下属工厂（公司）日常使用。集团年鉴作为反映集团年度基本情况的资料工具书，设集团概况、品牌培育、管理建设、产品科技、生产管理、原料保障、物资管理、物流管理、基建技改、信息化建设、企业管理、财务审计、行政事务、安全保障、队伍建设、廉政建设、党建群团、公益事业、主要会议、组织机构、生产企业、荣誉榜、数据汇编、记事、附录等25个栏目130个条目。

【《昆明卷烟厂年鉴》】 《昆明卷烟厂年鉴》（1992—2018年一年一卷）是简明记载昆明卷烟厂1992—2017年基本情况的资料工具书。编辑队伍由党政办公室档案室工作人员组成。昆烟年鉴设主要工作、重要会议、通知·规定、组织沿革、统计数字汇集、荣誉汇编、大事记7个栏目30余个条目，并制作在线卷烟产品（小包）照片作为附件收录。年鉴每年内部印发240册。

【《曲靖卷烟厂年鉴》】 《曲靖卷烟厂年鉴》（2010—2018年一年一卷）是继《曲靖卷烟厂志》（1966—2009）出版之后简明记载曲靖卷烟厂2010—2018年基本情况的资料工具书。2010年组建年鉴编纂委员会，编辑部设在党政办公室。内设特载、企业概况、生产制造、基础管理、队伍建设、党建群团、重要会议、组织机构、天福公司、荣誉榜、数据汇编、大事记等栏目。年鉴由云南出版集团、云南人民出版社出版发行，每年印数50册。

【《广州卷烟厂年鉴》】 由广东中烟工业有限责任公司广州卷烟厂组织编纂，记录企业重要事件与数据信息，反映企业发展概况的综合年鉴。2018年成立年鉴编撰委员会，启动年鉴编纂工作。年鉴设特载、领导讲话名录、大事记、企业概况、卷烟生产、综合管理、党群工作、企业文化、附录等9个栏目。截至2019年底，编印2017年、2018年两卷年鉴，每卷内部印发250册，每卷约10万字。

【《大连烟草年鉴（2019）》】 《大连烟草年鉴（2019）》是由大连市局（公司）组织编纂，全面反映2018年大连烟草系统改革和发展情况，以及所属单位发展概貌的专业性、权威性内部年鉴。该年鉴采用分类编辑法，主体内容分栏目、分目、条目3个层次；栏目为大单元，其下按企业性质并兼顾现行体制设置分目，分目下按照年鉴编写内容要求设置条目。其中，栏目包含特载、概览、专文、大事记、组织结构、大连市局（公司）、区（市、县）局（分公司）、多元化企业、主要文件、附录等10项。全书共计37万余字。

博物馆、展馆建设

中国烟草博物馆

【概　况】 中国烟草博物馆位于上海市长阳路，于2004年7月15日开馆，总投资1.8亿元。中国烟草博物馆总建筑面积为9617平方米，其中占地面积5511平方米，展示面积3500平方米。中国烟草博物馆是一家反映中国烟草发展历史、传承中国烟草文化的专业博物馆，是上海首个国家级行业博物馆，也是目前世界上规模最大的烟草博物馆。中国烟草博物馆开馆后的日常运行委托上海市烟草专卖局、上海烟草集团有限责任公司进行管理。

中国烟草博物馆有烟草历程、烟草农业、烟草工业、烟草经贸、烟草管理、烟草文化、吸烟与控烟等展馆，参观者可以通过大量珍贵的文物、文献、模型、场景、真人蜡像及照片、多媒体等形式，全面了解中国烟草的起源及各发展阶段的概况和特征，了解吸烟与控烟的发展历史及中国烟草行业在控烟与减害降焦等方面所做的工作。

【升级改造】 2019年3月25日，国家局局长办公会议通过《上海市烟草专卖局 上海烟草集团有限责任公司关于中国烟草博物馆展示陈列整体调整升级改造工作方案的报告》，标志着中国烟草博物馆展陈升级改造启动。在国家局成立中国烟草博物馆展示陈列整体调整升级改造组织机构的同时，中国烟草博物馆组织人员8月21日、22日到上海市历史博物馆、国歌展示馆进行针对性学习、多方汲取改造方面的成功经验。结合2018年广泛征求的建议，形成调研材料，到中国烟草学会作了专题汇报。10月23日，国家局副局长段铁力到中国烟草博物馆调研指导工作，明确中国烟草博物馆升级改造的总体目标和基本原则。上海市局、集团公司随即召开中国烟草博物馆展陈升级改造工作启动会。

【参观交流】 2019年，中国烟草博物馆在宣传、教育、展示等功能发挥上不断创新形式，以夯实内部管理为基础，积极打造窗口形象。中国烟草博物馆参加由上海市文化和旅游局牵头的“上海市博物馆一本通护照”项目，观众只要在“爱文亿”网站上预约，就可以到中国烟草博物馆在一本通护照上留下纪念章，该活动进一步吸引观众，扩大社会影响。截至2019年底，接待团队122批次3186人次。会务安排59场4225人次。到中国烟草博物馆参观的社会观众4995人次，社会观众满意率96.2%。

【特别展览】 2019年7月24日，“新中国卷烟烟标精选展”和“抓铁有痕铸党魂——中国共产党早期纪律建设图片史料展”在中国烟草博物馆开展。2个特展既是庆祝新中国成立70周年、纪念中国烟草博物馆建成开放15周年系列重要活动之一，又是深入开展“不忘初心、牢记使命”主题教育的一次实践探索。7月24日至12月31日，团队参观“双临展”38批次1349人次，累计参观人数9060人次。

【线上竞答】 作为庆祝中华人民共和国成立70周年系列活动之一的“浩瀚烟博·探寻之旅（第一季）——神州万里行大型景观文化知识竞答活动”从2019年5月13日起，于9月23日结束。该活动是由中国烟草博物馆和上海市局、集团公司办公室联合举办，以“览祖国壮丽河山，识烟草深厚文化”为主题，15期活动，累计吸引531806人次参与，屡屡刷新“上海烟草”微信服务号单次参与人数之最。作为“中华品牌纪念日”系列活动之一，为回眸“中华”发展之路、回顾“中华”品牌烟标背后的故事、回首“做中国人自己最好的卷烟”的初心和使命，上海市局、集团公司办公室和中国烟草博物馆联合策划2期“中华”品牌发展知识竞答活动，共计83714人次参加。

【征集保管与烟标整理】 征集方面：结合行业特点，切实做好文物征集工作。为更好地反映行业品牌建设成果和技术创新的最新进展情况，进一步加强烟草文化研究与展示，组织制作2017年和2018年《中国烟草卷烟新品烟标集》。新品烟标征集，为下一步深入进行重点品牌发展研究提供重要的文物资料。中国烟草博物馆获赠由烟标收藏爱好者潘国权编撰的《中国“三无”烟标图集》一套、河南省烟草学会赠送的《河南省烟草志》《河南烟标精选集》系列丛书以及华环国际烟草有限公司捐赠的《华环烟草志》等。利用上海市局、集团公司技术中心搬迁的契机，集中进行文物史料征集，为记录上海烟草科技创新发展之路留下宝贵资料。

保管方面：从改进分类保管方式、提升烟标有序保存措施入手，探索馆藏烟标整理新模式。在2018年完成4万枚烟标整理的基础上，2019年顺利完成余下8万枚烟标整理。作为管理创新的探索之举，烟标整理项目既节省近100万元的课题费用，也增强团队合作精神，为推进全员一岗多能、岗位成才搭建平台，取得实效。

中国雪茄博物馆

中国雪茄博物馆位于四川省什邡市长城雪茄烟厂，是由国家烟草专卖局　中国烟草总公司发起建设的全国性、专业性的国家级博物馆，授权四川中烟全面管理的公益性工业旅游示范点、科普教育基地和爱国主义教育基地，是集展示、体验、教育、感悟等功能为一体的综合性主题博物馆。博物馆项目历经数年的筹备、规划，于2017年11月8日建成并对外开放，建筑物主体分三层，建筑面积共4662平方米，分“寻根”“溯源”“探秘”3个展厅，围绕中国雪茄产地、历史和工艺进行主题展示，寻根中国雪茄之乡、溯源中国雪茄百年、探秘重现雪茄技艺。馆内，陈列有前驻古巴大使张拓捐赠的古巴领导人劳尔·卡斯特罗亲笔签名雪茄、国礼“长城雪茄”包装盒印刷模板以及世界最长雪茄等珍贵藏品共计380余件。

2019年，中国雪茄博物馆开展工业旅游和政企单位团体参观500余场，接待访客1.6万人次，参观总人数比上年增长39%，举办“中古纪念版雪茄捐赠仪式”“贺龙元帅诞辰123周年纪念活动”，承办“第五届中国雪茄之乡推介之旅”“四川省国有企业文化建设现场推进会”“逐梦千亿奋进同行2019四川中烟推进高质量发展品牌行动”等大型活动。

企业文化展厅建设

【厦门市烟草专卖局（公司）企业文化展厅建设】

2019年1月，厦门市局（公司）完成“精实以恒　形象共筑”企业文化展厅建设。展厅面积450平方米，分序厅、公共文化厅、企业发展厅、专题文化厅，全面展示厦门烟草发展历程及党建、经营、管理、文明文化建设等方面的成果。

报刊名录

2019年烟草行业部分报刊名录

报刊名	报刊号/准印证号	创刊时间	刊　期	联系电话	主管、主办单位
《中国烟草》	ISSN1008－9063 CN11－3831/D	1985年	半月刊	010－63605464	《中国烟草》杂志社有限公司
《新烟草》	ISSN1008－5181 CN23－1526/TS	1986年	旬　刊	010－68535662	黑龙江省烟草公司、《中国烟草》杂志社有限公司
《中国烟草学报》	ISSN1004－5708 CN11－2985/TS	1992年	双月刊	010－63605768	中国烟草学会
《烟草科技》	ISSN1002—0861 CN41—1137/TS	1957年	月　刊	0371－67672637	郑州烟草研究院
《东方烟草报》	CN37－0082	1992年	周七报	0531－88562706	山东省局（公司）
《烟机通讯》	豫内资〔许昌〕0005号	1995年	半月报	0374－3266661	中国烟草机械集团有限责任公司
《北京烟草》	京内资准字1999－L0006	1993年	季　刊	010－67009775	北京市局（公司）、北京烟草学会
《京烟》	京内资准字99－L0501	1993年	月　报	010－59028305	上海烟草集团北京卷烟厂有限公司
《天津烟草》	准印证号K170086	2000年6月	双月刊	022－23292109	天津市局（公司）、天津市烟草学会
《津烟》	内部资料准印证号： 津B180011 2019147	1994年10月	半月报	022－84786089	上海烟草集团有限责任公司天津卷烟厂
《河北烟草》	冀L1100113	1988年6月	双月刊	0311－88607906	河北省局（公司）、河北中烟主管，河北省烟草学会主办

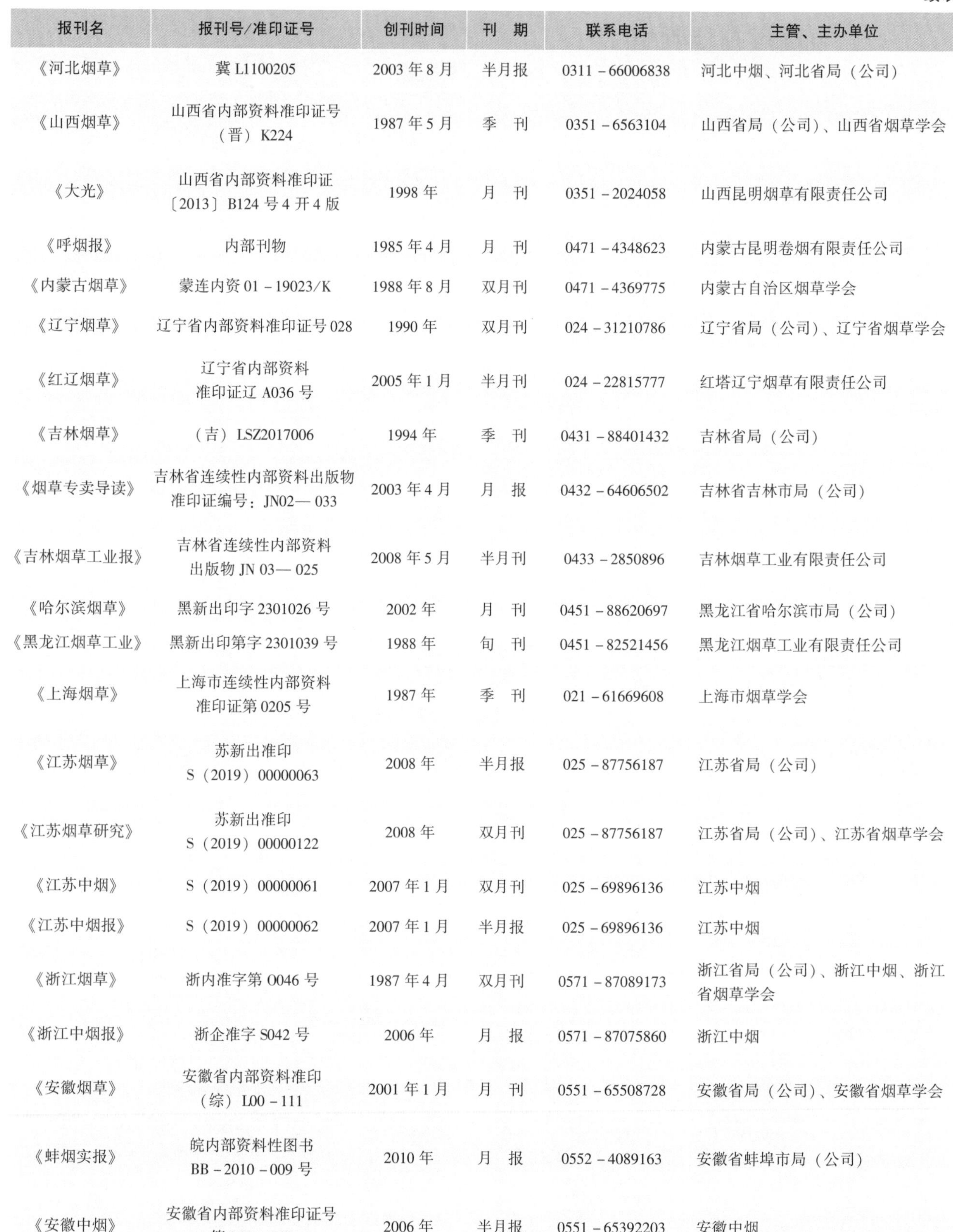

续表

报刊名	报刊号/准印证号	创刊时间	刊　期	联系电话	主管、主办单位
《河北烟草》	冀 L1100205	2003 年 8 月	半月报	0311－66006838	河北中烟、河北省局（公司）
《山西烟草》	山西省内部资料准印证号（晋）K224	1987 年 5 月	季　刊	0351－6563104	山西省局（公司）、山西省烟草学会
《大光》	山西省内部资料准印证〔2013〕B124 号 4 开 4 版	1998 年	月　刊	0351－2024058	山西昆明烟草有限责任公司
《呼烟报》	内部刊物	1985 年 4 月	月　刊	0471－4348623	内蒙古昆明卷烟有限责任公司
《内蒙古烟草》	蒙连内资 01－19023/K	1988 年 8 月	双月刊	0471－4369775	内蒙古自治区烟草学会
《辽宁烟草》	辽宁省内部资料准印证号 028	1990 年	双月刊	024－31210786	辽宁省局（公司）、辽宁省烟草学会
《红辽烟草》	辽宁省内部资料准印证辽 A036 号	2005 年 1 月	半月刊	024－22815777	红塔辽宁烟草有限责任公司
《吉林烟草》	（吉）LSZ2017006	1994 年	季　刊	0431－88401432	吉林省局（公司）
《烟草专卖导读》	吉林省连续性内部资料出版物准印证编号：JN02— 033	2003 年 4 月	月　报	0432－64606502	吉林省吉林市局（公司）
《吉林烟草工业报》	吉林省连续性内部资料出版物 JN 03— 025	2008 年 5 月	半月刊	0433－2850896	吉林烟草工业有限责任公司
《哈尔滨烟草》	黑新出印字 2301026 号	2002 年	月　刊	0451－88620697	黑龙江省哈尔滨市局（公司）
《黑龙江烟草工业》	黑新出印第字 2301039 号	1988 年	旬　刊	0451－82521456	黑龙江烟草工业有限责任公司
《上海烟草》	上海市连续性内部资料准印证第 0205 号	1987 年	季　刊	021－61669608	上海市烟草学会
《江苏烟草》	苏新出准印 S（2019）00000063	2008 年	半月报	025－87756187	江苏省局（公司）
《江苏烟草研究》	苏新出准印 S（2019）00000122	2008 年	双月刊	025－87756187	江苏省局（公司）、江苏省烟草学会
《江苏中烟》	S（2019）00000061	2007 年 1 月	双月刊	025－69896136	江苏中烟
《江苏中烟报》	S（2019）00000062	2007 年 1 月	半月报	025－69896136	江苏中烟
《浙江烟草》	浙内准字第 0046 号	1987 年 4 月	双月刊	0571－87089173	浙江省局（公司）、浙江中烟、浙江省烟草学会
《浙江中烟报》	浙企准字 S042 号	2006 年	月　报	0571－87075860	浙江中烟
《安徽烟草》	安徽省内部资料准印（综）L00－111	2001 年 1 月	月　刊	0551－65508728	安徽省局（公司）、安徽省烟草学会
《蚌烟实报》	皖内部资料性图书 BB－2010－009 号	2010 年	月　报	0552－4089163	安徽省蚌埠市局（公司）
《安徽中烟》	安徽省内部资料准印证号第 L00－053	2006 年	半月报	0551－65392203	安徽中烟
《黄山世界》	安徽省内部资料准印证号：00－265	2009 年	季　刊	0551－65368037	安徽中烟

续表

报刊名	报刊号/准印证号	创刊时间	刊　期	联系电话	主管、主办单位
《福建烟草》	（闽）内资准字 K 第 097 号	1987 年 1 月	双月刊	0591－87069560	福建省局（公司）、福建中烟、福建省烟草学会
《海峡烟草》	（闽）内资准字 K 第 173 号	2003 年 6 月	旬　报	0591－87069456	福建省局（公司）
《海峡烟草》（烟叶版）	（闽）内资准字 K 第 173 号	2005 年 5 月	月　报	0591－87069456	福建省局（公司）
《三明烟草》	闽内资准字 G 第 3 号	1992 年 1 月	双月刊	0598－8566611	福建省三明市局（公司）、三明市烟草学会
《福建中烟》	闽内部资料性出版许可证第 02028 号	2011 年 5 月	半月刊	0592－5836962	福建中烟
《龙烟人》	闽内部资料性出版许可证第 07014 号	1991 年	半月报	0597－2776888	龙岩烟草工业有限责任公司
《厦门烟草》	厦新出〔99〕内资第 16 号	1993 年	月　报	0592－6536171	厦门烟草工业有限责任公司
《江西烟草》	（赣）0000122	1991 年 1 月	双月刊	0791－86535120	江西省局（公司）、江西中烟、江西省烟草学会
《金圣报》	赣内资字第 076 号	2004 年 6 月	月　报	0791－88358596	江西中烟
《典藏》	赣内资字第 326 号	2009 年 9 月	不定期	0791－88358596	江西中烟
《广烟之窗》	赣内资字第 E004 号	1996 年 10 月	月　报	0793－6078818	江西中烟广丰卷烟厂
《山东烟草》	鲁连内资第 01095 号	2007 年	双月刊	0531－81218315	《东方烟草报》社有限公司
《淄博烟草》	淄博市内部资料准印证〔2011〕270 号	2012 年 1 月	半月刊	0533－2181599	山东省淄博市局（公司）
《滨州烟草》	滨州市内部资料准印证〔2006〕第 44 号	2006 年 5 月	半月刊	0543－3157382	山东省滨州市局（公司）
《东方烟草报·山东中烟报》	国内统一刊号：CN37－0082	2007 年 11 月	半月报	0531－58709712	山东中烟
《东方烟草报·金周刊·泰山周刊》	国内统一刊号：CN37－0082	2008 年 5 月	半月报	0531－58709712	山东中烟
《济烟视窗》	济南市内部资料准印证第 004 号	1990 年 7 月	半月报	0531－66776887	山东中烟济南卷烟厂
《青岛卷烟》	鲁连内资〔2007〕第 0055 号	1991 年 9 月	季　报	0532－81921263	山东中烟青岛卷烟厂
《星光》	山东省连续性内部资料出版物准印证第 0085 号	1997 年 10 月	月　报	0536－3239468	山东中烟青州卷烟厂
《滕烟采风》	鲁 D：连内资〔2017〕第 031 号	1996 年 2 月	月　报	0632—8058330	山东中烟滕州卷烟厂
《将军视窗》	（鲁）0100009	2015 年 2 月	月　报	0532－88777166	将军烟草集团有限公司
《中国烟草科学》	ISSN 1007－5119 / CN37－1277/S	1979 年	双月刊	0532－88703238	中国农业科学院烟草研究所、中国烟草总公司青州烟草研究所

续表

报刊名	报刊号/准印证号	创刊时间	刊　期	联系电话	主管、主办单位
《河南烟草》	河南省连续性内部资料［审省直连］00102 号	1996 年	双月刊	0371－65583198	河南省局（公司）、河南中烟、河南省烟草学会
《中原烟草》	河南省连续性内部资料［审省直连］00142 号	2015 年 1 月	半月刊	0371－65583016	河南省局（公司）
《南阳烟草通讯》	河南省连续性内部资料［南阳］049 号	2009 年 9 月	月　刊	0377－63160072	河南省南阳市局（公司）
《郑烟工作》	河南省连续性内部资料［审郑州连］00056 号	2016 年 5 月	半月刊	0371－86168658	河南省郑州市局（公司）
《黄金叶・天之叶》	内资〔省直〕163 号	2006 年	月　刊	0371－69192831	河南中烟
《黄金叶制造》	河南省连续性内部资料郑州〔74 号〕	2008 年	月　报	0371－85519112	河南中烟黄金叶生产制造中心
《许烟时讯》[1]	〔许昌〕0006 号	1989 年	半月报	0374－3351233	河南中烟许昌卷烟厂
《安烟》	内部资料〔审安阳连〕00001 号	2010 年	月　报	0372－5089165	河南中烟安阳卷烟厂
《湖北烟草》	（鄂）4200—2018096/连	1986 年	月　刊	027－83609835	湖北省局（公司）、湖北中烟、湖北省烟草学会
《黄冈烟草》	（鄂）4211—2018019/连	2011 年 5 月	月　报	0713－8386484	湖北省黄冈市烟草学会
《金叶》	JTR〔2004〕32 号	2007 年	双月刊	0716－8506862	湖北省荆州市局（公司）、荆州市作家协会
《十堰烟草》	0719026	2016 年 2 月	月　报	0719－8765156	湖北省十堰市局（公司）、十堰市烟草学会
《黄鹤楼内刊》	鄂内资准印（鄂）4201－2019017/连	2007 年 8 月	半月刊	027－83292197	湖北中烟
《湖南烟草》	（湘 O 刊）2018058	1986 年 10 月	双月刊	0731－85799484	湖南省局（公司）、湖南中烟主管，湖南省烟草学会主办
《潇湘烟语》	湘 M007	2009 年 5 月	双月报	0746－8421238	永州市局（公司）主管，永州市烟草学会主办
《先锋家园》	湘岳新出准字（2015）第 056 号	2011 年 3 月	季　刊	0730－8713331	岳阳市局（公司）主管，岳阳市烟草学会主办
《浓香》	（湘 L 刊）2017022	2015 年 2 月	季　刊	0735－2153569	湖南省郴州市局（公司）主管，郴州市烟草学会主办
《娄烟之声》	湘 K010	2006 年	季　刊	0738－8312687	娄底市局（公司）主管，娄底市烟草学会主办
《张烟之声》	湘 G2019006 号	2019 年 1 月	季　刊	0744—8863186	张家界市局（公司）主管，张家界市烟草学会主办
《天下和书院》	湖南省内部资料准印证号（湘 O 刊）2018351	2014 年	半月报	0731－85098341	湖南中烟

续表

报刊名	报刊号/准印证号	创刊时间	刊　期	联系电话	主管、主办单位
《白沙》	湖南省报型内部资料准印证号（湘A报）2016003	1989年	半月报	0731－85516888	湖南中烟长沙卷烟厂
《常德烟厂报》	湖南省内部资料型准许印证号（湘J1）2019020	1984年	旬　报	0736－7299323	湖南中烟常德卷烟厂
《郴烟通讯》	湖南省报型内部资料准印证号（湘L报）2019005	1995年	半月报	0735－2229909	湖南中烟郴州卷烟厂
《零烟通讯》	湖南省报型资料准印证号（湘M报）2019001	1986年	半月报	0746－6668564	湖南中烟零陵卷烟厂
《广东烟草》	粤（O）L0150364	2004年8月	月　刊	020－38809775	广东省局（公司）、广东省烟草学会
《广东中烟》	粤（O）L0160401号	2005年5月	半月报	020－87013172	广东中烟
《广西烟草》	广西壮族自治区内部资料性出版物准印证第1005323号	1987年	月　刊	0771－5851875	广西区局（公司）、广西中烟、广西烟草学会
《南宁烟草》	广西壮族自治区内部资料性出版物准印证第1005264号	2014年	月　刊	0771－2108681	广西区南宁市局（公司）
《柳州烟草》	广西壮族自治区内部资料性出版物准印证第1900812号	2007年	月　刊	0772－5331262	广西区柳州市局（公司）
《百色烟草》	广西壮族自治区内部资料性出版物准印证第1013905号	2008年	月　刊	0776－2939326	广西区百色市局（公司）
《贵港烟草》	广西壮族自治区内部资料性出版物准印证第20184620号	2013年	月　刊	0775－2929776	广西区贵港市局（公司）
《贺州烟草》	广西壮族自治区内部资料性出版物准印证第1010446号	2013年	双月刊	0774－5291573	广西区贺州市局（公司）
《崇左烟草》	广西壮族自治区内部资料性出版物准印证第1010396号	2014年	月　刊	0771－7826710	广西区崇左市局（公司）
《广西中烟》	桂1005303	2016年9月	半月刊	0771－8098231	广西中烟
《海南烟草》	内部刊物	2000年10月	月　报	0898－65806069	海南省局（公司）主管，海南省烟草学会主办
《重庆烟草》	渝内字第349号	1986年	月　刊	023－67982697	中国烟草总公司重庆市公司主管，重庆市烟草学会主办
《贵州烟草科学》	黔新出2015年连续性内资准字Z381号	1972年	双月刊	0851－84117138	贵州省烟草科学研究所、贵州省烟草学会、贵州中烟工业技术中心
《贵阳烟草》	贵阳市GYL2015第016号	2005年	季　刊	0851－85814816	贵州省贵阳市局（公司）
《遵义烟草》	贵州省〔报刊〕连续性内资字第ZYSK13号	2002年	双月刊	0852－28662861	贵州省遵义市局（公司）
《遵烟时讯》	贵州省（报刊）连续性内资字第ZYSB6号	2004年	月　刊	0852－28662861	贵州省遵义市局（公司）

续表

报刊名	报刊号/准印证号	创刊时间	刊 期	联系电话	主管、主办单位
《毕节烟草》	黔新出〔2016〕 内资准字 Z405 号	1989 年 8 月	旬 报	0857 - 8278562	贵州省毕节市局（公司）
《贵州烟草》	（黔）字第 2019040 号	2005 年	周 报	0851 - 6831628	贵州中烟、贵州省局（公司）
《贵烟之窗》	（黔）字第 2019475 号	2005 年	月 刊	0851 - 8981053	贵州中烟贵阳卷烟厂
《遵烟一览》	（黔）字第 2019471 号	2007 年	月 刊	0852 - 8620941	贵州中烟遵义卷烟厂
《云南烟草》	（53）Y000319	1988 年 4 月	双月刊	0871—63536852	云南省局（公司）、云南中烟主管，云南省烟草学会主办
《七彩云》	（53）Y000356	2014 年 12 月	双月刊	0871 - 63537661	云南省局（公司）、云南中烟主管，云南省烟草学会主办
《云南烟草科学》	（53）Y000357	2017 年 2 月	双月刊	0871 - 65107543	云南省局（公司）、云南中烟主管，云南省烟草学会、云南省烟草农业科学院、云南中烟技术中心主办
《云南中烟》	（53）Y000367	2011 年 1 月	双月刊	0871 - 65013597	云南中烟
《红塔时报》	（53）Y000159 号（1—2 期） （53）Y000206 号（3—12 期）	1987 年 5 月	月 刊	0877 - 2968922	红塔集团
《价值》	第 1 期：玉红图（报、刊）字 2019042 号 第 2 期：玉红图（报、刊）字 2019089 号 第 3 期：玉红图（报、刊）字 2019125 号 第 4 期：玉红图（报、刊）字 2020021 号	2008 年 9 月	季 刊	0877 - 2968731	红塔集团玉溪卷烟厂
《红塔楚雄时讯》	（53）Y000298 号（1—5 期） （53）Y000240 号（6—12 期）	1983 年	月 刊	0878 - 3253323	红塔集团楚雄卷烟厂
《红塔大理时讯》	（53）Y000236 号（1—3 期） （53）Y000132 号（4—13 期）	1984 年	月 刊	0872 - 2360191	红塔集团大理卷烟厂
《红塔昭通时讯》	（53）Y000009 号（1—3 期） （53）Y000324 号（4—15 期）	1988 年 2 月	月 刊	0870 - 2130195	红塔集团昭通卷烟厂
《红云红河烟草》	（53）Y000133 号	2009 年 1 月	半月刊	0871 - 65869220	红云红河集团
《今日红云红河》	（53）Y000350 号	2009 年 1 月	月 刊	0871 - 65869218	红云红河集团
《和谐昆烟》	（53）Y000318	1990 年 1 月	季 刊	0871 - 65868868	红云红河集团昆明卷烟厂
《红烟人》	弥新出〔2019〕准印字 第 010（1）-（7）号	2015 年 3 月	45 天	0873 - 6196737	红云红河集团红河卷烟厂
《陕西烟草》	（陕）2019—ST012	1990 年	双月刊	029 - 85466219	陕西省烟草公司、陕西省烟草学会
《泾渭情》	陕新出连内印字第 0324 号	2006 年	季 刊	029 - 33369992	陕西省咸阳市局（公司）
《同心安康》	陕新出连内印字第 0620 号	2007 年	季 刊	0915 - 3286490	陕西省安康市局（公司）
《延安烟草》	内部刊物	1997 年	双月刊	0911—2493018	陕西省延安市局（公司）

续表

报刊名	报刊号/准印证号	创刊时间	刊　期	联系电话	主管、主办单位
《陕西中烟报》	（陕）2020－GY07	2003 年	半月报	029－63368602	陕西中烟
《宝烟通讯》	（宝鸡）2020－GY009	2005 年 7 月	月　刊	0917－3469270	陕西中烟宝鸡卷烟厂
《甘肃烟草》	甘新出连续性内部资料 准印（刊型）LK－000049	1992 年 12 月	双月刊	0931－7826909	甘肃省局（公司）、甘肃省烟草学会
《烟语》	甘出准 036 字总 341 号 〔2009〕022 号	2009 年 10 月	季　刊	0939－8213649	甘肃省陇南市局（公司）
《河州烟语》	（甘）LK130002	2016 年 1 月	季　刊	0930－6666012	甘肃省临夏回族自治州局（公司）
《飞天烟讯》	内部刊物	1994 年	月　报	0931－2555038	甘肃烟草工业有限责任公司
《青海烟草》	青（6300053）	1992 年 12 月	双月刊	0971－6102916	青海省局（公司）、青海省烟草学会
《宁夏烟草》	银金审服内准字 2019147 号	1991 年 1 月	季　刊	0951－5043218	宁夏区局（公司）、宁夏区烟草学会
《固原烟草》	固新出管字〔2010〕 第 4014 号	2007 年 10 月	月　报	0954－2034379	宁夏区固原市局（公司）
《新疆烟草》	新疆内部资料（报刊型） 准印证号（新 K）0100047	1988 年	双月刊	0991－4810977	新疆维吾尔自治区烟草学会
《深圳烟草》	粤内登字 B 第 11180 号	2008 年	双月刊	0755－82029719	深圳市烟草专卖局、中国烟草总公司深圳市公司、深圳市烟草学会
《深烟风采》	粤内登字 B 第 13175 号	2002 年 6 月	季　刊	0755－81788331	深圳烟草工业有限责任公司

注：1. 2019 年 9 月，《许烟时讯》停刊。

◇ 编辑：张　帅　褚　幸

2019 年烟草新书目

1. 东北晾晒烟种质资源图鉴/张兴伟，赵彬，陈荣平等主编．—北京：中国农业科学出版社，2019.

2. 国外烟草企业发展创新 菲莫烟草卷/刘亚丽，龚金龙等主编．—郑州：郑州大学出版社，2019.

3. 贵州省植烟土壤图谱/潘文杰，李继新等著．—北京：科学出版社，2019.

4. 贵州烟叶复烤加工/艾复清，胡涌主编．—贵阳：贵州科技出版社，2019.

5. “互联网＋”环境下的涉烟情报信息分析与研判/杨登慧等编著．—西安：西北工业大学出版社，2019.

6. 火壮则烟微——中国控烟十五年散记（上下）/吴宜群主编．—北京：中国协和医科大学出版社，2019.

7. 湖南烟草种质资源图鉴/胡日生，向世鹏，周志成编著．—长沙：湖南科学技术出版社，2019.

8. 降低特有 N－亚硝胺综合技术及在卷烟中的应用/周骏，刘维涓，徐同广等主编．—北京：科学技术文献出版社，2019.

9. 降低烟草致瘾性措施咨询报告/世界卫生组织编，胡清源主译．—北京：科学出版社，2019.

10. 卷烟材料对烟气有害成分的影响/彭桂新主编．—北京：中国轻工业出版社，2019.

11. 烤烟生物信息采集及其应用/王维，贺广生，谢晋等著．—广州：华南理工大学出版社，2019.

12. 烤烟栽培技术/郭月清主编．—北京：金盾出版社，2019.

13. “利群”品牌恩施烟区烟叶原料保障体系研究与实践/高林，申国明，王卫民著．—北京：中国农业科学技术出版社，2019.

14. 洛阳优质烟叶生产技术研究/苏永士，叶红朝，韦凤杰主编．—北京：中国农业科学技术出版社，2019.

15. 宁乡晒黄烟/张义志，李帆，蔡宪杰主编．—北京：中国农业出版社，2019.

16. 攀枝花市中棵烤烟栽培技术图册/吕婉茹，杨鹏主

编 . —北京：科学出版社，2019.

17. 全球无烟烟草控制政策及其实施/［印］拉维 · 梅赫罗特拉，［印］迪伦德拉 · 辛哈，［瑞士］蒂伯 · 西拉吉主编，胡清源主译 . —北京：科学出版社，2019.

18. “清甜香”特色优质烟叶研究与开发/宁扬，王勇，刘好宝编著 . —北京：中国农业科学技术出版社，2019.

19. 如烟如画——烟画中的精神品质及其当代价值/许晓伟，郭友南著 . —北京：中国纺织出版社，2019.

20. 认知烟碱/洪广峰，张长森，毛健等主译 . —郑州：郑州大学出版社，2019.

21. 山地植烟土壤评价和烤烟高效施肥研究与实践/邓小华，张明发，田峰等著 . —北京：中国农业科学技术出版社，2019.

22. 山地植烟土壤维护与改良理论与实践/邓小华，周米良，田峰等著 . —北京：中国农业科学技术出版社，2019.

23. 睡眠管理及烟草干预/汪卫东，王宁夫主编 . —北京：人民卫生出版社，2019.

24. 特色土壤烟叶开发/张一扬著 . —长春：吉林大学出版社，2019.

25. 特殊烟叶采烤技术/宋朝鹏主编 . —北京：中国农业出版社，2019.

26. 物流寄递环节涉烟案件查办指引/孔祥帅著 . —沈阳：辽宁教育出版社，2019.

27. 吸烟成瘾——遗传、机制与防治/李明定编著 . —北京：人民卫生出版社，2019.

28. 祥云县烤烟精细化农业气候和干旱风险区划/雷石金主编 . —北京：气象出版社，2019.

29. 新型烟草制品专利微导航探索与实践/周肇峰，唐莉萍编著 . —北京：知识产权出版社，2019.

30. 新兴大国的市场力量：以中国食品与烟草产业为例/戴家武著 . —上海：格致出版社，2019.

31. 雪茄圣经——鉴赏购买指南（第二版）/［德］迪特 · H. 维尔茨著，冒晨晨译 . —南昌：江西科学技术出版社，2019.

32. 细支卷烟技术分析与研究/王金棒，张仕华等主编 . —郑州：郑州大学出版社，2019.

33. 烟草大王简照南研究/吴新奇著 . —广州：中山大学出版社，2019.

34. 烟草工业智能生产管理模式及实践/虞文进，张和明编著 . —北京：清华大学出版社，2019.

35. 烟草栽培学实验指导/符云鹏主编 . —郑州：黄河水利出版社，2019.

36. 烟草制品管制：实验室检测能力建设/世界卫生组织编，胡清源主译 . —北京：科学出版社，2019.

37. 烟草制品管制基本手册/世界卫生组织编，胡清源主译 . —北京：科学出版社，2019.

38. 烟草制品管制科学基础报告：WHO 研究组第六份报告/WHO 烟草制品管制研究小组编，胡清源，侯宏卫等译 . —北京：科学出版社，2019.

39. 烟草质体色素研究/韦凤杰，田海英主编 . —北京：中国农业科学技术出版社，2019.

40. 烟农专业合作社发展的影响因素及对策研究/范龙昌，陈风雷，王仕海等著 . —北京：科学出版社，2019.

41. 烟叶增钾技术研究/张一扬著 . —长春：吉林大学出版社，2019.

42. 烟叶风格定位及基地建设技术：以文山州烟区为例/张一扬，谭智勇，李鹏飞著 . —长春：吉林大学出版社，2019.

43. 烟草科技评价与管理/汪志波主编 . —郑州：郑州大学出版社，2019.

44. 烟用材料发明专利技术/洪群业，郑路等主编 . —郑州：郑州大学出版社，2019.

45. 优质烟草生产技术/牟劲编著 . —成都：四川科学技术出版社，2019.

46. 植烟土壤改良技术理论与实践/叶协锋著 . —北京：科学出版社，2019.

47. 中国烟草病害图鉴/王凤龙，周义和，任广伟主编 . —北京：中国农业出版社，2019.

48. 中国优质特色烤烟典型产区烟叶质量风格特征/徐宜民，宋文静，王程栋等著 . —北京：科学出版社，2019.

49. 逐梦：广东中烟改革与发展纪实（2003—2018 新闻报道集萃）/广东中烟工业有限责任公司编 . —广州：南方日报出版社，2019.

◇ 编辑：褚 幸

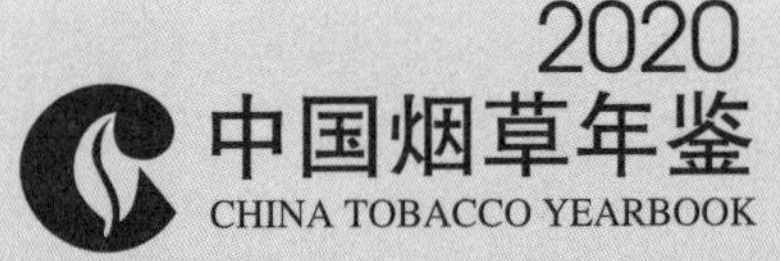

“不忘初心、牢记使命”主题教育

- □ 全行业开展主题教育总体情况
- □ 行业各单位开展主题教育概况

“不忘初心、牢记使命”主题教育

全行业开展主题教育总体情况

按照中央统一部署，2019 年 6 月至 12 月，烟草行业分两批次在各级党组织和广大党员干部中开展“不忘初心、牢记使命”主题教育。

2019 年 6—9 月，行业 3947 名副处级以上干部、1.47 万名党员参加第一批主题教育，紧紧围绕深入学习贯彻习近平新时代中国特色社会主义思想这条主线，进一步增强“四个意识”、坚定“四个自信”、做到“两个维护”。第一批主题教育开展以来，行业坚持以问题为导向，国家局党组成员带着问题，深入机关各部门和基层单位开展调研 15 次；各直属单位党组（党委）围绕重点课题，开展调研 1332 次，形成调研成果 603 个，组织开展调研成果交流 57 次，着力解决群众最关心、最直接、最现实的利益问题。通过深入实际、摸清实情，找出需要解决的问题 4723 项，其中，主题教育期间能够解决的问题 2408 项、现场解决群众反映强烈的问题 915 项。11 月，行业第一批主题教育单位对整改落实情况开展“回头看”，全面梳理落实进展情况，找准存在问题。

9 月 10 日，行业召开第二批“不忘初心、牢记使命”主题教育部署会议。行业第二批主题教育涉及行业 450 余家地市级局（公司）、100 余家卷烟和烟机制造企业、2410 余家县级局（分公司、营销部）、180 余家其他单位（企业），有 9968 个基层党组织、15.33 万名党员、5022 名处级以上领导干部参加。为确保各项工作顺利开展，行业主题教育领导小组办公室结合实际，印发实施方案，进一步细化工作要求。各直属单位及中烟机械、中烟实业按照实施方案，作出具体工作安排，为开展第二批主题教育明确了总体要求、工作内容、方法措施。各单位也因地制宜，制定开展主题教育的具体方案。

按照中央部署要求，第二批主题教育期间，行业主题教育领导小组向 50 余家直属单位和中烟机械、中烟实业所属的 13 家企业派出 7 个巡回指导组。各直属单位党组（党委）及中烟机械、中烟实业党组向所属单位（企业）派出 165 个指导组，推进主题教育深入开展。

◇ 据《中国烟草》2019 年第 20 期《滋养初心 践行使命——行业开展“不忘初心、牢记使命”主题教育综述》文章摘编

行业各单位开展主题教育概况

【北京市烟草专卖局（公司）】 自 2019 年 6 月开始，北京市烟草专卖局（公司）分两批开展“不忘初心、牢记使命”主题教育，全市烟草商业系统 43 个处级以上单位和部门、60 个党支部、195 名副处级以上干部、1146 名党员参加主题教育。

全市烟草商业系统各级党组织和广大党员、干部紧扣学习贯彻习近平新时代中国特色社会主义思想这条主线，聚焦“不忘初心、牢记使命”这一主题，加强理论学习，系统各级党组（党委）开展党组中心组理论学习 104 次、学习研讨 133 次、红色教育 159 次。深入基层调查研究 391 次，形成调研成果 95 个。认真落实 10 个专项整治具体实施方案，细化专项整治措施 443 项，推动专项整治取得实效。截至 2019 年底，市局（公司）完成整改 59 个问题。两批主题教育解决群众最急、最忧、最盼的问题 160 个，检视和整改问题 586 个。

【天津市烟草专卖局（公司）】 2019 年 6—11 月，天津市烟草专卖局（公司）分两批开展“不忘初心、牢记使命”主题教育，市局（公司）机关和所属 19 家单位的 57 个基层党组织、151 名处级以上党员干部、873 名党员参加主题教育。

市局（公司）党组紧扣学习贯彻习近平新时代中国特色社会主义思想这一主线，加强理论学习，坚持读原著、

学原文、悟原理，建立个人深入学、支部引领学、中心组专题学"三层滴灌"学习机制，开展理论学习中心组学习97次，读书班63期，专题研讨108场。深入调查研究，着眼解决突出问题，干部讲授党课187场，形成调研成果97项，为群众办实事好事603件，以实际行动践行为民服务宗旨。紧抓问题检视，自觉对标对表，广泛征求意见，深挖细查找准差距不足，刀刃向内剖析问题根源，检视和整改问题1023个。坚持全面整改，围绕"九个有无"深入自查自纠，深入开展"基层减负年"活动，认真落实专项整治具体实施方案10个，制定整改措施95项，细化形成的具体措施876项取得突出进展，专项整治成效显著。

【河北省烟草专卖局（公司）】 2019年6—12月，河北省烟草专卖局（公司）分两批开展"不忘初心、牢记使命"主题教育，省局（公司）机关和所属11家地市级局（公司）、249个基层党组织、6472名党员参加主题教育。

两批单位统筹推进4项重点举措：强化学习教育，筑牢思想根基，持续增强"四个意识"、坚定"四个自信"、做到"两个维护"。各级班子成员深入基层、深入群众广泛调研，研究解决实际问题758项。深刻检视问题，找准找实差距，聚焦"四个对照、四个找一找""18个是否"和"9个有无"召开专题民主生活会和组织生活会。狠抓整改落实，提升工作质效，集中力量研究解决问题3295项，修改完善各类制度269项，找差距、抓落实成效明显。

【山西省烟草专卖局（公司）】 自2019年6月开始，山西省烟草专卖局（公司）先后分两批开展"不忘初心、牢记使命"主题教育。

全省烟草商业系统组织全体党员干部及时跟进学习习近平总书记最新重要讲话精神，读原著、学原文、悟原理，利用微信推送"每日一学"，举办党组中心组理论学习暨"太行精神"党性锻炼培训班、副处级干部"太行精神"党性锻炼培训班等集中学习研讨218次。举办"不忘初心保本色、牢记使命再作为"主题演讲比赛，开展红色教育159次。建立领导干部"一对一"基层联系点制度和"有调研、有报告、有问题清单、有整改清单"的工作模式，各级领导班子成员及副处级以上干部带着课题深入基层调查研究290次，形成调研成果337个，召开125场调研成果交流会。采取多种形式查摆问题，梳理问题清单1841项，截至2019年底，解决1176项。开展主题教育专题民主生活会，制定主题教育9个专项整治实施方案，细化专项整治措施936项，完成落实551项。建立主题教育三级严督实导工作机制，省、市两级局派出61个指导组，分赴基层督促指导370次，推动主题教育往深里走、往实里走、往心里走。

【内蒙古自治区烟草专卖局（公司）】 2019年6—11月，内蒙古自治区烟草专卖局（公司）分两批开展"不忘初心、牢记使命"主题教育，自治区局（公司）机关和14家盟市局（公司）、3家多元化企业、109个旗县局（分公司、营销部）、167个基层党组织、2127名党员参加主题教育。

第一批主题教育。自治区局（公司）党组成立主题教育领导小组和领导小组办公室，把各项任务细化为27条具体措施，对主题教育进行安排部署。严格落实工作纪实制度，报送工作纪实15期，工作简报12期。自治区局（公司）党组以内蒙烟草"责任文化"为引领，坚守人民立场，把学习教育、调查研究、检视问题、整改落实四项重点措施有机融合、贯穿始终。

第二批主题教育同群众联系更直接、更紧密，涉及的矛盾和问题更加具体、尖锐。针对这些特点，自治区局（公司）党组建立分级负责、分类指导、分层推进体系，派出机关100名干部下一线，寻问题、解难题，实现全自治区烟草商业系统指导、督导全覆盖。征集群众意见建议1934条，形成调研成果315项，为群众解决最急、最忧、最盼问题457个，办好事、实事、难事918件。

【辽宁省烟草专卖局（公司）】 自2019年6月开始，辽宁省烟草专卖局（公司）先后分两批开展"不忘初心、牢记使命"主题教育，全省烟草商业系统180名副处级以上干部、2491名党员、144个党支部参加主题教育。

全省烟草商业系统各级党组织和广大党员干部深入学习贯彻习近平总书记关于主题教育的重要讲话和重要指示批示精神，紧扣学习贯彻习近平新时代中国特色社会主义思想这一主线，一体推进学习教育、调查研究、检视问题、整改落实4项重点措施。两批单位开展专题学习研讨205次，交流发言1550人次，班子成员深入基层调研345次，形成调研报告209份，召开调研成果交流会74场，完成即知即改问题1038个，落实整治任务718项，解决烟农、零售户和企业职工最急、最忧、最盼问题195个，开展党员志愿服务208次，为身边群众办实事、好事261件。

【吉林省烟草专卖局（公司）】 2019年6—12月，吉林省烟草专卖局（公司）分两批开展“不忘初心、牢记使命”主题教育，全省烟草商业系统146名处级以上领导干部、143个基层党组织、2258名党员参加主题教育。

省局（公司）务实推进主题教育，努力做到党建与业务同频共振。强化组织领导，及时成立主题教育领导小组和办公室，建立工作规则，制定具体工作安排。强化学习教育，以深入学习贯彻习近平新时代中国特色社会主义思想为主线，以学原文为基础，邀请专家教授作专题辅导，开展集体学习研讨，观看教育影片等。开展调查研究，召开调研成果交流会，交流巩固调研成果，推动基层热点难点问题有效解决；组织领导干部讲好专题党课。深刻检视问题，认真梳理问题，列出问题基础清单。强化整改落实，坚持立行立改、长期整改和专项整治相结合，推动问题按时限要求整改到位。截至2019年底，问题整改率87.2%。

【黑龙江省烟草专卖局（公司）】 2019年6月至12月中旬，黑龙江省烟草专卖局（公司）分两批开展“不忘初心、牢记使命”主题教育，全省烟草商业系统293名副处级以上干部、3645名党员、272个基层党组织参加主题教育。

开展主题教育以来，省局（公司）机关及各直属单位召开主题教育领导小组会议152次，制定印发各类方案、汇报、通知30余份。在抓好“规定动作”基础上，创新开展“自选动作”，以党组理论学习中心组、读书班、专题党课等形式开展集中学习研讨；领导班子带头调研，始终坚持走进基层解难题，走进一线攻难关；各直属单位组织开展宣讲比赛、主题党日、志愿服务等活动，把主题教育与庆祝新中国成立70周年结合起来，多种形式灵活推进“学、研、查、改”4项措施，将两批主题教育贯通起来、前后衔接、上下联动、形成合力。

【上海烟草集团有限责任公司】 2019年6—12月，上海烟草集团有限责任公司分两批次开展“不忘初心、牢记使命”主题教育，上海烟草集团机关28个处室及所属29家工商单位、189个党支部、229名副处级以上干部、4217名党员参加主题教育。

上海烟草集团紧紧围绕“守初心、担使命，找差距、抓落实”的总要求，坚持将学习教育、调查研究、检视问题、整改落实有机统一、贯穿始终，从严从实抓好主题教育各项工作。通过两批主题教育无缝对接、扎实推进，进一步强化理论武装、夯实初心使命，进一步坚定理想信念、锤炼政治品格，进一步攻坚克难、勇于担当作为，进一步服务党员群众、创新解决难题，进一步筑牢底线意识，营造良好氛围，将主题教育激发出的热情干劲真正转化为推动上海烟草高质量发展的强大动力。

【江苏省烟草专卖局（公司）】 2019年6—12月，江苏省烟草专卖局（公司）分两批开展“不忘初心、牢记使命”主题教育，省局（公司）机关、所属14家直属单位、70个县级局（分公司）、211个基层党组织158名处级以上党员领导干部、3192名普通党员干部参加主题教育。

各级党组织聚焦主题主线，一体推进学习教育、调查研究、检视问题、整改落实。组织领导到位，主题教育领导小组及其办公室专题部署工作30余次，开展常态化指导60余次，各直属单位党组和派出的37个督查组对各党支部督查指导全覆盖。思想认识到位，制定8个专题学习计划，组织集体学习研讨455次，开展革命传统教育166次。调查研究到位，开展调研525次，汇总意见建议1729条，形成调研成果275个。检视问题到位，召开对照党章党规找差距专题会议211次，梳理需要解决的问题2006个。整改落实到位，制定12个整治方案，解决群众最急、最忧、最盼问题371个。召开专题民主生活会84场，开展谈心谈话2358人次，提出相互批评意见1521条。其间，省局（公司）在行业第二批主题教育工作座谈会上作经验交流。

【浙江省烟草专卖局（公司）】 自2019年6月开始，浙江省烟草专卖局（公司）分两批开展“不忘初心、牢记使命”主题教育，省局（公司）机关、投资（控股）公司、进出口公司及所属11家地市局（公司）、64个县局（分公司）、325个基层党组织、123名副处级以上干部、5422名党员参加主题教育。

省局（公司）党组第一时间成立领导小组，派出3个指导组，对全省烟草商业系统主题教育进行真督实导。各级领导班子开展调查研究500余次，走访基层党员群众7198人次，接受群众监督和评议。做到聚焦主题和保持特色相结合。各级党组织开展集中学习3128次，学深悟透《习近平关于“不忘初心、牢记使命”重要论述选编》《习近平关于“不忘初心、牢记使命”论述摘编》等必读书目，学好用好《干在实处走在前列》《读懂八八战略》等浙江篇目，撰写体会心得3826篇。利用南湖革命纪念馆、“两山”理论发源地等开展现场教育，开展“礼赞浙烟人”先进典型巡回演讲。各级党员干部抓好自我检视，刀刃向内找差距。抓好9个专项整治，发现并整改问题2194个，动真碰硬取得实效。倡导全体党员在“三大硬仗”中当先锋见行动作表率，提振干事创业的精气神。

【安徽省烟草专卖局（公司）】 自2019年6月开始，安徽省烟草专卖局（公司）分两批开展“不忘初心、牢记使命”主题教育，全省烟草商业系统213名副处级以上干部（含高级职称人员）、413个党组织、5700余名党员（含离退休）参加主题教育。

省局（公司）党组先后多次召开专题会议，领导带头深入一线严格指导。各直属单位党组（党委）传导压力，主题教育上下联动、整体推进。坚持把学习教育贯穿始终，读原著、学原文、悟原理，领导带头示范、机关支部同步推送、广大党员有序跟进学习。开展调查研究，两批主题教育各级领导班子成员形成调研成果462个，组织成果交流107次，开展专题党课370余次。深入检视问题，检视梳理问题3614个，形成问题总台账和具体问题清单。严肃开展批评与自我批评，各级基层党组织和广大党员认真查找差距和不足，召开专题组织生活会，接受深刻政治洗礼。整改落实从严从实，形成安徽烟草商业高质量发展“1+6+24”实施意见。推进政治生态全面整改，对政治生态突出问题进行排查，开展形式主义、官僚主义集中专项整治。主题教育期间，关乎群众最急、最忧、最盼的653个紧迫问题被集中解决。

【福建省烟草专卖局（公司）】 自2019年6月开始，福建省烟草专卖局（公司）分两批开展“不忘初心、牢记使命”主题教育，全省烟草商业系统118家单位、362个基层党组织、156名处级以上党员干部、5286名党员参加主题教育。

省局（公司）成立全省行业主题教育领导小组及其办公室，制定工作方案。派出3个指导组对所属13家直属单位进行督促指导，到直属单位现场指导70次，到县级局（分公司）等基层单位现场指导54次。各级领导班子带头开展中心组学习335场次、集中研讨419次、讲授党课444次；围绕473个课题，深入基层所站部和田间地头、卷烟市场开展调研1054次，开展成果交流124次，形成专题调研报告448篇，提出对策建议2255条，现场解答或解决调研问题1653个，发现、推广好经验好典型151个。各单位查摆梳理出领导班子问题1804项、个人问题4995项，截至2019年底，完成班子问题整改1139项、个人问题整改3195项。召开专题民主生活会114场次，查摆领导班子问题1197项，查摆班子成员问题4115项，提出批评意见2493条，并细化整改措施，明确整改时限，截至2019年底，完成班子问题整改858项、班子成员问题整改2841项。

【江西省烟草专卖（公司）】 自 2019 年 6 月开始，江西省烟草专卖局（公司）分两批开展“不忘初心、牢记使命”主题教育。

省局（公司）机关及各直属单位及时成立主题教育领导小组，全面领导本单位主题教育工作的开展，其中召开专题会议 78 次，制发文件 21 份，向国家局报送周报 28 期。省局（公司）党组成员到 6 个市级局（公司）、22 个县级局（公司）开展调研和指导解决基层困难问题。成立指导组 36 个，各级指导组深入基层调研 205 次，与基层党员干部职工座谈 97 次，列席各类交流研讨、专题会议、民主生活会等 407 次。开展集中交流学习 183 次，利用红色资源就近就便实地开展革命传统教育 118 次、3867 人次，开展调查研究 155 次，形成调研成果 69 个。两批主题教育单位均召开高质量专题民主生活会，征求意见 693 个，梳理问题 452 个，检视问题 595 个。通过主题教育开展，解决群众最急最忧最盼问题 191 个，解决历史遗留问题 7 个。

【山东省烟草专卖局（公司）】 自 2019 年 6 月开始，山东省烟草专卖局（公司）分两批开展“不忘初心、牢记使命”主题教育。

省局（公司）成立 6 个指导组，对所属 23 家直属单位进行指导，各直属单位成立 38 个督查组，对所属基层单位督促检查。学习教育方面，在个人自学基础上，采取中心组学习、专家辅导、举办读书会等形式，组织集中学习研讨 1272 次，基层党支部依托“三会一课”、主题党日组织学习交流 4377 次，开展红色教育 219 次。调查研究方面，各级领导班子成员到 1079 个基层单位和一线站点开展调研 1499 次，发现问题 4409 个，现场解决 1615 个，形成调研报告 758 份，召开调研成果交流会 253 次，讲授专题党课 733 次。检视问题方面，把国家局巡视、省局（公司）巡察、审计整改等检查反馈的问题纳入问题清单，制定针对性整改措施。与党员群众座谈交流 1.45 万人次，检视问题 1.08 万项，主题教育期间解决 8166 项，全体党员逐一对照“18 个是否”，查找问题 3 万余个。整改落实方面，为群众解决问题 1411 件，党员参加志愿服务 1.34 万人次，为身边群众办实事好事 9289 件。全省烟草商业系统查摆专项整治问题 1064 项，主题教育期间解决 796 项。

【河南省烟草专卖局（公司）】 2019 年 6—11 月，河南烟草专卖局（公司）分两批开展“不忘初心、牢记使命”主题教育，省局（公司）机关、所属 18 家市局（公司）、4 个直属单位和 164 个县局（分公司），902 个党组织、1.55 万名党员参加主题教育。

省局（公司）及所属各单位印发实施方案，成立领导小组和主题教育办公室。通过党组中心组、党支部（党小组）集中学习、专家辅导、个人自学等形式，开展集中学习研讨 557 次，举办党的十九届四中全会精神宣讲 140 场次、专题研讨 252 次；开展“我和我的祖国”主题实践活动 627 次，参观新中国成立 70 周年成就展 1.03 万人次；组织红色教育 248 次、参加党员 1.15 万余名。坚持“带着问

2019 年 9 月 10 日，河南信阳淮滨县局（分公司）组织机关人员开展“我为祖国献祝福”寄语活动，庆祝新中国成立 70 周年

河南省局　供稿

题走、奔着问题去”，省、市、县班子成员深入基层调查研究714次，形成调研成果724个，召开调研成果交流会175次，各级党组成员和领导干部上专题党课565次。突出问题导向，坚持开门抓教育，系统梳理出“八大问题”“五顶帽子”和123条问题清单，检视问题1541项。制定并落实9个专项整治方案，两批主题教育前后衔接、上下贯通，全面整改突出问题，开展专项整治795项，解决问题1833个，其中解决急忧难盼问题617个。

【湖北省烟草专卖局（公司）】 自2019年6月开始，湖北省烟草专卖局（公司）分两批开展“不忘初心、牢记使命”主题教育，省局（公司）机关31个部门（单位）、所属18家直属单位、587个基层党支部、7964名党员参加主题教育。

全省烟草商业系统派出88个指导组、123名联络员、81名班子成员对口指导122家基层单位。开展党组中心组集中学习研讨735次，开办读书班27个，组织支部集中学习3294次，为老同志“送学上门”61人次。调研课题511个，梳理具体问题2144个，形成调研成果477个，现场解决问题625个，各级班子成员讲党课883场次。发放征求意见表771份，走访干部群众1724名，征集意见建议4677条，各级领导班子查摆问题1427个、领导干部个人查摆问题2311个。第一批整改问题115个，第二批整改问题1929个，完成率达到90%以上。

【湖南省烟草专卖局（公司）】 2019年6月至12月，湖南省烟草专卖局（公司）分两批开展“不忘初心、牢记使命”主题教育，省局（公司）机关194名处级以上党员干部、8133名党员、587个基层党组织参加主题教育。

省局（公司）成立全省烟草商业系统主题教育领导小组，召开工作推进会、专项整治工作部署会、整改落实情况通报会。抓实学习教育，举办专题培训班3期，组织读书班279班次、开展学习研讨424场次、交流发言1832人次，组织微党课竞赛，选送3部作品参加国家局微党课评选，获得二等奖2个、三等奖1个。抓深调查研究，完成调研课题538个，收集意见建议2382条，召开调研成果交流会135场次，形成工作方案、机制或建立健全制度182个。抓细问题检视，通过座谈、意见表、意见箱、找差距专题会等渠道，广泛征求各方各类意见建议5489条；建立专题民主生活会材料“四级四审”制度，得到指导组充分肯定。抓严整改落实，对收集到的意见建议分类梳理、建立清单、销号整改，累计解决问题2712项，为身边群众办实事、好事2022件。

【广东烟草专卖局（公司）】 自2019年6月开始，广东省烟草专卖局（公司）分两批开展“不忘初心、牢记使命”主题教育。

全省烟草商业系统各级党组织有力推动，广大党员干部积极投入，处级及以上党员干部开展集中学习研讨170次，调研领题147个，撰写调研报告168篇，解决具体问题1412个，解决人民群众最关注的一些问题、困难，促进思想统一、政治团结、行动一致，开创全省商业系统各级党员干部自我净化、自我完善、自我革新、自我提高的新起点。

【广西壮族自治区烟草专卖局（公司）】 自2019年6月开始，广西壮族自治区烟草专卖局（公司）分两批开展“不忘初心、牢记使命”主题教育。

开展主题教育以来，自治区局（公司）党组紧盯群众最急最忧最盼的问题，立行立改、即知即改，采取租赁的形式或优先安排基础设施建设项目，解决部分基层单位办公、生活条件较差的问题；为一线专卖员增购意外伤害险，尽最大努力降低专卖岗位风险；及时调研和出台指导意见，解决一线人员出勤油耗补贴偏低的问题；专题研究制定《为基层党组织减负的措施》，解决基层党务工作过度留痕的突出问题等，主题教育期间累计为群众办实事、好事1145件。整改过程中坚持事事有回音、件件有落实，检视出的2559个问题，完成整改2162个，其余问题制定相关整改措施。

【海南省烟草专卖局（公司）】 2019年6—12月，海南省烟草专卖局（公司）分两批开展“不忘初心、牢记使命命”主题教育，全省烟草商业系统机关、所属 19 家单位、57 个基层党组织、885 名党员干部参加主题教育。

全省烟草商业系统把学习贯彻习近平新时代中国特色社会主义思想作为主线，深入学习党史和新中国史，组织集中学习 40 余次，开展专题研讨 15 次，开展革命传统教育和爱国主义教育 34 次。坚持深入调研，各级领导班子先后 157 次深入基层、深入一线，形成调研报告 61 篇，提出改进工作的思路和办法措施，推动调研成果转化。紧抓检视问题，征求意见建议 317 条，查摆问题 721 个，为整改落实打下基础。认真开好专题民主生活会。紧推整改整治，围绕国家局专项整治方案的七类问题，制定 10 项具体整改措施，推动专项整治取得实效。制定问题清单，严格对标对表，逐项对账销号。

【重庆市烟草专卖局（公司）】 自 2019 年 6 月开始，重庆市烟草专卖局（公司）分两批开展“不忘初心、牢记使命”主题教育，全市烟草商业系统第一批主题教育在市局（公司）机关 11 个党支部、253 名党员干部中开展，第二批在所属 45 家直属单位、155 个党组织、3117 名党员干部中开展。

全市烟草商业系统各级党组织把主题教育作为重大政治任务，聚焦学习贯彻习近平新时代中国特色社会主义思想这条主线，牢牢把握“守初心、担使命，找差距、抓落实”的总要求，坚持“四个到位”与“四个注重”有机结合，一体推进 4 项重点措施落实落地。广大党员、干部积极投入，参与集中学习 504 次，专题集中研讨 277 次，运用多种载体把主题教育全覆盖的要求落到实处。各级领导干部进烟田、进车间、进终端、进站点，有的放矢开展调查研究 325 次，刀刃向内检视问题 2500 余个。

【四川省烟草专卖局（公司）】 2019 年 6—12 月，四川省烟草专卖局（公司）分两批开展“不忘初心、牢记使命”主题教育。

省局（公司）围绕学习贯彻习近平新时代中国特色社会主义思想和党的十九届四中全会精神，集中时间深入学习研讨。深化爱国主义教育，各基层单位举行公祭烈士、升国旗仪式、过好主题党日、走访慰问等活动。组织党员干部观看张富清、黄文秀等先进典型专题片。深入调研寻策问道，省、市、县三级召开烟农、零售户、驻四川工业代表、职工座谈会 618 次，发放问卷调查表 3 万余份，开展电话访谈 1200 人次，收集各类意见建议 4 万余条。对标对表分类检视，各级党组织和党员干部对照“新思想”、党章党规、群众期盼、先进典型“四面镜子”，对照中央“18 个是否”和国家局“9 个有无”，查找问题 10380 个。抓住问题真改实改，各级党组织自觉压实压紧整改责任，认真落实 9 个上下联动整改方案，制定整改台账，采取销号管理，解决一批职工群众关心的突出问题，省、市、县三级党组织查摆出的问题，截至 2019 年底，整改到位 3420 个。

【贵州省烟草专卖局（公司）】 自 2019 年 6 月开始，贵州省烟草专卖局（公司）分两批开展“不忘初心、牢记使命”主题教育，全省烟草商业系统 558 个党组织、近 8000 名党员参加主题教育。

紧扣主题主线抓学习，围绕重大专题抓研讨，全省烟草商业系统各级领导班子成员讲党课 478 次，组织各级党组织开展集中研讨交流 1630 次。聚焦思想政治受洗礼，开展革命传统教育等专题教育 688 次。聚焦干事创业敢担当，深入基层找短板，确定调研课题 490 个，深入基层调研 336 轮次，发现问题 727 个，整改问题 351 个。聚焦为民服务解难题，积极回应烟农、零售户、职工关切问题，整改群众关注关切、事关企业改革发展的问题 3362 个，解决群众揪心事、愁心事 352 件，组织普通党员为身边群众办实事、好事 4492 件、参加志愿服务 6959 人次。聚焦清正廉洁作表率，注重强化警示教育，扎实抓好专项整治，深入推进政治生态突出问题全面整改，狠抓正风肃纪，在营造良好政治生态上更加有为。

【云南省烟草专卖局（公司）】 2019 年 6 月至 12 月，云南省烟草专卖局（公司）分两批开展“不忘初心、牢记使命”主题教育，全省烟草商业系统 770 个党组织、11308

名党员参加主题教育。

省局（公司）党组周密筹划，狠抓落实，聚焦学习贯彻习近平新时代中国特色社会主义思想这条主线，紧紧围绕"守初心、担使命，找差距、抓落实"的总要求，把"学习教育、调查研究、检视问题、整改落实"贯穿全过程，从严从实抓好主题教育各项工作，并成立6个指导组对24家直属单位主题教育进行全过程、全方位的跟踪督促指导。主题教育期间，各级党组织开展专题学习研讨683次；开展务实调研，形成调研成果2338个，讲专题党课620次；查找需要解决的问题5398个，切实推进立行立改，并从解决群众的操心事、烦心事、揪心事入手，及时解决群众最急、最忧、最盼的突出问题489个；高质量召开"对照党章党规找差距"专题会、专题民主生活会、专题组织生活会。全省烟草商业系统主题教育推进有序、扎实深入，切实做到规定动作严肃认真，自选动作紧贴主题主线、与中心工作相互融合促进。

【西藏自治区烟草专卖局（公司）】 自2019年6月开始，西藏自治区烟草专卖局（公司）分两批开展"不忘初心、牢记使命"主题教育。

全自治区烟草商业系统组织处级以上党员干部开展集中学习42次，举行集中学习研讨52次，共计62天，参加集体学习研讨237人次。做实调查研究，自治区局（公司）和各地市局（公司）领导班子成员主动深入工作联系点、基层一线，了解实情、化解矛盾、解决问题，开展调查研究43次，形成调研报告38份，召开调研成果交流会7场。深入调查研究，梳理各类突出问题256项，研究提出解决问题、改进工作的措施248条。开展检视剖析，坚持把开好专题民主生活会作为党委班子守初心、担使命，找差距、抓落实的一次政治体检，准备充分、主题鲜明。全力抓好整改，坚持问题导向，列出问题清单，建立工作台账，逐条逐项落实，确保10个方面的专项整治不走过场，不流于形式。

【陕西省烟草专卖局（公司）】 自2019年6月开始，陕西省烟草专卖局（公司）分两批开展"不忘初心、牢记使命"主题教育，省局（公司）机关89名副处级以上干部、314名党员参加第一批主题教育，11家市局（公司）、106个县局（分公司）、193个基层党组织、95名副处级以上干部、4366名党员参加第二批主题教育。

全省烟草商业系统各级党组织举办党组（党委）中心组学习80次，187个党支部集中学习1975次，493名领导干部讲专题党课497场次。开展调研1137场次，形成调研报告517个，即知即改问题539个。各级领导班子检视问题2368个，解决问题1640个。

【甘肃省烟草专卖局（公司）】 自2019年6月开始，甘肃省烟草专卖局（公司）分两批开展"不忘初心、牢记使命"主题教育。

学习教育深入广泛，全省烟草商业系统组织专题学习415次，开展红色教育153次，举办专题党课344场次，参加红色教育党员2292人次。调查研究成效积极，各级班子开展调研370次，形成调研成果364项并进行交流研讨。检视问题动真碰硬，在突出重点中查短板，省局党组成员查摆问题81条，建立个人问题整改清单；市县级局班子列出问题1837条，制定具体整改措施。高标准抓好检视剖析材料审核，省局主要负责同志及纪检组组长审阅材料80余次，要求修改材料单位14个；教育办及指导组调阅材料160余次，要求修改材料140余次；高要求召开民主生活会15场，省局领导现场指导7场。基层党支部认真召开组织生活会，开展党员评议工作。坚持边学边改、边调边改、边整边改，制定印发《"不忘初心、牢记使命"主题教育专项整治方案》《主题教育专项整治十个具体实施方案》，建立健全整改台账，扎实开展专项整治"回头看"。省、市两级主题教育确定专项整治措施1437项，截至2019年底，落实880项，解决群众最急、最忧、最盼问题562个，解决"表现在基层、根子在上边"的问题119个。

【青海省烟草专卖局（公司）】 自2019年6月开始，青海省烟草专卖局（公司）分两批开展"不忘初心、牢记使命"主题教育。

全省烟草商业系统把学习教育、调查研究、检视问题、整改落实贯穿始终、一体推进，做到“规定动作不走样、自选动作有特色”，组织机关副处级以上党员领导干部前往果洛州班玛县红军沟遗址开展革命传统教育，组织开展“坚守高原终不悔、艰苦奋斗我来讲”巡回报告会，广大党员领导干部深受教育。

【宁夏回族自治区烟草专卖局（公司）】 自2019年6月开始，宁夏回族自治区烟草专卖局（公司）分两批开展“不忘初心、牢记使命”主题教育，全自治区烟草商业系统46个基层党组织、58名处级以上干部、633名党员和76名离退休党员参加主题教育。

全自治区烟草商业系统坚持把“学习教育、调查研究、检视问题、整改落实”4项重点措施贯穿始终，深入学习教育，处级以上党员干部开展专题培训1期，交流研讨146人次，讲授专题党课86次。深入调查研究，各级班子成员开展专题调研250次，形成调研成果93个，召开成果交流会51场。深入检视问题，各级班子及班子成员梳理查摆问题1140项。深入整改落实，制定整改措施77条，集中精力解决224个实际问题。

【新疆维吾尔自治区烟草专卖局（公司）】 2019年6—12月，新疆维吾尔自治区烟草专卖局（公司）分两批开展“不忘初心、牢记使命”主题教育，全自治区烟草商业系统150余个党组织、1200余名党员参加主题教育。

自治区局（公司）成立4个指导组，各指导组高度负责、用心履职。坚持“四个到位”与“四个注重”有机结合，开展党组理论中心组学习95次，举办读书班15个，围绕“在担当作为中增强斗争本领”等7个专题研讨45次，聚焦“基层党组织建设”“高质量发展”等主题形成调研成果70余项，上专题党课90余次。征集问题建议827条，解决群众最急、最忧、最盼问题71个。围绕6个方面开展专项整治，查找问题13项，上下联动解决“表现在基层、根子在上边”的问题2个。各级党组在专题民主生活会上检视出的问题，全部明确整改责任和整改时限。

【大连市烟草专卖局（公司）】 2019年6—12月，大连市烟草专卖局（公司）分两批开展“不忘初心、牢记使命”主题教育。市局（公司）党组领导班子及机关各部门、营销中心、物流中心31名副处级以上干部、137名党员参加第一批主题教育；9月12日至12月中旬，所属11个基层单位（不含大连东方大厦有限公司）的28名处级党员干部、245名党员参加第二批主题教育。

市局（公司）组织领导强调“四个到位”，即领导到位、指导到位、引导到位、督导到位。部署推进突出“四个聚焦”，即聚焦学习教育，组织处级以上党员干部集中学习、研讨18次，人均累计149个学时，各基层党支部集中学习时间8天以上；聚焦调查研究，各级党员干部下基层、走市场、访终端200余次，形成调研报告68篇；聚焦检视问题，收集各方意见建议446条，形成问题清单227项。聚焦整改落实，落实即知即改问题249项，上下联动整改19项，持续完善和长效推进125项，开展行业10个具体问题专项整治。

【深圳市烟草专卖局（公司）】 自2019年6月开始，深圳市烟草专卖局（公司）分两批开展“不忘初心、牢记使命”主题教育。

市局（公司）把“不忘初心、牢记使命”主题教育作为重大政治任务，精心安排部署。围绕“十二字”目标，贯穿“一条主线”，推进市局、区局“两级联动”，做到主题教育与庆祝新中国成立70周年相结合、与学习贯彻党的十九届四中全会精神相结合、与中心工作相结合“三个结合”“四项措施”融会贯通。举办主题教育专题讲座4次，市局（公司）成立4个调研组、区局（公司）成立23个调研组，开展调查研究166次，形成调研报告27篇。市局（公司）查找问题53项，区局（公司）查找问题154项，制定“1+10”专项整治方案，截至2019年底，绝大多数均整改完成。

【河北中烟工业有限责任公司】 自2019年6月开始，河北中烟工业有限责任公司分两批开展“不忘初心、牢记使命”主题教育。

河北中烟全面加强组织领导，及时成立主题教育领导小组和领导小组办公室，制定印发《河北中烟开展“不忘初心、牢记使命”主题教育具体工作安排》。强化措施落实，广泛开展学习教育，发放学习书籍1200余册，起草印发主题教育文件24份、简报24本，开展专题学习研讨6次；举行升国旗仪式，组织参观大型成就展等特色党日活动，特别是以“十个一”特色支部活动为引领，带动各党支部广泛开展精准扶贫结对帮扶走访、主题党日、专题党课和警示教育等活动。加强调查研究，确立15个调研课题、完成10项调研报告；深入检视问题，组织座谈会5次，征求意见建议209条，汇总梳理问题129个；强化问题整改，组织召开问题整改推进专题会议2次，协调督促问题整改43个。

【江苏中烟工业有限责任公司】 2019年6—12月，江苏中烟工业有限责任公司分两批开展“不忘初心、牢记使命”主题教育，全省烟草工业系统118名副处级以上党员干部、2249名党员、154个基层党组织参加主题教育。

主题教育期间，江苏中烟党组中心组开展集中学习11次，各直属单位党委中心组开展集中学习42次，开展集中交流研讨25场次。抓调查研究，全省烟草工业系统处级以上干部通过专题调研形成调研成果117个，汇总收集员工关心关切的热点问题38项，主题教育期间及时有效解决21项。抓检视问题，党组（党委）班子专题民主生活会共查摆问题127项，班子成员查摆问题490项，相互提出批评意见412条，制定整改举措170条。抓问题整改，第一批检视问题25个，完成整改19个；第二批检视问题448个，立行立改382个，其余按方案扎实推进整改。

【浙江中烟工业有限责任公司】 从2019年6月开始，浙江中烟工业有限责任公司分两批开展“不忘初心、牢记使命”主题教育。

其间，浙江中烟党组书记、领导班子成员等各级党员干部讲专题党课93次，发放相关学习书籍5000余册，组织专题培训980人次，党员撰写学习体会1200余篇。在深入学习的基础上，公司党组专题交流研讨10次，组成18个调研组深入基层一线查找党建、发展、管理、民生等方面存在的突出问题，开展座谈交流128场，发放调查问卷260份，剖析实际案例近200个，征集到各类意见建议780条，形成调研报告20篇，解决群众最急、最忧、最盼问题30个。公司党组和两厂党委领导班子成员认真对照党章党规找差距，召开检视问题专题会议3场，检视公司层面的问题35个、个人问题190个，组织党员干部查摆问题176个。围绕中央确定的8个方面专项整治任务，制定专项整治方案24个，细化具体措施171条，形成整改任务清单，推进整改任务落实，为实现“一个优秀企业”发展目标奠定基础。

【安徽中烟工业有限责任公司】 2019年6—12月，安徽中烟工业有限责任公司分两批开展“不忘初心、牢记使命”主题教育，安徽省烟草工业系统145名处级以上干部、128个党组织和4200余名党员参加。

安徽中烟加强组织领导，成立3个指导组，组织培训3次，调研指导36次，职工座谈13次，反馈意见建议50余项，对6家单位党委书记的检视剖析材料提出修改意见14条。打牢思想基础，党组（党委）理论学习中心组学习57次，列出44个专题，交流研讨34次，研讨材料200余篇，红色教育10次，开展“我和我的祖国”主题宣传，举行升国旗、职工文艺巡演、庆祝新中国成立70周年图片展，观看党史纪录片和廉政教育片。突出问题导向，聚焦问题，确定调研课题46个，形成调研报告46份，现场解决实际问题23个；专题党课55次，受众2100余人次。坚持刀刃向内，收集意见和建议235条。对照找差距，解决问题137项。剖析找根源，查摆问题197项，相互批评意见316条。落实落细责任，梳理314项问题，制定112项整改措施，制（修）订制度37个。解决实际问题78项。

【福建中烟工业有限责任公司】 自2019年6月起，福建中烟工业有限责任公司分两批开展“不忘初心、牢记使命”主题教育。

福建中烟成立组织机构，研究制定两批主题教育实施方案和具体安排，派出2个指导组，加强督促指导。党组成员在第一批主题教育期间带头开展“三二一”活动，在第二批主题教育启动后，做到“三个现场到位”。坚持“规定动作”与“自选动作”相结合。深入开展调研，形成29份调研报告、126条问题、304条解决措施，收集意见建议268条。召开专题民主生活会和专题组织生活会，实行整改整治任务“党组成员牵头、责任部门落实、领导小组办公室跟进”的滚动销号管理模式，采取“一张表”工作推进法，认真抓好整改整治工作。把开展主题教育与推动企业高质量发展紧密结合起来，确定“18310”中长期目标，配套制定中短期结合的8个行动方案，以及近期集中解决的6项攻坚战。

【江西中烟工业有限责任公司】 自2019年6月开始，江西中烟工业有限责任公司分两批开展“不忘初心、牢记使命”主题教育。

在第一批主题教育期间，江西中烟机关等单位在学习教育方面，组织5个专题讲座，开展红色教育等活动12次。在调查研究方面，公司党组成员深入一线开展调研13次。在检视问题方面，通过征求意见、专题调研、深入排查等方式，查找问题114项。在整改落实方面，制定11个专项整治的实施方案，细化为41项工作任务94项措施。11月，公司开展第一批主题教育检视问题整改“回头看”，巩固主题教育成果。在第二批主题教育期间，公司党组书记带头挂点南昌卷烟厂制丝车间，4位党组成员分别挂点联系1个卷烟厂，先后9次到挂点单位调研指导。公司2个指导组严格督导，促进工作的落实。公司所属各厂党委和党支部组织党员干部通读主题教育规定书目，开展红色教育52次，开展“我和我的祖国”系列活动20次。各卷烟厂班子成员开展调研74次，检视问题383项，形成具体整改措施316项。截至2019年底，各卷烟厂完成检视问题整改309项、专项整治任务242项。经测评，总体评价为“好”的比例在92%以上。

【山东中烟工业有限责任公司】 2019年6—12月，山东中烟工业有限责任公司分两批开展“不忘初心、牢记使命”主题教育，全省烟草工业系统236个党组织、4860名党员参加主题教育。

山东中烟成立领导机构，党组成员带头，一体推进学习教育、调查研究、检视问题、整改落实四项重点措施，达到预期目的。召开领导小组会议29次、领导小组办公室会议47次，及时学习贯彻上级精神，研究解决各类问题，确保主题教育高标准推进、高质量落实。采取党组理论中心组学习、组织培训、专题研讨等方式，通读必读书目，精读重点篇目，开展爱国主义教育、革命传统教育、廉政警示教育。召开专题民主生活会和组织生活会，形成调研成果63个，各级领导干部讲专题党课78次。制定公司10个专项整治方案，梳理主题教育检视问题清单，明确责任人、完成时限和工作措施，上下联动、一体推进，检视整改问题562项，在坚决做到“两个维护”上实现新提升。解决群众反映强烈的痛点难点问题448项，为群众办实事好事743项。

【河南中烟工业有限责任公司】 自2019年6月开始，河南中烟工业有限责任公司分两批开展“不忘初心、牢记使命”主题教育，全省烟草工业系统173名处级以上干部、6468名党员、120个基层党组织参加主题教育。

河南中烟各级党组织和广大党员干部深入学习贯彻习近平总书记关于主题教育的重要讲话和指示批示精神，紧扣主题主线，落实“四个贯穿始终”“四个到位”“四个注重”，一体推进4项重点措施，整体实现5个目标。两批主题教育开展党组（党委）理论学习中心组学习62次，专题研讨64次，调查研究151次，讲专题党课106次，党员参加红色教育1303人次，选树先进典型和最美职工170人，举办先进事迹报告会及巡回宣讲10场，开展警示教育48次，党员干部参加警示教育8552人次，公司党组和各单位领导班子开展谈心谈话1169人次，专题民主生活会查摆问题823个，解决职工群众最急、最忧、最盼问题133个。

【湖北中烟工业有限责任公司】 2019年6—12月，湖北中烟工业有限责任公司分两批开展“不忘初心、牢记使命"主题教育。

湖北中烟抓好学习教育，党组（党委）理论学习中心组开展集中学习研讨37次，完成交流发言721人次，组织党的十九届四中全会精神专题学习研讨44次。立足实情开展调查研究。党组（党委）班子成员开展调研68项，立行立改问题366个，开展调研成果交流9次，讲专题党课93次。党组（党委）通过历史问题"回头看"检视问题99个，通过对照党章党规找差距，检视问题527个，梳理形成共性问题355个、具体问题294个。突出实效狠抓整改落实。第一批、第二批主题教育检视问题整改和11个专项整治任务基本完成。为职工群众解决最急、最忧、最盼问题94个，办实事好事1429件。开好专题民主生活会，查摆问题335项，提出相互批评意见509条。各基层党支部同步召开专题组织生活会，开展民主评议党员工作。从严从实抓好领导指导，分两级建立领导机构和工作机构，公司党组召开专题会议23次，主题教育领导小组召开会议9次。3个指导组对8家单位进行深入调研30次，列席各种会议48次。

【湖南中烟工业有限责任公司】 自2019年6月开始，湖南中烟工业有限责任公司分两批开展"不忘初心、牢记使命"主题教育。

湖南中烟采取个人自学、集中研讨、干部轮训等多种形式，坚持"每天进步1%"，使理论学习融入日常、入脑入心。全年通过党组会议、党组理论学习中心组、中心组扩大学习等安排学习习近平总书记重要讲话精神16次，先后组织157名处级以上党员干部、173名基层党支部书记进行集中轮训，就近就便利用红色资源开展革命传统教育45次，组织公司4336名党员干部参加志愿者活动，为身边群众办实事好事1008件。坚持开门抓整改，召开专题会议向党员群众通报问题整改情况、邀请党员群众对主题教育进行效果评分，解决职工群众最关心最直接最现实的利益问题、难点痛点问题。修订党组自律规范（"律九条"）、公司《底线管理清单》3.0，强化法纪意识、底线意识。在公司选树10个党支部示范点。党员干部纪律规矩意识进一步增强。

【广东中烟工业有限责任公司】 自2019年6月开始，广东中烟工业有限责任公司分两批开展"不忘初心、牢记使命"主题教育，全省烟草工业系统122个党组织、104名副处级以上党员干部、2474名处级以下党员（包括619名离退休党员）参加主题教育。

广东中烟主题教育聚焦主题主线，突出"四个结合"，体现"三个生动活泼"，坚持将检视问题落实整改贯穿始终。其间，开展集中学习研讨111次，发放学习资料1万余册，开展党组织书记上党课117次，开展革命传统教育、警示教育15场，开展红色教育56次，组编宣传栏20余期，悬挂横幅50余幅，编写简报114期。收集各基层党组织编制的微党课作品46个，覆盖党员1788人，通过学习教育，引导党员干部接受思想滋养、精神洗礼。形成调研报告13篇，开展基层调研120余次，形成调研报告42份，累计梳理问题619个，征求到302条意见建议，查摆问题402个，通过开展12项专项整治，上下联动，逐一销号解决，保证做到件件回应、事事落实。

【广西中烟工业有限责任公司】 自2019年6月开始，广西中烟工业有限责任公司分两批开展"不忘初心、牢记使命"主题教育，广西中烟机关、6个直属单位、67个基层党组织、111名副处级以上领导干部、1439名党员参加主题教育。

广西中烟各级党组织牢牢把握"守初心、担使命，找差距、抓落实"的总要求，结合实际，一体推进"学习教育、调查研究、检视问题、整改落实"4项重点措施。公司党组开展6次共计9天的集中研讨学习，各级党组织开展学习交流143次；开展革命传统教育16次及庆祝新中国成立70周年系列活动；公司领导班子、各直属单位班子成员开展走访调研，形成调研报告49篇；公司党组班子层面归纳整合形成问题清单249个，各直属单位领导班子层面形成问题清单448条；公司党组及各直属单位党委召开专题民主生活会5次，67个基层党组织召开组织生活会，民主评

2019 年 9 月 26 日，广西中烟组织开展“我与国旗同框，我向祖国表白”主题党日活动

广西中烟　莫瑞兴　摄

党组织把握总要求和目标任务，落实 4 项重点措施。公司坚持“两手抓两促进”，以发展成果检验主题教育成效，主题教育开展以来，生产经营指标均处于历史较好水平，纳税总额位居全省第一，跑出四川中烟高质量发展的加速度。

【贵州中烟工业有限责任公司】 2019 年 6—12 月，贵州中烟工业有限责任公司分两批开展“不忘初心、牢记使命”主题教育，贵州中烟机关、所属 10 个直属单位参加主题教育。

主题教育以贵州中烟党组主要负责人、主题教育领导小组成员、各单位党委主要负责人及领导小组成员、各级主题教育领导小组办公室和公司各指导组为主体，形成全面统一的领导体系、工作体系和督导体系。以问题为导向，主动带着问题开展调研，建立分析问题、制定措施、解决问题、评估成效的“螺旋向上式”工作闭环，不断提升调研工作导向和实效。拉出清单、真查实改，推动主题教育在检视问题整改落实中见到实效。公司两批主题教育坚持把检视问题贯穿主题教育全过程，对问题整改实行台账式管理、项目化推进。第一批主题教育期间，公司机关开展专题学习交流 26 次，检视并解决问题 134 项，整改完成率 97.8%。第二批公司组建 3 个指导组，指导各单位完成专题党课 53 场，形成调研成果 68 项，检视问题 1643 个，解决 1044 个，整改完成率 63.5%。

议党员 100%，评出优秀党员 379 名，无不合格党员。

【重庆中烟工业有限责任公司】 自 2019 年 6 月开始，重庆中烟工业有限责任公司分两批开展“不忘初心、牢记使命”主题教育，全市烟草工业系统 45 个基层党组织、114 名副处级以上党员领导干部、1506 名党员参加主题教育。

第一批主题教育期间，重庆中烟组织 5 次党组理论学习中心组集中学习，开展红色革命教育、警示教育等活动，形成 61 篇调研报告，征集、查摆问题和意见 242 条，归纳为 39 条党组班子检视问题清单。第二批主题教育期间，公司主题教育领导小组督导所属卷烟厂，审核文件材料 64 份，调研课题、调研计划 28 份，与卷烟厂处级领导干部谈心谈话 27 人次，开展现场培训 3 场。向行业报送简报素材 13 份，工作纪实 27 期。精选推送学习资料 156 份，发放学习书籍 1500 余册，在行业内外媒体发表相关稿件 36 篇。

【四川中烟工业有限责任公司】 2019 年 6—12 月，四川中烟工业有限责任公司分两批开展“不忘初心、牢记使命”主题教育，全省烟草工业系统 127 个基层党组织、139 名处级干部、3578 名党员参加主题教育。

四川中烟党组把开展主题教育作为最大的政治责任，压实主体责任，抓好“四个到位”，推动工作落实。各级

【云南中烟工业有限责任公司】 自 2019 年 6 月开始，云南中烟工业有限责任公司分两批开展“不忘初心、牢记使命”主题教育，全省烟草工业系统 533 个基层党组织、1.15 万余名党员、297 名副处级以上党员参加主题教育。

云南中烟以中心组学习、“三会一课”、读书班等形式强化理论学习，开展领导班子集中学习研讨 77 次，基层党

支部集中学习教育1998次，轮训支部书记434人。坚持问题导向和实践导向，深入一线调研检视，全省烟草工业系统各级领导班子成员共围绕99个课题，开展调研953次，形成各层级的调研成果253个，梳理征集零售户、企业职工和服务对象意见建议432条。围绕突出问题，认真整改落实，主题教育期间边查边改解决问题885个，解决群众最急、最忧、最盼的问题347个。

【陕西中烟工业有限责任公司】 2019年6—12月，陕西中烟工业有限责任公司分两批开展“不忘初心、牢记使命”主题教育。

第一批主题教育期间，陕西中烟党组聚焦学习教育，先后组织开展3次专题集中学习和研讨交流、学时9天。聚焦调查研究，形成调研成果60份。聚焦检视问题，组织召开对照党章党规找差距专题会议和“不忘初心、牢记使命”专题民主生活会。聚焦整改落实，突出抓好专项整治和问题整改，截至2019年底，82条检视梳理问题和6条上下联动整改问题整改到位53条，10个方面专项整治问题整改完成6项，其余整改问题、专项整治事项均取得阶段性成果。第二批主题教育启动后，各单位一体推进“四项重点措施”，领导班子开展专题学习40次，以党委会或其他形式学习60次，交流研讨166人次，领导班子成员开展调研414次，其中专题调研160余次，形成调研成果36项。党委书记为全体党员讲党课6次，班子成员为分管部门或所在党支部讲党课36次。坚持边查边改，梳理问题733条，截至2019年底，完成整改372条。积极组织开展志愿服务266次，为职工群众办实事好事720件。

【中国烟草总公司郑州烟草研究院】 自2019年6月开始，中国烟草总公司郑州烟草研究院开展“不忘初心、牢记使命”主题教育。

郑州院按照4项重点措施相互贯通、贯穿始终的要求，坚持边学边调边检边改。主题教育期间，组织各类学习20次，参加1921人次。围绕“推动行业高质量发展，发挥郑州院科技支撑作用”等6项课题展开调研活动18次，帮助职工群众解决困难问题17项。广泛开展征求意见，梳理归纳院问题清单27项，部门问题清单43条，按照“四个对照”“四个找一找”进行检视，37名处级以上党员干部对照党章党规找差距检视研讨全覆盖。对梳理的问题，分级分类，精准整改，突出特色深入开展学风问题等7项专项整治，真正实现学到真处、调到深处、检到严处、改到实处。

【中国烟草总公司合肥设计院】 2019年6—9月，中国烟草总公司合肥设计院开展“不忘初心、牢记使命”主题教育。

合肥设计院紧盯5个具体目标，坚持“四个贯穿始终”，从严从实推进主题教育。坚持个人自学和集中学习相结合，院党委理论学习中心组开展集中学习4次，学时7天，进行学习研讨43人次。坚持问题导向，院领导班子带着4个调研课题，采取召开座谈会、基层联系点、现场办公等方式开展专题调研，形成4篇调研报告，并把调研成果转化为解决问题的具体行动。坚持对表对标，听取基层党员群众7个方面24条意见建议，并列入整改问题清单，其中立行立改的问题10个。召开对照党章党规找差距专题会议，针对工作短板、具体问题，进行深入检视反思。坚持立行立改，制定《合肥设计院“不忘初心、牢记使命”主题教育领导班子及班子成员检视问题清单》，主题教育期间先后解决职工群众关心的问题10项。

【中国烟草总公司烟草进修学院】 2019年6—9月，中国烟草总公司烟草进修学院开展“不忘初心、牢记使命”主题教育。

进修学院以强化理论武装为抓手，主题教育期间，院党组中心组专题研讨3次，邀请专家学者围绕“学习贯彻党的十九届四中全会精神”等主题，组织开展党员集中专题辅导3次，各党支部集中学习12次。党员开展自学，人均自学80学时以上。开展调查研究，成立5个专题调研组，明确19个具体调研问题，调研行业内外28家单位，期间梳理意见建议68条，解决问题29项，形成调研报告5篇。刀刃向内检视问题，召开不同层面的座谈会10余次，开展谈心谈话54人次，在对照党章党规找差距专题会上，班子成员按照“18个是否”检视问题63项；在专题民主生活会上，班子查摆问题13项，班子成员查摆问题48项，相互批评意见24项，并深刻剖析原因，不推诿、不回避。推进整改落实，将主题教育期间检视的问题细分为四大类18项整改事项，并建立“问题收集、即知即改、难题专攻、台账管理”的整改工作机制。

【上海新型烟草制品研究院】 自2019年6月开始，上海新型烟草制品研究院开展“不忘初心、牢记使命”主题教育。

上海院明确责任，紧扣进度，抓实每个动作，抓准每个重点，确保每项要求落实落细。学习教育聚焦主题主线，通过联组专题学习、个人自学、辅导讲座、现场教学、知识测试等形式，学深学透，入脑入心，达到加强理论武装、坚定理想信念的目的。深入科研一线，深度调查研究，掌握一手材料。坚持问题导向，广泛听取意见。立足当下，谋划长远，对标一流、厘清思路。班子成员牵头3项调研课题，围绕19个专项问题，70余人次参加5次座谈会，征集174条原始意见，梳理归纳23条意见建议。按照“四个对照”“四个找一找”要求，刀刃向内找差距，深挖思想、政治、作风、能力和廉政等方面根源，提高解决问题针对性。运用批评与自我批评武器，开展积极健康的思想斗争，在充分准备基础上完成高质量的民主生活会。提高政治站位，明确重点任务，切实开展专项整治。主题教育期间，梳理问题清单23条，分类明确整改措施、责任和时限。发扬自我革命精神，真刀真枪抓落实，确保整改落实效果，巩固主题教育成果。

【南通醋酸纤维有限公司】 自2019年6月开始，南通醋酸纤维有限公司开展“不忘初心、牢记使命”主题教育，公司265名党员参加主题教育。

南纤公司成立以党委书记为组长的主题教育领导小组，制定实施方案。领导班子精读《习近平关于“不忘初心、牢记使命”重要论述选编》，逐字逐句学习党内法规知识和习近平总书记最新重要讲话精神，讲专题党课7次。开展红色教育和爱国主义教育，6批次260人次参加。公司6名党委成员围绕党委班子建设、员工福利、劳动保护等12个问题，向基层党员就合资企业全面从严治党问策。对照党章党规找差距，查找差距41项，查摆具体问题29个。整改落实求实效，针对查摆出的问题清单，能立即整改的问题，截至2019年底，完成立行立改31项。制定问题清单，对短期内难以解决的问题，建立台账，落实责任，明确时限。开好民主生活会，公司党委把专题民主生活会作为主题教育的重要内容，制定《南纤公司“不忘初心、牢记使命”专题民主生活会方案》。

【昆明醋酸纤维有限公司】 自2019年6月开始，昆明醋酸纤维有限公司开展“不忘初心、牢记使命”主题教育。

昆纤公司成立主题教育领导小组，制定《昆明醋酸纤维有限公司开展“不忘初心、牢记使命”主题教育工作安排》，把开展主题教育同促进公司高质量发展各项任务结合起来。在学习教育方面，加强政治理论武装头脑落脚在“通”字上。在调查研究方面，结合公司高质量发展落脚在“实”字上。在检视问题方面，持续深化目标要求落脚在“准”字上。在整改落实方面，逐层推进落脚在“改”字上。在组织领导方面，坚决防止形式主义落脚在“严”字上，为开创建设“小而精、小而强、小而美”昆纤新局面提供坚强的思想和组织保证。

【珠海醋酸纤维有限公司】 自2019年6月开始，珠海醋酸纤维有限公司开展“不忘初心、牢记使命”主题教育。

珠纤公司围绕学习贯彻习近平新时代中国特色社会主义思想这条主线，牢牢把握根本任务，按照“守初心、担使命，找差距、抓落实”总要求，把4项重点措施贯穿始终，切实履行职责，守正创新、担当作为，认真开展主题教育各项工作，并结合外商投资企业实际，做到“两结合、两不误、两促进”，公司班子达到空前团结、员工精神状态焕发新姿、企业经营业绩稳中有升，初步实现“理论学习有收获、思想政治受洗礼、干事创业敢担当、为民服务解难题、清正廉洁作表率”的目标。

◇ 编辑：周　佳

控烟履约

2019 年国家控烟履约主要工作

【国家出台控烟履约相关法律法规及政策措施】

2019 年 12 月 28 日，第十三届全国人民代表大会常务委员会第十五次会议审议通过中国卫生健康领域第一部基础性、综合性法律——《中华人民共和国基本医疗卫生与健康促进法》。该法律旨在发展医疗卫生与健康事业，保障公民享有基本医疗卫生服务，提高公民健康水平，推进健康中国建设。在总则部分，该法律明确提出：医疗卫生与健康事业应当坚持以人民为中心，为人民健康服务。国家和社会尊重、保护公民的健康权。该法律将自 2020 年 6 月 1 日起施行。

6 月 24 日，国务院发布《关于实施健康中国行动的意见》及《健康中国行动组织实施和考核方案》。《意见》详列 3 个方面 15 项主要任务。其中第一方面“全方位干预健康影响因素”中第四项“实施控烟行动”的内容包括：“鼓励领导干部、医务人员和教师发挥控烟引领作用。把各级党政机关建设成无烟机关。研究利用税收、价格调节等综合手段，提高控烟成效等”。

7 月 9 日，国务院办公厅印发《关于成立健康中国行动推进委员会的通知》，宣布国务院成立健康中国行动推进委员会，推进委员会办公室设在国家卫生健康委员会，国家烟草专卖局作为推进委员会成员单位。同日，健康中国行动推进委员会发布《健康中国行动（2019—2030 年）》，其中包含 15 项重大行动。“控烟行动”作为第四项，该行动要求在个人和家庭层面、社会层面、政府层面共同采取行之有效的控烟措施。

10 月 29 日，国家卫生健康委员会、中宣部、教育部、国家市场监督管理总局、国家广播电视总局、国家烟草专卖局、共青团中央、全国妇联等八部门联合发布《关于进一步加强青少年控烟工作的通知》。该《通知》对“抓牢抓实青少年控烟工作”提出 6 项要求，即：强化青少年控烟宣传引导；严厉查处违法向未成年人销售烟草制品；加大对违法烟草广告的打击力度；加强影视作品中吸烟镜头的审查；全面开展电子烟危害宣传和规范管理；全力推进无烟中小学校建设。《通知》还要求从加强烟草危害特别是电子烟危害宣传教育、加强无烟中小学校建设、全面清理烟草广告和变相烟草广告、加强烟草行业监管、加大对影视剧吸烟镜头的审查等 5 个方面建立完善青少年控烟长效机制。

10 月 30 日，国家烟草专卖局、国家市场监督管理总局联合发布《关于进一步保护未成年人免受电子烟侵害的通告》。该《通告》明确要求各类市场主体一律不得向未成年人销售电子烟。任何组织和个人对向未成年人销售电子烟的行为应予以劝阻、制止。同时，为防止未成年人通过互联网购买并吸食电子烟，《通告》还敦促电子烟生产、销售企业或个人及时关闭电子烟互联网销售网站或客户端；敦促电商平台及时关闭电子烟店铺，并将电子烟产品及时下架；敦促电子烟生产、销售企业或个人撤回通过互联网发布的电子烟广告。

【地方控烟立法】　2019 年 1 月 1 日，《广东省爱国卫生工作条例》施行。广东对全省公共场所禁止吸烟范围作出明确要求，包括所有城市市区室内公共场所和室内公共办公场所，以未成年人为主要活动人群的公共场所、各级各类医疗卫生机构的室内区域、妇幼保健机构和儿童医院等。

6月26日，深圳市发布修订后的《深圳经济特区控制吸烟条例》，并自2019年10月1日起施行。此次深圳市控烟立法再度升级，扩大全市室外禁止吸烟的范围，并将电子烟纳入控烟管理范围。

8月1日，《秦皇岛市控制吸烟办法》正式施行。秦皇岛市采取卫生行政部门为主、行业管理部门为辅的执法模式，将海滨浴场、沙滩纳入禁止吸烟室外场所（区域）。

8月15日，《张家口市公共场所控制吸烟条例》公布，将自2020年1月1日起实施。张家口规定在公共场所、工作场所的室内区域以及公共交通工具内禁止吸烟，同时以未成年人为主要活动人群的公共场所、工作场所及公共交通工具室外站台和等候队伍所在区域等部分室外区域也禁止吸烟。

11月23日，《武汉市控制吸烟条例》公布，将自2020年1月1日起实施。与1995年出台的《武汉市公共场所禁止吸烟规定》相比，该《条例》扩大禁止吸烟的场所范围。

据不完全统计，自《烟草控制框架公约》在中国生效以来，截至2019年底，北京、上海、杭州、西安、武汉等27个城市制（修）订控制吸烟的地方性法规或政府规章。

2019年烟草行业控烟履约重点工作

【承担控烟履约职责任务】 国家烟草专卖局作为履约工作部际协调领导小组、健康中国行动推进委员会成员单位，在国家控烟履约相关工作之中承担重要职责任务。2019年，烟草行业按照履约工作部际协调领导小组的职责分工和健康中国行动推进委员会的任务措施，积极响应健康中国战略，抓好控烟履约工作落实。

国家烟草专卖局在《健康中国行动（2019—2030年）》8个方面的任务措施中，按职责分工负责参与研究推进税收和价格措施、加大控烟宣传教育力度、禁止向未成年人销售烟草制品等5个方面任务。

国家烟草专卖局与国家卫生健康委员会等八部门联合发布《关于进一步加强青少年控烟工作的通知》，在“抓牢抓实青少年控烟工作”“建立完善青少年控烟长效机制”方面承担多项任务。国家烟草专卖局与国家市场监督管理总局联合发布《关于进一步保护未成年人免受电子烟侵害的通告》，依据《通告》要求，各级烟草专卖行政主管部门加大对电子烟产品的市场监管力度，加强对通过互联网推广和销售电子烟行为的监测、劝阻和制止，对发现的各类违法行为依法查处或通报相关部门。同时，积极争取有关部委和地方政府支持，迅速落实监管措施。

【严厉打击烟草制品非法贸易】 持续加强专卖执法力度，联合公安、海关等执法部门，以重大案件侦办为抓手，持续开展重点地区打假打私专项整治行动，不断加大制假走私源头打击力度，严厉打击制假售假和走私贩私网络，强化物流寄递环节涉烟违法犯罪的精准打击，针对非法经营加热卷烟组织专项打击，有效遏制网络自媒体领域涉烟问题高发态势。

全年查处案值5万元以上假烟、走私烟案件1.08万起；查获假私烟合计54.88万件，比上年下降0.71%；查获假烟40.97万件（含走私入境假烟11.27万件），比上年增长

2.14%；查获走私烟13.91万件，比上年下降8.26%；收缴制假烟机337台；查获非法烟丝烟叶2.61万吨。卷烟市场净化率保持在96%以上，继续保持世界领先水平。

【严格卷烟包装标识规范管理】 继续做好《中华人民共和国境内卷烟包装标识的规定》的政策宣传贯彻和实施工作，对所有境内销售卷烟包装进行严格审核监管，确保卷烟包装标识规范到位。2019年，按照《规定》要求，对市场上流通的183个卷烟品牌（规格）包装标识进行监督检查。

【积极推进烟草种植替代】 2019年，烟草行业建设各类农业生产基础设施项目13.47万件，投入资金合计约15.42亿元。在烟区有计划地实施烟草与粮食、药材、其他经济作物的各种轮作种植模式，同时大力拓展设施用途，利用烤房种植食用菌，利用大棚种植花卉、中药材等，打造多元经营产业体系，由单一的烟叶生产向多元经营新产业利用转变，逐步降低烟农家庭收入对烟草种植的依赖。2019年全国种植烤烟比上年减少16.8万亩；收购烟叶比上年减少近40万担。自2013年以来，全国烤烟种植面积逐步调减761万亩，收购总量渐进调减约1800万担。在种烟面积连续调减、烟叶收购量比上年减少的情况下，实现烟农收入增加。2019年，实现烟农种烟总收入547亿元，户均种烟收入5.92万元，比上年增加0.53万元。同时帮助烟农实现非烟产值近90亿元，有效弥补因烟叶计划下调而减少的收入。全年建档立卡的3.53万户贫困烟农中，约2.8万户顺利实现脱贫，有力促进精准扶贫、精准脱贫落地。

【加强烟草制品成分管制和信息披露】 进一步加强烟草制品检测的实验条件与科研投入，强化国家级烟草制品监督检测的独立性和权威性。加强烟草产品质量安全管控和成分管制，深化致瘾性、危害性机理研究，不断降低烟草制品焦油和其他有害成分含量。严格依规披露烟草制品信息，维护社会公众的知情权。

【持续提高卷烟平均价格】 严格执行国家指令性计划管理。不断调整卷烟结构，全国卷烟加权平均价格逐年提升。2019年，国内销售卷烟加权平均价格高于许多经济发展水平大致相当的国家。

【加强控烟宣传教育和培训】 积极开展控烟宣传活动，宣传中国控烟履约工作成就和烟草专卖制度对控烟履约的积极作用。倡导健康文明生活方式。

【协调做好其他控烟履约工作】 严格执行《中华人民共和国烟草专卖法》《中华人民共和国广告法》《中华人民共和国慈善法》《互联网广告管理暂行办法》等，广泛禁止烟草广告。积极防止未成年人接触烟草，明确将中小学校周围列入不予发放烟草专卖零售许可证范围。支持中小学生禁止吸烟，劝阻青少年吸烟。禁止在中国境内设立自动售烟机。禁止通过互联网非法销售烟草制品和电子烟。要求各类市场主体一律不得向未成年人销售电子烟。

（根据张小乐《2019年中国控烟履约进展情况》摘编；编辑：鲁建敏　褚　幸）

2019年，全国烟草行业各级单位积极开展社会公益活动。在扶贫济困，灾害救助，资助文化、科学、教育、医疗卫生事业，资助环境保护、社会公共设施建设，以及促进社会发展等诸多方面作出积极贡献。

1 2019年10月，受援人向中国烟草总公司资助的“1+1”中国法律志愿者赠送锦旗

国家局办公室 供稿

2 2019年，中国烟草总公司捐赠资金帮助湖南岳阳汨罗市白糖自来水厂进行过滤池改造

国家局办公室 供稿

3 2019年1月23日，天津市区二局（分公司）组织开展“尊老、敬老、助老”志愿服务活动

天津市区二局 王 丽 摄

4 2019年3月5日，天津市宝坻区局（有限公司）在天津湿地公园开展学雷锋志愿服务活动

天津市宝坻区局 李汉宇 摄

1 2019年12月2日，河北张家口市局（公司）机关干部职工开展门前街道除冰扫雪活动，为文明创城贡献力量

河北张家口市局 任 涛 摄

2 2019年5月14日，河北衡水市局（公司）组织开展志愿服务活动

河北衡水市局 袁建峰 摄

3 2019年10月23日，河北衡水故城县局（营销部）定点帮扶村向衡水市局（公司）送去锦旗

河北衡水市局 刘 成 摄

4 2019年3月3日，河北秦皇岛市局（公司）组织开展学雷锋志愿服务行动

河北秦皇岛市局 王 健 摄

5 2019年11月21日，受帮扶贫困户向吉林长春德惠市局（分公司）赠送锦旗

吉林省局　供稿

6 2019年9月27日，吉林长春农安县局（分公司）党员开展进社区圆梦"微心愿"活动

吉林省局　供稿

7 2019年3月1日，吉林白城市局（公司）"春雨"志愿服务队响应"学雷锋　暖白城"志愿服务活动号召，组织开展无偿献血活动

吉林省局　供稿

8 2019年12月4日，河北省荷花基金会主办的2019第三届中国农村养老高峰论坛在山东青岛召开，截至2019年底，河北中烟累计向荷花基金会捐款2500万元

河北中烟　供稿

1 江苏盐城响水爆炸事故发生后，响水县局（分公司）干部职工纷纷无偿献血，奉献爱心（2019年）

江苏盐城响水县局　陈丽丽　摄

2 2019年4月17日，江苏中烟向四川凉山会东县捐款350万元，用于改善基础设施、建设美丽乡村和开展教育助学

四川省局　郑佳莉　摄

3 浙江温州永嘉市局（分公司）组织救援服务队赶往台风受灾区域，与零售户共同开展灾后重建工作（2019年）

浙江温州永嘉市局　郑建静　摄

4 2019年5月14日，浙江衢州龙游县局（分公司）开展党员帮助困难零售户收割油菜志愿服务活动

浙江衢州龙游县局　傅少杰　摄

5 2019年11月11日，浙江中烟杭州卷烟厂动力车间“微光”志愿队到养老院开展“捐一缕书香　献一片真情”公益活动

浙江中烟　唐克文　摄

6 2019年6月7日，安徽宿州市局（公司）机关第四党支部党员志愿者参与爱心送考活动

安徽宿州市局　罗炳辉　摄

7 2019年8月7日，安徽池州市局（公司）“徽映”志愿者参加池州市红十字会爱心献血活动

安徽池州市局　胡　琪　摄

8 2019年11月13日，安徽黄山烟草党员志愿者与安徽中烟工作人员、卷烟零售户到屯溪区社会福利院、敬老院开展慰问活动

安徽黄山市局　傅　磊　摄

9 2019年10月19日，浙江中烟杭州卷烟厂制丝车间甲班党支部开展“不忘初心、牢记使命”主题教育社会志愿活动

浙江中烟　唐克文　摄

1

2

3

4

5

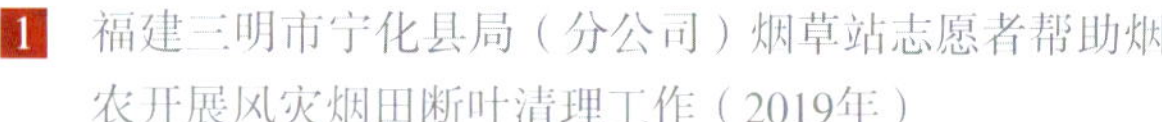

1 福建三明市宁化县局（分公司）烟草站志愿者帮助烟农开展风灾烟田断叶清理工作（2019年）

福建省局　供稿

2 2019年11月18日，山东淄博市局（公司）党员志愿者到张店区兴乔社区开展志愿服务活动

山东淄博张店区局　赛海滨　摄

3 2019年2月28日，山东淄博市局（公司）志愿者到困难零售户家中开展"学雷锋　献真情"志愿服务活动

山东淄博市局　王洪岩　摄

4 2019年3月14日，山东济宁金乡县局（营销部）"心连心"志愿者服务队开展义务植树活动

山东省局　供稿

5 2019年7月15日，山东日照岚山区局（分公司）开展烟田管理志愿服务活动

山东日照岚山区局　刘加顺　摄

6 2019年1月27日，河南省摄影家协会烟草系统摄影分会的二十多位爱心志愿者到河南禹州苌庄乡开展爱心志愿服务活动

河南省局 供稿

7 2019年6月17日，河南平顶山市局（公司）开展无偿献血活动

河南平顶山市局 刘恩华 摄

8 2019年6月23日，河南濮阳城区直属分局（分公司）开展"烟头不落地 龙城更美丽"主题党日活动，捡烟头并将废旧烟盒拼成宣传标语

河南省局 供稿

9 2019年5月8日，河南三门峡市局（公司）机关志愿者服务队帮助烟农移栽烟苗

1 2019年7月1日，河南信阳潢川县局（分公司）到结对帮扶的南阳唐河县郝楼村开展“庆七一　促扶贫”主题党日暨党建文化下乡活动

河南省局　供稿

2 河南信阳淮滨县局（分公司）干部到贫困村栏杆办事处赵楼村，开展扶贫对接工作，入户宣传“多彩田园”产业扶贫奖补政策（2019年）

河南信阳淮滨县局　何　宝　摄

3 湖北武汉市局（公司）驻村扶贫工作队队长指导贫困户种植油茶（2019年）

湖北省局　供稿

4 2019年9月25日，湖北武汉市局（公司）党员志愿者为第七届世界军人运动会服务

湖北省局　供稿

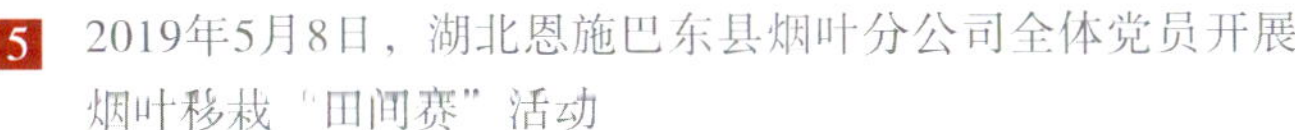

5 2019年5月8日，湖北恩施巴东县烟叶分公司全体党员开展烟叶移栽“田间赛”活动

湖北恩施巴东县烟叶分公司 陈高航 摄

6 2019年11月8日，湖北宜昌远安县局（营销部）组织志愿者开展义务献血活动

湖北宜昌远安县局 郑 强 摄

7 2019年3月11日，湖北仙桃市局（公司）开展义务植树活动

湖北仙桃市局 刘 莉 摄

8 2019年6月30日，广东省局（公司）、广东中烟分别为2019年广东扶贫济困日活动捐款1000万元

广东中烟 陈嘉照 摄

9 2019年3月6日，广东中烟韶关卷烟厂组织青年员工到芙蓉山国家矿山公园开展志愿者服务活动

广东中烟韶关卷烟厂 肖晶戊 摄

1 2019年12月1日，海南海口市局（公司）开展主题教育志愿者服务活动，为三江镇贫困家庭送去慰问品

海南海口市局 高晨韵 摄

2 2019年11月，重庆石柱县局（分公司）开展“走进烟田、助力脱贫”主题党日活动

重庆市局 供稿

3 2019年7月1日，广西区局（公司）机关党员到南宁兴宁区人民中路社区开展慰问活动

广西区局 黄祥进 摄

4 2019年6月12日，广西中烟精准扶贫项目南宁马山县加方乡龙岗村“扶贫、扶志、扶智”综合中心举行竣工开业典礼

广西中烟 巫真真 摄

5 2019年6月17日，四川宜宾长宁县发生6.0级地震，宜宾市局（公司）第一时间参与地方救助，为受灾卷烟零售户和群众提供志愿服务

四川省局　供稿

6 2019年11月12日，贵州安顺普定县局（分公司）开展“不忘初心、牢记使命”主题教育社会志愿活动

贵州安顺普定县局　梁　爽　摄

7 2019年3月27日，贵州黔西南兴义烟叶储运站党委到晴隆县长流乡双龙村开展扶贫工作

贵州黔西南州局　郝　刚　摄

8 2019年1月11日，云南曲靖麒麟区局（分公司）团员青年开展志愿活动

云南曲靖麒麟区局　马　瑛　摄

9 陕西咸阳淳华县局（分公司）为贫困户免费发放种子、地膜等物资并指导其进行生产（2019年）

陕西咸阳淳华县局（分公司）　马凌波　摄

公益活动

1

2

3

4

5

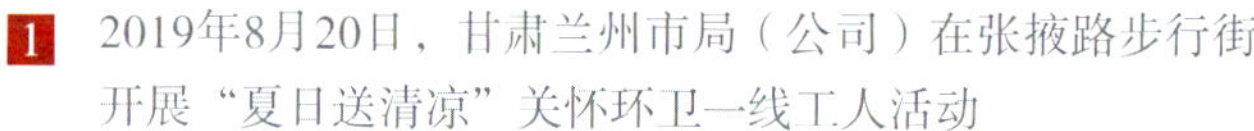

1 2019年8月20日，甘肃兰州市局（公司）在张掖路步行街开展“夏日送清凉”关怀环卫一线工人活动

甘肃兰州市局 高龙龙 摄

2 2019年8月，“利奇马”台风过境后，大连市局（公司）员工帮助零售户恢复经营

大连市局 柏 林 摄

3 2019年10月26日，深圳南山区局（公司）志愿者参加“你陪我长大 我陪您变老”主题社区欢乐亲子嘉年华志愿服务活动

深圳南山区局 黄晓如 摄

4 2019年9月25日，深圳盐田区局（公司）组织开展敬老院老人慰问活动

深圳盐田区局 张艺圆 摄

5 2019年10月31日，深圳龙岗区局（公司）党员开展志愿服务活动

深圳龙岗区局 施鸿骏 摄

公益活动

2019 年全国烟草行业公益活动概况

国家烟草专卖局　中国烟草总公司

2019 年，国家局、总公司积极开展各项社会公益活动。

扶贫济困。向中国法律援助基金会捐款 300 万元，用于捐助“1+1”中国法律志愿者行动，为服务在青海省、新疆维吾尔自治区、新疆生产建设兵团的“1+1”中国法律志愿者提供支持；向中国西部人才开发基金会捐款 300 万元，在湖北十堰市竹溪、竹山县，江西赣州市兴国、宁都县开展“学相守、爱相守、玩相守”的“相守计划”，关爱农村留守儿童。

资助教育事业。向中国扶贫基金会捐款 192 万元，用于资助湖北省竹溪、竹山县 400 名特困大学生，并在这 2 个县的高中各开办 3 个“金叶自强班”，资助 300 名特困高中生。

资助医疗事业。向援助西藏发展基金会包虫病防治项目捐款 500 万元，为国家卫生健康委包虫病防治研究重点实验室购置急需的科研配套设备；向湖南省汨罗市血吸虫病防治项目捐款 100 万元，用于汨罗市血吸虫病防治基础设施建设。

助力脱贫攻坚。国家局扶贫工作领导小组召开四次会议，国家局领导多次深入一线检查调研，推动烟草行业扶贫形成党建引领、整体推进、决战决胜态势，产业扶贫、定点扶贫、消费扶贫齐头并进，扶贫、扶志、扶智深度融合。加大扶贫资金投入。2019 年，国家局继续加大对 3 个定点扶贫地区资金投入力度，在《中央单位定点扶贫责任书（2019 年度）》承诺帮扶资金投入 7000 万元基础上增加 2450 万元，达到 9450 万元，其中对湖北竹山县增加 730 万元，达到 3230 万元；湖北竹溪县增加 720 万元，达到 3220 万元；宁夏吴忠红寺堡区增加 1000 万元，达到 3000 万元，比年初计划数分别增长 29.2%、28.8% 和 50%。此外，国家局机关党委向以上 3 个地区的深度贫困村拨付党建扶贫资金 300 万元，用于村两委建设及村集体经济发展。全年协助 3 个地区引入帮扶资金 4154.9 万元，其中竹山县 266 万元、竹溪县 3738.9 万元、红寺堡区 150 万元。创新消费扶贫帮扶方式。鼓励和引导行业各单位购买国家局 3 个定点扶贫地区及江西兴国县、云南省、西藏自治区等其他贫困地区农产品，在国家局机关等地开展多场定点扶贫地区农产品现场展销活动，在竹溪县举办定点扶贫地区农产品 2019 年产销衔接会。全年行业采购贫困地区农产品金额 5731.32 万元（含其他国家定点贫困县 710.46 万元）；国家局机关和北京市局（公司）帮助 3 个定点扶贫地区销售农产品 39.8 万元，复购和新增订单 30 余万元。加强培训，扶贫扶智。2019 年，国家局培训基层干部 1073 人，培训技术人员 3900 人，贫困户及致富带头人 3840 人。2019 年，国家局投入 200 万元用于竹溪县“双师教育”，建成智控指挥中心 1 个、直播教室 1 个、智慧云教室 200 个、教学点网校 19 个，成为竹溪县扶贫扶智、推进教育资源均等化的一项重要创新。

中国烟草实业发展中心

2019 年，中国烟草实业发展中心及所属企业捐款 5980.3 万元，用于各项社会公益活动。

扶贫济困等捐款 2700.9 万元。向吉林省延边朝鲜族自治州龙井市智新镇工农村捐款 50 万元和 70 万元，分别用于支持该村养殖黄牛项目和大米加工项目。投入帮扶资金 400 万元助力甘肃定点帮扶的 6 个贫困村实现整体脱贫。向内蒙古自治区呼和浩特市扶贫捐款 2000 万元；向呼和浩特市清水河县城关镇扶贫捐款 15 万元；向赤峰市松山区民政局扶贫捐款 20 万元。向广东省河源市和平县产业基础工程扶贫项目捐款 90 万元。

资助教育、科学、文化、卫生、体育等事业，捐款 3279.4 万元。向吉林省延边朝鲜族自治州捐款 392 万元，用于支持延边州安图县万宝镇太平村小流域治理防洪工程及围栏改造项目；向延边朝鲜族自治州老龄事业发展基金会捐款 20 万元。向甘肃省兰州市慈善总会捐款 205 万元；向天水市麦积区红十字会捐款 120 万元。开展“慈善一日捐”活动，向黑龙江省绥化市慈善总会累计捐款 4.68 万元。响应内蒙古自治区、呼和浩特市“博爱一日捐”活动的号召，捐款13.5万元；向呼和浩特市玉泉区、赛罕区各捐款140万元，用于捐资助学；向呼和浩特市清水河县捐款1000万元，向和林县、武川县各捐款500万元，用于支持生态建设。向湖南省新田县捐款20万元，用于烤烟洪涝灾害防灾救灾。向山西省妇女儿童发展基金会捐款58万元，向山西省青少年发展基金会资助贫困大学生公益活动捐款30万元，向山西省青少年发展基金会希望工程山西中医药大学助学公益活动项目捐款50万元；向山西省人民教育基金会奖教奖学奖赛和助困活动捐款70万元。向海南琼中黎族自治县捐款90万元，支持其体育事业发展。向辽宁省相关希望小学捐款14.2万元。

所属各单位积极开展其他各类公益活动。内蒙古昆明卷烟有限责任公司有83人参与献血，共计献血2.93万毫升；内蒙古昆明卷烟有限责任公司五分会联合九分会与清水河县城关镇枳儿也村签订共建及农产品购销协议书，并实地慰问3户建档立卡贫困户。黑龙江烟草工业有限责任公司及所属卷烟厂多次到定点扶贫村走访慰问，开展帮扶活动。海南红塔卷烟有限责任公司走访当地低保户、组织员工参加义务献血活动。

北京市烟草专卖局（公司）

2019年，北京市烟草商业系统捐款72.22万元，用于各项社会公益活动。

扶贫济困。北京市局（公司）营销中心采购定点扶贫地区产品5.56万元。西城区局（公司）采购扶贫地区产品5.04万元，慰问辖区扶贫助残户捐款2600元。朝阳区局（公司）慰问困难零售户捐款3000元，并捐赠粮油等生活必需品。海淀区局（公司）购买扶贫地区农产品5.48万元，慰问困难零售户，并送去米、面、油等生活必需品。石景山区局（公司）购买扶贫地区农产品4.68万元。顺义区局（公司）采购扶贫地区农产品6.26万元。延庆区局（公司）选派1名优秀干部到延庆区珍珠泉乡南天门村任第一书记，并投入扶贫资金3万元，指导村民销售木耳和蜂蜜，建设“老年餐桌”服务全村20余名老年人。怀柔区局（公司）采购对口支援地区农副产品3.5万元。大兴区局（公司）到安定镇潘马坊村进行走访慰问，了解村内天然气改道、办公区、体育设施改造等情况，为贫困户购买米、面、油等慰问品，价值3500元。门头沟区局（公司）发放米、面、油、棉被等慰问品价值7500元；资助江水河村1名孤儿，捐赠助学金8000元；采购扶贫地区农产品4万元。平谷区局（公司）参加“百局扶百户”活动，为帮扶对象捐赠米、面、油等生活必需品，价值2400元。京烟卷烟零售连锁有限公司（简称京烟零售）完成10万元扶贫项目。通大物业公司采购扶贫地区农产品2.81万元。

慈善活动捐助。北京市局（公司）团委向北京青少年发展基金会捐款20万元。北京市局（公司）营销中心，东城、西城、朝阳、海淀、通州、顺义、大兴、房山等区局（公司）参与“共产党员献爱心”捐助活动，捐款4.07万元。物流中心捐赠羽绒服、棉服等冬季御寒类衣物130余件。东城区局（公司）参与“冬衣送暖、爱心暖阳”捐助活动，捐赠冬衣外套36件。顺义区局（公司）参与“冬衣送暖、爱心暖阳”捐助活动，捐款5100元；参与“春风送暖”活动，捐款4900元。延庆区局（公司）开展“春风送暖”“博爱在京城”“共产党员献爱心”等活动，共捐款1.16万元。怀柔区局（公司）慰问贫困零售户8户次，累计发放慰问品价值3200元。门头沟区局（公司）参与“冬衣送暖、爱心暖阳”“博爱在京城”“共产党员献爱心”等活动，捐款3300元。平谷区局（公司）参与“博爱在京城”活动，捐款2000元。京烟零售有55人捐款6100元。通大物业公司开展图书捐赠活动，捐赠图书36册。

志愿服务。北京烟草营销中心建立社区帮扶结对联系点，慰问困难家庭及困难党员，在社区开展环保志愿活动。东城区局（公司）组织开展党员进社区志愿服务，为居民楼清理“小广告”。丰台区局（公司）组织党员走进社区，开展环保志愿活动，入户开展垃圾分类宣传、清理社区垃圾。石景山区局（公司）联合街道办事处分3批组织党员30人次开展志愿服务活动。门头沟区局（公司）赴门头沟区永爱康复中心开展2次志愿服务活动，为自闭症儿童购买书架、整理箱、文具等共计2000元，并捐赠图书。房山区局（公司）参加“守初心担使命　共建幸福社区”党员志愿服务主题党日活动，在社区进行普法宣传和环境整治。平谷区局（公司）组织开展“月末大扫除”党员志愿服务活动，清扫单位门前三包及周边人行便道；组织党员参与“双报到”活动，志愿服务社区。

义务献血。全市系统有51人参加无偿献血活动，共计献血1.16万毫升。

天津市烟草专卖局（公司）

2019年，天津市烟草商业系统捐款110.96万元（个人捐款5.67万元），用于各项社会公益活动。

市局（公司）开展困难村帮扶工作，2019年投入专项党费105.29万元。其中，向蓟州区金车庄村投入59.74万元、礼明庄镇迁礼庄村投入45万元，用于村级组织活动场所建设；春节期间走访慰问帮扶村贫困户，发放慰问金0.55万元，发放慰问品44件，价值0.21万元。

2019年，全市烟草商业系统创新消费扶贫帮扶方式，购买甘肃省、湖北省贫困县及天津市蓟州区结对帮扶困难村农特产品，累计消费117.05万元。其中，员工个人消费56.62万元。开展爱老敬老、慰问生活困难群众、清理环境卫生等志愿服务活动71次，累计1511人次参与。其中，员工捐款2.92万元；为养老院、儿童福利机构等捐赠750余件生活日用品，价值0.85万元。员工个人参加社会公益活动95人次，累计捐款2.75万元。

河北省烟草专卖局（公司）

2019年，河北省烟草商业系统捐款725.12万元（个人捐款33.31万元），用于各项社会公益活动。

扶贫济困，捐款565.88万元。其中，投入扶贫资金495.38万元，用于精准脱贫、产业扶贫，全省系统成立88个驻村工作组，选派105名干部到贫困村任第一书记。资助乡村建设。捐款51.15万元，用于解决帮扶村道路硬化、村民饮水、危房改造、种植养殖、项目开发和村容村貌等问题。向邯郸市毛圈村捐款13.9万元，向保定市局帮扶村捐款45万元，向保定市博野县局帮扶村捐款5万元，向邢台市阎疃村捐款36.04万元，向唐山市张王庄村捐款10万元、杜林一村捐款10万元、胜利村捐款10万元。资助教育文化事业，捐款7.13万元。其中，向石家庄市友谊大街小学捐款4.92万元，向助学帮扶对象捐款2.15万元。社会帮扶，捐款100.35万元。其中，为张家口市康保县省直机关“三下乡”服务活动捐款10万元，为唐山社区共建捐款40万元，为邯郸老旧小区改造捐款4万元，走访慰问捐款14.41万元，向慈善公益机构、“博爱一日捐”及关爱孤寡残幼等活动捐款27.53万元，向困难零售户捐款2.7万元。

开展其他各类公益活动。组织干部职工开展“创建文明城市”“党员进社区双报到”“干部回家乡，为民解难题”“城市文明大行动，党员干部做先锋”“爱满港城，服务一线”“学习雷锋，为民服务”“文明再出发，创卫当先锋”“弘扬五四精神，争当创卫先锋”“点燃希望星，走进爱心校”“从我做起，守卫蓝天”“争当社区宣传员，打赢创卫狙击战”“助力文明，平安交通”“清理海滩，点亮港城”等党员志愿者服务活动。组织637名党员干部参加“党旗耀万家、寒冬送温暖”捐赠衣物活动。开展“阳光爱心、温暖到家”“喜迎国庆、服务先行”“党员走基层、服务送温暖”等走访慰问活动，为困难家庭学生捐赠“爱心书包”293个、学习用具360件、衣服105件、书籍355册，看望留守儿童、孤寡老人、残困零售户433户。党员干部到敬老院慰问135人次，到福利院看望残疾儿童233人次。2019年，全省烟草商业系统累计组织490名职工参加义务献血活动，共计献血6.87万毫升；累计组织705名职工参加义务植树活动，共计植树8592棵；累计组织1828名职工参加313次清扫马路活动。

山西省烟草专卖局（公司）

2019年，山西省烟草商业系统捐款6142.92万元（个人捐款39.46万元），用于各项社会公益活动。

扶贫济困。全省系统成立104个驻村工作组，选派57名干部到贫困村任第一书记，开展定点扶贫工作。山西省局（公司）投入扶贫捐款5530.16万元，其中用于吕梁市岚县祁家庄流域农村水利综合整治项目1000万元，忻州市保德县李家湾水库项目3380万元，忻州市偏关县万家寨镇东长咀村乡村旅游精准扶贫项目1000万元，临汾市永和县定点扶贫项目150.16万元。所属11个市局（公司）投入573.3万元，用于定点扶贫、资助教育、关爱慰问、慈善捐赠等公益活动。11 个市局（公司）职工捐款 39.46 万元，用于资助教育、扶贫帮困，参与“博爱一日捐”“慈善一日捐”等活动。

所属各单位积极开展各类公益活动。太原市局（公司）组织开展“文明交通安全出行”清洁公共自行车活动、“喜迎二青会，创建文明城”城市清洁志愿活动和“改革创新、奋发有为，打造绿色生态山西新形象”主题植树活动。大同市局（公司）组织机关“学雷锋”志愿服务队，开展“美丽大同”志愿服务活动，对御河西路小区街道外墙进行粉刷并对道路两旁的垃圾和杂物进行义务清理。阳泉市局（公司）开展“创卫攻坚，共产党员走在先”活动，组织党员、入党积极分子赴对接责任区郊区龙凤沟村开展环境卫生大扫除工作。长治市局（公司）组织开展“履行社会责任、奉献一片爱心”儿童福利院志愿者服务活动和包街共建全国文明城市行动。晋城市局（公司）联合市康复医院医生到定点帮扶贫困村开展扶贫爱心义诊活动，并开展“助力文明城市创建、做好交通志愿服务”活动。朔州市局（公司）组织志愿者服务队开展“我为地球添抹绿”“义务献血”“节能宣传周”“绿色出行日”、关爱空巢老人、爱心帮助孤儿等公益活动。吕梁市局（公司）组织开展“爱心超市”助农活动，所属中阳县局（营销部）组织开展集中卫生清理活动。晋中市局（公司）组织开展“党建引领先锋行，植树造林美家园”义务植树、进社区志愿服务等活动，所属平遥县局（营销部）开展“弘扬雷锋精神，参与志愿服务”活动，灵石县局（营销部）组织开展“建美好家园、创魅力城市”和“走进社区、助力创城”志愿服务主题活动，祁县县局（营销部）开展“送温暖、献爱心”社会捐助及“岗位学雷锋，行业树新风”街道清洁活动，昔阳县局（营销部）开展“学雷锋”志愿服务及“建美好家园、创魅力城市”主题活动。临汾市局（公司）组织机关干部职工参加健步走活动、义务植树活动、第七届市直运动会、无偿献血活动以及家风家教主题展参观活动。运城市局（公司）组织志愿服务队，对人行道路以及绿化带里的垃圾进行义务清扫，开展文明交通劝导、文明城市宣传、“学雷锋”志愿活动，组织开展“爱心送考车、为考生加油”服务，关爱空巢老人、爱心帮扶孤儿等。

内蒙古自治区烟草专卖局（公司）

2019 年，内蒙古自治区烟草商业系统捐款 1820.75 万元，用于各项社会公益活动。

扶贫济困。投入扶贫资金 1535 万元用于自治区局（公司）帮扶点开展生态建设项目，进行河湖整治、修建水冲式公厕，帮扶建设农贸市场、高效种植园等重点扶贫项目。

资助乡村建设。投入 170 余万元，开展精准扶贫、结对共建等活动，援助帮扶村开展基础母牛养殖项目，按照“百企联百村”帮扶计划，修建精准扶贫户钢骨架拱圆式蔬菜大棚 600 平方米，资助帮扶村阵地建设、群众文化活动场所建设，修建过水硬化路段、村庄爱心超市，参与“架电一公里工程”，为村委会购置复印打印一体机等设备，为定点扶贫村修建自来水井可供 201 户居民使用。

资助教育文化事业。捐赠价值 77.5 万元款物，用于帮扶点村小学修建学生劳动实践区、建设校园文化墙、改善教学基础设施、购置办公设备等。全区行业各级单位参加阳光助学、草原情“助学、筑梦、铸人”活动，开展“同圆中国梦，平安校园行捐赠活动”“爱心双助”募捐活动，参与“不忘初心、牢记使命”主题教育活动、宣教书籍“入户送教”“点亮微心愿送温暖”等活动。

社会帮扶。捐款 38.8 万元，用于包联社区共建、创建国家卫生城市、“三城联创”活动，并以党建带群建的方式深入一线开展“三城联创”整治活动。

其他各类社会公益活动。全自治区系统各级干部职工积极参加义务植树、“博爱一日捐”、无偿献血、创建文明城市、卫生城市志愿服务等社会公益活动，开展“党员服务作表率”活动，参与“党建公益汇”平台捐助活动，“五一”劳动节、“六一”儿童节、“八一”建军节慰问活动，累计捐赠图书 100 余册，累计组织 100 余人参加义务植树、网络义务植树活动，植树 300 多棵。

辽宁省烟草专卖局（公司）

2019 年，辽宁省烟草商业系统捐款 572.56 万元，用于各项社会公益活动。

扶贫济困。全省系统成立28个驻村工作组，选派53名干部到贫困村任第一书记或驻村干部。辽宁省局（公司）向锦州市义县捐款300万元，用于解决农户土地流转、种植结构调整等实际困难；向建昌县汤神庙镇捐款14万元，用于当地小尾寒羊养殖项目开发；向建昌县扶贫办捐款10万元，用于资助贫困家庭和贫困学生。辽宁省局（公司），沈阳、鞍山、抚顺、本溪、丹东、营口、阜新、铁岭、盘锦、葫芦岛市局（公司）及辽东公司向定点扶贫村贫困户、困难零售户等捐款捐物共计56万元。资助乡村建设。辽宁省局（公司）机关，沈阳、鞍山、本溪、营口、辽阳、铁岭市局（公司）向定点扶贫村捐赠物资共计86.3万元。

资助教育文化事业，各单位向所属地区重点帮扶学校、贫困学生捐款77.65万元。

积极开展其他各类公益活动。鞍山市局（公司）组织防汛救灾小组11人赶赴防汛包保单位辽宁省海城市接文镇，参加防汛抗灾工作。阜新市局（公司）帮助蘑菇沟村成立养羊专业合作社，通过采取“合作社+养殖大户+贫困户”模式，定期为建档立卡贫困户进行分红。鞍山、辽阳市局（公司）参与创建文明城市活动。

吉林省烟草专卖局（公司）

2019年，吉林省烟草商业系统捐款293.11万元（个人捐款2.3万元），用于各项社会公益活动。

扶贫济困、资助乡村建设。全省系统先后选派驻村第一书记15人、驻村工作队队长9人、驻村队员36人，结对帮扶贫困户229人，扶贫攻坚人数412人，帮扶项目44项，帮扶村49个，帮扶贫困户1100户，帮扶贫困人口2139人。捐款263.11万元（个人捐款2.3万元），用于扶贫济困以及新农村建设、发展经济、道路绿化、改善贫困户生活条件等。吉林省局（公司）机关采购扶贫地区产品8.16万元；长春市局（公司）捐款21.76万元；吉林市局（公司）捐款12.15万元；四平市局（公司）捐款37万元；辽源市局（公司）捐款1.06万元；通化市局（公司）及所属单位捐款27.53万元；松原市局（公司）捐款5.83万元；白城市局（公司）捐款86.96万元；白山市局（公司）捐款58.87万元；延边朝鲜族自治州局（公司）捐款3.79万元。

资助教育文化事业，捐款30.6万元。四平市局（公司）向四平市铁东区中小学校捐款20万元、向双辽市贫困学子捐款5万元。松原市局（公司）助学捐款3.6万元。梅河口市局（分公司）捐款2万元，资助贫困学生。

扶助贫困群体捐赠衣物活动。白城市局（公司）员工为洮南市野马乡新明村扶贫捐赠冬衣400件。白山市局（公司）开展贫困户走访慰问活动，赠送米、面、油等慰问品，向长白县邱家店60周岁及以上老人发放5600元慰问金和慰问品，向抚松县松郊中心小学赠送价值2000元衣物及学习用品。辽原市局（公司）组织党员为包保的3户贫困户捐助生活用品125件、衣物52件、大米6袋、面粉6袋、豆油5桶；参加市里组织的文明劝导、义务植树、小区整治等志愿者活动6次。通化市局（公司）走访慰问6户贫困户，捐款1200元；梅河口市局（分公司）慰问走访14户贫困户，捐款7000元，捐款2800元助力14户贫困户春耕。

义务献血。长春市局（公司）各所属单位积极组织开展无偿献血活动，榆树市局（分公司）8名志愿者献血3200毫升，农安县局（分公司）12名志愿者献血4800毫升，德惠市局（分公司）5名志愿者献血1700毫升。白城市局（公司）9名志愿者献血2700毫升。

黑龙江省烟草专卖局（公司）

2019年，黑龙江省烟草商业系统捐款571.66万元（个人捐款15.38万元），用于各项社会公益活动。

扶贫济困、资助乡村建设。全省系统派出驻村工作队14个，驻村工作队人员46人，开展帮扶项目34个，投入扶贫资金556.28万元，用于对口帮扶村产业项目建设、修整村内田间道路、种植养殖、道路亮化等改善基础设施问题。

个人捐款。为受灾及困难群众捐款5.94万元；为贫困儿童、敬老院和捐资助学捐款1.84万元；向“慈善一日捐”及关爱贫困户活动捐款6.08万元，捐赠衣物312件；其他公益捐款1.52万元。

开展其他各类公益活动。哈尔滨、齐齐哈尔、牡丹江、佳木斯、绥化、鸡西、七台河、双鸭山、绥芬河市局（公司），哈尔滨、牡丹江烟叶公司组织开展帮困助学、关爱慰问、义务劳动等活动。哈尔滨市局（公司）组织开展为扶贫村村民义诊活动，联系社会爱心人士和哈尔滨卷烟厂为贫困学生和在校生捐赠价值近6万元的学习用具和图书等，组织开展“阳光操场，守望成长”的爱心公益活动和“送法下乡 情系百姓”活动。齐齐哈尔市局（公司）为扶贫地区修建便民设施，组织职工开展无偿献血活动，献血量9000毫升。牡丹江、鸡西市局（公司）组织开展春蕾助学、“慈善一日捐”及“送温暖、献爱心”慰问活动。佳木斯、黑河市局（公司）组织职工参加城市环境综合整治活动和义务参加社区服务。七台河、绥芬河市局（公司）组织职工参加义务植树活动等。牡丹江烟叶公司组织开展“共度扶贫日”和“送温暖、献爱心”活动，并建立“爱心助学”平台用于公益活动等。

上海烟草集团有限责任公司

2019年，上海烟草集团有限责任公司捐款7306.36万元，用于各项社会公益活动。

上海烟草集团本部向上海市慈善基金会、老年基金会、拥军优属基金会等各类公益机构和单位，以及湖南、福建、江西、山东等受灾烟区开展公益、救济捐赠，并联合上汽集团向辽宁、吉林、黑龙江、山东、河南等省贫困地区医疗卫生机构捐赠“爱心救护车”29辆，改善贫困地区的医疗急救条件。

所属单位积极开展各类公益活动。上海烟草集团所属上海卷烟厂、储运公司、普陀区局（公司）组织开展为进博会、垃圾分类、交通协助、慰问孤老、党员社区报到等志愿服务活动，全年累计299人次。北京卷烟厂有限公司先后在北京平谷、湖北五峰、青海共和、贵州湄潭、云南香格里拉、湖北恩施和重庆万州等地建立7所爱心学校。上海海烟物流发展有限公司、上海烟草包装印刷有限公司组织团员青年赴贵州申湄希望小学开展扶贫帮教活动；通过爱心公益课堂、慈善助学捐赠、多媒体互动等形式，与当地烟农建立定点帮扶联系，为烟农脱贫作出积极贡献。崇明区局（公司）与当地三星村党支部开展党建联创共建活动，进一步固化“不忘初心、牢记使命”主题教育成果，累计捐款3万元，用于资助乡村建设。浦东区局（公司）、静安区局（公司）、长宁区局（公司）、嘉定区局（公司）、奉贤区局（公司）、金山区局（公司）等向上海市慈善基金会开展公益捐赠，积极参加“蓝天下的至爱”“慈善一日捐”等慈善活动，共计捐款23.42万元；组织职工参加义务献血活动，共计献血5万毫升。

江苏省烟草专卖局（公司）

2019年，江苏省烟草商业系统捐款1741万元，用于各项社会公益活动。

扶贫济困、资助乡村建设。向省委驻丰县帮扶工作队捐款75万元，向高淳东坝街道东坝村捐款35万元，向无锡市慈善总会捐款35万元，向宿迁市仰化镇建新村捐款30万元，向盐城市委驻阜宁县东沟镇捐款25万元，向无锡江阴曙光村捐款21万元，向常州溧阳洙汤村捐款20万元，向淮安盱眙县天湖镇凡岗村捐款20万元，向连云港东海县安峰镇捐款20万元，向徐州沛县捐款10万元。

开展其他各类公益活动。向常州文明办美德基金会捐款25万元，向玄武区慈善协会“慈善一日捐、济困送温暖”捐款20万元，向苏州市成长之树公益助学捐款19.97万元。组织干部职工开展“3·5”学雷锋活动、“3·12”植树节活动，参加青年志愿者服务、公益读书、义务献血、“文明城市创建”等活动。

浙江省烟草专卖局（公司）

2019年，浙江省烟草商业系统捐款5865万元，用于各项社会公益活动。

扶贫济困，捐款4000万元。资助乡村建设。向杭州市淳安县枫树岭镇捐款60万元，向温州市乐清市龙西乡捐款8万元、永嘉县金溪镇捐款7万元，向湖州市仁皇街道太史湾村捐款8万元，向金华市竹马乡竹马馆村新农村建设捐款20万元、沙畈乡周村村捐款6万元，向常山县芳村镇东岗村、前塘村捐款8万元，向丽水市云和县崇头镇大湾村捐款20万元、龙泉市竹垟乡和住龙镇红星村捐款13万元、青田县仁宫乡桃坳村捐款10万元。资助教育文化事业。向杭州市乡村中学名师工作室捐款16万元，向丽水市遂昌县高坪小学、缙云县七里小学、青田县东山小学捐赠图书1210册。社会帮扶。向浙江省见义勇为基金会捐款100万元。

安徽省烟草专卖局（公司）

扶贫济困、扶助残疾人。2019年，安徽省烟草商业系统累计投入帮扶资金938.7万元，41名帮扶干部定点帮扶33个扶贫村，帮扶贫困户3438户，脱贫3348户，脱贫率97.38%。累计投入扶助残疾人资金32.38万元，用于帮扶社会残疾人群体。

捐资助学。安徽省局（公司）机关向六安市金寨县金叶希望学校捐款15万元。全省系统累计投入捐资助学资金36.55万元，用于各类学生助学圆梦行动、学校爱心捐赠等。

资助环境保护、社会公共设施建设的活动。累计投入资金141.76万元，用于美好乡村建设、社区联点共建帮扶以及城市污水处理站、机耕路等公共设施建设等。

促进社会发展和进步及其他社会公共和福利事业。累计投入资金19.33万元，用于资助城市文明创建联点建设、文化文明宣传等。累计投入资金31.95万元，用于各类社会公益捐赠。累计参与献血584人，参加植树、文明交通劝导、社区志愿服务等社会公益活动累计5000余人次。

福建省烟草专卖局（公司）

2019年，福建省烟草商业系统捐款2856万元（个人捐款91.57万元），用于各项社会公益活动。

扶贫济困，资助乡村建设。全省系统选派13名优秀干部到贫困乡村任第一书记，向连城县北团镇山龙村、塘前乡水源村各捐款100万元。捐款305万元，用于解决帮扶村道路硬化、村民饮水、危房改造、种植养殖、项目开发和村容村貌等问题。其中，向建宁县濉溪镇高峰村等5个建档立卡贫困村捐款120万元，向古田县凤都镇村尾村和黄田镇洋上村捐款120万元，向宁化县淮土乡淮阳村和治平畲族乡下坪畲族村捐款40万元，向华安县新圩镇黄枣村捐款10万元，向长泰县郭坑镇洛滨村捐款10万元，向龙海市东泗乡捐款5万元。

资助教育文化事业。向福建省扶贫“两会”扶贫助残大学圆梦行动捐款100万元，参加“三下乡”活动，向三明市泰宁县下渠镇捐款20万元，向云霄教育专项发展基金捐款60万元，向厦门市“三角梅”青年志愿者加油站捐款10万元，向厦门市自闭症儿童家庭捐款5万元，向漳州市实验小学捐款8万元，向贫困中小学“捐书助学献爱心”捐款4.6万元。

灾害救助。向三明、南平等地捐赠救灾款610万元。

社会帮扶。向福建省立医院捐款100万元，用于支持“创双高”（创建高水平医院和高水平临床医学中心及临床重点专科工程）项目；向福建省见义勇为基金会捐款30万元，用于给见义勇为英雄模范送温暖、献爱心；向福州市慈善总会捐款5万元，支持开展“爱心年夜饭暨爱心年货赠送”活动。其他公益捐款1398.4万元。

开展其他各类公益活动。开展关爱留守儿童、孤寡老人、弱势群体等扶贫救困公益活动；开展环保骑行、保护水源、垃圾分类等环境保护公益活动；开展文明交通劝导、美化家园、资助乡村“4点半学校”、金秋助学等文明创建公益活动。参与地方政府及各类社会公益组织开展的“清洁家园环境整治”“烟头不落地　城市更美丽”“送安全入农村”“学雷锋快闪活动”等志愿服务活动。全省系统累计组织1055名职工参加义务献血活动，共计献血32.88万毫升；累计组织2491名职工参加义务植树活动，累计植树1.41万棵。

所属单位积极开展各类公益活动。福州市局（公司）开展“助力新福州，建功新时代”文明交通劝导志愿服务活动，全年坚持每月在周边交通路口开展协助购票、维持秩序、文明宣传、扶弱助残、紧急救援等志愿服务。海晟投资公司组织志愿者参与“星垂平野、大爱无疆”关爱自闭症儿童系列活动，通过发放宣传单让更多人了解和关爱自闭症儿童，通过义卖文创品帮助更多自闭症人群。海晟连锁公司在福州36家海晟连锁门店设立“海晟爱心驿站”，长期为环卫工人、交警、快递员、外卖配送员以及中高考期间的考生和家长提供免费乘凉休憩、免费饮水、免费上网、免费电话、免费充电等便民服务。

江西省烟草专卖局（公司）

2019年，江西省烟草商业系统捐款1.16亿元，用于各项社会公益活动。

扶贫济困，捐款978.05万元（个人捐款1.31万元）。全省系统成立59个驻村扶贫工作队，选派60名干部到贫困村担任第一书记，投入扶贫资金累计776.16万元；向生活困难群众、残疾人员捐款76.52万元（个人捐款1.31万元）；向慈善会、红十字会等公益机构捐款125.37万元。

助力乡村建设。捐款9716.83万元，为帮扶村解决道路硬化、村民饮水、危房改造、种植养殖、项目开发和村容村貌等问题。其中，江西省局（公司）定点向宜春市上高县镇渡拦河坝、抚州市宜黄县凤岗惠民水库捐赠援建资金4844.95万元，向抚州市黎川县德胜水库等3个水源工程捐赠援建资金2558.82万元，向烟草扶贫新农村建设捐款1700万元。

资助教育文化事业。捐款15.87万元，捐赠图书4274册。

灾害救助。捐款1997.76万元，主要面向烟叶灾害、洪灾等受灾救灾捐款，其中200万元用于瑞金市九堡镇2019年“7·14”特大洪涝灾害水毁桥梁灾后重建，1300万元用于烟叶自然灾害专项救助。

其他捐款。捐款155.91万元，其中，用于综治帮扶捐款19.96万元，用于社区共建捐款64.8万元（个人捐款1000元），用于平安创建捐款12.95万元，用于文明创建捐款58.2万元。

开展其他各类公益活动。全省系统组织干部职工开展城市创建、社区服务、党员助力扶贫攻坚、敬老爱老、党员先锋岗、巾帼建功岗、义务劳动、文明劝导、零售户结对帮扶、庆祝中华人民共和国成立70周年等各类志愿服务活动9406人次。看望慰问老人、孤残儿童，开展日常帮扶1762人次。累计组织263名职工参加义务献血活动，共计献血8.98万毫升。累计组织294名职工参加义务植树活动，共植树575棵。

山东省烟草专卖局（公司）

2019年，山东省烟草商业系统捐款1348.65万元（个人捐款128.3万元），用于各项社会公益活动。

扶贫济困，助力乡村建设。全省系统选派驻村第一书记74人，帮助乡村建设特色产业发展项目、农田设施建设项目、村级“硬件”提升项目、综合服务配套建设项目、改善村容村貌等。其中，山东省局（公司）向第一书记帮扶村拨付帮扶项目基金570万元。

开展其他各类公益活动。向地方见义勇为基金、人口关爱基金等捐款。组织参加各级慈善总会“慈善一日捐”活动，组织开展“爱心妈妈”“情系灾区”等募捐活动，全省系统个人捐款累计128.3万元。职工累计捐赠图书700册，献血2.47万毫升（捐献血小板105治疗量）。开展义务植树活动，共计植树468棵。组织开展交通文明劝导、“烟头不落地　城市更美丽”、社区环境整治等集中清理活动，参与人数4086人次。

河南省烟草专卖局（公司）

2019年，河南省烟草商业系统捐款1718.58万元（个人捐款4.86万元），用于各项社会公益活动。

扶贫济困。投入扶贫资金1247.8万元用于产业扶贫和项目扶贫，全省系统选派第一书记143人，派出驻村工作队168个，实施扶贫项目177个，4177户1.2万人实现脱贫。

资助乡村建设。捐款374.24万元，用于解决帮扶村党员活动中心、贫困户家庭改造、改善办公条件、饮水工程、农产品加工、道路硬化、路灯等问题，其中郑州市局（公司）捐款20万元、开封市局（公司）捐款10.3万元、洛阳市局（公司）捐款25.6万元、鹤壁市局（公司）捐款32万元、焦作市局（公司）捐款5万元、濮阳市局（公司）捐款63万元、三门峡市局（公司）捐款48.3万元、信阳市局（公司）捐款62.6万元、驻马店市局（公司）

捐款95.94万元、济源市局（公司）捐款2万元、天昌公司捐款9.5万元。

资助教育文化事业。捐款18.29万元（个人捐款4.86万元），其中洛阳市局（公司）捐款9100元、三门峡市局（公司）捐款4.64万元、南阳市局（公司）捐款3万元、商丘市局（公司）捐款2.95万元、周口市局（公司）捐款3.29万元、驻马店市局（公司）捐款3.5万元。

社会帮扶。捐款78.25万元，其中创建帮扶捐款24.2万元、走访慰问捐款2.85万元，向“中华慈善日”“慈善一日捐”及关爱孤寡残幼弱等各类活动捐款50.2万元。其他捐款1万元。

开展其他各类公益活动。组织全省商业系统干部职工开展无偿献血、义务植树、爱心捐赠、公益服务等活动，“五一”劳动节、“六一”儿童节、“八一”建军节慰问，结合当地“秸秆禁烧”、文明城市创建、“爱心送考”“普法宣传”“清雪除冰”“文明交通”等活动，积极组织志愿服务活动。累计230余名职工参加无偿献血活动，共计献血8.58万毫升。安阳、濮阳、许昌、三门峡、南阳市局（公司）1200余人次组参加交通劝导活动。安阳、鹤壁、三门峡市局（公司）开展图书捐赠活动，累计捐赠图书700余册。濮阳、漯河、南阳、驻马店、济源市局（公司）累计组织2100余人次参加当地文明城市创建活动。三门峡市局（公司）组织志愿者为“三门峡黄河国际马拉松”提供志愿者服务活动。漯河市局（公司）开展秸秆禁烧宣传活动。济源市局（公司）组织开展爱心摄影公益活动，为扶贫村60岁以上贫困户老人免费拍照。

湖北省烟草专卖局（公司）

2019年，湖北省烟草商业系统捐款6331.32万元（个人捐款51.96万元），用于各项社会公益活动。

扶贫济困。捐款5281.32万元（个人捐款51.96万元），用于开展对口帮扶和精准扶贫工作。其中，向三峡移民工程捐款60万元，向湖北省“616”对口支援工程捐款150万元，向精准扶贫村、对口帮扶村捐款5071.32万元（个人捐款51.96万元）。全省系统组建工作队173个、派出工作队员425人，对口帮扶17个市州185个贫困村，累计帮扶脱贫4.48万人。

资助教育文化事业。向湖北省青基会捐款1000万元设立“湖北希望工程·知音同行助学基金”，帮扶全省37个贫困县、3000名建档立卡家庭在校学子，资助对象辐射全国26个省份。

资助社会公共和福利事业。向“三见”公益活动捐款50万元。组织干部职工参与“三无”小区环境整治、“扶贫日”、“慈善一日捐”、“创建文明城市”、“党员进社区”、“文明交通劝导”、“保护母亲河”、“爱心饮用水、盛夏送清凉”、义务植树等志愿服务活动。组织干部职工参加无偿献血活动，共计献血2.3万毫升。

湖南省烟草专卖局（公司）

2019年，湖南省烟草商业系统捐款3.38亿元（个人捐款205.37万元），用于各项社会公益活动。

扶贫济困。捐款3.24亿元（个人捐款154.96万元），用于帮扶慰问、基础设施建设、产业扶持、危房改造等。全省烟草商业系统成立87个驻村工作组，选派243名优秀干部到贫困乡村驻村扶贫，帮扶贫困村178个，支援建设帮扶项目252个，163个贫困村整体脱贫。湖南省局（公司）机关驻点帮扶的湘西土家族苗族自治州永顺县石堤镇团结村14户50人建档立卡贫困户于2019年内顺利实现稳定脱贫，村综合贫困发生率由4.1%下降到0.3%。

资助教育事业。捐款158.41万元（个人捐款22.19万元），为贫寒学子、留守儿童、残障儿童购置文教用品、学习图书等。

灾害救助。捐款867.09万元（个人捐款11.02万元），用于烟叶病虫害、洪涝灾害、雨雪冰冻灾害等防灾救灾。

资助社会事业。捐款364.94万元（个人捐款17.2万元），用于支持全民阅读项目、民俗文化活动等。

积极开展其他各类公益活动。开展“党员进社区”“636学雷锋志愿服务”“道路文明劝导”“消费者权益保护日”“保卫母亲河”“紫菱图书馆免费公益阅读”“关爱儿童、传递温暖”等主题实践活动。全省系统开展各类志愿服务活动1295次，开展义务献血活动112次，开展义务植树活动73次。

广东省烟草专卖局（公司）

2019年，广东省烟草商业系统捐款2334.06万元，用于各项社会公益活动。

扶贫济困，资助乡村建设。投入511.59万元，用于发展产业扶贫、桥梁修建、危房改造、用电改造、教育扶贫、村容村貌改善、种植产业发展、公共设施建设。其中，中山市局（公司）对口肇庆市封开县五一村开展扶贫，投入扶贫资金120万元。清远市局（公司）捐款204万元，主要用于挂扶点35个扶贫项目。韶关市局（公司）捐款174.59万元，用于改善帮扶村村容村貌、危房改造、道路硬化、办公经费、项目开发、社会公共设施建设等。茂名市局（公司）投入资金13万元，帮助包联点开展“双创”工作。

资助教育文化事业，捐款1.16万元。韶关市局（公司）资助南雄市邓坊中学教育经费3000元。汕尾市局（公司）开展捐资助学活动，捐款8600元。梅州市局（公司）组织开展“爱心父母牵手困境儿童大联盟”活动，资助30名困难儿童。

开展其他各类公益活动。组织职工开展无偿献血、义务植树、爱心捐赠、节日慰问、志愿服务活动等。累计无偿献血约1.27万毫升。广州市局（公司）义工队开展74次义工服务活动，561人次参加，萤火虫社会工作服务中心向“广州烟草党员义工队”和“广州烟草义工队”颁发感谢状。中山市局（公司）成立中山烟草志愿者服务队，组织参与近20个项目的志愿服务和公益活动。江门市局（公司）支持共建单位工作。韶关市局（公司）组织干部职工开展义务献血、爱国卫生、植树、关爱孤寡老人等活动。汕尾市局（公司）开展献血、交通疏导、植树等志愿服务活动163次，851人次参加。梅州市局（公司）组织开展“创建文明城市　共创美好家园”“服务烟农助力生产”“我为收购尽一份力”“慰问老党员和生活困难党员”等内容丰富、形式多样的“客家亲”志愿服务活动。河源市局（公司）及所属县局（分公司）开展灾后复产、爱心助学、扶贫济困、法律宣传、城市保洁、交通劝导、献血等志愿服务活动。佛山市局（公司）277人次参加各类社会公益活动，提供捐款和物资8000余元。云浮市局（公司）参加社会公益活动，为社会需要帮助的群众积极奉献爱心。汕头市局（公司）职工义工服务队及各区县单位559人次参加“学雷锋”、文明交通、城市卫生等志愿服务活动。东莞市局（公司）组织干部职工参与图书捐赠、关爱老人儿童、植树、清扫街道、为车站旅客提供服务、献血、维护交通秩序等志愿活动。

广西壮族自治区烟草专卖局（公司）

2019年，广西壮族自治区烟草商业系统捐款696.2万元，用于各项社会公益活动。

精准扶贫。捐款636.1万元，主要用于基础、公共设施建设，产业扶贫和赈灾救济等。全自治区系统帮扶贫困村112个，派出驻村干部100人，“一帮一联”帮扶干部956人，结对帮扶对象2438户，帮扶项目82个，实现脱贫1566户5486人。

资助教育事业。捐款60.1万元，主要用于改造校园环境、购买教学设备、帮助困难学生上学等。其中，南宁市局（公司）向“大学生圆梦行动”捐款15万元，帮助30名困难学生圆了“大学梦”；北海、贵港、河池市局（公司）分别向辖区中小学校捐款4.4万元、15万元、25.7万元。

志愿者服务。桂林、北海、梧州、钦州、贵港、贺州等市局（公司）志愿者开展“学雷锋志愿者服务”、“社区双报到双服务”、“清洁街道卫生”、“文明交通劝导志愿服务”、无偿献血等活动。其中，北海市局（公司）开展公益活动26场次，参加志愿者478人次；梧州市局（公司）342人次参加“社区双报到双服务”活动，81人次参加交通劝导活动；钦州、贵港市局（公司）志愿者无偿献血分别为5950毫升、1.08万毫升；贺州市局（公司）志愿者义务植树100棵，参与清洁街道卫生180人次。

海南省烟草专卖局（公司）

2019年，海南省烟草商业系统捐款424.12万元（个人捐款3.69万元)，用于各项社会公益活动。

扶贫济困。捐款234.04万元（个人捐款3.69万元），其中213.05万元用于精准扶贫。全省系统派出16个乡村振兴工作队，选派152名干部到贫困乡镇支持脱贫攻坚及乡村振兴工作，其中4人任驻村第一书记。

资助乡村建设。捐款186.25万元，其中，海南省局（公司）向临高县对口帮扶村捐款20万元开展光伏发电村级电站项目，44万元改善村容村貌建设，50万元帮扶发展养鹅产业和肉蛇养殖项目；海口市局（公司）捐款8万元，琼海市局（公司）及所属县级局（营销部）捐款49.25万元，儋州市局（公司）捐款15万元，用于解决帮扶村道路硬化、种植养殖、项目开发和村容村貌等问题。

资助教育文化事业。捐款3.83万元，其中，海口市局（公司）捐款0.9万元慰问困难儿童，琼海市局（公司）及所属屯昌县局（营销部）捐款2.93万元用于村委会党建活动室装修，篮球场、排球场改造。

开展其他各类公益活动。组织干部职工开展“三八”妇女节活动、“五四”青年节活动、“八一”建军节活动、各类主题党日活动，参加青年志愿者服务活动，开展“守望阳关，关爱特殊儿童”爱心公益活动，开展“一张纸献爱心行动”，售卖废旧纸张所得款捐赠海南省慈善总会。组织38名职工参加义务献血活动，共计献血1.54万毫升。参与“不忘初心、牢记使命”主题教育“双联双帮双带”为民服务实践活动，组织干部职工开展帮扶走访慰问、参与文明交通志愿者服务、农村人居环境及社区创文巩卫大扫除、网上植树等各类公益活动。开展“爱心认购 助力消费扶贫”活动，通过“海南爱心扶贫网”爱心认购、食堂长期定向认购、单位临时团购等形式积极参与全省消费扶贫，推动解决贫困户销售难题，帮助贫困群众增收脱贫。

重庆市烟草专卖局（公司）

2019年，重庆市烟草商业系统水源工程援建项目，捐款2.75亿元；烟区援建道路，捐款2095万元；慈善捐款141万元；扶贫救助，捐款1348万元；捐资助学，捐款40万元；其他公益性捐款66万元。组织义务献血160人次，献血总量4.15万毫升。

四川省烟草专卖局（公司）

2019年，四川省烟草商业系统捐款2767.19万元，用于各项社会公益活动。

教育助学，捐款240万元。其中，68.29万元用于开展困境儿童“爱在阳光下”音乐夏令营、50万元用于购置乐山市中小学校内环境提升和特殊教育学校设施设备，50万元用于资助阿坝师范学院藏族羌族贫困学生，其他各类捐资助学共计71.71万元。

灾害救助，捐款961.69万元。其中，300万元用于阿坝州汶川县水磨镇因“8·20”特大山洪泥石流冲垮的河堤重建，15万元用于阿坝师范学院受灾教职工救助；144.69万元用于攀枝花烟叶抗旱救灾；252万元用于宜宾“6·17”地震灾区灾后重建和恢复生产；250万元用于凉山州烟区雨季道路维护工程。

开展社会公共设施建设。捐款818万元，用于产业基础设施、活动阵地建设、村容村貌建设等。

资助文化、卫生相关事业，捐款78.82万元。其中，捐款26万元用于关爱先天性脊柱侧弯患者，捐款6.17万元用于开展植树活动，捐款30万元用于内江建设文化阵地，捐款9万元用于乐山开展环境改造，用于其他项目7.65万元。帮扶集体经济，捐款93万元，用于种植、养殖、畜牧等产业发展。

扶弱济贫等慰问活动，捐款487.57万元。其中，向四川省公安英烈基金捐款200万元，在宜宾和资阳实施贫困户危房改造捐款7万元，其他针对农村贫困户、社区贫困户、敬老院老人、留守儿童等群体开展送温暖慰问280.57万元。其他慈善活动，捐款87.96万元，用于“慈善一日捐”“社区双报到”等相关活动。

贵州省烟草专卖局（公司）

2019年，贵州省烟草商业系统紧盯“一达标、两不愁、三保障”工作要求，围绕新时代妇女儿童事业健康发展，开展关爱女性暖心工程、关爱留守儿童、资助贫困大学生等系列捐款活动，捐款金额5723.02万元。

云南省烟草专卖局（公司）

2019年，云南省烟草商业系统捐款3.83亿元（个人捐款250.56万元），用于各项社会公益活动。

扶贫济困。2019年，选派扶贫工作队员377人，对116县（市、区）162乡（镇）272村进行帮扶，7个单位（集体）和12人（次）被云南省扶贫开发领导小组评为扶贫工作“先进集体”和“先进个人”。捐款3.7亿元（个人捐款217.37万元），其中3亿元专项用于昭通市深度贫困县脱贫帮扶，6996.05万元用于各州（市）开展挂钩贫困村帮扶及扶贫活动。资助乡村建设。捐款230.84万元（个人捐款7.24万元），积极解决帮扶村道路硬化、村民饮水、危房改造、种植养殖、爱心超市建设和人居环境提升等问题。资助教育文化事业。捐款201.28万元（个人捐款11.3万元）用于改善教学环境、购买文体物资等。社会帮扶，捐款217.46万元。社会公共设施建设，捐款600万元。灾害救助，员工捐款2.35万元，主要用于自然灾害受灾农户生产生活恢复与灾后烟叶生产基础设施恢复重建工作。其他公益性捐款24.31万元（个人捐款12.3万元）。

开展其他各类公益活动。通过志愿者服务形式，组织职工开展扶贫救弱、义务帮扶、慰问老人、“保护母亲河”、“文明城市创建”、“三清洁”等公益性服务。组织5574人次参加创文创卫、河道清理、交通劝导等活动。为贫困村学生、希望学校等捐赠10万余元物资，为留守儿童、贫困儿童等捐赠“爱心书”95套、“爱心包”175套。累计组织532名职工参加义务植树活动，共计植树4514棵。组织327人次参加献血活动，累计献血7.51万毫升。

西藏自治区烟草专卖局（公司）

2019年，西藏自治区烟草商业系统在扶贫济困、结对帮扶、强基惠民等方面捐款874.69万元。其中，西藏区局（公司）机关为日喀则市昂仁县多白乡楚龙村、宁嘎村、叶村、谢村村级组织基础设施建设、浇灌水渠清淤等项目捐款748.28万元；“三大节日”期间，开展贫困户慰问活动，发放慰问品、慰问金共计20.48万元；党员领导干部结对帮扶向被帮扶对象捐款30万元；向西藏南木林县南木林镇孔阿异地搬迁点藏毯合作社捐款20万元。拉萨市局（公司）慰问孤寡老人捐款0.93万元；日喀则市局（公司）为脱贫攻坚帮扶村基础设施项目建设及村集体藏鸡生态养殖合作社捐款34.9万元；林芝市局（公司）为脱贫攻坚结对帮扶村捐物捐款0.4万元；昌都市局（公司）向结对帮扶村、困难户及“母亲邮包”公益活动捐款18.35万元；阿里地区局（公司）党员干部结对帮扶、慰问捐款1.35万元。

陕西省烟草专卖局（公司）

2019年，陕西省烟草商业系统捐款1.21亿元，用于各项社会公益活动。

用于教育、科学、文化、卫生医疗、体育事业和环境保护、社会公共设施建设的公益性捐款1.15亿元。其中，向安康市旬阳县、商洛市镇安县、宝鸡市陇县分别捐款5582.57万元、4496.2万元和728.39万元，支援冷水河水库、云镇水库、南峡沟水库水源性工程项目建设；助力当地脱贫攻坚捐款696.81万元。用于资助新农村建设、灾害救助的救济性捐款293.93万元。其他社会公共福利事业捐款289.62万元。

所属各单位积极开展各类公益活动。宝鸡市局（公司）开展“点亮微心愿、成就大梦想”志愿服务活动，帮助40个农村留守儿童实现新年“微心愿”。杨凌区局（公司）结对帮扶陵东村，开展“美丽乡村、文明家园”共建活动，定期慰问孤寡老人。榆林市局（公司）45人参加义务植树活动，累计植树500棵。

甘肃省烟草专卖局（公司）

2019年，甘肃省烟草商业系统捐款1846.64万元（个人捐款8.36万元），用于各项社会公益活动。

扶贫济困。向甘肃省平凉市静宁县红十字会捐款

1147.36万元，用于甘肃省局（公司）机关帮扶村脱贫攻坚。其中，捐款76.8万元，对64户建档立卡贫困户开展农村危房改造；捐款200万元，实施帮扶村养牛小区建设运营及养殖废弃物就地无害化处理循环利用项目；捐款130万元，实施帮扶村农机联合合作社钢结构标准化场房建设项目；捐款97.8万元，为帮扶村购置拖拉机、抓草机、旋耕机、翻转犁、覆膜机、收割揉丝机等物资设备；捐款30万元，扶持扶贫车间合作社发展；捐款213.85万元，扶持贫困户及低收入农户及合作社发展饲草玉米及全膜洋芋旱作农业；捐款161.21万元，为帮扶村安装太阳能路灯、栽种绿化树、开展村容村貌整治；捐款66万元，开展党建结对帮扶共建活动；捐款171.7万元，为帮扶村开展水渠配套、道路砂化、涵洞修建等项目。

资助教育事业。向甘肃省慈善总会捐助50万元，向静宁县学生资助管理中心捐款20万元，实施贫困大学生救助项目；向嘉峪关市闫桂珍公益教育爱心助学基金会捐款1万元，用于帮助家庭困难的学生完成学业。

资助乡村建设。捐款628.28万元，用于新农村建设、村容村貌整治、富民产业培育等项目建设。其中，向兰州市帮扶村捐款39.8万元（个人捐款3.1万元），向定西市帮扶村捐款104.81万元（个人捐款2.81万元），向白银市帮扶村捐款54.38万元（个人捐款0.78万元），向甘南州捐款31万元，向嘉峪关市帮扶村捐款7.2万元，向金昌市帮扶村捐款6万元，向酒泉市帮扶村捐款19.9万元，向临夏州帮扶村捐款61万元，向陇南市帮扶村捐款30.12万元，向平凉市帮扶村捐款62.9万元（个人捐款0.9万元），向庆阳市帮扶村捐款136.4万元，向天水市帮扶村捐款49万元，向张掖市帮扶村捐款25.77万元（个人捐款0.77万元），为帮扶村实施富民产业培育、村容村貌整治、特色农业种植、环境卫生优化、田间道路修建等项目建设。2012—2019年，全省烟草商业系统累计帮扶贫困村118个，党员干部联系贫困户1.04万户4.56万人，投入帮扶资金1.42亿元，实施基础设施建设486项，培育富民产业301项，实施社会事业330项，改造危房329户，派驻第一书记、帮扶干部195人。截至2019年底，100个村9775户4.04万人实现脱贫。

开展其他各类公益活动。甘肃省局（公司）机关及所属市级局（公司）积极开展“奉献社会、传递爱心、传播文明”、“学雷锋精神、展志愿风采”、“帮老扶贫助力春耕”、“脱贫攻坚、文明同行”、“情系学子、冬日送暖”、“走进养老院、温情送关怀”、“服务大局普法行”、“帮扶村全域无垃圾集中整治”、“青年志愿者送温暖献爱心”、“结对共建促发展、联心联谊助脱贫”、“春节帮扶送温暖”、“送学上门、走访慰问”、“情系校园、爱心助学”、“关爱贫困儿童、情系基层党员”、“大手拉小手·爱心帮扶”主题团日活动等公益活动。参与全国文明城市创建活动，开展街道清理、文明交通劝导、绿色家园共建、社区志愿服务、义务植树、无偿献血等活动，履行社会责任，树立行业形象。

青海省烟草专卖局（公司）

2019年，青海省烟草商业系统捐款137.97万元，用于各项社会公益活动。

青海省局（公司）实施“高原美丽乡村建设”结对共建活动，为共建村海东市平安区古城乡北村提供帮扶资金100万元，确保该村圆满完成美丽乡村建设工程。

积极开展助学帮扶、爱心助残、“博爱一日捐”等活动，开展向定点扶贫村、社区贫困户捐款，向红十字会捐款等，全省系统累计捐款37.97万元。

宁夏回族自治区烟草专卖局（公司）

2019年，宁夏回族自治区烟草商业系统捐款150.22万元，用于各项社会公益活动。

扶贫济困。派出驻村第一书记8名，投入资金131.72万元，精准帮扶吴忠市红寺堡区、盐池县王乐井乡双圪垯村、固原市原州区头营镇坪乐村、中卫市中宁县太阳梁乡隆原村等对口帮扶村，采购44.5万元国家局定点扶贫地区农产品，因助力地方经济社会发展成绩突出受到宁夏回族自治区人民政府通报表彰。捐款7.93万元，用于社区共建，帮扶慰问贫困户、孤寡老人等。

积极开展其他各类公益活动。捐款5.4万元，用于支持银川市、中卫市和固原市“希望工程”；捐款5.17万元，用于植树绿化、防沙治沙、农田水利建设等。

新疆维吾尔自治区烟草专卖局（公司）

2019 年，新疆维吾尔自治区烟草商业系统捐款 1072.14 万元（个人捐款 18.8 万元），用于各项社会公益活动。

扶贫济困。捐款 1039.1 万元（个人捐款 18.8 万元）。其中，向“访民情、惠民生、聚民心”活动驻村点捐款 693.97 万元；其他扶贫济困捐款 331.15 万元（个人捐款 4.82 万元）；开展“民族团结一家亲”活动个人捐款 13.98 万元。

资助文化教育事业。捐款 12.44 万元，用于资助贫困学生等。向吐鲁番市高昌区葡萄沟布依鲁克学校、鄯善县鲁克沁小学、托克逊县湘山幼儿园捐款 5.54 万元，向石河子市家境困难学生捐款 5 万元，向南疆支教学校捐赠价值 1.9 万元学习软件。

资助环境保护。捐款 7.47 万元，用于清除河道淤泥、环境治理等。向伊犁哈萨克自治州霍城县、察布查尔锡伯自治县、新源县、特克斯县、尼勒克县捐款 4.7 万元，向塔城地区环境治理捐款 1.57 万元，向哈密市伊州区改造老旧小区环境捐款 1.2 万元。

开展义务植树。捐款 13.13 万元，用于春季、秋季义务植树活动。组织开展义务植树活动种植面积 6 亩地，种植杨树 4000 余棵。

开展其他公益活动。向和田地区皮山县木吉镇捐赠衣物 712 件、图书 126 册，向喀什地区 4 个深度贫困村及阿克苏拜城县“访惠聚”工作队所在村村民捐赠衣物 1893 件、图书 469 册、玩具及学习用品 446 件，向拜城县布隆乡欧吐拉布隆村捐赠台式电脑 7 台，参与公益活动，无偿献血 3100 毫升。

大连市烟草专卖局（公司）

2019 年，大连市烟草商业系统捐款 189 万元，用于各项社会公益活动。

扶贫济困。捐款 181 万元，其中，向大连慈善总会捐款 100 万元；向西岗区慈善总会捐款 26.2 万元；通过庄河市慈善总会向对口帮扶村庄河市长岭镇洪昌村、塔岭镇东瓜川村各捐款 10 万元；旅顺口区局（分公司）向旅顺口区慈善总会捐款 2 万元；金州区局（分公司）向金普新区慈善总会捐款 5 万元；普兰店区局（分公司）向普兰店区慈善总会捐款 11 万元；瓦房店市局（分公司）向瓦房店市慈善总会捐款 8.8 万元；庄河市局（分公司）通过庄河市慈善总会向对口帮扶村庄河市光明山镇吕沟屯村捐款 8 万元。

资助教育事业。向大连市青少年基金会青年志愿者、希望工程捐款 8 万元。向行业定点扶贫地区开展农产品扶贫采购 7 万余元。

开展其他各类公益活动。市局（公司）负责人走访对口帮扶村洪昌村、东瓜川村，慰问因病致贫、因病返贫孤寡老人，并与驻村干部深入交流脱贫建议和举措。大连市局（公司）机关第四党支部看望甘井子区宇峰小学“希望工程”资助对象，送去生活用品、学习文具和捐助款。西岗区局（分公司）党支部走访慰问辖区贫困零售户和社区定点帮扶对象，沙河口区局（分公司）党支部与上海烟草集团挂职交流干部前往大连市星星之火孤独症支持中心，开展“关爱孤独症患者，奉献公益爱心”主题党日活动，捐赠米、面、油等生活必需品及衣物。金州区局（分公司）党支部在金州区光明街道和平社区和红旗社区，开展“扶贫帮困送温暖”活动。沙河口区局（分公司）党支部联合云南中烟驻大连党支部走访慰问贫困零售户，送去米、面、油等生活必需品。庄河市局（分公司）党支部组织“向春天报道，与雷锋同行”主题志愿活动，走进庄河市城关街道新华小区，义务开展卫生清扫。

深圳市烟草专卖局（公司）

2019 年，深圳市烟草商业系统积极开展各项社会公益活动。

资助教育事业。捐款 100 万元用于发展深圳教育事业，向“好技师好讲师”系列活动捐款 70 万元。开展扶贫攻坚，向深圳慈善会河源惠民利民工程捐款 90 万元。

所属各单位积极开展其他各类公益活动。福田区局（公司）党总支开展党建共建活动 80 余次，党员参与志愿服务约250人次，服务社区群众2400余人次，先后与沙头街道金地社区、华强北街道荔村社区、梅林街道梅亭社区签订党建共建活动合作协议，开展义务教唱、“四点半课堂”、读书分享会、法律法规宣传、慰问困难户等活动。罗湖区局（公司）赴紫金县礼坑村开展扶贫帮扶工作、回访慰问船步街受楼体坍塌影响零售户，前往区仁爱康复服务中心探望自闭症儿童。盐田区局（公司）海星义工队参加盐田区“提高灾害防治能力，构筑生命安全防线”2019年防灾减灾日宣传活动。南山区局（公司）成立“先行义工队”，与前海社区、田厦社区加强合作，开展志愿服务6次，与怀恩慈善会联合开展爱心捐赠活动，捐赠260件衣物。宝安区局（公司）开展法律服务队进社区、慰问自闭症儿童活动。龙岗区局（公司）“向日葵”义工队前往龙岗书城开展志愿服务活动、“机关义务植树”活动。龙华区局（公司）开展帮扶困难零售户活动，鼓励员工自愿注册“深圳义工”，利用周末闲暇时间参与各项志愿服务活动。坪山区局（公司）开展“我是河小二”护河巡河行动、“书香传真情”图书捐赠志愿活动、“心行坪烟，传递温暖”主题衣物捐赠活动。光明区局（公司）赴宝安区社会福利院开展慰问活动，并捐赠慰问品。大鹏新区局（公司）组织党员群众代表前往玫瑰海岸开展海洋清洁志愿服务活动。

河北中烟工业有限责任公司

河北中烟工业有限责任公司始终把“动真情、真扶贫、扶真贫”作为驻村扶贫工作的出发点和落脚点，立足5个定点帮扶村，在工作机制、产业扶贫、精准帮扶、资金投入等方面创新思路、精准发力，扎实推进脱贫攻坚各项工作。协调各类帮扶资金，收购、建设扶贫村光伏电站，增加稳定村集体收入；大力发展种植业，引导贫困户入股百草园、种植中药材，创建“荷花”合作社，联片种植小米500亩，实现产值100余万元；引导发展养殖业，协助成立“灵寿县鑫硕农业合作社”，协调资金开展肉牛养殖，建设肉猪养殖场，利用牲畜粪便生产沼气，用于以工代赈或贫困户分红；参与公益事业，在蔚县曹疃村设立巡河员、护林员、卫生保洁员等20余个公益岗位，引导当地砖厂吸收56个贫困劳动力，有效带动200多名贫困人口脱贫。

2019年，河北中烟投入扶贫资金541.71万元（荷花公益基金会85万元），协调政府资金200万元、私人企业资金270万元。5个定点帮扶村贫困人口从2018年的113户293人减少到2019年底的4户5人，贫困发生率由6.6%降至0.22%。贫困户人均年收入由3541.8元增加至5764.2元，增长62.7%；村集体平均收入从0.8万元增加至21.6万元，有效增强帮扶村的“造血”功能。

2019年，河北省荷花公益基金会（原河北省钻石公益基金会）资助9家项目团队，持续推进农村养老服务模式探索创新，增设敬老餐厅、老人洗衣站、助老组织孵化基地等敬老服务内容，推动“妇老乡亲”模式的创新与可持续发展，先后组织开展志愿者活动21场，帮助老人修缮家电、开展助餐、义诊等活动，并积极参与脱贫攻坚，先后向石家庄、张家口、承德等地贫困村捐款225万元，帮助农村老人改善生活。

江苏中烟工业有限责任公司

2019年，江苏中烟工业系统捐款1491万元，用于各项社会公益活动。

扶贫济困、扶助残疾人等捐款1385万元。其中，向江苏省儿童少年福利基金会捐款80万元，向残疾人基金会捐款100万元，向江苏省慈善总会精准扶贫捐款200万元，向受灾烟叶产区捐款750万元，对口帮扶宿迁市泗阳县100万元，南京市高淳区和平村60万元、栖霞区马群街道文康苑社区10万元，帮扶徐州市挂钩定点经济薄弱村30万元，向徐州市总工会捐赠扶贫救助资金35万元，帮扶淮安市盱眙县管仲镇黄庄村20万元。资助教育文化事业捐款43万元，其中，向南京市慈善总会捐款3万元，向徐州一中捐款40万元。其他社会公共和福利事业捐款63万元，其中，向淮安见义勇为基金会捐款18万元，向淮安市清江浦区捐款45万元。

浙江中烟工业有限责任公司

2019年，浙江中烟工业系统捐款4366万元，用于各项社会公益活动。

扶贫济困，捐款2930万元。其中，向贵州省德江县慈善总会、云南省景谷傣族彝族自治县慈善会、四川省会理县民政局、湖南省湘西土家族苗族自治州慈善总会、广西百色靖西市民政局、安徽省宣城市慈善协会等47个慈善机构或单位捐款2800万元，用于烟农和烟叶基地的救济帮扶工作；向浙江省温州市文成县捐款70万元，开展乡村结对帮扶；向杭州市上城区慈善总会捐款10万元，用于杭州市上城区紫阳街道“春风行动”；向浙江衢州江山市民政局捐款50万元。

捐资助学，捐款903万元。其中，向浙江省妇女儿童基金会、江西省青少年发展基金会、湖南省教育基金会等16个省、市和地区的公益机构捐款843万元；向杭州市西湖区教育基金会捐款60万元。

其他公益捐款533万元。其中，向浙江省杭州市慈善总会捐款243万元、西湖区慈善总会捐款100万元，向浙江省宁波市奉化区慈善总会捐款100万元、宁波市红十字会捐款50万元，向浙江省桐庐县慈善总会捐款20万元，向浙江省丽水市松阳县慈善总会捐款20万元，用于老年病医院慈善工程建设、消防建设等。

安徽中烟工业有限责任公司

2019年，安徽中烟工业系统捐款216.9万元（含脱贫攻坚专项党费42万元），用于各项社会公益活动。

公益捐赠。安徽中烟本部捐款10万元支持合肥市助老项目；捐赠脱贫攻坚专项党费42万元用于定点扶贫工作；所属蚌埠卷烟厂、芜湖卷烟厂、合肥卷烟厂、阜阳卷烟厂、滁州卷烟厂合计捐款164.9万元，用于定点扶贫、慈善救助、帮扶贫困学子圆梦大学和救助贫困妇女儿童等各项公益活动。

定点扶贫。安徽中烟定点帮扶的灵璧县朝阳镇杨桥村驻村工作队继续发挥驻村优势，落实产业帮扶项目，助力精准脱贫，盘活汪塘项目集体资产，投入资金42万元参与大棚项目建设，可解决约20名贫困户就业，加大对村扶贫工厂帮扶力度，通过无纺布袋帮扶项目提升扶贫工作活力。多次走访贫困户，落实帮扶措施。以“美好乡村建设”为抓手，持续开展村庄环境卫生整治工作，组织配置垃圾箱等卫生设施，并通过设置环卫公益岗位等方式，充分调动村民积极性。2019年，杨桥村脱贫29户55人，村内剩余未脱贫贫困人口1户4人；村集体经济收入52.77万元。

福建中烟工业有限责任公司

2019年，福建中烟工业系统捐款2092.35万元，用于各项社会公益活动。其中，公益性捐款1432万元，救济性捐款640.35万元，其他捐款20万元。

福建中烟本部资助医疗事业，向厦门市红十字基金会捐款400万元；资助教育事业，向厦门市教育基金会捐款390万元；资助扶贫事业，向三明市建宁县慈善总会捐款100万元，向厦门市思明区慈善总会捐款10万元；资助救灾资金，支持南平市浦城县救灾资金300万元，向受灾地区捐款230万元。

福建中烟所属各单位积极开展公益活动。龙岩烟草工业有限责任公司向龙岩市慈善总会捐款500万元；资助扶贫事业，向帮扶结对村捐赠闲置电脑、打印机，价值0.35万元。厦门烟草工业有限责任公司向厦门市教育基金会捐款20万元、海沧区教育基金会捐款50万元，向厦门市老年基金会捐款22万元；资助困难家庭患者医疗资金，向厦门中山医院基金会捐款50万元；支持社会公共福利事业，向厦门市爱国拥军促进会捐款20万元。

江西中烟工业有限责任公司

2019年，江西中烟工业系统捐款1亿元，用于各项社会公益活动。其中，资助教育事业，向56名贫困学生捐赠助学款29.6万元；资助赣南等原中央苏区建设资金1亿元。

山东中烟工业有限责任公司

2019年，山东中烟工业系统捐款420.65万元，用于各项社会公益活动。

扶贫济困。全省工业系统选派4名优秀干部到帮扶村任第一书记，投入扶贫资金123.65万元。资助乡村建设，为帮扶村解决道路硬化、道路照明、饮水设施建设、种植养殖、项目开发和村容村貌等问题，向青州市王坟镇后孟卜村捐款17万元，向滕州市姜屯镇罗岗村捐款20万元，捐款50万元用于帮助在莱西市夏格庄镇西双山村建设温室大棚。为帮扶村制定专项帮扶计划，其中济南市历城区锦绣川办事处潘家场村实施金银花深加工项目，参加项目村民增收1万余元，村集体增收9万余元；济南市历城区仲宫办事处南道沟村实施光伏电站项目，村集体增收1.8万元。将军集团组织党员捐款2.16万元，用于莱州市城港路街道碾头村解决道路硬化、道路照明等问题。采购湖北、宁夏、江西等扶贫地区农产品350.68万元。协助帮扶村村民销售水果、核桃、小米等农产品。

灾害救助。捐款60万元，用于支援云南保山烟叶生产及防灾救灾。捐款50万元，用于支援潍坊防灾减害及烟农救灾。

慈善捐助。参加“慈善一日捐”活动，山东中烟机关职工捐款10.79万元，青岛卷烟厂职工捐款5万元，滕州卷烟厂职工捐款11.01万元；将军集团职工捐款2万元。颐中集团向青岛市慈善总会捐助“人口关爱基金”5000元。

志愿服务。开展“雷锋月”系列活动，包括开展义诊，关爱特殊教育儿童，帮扶贫困学生，走进敬老院、社会福利院慰问、清扫，帮扶困难零售户等活动。开展义务植树、景区清扫等环境美化活动。

无偿献血。328名干部职工参加无偿献血活动，共计献血9.69万毫升。

河南中烟工业有限责任公司

2019年，河南中烟工业系统捐款449.02万元（个人捐款17.02万元），用于各项社会公益活动。

河南中烟工业系统参与公益捐赠活动10项，捐款432万元。其中，向河南省见义勇为基金会捐款100万元，用于河南省见义勇为人员表彰奖励和帮扶救助；扶贫济困捐款299万元，打造党建阵地，建设基础设施，发展扶贫产业，助力打赢精准扶贫攻坚战，其中向信阳市新县周河乡毛铺村捐款120万元，向许昌禹州市苌庄乡锁石沟村捐款40万元，向南阳市社旗县下洼镇高庄村捐款40万元、淅川县厚坡镇王河村捐款40万元，向驻马店市正阳县袁寨镇孙楼村捐款24万元，向洛阳市嵩县纸房镇邓岭村捐款35万元；爱心助学捐款30万元，用于河南省直工会金秋助学；慰问困难群众捐款3万元，用于援助安阳市困难企业职工。

个人捐赠方面，河南中烟工业系统干部职工参加公益捐款活动297项，共计捐款17.02万元。

积极开展其他各类公益活动。累计组织慈善活动112次，其中，224人次参加义务献血活动，419人次参加爱心助考活动，2211人次参加关爱帮扶、义务劳动、到福利院献爱心等志愿活动。

湖北中烟工业有限责任公司

湖北中烟工业系统自2017年全面启动“三见”公益活动，即：“我看见·荆楚送光明”“我梦见·荆楚送希望”“我听见·荆楚送健康”。

2019年，“我看见·荆楚送光明”精准扶贫公益项目在黄梅、利川、长阳、郧阳、红安、广水、巴东、保康、竹山、竹溪、丹江口、郧西、房县、大悟等14个县（市、区）陆续为贫困家庭的白内障患者实施免费手术。免费筛查近1万人，完成手术近1000例，累计投入专项资金300余万元。

“我梦见·荆楚送希望”项目累计在20所高校组织开展勤工俭学活动，投入390余万元，帮扶近5000名贫困大学生解决部分生活费用问题。

“我听见·荆楚送健康”项目在武汉市第一聋哑学校搭建美发工作室、烹饪工作室；在孝感市特殊教育学校搭建酒店仿真房间；在荆门市特殊教育学校、咸宁市特殊教育学校搭建仿真中心；在松滋市特殊教育学校搭建陶艺工作室。通过搭建仿真室，为残障学生职业训练提供基本条件，帮助他们获得生活自理能力，甚至掌握一技之长，为他们探索谋生之道，减轻家庭和社会压力创造前提条件。

湖南中烟工业有限责任公司

2019年，湖南中烟工业系统捐款1.78亿元，用于各项社会公益活动。其中，资助教育事业6818万元，资助社会环境保护、社会公共设施建设5325万元，自然灾害救助

3580万元，扶贫济困888万元，资助卫生事业100万元，精准扶贫1054万元。

广东中烟工业有限责任公司

2019年，广东中烟工业系统捐款2211万元，用于各项社会公益活动。

扶贫济困。继续支持定点相对贫困村人居环境整治、生态宜居美丽乡村建设，助力乡村振兴。向广东韶关南雄市邓坊镇邓坊村定向捐款321万元，用于开展家庭产业扶贫、贫困户教育、医疗、残疾、危改补助、自然村道硬底化、新农村建设配套资金等，向南雄市水口镇群星村捐款20万元；向梅州市蕉岭县南礤镇岭背村捐款150万元；向湛江市遂溪县北坡镇北塘村捐款24万元，向遂溪县港门镇货湖村捐款170万元；向湖南湘西土家族苗族自治州贫困县、贫困村助学助贫项目捐款50万元。响应省委、省政府的号召，支持2019年广东扶贫济困日活动，捐款1120万元；支持2019年国家扶贫日活动，捐款220万元。因扶贫济困工作突出，广东中烟连续第九次获得广东扶贫济困红棉杯金杯奖。

灾害救助。捐款270万元，用于救助烟叶受灾严重的湖南郴州、永州、湘西州，四川凉山彝族自治州会理县等。

爱心捐赠。3543人次参与爱心捐赠活动。其中，向广州市计生局“幸福工程救助贫困母亲”活动捐款2.69万元；向韶关“慈善一日捐”活动捐款4.06万元；向梅州“爱心父母大联盟”活动捐款6.03万元；向扶贫济困日爱心捐款活动捐款4.74万元；购买台灯、复读机、文具等价值4500元物资帮扶梅州市蕉岭县北礤学校、大埔县三河镇梓里小学学生。

志愿服务。1062人次参加志愿活动及植树活动。包括参加社区垃圾分类及登革热预防宣传、城区大清扫、青年志愿者服务日活动、学雷锋志愿服务广场活动、红色教育等20场志愿活动；开展乡村植树活动。

无偿献血。220人次参与当地无偿献血活动。

广西中烟工业有限责任公司

2019年，广西中烟工业系统捐款1283.43万元，用于各项社会公益活动。

扶贫济困。向广西壮族自治区贫困市县捐款560万元，主要用于马山县、田东县、上林县、隆安县、靖西市、三江县、融水县等精准扶贫项目及全自治区贫困地区的产业扶贫；向广西扶贫基金会捐款35万元，用于贫困地区的项目扶贫；捐款30万元，用于桂林市基础设施建设；捐款3万元，用于柳州市应急管理局对口帮扶项目；捐款9.26万元，用于资助尿毒症患者、爱心助残、慰问贫困户等活动。

资助教育事业。向广西青少年发展基金会捐款58.43万元，用于援建“希望厨房”；向广西协力扶助基金会捐款150万元，用于扶贫教育活动，向广西壮族自治区总工会捐款50万元，用于“金秋助学”活动，向周边幼儿园、小学捐款44.44万元，用于学校教育设施建设。

资助乡村建设。向百色市田林县民政局捐款200万元，用于脱贫攻坚项目；向贺州市富川瑶族自治县慈善总会捐款130万元，用于驻点贫困村基础设施建设；向柳州市融安县民政局捐款13.3万元，用于浮石镇木瓜村道路建设。

重庆中烟工业有限责任公司

2019年，重庆中烟工业系统捐款226.28万元，用于各项社会公益活动。

扶贫济困。向黔江区长春村结对贫困户捐款1.6万元，向黔江区水市乡杨柳村创业志愿扶贫项目捐款50万元；对武隆区凤山街道蒲板村实施消费扶贫1.03万元，对长春村实施消费扶贫3.65万元。捐资助学。向南岸区教育发展基金捐款50万元，向涪陵区教委捐款30万元，向黔江区教委捐款30万元，向重庆市教育发展基金捐款10万元，向石柱土家族自治县教育基金会捐款50万元用于该县特殊教育事业。

重庆中烟本部和所属卷烟厂积极组织开展志愿者服务和其他社会公益活动。

重庆中烟本部组织志愿服务队前往重庆南山步道，开展环保行活动，清理步道垃圾、落叶；重庆卷烟厂组织团员青年参加由南岸区街道举办的“爱汇聚、善同行”公益欢乐走公益活动，组织团员青年参加由南岸区街道举办的垃圾分类主题活动；涪陵卷烟厂组织青年志愿者参加涪陵区“3·15纪念日活动”暨“诚信涪陵宣传周”启动仪式，组织职工到涪陵贫困村江东街道凉山村凉山小学开展志愿者服务活动，组织员工在新城区、老城区担任道路文明劝导员，组织青年团员参加公益徒步活动。重庆卷烟厂有18名员工自愿参加由南岸区街道组织的无偿献血活动。植树活动。涪陵卷烟厂组织青年志愿者服务队参加石沱镇义务植树活动。

四川中烟工业有限责任公司

2019年，四川中烟工业系统投入扶贫资金968万元，用于精准扶贫，帮扶贫困村基础设施建设、产业发展。其中，向凉山州绿色家园建设扶贫捐款368万元，凉山州昭觉县金曲乡扶贫捐款30万元，昭觉县第一初级中学捐款290万元，泸州市叙永县水潦彝族乡扶贫捐款60万元，德阳市中江县广福镇槐桠村扶贫捐款60万元、广福镇金刚村扶贫捐款30万元、会龙镇捐款30万元，绵阳市盐亭县茶亭乡50万元，宜宾市兴文县仙峰苗族乡捐款50万元。四川中烟本部获评烟草行业扶贫工作先进集体。

四川中烟所属各单位开展各类公益活动。成都卷烟厂注册“青年志愿者”282人，参与敬老院、福利院慰问、帮扶爱心等公益活动12次。什邡卷烟厂7000余人次参加志愿服务活动，137名员工参加无偿献血。绵阳卷烟厂组织开展“关爱空巢老人，暖冬行动”，捐赠价值3288元保暖用品，志愿者服务活动65人次、扶贫攻坚一对一帮扶活动36人次、参加“以购代捐”扶贫活动280人次，采购金额2.27万元。西昌卷烟厂57人参加无偿献血，总献血量1.56万毫升，通过“以购代捐”方式购买扶贫地区产品近20万元。长城雪茄烟厂为中江县栏河村4名困难学生捐赠助学金8000元。三联公司“以购代捐”购买扶贫地区产品2万余元。

贵州中烟工业有限责任公司

2019年，贵州中烟工业系统以结对帮扶黔西南布依族苗族自治州晴隆县整县脱贫为主线，围绕建强扶贫力量、园区共建、发展产业、党建帮扶、教育扶贫、圆梦助学、贵在共享等七大行动，合计捐款3075万元。

贵州中烟本部捐款合计2810万元，助力晴隆县实现15个贫困村脱贫，2.45万贫困人口脱贫，贫困发生率下降至3.76%，帮扶工作取得阶段性成效。其中，投入1600万元，帮助解决茶叶初加工工厂项目的厂房扩建、业务用房、配置机械设备等建设；投入1000万元，建设光辉村高粱烘干、收储中心项目；投入210万元，对口帮助8个贫困乡镇完成涉及产业发展、环境改造、道路硬化、就业扶持等15个扶贫项目。所属各卷烟厂累计捐赠帮扶资金265万元。

“贵州中烟爱心志愿者”团队自发开展“爱心100”专项活动，对贫困儿童进行结对教学资助，2019年向24名困难儿童提供资助。

云南中烟工业有限责任公司

云南中烟工业有限责任公司本部。公益捐赠。2019年，云南中烟工业有限责任公司本部捐赠社会公益资金1910万元，共计10个项目，其中，单笔100万元以上的项目6项，分别为：昆明市民生工程捐款400万元；保山市施甸县“挂包帮、转走访”精准帮扶资金300万元；红河哈尼族彝族自治州红河县脱贫攻坚捐款300万元；曲靖市会泽县脱贫攻坚捐款300万元；云南省见义勇为基金会捐款200万元；昭通市盐津县普洱镇桐梓村乡村公路硬化捐款160万元。

定点扶贫。2019年，全系统投入4.3亿元帮扶资金，其中，云南中烟本部投入资金4.1亿元，按省扶贫办要求对曲靖市会泽、宣威市开展帮扶；红塔集团投入资金875.5万元，红云红河集团投入资金1100万元，合和集团投入资金124万元，采取“挂钩扶贫点”直接投入和向地方捐赠等方式对各帮扶地区脱贫攻坚工作进行资金帮扶。

红塔烟草（集团）有限责任公司。2019年，红塔烟草（集团）有限责任公司捐款2292.6万元，用于各项社会公益活动。

扶贫济困。红塔集团本部向挂钩扶贫点普洱市澜沧拉祜族自治县南岭乡谦哲村捐款498.6万元；玉溪卷烟厂向玉溪市峨山彝族自治县富良棚乡美党村捐款102万元；楚雄卷烟厂向楚雄市东华镇路上村及武定县环州乡千则古村、牟定县蟠猫乡朵苴村等捐款245.9万元；大理卷烟厂向大理白族自治州云龙县苗尾乡旱阳村及宾川县宾居镇、漾濞县鸡街乡路午么村、永平县厂街乡七昌村等捐款365万元；昭通卷烟厂向昭通市盐津县普洱镇桐梓村及昭阳区凤凰街道办事处、永善县溪洛渡镇桐堡村等捐款200万元，用于当地贫困村村寨产业扶持、人居环境改善、公共基础设施建设等精准扶贫项目。

资助教育事业。红塔集团本部向玉溪市山区民族教育促进会“百名贫困学子大学圆梦计划”捐款60万元，向玉溪市教育体育局捐款110万元；玉溪卷烟厂向玉溪市红塔区教育体育局捐款245万元；楚雄卷烟厂向楚雄市教育体育局捐款134.1万元；大理卷烟厂向大理州民族中学捐款35万元；昭通卷烟厂向昭通市、昭阳区教育体育局捐款200万元，用于改善当地部分中小学校、幼儿园教学设备设施，资助贫困家庭学生。

灾害救助。红塔集团本部向玉溪市易门县六街街道白邑村、铁厂村捐赠抗旱经费48万元；向玉溪市防震减灾局捐赠科普宣传经费20万元。

其他公益捐款。玉溪卷烟厂捐款9万元，楚雄卷烟厂捐款20万元。

红云红河烟草（集团）有限责任公司。2019年，红云红河烟草（集团）有限责任公司捐款2613.86万元，用于各项社会公益活动。

扶贫济困。开展“挂包帮、转走访”捐款1100万元，其中，向会泽县田坝乡板坡村捐款250万元，金钟街道石鼓社区及钟屏街道鱼洞社区、以则村捐款150万元，马路乡水口村、旁官地村及火红乡龙树村、鲁纳乡狮子村捐款300万元；向昆明市寻甸县金源乡小村捐款150万元；向弥勒市西二镇西龙村捐款250万元。其他扶贫济困项目合计捐款268万元，其中，向云南泸西县扶贫援建项目捐款15万元；向新疆塔城地区裕民县阿勒腾也木勒乡、阿克苏拜城县布隆乡结对帮扶捐款133万元；向内蒙古乌兰浩特市义勒力特嘎查对口扶贫点捐款120万元。

资助教育事业。向“红云园丁奖”“红河助学金”“红烟桃李奖”“雪莲奖学金”等奖教助学项目捐款717.4万元。其他教育资助项目合计捐款434.86万元，其中，向昆明市青少年发展基金会“幸福家园社区特困学生爱心资助”项目捐款12.86万元；向共青团弥勒市委“金秋圆梦计划”活动捐款5万元；向曲靖市特殊教育学校及宣威、会泽、罗平、师宗等地14所学校捐款160万元；向新疆生产建设兵团第七师、乌鲁木齐市、奎屯市教育事业捐款57万元；向乌兰浩特市捐资助学项目捐款200万元。

资助乡村建设。向红河州蒙自市西北勒乡、红河县浪堤镇、石屏县公共基础设施建设捐款41.6万元。

助老助残。向会泽县大井镇井田社区、黄梨村敬老院及大海乡敬老院公共配套设施建设捐款52万元。

陕西中烟工业有限责任公司

2019年，陕西中烟工业系统捐款453万元，用于各项社会公益活动。

扶贫济困。全省系统派出扶贫干部9人，在陕北、关中、陕南等6处联系点开展包村扶贫工作，8个包扶项目按期完成。向榆林市绥德县定仙墕镇王坪山中心村捐款20万元，用于产业发展、农产品深加工、贫困户扶志扶智培训。向延安无锡枣园中学捐款6万元，向延安励博双语特色小学捐款4万元，用于支教工作。资助安康市旬阳县白柳镇峰溪社区菜篮子工程项目建设捐款20万元，并对该社区14户贫困户，安排基层党支部结对帮扶，全年干部职工捐资济困5300余元。

资助乡村建设。为帮扶村解决道路硬化、村民饮水、危房改造、种植养殖、项目开发和村容村貌等问题。向宝鸡市千阳县水沟镇英明村、崔家头镇赵家塬村捐款15万元，用于开展栽种绿化苗木、安装照明路灯、道路绿化硬化项目；向宝鸡市金台区金河镇紫原村捐款8万元，用于基础设施建设，扶持特色产业，美化亮化农村环境；向宝鸡市高新区天王镇小塬村捐款10万元，修建村级标准公厕一座，道路硬化450米。向延安市延川县大禹街道办杨家圪塔行政村（原杨家塬村）捐款20万元，向延安市宝塔区甘谷驿镇史家沟村捐款20万元，用于美丽乡村建设项目。向渭南市澄城县安里镇义井庄村捐款50万元，用于村党总支阵地建设和村级产业发展。资助安康市旬阳县仙河镇竹园河村党群服务中心项目建设捐款50万元。向陕西省国资委“合力团”扶贫麟游县农业灌溉项目捐款100万元。

所属各单位积极开展各项公益活动。宝鸡卷烟厂开展“共建一片蓝天，点亮微心愿”福利院献爱心活动，向宝鸡市福利院捐款捐物。延安、汉中卷烟厂组织开展无偿献血活动。汉中卷烟厂开展“青春之我、奉献之歌”志愿服务活动，全年组织开展志愿服务活动6次，完成网上志愿服务在线累计时长3400余小时。旬阳卷烟厂通过微信平台，参加“慈善扶贫一日捐”活动，干部职工为“旬阳县脱贫激励计划”捐款2.7万余元。

扶贫农产品采购。陕西中烟精准结合职工食堂需求，科学编制采购计划，不断加大国家局定点扶贫地区农特产品采购力度，组织专人到定点扶贫地区开展农特产品调研和购销对接，协调物流包装运输，确定采购品种数量，明确质量控制标准，先后在湖北省十堰市竹山县、竹溪县，宁夏回族自治区吴忠市红寺堡区及江西省兴国县等地，分批次采购各类农特产品。2019年，陕西中烟本部及各卷烟厂先后在国家局定点扶贫地区采购农特产品20余种，累计采购金额超过100万元。

中国烟草总公司郑州烟草研究院

2019年，中国烟草总公司郑州烟草研究院向对口帮扶村河南省许昌市襄城县凹郭村捐资160万元，用于标准厂房建设、贫困户生活救助等。截至2019年底，该村贫困户数量降为1户3人，实现贫困村脱贫“摘帽”，成为襄城县环境提升和脱贫致富示范明星村。

中国烟草总公司合肥设计院

2019年，中国烟草总公司合肥设计院扎实推进定点帮扶安徽省六安市金寨县黄畈村工作，组织专业技术力量免费为黄畈中心村庄易地搬迁项目提供设计服务，减免设计费约10万元，惠及22户建房户。从留存党费中捐款4万元专项用于黄畈村“振风超市”项目建设和危旧房处置。

南通醋酸纤维有限公司

2019年，南通醋酸纤维有限公司社会公益活动体系初步形成，即以3个“博爱奖助学金”为主的助学活动，以6个党支部结对帮扶为主的扶贫帮困，以3个特色行动（“学雷锋、进社区”“微公益”“卓越班组公益活动”）为主的社区服务、社区共建等志愿活动。

昆明醋酸纤维有限公司

2019年，昆明醋酸纤维有限公司团委组织青年志愿者前往云南省昆明市儿童福利院，开展“关爱儿童、传承红色基因”献爱心公益活动，并捐赠儿童日用品、文体玩具等。

珠海醋酸纤维有限公司

2019年，珠海醋酸纤维有限公司捐款40.4万元，用于各项社会公益活动。

扶贫济困。捐款22万元，其中，向珠海市高栏港区管委会社会保障及公共事业局捐款10万元，用于帮扶高栏港区贫困学生；向湖南省汨罗市三江镇荆浒村的特困家庭捐款5万元，帮扶缓解其生活困难；向珠海市红十字会捐款7万元，用于市科工信局开展对口云南怒江“百企帮百村”精准扶贫活动。

资助教育事业。捐款11.5万元，其中，向珠海市高栏港区北水小学捐赠一批体育器材和图书，价值1万元；向高栏港区金洲小学5位贫困家庭学生送温暖献爱心，捐赠一批学习用品，价值0.5万元；向珠海市儿童保护协会捐款10万元，用于高栏港区南水镇金洲小学、北水小学开展儿童安全大课堂项目，加强学生安全意识。

资助社区建设及促进社会公益事业发展。捐款6.9万元，其中，向珠海市平沙镇美平社区居民委员会捐款3万元，用于乡村振兴项目；向珠海市慈善总会捐款1.9万元，用于保障“珠海慈善协会·醋纤慈善基金”慈善项目的开展；向珠海市企业文化协会捐款2万元。

◇ 编辑：鲁建敏　褚　幸

重要政策法规与文件选登

国家烟草专卖局　国家市场监督管理总局通告

（2019 年第 1 号）

关于进一步保护未成年人免受电子烟侵害的通告

2018 年 8 月 28 日，国家市场监督管理总局、国家烟草专卖局发布了《关于禁止向未成年人出售电子烟的通告》（国家市场监督管理总局　国家烟草专卖局通告 2018 年第 26 号，以下简称《通告》）。自《通告》发布以来，社会各界共同保护未成年人免受电子烟侵害的意识普遍增强，向未成年人直接推广和销售电子烟的现象有所好转。但同时也发现，仍然有未成年人通过互联网知晓、购买并吸食电子烟。甚至有电子烟企业为盲目追求经济利益，通过互联网大肆宣传、推广和售卖电子烟，对未成年人身心健康造成巨大威胁。为进一步保护未成年人免受电子烟侵害，现将有关事项通告如下：

电子烟作为卷烟等传统烟草制品的补充，其自身存在较大的安全和健康风险，在原材料选择、添加剂使用、工艺设计、质量控制等方面随意性较强，部分产品存在烟油泄漏、劣质电池、不安全成分添加等质量安全隐患。按照《中华人民共和国未成年人保护法》的有关规定要求，为加强对未成年人身心健康的保护，各类市场主体不得向未成年人销售电子烟。任何组织和个人对向未成年人销售电子烟的行为应予以劝阻、制止。

同时，为进一步加大对未成年人身心健康的保护力度，防止未成年人通过互联网购买并吸食电子烟，自本通告印发之日起，敦促电子烟生产、销售企业或个人及时关闭电子烟互联网销售网站或客户端；敦促电商平台及时关闭电子烟店铺，并将电子烟产品及时下架；敦促电子烟生产、销售企业或个人撤回通过互联网发布的电子烟广告。

各级烟草专卖行政主管部门、市场监督管理部门应切实加强对本通告的宣传贯彻和执行，保护未成年人免受电子烟的侵害。烟草专卖行政主管部门要加大对电子烟产品的市场监管力度，加强对通过互联网推广和销售电子烟行为的监测、劝阻和制止，对发现的各类违法行为依法查处或通报相关部门。

特此通告。

国家烟草专卖局　国家市场监督管理总局

2019 年 10 月 30 日

国家烟草专卖局关于贯彻落实“放管服”改革要求　推进审批服务便民化的通知

（2019 年 3 月 6 日　国烟法〔2019〕56 号）

各省级局：

为深入贯彻落实党中央、国务院关于审批服务便民化的决策部署，进一步推进烟草行业“放管服”改革，现将有关要求通知如下：

一是全面压缩行政许可事项办结时限。对烟草专卖 12 项行政许可事项的办结时限进行全面调整，其中烟草专卖品准运证核发办结时限缩减至 2 个工作日以内；其余 11 项行政许可事项办结时限均缩减至 8 个工作日以内（特殊情况经批准可延长 4 个工作日）。

二是继续深入推进审批服务标准化建设。按照《国家烟草专卖局关于加强烟草行业行政许可标准化建设的意见》（国烟法〔2017〕330 号）要求，继续深入推进行政许可标准化建设。对行政许可事项，要提供现场咨询和非现场的网络、电话、邮件等多种咨询方式和渠道，指定专人负责，实现 24 小时预约，为企业和群众办事提供清晰指引；推行“一次办”，符合法定受理条件、申报材料齐全的原则上一次办结；完善基层服务平台功能，面向群众个人的事项“就近办”；严格落实信息公开、一次性告知、首问责任、服务承诺、责任追究等制度规范，科学细化量化服务标准，压缩自由裁量权，推进同一事项同一区域无差别办理、同标准办理。

三是进一步加强“互联网＋政务服务”工作。坚持线上线下融合办理的原则，积极推行“网上办”。对接当地政务大厅，确保行政许可事项的咨询、受理、查询、评价等可全流程网上办理，提高网上办理比例。已在实体大厅办理的事项，不得要求相对人补填网上流程。

各省级局要高度重视“放管服”改革工作，根据本通知精神，修改完善相关规定及规范性文件，认真组织所属市县局落实好本通知要求，确保落实到位。国家局将对各单位推进“放管服”改革和落实情况严格监督检查，确保改革措施取得实效。

“庆祝中华人民共和国成立70周年”纪念章

2019年“庆祝中华人民共和国成立70周年”纪念章

“庆祝中华人民共和国成立70周年”纪念章颁发是新中国成立70周年系列庆祝活动的重要组成部分。纪念章由中共中央、国务院、中央军委颁发给下述对象中符合条件的人员：中华人民共和国成立前参加革命工作的、健在的老战士老同志；中华人民共和国成立后获得国家级表彰奖励及以上荣誉并健在的人员；中华人民共和国成立后因参战荣立一等功以上奖励并健在的军队人员（含退役军人）；为中华人民共和国成立作出杰出贡献的国际友人。2019年1月1日以后去世的，在此次发放范围之内。

纪念章使用铜胎镀金材质，通径为50毫米，主要元素为五星、“70”飘带、团锦结、如意祥云和光芒，主色调为红色和金色。核心部分为五星，代表国家荣誉。“70”飘带象征中华人民共和国70年奋斗历程。团锦结环绕在五星和“70”飘带周围，寓意全国各族人民大团结，构建人类命运共同体的愿景。章体外环以如意祥云、光芒构成，象征人民对美好生活的向往，同时表达隆重庆祝中华人民共和国生日，礼赞国家富强、民族振兴、人民幸福的辉煌成就，以及在70年辉煌奋斗成就的基础上不忘初心、继续前进的坚定决心。

烟草行业1700余人获得“庆祝中华人民共和国成立70周年”纪念章。国家烟草专卖局党组高度重视纪念章发放工作，纪念章的发放对于行业加强爱国主义教育，培育和践行社会主义核心价值观，增强中国特色社会主义伟大事业凝聚力和感召力，具有十分重要的意义。

烟草行业获颁“庆祝中华人民共和国成立70周年”纪念章人员名单[1]

国家烟草专卖局　中国烟草总公司机关

江　明、马尔赤、何泽华、毕静寰、贾宝珍（女）、郑　旭、程佳华

中国烟草机械集团有限责任公司

王道清、蔡　瀚、陈留宝、魏生儒、王少白、陈静文、满　勇、李广英、刘春永、秦建海、齐卫光、付恩德、周培秀(女)、刘峻法、姚增甲、刘福全、张振英、于春政、曾玉桃（女）

中国烟草实业发展中心

杨文彩、于凤云（女）、吴桂荣（女）、杜桂英（女）、刘凤琴（女）、齐　新、王　干（女）、苏桂芝（女）、周国章、赵银芳（女）、陈保华（女）、时英侠（女）、石　山、王汉晨、吴胜全、伏玉芝（女）、杜桂珍（女）、张天聪、邵喜鹏、金秉禄、金章奎、宋永胜、单连振、徐贵阳、董家兴、王清芳、侯殿忠、符玉清（女）、伊淑岩（女）、李玉琴（女）、孙凤洲、于沧海、孙　洁（女）、燕祥林、梁维福、李彧霞（女）、王元一、王宝珍（女）、张德昌、佟恩涛、韩文波、韩英德、郭淑兰（女）、马云普、夜　辉（女）、韩素梅（女）、李胜惠、陈延和、彭凤瑞（女）、毛桂兰（女）、李洪顺、罗连满、饶　畅、迟广俊、戴璞玉、李银珍（女）、张振英（女）、高俊晰、李　华（女）、麻素芳（女）、柴淑兰（女）、刘洪玉、孙国伟、于晓江、阮　见、石自修

北京市烟草专卖局（公司）

陆俊岳、张锡山、董隆德、刘春英、杨锡彬

天津市烟草专卖局（公司）

高荣祥、刘宝荣、杜玉薇（女）

河北省烟草专卖局（公司）

高绪荣（女）、王建国、刘印勤、张振祥、尹秀珍（女）、彭巨林、许小生、赵艳华（女）、栾景春、王银福、陈良柱、张润苓（女）、唐传贤、杨万贵、刘国太、张礼顺、李英昌、王　勇、孟淑真（女）、张吉祥、孙润南、蒋贵珊（女）、关　颖（女）、刘　超、黎洪全、黄永禄、刘芝春、韩树龙、王秀庭（女）、阴成章、乔承俊、杨春荣、张　涛、张新荣（女）、鲁秀琴（女）、刘国栋、张增顺、宋洪昌、王绍波、许风法、刘才平

山西省烟草专卖局（公司）

李华泰、何元志、宣启秀（女）、石建平、董效源、武　镕、樊梦林、李克让、张五货、田心良、边升堂、孙成余、张登林、马凤云、樊玉保、贾福西、李栓柱、李希成、刘兴家、郑福全

内蒙古自治区烟草专卖局（公司）

郭林清、张世有、张　明

辽宁省烟草专卖局（公司）

董　怡（女）、黄芝彩、张德库、高向平、房守礼、李焕池、王永和、吴　健、张新华、徐海润、姜　森、白清旭、李占洲、韩辅廷、王宝播、马桂华（女）、房宇光、付长令

吉林省烟草专卖局（公司）

高桂芝（女）、那有山、陈有山、徐　杰、师洪儒、张云春、张　椿、刘　文（女）、逄唯才、袁书田、白玉琦

---

① 注：烟草行业获颁“庆祝中华人民共和国成立70周年”纪念章人员名单排名不分先后。

黑龙江省烟草专卖局（公司）

张振铎、王国祯、苏廷跃、潘守平、常如昆、郑和春、李　枫、吴选卿、李喜贵、邹本志、李宝才、翟兴贤（女）

上海烟草集团有限责任公司

王文鋆、王天增、徐惠珍（女）、张慧素（女）、侯学敬、刘玉珍（女）、汪鎔柔（女）、韩金统、应梅姿（女）、陈万光、朱　力、张素懿（女）、张　湘（女）、鞠秀英（女）、任惠芝（女）、倪宏众、李长瑞、秦凤洲、徐桂英（女）、姚殿禧、张克平、余朝金、陆学文、李肖克（女）、郭素兰（女）、凌幼梅（女）、杨茂初、徐善康、黄中元、沈敦义、郁凤岐、王日升、金秀芳（女）、刘美荣（女）、吴益新、王树兰（女）、朱梅芳（女）、杨财春、周保生、王瑞兰（女）、王慧珍（女）、程　杰、王文杰、俞佳俊、钟　明

江苏省烟草专卖局（公司）

徐乃章、丁　兢、盛德森、张继芳（女）、韩大忠、朱文卿、郭永翔、张惠中、诸葛超、孙应民、王达平（女）、李树良、罗桂英、金　琳、孙庆伦、焦成益、王世元、郭仁福、王国章、刘志勇、沈　俭、倪人德、吴玉林、朱正英、陈彦堂、王世朴、张传云（女）、黄宜俭、张淑华（女）、钟桂德、王岐云、赵继文、朱长发、寒　星（女）、徐婉萍（女）、张贵政、梅学成、顾松平、侯连喜、孔庆柏、张侃华、程业祥

浙江省烟草专卖局（公司）

张其简（女）、于　敏（女）、朱清多、张荷莲（女）、许季谨（女）、韩玉亭、沈振刚、王玉龙、赵俊德、朱　瑛（女）、马天蕴（女）、秋小谨（女）、逯先俊、丁育正（女）、陈娴娴（女）、李文友、邵淑文（女）、应南月、胡允平（女）、胡宽广、白文义、孙锦康、蔡文彬、王　信、黄知兰（女）、蒋光白、迟玉莲（女）、李维秀（女）、唐明义、蒋世杰、关　军、梁海峰

安徽省烟草专卖局（公司）

蔡瑜珍（女）、薛太茹、杨厚民、王昌国、张长禄、牛正方、王　民、杨文彬（女）、程鸿贤、俞　唐、董学金、李朴三、孙　伟、赵洪真、白忠会、蒋祥林、杜存斌、李秀才、董金友、姜玉英（女）、王善斋、张　恒、王　牧、郭占刚、陈慕堂、王瑞霞、许　超、王传同、胡运畴、林树鹏、郭厚先、慎全寿、宋植禄、陈建美、郑重生、陈　英（女）、焦能效、刘志薇（女）、张鸿兴、王祖佑、胡华林、饶君楠、刘振清、吴锦文、胡富根、刘文昌、汪庆荣、张　磷、姜寿峰

福建省烟草专卖局（公司）

刘义华、周文甫、严圣贵、杨希文、卢春木、巩桂香（女）、潘　辉、赵德松、徐克光、叶赞堂、李天生、邱胜华、卢金来、刘添毅、郑德桐、卓乃生、祖后秀

江西省烟草专卖局（公司）

吕笑然、林贻奎、陈凤兮（女）、胡佑发、邵纯治、刘文镇、冯逸萍、杨清宽、余茂槐、张桂根、白明熙、满宝昌、李国栋、王廷和、刘光济、陈文千（女）、徐国章、古招莲、彭英华、廖魁英、章志新、李　超、余龙云、周晶清

山东省烟草专卖局（公司）

吕贤泽、史娴芳（女）、王铭泉、曲世平、任进德、康成义、孙连福、李玉江、傅　训、贺庆堂、焦守莹（女）、汤化雨、冯延和、张耀宗、徐世平、金志荣、张长江、王祖英、倪惟远、刘　平、季子顺、于庆芝（女）、张希纯、袁学慎、韩学勤（女）、吕相文、王兴德、

杨作清、刘宗美、王成功、曹广文、唐守金（女）、古金铭、乔汝鹏、柳爱贞（女）、孙秉宣、于同谦、矫德良、王新民、史　光、刘林贤、孙信铎、赵秀峰、朱　鹰、于英仕、何洪增、刘恩田、张万忠、于国云（女）、赵洪升、王金奎、陈金才、杨玉山、吴家琪、贾传文、李奎阳、杨传德、高永岚（女）、王长纪、秦苏苏、李乃谋、苏其成、左兴峰、邵世元、肖玉河、刘昌道、丁占禄、刘　钢（女）、汲庆玉（女）、刘秀兰（女）、杨铁生、黄敬箴、武际汉、张佩珍（女）、唐华然、尹宗先、张玉兰（女）、付先海、马继周、王德勤、李瑞亭（女）、王振明、张照芳、张友林、黄秀成、曾昭泉、宋绍群、张洪德、宋　佩（女）、孙富库、延孔来、徐桂英（女）、刘长贵、曹维玉、苏玉伦、张继绥、徐　方、陈同认、唐在清、刘乃芝（女）、李连春、苏加仓、张玉爱（女）、田锡江、刘芝兰（女）、辛以民、刘延臣、赵景祥、张明华、张志强、张炳仁、张崇礼、崔如荷、杜守荣（女）、刘景光、唐竹君（女）、邓　钦、孙传华、田菊兰（女）、王太德、陈发昌、魏绪俭、童汝彬、李德云、郭天正、李佃栋、韩保良、胡忠泉、孙连福

河南省烟草专卖局（公司）

李仙霞（女）、田荣英（女）、马桂云（女）、宫　瑄、王松贵、张守强、杨海法、武绍琦、杨银河、王福修、彭荷藻、申汝慈（女）、朱荣福、王　钦、安顺和、高继武、方起来、王　五、张栓生、贺云祥、李自安、杨文灿、张競先（女）、丁荣贵、运殿阁、杨荣春、范乃贤、徐文显、李殿卿、许兴永、张来玉、李魁举、马保初、张国栋、刘叙伍、何金钟、赵义邦、董井田、李道兴、郑永庆、陈洪轩、高文治、白桂清、时振华（女）、王鸿钧、吴法勤、周湛川（女）、孟庆山、王孟春、曹振立、杨庆宇、张成志、岳付收、田忆秋、金铭扬、黄付民、安颖盘、孙莲香（女）、鹿效廉、彭培士、王月霞（女）、房德功、臧福增、张国良、高庚申、王丙申、张水旺、李瑞芬（女）、赵常然、窦新爱（女）、李月檀、高万峰、朱兆隆、续继章、王进章、林培贤、吕自明、何长周、田长海、裴　钧、郭广春、荆海江、马水龙

湖北省烟草专卖局（公司）

丁洪春（女）、闫凤山、王存瑚、张怀瑞、袁　涛、刘万宝、左　杜、袁宏俭、陈述琴（女）、李柏修、张本孝、张治民、邓继美、余明清（女）、柴梅芬（女）、刘万森、郑长发、王德臣、莫月芳（女）、韩德新

湖南省烟草专卖局（公司）

黄湘筠、谭珠妹、周京生（女）、何　昉、黄　新、黄希达、王林生、施大津、胡诗汉、徐文俊（女）、肖德明、黄忠德、余全新、吕国忠、王传阳、胡昭坤、尹朝祥、刘克服、许朝清、彭子卿、杨振芳、刘发先、王创明、贺国强、王　斌、漆丙丙

广东省烟草专卖局（公司）

陈明洛、李延哲、叶　发、杜艾林、陈仕明、林金娣（女）、齐学友、胡　棉、何少谷、温　川、李凤山、陈佩芳（女）、黄喜水、黄卓明、郑　雄、陈焕平、陈水清

广西壮族自治区烟草专卖局（公司）

樊国英、尹　俊、李秀英（女）、陈正玉、陈嵩麟、王家伦、王　智、杨德周、刘振南、谢云兰（女）、赵立民、莫绍章、邓家珍

海南省烟草专卖局（公司）

罗继华、何文彬、洪廷熙

重庆市烟草专卖局（公司）

付孝刚

四川省烟草专卖局（公司）

顾正秀、马　力（女）、沈　辰（女）、甄尚举、程庆祥、鲁天生、袁青梅（女）、张秀兰（女）、梁敦舫、胡宗武、华　夏、李贤定、王德庆、钟少及、罗祖兴、胡逢源、谭建国、张　晋（女）、王改梅（女）、李正飞、王颖楼、章　胤、王　宽、徐振基、伍登余、张伯勋、康　德、徐桂芝（女）、巩振武、姬　信、吴兴道、白　斌、龚锦华、董兴顺、陈志学、任荣安

贵州省烟草专卖局（公司）

江　淮、常　玉、潘国玉、崔祥云、王景保、冯凤好、张兴福、李银聚、罗廷钊、王永林、杨贵申、赵兴云、周继忠、辛银州、赵洪义、黄振文、周俊伟、倪佰芳、蒙国华、王范五、徐叙仁、冉顺成、姜玉贵、杜维明、黎　明、靳云海

云南省烟草专卖局（公司）

杨东方、孟大中、朱　耀、刘定凤（女）、蔡树嘉、高　光、陈兴华、汪石祥、刘文昌、李毅斌、孔德璜、刘巨德、徐立本、夏延算、杨孝国、张遂德、张青云、杨光明、夏承初、王文贤、杨正余、李文雍、姜保生、刘家明、陈双善、徐　全、吴立勋、陆加祥、于文龙、吴开基、秦维新、黄　腾、唐玉仙（女）、姚少武、汪云祥、龚长安、唐天贵、李嘉良、赵汉科、薛　勇、张凤全、郑天一、李万兴、李忠臣、贾国安、章仕文、宋家珍、王忠英、生希柳、任富贵、阮秀珍、李鸿举、任鸿义、李穗明、冯福春、田满堂

陕西省烟草专卖局（公司）

樊向辰、李致祥、梁炳章、张焕增、杨志刚、朱思文、魏　庆、王志虎、李自力、王青和、杨文经、马文永、杨发林、吴崇光、张志高、洪清洲、张德芳、吕新录、闫佰灵、姚学武、余竞先、乔树堂、张　军、杨庭华、周福茂、鲁中华、宋志珍、刘香香（女）、窦鸿志、贺青山、蒋志应、李绪坤

甘肃省烟草专卖局（公司）

白俊山、史　池、左名榜、黄　培、赵有为、柴伟民、赵国钧、石如彦、李景澄、卢　俊

青海省烟草专卖局（公司）

张忠海

宁夏回族自治区烟草专卖局（公司）

段金良

新疆维吾尔自治区烟草专卖局（公司）

李树森、多里坤·阿西木

大连市烟草专卖局

曹学田、姜玉科、陈春芝、杨和瑞

深圳市烟草专卖局（公司）

江福仁、叶桂珍（女）

河北中烟工业有限责任公司

贾玉芬（女）、苏汉敏（女）、张桂勉（女）、冯玉兰（女）、张秀英（女）、李全友、李运秋、余敬秀（女）、尹秀英（女）、郝连仲、魏喜来、石砚立（女）、李维娜（女）、齐奉武、李正兴、唐福录、贾方连、吴栓青、杨运章、郭延聚、胡自强、康晓春、孙　斌、杨之彪

江苏中烟工业有限责任公司

夏会荣、潘志坚、张声浩、史发华、赵家田（女）、吴　敏（女）、李桂珍（女）、隋海滨、陶汉清、闫秀杰（女）、沈爱华（女）、梁　英（女）、陈　平（女）、王志珍（女）、付怀英（女）、彭　明（女）、吕金芳（女）、吴　勇、郭　明（女）、李秀华（女）、顾文英（女）、

罗　芳（女）、汪永法、张爱莲（女）、谢桂芳（女）、曹秀英（女）、刘　华（女）、姜秀凤（女）、赵盛福、张守玉（女）、王春燕（女）、李玉凤（女）、胡佑梅（女）、吴秀兰（女）、郭庆英（女）、沈汝华（女）、花维珍（女）、彭兰英（女）、马志英（女）、童玉英（女）、韩玉兰（女）、宋锦珠（女）、高训芳（女）、周昌祥、曾献兵、张铭业、姚义珠（女）、薛兆明、张岩磊、陈　凯、张　映

浙江中烟工业有限责任公司

毛连根、花俊峰、李加光、孙贤良、储　敏（女）、杨爱婷（女）、郑翠娟（女）、史小凤（女）、包荷香（女）、史阿三（女）、曹鹤年、王葵香、汪文良、沈西年、韩信昌、胡阿乖（女）、朱全甫、赵阿凤（女）、徐阿菊（女）、林凤仙（女）、缪永菊（女）、李月莲（女）、金玲娣（女）、李宝珠（女）、徐瑞甫、朱秀凤（女）、励瑞娥（女）、陈银翠（女）、唐爱娣（女）、叶月高（女）、王玲云（女）、阮小妹（女）、顾秀清（女）、童福妹（女）、谢龙娟（女）、沈夏兰（女）、王桂英（女）、叶根娣（女）、章素兰（女）、陈菊卿（女）、朱菊玲（女）、李根娣（女）、夏阿菊（女）、徐芝玲（女）、戴孝婷（女）、周杏云（女）、王阿芬（女）、张秀清（女）、张莲娣（女）、傅月仙（女）、徐翠玉（女）、林秀娟（女）、沈孝英（女）、高贵堂、黄保英、张德意（女）、史珠兰（女）、王秀英（女）、夏萍舟（女）、桑阿秀（女）、黄传康、陆凤美（女）、徐金凤（女）、戴玉玲（女）、汪月清（女）、张仁英（女）、张水英（女）、王小毛（女）、朱秀英（女）、周婷婷（女）、林福妹（女）、林三妹（女）、支友娣（女）、石秀英（女）、陈文梅（女）、罗秀凤（女）、包根娣（女）、贝珍珠（女）、吴素非（女）、方玲娣（女）、田花英（女）、卢财娣（女）、张玉华（女）、屠秀菊（女）、张荷娣（女）、钱荷英（女）、周阿二（女）、陈定梅（女）、梁瑞娣（女）、陈翠娣（女）、赖宝娣（女）、徐信菊（女）、孙修海（女）、闻雅梅（女）、邱夏妹（女）、陈惠英（女）、裘庆绒（女）、杨翠娥（女）、钱财娣（女）、徐翠凤（女）、陈阿玉（女）、曹桂娣（女）、严玲花（女）、励菊娥（女）、张金娣（女）、叶玉英（女）、王华章、孙英娣（女）、陈银凤（女）、范德美（女）、蔡美云（女）、陈永娣（女）、钟云妹（女）、杨良槐、皇甫秀月（女）、刘秀兰（女）、柴翠菊（女）、陈菊娣（女）、徐阿四（女）、张秀卿（女）、仲玲娣（女）、史美娥（女）、周定珍（女）、傅玉婷（女）、陈秀珍（女）、张素英（女）、张小毛（女）、陈菊英（女）、单美英（女）、倪腰娣（女）、卢秀宝（女）、陈美莉（女）

安徽中烟工业有限责任公司

赵秀荣（女）、方金兰（女）、芮　林（女）、於秀英（女）、李敬英（女）、赵桂兰（女）、张其君（女）、谷云珍（女）、王雪兰（女）、李玉英（女）、谢其云（女）、张文纪（女）、杨素云（女）、刘素云（女）、秦景明（女）、柳俊英（女）、李素芹（女）、李秀兰（女）、谢玉英（女）、毕月英（女）、徐世兰（女）、赵传荫、张逢运、冯　敏（女）、王彩凤（女）、高荣华（女）、巩贺兰（女）、赵凤兰（女）、曹桂兰（女）、钱玉英（女）、刘秀英（女）、马素珍（女）、王兰英（女）、万秀英（女）、亓培珍（女）、代春莲（女）、蒋　彬、马志民（女）、亓淑贤（女）、吴秀英（女）、庄秀芹（女）、蒋素珍（女）、杨士英（女）、王秀英

（女）、万素侠（女）、刘振颖（女）、杜秀珍（女）、张文兰（女）、康素清（女）、杨月萍（女）、谢兆华、吴恩谋、徐梦岐、邓　敏（女）、王纪刚、尹计高、姜　英（女）、刘建成、王兆权、彭玉伟、李文忠、顾雪帮、徐经常、高厚德、吴新琦、葛同裕、王多昌、张天德、余保英（女）、张建球、孙淑华（女）、相良华、王太传、余先熙、马洪宣、张秀英（女）、龚素萍（女）、李艾华（女）、张文英（女）、韩允兰（女）、楚玉明（女）、齐国兴、马振玲、时其召、薛长久、吕祥平、王永英（女）、王怀英（女）、张玉琴（女）、赵怀玉（女）、沙建华、徐毕发、毕培元

福建中烟工业有限责任公司

王艮坤、张陈章（女）、刘琴（女）、赖鞍山、李志勇、兰志勇

江西中烟工业有限责任公司

熊国袖、熊世森、陈如英（女）、黄　平、王建立、王秀英（女）、倪风华

山东中烟工业有限责任公司

宋仁如、李风祥、姬桂兰（女）、肖金凤（女）、李秀英（女）、秦秀兰（女）、鲁守仁、冉桂云（女）、杨桂芳（女）、王　杰（女）、孟玉华（女）、孙洪英（女）、宋巧云（女）、霍玉君（女）、姚云辉、田玉华（女）、李秀红（女）、李翠芬（女）、居焕英（女）、张桂美（女）、赵文青（女）、杨玉静（女）、曹凤英（女）、乔兴河、李金兰（女）、常秀兰（女）、王金兰（女）、冯　涛、邢绪鑫、孙传绪、刘玉珍（女）、商桂兰（女）、祝秀兰（女）、陈淑贞（女）、乔玉萍（女）、姜玉美（女）、张桂珍（女）、李淑兰（女）、杨淑芬（女）、董树兰（女）、韩桂兰（女）、李恒贞、朱桂兰（女）、王云贞（女）、孙　孚、石惠芳（女）、裴玉玲（女）、王桂红（女）、赵进辉（女）、王凤兰（女）、林玉雯（女）、吴学恭、艾凤山、霍明德、于淑凤（女）、储连玉、高若冰（女）、马延亭、刘玉平、窦景雯（女）、孙跃金、宋淑敏（女）、王秀英（女）、于桂英（女）、栗　杜、孙秀芬（女）、尚振鹅、孙成欣（女）、邱玉英（女）、梁有泉、周桂英（女）、刘广林、吕元新、许岱岩、徐相成、孙立英（女）、王立绪、隋和兰（女）、陈凤英（女）、门继忠、张继伦、唐秀玲（女）、张新芳（女）、郭东淮、郭立山、连国玺、何善臻（女）、丁春英（女）、张新奇（女）、祁传声、张丽芳（女）、郑进贤、王同秀（女）、盛锡海（女）、田秀荣（女）、陈淑琴（女）、张继霞（女）、赵亮吉、王桂兰（女）、邢玉霞（女）、尹秀兰（女）、鞠凤玉（女）、陈凤华（女）、刘继霞（女）、李桂云（女）、苏云秀（女）、魏淑华（女）、刘清菊（女）、沙心兰（女）、马风兰（女）、康宝兰（女）、王荣新、李桂芳（女）、张季春（女）、蔡玉梅（女）、朱宝珍（女）、贾秀美（女）、张祖云（女）、刘金美（女）、任玉兰（女）、马秀芝（女）、刘平凡（女）、张秀文（女）、张秀美（女）、时金美（女）、康宝红（女）、于美兰（女）、胡桂英（女）、蒋庆英（女）、王桂英（女）、蒋秀英（女）、顾学英（女）、徐秀美（女）、孙广兰（女）、蒋庆梅（女）、魏淑芬（女）、郭凤美（女）、马光泉、刘成秀（女）、李延华（女）、郝秀美（女）、刘景芬（女）、丁桂云（女）、范德云（女）、鞠凤芳（女）、郭凤英（女）、丁秀珍（女）、房崇会、马厚玲（女）、杨玉新、李桂庄（女）、张蕴芝（女）、刘文玉（女）、王素珍（女）、丁秀云（女）、房同文、刘景芳（女）、丁兰梅（女）、鞠桂红（女）、鞠凤秀（女）、李郁英（女）、陈伯贞（女）、王敏英（女）、冯桂兰（女）、宋月英（女）、臧玉青（女）、宋惠蕴（女）、齐跃珍（女）、于淑琴（女）、齐炳惠

（女）、张新萍（女）、马毓贤（女）、李会英（女）、佟立青（女）、吴秀芹（女）、王炳香（女）、孟秀莲（女）、罗丽华（女）、宋会贞（女）、吴延兴、李惠贞（女）、李桂芬（女）、张金兰（女）、白玉生、黑玉玲（女）、赵风芹（女）、彭加贵（女）、颜桂亭（女）、李书贞（女）、许芝印、武永山、赵书堂、张玉娥（女）、付际友、耿寿平（女）、马玉梅（女）、杨玉清（女）、闫淑英（女）、代桂兰（女）、孙广然、郭秀清（女）、金淑贞（女）、洪书英（女）、徐秀荣（女）、姜秀英（女）、刘月荣（女）、李兰英（女）、徐桂兰（女）、杨桂芳（女）、李玉英（女）、李桂芬（女）、张汝兰（女）、潘淑英（女）、王桂风（女）、白玉喜（女）、郑惠长（女）、徐金香（女）、胡书元（女）、宋金英（女）、张桂兰（女）、陈玉萍（女）、陈玉华（女）、张国秀（女）、冀会玲（女）、安风岭（女）、马俊玲（女）、丁桂兰（女）、李桂英（女）、刘淑贤（女）、王玉贞（女）、丁桂英（女）、张淑玲（女）、徐金英（女）、刘淑华（女）、任惠兰（女）、王淑芹（女）、郑合兰（女）、成玉芝（女）、王风斌（女）、李桂珍（女）、张四巧（女）、张桂秋（女）、吕瑞兰（女）、潘杏兰（女）、张喜云（女）、张玉巧（女）、陈桂芝（女）、盛佩珍（女）、夏奇珍（女）、袁明云、王秋莲（女）、丁秋风（女）、魏江淮、崔秋阁（女）、李秀兰（女）、刘玉雪（女）、李月寒（女）、赵爱荣（女）、陈殿云（女）、孟月阁（女）、魏江波、张雪云（女）、王廷阁（女）、刘宝钗（女）、杨守田、晁翠荣（女）、刘玉梅（女）、常继承、田桂连（女）、张东菊（女）、张玉芬（女）、赵秋梅（女）、段素华（女）、郝富荣（女）、李三巧（女）、张桂先（女）、张雪荣（女）、王存阁（女）、张爱芹（女）、张遂莲（女）、程继忠、黄继友、王　彬、蒲　强

河南中烟工业有限责任公司

万　杰、史景茹（女）、刘长春、刘致宗、陈玉顺（女）、靳廷良、张春堂、高双林、张银春、袁留枝（女）、杨再山、王风义、陈玉芳（女）、宋华平（女）、任莲英（女）、赵雪英（女）、张慧玲（女）、吕桃花（女）、李秀文（女）、焦春菊（女）、帖汝贞（女）、张翠云（女）、许秀玲（女）、蔡荷花（女）、祝秀英（女）、田喜云（女）、马铭梅（女）、王秀英（女）、王爱芳（女）、李　华（女）、徐宝梅（女）、高桂云（女）、谢书文（女）、王秀荣（女）、田秀英（女）、王兰草（女）、姚淑惠（女）、朱桂荣（女）、梁秋云（女）、刘桂莲（女）、王月琴（女）、魏秀芳（女）、陈桂荣（女）、高秀云（女）、卜祥美（女）、梅玉琴（女）、尚文甫（女）、阴桂荣（女）、孟广清（女）、李小青（女）、王桂珍（女）、高秀英（女）、姚玉兰（女）、路　珍（女）、王衍水、谢小凤（女）、孙莲香（女）、李金娥（女）、曹玉枝（女）、栗桂荣（女）、李秀珍（女）、胡爱枝（女）、王跃宗、姜桂兰（女）、马改荣（女）、聂秀花（女）、蔡秀恺（女）、魏长海、赵菊花（女）、罗士俊、刘镜彩（女）、徐秀荣（女）、杨秀菊（女）、程纪先（女）、华绍梅（女）、姜素英（女）、潘延祥、孙绍春、吕明义、李德良、张焕英（女）、翟秀枝（女）、陈玉珍、张付贵、胡振北、郭平兰（女）、王月娥（女）、王金枝（女）、杨秀枝（女）、李秀兰（女）、李泮功、徐士林、许立朴、祝青玉（女）、赵德瑞（女）、胡秀英（女）、方秀云（女）、马荣花（女）、张新莲（女）、李翠英（女）、石秀芳（女）、刘玉莲（女）、王秀琴（女）、李学由、代月喜、赵玉才、刘凤英（女）、薛五妞（女）、邓玉贞（女）、丁桂香（女）、周桂兰（女）、魏秀珍（女）、薛桂兰（女）、王平治、林秀云（女）、孙　能（女）、李巧让（女）、靳凤菊（女）、郭治国、张树山、王建敏（女）、宋志刚、张天州、张秀梅（女）、李世荣（女）、杨玉兰（女）、童会玲（女）、朱金凤（女）、

孙桂英（女）、耿翠莲（女）、桑凤英（女）、王富云（女）、张春英（女）、桑玉坤（女）、刘爱芹（女）、李树芳、姚东风（女）、高卫军、李东福、陈广慧（女）、张新锋、秦志强、苏光荣

湖北中烟工业有限责任公司

朱慕尧、熊遵礼、李先利、黄文奇、彭明权、吕有农、段子旬

湖南中烟工业有限责任公司

宋树勋、罗俭熙（女）、任维常（女）、庞少俊、王佐臣、孟祥政、彭国范（女）、邓福湘、陈泽先、程贯一、宋福生、李桂华（女）、唐茂桂、肖寿松、陈彤新、喻树洪、马昌江、陈苏生、周少华

广东中烟工业有限责任公司

肖官幼、陈　梧、李　立、罗维娜（女）、邓超华、王德盛、丑妙珍（女）、潘胜才、李根基、林孟昌、刁东田、饶智华

广西中烟工业有限责任公司

罗　毅、张雨夏、刘杏春（女）、黄邕良

重庆中烟工业有限责任公司

戴　滔、费远奎

四川中烟工业有限责任公司

王贵楼、刘光亚、王　伟（女）、毕奎荣、李存林、方启辉

贵州中烟工业有限责任公司

程若兰（女）、廖红彬、尹思珠、周月圆、韩　吉（女）、郑　珉、程　青（女）、林乐芳（女）、夏应忠、郝忠奎、郭文华、贺思建、张中伟、武朝山、姜玉乾、占　季、李敬一、毕信章、刘云甫、王勤华、范玉芬、柴　钧、何道明、邱克顺、候靖民、刘玉勇

云南中烟工业有限责任公司

李家权、陈　实、撒玉仙（女）、龚树芬（女）、汪成开、崔俊文、张素芬（女）、朱喜勤、孟范礼、朱炳彦、李福堂、马灿章、龚绍康、杨竹英（女）、胡玉书（女）、黄桂珍（女）、杨文杰、毛金安、王永福、许　宗、彭翠玉（女）、谭禹绩、李丽玲（女）、李培华（女）、张维新、张天福、杨　禾、周全塑、李学贵、柴惠仙（女）、王荣珍（女）、侯学邦、官应泽、窦若桂（女）、王竹堂、董方元、王绍英（女）、褚时健、熊润英（女）、赵国钧、吴佩雍、王　昆、傅发武、李兰秀（女）、李建平、张昆华、缪明明、夜礼斌、李　虎、罗志强、刘　江、王　靖、贾星则、舒洪章、范尚智、李同海、梁　萍（女）、蒋义莲（女）、熊　雄、赵玉生

陕西中烟工业有限责任公司

王风才、孟宪彬、赵　东、李振荣、张齐恩、侯启仓、白玉学、常选文、魏　东、陈　晖、严金虎、吴豪杰、朱东华、祁　磊、向建平、张仓船、贾引成、邓兴强、姜忠明

中国烟草总公司郑州烟草研究院

康菊生、薛群善、姜彭彬（女）、于书田

中国烟草总公司职工进修学院

白玉衡

南通醋酸纤维有限公司

王守仁、陈旭东、孙桂泉、杨占平

珠海醋酸纤维有限公司

王　军

◇供稿：国家局人事司、行业各直属单位；编辑：褚　幸　张　帅

先进人物和先进集体

先进人物名单

【烟草行业获评全国民族团结进步模范个人名单】

（国务院关于表彰全国民族团结进步模范集体和模范个人的决定）（国发〔2019〕20 号）（2019 年 9 月 24 日发布）

杨精泽（侗族）　贵州省黔东南苗族侗族自治州剑河县烟草专卖局（分公司）内管员、驻台沙村第一书记

周　红　四川省甘孜藏族自治州理塘县烟草专卖局（分公司）副局长

【烟草行业全国五一劳动奖章获得者名单】　（中华全国总工会关于表彰 2019 年全国五一劳动奖和全国工人先锋号的决定）（总工发〔2019〕14 号）（2019 年 4 月 23 日发布）

吕　忠　红云红河烟草（集团）有限责任公司曲靖卷烟厂制造一部修理班副班长

袁　坤　云南省昭通市烟草专卖局（公司）首席烘烤师

【烟草行业全国技术能手名单】　（人力资源社会保障部关于授予职业技能竞赛优秀选手全国技术能手荣誉的决定）（人社部发〔2019〕10 号）（2019 年 1 月 15 日发布）

谭　润　湖南省长沙市烟草专卖局（公司）

张　瑾　山西省太原市烟草专卖局（公司）

洪璐瑶　浙江省台州市烟草专卖局（公司）

（人力资源社会保障部关于授予职业技能竞赛优秀选手全国技术能手荣誉的决定）（人社部发〔2019〕55 号）（2019 年 7 月 1 日发布）

陆　欣　上海烟草包装印刷有限公司

谢　黎　上海烟草包装印刷有限公司

范庆闰　上海烟草包装印刷有限公司

【烟草行业获评第十二届中国青年志愿者优秀个人名单】　（共青团中央关于表彰第十二届中国青年志愿者优秀个人奖、组织奖、项目奖的决定）（中青发〔2019〕14 号）（2019 年 12 月 23 日发布）

李先军　山东省临沂市沂南县烟草专卖局（分公司）

【烟草行业获评全国“七五”普法中期先进个人名单】　（全国普法办关于通报表扬“七五”普法中期先进集体和先进个人的决定）（普法办〔2019〕9 号）（2019 年 11 月 6 日发布）

翟晓强　天津市烟草专卖局（公司）法规处处长

卢国胜　湖北省烟草专卖局（公司）法规处处长

赖远程　深圳市龙华区烟草专卖局（公司）党组书记

沈凌华　云南中烟工业有限责任公司法律与改革部部长

郭　群　广西中烟工业有限责任公司法律与改革部副部长

【烟草行业专卖管理技能标兵名单】　（国家烟草专卖局关于授予王立山等三名同志烟草行业专卖管理技能标兵的决定）（国烟人〔2019〕82 号）（2019 年 3 月 22 日发布）

王立山　天津市烟草专卖局（公司）

邹盛成　江西省宜春市烟草专卖局（公司）

徐少卿　上海市烟草专卖局（上海烟草集团有限责任公司）

【烟草行业第七届劳动模范名单】　（国家烟草专卖局关于表彰全国烟草行业第七届先进集体和劳动模范的决定）（国烟人〔2019〕99 号）（2019 年 4 月 19 日发布）

北京市烟草专卖局（公司）

郑思贤　朝阳区烟草专卖局（公司）党组书记、局长、经理

天津市烟草专卖局（公司）

王　智　营销中心党委书记、经理

河北省烟草专卖局（公司）

王武朝　邯郸市成安县烟草专卖局（营销部）党组书记、局长、经理

刘文利　石家庄市藁城区烟草专卖局（分公司）专卖监督管理科科长

河北中烟工业有限责任公司

杨晓健　河北白沙烟草有限责任公司卷接包车间维修班班长

史红星　河北白沙烟草有限责任公司保定卷烟厂卷接包车间高速卷接机组司机

山西省烟草专卖局（公司）

王亚东　长治市沁源县烟草专卖局（营销部）副局长、副经理

张民锁　临汾市烟草专卖局（公司）专卖监督管理科科长

内蒙古自治区烟草专卖局（公司）

张若宇　鄂尔多斯市烟草专卖局（公司）党组书记、局长、经理

辽宁省烟草专卖局（公司）

于　勇　辽阳市烟草专卖局（公司）信息中心主任兼营销中心主任

吉林省烟草专卖局（公司）

姚　望　长春市烟草专卖局（公司）专卖监督管理处副处长

黑龙江省烟草专卖局（公司）

曲春波　哈尔滨市烟草专卖局（公司）计划处调研员兼技术总监

上海烟草集团有限责任公司

王　志　上海卷烟厂一车间职工

洪　强　天津卷烟厂二车间职工

许　征　上海烟草包装印刷有限公司凹印车间职工

江苏省烟草专卖局（公司）

李玉峰　专卖监督管理处调研员

周　慧　南京市浦口区烟草专卖局（分公司）客户服务科科长

周雪晖　苏州市烟草专卖局（公司）卷烟物流配送中心经理

江苏中烟工业有限责任公司

黄　彪　市场营销中心主任

厉德俊　南京卷烟厂生产制造处卷包线设备员

浙江省烟草专卖局（公司）

郑利民　衢州市烟草专卖局（公司）原办公室（安保处）处长

周文舞　温州市泰顺县烟草专卖局（分公司）市场部客户经理

朱　锤　嘉兴市烟草专卖局（公司）配送中心物流师

浙江中烟工业有限责任公司

虞华东　市场营销部业务二部市场经理

周　江　杭州卷烟厂卷包车间烟机维修高级技师

安徽省烟草专卖局（公司）

刘新华　黄山市烟草专卖局（公司）党组书记、局长、经理

江　峰　马鞍山市烟草专卖局（公司）办公室副主任

胡发运　华环国际烟草有限公司设备部机电工程师

安徽中烟工业有限责任公司

黄　剑　芜湖卷烟厂党委书记、厂长

王少华　阜阳卷烟厂制丝车间机械维修工

福建省烟草专卖局（公司）

张族云　漳州市漳浦县烟草专卖局（分公司）党支部书记、局长、经理

张明强　南平市顺昌县烟草专卖局（分公司）埔上烟草站副站长

福建中烟工业有限责任公司

林天勤　龙岩烟草工业有限责任公司制丝车间技术组组长

谢金栋　技术中心副主任

江西省烟草专卖局（公司）

涂安楠　九江市烟草专卖局（公司）人事科科长

洪光华　上饶市烟草专卖局（公司）物流配送中心副主任

江西中烟工业有限责任公司

罗海涛　技术中心产品研究部副部长（主持工作）

吕　昔　市场营销中心副经理

山东省烟草专卖局（公司）

丁锡汉　综合计划处处长

蔡海英　威海烟草有限公司物流配送中心储配部分拣员

张　勇　临沂市烟草专卖局（公司）专卖科（稽查支队）案审员

侯天伟　瑞博斯烟草有限公司设备动力科设备技术员

山东中烟工业有限责任公司

秦　宁　将军烟草集团有限公司党组书记、董事长

赵永华　市场营销中心北京区域经理

河南省烟草专卖局（公司）

宁　可　洛阳市城区烟草专卖局（分公司）党组书记、局长、经理

齐尚山　安阳市滑县烟草专卖局（分公司）驻半坡店乡闫河屯村第一书记

蒋斯薇　开封市烟草专卖局（公司）营销中心电子商务部主任

王建征　三门峡市卢氏县烟草专卖局（分公司）城关烟叶工作站站长

河南中烟工业有限责任公司

李震宇　安全管理部部长

刘　川　市场营销中心山东销区市场经理

卫　剑　安阳卷烟厂卷包部设备员

湖北省烟草专卖局（公司）

李锡宏　烟草科学研究院烟草病虫害研究中心研究员

付华森　宜昌市烟草专卖局（公司）卷烟配送中心经理

湖北中烟工业有限责任公司

杨　俊　恩施卷烟厂川藏区域营销总监

周宏兵　襄阳卷烟厂制丝车间维修班班长

彭三文　卷烟材料厂技术中心主任

湖南省烟草专卖局（公司）

刘昕兮　岳阳市临湘市烟草专卖局（分公司）党组成员、副局长

黄雪峰　株洲市烟草专卖局（公司）营销中心客户经理

向鹏华　衡阳市烟草专卖局（公司）烟叶生产技术中心高级农艺师

杨金马　湘西土家苗族自治州保靖县烟草专卖局（分公司）花保区域中转站保靖分站配送员

湖南中烟工业有限责任公司

曾令刚　常德卷烟厂一车间包装技术员

李　诚　长沙卷烟厂设备工程部设备管理技术员

张春晓　办公室媒体专员

广东省烟草专卖局（公司）

张丹丹　韶关市南雄市烟草专卖局（分公司）烟叶管

理部农艺师

李俊毅　广州市烟草专卖局（公司）物流配送中心信息维护员

苏添旺　珠海市斗门区烟草专卖局（分公司）稽查员

广东中烟工业有限责任公司

麦　健　法律与改革部部长

李继波　湛江卷烟厂主任工程师

广西壮族自治区烟草专卖局（公司）

苏建国　百色市烟草专卖局（公司）党群工作科正科级干部

梁立生　河池市大化县烟草专卖局（营销部）卷烟中转站配送员

广西中烟工业有限责任公司

冯守爱　技术中心应用基础研究所特色材料研究室主任

海南省烟草专卖局（公司）

马　江　琼海市烟草专卖局（公司）人事科副科长

重庆市烟草专卖局（公司）

陈军华　丰都县烟草专卖局（分公司）武平烟叶工作站太平烟叶收购点点长

马　兰　渝北区烟草专卖局（分公司）客户服务部主任

潘必胜　物流分公司技术设备部副部长

重庆中烟工业有限责任公司

何　蓉　技术中心副主任

谢成坤　黔江卷烟厂卷包车间修理工

四川省烟草专卖局（公司）

周　红　甘孜藏族自治州理塘县烟草专卖局（分公司）副局长

李　斌　凉山彝族自治州德昌县烟草专卖局（分公司）烟叶科副科长

余祥文　烟草科学研究所高级农艺师

任志恒　南充市嘉陵区烟草专卖局（分公司）专卖管理科科长

四川中烟工业有限责任公司

殷　发　西昌卷烟厂生产科协助负责人

邓　石　市场营销中心苏沪区域总监

贵州省烟草专卖局（公司）

丁　伟　遵义市烟草专卖局（公司）原党委书记、局长、经理

商胜华　烟草科学研究院农艺研究中心副研究员

程　兴　烟叶复烤有限责任公司湄潭复烤厂副厂长

袁玉波　黔南布依族苗族自治州惠水县烟草专卖局（分公司）驻村第一书记

贵州中烟工业有限责任公司

赵红枫　原料供应中心工艺质量科质量总检

梁正忠　贵阳卷烟厂三车间主任

云南省烟草专卖局（公司）

朱艳梅　昆明市石林县烟草专卖局（分公司）党总支书记、局长、经理

张本亚　曲靖宣威市烟草专卖局（分公司）生产经营科科长

杨振辉　大理市烟草专卖局（分公司）专卖稽查大队大队长

苏明光　红河哈尼族彝族自治州烟草专卖局（公司）物流分公司蒙自中转站站长

肖炳光　烟草农业科学研究院烟草育种与生物技术研究中心主任

云南中烟工业有限责任公司

杨存龙　红塔烟草（集团）有限责任公司玉溪卷烟厂制丝二车间机械修理工

吕发庆　红云红河烟草（集团）有限责任公司会泽卷烟厂卷包车间主任

陈　勇　营销中心山东分中心总监

王国琦　红塔烟草（集团）有限责任公司玉溪卷烟厂卷包一车间修理工

段明祥　云南烟草国际（缅甸）服务有限公司总经理

西藏自治区烟草专卖局（公司）

旺　扎　阿里地区烟草专卖局（公司）党组书记、经理、副局长

陕西省烟草专卖局（公司）

李荣国　西安市烟草专卖局（公司）物流分公司储配部部长

王　斐　汉中市西乡县烟草专卖局（分公司）客户服务部副主任

陕西中烟工业有限责任公司

李宛洪　延安卷烟厂卷包车间维修技师

甘肃省烟草专卖局（公司）

孙　军　天水市烟草专卖局（公司）党组书记、局长、经理

青海省烟草专卖局（公司）

张存珍　海东市民和回族土族自治县烟草专卖局（营销部）局长、主任

宁夏回族自治区烟草专卖局（公司）

张元锁　吴忠市烟草专卖局（公司）局长、经理

新疆维吾尔自治区烟草专卖局（公司）

高　强　巴音郭楞蒙古自治州烟草专卖局（公司）物流配送中心送货员

深圳市烟草专卖局（公司）

詹玉铭　物流中心、技术部科长

中国烟草机械集团有限责任公司

李小平　常德烟草机械有限责任公司研究所主任工程师

中国烟草实业发展中心

李力群　内蒙古昆明卷烟有限责任公司产品研发维护部部长

陈海滨　黑龙江烟草工业有限责任公司哈尔滨卷烟厂制丝车间技术员

孙庆国　吉林烟草工业有限责任公司长春卷烟厂卷包车间副主任

中国烟草总公司郑州烟草研究院

范　黎　中国烟草标准化研究中心主任

中国烟草总公司职工进修学院

周正凯　信息中心主任、高级讲师

中国烟草总公司合肥设计院

李桂民　设计处（总工办）副总工程师

南通醋酸纤维有限公司

刘英杰　电仪维修部分析仪表工程师

昆明醋酸纤维有限公司

孙　玲　安全管理部环保、职业卫生工程师

珠海醋酸纤维有限公司

张海滨　机械维修部部长

◇ 编辑：褚　幸

先进人物简介

【全国民族团结进步模范个人】

杨精泽　贵州省黔东南苗族侗族自治州剑河县烟草专卖局（分公司）内管员、驻台沙村第一书记

杨精泽（左）

杨精泽，男，1963 年 5 月生，中共党员，贵州省黔东南苗族侗族自治州剑河县烟草专卖局（分公司）内管员、驻台沙村第一书记。2019 年，被国务院授予“全国民族团结进步模范个人”称号。

杨精泽于 2006 年 3 月参加工作，先后任贵州省剑河县南明烟叶站烤烟辅导员、技术员、站长；2015 年 9 月起，任剑河县分公司专卖内管员。2016 年以来，杨精泽先后被评为黔东南苗族侗族自治州“优秀村第一书记”“优秀共产党员”，“贵州省民族团结进步模范个人”，被授予“贵州省五一劳动奖章”。

按照同步小康驻村帮扶工作安排部署，杨精泽被选派到深度贫困少数民族村——贵州省剑河县南明镇台沙村，2015 年 3 月起任台沙村第一书记。自驻村以来，杨精泽扎实履行第一书记职责，精准识贫、精准扶贫，因地制宜、精准施策，引导建强村级党组织，投资金、找项目、筹捐款，建设施、抓培训、搞产业，带领贫困群众开创脱贫致富门路、不断发展壮大村集体经济，成功摘掉国家二级贫困村帽子，得到当地少数民族群众的认可。

周　红　四川省甘孜藏族自治州理塘县烟草专卖局（分公司）副局长

周　红（左）

周红，女，汉族，1971 年 11 月生，中共党员，四川省甘孜藏族自治州理塘县烟草专卖局（分公司）副局长。2019 年，被国务院授予“全国民族团结进步模范个人”称号。

周红于 1987 年 12 月参加工作，2003 年进入甘孜藏族自治州烟草专卖局（公司），逐步从客户经理成长为理塘县局（分公司）副局长，2018 年 3 月起任理塘县麦洼乡卡龚村第一书记。周红先后被评为“四川省五一巾帼标兵”“四川省烟草行业优秀共产党员”“‘两烟强省’突出贡献个人”“甘孜州先进个人”；2019 年被评为“烟草行业劳动模范”，并被授予“四川省五一劳动奖章”。

周红是藏汉民族团结的促进者。在工作和生活中，始终牢记民族关系中的“三个离不开”，充分尊重少数民族的民风民俗和宗教信仰，维护藏汉关系，促进民族团结。为化解宗教信仰和市场经济活动之间的矛盾，深入寺庙开展“爱国、感恩、守法、团结”宣传，引导宗教信仰与社会主义相适应，在平等自愿的原则下传播宗教理念，得到大部分僧侣的接纳和认同。

【全国五一劳动奖章获得者】

吕　忠　云南中烟红云红河集团曲靖卷烟厂制造一部修理班副班长

吕　忠

吕忠，男，1968 年 4 月生，高级技师，云南中烟红云红河集团曲靖卷烟厂制造一部修理班副班长。2019 年，被中华全国总工会授予“全国五一劳动奖章”。

1985 年，吕忠进入曲靖卷烟厂工作，先后被评为“全国技术能手”“烟草行业技术能手”“云南省五一劳动奖章”“云南省劳动模范”“云南首席技师”。2018 年 11 月，吕忠劳模创新工作室被云南省总工会命名为“云南省劳模创新工作室”。

吕忠致力于重大科研项目和生产设备技术改进，发明

ZJ17 卷接机组梗丝分离系统，回收利用原机分离出的梗签中的成品烟丝，每年可为企业节约成品烟丝 3000 余万元；利用互联网技术研发的包装机组小包外观检测监控系统，大幅提升设备维修保养质效和产品检测精度；带领团队自主研发的 C800 – BV 条盒胶点视觉检测系统，可以有效解决在生产中经常出现的少胶、无胶质量隐患。2017 年，“吕忠大师工作室”成立，吕忠带领工作室完成攻关创新项目 57 项，申报 6 件发明专利和 20 余件实用新型专利，并获得多件授权；在《烟草科技》《包装工程》等科技杂志发表论文 10 余篇；培养多名维修人员，在问题攻关、技术创新、人才培养等方面取得显著成绩。

袁　坤　云南省昭通市烟草专卖局（公司）首席烘烤师

袁　坤

袁坤，男，1977 年 1 月生，中共党员，农艺师职称，云南省昭通市烟草专卖局（公司）技术中心首席烘烤师。2019 年，被中华全国总工会授予“全国五一劳动奖章”。

袁坤于 1996 年 8 月参加工作。2015 年被评为“云南省烟草专卖局创新先进个人”，2017 年被评为“云南省劳动模范”，2018 年云南省总工会命名成立袁坤劳模创新工作室。

袁坤长期坚守生产一线从事烟叶生产技术工作，设计可移动式复合保温密集烤房并进行烘烤工艺研究、密集烤房叠层加密建设及烘烤技术应用研究、密集烤房纯电能烘烤研究；发明散叶烘烤技术等多项技术，先后获得国家知识产权局 9 件实用新型专利。袁坤所获专利技术广泛应用于全市烟农烟叶烘烤，较大程度降低烟叶烘烤损失率，较大程度减少烟叶烘烤工时，为烟农增收推动脱贫攻坚起到显著作用。

【全国技术能手】

谭　润　湖南省烟草专卖局（公司）销售管理处副主任科员

谭　润（右）

谭润，女，1990 年 6 月生，中共党员，湖南省烟草专卖局（公司）销售管理处副主任科员。2019 年，被人力资源社会保障部授予“全国技术能手”称号。

2012 年谭润进入湖南省长沙市局（公司）工作。2017 年参加中国技能大赛——第十五届全国烟草行业职业技能竞赛暨第三届烟草制品购销职业技能竞赛，获得第一名。2018 年进入湖南省局（公司）销售管理处工作，主要负责数据分析、精益管理、科技创新、综合规划等工作。

谭润曾在客户经理、市场经理、品牌经理及信息采集员等多个销售岗位历练，先后撰写并公开发表专业论文 20 余篇，制定全省系统制度规则 10 余项，组织开发全省系统营销线日常岗位课程 31 个，参加各类省级营销科技创新项目和课题研究，参与行业通用培训教材编写与鉴定和竞赛命题工作等，入选为行业优秀技能人才库成员、行业职业（岗位）技能鉴定专业专家组成员、中国烟草网络学院精益管理分院专家库成员、行业企业诊断专家库成员等。

张　瑾　山西省太原市烟草专卖局（公司）办公室副主任

张　瑾

张瑾，女，1985年6月生，山西省太原市烟草专卖局（公司）办公室副主任。2019年，被人力资源社会保障部授予“全国技术能手”称号。

2010年张瑾进入太原市烟草专卖局（公司）工作。2013年4月参加山西烟草商业系统第二届卷烟商品营销职业技能竞赛，获得二等奖，晋升为中级营销师，同时被评为“山西省烟草技术能手”，被授予“山西省财贸轻纺烟草劳动奖章”；2013年12月参加第十一届烟草行业职业技能竞赛暨第二届卷烟商品营销职业技能竞赛，获得团体第二名、个人第九名，同时被评为“全国烟草技术能手”；2014年11月被评为“全国财贸轻纺烟草系统行业技术（服务）标兵”；2017年5月参加第三届山西烟草制品购销职业技能竞赛，获得一等奖，同时被评为“山西省烟草技术能手”，被授予“山西省财贸轻纺烟草五一劳动奖章”；2017年8月参加第十五届全国烟草行业职业技能竞赛暨第三届烟草制品购销职业技能竞赛，获得团体优胜奖、个人第二名，晋升为二级营销师，同时被授予“全国烟草技术能手”。2018年其所在岗位被评为山西烟草“十佳党员示范岗”。

洪璐瑶　浙江省台州市烟草专卖局（公司）营销中心市场管理部副主任

洪璐瑶

洪璐瑶，女，1989年10月生，中共党员，硕士研究生，浙江省台州市烟草专卖局（公司）营销中心市场管理部副主任。2019年，被人力资源社会保障部授予“全国技术能手”称号。

2014年洪璐瑶进入浙江台州市公司天台分公司，任业务科综合管理员；2019年进入台州市烟草专卖局（公司）营销中心，历任市场管理部市场管理员、综合部副主任、市场管理部副主任。2017年，被评为“烟草行业技术能手”；同年，参加第十五届全国烟草行业职业技能竞赛暨第三届烟草制品购销职业技能竞赛，获得第三名。

洪璐瑶为了熟悉卷烟品牌和零售客户的情况，从事内勤工作时也坚持随客户经理走访市场。适应工作节奏后，洪璐瑶对自己的要求只增不减，成为同事们心中的“效率王”。她参与的课题“‘互联网+’卷烟测评平台的研发”获得行业优秀质量管理小组成果发布会二等奖，创新项目“品牌全链路数智化三维测评体系的构建与应用”获得第十一届浙江省烟草专卖商业系统创新奖三等奖。

陆　欣　上海烟草包装印刷有限公司胶印车间高速胶印机机长

陆　欣

陆欣，男，1986年3月生，高级技师，上海烟草包装印刷有限公司胶印车间高速胶印机机长。2019年，被人力资源社会保障部授予“全国技术能手”称号。

陆欣带领攻关小组完成“提升J15机台细支中华产品换任务效率”“减少J15机台中华双中支印版套印时间”“提高J11机台无纺布回收再利用率”等十余项技术革新，多次获得企业课题攻关二等奖、三等奖。他印刷技能水平突出，擅长解决生产过程出现的色相偏差以及颜色调整等问题。近年来，通过理论知识的积累和实践操作的总结，编写《印刷品外观质量评价基本技巧》《专色墨调配方法》

《腔式刮刀的安装方法与注意事项》《色彩管理实际应用的方法》《多色印刷机 TnPM 要点图解》《多色印刷机润滑注意事项》数十篇教学案例，为车间人才培养工作奠定基础。

谢　黎　上海烟草包装印刷有限公司胶印车间模切机机长

谢　黎

谢黎，男，1982 年 12 月生，高级工，上海烟草包装印刷有限公司胶印车间模切机机长。2019 年，被人力资源社会保障部授予“全国技术能手”称号。

在技术方面善于解决印后凹凸及模切工序各种疑难杂症，在技术创新上有独特见解。带领工班创新小组围绕车间后道生产中的瓶颈问题和发展难题，完成“减少‘熊猫’（硬盒）产品模切过程中内角毛边问题”“提高‘中华’（5 支硬盒）产品模切生产效率”“提高‘中华’（硬盒 12 支）机包产品的模切生产效率”“提高 10mg‘中华’（硬盒绒面全开式）模切生产效率”等十余项 QC 小组课题攻关项目，促进车间生产提速增效。

范庆闰　上海烟草包装印刷有限公司胶印车间高速胶印机机长

范庆闰

范庆闰，男，1984 年 12 月生，中级工，上海烟草包装印刷有限公司胶印车间高速胶印机机长。2019 年，被人力资源社会保障部授予“全国技术能手”称号。

范庆闰精益求精，凹凸、模切、清废工艺样样精通；积极搭建创新技能分享平台，形成知识共享、互通有无的良好氛围，为车间整体技能水平提升打造有效的平台。近年来，带领的技能创新小组完成“提高四联拼版双中支调和模切效率”“提高长荣 MK1060CSB 生产效率”“提高大幅面烫金生产效率”等一系列课题攻关，为车间生产提速保驾护航。他善于总结，创新开展技能经验分享平台，线上组织工班组员上传技能经验及操作方法进行分享讨论，促进车间技能人才队伍素质不断迈向新高度。

【中国青年志愿者优秀个人】

李先军　山东省临沂市沂南县烟草专卖局（分公司）烟站生产技术员

李先军（右）

李先军，男，1975 年生，中共党员，山东省临沂市沂南县烟草专卖局（分公司）烟站生产技术员。2019 年，被共青团中央评为“第十二届中国青年志愿者优秀个人”。

李先军先后并被评为临沂市“优秀共产党员”“第五届道德模范”“优秀青年志愿者”“山东好人”，被授予“振兴沂蒙劳动奖章”并入围“中国好人”榜，2017 年当选为中共临沂市第十三次代表大会代表。他所在的大爱沂蒙志愿服务队被评为山东省“最佳志愿服务组织”，参与的志愿服务项目被评为山东省“最佳志愿服务项目”。

李先军还是一名二等甲级伤残退伍军人，20 余年来，他将36万元伤残抚恤金全部无偿用于看望慰问老红嫂、抗美援朝及新中国成立前老党员、老军人、军烈属等，救助患病儿童、资助家庭困难老人、学生100多人次。他倡导成立的大爱沂蒙志愿服务队，捐款捐物价值15万余元，救助红嫂57名、困难群众110余户、留守儿童200余名。

【全国“七五”普法中期先进个人】

翟晓强　天津市烟草专卖局（公司）政策法规与体制改革处处长

翟晓强

翟晓强，男，1979年6月生，中共党员，天津市烟草专卖局（公司）政策法规与体制改革处处长。2019年，被全国普法办评为“全国‘七五’普法中期先进个人”。

翟晓强于2001年7月参加工作，先后在营销、政工、专卖、法规等多部门多领域工作。2006—2008年连续三年被评为天津市局（公司）“优秀共产党员”，2007—2019年多次被评为天津市局（公司）“先进个人”。

翟晓强立足行业高质量发展工作目标，推动构建“党组领导、法规牵头、部门参与、密切协作”的工作机制，打造“普法宣传教育”“法律风险防控”“法规服务保障”法规工作三大体系，建立“党建+法规”工作机制，实现党建、法规工作有效融合。他参与编制的第一部《天津烟草行业制度汇编》和《制度文件正面清单》，有效提升天津烟草治理效能；创立普法讲师团，创设“零普零”普法新模式，组建卷烟零售户普法志愿者队伍，开展“指尖”普法，推动天津烟草普法质量不断提升。

卢国胜　湖北省烟草专卖局（公司）法规处处长

卢国胜（中）

卢国胜，男，1965年1月生，中共党员，湖北省烟草专卖局（公司）法规与体制改革处处长。2019年，被全国普法办评为“全国‘七五’普法中期先进个人”。

1987年卢国胜自西南政法大学毕业后进入武汉市公安局工作，多次立功受奖，2006年调入烟草行业工作，历任武汉市烟草专卖局烟草稽查支队支队长、专卖办主任、武昌区烟草专卖局局长。2009年被授予武汉市“五一劳动奖章”，为全省系统专卖法规战线作出积极贡献。

“七五”普法以来，卢国胜紧密围绕国家局及省局各项工作部署，切实承担全省系统法规体改工作的谋划决策、组织协调、督查指导等职责，认真落实普法责任，努力发挥烟草法治建设对企业发展的规范、保障和服务作用。他从法治宣传教育工作入手，强化干部职工法治意识；立足制度建设、专卖执法、合同管理等关键环节，全面提升生产经营管理的法治化水平；发挥法律咨询服务职能，积极应对化解矛盾纠纷。他还多次担任省公司诉讼代理人，成功解决多起历史遗留问题，有力维护企业的合法权益。

赖远程　深圳市烟草专卖局（公司）副总经理

赖远程

赖远程，男，1974年3月生，中共党员，高级经济师、高级人力资源管理师，深圳市烟草专卖局（公司）副总经理。2014年12月至2019年12月任深圳市龙华区局（公司）党组书记、局长、经理。2019年，被全国普法办评为“全国‘七五’普法中期先进个人”。

“七五”普法工作开展以来，赖远程以领导干部带头学法、模范守法作为工作的基石，在普法工作上推陈出新、提质增效，在强化市场监管和案件侦办的同时，扎实开展普法宣传。完善联合普法机制，突出深圳北站等重点区域宣传，使烟草专卖法律法规成为过往旅客、市民的“关键词”和“必修课”。探索推动烟草专卖管理网格化工作，近年来，在辖区网格员帮助下，龙华区局破获涉烟违法案件50余起，查获违法卷烟600余件，总案值500余万元。完善专卖人员普法教育机制，组建理论技能学习小组、专卖文宣小组和案件法规小组，强化零售户守法经营意识，引导辖区形成守法护法良好氛围。

沈凌华　云南中烟工业有限责任公司法律与改革部部长

沈凌华

沈凌华，女，1963年8月生，中共党员，研究员、译审，中国烟草学会法律专业委员会委员，云南省烟草学会法律专业委员会主任委员，云南中烟工业有限责任公司法律与改革部部长。2019年，被全国普法办评为“全国‘七五’普法中期先进个人”。

沈凌华自2009年担任云南中烟工业法律与改革部部长以来，先后获评中宣部、司法部、全国普法办、烟草行业和云南省“‘五五’普法先进个人”“‘六五’普法先进个人”“‘七五’普法先进个人”。

沈凌华连续15年担任国家烟草专卖局与跨国烟草公司高层法律问题交流的翻译。她积极探索并不断完善出一套富有自身特色的法治宣传教育、普法依法治理工作体系，带领法改部连续组织举办四届“法治烟草、和谐致远”法律知识竞赛活动。组织举办的“七五”普法主题展演活动开创行业普法宣传先河，“学习强国”、“今日头条”、央视网等13家媒体进行广泛深入报道，打造出具有云南中烟鲜明特色的普法品牌。

郭　群　广西中烟工业有限责任公司法律与改革部副部长

郭　群

郭群，女，1976年2月生，中共党员，广西中烟工业有限责任公司法律与改革部副部长。2019年，被全国普法办评为“全国‘七五’普法中期先进个人”。

郭群于2016年到广西中烟工业有限责任公司工作。担任法律与改革部副部长期间，她切实承担起全公司“七五”普法工作的谋划部署、组织协调、活动策划、任务落实、督查指导等职责，多次被评为公司年度“先进工作者”“优秀共产党员”。郭群始终秉持求真务实的原则，以实际需求为导向，结合公司各业务特点有针对性地设计483类2839个合同条款，10类136个合同范本，密织合同信息化建设，全过程监管网络。2016年起组织开展法律法规识别5次、公司重大法律风险防控10次，构建起全面法律风险防控体系，做到法律工作真正服务于公司运营的每一环节，提高公司合法经营、守法经营、依法治理水平，为公司高质量发展保驾护航。

◇编辑：张　帅　褚　幸

先进集体名单

【烟草行业获评全国民族团结进步模范集体名单】（国务院关于表彰全国民族团结进步模范集体和模范个人的决定）（国发〔2019〕20号）（2019年9月24日发布）

中国烟草总公司重庆市公司石柱分公司

四川中烟工业有限责任公司西昌卷烟厂

西藏自治区烟草专卖局机关

【烟草行业获评全国离退休干部先进集体名单】（中共中央组织部关于表彰全国离退休干部先进集体和先进个人的决定）（2019年12月12日发布）

山东省临沂市沂水县烟草专卖局离退休第二党支部

四川省烟草专卖局机关第一离退休干部党支部

【烟草行业获评全国工人先锋号名单】（中华全国总工会关于表彰2019年全国五一劳动奖和全国工人先锋号的决定）（总工发〔2019〕14号）（2019年4月23日发布）

吉林烟草工业有限责任公司延吉卷烟厂卷包车间技术维修班组

上海白玉兰烟草材料有限公司工艺质量部检验班组

安徽中烟工业有限责任公司芜湖卷烟厂卷接包车间

龙岩烟草工业有限责任公司制丝车间一区乙班

山东中烟工业有限责任公司滕州卷烟厂卷包车间乙工段第一班组

河南中烟工业有限责任公司黄金叶生产制造中心卷包部天叶创新工作室

河南卷烟工业烟草薄片有限公司污水处理站

湘西鹤盛原烟发展有限责任公司精选班组

广西中烟工业有限责任公司柳州卷烟厂卷包车间维修组

湖南中烟工业有限责任公司吴忠卷烟厂制丝车间

【烟草行业获评全国“七五”普法中期先进集体名单】（全国普法办关于通报表扬“七五”普法中期先进集体和先进个人的决定）（普法办〔2019〕9号）（2019年11月6日发布）

四川省烟草专卖局（公司）

福建省烟草专卖局（公司）

上海市烟草专卖局（上海烟草集团有限责任公司）

河北省保定市烟草专卖局（公司）

安徽省烟草专卖局（公司）蚌埠市局（公司）

云南中烟工业有限责任公司法律与改革部

【烟草行业第七届先进集体名单】（国家烟草专卖局关于表彰全国烟草行业第七届先进集体和劳动模范的决定）（国烟人〔2019〕99号）（2019年4月19日发布）

北京市烟草专卖局（公司）

物流中心

天津市烟草专卖局（公司）

物流中心

河北省烟草专卖局（公司）

廊坊市烟草专卖局（公司）

河北中烟工业有限责任公司

张家口卷烟厂有限责任公司

山西省烟草专卖局（公司）

太原市烟草专卖局（公司）物流中心

内蒙古自治区烟草专卖局（公司）

通辽市烟草专卖局（公司）

辽宁省烟草专卖局（公司）

葫芦岛市烟草专卖局（公司）

吉林省烟草专卖局（公司）

吉林市烟草专卖局（公司）物流配送中心

黑龙江省烟草专卖局（公司）

伊春市烟草专卖局（公司）

上海烟草集团有限责任公司

上海卷烟厂

北京卷烟厂制丝车间电修班

江苏省烟草专卖局（公司）

南通市烟草专卖局（公司）

江苏中烟工业有限责任公司

南通烟滤嘴有限责任公司

浙江省烟草专卖局（公司）

宁波市烟草专卖局（公司）稽查支队

浙江中烟工业有限责任公司

宁波卷烟厂

安徽省烟草专卖局（公司）

合肥市烟草专卖局（公司）

安徽中烟工业有限责任公司

市场营销中心

福建省烟草专卖局（公司）

福州市烟草专卖局（公司）

福建中烟工业有限责任公司

厦门烟草工业有限责任公司

江西省烟草专卖局（公司）

赣州市烟草专卖局（公司）

江西中烟工业有限责任公司

技术中心

山东省烟草专卖局（公司）

青岛市烟草专卖局（公司）

山东中烟工业有限责任公司

济南卷烟厂

河南省烟草专卖局（公司）

郑州市烟草专卖局（公司）

河南中烟工业有限责任公司

黄金叶生产制造中心

技术中心

湖北省烟草专卖局（公司）

黄冈市蕲春县烟草专卖局（营销部）

湖北中烟工业有限责任公司

武汉卷烟厂卷包车间

湖南省烟草专卖局（公司）

邵阳市烟草专卖局（公司）专卖管理科

湖南中烟工业有限责任公司

市场营销中心

技术中心

广东省烟草专卖局（公司）

梅州市烟草专卖局（公司）

广东中烟工业有限责任公司

广州卷烟厂

广西壮族自治区烟草专卖局（公司）

桂林市烟草专卖局（公司）卷烟物流配送中心

广西中烟工业有限责任公司

市场营销中心

海南省烟草专卖局（公司）

海口市烟草专卖局（公司）

重庆市烟草专卖局（公司）

稽查总队

巴南区烟草专卖局（分公司）

重庆中烟工业有限责任公司

市场营销中心

四川省烟草专卖局（公司）

成都市烟草专卖局（公司）

四川中烟工业有限责任公司

成都卷烟厂

贵州省烟草专卖局（公司）

遵义市烟草专卖局（公司）

贵州中烟工业有限责任公司

贵定卷烟厂卷烟爆珠生产车间

云南省烟草专卖局（公司）

玉溪市烟草专卖局（公司）

丽江市烟草专卖局（公司）

云南中烟工业有限责任公司

红塔烟草（集团）有限责任公司玉溪卷烟厂

红云红河烟草（集团）有限责任公司曲靖卷烟厂

西藏自治区烟草专卖局（公司）

日喀则市烟草专卖局（公司）

陕西省烟草专卖局（公司）

商洛市洛南县烟草专卖局（分公司）

陕西中烟工业有限责任公司

市场营销中心

甘肃省烟草专卖局（公司）

兰州市烟草专卖局（公司）

青海省烟草专卖局（公司）

物流中心

宁夏回族自治区烟草专卖局（公司）

银川市烟草专卖局（公司）

新疆维吾尔自治区烟草专卖局（公司）

乌鲁木齐市烟草专卖局（公司）市区四局

深圳市烟草专卖局（公司）

罗湖区烟草专卖局（公司）

中国烟草机械集团有限责任公司

上海烟草机械有限责任公司制造一部数控二组

中国烟草实业发展中心

红塔辽宁烟草有限责任公司营口卷烟厂质量管理科

甘肃烟草工业有限责任公司市场营销中心

中国烟草总公司郑州烟草研究院

国家烟草基因研究中心

【烟草行业精益物流先进集体名单】 （中国烟草总公司关于表彰烟草行业精益物流先进集体的决定）（中烟办〔2019〕66号）（2019年5月10日发布）

烟草行业精益物流全员改善组织奖名单

中国烟草总公司浙江省公司

中国烟草总公司山东省公司

中国烟草总公司福建省公司

中国烟草总公司四川省公司

中国烟草总公司江苏省公司

云南中烟工业有限责任公司红塔烟草（集团）有限责任公司

福建中烟工业有限责任公司

河南中烟工业有限责任公司

安徽中烟工业有限责任公司

湖南中烟工业有限责任公司

烟草行业精益物流现场管理集体奖名单

河北省烟草公司石家庄市公司

湖南省烟草公司常德市公司

河南省烟草公司许昌市公司

浙江省烟草公司宁波市公司

山东省烟草公司潍坊市公司

福建省烟草公司泉州市公司

四川省烟草公司成都市公司

山西省烟草公司运城市公司

陕西省烟草公司宝鸡市公司

江西省烟草公司九江市公司

烟草行业精益物流改善项目集体奖名单

获奖单位	改善项目
浙江省烟草公司温州市公司	异型烟柔性分拣系统的研发和应用
四川省烟草公司广元市公司	互联网+时代下现代卷烟物流配送管理体系构建
湖南省烟草公司株洲市公司	基于可交换集装单元的耳机配送模式精益改善
山东省烟草公司青岛市公司	创建细支烟与常规烟混合分拣新模式
河南省烟草公司郑州市公司	基于半自动标准烟分拣线的标细共线分拣改造
中国烟草总公司北京市公司	物流中心就地技术升级改造项目
福建省烟草公司漳州市公司	智能送货模式在漳州烟草物流的应用
中国烟草总公司海南省公司，海南省烟草公司海口、儋州、琼海公司，海南红塔卷烟有限责任公司	琼北地区卷烟仓储分拣一体化
广西壮族自治区烟草公司柳州市公司	异型烟分拣线半自动化包装装置技术改造与实践应用
贵州省烟草公司黔东南州公司	基于区域划分的卷烟同向物流弹性配送模式
福建中烟工业有限责任公司	纸滑托盘在工商卷烟托盘联运中的研究及应用
贵州中烟贵阳卷烟厂	基于“货到人”分拣方式的卷烟辅料智能配盘体系研究
红云红河烟草（集团）有限责任公司	提升片烟仓储物流精益指标水平
上海烟草集团公司上海烟草储运公司	烟叶原料清洁仓储及养护
河南中烟黄金叶生产制造中心	烟草物流故障管理信息系统的研究与应用
浙江中烟物流中心	基于价值流分析的卷烟仓储精益效率改善

【中国烟草总公司2019年度科学技术奖获奖项目名单】（中国烟草总公司关于2019年度科学技术奖励的决定）（中烟办〔2019〕166号）（2019年12月19日发布）

科学技术进步奖

序号	项目中文名称	项目类别	获奖等级	主要完成人	主要完成单位	推荐单位
1	基于烟用香原料特性的数字化调香技术平台研究	应用基础研究与应用技术研究类	一等奖	钟科军 谭新良 孔 波 张建勋 卢红兵 舒俊生 王明锋 王加兴 万 敏 李燕春 杨 斌 马永亮 黄 艳 宗永立 夏建军 庹苏行 刘 艺 赵震毅 崔 凯 李玉辉	湖南中烟工业有限责任公司 中国烟草总公司郑州烟草研究院 上海烟草集团有限责任公司 云南中烟工业有限责任公司 安徽中烟工业有限责任公司 江苏中烟工业有限责任公司 福建中烟工业有限责任公司 山东中烟工业有限责任公司 华宝香精股份有限公司 广州华芳烟用香精有限公司	湖南中烟工业有限责任公司
2	烟草抗病毒病分子标记开发及K326抗TMV、CMV、PVY聚合育种	应用基础研究与应用技术研究类	二等奖	杨爱国 程立锐 刘 旦 王元英 蒋彩虹 任 民 文柳璎 张 玉 陈志强 潘旭浩 蒲文宣 刘万峰 陈 帅 李凤霞 罗成刚	中国农业科学院烟草研究所	中国烟草总公司青州烟草研究所
3	电子烟溶剂雾化吸入安全风险评估研究	应用基础研究与应用技术研究类	二等奖	夭建华 管 莹 郑赛晶 李雪梅 缪明明 马扩彦 朱洲海 陆舍铭 陈永宽 高 茜 徐玉琼 朱东来 米其利 沈 轶 张 霞	云南中烟工业有限责任公司 上海新型烟草制品研究院 重庆中烟工业有限责任公司 四川中烟工业有限责任公司	云南中烟工业有限责任公司
4	细支卷烟专用丝束开发及生产线技术升级研究	应用基础研究与应用技术研究类	二等奖	杨占平 张 杰 曹建华 张 丽 宋敏峰 窦 峰 司有银 李有为 黄建新 赵从涛 张武聪 黄 骅 于 涛 杨小兵 马宇平	南通醋酸纤维有限公司 河南中烟工业有限责任公司 湖南中烟工业有限责任公司 湖北中烟工业有限责任公司 江苏中烟工业有限责任公司	南通醋酸纤维有限公司
5	烟草种质资源的收集鉴定及创新利用	应用基础研究与应用技术研究类	二等奖	李永平 许美玲 焦芳婵 陈学军 吴兴富 高玉龙 贺晓辉 王丙武 肖炳光 宋中邦 李文正 刘 勇 李梅云 于海芹 宋玉川	云南省烟草农业科学研究院	云南省烟草专卖局（公司）
6	烟草主要病毒病多联弱毒疫苗的研制与示范应用	应用基础研究与应用技术研究类	二等奖	李向东 乔 婵 田延平 李 若 刘昌宝 郭思达 李现道 刘 茜 魏代福 王晶欣 万秀清 杜传印 杨举田 刘 侠 刘 锦	中国烟草总公司黑龙江省公司牡丹江烟草科学研究所 山东农业大学	黑龙江省烟草专卖局（公司）
7	加热非燃烧烟草传热过程调控关键技术研究	应用基础研究与应用技术研究类	二等奖	李 斌 郑赛晶 张明建 沈 轶 汤建国 张 柯 陆闻杰 华 青 王 乐 韩敬美 鲁端峰 陈 超 雷 萍 艾明欢 王 兵	上海新型烟草制品研究院有限公司 中国烟草总公司郑州烟草研究院 上海烟草集团有限责任公司 云南中烟工业有限责任公司	上海新型烟草制品研究院

续表

序号	项目中文名称	项目类别	获奖等级	主要完成人	主要完成单位	推荐单位
8	多维液相色谱在烟草和烟气复杂体系分析中的应用研究	应用基础研究与应用技术研究类	二等奖	陈　敏　刘百战　吴　达 张祥民　董惠忠　戚大伟 汪阳忠　李　钢　王天南 周　妍　晏国全　费　婷 沙云菲　谢雯燕　王文俊	上海烟草集团有限责任公司 复旦大学	上海烟草集团有限责任公司
9	烟草抗 PVY 基因克隆与云烟 87 抗 PVY 定向改良	应用基础研究与应用技术研究类	三等奖	刘　勇　黄昌军　宋中邦 王丙武　肖炳光　李永平 李　若　曾建敏　于海芹 高玉龙	云南省烟草农业科学研究院 中国烟总公司黑龙江省公司牡丹江烟草科学研究所	云南省烟草专卖局（公司）
10	山地植烟土壤维护和改良技术创新研究与示范	应用基础研究与应用技术研究类	三等奖	陆中山　邓小华　周米良 瞿红兵　彭曙光　张明发 田明慧　谭石勇　黎　娟 刘勇军	中国烟草总公司湖南省公司 湖南农业大学 湖南省烟草公司湘西自治州公司 湖南泰谷生态工程有限公司 湖南省烟草公司常德市公司	湖南省烟草专卖局（公司）
11	烟叶重金属积累的影响因素研究与应用	应用基础研究与应用技术研究类	三等奖	张艳玲　李志宏　侯宏卫 徐照丽　张仕祥　夏海乾 王爱国　朱风鹏　戴华鑫 王建伟	中国烟草总公司郑州烟草研究院 中国农业科学院农业资源与农业区划研究所 国家烟草质量监督检验中心 云南省烟草农业科学研究院	中国烟草总公司郑州烟草研究院
12	“互联网 + 烟草商业”模式研究和应用	应用基础研究与应用技术研究类	三等奖	邱　萍　包诚善　李定晓 周　博　陈　楠　陈兴明 蒋善航　颜时锋　毛静芳 叶志勇	中国烟草总公司浙江省公司 阿里巴巴（中国）有限公司	浙江省烟草专卖局（公司）
13	打叶复烤均质化加工技术研究	应用基础研究与应用技术研究类	三等奖	陈良元　梁　伟　徐大勇 潘　峰　朱文魁　卢敏瑞 刘　斌　夏　琛　刘向真 陈　孚	中国烟草总公司郑州烟草研究院 天昌国际烟草有限公司 河南中烟工业有限责任公司 浙江中烟工业有限责任公司 湖南中烟工业有限责任公司	中国烟草总公司郑州烟草研究院
14	“互联网 + 烟草农业”模式研究与应用	应用基础研究与应用技术研究类	三等奖	王　丰　沈　宏　李继新 陈风雷　陈厚铭　夏范讲 翟　欣　罗　扬　程联雄 杨秀祥	中国烟草总公司贵州省公司 贵州省烟草公司黔西南州公司 贵州省烟草科学研究院	贵州省烟草专卖局（公司）
15	烤烟井窖深栽技术推广与应用	科学技术成果推广类	三等奖	沈　宏　陈风雷　潘文杰 徐　宸　林叶春　王仕海 高维常　袁红涛　孙光军 何登峰	中国烟草总公司贵州省公司 贵州省烟草科学研究院 中国烟草总公司重庆市公司 中国烟草总公司湖北省公司 中国烟草总公司陕西省公司	贵州省烟草专卖局（公司）
16	提高细支卷烟质量稳定性的关键工艺技术研究	应用基础研究与应用技术研究类	三等奖	王　兵　李　斌　邓国栋 邢　军　郝喜良　熊安言 叶明樵　周明珠　邓　楠 李洪涛	中国烟草总公司郑州烟草研究院 国家烟草质量监督检验中心 江苏中烟工业有限责任公司 湖北中烟工业有限责任公司 河南中烟工业有限责任公司	中国烟草总公司郑州烟草研究院
17	黄淮烟区烟蚜、烟粉虱和烟草根黑腐病绿色防控关键技术研究与应用	应用基础研究与应用技术研究类	三等奖	马　聪　李淑君　刘红彦 李　琦　王海涛　周硕野 陈玉国　李成军　李小杰 邱　睿	河南省农业科学院烟草研究所 中国烟草总公司河南省公司 河南省农业科学院植物保护研究所 河南省烟草公司平顶山市公司 河南省烟草公司许昌市公司	河南省烟草专卖局（公司）

续表

序号	项目中文名称	项目类别	获奖等级	主要完成人	主要完成单位	推荐单位
18	基于造纸法制浆结合辊压法压片成型的加热不燃烧卷烟用再造烟叶工艺及产品研究	应用基础研究与应用技术研究类	三等奖	唐向兵 李 丹 高 颂 王 昊 熊 斌 李 超 刘志昌 黄 龙 司 辉 晏群山	湖北新业烟草薄片开发有限公司 湖北中烟工业有限责任公司	湖北中烟工业有限责任公司
19	“黄鹤楼”品牌细支卷烟特色工艺研究	应用基础研究与应用技术研究类	三等奖	张胜华 蔡 冰 郑 茜 关爱章 刘文峰 王 波 袁海霞 程占刚 兰志超 胡素霞	湖北中烟工业有限责任公司	湖北中烟工业有限责任公司
20	烟草作物上农药精准减量增效关键技术创新及应用	应用基础研究与应用技术研究类	三等奖	丁 伟 余佳敏 闫芳芳 李常军 余 伟 冯长春 刘东阳 陈海涛 余祥文 张宗锦	中国烟草总公司四川省公司 中国烟草总公司重庆市公司 西南大学 四川省烟草公司攀枝花市公司 四川省烟草公司凉山州公司	四川省烟草专卖局（公司）
21	丰富云产卷烟风格特征的“材料配方”技术研究与应用	应用基础研究与应用技术研究类	三等奖	詹建波 程 量 李 赓 张 莹 丁海燕 王 猛 余振华 王 涛 余 耀 郑 晗	云南中烟工业有限责任公司	云南中烟工业有限责任公司
22	山地烟田分类治理与降酸提质关键技术研究与应用	应用基础研究与应用技术研究类	三等奖	徐 宸 周鑫斌 谢德体 刘庆岩 汪代斌 杨 超 李常军 石孝均 代先强 陈益银	中国烟草总公司重庆市烟草科学研究所 西南大学 湖南中烟工业有限责任公司 广东中烟工业有限责任公司 中国烟草总公司重庆市公司烟叶分公司	重庆市烟草专卖局（公司）
23	云南烟草主要土传病害关键防控技术研究及应用	应用基础研究与应用技术研究类	三等奖	夏振远 方敦煌 蔺忠龙 户艳霞 黄 坤 张 艳 蔡永占 殷红慧 许银莲 余 清	云南省烟草农业科学研究所 云南省烟草公司曲靖市公司 云南省烟草公司大理州公司 云南省烟草公司红河州公司 云南省烟草公司普洱市公司	云南省烟草专卖局（公司）
24	适用于细支卷烟的烟片结构及调控技术研究	应用基础研究与应用技术研究类	三等奖	马宇平 堵劲松 丁美宙 杨志忠 徐大勇 刘向真 李龙飞 邓国栋 刘茂林 孙 觅	河南中烟工业有限责任公司 中国烟草总公司郑州烟草研究院 湖北中烟工业有限责任公司 江苏中烟工业有限责任公司	河南中烟工业有限责任公司
25	烟梗内在成分与烟气成分特征研究	应用基础研究与应用技术研究类	三等奖	刘惠民 郭吉兆 马宇平 刘 鸿 孙培健 黄 飞 王宏伟 周志刚 李小兰 王晓瑜	中国烟草总公司郑州烟草研究院 云南中烟工业有限责任公司 河南中烟工业有限责任公司 广西中烟工业有限责任公司 吉林烟草工业有限责任公司	中国烟草总公司郑州烟草研究院
26	烟用香精香料变质规律与防控技术研究	应用基础研究与应用技术研究类	三等奖	李雪梅 米其利 李 晶 缪明明 杨光宇 陈建华 李智宇 张建平 刘 欣 向海英	云南中烟工业有限责任公司 福建中烟工业有限责任公司 广西中烟工业有限责任公司	云南中烟工业有限责任公司

【烟草行业第三十届优秀质量管理小组成果发布会获奖名单】（中国烟草总公司关于表彰烟草行业第三十届优秀质量管理小组的通报）（2019 年 9 月 9 日发布）

商业企业

一等奖

序号	单位名称	课题名称	小组名称
1	广西壮族自治区烟草公司玉林市公司	创建品牌“三维立体”分析新模式	追梦 QC 小组
2	广东省烟草公司东莞市公司	研发实时数据可视化营销系统	优信 QC 小组
3	湖北省烟草公司荆州市公司	卷烟物流实时监控平台的开发	决胜千里 QC 小组
4	江苏省烟草公司无锡市宜兴分公司	档案集成管理系统的研发	突破自我 QC 小组
5	湖南省烟草公司郴州市公司	降低烟叶专业化植保作业成本	奋进 QC 小组
6	山西省烟草公司运城市公司	分拣线静电消除装置的研制	执行者 QC 小组
7	宁夏回族自治区烟草公司银川市公司	降低异型烟分拣设备故障停机率	发现号和斜杠 QC 小组
8	江西省烟草公司九江市公司	提升案件查获命中率	润品 QC 小组
9	山东省烟草公司泰安市公司	新上市卷烟市场测试系统的研制	指南针 QC 小组
10	辽宁省烟草公司鞍山市公司	创建烟草新办许可证选址“五要素”新模式	金钥匙 QC 小组
11	北京市烟草公司大兴区公司	烟草业务咨询智能机器人（线上 + 线下）的研发	梦想 QC 小组
12	贵州省烟草专卖局贵阳市花溪区局	专卖涉案卷烟清点机的研制	高坡漫步 QC 小组

二等奖

序号	单位名称	课题名称	小组名称
1	广东省烟草公司梅州市公司	缩短财务咨询平均响应时间	多利 QC 小组
2	广西壮族自治区烟草公司百色市公司	创建烟农合作社互助组新模式	金叶 QC 小组
3	湖北省烟草公司武汉市公司	缩短物流中转站异型烟交接耗时	新常态 QC 小组
4	上海闵行烟草糖酒公司	提高资产信息平台信息上传及时率	常春藤 QC 小组
5	吉林省烟草公司吉林市公司	寄递涉烟线索管理“鹰眼系统”的研发	猎狐行动 QC 小组
6	山东省烟草公司济宁市公司	降低分拣厂房噪声分贝	集智 QC 小组
7	湖南省烟草公司株洲市茶陵县分公司	散烟自动化收购线的研发	云阳 QC 小组
8	山西省烟草公司晋城市公司	提高卷烟塑封膜回收率	锲子 QC 小组
9	安徽省烟草公司马鞍山市公司	垛烟入仓精准定位技术研发	风暴 QC 小组
10	山西省烟草公司太原市公司	异型烟烟姿调整装置的研制	精细严 QC 小组
11	福建省烟草公司龙岩市公司	定量双施肥开沟覆土一体机的研制	畅通 QC 小组
12	深圳市烟草公司	异标件烟混合入库系统的开发	传奇 QC 小组
13	黑龙江省烟草公司哈尔滨市公司	基于颜色鉴定法的便携式卷烟真伪识别仪器与系统研制	瀚阳明天 QC 小组
14	河北省烟草公司石家庄市公司	送货车辆运行管理信息系统的研发	星星火 QC 小组
15	山东省烟草公司临沂市公司	漂浮盘紫外杀菌消毒机的研制	金色希望 QC 小组

续表

序号	单位名称	课题名称	小组名称
16	陕西省烟草公司西安市公司	卷烟零售客户终端数据采集器的研发	IT 创新达人 QC 小组
17	河北省烟草公司邢台市公司	电子文档 6S 管理系统的研发	五星 QC 小组
18	河南省烟草公司商丘市公司	卷烟销售货款日清日结管理系统研发	管理空间 QC 小组
19	浙江省烟草公司衢州市公司 浙江省烟草公司台州市公司	“互联网 +” 卷烟测评平台的研发	匠越 QC 小组
20	江苏省烟草公司连云港市公司	提高客户经理拜访服务达标率	不同凡想 QC 小组
21	广西壮族自治区烟草公司崇左市公司	提高客户零售终端信息系统使用达标率	红木棉 QC 小组
22	重庆市烟草公司万州分公司	降低烟农储存烟叶损失率	神农 QC 小组
23	新疆维吾尔自治区 烟草公司喀什地区公司	减少人工分拣线切户时间	古城 QC 小组
24	浙江省烟草公司金华市公司	制度风险管控审计信息系统研发	神探 007QC 小组

三等奖

序号	单位名称	课题名称	小组名称
1	河南省烟草公司郑州市公司	创建卷烟零售客户一张纸工作法	铸鼎 QC 小组
2	湖北烟草金叶复烤有限责任公司	移动环境检测平台的研制	品质先行 QC 小组
3	西藏自治区烟草公司日喀则市公司	提高日喀则市区域品牌销量	珠峰神山 QC 小组
4	云南省烟草公司文山州砚山分公司	烤烟计数打塘机研发	金叶智动 QC 小组
5	内蒙古自治区烟草公司呼和浩特市公司	创建价格审计标准化模式	内部审计 QC 小组
6	湖南省烟草公司长沙市公司	纸滑托盘叉车推拉器联动装置研制	紫荆同心 QC 小组
7	大连市烟草公司	烟草专卖零售许可证微信申办系统的研发	新域 QC 小组
8	贵州省烟草公司安顺市公司	降低垂直式半自动分拣线分拣破损率	护航 QC 小组
9	青海省烟草公司西宁市公司	提高高原区域性中心城市自律互助小组覆盖率	营销中心 QC 小组
10	辽宁省烟草公司辽阳市公司	卷烟精准投放数据集成平台研发	知与行 QC 小组
11	福建省烟草公司厦门市公司	提高市场监管平台预警成案率	尖刀 QC 小组
12	四川省烟草公司凉山州公司	烟叶精准收购预约系统的研发	飞翔 QC 小组
13	甘肃省烟草公司定西市公司	订单首条卷烟自动标记装置研发	陇原之星 QC 小组
14	海南省烟草公司海口市公司	移动流利式升降车改造	动力火车 QC 小组
15	天津市烟草公司	降低轻微涉烟违法案件办理时长	法规精益 QC 小组

工业企业

一等奖

序号	单位名称	课题名称	小组名称
1	江西中烟南昌卷烟厂	研制 YJ17 型风室体气弹簧的专用拆装工具	卷包车间 QC 小组
2	云南中烟曲靖卷烟厂	深度学习型小盒外观检测系统的研制	风行 QC 小组
3	广西中烟南宁卷烟厂	SQ341 切丝机进刀精准系统的研制	金扳手 QC 小组
4	河南中烟黄金叶生产制造中心	研制堆垛机升降链条维保专用工具	物流分中心鲁班 QC 小组
5	贵州中烟毕节卷烟厂	加香快速换牌系统的研发	飞跃 QC 小组
6	河北中烟保定卷烟厂	烟支激光打孔质量视觉检测系统的研发	节点研究 QC 小组
7	安徽中烟芜湖卷烟厂	GDX2 烟支输送带清洁装置的设计	精益求精 QC 小组
8	江苏中烟徐州卷烟厂	降低高速卷烟机组 MAX 供胶系统失效频次	求索·笃行 QC 小组
9	湖北中烟襄阳卷烟厂	条烟美容器自动排烟装置的研制	自强 QC 小组
10	广东中烟梅州卷烟厂	新型液压固定销压取装置的研制	翱翔 QC 小组
11	山东中烟济南卷烟厂	YJ112 卷烟机烟条通道自动清洁装置的研制	彩虹 QC 小组
12	四川中烟什邡卷烟厂	研制 YB45 包装机第二胶缸自适应刮胶装置	放大镜 QC 小组

二等奖

序号	单位名称	课题名称	小组名称
1	河南中烟许昌卷烟厂	降低黄金叶（乐途）盒包装纸输送故障次数	金鹰 QC 小组
2	河北中烟张家口卷烟厂	滤棒在线检验预警系统的研制	电气 QC 小组
3	广西中烟柳州卷烟厂	封箱机纸箱垛提升装置的研制	龙腾 QC 小组
4	陕西中烟汉中卷烟厂	配料罐快速起升工装的研制	拼搏 QC 小组
5	湖南中烟常德卷烟厂	提升 ZJ119 高速卷烟机有效作业率	东方红 QC 小组
6	云南中烟楚雄卷烟厂	FOCKE－FXS 725 软盒包装机内衬纸压痕装置的研制	聚力 QC 小组
7	山东中烟青岛卷烟厂	研制 GDX1 热熔胶喷胶头固定装置	零缺陷 QC 小组
8	广东中烟韶关卷烟厂	研制新型 YB55 包装机烟包外观质量检测系统	智多星 QC 小组
9	安徽中烟滁州卷烟厂	研制柔性化梗丝落料器	制丝车间 QC 小组
10	福建中烟龙岩烟草工业公司	降低“精品线”件烟分拣故障频次	迅雷 QC 小组
11	江西中烟赣州卷烟厂	降低 YJ27 接装机滤嘴掉落故障频次	有滋有味 QC 小组
12	云南中烟玉溪卷烟厂	MC 卷烟内衬纸独立切割装置的研制	机电维修 QC 小组
13	浙江中烟市场营销部	基于 JIT 的运输服务供方一体化协同模式设计	现代物流创新 QC 小组
14	重庆中烟重庆卷烟厂	在线大片烟筛分处理系统的研制	刀锋 QC 小组
15	山东中烟滕州卷烟厂	降低泰山（宏图）盒透明纸划痕频次	宏远 QC 小组
16	贵州中烟技术中心	开发烟用丝束中残余丙酮含量测定新方法	果壳 QC 小组
17	福建中烟厦门烟草工业公司	片烟表面真菌分离新方法的研发	万众叶心 QC 小组
18	河南中烟南阳卷烟厂	降低存储喂料系统故障停机频次	智思 QC 小组
19	江西中烟广丰卷烟厂	降低 ZB45 包装机商标纸吸取卡纸次数	畅想 QC 小组

三等奖

序号	单位名称	课题名称	小组名称
1	上海烟草集团公司上海卷烟厂	直行穿梭车设备状态预警系统的研制	勇往直前 QC 小组
2	四川中烟成都卷烟厂	研制保湿烟包贴标机构伺服控制系统	包装 QC 小组
3	江苏中烟南京卷烟厂	SD512 切丝机电控柜新型移动装置的研发	求实 QC 小组
4	中烟实业深圳烟草工业公司	研制 ZJ112 卷烟机二次分切圆刀自动清洁装置	奥盛 QC 小组
5	安徽中烟合肥卷烟厂	降低 FX2 包装机组小盒透明纸的质量缺陷率	包装螺丝钉 QC 小组
6	陕西中烟延安卷烟厂	原料高架库夹抱机压力控制系统研制	302QC 小组
7	云南中烟昆明卷烟厂	减少制丝生产操作岗位人员	进取 QC 小组
8	湖南中烟长沙卷烟厂	高速包装机热熔胶点智能检测系统的研制	卷包电器技术 QC 小组
9	中烟实业红塔辽宁公司沈阳卷烟厂	包装机铝箔纸剩余量控制器的研发	大数据 QC 小组
10	浙江中烟杭州卷烟厂	降低 ZJ112 卷接机组重量控制系统剔废率	复杂烟机技术创新工作室 QC 小组
11	南通醋酸纤维有限公司	提升细支烟用丝束吸阻稳定性	细支烟用丝束 QC 小组
12	中烟机械集团公司许昌烟机公司	提高 ZL29 机组导丝舌组件加工合格率	联动 QC 小组

【2019 年烟草行业优秀质量管理小组成果引进应用奖获奖名单】 （中国烟草总公司关于表彰烟草行业第三十届优秀质量管理小组的通报）（2019 年 7 月 23 日发布）

序号	单位名称	小组名称	引用成果名称	全年效果
1	山东临沂烟草有限公司	金叶飘香 QC 小组	立式多层烟蚜茧蜂室内扩繁装置的研制	节约成 360.87 万元
2	广东省烟草公司中山市公司	蓝天 QC 小组	提高非法流通真烟条码识别录入效率	提高效率 394.59%
3	江苏省烟草公司连云港市灌南烟草分公司	新起点 QC 小组	创建卷烟零售户小组之家互助经营新模式	提高销售利润 664.54 万元
4	四川省烟草公司内江市公司	精益 QC 小组	提高物流寄递环节涉烟信息出案率	物流案值同比上升 36%，案值 102.1 万元
5	河南省烟草公司商丘豫烟物流有限公司	赤子 QC 小组	降低分拣线标准烟单箱包装费用	节约包装费用 51.16 万元
6	河北省烟草公司石家庄市公司	钻石 QC 小组	物流中心协同共享备件管理系统的研发	提高效率 305.4%
7	山东中烟青岛卷烟厂	攀登 QC 小组	ZJ17 卷烟机梗签分离装置的研制	节约生产成本 440 万元
8	安徽中烟合肥卷烟厂	卷包螺丝钉 QC 小组	ZJ17 卷烟机梗签分离装置的研制	节约生产成本 122.4 万元
9	河南中烟许昌卷烟厂	乙班 QC 小组	降低白沙切丝后碎丝率	节约生产成本 147 万元
10	陕西中烟汉中卷烟厂	制丝创新 QC 小组	传送带清洗装置的研发	提高效率 450%
11	广西中烟物流中心	行天下 QC 小组	提高托盘运输车辆单车最大装载率	节约运输费 742.24 万元

【烟草行业获得中国质量协会2019年度质量技术奖励项目名单】 （关于公布2019年度中国质量协会质量技术奖结果的通知）（2019年8月22日发布）

一、烟草行业入选2019年度中国质量协会质量技术奖获奖项目

获奖等级	项目名称	完成单位	主要完成人
优秀奖	模块化物流生产线实训环境模拟技术及应用	四川中烟工业有限责任公司绵阳卷烟厂	张 宝 杨 涛 卓 亮 庞毅飞 刘桂华
优秀奖	基于香原料特性的数字化调香技术平台研究及应用	广西中烟工业有限责任公司	徐雪芹 刘 鸿 陈志燕 周 芸 李志华

二、烟草行业入选2019年度中国质量协会质量技术奖六西格玛优秀项目

序号	获奖单位	获奖项目	项目类型
1	江苏中烟淮阴卷烟厂	降低一类烟烟叶单耗	黑带
2	江苏中烟工业有限责任公司	降低120mm嘴棒单耗	黑带
3	河北白沙保定卷烟厂	提高钻石（细支荷花）卷烟吸阻Ppk	黑带
4	江苏中烟工业有限责任公司	提高南京（炫赫门）原料有效利用率	黑带
5	河北白沙保定卷烟厂	降低HXD生产过程批次能耗费用	黑带
6	甘肃烟草工业天水卷烟厂	提高制叶丝线的西格玛水平	黑带
7	甘肃烟草工业兰州卷烟厂	研发SH626型烘丝机参数化智能分析决策系统	黑带
8	甘肃烟草工业兰州卷烟厂	提高GarbuioSDEVO切丝机切丝质量西格玛水平	绿带
9	甘肃烟草工业兰州卷烟厂	降低卷包车间单箱卷烟材料消耗	黑带
10	甘肃烟草工业兰州卷烟厂	降低单箱卷烟综合能耗	黑带
11	甘肃烟草工业兰州卷烟厂	提高M8－F8超高速机组烟支吸阻过程能力	黑带
12	河北白沙保定卷烟厂	提高钻石（细支尚风）烘丝入口含水率合格率	黑带
13	甘肃烟草工业天水卷烟厂	提高叶片增温工序西格玛水平	黑带
14	红云红河集团新疆卷烟厂	提高切叶丝机切丝宽度合格率	黑带
15	红云红集团新疆卷烟厂	降低zb25包装机烟包剔除率	绿带
16	四川中烟成都卷烟厂	降低娇子（格调细支）卷烟机空头剔除率	绿带
17	四川中烟长城雪茄烟厂	提升狮牌（锦绣成都）超级回潮入口水分CPK达标率	绿带
18	四川中烟成都卷烟厂	降低娇子（红格调）接装纸搓接缺陷率	绿带
19	红塔烟草（集团）有限责任公司	提高3T线叶丝回潮入口物料流量合格率	黑带
20	红塔烟草（集团）有限责任公司	提高红塔山（经典1956）叶丝出丝率	黑带
21	红塔烟草（集团）有限责任公司	降低5T润叶加料滚筒烟叶粘附率	黑带
22	红塔烟草（集团）有限责任公司	降低5T烘丝机出口水分标准偏差	黑带
23	甘肃烟草工业天水卷烟厂	降低单箱卷烟综合能耗	绿带

续表

序号	获奖单位	获奖项目	项目类型
24	山东中烟青岛卷烟厂	提高九千加香混合丝水分西格玛水平	黑带
25	山东中烟济南卷烟厂	研发工艺质量同质化水平评价系统	黑带
26	河南中烟驻马店卷烟厂	提高制丝车间温湿度稳定性	黑带
27	山东中烟工业有限责任公司	降低 ZJ17D 卷接机组剔除率	黑带
28	山东中烟工业有限责任公司	降低 ZB48 机组辅机故障停机率	黑带
29	山东中烟济南卷烟厂	设计 K12 空调加湿系统	黑带
30	河南中烟漯河卷烟厂	提高白沙（硬）卷烟重量标偏合格率	黑带
31	河南中烟漯河卷烟厂	降低空调系统能源消耗	黑带
32	山东中烟青岛卷烟厂	提高空压系统换热效率	黑带
33	河南中烟工业有限责任公司	降低黄金叶（硬帝豪）烟支 A 类质量缺陷产生率	黑带
34	河南中烟驻马店卷烟厂	降低 5 号卷接机组空头缺陷废烟量（新申报）	黑带
35	河南中烟安阳卷烟厂	提高黄金叶硬红旗渠产品烟丝填充值合格率	黑带
36	河南中烟安阳卷烟厂	提高气流烘丝加工过程的西格玛水平	黑带
37	山东中烟青岛卷烟厂	降低嘴棒输送过程损耗	黑带

（以上排名不分先后）

三、烟草行业入选 2019 年度中国质量协会质量技术奖精益管理优秀项目

序号	获奖项目	获奖单位
1	降低混丝间工艺空调万支卷烟能源消耗	山东中烟青岛卷烟厂
2	降低 ZB48 超高速条盒翻白边质量缺陷频次	山东中烟青岛卷烟厂
3	嘴棒库嘴棒供应流程优化	山东中烟青岛卷烟厂
4	烟丝风送速度优化	山东中烟青岛卷烟厂
5	中高端雪茄烟业务流程优化	安徽省烟草公司合肥市公司

（以上排名不分先后）

四、烟草行业入选 2019 年度中国质量协会质量技术奖可靠性优秀项目

获奖项目	获奖单位
提高五千叶片线 MTBF	山东中烟青岛卷烟厂

五、烟草行业入选 2019 年度中国质量协会质量技术奖质量功能展开优秀项目

项目名称	项目完成单位
基于 QFD 的试制烟生产流程优化	山东中烟青岛卷烟厂

◇ 编辑：褚　幸

附　录

- □ 国际烟草
- □ 品牌名录

国际烟草

2019 年世界烟草发展报告①

一、烟草控制政策概况

2019 年，世界卫生组织（简称世卫组织）发布第七版《世界烟草流行报告》，总结近年来各国在烟草控制方面的进展；组织世界无烟日活动，主题为减少烟草使用和二手烟雾接触。美国联邦政府、州政府和地方政府、食品药品监督管理局（简称 FDA）相继出台系列措施遏制青少年使用电子烟。多国政府加强对电子烟的管制。

（一）2019 年世界烟草流行报告

2019 年 7 月，世卫组织发布第七版《世界烟草流行报告》，主题为加强戒烟服务，分析各国为减少烟草需求所做的努力。自 2017 年发布第六份报告以来，新的进展主要包括：（1）36 个国家采用一项或多项 MPOWER 措施②并达到最高实现水平；（2）图片警示标志覆盖世界一半以上人口，即生活在 91 个国家的 39 亿人，是人口覆盖率最高和覆盖国家最多的 MPOWER 措施，过去两年新增 14 个国家；（3）烟草税收有所提高的地区所覆盖的人口比率由 2016 年的 8% 增至 2018 年的 14%，是人口覆盖率增长最快的措施；（4）MPOWER 措施覆盖总人口达 50 亿人，其中 39 亿人生活在低收入和中等收入国家（占这些国家总人口的 61%），有越来越多的低收入国家采取 MPOWER 措施。

（二）2019 年“世界无烟日”

2019 年“世界无烟日”主题为减少烟草使用和二手烟雾接触，重点指出以下内容：吸烟和接触二手烟雾带来的风险；吸烟对肺部健康的特殊危害；烟草引起的全球肺部疾病死亡和患病的严重程度；接触二手烟雾对不同年龄组人群肺部健康的影响；肺部健康对实现整体健康与福祉的重要性；主要受众（包括公众和政府）为减少烟草对肺部健康造成的风险可采取的可行措施和行动。

（三）美国烟草控制政策

1. **遏制青少年使用电子烟**

据美国青少年吸烟状况调查显示，2019 年美国中学生电子烟使用人数激增至 530 万人，比上年增长 39.5%，其中，高中生电子烟使用率达到 27.5%（2017 年为 11.7%），初中生为 10.5%（2017 年仅为 3.3%）。

电子烟在青少年中的迅速传播引发美国各级政府以及 FDA 的高度关注。2019 年底，美国总统签署法令将购买烟草产品的最低年龄由 18 岁提高到 21 岁。此前，已有多个州政府将购烟最低年龄由 18 岁提高到 21 岁，或禁止购买风味电子烟。FDA 禁止生产、运输、销售添加水果和薄荷味的封闭型烟弹式电子烟（不包括添加薄荷醇的封闭型烟弹式电子烟）③，责令主要电子烟商家整顿向未成年人销售电子烟的违规行为。此外，美国多个州政府对电子烟公司 JUUL 提起诉讼，认为 JUUL 故意淡化电子烟潜在危害，诱导年轻人使用电子烟，要求公司停止诱导年轻人的宣传广告，不得留存未成年人信息，并支付罚款。

2. **FDA 持续支持烟草产品减害**

FDA 对于降低烟草产品危害一直持积极支持态度。2019 年监管重点由降低烟草产品尼古丁含量转向减少燃烧产生的有害物质，但对“风险改良产品”的审批较为谨慎。2019 年，FDA 通过瑞典火柴公司的 8 种口含烟作为“风险改良产品”的申请。此前，FDA 科学审查委员会曾否决菲莫国际的加热卷烟“IQOS”作为风险改良产品上市的申请，而只作为烟草产品在美国销售。FDA 对待电子烟的态度同样审慎，2019 年进一步完善电子烟监管，对电子烟公司生产销售进行审查，更新上市申请指南，对尼古丁接触、成分、安全等方面作出具体要求。

（四）其他重要动态

印度禁止电子烟。2019 年 9 月，印度政府通过行政命令全面禁止电子烟（包括加热卷烟）生产、储运、销售、进出口、广告。印度不是第一个禁止电子烟的国家④，但作为世界第二人口大国、第三烟草大国，印度禁止电子烟对

---

① 除特别说明外，本文中的表述和数据均不包含中国。

② 2008 年，世界卫生组织发布《世界卫生组织 2008 年全球烟草流行报告》，提出 6 项控烟措施，即“MPOWER”，包括检测烟草使用与预防政策（Monitor Tobacco Use And Prevention Polices），保护人们免受烟草烟雾使用（Protect People From Tobacco Smoke），提供戒烟帮助（Offer Help To Quit Tobacco Use），警示烟草使用（Worn About The Dangers Of Tobacco），确保禁止烟草广告、促销和赞助（Enforce Ban On Tobacco Advertising, Promotion And Sponsorship），提高烟税（Raise Taxes On Tobacco）。

③ 97% 的青少年消费者使用风味电子烟，风味被认为是吸引青少年的重要原因。

④ 禁止电子烟销售的国家还包括巴西、泰国、伊朗、挪威等 40 余个国家，其中部分国家同时禁止加热卷烟销售。

世界烟草控制以及电子烟行业产生重要影响。据欧睿信息咨询有限公司（Euromonitor International）（简称欧睿）估计，2018 年印度电子烟市场规模约 6000 万美元。在禁令出台前，各大电子烟公司均已准备进军印度市场。

二、传统烟草制品发展概况

传统烟草制品包括卷烟、雪茄烟、烟丝、斗烟、鼻烟、口含烟、嚼烟等。2019 年，卷烟销量略有下降，但仍然是主要品类和收益的主要来源，其他品类保持增长。

（一）卷烟

2019 年，全球卷烟销量约 6000 万箱，比上年下降约 2%。近 5 年来基本以 1% ~2% 速度逐年递减。据欧睿统计，全球销量超过 50 万箱的市场共 28 个。其中，印度尼西亚、埃及、孟加拉国、越南、巴基斯坦、波兰、阿尔及利亚、叙利亚、伊拉克等销量仍有增长，其他均下降。下降主要是受到价格提高、新型烟草制品替代等因素影响。

表 1　2019 年主要市场卷烟销量

国 家	销 量（万箱）	同 比（%）	国 家	销 量（万箱）	同 比（%）
印度尼西亚	616.3	0.3	乌克兰	117.2	-3.7
美 国	460.9	-4.3	巴基斯坦	107.1	3.0
俄罗斯	434.0	-8.2	西班牙	95.2	-0.5
日 本	246.3	-7.2	巴 西	95.1	-1.5
土耳其	236.1	-0.4	波 兰	86.0	0.2
埃 及	199.1	3.4	泰 国	76.6	-2.6
孟加拉国	188.1	2.7	法 国	73.7	-8.5
越 南	168.2	4.0	阿根廷	67.2	-3.4
印 度	163.4	-1.0	阿尔及利亚	64.2	1.3
德 国	148.2	-1.5	墨西哥	59.6	-0.1
意大利	131.5	-4.2	英 国	56.3	-6.5
菲律宾	126.4	-1.9	叙利亚	55.0	1.5
伊 朗	119.5	-1.3	伊拉克	53.7	3.4
韩 国	117.7	-7.1	加拿大	53.1	-2.8

注：数据来自欧睿。

2019 年，全球卷烟销售额约 5000 亿美元，比上年增长约 3%。销售额超过 50 亿美元的市场约 20 个。其中大部分仍呈上升态势，意大利、英国、韩国、泰国等比上年有所下降。

表 2　2019 年主要市场卷烟销售额

国 家	销售额（亿美元）	同 比（%）	国 家	销售额（亿美元）	同 比（%）
美 国	969.7	1.7	印 度	131.3	8.1
日 本	269.0	0.8	澳大利亚	125.9	7.9
印度尼西亚	258.8	4.6	西班牙	125.4	0.2
德 国	256.8	3.2	加拿大	121.6	2.5
意大利	204.1	-0.8	波 兰	87.9	1.6
俄罗斯	203.0	1.5	巴 西	70.9	3.6
法 国	189.4	2.7	孟加拉国	60.1	8.8
英 国	184.0	-2.6	埃 及	59.2	15.6
土耳其	147.5	13.9	阿根廷	51.8	35.7
韩 国	132.0	-4.8	泰 国	51.1	-1.7

注：数据来自欧睿。

卷烟仍将稳定占据烟草市场主体地位。尽管吸烟率持续下降，但吸烟人口数量稳定，且预计未来一段时间仍将保持稳定。2018 年日本加热卷烟市场增长明显放缓，显示加热卷烟对卷烟的替代仍然面临较大困难。2019 年以“JUUL”为代表的尼古丁盐类电子烟在美国市场的动荡，显著影响市场对新型电子烟产品替代卷烟能力的预期。综合几大跨国烟草公司经营业绩来看，卷烟仍将是烟草市场收益的主要来源。美国等传统烟草大国和经济发达国家仍将保持较高收益，新兴市场销量仍将保持增长。

（二）非卷烟

2019 年，全球雪茄烟（含小雪茄烟）销量约 300 亿支，比上年增长 6.5%。销量超过 1 亿支的市场 15 个，其中，销量第一位的美国占到近 50%，销量前三位市场合计占比 66%，前五位市场合计占比 73%。全球雪茄烟销售额约 350 亿美元，比上年增长 18.3%，近年来持续增长。

表 3　2019 年主要市场雪茄烟销量和销售额及变化情况

市 场	销 量（亿支）/同 比（%）	销售额（亿美元）/同 比（%）	市 场	销 量（亿支）/同 比（%）	销售额（亿美元）/同 比（%）
美 国	146.7/5.4	117.6/8.5	英 国	3.7/-0.5	3.8/1.6

续表

市 场	销 量（亿支）／同 比（%）	销售额（亿美元）／同 比（%）	市 场	销 量（亿支）／同 比（%）	销售额（亿美元）／同 比（%）
德 国	30.2/ -1.4	13.8/ 1.6	古 巴	3.1/ -3.1	8.9/ -0.3
西班牙	20.7/ -2.3	6.3/ -0.9	俄罗斯	2.4/ -1.0	2.1/ 13.6
法 国	13.5/ -1.0	8.4/ 6.2	加拿大	1.9/ -2.9	5.2/ —
意大利	8.8/ 2.9	6.0/ 3.0	瑞 士	1.9/ 0.4	4.4/ 2.4
荷 兰	4.2/ -2.5	2.4/ -1.4	芬 兰	1.1/ -9.7	—

注：数据来自欧睿。

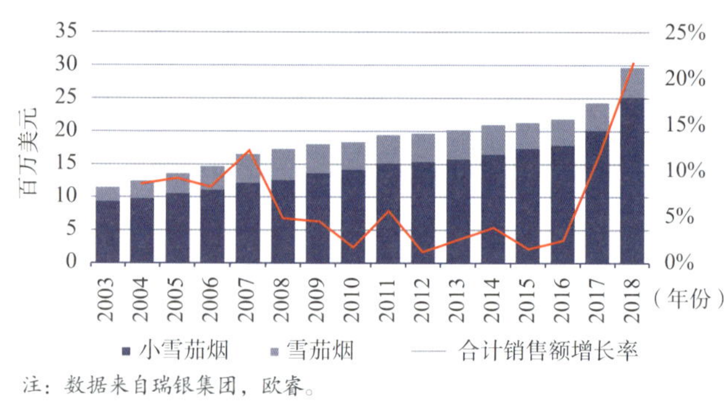

注：数据来自瑞银集团，欧睿。

图 1　全球雪茄烟（含小雪茄烟）销售额

烟丝、斗烟、鼻烟、嚼烟、口含烟等品类的销售额自2014年来有所增长。烟丝价格便宜，其销量主要受到收入水平影响。瑞典口含烟主要在北欧地区作为减害产品销售。

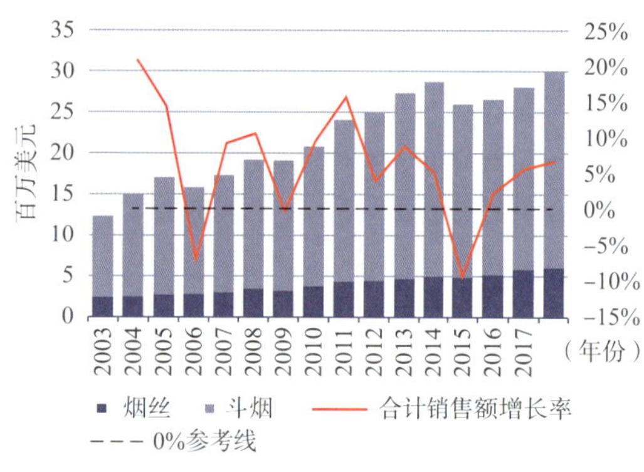

注：数据来自瑞银集团，欧睿。

图 2　其他传统烟草制品销售额变化趋势

三、新型烟草制品发展概况

2019年，全球新型烟草制品（包括电子烟和加热卷烟，含中国）销售额估算365.9亿美元，比上年增长20%以上。其中，电子烟销售额约194.6亿美元，比上年增长约25%；加热卷烟销售额171.3亿美元，比上年增长约45%。美国电子烟市场剧烈动荡，欧盟电子烟市场保持增长；日本加热卷烟市场略有增长，其他地区保持增长。

（一）电子烟

据世卫组织报告，相对于传统烟草产品，对电子烟使用情况进行监测和调查的国家较少，因而难以对全球电子烟使用率和使用人数进行可靠估计。据各类商业零售调查显示，全球电子烟市场高度集中，前10个市场大概占消费总量的70%以上，主要集中在美国、英国、法国等发达国家。

表 4　2019 年主要市场电子烟销售额

市 场	销售额（亿美元）	同 比（%）	市 场	销售额（亿美元）	同 比（%）
美 国	88.4	29.4	马来西亚	2.7	4.3
英 国	28.5	17.7	印度尼西亚	2.4	22.8
法 国	12.1	21.1	荷 兰	1.3	14.7
德 国	9.3	17.8	捷 克	1.2	8.4
加拿大	6.9	35.9	韩 国	1.2	30.4
意大利	5.2	39.9	西班牙	1.1	13.5
波 兰	4.9	13.1	乌克兰	1.1	20.3
俄罗斯	3.9	17.1	爱尔兰	1.0	9.2
南 非	3.3	23.5			

注：数据来自欧睿。

1. **美国电子烟市场**

（1）电子烟使用情况。

2011 年以来，美国电子烟使用人数持续增长，尤其是少年（18 岁以下）和青年（18～24 岁）群体。2011 年，中学生电子烟使用率仅为 1.5%，2013 年为 4.6%，2015 年猛增到 16%，与“JUUL”新型电子烟的出现时间基本一致。2019 年，高中生电子烟使用率增长到 27.5%，初中生则增长到 10.5%。97% 的青少年消费者使用风味电子烟，据调查，风味是吸引青少年的首要原因，43% 的青少年开始使用电子烟是被其风味所吸引。青年电子烟使用率也有一定幅度增长，2018 年使用率为 7.6%（2012 年为 2.4%），其中 44.3% 为非吸烟者。2018 年成年人总体电子烟使用率为 3.2%，低于 2014 年的 3.7%，呈下降趋势，其中，25～44 岁为 4.2%，45～66 岁为 2.1%，65 岁以上为 0.8%。50% 以上的成年电子烟使用者同时使用传统卷烟。

（2）电子烟市场竞争。

“JUUL”自 2015 年问世以来便成为市场引领者。2016 年在美国青少年中快速蔓延。据 2017 年开展的一项全国性调查显示，25% 的 15～24 岁受访青少年可以识别出“JUUL”产品，且对使用“JUUL”电子烟出现专门的流行称谓“JUULING”。2019 年，59% 的高中生消费者、54% 的初中生消费者报告“JUUL”为其日常消费品牌，人数规模约 300 万。2019 年 7 月，“JUUL”的市场占有率达到顶峰 75%。美国政府陆续出台一系列遏制青少年使用电子烟的措施之后，主要电子烟公司均对此表示服从和支持，JUUL 公司停止在美销售风味电子烟（除添加薄荷醇之外），暂停在美国的各类广告，推出电子烟追踪方案，以有效发现并切断未成年人购买电子烟渠道；奥驰亚集团则停止生产和销售旗下 2 个重点电子烟品牌，以应对预期的市场规模下降。2019 年 12 月，“JUUL”电子烟月度销量环比下降 15.2%，市场占有率降低到 60% 左右。

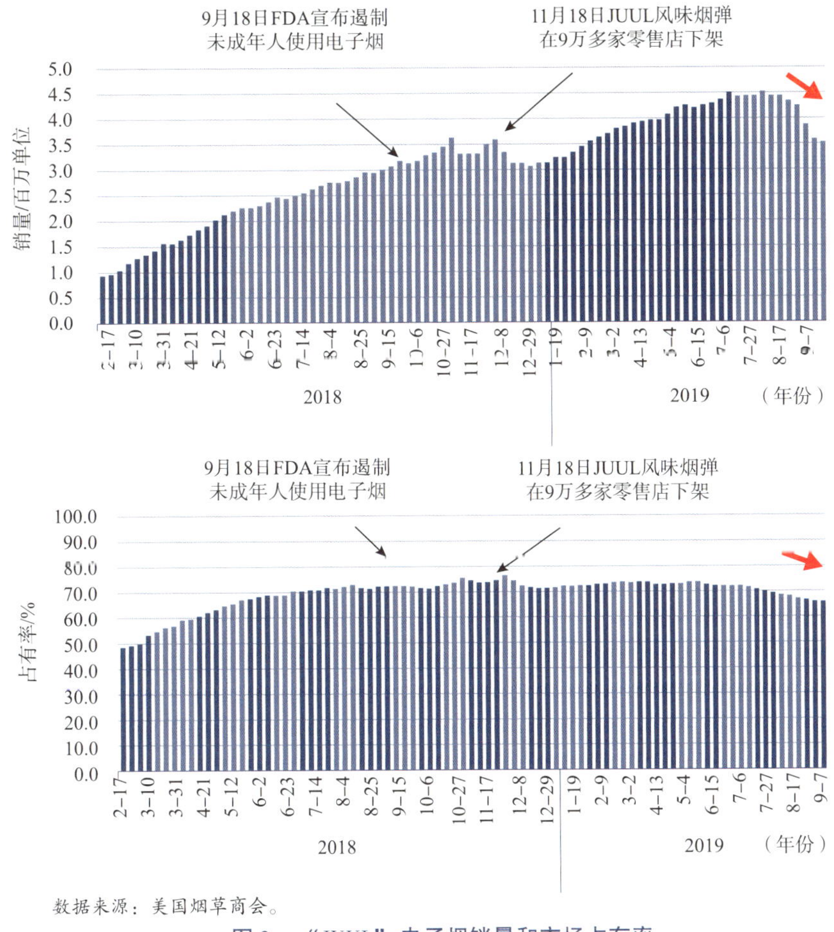

数据来源：美国烟草商会。

图 3 “JUUL”电子烟销量和市场占有率

“JUUL”对世界电子烟行业意义重大。“JUUL”的出现和发展快速打破美国电子烟市场由主要烟草业巨头垄断的局面，带动整个市场出现新一轮增长，赋予电子烟这一品类以全新的强大活力。2017 年，在整个电子烟市场规模大幅增长的背景下，除了“JUUL”之外的电子烟销售额已经出现下降。取得如此突出业绩，除尼古丁盐带来更佳的使用体验等产品特性之外，JUUL 公司主要通过 Twitter、Instagram、Youtube 等主流社交媒体以及移动端 APP 开展宣传广告，是电子烟在青少年中快速蔓延的重要原因。此外，公众对于“JUUL”电子烟成分、致瘾性的了解较少，且大量同类产品包装类似食品，容易模糊消费者对电子烟是尼古丁产品的认识，也是电子烟快速蔓延的重要原因。

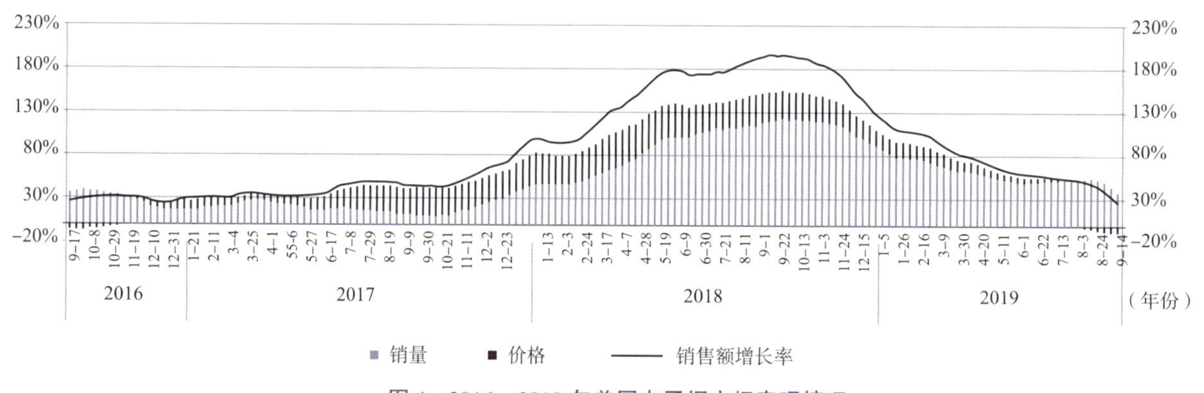

图 4　2016—2019 年美国电子烟市场表现情况

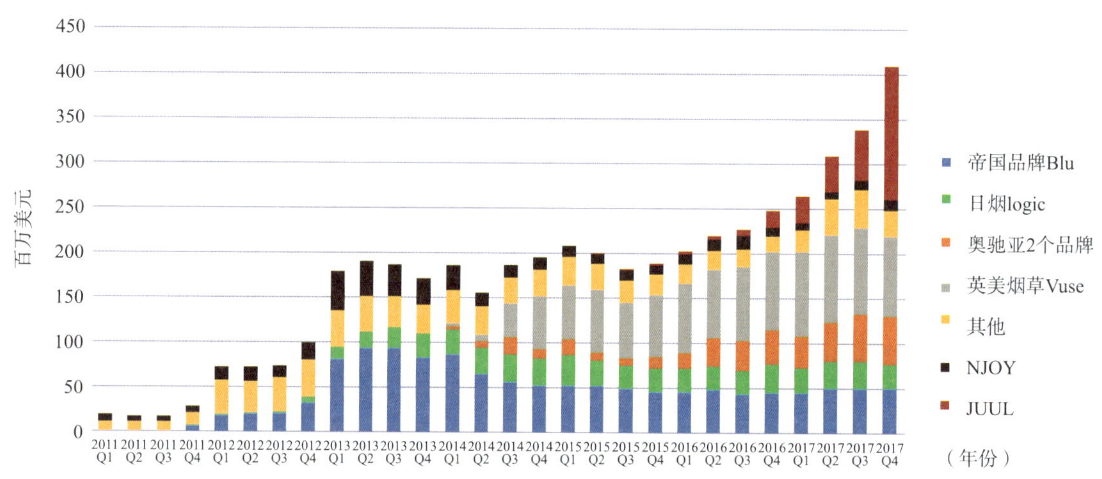

图 5　2011—2017 年美国电子烟市场季度销售额

然而，“JUUL”的增速放缓也引发 2019 年整个电子烟行业增速放缓，市场剧烈动荡，几个烟草公司重点电子烟品牌甚至出现大幅下跌，大大增强未来的不确定性。

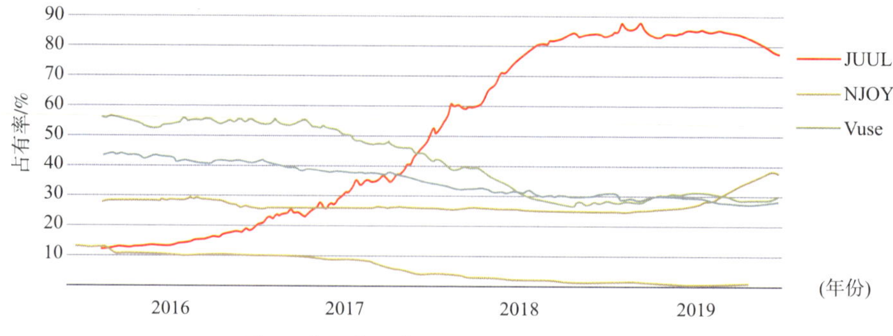

图 6　美国市场前五位电子烟品牌市场占有率

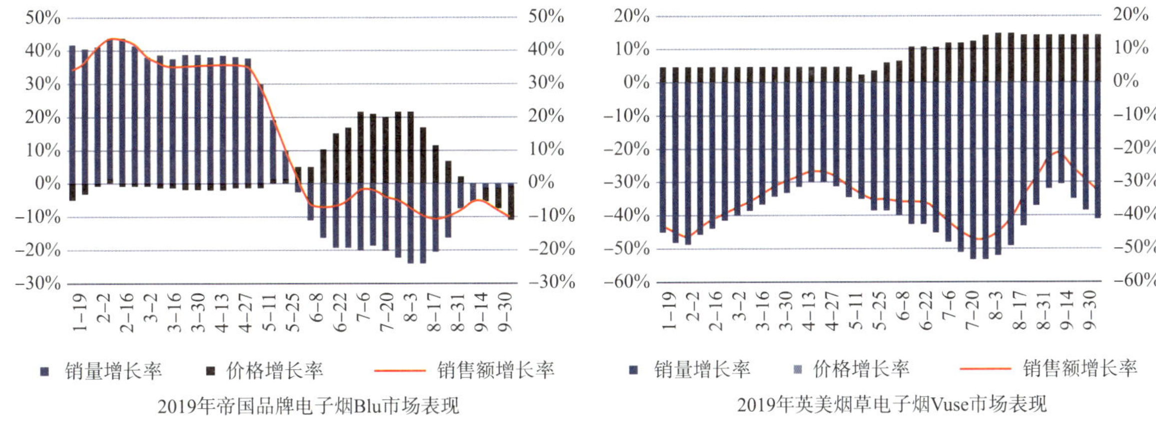

数据来源：美国烟草商会。

图 7　2019 年电子烟“Blu”和“Vuse”的市场表现情况

2. 欧盟电子烟市场

欧盟电子烟使用率和使用人数呈现上升态势。2017 年，欧盟成年人电子烟使用率约 1.8%，较 2014 年提高 0.3 个百分点；曾经尝试过电子烟的成年人口比例约 14.6%，较 2014 年提高 3 个百分点；成年电子烟使用人数约 760 万人，曾经尝试过电子烟的成年人数约 6300 万人。其中，英国成年人电子烟使用率最高，约 4.7%，较 2014 年提高 1.1 个百分点；其次是法国 3.7%，较 2014 年提高 0.1 个百分点；再者是比利时（2.7%）、奥地利（2.6%）、希腊（2.3%），较 2014 年均有 1 倍以上的增长。

欧盟电子烟市场竞争激烈，生产者集中度相对传统烟草明显较低，除四大烟草公司外，其他专业电子烟公司占据着相当的市场份额。

（二）加热卷烟

2019 年，加热卷烟约覆盖全球 50 多个市场，消费主要集中在日本、韩国、俄罗斯以及欧洲地区。相对于电子烟，成功的加热卷烟产品上市时间短、覆盖市场范围小，但价格高，总销售额已经接近电子烟，对卷烟的替代性相对更强。与电子烟市场不同，参与加热卷烟市场竞争的主要是国际烟草业巨头。

表 5　2019 年主要市场加热卷烟销售额

市　场	销售额（亿美元）	同比（%）	市　场	销售额（亿美元）	同比（%）
日　本	103.6	34.5	希　腊	2.6	44.0
韩　国	21.0	25.4	匈牙利	2.2	98.5
意大利	10.8	64.0	罗马尼亚	1.7	61.9

续表

市　场	销售额（亿美元）	同比（%）	市　场	销售额（亿美元）	同比（%）
俄罗斯	6.4	64.6	波　兰	1.6	82.1
美　国	5.4	—	保加利亚	1.5	43.3
德　国	2.7	86.2	瑞　士	1.2	34.0
捷　克	2.6	38.9	乌克兰	1.1	56.1

注：数据来自欧睿。

1. 日本加热卷烟市场

2019 年，日本加热卷烟市场规模约 73.6 万箱，是加热卷烟第一大市场，占到日本国内烟草产品市场的 23%，是该品类占比最高的市场。日本是加热卷烟最早上市的市场之一，曾经历 2015—2017 年的快速扩张，但 2018 年销量增速大幅回落，市场扩张明显放缓，市场竞争激烈。

日本市场加热卷烟消费特点。根据国际烟草控制评估项目①研究成果，2018 年上半年，日本加热卷烟使用率 2.7%，仅限消费加热卷烟的使用率则为 0.9%。从人口特征来看，加热卷烟消费者中，76% 为男性，44% 在 40～59 岁，67.8% 是吸烟者、25% 曾经是吸烟者、1% 从未使用过卷烟，51% 为高收入群体，51.9% 为高学历群体。从使用频率来看，63.4% 的消费者每天使用，其他为近一周或一月使用。从口味偏好来看，41.5% 的加热卷烟消费者偏好薄荷味加热棒，33.7% 偏好烟草味加热棒，20.0% 偏好水果味加热

① 国际烟草控制评估项目是世界首个烟草追踪调查项目，目的在于研究吸烟社会心理和行为以及烟草控制政策实际影响。项目主要依托加拿大滑铁卢大学，得到多国相关政府部门的支持，首次调查开始于 2002 年，目前调查覆盖 29 个国家、50% 以上人口、60% 以上吸烟者。中国疾控中心于 2006 年参与该项目。

棒。从品牌选择来看，64.5%的消费者选择菲莫国际"IQOS"系列，21.1%使用日本烟草"Ploom"系列，14.4%使用英美烟草"glo"系列。从年龄对品牌偏好的影响来看，20～29岁群体主要选择"IQOS"（80.9%），但选择"IQOS"的占比随着年龄增长而下降，在60岁以上群体中占42.6%，而"Ploom"在该年龄群体中占到41.5%。从性别对品牌选择的影响来看，男性（23.2%）选择"Ploom"的比例显著高于女性（14.4%）。收入水平、教育水平对品牌选择的影响均较小。从品牌选择的原因来看，健康益处（>60%）是首要原因，此外，对选择"IQOS"的消费者，朋友使用（68.1%）、方便购买（56.5%）、口味（43.3%）是前三大动因，价格（18.2%）对该品牌消费者的影响最低；对选择"Ploom"的消费者，加热速度快（54.0%）、口味（48.4%）、价格优势（35.4%）是前三大动因，广告对该品牌消费者的影响较低（<10%）；对选择"glo"的消费者，购买方便（53.2%）、加热速度快（42.0%）、朋友使用（41.4%）是前三大动因，广告对该品牌消费者的影响较低（<10%）。

2. 加热卷烟市场竞争

菲莫国际凭借"IQOS"占据绝对优势地位。据菲莫国际披露，2019年四季度"IQOS"在日本烟草市场的占有率增长到17.6%①，尽管在韩国烟草市场的占有率降至6.3%，但在加热卷烟品类的占有率持续提高到64.0%，在俄罗斯烟草市场的占有率增长到5.0%，在欧盟烟草市场的占有率增长到3.2%。2019年9月，"IQOS"正式在美国佐治亚州的亚特兰大上市，截至2019年底销量尚不足6000箱。

表6 2019年四季度IQOS在欧洲各国市场占有率

国　家	占有率（%）	比上年四季度增加（减少）百分点	国　家	占有率（%）	比上年四季度增加（减少）百分点
保加利亚	4.6	-0.1	葡萄牙	7.2	2.8
克罗地亚	4.2	2.5	罗马尼亚	2.5	0.5
捷　克	7.2	3.0	斯洛伐克	7.5	1.5
德　国	1.6	0.8	斯洛文尼亚	3.7	1.5
希　腊	10.5	3.9	瑞　士	2.8	0.7
匈牙利	4.2	4.2	立陶宛	17.5	9.0
意大利	6.1	2.8	波　兰	3.8	2.3
拉脱维亚	7.7	6.1			

注：数据来自菲莫国际四季报。

英美烟草加热卷烟"glo"。截至2019年底，"glo"覆盖全球17个市场。据英美烟草披露，2019年加热棒在日本市场销量比上年增长21%，12月市场占有率达到5.0%，比上年提高60个基点，在加热卷烟品类的市场占有率达到19.6%。2019年，推出多款设备和加热棒新品，带动销量增长。日本以外则主要是东欧重点城市，包括莫斯科，"glo"的市场占有率超过1%。

四、世界烟叶市场

全球烟叶产量增长，价格略有下降，产区之间有一定差异。环球烟叶公司坚守主业，毕克苏斯国际公司谋求多元化发展。

（一）全球烟叶生产

2019年，全球主要烟叶产区烤烟总产量190.3万吨，比上年增长5.8%；白肋烟总产量55.7万吨，比上年减少5.9%。其中，南美地区烤烟产量比上年增长5.5%，白肋烟产量略有增长；非洲及中东地区烤烟产量比上年增长4.1%，白肋烟产量比上年下降14.7%；中北美洲烤烟产量比上年减少5.6%，白肋烟产量比上年略有下降；欧洲及独联体地区烤烟产量比上年减少5.6%，白肋烟产量比上年略有下降；亚太地区烤烟产量比上年减少3.9%，白肋烟产量比上年略有增长。

① 加热卷烟占卷烟（含加热卷烟）的比例。

表7　2016—2019 年烟叶产量情况

单位：百万千克

烤　烟	2016 年	2017 年	2018 年	2019 年*	2020 年*
中北美洲及加勒比地区（含美国）	218	220	160	151	162
南美（含巴西）	544	718	658	694	660
欧洲及独联体	131	131	124	117	120
非洲及中东	360	371	415	432	384
亚洲及太平洋地区（不含中国）	512	517	530	509	540
总计	1765	1958	1887	1903	1866
白肋烟	**2016 年**	**2017 年**	**2018 年**	**2019 年***	**2020 年***
中北美洲及加勒比地区（含美国）	79	93	69	67	66
南美（含巴西）	94	131	117	120	109
欧洲及独联体	31	30	27	26	26
非洲及中东	284	164	279	238	217
亚洲及太平洋地区（不含中国）	88	92	96	99	95
总计	580	514	592	557	521

注：据环球烟叶公司 2019 年 11 月 11 日发布的数据；* 表示预测值。

2019 年，巴西烤烟产量 60 万吨，比上年增长 5.3%；白肋烟产量 6.4 万吨，比上年增长 7.7%。据巴西烟草种植者协会统计显示，2019 年南部烟区产量占全国总产量的 96.8%，近 10 年来一直保持在 97% 左右，是巴西的主要烟叶产区。2019 年南部产区烟叶均价 8.83 雷亚尔/千克（1.9 美元/千克），比上年下降 3.5%。

2019 年，津巴布韦销售烟叶 25.9 万吨，比上年增长 2.8%，达到历史新高。气候总体偏干旱，烟叶质量一般，传统上等烟叶占比较低，销售均价为 2.03 美元/千克，比上年下降 29%，其中，合同采购 22.7 万吨，均价 2.07 美元/千克；拍卖场销售 3.3 万吨，均价 1.75 美元/千克，价格为近年来最低水平。为提高烟叶质量，满足特定需求，合同采购占比大幅提高，导致拍卖场需求大幅下降，是拍卖场价格下跌的主要原因。

2019 年，美国烟叶产量 21.2 万吨，比上年减少 12.2%，其中，烤烟 13.5 万吨，比上年减少 12.1%；白肋烟 4.2 万吨，比上年减少 7.6%。有 7 个州种植烟叶，其中北卡罗来纳州产量最大，占总产量的 50.2%，其次是肯塔基州占比 26.4%，其他按产量依次为田纳西州、弗吉尼亚州、佐治亚州、南卡罗来纳州、宾夕法尼亚州。2018 年①烟叶均价 4.51 美元/千克，比上年略有下降，其中，烤烟均价 4.22 美元/千克，比上年下降 4.0%；白肋烟 4.39 美元/千克，比上年提高 1.5%。

（二）主要烟叶公司

2 家全球性烟叶公司——环球烟叶公司、毕克苏斯国际公司（Pyxus International）大约加工全球 1/3 的烟叶，另外 1/3 由跨国烟草公司直接采购，剩余 1/3 由分散的地方性公司收购。

1. 环球烟叶公司

受烟草产品消费量持续减少的影响，环球烟叶公司经营业绩持续下降。2019 财年②销售收入增长、利润增长、净利润略有下降，经营业绩达到近年来较好水平。

采购、加工、销售烟叶是公司的主要收入来源，业务覆盖全球 30 多个国家和地区。在过去的 5 年里，环球烟叶公司大概加工 30% ~40% 的非洲和美国烟叶，15% ~25% 的巴西烟叶。公司客户相对集中，2019 财年英美烟草、帝国品牌、菲莫国际各自贡献 10% 以上的销售收入。相对于竞争对手毕克苏斯国际公司，环球烟叶公司的晾晒烟业务更为领先，同时业务范围略广。

① 2019 年价格尚未披露。
② 环球烟叶公司 2019 财年截止到 2019 年 3 月 31 日。

尽管烟草产品消费量以每年2%的速度持续减少，但是公司仍然坚持以做好全球烟叶供应商为发展方向。近年来，公司主要通过提高服务质量、提高供应链效率、扩大服务范围等方式提振业绩，同时坚信能够在发挥公司烟叶业务优势的周边产业和市场找到发展机遇。2020年1月，公司收购第一家非烟公司Fruit Smart，主营水果和蔬菜加工业务。

2019财年，公司实现销售收入22.3亿美元，比上一财年增长9.5%；利润1.9亿美元，比上一财年增长3.9%；净利润1.0亿美元，比上一财年减少1.4%。其中，北美地区烤烟和白肋烟销售收入1.5亿美元，比上一财年增长3.2%，在美国烟叶大幅减产的情况下维持较高的销售收入水平，主要得益于上年烟叶延迟交付，以及墨西哥、危地马拉加工量增长；其他地区烤烟和白肋烟销售收入15.7亿美元，比上一财年增长5.9%，非洲白肋烟产量恢复，烟叶加工量、加工收入增加，但价格和产品等级下降；其他烟草产品销售收入2.7亿美元，比上一财年增长12.8%，主要包括晾晒烟、香料烟等。

2019年4—12月，公司实现销售收入12.8亿美元，比上年减少17.9%，其中，北美地区烤烟和白肋烟销售收入1.3亿美元，比上年减少48.7%，除交付时间影响外，墨西哥、危地马拉产量、价格下降，烤烟供给过剩，给销量和利润带来较大压力；其他地区烤烟和白肋烟销售收入9.4亿美元，比上年减少13.3%；其他烟草产品销售收入2.0亿美元，比上年下降2.5%。利润9700万美元，比上年下降22.4%。2020财年总体业绩下行压力较大。

2. **毕克苏斯国际公司**

2019财年①是公司转型发展的起步之年，新业务增长势头良好。公司认为通过投资多元化业务抓住增长机会，实现真正的改变。同时，烟叶主营业务量增长、库存下降，达到近年来的最好水平。

毕克苏斯国际公司为原联一国际公司于2018年更名而来，原烟叶业务仍保留联一国际公司名称，标志着公司开启转型发展。转型的主要方向为依托烟叶核心业务优势，发展附加值较高、需要一定深加工、利润率较高的直接消费品。沿着这个方向，近两年来公司先后收购3家美国电子烟油公司、1家美国大麻公司、1家加拿大大麻公司FIGR，其中加拿大大麻前景良好②。2019财年，FIGR公司大幅扩大产能，预计未来将持续扩大。

采购、加工、销售烟叶仍然是公司收入的主要来源。公司主要在全球35个国家采购、加工烤烟、白肋烟、香料烟，同时指导烟叶生产基地种植其他农产品，成品销往90多个国家。公司主要通过合同种植的方式采购烟叶，只有少量来自拍卖场。2017财年、2018财年、2019财年，公司在北美地区采购的烟叶数量分别占到总量的24%、25%、17%，总量的60%、61%、67%则来自中国、巴西、土耳其和非洲等地。从销售来看，近三年来菲莫国际、中烟国际、帝国品牌各贡献超过10%的收入；38%的烟叶销往欧洲，14%销往美国。

2019财年，烟叶销量达到40万吨，比上一财年增长4.9%，同时库存达到2011年以来最低水平。其中，在北美地区销售烟叶4.8万吨，比上一财年减少32%，均价5.2美元/千克，比上一财年下降11.1%，销售收入2.5亿美元，比上一财年减少39.5%，利润1000万美元，比上一财年减少61.7%，受飓风影响产量减少、出口关税提高、价格下跌是北美地区业绩下降的主要原因；其他地区烟叶销量35.2万吨，比上一财年增长12.7%，均价4.13美元/千克，比上一财年下降4.2%，销售收入14.6亿美元，比上一财年增长8.0%，利润1.1亿美元，比上一财年增长26.6%，增长主要来自非洲产量增长，但公司缩减在这些地区的投入，费用占销售收入的比重从8.9%降低到7.7%，原因是向新业务倾斜。2019财年，销售收入18亿美元，比上一财年减少2.4%，利润8700万美元，比上一财年减少21.6%，主要受到高端产品以及高价位地区产品销量占比下降的影响，此外新业务初期投资也带来成本的增长。

2019年4—12月，烟叶销售收入10.2亿美元，比上年减少15.7%，其中，北美地区烟叶销量2.2万吨，比上年减少27.8%，均价5.30美元/千克，比上年提高3.7%，烟叶销售收入1.1亿美元，比上年减少26.7%，烟叶加工收入2487万美元，比上年减少14.3%，主要受到飓风导致减产影响；其他地区烟叶销量21.3万吨，比上年减少10.6%，均价3.87美元/千克，比上年下降5.6%，主要受到烤烟供给过剩的影响，烟叶销售收入8.3亿美元，比上年减少15.3%，烟叶加工收入4232万美元，比上年增长3.9%；其他产品和服务销售收入1565万美元，比上年增长51.5%，主要包括加拿大大麻以及美国电子烟油业务。

① 毕克苏斯国际公司2019财年截至2019年3月31日。
② 2018年10月，加拿大许可生产大麻类产品，但许可证数量有限。

五、主要烟草公司

2019 年，主要烟草公司在全球市场的占有率持续提高，总体竞争格局基本稳定。菲莫国际继续保持领先，在加热卷烟领域仍占有绝对优势。英美烟草各类烟草产品发展势头良好，销售收入增长，但利润下降。日本烟草海外业务增长，国内日趋稳定，但新型烟草产品未见起色。帝国品牌经营仍较困难。各大跨国烟草公司利润普遍下降，汇率影响是重要原因，调整后的利润保持较高增长。

表 8　2019 年四大跨国烟草公司经营业绩情况

公 司	销 量*	含税销售额	不含税销售额	缴纳消费税	利润总额
菲莫国际	1532.7（-2.0%）	779.2（-2.4%）	298.1（0.6%）	481.2（-4.1%）	105.3（-7.4%）
英美烟草	1354.2（-4.4%）	839.1（4.2%）	330.5（5.7%）	508.6（3.3%）	115.2（-3.2%）
日本烟草	1049.2（2.0%）	—	176.3（-0.6%）	—	40.8（-16.4%）
帝国品牌	488.4（-4.5%）	299.1（2.4%）	102.5（1.5%）	196.6（4.7%）	26.4（-9.1%）

注：1. 单位：万箱、亿美元；“( )”中数字为按照本币计算比上年变化率；销售额受到汇率波动影响较大，绝对值仅供参考。

2. 数据来自各公司快报。日烟消费税数据尚未披露。

3. * 指烟草制品按比例转换为卷烟，销量包含新型烟草产品。

表 9　2019 年各主要卷烟品牌销量情况

名 称	公 司	销 量（万箱）	同 比（%）	价位段
万宝路[1]	菲莫国际、奥驰亚	702.7	-2.1	高端
云斯顿	日本烟草	328.7	2.4	中端
波 迈	英美烟草	237.0	-6.7	低端
乐富门	英美烟草	205.0	2.5	低端
监 星	菲莫国际	185.7	3.4	中端
健 牌	英美烟草	149.0	-1.3	高端
骆 驼[2]	日本烟草、英美烟草	148.4	1.6	中端
切斯特菲尔德	菲莫国际	114.3	-3.8	低端
MEVIUS	日本烟草	107.4	-6.6	高端
乐 迪	日本烟草	98.8	6.3	低端
菲 莫	菲莫国际	98.3	-1.4	低端
登喜路	英美烟草	94.5	-5.5	高端
百乐门	菲莫国际	77.4	2.5	高端
好 彩	英美烟草	77.2	-3.5	中端
邦德街	菲莫国际	56.0	-12.9	中端

注：1. 菲莫国际“万宝路”销量 525.8 万箱，比上年减少 3 万箱；奥驰亚“万宝路”销量 176.9 万箱，比上年减少 12.6 万箱。

2. 日本烟草“骆驼”销量 114.2 万箱，比上年增加 5.8 万箱；英美烟草“骆驼”销量 34.2 万箱，比上年减少 3.8 万箱。

（一）菲莫国际

2019 年，菲莫国际总体经营业绩低于预期，加热卷烟业绩突出。不含税销售收入比上年增长 0.6%，利润总额比上年下降 7.4%，稀释每股收益比上年下降 9.3%，除去汇率因素比上年下降 6.7%。

1. 烟草产品销量

卷烟和加热卷烟销量合计1532.7 万箱，比上年下降 2.0%，其中，卷烟销量 1413.4 万箱，下降 4.5%；加热卷烟销量 119.4 万箱，增长 44.2%，销量比重 7.8%。除中国和美国以外，菲莫国际的市场占有率为 28.4%，比上年提高 0.1 个百分点，其中，卷烟市场占有率 26.2%，下降 0.5 个百分点；加热卷烟的总体市场占有率[①] 2.2%，提高 0.6 个百分点。

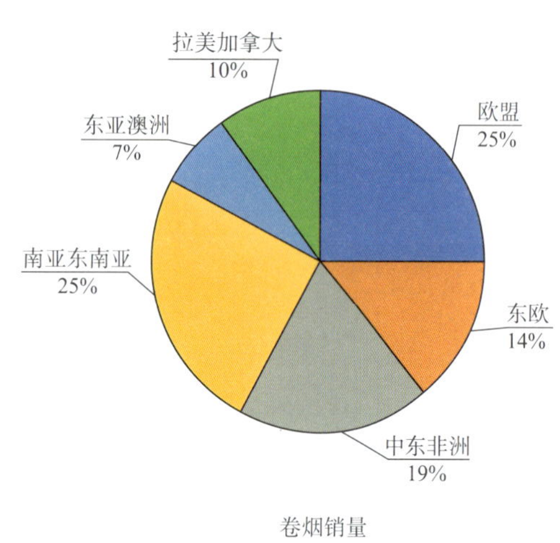

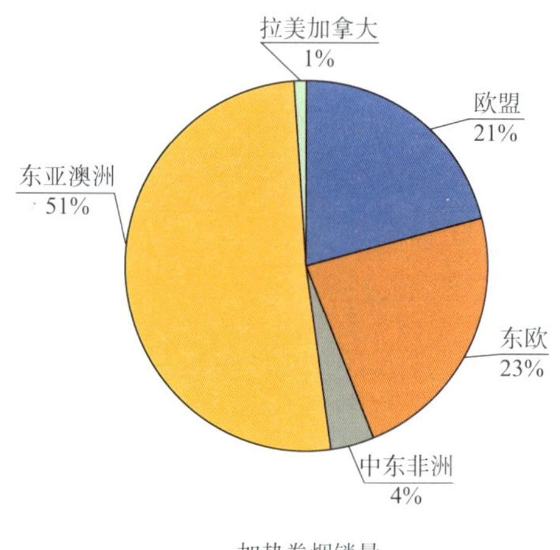

图 8　菲莫国际 2019 年卷烟和加热卷烟销量市场分布情况

欧盟地区全年销量 273.8 万箱，比上年下降 0.7%，市场占有率 38.8%，比上年提高 0.3 个百分点，其中，卷烟销量 248.6 万箱，下降 3.0%，尤其是法国、德国、意大利降幅较大，主要受到市场容量缩减、市场占有率下降、加热卷烟替代等因素影响；加热卷烟 25.1 万箱，增长 1.1 倍，尤其是意大利增幅较大。

东欧地区全年销量 228.2 万箱，比上年增长 0.4%，市场占有率 28.7%，比上年提高 1.6 个百分点，其中，卷烟销量201.2 万箱，下降 7.4%；加热卷烟销量 26.9 万箱，增长 1.7 倍。哈萨克斯坦销量比上年增长 11.6%，主要受到市场容量增长、加热卷烟市场占有率提高等因素影响；乌克兰销量比上年下降 3%，主要受到市场容量缩减的影响。

中东和非洲地区全年销量 274.4 万箱，比上年下降 2.0%，市场占有率 23.5%，比上年下降 0.2 个百分点，其中，卷烟销量 269.1 万箱，下降 1.5%；加热卷烟销量 5.3 万箱，下降 22%，主要受到免税产品销量比上年下降 7.0% 的影响。土耳其销量比上年下降 5.6%，主要受到市场占有率下降的影响；埃及销量比上年增长 12.2%，沙特销量比上年增长 24.9%，主要受到市场占有率提高的影响。

南亚和东南亚地区全年销量 249.8 万箱，比上年下降 2.0%，市场占有率 23.7%，比上年下降 0.1 个百分点，该地区尚未有加热卷烟销售，其中，印度尼西亚销量比上年下降 2.9%，巴基斯坦销量比上年下降 8.6%，菲律宾销量比上年下降 2.9%，主要受到市场容量缩减的影响，高端和低端卷烟之间价格差距缩小对菲莫国际高端产品产生不利影响；泰国销量比上年增长 18.0%，主要受到市场占有率提高的影响。

东亚和澳洲地区全年销量 161.2 万箱，比上年下降 2.9%，市场占有率 26.9%，比上年下降 0.5 个百分点，其中，卷烟销量 99.9 万箱，下降 11.1%；加热卷烟销量 61.3 万箱，增长 14.2%。韩国销量比上年下降 11.1%，主要受到卷烟市场占有率下降的影响。日本销量比上年增长 0.3%，但除去库存调整因素以外的销量比上年下降 4.2%，主要受到市场容量缩减的影响。

拉丁美洲和加拿大地区全年销量 145.2 万箱，比上年下降 10.3%，市场占有率 36.9%，比上年下降 0.4 个百分点，其中，阿根廷销量下降 9.4%；委内瑞拉销量下降 74.8%，主要受到市场容量大幅缩减的影响。该地区加热卷烟销量（含在美“IQOS”销量）合计约 6000 箱。

① 加热卷烟市场占有率为加热卷烟销量占卷烟和加热卷烟总销量的比重。

表 10　2019 年菲莫国际在重点市场占有率情况

市　场	占有率（%）	同　比（%）	市　场	占有率（%）	同　比（%）
法　国	45.0	-0.5	沙　特	43.0	1.5
德　国	38.0	0.7	土耳其	43.7	-2.7
意大利	51.8	0.0	印　尼	32.1	-1.3
波　兰	41.2	-0.3	菲律宾	70.5	0.6
西班牙	31.3	-0.8	澳大利亚	27.5	-2.2
俄罗斯	30.1	1.8	日　本	34.5	0.5
阿根廷	70.0	-3.8	韩　国	22.6	-2.4
墨西哥	67.1	-0.9			

注：数据来自菲莫国际快报。

菲莫国际预计，2020 年全球烟草市场容量将下降 3% ~ 4%。其中，印度尼西亚市场受到税收和价格提高影响将继续下降，日本市场小雪茄烟替代卷烟的势头仍会持续①。菲莫国际卷烟和加热卷烟总销量下降 2.5% ~3.5%，主要受到市场容量缩减的影响，全年加热卷烟销量预计将达到 180 万~200 万箱。

2. 销售收入和利润

全年实现含税销售收入 779.2 亿美元，比上年下降 2.4%。缴纳消费税 481.2 亿美元，比上年减少 4.1%。不含税销售收入 298.1 亿美元，比上年增长 0.6%，除去汇率影响增长 3.8%，其中，卷烟 242.2 亿美元，下降 5.1%；加热卷烟 55.9 亿美元，增长 36.4%，占总销售收入的比重 18.8%（销量占比 7.8%），收入增长因素主要有烟草产品价格提高（增长 6.5%）、加热卷烟销量增长，下降因素主要有卷烟、免税产品、“IQOS”加热器等的销量减少。

全年实现利润 105.3 亿美元，比上年下降 7.4%，扣除汇率影响比上年下降 4.9%，同时去除法律诉讼带来的资产减值、精简产能②等因素影响，利润比上年增长 5.9%，增长因素主要有烟草产品价格提高、加热卷烟销量占比提高、制造成本降低等，但销售管理和研发费用增长抵消部分成果。

3. 卷烟品牌

2019 年，菲莫国际拥有全球销量前 15 位卷烟品牌中的 6 个，分别为“万宝路”（市场占有率 10.0%）、“蓝星”（市场占有率 3.5%）、“切斯特菲尔德”（市场占有率 2.2%）、“菲莫”（市场占有率 1.9%）、“百乐门”（市场占有率 1.5%）、“邦德街”（市场占有率 1.1%）。其中，仅“蓝星”销量比上年增长 3.4%，达到 185.7 万箱，主要受到埃及、泰国市场销量增长拉动，其他 5 个品牌均有不同程度的下降：“万宝路”销量（不含加热棒）525.8 万箱，比上年下降 0.6%，在意大利、日本、法国等市场销量减少，在菲律宾、沙特、土耳其等市场有所增长；“切斯特菲尔德”销量 114.3 万箱，比上年下降 3.8%，在阿根廷、意大利、俄罗斯、委内瑞拉等市场销量减少，在巴西市场有所增长；“菲莫”销量 98.3 万箱，比上年下降 1.4%，在阿根廷市场销量减少，在印度尼西亚、俄罗斯市场有所增长；“百乐门”销量 77.4 万箱，比上年下降 7.1%，在日本、韩国、俄罗斯等市场降幅较大；“邦德街”销量 56.0 万箱，比上年下降 12.9%，在俄罗斯、乌克兰市场销量降幅较大。此外，其他重点品牌“云雀”“财富”销量均有所下降。

4. 重点经营举措

不断提高加热卷烟品质。菲莫国际于 2019 年 9 月推出新一代“IQOS”产品，突出特点是续航能力更强、充电时间更短。截至 2019 年底，公司累计投入 60 亿美元、10 年时间用于无烟气产品的研发和推广，聚集超过 400 位科学家、工程师致力于无烟气产品的研发。计划于 2020 年推出电子烟产品“IQOS MESH”。

① 税制改变导致小雪茄烟税负低。
② 关闭的生产设施位于阿根廷、哥伦比亚、德国、巴基斯坦。

努力拓展加热卷烟市场，促进消费者转变。截至2019年底，“IQOS”覆盖52个国家和地区，拥有1360万消费者，意大利、波兰、哈萨克斯坦、俄罗斯、乌克兰等市场销量显著增长。公司目标是到2021年加热卷烟销量达到200万箱，到2025年至少有4000万以上卷烟消费者转向无烟气产品，无烟气产品销量占比达到30%以上。

大力推广无烟气文化。新建网站刊登戒烟成功故事，宣称将努力帮助那些想要戒掉卷烟或者想要帮助他人戒掉卷烟的人找到有效方法。在希腊建设无烟气岛屿，在岛上的公共场所张贴鼓励戒掉可燃烟草产品的标语，如机场、港口、风景区等。

（二）英美烟草

2019年，英美烟草卷烟销量下降、销售收入增长，重点品牌市场占有率提高，加热卷烟、电子烟、新型口含烟等新型烟草产品销量增长，在各个品类都取得良好的经营业绩。

1. 烟草产品销量

卷烟和加热卷烟销量1354万箱，比上年下降4.4%，在重点市场占有率提高30个基点，其中，卷烟销量1336万箱，下降4.7%，主要受到俄罗斯市场去库存、埃及税收提高导致“波迈”品牌销量下降、委内瑞拉宏观经济动荡等影响；加热卷烟销量18万箱，增长31.6%，主要受到日本、乌克兰、俄罗斯等市场增长带动。

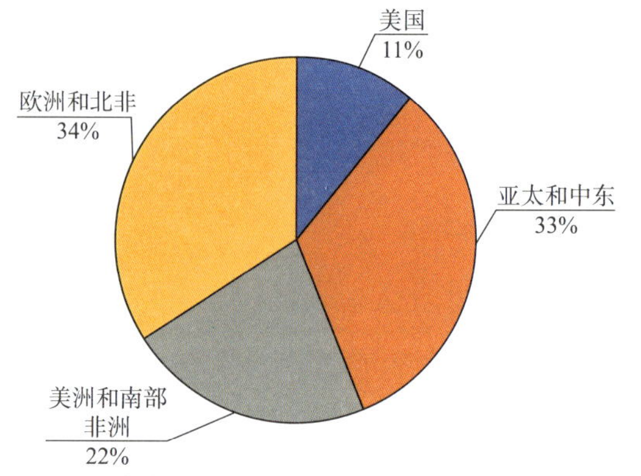

图9 2019年英美烟草卷烟和加热卷烟分区域销量情况

表11 2019年英美烟草在重点市场占有率情况

市　场	占有率（%）	同　比（%）	市　场	占有率（%）	同　比（%）
法　国	17.4	0.1	英　国	9.3	-0.1
德　国	20.0	-0.4	土耳其	22.9	-0.1
意大利	18.9	0.2	印度尼西亚	7.9	-0.2
波　兰	28.6	0.3	乌克兰	28.1	0.4
西班牙	11.9	0.4	澳大利亚	41.5	0.4
俄罗斯	23.8	0.4	日　本	17.9	1.7
阿根廷	23.3	0.0	韩　国	12.0	-0.4
墨西哥	35.0	1.0	哈萨克斯坦	15.9	-1.0
马来西亚	54.4	-1.8	荷　兰	22.5	-1.1
孟加拉国	68.4	1.1	比利时	24.8	-0.5
巴　西	75.8	-1.4	保加利亚	37.8	-1.8
加拿大	48.7	0.3	智　利	97.4	-0.1
柬埔寨	52.3	1.7	捷　克	21.9	0.0
丹　麦	71.6	-0.5	越　南	28.0	0.9
巴基斯坦	74.9	1.6	瑞　士	35.0	-0.5
罗马尼亚	58.9	0.2	新西兰	72.1	0.4
南　非	77.2	-0.2			

注：数据来自英美烟草快报。

电子烟烟弹销量2.3亿套，比上年增长19.5%。2019年12月，电子烟覆盖27个市场，在欧洲市场占有领导者地位。尽管在美国市场出现较大波动，但其他地区销量增长抵消美国市场负面影响。在英国，电子烟销售额占有率提高到12.1%，在法国提高到23.3%，在加拿大提高到28.2%。

新型口含烟销量12亿套，比上年增长188%，在美国、俄罗斯、斯堪的纳维亚等地区均有增长。在美国该品类市场占有率提高到10.1%，在俄罗斯达到27.0%（2019年上市），在挪威提高到13.9%，在瑞士提高到41.0%，在丹麦提高到75.0%。

其他烟草产品销量42万箱，比上年下降7.1%，主要为手卷烟；传统口含烟销量16万箱（折合卷烟），比上年下降0.6%。

2. 销售收入和利润

2019年，实现不含税销售收入258.8亿英镑（330.5亿美元），比上年增长5.7%。卷烟结构提高9%，抵消销量下降后仍贡献67%的销售收入增长。新品类和传统口含烟增长良好，抵消销量下降的负面影响。重点品牌实现销售收入187.9亿英镑（240亿美元），比上年增长8.9%，其中，卷烟重点品牌增长5.6%；新品类增长32.4%，达到12.1亿英镑（15.5亿美元）；加热卷烟销售收入6.9亿英镑（8.8亿美元），增长22.7%；电子烟销售收入3.9亿英镑（5亿美元），增长23.4%；新型口含烟销售收入1.3亿英镑（1.7亿美元），增长273%；传统口含烟销售收入1.0亿英镑（1.3亿美元），比上年增长11.0%。

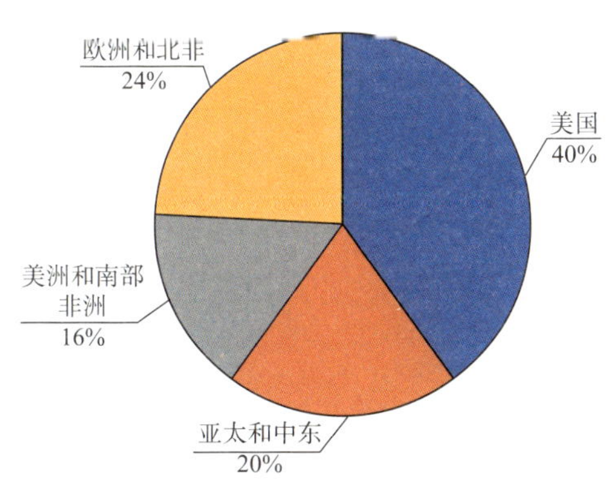

图10 2019年英美烟草分区域销售收入情况

全年实现利润90.2亿英镑（115.2亿美元），比上年下降3.2%；利润率34.8%，比上年下降320个基点，主要受到几项大额支出的影响，包括商标减值4.8亿英镑（6.1亿美元）、重组项目支出2.6亿英镑（3.3亿美元）、在印度尼西亚的商誉减值1.7亿英镑（2.2亿美元）、在加拿大、美国、俄罗斯的法律事务支出8.8亿英镑（11.2亿美元）。除去以上调整因素后，利润比上年增长7.6%，利润率43.1%，比上年提高50个基点。

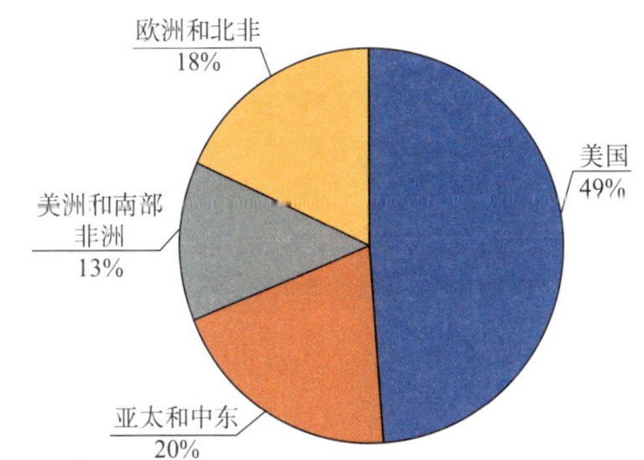

图11 2019年英美烟草分区域利润情况

表12 2019年英美烟草分区域利润率情况

区 域	利润率（%）
美 国	42.5
亚太和中东	34.0
美洲和南部非洲	28.3
欧洲和北非	27.1

3. 卷烟品牌

2019年，卷烟重点品牌销量860万箱，比上年下降3.0%，市场占有率提高70个基点，合计占有率在全部区域实现增长。

“波迈”销量237.0万箱，比上年下降6.7%，在肯尼亚、南非、澳大利亚、罗马尼亚等销量实现增长，在埃及、巴基斯坦、委内瑞拉、美国等销量下降，市场占有率提高10个基点。

“乐福门”销量205.0万箱，比上年增长2.5%，在巴基斯坦、柬埔寨、保加利亚、巴西、波兰等销量增长，在俄罗斯、乌克兰销量下降，主要受到低价竞争激烈和非法贸易影响，市场占有率提高50个基点。

“健牌”销量149.0万箱，比上年下降1.3%，在土耳其、罗马尼亚等销量实现增长，但在俄罗斯销量下降，市场占有率增长 10 个基点。

“登喜路”销量 94.5 万箱，比上年下降 5.5%，主要受到印度尼西亚、马来西亚、韩国等市场容量收缩影响，保加利亚、荷兰销量实现增长，总体市场占有率保持稳定。

“百乐门”销量 77.4 万箱，比上年增长 2.5%，在巴基斯坦、柬埔寨、保加利亚等销量实现增长，在俄罗斯、乌克兰销量下降，下降主要受到价格竞争激烈和非法贸易影响，市场占有率提高 50 个基点。

“好彩”销量 77.2 万箱，比上年下降 3.5%，在柬埔寨、日本、西班牙、保加利亚、阿根廷等销量实现增长，在智利、比利时、印度尼西亚等销量下降，市场占有率保持稳定。

美国市场卷烟重点品牌发展态势良好。“新港”销量比上年下降 3.9%，但市场占有率提高 40 个基点。“美国精神”销量比上年增长 0.5%，市场占有率提高 10 个基点。“骆驼”销量比上年下降 6.0%，爆珠烟和薄荷烟销量稳定但其他类型下降较大，市场占有率下降 10 个基点。

4. 重点经营举措

优化集中新型烟草产品品牌组合。将现有的电子烟品牌全部整合入“Vuse”，加热卷烟全部整合入“glo”，新型口含烟全部整合入“Velo”，打造三大国际品牌。从市场角度看，此举有利于提高英美烟草的新型烟草产品品牌识别度，便于消费者在全世界购买同一品牌。从公司管理角度看，除整合营销资源之外，还有利于减少管理层级，减少重复性工作，将资源集中到关键领域，提高决策效率，打造更精、更强、更快的组织。此举影响 20% 的高级管理岗位，涉及 2300 多个岗位调整。

优化升级加热卷烟产品。2019 年在日本和韩国市场发布 3 款加热卷烟新产品，分别拥有更新的加热性能、更修长的外观设计、更新鲜的口味体验，为消费者提供更为多元的选择，不断推进产品创新。

扩大电子烟市场范围。收购南非领先电子烟公司 Twisp，该公司是南非最大的电子烟和香精香料分销商，拥有全渠道销售资源，覆盖南非全国的零售商店，以及南非消费者购买新型烟草产品的首要网购平台。

（三）日本烟草

2019 年，日本烟草国际业务销量、销售收入持续增长，但受汇率影响利润下降；国内烟草业务持续下降，市场规模、占有率双下降，加热卷烟未见起色。

1. 烟草产品销量

全年烟草产品销量1049.2 万箱，比上年增长 2.0%。

国际市场销量 891.6 万箱，比上年增长 4.3%，销量增长主要来自近年来实施并购的孟加拉国、希腊、俄罗斯等市场，贡献销量增长 42 万箱，除去并购影响外的销量下降 0.8%。市场占有率在各个区域均有所提高，贡献销量增长 26 万箱。分地区来看，南部和西部欧洲卷烟销量 129.8 万箱，比上年增长 1.6%，旗舰品牌销量 105.6 万箱，比上年增长 2.2%；北部和中部欧洲卷烟销量 111.8 万箱，比上年增长 5.1%，旗舰品牌销量 57.0 万箱，比上年增长 18.1%，在整个欧洲地区的市场占有率 28.4%，提高 1.5 个百分点；独联体地区卷烟销量 263.0 万箱，比上年下降 1.9%，旗舰品牌销量 180.2 万箱，比上年下降 4.8%；其他地区卷烟销量 387.0 万箱，比上年增长 9.6%，旗舰品牌销量 211.2 万箱，比上年增长 9.9%。

表 13　2019 年日本烟草在重点国际市场占有率情况

市　场	占有率（%）	比上年变化百分点	市　场	占有率（%）	比上年变化百分点
法　国	24.5	1.3	俄罗斯	39.0	3.5
英　国	43.6	2.2	土耳其	28.3	0.6
意大利	24.5	0.6	西班牙	25.6	0.8
中国台湾	45.2	2.8			

注：数据来自日本烟草快报。

日本国内卷烟销量 151.0 万箱，比上年减少 7.9%，市场占有率 60.4%，比上年下降 1 个百分点，主要受到市场规模缩减、市场占有率下降、风险减弱产品增长的影响。日本国内风险减弱产品销量 6.6 万箱，比上年增长 1 万箱，在风险减弱产品的市场占有率 9.0%。

2. 销售收入和利润

2019 年，实现国际市场核心销售收入 1.25 万亿日元（114.9 亿美元），比上年增长 0.2%，除去汇率影响比上年增长 9.3%。国际市场销售收入增长的主要动力是卷烟价格提高、并购带来的销量增长，但受到汇率波动的负面影响较大。价格提高贡献增长 8.75 亿美元，主要来自法国、俄罗斯、土耳其、英国、德国、伊朗、菲律宾；销量增长贡献增长 1.74 亿美元。

国际市场调整后的利润 3408 亿日元（31.2 亿美元），比上年下降 11.4%，除去汇率影响，调整后的利润比上年增长 10.7%，其中，8.02 亿美元来自价格提高，2000 万美元来自销量增长。南部和西部欧洲利润增长 9.5%，北部和中部欧洲利润增长 0.2%，独联体地区利润下降 1.9%，主要受到销量大幅下降的影响，其他地区利润增长 40.1%。

全年实现国内市场核心销售收入 5689 亿日元（52.2 亿美元），比上年下降 2.3%，其中风险减弱产品 609 亿日元（5.6 亿美元），比上年减少 37 亿日元（0.3 亿美元）。卷烟价格提高贡献增长 272 亿日元（2.5 亿美元），每千支卷烟不含税销售收入由 6011 日元（55.1 美元）提高到 6380 日元（58.5 美元），比上年提高 6.1%；卷烟销量下降影响 382 亿日元（3.5 亿美元）。

国内市场调整后的利润 1872 亿日元（17.2 亿美元），比上年减少 10.4%。卷烟销量下降影响利润 316 亿日元（2.9 亿美元），低温加热卷烟胶囊生产设备发生大笔减值，相关因素影响利润 174 亿日元（1.6 亿美元），两者共同抵消卷烟价格提高带来的利润增长。

3. 卷烟品牌

国际市场旗舰品牌销量554.0 万箱，比上年增长 4.0%。其中，“云丝顿”销量 309.2 万箱，增长 3.2%；“骆驼”销量 114.2 万箱，增长 5.2%；“MEVIUS”销量 31.8 万箱，增长 1.1%；“乐迪”销量 98.8 万箱，增长 6.0%。

国内市场旗舰品牌销量 119.1 万箱，比上年下降 2.9%。其中，“MEVIUS”销量 75.6 万箱，下降 3.2%；“云丝顿”销量 19.5 万箱，下降 5.0%；“七星”销量 19.5 万箱，下降 1.3%；“美国精神”销量 5.0 万箱，增长 5.2%。

4. 重点经营举措

在国内市场重点提高产品品质，增加风险减弱产品研发和促销投入，加快设备升级，提高加热棒质量，增强品牌组合竞争力，进一步明确高温和低温加热卷烟市场定位，高温加热卷烟聚焦扩大市场占有率，低温加热卷烟继续培育细分市场，保持市场占有率。

在国际市场，一方面通过并购拓展卷烟市场空间，维护好新兴市场增长，另一方面积极拓展风险减弱产品市场。电子烟旗舰品牌“logic”在 26 个国家销售，涵盖加拿大、法国、德国、意大利、俄罗斯、英国等主要电子烟市场，截至 2019 年底，美国市场在申请上市中。

（四）帝国品牌

2019 年，公司经营状况困难，每股收益比上年减少 26.2%，主要有 2 个原因：一是美国电子烟市场形势多变，公司电子烟产品业绩不佳；二是非洲、亚洲、澳洲地区的经营业绩均低于预期。为提振市场信心，公司首先提高分红水平，其次宣布将剥离部分非核心资产，包括高端雪茄烟业务，预计到 2020 年 5 月将实现 20 亿英镑收入，并对管理层作出重大调整，更换董事会主席和首席执行官。

2019 财年①，公司烟草产品销量 488.4 万箱，比上一财年下降 4.5%。总含税销售收入 315.9 亿英镑（403.4 亿美元），比上一财年增长 5.1%②，其中，烟草业务含税销售收入 234.2 亿英镑（299.1 亿美元），比上一财年增长

① 帝国品牌财务年度截至 9 月 30 日。

② 2018 年 10 月，帝国品牌采用新会计制度，部分与销售有关的费用不再确认为收入，因而 2018 年同期收入有较大幅度调减，导致 2019 年销售收入出现比上年增长情况。但新制度对利润没有影响。

2.4%；利润总额22.0亿英镑（28.1亿美元），比上一财年下降8.7%，其中烟草业务利润20.7亿英镑（26.4亿美元），比上一财年下降9.1%。

2019财年，公司对业务重点作出较大调整。

首先，调整烟草产品品牌组合，将所有品牌重新划分为“资产型品牌”和“组合型品牌”，“资产型品牌”包括5个传统烟草重点品牌、1个电子烟重点品牌以及16个烟草产品品牌；“组合型品牌”则主要包括地方型品牌，以及新推出的1个加热卷烟品牌、1个口含烟品牌。2019年“资产型品牌”实现不含税销售收入52.7亿英镑（67.3亿美元），比上一财年增长4.4%，占烟草业务不含税销售收入的65.9%，比上一财年提高1.4个百分点；“组合型品牌”不含税销售收入比上一财年下降1.9%。

其次，调整区域机构，不再延续过去“回报型市场”“成长型市场”的划分方式，建立欧洲分部、美洲分部、非亚澳分部，确定10个“优先市场”，23个“关键市场”。2019年，欧洲分部传统烟草产品销量270万箱，比上年下降4.4%，传统烟草产品不含税销售收入35.1亿英镑（44.8亿美元），比上年增长0.8%，下一代烟草产品不含税销售收入1.3亿英镑（1.7亿美元），比上年增长3倍以上，但增长仍然低于预期，新推出的口含烟产品获得良好市场反应；美洲分部传统烟草产品销量43.4万箱，比上年下降2.2%，传统烟草产品不含税销售收入23.6亿英镑（30.1亿美元），比上年增长6.8%，小雪茄烟市场占有率显著提高，下一代烟草产品不含税销售收入1.1亿英镑（1.4亿美元），比上年下降30.5%，上半年“Blu”市场占有率大幅下降，下半年艰难回升至6.2%；亚非澳分部传统烟草产品销量175.0万箱，比上年下降5.0%，传统烟草产品不含税销售收入18.5亿英镑（23.6亿美元），比上年下降4.8%，业绩大幅低于预期，主要是俄罗斯、澳大利亚、中东地区销售收入下降，土耳其、新西兰等地有所增长，下一代烟草产品不含税销售收入0.4亿英镑（0.5亿美元），其中0.39亿英镑为“Blu”在日本市场上市的销售额。

公司提出3个方面发展重点：优化传统烟草业务，更为聚焦主要盈利市场、主要盈利品牌，剥离非核心业务；调整投资重点方向，由传统烟草转向下一代烟草产品，更为强调电子烟、加热卷烟、口含尼古丁产品组合，持续创新产品，尤其是升级电子烟旗舰品牌“Blu”，同时发展大麻业务；加强成本管控，简化生产流程，加强精益管理，提高资金配置效率，2019年实现降本增效5500万英镑（7023.5万美元），2020年预计节约成本3000万英镑（3831万美元）。

表14　2019年帝国品牌主要市场占有率情况

市　场	占有率（%）	市　场	占有率（%）
英　国	40.6	沙特阿拉伯	14.3
澳大利亚	32.6	美　国	8.8
西班牙	28.9	俄罗斯	7.9
德　国	21.6	意大利	5.4
法　国	18.1	日　本	1.3

注：数据来自帝国品牌年报。

（五）其他烟草公司

奥驰亚集团。在美国市场占有率最高的烟草公司，产品涵盖卷烟、雪茄烟、鼻烟、口含烟、电子烟等各类烟草产品，2019年代理菲莫国际“IQOS”在美国的经营业务，以及大麻、酒类产品。全年集团核心烟草业务业绩突出，连续54年实现分红增长。降本增效成绩突出，削减人工成本、第三方支出、电子烟产能，全年节约成本6亿美元，超过5.8亿美元预期目标。但对“JUUL”电子烟的投资带来意想不到的挑战，全年计提减值准备86亿美元，其中四季度计提41亿美元，以至于该笔投资的账面价值由最初的128亿美元减少到2019年12月31日的42亿美元。巨额减值准备的主要原因是针对“JUUL”的法律诉讼大量增加，自2019年10月31日，针对“JUUL”的诉讼案件数量增长80%以上，预期未来仍将持续增加。尽管在电子烟方面遇到较大挑战，但集团表示加热卷烟“IQOS”和口含烟“on!”仍将为集团在新型烟草产品领域建立可靠的竞争优势，2020年仍将坚定不移地聚焦降低烟草产品危害。

2019年，集团卷烟销量203.6万箱，比上年下降7.3%，降幅较上年扩大1.5个百分点，美国市场占有率49.7%，比上年下降0.4个百分点，近年来持续下降，除市场占有率下降之外，市场总量下降是销量下降的主要原因，其中，“万宝路”销量176.9万箱，下降6.6%，降幅扩大1.4个百分点；雪茄烟销量16.5亿支，增长3.1%，近年来连续增长，增幅下降0.7个百分点；无烟产品销量8.1亿听，下降3.1%，近年来连续下降，降幅扩大2.1个百分点，市场占有率53.9%，下降0.1个百分点，市场总量收缩是销量下降的主要原因。实现含税销售收入251.1亿美元，比上年下降1.0%，缴纳消费税53.1亿美元，比上年下降7.3%，其中，卷烟等有烟气产品含税销售收入220.0亿美元，下降1.3%，连续多年下降，降幅缩小0.2个百分点；缴纳消费税51.7亿美元，平均消费税率23.5%，下降1.6个百分点；无烟气产品含税销售收入23.7亿美元，增长4.6%，连续增长，增幅减少0.4个百分点，缴纳消费税1.3亿美元，平均消费税率6.0%，大幅低于卷烟等有烟气产品消费税率。利润总额24.9亿美元，比上年增长29.9%，增幅较大与上年计提大量折旧后基数降低有关。

韩国烟草公司。公司经营卷烟及烟叶，是韩国最大的烟草公司，同时经营食品饮料、制药、酒店等业务。2019年在国内推出加热卷烟“Lil”系列，取得良好市场反应。在此基础之上，公司授权菲莫国际在韩国以外的国际市场独家销售“Lil”加热卷烟。其目的主要在于借助菲莫国际在加热卷烟方面的营销优势，在全球市场快速扩张。该协议为期三年。2019年卷烟总销量168万箱，比上年下降0.9%，其中，国内卷烟销量82万箱，增长2.5%；国内市场占有率63.5%，提高1.5个百分点；境外卷烟销量86万箱，下降3.6%。卷烟不含税销售收入2.9万亿韩元（24.1亿美元），比上年增长12.1%，其中，国内不含税销售收入1.9万亿韩元（15.8亿美元），增长3.9%；境外不含税销售收入8440亿韩元（7.0亿美元），增长8.9%。利润1.1万亿韩元（9.1亿美元），比上年增长14.2%。

印度烟草公司。印度第一大卷烟公司，第三大食品制造公司，同时经营包装、酒店、农业、信息业等，拥有众多印度知名品牌。由于近年来卷烟税率持续提高，卷烟税负约是其他烟草产品的55倍，导致合法卷烟销量持续下降，非法卷烟贸易连年增长，约68%的烟草产品消费量未纳入税收体系。2019财年，卷烟不含税销售收入2071.2亿卢比（28亿美元），比上年下降9.5%，占销售收入的45.8%，缴纳各类税收总额3200.6亿卢比（43.2亿美元），比上年增长15.5%。

瑞典火柴公司。主要经营瑞典口含烟、雪茄烟、嚼烟等烟草制品以及火柴等打火产品。2019年业绩达到历史新高，不仅在北欧等原有主营市场保持领先地位，并在美国市场建立更为明显的竞争优势，同时向其他市场扩张。2019年，口含烟在斯堪的纳维亚地区实现销量2.7亿听，比上年增长2.0%，在瑞典的市场占有率61.5%，比上年下降2.7个百分点，在挪威的市场占有率55.5%，比上年提高0.9个百分点；口含烟在其他地区销量0.6亿听，比上年增长149%；湿润鼻烟在美国市场销量1.2亿听，比上年下降2.0%。2019年，在美国销售雪茄烟16.9亿支，比上年下降0.6%。实现不含税销售收入147.4亿瑞典克朗（15.8亿美元），比上年增长13.6%，实现利润53.1亿瑞典克朗（5.7亿美元），比上年增长10.3%。

埃及东方烟草公司。埃及以及中东地区最大的烟草制造商，是埃及国内唯一合法生产经营烟草业务的企业，与菲莫国际、英美烟草有合作加工关系，在埃及国内证券交易所上市交易。2019财年，生产卷烟163万箱，比上年减少2.4%。国内卷烟销量124万箱，比上年减少3.1%。实现含税销售收入534.9亿埃及镑（30.1亿美元），比上年增长13.9%；净利润37.3亿埃及镑（2.1亿美元），比上年增长3.7%。

◇ 执笔：骆　晨；编辑：王　静

品牌名录

2019 年在产卷烟品牌（规格）名录

河北中烟工业有限责任公司

品 牌	规 格	焦油量	备 注	规 格	焦油量	备 注
钻石△	钻石（软荷花）	10mg/支	一类烟	钻石（细支心世界）	8mg/支	二类烟、细支烟
	钻石（荷花）	10mg/支	一类烟	钻石（细支尚风）	8mg/支	二类烟、细支烟
	钻石（双中支荷花）	10mg/支	一类烟	钻石（洪荒之绿）	10mg/支	三类烟
	钻石（硬珍品）	11mg/支	一类烟	钻石（硬蓝）	11mg/支	三类烟
	钻石（西柏坡）	10mg/支	一类烟	钻石（绿石 2 代）	11mg/支	三类烟
	钻石（一九零二中支）	9mg/支	一类烟、2019 年新产品	钻石（硬玫瑰紫）	11mg/支	三类烟
	钻石（冰雪大好河山）	10mg/支	一类烟、2019 年新产品	钻石（经典纯和）	11mg/支	三类烟
	钻石（一品荷花）	10mg/支	一类烟	钻石（盛世迎宾）	10mg/支	三类烟
	钻石（荷花绿水青山）	8mg/支	一类烟、细支烟	钻石（硬红）	11mg/支	三类烟
	钻石（细支西柏坡）	8mg/支	一类烟、细支烟	钻石（硬迎宾）	11mg/支	三类烟
	钻石（扁蓝时尚）	8mg/支	一类烟、细支烟	钻石（银玉兰）	11mg/支	三类烟
	钻石（细支荷花）	6mg/支	一类烟、细支烟	钻石（红石 2 代）	11mg/支	三类烟
	钻石（细支避暑山庄）	8mg/支	一类烟、细支烟、2019 年新产品	钻石（平安）	11mg/支	三类烟
	钻石（金玉兰）	10mg/支	二类烟	钻石（软红）	11mg/支	三类烟
	钻石（金石）	11mg/支	二类烟	钻石（玫瑰二代）	10mg/支	三类烟、2019 年新产品
	钻石（软绿）	10mg/支	二类烟	钻石（鸿运）	10mg/支	四类烟
	钻石（传奇子龙）	10mg/支	二类烟	钻石（硬特醇）	11mg/支	四类烟
新石家庄	新石家庄（软）	11mg/支	四类烟			

注：2019 年全国烟草行业重点卷烟品牌中，标☆的为 2019 年三类以上卷烟销量排行前 15 位品牌，标★的为销售收入（含税）排名前 15 位品牌，标△的为鼓励培育品牌。“双喜·红双喜”在本名录中分别按“双喜”“红双喜”单列。

上海烟草集团有限责任公司

品 牌	规 格	焦油量	备 注	规 格	焦油量	备 注
熊猫	熊猫（硬经典）	10mg/支	一类烟	熊猫（5盒礼盒出口）	12mg/支	出口烟
	熊猫（听50支）	10mg/支	一类烟	熊猫（听50支出口）	10mg/支	出口烟
	熊猫（硬5盒时代版出口）	11mg/支	出口烟			
中华☆★	中华（软）	11mg/支	一类烟	中华（双中支）	10mg/支	一类烟、中支烟
	中华（硬）	11mg/支	一类烟	中华（听50支出口）	11mg/支	出口烟
	中华（全开式）	11mg/支	一类烟	中华（软出口）	11mg/支	出口烟
	中华（硬12支）	11mg/支	一类烟	中华（硬10mg出口）	10mg/支	出口烟
	中华（硬5支）	11mg/支	一类烟	中华（硬出口）	11mg/支	出口烟
	中华（金短支）	10mg/支	一类烟、短支烟	中华（5000出口）	10mg/支	出口烟
	中华（金中支）	10mg/支	一类烟、中支烟	中华（金短支出口）	10mg/支	出口烟
	中华（听50支）	11mg/支	一类烟	中华（金中支出口）	10mg/支	出口烟
牡丹	牡丹（青柠细支）	6mg/支	一类烟	牡丹（软）	10mg/支	二类烟
	牡丹（金细支）	6mg/支	一类烟、细支烟	牡丹（青柠细支出口）	6mg/支	出口烟
	牡丹（金短支）	10mg/支	一类烟、短支烟	牡丹（硬真国色出口）	10mg/支	出口烟
	牡丹（软蓝）	10mg/支	一类烟			
恒大	恒大（烟魁1919）	10mg/支	一类烟	恒大（烟魁1949中支）	8mg/支	一类烟、中支烟
	恒大（记忆1949）	10mg/支	一类烟	恒大（记忆1949中支）	8mg/支	一类烟、中支烟
	恒大（全开式烟魁）	10mg/支	一类烟			
红双喜☆★	红双喜（硬晶派）	11mg/支	一类烟	红双喜（硬百顺）	11mg/支	三类烟
	红双喜（硬铂派）	10mg/支	一类烟	红双喜（硬上海）	11mg/支	三类烟
	红双喜（硬江山珍品）	11mg/支	二类烟	红双喜（硬8mg）	8mg/支	三类烟
	红双喜（硬精品）	10mg/支	二类烟	红双喜（硬出口）	11mg/支	出口烟
	红双喜（硬荷派）	5mg/支	二类烟	红双喜（硬8mg出口）	8mg/支	出口烟
	红双喜（硬）	11mg/支	三类烟	红双喜（硬晶派出口）	11mg/支	出口烟
	红双喜（硬江山精品）	10mg/支	三类烟			
双喜☆★	双喜（百年红）	10mg/支	一类烟			
大前门	大前门（短支）	10mg/支	一类烟、短支烟	大前门（硬）	10mg/支	四类烟
	大前门（软）	10mg/支	四类烟			

续表

品牌	规格	焦油量	备注	规格	焦油量	备注
中南海△	中南海（软北京）	10mg/支	一类烟	中南海（1mg 出口）	1mg/支	出口烟、混合型
	中南海（软精品）	10mg/支	一类烟	中南海（薄荷 1mg 出口）	1mg/支	出口烟、混合型
	中南海（硬北京）	10mg/支	一类烟	中南海（薄荷 8mg 出口）	8mg/支	出口烟、混合型
	中南海（京韵细支烤烟）	8mg/支	一类烟	中南海（3mg 出口）	3mg/支	出口烟、混合型
	中南海（全开北京）	10mg/支	一类烟、中支烟	中南海（5mg 出口）	5mg/支	出口烟、混合型
	中南海（硬酷爽风尚）	8mg/支	一类烟、混合型	中南海（8mg 出口）	8mg/支	出口烟、混合型
	中南海（3mg）	3mg/支	一类烟、混合型	中南海（Premium 1mg 出口）	1mg/支	出口烟、混合型
	中南海（Z 冰）	8mg/支	一类烟、混合型、中支烟、2019 年停产	中南海（Premium 5mg 出口）	5mg/支	出口烟、混合型
	中南海（特高）	11mg/支	二类烟	中南海（Premium 8mg 出口）	8mg/支	出口烟、混合型
	中南海（清正烤烟）	10mg/支	二类烟	中南海（清净香免税）	10mg/支	出口烟、中支烟
	中南海（典 5）	5mg/支	二类烟、混合型	中南海（细支清净香免税）	8mg/支	出口烟、细支烟
	中南海（5mg 细支）	5mg/支	三类烟、混合型、中支烟	中南海（细支京忆免税）	8mg/支	出口烟、细支烟
	中南海（软蓝色时光）	6mg/支	三类烟、混合型	中南海（细支京韵免税）	6mg/支	出口烟、混合型
	中南海（典 8）	8mg/支	三类烟、混合型	中南海（6mg 免税）	6mg/支	出口烟、混合型、2019 年新产品
	中南海（金 8mg）	8mg/支	三类烟、混合型	中南海（ROCK LIGHTS 日本）	8mg/支	出口烟、混合型、2019 年新产品
	中南海（5mg）	5mg/支	三类烟、混合型	中南海（ROCK MENTHOL 日本）	8mg/支	出口烟、混合型、2019 年新产品
	中南海（8mg）	8mg/支	三类烟、混合型	中南海（ROCK ORIGINAL 日本）	8mg/支	出口烟、混合型、2019 年新产品
	中南海（听装北京免税）	10mg/支	出口烟			
孟菲斯	孟菲斯（硬红）	11mg/支	三类烟、2019 年停产	孟菲斯（硬蓝）	9mg/支	三类烟、2019 年停产
凤凰	凤凰（细支）	8mg/支	一类烟、细支烟	凤凰（细支出口）	8mg/支	出口烟
	凤凰（咖啡细支）	8mg/支	一类烟、细支烟	凤凰（五彩细支出口）	8mg/支	出口烟

江苏中烟工业有限责任公司

品 牌	规 格	焦油量	备 注	规 格	焦油量	备 注
苏烟△	苏烟（七星）	11mg/支	一类烟	苏烟（灵韵细支）	4mg/支	一类烟、细支烟、短支烟、2019年新产品
	苏烟（五星红杉树）	11mg/支	一类烟	苏烟（彩中）	8mg/支	一类烟、中支烟、2019年新产品
	苏烟（金砂2）	11mg/支	一类烟	苏烟（红杉树C）	11mg/支	出口烟
	苏烟（沉香）	6mg/支	一类烟、细支烟	苏烟（金砂C）	11mg/支	出口烟
	苏烟（铂晶）	11mg/支	一类烟	苏烟（五星C）	11mg/支	出口烟
	苏烟（格局）	10mg/支	一类烟	苏烟（五星SSWJ）	11mg/支	出口烟
	苏烟（软金砂）	11mg/支	一类烟	苏烟（HG金砂C）	11mg/支	出口烟
	苏烟（东渡顺）	11mg/支	一类烟	苏烟（优加—陈皮味）	—	出口烟
	苏烟（水韵）	10mg/支	一类烟	苏烟（优加—烟草味）	—	出口烟
	苏烟（甜韵）	8mg/支	一类烟、短支烟	苏烟（优加—薄荷味）	—	出口烟
南京☆★	南京（精品）	11mg/支	一类烟	南京（硬林）	11mg/支	二类烟
	南京（软九五）	11mg/支	一类烟	南京（炫赫门）	8mg/支	二类烟、细支烟
	南京（九五）	11mg/支	一类烟	南京（红）	11mg/支	三类烟
	南京（细支九五）	5mg/支	一类烟、细支烟	南京（紫晶）	8mg/支	三类烟
	南京（硬珍品）	11mg/支	一类烟、2019年停产	南京（梦都C）	6mg/支	出口烟
	南京（臻品）	10mg/支	一类烟	南京（红C）	11mg/支	出口烟
	南京（喜庆）	11mg/支	一类烟	南京（炫赫门SSWJ）	8mg/支	出口烟
	南京（雨花石）	5mg/支	一类烟、细支烟	南京（炫赫门C）	8mg/支	出口烟
	南京（大观园）	6mg/支	一类烟、细支烟	南京（HG炫赫门）	8mg/支	出口烟
	南京（红楼卷）	5 mg/支	一类烟、细支烟	南京（十二钗烤烟HK）	6mg/支	出口烟
	南京（大观园爆冰）	6mg/支	一类烟、细支烟	南京（十二钗烤烟C）	6mg/支	出口烟
	南京（十二钗烤烟）	6mg/支	一类烟、细支烟	南京（十二钗烤烟SSWJ）	6mg/支	出口烟
	南京（十二钗薄荷）	6mg/支	一类烟、细支烟	南京（雨花石HK）	5mg/支	出口烟
	南京（炫赫门炫彩）	8mg/支	一类烟、细支烟、2019年新产品	南京（雨花石C）	5mg/支	出口烟
	南京（十二钗中式混合型）	5mg/支	一类烟、混合型、细支烟	南京（雨花石SSWJ）	5mg/支	出口烟
	南京（梦都）	6mg/支	一类烟、细支烟	南京（雨花石MACm）	5mg/支	出口烟
	南京（硬金星）	11mg/支	二类烟	南京（84XG）	7mg/支	出口烟
	南京（金砂）	10mg/支	二类烟	南京（AU精品）	11mg/支	出口烟
	南京（佳品）	11mg/支	二类烟	南京（精品出口）	11mg/支	出口烟
	南京（红华西）	10mg/支	二类烟			
一品梅	一品梅（淡黄）	8mg/支	四类烟			
红杉树	红杉树（木）	9mg/支	四类烟			
华西村	华西村（经典）	11mg/支	一类烟			
罗曼蒂克	罗曼蒂克（3mg台湾）	3mg/支	出口烟、混合型	罗曼蒂克（ZDXZ3mg）	3mg/支	出口烟、混合型
	罗曼蒂克（5mg台湾）	5mg/支	出口烟、混合型	罗曼蒂克（ZDXZ7mg）	7mg/支	出口烟、混合型
	罗曼蒂克（7mg台湾）	7mg/支	出口烟、混合型			

浙江中烟工业有限责任公司

品牌	规格	焦油量	备注	规格	焦油量	备注
利群☆★	利群（钱塘）	10mg/支	一类烟	利群（阳光澳门）	8mg/支	出口烟
	利群（阳光）	8mg/支	一类烟	利群（阳光澳门免税）	8mg/支	出口烟
	利群（软长嘴）	11mg/支	一类烟	利群（阳光菲律宾）	—	出口烟
	利群（硬）	10mg/支	一类烟	利群（阳光国际版）	8mg/支	出口烟
	利群（长嘴）	11mg/支	一类烟	利群（阳光韩国）	7mg/支	出口烟
	利群（软红长嘴）	11mg/支	一类烟	利群（阳光韩国免税）	7mg/支	出口烟
	利群（红利）	10mg/支	一类烟	利群（阳光马来西亚）	8mg/支	出口烟
	利群（软金色阳光）	8mg/支	一类烟	利群（阳光秘鲁）	8mg/支	出口烟
	利群（薄荷）	9mg/支	一类烟、外香型	利群（阳光缅甸）	8mg/支	出口烟
	利群（逍遥）	6mg/支	一类烟	利群（阳光台湾）	8mg/支	出口烟
	利群（休闲）	11mg/支	一类烟	利群（阳光泰国）	—	出口烟
	利群（休闲云端）	7mg/支	一类烟、细支烟	利群（阳光土耳其）	8mg/支	出口烟
	利群（西子阳光）	5mg/支	一类烟、细支烟	利群（阳光新加坡）	8mg/支	出口烟
	利群（西湖恋）	8mg/支	一类烟、细支烟	利群（阳光印尼）	8mg/支	出口烟
	利群（江南韵）	8mg/支	一类烟、细支烟	利群（阳光英文）	8mg/支	出口烟
	利群（阳光橙中支）	9mg/支	一类烟、中支烟	利群（长嘴 AZ）	12mg/支	出口烟
	利群（楼外楼）	10mg/支	一类烟、新中支	利群（长嘴 GM）	11mg/支	出口烟
	利群（天外天）	9mg/支	一类烟、新中支、2019 年新产品	利群（长嘴 HK）	11mg/支	出口烟
	利群（蓝天）	11mg/支	二类烟	利群（长嘴 XZ）	12mg/支	出口烟
	利群（软蓝）	10mg/支	二类烟	利群（长嘴澳门）	11mg/支	出口烟
	利群（老版）	11mg/支	二类烟	利群（长嘴澳门免税）	11mg/支	出口烟
	利群（新版）	11mg/支	二类烟	利群（长嘴菲律宾）	11mg/支	出口烟
	利群（新二代）	10mg/支	二类烟	利群（长嘴格鲁吉亚）	11mg/支	出口烟
	利群（夜西湖）	10mg/支	二类烟、短支烟	利群（长嘴韩国）	12mg/支	出口烟
	利群（软长嘴国际版）	11mg/支	出口烟	利群（长嘴韩国免税）	12mg/支	出口烟
	利群（软长嘴韩国免税）	11mg/支	出口烟	利群（长嘴吉布提）	11mg/支	出口烟
	利群（软长嘴缅甸）	11mg/支	出口烟	利群（长嘴马来西亚）	11mg/支	出口烟
	利群（软长嘴 GM）	11mg/支	出口烟	利群（长嘴秘鲁）	11mg/支	出口烟
	利群（软长嘴英文）	11mg/支	出口烟	利群（长嘴缅甸）	11mg/支	出口烟
	利群（英文）	11mg/支	出口烟	利群（长嘴泰国）	11mg/支	出口烟
	利群（英文 GM）	11mg/支	出口烟	利群（长嘴香港）	11mg/支	出口烟
	利群（英文澳门）	11mg/支	出口烟	利群（长嘴印尼）	11mg/支	出口烟
	利群（英文菲律宾）	11mg/支	出口烟	利群（长嘴英文）	11mg/支	出口烟
	利群（英文韩国免税）	12mg/支	出口烟	利群（长嘴智利）	11mg/支	出口烟
	利群（英文缅甸）	11mg/支	出口烟	利群（软长嘴南非免税）	11mg/支	出口烟、2019 年新产品
	利群（英文台湾）	8mg/支	出口烟	利群（英文香港）	11mg/支	出口烟、2019 年新产品
	利群（阳光 GM）	8mg/支	出口烟	利群（英文印尼）	11mg/支	出口烟、2019 年新产品
	利群（阳光 HK）	8mg/支	出口烟	利群（英文 HK）	11mg/支	出口烟、2019 年新产品

续表

品 牌	规 格	焦油量	备 注	规 格	焦油量	备 注
大红鹰	大红鹰（软蓝）	8mg/支	三类烟			
雄狮	雄狮（红老版）	8mg/支	四类烟	雄狮（红）	8mg/支	五类烟
	雄狮（硬）	8mg/支	四类烟	雄狮（薄荷）	8mg/支	五类烟
摩登	摩登（多米尼加 BH）	10mg/支	出口烟、外香型	摩登（国际版 H）	10mg/支	出口烟、混合型
	摩登（菲律宾薄荷）	—	出口烟、外香型	摩登（多米尼加）	9mg/支	出口烟、混合型
	摩登（国际版薄荷）	10mg/支	出口烟、外香型	摩登（多米尼加 H）	10mg/支	出口烟、混合型
	摩登（秘鲁 BH）	10mg/支	出口烟、外香型	摩登（秘鲁）	9mg/支	出口烟、混合型
	摩登（缅甸薄荷）	10mg/支	出口烟、外香型	摩登（缅甸 S）	9mg/支	出口烟、混合型
	摩登（菲律宾 C）	—	出口烟、混合型	摩登（南美 S）	9mg/支	出口烟、混合型
	摩登（菲律宾 HC）	—	出口烟、混合型	摩登（国际版 S）	9mg/支	出口烟、混合型、2019 年新产品
	摩登（国际版）	9mg/支	出口烟、混合型			

安徽中烟工业有限责任公司

品 牌	规 格	焦油量	备 注	规 格	焦油量	备 注
黄山☆★	黄山（天都）	8mg/支	一类烟	黄山（最美高铁）	10mg/支	二类烟
	黄山（硬天都）	10mg/支	一类烟	黄山（大黄山）	10mg/支	二类烟
	黄山（徽商新概念）	10mg/支	一类烟	黄山（新制皖烟）	11mg/支	二类烟
	黄山（七星皖烟）	10mg/支	一类烟	黄山（记忆）	10mg/支	二类烟
	黄山（大红方印）	10mg/支	一类烟	黄山（中国画细支）	8mg/支	二类烟、细支烟
	黄山（硬东海）	10mg/支	一类烟	黄山（大壹品）	8mg/支	三类烟
	黄山（国宾迎客松）	11mg/支	一类烟	黄山（贵宾迎客松）	8mg/支	三类烟
	黄山（小红方印）	10mg/支	一类烟	黄山（硬）	11mg/支	三类烟
	黄山（金皖烟）	11mg/支	一类烟	黄山（硬记忆）	10mg/支	三类烟
	黄山（金皖细支）	8mg/支	一类烟、细支烟	黄山（软大壹品）	10mg/支	三类烟
	黄山（徽商新视界细支）	8mg/支	一类烟、细支烟	黄山（金光明）	10mg/支	三类烟
	黄山（徽商新概念细支）	8mg/支	一类烟、细支烟	黄山（印象一品）	10mg/支	三类烟
	黄山（红方印前店后坊细支）	8mg/支	一类烟、细支烟	黄山（嘉宾迎客松）	10mg/支	三类烟
	黄山（红方印细支）	9mg/支	一类烟、细支烟	黄山（软一品）	10mg/支	三类烟
	黄山（黑马细支）	6mg/支	一类烟、细支烟	黄山（硬一品）	10mg/支	四类烟
	黄山（红方印前店后坊中支）	8mg/支	一类烟、中支烟	黄山（新一品）	10mg/支	四类烟
	黄山（高山流水中支）	8mg/支	一类烟、中支烟	黄山（大红方印出口香港）	10mg/支	出口烟
	黄山（红方印 1755 短支）	10mg/支	一类烟、短支烟	黄山（细支红方印出口香港）	9mg/支	出口烟
	黄山（红皖烟）	11mg/支	一类烟	黄山（大红方印出口）	10mg/支	出口烟
	黄山（新红皖）	11mg/支	二类烟	黄山（细支红方印出口）	9mg/支	出口烟

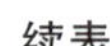
续表

品 牌	规 格	焦油量	备 注	规 格	焦油量	备 注
都宝	都宝（冰爽世界）	8mg/支	一类烟、混合型	都宝（6mg 台湾）	6mg/支	出口烟、混合型
	都宝（新）	8mg/支	五类烟、混合型	都宝（9mg 台湾）	9mg/支	出口烟、混合型
	都宝（银时尚台湾）	7mg/支	出口烟、混合型	都宝（新台湾 3 号）	3mg/支	出口烟、混合型
	都宝（6mg 台湾细支）	6mg/支	出口烟、混合型	都宝（3mg 台湾细支）	3mg/支	出口烟、混合型
	都宝（1mg 台湾）	1mg/支	出口烟、混合型	都宝（新台湾 5 号）	5mg/支	出口烟、混合型
	都宝（3mg 台湾）	3mg/支	出口烟、混合型	都宝（新台湾 8 号）	8mg/支	出口烟、混合型
	都宝（5mg 台湾）	5mg/支	出口烟、混合型			
红三环	红三环（幸福篇）	10mg/支	四类烟	红三环（软黄）	9mg/支	五类烟
	红三环（渡江）	9mg/支	五类烟			

福建中烟工业有限责任公司

品 牌	规 格	焦油量	备 注	规 格	焦油量	备 注
七匹狼☆★	七匹狼（金砖中支）	8mg/支	一类烟、中支烟	七匹狼（豪迈）	8mg/支	三类烟
	七匹狼（大通仙）	10mg/支	一类烟	七匹狼（金砂）	10mg/支	三类烟
	七匹狼（金砖细支）	6mg/支	一类烟、细支烟	七匹狼（豪运）	11mg/支	三类烟
	七匹狼（金砖时代）	7mg/支	一类烟、细支烟	七匹狼（金）	11mg/支	三类烟
	七匹狼（古田金中支）	8mg/支	一类烟、中支烟	七匹狼（蓝）	8mg/支	三类烟
	七匹狼（1575 金中支）	8mg/支	一类烟、中支烟	七匹狼（白）	10mg/支	三类烟
	七匹狼（尚品）	11mg/支	一类烟	七匹狼（豪情）	10mg/支	三类烟
	七匹狼（1575 冰抹茶）	7mg/支	一类烟、细支烟	七匹狼（古田）	10mg/支	三类烟
	七匹狼（古田红军灰）	8mg/支	一类烟、中支烟	七匹狼（灰柬埔寨）	11mg/支	出口烟
	七匹狼（翠碧嘉缘）	10mg/支	一类烟	七匹狼（灰菲律宾）	11mg/支	出口烟
	七匹狼（厦门）	11mg/支	一类烟	七匹狼（软红柬埔寨）	10mg/支	出口烟
	七匹狼（乘风启航）	7mg/支	一类烟、细支烟	七匹狼（软红菲律宾）	10mg/支	出口烟
	七匹狼（通运）	10mg/支	一类烟	七匹狼（红柬埔寨）	11mg/支	出口烟
	七匹狼（硬锋芒）	10mg/支	一类烟	七匹狼（红菲律宾）	11mg/支	出口烟
	七匹狼（通福）	11mg/支	一类烟	七匹狼（蓝菲律宾）	8mg/支	出口烟
	七匹狼（纯尚）	8mg/支	一类烟、中支烟	七匹狼（白菲律宾）	10mg/支	出口烟
	七匹狼（软灰）	11mg/支	一类烟	七匹狼（柬埔寨蓝）	8mg/支	出口烟
	七匹狼（1575）	10mg/支	一类烟	七匹狼（柬埔寨白）	10mg/支	出口烟
	七匹狼（锋芒）	6mg/支	一类烟、细支烟	七匹狼（白，东帝汶）	10mg/支	出口烟
	七匹狼（软红）	10mg/支	二类烟	七匹狼（乘风启航柬埔寨）	7mg/支	出口烟、2019 年新品
	七匹狼（纯雅）	6mg/支	二类烟	七匹狼（软红泰国）	10mg/支	出口烟、2019 年新品
	七匹狼（纯翠）	6mg/支	二类烟、中支烟	七匹狼（软灰泰国）	11mg/支	出口烟、2019 年新品
	七匹狼（纯境）	8mg/支	二类烟、中支烟	七匹狼（软灰巴基斯坦）	11mg/支	出口烟、2019 年新品
	七匹狼（红）	11mg/支	二类烟	七匹狼（红巴基斯坦）	11mg/支	出口烟、2019 年新品
	七匹狼（蓝钻）	8mg/支	二类烟	七匹狼（乘风启航菲律宾）	7mg/支	出口烟、2019 年新品
	七匹狼（英伦奶香）	8mg/支	三类烟、中支烟			

续表

品 牌	规 格	焦油量	备 注	规 格	焦油量	备 注
金桥	金桥（双爆）	8mg/支	一类烟、混合型	金桥（84，6mg）	6mg/支	出口烟、混合型
	金桥（冰爆）	8mg/支	一类烟、混合型	金桥（台湾84）	7mg/支	出口烟、混合型
	金桥（英伦奶香）	6mg/支	三类烟、混合型、中支烟	金桥（台湾84，3mg）	3mg/支	出口烟、混合型
	金桥（软混）	10mg/支	三类烟、混合型	金桥（新红七5mg）	5mg/支	出口烟、混合型
	金桥（84，4mg）	4mg/支	出口烟、混合型	金桥（新红七8mg）	8mg/支	出口烟、混合型
	金桥（84，5mg）	5mg/支	出口烟、混合型	金桥（硬巴基斯坦）	6mg/支	出口烟、混合型
古田	古田（金中支）	8mg/支	一类烟、中支烟	古田（光芒）	10mg/支	一类烟
	古田（红军灰）	8mg/支	一类烟、中支烟	古田（红星细支）	5mg/支	一类烟、细支烟
土楼	土楼（1575金中支）	8mg/支	一类烟、中支烟	土楼（1575）	10mg/支	一类烟
	土楼（1575冰抹茶）	7mg/支	一类烟、细支烟			
石狮	石狮（平安）	11mg/支	四类烟	石狮（软富健）	10mg/支	四类烟
万宝路	万宝路（软金）	8mg/支	一类烟、混合型	万宝路（硬红2.0）	10mg/支	一类烟、混合型
	万宝路（软金3．0）	8mg/支	一类烟、混合型	万宝路（软红2.0）	10mg/支	二类烟、混合型
长寿	长寿（两岸）	10mg/支	三类烟			
妙香	妙香	12mg/支	出口烟			

江西中烟工业有限责任公司

品 牌	规 格	焦油量	备 注	规 格	焦油量	备 注
金圣△	金圣（盛世典藏）	11mg/支	一类烟	金圣（滕王阁·渔舟唱晚）	10mg/支	二类烟
	金圣（典藏瑞香）	10mg/支	一类烟	金圣（滕王阁·更上一层楼）	10mg/支	二类烟
	金圣（红瑞香）	10mg/支	一类烟	金圣（赣）	11mg/支	二类烟
	金圣（智圣出山·国味）	8mg/支	一类烟	金圣（滕王阁·紫光）	8mg/支	二类烟、细支烟
	金圣（硬典藏）	11mg/支	一类烟	金圣（硬）	11mg/支	三类烟
	金圣（典藏花开富贵）	10mg/支	一类烟	金圣（硬滕王阁）	10mg/支	三类烟
	金圣（硬红瑞香）	10mg/支	一类烟	金圣（硬红）	8mg/支	三类烟
	金圣（原生工坊）	10mg/支	一类烟	金圣（软红）	11mg/支	三类烟
	金圣（软瑞香）	10mg/支	一类烟	金圣（软）	11mg/支	三类烟
	金圣（吉品）	11mg/支	一类烟	金圣（硬红·十二生肖）	10mg/支	三类烟
	金圣（软滕王阁）	10mg/支	一类烟	金圣（庐山）	10mg/支	三类烟
	金圣（智圣出山）	10mg/支	一类烟	金圣（庐山·有滋有味）	10mg/支	三类烟
	金圣（智圣出山·国瓷）	8mg/支	一类烟	金圣（瓷9+1）	10mg/支	出口烟
	金圣（智圣出山16支装）	8mg/支	一类烟	金圣（瓷）	10mg/支	出口烟
	金圣（圣地中国红）	10mg/支	一类烟	金圣（瓷细支）	8mg/支	出口烟

续表

品 牌	规 格	焦油量	备 注	规 格	焦油量	备 注
金圣△	金圣（圣地中国红）	10mg/支	一类烟、中支烟	金圣（华天下·沉香）	8mg/支	出口烟
	金圣（滕王阁细支）	8mg/支	一类烟、细支烟	金圣（华天下·檀香）	8mg/支	出口烟
	金圣（本草瑞香）	8mg/支	一类烟、细支烟	金圣（瓷中支）	10mg/支	出口烟、2019 年新产品
	金圣（滕王阁·长天）	10mg/支	一类烟、中支烟	金圣（瓷沉香细支）	8mg/支	出口烟、2019 年新产品
庐山	庐山（银）	11mg/支	四类烟	庐山（赣）	10mg/支	四类烟
	庐山（精品）	11mg/支	四类烟	庐山（硬）	10mg/支	五类烟
	庐山（黄精品）	11mg/支	四类烟	庐山（新）	10mg/支	五类烟
	庐山（大红运）	10mg/支	四类烟			

山东中烟工业有限责任公司

品 牌	规 格	焦油量	备 注	规 格	焦油量	备 注
泰山☆★	泰山（好好学习）	10mg/支	一类烟	泰山（大鸡）	11mg/支	二类烟
	泰山（望岳）	7mg/支	一类烟	泰山（青秀）	11mg/支	二类烟
	泰山（儒风）	10mg/支	一类烟	泰山（常胜将军）	10mg/支	二类烟、2019 年新产品
	泰山（新品）	11mg/支	一类烟	泰山（心悦）	10mg/支	二类烟、细支烟
	泰山（八喜）	11mg/支	一类烟	泰山（白将细支）	8mg/支	二类烟、细支烟、2019 年新产品
	泰山（红锡包）	6mg/支	一类烟、2019 年停产	泰山（中支将军）	10mg/支	二类烟、中支烟、2019 年停产
	泰山（拂光）	11mg/支	一类烟	泰山（东方）	11mg/支	三类烟
	泰山（好客细支）	6mg/支	一类烟、细支烟	泰山（沂蒙）	11mg/支	三类烟
	泰山（颜悦）	8mg/支	一类烟、细支烟	泰山（宏图）	11mg/支	三类烟
	泰山（拂光细支）	8mg/支	一类烟、细支烟	泰山（平安）	6mg/支	三类烟
	泰山（茉莉香韵）	11mg/支	一类烟、细支烟	泰山（华贵）	11mg/支	三类烟
	泰山（儒风细支）	11mg/支	一类烟、细支烟	泰山（白将军）	11mg/支	三类烟
	泰山（金将中支）	5mg/支	一类烟、中支烟	泰山（红将二代）	11mg/支	三类烟
	泰山（哈德门壹号）	10mg/支	一类烟、短支烟、2019 年新产品	泰山（红将军）	8mg/支	三类烟
	泰山（皇家礼炮 21 响）	8mg/支	一类烟	泰山（硬红八喜）	10mg/支	三类烟
	泰山（琥珀）	6mg/支	二类烟			
哈德门	哈德门（壹号）	10mg/支	一类烟、短支烟、2019 年停产	哈德门（金典）	10mg/支	四类烟
	哈德门（纯香）	10mg/支	三类烟	哈德门（软）	10mg/支	四类烟

河南中烟工业有限责任公司

品 牌	规 格	焦油量	备 注	规 格	焦油量	备 注
黄金叶☆★	黄金叶（软黄金）	10mg/支	一类烟	黄金叶（浓香中支）	10mg/支	一类烟、中支烟、2019年新产品
	黄金叶（硬黄金）	10mg/支	一类烟	黄金叶（百年浓香）	8mg/支	一类烟、短支烟
	黄金叶（大M）	10mg/支	一类烟	黄金叶（豫香）	10mg/支	一类烟、短支烟
	黄金叶（小黄金）	10mg/支	一类烟	黄金叶（天尊）	10mg/支	一类烟、短支烟
	黄金叶（软大金圆）	11mg/支	一类烟	黄金叶（红南阳）	10mg/支	二类烟
	黄金叶（软盛世金典）	11mg/支	一类烟	黄金叶（黄金眼）	10mg/支	二类烟
	黄金叶（硬大金圆双十支）	11mg/支	一类烟	黄金叶（小目标）	10mg/支	二类烟
	黄金叶（天香）	10mg/支	一类烟	黄金叶（爱尚）	6mg/支	二类烟、细支烟
	黄金叶（TIME）	10mg/支	一类烟	黄金叶（乐途）	10mg/支	二类烟、短支烟
	黄金叶（金丝路）	10mg/支	一类烟	黄金叶（硬红旗渠）	10mg/支	三类烟
	黄金叶（红火）	10mg/支	一类烟	黄金叶（硬帝豪）	11mg/支	三类烟
	黄金叶（天叶）	11mg/支	一类烟	黄金叶（金满堂）	10mg/支	三类烟
	黄金叶（小天叶）	10mg/支	一类烟	黄金叶（喜满堂）	10mg/支	三类烟
	黄金叶（天叶细支）	8mg/支	一类烟、细支烟	黄金叶（鸿运）	10mg/支	三类烟
	黄金叶（浓香细支）	6mg/支	一类烟、细支烟	黄金叶（硬白出口）	11mg/支	出口烟
	黄金叶（摩卡）	7mg/支	一类烟、细支烟	黄金叶（硬白细支出口）	8mg/支	出口烟
	黄金叶（国色细支）	7mg/支	一类烟、细支烟	黄金叶（帝豪出口）	11mg/支	出口烟
	黄金叶（天香细支）	6mg/支	一类烟、细支烟	黄金叶（雅香细支出口印度）	6mg/支	出口烟
	黄金叶（炫尚）	6mg/支	一类烟、细支烟	黄金叶（硬蓝出口巴基斯坦）	8mg/支	出口烟、混合型
	黄金叶（黄金细支）	8mg/支	一类烟、细支烟、2019年新产品	黄金叶（硬红出口巴基斯坦）	8mg/支	出口烟、混合型
	黄金叶（商鼎）	10mg/支	一类烟、中支烟、2019年新产品			
红旗渠	红旗渠（芒果）	10mg/支	三类烟	红旗渠（雪茄）	10mg/支	四类烟、雪茄型
	红旗渠（天行健）	11mg/支	三类烟	红旗渠（硬银）	10mg/支	四类烟
	红旗渠（新版银河）	10mg/支	四类烟	红旗渠（软红）	11mg/支	四类烟
散花	散花（软蓝）	11mg/支	四类烟			
发时达	发时达（硬金出口墨西哥）	13mg/支	出口烟、混合型	发时达（硬白出口印度）	6mg/支	出口烟、混合型
	发时达（硬金出口缅甸）	13mg/支	出口烟、混合型	发时达（硬蓝出口巴基斯坦）	10mg/支	出口烟、混合型
	发时达（软金出口菲律宾）	12mg/支	出口烟、混合型	发时达（硬蓝出口巴新）	14mg/支	出口烟、混合型
	发时达（100MM薄荷出口菲律宾）	12mg/支	出口烟、混合型	发时达（硬白细支出口印度）	6mg/支	出口烟、混合型

湖北中烟工业有限责任公司

品牌	规格	焦油量	备注	规格	焦油量	备注
黄鹤楼☆★	黄鹤楼（软珍品）	8mg/支	一类烟	黄鹤楼（硬 1916 红爆）	10mg/支	一类烟
	黄鹤楼（硬游泳）	10mg/支	一类烟	黄鹤楼（硬漫天游）	10mg/支	一类烟
	黄鹤楼（硬知音）	11mg/支	一类烟	黄鹤楼（硬天骄圣地）	10mg/支	一类烟
	黄鹤楼（硬峡谷情）	10mg/支	一类烟	黄鹤楼（硬攀登）	7mg/支	一类烟
	黄鹤楼（硬珍品）	8mg/支	一类烟	黄鹤楼（硬平安）	8mg/支	一类烟、细支烟
	黄鹤楼（硬峡谷柔情）	10mg/支	一类烟	黄鹤楼（硬 15 细支）	8mg/支	一类烟、细支烟
	黄鹤楼（硬大彩）	6mg/支	一类烟	黄鹤楼（硬天下胜景）	8mg/支	一类烟、细支烟
	黄鹤楼（硬奇景）	10mg/支	一类烟	黄鹤楼（硬嘉禧缘）	9mg/支	一类烟、细支烟
	黄鹤楼（软红）	8mg/支	一类烟	黄鹤楼（硬圣火）	6mg/支	一类烟、细支烟
	黄鹤楼（软永光）	10mg/支	一类烟	黄鹤楼（硬生态）	8mg/支	一类烟、细支烟
	黄鹤楼（硬雅韵）	8mg/支	一类烟	黄鹤楼（硬峡谷情细支）	8mg/支	一类烟、细支烟
	黄鹤楼（软雅韵）	8mg/支	一类烟	黄鹤楼（硬天骄圣地细支）	8mg/支	一类烟、细支烟
	黄鹤楼（软三口品）	8mg/支	一类烟	黄鹤楼（珍品细支）	6mg/支	一类烟、细支烟、2019 年新产品
	黄鹤楼（硬红）	8mg/支	一类烟	黄鹤楼（感恩中支）	8mg/支	一类烟、中支烟、2019 年新产品
	黄鹤楼（硬雅香）	11mg/支	一类烟	黄鹤楼（峡谷情中支）	9mg/支	一类烟、中支烟、2019 年新产品
	黄鹤楼（硬蓝）	11mg/支	一类烟	黄鹤楼（软竹蕴）	8mg/支	一类烟、短支烟、2019 年新产品
	黄鹤楼（硬祝福）	11mg/支	一类烟	黄鹤楼（硬金砂龙烟）	11mg/支	二类烟
	黄鹤楼（软蓝）	11mg/支	一类烟	黄鹤楼（硬金砂）	8mg/支	二类烟
	黄鹤楼（硬 8 度）	10mg/支	一类烟	黄鹤楼（软鸿运）	11mg/支	二类烟
	黄鹤楼（硬 1916）	10mg/支	一类烟	黄鹤楼（硬万年红）	10mg/支	二类烟
	黄鹤楼（软 1916）	10mg/支	一类烟	黄鹤楼（硬银紫）	10mg/支	二类烟
	黄鹤楼（硬 15）	10mg/支	一类烟	黄鹤楼（天下名楼）	8mg/支	二类烟、细支烟
	黄鹤楼（硬红景天）	6mg/支	一类烟	黄鹤楼（硬天下名楼 90）	8mg/支	二类烟、细支烟
	黄鹤楼（硬感恩）	8mg/支	一类烟	黄鹤楼（硬雪之景）	11mg/支	二类烟、雪茄型
	黄鹤楼（硬为了谁）	6mg/支	一类烟	黄鹤楼（软雪之景）	11mg/支	二类烟、雪茄型
红金龙△	红金龙（硬爱你爆珠）	8mg/支	二类烟	红金龙（硬黄佳品）	10mg/支	三类烟
	红金龙（软精品）	11mg/支	三类烟	红金龙（硬蓝爱你）	8mg/支	三类烟、细支烟
	红金龙（软精品二代）	10mg/支	三类烟	红金龙（软红九州腾龙）	10mg/支	四类烟
	红金龙（硬福满多）	11mg/支	三类烟	红金龙（硬新版）	10mg/支	四类烟
	红金龙（硬红火之舞）	11mg/支	三类烟	红金龙（软蓝九州腾龙）	10mg/支	四类烟
	红金龙（硬爱你）	10mg/支	三类烟	红金龙（硬红）	10mg/支	四类烟、2019 年停产
	红金龙（硬富贵）	10mg/支	三类烟	红金龙（硬红龙）	11mg/支	四类烟、雪茄型
	红金龙（硬佳品）	10mg/支	三类烟	红金龙（软虹之彩）	9mg/支	五类烟
	红金龙（硬神州腾龙）	10mg/支	三类烟	红金龙（硬喜）	9mg/支	五类烟、2019 年停产
双喜☆★	双喜（百年红）	10mg/支	一类烟			

湖南中烟工业有限责任公司

品牌	规格	焦油量	备注	规格	焦油量	备注
芙蓉王☆★	芙蓉王（钻石）	10mg/支	一类烟	芙蓉王（硬匠心手作）	10mg/支	一类烟
	芙蓉王（软蓝）	10mg/支	一类烟	芙蓉王（硬）	11mg/支	一类烟
	芙蓉王（硬领航）	9mg/支	一类烟	芙蓉王（硬新版）	10mg/支	一类烟
	芙蓉王（硬红带）	10mg/支	一类烟	芙蓉王（硬蓝细支）	8mg/支	一类烟、细支烟
	芙蓉王（硬 75mm）	9mg/支	一类烟	芙蓉王（硬红带细支）	8mg/支	一类烟、细支烟
	芙蓉王（硬蓝新版）	10mg/支	一类烟	芙蓉王（硬闪带细支）	8mg/支	一类烟、细支烟
	芙蓉王（蓝）	10mg/支	一类烟	芙蓉王（硬细支）	8mg/支	一类烟、细支烟
	芙蓉王（硬闪带 75mm）	8mg/支	一类烟	芙蓉王（硬中支）	10mg/支	一类烟、中支烟、2019 年新产品
白沙☆★	白沙（和天下）	11mg/支	一类烟	白沙（硬精品三代）	10mg/支	二类烟
	白沙（软和天下）	10mg/支	一类烟	白沙（硬红运当头）	10mg/支	二类烟
	白沙（软和天下檀香）	11mg/支	一类烟	白沙（硬蓝尚品）	10mg/支	二类烟
	白沙（硬和气生财）	11mg/支	一类烟	白沙（硬天天向上细支）	8mg/支	二类烟、细支烟
	白沙（硬和天下尊享）	10mg/支	一类烟	白沙（红和）	6mg/支	三类烟、2019 年停产
	白沙（软珍品）	10mg/支	一类烟、2019 年新产品	白沙（硬新精品二代）	10mg/支	三类烟
	白沙（硬新细支和气生财）	8mg/支	一类烟	白沙（精品）	8mg/支	三类烟
	白沙（珍品）	10mg/支	一类烟、2019 年停产	白沙（硬）	10mg/支	三类烟
	白沙（硬细支和天下）	7mg/支	一类烟、细支烟	白沙（精品二代）	10mg/支	三类烟
	白沙（硬白细支）	6mg/支	一类烟、细支烟	白沙（绿和）	10mg/支	三类烟
	白沙（硬红运当头中支）	10mg/支	一类烟、中支烟、2019 年新产品	白沙（软）	10mg/支	三类烟
	白沙（硬和天下双中支）	10mg/支	一类烟、中支烟、2019 年新产品			
芙蓉	芙蓉（软红）	11mg/支	五类烟			
相思鸟	相思鸟（软）	11mg/支	五类烟			

广东中烟工业有限责任公司

品牌	规格	焦油量	备注	规格	焦油量	备注
双喜☆★	双喜（大国喜）	10mg/支	一类烟	双喜（传奇）	10mg/支	二类烟
	双喜（硬紫红玫王）	10mg/支	一类烟	双喜（和喜）	10mg/支	二类烟
	双喜（五叶神金尊）	10g/支	一类烟	双喜（软经典 1906）	10mg/支	二类烟
	双喜（百年红）	10mg/支	一类烟	双喜（硬经典 1906）	10mg/支	二类烟
	双喜（百年经典）	10mg/支	一类烟	双喜（硬蓝红玫王）	8mg/支	二类烟
	双喜（喜百年）	10mg/支	一类烟	双喜（花悦）	8mg/支	二类烟、细支烟
	双喜（龙）	10mg/支	一类烟	双喜（金 01）	10mg/支	二类烟、短支烟
	双喜（硬逸品）	8mg/支	一类烟	双喜（硬经典）	11mg/支	三类烟
	双喜（软红五叶神）	11mg/支	一类烟	双喜（硬金五叶神）	11mg/支	三类烟
	双喜（硬世纪经典）	10mg/支	一类烟	双喜（软蓝红玫王）	8mg/支	三类烟
	双喜（经典工坊）	10mg/支	一类烟	双喜（软经典）	11mg/支	三类烟

续表

品牌	规格	焦油量	备注	规格	焦油量	备注
双喜☆★	双喜（硬红五叶神）	11mg/支	一类烟	双喜（硬01）	11mg/支	三类烟
	双喜（盛世）	6mg/支	一类烟	双喜（硬）	11mg/支	三类烟
	双喜（红国喜）	10mg/支	一类烟	双喜（硬红玫王）	8mg/支	三类烟
	双喜（硬珍藏）	10mg/支	一类烟	双喜（软01）	11mg/支	三类烟
	双喜（春天1979）	10mg/支	一类烟	双喜（软国际）	11mg/支	三类烟
	双喜（金国喜）	10mg/支	一类烟、细支烟	双喜（软）	11mg/支	三类烟
	双喜（国喜细支）	10mg/支	一类烟、细支烟	双喜（莲香）	10mg/支	三类烟
	双喜（红邮喜）	10mg/支	一类烟、中支烟	双喜（硬出口）	11mg/支	三类烟
	双喜（珍藏）	8mg/支	一类烟、短支细	双喜（硬经典出口）	11mg/支	三类烟
红玫	红玫（硬金）	11mg/支	三类烟			
椰树	椰树（硬）	11mg/支	四类烟			

广西中烟工业有限责任公司

品牌	规格	焦油量	备注	规格	焦油量	备注
真龙△	真龙（壮丽）	10mg/支	一类烟	真龙（致青春）	8mg/支	二类烟
	真龙（龙天下）	10mg/支	一类烟	真龙（凌云）	8mg/支	二类烟
	真龙（起源）	11mg/支	一类烟	真龙（祥云）	11mg/支	二类烟
	真龙（鸿韵）	11mg/支	一类烟	真龙（锦绣）	10mg/支	三类烟
	真龙（今世缘）	10mg/支	一类烟、2019年停产	真龙（经典红）	10mg/支	三类烟
	真龙（硬赞歌）	10mg/支	一类烟	真龙（珍品）	11mg/支	三类烟
	真龙（巴马天成）	6mg/支	一类烟	真龙（天翔）	11mg/支	三类烟
	真龙（软海韵）	10mg/支	一类烟	真龙（甲天下）	8mg/支	三类烟
	真龙（海韵细支）	8mg/支	一类烟	真龙（软娇子）	10mg/支	三类烟
	真龙（神韵）	10mg/支	一类烟	真龙（娇子）	10mg/支	三类烟
	真龙（海韵）	11mg/支	一类烟	真龙（海纳百川）	11mg/支	出口烟
	真龙（晶钻刘三姐）	6mg/支	一类烟、细支烟	真龙（锦绣东方）	11mg/支	出口烟
	真龙（美人香草）	6mg/支	一类烟、细支烟	真龙（龙行天下）	10mg/支	出口烟
	真龙（中支凌云）	9mg/支	一类烟、中支烟、2019年新产品	真龙（江山如画）	11mg/支	出口烟
	真龙（中国龙）	8mg/支	一类烟、短支烟	真龙（娇子出口）	10mg/支	出口烟
	真龙（佳韵）	11mg/支	一类烟	真龙（锦绣东方细支）	8mg/支	出口烟
	真龙（状元）	10mg/支	二类烟	真龙（海纳百川细支）	8mg/支	出口烟
	真龙（轩云）	11mg/支	二类烟	真龙（江山如画细支）	8mg/支	出口烟
	真龙（馨云）	8mg/支	二类烟	真龙（龙行天下细支）	8mg/支	出口烟
甲天下	甲天下（山水）	8mg/支	四类烟			

重庆中烟工业有限责任公司

品 牌	规 格	焦油量	备 注	规 格	焦油量	备 注
天子△	天子（红）	10mg/支	一类烟	天子（软黄）	11mg/支	一类烟
	天子（重庆红）	11mg/支	一类烟	天子（千里江山）	11mg/支	一类烟
	天子（金）	11mg/支	一类烟	天子（细支传奇）	6mg/支	一类烟、细支烟
	天子（硬珍品龙凤呈祥）	11mg/支	一类烟、2019 年新产品	天子（千里江山细支）	8mg/支	一类烟、细支烟
	天子（传奇）	10mg/支	一类烟	天子（金如意细支）	8mg/支	一类烟、细支烟、2019 年新产品
	天子（壹号）	11mg/支	一类烟	天子（五粮香 30 年）	11mg/支	一类烟
	天子（千里江山中支）	9mg/支	一类烟、中支烟	天子（中国心中支）	9mg/支	一类烟、中支烟、2019 年新产品
	天子（重庆 20 年）	11mg/支	一类烟	天子（中支）	10mg/支	一类烟、中支烟
	天子（1997）	10mg/支	一类烟	天子（C 位）	8mg/支	一类烟、中支烟、2019 年新产品
	天子（小天子）	11mg/支	一类烟	天子（五粮香 20 年）	11mg/支	一类烟
龙凤呈祥△	龙凤呈祥（硬道理）	10mg/支	一类烟	龙凤呈祥（花开富贵）	11mg/支	三类烟
	龙凤呈祥（硬珍品）	11mg/支	一类烟、2019 年停产	龙凤呈祥（硬遇见）	10mg/支	三类烟
	龙凤呈祥（蝶恋花）	9mg/支	一类烟、短支烟	龙凤呈祥（硬喜庆新）	10mg/支	三类烟
	龙凤呈祥（盛世）	10mg/支	二类烟	龙凤呈祥（吉祥如意）	10mg/支	三类烟
	龙凤呈祥（百年好合）	10mg/支	二类烟	龙凤呈祥（硬世纪朝天门）	10mg/支	三类烟
	龙凤呈祥（硬）	11mg/支	二类烟	龙凤呈祥（佳品）	10mg/支	三类烟
	龙凤呈祥（遇见）	8mg/支	二类烟、细支烟	龙凤呈祥（畅行天下）	10mg/支	四类烟
	龙凤呈祥（软魅力朝天门）	11mg/支	三类烟	龙凤呈祥（鸿运朝天门）	11mg/支	四类烟
宏声	宏声（精品）	10mg/支	四类烟	宏声（硬）	10mg/支	四类烟
	宏声（软特）	10mg/支	四类烟			

四川中烟工业有限责任公司

品 牌	规 格	焦油量	备 注	规 格	焦油量	备 注
娇子△	娇子（精品）	10mg/支	一类烟	娇子（黑）	11mg/支	二类烟
	娇子（清甜香）	11mg/支	一类烟	娇子（蓝）	11mg/支	二类烟
	娇子（红韵新）	10mg/支	一类烟	娇子（格调细支）	8mg/支	二类烟、细支烟
	娇子（祥云）	10mg/支	一类烟	娇子（红芙蓉）	11mg/支	三类烟
	娇子（五粮醇香）	10mg/支	一类烟	娇子（软阳光）	11mg/支	三类烟
	娇子（青海湖侧旋）	11mg/支	一类烟	娇子（X）	6mg/支	三类烟
	娇子（软祥云）	11mg/支	一类烟	娇子（新概念）	8mg/支	三类烟
	娇子（宽窄如意）	10mg/支	一类烟	娇子（绿时代阳光）	9mg/支	三类烟
	娇子（宽窄好运）	10mg/支	一类烟	娇子（时代阳光）	11mg/支	三类烟
	娇子（宽窄）	10mg/支	一类烟	娇子（蓝时代）	8mg/支	三类烟
	娇子（宽窄逍遥）	10mg/支	一类烟	娇子（红格调）	10mg/支	三类烟
	娇子（软宽窄平安）	10mg/支	一类烟、2019 年新产品	娇子（凉烟）	11mg/支	三类烟、2019 年停产

续表

品 牌	规 格	焦油量	备 注	规 格	焦油量	备 注
娇子△	娇子（茶韵）	11mg/支	一类烟、2019年停产	娇子（宽窄ZZ出口）	9mg/支 8mg/支	出口烟
	娇子（宽窄自在）	9mg/支 8mg/支	一类烟、一半细支烟	娇子（天娇出口）	8mg/支	出口烟
	娇子（宽窄逍遥细支）	8mg/支	一类烟、细支烟	娇子（精品出口）	10mg/支	出口烟
	娇子（X龙韵）	7mg/支	一类烟、细支烟	娇子（祥云出口）	10mg/支	出口烟
	娇子（五粮浓香细支）	10mg/支	一类烟、细支烟	娇子（龙细A）	5mg/支	出口烟
	娇子（X生肖）	6mg/支	一类烟、细支烟	娇子（宽浓A）	10mg/支	出口烟
	娇子（龙涎香细支）	5mg/支	一类烟、细支烟、2019年停产	娇子（宽浓B）	10mg/支	出口烟
	娇子（宽窄好运细支）	8mg/支	一类烟、细支烟	娇子（宽浓C）	10mg/支	出口烟
	娇子（宽窄如意细支）	7mg/支	一类烟、细支烟、2019年新产品	娇子（宽如A）	10mg/支	出口烟
	娇子（青海湖纯净）	8mg/支	一类烟、细支烟、2019年停产	娇子（宽平C）	10mg/支	出口烟
	娇子（宽窄平安中支）	10mg/支	一类烟、中支烟	娇子（宽好细A）	8mg/支	出口烟
	娇子（格调）	9mg/支	一类烟、中支烟	娇子（宽好细B）	8mg/支	出口烟
	娇子（赛江南）	8mg/支	一类烟、中支烟、2019年停产	娇子（宽好细T）	8mg/支	出口烟
	娇子（五粮浓香中支）	10mg/支	一类烟、中支烟	娇子（宽醇A）	10mg/支	出口烟、2019年停产
	娇子（X玫瑰）	6mg/支	一类烟、中支烟	娇子（宽醇B）	10mg/支	出口烟
	娇子（格调短支）	10mg/支	一类烟、短支烟	娇子（宽好B）	10mg/支	出口烟
	娇子（软金天娇）	10mg/支	一类烟、短支烟、2019年停产	娇子（宽好C）	10mg/支	出口烟
	娇子（软宽窄成）	10mg/支	一类烟、短支烟、2019年停产	娇子（X生B）	7mg/支	出口烟
	娇子（红）	11mg/支	二类烟	娇子（宽窄ZMJ）	10mg/支 8mg/支	出口烟
	娇子（金格调）	8mg/支	二类烟	娇子（宽窄ZML）	7mg/支	出口烟
天下秀	天下秀（红名品）	9mg/支	三类烟	天下秀（金）	11mg/支	四类烟
五牛	五牛（硬绿新）	11mg/支	五类烟、2019年停产			
长城	长城（传奇）	11mg/支	一类烟、雪茄型	长城（万里长城）	10mg/支	一类烟、雪茄型
狮牌	狮牌（锦绣成都）	10mg/支	三类烟、雪茄型	狮牌（原香）	11mg/支	二类烟、雪茄型

贵州中烟工业有限责任公司

品 牌	规 格	焦油量	备 注	规 格	焦油量	备 注
贵烟☆★	贵烟（福）	10mg/支	一类烟	贵烟（跨越）	7mg/支	一类烟、细支烟
	贵烟（硬小国酒香）	10mg/支	一类烟	贵烟（萃）	8mg/支	一类烟、细支烟
	贵烟（软高遵）	10mg/支	一类烟	贵烟（行者）	10mg/支	一类烟、短支烟

续表

品 牌	规 格	焦油量	备 注	规 格	焦油量	备 注
贵烟☆★	贵烟（蓝色的爱）	11mg/支	一类烟	贵烟（细支行者）	7mg/支	一类烟、细支烟
	贵烟（硬高遵）	11mg/支	一类烟	贵烟（小国酒香）	10mg/支	一类烟
	贵烟（玉液1号）	10mg/支	一类烟	贵烟（行者梦）	9mg/支	一类烟、中支烟、2019年新产品
	贵烟（洞藏成香）	11mg/支	一类烟、2019年停产	贵烟（甜乡洞藏）	10mg/支	二类烟
	贵烟（盛世）	10mg/支	一类烟	贵烟（喜）	11mg/支	二类烟
	贵烟（扁盒印第安火种）	11mg/支	一类烟	贵烟（硬黄精品）	11mg/支	三类烟
	贵烟（细支国酒香30）	6mg/支	一类烟、细支烟	贵烟（新贵）	10mg/支	三类烟
	贵烟（国酒香30）	10mg/支	一类烟	贵烟（金百合）	10mg/支	三类烟
	贵烟（魔力）	8mg/支	一类烟、细支烟			
黄果树	黄果树（佳遵）	11mg/支	三类烟	黄果树（长征）	10mg/支	三类烟
	黄果树（长征红星照耀）	10mg/支	三类烟	黄果树（佳品）	10mg/支	三类烟
	黄果树（蓝佳品）	10mg/支	三类烟	黄果树（软）	10mg/支	五类烟
遵义	遵义（软）	10mg/支	四类烟			

注：2019年，贵州中烟在产卷烟品牌（规格）中，“贵烟（国酒香30）”“贵烟（小国酒香）”“贵烟（玉液1号）”“贵烟（跨越）”“贵烟（硬黄精品）”同时供出口。

云南中烟工业有限责任公司

品 牌	规 格	焦油量	备 注	规 格	焦油量	备 注
玉溪☆★	玉溪（硬和谐）	10mg/支	一类烟	玉溪（硬TH）	12mg/支	出口烟
	玉溪（硬）	10mg/支	一类烟	玉溪（硬PE）	10mg/支	出口烟
	玉溪（华叶）	10mg/支	一类烟	玉溪（硬金HK）	11mg/支	出口烟
	玉溪（初心）	10mg/支	一类烟	玉溪（硬金DF）	12mg/支	出口烟
	玉溪（软）	11mg/支	一类烟	玉溪（硬出口）	10mg/支	出口烟
	玉溪（软尚善）	10mg/支	一类烟	玉溪（硬金出口）	11mg/支	出口烟
	玉溪（软小庄园）	8mg/支	一类烟	玉溪（硬出口MM）	10mg/支	出口烟
	玉溪（软阿诗玛）	10mg/支	一类烟	玉溪（硬和谐CNDFL）	8mg/支	出口烟
	玉溪（软初心）	10mg/支	一类烟	玉溪（硬扁出口TWDF）	10mg/支	出口烟
	玉溪（软境界）	10mg/支	一类烟	玉溪（硬出口MM1）	10mg/支	出口烟
	玉溪（双中支翡翠）	8mg/支	一类烟、中支烟	玉溪（硬扁出口VNDF）	10mg/支	出口烟
	玉溪（中支华叶）	8mg/支	一类烟、中支烟	玉溪（硬扁MO）	10mg/支	出口烟
	玉溪（硬庄园16支）	8mg/支	一类烟、短支烟	玉溪（硬扁出口KRDF）	10mg/支	出口烟
	玉溪（创客）	8mg/支	一类烟、细支烟	玉溪（硬扁境界MO）	10mg/支	出口烟
	玉溪（细支庄园）	8mg/支	一类烟、细支烟	玉溪（硬扁TH）	10mg/支	出口烟
	玉溪（细支阿诗玛）	7mg/支	一类烟、细支烟	玉溪（硬扁和谐MO）	11mg/支	出口烟
	玉溪（细支清香世家）	8mg/支	一类烟、细支烟	玉溪（硬扁出口）	10mg/支	出口烟
	玉溪（细支108）	8mg/支	一类烟、细支烟	玉溪（软小庄园出口MO）	8mg/支	出口烟
	玉溪（细支初心）	8mg/支	一类烟、细支烟	玉溪（硬扁初心出口CNDF）	10mg/支	出口烟

续表

品牌	规格	焦油量	备注	规格	焦油量	备注
玉溪☆★	玉溪（中支阿诗玛）	8mg/支	一类烟、中支烟	玉溪（硬扁和谐出口 KRDF）	11mg/支	出口烟
	玉溪（中支和谐）	8mg/支	一类烟、中支烟	玉溪（硬扁和谐出口 VNDF）	11mg/支	出口烟
	玉溪（108）	8mg/支	一类烟、短支烟	玉溪（硬扁初心出口 KRDF）	10mg/支	出口烟
	玉溪（硬金）	10mg/支	一类烟	玉溪（硬扁铂金出口 KRDF）	10mg/支	出口烟
	玉溪（高配版）	10mg/支	一类烟	玉溪（软小庄园出口 KRDF）	8mg/支	出口烟
	玉溪（硬 AU1）	10mg/支	出口烟	玉溪（软小庄园出口 TWDF）	8mg/支	出口烟
	玉溪（硬 LA1）	10mg/支	出口烟	玉溪（SS 清香世家出口 DF）	8mg/支	出口烟
	玉溪（硬金 US）	11mg/支	出口烟	玉溪（硬中支初心出口 DF）	8mg/支	出口烟、2019 年新产品
	玉溪（硬 MO）	10mg/支	出口烟	玉溪（硬中初心出口 VNDF）	8mg/支	出口烟、2019 年新产品
	玉溪（硬 LA）	10mg/支	出口烟	玉溪（硬蓝华叶出口）	10mg/支	出口烟、2019 年新产品
	玉溪（硬 HK）	10mg/支	出口烟	玉溪（清中支 CNDF）	8mg/支	出口烟、2019 年新产品
	玉溪（硬 HKDNP）	10mg/支	出口烟	玉溪（清中支出口）	8mg/支	出口烟、2019 年新产品
	玉溪（硬 DF）	10mg/支	出口烟	玉溪（清中支礼盒 CNDF）	8mg/支	出口烟、2019 年新产品
云烟☆★	云烟（印象）	10mg/支	一类烟	云烟（紫 JY 印尼有税版）	11mg/支	出口烟
	云烟（印象烟庄）	8mg/支	一类烟	云烟（紫出口）	11mg/支	出口烟
	云烟（软印象烟庄）	8mg/支	一类烟	云烟（红 JY）	10mg/支	出口烟
	云烟（雪域）	10mg/支	一类烟	云烟（朱砂红出口）	11mg/支	出口烟
	云烟（软珍品 zj）	11mg/支	一类烟	云烟（百味人生出口 DF）	10mg/支	出口烟
	云烟（软珍品）	11mg/支	一类烟	云烟（百味人生出口 KRDF）	10mg/支	出口烟
	云烟（软珍品红韵）	10mg/支	一类烟	云烟（百味人生出口 CNDF）	10mg/支	出口烟
	云烟（小熊猫）	10mg/支	一类烟	云烟（印象出口）	10mg/支	出口烟
	云烟（绿呼伦贝尔）	11mg/支	一类烟	云烟（印象出口 HK）	10mg/支	出口烟
	云烟（呼伦贝尔碧草云天）	10mg/支	一类烟	云烟（印象出口 MAC）	10mg/支	出口烟
	云烟（云端）	10mg/支	一类烟	云烟（印象出口 TW）	10mg/支	出口烟
	云烟（软大重九）	8mg/支	一类烟	云烟（M 印象烟庄出口 DF）	8mg/支	出口烟
	云烟（软礼印象）	10mg/支	一类烟	云烟（硬大重九出口 TWDF）	8mg/支	出口烟
	云烟（9+1 大重九）	8mg/支	一类烟	云烟（硬大重九出口 KRDF）	8mg/支	出口烟
	云烟（小云端）	10mg/支	一类烟	云烟（硬大重九出口 MO）	8mg/支	出口烟
	云烟（细支大重九）	8mg/支	一类烟、细支烟	云烟（硬紫 MM）	10mg/支	出口烟

续表

品 牌	规 格	焦油量	备 注	规 格	焦油量	备 注
云烟☆★	云烟（中支大重九）	9mg/支	一类烟、中支烟	云烟（硬珍品出口）	12mg/支	出口烟
	云烟（神秘花园）	8mg/支	一类烟、细支烟	云烟（硬朱砂红 KRDF）	11mg/支	出口烟
	云烟（84mm 细支祥瑞）	7mg/支	一类烟、细支烟	云烟（硬朱砂红 XX）	11mg/支	出口烟
	云烟（84mm 细支雪域）	7mg/支	一类烟、细支烟	云烟（硬朱砂红 MM）	11mg/支	出口烟
	云烟（细支珍品）	8mg/支	一类烟、细支烟	云烟（软珍品 THDF）	11mg/支	出口烟
	云烟（中支天眼）	9mg/支	一类烟、中支烟	云烟（软珍品出口 KRDF）	11mg/支	出口烟
	云烟（七彩印象）	10mg/支	一类烟、中支烟	云烟（软珍品出口 MM1）	11mg/支	出口烟
	云烟（中支金腰带）	9mg/支	一类烟、中支烟	云烟（软珍品出口 MM）	11mg/支	出口烟
	云烟（小熊猫家园）	10mg/支	一类烟、中支烟	云烟（软珍品 VNDF）	11mg/支	出口烟
	云烟（中支塞上好江南）	9mg/支	一类烟、中支烟	云烟（软珍品 TH）	11mg/支	出口烟
	云烟（中支乌镇之恋）	10mg/支	一类烟、中支烟、2019 年新产品	云烟（软珍品 GE）	11mg/支	出口烟
	云烟（黑金刚印象）	10mg/支	一类烟、中支烟	云烟（软珍品 DF）	11mg/支	出口烟
	云烟（74mm 大团结）	10mg/支	一类烟、短支烟	云烟（软珍品 PE）	11mg/支	出口烟
	云烟（软珍红钻）	10mg/支	一类烟	云烟（软珍品 ZA）	11mg/支	出口烟
	云烟（百味人生）	10mg/支	一类烟	云烟（软珍品 HK）	11mg/支	出口烟
	云烟（硬云龙）	10mg/支	二类烟	云烟（软珍品 MO）	11mg/支	出口烟
	云烟（细支云龙）	8mg/支	二类烟、细支烟	云烟（软珍品出口）	11mg/支	出口烟
	云烟（福）	10mg/支	三类烟	云烟（软珍品 JY）	11mg/支	出口烟
	云烟（紫）	10mg/支	三类烟	云烟（软珍品 TW）	10mg/支	出口烟
	云烟（红）	10mg/支	三类烟	云烟（软如意 ZA）	8mg/支	出口烟
	云烟（软紫）	8mg/支	三类烟	云烟（软如意 XX）	8mg/支	出口烟
	云烟（软如意）	8mg/支	三类烟	云烟（软如意 JY）	8mg/支	出口烟
	云烟（紫 JY）	11mg/支	出口烟	云烟（8mg 软如意出口）	8mg/支	出口烟
	云烟（紫 JY 秘鲁版）	11mg/支	出口烟	云烟（M 烟庄出口 KRDF）	8mg/支	出口烟、2019 年新产品
	云烟（紫 LA）	11mg/支	出口烟	云烟（中支红钻 DF）	10mg/支	出口烟、2019 年新产品
红塔山☆★	红塔山（硬传奇）	10mg/支	二类烟	红塔山（硬 DF）	11mg/支	出口烟
	红塔山（硬恭贺新禧）	10mg/支	二类烟	红塔山（硬铂金 KH）	10mg/支	出口烟
	红塔山（细支传奇）	8mg/支	二类烟、细支烟	红塔山（硬经典 MM）	11mg/支	出口烟
	红塔山（硬新势力）	10mg/支	三类烟	红塔山（硬 LA）	11mg/支	出口烟
	红塔山（新时代）	10mg/支	三类烟	红塔山（硬 MO）	11mg/支	出口烟
	红塔山（硬欣经典）	10mg/支	三类烟	红塔山（硬金出口）	12mg/支	出口烟
	红塔山（软经典）	10mg/支	三类烟	红塔山（硬出口）	11mg/支	出口烟
	红塔山（软新）	8mg/支	三类烟	红塔山（硬扁经典 100 出口）	11mg/支	出口烟

续表

品 牌	规 格	焦油量	备 注	规 格	焦油量	备 注
红塔山☆★	红塔山（硬经典100）	10mg/支	三类烟	红塔山（硬扁经典出口VNDF）	11mg/支	出口烟
	红塔山（硬经典）	10mg/支	三类烟	红塔山(软恭贺新禧LA1)	13mg/支	出口烟
	红塔山（大经典1956）	10mg/支	三类烟、2019年新产品	红塔山（硬金花中支CNDF）	8mg/支	出口烟、2019年新产品
	红塔山（硬LA1）	11mg/支	出口烟	红塔山（复兴CNDF）	9mg/支	出口烟、2019年新产品
	红塔山（硬新势力MM）	11mg/支	出口烟			
红河△	红河（硬V8）	10mg/支	一类烟	红河（硬甲SG）	11mg/支	出口烟
	红河（道）	10mg/支	一类烟	红河（硬甲MM）	11mg/支	出口烟
	红河（去野）	10mg/支	一类烟	红河（硬甲LA）	11mg/支	出口烟
	红河（A7）	10mg/支	二类烟	红河（硬金99）	12mg/支	出口烟、混合型
	红河（硬99）	8mg/支	二类烟	红河（硬红WINZA）	12mg/支	出口烟、混合型
	红河（软99）	8mg/支	二类烟	红河（硬蓝WINMM）	12mg/支	出口烟、混合型
	红河（小熊猫世纪风）	10mg/支	三类烟	红河（硬WIN蓝IN）	9mg/支	出口烟、混合型
	红河（软甲）	10mg/支	三类烟	红河（软红WIN）	12mg/支	出口烟、混合型
	红河（软88）	10mg/支	三类烟	红河（WIN缅甸）	12mg/支	出口烟、混合型
	红河（硬88）	10mg/支	三类烟	红河（WIN中南美洲）	12mg/支	出口烟、混合型
	红河（硬）	11mg/支	三类烟	红河（WIN印尼蓝）	12mg/支	出口烟、混合型
	红河（硬88MM1）	10mg/支	出口烟	红河（RIVER红）	12mg/支	出口烟、混合型
	红河（硬88MM）	11mg/支	出口烟	红河（WIN中南美洲红）	9mg/支	出口烟、混合型
	红河（硬88JY）	11mg/支	出口烟	红河（WINBODY）	11mg/支	出口烟、混合型
	红河（硬甲JY）	12mg/支	出口烟			
红梅	红梅（硬黄）	10mg/支	三类烟	红梅（软黄）	10mg/支	四类烟
	红梅（软顺）	10mg/支	四类烟			
雪莲	雪莲（软蓝）	10mg/支	一类烟	雪莲（74mm天韵）	10mg/支	一类烟、短支烟
	雪莲（岁月）	8mg/支	一类烟	雪莲（尚禧）	10mg/支	二类烟
	雪莲（3000）	8mg/支	一类烟、细支烟	雪莲（蓝精品）	10mg/支	三类烟
	雪莲（细支1960）	8mg/支	一类烟、细支烟			
钓鱼台	钓鱼台（硬景泰蓝94mm）	6mg/支	一类烟	钓鱼台（黄景泰蓝出口HK）	8mg/支	出口烟
	钓鱼台（84mm细支）	7mg/支	一类烟、细支烟	钓鱼台（黄景泰蓝出口THDF）	8mg/支	出口烟
	钓鱼台（中支）	9mg/支	一类烟、中支烟	钓鱼台（硬蓝景浅出口DF）	8mg/支	出口烟
	钓鱼台（黄景泰蓝出口KRDF）	8mg/支	出口烟	钓鱼台（硬SS蓝景泰蓝CNDF）	8mg/支	出口烟
	钓鱼台（硬SS蓝景泰蓝）	8mg/支	出口烟	钓鱼台（黄景泰蓝出口SG）	8mg/支	出口烟

续表

品 牌	规 格	焦油量	备 注	规 格	焦油量	备 注
钓鱼台	钓鱼台（黄景泰蓝出口 VNDF）	8mg/支	出口烟	钓鱼台（黄景泰蓝出口 MAC）	8mg/支	出口烟
	钓鱼台（黄景泰蓝出口）	8mg/支	出口烟	钓鱼台（黄景泰蓝出口 TW）	8mg/支	出口烟
茶花	茶花（94mm）	8mg/支	三类烟			
红山茶	红山茶（软）	10mg/支	三类烟			
威斯	威斯（小熊猫）	10mg/支	三类烟			
呼伦贝尔	呼伦贝尔（金戈铁马）	8mg/支	一类烟	呼伦贝尔（天之韵）	9mg/支	一类烟、中支烟
	呼伦贝尔（草原牧歌）	8mg/支	一类烟、细支烟	呼伦贝尔（草原情）	10mg/支	二类烟
	呼伦贝尔（天堂草原）	8mg/支	一类烟、细支烟			
小熊猫	小熊猫（精品出口）	10mg/支	出口烟	小熊猫（新精品出口 AU）	10mg/支	出口烟
	小熊猫（精品出口 HK）	10mg/支	出口烟	小熊猫（精品出口 HK 免税版）	10mg/支	出口烟
	小熊猫（精品出口 MAC）	10mg/支	出口烟	小熊猫（软珍品出口）	10mg/支	出口烟
	小熊猫（精品出口 TWDF）	10mg/支	出口烟	小熊猫（软珍品出口 KRDF）	10mg/支	出口烟
	小熊猫（精品出口 KRDF）	10mg/支	出口烟			
阿诗玛	阿诗玛（硬 DF4）	7mg/支	出口烟	阿诗玛（硬 94mmCH）	9mg/支	出口烟、混合型
	阿诗玛（硬 PK）	15mg/支	出口烟	阿诗玛（硬 94MM 出口 IR）	9mg/支	出口烟、混合型
	阿诗玛（软 LA1）	13mg/支	出口烟	阿诗玛（硬 94MMCH10）	6mg/支	出口烟、混合型
	阿诗玛（软 LA）	13mg/支	出口烟	阿诗玛（硬 94MMCH9）	6mg/支	出口烟、混合型
	阿诗玛（硬扁出口 MEADF）	9mg/支	出口烟	阿诗玛（硬 94MM 出口 II）	6mg/支	出口烟、混合型
	阿诗玛（硬经典 SSCNDF）	7mg/支	出口烟	阿诗玛（硬金卓越出口）	4mg/支	出口烟、2019 年新产品
	阿诗玛（硬扁出口 DF）	9mg/支	出口烟	阿诗玛（硬银卓越出口）	5mg/支	出口烟、2019 年新产品
	阿诗玛（硬扁出口 CNDF）	9mg/支	出口烟	阿诗玛（硬紫卓越出口）	4mg/支	出口烟、2019 年新产品
	阿诗玛（硬 SS 永恒之恋出口 CNDF）	7mg/支	出口烟	阿诗玛（硬绿卓越出口）	4mg/支	出口烟、2019 年新产品
	阿诗玛（硬 94MMCH12）	6mg/支	出口烟、混合型	阿诗玛（硬蓝中支 DF）	8mg/支	出口烟、2019 年新产品
	阿诗玛（硬 94MMCH11）	8mg/支	出口烟、混合型			
新兴	新兴（软 94MM）	15mg/支	出口烟、混合型	新兴（软出口 MM）	12mg/支	出口烟、混合型
马宝	马宝（硬 MM）	13mg/支	出口烟、混合型			
金钟	金钟（硬 94MM 出口 MDDF）	8mg/支	出口烟、混合型			

陕西中烟工业有限责任公司

品牌	规格	焦油量	备注	规格	焦油量	备注
好猫△	好猫（招财猫1600）	10mg/支	一类烟	好猫（细支长乐）	7mg/支	二类烟、细支烟
	好猫（炫蓝）	11mg/支	一类烟	好猫（金丝猴）	10mg/支	二类烟、中支烟
	好猫（吉祥）	11mg/支	一类烟	好猫（猴王磨砂）	11mg/支	三类烟
	好猫（天赋）	8mg/支	一类烟、2019年停产	好猫（招财进宝）	10mg/支	三类烟
	好猫（细支天赋）	7mg/支	一类烟、细支烟	好猫（金猴王）	10mg/支	三类烟
	好猫（细支招财猫）	8mg/支	一类烟、细支烟	好猫（细支天赋出口）	7mg/支	出口烟
	好猫（中支金丝猴）	10mg/支	一类烟、中支烟	好猫（长乐细支出口）	7mg/支	出口烟
	好猫（长乐）	10mg/支	二类烟	好猫（出口长乐）	10mg/支	出口烟
延安△	延安（1935）	10mg/支	一类烟	延安（金）	10mg/支	二类烟
	延安（红韵）	10mg/支	一类烟	延安（公主）	10mg/支	二类烟
	延安（青春岁月）	10mg/支	一类烟	延安（硬）	10mg/支	三类烟
	延安（细支1935）	8mg/支	一类烟、细支烟	延安（软）	10mg/支	三类烟
	延安（细支圣地河谷）	8mg/支	一类烟、细支烟	延安（硬红）	10mg/支	四类烟
	延安（细支千年帝都）	8mg/支	一类烟、细支烟、2019年新产品	延安（1935出口）	10mg/支	出口烟
	延安（中支1935）	10mg/支	一类烟、中支烟	延安（细支圣地河谷出口）	8mg/支	出口烟
	延安（千年帝都）	10mg/支	一类烟、中支烟、2019年新产品	延安（红韵）	10mg/支	出口烟
	延安（五星）	10mg/支	二类烟			

中国烟草实业发展中心

黑龙江烟草工业有限责任公司

品牌	规格	焦油量	备注	规格	焦油量	备注
哈尔滨	哈尔滨（龙烟万福）	10mg/支	一类烟、中支烟	哈尔滨（HAPPY）	10mg/支	二类烟、中支烟
	哈尔滨（龙烟金安）	10mg/支	一类烟、中支烟	哈尔滨（风尚）	10mg/支	三类烟
	哈尔滨（老巴夺红中支）	9mg/支	一类烟、中支烟	哈尔滨（老巴夺）	10mg/支	三类烟、中支烟
龙烟	龙烟（红松香）	10mg/支	一类烟、中支烟	龙烟（呈祥）	8mg/支	二类烟、细支烟
	龙烟（北国风光）	8mg/支	一类烟、细支烟			
林海灵芝	林海灵芝（如意）	10mg/支	四类烟	林海灵芝（蓝色经典）	9mg/支	四类烟、混合型
	林海灵芝（软如意）	10mg/支	四类烟	林海灵芝（软白）	9mg/支	五类烟、混合型
	林海灵芝（8mg）	8mg/支	四类烟、混合型			

红塔辽宁烟草有限责任公司

品牌	规格	焦油量	备注	规格	焦油量	备注
玉溪☆★	玉溪（人民大会堂软红）	11mg/支	一类烟	玉溪（阿诗玛细支）	7mg/支	一类烟、细支烟
人民大会堂	人民大会堂（16）	10mg/支	一类烟	人民大会堂（古瓷细支）	6mg/支	一类烟、细支烟
	人民大会堂（16 细支）	6mg/支	一类烟、细支烟	人民大会堂（大生产振兴）	10mg/支	一类烟、中细烟
	人民大会堂（盛京中支）	10mg/支	一类烟、中支烟	人民大会堂（硬红）	10mg/支	二类烟
	人民大会堂（盛京细支）	6mg/支	一类烟、细支烟	人民大会堂（硬红细支）	6mg/支	二类烟、细支烟
	人民大会堂（御廷蘭香）	6mg/支	一类烟	人民大会堂（硬红）	10mg/支	出口烟
	人民大会堂（蘭香细支）	6mg/支	一类烟、细支烟	人民大会堂（软红）	11mg/支	出口烟
	人民大会堂（红玫瑰细支）	6mg/支	一类烟、细支烟	人民大会堂（硬红细支）	6mg/支	出口烟
云烟☆★	云烟（紫）	10mg/支	三类烟			
红塔山☆★	红塔山（软经典）	10mg/支	三类烟	红塔山（新时代）	10mg/支	三类烟
	红塔山（硬经典 100）	10mg/支	三类烟			
红梅	红梅（软顺）	10mg/支	四类烟	红梅（软黄）	10mg/支	四类烟

吉林烟草工业有限责任公司

品牌	规格	焦油量	备注	规格	焦油量	备注
长白山△	长白山（高山流水）	1mg/支	一类烟	长白山（心归）	10mg/支	二类烟
	长白山（德容天下）	3mg/支	一类烟	长白山（人参）	8mg/支	二类烟
	长白山（本色）	10mg/支	一类烟	长白山（迎春中支）	9mg/支	二类烟、中支烟
	长白山（神韵）	5mg/支	一类烟	长白山（记忆 1999）	10mg/支	三类烟
	长白山（揽胜）	8mg/支	一类烟	长白山（红人参）	10mg/支	三类烟
	长白山（沉香）	8mg/支	一类烟、细支烟、2019 年 5 月退市	长白山（大蓝）	10mg/支	三类烟
	长白山（细支人参）	8mg/支	一类烟、细支烟	长白山（软红）	8mg/支	三类烟
	长白山（韵藏天下）	8mg/支	一类烟、细支烟	长白山（银）	8mg/支	三类烟
	长白山（蓝尚）	8mg/支	一类烟、细支烟	长白山（海蓝）	10mg/支	三类烟
	长白山（圣境）	9mg/支	一类烟、中支烟、2019 年新产品	长白山（红）	8mg/支	三类烟
	长白山（777）	7mg/支	二类烟、细支烟	长白山（桂花）	10mg/支	四类烟

甘肃烟草工业有限责任公司

品　牌	规　格	焦油量	备　注	规　格	焦油量	备　注
兰州△	兰州（硬经典）	8mg/支	一类烟	兰州（黑中支）	8mg/支	一类烟、中支烟
	兰州（硬吉祥）	8mg/支	一类烟	兰州（中支飞天梦）	8mg/支	一类烟、中支烟、2019 年新产品
	兰州（硬飞天）	8mg/支	一类烟	兰州（硬珍品）	8mg/支	二类烟
	兰州（陇飞九天）	8mg/支	一类烟	兰州（硬如意）	8mg/支	三类烟
	兰州（16 支吉祥）	8mg/支	一类烟	兰州（硬精品）	6mg/支	三类烟
	兰州（飞天梦）	8mg/支	一类烟	兰州（硬蓝）	8mg/支	三类烟
	兰州（细支飞天梦）	8mg/支	一类烟、细支烟	兰州（硬黄）	8mg/支	四类烟
	兰州（桥）	6mg/支	一类烟、细支烟	兰州（软黄）	8mg/支	四类烟
	兰州（细支珍品）	8mg/支	一类烟、细支烟	兰州（硬红）	8mg/支	四类烟

内蒙古昆明卷烟有限责任公司

品　牌	规　格	焦油量	备　注	规　格	焦油量	备　注
冬虫夏草△	冬虫夏草（金）	8mg/支	一类烟	冬虫夏草（双中支）	6mg/支	一类烟、中支烟、2019 年新产品
	冬虫夏草（和润）	5mg/支	一类烟、细支烟	冬虫夏草（和润中支）	6mg/支	一类烟、中支烟、2019 年新产品
	冬虫夏草（1248）	6mg/支	一类烟、中支烟			
云烟☆★	云烟（苁蓉和悦）	6mg/支	一类烟、细支烟	云烟（硬苁蓉）	10mg/支	二类烟
	云烟（软苁蓉）	8mg/支	二类烟			
大青山	大青山（昭君和亲）	6mg/支	二类烟、中支烟	大青山（长丰）	10mg/支	三类烟
	大青山（长悦）	10mg/支	二类烟、2019 年新产品			

深圳烟草工业有限责任公司

品　牌	规　格	焦油量	备　注	规　格	焦油量	备　注
双喜☆★	双喜（细支盛世好日子）	8mg/支	一类烟	双喜（硬珍品好日子）	10mg/支	一类烟
	双喜（硬盛世好日子）	10mg/支	一类烟	双喜（软锦绣好日子）	8mg/支	一类烟
	双喜（听装盛世好日子）	10mg/支	一类烟	双喜（硬祥云好日子）	8mg/支	一类烟
	双喜（软盛世好日子）	10mg/支	一类烟	双喜（硬晶彩好日子）	10mg/支	一类烟
	双喜（万象好日子）	10mg/支	一类烟	双喜（软珍品好日子）	10mg/支	二类烟
	双喜（细支金樽好日子）	8mg/支	一类烟	双喜（硬精品好日子）	10mg/支	三类烟
	双喜（硬金樽好日子）	10mg/支	一类烟	双喜（硬祥和好日子）	8mg/支	三类烟
	双喜（好日子城市之光）	10mg/支	一类烟	双喜（硬吉祥好日子）	10mg/支	三类烟
	双喜（好日子欢乐颂）	10mg/支	一类烟	双喜（软如意好日子）	10mg/支	三类烟

山西昆明烟草有限责任公司

品 牌	规 格	焦油量	备 注	规 格	焦油量	备 注
紫气东来	紫气东来（1928）	8mg/支	一类烟	紫气东来（祥瑞）	8mg/支	一类烟
	紫气东来（吉祥天下）	10mg/支	一类烟	紫气东来（汾清香）	6mg/支	一类烟、细支烟、2019年新产品
云烟☆★	云烟（软珍品）	11mg/支	一类烟	云烟（福）	10mg/支	三类烟
	云烟（细支珍品）	8mg/支	一类烟、细支烟	云烟（紫）	11mg/支	三类烟
	云烟（细支云龙）	8mg/支	二类烟、细支烟			
红河△	红河（A7）	10mg/支	二类烟	红河（硬66）	10mg/支	三类烟
	红河（硬）	11mg/支	三类烟	红河（软甲）	11mg/支	三类烟
红塔山☆★	红塔山（硬传奇）	10mg/支	二类烟	红塔山（硬经典）	11mg/支	三类烟
	红塔山（新时代）	10mg/支	三类烟			

海南红塔卷烟有限责任公司

品 牌	规 格	焦油量	备 注	规 格	焦油量	备 注
云烟☆★	云烟（紫）	10mg/支	三类烟	云烟（福）	10mg/支	三类烟
玉溪☆★	玉溪（软境界）	10mg/支	一类烟			
红塔山☆★	红塔山（硬传奇）	10mg/支	二类烟	红塔山（硬经典100）	10mg/支	三类烟
	红塔山（硬恭贺新禧）	10mg/支	二类烟	红塔山（硬经典）	10mg/支	三类烟
	红塔山（软经典）	10mg/支	三类烟	红塔山（新时代）	10mg/支	三类烟
红梅	红梅（软黄）	10mg/支	四类烟	红梅（软顺）	10mg/支	四类烟
三沙	三沙（金）	10mg/支	一类烟	三沙（中支）	8mg/支	一类烟、中支烟、2019年新产品
	三沙（椰王金）	10mg/支	一类烟	三沙（椰王绿）	11mg/支	二类烟
	三沙（细支）	8mg/支	一类烟、细支烟			
宝岛	宝岛	10mg/支	一类烟	宝岛（一品沉香）	8mg/支	一类烟、细支烟
	宝岛（三沙）	10mg/支	一类烟	宝岛（一品沉香）	8mg/支	出口烟

2019年在产雪茄烟品牌（规格）名录

安徽中烟工业有限责任公司

品　牌	品　名	风格特征	尺寸规格	包装规格	类　别
王冠	王冠（20支）	中度浓味	88mm×9.2mm	20支装硬盒	手工雪茄
	王冠（塑10支）	中度浓味	130mm×15.3mm	10支装塑盒	手工雪茄
	王冠（原味1号）	中度浓味	130mm×14.8mm	10支装硬盒	手工雪茄
	王冠（原味塑十支）	中度浓味	130mm×14.8mm	10支装塑盒	手工雪茄
	王冠（原味9号）	中度浓味	88mm×9.2mm	10支装硬盒	手工雪茄
	王冠（原味9号塑嘴）	中度浓味	110mm×9.2mm	5支装硬盒	手工雪茄
	王冠（原味9号塑嘴十支）	中度浓味	110mm×9.2mm	10支装硬盒	手工雪茄
	王冠（原味3号）	中度浓味	110mm×9.2mm	5支装硬盒	手工雪茄
	王冠（原味9号迷你塑嘴）	中度浓味	90mm×9.2mm	10支装硬盒	手工雪茄
	王冠（原味3号铁盒）	中度浓味	110mm×9.2mm	10支装铁盒	手工雪茄
	王冠（奶香10支）	香味雪茄	80mm×7.8mm	10支装铁盒	手工雪茄
	王冠（赛悦）	中度浓味	88mm×9.2mm	10支装铁盒	手工雪茄
	王冠（塑2支全叶卷）	中度浓味	120mm×13mm	2支装硬盒	手工雪茄
	王冠（10支全叶卷）	中度浓味	150mm×17.8mm	10支装木盒	手工雪茄
	王冠（国粹）	中度浓味	140mm×20mm	10支装木盒	手工雪茄
	王冠（经典铝2支全叶卷）	中度浓味	150mm×17.8mm	2支装硬盒	手工雪茄
	王冠（智者010十支）	中度浓味	150mm×20.0mm	10支装木盒	手工雪茄
	王冠（智者010五支）	中度浓味	158mm×20.0mm	5支装木盒	手工雪茄
	王冠（梅兰竹菊）	中度浓味	150mm×22.0mm	8支装硬盒	手工雪茄
	王冠（古建三绝）	中度浓味	136mm×14.5mm	10支装硬盒	手工雪茄
	王冠（小国粹）	中度浓味	90mm×16.2mm	5支装铁盒	手工雪茄
	王冠（茶香之茶马古道）	中度浓味	90mm×16.2mm	10支装硬盒	手工雪茄
	王冠（古建三绝25支）	中度浓味	136mm×14.5mm	25支装硬盒	手工雪茄
	王冠（经典5号）	中度浓味	150mm×17.8mm	5支装硬盒	手工雪茄
	王冠（蓝色假日）	中度浓味	110mm×16.4mm	5支装硬盒	手工雪茄
	王冠（国粹风度）	中度浓味	124mm×20mm	10支装木盒	手工雪茄
	王冠（经典8号）	中度浓味	136mm×14mm	10支装硬盒	机制雪茄
	王冠（万象）	中度浓味	84mm×7.8mm	20支装硬盒	微型雪茄
	王冠（万象细支）	中度浓味	94mm×6.2mm	18支装硬盒	微型雪茄
	王冠（国粹名角）	中度浓味	84mm×7.8mm	10支装硬盒	微型雪茄
	王冠（古型）	中度浓味	84mm×7.8mm	16支装硬盒	微型雪茄
	王冠（国粹荣耀）	中度浓味	84mm×7.8mm	20支装硬盒	微型雪茄
	王冠（加勒比）	中度浓味	84mm×7.8mm	20支装硬包	微型雪茄
黄山松	黄山松（回味迎客松）	中度浓味	84mm×7.8mm	20支装硬盒	微型雪茄
	黄山松（迎客松赢客）	中度浓味	84mm×7.8mm	20支装硬盒	微型雪茄
	黄山松（醉翁亭）	中度浓味	84mm×7.8mm	20支装硬盒	微型雪茄

注：安徽中烟、湖北中烟雪茄烟尺寸规格为“长度×直径”；山东中烟、四川中烟雪茄烟尺寸规格为“长度×周长”。

山东中烟工业有限责任公司

品 牌	品 名	风格特征	尺寸规格	包装规格	类 别
泰山	泰山（巅峰 2 号）	中上浓味	152mm×62mm	礼品木盒 10 支装	手工雪茄
	泰山（巅峰 5 号）	中上浓味	146mm×65mm	礼品木盒 10 支装	手工雪茄
	泰山（巅峰 6 号）	中度浓味	127mm×62mm	礼品纸盒 5 支装	手工雪茄
	泰山（阔佬 2 号）	中下浓味	123mm×44mm	纸盒 5 支装	机制雪茄
	泰山（3G 原味）	中下浓味	100mm×28mm	铁盒 10 支装	机制雪茄
	泰山（3G 沉香）	中下浓味	86mm×25mm	铁盒 8 支装	机制雪茄
	泰山（3G 咖啡）	中下浓味	98mm×28mm	纸盒 10 支装	机制雪茄
	泰山（巴哈马甜味）	中上淡味	88mm×25mm	铁盒 10 支装	机制雪茄
	泰山（巴哈马）	中上淡味	88mm×25mm	纸盒 10 支装	机制雪茄
	泰山（3G 水蜜桃）	中下浓味	70mm×26mm	纸盒 16 支装	机制雪茄
	泰山（阔佬 4 号）	中下浓味	106mm×40mm	纸盒 5 支装	机制雪茄、2019 年停产
	泰山（雪豹双十支）	中度淡味	94mm×24.4mm	双十支纸盒	卷烟型雪茄
	泰山（雪豹）	中度淡味	100mm×24.4mm	纸盒 20 支装	卷烟型雪茄
	泰山（黑豹）	中度淡味	94mm×24.4mm	双十支纸盒	卷烟型雪茄
	泰山（中海御叶）	中度淡味	84mm×17mm	纸盒 20 支装	卷烟型雪茄、2019 年新产品
	泰山（雪豹细支）	中度淡味	97mm×17mm	纸盒 20 支装	卷烟型雪茄
	泰山（黑豹细支）	中度淡味	84mm×17mm	纸盒 20 支装	卷烟型雪茄
将军	将军（大力神）	中度浓味	150mm×56mm	礼品纸盒 5 支装	手工雪茄
	将军（战神 1 号）	中度浓味	140mm×56mm	礼品木盒 10 支装	手工雪茄
	将军（战神 3 号）	中度浓味	130mm×56mm	礼品木盒 10 支装	手工雪茄
	将军（战神 4 号）	中度浓味	100mm×56mm	铁盒 4 支装	手工雪茄
	将军（战神）	中度浓味	120mm×56mm	礼品纸盒 5 支装	手工雪茄
	将军（战神 07）	中下浓味	123mm×44mm	铁盒 5 支装	机制雪茄
	将军（战神荣耀）	中下浓味	100mm×38mm	纸盒 10 支装	机制雪茄、2019 年新产品
	将军（3G）	中下浓味	100mm×28mm	铁盒 10 支装	机制雪茄

湖北中烟工业有限责任公司

品 牌	品 名	风格特征	尺寸规格	包装规格	类 别
黄鹤楼	黄鹤楼（公爵）	中等浓郁	150mm×66mm	10 支航空铝木盒礼品装	手工雪茄
	黄鹤楼（雪之梦 2 号）	中等浓郁	230mm×78.5mm	1 支装木盒	手工雪茄
	黄鹤楼（雪之梦 3 号）	中等浓郁	176mm×59.7mm	10 支装木盒	手工雪茄
	黄鹤楼（雪之梦 6 号）	中等浓郁	155mm×62.8mm	10 支纸板硬盒装	手工雪茄
	黄鹤楼（雪之梦 7 号）	中等浓郁	140mm×56.5mm	5 支纸板硬盒装	手工雪茄
	黄鹤楼（雪之梦 8 号）	中等浓郁	140mm×62.8mm	5 支纸板硬盒装	手工雪茄
	黄鹤楼（雪之梦 9 号）	中等浓郁	110mm×56.5mm	5 支纸板硬盒装	手工雪茄
	黄鹤楼（雪之梦 5 号）	中等浓郁	124mm×62.3mm	10 支装木盒	手工雪茄、2019 年新产品
	黄鹤楼（雪之韵 2 号）	温和型	132mm×50.9mm	5 支纸盒装	半机制雪茄、2019 年新产品
	黄鹤楼（雪之韵 6 号）	温和型	100mm×31.4mm	10 支纸盒装	半机制雪茄、2019 年新产品
	黄鹤楼（南洋伍号）	醇和型	88mm×27.6mm	10 支纸盒装	卷烟型雪茄

续表

品　牌	品　名	风格特征	尺寸规格	包装规格	类　别
黄鹤楼	黄鹤楼（雪之景 2 号）	醇和型	84mm×5.25mm	10 支纸盒装	卷烟型雪茄
	黄鹤楼（雪之景 3 号）	醇和型	88mm×7.16mm	10 支纸盒装	卷烟型雪茄
	黄鹤楼（雪之景 5 号）	醇和型	84mm×24.2mm	10 支纸盒装	卷烟型雪茄
	黄鹤楼（雪之景 6 号）	醇和型	64mm×8.3mm	10 支纸盒装	卷烟型雪茄
	黄鹤楼（雪之景 9 号）	醇和型	90mm×6.5mm	20 支纸盒装	卷烟型雪茄
	黄鹤楼（雪之景 10 号）	醇和型	100mm×22.5mm	10 支纸盒装	卷烟型雪茄
	黄鹤楼（雪之景 7 号）	醇和型	84mm×24.2mm	20 支纸盒装	卷烟型雪茄、2019 年改造
茂大	茂大（25 支 LP）	温和型	132mm×50.9mm	25 支木盒装	半机制雪茄
	茂大（5 支 XY）	温和型	105mm×39.3mm	5 支纸盒装	半机制雪茄
	茂大（1 号）	温和型	132mm×50.9mm	5 支塑料盒装	半机制雪茄
	茂大（2 号）	温和型	132mm×43.3mm	5 支塑料盒装	半机制雪茄
	茂大（世家）	醇和型	84mm×24.2mm	10 支纸盒装	机制雪茄
顺百利	顺百利（5 支 XY）	温和型	105mm×39.3mm	5 支纸盒装	半机制雪茄
三峡	三峡（MX10）	醇和型	84mm×24.5mm	10 支铁盒装	机制雪茄

四川中烟工业有限责任公司

品　牌	品　名	风格特征	尺寸规格	包装规格	类　别
长城	长城（5 支传奇 1 号）	中等偏上浓郁	105mm×72mm	5 支装	手工雪茄
	长城（传奇 3 号）	中等偏上浓郁	178mm×58.7mm	5 支装	手工雪茄
	长城（生肖版）	浓郁	135mm×66mm	10 支装	手工雪茄
	长城（10 支 132 秘制）	中等偏上浓郁	110mm×47mm	10 支装	手工雪茄
	长城（导师 2 号）	中等偏上浓郁	130mm×53.4mm	25 支装	手工雪茄
	长城（2 号）	中等浓郁	130mm×53.4mm	5 支装	手工雪茄
	长城（3 号）	中等浓郁	150mm×50mm	5 支装	手工雪茄
	长城（揽胜 2 号精选）	中等偏上浓郁	130mm×53.4mm	10 支装	手工雪茄
	长城（揽胜 3 号经典）	浓郁	124mm×62.3mm	10 支装	手工雪茄
	长城（经典 2 号）	中等浓郁	130mm×53.4mm	5 支装	手工雪茄
	长城（经典 3 号）	中等浓郁	150mm×50mm	5 支装	手工雪茄
	长城（大号铝管 5 支）	较淡	160mm×55mm	5 支装	手工雪茄
	长城（盛世 3 号）	中等浓郁	140mm×58mm	10 支装	手工雪茄
	长城（盛世 5 号）	中等浓郁	150mm×56mm	2 支装	手工雪茄
	长城（盛世 6 号）	中等浓郁	110mm×44mm	5 支装	手工雪茄
	长城（骑士 3 号）	较浓郁	100mm×34mm	10 支装	机制雪茄
	长城（风华）	中等浓郁	66mm×22.6mm	20 支装	机制雪茄

续表

品 牌	品 名	风格特征	尺寸规格	包装规格	类 别
长城	长城（胜利）	浓郁	152mm×66mm	10 支装	手工雪茄
	长城（行者）	中等浓郁	100mm×27.7mm	10 支装	机制雪茄
	长城（风雅）	中等浓郁	84mm×24.5mm	10 支装	机制雪茄
	长城（金南极）	较淡	120mm×34mm	5 支装	机制雪茄
	长城（迷你原味）	中等浓郁	98mm×26mm	10 支装	机制雪茄
	长城（迷你咖啡）	中等浓郁	75mm×26mm	10 支装	机制雪茄
	长城（迷你香草）	中等浓郁	75mm×26mm	10 支装	机制雪茄
	长城（GL1 号）	中等浓郁	194mm×60mm	5 支装	手工雪茄、2019 年新产品
	长城（揽胜 1 号）	中等浓郁	150mm×64.7mm	10 支装	手工雪茄、2019 年新产品
	长城（红色 132）	较淡	90mm×53.4mm	5 支装	手工雪茄、2019 年改造
	长城（天龙）	中等浓度	97mm×17mm	20 支装	卷烟型雪茄
	长城（丝路）	中等浓度	97mm×17mm	20 支装	卷烟型雪茄
	长城（子龙）	中等浓度	97mm×17mm	20 支装	卷烟型雪茄
	长城（醇雅 COCO）	中等浓度	94mm×19.5mm	18 支装	卷烟型雪茄
	长城（醇雅薄荷）	中等浓度	94mm×19.5mm	18 支装	卷烟型雪茄
	长城（醇雅奶香）	中等浓度	94mm×19.5mm	18 支装	卷烟型雪茄
	长城（毛氏雪茄 2 号）	中等浓度偏上	84mm×24.6mm	20 支装	卷烟型雪茄
	长城（壹叁贰 13 号）	中等浓度偏上	84mm×24.6mm	20 支装	卷烟型雪茄
	长城（风尚）	中等浓度	84mm×24.4mm	20 支装	卷烟型雪茄
	长城（132 咖啡）	中等浓度	84mm×24.4mm	20 支装	卷烟型雪茄
	长城（软传奇）	中等浓度	84mm×24.4mm	20 支装	卷烟型雪茄
	长城（132 醇味）	中等浓度	74mm×24.2mm	20 支装	卷烟型雪茄、2019 年改造
	长城（132 原味）	中等浓度	84mm×24.4mm	20 支装	卷烟型雪茄、2019 年改造
工字	工字（1 号）	中等浓度偏上	84mm×34mm	10 支装	机制雪茄
	工字（红）	中等浓度偏上	84mm×34mm	10 支装	机制雪茄
金钱豹	金钱豹（10 支甜品）	中等浓郁	26mm×75mm	10 支装	机制雪茄
狮牌	狮牌（年画）	中等浓度偏上	84mm×24.2mm	20 支装	卷烟型雪茄
	狮牌（鸿运当头）	中等浓度偏上	84mm×24.4mm	20 支装	卷烟型雪茄
	狮牌（大 S）	中等浓度	84mm×24.2mm	20 支装	卷烟型雪茄
	狮牌（5 支小号）	中等浓度	112mm×31mm	5 支装	机制雪茄
	狮牌（加勒比阳光）	较淡	150mm×44mm	4 支装	手工雪茄

◇ 编辑：褚 幸

索引使用说明

一、本索引采用关键词索引法编制。年鉴中有实质检索意义的内容均予以标引，以供检索使用。

二、本索引具体排列规律如下：以数字开头的标目，排在最前面；以英文字母打头的标目，列于其次；汉字标目则按首字的音序、音调依次排列；首字相同时，则以第二个字排序，并依次类推。

三、索引标目后的数字，表示检索内容所在的年鉴正文页码，如果一个关键词在同一页中出现多次，页码只标一次。

索　引

G

H

J

K

L

M

N

P

Q

S

T

W

X

Y

Z

图书在版编目（CIP）数据

中国烟草年鉴.2020／《中国烟草》杂志社有限公司编.
—北京：中国经济出版社，2021.4
ISBN 978－7－5136－6452－3
Ⅰ.①中… Ⅱ.①中… Ⅲ.①烟草工业—中国—2020—年鉴 Ⅳ.①F426.89－54
中国版本图书馆CIP数据核字（2021）第061766号

责任编辑　李祥柱　郑　潇
责任印制　马小宾
封面设计　金　菊
彩插设计　许双慧　卢　旋　王雨婷
彩插编辑　王　静

出版发行　中国经济出版社
印 刷 者　北京富泰印刷有限责任公司
经 销 者　各地新华书店
开　　本　889mm×1194mm　1/16
印　　张　32.25
插页印张　4.75
字　　数　2100千字
版　　次　2021年4月第1版
印　　次　2021年4月第1次
定　　价　350.00元
广告经营许可证　京西工商广字第8179号

中国经济出版社 网址 www.economyph.com 社址 北京市东城区安定门外大街58号 邮编 100011
本版图书如存在印装质量问题，请与本社发行中心联系调换（联系电话：010－57512564）